Concorsi per OSS Operatore Socio-Sanitario

V Edizione

Teoria e test

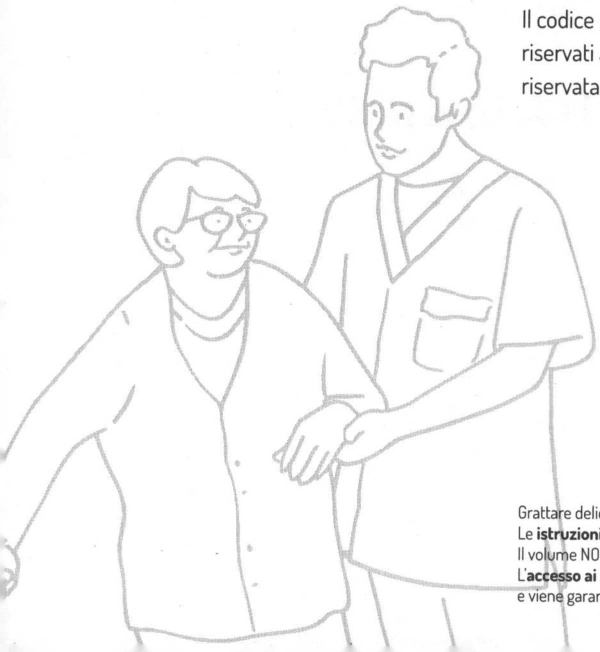

Accedi ai servizi riservati

Il codice personale contenuto nel riquadro dà diritto a servizi riservati ai clienti. Registrandosi al sito, dalla propria area riservata si potrà accedere a:

MATERIALI DI INTERESSE E CONTENUTI AGGIUNTIVI

CODICE PERSONALE

[redacted]

Grattare delicatamente la superficie per visualizzare il codice personale.
Le **istruzioni per la registrazione** sono riportate nella pagina seguente.
Il volume NON può essere venduto né restituito se il codice personale risulta visibile.
L'**accesso ai servizi riservati** ha la **durata di 18 mesi** dall'attivazione del codice e viene garantito esclusivamente sulle edizioni in corso.

Istruzioni per accedere ai contenuti e ai servizi riservati

SEGUI QUESTE SEMPLICI ISTRUZIONI

SE SEI REGISTRATO AL SITO

clicca su **Accedi al materiale didattico**

inserisci email e password

inserisci le ultime 4 cifre del codice ISBN, riportato in basso a destra sul retro di copertina

inserisci il tuo **codice personale** per essere reindirizzato automaticamente all'area riservata

SE NON SEI GIÀ REGISTRATO AL SITO

clicca su **Accedi al materiale didattico**

registrati al sito **edises.it**

attendi l'email di conferma per perfezionare la registrazione

torna sul sito **edises.it** e segui la procedura già descritta per utenti registrati

CONTENUTI AGGIUNTIVI

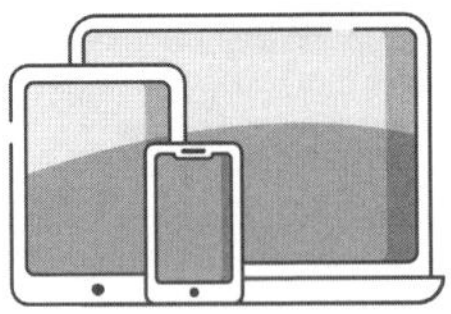

Per problemi tecnici connessi all'utilizzo dei supporti multimediali e per informazioni sui nostri servizi puoi contattarci sulla piattaforma **assistenza.edises.it**

Concorsi per OSS
Operatore Socio-Sanitario

Manuale completo per la formazione professionale e i concorsi pubblici

Luigia Carboni
Antonella Locci
Anna Malatesta
Simone Piga

EdiSES
edizioni

Manuale completo per OSS – Operatore Socio-Sanitario - V Edizione

9 8 7 6 5 4 3 2 1 0
2027 2026 2025 2024 2023

Le cifre sulla destra indicano il numero e l'anno dell'ultima ristampa effettuata

Hanno collaborato alla revisione e all'aggiornamento del testo il Dott. Guglielmo Guerriero, la Dott.ssa Antonella Locci e il Dott. Simone Piga.

Cover Design and Front Cover Illustration: Digital Followers S.r.l.

Fotocomposizione: curvilinee

Progetto grafico: ProMediaStudio di A. Leano – Napoli

Stampato presso: INDUSTRIA Grafica Vulcanica S.r.l. – Nola (NA)

per conto della EdiSES edizioni S.r.l. – Napoli

www.edises.it
assistenza.edises.it

ISBN 978 88 3622 802 7

I curatori, l'editore e tutti coloro in qualche modo coinvolti nella preparazione o pubblicazione di quest'opera hanno posto il massimo impegno per garantire che le informazioni ivi contenute siano corrette, compatibilmente con le conoscenze disponibili al momento della stampa; essi, tuttavia, non possono essere ritenuti responsabili dei risultati dell'utilizzo di tali informazioni e restano a disposizione per integrare la citazione delle fonti, qualora incompleta o imprecisa.

Realizzare un libro è un'operazione complessa e nonostante la cura e l'attenzione poste dagli autori e da tutti gli addetti coinvolti nella lavorazione dei testi, l'esperienza ci insegna che è praticamente impossibile pubblicare un volume privo di imprecisioni. Saremo grati ai lettori che vorranno inviarci le loro segnalazioni e/o suggerimenti migliorativi sulla piattaforma *assistenza.edises.it*

Premessa

Il volume per Operatori Socio-Sanitari, giunto alla **quinta edizione**, si pone come strumento di preparazione ai concorsi banditi dalle ASL e dalle Aziende Ospedaliere, ma anche alle selezioni indette da aziende private, nonché come manuale di studio per chi voglia intraprendere un percorso formativo professionale, iscrivendosi a un corso per conseguire l'attestato di OSS, e/o quale strumento di aggiornamento e approfondimento delle conoscenze e nozioni acquisite.

Il testo è stato aggiornato alle più recenti novità normative, tra cui il **D.M. 77/2022** che definisce i modelli e gli standard per lo sviluppo dell'assistenza territoriale dell'attuale SSN.

Alla luce della pandemia causata dal virus SARS-CoV-2, si è ritenuto opportuno soffermarsi ampiamente sulle evidenze scientifiche al momento disponibili.

Viene altresì confermata, come nelle precedenti edizioni, l'attenzione alle **procedure di assistenza** e alle **pratiche sanitarie** con suggerimenti professionali specifici, dettaglio delle conoscenze anatomo-fisiologiche e delle tecniche da eseguire, **figure e illustrazioni**, aggiornamenti ai più recenti provvedimenti di interesse per il personale sanitario.

Il volume è suddiviso in cinque parti, anticipate dall'introduzione, rivista e ampliata nella normativa di riferimento per gli OSS. Nello specifico il manuale è articolato nelle aree tematiche di seguito descritte.

- L'**introduzione** contiene l'analisi del **profilo professionale dell'OSS**; la ricostruzione dell'evoluzione storico-normativa dei profili delle figure di supporto preesistenti all'Operatore Socio-Sanitario (OSS); le **modalità di espletamento dei concorsi pubblici** per Operatore Socio-Sanitario e i relativi requisiti generali e specifici per accedere ai concorsi; le caratteristiche principali della "legge Lorenzin".
- La **prima parte** è suddivisa in due sezioni. La **prima sezione** dedica particolare attenzione al rapporto di lavoro del personale sanitario, alle responsabilità giuridiche ed etiche, alla deontologia professionale, all'analisi delle principali leggi dell'area sanitaria e sociale. La **seconda sezione** descrive in modo approfondito gli aspetti organizzativi del lavoro sociale e sanitario nel territorio, realizzati in esecuzione delle vigenti leggi, le norme in materia di accreditamenti istituzionali, gli enti e le strutture che fanno parte della rete territoriale dei servizi sanitari, sociali e socio-sanitari.

  Vengono altresì descritti, oltre ai **principali modelli operativi**, i **documenti** e la **modulistica** utilizzati nello svolgimento dell'attività professionale, con particolare riguardo alle scale di valutazione, alla cartella infermieristica, alla cartella clinica, alla carta dei servizi pubblici sanitari, alle schede di flusso, alle linee guida, protocolli, procedure, consegne, al fascicolo socio-assistenziale e sanitario, al Piano Assistenziale Individuale (PAI), al Piano Educativo Individuale (PEI).
- La **seconda parte** è dedicata alle competenze psico-sociali (psicologia generale, dello sviluppo, clinica, elementi di sociologia).
- La **terza parte** affronta i principali argomenti di igiene e sicurezza del personale sanitario e dell'assistito, e protocolli sul controllo delle infezioni.

- La **quarta parte** è incentrata sulle competenze assistenziali specifiche dell'OSS e mira altresì alla preparazione della prova pratica: presenta le principali procedure operative connesse all'esercizio della professione, finalizzate all'assistenza alla persona con problemi di mobilizzazione, alla sua alimentazione, al trattamento delle ferite, all'assistenza agli anziani, all'intervento in caso di emergenze.
- La **quinta parte** è dedicata all'anatomia e fisiologia dell'uomo, sono descritti apparati e sistemi del corpo umano con relative funzioni e struttura, per offrire al candidato le conoscenze di base anatomiche e fisiologiche.

Il testo è arricchito da numerosi **materiali** aggiuntivi, **disponibili online**, tra i quali una ricca selezione di **test di verifica** per ogni parte del volume che consente di valutare il grado di conoscenza delle nozioni acquisite, favorendo un ripasso sistematico dei diversi argomenti.

Il manuale, nel suo complesso, vuole fungere da strumento utile, innovativo e intuitivo per il lettore, proponendo una visione chiara e, al tempo stesso, specifica degli aspetti di cura propri dell'OSS nell'intento di tradurre concretamente la relazione esistente tra il mondo della formazione e il mondo del lavoro.

Ulteriori materiali didattici sono disponibili nell'area riservata a cui si accede mediante la registrazione al sito *edises.it* secondo la procedura indicata nel frontespizio del volume.

Eventuali errata-corrige saranno pubblicati sul sito *edises.it*, nella scheda "Aggiornamenti" della pagina dedicata al volume.

Altri aggiornamenti sulle procedure concorsuali saranno disponibili sui nostri profili social.

blog.edises.it
infoconcorsi.edises.it

Prefazione alla prima edizione

Accolgo volentieri l'invito a scrivere alcune parole di prefazione per un volume destinato a cogliere le esigenze formative e informative degli Operatori Socio Sanitari (OSS), grazie ai contenuti in esso proposti e all'attento lavoro svolto dagli autori.

Il manuale si presenta come uno strumento utile ed innovativo, intuitivo per il lettore nel proporgli una visione chiara e, al tempo stesso, specifica degli aspetti di cura propri dell'OSS, anche laddove le realtà regionali esplicitano proprie peculiarità nel fornire servizi alla persona.

Nella società contemporanea l'ultimo decennio ha visto modificarsi lo scenario:

- "**di**" lavoro, attraverso riconversioni professionali;
- "**nel**" lavoro, per le continue evoluzioni tecnologiche e organizzative;
- "**per**" il lavoro, in seguito a mutamenti di mentalità, a nuove culture e strategie produttive.

Per essere all'altezza delle sfide provocate da questi cambiamenti, è davvero necessario dotarsi di un sistema di formazione e aggiornamento al passo con i tempi, reattivo, sensibile e specifico al divenire culturale della modernità.

Definire il concetto di formazione non è semplice, per la molteplicità delle finalità che essa si propone e per le numerose forme e modalità nelle quali essa stessa si realizza.

La formazione è, e rimane comunque, "**crescita**", intesa sia come presidio dei processi di trasmissione del sapere, sia come veicolo di riqualificazione e sviluppo professionale.

Obiettivo specifico della formazione è l'insegnamento/apprendimento di competenze destinate poi a tradursi in prestazioni professionali. La formazione, nell'ambito delle organizzazioni sanitarie e socio-sanitarie, non è solo trasmissione di abilità e conoscenze, è anche, e forse soprattutto, comunicazione di valori e sviluppo delle relazioni umane.

L'intero volume centra e raccoglie al suo interno le tematiche citate e compie un grande passo in avanti nel sostanziare l'operatività dell'OSS nella realtà italiana, individuando gli aspetti comuni e sovrapponibili, evidenziando il focus assistenziale del profilo dell'OSS piuttosto che esasperarne il dibattito sulle peculiarità e sulle differenze regionali.

Infatti, a fronte del provvedimento della Conferenza Stato Regioni del 22 febbraio 2001 noto come "L'individuazione della figura e del relativo profilo dell'Operatore Socio Sanitario" non tutte le Regioni hanno autonomamente emanato provvedimenti per disciplinare tale figura.

Il manuale, nel senso stretto del termine, propone l'uniformità e l'unicità del SSN, mediante un'opera di orientamento e accompagnamento ai diversi ambiti e contesti assistenziali dell'OSS.

Tale volume costituisce anche un valido strumento di indirizzo per tutti gli studenti dei corsi per Operatori Socio Sanitari, oltre che per quanti sono impegnati in concorsi pubblici. In definitiva risponde efficacemente alle esigenze di chi ha la necessità di svolgere un percorso formativo o di aggiornamento delle conoscenze già acquisite, e anche a chi si approccia al mondo del lavoro nel settore dell'aiuto alla persona.

L'opera proposta, nella sua organizzazione e nei contenuti in essa presenti, risente positivamente delle conoscenze teoriche, delle diverse esperienze formativo - didattiche e cliniche degli autori. Bene rappresenta lo sforzo di tradurre concretamente la relazione esistente tra il mondo della formazione ed il mondo del lavoro.

Concludo la mia breve prefazione, affidandomi alle parole del poeta francese Maxence Van der Meersch, che rispecchiano il mio pensiero nella lettura di questo manuale:

Il bel libro non deve essere la storia di un'eccezione.
Deve essere un brano della vita di tutti i giorni,
in cui ognuno si riconosca
e che insegni agli uomini qualche cosa che non tutti vedevano.
(Maxence Van der Meersch)

Stefania Pace

Presidente OPI BRESCIA
Coordinatore del Servizio Infermieristico di Fondazione Poliambulanza
Professore a contratto di Regolamentazione e Deontologia Professionale del corso di Laurea in Infermieristica, Università Cattolica del Sacro Cuore, sede di Brescia
Coordinatore dei corsi per OSS del Centro di Formazione Professionale Zanardelli di Brescia

Indice

Introduzione
L'operatore socio-sanitario: profilo professionale e concorsi pubblici

Parte Prima
Legislazione sociale e sanitaria e aspetti organizzativi

Sezione Prima Elementi di Legislazione sociale e sanitaria

Sezione Seconda Aspetti organizzativi del lavoro sociale e sanitario nel territorio

Parte Seconda
Competenze psicosociali

Parte Terza
Igiene e sicurezza

Capitolo 3 Il controllo delle infezioni

Parte Quarta
L'assistenza alla persona

Capitolo 1 I bisogni della persona e il concetto di benessere

Parte Quinta
Elementi di Anatomia e Fisiologia umana

Introduzione

L'operatore socio-sanitario: profilo professionale e concorsi pubblici

SOMMARIO

Capitolo 1
La figura dell'operatore socio-sanitario

1.1 Il profilo professionale

Il profilo dell'Operatore socio-sanitario (OSS) è stato istituito il 22 febbraio 2001 con Provvedimento della Conferenza permanente per i rapporti tra lo Stato, le Regioni e le Province autonome di Trento e Bolzano con l'intento di sostituire i precedenti profili dei vari operatori di supporto, sia dell'area sanitaria (come l'OTA, Operatore tecnico addetto all'assistenza) che sociale (come l'OSA, Operatore socio-assistenziale, l'ASA, Ausiliario socio-assistenziale, e l'ADEST, Assistente domiciliare e dei servizi tutelari).

L'accordo venne sottoscritto tra il Ministro della Sanità, il Ministro per la solidarietà sociale e i rappresentanti delle Regioni e delle Province autonome di Trento e Bolzano.

L'OSS integra funzioni, mansioni e competenze delle succitate figure professionali ed è una figura più completa rispetto alle stesse, in grado di svolgere interventi integrati di assistenza diretta alla persona e di supporto ad altri operatori sia dell'area sanitaria che dell'area sociale.

Le ulteriori motivazioni che hanno portato alla nascita dell'OSS sono le seguenti:

- l'incremento della domanda sanitaria, causata dall'aumento della popolazione anziana e disabile e dalla necessità di erogare prestazioni sempre più qualificate in considerazione degli sviluppi della ricerca scientifica e tecnologica;
- la carenza di personale infermieristico;
- l'evoluzione della professione infermieristica, anche grazie all'accesso alla formazione universitaria.

In particolare, a causa dello scarso impiego dell'OTA nel corso degli anni, sia nei servizi domiciliari che in strutture di tipo socio-sanitario, nonché per via delle sue mansioni prettamente alberghiere e utilizzabili in ambito sanitario, si è ritenuto opportuno istituire una figura di supporto ancora più completa, che potesse operare in ambito sanitario, socio-assistenziale e socio-sanitario.

L'OSS affianca diversi professionisti dell'area sociale e sanitaria, tra i quali il coordinatore infermieristico e il personale infermieristico in turno, e, inoltre, in via generale si attiene alle attribuzioni del professionista sanitario o sociale di riferimento.

In ambito sanitario e socio-sanitario, l'OSS ha specifiche caratteristiche di ausiliarietà rispetto al personale infermieristico. In tali ambiti, l'infermiere ha compiti di supervisione dell'intero processo assistenziale e assegna all'OSS le attività da svolgere. In questo modo, l'OSS concorre e aiuta l'infermiere a garantire l'assistenza di base, permettendogli di dedicarsi in misura più ampia alla pianificazione e valutazione dell'assistenza e alle attività cliniche di complessità maggiore.

L'OSS può lavorare in ambito sanitario, socio-assistenziale e socio-sanitario, in strutture di tipo residenziale, semiresidenziale e in assistenza domiciliare, fornendo in particolare assistenza a persone che versano in condizioni di fragilità come anziani, diversamente abili, minori, malati terminali, malati cronici.

1.2 Guida commentata al Provvedimento del 22 febbraio 2001

Il provvedimento del 22 febbraio 2001, istitutivo della figura dell'OSS, è formato da 13 articoli e 3 allegati (allegato A, allegato B, allegato C) che lo integrano.

All'articolo 1, comma 1, viene individuata la figura dell'OSS, mentre nel comma 2 dello stesso articolo si legge che "l'OSS è l'operatore che, a seguito dell'attestato di qualifica conseguito al termine di specifica formazione professionale, svolge attività indirizzata a:

a) soddisfare i bisogni primari della persona, nell'ambito delle proprie aree di competenza, in un contesto sia sociale che sanitario;
b) favorire il benessere e l'autonomia dell'utente".

Nell'art. 2 viene sancito che "la **formazione** dell'Operatore socio-sanitario è di competenza delle Regioni e delle Province autonome, che provvedono all'organizzazione dei corsi e delle relative attività didattiche, nel rispetto delle disposizioni del presente decreto".

Questo significa che i criteri di accesso ai corsi per OSS possono differire tra le varie Regioni e Province autonome.

Infatti, in alcune Regioni l'accesso ai corsi è a numero chiuso e programmato, dunque per potersi iscrivere è necessario superare una selezione e collocarsi in posizione utile nella graduatoria finale, mentre in altre è libero e non programmato (ovviamente sostenendo i relativi costi di iscrizione).

In alcune Regioni viene richiesto come requisito di accesso il diploma di maturità (ad esempio in Lombardia), in altre è sufficiente la sola licenza media. Anche le competenze che devono possedere gli OSS a fine corso non sono le stesse nelle varie Regioni.

Ciò ha portato in alcuni casi anche a differenze molto importanti e sostanziali da Regione a Regione nelle prestazioni che possono erogare gli OSS a supporto del personale sanitario, nello specifico quello infermieristico. Per tale motivo da più parti si auspica un intervento mirato e tempestivo del legislatore nazionale al fine di uniformare il profilo dell'OSS sul territorio nazionale.

L'art. 3 descrive i **contesti lavorativi** dell'OSS, il quale svolge la sua attività nel settore sociale, nel settore sanitario, in servizi di tipo socio-assistenziale e socio-sanitario, residenziali o semiresidenziali, in ambiente ospedaliero e al domicilio dell'utente.

L'art. 4 pone specifica attenzione al **contesto relazionale**, stabilendo che l'Operatore socio-sanitario svolge la sua attività in collaborazione con gli altri operatori professionali preposti all'assistenza sanitaria e a quella sociale, secondo il criterio del lavoro multiprofessionale.

L'art. 5 definisce la **sfera di azione** dell'OSS, individuando tre ambiti di attività rivolte alla persona e al suo ambiente di vita, che l'Allegato A specifica come segue:

a) assistenza diretta e aiuto domestico alberghiero;
b) intervento igienico-sanitario e di carattere sociale;
c) supporto gestionale, organizzativo e formativo.

L'art. 6 individua le **competenze** che deve possedere l'OSS, suddivise in competenze tecniche e relazionali, descritte nell'allegato B.

Per **accedere ai corsi di formazione** per Operatore socio-sanitario, come si legge nell'art. 7, viene richiesto il diploma di scuola dell'obbligo e il compimento del 17° anno di età alla data di iscrizione.

L'art. 8 dispone che l'**attività didattica** nei corsi di formazione per OSS è strutturata per moduli e per aree disciplinari e che ogni corso comprende un modulo di base e un modulo professionalizzante. I corsi di formazione hanno durata annuale, per un numero di ore non inferiore a 1000.

Nell'articolo 10 vengono illustrate le **materie di insegnamento** che devono essere impartite nei corsi; le stesse devono essere articolate nelle aree disciplinari descritte e specificate nell'allegato C.

I corsi per OSS come stabilito dall'art. 11 comprendono un **tirocinio** guidato presso le strutture e i servizi nel cui ambito la figura professionale dell'operatore socio-sanitario è prevista.

Nell'articolo 12 vengono descritte le modalità di **accesso all'esame finale** e quelle di **rilascio dell'attestato di qualifica** valido su tutto il territorio nazionale, nelle strutture, attività e servizi sanitari, socio-sanitari e socio-assistenziali, negli ambiti dove è prevista la figura dell'OSS.

1.3 Gli allegati A, B, C al Provvedimento del 22 febbraio 2001

Il provvedimento del 22 febbraio 2001 contiene gli allegati A, B, C, che ne costituiscono parte integrante.

Ne riportiamo i testi completi.

ALLEGATO A
Elenco delle principali attività previste per l'Operatore socio-sanitario

1) Assistenza diretta e aiuto domestico alberghiero
- Assiste la persona, in particolare non autosufficiente o allettata, nelle attività quotidiane e di igiene personale;
- realizza attività semplici di supporto diagnostico e terapeutico;
- collabora ad attività finalizzate al mantenimento delle capacità psico-fisiche residue, alla rieducazione, riattivazione, recupero funzionale;
- realizza attività di animazione e socializzazione di singoli e gruppi;
- coadiuva il personale sanitario e sociale nell'assistenza al malato anche terminale e morente;
- aiuta la gestione dell'utente nel suo ambito di vita;
- cura la pulizia e l'igiene ambientale.

2) Intervento igienico-sanitario e di carattere sociale
- Osserva e collabora alla rilevazione dei bisogni e delle condizioni di rischio-danno dell'utente;

- collabora all'attuazione degli interventi assistenziali;
- valuta, per quanto di competenza, gli interventi più appropriati da proporre;
- collabora all'attuazione di sistemi di verifica degli interventi;
- riconosce e utilizza linguaggi e sistemi di comunicazione-relazione appropriati alle condizioni operative;
- mette in atto relazioni-comunicazioni di aiuto con l'utente e la famiglia, per l'integrazione sociale ed il mantenimento e recupero dell'identità personale.

3) Supporto gestionale, organizzativo e formativo
- Utilizza strumenti informativi di uso comune per la registrazione di quanto rilevato durante il servizio;
- collabora alla verifica della qualità del servizio;
- concorre, rispetto agli operatori dello stesso profilo, alla realizzazione dei tirocini e alla loro valutazione;
- collabora alla definizione dei propri bisogni di formazione e frequenta corsi di aggiornamento;
- collabora, anche nei servizi assistenziali non di ricovero, alla realizzazione di attività semplici.

ALLEGATO B
Competenze dell'Operatore socio-sanitario

Competenze tecniche

In base alle proprie competenze ed in collaborazione con altre figure professionali, sa attuare i piani di lavoro.

È in grado di utilizzare metodologie di lavoro comuni (schede, protocolli ecc.).

È in grado di collaborare con l'utente e la sua famiglia:

- nel governo della casa e dell'ambiente di vita, nell'igiene e cambio biancheria;
- nella preparazione e/o aiuto all'assunzione dei pasti;
- quando necessario, e a domicilio, per l'effettuazione degli acquisti;
- nella sanificazione e sanitizzazione ambientale.

È in grado di curare la pulizia e la manutenzione di arredi e attrezzature, nonché la conservazione degli stessi e il riordino del materiale dopo l'assunzione dei pasti.

Sa curare il lavaggio, l'asciugatura e la preparazione del materiale da sterilizzare.

Sa garantire la raccolta e lo stoccaggio corretto dei rifiuti, il trasporto del materiale biologico sanitario, e dei campioni per gli esami diagnostici, secondo protocolli stabiliti.

Sa svolgere attività finalizzate all'igiene personale, al cambio della biancheria, all'espletamento delle funzioni fisiologiche, all'aiuto nella deambulazione, all'uso corretto di presidi, ausili e attrezzature, all'apprendimento e mantenimento di posture corrette.

In sostituzione e appoggio dei familiari e su indicazione del personale preposto è in grado di:

- aiutare per la corretta assunzione dei farmaci prescritti e per il corretto utilizzo di apparecchi medicali di semplice uso;
- aiutare nella preparazione alle prestazioni sanitarie;

- osservare, riconoscere e riferire alcuni dei più comuni sintomi di allarme che l'utente può presentare (pallore, sudorazione, ecc.);
- attuare interventi di primo soccorso;
- effettuare piccole medicazioni o cambio delle stesse;
- controllare e assistere la somministrazione delle diete;
- aiutare nelle attività di animazione e che favoriscono la socializzazione, il recupero ed il mantenimento di capacità cognitive e manuali;
- collaborare ad educare al movimento e favorire movimenti di mobilizzazione semplici su singoli e gruppi;
- provvedere al trasporto di utenti, anche allettati, in barella-carrozzella;
- collaborare alla composizione della salma e provvedere al suo trasferimento;
- utilizzare specifici protocolli per mantenere la sicurezza dell'utente, riducendo al massimo il rischio;
- svolgere attività di informazione sui servizi del territorio e curare il disbrigo di pratiche burocratiche;
- accompagnare l'utente per l'accesso ai servizi.

Competenze relative alle conoscenze richieste

Conosce le principali tipologie di utenti e le problematiche connesse.

Conosce le diverse fasi di elaborazione dei progetti di intervento personalizzati.

Riconosce per i vari ambiti le dinamiche relazionali appropriate per rapportarsi all'utente sofferente, disorientato, agitato, demente o handicappato mentale ecc.

È in grado di riconoscere le situazioni ambientali e le condizioni dell'utente per le quali è necessario mettere in atto le differenti competenze tecniche.

Conosce le modalità di rilevazione, segnalazione e comunicazione dei problemi generali e specifici relativi all'utente.

Conosce le condizioni di rischio e le più comuni sindromi da prolungato allettamento e immobilizzazione.

Conosce i principali interventi semplici di educazione alla salute, rivolti agli utenti e ai loro familiari.

Conosce l'organizzazione dei servizi sociali e sanitari e quella delle reti informali.

Competenze relazionali

Sa lavorare in équipe.

Si avvicina e si rapporta con l'utente e con la famiglia, comunicando in modo partecipativo in tutte le attività quotidiane di assistenza; sa rispondere esaurientemente, coinvolgendo e stimolando al dialogo.

È in grado di interagire, in collaborazione con il personale sanitario, con il malato morente.

Sa coinvolgere le reti informali, sa rapportarsi con le strutture sociali, ricreative, culturali dei territori.

Sa sollecitare ed organizzare momenti di socializzazione, fornendo sostegno alla partecipazione ad iniziative culturali e ricreative sia sul territorio che in ambito residenziale.

È in grado di partecipare all'accoglimento dell'utente per assicurare una puntuale informazione sul Servizio e sulle risorse.

È in grado di gestire la propria attività con la dovuta riservatezza ed eticità. Affiancandosi ai tirocinanti, sa trasmettere i propri contenuti operativi.

ALLEGATO C
Obiettivi di modulo e materie di insegnamento

Obiettivi di modulo

1° modulo (200 ore di teoria)

- Acquisire elementi di base utili per individuare i bisogni delle persone e le più comuni problematiche relazionali.
- Distinguere i sistemi organizzativi socio-assistenziali e la rete dei servizi.
- Conoscere i fondamenti dell'etica, i concetti generali che stanno alla base della sicurezza e della salute dei lavoratori sui luoghi di lavoro, nonché i principi che regolano il rapporto di dipendenza del lavoratore (doveri, responsabilità, diritti...).
- Conoscere i concetti di base dell'igiene e i criteri attraverso i quali mantenere la salubrità dell'ambiente.

2° modulo (250 ore di teoria, 100 esercitazioni, 450 tirocinio)

- Riconoscere e classificare i bisogni ed interpretare le problematiche assistenziali derivanti in relazione alle principali caratteristiche del bambino, della persona anziana, della persona con problemi psichiatrici, con handicap, ecc. o in situazioni di pericolo.
- Identificare tutti gli elementi necessari alla pianificazione dell'assistenza, collaborando con le figure professionali preposte.
- Riconoscere le principali alterazioni delle funzioni vitali al fine di attivare altre competenze e/o utilizzare tecniche comuni di primo intervento.
- Applicare le conoscenze acquisite per: mantenimento di un ambiente terapeutico adeguato, cura della persona, mantenimento delle capacità residue, recupero funzionale.
- Conoscere ed applicare le diverse metodologie operative presenti nelle sedi di tirocinio.
- Conoscere i principali aspetti psico-sociali dell'individuo e del gruppo al fine di sviluppare abilità comunicative adeguate alle diverse situazioni relazionali degli utenti e degli operatori nonché conoscere le caratteristiche, le finalità e le prestazioni di assistenza sociale allo scopo di concorrere, per quanto di competenza, al mantenimento dell'autonomia e dell'integrazione sociale dell'utente.

Modulo facoltativo: tematica professionale specifica (50 ore teoria, 50 esercitazioni, 100 tirocinio)

- Approfondire le competenze acquisite con speciale riferimento ad una particolare tipologia di utenza o ad uno specifico ambiente assistenziale.

Principali materie di insegnamento

Area socio-culturale, istituzionale e legislativa

- Elementi di legislazione nazionale e regionale a contenuto socio-assistenziale e previdenziale.
- Elementi di legislazione sanitaria e organizzazione dei servizi (normativa specifica O.S.S.).

– Elementi di etica e deontologia.
– Elementi di diritto del lavoro e rapporto di dipendenza.

Area psicologica e sociale
– Elementi di psicologia e sociologia.
– Aspetti psico-relazionali ed interventi assistenziali in rapporto alle specificità dell'utenza.

Area igienico-sanitaria e area tecnico-operativa
– Elementi di igiene.
– Disposizioni generali in materia di protezione della salute e della sicurezza dei lavoratori.
– Igiene dell'ambiente e comfort alberghiero.
– Interventi assistenziali rivolti alla persona in rapporto a particolari situazioni di vita e tipologia di utenza.
– Metodologia del lavoro sociale e sanitario.
– Assistenza sociale.

1.4 Principali settori di attività dell'OSS

L'OSS svolge la sua attività nel settore sociale, socio-sanitario e sanitario, in ambiente ospedaliero in unità di offerta residenziali, diurne/semiresidenziali e domiciliari.
Nello specifico, i principali ambiti di attività dell'OSS sono:

- gli ospedali pubblici e privati;
- le cliniche;
- le strutture per anziani, tra le quali i CDI (Centri Diurni Integrati) e le RSA (Residenze Sanitarie Assistenziali);
- le strutture per disabili, tra le quali i CDD (Centri diurni per persone con disabilità); le RSD (Residenze sanitarie assistenziali per persone disabili); le CSS (Comunità alloggio socio-sanitarie per persone disabili);
- le strutture per malati terminali (Hospice);
- gli IDR (Istituti di riabilitazione).

L'OSS può inoltre lavorare nei Servizi di assistenza domiciliare:

- presso organizzazioni esterne, pubbliche o private, accreditate con il Comune o che gestiscono il servizio del Comune in appalto;
- presso organizzazioni esterne accreditate con l'ASL o che gestiscono il servizio in appalto e che svolgono assistenza domiciliare integrata (ADI);
- presso organizzazioni del privato sociale come cooperative e associazioni di volontariato che operano nel libero mercato;
- alle dipendenze dirette della persona da assistere.

1.5 L'OSS con formazione complementare in assistenza sanitaria

L'Accordo stipulato in seno alla Conferenza Stato-Regioni e Province autonome di Trento e Bolzano, nella seduta del 16 gennaio 2003, istituisce la figura dell'OSS con formazione complementare in assistenza sanitaria.

L'OSS-FC è l'operatore che ha raggiunto le competenze professionali per l'esercizio delle attività e dei compiti che gli consentono di svolgere ulteriori attività in aggiunta a quelle previste dal profilo di base. Il percorso formativo, riservato agli OSS in possesso di attestato di qualifica, prevede moduli di formazione complementare per un numero di ore non inferiore a 300, di cui la metà di tirocinio.
L'Operatore socio-sanitario con formazione complementare in assistenza sanitaria è in grado di collaborare con l'infermiere o con l'ostetrica e di svolgere alcune attività assistenziali in base all'organizzazione dell'unità funzionale di appartenenza e conformemente alle direttive del responsabile dell'assistenza infermieristica o ostetrica o sotto la supervisione della stessa. Come stabilito dall'allegato A, che è parte integrante dell'accordo del 16 gennaio del 2003, l'Operatore socio-sanitario con formazione complementare in assistenza sanitaria è in grado di eseguire:

- la somministrazione, per via naturale, della terapia prescritta, conformemente alle direttive del responsabile dell'assistenza infermieristica o ostetrica o sotto la sua supervisione;
- la terapia intramuscolare e sottocutanea su specifica pianificazione infermieristica, conformemente alle direttive del responsabile dell'assistenza infermieristica o ostetrica o sotto la sua supervisione;
- i bagni terapeutici, impacchi medicali e frizioni;
- la rilevazione e l'annotazione di alcuni parametri vitali (frequenza cardiaca, frequenza respiratoria e temperatura) del paziente;
- la raccolta di escrezioni e secrezioni a scopo diagnostico;
- le medicazioni semplici e i bendaggi;
- i clisteri;
- la mobilizzazione dei pazienti non autosufficienti per la prevenzione di decubiti e alterazioni cutanee;
- la respirazione artificiale, il massaggio cardiaco esterno;
- la cura e il lavaggio e la preparazione del materiale per la sterilizzazione;
- l'attuazione e il mantenimento dell'igiene della persona;
- la pulizia, disinfezione e sterilizzazione delle apparecchiature, delle attrezzature sanitarie e dei dispositivi medici;
- la raccolta e lo stoccaggio dei rifiuti differenziati;
- il trasporto del materiale biologico ai fini diagnostici;
- la somministrazione dei pasti e delle diete;
- la sorveglianza delle fleboclisi, conformemente alle direttive del responsabile dell'assistenza infermieristica o ostetrica o sotto la sua supervisione.

L'articolo 1, comma 1 dell'Accordo Stato-Regioni e Province autonome di Trento e Bolzano del 16 gennaio 2003, istitutivo della figura dell'OSS con formazione complementare in assistenza sanitaria, stabilisce che: "*Per far fronte alle crescenti esigenze di assistenza sanitaria nelle strutture sanitarie e sociosanitarie, pubbliche e private, le Regioni e le Province autonome di Trento e Bolzano possono provvedere all'organizzazione di moduli di formazione complementare di assistenza sanitaria, per un numero di ore non inferiore a 300, di cui la metà di tirocinio, riservati agli operatori sociosanitari in possesso dell'attestato di qualifica di cui all'articolo 12 dell'Accordo intervenuto il 22 febbraio 2001 (repertorio atti n. 1161) in sede di Conferenza Stato-Regioni tra il Ministro della Salute, il Ministro del Lavoro e delle Politiche Sociali e le Regioni e le Provincie autonome di Trento e Bolzano, per l'individuazione della figura e del relativo profilo professionale dell'operatore socio-sanitario e per la definizione dell'ordinamento didattico dei corsi di formazione, o di un titolo riconosciuto equipollente ai sensi dell'articolo 13 dello stesso Accordo*".

Di recente, in diverse Regioni è stato dato il via all'organizzazione di corsi per OSS con formazione complementare in assistenza sanitaria. Tra queste la Regione Lombardia che con la deliberazione n. XI/6724 del 25/07/2022 (pubblicata sul Bollettino ufficiale della stessa Regione n. 30 del 29 luglio 2022) ha dato il via al progetto sperimentale denominato: "Percorso di formazione complementare in assistenza sanitaria dell'Operatore Socio-Sanitario (OSS-FC) nelle unità di offerta sociosanitarie di cure intermedie e nelle unità di offerta sociosanitarie residenziali e semiresidenziali per persone anziane e per persone con disabilità".

1.6 L'evoluzione storico-normativa delle figure di supporto in ambito sanitario, sociale e socio-sanitario

Il profilo professionale dell'OSS, come già detto, è stato istituito con l'intento di sostituire i precedenti profili dei vari operatori di supporto, sia dell'area sanitaria, come l'OTA (Operatore tecnico addetto all'assistenza), sia dell'area sociale, come l'OSA (Operatore socio-assistenziale), l'ASA (Ausiliario socio-assistenziale), l'ADEST (Assistente domiciliare e dei servizi tutelari), l'ADB (Addetto all'assistenza di base).

Si cercherà ora di fornire un valido aiuto per comprendere, partendo dall'Ausiliario (Portantino) per poi passare all'Ausiliario socio-sanitario, all'Ausiliario socio-sanitario specializzato e all'Operatore tecnico addetto all'assistenza, i motivi che hanno portato il legislatore a istituire la figura dell'OSS e successivamente, nel 2003, la figura dell'OSSS (Operatore socio-sanitario con formazione complementare in assistenza sanitaria).

Nel dettaglio, nella **tabella** sottostante, vengono riportate tali **figure di supporto dell'area sanitaria**, tutte con ruolo tecnico e sempre storicamente poste sotto il coordinamento del Caposala (Coordinatore infermieristico) e degli infermieri in turno.

Ausiliario (Portantino)	Figura storicamente presente negli ospedali, è stata istituita con il DPR (Decreto del Presidente della Repubblica) n. 128/69, al fine di svolgere mansioni esecutive semplici: principalmente pulizia ambienti, trasporto materiale, prestazioni manuali.
Ausiliario Socio-Sanitario (ASS)	Figura istituita nel 1979, l'ASS, secondo il Contratto Collettivo Nazionale (CCNL) di riferimento, si occupa di: • attività alberghiere (comprese le pulizie); • rispondere ai campanelli, portare pappagalli, padelle, rifare letti non occupati.
Ausiliario Socio-Sanitario Specializzato (ASSS)	Tale profilo è stato istituito con DPR n. 348/83 – Decreto Ministeriale (DM) n. 1984. Con un ulteriore corso di formazione della durata di 310 ore, articolato in 110 ore per la parte teorica, in 200 ore per la parte pratica, l'ASS diventa ASSS con un ampliamento delle competenze, potendo svolgere la sua attività sia nelle unità operative semplici sia in quelle complesse. L'ausiliario socio-sanitario specializzato assicura le pulizie negli ambienti di degenza ospedaliera, diurna e domiciliare, ivi comprese quelle del comodino e delle apparecchiature della testata del letto. È responsabile della corretta esecuzione dei compiti affidatigli dal Caposala e/o dal personale infermieristico e prende parte alla programmazione degli interventi assistenziali per il degente. Tale figura viene creata con il fine di **sollevare e/o alleggerire il personale infermieristico** dallo svolgere diverse competenze assistenziali di base.

Ausiliario Socio-Sanitario Specializzato (ASSS)	L'ASSS inoltre provvede: • a garantire attività alberghiera; • alla pulizia della stanza del paziente; • al trasporto degli infermi in barella e in carrozzella e al loro accompagnamento se deambulanti con difficoltà; • a collaborare con il personale infermieristico nella pulizia dell'ammalato allettato e nelle manovre di posizionamento nel letto.
Operatore Tecnico addetto all'Assistenza (OTA)	Tale profilo viene istituito ai sensi dell'articolo 40, 3° comma del DPR n. 384 del 28 novembre 1990, mentre il percorso formativo è già regolato dal DM n. 295 del 26 luglio 1991. Alla figura dell'OTA vengono attribuite, nei campi di attività dove può operare (principalmente in ambito ospedaliero), maggiori competenze in ambito igienico, alberghiero e assistenziale di base, in modo da razionalizzare in maniera più efficace ed efficiente le competenze e la professionalità del personale infermieristico. L'OTA viene posto sotto il coordinamento del Caposala o del personale infermieristico in turno. Ai corsi per OTA di durata annuale e di 670 ore, articolate in 220 ore per la parte teorica, 70 ore per le esercitazioni pratiche, 60 ore per la verifica dell'apprendimento e 320 ore per il tirocinio guidato, possono accedere le seguenti figure: • gli ausiliari specializzati del contingente addetto ai servizi socio-assistenziali, ovvero candidati "esterni" al sistema sanitario, previo superamento di un apposito corso annuale da svolgersi secondo modalità, requisiti di accesso, percentuali di ammissione per candidati interni ed esterni, stabiliti, nell'ambito della programmazione sanitaria, con decreto del Ministro della sanità; • figure "interne", vale a dire quanti in possesso dell'attestato di qualifica di ausiliario socio-sanitario specializzato nonché coloro che sono collocati nella posizione funzionale di ausiliario addetto ai servizi socio-assistenziali, inserite all'interno del sistema sanitario, ai sensi del 2° comma dell'articolo 40 del citato decreto del Presidente della Repubblica 28 novembre 1990, n. 384. A causa dello scarso impiego dell'OTA nel corso degli anni, sia nei servizi domiciliari che in strutture di tipo socio-sanitario nonché per via delle sue mansioni prettamente alberghiere e utilizzabili in ambito sanitario, si è ritenuto opportuno istituire una figura di supporto ancora più qualificata e completa per poter operare in ambito sanitario, socio-assistenziale e socio-sanitario. Questo ha portato nel 2001 alla nascita dell'OSS.
Operatore Socio-Sanitario (OSS)	Il profilo professionale dell'OSS è stato istituito il 22 febbraio 2001 con Provvedimento della Conferenza permanente per i rapporti tra lo Stato, le Regioni e le Province autonome di Trento e Bolzano con l'intento di sostituire i precedenti profili dei vari operatori di supporto, sia dell'area sanitaria, come l'OTA, che dell'area sociale, come l'OSA, l'ASA, l'ADEST, l'ADB. L'OSS è una figura più completa rispetto a tali profili integrandone funzioni, mansioni e competenze.
Operatore Socio-Sanitario con formazione complementare in assistenza sanitaria (OSSS)	Con accordo raggiunto dalla Conferenza permanente del 16 gennaio 2003 tra Stato, Regioni e Province autonome di Trento e Bolzano, è stata disciplinata la formazione complementare in assistenza sanitaria della figura professionale dell'operatore socio-sanitario. L'accordo viene sottoscritto al fine di permettere a coloro che sono già in possesso di un attestato di OSS, al termine di apposita e ulteriore formazione complementare, di collaborare con l'infermiere o con l'ostetrica in alcune attività assistenziali, in base all'organizzazione dell'unità funzionale di appartenenza e conformemente alle direttive del responsabile dell'assistenza infermieristica o ostetrica o sotto la supervisione della stessa.

In **ambito sociale e socio-sanitario** la figura dell'OSS, lo ribadiamo ancora, è stata istituita per sostituire figure come l'Operatore socio-assistenziale, l'Ausiliario socio-assistenziale, l'Assistente domiciliare e dei servizi tutelari, l'Addetto all'assistenza di base.

La durata dei corsi varia da operatore a operatore ma le loro competenze sono molto simili.

In estrema sintesi e in via generale, seppure con sottili distinguo e con compiti molto spesso sovrapponibili, si può asserire che i suddetti operatori svolgono prestazioni igienico-sanitarie di semplice attuazione, non infermieristiche e non specialistiche.

Inoltre svolgono attività indirizzate a mantenere e/o recuperare il benessere psicofisico della persona nel suo ambiente di vita, con aiuti di tipo domestico e alberghiero finalizzati a ridurne i rischi di isolamento e di emarginazione, assistendola in tutte le attività della vita quotidiana e aiutandola nell'espletamento delle sue funzioni personali essenziali.

Lavorano al domicilio, in forma autonoma o alle dipendenze dirette dell'assistito, o per conto di organizzazioni pubbliche, ma molto più spesso private, che garantiscono il SAD (Servizio di Assistenza Domiciliare) del Comune o l'ADI (Assistenza Domiciliare Integrata) dell'ASL. In tali casi possono spesso trovarsi ad operare a stretto contatto con le famiglie e con la rete dei servizi territoriali, in particolare con gli assistenti sociali comunali, i medici di base, le associazioni di volontariato, tutori e amministratori di sostegno. Vengono anche impiegati in strutture per anziani e disabili, sia residenziali che semi-residenziali, di tipo socio-assistenziale e socio-sanitario, ma **non in ambito ospedaliero e sanitario**, dove è necessario il possesso dell'attestato di Operatore socio-sanitario (OSS).

1.7 L'OSS e la "legge Lorenzin"

La legge n. 3 dell'11 gennaio 2018, "Delega al Governo in materia di sperimentazione clinica di medicinali nonché disposizioni per il riordino delle professioni sanitarie e per la dirigenza sanitaria del Ministero della salute", meglio conosciuta come **"legge Lorenzin"**, dal nome dell'allora Ministro della Salute proponente, l'on. Beatrice Lorenzin, è entrata in vigore il 15 febbraio 2018.

Tra le novità introdotte:

- l'**istituzione dell'area delle professioni socio-sanitarie** e l'inclusione all'interno della stessa dell'operatore socio-sanitario, unitamente ad altri operatori;
- la modifica dell'articolo 348 del codice penale, che ha portato all'inasprimento delle pene per coloro che compiono il **reato di esercizio abusivo di una professione** (di questo aspetto si parlerà diffusamente nel capitolo dedicato ai "Principi di etica e deontologia professionale");
- la nascita della **Federazione nazionale degli Ordini delle professioni infermieristiche** (FNOPI) che va a sostituire la precedente Federazione nazionale IPASVI (Infermieri professionali, Assistenti sanitari e Vigilatrici d'infanzia); contestualmente, gli OPI, i Collegi provinciali, sono Ordini provinciali delle professioni infermieristiche;
- l'individuazione e l'istituzione delle professioni sanitarie dell'osteopata e del chiropratico;
- l'inserimento della figura dello psicologo all'interno delle professioni sanitarie;
- l'istituzione di 17 nuovi albi delle professioni sanitarie:
  - albo della professione sanitaria di Tecnico sanitario di laboratorio biomedico;

- albo della professione sanitaria di Tecnico audiometrista;
- albo della professione sanitaria di Tecnico audioprotesista;
- albo della professione sanitaria di Tecnico ortopedico;
- albo della professione sanitaria di Dietista;
- albo della professione sanitaria di Tecnico di neurofisiopatologia;
- albo della professione sanitaria di Tecnico di fisiopatologia cardiocircolatoria e perfusione cardiovascolare;
- albo della professione sanitaria di Igienista dentale;
- albo della professione sanitaria di Fisioterapista;
- albo della professione sanitaria di Logopedista;
- albo della professione sanitaria di Podologo;
- albo della professione sanitaria di Ortottista e assistente di oftalmologia;
- albo della professione sanitaria di Terapista della neuro e psicomotricità dell'età evolutiva;
- albo della professione sanitaria di Tecnico della riabilitazione psichiatrica;
- albo della professione sanitaria di Terapista occupazionale;
- albo della professione sanitaria di Educatore professionale;
- albo della professione sanitaria di Tecnico della prevenzione nell'ambiente e nei luoghi di lavoro.

1.7.1 L'OSS e l'area delle professioni socio-sanitarie

Uno degli obiettivi della legge Lorenzin, ci si riferisce nello specifico all'**articolo 5**, era quello di istituire l'area delle professioni socio-sanitarie, secondo quanto previsto dall'articolo 3-*octies* del decreto legislativo 30 dicembre 1992, n. 502, comprendendo all'interno della stessa varie figure: l'assistente sociale, il sociologo, l'educatore professionale e l'operatore socio-sanitario (fermo restando che i predetti profili professionali afferiscono agli Ordini di rispettiva appartenenza, ove previsti).

In questo modo venne dato un importante riconoscimento al prezioso ruolo svolto dagli OSS nel campo dell'assistenza alla persona e all'interno delle équipe dove operano, che arrivò a distanza di poco più di 17 anni dall'istituzione del profilo. L'articolo 5, comma 4, della legge Lorenzin stabilisce infatti che l'ordinamento didattico della formazione per i profili professionali socio-sanitari venga definito con decreto del MIUR (Ministero dell'Istruzione, dell'Università e della Ricerca), di concerto con il Ministero della Salute, sentite le competenti Commissioni parlamentari e acquisito il parere del Consiglio universitario nazionale e del Consiglio superiore di sanità. I governi successivi a quello di cui faceva parte il Ministro Lorenzin non hanno però in seguito approvato le norme necessarie per rendere effettiva l'attuazione dell'area sociosanitaria, fino a luglio 2021.

Con la legge 106 del 23 luglio 2021, art. 34, comma 9-*ter*, il Parlamento ha inserito l'OSS nell'area socio-sanitaria, insieme all'assistente sociale e al sociologo, senza nuovi o maggiori oneri per la finanza pubblica, **applicando** l'articolo 3-*octies* del decreto legislativo n. 502 del 1992 **e attuando** quanto previsto dall'articolo 5 della legge 11 gennaio 2018, n. 3 (legge Lorenzin), **che citano l'area sociosanitaria**.

Va infine specificato che l'OSS **non è una figura sanitaria** in quanto non viene formato all'Università presso la Facoltà di medicina e chirurgia, come avviene per il medico, l'infermiere o altri professionisti.

Il Provvedimento della Conferenza permanente per i rapporti tra lo Stato, le Regioni e le Province autonome di Trento e Bolzano del 22 febbraio 2001, che ha istituito il profilo dell'Operatore Socio-Sanitario (OSS), all'articolo 2 stabilisce infatti che: "*La formazione dell'operatore socio-sanitario è di competenza delle Regioni e Province autonome, che provvedono all'organizzazione dei corsi e delle relative attività didattiche, nel rispetto delle disposizioni del medesimo decreto*".

Il profilo dell'OSS è sprovvisto delle caratteristiche tipiche della professione sanitaria in senso proprio, non solo per via della formazione conseguente a corsi regionali o delle Province autonome (e non universitaria), ma anche per la mancanza di autonomia professionale. Inoltre non è prevista per gli OSS l'iscrizione ad uno specifico Albo professionale.

L'inserimento dell'OSS nell'ambito dell'area professionale sociosanitaria non ha pertanto attribuito allo stesso lo status giuridico di professione sanitaria.

L'OSS, invece, si configura come **operatore di interesse sanitario**, di cui all'articolo 1, comma 2, della legge n. 43 del 2006, la cui formazione è demandata alle Regioni.

Di fatto, ciascuna Regione e così anche le Province Autonome stabiliscono propri requisiti di accesso ai corsi per OSS, impedendo l'uniformità a livello nazionale in tale ambito.

Va infine specificato che agli OSS che operano nella sanità privata viene applicato un differente CCNL rispetto agli OSS che operano nella sanità pubblica. È pertanto auspicabile la seppure non facile parificazione retributiva e di fascia di appartenenza tra gli OSS della sanità pubblica con gli OSS che lavorano nella sanità privata.

Tutti i motivi fin qui elencati hanno spinto diverse organizzazioni sindacali a chiedere con forza, alle istituzioni preposte, di riconoscere agli OSS:

- l'istituzione di un proprio Ordine e Albo professionale e relativo codice deontologico;
- di potersi formare all'interno delle aziende sanitarie e di ricevere una formazione sanitaria;
- l'uniformità del profilo formativo e professionale dell'OSS a livello nazionale, superando così le attuali differenze tra una Regione e l'altra;
- di entrare a far parte delle professioni che ricevono la formazione obbligatoria e continua in sanità.

L'inserimento dell'OSS nell'area sociosanitaria è tuttavia un importante passo e un prezioso riconoscimento che arriva dopo molti anni dall'istituzione del profilo.

Per eventuali e ulteriori riconoscimenti occorrerà attendere, in quanto quella dell'OSS è da considerarsi una professione attualmente in cammino e in crescita.

A dimostrazione di questo, va menzionato il fatto che è stata presentata una bozza di revisione del profilo OSS, datata 22 giugno 2022, ora all'attenzione della Conferenza permanente per i rapporti tra lo Stato, le Regioni e le Province autonome di Trento e Bolzano, che dovrà valutarne l'approvazione.

Capitolo 2
I concorsi pubblici per l'operatore socio-sanitario

2.1 La normativa di riferimento per lo svolgimento dei concorsi pubblici per OSS

Per venire assunti nelle strutture private non è necessario vincere un concorso, anche se è comunque facoltà dell'azienda selezionare il personale attraverso la somministrazione di prove scritte, pratiche e colloquio.

Invece, l'accesso alla **Pubblica Amministrazione**, come stabilito dall'**articolo 97 della Costituzione**, avviene, ad eccezione dei casi previsti dalla legge, tramite concorso, a tempo determinato o indeterminato.

Le modalità di svolgimento dei **concorsi pubblici per Operatore Socio-Sanitario** sono disciplinate dal Decreto del Presidente della Repubblica n. 220 del 27 marzo 2001: "Regolamento recante la disciplina concorsuale del personale non dirigenziale del Servizio Sanitario Nazionale".

Se si decide di partecipare a un concorso pubblico, occorre leggere attentamente il bando predisposto dall'Azienda pubblica che lo ha indetto.

Inoltre, se s'intende partecipare a un concorso in una Regione diversa da quella in cui si è conseguito l'attestato, occorre studiare la legislazione sanitaria, sociale e socio-sanitaria di quella Regione, perché la normativa varia da Regione a Regione, così come possono variare da una Regione ad un'altra le competenze dell'OSS.

Occorre anche tenere presente che diversi bandi di concorso prevedono una prova preselettiva (con quesiti di cultura generale), se il numero di domande presentate è molto elevato, vale a dire quando il numero di domande pervenute supera una certa soglia, stabilita nel bando dall'azienda che ha indetto il concorso.

Talvolta, le prove preselettive sono predisposte da aziende specializzate in selezione del personale. Ovviamente anche in questo caso le materie oggetto di un'eventuale preselezione vengono indicate nel bando.

2.2 Requisiti di ammissione

Per poter partecipare alla procedura concorsuale, l'aspirante candidato deve prendere visione del bando di concorso che l'Ente/Azienda pubblica nella Gazzetta Ufficiale della Repubblica Italiana - 4ª serie speciale - Concorsi ed Esami, e presentare domanda nei termini previsti. La scadenza del bando viene fissata in trenta giorni a far data dalla pubblicazione in Gazzetta Ufficiale. Qualora l'ultimo giorno fosse un festivo, la scadenza è prorogata al primo giorno non festivo successivo.

Per l'accesso al concorso vengono richiesti sia requisiti generali che specifici.

- **Requisiti generali di ammissione:**
  - cittadinanza italiana o di uno dei Paesi dell'Unione europea o, ancora, familiari dei cittadini dell'UE, anche se cittadini di Stati terzi, che siano titolari del diritto di soggiorno o del diritto di soggiorno permanente, nonché cittadini di Paesi terzi che siano titolari del permesso di soggiorno CE per soggiornanti di lungo periodo o che siano titolari dello status di rifugiato o dello status di protezione sussidiaria (art. 38, D.Lgs. 165/2001, così come modificato dall'art. 7 della L. 97/2013);
  - idoneità fisica all'impiego, che verrà successivamente accertata da una struttura pubblica del Servizio Sanitario Nazionale, prima dell'immissione in servizio;
  - titolo di studio previsto per l'accesso alle rispettive carriere;
  - iscrizione all'albo professionale, ove richiesto per l'esercizio professionale;
  - non possono accedere agli impieghi coloro che siano esclusi dall'elettorato attivo e coloro che siano stati destituiti o dispensati dall'impiego presso pubbliche amministrazioni ovvero licenziati a decorrere dalla data di entrata in vigore del primo contratto collettivo;
  - iscrizione alle liste elettorali del proprio comune di residenza;
  - non avere procedimenti penali o carichi pendenti; in caso di procedimenti penali o carichi pendenti l'Azienda valuterà in base alla legislazione vigente se persistono comunque i requisiti morali.
- **Requisiti specifici di ammissione**: i requisiti specifici riguardano i titoli di studio, che sono:
  - il possesso dell'Attestato di qualifica di Operatore Socio-Sanitario;
  - il diploma di licenza media.

2.3 Il bando di concorso

Qualsiasi concorso è disciplinato da un bando che viene predisposto dall'ente pubblico che lo promuove, ad esempio un'Azienda Sanitaria Locale o un'Azienda Ospedaliera o altro ente pubblico.

Il bando contiene le informazioni necessarie per l'iscrizione al concorso e l'espletamento dello stesso. In particolare deve indicare:

- la data di pubblicazione del bando e la data di scadenza per inviare la domanda di partecipazione;
- la denominazione della struttura che predispone il concorso;
- il numero dei posti messi a concorso;
- il tipo di contratto;
- il tipo di concorso: per soli titoli (la commissione designata valuta il curriculum vitae e il percorso formativo); per soli esami (la selezione avviene attraverso il superamento di una serie di prove); per titoli ed esami (il punteggio ottenuto è dato dal cv e dal profilo professionale, ma anche dalle varie prove d'esame);
- le specifiche materie d'esame, vale a dire gli argomenti da studiare per il concorso;
- l'accertamento della conoscenza dell'uso delle apparecchiature e delle applicazioni informatiche più diffuse e di almeno una lingua straniera, oltre alla lingua italiana;
- i requisiti generali e specifici necessari e da possedere per partecipare ai concorsi per OSS;

- i documenti da allegare alla domanda di partecipazione (curriculum formativo e professionale, titoli di carriera/servizio, pubblicazioni e titoli scientifici);
- il numero dei posti riservati previsti da leggi speciali in favore di particolari categorie di cittadini, numero che non può complessivamente superare il 30% dei posti messi a concorso;
- la previsione, con apposita motivazione, che le prove di esame possano essere precedute da forme di preselezione (qualora il numero di domande pervenute superi una certa soglia), predisposte anche da aziende specializzate in selezione del personale;
- le modalità di invio/spedizione della domanda.

Al bando viene allegato uno schema esemplificativo della domanda di ammissione al concorso, al fine di agevolare il candidato nella compilazione della medesima.

Il bando deve essere pubblicato nel Bollettino ufficiale della Regione o della Provincia Autonoma e, per estratto, nella Gazzetta Ufficiale della Repubblica italiana. Al bando deve essere data la massima diffusione.

Il termine per la presentazione delle domande di partecipazione ai concorsi scade il trentesimo giorno successivo a quello della data di pubblicazione del bando, per estratto, nella Gazzetta Ufficiale.

2.4 Domanda di partecipazione

Il bando di concorso riporta in modo chiaro ed inequivocabile la modalità di compilazione della domanda che, su decisione dell'Ente, può avvenire in forma cartacea o in via telematica. In entrambi i casi dovranno essere riportate tutte le indicazioni richieste dal bando di concorso.

Il candidato dovrà fornire le informazioni richieste compilando a mano (possibilmente in stampatello per facilitare la lettura e non dare adito a dubbi o errori) o con l'uso del computer.

La domanda di partecipazione deve riportare, a pena dell'esclusione del candidato, i seguenti dati:

a) nome e cognome;
b) la data, il luogo di nascita e la residenza;
c) il possesso della cittadinanza italiana o equivalente;
d) il comune di iscrizione nelle liste elettorali, ovvero i motivi della loro non iscrizione o della cancellazione dalle liste medesime;
e) le eventuali condanne penali riportate;
f) i titoli di studio posseduti, data e luogo di conseguimento, nome dell'Istituto e indirizzo, votazione conseguita;
g) la posizione nei riguardi degli obblighi militari (ove previsto);
h) i servizi prestati presso pubbliche amministrazioni e le eventuali cause di risoluzione di precedenti rapporti di pubblico impiego;
i) i titoli che danno diritto ad usufruire di riserve, precedenze o preferenze;
j) il possesso dei requisiti generali e specifici;
k) l'idoneità fisica all'impiego;
l) l'eventuale appartenenza alle categorie protette, specificando l'ausilio necessario utile per partecipare alle prove concorsuali, nonché l'eventuale necessità di tempo aggiuntivo;

m) la scelta della lingua straniera, tra quelle previste dalla legislazione vigente, cui vorrà sottoporsi il candidato per la valutazione delle conoscenze di base;
n) il domicilio presso il quale devono essere fatte pervenire eventuali comunicazioni inerenti al concorso in oggetto, comprensivo di numero telefonico, indirizzo mail e pec se in possesso;
o) il consenso al trattamento dei dati personali;
p) la data e la firma in calce alla domanda.

L'Azienda/Ente ha la facoltà di annullare il concorso e/o prorogare i termini di scadenza.

2.5 Modalità di presentazione della domanda

Nei casi in cui venisse previsto l'invio della domanda in forma telematica, l'Azienda/Ente fornirà nel bando di concorso tutte le informazioni e indicazioni utili al fine di poter effettuare e procedere alla registrazione e compilazione della domanda. Verrà pertanto fornito il sito internet, la modalità di compilazione, il caricamento di eventuali documenti (titoli di studio, documento d'identità), la procedura di invio. Verrà altresì fornito un indirizzo di posta elettronica o recapiti telefonici ai quali rivolgersi per chiedere assistenza.

La domanda compilata e redatta dovrà essere stampata, firmata dal candidato, scansionata e ricaricata sul sito internet unitamente al documento d'identità in corso di validità, entro il termine stabilito dall'Azienda, che viene fissato in trenta giorni a far data dalla pubblicazione in G.U. Qualora l'ultimo giorno fosse un festivo, la scadenza è prorogata al primo giorno non festivo successivo.

È facoltà dell'Ente permettere la presentazione della domanda con altre forme e tra queste:

- la possibilità che il candidato presenti personalmente la domanda presso gli uffici dell'Ente che ha indetto il concorso, in tal caso la medesima deve essere sottoscritta dal candidato stesso in presenza del dipendente dell'ufficio personale/concorsi;
- la possibilità che la domanda possa venire spedita a mezzo raccomandata A/R: in tal caso alla stessa dovrà venire allegata una copia del documento di riconoscimento in corso di validità, pena l'esclusione dalle procedure concorsuali;
- la possibilità di presentare la domanda tramite casella personale di Posta Elettronica Certificata (PEC), intestata al candidato.

2.6 Documenti da allegare alla domanda

Alla domanda di partecipazione al concorso i concorrenti devono allegare tutte le certificazioni relative ai titoli che ritengano opportuno presentare agli effetti della valutazione di merito, ivi compreso un curriculum formativo e professionale datato e firmato.

I titoli possono essere prodotti in originale o in copia legale o autenticata ai sensi di legge ovvero autocertificati nei casi e nei limiti previsti dalla normativa vigente.

Nella certificazione relativa ai servizi deve essere attestato se ricorrano o meno le condizioni di cui all'ultimo comma dell'articolo 46 del decreto del Presidente della Repubblica 20 dicembre 1979, n. 761, in presenza delle quali il punteggio di anzianità deve essere ridotto. In caso positivo, l'attestazione deve precisare la misura della riduzione del punteggio.

Le pubblicazioni devono essere edite a stampa.

Alla domanda deve essere unito, in carta semplice, un elenco dei documenti e dei titoli presentati.

Nella domanda di ammissione al concorso l'aspirante deve indicare il domicilio presso il quale deve, ad ogni effetto, essergli fatta pervenire ogni necessaria comunicazione.

Va infine allegata:

- una copia del documento d'identità in corso di validità;
- l'eventuale ricevuta, dove previsto, del versamento della tassa di concorso da versare all'Azienda/Ente, e la relativa causale. La ricevuta di versamento è prevista quale contributo per le spese di procedura selettiva.

2.7 Esclusione dai concorsi

L'esclusione dal concorso è disposta, con provvedimento motivato, dall'Azienda/Ente che ha indetto il concorso, da notificarsi entro trenta giorni dalla esecutività della relativa decisione.

2.8 Nomina delle commissioni

Compete all'Azienda/Ente che ha indetto il concorso la nomina della Commissione d'esame. Le commissioni esaminatrici, nominate dal Direttore generale dell'unità sanitaria locale o dell'azienda ospedaliera, sono composte dal presidente, scelto tra dirigenti dell'azienda sanitaria in cui si svolge il concorso, da due operatori appartenenti a categoria non inferiore alla "B" - livello economico super di profilo corrispondente a quello messo a concorso - e dal segretario, ossia un dipendente amministrativo di profilo non inferiore alla categoria C.

2.9 Concorso per titoli ed esami

I concorsi del personale OSS vengono espletati per titoli ed esami. Per valutare i candidati le commissioni dispongono complessivamente di 100 punti, 40 dei quali attribuibili sulla base dei titoli e 60 mediante le prove d'esame, consistenti in una prova pratica e in una prova orale.

Criteri di valutazione dei titoli

La determinazione dei criteri di massima, nei concorsi per titoli ed esami, deve essere effettuata prima dell'espletamento della prova scritta e, ai fini della valutazione dei titoli, ad eccezione di quelli richiesti quale requisito d'ammissione al concorso, che non sono oggetto di valutazione, la commissione deve attenersi ai seguenti principi:

a) titoli di carriera:

1) sono valutabili se il servizio è stato reso presso le unità sanitarie locali, le aziende ospedaliere e presso altre pubbliche amministrazioni, nell'ambito del profilo professionale messo a concorso o di qualifiche corrispondenti. Il servizio reso nel

corrispondente profilo della categoria inferiore o in qualifiche corrispondenti è valutato con un punteggio non superiore al 50% di quello reso nel profilo relativo al concorso;
2) i periodi di servizio omogeneo sono cumulabili;
3) le frazioni di anno sono valutate in ragione mensile considerando, come mese intero, periodi continuativi di giorni trenta o frazioni superiori a quindici giorni;
4) i periodi di servizio prestati a tempo parziale sono valutati proporzionalmente all'orario di lavoro previsto dal Contratto collettivo nazionale di lavoro;
5) in caso di servizi contemporanei è valutato quello più favorevole al candidato;

b) titoli accademici e di studio:
i titoli accademici e di studio sono valutati con un punteggio attribuito dalla commissione con motivata valutazione, tenuto conto dell'attinenza dei titoli posseduti con il profilo professionale da conferire;

c) pubblicazioni e titoli scientifici:
1) la valutazione delle pubblicazioni deve essere adeguatamente motivata, in relazione alla originalità della produzione scientifica, all'importanza delle riviste, alla continuità ed ai contenuti dei singoli lavori, al grado di attinenza dei lavori stessi con la posizione funzionale da conferire, all'eventuale collaborazione di più autori;
2) la commissione deve, peraltro, tenere conto, ai fini di una corretta valutazione:
   - della data di pubblicazione dei lavori in relazione all'eventuale conseguimento di titoli accademici già valutati in altra categoria di punteggi;
   - del fatto che le pubblicazioni contengano mere esposizioni di dati e casistiche, non adeguatamente avvalorate ed interpretate, ovvero abbiano contenuto solamente compilativo o divulgativo, ovvero ancora costituiscano monografie di alta originalità;
3) i titoli scientifici sono valutati con motivata relazione tenuto conto dell'attinenza dei titoli posseduti con il profilo professionale da conferire;

d) curriculum formativo e professionale:
- nel curriculum formativo e professionale, sono valutate le attività professionali e di studio, formalmente documentate, non riferibili ai titoli già valutati nelle precedenti categorie, idonee ad evidenziare, ulteriormente, il livello di qualificazione professionale acquisito nell'arco della intera carriera e specifiche rispetto alla posizione funzionale da conferire, nonché gli incarichi di insegnamento conferiti da enti pubblici;
- in tale categoria rientrano anche i corsi di formazione e di aggiornamento professionale qualificati con riferimento alla durata e alla previsione di esame finale;
- il punteggio attribuito dalla commissione è globale e deve essere adeguatamente motivato. La motivazione deve essere riportata nel verbale dei lavori della commissione.

2.10 Modalità di svolgimento del concorso e valutazione delle prove d'esame

L'articolo 29 del DPR n. 220 del 2001 stabilisce che le prove d'esame per i profili della categoria Bs sono articolate in una prova pratica ed in una prova orale. Il superamento della prova pratica e della prova orale è subordinato al raggiungimento di una valutazione di sufficienza espressa in termini numerici di almeno 21/30. Inoltre, i bandi di concorso stabiliscono l'oggetto delle singole prove prevedendo che la prova pratica consista nell'esecuzione di tecniche specifiche connesse alla qualificazione professionale richiesta.

L'avviso per la presentazione alla prova pratica e orale deve essere dato ai singoli candidati almeno venti giorni prima di quello in cui essi debbono sostenerla.

In relazione al numero dei candidati la commissione può stabilire l'effettuazione della prova orale nello stesso giorno di quello dedicato alla prova pratica. In tal caso la comunicazione dell'avvenuta ammissione alla prova stessa sarà dato al termine dell'effettuazione della prova pratica.

La prova orale deve svolgersi in un'aula aperta al pubblico.

Al termine di ogni seduta dedicata alla prova orale, la commissione giudicatrice forma l'elenco dei candidati esaminati, con l'indicazione dei voti da ciascuno riportati che sarà affisso nella sede degli esami.

2.11 Prova preselettiva: modalità di espletamento

A sensi dell'art. 3, comma 4, del D.P.R. n. 220/2001, in caso di ricevimento di un numero di domande superiore a una determinata soglia, l'Azienda pubblica che ha indetto il concorso può riservarsi di procedere ad una preselezione che può consistere in una serie di quesiti a riposta multipla inerenti il profilo a concorso e/o su argomenti di cultura generale, il cui esito positivo è condizione necessaria per l'accesso alle prove concorsuali. Nella prassi, per motivi dovuti all'elevato numero di aspiranti, il sistema della preselezione con test a risposta multipla viene in particolare utilizzato perché permette di esaminare le conoscenze di un elevato numero di candidati in tempi molto contenuti e allo stesso tempo rimuove la soggettività del giudizio, rendendo il processo di selezione più trasparente.

Vengono ammessi alla preselezione, nella data prefissata dall'Ente, tutti i candidati che hanno presentato domanda di partecipazione al concorso, seppure con riserva, in quanto il reale possesso dei requisiti verrà accertato in seguito. La mancata presenza alla preselezione, per qualsiasi motivo, viene considerata come rinuncia alla partecipazione al concorso. Il punteggio conseguito nella prova selettiva non concorre alla formazione del voto finale di merito. Qualora venisse fatta la preselezione con le modalità sopra indicate, l'esito della stessa verrà pubblicato sul sito aziendale mentre giorno, ora e sede di svolgimento delle prove d'esame saranno comunicati ai candidati ammessi esclusivamente mediante pubblicazione di un avviso sulla Gazzetta Ufficiale della Repubblica Italiana e sul sito aziendale. Il giorno della preselezione i candidati dovranno presentarsi muniti del proprio documento di riconoscimento in corso di validità ed eventuali altri documenti richiesti dall'Ente. Saranno ammessi alle prove d'esame i candidati che avranno superato la preselezione, secondo le modalità stabilite e rese note preventivamente dall'Ente pubblico. Nel caso in cui non si procedesse alla preselezione il diario delle prove d'esame e della sede sarà comunicato ai candidati mediante pubblicazione nella Gazzetta Ufficiale della Repubblica Italiana - 4ª Serie Speciale "Concorsi ed esami", non meno di venti giorni prima dell'inizio delle prove medesime, ovvero, in caso di numero esiguo di candidati, sarà comunicato agli stessi, con raccomandata con avviso di ricevimento, non meno di venti giorni prima dell'inizio delle prove. Contestualmente a dette comunicazioni, il diario delle prove verrà pubblicato anche sull'Albo pretorio aziendale.

2.12 Prova pratica: modalità di svolgimento

La finalità della prova pratica è quella di verificare il possesso, da parte dei candidati, delle abilità professionali specifiche e necessarie per poter svolgere le mansioni di operatore socio-sanitario. Anche in questa fase del concorso, nella maggior parte dei casi le commissioni predispongono dei questionari scritti con i quali verificare il livello di competenza su tecniche e procedure dell'operatore socio-sanitario.

Nei giorni fissati per la prova pratica, ed immediatamente prima del suo svolgimento, la commissione ne stabilisce le modalità ed i contenuti che devono comportare uguale impegno tecnico per tutti i concorrenti. La commissione mette a disposizione dei concorrenti apparecchi e materiali necessari per l'espletamento della prova stessa.

La prova pratica si svolge alla presenza dell'intera commissione, previa l'identificazione dei concorrenti.

L'ammissione alla prova orale è subordinata al conseguimento, nella prova pratica, del punteggio minimo di almeno 21/30.

2.13 Prova orale

L'esame orale si svolge nel giorno stabilito, alla presenza dell'intera commissione in sala aperta al pubblico. Anche l'esame orale s'intende positivamente superato al conseguimento del punteggio minimo di almeno 21/30. Al termine di ogni seduta dedicata alla prova orale, la commissione giudicatrice forma l'elenco dei candidati esaminati, con l'indicazione dei voti da ciascuno riportati che sarà affisso nella sede degli esami.

2.14 Valutazione delle prove d'esame e attribuzione dei punteggi

Per valutare i candidati, le commissioni dispongono complessivamente di **100 punti**, così ripartiti:

a) 40 punti per i titoli;
b) 60 punti per le prove di esame.

I punti per le prove di esame sono così ripartiti:

a) 30 punti per la prova pratica;
b) 30 punti per la prova orale.

I punti per la valutazione dei titoli sono ripartiti fra le seguenti categorie:

a) titoli di carriera;
b) titoli accademici e di studio;
c) pubblicazioni e titoli scientifici;
d) curriculum formativo e professionale.

La ripartizione dei punti fra le suddette categorie di titoli è stabilita in sede di bando di concorso.

La votazione complessiva è determinata sommando il voto conseguito nella valutazione dei titoli al voto complessivo riportato nelle prove d'esame, costituito dalla somma dei voti attribuiti nella prova pratica ed orale.

2.15 Graduatoria – Nomina – Decadenza

La commissione, al termine delle prove d'esame, formula la graduatoria di merito dei candidati. È escluso dalla graduatoria il candidato che non abbia conseguito, in ciascuna delle prove di esame, la prevista valutazione di sufficienza.

La graduatoria viene trasmessa agli uffici amministrativi dell'Azienda/Ente che ha indetto il concorso, dove, il Direttore Generale della stessa, riconosciuta la regolarità degli atti del concorso, li approva.

La graduatoria del concorso è pubblicata nel Bollettino ufficiale della Regione.

La graduatoria degli idonei rimane efficace per i termini di legge vigenti, per eventuali coperture di posti per i quali il concorso è stato bandito ovvero di posti della stessa categoria e profilo professionale che successivamente ed entro tale termine dovessero rendersi disponibili. Sono dichiarati vincitori, nei limiti dei posti messi a concorso, i candidati collocati utilmente nella graduatoria di merito, tenuto conto delle riserve previste dalla legge in favore di particolari categorie di cittadini.

2.16 Adempimenti dei vincitori

I candidati dichiarati vincitori sono invitati dall'Azienda/Ente che ha indetto il concorso, ai fini della stipula del contratto individuale di lavoro, a presentare nel termine e con le modalità stabilite dal bando di concorso e in carta legale, a pena di decadenza nei diritti conseguenti alla partecipazione allo stesso:

a) i documenti corrispondenti alle dichiarazioni contenute nella domanda di partecipazione al concorso per i quali non sia prevista autodichiarazione sostitutiva;
b) certificato generale del casellario giudiziale;
c) altri titoli che danno diritto ad usufruire della riserva, precedenza e preferenza a parità di valutazione.

L'Azienda/Ente pubblico, verificata la sussistenza dei requisiti, procede alla stipula del contratto nel quale sarà indicata la data di inizio del servizio. Gli effetti economici decorrono dalla data di effettiva presa di servizio. Scaduto inutilmente il termine assegnato per la presentazione della documentazione, l'Azienda/Ente pubblico comunica la propria determinazione di non dar luogo alla stipulazione del contratto.

Parte Prima

Legislazione sociale e sanitaria e aspetti organizzativi

SOMMARIO

Sezione Prima
Elementi di Legislazione sociale e sanitaria

Capitolo 1
Rapporto di lavoro e responsabilità del professionista sanitario

1.1 Il rapporto di pubblico impiego

Il rapporto di lavoro del personale sanitario presso le strutture pubbliche è disciplinato dalle leggi sul pubblico impiego.

Si definisce rapporto di pubblico impiego o, meglio, di lavoro alle dipendenze delle pubbliche amministrazioni, quello in cui il lavoratore pone le proprie energie, in maniera stabile e continuativa, a disposizione dello **Stato** o di un **ente pubblico non economico**.

Gli indici significativi della natura pubblica del rapporto sono:

- la natura di ente pubblico del soggetto datore di lavoro;
- la pertinenza delle mansioni ai compiti istituzionali;
- il carattere continuativo e durevole della prestazione richiesta.

Il rapporto è *volontario*, perché nasce dall'incontro delle volontà del datore e del prestatore di lavoro, ed è caratterizzato dalla rilevanza che in esso assumono le *qualità personali* del lavoratore, sotto il duplice profilo della fiducia richiesta per l'assolvimento dell'incarico e delle necessarie competenze tecniche e intellettive.

Il rapporto si configura come *bilaterale*, in quanto si stabilisce tra due parti con *diritti e obblighi reciproci*. Comporta, infine, l'inserimento in un contesto organizzativo di tipo piramidale e quindi l'assunzione, per il prestatore, di una posizione di *subordinazione gerarchica e disciplinare*.

Il **processo di privatizzazione**, attuato con una serie di riforme da ultimo confluite nel decreto legislativo 30 marzo 2001, n. 165 (Testo unico sul pubblico impiego), ha comportato l'attrazione del pubblico impiego nell'orbita normativa del *codice civile* e nella logica della *contrattazione collettiva*. Le disposizioni contenute negli articoli da 40 a 50 del suddetto decreto definiscono il sistema contrattuale e lo disciplinano in relazione alla definizione degli ambiti oggettivi, alle procedure, alle modalità di negoziazione, alle prerogative sindacali, alla definizione e all'organizzazione del rappresentante negoziale pubblico.

Il tutto sulla base dell'assunto che la natura del rapporto è mutata da pubblica a privata e, dunque, che la fonte normativa del rapporto lavorativo è il contratto collettivo, non più la legge.

Nella pubblica amministrazione vengono così introdotti strumenti di valorizzazione del merito e metodi di incentivazione della produttività e della qualità della prestazione lavorativa, secondo le modalità stabilite in sede contrattuale, anche mediante l'affermazione del **principio di selettività e concorsualità** nelle progressioni di carriera e nel riconoscimento degli incentivi.

Il pubblico impiego privatizzato

Dopo l'entrata in vigore del decreto legislativo 30 marzo 2001, n. 165, il rapporto di lavoro presso la pubblica amministrazione è caratterizzato da:

- separazione tra **indirizzo politico**, riservato agli organi di vertice politico delle amministrazioni pubbliche, e **attività gestionali**, pienamente attribuite alla dirigenza;
- attuazione della piena disciplina del rapporto di lavoro sulla base del **contratto collettivo nazionale di lavoro** e costituzione dei singoli rapporti mediante **contratto individuale**;
- per le amministrazioni statali, eliminazione dell'appartenenza dei dirigenti ai ruoli delle varie amministrazioni ministeriali e costituzione del **ruolo unico della dirigenza**;
- definizione del **trattamento economico**, agganciato, almeno per una parte, all'efficienza e al raggiungimento degli obiettivi prefissati;
- attribuzione delle controversie relative al rapporto di lavoro (con esclusione delle procedure concorsuali) alla giurisdizione del **giudice ordinario**.

La dirigenza pubblica

Anche i compiti della dirigenza pubblica sono stati potenziati nel senso di una maggiore autonomia di gestione, di organizzazione del lavoro, degli uffici e delle risorse umane e finanziarie, nonché di attuazione delle politiche delineate dagli organi di indirizzo politico-amministrativo, con conseguente responsabilità per il raggiungimento dei risultati. Il principio ispiratore è quello della separazione tra *indirizzo politico* e *gestione amministrativa*, per favorire la creazione di una "cultura manageriale" e la capacità di perseguire e attuare i programmi formulati dagli organi politici.

Il decreto legislativo 3 febbraio 1993, n. 29, ha istituito il ***ruolo unico della dirigenza*** presso la Presidenza del Consiglio, in sostituzione dei vecchi ruoli distinti presso i vari ministeri. Dal 1996, inoltre, anche i dirigenti hanno un contratto collettivo: il loro stato giuridico ed economico non è più determinato esclusivamente dalla legge.

Infine, per effetto della riforma attuata con i decreti legislativi 31 marzo 1998, n. 80, e 29 ottobre 1998, n. 387, attuativi dell'art. 11 della legge 15 marzo 1997, n. 59, i dirigenti si distinguono non più in livelli, ma per fasce: **dirigenti di uffici dirigenziali generali** (1ª fascia) e **dirigenti di uffici dirigenziali non generali** (2ª fascia), preposti a strutture di secondo livello o periferiche.

Titoli valutabili e graduatoria concorsuale

Si distinguono in genere tre categorie di titoli:

- **titoli di servizio**, che comprovano la competenza e la capacità in relazione al posto messo a concorso;
- **titoli di studio**;
- **titoli vari**, come per esempio il curriculum professionale, le eventuali pubblicazioni, gli encomi, ecc.

Esaurite le prove del concorso, la commissione giudicatrice forma la **graduatoria di merito**, approvata con atto dirigenziale. Quindi i concorrenti utilmente collocati in graduatoria sono invitati a presentare, a pena di decadenza, i documenti necessari a dimostrare il possesso dei requisiti prescritti.

Quanto ai **sistemi di reclutamento**, il concorso pubblico per titoli ed esami, finalizzato alla formazione di una graduatoria di merito con l'indicazione del punteggio per ciascun candidato, è quello che garantisce al massimo grado non soltanto l'effettività della selezione, di guisa che soltanto i più capaci e meritevoli siano assunti, ma anche pari opportunità a tutti i concorrenti, nel rispetto del principio di imparzialità ed efficienza dell'azione amministrativa sancito dall'art. 97 della Costituzione. Come conseguenza della privatizzazione, il procedimento non si conclude più con un atto di nomina, ma con un contratto di assunzione individuale.

L'assunzione in servizio, subordinata al superamento di un **periodo di prova** di durata definita dalla contrattazione collettiva, comporta per il pubblico dipendente diritti e doveri, che sono stabiliti da norme di legge e dei contratti collettivi.

Il rapporto di pubblico impiego **si estingue** per:

- dimissioni o decesso del lavoratore;
- collocamento a riposo (d'ufficio o su domanda), quando sia raggiunto il limite di età stabilito dalla legge;
- dispensa per infermità fisica o per ingiustificato abbandono del servizio;
- licenziamento disciplinare o condanna penale.

1.2 I doveri del dipendente pubblico

I principali doveri del dipendente pubblico sono:

- la **fedeltà**, che implica l'obbligo di *astenersi da comportamenti pregiudizievoli* all'amministrazione di appartenenza, come per esempio abusare delle proprie funzioni a fini personali o utilizzare beni e servizi pubblici al di fuori dei fini istituzionali;
- la **diligenza**, che implica l'obbligo di agire sempre con *esattezza, attenzione e cura scrupolosa*;
- l'**esclusività**, che implica il *divieto di assumere impieghi alle dipendenze di privati* e di esercitare attività incompatibili con il rapporto di pubblico impiego (per esempio, commercio, industria);
- l'**imparzialità** e la **collaborazione** nei confronti della pubblica utenza;
- l'**adeguatezza della condotta** al *decoro della funzione esercitata*;
- il **segreto d'ufficio**, che implica il *divieto di trasmettere* a chi non ne abbia diritto informazioni riguardanti provvedimenti o operazioni amministrative, in corso o concluse, ovvero notizie di cui si abbia conoscenza a causa delle funzioni esercitate, al di fuori delle ipotesi e delle modalità previste dalle norme sul diritto di accesso;
- l'**obbedienza**, che implica l'obbligo di rispettare le *direttive* e gli *ordini* impartiti dai superiori gerarchici. Il dipendente pubblico non deve eseguire l'ordine quando l'atto sia vietato dalla legge penale o costituisca un illecito amministrativo.

1.3 I diritti del dipendente pubblico

1.3.1 I diritti patrimoniali

Sono diritti patrimoniali la retribuzione e il trattamento di fine rapporto.

Il **diritto alla retribuzione**, comprendente gli emolumenti che il lavoratore percepisce come corrispettivo del lavoro prestato nello svolgimento del servizio attivo, si caratterizza per la sua rilevanza costituzionale, posto che l'art. 36 della Costituzione fissa due requisiti essenziali.

Il corrispettivo economico deve essere:

- *proporzionato* alla quantità e alla qualità del lavoro svolto;
- *sufficiente* ad assicurare al lavoratore e alla sua famiglia un'esistenza libera e dignitosa, non oppressa dal bisogno economico.

Il diritto a percepire la retribuzione sorge solo con l'effettivo inizio del servizio, mentre il rapporto di impiego si costituisce alla data di stipulazione del contratto. L'emolumento è composto da una paga base, stabilita in misura fissa in relazione alla posizione giuridica dell'impiegato, e da indennità corrisposte in relazione a particolari prestazioni o situazioni. In ogni caso oggi il trattamento economico fondamentale e accessorio è definito dai contratti collettivi nazionali o integrativi.

Siccome lo spirito della privatizzazione ha inteso abolire tendenzialmente ogni forma di automatismo nella progressione del pubblico impiegato, attribuendo rilievo esclusivamente al merito, la sola forma di avanzamento economico prevista, per conseguire una retribuzione più elevata, è la *progressione orizzontale* (mentre quella *verticale* permette solo di conseguire una più elevata posizione giuridica).

Al dipendente cessato dal servizio, per qualunque causa, spetta il **trattamento di fine rapporto** (TFR), a condizione che il servizio abbia avuto una durata minima di 15 giorni. Il TFR ha la funzione di agevolare economicamente il passaggio dal servizio attivo alla pensione. Esso viene corrisposto *una tantum* all'impiegato o ai familiari superstiti.

1.3.2 I diritti non patrimoniali

Sono così chiamati perché privi di connotazione economica. In particolare, essi sono:

- il **diritto alle funzioni**, in forza del quale il pubblico dipendente deve essere adibito alle *mansioni per le quali è stato assunto*, potendo essere destinato a mansioni di livello diverso solo temporaneamente ed eccezionalmente, sebbene l'amministrazione goda di discrezionalità nell'attribuirgli le mansioni a lui ritenute più consone nell'ambito dell'area di inquadramento che gli compete;
- il **diritto alla sede desiderata**, nei limiti posti dalle esigenze organizzative. Per l'assegnazione della prima sede si tiene conto della graduatoria. La deroga è consentita solo se giustificata da obiettive esigenze (per esempio, carico di famiglia, assistenza a familiari disabili, ecc.);
- il **diritto a periodi di riposo e permessi retribuiti**, nonché il diritto di assentarsi per impossibilità di recarsi in ufficio a causa di *malattia* o *infermità fisica*, consistente nella temporanea inabilità a prestare regolare servizio;
- i **diritti sindacali**, fra cui il diritto di aderire ad associazioni sindacali esistenti o di costituirne di nuove, il diritto di partecipare alle assemblee indette dai dirigenti dei sindacati, il diritto alle aspettative e ai permessi sindacali e il diritto di sciopero, nell'ambito delle leggi che lo regolano.

DIRITTI FONDAMENTALI DEL PERSONALE SANITARIO SECONDO IL CONTRATTO COLLETTIVO NAZIONALE DI LAVORO DEL COMPARTO "SANITÀ"

Orario di lavoro (art. 43)

L'**orario di lavoro ordinario** è di 36 ore settimanali articolate su 5 o 6 giorni con orario convenzionale rispettivamente di 7 ore e 12 minuti e di 6 ore.
Se la prestazione di lavoro giornaliera eccede le 6 ore, il personale, non in turno, ha diritto a beneficiare di una pausa di almeno 30 minuti al fine del recupero delle energie psicofisiche e dell'eventuale consumazione del pasto.
Per il recupero delle energie psicofisiche, il lavoratore ha diritto a un periodo di **riposo consecutivo giornaliero** non inferiore a 11 ore.
Nell'**impiego flessibile**, purché compatibile con l'organizzazione del lavoro delle strutture, è data priorità ai dipendenti in situazione di **svantaggio personale**, **sociale e familiare**, in special modo ai dipendenti genitori di figli minori di 12 anni, particolarmente alla casistica riguardante genitori entrambi lavoratori turnisti, e ai dipendenti impegnati in attività di volontariato in base alle disposizioni di legge vigenti.
In ogni caso, ai dipendenti genitori di figli minori, entrambi turnisti, deve essere consentito lo svolgimento di turni di servizio opposti, al fine di poter assolvere alla funzione genitoriale.

Riposo settimanale (art. 45)

Il riposo settimanale coincide di norma con la **giornata domenicale**. Il numero dei riposi settimanali spettanti a ciascun lavoratore è di 52 all'anno, indipendentemente dalla forma di articolazione dell'orario di lavoro.
Il riposo non fruibile nella giornata domenicale deve essere fruito di norma entro la settimana successiva, in un giorno concordato fra il lavoratore e il dirigente o il responsabile della struttura, avuto riguardo alle esigenze di servizio. Il riposo settimanale è **irrinunciabile e non monetizzabile**.

Lavoro notturno (art. 46)

Svolgono lavoro notturno i lavoratori tenuti a operare su **turni a copertura delle 24 ore**. Quanto alla durata della prestazione, rimane salvaguardata l'attuale organizzazione del lavoro dei servizi assistenziali che operano nei turni a copertura delle 24 ore.

Lavoro straordinario (art. 47)

Le prestazioni di lavoro straordinario sono rivolte a fronteggiare **situazioni di lavoro eccezionali** e, pertanto, non possono essere utilizzate come fattore ordinario di programmazione del lavoro e devono rispondere a **effettive esigenze di servizio**. Le parti si incontrano con periodicità quadrimestrale per valutare le condizioni che ne hanno resa necessaria l'effettuazione.
La prestazione di lavoro straordinario deve essere espressamente autorizzata dal dirigente o dal responsabile, sulla base delle esigenze organizzative e di servizio individuate dall'Azienda o dall'Ente. Rimane esclusa ogni forma generalizzata di autorizzazione, a eccezione dei casi d'urgenza in cui, a garanzia dei livelli di assistenza, non è possibile l'autorizzazione preventiva ed esplicita del dirigente o del responsabile.
L'utilizzo delle risorse all'interno delle unità operative è flessibile, ma il limite individuale per il ricorso al lavoro straordinario non può superare, per ciascun lavoratore, le 180 ore annuali. Tale limite può essere elevato, anche in relazione a particolari esigenze o per specifiche categorie di lavoratori per non più del 5% del personale in servizio e, comunque, fino al massimo di 250 ore annuali.

Ferie (art. 49)

Secondo che l'orario settimanale di lavoro sia distribuito su 5 o 6 giorni, la **durata delle ferie** è di 28 o 32 giorni lavorativi, ridotti rispettivamente a 26 e 30 giorni per i lavoratori neo-assunti, durante i primi 3 anni di servizio, comprensivi dei periodi lavorati presso una qualsiasi amministrazione, anche a tempo determinato e anche con profilo o inquadramento diverso.
Le ferie possono essere frazionate in più periodi e comunque deve essere assicurata la possibilità di godere almeno 15 giorni continuativi nel periodo dal 1° giugno al 30 settembre o, alternativamente, in caso di lavoratori con figli in età scolastica o di lavoratori che ne facciano richiesta, nel periodo dal 15 giugno al 15 settembre, al fine di promuovere la conciliazione dei tempi di vita e di lavoro.
Il periodo di ferie resta sospeso in caso di **malattie** adeguatamente e debitamente documentate, che si

siano protratte per più di 3 giorni o abbiano dato luogo a ricovero ospedaliero o, ancora, di **eventi luttuosi** che diano luogo ai relativi permessi.
In caso di **indifferibili esigenze di servizio o personali**, che non abbiano reso possibile il godimento delle ferie nel corso dell'anno, il lavoratore deve fruirne entro il primo semestre dell'anno successivo.
Le ferie sono **irrinunciabili e non monetizzabili**, eccetto che il lavoratore non abbia potuto goderne per esigenze di servizio, nel qual caso sono monetizzabili all'atto della cessazione del rapporto di lavoro, nei limiti delle vigenti norme di legge e delle relative disposizioni applicative.
Nel corso di ciascun anno solare, le ferie sono fruite, previa autorizzazione espressa e tempestiva, in periodi compatibili con le esigenze di servizio, tenuto conto delle richieste del dipendente.

Permessi (artt. 50, 51)

Il lavoratore può beneficiare di permessi giornalieri retribuiti per la partecipazione a **concorsi o esami**, ivi comprese le progressioni fra le aree – limitatamente ai giorni di svolgimento delle prove –, per l'**aggiornamento professionale facoltativo**, anche online, comunque connesso all'attività di servizio (8 giorni all'anno), o per **evento luttuoso** legato alla morte del coniuge (o del convivente) o di parenti entro il secondo grado o di affini entro il primo grado (3 giorni per evento da fruire entro 7 giorni lavorativi dal decesso).
Il lavoratore che contrae **matrimonio** ha diritto a 15 giorni consecutivi di permesso, la cui fruizione deve iniziare entro 45 giorni dalla data in cui è stato contratto il matrimonio. Nel caso di eventi imprevisti che rendano oggettivamente impossibile la fruizione del permesso entro tale termine, il dipendente – compatibilmente con le esigenze di servizio – può concordare un ulteriore periodo per il godimento del permesso entro 12 mesi dalla data in cui è stato contratto il matrimonio.
Per particolari **motivi personali o familiari**, possono essere concesse, compatibilmente con le esigenze di servizio, 18 ore di permesso retribuito nell'anno solare.
I permessi sono fruibili per frazioni di ora dopo la prima ora, possono essere fruiti cumulativamente nell'anno solare, non riducono le ferie e sono valutati agli effetti dell'anzianità di servizio.

Congedi per le donne vittime di violenza (art. 53)

La lavoratrice inserita in percorsi di protezione relativi alla **violenza di genere**, debitamente certificati, ha diritto ad astenersi dal lavoro, per motivi connessi a tali percorsi, per un periodo massimo di congedo di 90 giorni lavorativi, da fruire nell'arco temporale di 3 anni decorrenti dalla data di inizio del percorso di protezione certificato.
La lavoratrice può scegliere di fruire del congedo su base oraria o giornaliera. La fruizione su base oraria avviene in misura pari alla metà dell'orario medio giornaliero del mese immediatamente precedente a quello in cui ha inizio il congedo.

Assenze per l'espletamento di visite, terapie, prestazioni specialistiche o esami diagnostici (art. 54)

Ai lavoratori sono riconosciuti specifici permessi per l'espletamento di visite, terapie, prestazioni specialistiche o esami diagnostici, fruibili su base sia giornaliera che oraria, nella misura massima di 18 ore annuali, comprensive anche dei tempi di percorrenza da e per la sede di lavoro.

Malattia (artt. 56, 57)

Il lavoratore non in prova, assente per malattia, ha **diritto alla conservazione del posto** per un periodo di 18 mesi (cd. **periodo di comporto**), per la cui maturazione si sommano tutte le assenze per malattia intervenute nei 3 anni precedenti l'ultimo episodio morboso in corso.
Al lavoratore che ne faccia tempestiva richiesta, prima del superamento di questo periodo, può essere concesso di assentarsi per ulteriori 18 mesi, in casi particolarmente gravi. I periodi di assenza per malattia sono computati ai fini dell'anzianità di servizio.
Al malato spetta un trattamento economico corrispondente, per i primi 9 mesi di assenza, all'intera retribuzione fissa mensile. Nell'ambito di tale periodo, dall'11° giorno di malattia nell'ipotesi di malattie di durata superiore a 10 giorni o in caso di ricovero ospedaliero e per il successivo periodo di convalescenza post-ricovero al dipendente spetta l'intera retribuzione individuale mensile. Spetta, invece, il 90% della retribuzione per i successivi 3 mesi e al 50% per gli ulteriori 6 mesi.
In caso di **patologie gravi**, che richiedano **terapie salvavita**, sono esclusi dal computo delle assenze per

malattia, ai fini della maturazione del periodo di comporto, i giorni di ricovero ospedaliero o di *day hospital*, o accesso ambulatoriale e convalescenza post-intervento, nonché i giorni di assenza dovuti all'effettuazione delle terapie.
Il superamento del periodo di comporto determina per il datore di lavoro la facoltà di intimare il licenziamento per impossibilità sopravvenuta del lavoratore di fornire la propria prestazione.

Infortuni sul lavoro e malattie professionali (art. 58)

In caso di assenza dovuta a infortunio sul lavoro o a malattia professionale, il lavoratore ha diritto alla **conservazione del posto di lavoro** fino a guarigione clinica certificata dall'ente istituzionalmente preposto e, comunque, non oltre il periodo di 18 mesi prorogabili per ulteriori 18 in casi particolarmente gravi.

Congedi dei genitori (art. 60)

Al personale sanitario dipendente si applicano le disposizioni vigenti in materia di tutela e sostegno della maternità e della paternità contenute nel D.Lgs. 26 marzo 2001, n. 151.
Alla lavoratrice o al lavoratore, nel periodo di **congedo per maternità e paternità**, spetta l'intera retribuzione, nonché i premi correlati alla *performance*, secondo i criteri previsti dalla contrattazione integrativa e in relazione all'effettivo apporto partecipativo del dipendente, con esclusione dei compensi per lavoro straordinario e delle indennità per prestazioni disagiate, pericolose o dannose per la salute.
Successivamente al congedo per maternità e paternità, e fino al terzo anno di vita del bambino, nei casi di **congedo per malattia del figlio**, sono riconosciuti alle lavoratrici madri e ai lavoratori padri 30 giorni di assenza retribuita per ciascun anno, computati complessivamente per entrambi i genitori.
Nell'ambito del **congedo parentale** previsto per ciascun figlio, i primi 30 giorni, computati complessivamente per entrambi i genitori e fruibili anche frazionatamente, sono retribuiti per intero e valutati ai fini dell'anzianità di servizio, nonché della maturazione della tredicesima mensilità, e non riducono le ferie.

Permessi per esigenze di studio (art. 62)

Ai lavoratori sono concessi – anche in aggiunta alle attività formative programmate dall'Azienda o Ente – permessi retribuiti, nella misura massima individuale di 150 ore per ciascun anno solare e nel limite massimo, arrotondato all'unità superiore, del 3% del personale in servizio a tempo indeterminato presso ciascuna Azienda o Ente all'inizio di ogni anno.
I permessi sono concessi per la partecipazione a corsi, svolti anche in modalità telematica, destinati al conseguimento di titoli di studio universitari, post-universitari, compreso il ciclo di dottorato di ricerca qualora non svolto in congedo, di scuole d'istruzione primaria, secondaria e di qualificazione professionale, statali, pareggiate o legalmente riconosciute, o comunque abilitate al rilascio di titoli di studio legali o attestati professionali riconosciuti dall'ordinamento pubblico nonché per sostenere i relativi esami.

1.4 Le responsabilità giuridico-professionali dell'operatore sanitario

La responsabilità si configura nell'obbligo di rispondere di un'azione antigiuridica (contraria alle norme), cioè di sopportare le conseguenze previste dalla legge per quell'azione. Quando l'azione antigiuridica si verifica nel corso dell'esercizio professionale si parla di responsabilità professionale. In relazione alle norme violate si configurano le seguenti responsabilità:

- responsabilità disciplinare: conseguente alla violazione di norme deontologiche (contratto, profilo professionale, ruolo funzionale);
- responsabilità civile: conseguente alla violazione di norme contenute nel codice civile o in leggi speciali civili;
- responsabilità penale: conseguente alla violazione di norme contenute nel codice penale o in leggi speciali penali.

1.4.1 La responsabilità civile

La responsabilità civile deriva dalla violazione di regole poste a tutela di interessi prevalentemente di natura privatistica. Esistono due tipologie di responsabilità:

- la **responsabilità contrattuale**, che deriva dall'inadempimento o intempestivo adempimento di un obbligo di natura contrattuale e, ai sensi dell'art. 1218 del codice civile, è presunta ogni volta che l'obbligato si rende inadempiente;
- la **responsabilità extracontrattuale** (anche detta *aquiliana*), sancita dall'art. 2043 del codice civile, ai sensi del quale qualunque fatto illecito, doloso o colposo, obbliga chi lo ha commesso a risarcire il danno.

Ciò che accomuna le due fattispecie è che l'autore della condotta illecita può agire con dolo o colpa. Il **dolo** consiste nella coscienza e volontà di recar danno agli altri ingiustamente, mentre chi agisce con **colpa**, se anche può volere la propria condotta, non vuole il danno né la messa in pericolo del bene giuridicamente protetto (per esempio, la vita o l'integrità fisica di una persona), e ciò nondimeno cagiona il danno a causa di negligenza, imprudenza o imperizia (*colpa generica*) o per l'inosservanza di leggi, regolamenti, ordini o discipline (*colpa specifica*).

Se dunque entrambe le tipologie obbligano il responsabile al risarcimento, quello che differisce è la disciplina dell'onere probatorio.

Nell'**illecito contrattuale**, il danneggiato non ha l'onere di provare il dolo o la colpa di colui che si è reso inadempiente, ma deve solo fornire la prova del fatto storico dell'inadempimento e quantificare il danno subito. Spetta, invece, al danneggiante dimostrare che il mancato o intempestivo adempimento è stato determinato da una causa a lui non imputabile.

Nell'**illecito extracontrattuale**, al contrario, è onere di chi lamenta la lesione fornire la prova dell'elemento psicologico (cioè provare il dolo o la colpa): non vi è responsabilità, né risarcimento alcuno, se il danneggiato non riesce a provare in giudizio la colpevolezza dell'autore dell'illecito.

Ciò detto, la disciplina della responsabilità civile per **prestazione professionale** è contenuta nel codice civile e segnatamente negli artt. 1176 e 2236.

L'art. 1176, al comma 2, fa obbligo al professionista di usare la *diligenza del buon padre di famiglia*, vale a dire la diligenza media, da valutarsi con riguardo alla natura dell'attività esercitata, mentre l'art. 2236, per il caso in cui la prestazione implichi la soluzione di problemi tecnici di speciale difficoltà, limita la responsabilità per gli eventuali danni alle ipotesi di *dolo* o *colpa grave*.

Quest'ultima norma è stata per lungo tempo applicata alla lettera, escludendo la responsabilità del professionista, in particolare quello sanitario, nei casi di *colpa lieve*.

Soltanto a partire dagli anni Novanta, il concetto giuridico di colpa nell'esercizio della professione sanitaria è stato inasprito per garantire maggior tutela al paziente. Così la giurisprudenza si è spinta fino al punto di presumere la responsabilità per *errore medico* in tutti quei casi in cui, a fronte di una prestazione che non presentasse il carattere della speciale difficoltà, si verificasse un evento sfavorevole, idoneo a determinare un peggioramento delle condizioni del paziente.

Quest'orientamento è andato consolidandosi fino ai giorni nostri. Oggi il professionista sanitario risponde per **colpa lieve** nel caso di danni arrecati per omessa diligenza e inadeguata preparazione professionale, salva poi la dimostrazione del *caso fortuito*, dell'*evento imprevedibile* e del *fatto di terzi*, mentre può essere chiamato a rispondere soltanto a titolo di **colpa grave** (o di **dolo**) nell'ipotesi che la prestazione implichi, per la particolare difficoltà del caso da trattare, la soluzione di problemi tecnici di speciale difficoltà, nell'accezione accolta dall'art. 2236 del codice civile.

C'è da chiedersi se la responsabilità del sanitario operante all'interno di una **struttura ospedaliera pubblica** abbia natura contrattuale o extracontrattuale. La tesi della responsabilità extracontrattuale, sostenuta dalla giurisprudenza meno recente, è stata confutata dalle pronunce succedutesi nell'ultimo quindicennio, per le quali sia il professionista sanitario sia l'ente ospedaliero, nella cui organizzazione il primo sia stabilmente inserito, rispondono nei confronti del danneggiato a titolo di responsabilità contrattuale, in virtù dell'applicazione analogica delle norme regolanti la responsabilità per prestazione medica resa in esecuzione di un contratto d'opera professionale. Il fondamento di questa responsabilità risiede in un *rapporto contrattuale di fatto*, originato dal *contatto sociale* tra sanitario e paziente e connotato dall'affidamento che il paziente ripone nella professionalità del sanitario.

Con la legge 24/2017 il legislatore prende finalmente posizione e recepisce l'opinione giurisprudenziale ormai consolidata, configurando un regime di doppia responsabilità, contrattuale ed extracontrattuale, il primo a carico della struttura e il secondo a carico del professionista sanitario.

Secondo l'art. 7, infatti, la **struttura sanitaria o socio-sanitaria pubblica o privata** che, nell'adempimento della propria obbligazione, si avvalga dell'opera di esercenti la professione sanitaria risponde delle loro **condotte dolose e colpose**, secondo i principi della **responsabilità contrattuale**, con onere della prova consequenzialmente a carico della struttura stessa e termine prescrizionale di 10 anni. Si richiamano, per l'esattezza, l'art. 1218 del codice civile, sulla responsabilità per inadempimento dell'obbligazione, e l'art. 1228, stesso codice, sulla responsabilità per fatto degli ausiliari.

Sussiste la responsabilità contrattuale della struttura anche qualora il professionista inadempiente sia stato scelto dal paziente e ancorché non sia dipendente dalla struttura.

Stessa disciplina, stabilisce il comma 2, si applica alle prestazioni sanitarie svolte in regime di *libera professione intramuraria* ovvero nell'ambito di *attività di sperimentazione e di ricerca clinica* ovvero in regime di *convenzione* con il Servizio Sanitario Nazionale nonché attraverso la *telemedicina*.

In ogni caso, l'**esercente la professione sanitaria**, direttamente chiamato in causa dal paziente danneggiato, **risponde del danno in via extracontrattuale**, ai sensi dell'art. 2043 del codice civile, salvo che abbia agito nell'adempimento di obbligazione contrattuale assunta con il paziente.

Nella determinazione del danno risarcibile, il giudice tiene conto della condotta professionale, valutando se il professionista si è attenuto alle raccomandazioni previste dalle linee guida e, in difetto di queste, alle buone pratiche clinico-assistenziali, e se sono configurabili, a carico del professionista, profili di responsabilità colposa per morte o lesioni personali.

Il danno conseguente all'attività della struttura e del professionista viene liquidato sulla base delle **tabelle per la liquidazione del danno biologico per lesioni di non lieve o lieve entità**, secondo le norme dettate dal codice delle assicurazioni private (D.Lgs n. 209/2005, che rimanda alla pubblicazione di tali importi da liquidare con decreto del Presidente della Repubblica da emanare con cadenza annuale).

Se il danno è derivato da una lacunosa compilazione della **cartella clinica**, gli effetti delle omissioni non possono che ricadere sul soggetto che l'ha redatta, sia sotto il profilo dell'inesatto adempimento, essendo compito del sanitario verificare l'esattezza e la completezza dei dati clinici, sia sotto il profilo del nesso eziologico fra la condotta colposa del sanitario e i danni riportati dal paziente.

1.4.2 La responsabilità penale

Si definisce "penale" la responsabilità derivante dai **reati**, comportamenti umani commissivi o omissivi che infrangono comandi o divieti posti dalla legge penale, la quale reagisce con l'applicazione di una sanzione criminale: la *reclusione* e/o la *multa*, se il reato è classificato come **delitto**; l'*arresto* e/o l'*ammenda*, se è classificato come **contravvenzione**.

Il *soggetto attivo*, o *reo*, è l'autore del reato; il *soggetto passivo* è chi subisce il fatto.

La dottrina, seppur divisa, ha elaborato una teoria generale del reato che enuclea nella struttura dell'illecito penale una serie di elementi costitutivi, comuni a tutte le fattispecie criminose. La tesi tradizionale individua due elementi costitutivi:

- un *elemento oggettivo*, nel quale rientrano la *condotta*, l'*evento naturalistico* che ne costituisce la conseguenza e il *nesso causale* che lega la prima al secondo;
- un *elemento soggettivo*, rappresentato dal *dolo* o dalla *colpa*.

Elemento oggettivo del reato

La **condotta** penalmente rilevante può consistere in un'azione o in un'omissione: l'**azione** è un movimento corporeo idoneo ad offendere il bene o l'interesse protetto dalla norma incriminatrice; l'**omissione** consiste nel restare inerti di fronte al dovere, imposto dall'ordinamento, di compiere un'azione possibile. La differenza tra le due forme di condotta risiede dunque nel *carattere naturalistico* dell'azione e nel *carattere normativo* dell'omissione: l'azione, infatti, consiste in un insieme coordinato di atti aventi in comune la caratteristica di essere oggettivamente preordinati allo scopo offensivo; l'omissione, invece, è una categoria di creazione normativa, perché non è distinguibile dalla mera inerzia, di per sé giuridicamente irrilevante, se non in virtù di una norma di legge che le attribuisca rilevanza penale attraverso la previsione di un dovere di agire.

L'**evento** è la conseguenza della condotta. Esistono due modi di intendere tale conseguenza, facenti capo a due diverse concezioni, di impronta naturalistica l'una, di impronta squisitamente giuridica l'altra. Secondo la *concezione naturalistica*, l'evento consiste in una modificazione della realtà fenomenica suscettibile di percezione sensoriale e legata alla condotta da un rapporto di causalità. Secondo la *concezione giuridica*, invece, il risultato cui fa riferimento il legislatore quando parla di *evento* consiste nella *lesione* (danno) o *messa in pericolo* dell'interesse giuridico protetto (per esempio, il diritto alla vita).

Il **nesso di causalità** è il rapporto necessario che deve intercorrere tra la condotta e l'evento. Stabilisce l'art. 40 del codice penale che nessuno può essere punito per un fatto previsto dalla legge come reato, se l'evento dannoso o pericoloso da cui dipende l'esistenza del reato non è conseguenza della sua azione o omissione.

Ciò vuol dire che, affinché sussista il reato, è necessario che tra la condotta tipica e l'evento sia accertato un rapporto di derivazione causale. Tale principio si concilia con quello sancito dall'art. 27 della Costituzione il quale, nell'affermare che la responsabilità penale è personale, esclude che un soggetto possa essere chiamato a rispondere di eventi che non sono casualmente collegabili alla sua personale condotta.

L'opinione più moderna adotta il **criterio della sussunzione sotto leggi scientifiche**, affermando che può casualmente ricollegarsi alla condotta del soggetto quell'evento che, secondo la migliore scienza ed esperienza del momento storico in cui egli ha agito, era prevedibile come verosimile conseguenza della sua azione o omissione; per operare correttamente il giudizio di prevedibilità, il giudice dovrà mentalmente riportarsi al momento della condotta e valutare di quest'ultima tutti i possibili effetti sulla base delle migliori leggi scientifiche, esprimenti certezza, e delle migliori leggi statistiche, esprimenti probabilità, che l'agente era in grado di utilizzare in quel momento storico.

Ciò spiega, peraltro, il disposto dell'art. 41, comma 2, del codice penale, secondo cui le cause sopravvenute escludono il rapporto di causalità quando sono state da sole sufficienti a determinare l'evento: tale norma va interpretata nel senso che il reato è escluso quando l'evento è dovuto al sopraggiungere di un avvenimento eccezionale.

Elemento soggettivo del reato

Il **dolo** è il normale criterio di imputazione soggettiva; esso si connota per la volontarietà della condotta offensiva e per la congettura di un evento dannoso in conseguenza di quella condotta. Secondo l'art. 43 del codice penale, il delitto è *doloso* o *intenzionale* quando l'evento dannoso o pericoloso è dall'agente previsto e voluto come conseguenza della propria azione o omissione.

Il dolo, dunque, richiede che il soggetto:

- si rappresenti gli elementi essenziali che integrano la fattispecie illecita (*elemento intellettivo*);
- agisca con la volontà consapevole di porre in essere gli elementi essenziali che si è mentalmente rappresentato (*elemento volitivo*); la volontà del fatto non deve essere confusa con il movente o motivo dell'azione delittuosa, che consiste nello stimolo soggettivo dal quale il soggetto è spinto ad agire.

Esempi di situazioni dolose sono: mancato rispetto del dissenso del paziente in merito a pratiche assistenziali invasive (posizionamento SNG, CVP), tranne nei casi indicati dalla legge; mancanza del consenso ovvero consenso viziato; consenso espresso dal paziente in contrasto con l'ordine pubblico o il buon costume. Il dissenso del paziente alle cure deve essere rispettato, in quanto egli è il solo a poter decidere in merito alla propria salute e libertà, tranne nei casi previsti dalla legge (TSO e stato di necessità).

La **colpa**, più frequente in ambito sanitario, è il modo di agire con negligenza, imprudenza, imperizia (*colpa generica*) o inosservanza di leggi, regolamenti, ordini o discipline (*colpa specifica*).

La *negligenza* è la mancata adozione di regole cautelari e viene identificata con trascuratezza o assenza di attenzione e sollecitudine. Un esempio è il mal posizionamento della piastra in sala operatoria, che causa ustione al paziente (Tribunale di Monza, sent. 23 ottobre 2006).

L'*imprudenza* è identificata come avventatezza, carenza di cautela, scarsa considerazione delle conseguenze, decisioni affrettate.

L'*imperizia* è l'inabilità professionale dovuta alla non conoscenza delle regole scientifiche e tecniche richieste al professionista.

Dalla definizione normativa si evince che la responsabilità per colpa presuppone:

- l'involontarietà dell'evento;
- la sua prevedibilità;
- la sua evitabilità.

Il requisito dell'**involontarietà** implica che il fondamento della responsabilità per colpa sia da identificare nella realizzazione (involontaria) di una fattispecie di reato che poteva essere evitata attraverso l'osservanza di regole di condotta dirette a prevenire danni. Quanto alla **prevedibilità dell'evento**, e alla sua **evitabilità**, la dottrina tende a considerarli presupposti logici ai fini dell'imputazione penale, dal momento che soltanto in presenza di un evento connotato dal requisito della prevedibilità è lecito qualificare come negligente o imprudente il comportamento dell'agente. La giurisprudenza, dal canto suo, preferisce parlare più specificamente di **prevedibilità del pericolo**, facendo riferimento alla possibilità che qualsiasi individuo avveduto e coscienzioso abbia di interrogarsi, sulla base di un giudizio prognostico, circa le conseguenze della propria condotta.

La **preterintenzione** è prevista solo per i reati di omicidio e aborto; agendo per procurare un evento (che si vuole), se ne procura un altro che non si vuole.

L'inquadramento dogmatico dell'istituto è discusso: da un lato si ritiene che la preterintenzione sia un *dolo* misto a *colpa* (dolo per l'evento minore voluto e colpa per l'evento più grave); dall'altro un *dolo* misto a *responsabilità oggettiva* (dolo per l'evento voluto e responsabilità oggettiva per quello non voluto).

Nei **reati omissivi**, il legislatore viene invece a reprimere il mancato compimento di un'azione giudicata come doverosa, indipendentemente dal verificarsi o meno di un evento come conseguenza di tale omissione, come previsto dal secondo comma dell'articolo 40 c.p. che recita "*non impedire un evento, che si aveva l'obbligo giuridico di impedire, equivale a cagionarlo*".

In conclusione, va evidenziato a carattere generale, che esistono **reati perseguibili d'ufficio e reati perseguibili su querela di parte**, intendendo con questi ultimi quelli che hanno inizio a seguito di querela presentata dalla persona offesa.

Nella tabella che segue si elencano i principali reati contro la persona sottoposta a cure mediche.

Tabella 1.1 Principali reati contro la persona assistita

Danno	Descrizione	Esempi
Omicidio colposo (art. 589 c.p.)	Non intenzionale Causato da negligenza, imperizia, imprudenza	Errata somministrazione di un farmaco Abbandono temporaneo di un malato senza valutarne i rischi
Lesioni personali colpose (art. 590 c.p.)	Non intenzionali Cagionare una lesione che causa una malattia nel corpo e nella mente	Mal posizionamento della piastra in sala operatoria causando ustioni all'assistito
Lesioni personali dolose (art. 582 c.p.)	Intenzionali Cagionare una lesione che causa una malattia nel corpo e nella mente	Infliggere sofferenze fisiche e morali umiliando la persona
Violenza privata (art. 610 c.p.)	Usando violenza o minacce, costringere altri a fare, tollerare o omettere qualche cosa	Posizionamento di un presidio sanitario (CVP, SNG) contro la volontà del paziente Abuso di contenzione fisica Intimidazione
Sequestro di persona (art. 605 c.p.)	Intenzionale Privare qualcuno della libertà personale	Abuso della contenzione fisica in pazienti che non ne necessitano

(*segue*)

Tabella 1.1 Principali reati contro la persona assistita

Danno	Descrizione	Esempi
Reati contro l'onore	Ingiuria, quando l'offeso è presente al fatto Diffamazione, quando l'offeso non è presente al fatto	Offendere verbalmente un collega o un paziente di fronte a terzi Offendere, comunicando con più persone, la reputazione di un collega, di un utente o di un suo parente
Abbandono di persone minori o incapaci (art. 591 c.p.)	L'operatore che ha la custodia o deve avere cura della persona lascia la stessa da sola senza più curarsene	Lasciare il paziente non autosufficiente in bagno da solo

Principio di personalità e presunzione di innocenza

L'art. 27, comma 1, della Costituzione afferma il principio di personalità della responsabilità penale, in virtù del quale nessuno può essere punito per un reato commesso da altri soggetti.

Il precetto costituzionale va inteso nel duplice senso che:

- nessuno può essere punito per il fatto commesso da un'altra persona;
- l'autore del fatto non può essere sottoposto a pena se non è imputabile, ossia se non è capace di intendere e di volere. Ciò nel presupposto che sarebbe ingiusto e illogico muovere un rimprovero di colpevolezza a chi, nel momento in cui ha violato la legge penale, era incapace di percepire il disvalore penale del proprio comportamento.

> **Responsabilità nell'attività medico-chirurgica di équipe**
>
> Nel lavoro di équipe, come nel caso dell'attività medico-chirurgica, trova applicazione il **principio dell'affidamento**, coerente peraltro con il concetto di specializzazione medica, in base al quale ciascun componente dell'équipe risponde soltanto delle conseguenze che derivano dalla propria condotta, potendo fare affidamento per il resto sul corretto operato degli altri membri. Fa eccezione il caso in cui per la posizione gerarchica occupata nell'équipe (per esempio, il chirurgo capo-équipe) o per altre ragioni, il soggetto abbia degli obblighi specifici di controllo e sorveglianza sull'operato degli altri componenti, nel qual caso un rimprovero di colpevolezza potrà essergli mosso ogni qualvolta tali obblighi precauzionali siano stati violati e dalla violazione siano derivate conseguenze sfavorevoli al paziente.

Nel comma 2 si sancisce un altro fondamentale principio e cioè quello della **presunzione di innocenza** fino alla condanna definitiva: nessuno può essere considerato colpevole, né essere assoggettato a pena, finché la sua responsabilità non sia definitivamente accertata attraverso un processo, né equivale a condanna il fatto che una persona sia sottoposta ad indagine o a misure preventive (come la custodia cautelare).

Ignoranza della legge penale

Espressione del principio di personalità è quello in base al quale l'**ignoranza della legge penale** esclude la punibilità di chi l'abbia violata quando la mancata o errata conoscenza della legge è scusabile, ossia quando il trasgressore era nell'oggettiva impossibilità di conoscere la norma trasgredita, per cui nessun rimprovero di colpevolezza può essergli mosso.

Si tratta di un principio affermato dalla Corte costituzionale nel 1984. Sino ad allora aveva trovato applicazione, in maniera indiscriminata, l'art. 5 del codice penale, ai sensi del quale nessuno può invocare a propria scusa l'ignoranza totale o parziale della legge penale (*ignorantia legis non excusat*). Tuttavia, questa norma si fondava sull'inaccettabile presunzione di conoscenza o conoscibilità della legge penale da parte di chiunque; assunto, questo, che non poteva trovare fondamento in un ordinamento, qual è tuttora il nostro, caratterizzato da un fenomeno di autentica inflazione legislativa e da un elevato grado di tecnicità nella formulazione delle norme giuridiche, che il più delle volte necessitano di interpretazioni dottrinali o giurisprudenziali per rivelare la *voluntas legis* in esse racchiusa.

La Corte costituzionale, con sentenza n. 364 del 24 marzo 1988, ha dichiarato l'illegittimità costituzionale dell'art. 5 nella parte in cui non esclude dalla "inescusabilità" l'ignoranza incolpevole della legge.

Uso dei mezzi di contenzione

Il ricorso ai mezzi di **contenzione** fisica è ammesso solo:

- in casi eccezionali e giustificati dall'interesse terapeutico e con la salvaguardia della dignità della persona;
- su prescrizione medica o documentata valutazione assistenziale contenente il mezzo da usare e la durata;
- con un controllo continuo e costante del paziente da parte del personale infermieristico e medico.

La contenzione fisica della persona assistita si configura come **atto coercitivo** e quindi potenzialmente in contrasto con la libertà personale. Perciò essa è ammessa solo come provvedimento di **vigilanza**, **custodia**, **prevenzione** o **cura**, allo scopo di tutelare la vita o la salute del paziente a fronte di una condizione di incapacità di intendere e di volere che renda di fatto inattendibile ogni scelta o manifestazione di volontà del soggetto.

Giova ricordare che l'art. 571 del codice penale punisce chiunque abusi di mezzi di contenzione o disciplina in danno di una persona sottoposta alla sua autorità, o a lui affidata per ragioni di educazione, cura o vigilanza, ovvero per l'esercizio di una professione, se dal fatto deriva il pericolo di una malattia nel corpo o nella mente.

Inoltre, ai sensi dell'art. 610, l'uso non giustificato dei mezzi di contenzione potrebbe anche tradursi in accusa di **aggressione** e **violenza**.

D'altro canto, se ricorrono gli estremi dello stato di necessità, la misura di contenzione (sempre proporzionale al pericolo attuale di un danno grave non altrimenti evitabile) non solo può, ma deve essere applicata, se non si vuole incorrere nel reato di **abbandono di incapaci**.

Colpa professionale nel diritto penale

Il legislatore ha sempre avvertito in maniera chiara la necessità di regolamentare la responsabilità del professionista sanitario. L'attività medica, infatti, viene ad incidere su beni primari quali la vita e l'incolumità psicofisica, la cui tutela ha diretto fondamento nella Costituzione (artt. 2, 3, 32).

C'è da chiedersi se operi anche in campo penale l'art. 2236 del codice civile, ai fini della limitazione della responsabilità colposa per imperizia. La giurisprudenza minoritaria, affermatasi in passato, propendeva per la soluzione affermativa, sostenendo che escludere l'operatività della norma civilistica avrebbe significato inibire in maniera eccessiva l'operato del professionista sanitario, in considerazione delle oggettive difficoltà cui egli va normalmente incontro. Si giungeva, per questa via, a limitarne la responsabilità penale a titolo di colpa, per violazione di regole di perizia, ai soli casi di imperizia grave.

Attualmente prevale in dottrina e giurisprudenza l'opinione contraria. Si nega l'operatività dell'art. 2236 in sede penale perché il suo carattere di norma eccezionale ne impedisce l'applicazione analogica al di fuori del contesto civilistico e inoltre una limitazione di responsabilità nei riguardi dei professionisti sanitari violerebbe il principio costituzionale di uguaglianza, creando un'ingiustificata disparità di trattamento rispetto alle altre categorie professionali. La conseguenza è che la responsabilità del sanitario deve essere valutata alla stregua dei criteri dettati dall'art. 43 del codice penale.

C'è poi chi ritiene che quando il singolo caso imponga la soluzione di problemi di specifica difficoltà, la norma civilistica possa comunque operare non per effetto di diretta applicazione nel campo penale, ma come *regola di esperienza* per il giudice chiamato a valutare l'addebito di imperizia.

Il **decreto Balduzzi** (decreto legge n. 158/2012), convertito dalla legge n. 189/2012, era intervenuto a escludere, nel campo penale, la sussistenza della **colpa lieve** nell'ipotesi in cui l'esercente la professione sanitaria si fosse attenuto a linee guida e buone pratiche accreditate dalla comunità scientifica. Il decreto faceva espressamente salva la responsabilità civile del medico ai sensi dell'art. 2043 del codice civile.

L'art. 6 della legge Gelli-Bianco (legge n. 24/2017) ha abrogato questa disposizione, per finalità di coordinamento, e introdotto nel codice penale l'art. 590-*sexies*, che disciplina la responsabilità colposa per morte o lesioni personali in ambito sanitario, prevedendo che se i reati di **omicidio colposo** (art. 589) e **lesioni personali colpose** (art. 590) sono commessi per **negligenza** o **imprudenza** nell'esercizio della professione sanitaria, si applicano le pene previste dal codice penale.

La punibilità è, invece, esclusa se l'evento si è verificato a causa di **imperizia**, sempre però che risultino rispettate, e qui la nuova disposizione recepisce quella contenuta nel decreto Balduzzi, le *raccomandazioni previste dalle linee guida* o, in mancanza di queste, le *buone pratiche clinico-assistenziali*, e sempre che le raccomandazioni previste dalle linee guida risultino adeguate alle specificità del caso concreto.

Sopprimendo il riferimento alla colpa lieve, presente nel decreto Balduzzi, la nuova disciplina non distingue fra i gradi di colpa. Se si esclude il caso dell'imperizia, la punibilità per negligenza o imprudenza sussiste indipendentemente dalla gravità della condotta, quindi anche per negligenza o imprudenza lieve. Alla negligenza e all'imprudenza si attribuisce, dunque, un maggior grado di disvalore penale. Ciò trova spiegazione nella riprovevolezza delle condotte negligenti e imprudenti, se si considera il significato della negligenza, la quale è sinonimo di trascuratezza, disattenzione, indolenza, come pure la scarsa considerazione che, in caso di comportamento imprudente, il professionista incauto dimostra di avere per l'integrità fisica del paziente.

Invece l'imperizia, ovvero l'inabilità professionale dovuta alla mancata conoscenza delle regole scientifiche e tecniche della professione sanitaria e, più in generale, alla scarsa esperienza professionale, rileva solo se sono state violate le **raccomandazioni previste dalle linee guida** e, in difetto di queste, le **buone pratiche clinico-assistenziali**.

Il legislatore si è così voluto allineare all'indirizzo giurisprudenziale che circoscrive la responsabilità per violazione di regole di perizia ai soli casi di imperizia grave. Per i casi di colpa lieve e segnatamente di imperizia lieve, infatti, secondo le più recenti posizioni della Suprema Corte di Cassazione, la limitazione di responsabilità può operare, per le condotte professionali conformi alle linee guida e alle buone pratiche, anche in caso di errori che siano connotati da profili di colpa generica diversi dall'imperizia, "*non potendosi escludere che le stesse fonti pongano raccomandazioni rispetto alle quali il parametro valutativo della condotta del soggetto agente sia quello della diligenza, come nel caso in cui siano richieste prestazioni che riguardino più la sfera della accuratezza, che quella della adeguatezza professionale*" (Cass. pen. 11 maggio 2016, n. 23283; in senso conforme, Cass. pen. 24 gennaio 2013, n. 11493; si confronti anche con Cass. pen. 7 febbraio 2019, n. 5892).

1.4.3 La responsabilità disciplinare

La responsabilità disciplinare è legata a:

- obblighi derivanti dal contratto di lavoro in qualità di dipendente (*responsabilità disciplinare*);
- obblighi verso il Collegio di appartenenza (*responsabilità ordinistico-disciplinare*).

I medici e gli infermieri sono assoggettati a **codici disciplinari** che identificano l'interesse pubblico da perseguire, i comportamenti non consentiti e le relative sanzioni.

Segnatamente, se dipendenti di una struttura pubblica, essi sono tenuti a osservare:

- il Codice di comportamento del dipendente delle pubbliche amministrazioni (D.P.R. 16 aprile 2013, n. 62), che delinea gli obblighi di diligenza, lealtà e imparzialità;
- il Codice disciplinare del relativo CCNL comparto Sanità;
- il Codice etico-deontologico del Collegio di appartenenza.

Il Testo unico del pubblico impiego privatizzato (D.Lgs. 165/2001) prevede che ai dipendenti pubblici si applichino:

- gli artt. 2104, 2105 e 2106 del codice civile, per cui eventuali sanzioni possono essere irrogate solo in caso di inosservanza degli obblighi di diligenza, fedeltà e obbedienza e delineano i principi di contestazione dell'addebito e relativa difesa;
- l'art. 7, commi 1, 5 e 8, dello Statuto dei Lavoratori (legge n. 300/1970), riguardante le sanzioni disciplinari.

La contrattazione collettiva del comparto Sanità definisce la tipologia delle infrazioni e le relative sanzioni. Queste devono essere proporzionate alla gravità del fatto o dell'omissione (minore o maggiore gravità).

Le attuali sanzioni disciplinari, modificate dal decreto legislativo n. 150/2009, sono suddivise per gravità e sottoposte a differenti procedure.

La **responsabilità ordinistico-disciplinare** deriva dall'iscrizione all'albo professionale tenuto dall'Ordine di appartenenza (ad esempio l'Ordine degli infermieri, l'ordine

Il sistema delle sanzioni disciplinari

Sanzioni di minore gravità:

- *rimprovero verbale;*
- *rimprovero scritto* (censura);
- *multa fino a un massimo di 4 ore di retribuzione;*
- *sospensione dal servizio con privazione della retribuzione fino a 10 giorni.*

Sanzioni di maggiore gravità:

- *sospensione dal servizio con privazione della retribuzione da 11 giorni fino a un massimo di 6 mesi;*
- *licenziamento con o senza preavviso.*

La sospensione dal servizio con privazione della retribuzione (fino a un massimo di 15 giorni oppure da un minimo di 3 giorni a un massimo di 3 mesi) è prevista anche dal D.Lgs. 165/2001, al quale il contratto collettivo espressamente si richiama. Ad eccezione del rimprovero verbale, tutte le sanzioni devono essere sempre contestate per iscritto per garantire la difesa secondo le modalità e i tempi previsti dalla legge.

Ci sono poi le **sanzioni ordinistico-disciplinari**, comminate dall'Ordine professionale, previo procedimento disciplinare (D.P.R. 221/1950):

- l'*avvertimento*, che consta nel diffidare il colpevole a non ripetere la stessa infrazione;
- la *censura*, che è una dichiarazione di biasimo scritta;
- la *sospensione* dall'esercizio della professione da 1 a 6 mesi, salvo diversa disposizione;
- la *radiazione* dall'albo, nei casi previsti dalla legge.

dei medici, ecc.) e implica l'obbligo di rispettare le regole stabilite dallo stesso, tra i quali il compito di "*esercitare il potere disciplinare nei confronti degli iscritti al proprio albo*". La normativa vigente non prevede che gli operatori sociosanitari confluiscano in un ordine professionale. Esistono, tuttavia, forme associazionistiche che contemplano la formale adesione a principi etici e norme morali nell'esercizio della professione.

Il decreto del Presidente della Repubblica 5 aprile 1950, n. 221, dispone che i sanitari che si rendano colpevoli di abusi o di mancanze nell'esercizio della professione, o comunque di fatti disdicevoli al decoro professionale, siano sottoposti a procedimento disciplinare da parte del consiglio del Collegio della Provincia cui sono iscritti (art. 38). Il procedimento può essere avviato su iniziativa dello stesso Collegio ovvero su richiesta del Prefetto o del Procuratore della Repubblica (art. 38).

1.5 Gli obblighi di informazione verso la persona assistita: il consenso informato

Il consenso informato è la facoltà di un paziente, capace di intendere e di volere, di prendere decisioni concernenti l'assistenza sanitaria, basandosi sulla piena conoscenza dei vantaggi, dei rischi e delle potenziali conseguenze di un programma di trattamento raccomandato e delle possibili alternative, compresa l'assenza di trattamenti.

Il termine "consenso informato" (normato dall'art. 50 del codice penale) risulta dalla parola composta ***con-senso***, cioè con partecipazione dell'individuo intesa come accettazione del profilo di cura e non della persona che lo propone (medico).

Sottende l'accettazione del paziente (o di chi ha titolo giuridico per rappresentarne la volontà), **per iscritto o attraverso videoregistrazioni**, del programma diagnostico o di cura proposto tutte le volte che eccede l'ordinaria prassi.

Il consenso informato per qualsiasi atto medico è giustificato giuridicamente:

- **giustificazione "sociale":** l'atto medico è **"socialmente adeguato"** in quanto la sua finalità è quella di salvaguardare la vita, la salute, l'integrità psicofisica dell'individuo che sono interesse del singolo ma anche della collettività;
- **giustificazione "giuridica":** è solo **il valido consenso** dell'avente diritto che legittima l'esercizio stesso della medicina il quale, in assenza di un valido consenso, è da considerarsi giuridicamente illecito.

Requisiti di validità del consenso

Perché sia valido, il consenso, è necessario che sia ***informato*** cioè che venga spiegato, con parole comprensibili al grado di cultura del soggetto interessato, ciò che si dovrà fare, i risultati che si pensa di ottenere e i possibili effetti indesiderati che potranno residuare.

Inoltre:

- deve essere **preliminare al trattamento**;
- deve avere un **destinatario** ben determinato e ben individuabile;
- deve essere **richiesto** (dal sanitario);
- deve essere **esplicito, specifico, attuale** all'atto medico.

A volte, la sottoscrizione del modulo di consenso informato viene presentata come una mera formalità: così facendo lo si priva del suo vero significato, sia etico che deontologico di espressione **dell'autodeterminazione del paziente che fornisce liceità all'atto medico.**

Fondamenti giuridici del consenso

- **Costituzione, art. 32:** "La Repubblica tutela la salute come fondamentale diritto dell'individuo ed interesse della collettività e garantisce cure gratuite agli indigenti.
  Nessuno può essere obbligato ad un determinato trattamento sanitario se non per disposizione di legge. La legge non può, in nessun caso, violare i limiti imposti dal rispetto della persona umana".
- **Legge n. 833/1978, art. 1** *(Legge istitutiva del S.S.N.): "*La tutela della salute fisica e psichica deve avvenire nel rispetto della dignità e della libertà della persona".
- **Convenzione di Oviedo, art. 5. [Consiglio d'Europa - 1997]:** "Qualsiasi intervento in campo sanitario non può essere effettuato se non dopo che la persona interessata abbia dato il proprio consenso libero ed informato". Questa persona riceve preliminarmente una informazione adeguata in merito allo scopo ed alla natura dell'intervento nonché alle sue conseguenze ed ai suoi rischi. La persona interessata può liberamente ritirare il proprio consenso in qualsiasi momento".
- **Dichiarazione universale sulla bioetica – UNESCO ottobre 2005, art. 6:** "...Ogni intervento medico preventivo, terapeutico o diagnostico, deve essere realizzato con il previo, libero ed informato consenso della persona interessata, basato su una adeguata informazione...".
- **Legge n. 219/2017, art. 1, co. 3** *(Consenso informato e DAT)*: "Ogni persona ha il diritto di conoscere le proprie condizioni di salute e di essere informata in modo completo, aggiornato e a lei comprensibile riguardo alla diagnosi, alla prognosi, ai benefici e ai rischi degli accertamenti diagnostici e dei trattamenti sanitari indicati, nonché riguardo alle possibili alternative e alle conseguenze dell'eventuale rifiuto del trattamento sanitario e dell'accertamento diagnostico o della rinuncia ai medesimi".

Il consenso che il paziente presta a qualsiasi pratica sanitaria deve essere preceduto da un'adeguata e corretta informazione da parte del professionista sanitario coinvolto.

Il consenso:

- deve essere dato dallo stesso soggetto, maggiorenne e capace di intendere e di volere, che sarà sottoposto al trattamento sanitario;
- deve essere acquisito nei modi e con gli strumenti più consoni alle condizioni del paziente. Vi sono dei casi in cui deve essere obbligatoriamente acquisito in forma scritta, quali ad esempio nella donazione di sangue, nel caso di trasfusione di sangue, di emocomponenti e di somministrazione di emoderivati, procreazione medicalmente assistita (PMA) e test dell'HIV;
- è documentato (operazione diversa dall'acquisizione) in forma scritta o attraverso videoregistrazioni o, per la persona con disabilità, attraverso dispositivi che le consentano di comunicare;
- in qualunque forma espresso, è inserito nella cartella clinica e nel fascicolo sanitario elettronico.

Il consenso informato si realizza quando favorisce l'informazione attraverso la realizzazione dell'obiettivo di un paziente "giustamente soddisfatto" secondo i canoni di qualità percepita e secondo gli elementi di un'autentica "autonomia" decisionale.

Il medico o il sanitario professionista che porta a termine la procedura è responsabile dell'ottenimento del consenso informato del paziente.

La firma della modulistica del consenso informato indica che l'informazione è stata letta, compresa e accettata.

Il paziente ha il diritto di rifiutare qualsiasi atto medico anche dopo aver firmato il consenso e, quando ciò avviene, il personale sanitario deve informare immediatamente il medico. L'accettazione, la revoca e il rifiuto del consenso sono annotati nella cartella clinica e nel fascicolo sanitario elettronico.

Capitolo 2
Principi di etica e deontologia professionale

2.1 L'etica

"*Etica*" è una parola che deriva dal greco "è*thos*" e significa modo di comportarsi, costume, abitudine, regola di vita. L'etica è quella branca della filosofia che studia in modo oggettivo e razionale la distinzione tra comportamenti positivi e negativi, giusti o sbagliati, tra ciò che è bene e ciò che è male.

L'Etica si occupa delle azioni e del comportamento pratico dell'individuo in rapporto alla società e a sé stesso e prende in considerazione le azioni delle persone alla luce di un sistema di valori di riferimento.

Nel campo delle professioni che operano in ambito sociale e sanitario, quando si usa l'espressione "*il professionista deve tenere un comportamento etico*" si fa riferimento a quell'insieme di comportamenti che l'operatore deve tenere per non ledere l'immagine della propria professione.

Nello svolgimento del proprio lavoro infatti, ciascun operatore deve tenere un comportamento decoroso e positivo nei confronti di se stesso, degli assistiti e familiari, dei colleghi dell'équipe, della propria azienda e nei confronti dell'intera collettività.

Ogni essere umano e, di conseguenza anche l'operatore dell'area socio-sanitaria, per poter distinguere tra ciò che è bene e ciò che è male, usa la razionalità e questo significa che è "libero" di fare le proprie scelte.

In altre parole, l'etica si occupa di analizzare in modo razionale e critico la validità "*morale*" di ogni singola azione umana.

Al di sopra di tutti i teoremi e di tutti i traguardi della scienza c'è un imperativo universale: la scienza deve servire l'uomo e il suo vero bene. Poiché la scienza e il progresso devono servire l'uomo possiamo intanto dire che il giudizio etico sulle applicazioni della scienza deve perseguire il bene autentico e integrale della persona umana, qualsiasi siano le sue condizioni fisiche, psichiche e mentali.

Quanto più il nostro tempo si configura con l'era della tecnologia tanto più si avverte il bisogno di interrogarsi sul significato propriamente umano delle sue conquiste.

La riflessione etica sull'attività umana in generale e, in particolare, sulla pratica della medicina, sui principi e sulle norme che la guidano e sugli interrogativi che solleva, assume come fondamentali punti di riferimento non solo le **"norme giuridiche"** e i **"diritti umani"** che ne costituiscono la base, ma anche le "**norme morali**" che ispirano le scelte e le azioni di molti uomini.

Per gli operatori sanitari tutto questo si traduce nella ricerca di atteggiamenti sempre nuovi:

- aumentare le conoscenze attraverso la formazione continua e l'aggiornamento ed essere coinvolti nelle decisioni assistenziali;
- aumentare la capacità di discernere fra le diverse situazioni morali e trovare soluzioni positive anche nell'incertezza e nell'ambiguità di scelte difficili da accettare;
- agire sempre nell'interesse delle persone ed essere loro portavoce anche quando non sono più in grado di autodeterminare le proprie volontà e i propri desideri.

I principi e i valori etici a cui facciamo riferimento nella nostra attività quotidiana non sempre sono ***valori morali*** ritenuti ***universali*** nonostante richiamino concetti di ***uguaglianza, libertà, autodeterminazione, giustizia;*** nella realtà politica mondiale non sono termini a cui tutti i popoli fanno riferimento quando devono agire nei confronti dei loro simili.

Il termine **valore** indica tutto ciò che è oggetto di preferenza non del singolo ma di una moltitudine. I valori possono essere distinti in:

- **valori caldi:** quelli perseguiti con passione (amore, amicizia, generosità, ecc.);
- **valori freddi:** quelli da difendere ad ogni costo (vita, legge, democrazia, ecc.).

Attraverso l'analisi razionale dei valori, l'individuo diviene un agente morale, quindi assume su di sé la responsabilità del risultato finale delle proprie decisioni: ***individuo = agente morale.*** Per l'operatore agire in modo etico significa aver fatto propri i valori umani e morali universalmente riconosciuti e averli poi tradotti in comportamenti concreti nell'attività assistenziale.

L'etica applicata al campo sanitario non deve ridursi a sola **conoscenza di principi e norme** che regolano il comportamento di chi a vario titolo lavora in questo settore, il vero campo dell'etica è far sì che nell'agire quotidiano (nei comportamenti), gli operatori coltivino sempre **l'umanità di ciascuno** in ogni situazione concreta. Coltivare l'umanità di ciascuno vuol dire **considerare le persone nella loro interezza e unicità**, ognuna portatrice di valori e principi che hanno pari dignità e autorevolezza dei miei stessi principi e valori.

L'atto di prendere decisioni comporta un procedimento impersonale ed imparziale, che utilizza regole certe, relative alla valutazione di due parametri fondamentali come:

- l'intenzione;
- le circostanze.

L'intenzione: attraverso le azioni l'uomo è padrone del suo essere. Possiamo però distinguere tra ***atto umano* e *atto dell'uomo.***

- L'***atto umano*:** qualsiasi atto di cui l'uomo è padrone è propriamente un atto umano. Vi sono atti nei quali l'uomo esercita il suo dominio e la sua libertà: questi sono atti veramente umani, e solo questi formano l'oggetto della morale. Attraverso questi atti l'uomo *sceglie* di *poter essere*, finalizzando le proprie azioni al conseguimento del vero bene. Solo negli atti umani si esercita il libero arbitrio: sono pertanto atti che esigono la collaborazione dell'intelletto e della volontà. Al primo appartengono la deliberazione e il consiglio, alla seconda appartiene invece la scelta (elezione).
- L'***atto dell'uomo*:** qualsiasi atto compiuto dall'uomo, ma non liberamente, come, per esempio, il respirare, il dormire, che non sono oggetto della morale.

Le circostanze: ogni azione si svolge in un insieme preciso di circostanze (luogo, tempo, modo, occasioni) e la valutazione globale dell'azione non può prescindere da esse.

Le circostanze possono aumentare o diminuire il bene o il male nelle nostre azioni, ma non possono modificare la qualità morale dell'azione stessa. Le circostanze (e le conseguenze di un'azione) sono elementi secondari di un atto morale, concorrono però ad aggravare o ad attenuare la bontà o la malizia morale degli atti umani (come l'ammontare di una rapina); di conseguenza, attenuano o aumentano la responsabilità di chi agisce (agire, per esempio, per paura della propria morte). In sé, però, le circostanze non possono modificare la qualità morale degli atti stessi; non possono rendere né buona né giusta un'azione.

È senz'altro necessaria una **competenza etica** in tutto il personale che lavora in ambito sanitario e socio-assistenziale, al fine di maturare una consapevolezza che quanto si sta facendo richiede non solamente una capacità operativa, in senso tecnico, ma anche un grado di responsabilità al quale dobbiamo educarci ed anche educare, continuamente, attraverso, appunto, i **principi etici**.

2.2 Etica e morale, valori, principi e norme

Spesso etica e morale vengono usati come sinonimi ma i due termini hanno significati diversi.

La morale sta ad indicare l'insieme di valori, principi, norme che un individuo o gruppo decidono di darsi al fine di orientare ed indirizzare l'uomo ad **agire per il bene della collettività**.

La morale è associata alla capacità umana di distinguere il bene dal male e di conseguenza alla scelta consapevole dell'essere umano, in quanto dotato di ragione, ispirazione, intuizione e coscienza, sui comportamenti da tenere, giusti o sbagliati. Riguarda la capacità che ha l'uomo di dominare la propria natura, facendo delle scelte, andando ad individuare nella vita pratica i valori fondamentali sui quali si fonda l'esistenza individuale e collettiva.

La morale viene spesso associata ad una visione spirituale e religiosa della società e quindi alla fede (anche se può essere associata ad una visione laica), mentre l'etica si muove invece attraverso la razionalità.

I valori e i principi definiscono in modo generale e assoluto cosa sia bene, male, giusto, ingiusto o sbagliato, rispetto, uguaglianza, dignità, libertà, responsabilità, permettendo così alle persone di poter esprimere il cosiddetto "**giudizio morale**", che consiste nel "giudicare" se una determinata azione o situazione siano giuste o meno riguardo a tali principi.

Ogni società adotta molteplici tipi di regole al fine di disciplinare le relazioni tra gli uomini e tra queste vi sono regole di correttezza, di buona educazione, religiose e morali, giuridiche.

Le norme giuridiche sono diverse da tutte le altre perché sono rappresentate dall'insieme di regole adottate da una comunità e imposte dallo Stato e che ogni appartenente alla stessa è tenuto a rispettare per poter realizzare i valori e principi che la comunità ha deciso di perseguire e per non incorrere nelle sanzioni previste dall'ordinamento giuridico.

I comportamenti vengono definiti giusti e corretti quando gli appartenenti alla collettività si uniformano al rispetto delle norme, dei principi e dei valori, mentre vengono disapprovati quando questi non vengono rispettati, anzi violati.

I valori, i principi e le norme orientano la vita di ogni uomo e senza di essi non sarebbe possibile convivere civilmente all'interno della società.

In ambito sanitario e sociale, molteplici sono i fattori che guidano e orientano gli operatori nello svolgimento del proprio lavoro e tra questi:

1. i valori e principi fondanti su cui si basano le professioni dell'area sociale e sanitaria e quindi di aiuto;
2. i limiti posti alla propria libertà di agire che sono sinteticamente e principalmente riconducibili:
   a) alla libertà di ciascun assistito di decidere, quando capace di intendere e volere, quali siano gli interventi più appropriati e migliori per se stesso;
   b) alle leggi in vigore;
   c) alla deontologia professionale;
   d) al codice deontologico (per le professioni che appartengono ad un ordine e che dispongono di un albo professionale);
   e) alle linee guida, protocolli, procedure, piani di lavoro, regolamenti in uso nell'organizzazione presso la quale si presta servizio;
   f) al contratto di lavoro.

Il valore fondamentale del lavoro sociale e sanitario è ***l'essere umano*** *nella sua globalità, sia in assenza che in presenza di malattia.*

Dal riconoscimento di tale valore discendono i ***principi etici fondamentali che guidano*** *gli operatori dell'area sanitaria e sociale nell'individuare le azioni e i comportamenti ritenuti "giusti e corretti" da adottare nell'esercizio della prassi quotidiana.*

2.3 I prinċipi etici fondamentali

Secondo diversi studiosi i principi etici fondamentali sono sei: il principio di autonomia, il principio di beneficità, il principio di non maleficità, il principio di giustizia, il principio di fedeltà, il principio di veridicità.

Il principio di autonomia. Implica da parte degli operatori il rispetto della persona assistita e della sua capacità di autodeterminazione, ossia del diritto che ha ogni persona capace di intendere e volere di decidere **liberamente** ciò che è meglio per se stessa: questo principio è alla base del **consenso informato**. La persona capace di autodeterminarsi va infatti coinvolta direttamente nei processi decisionali che la riguardano.

L'assistito ha il diritto di essere informato sugli interventi e le cure che lo riguardano e ha il diritto di rifiutarli. L'operatore, nei limiti dei propri doveri e responsabilità e per quanto di propria competenza, porta a conoscenza della persona il tipo di intervento da mettere in atto e sulla sua utilità e necessità, rimanendo però neutrale e senza influire in alcun modo sulla decisione finale dell'assistito.

Il principio di beneficità. Ogni operatore deve agire con impegno morale per garantire il massimo bene dei propri assistiti, tenendo conto del fatto che non sempre ciò che ritiene giusto fare corrisponde alle aspirazioni delle persone assistite.

Il principio di non maleficità. Ciascun operatore ha l'obbligo di utilizzare il proprio sapere in modo da evitare di fare del male e causare sofferenza fisica o psicologica.

Il principio di giustizia. Le persone devono essere trattate in modo eguale, senza distinzioni, seguendo una equa distribuzione delle risorse. Questo non significa assistere tutti in modo eguale ma che ogni soggetto sia assistito secondo le proprie esigenze, con la maggiore professionalità possibile come avviene con gli altri assistiti.

Il principio di fedeltà. Consiste nell'obbligo per l'operatore di mantenere la riservatezza, il segreto professionale e d'ufficio al fine di tutelare il rapporto di fiducia con la persona assistita.

Il principio di veridicità. Implica il dovere dell'operatore di dire la verità al proprio assistito e/o ai familiari ma senza inganni, con le dovute cautele e in modo da non creare danni. Il tutto deve avvenire entro i limiti imposti dai doveri e compiti previsti dal ruolo ricoperto da ciascun operatore.

2.4 L'autodeterminazione

Per autodeterminazione si intende la capacità che ha una persona in grado di intendere e di volere di poter prendere le migliori decisioni per se stessa.

Riconoscere il diritto di autodeterminazione significa riconoscere la capacità di scelta autonoma ed indipendente dell'individuo/assistito.

Rispettare l'autodeterminazione di ciascun individuo rientra tra i doveri etici, morali, deontologici e giuridici di tutti gli operatori dell'area sanitaria e sociale.

Tra i compiti fondamentali dell'OSS vi è anche quello di contribuire (nei limiti previsti dal proprio profilo, ruolo e competenze), assieme agli altri operatori coinvolti nel processo di aiuto, all'autodeterminazione della persona assistita e questo consiste nella capacità di promuovere nella stessa le proprie potenzialità al fine di renderla responsabile e compartecipe del processo di aiuto che la riguarda.

L'operatore deve rispettare le scelte dell'utente, aiutandolo, stimolandolo e sostenendolo nell'esercizio della sua responsabilità e questo si basa sul diritto fondamentale della persona di esercitare la sua libertà e si concretizza favorendo l'autocoscienza e la conoscenza di ciò che è bene universalmente.

Non bisogna dimenticare che ogni persona ha però dei limiti all'esercizio della propria autodeterminazione che sono riassumibili nei seguenti punti:

a) i diritti degli altri;
b) la mancanza di capacità dell'utente di prendere decisioni positive e costruttive (es. anziani interdetti, inabilitati o malati di mente);
c) le leggi in vigore;
d) la morale: il diritto di scelta non si estende al male morale. Una decisione contraria alla morale può essere, per l'utente, sorgente di problemi maggiori.

2.5 La bioetica

La bioetica è la disciplina accademica che si occupa delle questioni morali sottese alla ricerca biologica e alla medicina. Segnatamente, essa è "*l'ambito di riflessione interdisciplinare che si occupa dell'analisi razionale dei problemi morali emergenti nell'ambito delle scienze biomediche, proponendosi di definire criteri e limiti di liceità alla pratica medica e alla ricerca scientifica, affinché il progresso avvenga nel rispetto di ogni persona umana e della sua dignità*"[1].

Il primo a utilizzare il termine fu il tedesco **Fritz Jahr**, filosofo e pastore protestante, il quale nel 1927 scrisse un articolo sulla rivista tedesca *Kosmos*, riferendo l'"imperativo bioetico" ai rapporti etici degli uomini con gli animali e le piante: "*La netta divisione tra animale e uomo*" – scriveva Jahr –, "*la quale ha dominato la cultura europea fino alla fine del XVIII secolo, oggi non può più essere ritenuta corretta*". L'oncologo statunitense **Van Rensselaer Potter**, negli anni Settanta, parlò per primo di "bioetica" nel significato attuale, in un articolo pubblicato sulla rivista *Perspectives in Biology and Medicine*, dell'Università del Wisconsin, con il titolo *Bioetica: la scienza della sopravvivenza*. Ma fu il medico olandese **André Hellegers**, fondatore del primo istituto al mondo dedicato alla bioetica, a introdurre questa disciplina nel mondo accademico, definendola come una branca dell'etica dedita allo studio e alla ricerca della biomedicina. **Warren Reich**, infine, nella sua *Enciclopedia della bioetica*, elaborò la seguente definizione: "*Lo studio sistematico delle dimensioni morali – inclusa la visione morale, la condotta e le politiche – delle scienze della vita e della salute, utilizzando varie metodologie etiche e con un'impostazione interdisciplinare*".

Definizione più recente è quella che la identifica come un movimento di idee e di valori che continuamente cambiano nel corso della storia[2]. In effetti, la bioetica è pluralista. Esiste una diversità di visioni morali sostanziali riguardo a ciò che è bene e ciò che è male, ciò che è giusto e ciò che è sbagliato, ciò che è etico e ciò che non lo è. Il progresso tecnologico e scientifico, inarrestabile, induce a nuove sfide.

Nei Paesi di tradizione cattolica è preponderante il ruolo della **bioetica cattolica** – contenuta nei documenti del magistero della Chiesa, nelle opere degli autori che la divulgano e nella comunità scientifica che ad essa fa riferimento – la quale è saldamente ancorata all'idea della sacralità e della indisponibilità della vita. Idea che ha per ovvi corollari la proibizione dell'aborto, il rifiuto dell'eutanasia e del suicidio assistito, il rifiuto di sperimentazione sull'embrione umano.

Alla bioetica religiosa si affianca la **bioetica laica**, la cui visione – come si legge nel *Manifesto di bioetica laica* pubblicato nel 1996 in Italia – "*si differenzia dalla parte preponderante delle visioni religiose in quanto non vuole imporsi a coloro che aderiscono a valori e visioni diverse. Là dove il contrasto è inevitabile, essa cerca di non trasformarlo in conflitto, cerca l'accordo locale, evitando le generalizzazioni. Ma l'accettazione del pluralismo non si identifica con il relativismo, come troppo spesso sostengono i critici. La libertà della ricerca, l'autonomia delle persone, l'equità, sono per i laici dei valori irrinunciabili. E sono valori sufficientemente forti da costituire la base di regole di comportamento che sono insieme giusti ed efficaci*".

Se l'evoluzione storica che ha portato alla comparsa della bioetica come scienza è stata lunga e complessa, ugualmente articolato ne è stato il cammino, lungo il quale la bioetica ha assunto diverse identità.

Si possono distinguere quattro impostazioni storico-interpretative:

- **bioetica medica incentrata sulla tutela della vita umana**: la bioetica è interpretata come naturale continuazione della storia dell'etica medica risalente a Ippocrate; il suo contributo innovativo deriva dalle domande poste dai progressi tecnologici in medicina, che potrebbero compromettere il benessere e la salute dell'essere umano;

---

1 Treccani.it - *L'enciclopedia italiana*.

2 Sgreccia E. - Paolazzi C., *Manuale di bioetica*, Vita e Pensiero, 2007.

- **bioetica medica incentrata sulla relazione medico-paziente**: secondo quest'impostazione, la bioetica ha inizio con l'affermazione del principio di autonomia; storicamente, prima con il Codice di Norimberga e poi con lo scandalo di alcune sperimentazioni poco etiche condotte negli USA durante gli anni Settanta;
- **bioetica ecologista catastrofista**: secondo questa prospettiva, la bioetica nasce come contrapposizione all'etica medica, essendo orientata a garantire la conservazione della vita di tutta la biosfera terrestre, minacciata dal progresso tecnologico;
- **bioetica ecologista della responsabilità**: quest'interpretazione si rifà al concetto di bioetica globale intesa come scienza della sopravvivenza, e alla filosofia secondo cui l'uomo, potenziale distruttore della natura, ha il dovere e la responsabilità di garantire non più il progresso, ma la salvaguardia e la conservazione dell'umanità presente e delle generazioni future.

Oggigiorno gran parte della discussione bioetica non riguarda più la scelta tra **etica deontologica**, sostenitrice del principio di indisponibilità della vita, ed **etica consequenzialista**, rispettosa dell'autonomia decisionale dell'individuo. Il contrasto è tra un'etica con e un'etica senza divieti assoluti o, per meglio dire, tra *sacralità della vita* (umana) e *qualità della vita*.

2.6 La deontologia professionale

Per deontologia si intende l'insieme di regole che ogni professione si autoimpone attraverso i propri professionisti, in quanto solo all'interno di una determinata professione si conoscono al meglio i veri valori di riferimento della stessa e le sue norme.

Diversamente dall'etica infatti, che non impone regole scritte, la deontologia concerne l'insieme delle norme scritte che riguardano i diritti e, soprattutto, i doveri e le responsabilità dei professionisti iscritti ad un albo professionale, nei loro rapporti con i pazienti e con i colleghi, compresi i comportamenti obbligatori da tenere nello svolgimento dell'attività al fine di evitare che l'immagine della professione venga lesa e vista in modo negativo dall'esterno, ossia dai fruitori dei servizi, che sono i cittadini, vale a dire la collettività.

I principi e i valori della deontologia professionale, diversi per ciascuna professione, vengono raccolti, rappresentati e ordinati in articoli all'interno del codice deontologico.

Un **codice deontologico** è l'insieme di norme e regole che i professionisti appartenenti ad un ordine professionale, e quindi iscritti ad un albo, si autoimpongono per regolamentare le modalità di esercizio della professione a tutela degli stessi iscritti e dei cittadini.

La codificazione deontologica non può essere considerata un mezzo di difesa della categoria, ma uno strumento di garanzia offerto ai cittadini per conoscere le condotte doverose che devono tenere i professionisti nell'esercizio della professione.

Il primo testo deontologico nella storia della medicina viene considerato il "Giuramento di Ippocrate", risalente al 400 a.C. circa, tutt'oggi utilizzato dai medici.

Nel vocabolario Treccani si legge che il *cosiddetto* giuramento d'Ippocrate è un elenco di norme *"cui si deve attenere il medico nell'esercizio della sua professione, che, per l'elevatezza dei principi etici in esso formulati (astensione da ogni atto dannoso al malato, rispetto del segreto professionale, ecc.), costituisce un codice deontologico di validità ancora attuale"*.

Gli ordini professionali sono enti di diritto pubblico, si configurano come organi di autogoverno di una determinata categoria professionale e vengono istituiti con leggi dello Stato.

I professionisti appartenenti ad un determinato ordine e per i quali è stato istituito un albo professionale sono obbligati ad iscriversi presso quest'ultimo al fine di poter esercitare la professione.

Il codice deontologico non si sostituisce alle leggi in vigore, che valgono per tutti i cittadini, ma va a regolamentare doveri e comportamenti dei propri iscritti.

L'ordine professionale, autofinanziato con le quote degli iscritti, è investito di molteplici funzioni tra cui: favorire lo sviluppo e la crescita della professione; vigilare sul rispetto dell'immagine e decoro della professione; rappresentare i propri iscritti; vigilare sul rispetto del codice deontologico e l'esercizio del potere disciplinare nei confronti dei propri iscritti, sia a tutela degli iscritti stessi che dei cittadini.

Il mancato rispetto di uno o più articoli del codice deontologico comporta al professionista una sanzione che nei casi più gravi può portare alla sospensione o addirittura alla radiazione dall'albo professionale.

Gli OSS non hanno un ordine professionale né un albo né un codice deontologico, ma devono ugualmente svolgere il proprio lavoro con decoro e disciplina nel rispetto dei principi etici e morali e delle leggi in vigore, sia per tutelare l'immagine della propria professione sia per non ledere i diritti degli assistiti.

2.7 L'esercizio abusivo della professione

L'esercizio abusivo si realizza nel momento in cui una professione viene esercitata (e, di conseguenza, una o più prestazioni vengono eseguite) in mancanza dei requisiti richiesti dalla legge, ad esempio viene svolta senza il necessario titolo di studio o senza aver superato l'esame di Stato, condizione necessaria per ottenere l'abilitazione all'esercizio della professione.

L'esercizio abusivo della professione è punito a norma dell'articolo 348 del codice penale, modificato dalla "legge Lorenzin", che ha provveduto ad inasprire le sanzioni rispetto al disposto precedente.

Il vigente articolo 348 del codice penale stabilisce che: "*Chiunque abusivamente esercita una professione per la quale è richiesta una speciale abilitazione dello Stato è punito con la reclusione da sei mesi a tre anni e con la multa da euro 10.000 a euro 50.000. La condanna comporta la pubblicazione della sentenza e la confisca delle cose che servirono o furono destinate a commettere il reato e, nel caso in cui il soggetto che ha commesso il reato eserciti regolarmente una professione o attività, la trasmissione della sentenza medesima al competente ordine, albo o registro ai fini dell'applicazione dell'interdizione da uno a tre anni dalla professione o attività regolarmente esercitata. Si applica la pena della reclusione da uno a cinque anni e della multa da euro 15.000 a euro 75.000 nei confronti del professionista che ha determinato altri a commettere il reato di cui al primo comma ovvero ha diretto l'attività delle persone che sono concorse nel reato medesimo*".

Sempre con la "legge Lorenzin" sono stati modificati gli articoli 589 e 590 del codice penale strettamente collegati all'articolo 348.

Art. 589 (Omicidio colposo). – *"Chiunque cagiona per colpa la morte di una persona è punito con la reclusione da sei mesi a cinque anni. Se il fatto è commesso con violazione delle norme per la prevenzione degli infortuni sul lavoro la pena è della reclusione da due a sette anni. Se il fatto è commesso nell'esercizio abusivo di una professione per la quale è richiesta una speciale abilitazione dello Stato o di un'arte sanitaria, la pena è della reclusione da tre a dieci anni. Nel caso di morte di più persone, ovvero di morte di*

una o più persone e di lesioni di una o più persone, si applica la pena che dovrebbe infliggersi per la più grave delle violazioni commesse aumentata fino al triplo, ma la pena non può superare gli anni quindici".
Art. 590 (Lesioni personali colpose). – *"Chiunque cagiona ad altri per colpa una lesione personale è punito con la reclusione fino a tre mesi o con la multa fino a euro 309. Se la lesione è grave la pena è della reclusione da uno a sei mesi o della multa da euro 123 a euro 619, se è gravissima, della reclusione da tre mesi a due anni o della multa da euro 309 a euro 1.239.*
Se i fatti di cui al secondo comma sono commessi con violazione delle norme per la prevenzione degli infortuni sul lavoro la pena per le lesioni gravi è della reclusione da tre mesi a un anno o della multa da euro 500 a euro 2.000 e la pena per le lesioni gravissime è della reclusione da uno a tre anni. Se i fatti di cui al secondo comma sono commessi nell'esercizio abusivo di una professione per la quale è richiesta una speciale abilitazione dello Stato o di un'arte sanitaria, la pena per lesioni gravi è della reclusione da sei mesi a due anni e la pena per lesioni gravissime è della reclusione da un anno e sei mesi a quattro anni.
Nel caso di lesioni di più persone si applica la pena che dovrebbe infliggersi per la più grave delle violazioni commesse, aumentata fino al triplo; ma la pena della reclusione non può superare gli anni cinque.
Il delitto è punibile a querela della persona offesa, salvo nei casi previsti nel primo e secondo capoverso, limitatamente ai fatti commessi con violazione delle norme per la prevenzione degli infortuni sul lavoro o relative all'igiene del lavoro o che abbiano determinato una malattia professionale".

2.8 L'obiezione di coscienza

Nell'enciclopedia medica Treccani si legge che per ***obiezione di coscienza*** s'intende "*l'esercizio del diritto, da parte del medico o di altro personale sanitario, di rifiutarsi di prestare la propria opera di fronte a una richiesta di intervento che sia contraria ai propri principi etici e per la quale sia normativamente prevista l'obiezione*".

L'obiezione di coscienza è una manifestazione di volontà, della quale un professionista può avvalersi se si trova contrario, per motivi generalmente etici, religiosi, o di coscienza, astenendosi dall'effettuare determinate attività, alle quali sarebbe tenuto diversamente ad ottemperare in quanto imposte dalla legge, purché non crei pregiudizio al paziente.

In sostanza, l'obiezione di coscienza si concreta con il rifiuto di sottostare a una norma dell'ordinamento giuridico, ritenuta ingiusta, perché in contrasto inconciliabile con un'altra legge fondamentale della vita umana, così come percepita dalla coscienza, che vieta di tenere il comportamento prescritto. Il contenuto dell'obiezione di coscienza, dunque, si snoda in una duplice direzione: una negativa, di rifiuto di una norma posta dallo Stato, e una positiva, di adesione da parte del soggetto a un valore o a un sistema di valori morali, ideologici o religiosi. Il fondamento di questa prerogativa risiede nella **tutela prioritaria della persona** rispetto allo Stato e nel **rispetto della libertà di coscienza**, diritto inalienabile di ogni uomo (artt. 2, 19, 21 Cost.; art. 18 Dichiarazione universale dei diritti dell'uomo). Caratteristica saliente dell'obiezione di coscienza è l'assunzione in prima persona delle **conseguenze civili e penali** che derivano dall'obiezione.

In ambito sanitario l'obiezione di coscienza può essere esercitata nei soli casi previsti dalla legge:

- interruzione volontaria della gravidanza (IVG), disciplinata dalla legge n. 194 del 1978, che all'art. 9 indica specifiche "*clausole di coscienza*" finalizzate a garantire al personale medico e sanitario la facoltà-diritto di non esercitare un'interruzione di gravidanza. Tuttavia, il penultimo comma della legge 194 del 1978 sancisce che "*l'obiezione di coscienza non può essere invocata dal personale sanitario, ed esercente le attività ausiliarie quando, data la particolarità delle circostanze, il loro personale intervento è indispensabile per salvare la vita della donna in imminente pericolo*";

- procreazione medicalmente assistita (legge 40/2004);
- sperimentazione sugli animali (legge 413/1993).

Altra ipotesi in presenza della quale appare giustificato il ricorso all'obiezione di coscienza è quella in cui il contrasto derivi da *convincimenti personali* dell'operatore sanitario.

Avvalendosi della clausola di coscienza, il professionista sanitario partecipa in modo coerente ai principi della professione e quindi all'assistere e prendersi cura della persona, nel rispetto della vita, della salute, della libertà e della dignità dell'individuo; pertanto, egli si adopererà per non nuocere, garantendo, attraverso l'intervento di altri colleghi, le prestazioni necessarie per l'incolumità e la vita dell'assistito.

2.9 Il testamento biologico

Il testamento biologico, terminologia presa a prestito dalla nomenclatura giuridica, o anche **dichiarazione anticipata di trattamento** (DAT), è l'atto con il quale una persona, in condizioni di lucidità mentale, manifesta, con determinate formalità, il proprio volere in merito ai trattamenti sanitari che intende accettare o meno nel caso in cui, nel decorso di una malattia o a causa di traumi improvvisi, non fosse più in grado di esprimere il proprio consenso o il proprio dissenso informato.

Si tratta quindi di dichiarazioni che costituiscono un'eccezione al requisito dell'attualità richiesto per il consenso informato, in quanto con esse la persona assistita esprime le proprie volontà, partecipando alle scelte terapeutiche e assistenziali, su trattamenti sanitari eventualmente disposti in futuro. In quanto "eticamente sensibile", il tema è già da alcuni anni oggetto di un dibattito vivace.

Con L. 28 marzo 2001, n. 145, il Parlamento italiano aveva ratificato la **Convenzione sui diritti umani e la biomedicina**, approvata a Oviedo il 4 aprile 1997, nella quale si stabiliva che "*i desideri precedentemente espressi a proposito di un intervento medico da parte di un paziente che, al momento dell'intervento, non è in grado di esprimere la sua volontà, saranno tenuti in considerazione*".

Un disegno di legge *ad hoc*, in materia, era stato presentato nel 1999 da alcuni parlamentari dell'Ulivo e una successiva proposta, sullo stesso tema, era pervenuta l'anno seguente da esponenti dei Verdi, ma nessuna aveva avuto seguito. L'iter parlamentare di una legge regolatrice del testamento biologico è ripartito nel dicembre 2012, anche dietro sollecitazione del **Comitato Nazionale per la Bioetica**, e questa volta si è concluso con l'approvazione della **L. 22 dicembre 2017, n. 219**, che ha regolamentato il consenso informato e, appunto, le disposizioni anticipate di trattamento. Si è così colmata una lacuna legislativa che poneva l'Italia indietro rispetto a Paesi come la Germania, l'Olanda, l'Inghilterra o il Galles.

Ai sensi della L. 219/2017, le dichiarazioni anticipate di trattamento possono essere redatte da ogni persona maggiorenne e capace di intendere e volere, dopo aver acquisito adeguate informazioni mediche sulle conseguenze delle proprie scelte. La redazione può avvenire mediante *atto pubblico* o per *scrittura privata* autenticata ovvero per scrittura privata consegnata personalmente dal disponente presso l'ufficio dello stato civile del proprio Comune di residenza o presso le strutture sanitarie.

Spetta al Ministero della Salute, alle Regioni e alle Aziende Sanitarie Locali informare gli utenti/cittadini, anche attraverso i rispettivi siti web, della possibilità di redigere le dichiarazioni anticipate.

Nel dettaglio, la legge introduce i princìpi sintetizzati nella seguente tabella.

Tabella 2.1 Le disposizioni anticipate di trattamento nella L. 219/2017

Argomento	Sintesi dei contenuti
Legittimazione a rilasciare le DAT	Ogni persona *maggiorenne* e *capace di intendere e di volere*, in previsione di un'eventuale *futura incapacità di autodeterminarsi* e dopo avere acquisito adeguate informazioni mediche sulle conseguenze delle sue scelte, può, attraverso le DAT, esprimere le proprie volontà in materia di trattamenti sanitari, nonché il consenso o il rifiuto rispetto ad accertamenti diagnostici o scelte terapeutiche e a singoli trattamenti sanitari.
Nomina di un fiduciario	Il dichiarante può indicare una *persona di sua fiducia*, che ne faccia le veci e la rappresenti nelle relazioni con il medico e con le strutture sanitarie.
Forma delle dichiarazioni	Le DAT devono essere redatte per *atto pubblico* o *scrittura privata autenticata* ovvero per *scrittura privata consegnata personalmente dal disponente presso l'ufficio dello stato civile del Comune di residenza* del disponente medesimo, che provvede all'annotazione in apposito registro, ove istituito, oppure presso le strutture sanitarie. Nel caso in cui le condizioni fisiche del soggetto non lo consentano, le DAT possono essere espresse attraverso *videoregistrazione* o *dispositivi* che consentano alla persona con disabilità di comunicare. Con le medesime forme esse sono *rinnovabili*, *modificabili* e *revocabili* in ogni momento.
Obblighi del professionista sanitario	Il professionista sanitario è tenuto al rispetto delle DAT, le quali possono essere disattese, in tutto o in parte, dal medico stesso, in accordo con il fiduciario, qualora esse appaiano palesemente incongrue o non corrispondenti alla condizione clinica attuale del paziente ovvero sussistano terapie non prevedibili all'atto della sottoscrizione, capaci di offrire concrete possibilità di miglioramento delle condizioni di vita.
Revoca delle dichiarazioni in situazione di urgenza o emergenza	Nei casi in cui ragioni di *emergenza* e *urgenza* impedissero di procedere alla revoca delle DAT con le forme previste dai periodi precedenti, queste possono essere revocate con dichiarazione verbale raccolta o videoregistrata da un medico, con l'assistenza di due testimoni.
Conflitto fra medico e fiduciario	La decisione è rimessa al giudice tutelare su ricorso del fiduciario della persona interessata o del medico o del rappresentante legale della struttura sanitaria.
Dichiarazioni anteriori all'entrata in vigore della L. 219/2017	Ai documenti atti ad esprimere le volontà del disponente in merito ai trattamenti sanitari, depositati presso il Comune di residenza o presso un notaio prima della data di entrata in vigore della nuova legge, si applicano le disposizioni della medesima legge.
Pianificazione condivisa delle cure	Nella relazione fra soggetto in cura e professionista sanitario, rispetto all'evolversi delle conseguenze di una *patologia cronica e invalidante* o caratterizzata da inarrestabile evoluzione con *prognosi infausta*, può essere realizzata una pianificazione delle cure condivisa fra il soggetto e il medico, alla quale il medico e l'équipe sanitaria sono tenuti ad attenersi qualora il malato venga a trovarsi nella condizione di non poter esprimere il proprio consenso o in una condizione di incapacità.
Conflitto fra medico e rappresentante legale della persona assistita in stato di incapacità	Nel caso in cui il *rappresentante legale della persona incapace* (interdetta o inabilitata) oppure l'*amministratore di sostegno*, in assenza di DAT, o il *rappresentante legale della persona minore* rifiuti le cure proposte e il medico ritenga invece che queste siano appropriate e necessarie, la decisione è rimessa al giudice tutelare su ricorso del rappresentante legale della persona interessata o degli altri soggetti legittimati o del medico o, ancora, del rappresentante legale della struttura sanitaria.

2.10 L'eutanasia e il suicidio assistito

La pratica eutanasica consiste nel procurare intenzionalmente la morte di un individuo, su richiesta del diretto interessato, la cui qualità di vita sia permanentemente compromessa da una prognosi medica infausta e da sofferenze fisiche e/o psichiche ritenute intollerabili secondo il comune sentire, attraverso la somministrazione di medicinali che ne provocano la morte o con la sospensione di interventi che lo mantengono in vita, al fine di mettere fine alle sue sofferenze. Il termine *eutanasia*, di derivazione greco-antica, significa appunto “buona morte”.

In Italia, al contrario di alcuni altri Paesi, è una pratica illegale punibile penalmente con la reclusione, come previsto dagli articoli 575 e 579 del codice penale.

Il tema dell'**eutanasia**, per le immaginabili implicazioni di natura religiosa ed etica da cui è accompagnato, continua a essere oggetto di un appassionato dibattito internazionale. Il problema, nella sua sostanza, concerne il diritto di disporre liberamente della propria esistenza, in particolare nel caso dei malati terminali, che richiedono l'eutanasia per porre fine a sofferenze insostenibili, non più trattabili da alcuna terapia del dolore.

Concettualmente l'eutanasia differisce dal suicidio assistito, perché, mentre nel primo caso, come detto, si somministra al paziente un medicinale che ne provoca la morte o si sospendono gli interventi che lo mantengono in vita, nel suicidio assistito è il suicida stesso a porre in essere l'attività mirata allo spegnimento della vita, mentre i soggetti terzi (medici, operatori sanitari, familiari, ecc.) si occupano solo di prestargli assistenza sotto l'aspetto medico, morale e/o amministrativo.

Tra i casi più noti ricordiamo quelli di Elena Moroni (1998), Terry Schiavo (2005), Piergiorgio Welby (2006), Giovanni Nuvoli (2007), Eluana Englaro (2009).

In Italia, come già detto, l'eutanasia è un reato: essa è perseguita come omicidio volontario, salvo che si dimostri il consenso del malato, nel qual caso si applica la pena, relativamente più mite, prevista per l'omicidio del consenziente.

Anche il **suicidio assistito** è considerato un reato. Tuttavia, esso è entrato nell'ordinamento italiano grazie alla **sentenza della Corte costituzionale n. 242 del 2019**, scaturita dalla vicenda di Fabiano Antoniani, noto come **dj Fabo**, il quale, rimasto tetraplegico in seguito a un incidente stradale, sceglie di morire con il suicidio assistito in una clinica svizzera, il 27 febbraio del 2017. Ad accompagnarlo l'attivista Marco Cappato che, una volta rientrato in Italia, si autodenuncia per il reato di aiuto al suicidio di cui all'art. 580 del codice penale. In mancanza di un intervento del Parlamento per colmare un “vuoto legislativo”, la Consulta stabilisce, nel settembre 2019, che può avere il via libera per il suicidio medicalmente assistito il paziente che:

1) è tenuto in vita da trattamento di sostegno vitale;
2) è affetto da una patologia irreversibile;
3) ha una patologia che è “fonte di sofferenze intollerabili”;
4) è pienamente capace di prendere decisioni libere e consapevoli.

Tale sentenza porta all'assoluzione di Cappato da parte della Corte d'Assise di Milano “perché il fatto non sussiste”. La valutazione dei presupposti menzionati è comunque rimessa alle strutture pubbliche del Servizio Sanitario Nazionale ed è richiesto il parere del Comitato etico territorialmente competente.

Le impostazioni che generalmente, in tale delicata materia, si contendono il campo sono essenzialmente due. Quella *consequenzialista*, rispettosa dell'autonomia decisionale dell'individuo, ammette l'eutanasia come diritto che il malato ha di morire con dignità, rinunciando all'**accanimento terapeutico**, ossia all'esecuzione di trattamenti di documentata inefficacia in relazione all'obiettivo, e ai quali si aggiunga per di più un rischio elevato e/o una particolare gravosità con un'ulteriore sofferenza (si sostiene che il dolore e lo strazio, durante una malattia, possono risultare incomprensibili e insostenibili dal malato, e chi non sperimenta sulla propria persona non può capire, per cui la scelta se prolungare o meno la sofferenza non può essere attribuita a terzi, medici o parenti che siano). Quella *deontologica*, basata sulla *gravitas materiae*, si schiera con la Chiesa cattolica nel sostenere il **principio di indisponibilità della vita**, che va rispettata come un dono ricevuto da Dio, non diversamente dalla morte.

Nel nostro Paese la posizione del **Comitato Nazionale per la Bioetica** è che "*nessuna legislazione propriamente eutanasica possa avere valore bioetico*". Il rifiuto del paziente di sottoporsi alla terapia deve ritenersi "*lecito e degno di rispetto da parte dei terapeuti*" purché sia "*libero, attuale e consapevole*". Parimenti lecito è "*ogni intervento di carattere palliativo*", ma è "*doverosa la sospensione da parte del medico di ogni accanimento terapeutico*". Illecita, invece, è "*ogni forma di eutanasia eugenetica e di eutanasia su neonati malformati*" e "*gravemente illecita ogni forma di eutanasia operata su di un paziente non consenziente*".

Ancora più radicale è la posizione della Chiesa cattolica, contraria a ogni forma di eutanasia attiva od omissiva, considerata uccisione deliberata e moralmente inaccettabile di una persona. Per altro verso, si incoraggia il ricorso alle cure palliative, ritenendo moralmente accettabile l'uso di analgesici per trattare il dolore, anche qualora comportino, come effetto secondario e non desiderato, l'accorciamento della vita del paziente.

Si consente invece di sospendere, dietro richiesta del paziente, procedure mediche che risultino onerose, pericolose, straordinarie o sproporzionate rispetto ai risultati attesi (accanimento terapeutico).

Uno degli argomenti sostenuti dai fautori dell'eutanasia è il **diritto a morire**, ossia la prerogativa che ciascuno avrebbe di scegliere il momento della propria morte.

Ci si chiede allora se la morte sia solamente una questione personale o se riguardi anche la società. Se si accetta l'esistenza di un diritto a morire, ribattono gli avversari dell'eutanasia, e, ancora di più, di un diritto a essere aiutati a morire, il rischio è di svalutare la vita umana, spalancando le porte a ogni sorta di abuso.

Contro quest'assunto obiettano i sostenitori dell'eutanasia, in un'ottica utilitaristica, che il *valore dell'esistenza umana* si stabilisce rispetto alla *qualità della vita*.

2.11 L'accanimento terapeutico

Consiste nel perseverare nel tempo nella somministrazione di terapie, attraverso farmaci e macchinari, al fine di permettere al paziente di continuare a vivere artificialmente in condizioni stabili. Per il fatto di non arrecare alcun miglioramento, risultano essere non proporzionate rispetto ai risultati che ci si può attendere. Spesso onerose, non portano alla guarigione del paziente e da tanti non vengono considerate accettabili in quanto non rispettose della dignità umana.

A tal riguardo, l'**articolo 16 del codice di deontologia medica**, avente ad oggetto le procedure diagnostiche e interventi terapeutici non proporzionati, recita testualmente: "*Il medico, tenendo conto delle volontà espresse dal paziente o dal suo rappresentante legale e dei principi di efficacia e di appropriatezza delle cure, non intraprende né insiste in procedure diagnostiche e interventi terapeutici clinicamente inappropriati ed eticamente non proporzionati, dai quali non ci si possa fondatamente attendere un effettivo beneficio per la salute e/o un miglioramento della qualità della vita.*

Il controllo efficace del dolore si configura, in ogni condizione clinica, come trattamento appropriato e proporzionato.

Il medico che si astiene da trattamenti non proporzionati non pone in essere in alcun caso un comportamento finalizzato a provocare la morte".

2.12 La terapia del dolore

Il dolore, così come venne definito nel 1986 dall'**International Association for the Study of Pain (IASP),** è un'esperienza individuale e soggettiva, avvertito sia attraverso percezioni sensoriali, sia in base a componenti esperienziali ed affettive per il fatto che derivano dallo stato psico-fisico della persona e influiscono sullo stesso.

In Italia, la terapia del dolore, regolamentata dalla legge n. 38 del 2010, ha la finalità di garantire un'assistenza medica e sanitaria adeguata in modo da diminuire la sofferenza della persona.

Diventa pertanto un requisito essenziale previsto dal Servizio Sanitario Nazionale l'obbligo di rilevazione del sintomo "dolore" in tutte le persone che ricevono assistenza, siano esse ricoverate in ospedale che presso altre strutture sanitarie e socio-sanitarie.

All'articolo 7 della stessa legge vengono indicate le modalità da seguire nella rilevazione del sintomo e l'obbligatorietà di riportare sulla cartella clinica tutte le caratteristiche, come l'evoluzione o involuzione, la terapia antalgica e/o i farmaci utilizzati, nonché il dosaggio farmacologico e gli eventuali benefici.

Sempre nella legge vengono inoltre identificate le reti assistenziali di cure palliative, di terapia del dolore e del paziente pediatrico al fine di offrire un'assistenza individuale e personalizzata.

La legge 38/2010 (fortemente voluta) garantisce l'accesso alle cure palliative e alla terapia del dolore. Riconosciuta nei LEA, assicura rispetto, dignità e qualità delle cure sia al malato che alla sua famiglia, garantendo nel contempo adeguato sostegno sanitario e socio-assistenziale.

Le cure palliative, finalizzate a fornire sollievo alla persona assistita, non prolungano né diminuiscono la vita del malato, ma interferiscono solo sul dolore, dando sollievo. Tali cure inoltre offrono, attraverso un'équipe specializzata, supporto psicologico sia alla persona assistita che ai familiari, aiutandoli ad accettare, per quanto possibile, la difficile situazione.

Le cure palliative sono rivolte a persone affette da patologie oncologiche o in fase terminale che non rispondono alle terapie eseguite e definite incurabili.

2.13 Il segreto professionale

Riservatezza, vita privata e confidenzialità sono diritti inviolabili dell'assistito e tutti gli operatori dell'area sanitaria, sociale e socio-sanitaria, hanno il dovere di tutelarli, mantenendo il segreto professionale.

Il segreto professionale consiste nell'obbligo in capo a qualsiasi operatore (es. assistente sociale, medico, infermiere, OSS, ecc.) di non rivelare notizie appartenenti alla sfera intima (notizie personali, familiari, che riguardano ad esempio la salute) che gli sono state confidenzialmente riferite dall'assistito (utente, cliente, paziente) in quanto aventi natura di segreto e di cui si è venuti a conoscenza all'interno del rapporto fiduciario.

Ad esempio, un medico non può raccontare a terzi l'esito di una visita fatta al proprio paziente.

È di fondamentale importanza distinguere il segreto naturale da quello professionale: il primo si riferisce a qualsiasi notizia appresa come confidente di una persona, ad esempio in quanto suo amico; il secondo invece riguarda un segreto di cui si viene a conoscenza in ragione dell'attività professionale svolta.

Il segreto professionale è:

- un principio etico in quanto fondato sul rispetto della persona assistita;
- un dovere deontologico, imposto come norma di comportamento professionale;
- un obbligo giuridico imposto dalla legge.

Il segreto professionale è una garanzia nei confronti della persona assistita perché finalizzato a proteggere la sua riservatezza e prescinde dalla tipologia di servizio prestato dall'operatore che può essere sia un libero professionista che un dipendente pubblico o privato o altro ancora.

La violazione del segreto professionale è punibile a querela della persona offesa e può essere sanzionata sia penalmente, da un tribunale, che per via disciplinare dall'ordine professionale al quale appartiene il professionista.

Il diritto alla riservatezza è innanzitutto un principio di natura etica che il legislatore ha ritenuto meritevole di regolamentare anche giuridicamente.

Il segreto professionale è disciplinato come obbligo giuridico dall'**art. 622 del codice penale** che recita: *"Chiunque, avendo notizia, per ragione del proprio stato o ufficio, o della propria professione o arte, di un segreto, lo rivela, senza giusta causa, ovvero lo impiega a proprio o altrui profitto, è punito, se dal fatto può derivare nocumento, con la reclusione fino a un anno o con la multa da euro 30 a euro 516.*

La pena è aggravata se il fatto è commesso da amministratori, direttori generali, dirigenti preposti alla redazione dei documenti contabili societari, sindaci o liquidatori o se è commesso da chi svolge la revisione contabile della società".

Da quanto riportato nel codice penale si evince che il professionista è legittimato a rivelare il segreto professionale solo se sussiste una giusta causa, come ad esempio l'obbligo di denuncia all'autorità giudiziaria, oppure quando il professionista riceve l'autorizzazione dell'assistito, o ancora perché si subisce una costrizione fisica e, in tale caso, risponde dei fatti rivelati l'autore della violenza come disposto dall'articolo 46 del codice penale. Altro caso in cui non vi è violazione del segreto professionale è quello del medico che compila la cartella clinica che poi viene rilasciata all'assistito, nel suo stesso interesse. Non vi è inoltre violazione del segreto professionale quando c'è il rischio di creare un grave danno all'utente stesso, in particolare di minori e persone incapaci di intendere e volere.

2.14 Il segreto d'ufficio

Il segreto d'ufficio consiste nell'obbligo in capo ad un qualsiasi dipendente della pubblica amministrazione (pubblici ufficiali o incaricati di un pubblico servizio) a non rivelare informazioni riguardanti provvedimenti ed operazioni amministrative, in corso o concluse, e pertanto notizie di cui sia venuto a conoscenza a causa delle sue funzioni.

Il segreto d'ufficio nasce con la finalità di garantire e proteggere la pubblica amministrazione ma è poi stato esteso anche al settore privato. Riguarda i pubblici ufficiali e gli incaricati di un pubblico servizio che non possono rivelare notizie d'ufficio che debbono rimanere segrete, la cui divulgazione, senza giusta causa, è anche una infrazione disciplinare, oltre ad essere sanzionata penalmente.

L'art. 326 del codice penale a tutela del segreto d'ufficio recita: "*Il pubblico ufficiale e la persona incaricata di un pubblico servizio, che, violando i doveri inerenti alle funzioni o al servizio, o comunque abusando della sua qualità, rivela notizie di ufficio, le quali debbono rimanere segrete, o ne agevola in qualsiasi modo la conoscenza, è punito con la reclusione da 6 mesi a 3 anni. Se l'agevolazione è soltanto colposa, si applica la reclusione fino a 1 anno. Il pubblico ufficiale o la persona incaricata di un pubblico servizio, che, per procurare a sé o ad altri un indebito materiale, si avvale illegittimamente di notizie d'ufficio, le quali debbono rimanere segrete, è punito con la reclusione da 2 a 5 anni*".

Segreto professionale e segreto d'ufficio hanno fondamenti diversi: il segreto professionale è la garanzia della riservatezza sulle informazioni personali e confidenziali a conoscenza di un professionista, privato o pubblico (medico, infermiere, assistente sociale, ecc.), grazie al suo lavoro presso una struttura o un lavoro autonomo. Il segreto d'ufficio invece è la garanzia della riservatezza sulle informazioni personali e confidenziali in possesso di un ufficio pubblico (o privato). Anche gli OSS sono tenuti al rispetto del segreto professionale e d'ufficio. L'accertata violazione del "*segreto professionale o d'ufficio*" comporta delle conseguenze sanzionatorie, sia sul piano penale che disciplinare che per i professionisti iscritti ad albi, di tipo deontologico.

2.15 Il trattamento dei dati sanitari

2.15.1 Concetti introduttivi

La tutela dei dati personali è stata oggetto, nei primi anni Duemila, di un processo di codificazione che ha portato all'emanazione del **D.Lgs. 30 giugno 2003, n. 196**, recante il **Codice in materia di protezione dei dati personali** (cd. *Codice della privacy*).

In particolare, il Codice ha racchiuso tutta la normativa in materia, ma solo nei suoi aspetti fondamentali, in quanto la copiosa produzione di codici deontologici da un lato, e le numerose pronunce del Garante e della giurisprudenza dall'altro, ne hanno determinato la costante evoluzione.

Oggi la fonte normativa di riferimento è costituita dal **regolamento (UE) 2016/679**, del 27 aprile 2016, in materia di protezione dei dati personali (GDPR - *General Data Protection Regulation*), oltre al Codice della privacy così come sostanzialmente riformato dal D.Lgs. 10 agosto 2018, n. 101, volto ad adeguare l'ordinamento italiano alla regolamentazione europea, e da altri successivi provvedimenti.

2.15.2 I requisiti di liceità per il trattamento dei dati sanitari

I dati sanitari rientrano nella categoria dei **dati particolari**, che si sostituisce alla precedente dicitura *dati sensibili*.

La disciplina relativa a questi dati è contenuta nell'art. 9 del regolamento (UE) 2016/679, cui il Codice rinvia, il quale ricomprende i **dati genetici**, **biometrici e relativi alla salute**, fra quelli rispetto ai quali si afferma il divieto di trattamento come principio generale.

Il divieto, tuttavia, non opera in una serie di circostanze cioè quando:

- l'individuo abbia prestato il proprio *consenso esplicito* al trattamento di tali dati per finalità specifiche;
- il trattamento **è necessario per** *finalità di medicina preventiva o di medicina del lavoro*, valutazione della capacità lavorativa del dipendente, *diagnosi*, *assistenza o terapia sanitaria o sociale* ovvero *gestione di sistemi e servizi sanitari o sociali* sulla base del diritto dell'Unione o degli Stati membri o conformemente al contratto con un professionista della sanità;
- il trattamento **è necessario per** *motivi di interesse pubblico nel settore della sanità pubblica*, quali la protezione da gravi minacce per la salute a carattere transfrontaliero o la garanzia di parametri elevati di qualità e sicurezza dell'assistenza sanitaria e dei medicinali e dei dispositivi medici, sulla base del diritto dell'Unione o degli Stati membri, che prevede misure appropriate e specifiche per tutelare i diritti e le libertà dell'interessato, in particolare il segreto professionale;
- il trattamento **è necessario a fini di** *archiviazione nel pubblico interesse*, *di ricerca scientifica o storica* o a fini *statistici* (art. 89, par. 1, regolamento UE). In questo caso il trattamento deve essere proporzionato alla finalità perseguita, rispettare l'essenza del diritto alla protezione dei dati e prevedere misure appropriate e specifiche per tutelare i diritti fondamentali e gli interessi dell'interessato.

La liceità del trattamento è perciò ancorata al **requisito alternativo del consenso esplicito oppure della necessità**. In presenza di questi presupposti e requisiti il trattamento dei dati è lecito.

Il regolamento (UE) 2016/679, peraltro, consente agli Stati membri di introdurre garanzie supplementari e, dunque, di mantenere o introdurre ulteriori condizioni e limitazioni. L'art. 2-*septies* del D.Lgs. 196/2003, in attuazione dell'art. 9, par. 4 del regolamento, dispone che il trattamento dei dati genetici, biometrici e relativi alla salute sia subordinato all'osservanza di **misure di garanzia**, stabilite dal Garante della privacy con provvedimento adottato con cadenza almeno biennale, a seguito di consultazione pubblica. Le misure di garanzia sono adottate tenendo in considerazione le specifiche finalità di trattamento in relazione a ciascuna delle categorie di dati e in ogni caso nel rispetto delle condizioni di legittimità.

Una specifica disposizione riguarda i **dati genetici e quelli relativi all'ambito sanitario e diagnostico e alle prescrizioni di medicinali**. Per tali dati, infatti, le misure di garanzia sono adottate sentito il Ministro della Salute che, a tal fine, acquisisce il parere del Consiglio Superiore di Sanità, e possono individuare, in caso di particolare ed elevato livello di rischio, **il consenso come ulteriore misura di protezione dei diritti dell'interessato**.

I dati genetici, biometrici e relativi alla salute non possono essere diffusi (art. 2-*septies*, comma 8, D.Lgs. 196/2003). La diffusione non deve essere confusa con la comunicazione. Nel primo caso si tratta di un'attività con cui dati personali si portano a conoscenza di "soggetti indeterminati", in qualunque forma, anche mettendoli a disposizione o consentendone la consultazione; nel caso della comunicazione, invece, l'attività di portare a conoscenza dati personali è volta a "soggetti determinati", diversi dall'interessato.

2.16 La Dichiarazione universale dei diritti dell'uomo

La Dichiarazione universale dei diritti dell'uomo, adottata il 10 dicembre del 1948 dall'Assemblea generale delle Nazioni Unite, è un documento di fondamentale importanza storica. È il primo documento nella storia dell'umanità che riguarda tutte le persone del mondo senza distinzioni. Chi la scrisse, la discusse e s'impegnò per farla approvare, fu spinto per elaborarla e redigerla dalla forte indignazione per gli atroci crimini commessi contro gli esseri umani durante la seconda guerra mondiale.

È un codice etico che sancisce i diritti individuali che devono essere universalmente riconosciuti, in ogni epoca storica e in tutto il mondo, ad ogni essere umano.

Fu uno dei documenti più importanti prodotto dalle Nazioni Unite che pose le basi di molte conquiste civili successive.

Seppure non vincolante per gli Stati membri dell'organizzazione, la Dichiarazione fornisce dal punto di vista etico autorevoli indicazioni su cosa siano i diritti umani e le libertà fondamentali che sono ormai riconosciuti giuridicamente dalla gran parte delle nazioni civili e contenuti nelle carte costituzionali di diversi Paesi democratici.

È composta da un preambolo e da 30 articoli riguardanti i diritti individuali, civili, politici, economici, sociali, culturali di ogni persona.

2.17 La Carta europea dei diritti del malato

Al fine di tutelare il diritto alla salute, all'informazione, alla libertà di cura, al consenso informato che ogni Paese aderente all'Unione europea dovrebbe garantire (diritti riconosciuti dalla Costituzione italiana), è stata approvata a Bruxelles, il 15 novembre 2002, la Carta europea dei diritti del malato, grazie all'apporto congiunto di numerose organizzazioni civiche che si sono in particolare basate sull'esperienza in materia maturata dal Tribunale per i diritti del malato.

Tra i quattordici diritti compresi nella Carta, della quale viene riportato il testo completo, due in particolare sono finalizzati a tutelare i principi etici fondamentali: il diritto all'informazione e il diritto al consenso.

La Carta europea dei diritti del malato

1 Diritto a misure preventive
Ogni individuo ha diritto a servizi appropriati per prevenire la malattia.

2 Diritto all'accesso
Ogni individuo ha il diritto di accedere ai servizi sanitari che il suo stato di salute richiede. I servizi sanitari devono garantire eguale accesso a ognuno, senza discriminazioni sulla base delle risorse finanziarie, del luogo di residenza, del tipo di malattia o del momento di accesso al servizio.

3 Diritto all'informazione
Ogni individuo ha il diritto di accedere a tutte le informazioni che riguardano il suo stato di salute, i servizi sanitari e il modo in cui utilizzarli, nonché a tutte quelle informazioni che la ricerca scientifica e l'innovazione tecnologica rendono disponibili.

4 Diritto al consenso
Ogni individuo ha il diritto di accedere a tutte le informazioni che possono metterlo in grado di partecipare attivamente alle decisioni che riguardano la sua salute.
Queste informazioni sono un prerequisito per ogni procedura e trattamento, ivi compresa la partecipazione alle sperimentazioni.

5 Diritto alla libera scelta
Ogni individuo ha il diritto di scegliere liberamente tra differenti procedure ed erogatori di trattamenti sanitari sulla base di informazioni adeguate.

6 Diritto alla privacy e alla confidenzialità
Ogni individuo ha il diritto alla confidenzialità delle informazioni di carattere personale, incluse quelle che riguardano il suo stato di salute e le possibili procedure diagnostiche o terapeutiche, così come ha diritto alla protezione della sua privacy durante l'attuazione di esami diagnostici, visite specialistiche e trattamenti medico-chirurgici in generale.

7 Diritto al rispetto del tempo dei pazienti
Ogni individuo ha diritto a ricevere i necessari trattamenti sanitari in tempi brevi e predeterminati. Questo diritto si applica a ogni fase del trattamento.

8 Diritto al rispetto di standard di qualità
Ogni individuo ha il diritto di accedere a servizi sanitari di alta qualità, sulla base della definizione e del rispetto di standard ben precisi.

9 Diritto alla sicurezza
Ogni individuo ha il diritto di non subire danni derivanti dal cattivo funzionamento dei servizi sanitari o da errori medici e ha il diritto di accedere a servizi e trattamenti sanitari che garantiscano elevati standard di sicurezza.

10 Diritto all'innovazione
Ogni individuo ha il diritto di accedere a procedure innovative, incluse quelle diagnostiche, in linea con gli standard internazionali e indipendentemente da considerazioni economiche o finanziarie.

11 Diritto a evitare le sofferenze e il dolore non necessari
Ogni individuo ha il diritto di evitare quanta più sofferenza possibile, in ogni fase della sua malattia.

12 Diritto a un trattamento personalizzato
Ogni individuo ha il diritto a programmi diagnostici o terapeutici il più possibile adatti alle sue esigenze personali.

13 Diritto al reclamo
Ogni individuo ha il diritto di reclamare ogni qualvolta abbia subito un danno e di ricevere una risposta.

14 Diritto al risarcimento
Ogni individuo ha il diritto di ricevere un risarcimento adeguato, in tempi ragionevolmente brevi, ogni qualvolta abbia subito un danno fisico, morale o psicologico causato dai servizi sanitari.

2.18 Il Tribunale per i diritti del malato

È una associazione presente in numerose città e province italiane. Il suo impegno è caratterizzato da:

- raccolta di informazioni circa lo stato dei servizi sanitari e la violazione dei diritti dei cittadini;
- proclamazione e divulgazione di carte dei diritti;
- consulenza e aiuto al cittadino di fronte ad abusi ed inadempienze dei servizi;
- mobilitazione dei cittadini tramite iniziative pubbliche, campagne informative, raccolta di firme;
- monitoraggio e vigilanza permanente sullo stato e la qualità dei servizi.

2.19 La Carta dei servizi

È un documento importante del quale devono obbligatoriamente dotarsi gli enti pubblici (ad esempio l'ASL) e le strutture private che intendono richiedere o mantenere l'accreditamento, sia in ambito sanitario che sociale e socio-sanitario.
È prevista e imposta dalla legge in tutti i settori di pubblica utilità, al fine di migliorare i rapporti tra i beneficiari dei servizi e gli enti che li erogano.
L'ente, pubblico o privato, con la Carta dei servizi presenta se stesso e i servizi che offre, garantendo trasparenza, uguaglianza e imparzialità (ne parleremo in maniera approfondita in seguito).

2.20 Rappresentanze di tutela dei diritti: il tutore, il curatore e l'amministratore di sostegno

L'ordinamento giuridico italiano, agli articoli 404 e seguenti del codice civile, ha provveduto a disciplinare alcuni importanti strumenti, finalizzati a sostenere e tutelare le persone disabili che non riescono a compiere in modo autonomo gli atti della vita quotidiana. Questi strumenti sono l'interdizione, l'inabilitazione e l'amministrazione di sostegno.

Il tutore in caso di interdizione, il curatore in caso di inabilitazione e l'amministratore di sostegno sono tre figure che possono essere nominate dal giudice tutelare del Tribunale competente per territorio al fine di assistere, tutelare, amministrare e rappresentare o, meglio ancora, proteggere le persone che versano in condizioni di fragilità, in particolare i soggetti incapaci di intendere e volere o anche capaci di intendere e volere, come in alcune fattispecie relative all'amministrazione di sostegno, ma in difficoltà nello svolgere gli atti quotidiani della vita a causa di menomazioni fisiche e/o mentali. Il tutore, il curatore e l'amministratore di sostegno sono figure alternative e non possono coesistere.

2.20.1 L'interdizione

L'articolo 414 del codice civile stabilisce che possono essere interdetti: "*il maggiore di età e il minore emancipato, i quali si trovano in condizioni di abituale infermità di mente che li rende incapaci di provvedere ai propri interessi, sono interdetti quando ciò è necessario per assicurare la loro adeguata protezione*".

L'interdizione è il procedimento giudiziario attraverso il quale viene accertato, con sentenza del Tribunale competente per territorio, lo stato di abituale infermità di mente della persona incapace di intendere e volere. La persona interdetta, in quanto incapace di provvedere alla tutela dei propri interessi, viene affiancata con nomina del Tribunale da un tutore che avrà il compito di rappresentarla in tutti gli atti civili e nell'amministrazione dei suoi beni. **Il tutore può compiere ogni atto di ordinaria e straordinaria amministrazione** al posto del proprio tutelato, in quanto si sostituisce completamente a lui.

Gli interventi del tutore sono in larga misura destinati a proteggere il patrimonio del soggetto incapace di intendere e volere, ma possono anche riguardare l'ambito sanitario, autorizzando e fornendo il consenso informato, ad esempio per la somministrazione di terapie ed interventi chirurgici.

L'interdizione è uno strumento di protezione più forte ed incisivo, più grave ed estremo rispetto all'inabilitazione e all'amministrazione di sostegno perché con la sentenza di interdizione **la persona perde la capacità di agire** che, come stabilito dall'articolo 2 del codice civile, si acquista al compimento della maggiore età (18 anni) e coincide di norma con la capacità di intendere e di volere, che si sostanzia con l'idoneità del soggetto a curare i propri interessi potendo compiere atti giuridici.

Le cause di esclusione e/o limitazione della capacità di agire, in linea generale infatti, sono rappresentate dalla minore età, dall'interdizione e dall'inabilitazione.

La capacità di agire è diversa dalla capacità giuridica: quest'ultima, come stabilito dall'articolo 1 del codice civile, si acquista al momento della nascita, momento nel quale si diventa titolari di poteri e doveri giuridici, e si perde al momento della morte.

L'interdetto non potrà:

- contrarre matrimonio;
- riconoscere propri figli nati al di fuori del matrimonio;
- fare testamento.

L'articolo 417 del codice civile individua coloro che possono presentare istanza d'interdizione o di inabilitazione.

In tale articolo si legge: "*L'interdizione e la inabilitazione possono essere promosse dalle persone indicate negli articoli 414 e 415, dal coniuge, dalla persona stabilmente convivente, dai parenti entro il quarto grado, dagli affini entro il secondo grado, dal tutore o curatore ovvero dal pubblico ministero.*

Se l'interdicendo o l'inabilitando si trova sotto la responsabilità genitoriale o ha per curatore uno dei genitori, l'interdizione o l'inabilitazione non può essere promossa che su istanza del genitore medesimo o del pubblico ministero".

2.20.2 L'inabilitazione

L'inabilitazione consegue ad una sentenza che accerti uno stato di ridotta, ma non inesistente, attitudine a curare i propri interessi. Segnatamente, l'inabilitazione soccorre nei casi di:

- infermità abituale di mente non tanto grave da rendere necessaria l'interdizione del soggetto;

- ovvero in caso di prodigalità o di abuso abituale di bevande alcoliche o di stupefacenti (quando il soggetto esponga se stesso o la propria famiglia a gravi pregiudizi economici);
- ovvero in caso di sordomutismo e cecità dalla nascita o dalla prima infanzia (se il soggetto non ha ricevuto un'educazione tale da assicurargli una sufficiente autonomia psico-fisica).

L'inabilitazione comporta soltanto una parziale incapacità d'agire. Trattasi, in definitiva, di una particolare ipotesi in cui il soggetto, pur non avendo piena autonomia o maturità, è in grado di provvedere ai propri interessi con riferimento alla propria sfera personale e agli atti della vita quotidiana.
L'inabilitato conserva, dunque, un margine di capacità: infatti, può compiere da solo gli atti di ordinaria amministrazione e può addirittura essere autorizzato alla continuazione di un'impresa commerciale (occorrono, invece, l'autorizzazione dell'autorità giudiziaria e l'assistenza di un **curatore** per il compimento degli **atti che eccedono l'ordinaria amministrazione** e per quelli che toccano la composizione del patrimonio).

2.20.3 L'amministrazione di sostegno

L'amministratore di sostegno è una figura istituita con legge n. 6 del 2004 e disciplinata nel codice civile dall'articolo 404 all'articolo 413. L'articolo 404 del codice civile stabilisce che: "*La persona che, per effetto di una infermità ovvero di una menomazione fisica o psichica, si trova nella impossibilità, anche parziale o temporanea, di provvedere ai propri interessi, può essere assistita da un amministratore di sostegno, nominato dal giudice tutelare del luogo in cui questa ha la residenza o il domicilio*".

Il legislatore ha introdotto la figura dell'amministratore di sostegno allo scopo di tutelare le persone disabili, favorendo la minore limitazione possibile della loro capacità di agire.

L'amministratore di sostegno può essere nominato sia a favore di persone incapaci di intendere e volere, sia a favore di persone che, seppure capaci di intendere e volere, si trovano a vivere in una situazione di infermità fisica e mentale, anche parziale e temporanea, che comporta difficoltà, parziali o totali, nello svolgimento delle attività quotidiane e che non rende possibile la cura dei propri interessi. Si pensi ad esempio al disabile fisico che, seppure capace di intendere e volere, si trova impossibilitato ad uscire di casa e curare i propri interessi. Il ricorso all'amministrazione di sostegno è dunque necessario al verificarsi di una delle seguenti condizioni:

- quando una persona si trova a vivere in uno stato di infermità tale da determinare l'impossibilità parziale o totale, temporanea o permanente, di provvedere alla cura dei propri interessi;
- in presenza di una menomazione fisica tale da determinare in una persona l'impossibilità parziale o totale, temporanea o permanente, di provvedere alla cura dei propri interessi;
- in presenza di una menomazione psichica tale da determinare in una persona l'impossibilità parziale o totale, temporanea o permanente, di provvedere alla cura dei propri interessi.

L'amministratore di sostegno, in base ai poteri che gli vengono conferiti con decreto dal giudice, può compiere sia atti in sostituzione del beneficiario che interventi volti ad affiancare ed assistere l'amministrato nelle proprie scelte.

L'amministratore di sostegno può pertanto essere chiamato a proteggere e tutelare sia persone capaci di agire, sia persone totalmente incapaci di agire.

L'amministrato conserva la capacità di agire per tutti quegli atti che non richiedono il necessario intervento dell'amministratore di sostegno.

La legge n. 6 del 2004, con l'istituzione dell'amministratore di sostegno, ha apportato modifiche ad istituti più incisivi e limitanti come l'interdizione o l'inabilitazione e grazie al ricorso allo stesso, ora, queste persone possono al di fuori dei casi previsti, evitare il ricorso alla sentenza di interdizione o inabilitazione, prima obbligatoria.

L'articolo 409 del codice civile stabilisce che *"Il beneficiario conserva la capacità di agire per tutti gli atti che non richiedono la rappresentanza esclusiva o l'assistenza necessaria dell'amministratore di sostegno. Il beneficiario dell'amministrazione di sostegno può in ogni caso compiere gli atti necessari a soddisfare le esigenze della propria vita quotidiana"*.

L'amministratore di sostegno può agire a tutela del beneficiario solo ed esclusivamente con riferimento agli atti espressamente previsti dal giudice tutelare nel decreto di nomina o previa autorizzazione del giudice, sia in sostituzione del beneficiario, che affiancando il beneficiario stesso nelle decisioni che lo riguardano.

L'amministratore di sostegno può intervenire non solo in situazioni di carattere economico ma anche sanitarie: può infatti autorizzare, fornendo il consenso informato, la somministrazione di terapie ed interventi chirurgici.

L'amministratore di sostegno è stato "pensato" dal legislatore come una figura che affianca la persona fragile che necessita di protezione, in quanto attento a graduare i propri interventi in relazione ai bisogni della persona che va a rappresentare e/o a integrare, con comportamenti discreti e rispettosi dell'identità e della personalità del soggetto tutelato.

Sia l'amministrazione di sostegno che l'interdizione e l'inabilitazione intervengono sulla capacita di agire e non sulla capacità giuridica della persona, che rimane intatta.

Capitolo 3
Il Welfare State

3.1 Il Welfare State in Italia e le reti sociali

Il termine Welfare State è stato introdotto in Gran Bretagna sul finire della seconda guerra mondiale. Il corrispondente italiano di tale espressione inglese è Stato sociale o Stato di benessere.

Esso allude al carattere che gli Stati democratici hanno gradualmente e progressivamente assunto a partire dagli ultimi decenni dell'Ottocento fino ai giorni nostri e che consiste nel riconoscere ad ogni cittadino un insieme di diritti come la tutela della salute, il diritto all'istruzione e all'abitazione, all'assistenza sociale, alla previdenza sociale, alla sicurezza e alla giustizia.

Per Stato sociale si intende uno Stato che usa il proprio potere attraverso la rappresentanza politica e la pubblica amministrazione per garantire un insieme di politiche economiche, sanitarie, sociali, previdenziali, educative, abitative, di giustizia, fiscali, ecc., al fine di ridurre le disuguaglianze tra cittadini e garantire uno sviluppo che sarebbe diversamente difficile da realizzare e sostenere.

I primi significativi interventi a favore delle fasce deboli vennero attuati con le "***poor laws***" (legislazione a favore dei poveri), approvate in Inghilterra attorno al 1600, che prevedevano interventi finalizzati alla stabilizzazione sociale mediante il sostegno al reddito dei capifamiglia che, anche svolgendo un'attività lavorativa, si trovavano in una condizione di particolare disagio. Vennero altresì presi provvedimenti a favore degli anziani e, in generale, di persone in condizione non lavorativa. Gli aiuti potevano essere concessi in danaro o in natura.

L'intento primario delle *poor laws* era il controllo dei poveri e la difesa dell'ordine pubblico.

Sul finire del 1800, la Germania di Bismark approvò una legge che prevedeva il versamento obbligatorio di contributi da parte dei lavoratori, variabili in base al reddito per autofinanziare l'assicurazione sociale contro le malattie.

Sempre sul finire del 1800 seguì l'Italia con la prima legge riguardante gli infortuni sul lavoro.

Tuttavia, come si legge anche in *Lineamenti di servizio sociale* di Maria Dal Pra Ponticelli[1], l'origine dei moderni modelli di welfare viene attribuita alle idee innovatrici di Lord Beveridge nell'Inghilterra del secondo dopoguerra. Nel libro, l'autrice scrive: "*Lord Beveridge affermava che lo Stato deve garantire una soglia minima di sicurezza a tutti i cittadini sulla base di una loro attiva ed effettiva occupazione. Lo strumento fondamentale per raggiungere questo obiettivo è rappresentato da un sistema di assicurazioni sociali integrate tuttavia da un'altra serie di interventi statali, quali:*

[1] Dal Pra Ponticelli M., *Lineamenti di servizio sociale*, Astrolabio-Ubaldini, Roma, 1987, pagg. 12-13.

1. *l'istituzione di un servizio sanitario nazionale che offra assistenza medica e ospedaliera a tutta la popolazione;*
2. *l'attribuzione universalizzata di assegni familiari;*
3. *una politica che garantisca la piena occupazione;*
4. *il riassetto dell'assistenza sociale come forma di intervento residuale per rispondere a esigenze non standardizzabili e per far fronte ai bisogni di quanti non siano in grado di usufruire dei benefici del sistema assicurativo, non potendone soddisfare i requisiti*".

In Italia, il Welfare State trova le sue fondamenta nel principio di uguaglianza sostanziale previsto dall'articolo 3 della Costituzione della Repubblica italiana, che recita: "*Tutti i cittadini hanno pari dignità sociale e sono eguali davanti alla legge, senza distinzione di sesso, di razza, di lingua, di religione, di opinioni politiche, di condizioni personali e sociali.*

È compito della Repubblica rimuovere gli ostacoli di ordine economico e sociale, che, limitando di fatto la libertà e l'eguaglianza dei cittadini, impediscono il pieno sviluppo della persona umana e l'effettiva partecipazione di tutti i lavoratori all'organizzazione politica, economica e sociale del Paese".

Anche (e non solo) da tale articolo discende il riconoscimento da parte dello Stato ai propri cittadini di servizi e diritti ritenuti indispensabili, quali, a titolo esemplificativo:
1. l'assistenza sanitaria, che viene garantita attraverso il servizio sanitario nazionale e regionale, le Aziende Sanitarie Locali, le Aziende ospedaliere, i medici di medicina generale, le guardie mediche, la degenza ordinaria, le prestazioni specialistiche ambulatoriali, il pronto soccorso, ecc.;
2. l'Istituto Nazionale per la Previdenza Sociale (INPS), per il pagamento di pensioni sociali e da lavoro, indennità di maternità, malattia, cassa integrazione, indennità di disoccupazione, invalidità civile, indennità di accompagnamento, reversibilità, ecc.;
3. l'assistenza sociale comunale, rivolta a persone con difficoltà economiche o che si trovano in una condizione di non autosufficienza e a rischio di emarginazione, garantita attraverso (e non solo) i servizi di assistenza domiciliare, pasti a domicilio e assistenza economica;
4. l'Istituto Nazionale Assicurazione Infortuni sul Lavoro (INAIL), che provvede al pagamento degli indennizzi in caso di infortunio o decesso in occasione di lavoro;
5. l'istruzione, che viene garantita dal ministero di riferimento attraverso le scuole di ogni ordine e grado.

Questi servizi e diritti sono destinati a gravare sui conti pubblici in quanto il finanziamento degli stessi richiede un notevole investimento economico che in buona parte deriva dal prelievo fiscale, ossia dalle tasse pagate dai cittadini.

Facendo un paragone tra il sistema di welfare italiano e quello dei Paesi in via di sviluppo, si può asserire che l'Italia ha un buono stato sociale.

Facendo invece un confronto tra il welfare italiano e quello adottato dai Paesi scandinavi (Danimarca, Svezia, Norvegia, Finlandia) si può affermare che in questi Stati, il welfare è più protettivo rispetto a quello italiano.

Da anni nel nostro Paese sono in atto continui tagli e riduzioni alla spesa che hanno portato alla crisi del Welfare State. Considerata la sempre minore disponibilità di risorse, lo Stato incontra grandi difficoltà nel coniugare efficienza (intesa come risparmio e migliore e saggio utilizzo delle risorse) ed efficacia (intesa come migliore ed ottimale corrispondenza ai bisogni delle persone).

Lo Stato italiano, a causa delle limitate risorse finanziarie di cui dispone o che ha deciso di impiegare, ha un tipo di welfare caratterizzato da una forte residualità offrendo interventi minimi ai propri cittadini in difficoltà, possibilmente per il tempo strettamente necessario per risolvere il problema, sottoponendoli alla verifica delle loro reali condizioni.

Si pensi ad esempio al cittadino in difficoltà economiche che si rivolge al proprio Comune di residenza per richiedere un sussidio. In tale caso dovrà dimostrare di trovarsi in condizioni di disagio economico provvedendo a presentare, tra i vari documenti, la propria situazione reddituale e patrimoniale, lo stato di disoccupazione o di inoccupazione e così via.

La carenza di risorse pubbliche ha portato, in Italia e non solo, all'affermazione di un nuovo sistema di Stato sociale definito come **Welfare Mix (misto)**, attraverso il quale lo Stato ha delegato molte responsabilità pubbliche a soggetti privati e della società civile.

Il Welfare Mix è dato dall'integrazione del welfare pubblico con il welfare privato (del settore profit o no profit, dei cittadini stessi e delle famiglie).

Ciò significa che il cittadino in difficoltà economica potrà, ad esempio, rivolgersi al proprio Comune di residenza (pubblico) e/o ad una associazione di volontariato (privato no profit) per chiedere aiuto.

Il **cittadino** che si rivolge ad un servizio pubblico o privato per chiedere servizi sociali e sanitari viene definito **"consumatore di servizi".** In base all'organizzazione del sistema di welfare italiano, ad esempio, il cittadino che si trovasse in difficoltà di tipo economico, dovrà cercare di risolverle con i propri mezzi e punti di forza e qualora non vi riuscisse, potrà rinvolgersi a una delle **reti sociali presenti nel territorio.**

Viceversa, quando il cittadino che fa parte di un'azienda, cooperativa, associazione di volontariato, gestisce per conto proprio o dello Stato servizi di tipo sanitario, sociale o socio-sanitario viene definito **"produttore di servizi".**

3.2 La rete sociale

Il termine "rete" viene impiegato in diversi contesti che spaziano dall'informatica all'elettronica, all'economia. Viene inoltre utilizzato da diverse discipline, tra queste il servizio sociale, l'antropologia, la sociologia, la psicologia.

Relativamente al servizio sociale, con tale termine si fa riferimento alla rete dei servizi territoriali alla persona. Il concetto di rete[2] indica *"**quell'insieme di contatti e rapporti** che la persona costruisce intorno a sé nella quotidianità"*.

Fin dall'infanzia, ogni persona "*costruisce*" attorno a sé un insieme di relazioni e contatti con differenti soggetti, sia singoli individui che gruppi e organizzazioni.

Il primo a introdurre la nozione di "*rete sociale*", secondo la maggior parte degli autori, è stato l'antropologo John Barnes, durante un suo studio di antropologia sociale nel 1954, su Bremnes, una comunità norvegese di pescatori e contadini di 4600 persone[3]. Lo studioso coniò il termine "*rete sociale*" per descrivere il fenomeno da lui osservato, concernente i legami esistenti in una piccola parrocchia dell'isolotto norvegese, carat-

---

[2] Caprini C., *La progettualità e il lavoro di rete*, in Cortigiani M. (a cura di), *L'assistente sociale e i suoi campi di intervento*, Phoenix, Roma, 2002, p. 115.

[3] Barnes J.A., *Class and Committees in a Norwegian Island Parish*, in "Human Relations", 7, 1954, pp. 39-58.

terizzati da una tipologia di relazioni che non si configuravano né tra quelle di lavoro né tra quelle di vicinato, riferibili all'organizzazione territoriale. In pratica intese definire l'insieme di legami, specifici per ogni abitante dell'isola, che univano familiari, parenti, amici e vicini.

3.3 Le reti informali e formali

Da molti anni a questa parte, rientra nella prassi operativa di diversi professionisti, tra i quali gli assistenti sociali, quella di lavorare in rete nel territorio con altri assistenti sociali e professionisti di altri servizi e con le associazioni di volontariato. Questo al fine di contrastare al meglio la crisi del Welfare State, tentando di reperire risorse economiche sostitutive o aggiuntive per aiutare persone, gruppi, comunità in difficoltà che, per soddisfare i propri bisogni, si rivolgono ai servizi, pubblici o privati.

In quest'ottica, il lavoro sociale di rete viene ritenuto uno dei modi migliori, se non il migliore, per contrastare la carenza di risorse pubbliche.

Per capire meglio le definizioni operative del termine rete, è necessario però avvalersi del prezioso contributo di Christiane Besson[4], che a sua volta nella stesura del suo pensiero ha tratto ispirazione dagli elaborati di Claude Brodeur, Richard Rousseau, Marie-Chantal Guédon[5].

Nel loro prezioso lavoro questi autori richiamano tre livelli di rete, ovvero: la rete primaria informale, la rete secondaria formale, la rete secondaria informale.

A queste vanno aggiunte le reti di terzo settore o no profit e le reti di mercato o profit.

Qualora una persona si trovasse in difficoltà economiche in un particolare momento della vita, ad esempio per la perdita di un lavoro (e la conseguente difficoltà a trovarne un altro in tempi brevi) e non riuscisse a risolvere da sé tali difficoltà, potrà rivolgersi alle **reti primarie informali**, ovvero "*quelle unità di vita sociale che raggruppano delle persone, le quali si conoscono e sono unite le une alle altre da legami di parentela, di amicizia, di vicinato o di lavoro*"[6].

Fanno parte della rete primaria informale, i famigliari, parenti, amici, vicini, colleghi.

"***Le reti secondarie formali*** *sono costituite dalle istituzioni sociali, che hanno un'esistenza ufficiale. Sono strutturate in modo preciso, svolgono funzioni specifiche o forniscono servizi particolari*"[7].

Il sistema formale secondario di aiuto alle persone è costituito da soggetti pubblici, tra questi il Comune, l'Azienda Sanitaria Locale e l'Azienda Ospedaliera, e dai professionisti che ci lavorano all'interno (tra i quali assistenti sociali, medici, infermieri, psicologici, assistenti per l'infanzia, educatori, psichiatri).

Le **reti di terzo settore** si costituiscono come organizzazioni di servizi no profit che intervengono per aiutare le persone in difficoltà per fini di solidarietà. Tra queste

---

4 Besson C., *Gli sviluppi contemporanei: l'incontro tra teoria e pratica*, in *L'intervento di rete*, di Sanicola L. (a cura di), Ed. Liguori, 1995, pp. 227-255.

5 Guédon M.C., *Les réseaux sociaux*, in Brodeur C. et Rousseau R. (sous la direction), "L'intervention de réseaux, une pratique nouvelle", Edition France Amèrique, 1984.

6 *Definizioni comunicate da Richard Rousseau* (testo non pubblicato) in *L'intervento di rete* di Sanicola L. (a cura di), Ed. Liguori, 1994, p. 251.

7 Besson C., op. cit., p. 253.

vi sono le associazioni di volontariato (ODV), che sono Organizzazioni non lucrative di utilità sociale (ONLUS) di diritto, le associazioni di promozione sociale (APS). Operano senza scopo di lucro, fanno parte di queste reti anche le fondazioni che perseguono fini filantropici e le cooperative sociali che perseguono finalità mutualistiche, ovvero quelle di garantire il lavoro e una retribuzione ai soci che ne fanno parte.

Le **reti di mercato** sono quelle che operano per conseguire un profitto. Ne fanno parte le aziende, le imprese, le attività commerciali e i liberi professionisti.

*"**Le reti secondarie informali** sono quelle che si realizzano per iniziativa di alcuni membri delle reti primarie per rispondere ai propri bisogni, per trovare delle soluzioni a difficoltà comuni, senza che esse acquisiscano per questo uno status di natura realmente istituzionale"*[8].

Queste persone si costituiscono in gruppi di auto-mutuo-aiuto per aiutarsi a vicenda o per aiutare chi ancora vive un determinato problema. Un classico esempio è il gruppo degli alcolisti, formato sia da ex alcolisti che alcolisti in trattamento.

Inoltre, si può asserire che per permettere alla persona-cittadino-utente di raggiungere il benessere psico-sociale occorre unire e favorire le sinergie tra le diverse reti presenti nel territorio, intendendo il territorio come **potenziale rete di reti e incrocio di rapporti e relazioni.**

Ciascun "attore" di una rete, professionista (assistente sociale, medico, psicologo e gli stessi OSS), o familiare, volontario deve lavorare in rete con altri attori della stessa rete o di altre reti e deve saper riconoscere le stesse, il ruolo e le potenzialità di ciascuna di esse.

Si pensi ad esempio ad un anziano in condizioni di non autosufficienza e con difficoltà economiche che si rivolge all'assistente sociale del Comune per chiedere assistenza domiciliare ed economica. Considerata oggi la scarsità di risorse a disposizione del Comune, l'assistente sociale potrebbe trovarsi a cercare risorse sostitutive o aggiuntive a quelle potenzialmente attivabili dal Comune. Ad esempio, dovrà cercare di capire se l'anziano ha dei familiari o dei vicini e/o se nel territorio sono presenti associazioni di volontariato che possono occuparsi di aiutarlo. Potrà inoltre trovarsi a lavorare con operatori di altri enti o con il medico di famiglia, al fine di rispondere in modo integrato ai bisogni dell'anziano.

Le diverse tipologie di rete finora descritte sono quelle che nel territorio mettono a disposizione di persone e famiglie che si trovano in situazione di bisogno un sistema integrato di interventi e servizi sociali come previsto dalla legge nazionale n. 328 del 2000.

3.4 Il passaggio dal Welfare State al Welfare Mix in ambito sociale

In ambito sociale, il passaggio da un modello di welfare pubblico ad uno di welfare misto è stato introdotto con la legge **n. 328 dell'8 novembre 2000** dal titolo ***"Legge quadro per la realizzazione del sistema integrato di interventi e servizi sociali"***.

Il sistema è definito **integrato** in quanto, in una **logica di decentramento**, nella realizzazione della rete dei servizi sono coinvolti sia soggetti **pubblici** che del settore **privato.**

La legge n. 328 del 2000 afferma che Stato centrale, Regione e Comune hanno il compito di concorrere alla programmazione ed organizzazione del sistema integrato di

[8] Besson C., op. cit., p. 253.

interventi e servizi sociali. Nel perseguimento della realizzazione del sistema integrato di interventi e servizi sociali, i Comuni dovranno collaborare con le Aziende Sanitarie Locali. Tale sistema deve essere rispettoso e avere riguardo delle autonomie e soprattutto delle specificità locali. Il Comune diventa così il nodo cardine per la realizzazione di reti di servizi che, per progettazione e caratteristiche, rispondano ai bisogni dei cittadini residenti nel proprio territorio. Ai Comuni, quali enti pubblici territorialmente più vicini ai cittadini, viene riconosciuto un importante ruolo centrale nell'organizzazione, gestione ed erogazione dei servizi sociali a favore delle persone con difficoltà economiche, che versano in condizioni di non autosufficienza o che si trovano a vivere in situazioni di emarginazione o a forte rischio di emarginazione. Il cittadino in difficoltà potrà così rivolgersi per chiedere aiuto al proprio Comune di residenza.
Si realizza in tal modo il **principio di sussidiarietà verticale**.

3.5 Il principio di sussidiarietà verticale

La parola sussidiarietà deriva dal termine "*sussidio*" che significa aiuto, in questo caso di tipo verticale, inteso come aiuto che deve realizzarsi partendo dal "basso verso l'alto".

La **sussidiarietà verticale** è stata istituita con la legge n. 59 del 1997, nota come legge "Bassanini", e poi confermata dalla legge n. 328 del 2000.

Tale principio stabilisce che, in caso di bisogno e difficoltà, il cittadino potrà rivolgersi al proprio Comune di residenza, in quanto istituzione territorialmente a lui più vicina. Sarà il Comune, nel limite delle risorse disponibili, a dover intervenire per rispondere ai bisogni del cittadino; nel caso in cui il Comune, per indisponibilità di risorse non vi riuscisse, dovrà intervenire l'ente gerarchicamente sovraordinato che è la Provincia e, anche qualora questa non vi riuscisse, dovrà intervenire la Regione, poi lo Stato centrale e solo alla fine l'Unione europea.

Il grafico aiuta a spiegare meglio tale concetto.

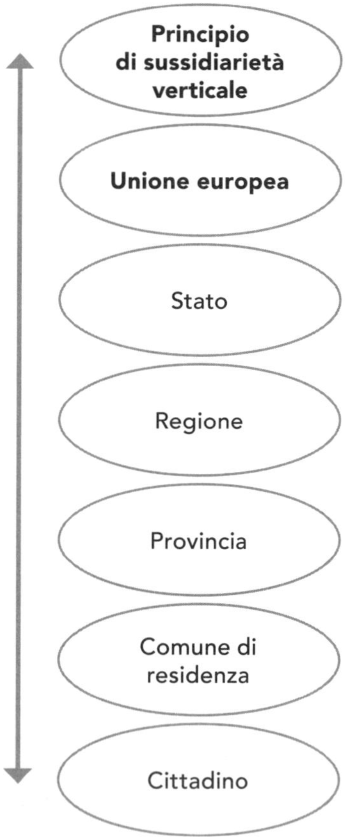

3.6 Il cittadino produttore di servizi e il principio di sussidiarietà orizzontale

La parola sussidiarietà, come detto, deriva dal termine "sussidio" che significa aiuto, in questo caso di tipo orizzontale.

La legge n. 328 del 2000 evidenzia che Stato, Regioni, Province e Comuni, considerata la limitata disponibilità di risorse, nonché per garantire la libera iniziativa privata e per favorire la libertà di scelta tra pubblico e privato al fruitore del servizio, permettono che in ambito sociale, al fine di rispondere meglio ai bisogni dei cittadini e delle famiglie, i servizi pubblici possano essere svolti dai privati: sia quelli operanti nel settore del no profit (associazioni di volontariato, fondazioni, cooperative sociali, associazioni di promozione sociale, patronati che operano senza scopo di lucro, profitto, guadagno, ma principalmente per spirito di solidarietà nei confronti delle persone in condizioni di difficoltà) che quelli operanti nel settore del profit.

Nelle intenzioni del legislatore, questo si giustifica con il fine di lasciare maggiore spazio possibile ai privati, riducendo contestualmente l'intervento pubblico all'erogazione di servizi essenziali. Ovviamente le istituzioni non dovranno commettere l'errore di ritenere che i privati possano sostituirsi completamente al ruolo dello Stato e alle carenze di quest'ultimo. Lo Stato dovrà comunque mantenere il proprio ruolo di garante, di regia e controllo, unendo però nel contempo le proprie sinergie a quelle dei privati, nella prospettiva di una fattiva e reciproca collaborazione.

Il **principio di sussidiarietà orizzontale** pone le istituzioni pubbliche (Stato, Regione, Provincia, Comune) sullo stesso piano delle organizzazioni private prima citate, ossia del profit e del non profit.

Il grafico aiuta a spiegare meglio tale concetto.

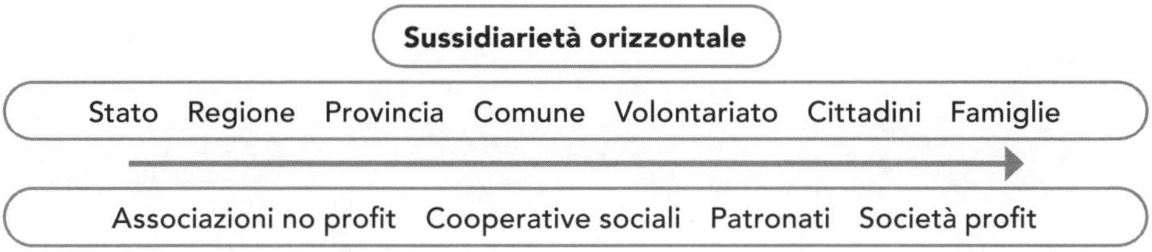

Si passa così di fatto da un'azione di "*government*" in cui era la pubblica amministrazione a governare e ad assumersi direttamente la responsabilità delle proprie decisioni, ad un'azione di "governance" in cui al "*tavolo*" si siedono assieme sia soggetti pubblici che privati (sia del settore profit che del settore no profit) che della società civile, al fine di prendere decisioni condivise e di contribuire a realizzare le politiche sociali.

Nel passaggio dal Welfare State a quello misto o di comunità si va a sostenere con forza che il benessere debba essere principalmente espressione della comunità/collettività/società che dello Stato.

I cittadini, quali destinatari dei programmi di welfare, devono giocare un ruolo più attivo e non possono più essere intesi come meri destinatari e consumatori di servizi e quindi soggetti passivi, ma possono, volendo, diventare produttori e distributori di servizi e prestazioni di welfare, organizzandosi in associazioni, cooperative, fondazioni, società.

In base a questo principio, il Comune può affidare un proprio servizio ad un soggetto privato o pubblico attraverso lo strumento della gara d'appalto o dell'accreditamento,

In senso generale, per accreditamento si intende quel patto o accordo che viene sottoscritto tra un ente pubblico e un ente privato (può tuttavia essere sottoscritto anche tra due enti pubblici), attraverso il quale l'ente pubblico permette al soggetto privato di erogare un servizio pubblico per suo conto. In altre parole, il processo di accreditamento viene inteso come atto formale attraverso il quale l'amministrazione pubblica (Comune, ASL, Regione) consente ad un servizio/struttura di diventare proprio fornitore, ovvero di erogare servizi che esso stesso può provvedere a finanziare (il tema degli accreditamenti verrà approfondito in seguito).

Capitolo 4
Cenni storici sulla sanità e sull'assistenza sociale

4.1 Storia della sanità e dell'assistenza sociale

Per comprendere meglio l'attuale sistema sanitario, a seguito delle importanti riforme introdotte dalla legge n. 833 del 1978, istitutiva del Servizio Sanitario Nazionale, e l'attuale sistema di assistenza sociale, a seguito delle importanti novità apportate dalla legge n. 328 del 2000, è necessario risalire allo scenario socio-politico del periodo immediatamente successivo all'Unità d'Italia.

Nel 1861, quando nacque lo Stato unitario, i pubblici poteri iniziarono lentamente ad assumere funzioni assistenziali, seppure finalizzate al mantenimento dell'ordine pubblico, lotta alla mendicità e controllo delle attività gestite dalla Chiesa.

Si iniziarono così a mettere le basi per arrivare a realizzare, seppure gradualmente, il passaggio da una carità e beneficenza frutto ed espressione di comportamenti privati e volontaristici, ispirati da sentimenti religiosi o laici e filantropici, ad una "carità legale" attuata per legge e garantita dallo Stato.

Il primo provvedimento normativo di politica sociale risale al **1862**, anno in cui furono istituite, in ogni Comune italiano, le **Congregazioni di carità**, che, gestite prettamente da rappresentanti ecclesiastici, sono considerate i primi organismi pubblici unitari dei servizi sociali in favore dei bisognosi.

Qualche anno dopo, precisamente nel **1890**, fu emanata la **legge Crispi**, dal nome dell'allora Presidente del Consiglio (legge 17 luglio 1890, n. 6972), che trasformò le Opere pie in Istituti pubblici di assistenza e beneficenza, le cosiddette **IPAB**, gestite, a differenza delle Congregazioni, interamente da personale laico e che costituivano punti di riferimento per i cittadini in stato di bisogno, non solo sociale ma anche sanitario.

Le IPAB nel tempo si sono evolute e si sono trasformate, con l'emanazione del D.Lgs. 207/2001 (Riordino del sistema delle istituzioni pubbliche di assistenza e di beneficenza, a norma dell'articolo 10 della legge dell'8 novembre 2000, n. 328), in quelle che oggi prendono il nome di **Aziende di servizi alla persona (ASP)**.

La legge Crispi disciplinerà il settore socio-assistenziale per ben centodieci anni, fino all'entrata in vigore della legge n. 328 del 2000.

Il Regio Decreto n. 2841 del 30 dicembre **1923** ha poi trasformato le "Istituzioni pubbliche di beneficenza" in "Istituzioni pubbliche di assistenza e beneficenza".

Tra il 1922 e il 1943 vennero istituiti dallo Stato corporativo numerosi enti nazionali, assistenziali e previdenziali riservati a determinate categorie di assistiti.

Durante tale periodo, fortemente caratterizzato da verticismo e burocrazia, nacquero, tra i tanti, i seguenti enti:

- l'ONMI (Opera nazionale maternità e infanzia) che venne istituito nel 1923;

- l'UIC (Unione italiana ciechi) anch'essa istituita nel 1923;
- l'Ente nazionale per la protezione e assistenza ai sordomuti;
- l'Istituto nazionale per l'assicurazione contro le malattie (INAM);
- l'Istituto nazionale per gli infortuni sul lavoro (INAIL);
- l'Istituto nazionale per la previdenza sociale (INPS);
- gli ECA (Enti comunali di assistenza), nel 1937;
- il Tribunale per i minorenni;
- l'ente per l'assistenza degli orfani di lavoratori morti per infortunio sul lavoro che in seguito diventerà ENAOLI (Ente nazionale degli orfani dei lavoratori italiani).

L'intento del legislatore era quello di passare dalla beneficenza intesa come elemosina ad un concetto più moderno di assistenza.

Nel **1937** la sanità si separa dall'assistenza sociale. Nell'assistenza e beneficenza rientravano sia gli interventi sanitari (gestione degli ospedali e case di riposo) che sociali (aiuto caritatevole ai poveri) e pertanto le due aree, per alcuni decenni, hanno camminato insieme per poi venire divise durante il periodo fascista, quando con la legge n. 847 del 3 giugno 1937 vennero istituiti gli **ECA (Enti Comunali di Assistenza)** che sostituirono le congregazioni di carità.

L'ECA, dotato di un proprio statuto, aveva lo scopo di assistere coloro che si trovavano in condizioni di particolare necessità. Oltre a promuovere il coordinamento delle attività assistenziali esistenti nel Comune, l'ECA aveva il compito di curare gli interessi dei poveri, assumendone la rappresentanza legale davanti alle autorità amministrative e giudiziarie, e quello di promuovere i provvedimenti amministrativi e giudiziari di assistenza e di tutela degli orfani e dei minorenni abbandonati, dei ciechi e dei sordomuti indigenti. L'ente amministrava le istituzioni di assistenza e di beneficenza ad esso affidate, così come lasciti e donazioni in favore della popolazione povera. In affiancamento all'ECA, oltre allo Stato, vi erano le succitate IPAB, che prestavano assistenza socio-sanitaria ai poveri, curando anche l'aspetto educativo, l'istruzione e l'avviamento dei ragazzi ai mestieri o alle arti, puntando alla presa in carico completa della popolazione bisognosa.

Il Comune diventa così competente dell'area socio-assistenziale e si separa dall'area sanitaria.

Tale separazione venne rafforzata, sempre nel periodo che va dal 1922 al 1943, dall'istituzione delle **Casse Mutue** (enti mutualistici e assicurativi) che si occupavano **solo degli interventi sanitari a favore dei lavoratori**, i quali avevano l'obbligo di iscrizione alle stesse.

Le casse mutue erano organizzazioni alle quali dovevano obbligatoriamente aderire i lavoratori facenti parte di un determinato settore produttivo, provvedendo al pagamento di una determinata somma, in cambio della quale ottenevano una copertura assicurativa che garantiva l'assistenza sanitaria in caso di ricovero ospedaliero e cure mediche, sia per loro che per i familiari a carico.

Tra gli enti mutualistici più rappresentativi vanno citati:

- l'**ENPAS** (Ente nazionale di previdenza e assistenza ai dipendenti statali), creato nel 1942, garantiva l'assistenza sanitaria ai lavoratori statali e ai familiari a carico;
- l'**INAM** (Istituto nazionale per l'assistenza contro le malattie), nato nel 1943, garantiva l'assistenza sanitaria ai lavoratori dipendenti del settore privato e ai familiari a carico.

Altri importanti enti mutualistici furono: la cassa per i pensionati dello Stato, la cassa dei coltivatori diretti, la cassa per gli artigiani, la cassa dei commercianti, ai quali si aggiunsero numerosi enti minori come la cassa nazionale di previdenza e assistenza per gli impiegati agricoli e forestali e l'istituto di previdenza e mutualità tra i magistrati. Proliferarono inoltre piccole realtà mutualistiche di fabbrica o di azienda.

Le prestazioni sanitarie erano diverse da ente ad ente e il diritto alle stesse iniziava con l'instaurarsi del rapporto di lavoro specifico e cessava con il termine dello stesso. L'assistenza sanitaria non era quindi assicurata a tutta la popolazione.

Il diritto alla tutela della salute nasceva dall'essere lavoratore e non dall'essere cittadino, tra l'altro con enormi differenze e disuguaglianze, in quanto, come si può immaginare, esistevano casse ricche e casse più povere.

Ciascun ente era competente per una determinata categoria di lavoratori che, con i familiari a carico, erano obbligatoriamente iscritti allo stesso e, in questo modo, fruivano dell'assicurazione sanitaria per provvedere alle cure mediche e ospedaliere, finanziata con i contributi versati dagli stessi lavoratori e dai loro datori di lavoro. Vi furono inoltre sperequazioni tra gli stessi assistiti, data la disomogeneità delle prestazioni assicurate dalle varie casse mutue.

Tale sistema portava a differenze e disuguaglianze:

- tra lavoratori statali e lavoratori privati in quanto appartenenti a differenti enti mutualistici;
- tra chi lavorava e chi no;
- tra ceti sociali, ossia tra facoltosi, benestanti e meno abbienti;
- tra gli stessi enti mutualistici, in quanto esistevano casse ricche e casse più povere e questo creava ulteriori sperequazioni tra gli stessi assistiti, vista la disomogeneità delle prestazioni assicurate dalle varie casse mutue.

Ulteriori problemi e criticità creati dal sistema mutualistico furono:

- una pressoché assoluta e totale mancanza di collegamento tra ospedale, medico curante e paziente una volta dimesso dall'ospedale;
- un grande sperpero di denaro pubblico dovuto anche e non solo all'enorme debito accumulato dagli enti mutualistici con gli enti ospedalieri statali;
- l'assenza di politiche di prevenzione e riabilitazione in quanto l'attenzione veniva accentrata principalmente sulla **cura** (e non sulla prevenzione) della malattia.

Dal momento in cui vennero create e fino all'istituzione del Servizio Sanitario Nazionale avvenuta con legge n. 833 del 23 dicembre 1978, l'assistenza sanitaria in Italia veniva pertanto gestita dalle casse mutue.

In caso di necessità, le prestazioni sanitarie venivano garantite ai lavoratori e ai loro familiari dagli ospedali, che poi presentavano il conto alle rispettive casse mutue di appartenenza.

Nel corso dei decenni, le casse mutue accumularono ingenti debiti nei confronti degli ospedali tanto che nel 1974 fu necessaria una legge del Parlamento che ne dichiarasse l'estinzione per via dell'impossibilità a saldarli.

La Costituzione repubblicana. Entrata in vigore in data 1 gennaio 1948, la Costituzione della Repubblica Italiana pose le basi per la creazione dell'attuale modello di welfare.

All'articolo 38, primo comma della Costituzione appare il termine "assistenza sociale". Tale comma stabilisce che: "*I cittadini inabili al lavoro e sprovvisti dei mezzi necessari per vivere hanno diritto al mantenimento e all'assistenza sociale*".

Altri importantissimi articoli che ispirano la nascita di nuovi modelli in campo sanitario e sociale sono l'articolo 2 che riconosce la dignità della persona, l'articolo 3 che richiama l'uguaglianza tra tutti i cittadini senza distinzioni di natura politica, razziale, sessuale e l'articolo 32 che riconosce e tutela il diritto alla salute di ogni cittadino.

Vennero inoltre messe le basi per il decentramento politico e amministrativo e per il superamento delle casse mutue che si realizzò alcuni decenni dopo.

La Costituzione infatti attribuisce alle Regioni, tra l'altro, competenza legislativa in materia di beneficenza pubblica e di assistenza sanitaria ospedaliera, nonché le funzioni amministrative correlate ai medesimi ambiti, da esercitarsi attraverso Comuni e Province.

Ulteriori tappe significative nell'evoluzione della sanità italiana, prima di arrivare al 1978, sono state:

- **la legge n. 296 del 13 marzo 1958** che istituì per la prima volta in Italia il Ministero della Sanità (oggi Ministero della Salute), scorporandolo dal Ministero dell'Interno;
- **la legge n. 132 del 12 febbraio 1968**, nota anche come "legge Mariotti", dal nome dell'allora ministro della Sanità, che dispose la trasformazione degli ospedali che fino ad allora facevano capo, nella maggioranza dei casi, ad enti di assistenza e beneficenza (IPAB), in enti ospedalieri pubblici;
- **la legge n. 386 del 17 agosto 1974** che dispose l'estinzione dei debiti accumulati dagli enti mutualistici nei confronti degli enti ospedalieri, in quanto impossibilitati a saldarli;
- **la messa in liquidazione nel 1977** degli enti mutualistici quali gestori di attività sanitarie, anche se la riforma complessiva della sanità può considerarsi avviata a compimento solo con l'istituzione, nel 1978, del SSN.

Il 23 dicembre 1978, con la legge n. 833 venne infatti approvata la riforma sanitaria e dopo le conseguenti leggi regionali che prevedevano la divisione in zone del territorio, venne istituito il "Servizio Sanitario Nazionale" (SSN) con decorrenza dal 1980.

Con la medesima legge vennero inoltre istituite le Unità Sanitarie Locali, che vennero poste sotto il controllo dei Comuni, contestualmente, vennero altresì sciolte le casse mutue.

Le ulteriori tappe significative nell'evoluzione dell'assistenza sociale, prima di arrivare al 2000, sono state:

- **1970** Con la legge n. 281 del 5 maggio 1979, vengono istituite le Regioni a statuto ordinario e si dà così avvio alla fase di decentramento, poi portata avanti con il DPR (Decreto del Presidente della Repubblica) n. 616 del 1977.
- **1977** Con il DPR n. 616 del 24 luglio 1977 viene portato a compimento il decentramento: alle Regioni vengono attribuite competenze in materia sociale, comprese anche quelle legislative, mentre ai Comuni vengono attribuite funzioni riguardanti l'organizzazione e l'erogazione dei servizi di assistenza e beneficenza che comprendono anche quelle prima svolte dalle IPAB e dagli ECA.

Viene inoltre superato il sistema frammentato basato su molteplici enti nazionali e locali, veri e propri centri di potere che intervenivano in base alla categoria di appartenenza del cittadino (orfani, infanzia, ecc.) e si passa ad uno dove il Comune ha la gestione unitaria dei servizi.
Si fa così un passo avanti sul concetto stesso di "beneficenza pubblica" come attesta l'articolo 22 del DPR n. 616 del 1977 che fa rientrare in tale ambito "*tutte le attività che attengono, nel quadro della sicurezza sociale, alla predisposizione ed erogazione di servizi gratuiti o a pagamento, o di prestazioni economiche sia in denaro che in natura, a favore di singoli o gruppi, qualunque sia il titolo in base al quale sono individuati i destinatari, anche quando si tratti di forme di assistenza a categorie determinate, escluse soltanto le funzioni relative alle prestazioni economiche di natura previdenziale*".

- **1997** Ulteriori passi avanti in materia di decentramento vennero fatti con la legge n. 59 del 1997, nota come prima legge Bassanini, che introdusse il principio di sussidiarietà verticale, poi confermato dalla legge n. 328 del 2000. Tale principio attribuisce al Comune, quale organo di governo più vicino ai cittadini, il compito di prendere decisioni in campo amministrativo perché più in grado di comprendere e codificare i bisogni e individuare le risorse del territorio di riferimento.

4.2 I riferimenti comuni alla legislazione sanitaria e sociale previsti in Costituzione

La legislazione sanitaria è rappresentata, in via generale, dal complesso di norme e regole che trae ispirazione dall'articolo 32 della Costituzione della Repubblica Italiana; la legislazione sociale è invece costituita dall'insieme di norme che si ispira ai contenuti dell'articolo 38 della Costituzione.

I riferimenti comuni alla legislazione sanitaria e sociale previsti in Costituzione sono i seguenti:

- **Articolo 2** "*La Repubblica riconosce e garantisce i diritti inviolabili dell'uomo, sia come singolo sia nelle formazioni sociali ove si svolge la sua personalità, e richiede l'adempimento dei doveri inderogabili di solidarietà politica, economica e sociale*".
- **Articolo 3** "*Tutti i cittadini hanno pari dignità sociale e sono eguali davanti alla legge, senza distinzione di sesso, di razza, di lingua, di religione, di opinioni politiche, di condizioni personali e sociali.*
  È compito della Repubblica rimuovere gli ostacoli di ordine economico e sociale, che, limitando di fatto la libertà e l'eguaglianza dei cittadini, impediscono il pieno sviluppo della persona umana e l'effettiva partecipazione di tutti i lavoratori all'organizzazione politica, economica e sociale del Paese".
- **Articolo 32** "*La Repubblica tutela la salute come fondamentale diritto dell'individuo e interesse della collettività, e garantisce cure gratuite agli indigenti.*
  Nessuno può essere obbligato a un determinato trattamento sanitario se non per disposizione di legge.
  La legge non può in nessun caso violare i limiti imposti dal rispetto della persona umana".
- **Articolo 38** "*Ogni cittadino inabile al lavoro e sprovvisto dei mezzi necessari per vivere ha diritto al mantenimento e all'assistenza sociale.*

I lavoratori hanno diritto che siano preveduti ed assicurati mezzi adeguati alle loro esigenze di vita in caso di infortunio, malattia, invalidità e vecchiaia, disoccupazione involontaria.
Gli inabili ed i minorati hanno diritto all'educazione e all'avviamento professionale.
Ai compiti previsti in questo articolo provvedono organi ed istituti predisposti o integrati dallo Stato. L'assistenza privata è libera".

In particolare e nello specifico, l'articolo 32 della Costituzione (ma anche gli articoli 2, 3 e 38) ha ispirato e spinto il Parlamento italiano ad approvare le leggi dell'area sanitaria, tra queste:

- la legge n. 833 del 1978, istitutiva del Servizio Sanitario Nazionale e successive modifiche e integrazioni;
- la legge n. 180 del 1978, cosiddetta "legge Basaglia", che ha disposto la chiusura dei manicomi e riformato i servizi rivolti alle persone con disagio psichico;
- la legge n. 104 del 1992 sull'handicap;
- la legge n. 194 del 1978 in materia di Interruzione Volontaria della Gravidanza (IVG).

Sono quattro leggi dell'area sanitaria che hanno anche una forte valenza e funzione sociale.

L'articolo 38 della Costituzione invece (ma anche gli articoli 2, 3 e 32) ha ispirato e spinto il Parlamento italiano ad approvare le leggi dell'area sociale, tra queste la legge n. 328 del 2000, che è la legge quadro nazionale e assegna ai Comuni italiani il compito di erogare servizi di assistenza sociale. Quest'ultima è una legge dell'area sociale che ha però anche un'importante valenza in ambito sanitario per il fatto che i Comuni, che hanno competenze in materia di assistenza sociale, devono integrarsi nel territorio con le ASL al fine di rispondere meglio ai bisogni dei cittadini fruitori dei servizi.

Capitolo 5
Evoluzione e organizzazione del Servizio Sanitario Nazionale

La legge n. 833 del 23 dicembre 1978 che istituisce il Servizio Sanitario Nazionale trae ispirazione, come già detto, dall'articolo 32 della Costituzione italiana, entrata in vigore in data 1 gennaio 1948.

L'articolo 32 stabilisce che: "*La Repubblica tutela la salute come fondamentale diritto dell'individuo e interesse della collettività e garantisce cure gratuite agli indigenti. Nessuno può essere obbligato a un determinato trattamento sanitario se non per disposizione di legge. La legge non può in nessun caso violare i limiti imposti dal rispetto della persona umana*". È una norma all'avanguardia per quei tempi ma è rimasta a lungo lettera morta. Solo dopo 30 anni, con la legge 833/1978, ha trovato piena attuazione.

5.1 La legge 833/1978: l'istituzione del Servizio Sanitario Nazionale (SSN)

L'art. 1, comma 1 della legge n. 833 del 1978 recita:
"*La Repubblica tutela la salute come fondamentale diritto dell'individuo e interesse della collettività mediante il servizio sanitario nazionale.*
La tutela della salute fisica e psichica deve avvenire nel rispetto della dignità e della libertà della persona umana.
Il servizio sanitario nazionale é costituito dal complesso delle funzioni, delle strutture, dei servizi e delle attività destinati alla promozione, al mantenimento ed al recupero della salute fisica e psichica di tutta la popolazione senza distinzione di condizioni individuali o sociali e secondo modalità che assicurino l'eguaglianza dei cittadini nei confronti del servizio.
L'attuazione del servizio sanitario nazionale compete allo Stato, alle regioni e agli enti locali territoriali, garantendo la partecipazione dei cittadini".

Principali punti cardine introdotti dalla legge n. 833 del 1978 sono stati:

1. l'attuazione, come prima riportato, dell'art. 32 della Costituzione che prevede il "*diritto alla salute*" di tutti gli individui;
2. la messa in liquidazione delle casse mutue;
3. l'istituzione di più di seicento USL (Unità Sanitarie Locali) distribuite su tutto il territorio nazionale con il compito di attuare il SSN prendendosi cura della salute dei cittadini. Da questo momento i cittadini hanno di fronte a sé un unico interlocutore al quale rivolgersi che è l'USL e non più i vari enti mutualistici.

Le USL vennero poste nel 1978 e fino al 1992 sotto il controllo dei Comuni. Questi quattordici anni furono caratterizzati da una generale cattiva gestione delle USL da parte dei Comuni che portò a un considerevole ed enorme sperpero di danaro pubblico;
4. con la messa in liquidazione delle casse mutue e la conseguente sostituzione delle stesse con le USL si vuole realizzare l'uguaglianza tra tutti i cittadini prevista dall'articolo 3 della Costituzione e, di conseguenza, l'uguaglianza tra tutti i cittadini di fronte al SSN. Cadono infatti le disuguaglianze tra lavoratori statali e privati, tra chi lavora e chi non lavora, tra appartenenti ai diversi ceti sociali, ossia tra facoltosi, benestanti e persone meno abbienti, tra cittadini di sesso maschile e cittadine di sesso femminile, tra cittadini italiani e cittadini stranieri regolarmente soggiornanti e residenti nel nostro territorio.
Il SSN viene pertanto garantito all'individuo in quanto cittadino e non per il fatto di essere lavoratore.
Si evince, che il Servizio Sanitario Nazionale si pone dunque come un sistema pubblico di carattere "***universalistico***", teso a garantire assistenza sanitaria a tutti i cittadini e che provvede a finanziare lo stesso Stato tramite la fiscalità generale e, in seguito, attraverso i ticket sanitari che sono delle quote attraverso le quali la persona assistita contribuisce alle spese per la prestazione ricevuta;
5. la spinta a dare importanza anche alla prevenzione e alla riabilitazione e non solo alla cura. Le casse mutue infatti assicuravano assistenza solo ai soggetti già affetti da malattia;
6. la spinta a potenziare, nel momento delle dimissioni di un cittadino dall'ospedale, il collegamento tra l'ospedale stesso, i medici di famiglia e le cure domiciliari per rispondere meglio alle cure del paziente, lavorando così in rete. Il sistema precedente era invece caratterizzato da una pressoché totale assenza di collegamento in tale settore;
7. la spinta al contenimento della spesa sanitaria in relazione al PIL (Prodotto Interno Lordo).

5.2 I princìpi fondamentali del SSN

I princìpi fondamentali del Servizio Sanitario Nazionale, enunciati all'articolo 1 della legge 833/1978, sono:

- il principio di **uguaglianza** del trattamento secondo cui tutti hanno diritto alle medesime prestazioni a parità di bisogno, attraverso modalità che assicurino l'eguaglianza dei cittadini nei confronti del servizio. Si va così a superare il sistema mutualistico dando applicazione all'articolo 3 della Costituzione;
- il principio di **universalità**: con il quale vengono garantite prestazioni sanitarie a tutti senza distinzione di condizioni individuali, sociali e di reddito. In virtù di questo, il SSN è stato esteso anche agli stranieri regolarmente residenti nel territorio italiano;
- il principio di **globalità dell'intervento prestazionale** secondo il quale non viene presa in considerazione la malattia, ma in generale la persona e questo implica un collegamento tra i vari servizi al fine di garantire la continuità delle cure e rispondere meglio ai bisogni dell'utente;
- la **tutela della salute** (intesa come bene sociale) non può più, quindi, essere circoscritta alla semplice cura delle affezioni, dovendo estendersi, necessariamente, alla

prevenzione e alla limitazione delle affezioni medesime. Inoltre, attribuendo all'USL tutte le attività prima erogate da vari organismi, il cittadino-utente ha ora il vantaggio di rapportarsi ad un unico interlocutore;

- il principio di rispetto della **dignità e** della **libertà della persona** secondo il quale un determinato trattamento sanitario può essere imposto solo in determinati casi previsti dalla legge; inoltre, il cittadino può liberamente scegliere dove e da chi, come e quando curarsi;
- il principio della **partecipazione dei cittadini**, i quali possono esprimere idee e opinioni sui servizi ricevuti e proporre miglioramenti dei medesimi.
  La partecipazione è da intendersi come "controllo" dei cittadini/utenti sulla funzionalità delle strutture operanti in ambito sanitario.

Il Servizio Sanitario Nazionale è stato negli anni modificato varie volte. Di seguito si analizzano nel dettaglio le principali riforme.

5.3 La riforma del 1991

Un importante passo in avanti nel riordino del sistema fu segnato dalla L. 30 dicembre 1991, n. 412, di accompagnamento alla legge finanziaria per l'anno 1992.

Gli aspetti più innovativi in materia sanitaria hanno riguardato:

- l'affidamento al Governo della determinazione dei livelli di assistenza sanitaria per assicurare condizioni di uniformità su tutto il territorio nazionale, nonché standard organizzativi e di attività da utilizzare per il calcolo dei parametri finanziari per ciascun livello di assistenza, in rapporto alla popolazione residente;
- la responsabilizzazione delle Regioni per la ristrutturazione della rete ospedaliera, operando le trasformazioni di destinazione, gli accorpamenti e le disattivazioni necessarie;
- l'obbligo delle Regioni di attuare il modello delle aree funzionali omogenee con presenza obbligatoria di *day hospital*;
- per il personale del Servizio Sanitario Nazionale, l'incompatibilità del rapporto di lavoro con ogni altro rapporto di lavoro pubblico e privato e con altri rapporti anche di natura convenzionale con il Servizio Sanitario Nazionale, ma anche la compatibilità dell'attività libero professionale se esercitata (disposizione applicabile anche al personale universitario) al di fuori dell'orario di lavoro, all'interno o all'esterno delle strutture sanitarie, con esclusione delle strutture private convenzionate;
- il superamento del controllo di legittimità da parte dell'allora Comitato Regionale di Controllo (forma di controllo oggi soppressa) sugli atti delle Unità Sanitarie Locali, prevedendosi per queste e per gli enti ospedalieri il controllo preventivo della Regione, tenuta a pronunciarsi sui seguenti provvedimenti: bilancio di previsione, variazioni di bilancio, conto consuntivo, piante organiche, programmazione delle spese pluriennali, provvedimenti per l'attuazione dei contratti e delle convenzioni;
- le sperimentazioni gestionali, consentendosi nuove forme e nuove modalità di esercizio di attività di gestione e di erogazione di prestazioni e servizi (anche per il tramite di aggregazioni consortili o societarie o di volontariato), riconducibili alla matrice aziendale del sistema e più idonee a garantire risultati di efficienza, efficacia e qualità su presupposti organizzativi aggiuntivi e/o sostitutivi di quelli tradizionali.

5.4 La riforma *bis* (1992)

5.4.1 Linee generali

La L. 421/1992 conferiva al Governo la delega per il riordino della previdenza, della sanità, del pubblico impiego e della finanza locale.

In materia di sanità fu promulgato il D.Lgs. 30 dicembre 1992, n. 502, che apportava una revisione alla L. 833/1978 e introduceva fondamentali cambiamenti organizzativi. Il provvedimento fu adottato dal Governo senza il parere obbligatorio della Conferenza Stato-Regioni. Le Regioni presentarono ricorso alla Corte costituzionale per illegittimità contro molti articoli del decreto, che negavano formalmente e sostanzialmente all'autorità regionale i poteri di programmazione e organizzazione riconosciuti dalla Costituzione.

La Corte costituzionale riconobbe molte delle fondamentali ragioni del ricorso, per cui il Governo, avvalendosi delle facoltà previste dalla legge delega, apportò al provvedimento disposizioni correttive e integrative con il **D.Lgs. 7 dicembre 1993, n. 517.**

I decreti nn. 502/1992 e 517/1993 stabilirono la centralità del Piano Sanitario Nazionale, quale ineludibile strumento di programmazione sanitaria nell'ambito dei vincolanti limiti delle risorse finanziarie effettivamente disponibili.

Al centro dello scenario sanitario locale si poneva finalmente la Regione, come titolare della funzione legislativa e amministrativa in materia di assistenza sanitaria e ospedaliera, responsabile della programmazione sanitaria regionale, interfaccia dei livelli erogativi delle prestazioni sanitarie anche per quanto atteneva alla determinazione dei criteri di finanziamento.

Cambiava, soprattutto, il regime giuridico della **Unità Sanitaria Locale**, che da struttura operativa dei Comuni diveniva **Azienda Sanitaria Locale**, e quello degli **ospedali di rilievo nazionale e di alta specializzazione**, anch'essi "aziendalizzati" e dotati di soggettività giuridica di diritto pubblico.

5.4.2 Le Aziende Unità Sanitarie Locali

L'Unità Sanitaria Locale, trasformata in **Azienda Unità Sanitaria Locale** (AUSL), era articolata in **Distretti** e **Dipartimenti** (di *Prevenzione* e di *Salute mentale*), e le si riconosceva personalità giuridica di diritto pubblico.

Al vertice dell'Azienda era posto il **direttore generale**, coadiuvato da un *direttore sanitario* e da un *direttore amministrativo* da lui nominati. Il direttore generale era titolare esclusivo dei poteri di gestione e rappresentanza legale dell'ente. Gli era attribuita la competenza di verificare, mediante valutazioni comparative dei costi, dei rendimenti e dei risultati, la corretta ed economica gestione delle risorse attribuite e introitate, nonché l'imparzialità e il buon andamento dell'azione amministrativa, con un'evidente accentuazione di responsabilità nel costante monitoraggio dei processi produttivi.

Lo scopo era istituire un soggetto pubblico autonomo e responsabilizzato, capace di improntare gli obiettivi a logiche di efficienza, efficacia, produttività e qualità dei processi produttivi.

Veniva confermato l'obbligo per le AUSL di assicurare, nei rispettivi ambiti territoriali, i **livelli uniformi di assistenza** individuati dal Piano Sanitario Nazionale, con la specificazione delle prestazioni garantite a tutti i cittadini e rapportate al volume delle risorse a disposizione, mantenendo un rapporto di compatibilità fra espansione della domanda e finanziamento.

L'Azienda Sanitaria aveva l'obbligo di erogare le prestazioni specialistiche nei confronti dei cittadini direttamente, tramite le proprie strutture o tramite soggetti pubblici o privati con i quali intratteneva appositi rapporti fondati sul pagamento di un corrispettivo a fronte della prestazione resa.

Le Regioni e le Aziende Sanitarie dovevano adottare i provvedimenti necessari per l'instaurazione dei nuovi rapporti fondati sull'accreditamento delle istituzioni, sulle modalità di pagamento delle prestazioni e sull'adozione del sistema di verifica e revisione della qualità delle attività svolte e delle prestazioni erogate.

Alle Aziende Sanitarie e Ospedaliere, infine, si faceva carico di attivare efficaci sistemi di raccolta e di analisi dei segnali di disservizio in collaborazione con le **organizzazioni di volontariato e di tutela dei diritti**, con la possibilità di stipulare accordi o protocolli relativi alla determinazione degli ambiti e delle modalità della collaborazione. Tutto ciò al fine di favorire l'adeguamento delle strutture e delle prestazioni sanitarie alle esigenze dei cittadini e nel rispetto del loro diritto alla riservatezza.

5.4.3 Le Aziende Ospedaliere

Aziendalizzazione e riconoscimento di personalità giuridica di diritto pubblico erano estese agli **ospedali di rilievo nazionale e di alta specializzazione** in possesso di almeno tre strutture di alta specialità e di un'organizzazione di tipo dipartimentale. Si garantiva, inoltre, una marcata autonomia agli ospedali che, non essendo costituiti in Azienda, conservassero la natura di **presìdi ospedalieri**, con autonomia economico-finanziaria e contabilità separata all'interno del bilancio delle AUSL.

Le Aziende Ospedaliere dovevano avere gli stessi organi previsti per le AUSL, a esclusione delle rappresentanze territoriali, ovvero sindaco o conferenza dei sindaci. Il finanziamento sul fondo sanitario regionale avveniva in quota percentuale non superiore all'80% dei costi complessivi delle prestazioni che l'Azienda era in grado di erogare, rilevabile sulla base della contabilità. Gli introiti derivanti dal pagamento delle prestazioni erano determinati sulla base di tariffe regionali.

Le Aziende, dal canto loro, avevano l'obbligo di chiudere il bilancio in pareggio, in coerenza con il **principio di aziendalizzazione e responsabilizzazione**, attraverso l'adozione del conto economico e patrimoniale e della contabilità analitica.

Si faceva obbligo ai direttori generali di riservare spazi adeguati all'interno dei presìdi o delle Aziende Ospedaliere per l'esercizio della **libera professione intramuraria**, nonché una quota non superiore al 10% dei posti letto per l'istituzione di camere a pagamento.

5.5 La riforma *ter*: il decreto Bindi (1999)

Il **D.Lgs. 19 giugno 1999, n. 229** (cosiddetto decreto Bindi), se pure manteneva inalterati i princìpi fondanti della L. 833/1978 (principio dell'uguaglianza, principio della globalità, principio della territorialità), spingeva il sistema sanitario verso criteri di efficienza, qualità ed equità (comunque in un contesto di garanzia e solidarietà assistenziale).

Si ribadiva come la tutela della salute, quale diritto fondamentale dell'individuo e interesse della collettività, fosse garantita, nel rispetto della dignità e della libertà della persona umana, attraverso il **Servizio Sanitario Nazionale**, definito quale complesso delle funzioni e delle attività assistenziali dei **Servizi Sanitari Regionali** (SSR) e delle altre funzioni e attività svolte dagli enti ed istituzioni di rilievo nazionale.

I **livelli essenziali e uniformi di assistenza** sarebbero stati definiti dal **Piano Sanitario Nazionale** nel rispetto dei princìpi della dignità della persona, del bisogno di salute, dell'equità nell'accesso all'assistenza, della qualità delle cure e della loro appropriatezza riguardo alle specifiche esigenze, nonché dell'economicità nell'impiego delle risorse.

Le prestazioni socio-sanitarie a elevata integrazione sanitaria sarebbero state assicurate dalle Aziende Sanitarie e comprese nei livelli essenziali di assistenza sanitaria (materno-infantile, geriatrico, per disabili, psichiatrico, per dipendenza da droga, alcol e farmaci, per HIV e patologie in fase terminale, per inabilità o disabilità conseguenti a patologie croniche degenerative).

Le **prestazioni sociali a rilevanza sanitaria** erano di competenza dei **Comuni**, che avrebbero provveduto al loro finanziamento negli ambiti previsti dalla legge regionale.

Veniva introdotto un regime articolato su tre livelli: l'*autorizzazione*, l'*accreditamento* e gli *accordi contrattuali*.

Il primo livello era il regime di **autorizzazione**: la realizzazione di strutture sanitarie e l'esercizio di attività sanitarie e socio-sanitarie erano subordinate al rilascio di provvedimento autorizzatorio. L'autorizzazione all'esercizio delle attività sanitarie e socio-sanitarie era concessa a strutture pubbliche e private, nel rispetto di alcuni requisiti minimi (strutturali, tecnologici e professionali).

Il secondo livello era l'**accreditamento istituzionale**. Questo sarebbe stato rilasciato dalle Regioni alle singole strutture autorizzate pubbliche o private e ai professionisti che ne avessero fatto richiesta. Il rilascio era subordinato al possesso di requisiti ulteriori di qualificazione, alla loro funzionalità rispetto agli indirizzi di programmazione regionale, alla verifica dell'attività svolta e dei risultati raggiunti.

La Regione rilasciava l'accreditamento ai professionisti, alle strutture pubbliche ed equiparate che soddisfacessero le condizioni sopra richieste, alle strutture private non lucrative (istituzioni svolgenti attività sanitaria e socio-sanitaria a scopo non lucrativo) e alle strutture private lucrative.

Il terzo livello, infine, era rappresentato dagli **accordi contrattuali**. L'accreditamento individuava una sorta di *albo dei fornitori* del Servizio Sanitario Nazionale, con cui le Regioni e le Aziende Sanitarie Locali avrebbero definito accordi contrattuali per l'erogazione dei servizi necessari a soddisfare i bisogni assistenziali dei cittadini, tenendo conto della qualità e dei costi.

L'atto di indirizzo e coordinamento – finalizzato a individuare i criteri di definizione dei requisiti ulteriori per l'esercizio delle attività sanitarie – avrebbe previsto forme di partecipazione dei cittadini e degli utilizzatori dei servizi alla verifica dell'attività svolta, alla formulazione di proposte rispetto all'accessibilità dei servizi e all'adozione e utilizzazione della carta dei servizi per la comunicazione con i cittadini.

Il nuovo modello di accreditamento si sarebbe così configurato come un attestato di qualità da parte del Servizio Sanitario Nazionale. Il cittadino avrebbe potuto scegliere fra le strutture sottoposte dal sistema sanitario alla certificazione di qualità.

I **direttori generali delle Aziende** sarebbero stati valutati ogni anno sulle funzionalità dei servizi e sugli obiettivi di salute raggiunti. Sia le strutture pubbliche sia quelle private sarebbero state finanziate con un budget complessivo predeterminato costituito da due voci: le tariffe per ciascun ricovero ospedaliero (DRG) e i costi predefiniti per programmi assistenziali (prevenzione, malattie rare, emergenze, trapianti, integrazione fra assistenza territoriale e ospedaliera).

Il decreto rafforzava l'**autonomia delle Regioni**, cui spettava la responsabilità primaria di gestire e organizzare l'offerta di servizi di cura e riabilitazione. Le Regioni avrebbero concorso alla definizione del Piano Sanitario Nazionale e alla determinazione del fabbisogno complessivo del Servizio Sanitario Nazionale.

I **Comuni** avrebbero avuto un ruolo più incisivo nella programmazione e nella valutazione dei servizi e del raggiungimento degli obiettivi, nonché nella valutazione dell'operato del direttore generale. Il sistema dei rapporti fra Regioni, autonomie locali e Aziende Sanitarie Locali si completava con l'individuazione dei compiti di programmazione e di monitoraggio da parte del Governo che, in caso di gravi inadempienze da parte delle Regioni, prevedeva anche poteri sostitutivi.

La riforma sviluppava ruolo e funzioni del **Distretto Sanitario di Base**, fondamentale livello dell'assistenza sanitaria. Il Distretto, infatti, avrebbe assicurato l'assistenza primaria, coordinato l'attività dei medici di base con la guardia medica notturna e festiva e l'attività dei servizi ambulatoriali specialistici. Si valorizzava l'approccio multidisciplinare e veniva rafforzata la rete dei servizi territoriali: i medici di base avrebbero lavorato in équipe e in collegamento con l'ospedale, svolgendo così un ruolo centrale nel sistema della salute.

Il Distretto avrebbe garantito la continuità e la tempestività della risposta assistenziale, elaborando programmi di attività in grado di coinvolgere tutte le strutture operative dell'Azienda Sanitaria. Si realizzava, inoltre, l'integrazione fra i servizi sociali e i servizi sanitari: **percorsi assistenziali integrati** avrebbero assicurato una risposta unitaria a quei bisogni di salute per i quali fossero stati necessari sia un intervento strettamente sanitario sia azioni di protezione sociale.

5.6 La disciplina dell'assistenza primaria nel decreto Balduzzi (2012)

Con il D.L. 13 settembre 2012, n. 158 (cd. **decreto Balduzzi**) – approvato dal Governo subito dopo i provvedimenti di *spending review* nel comparto della Sanità (decreti legge nn. 52/2012 e 95/2012) e convertito con modificazioni dalla L. 8 novembre 2012, n. 189 – sono state emanate "*Disposizioni urgenti per promuovere lo sviluppo del Paese mediante un più altro livello di tutela della salute*".

L'aspetto di maggiore rilevanza è sicuramente rappresentato dalla riorganizzazione dell'assistenza primaria sul territorio, mirata a ridurre il tasso di ospedalizzazione e i relativi costi, ma i temi affrontati nel provvedimento spaziano dai farmaci ai LEA, dalle ludopatie alla dipendenza da fumo e alcol, dalla sicurezza alimentare alla sanità veterinaria, dall'attività libero professionale all'edilizia sanitaria.

Il decreto, si diceva, innova l'assistenza primaria sul territorio e, nell'ambito dell'organizzazione distrettuale, la garantisce per 24 ore e tutti i giorni della settimana, deputando alle Regioni il compito di riorganizzarla secondo *modalità operative monoprofessionali* denominate **Aggregazioni Funzionali Territoriali** (AFT) e *forme organizzative multiprofessionali* denominate **Unità Complesse di Cure Primarie** (UCCP), che erogano prestazioni assistenziali tramite il coordinamento e l'integrazione dei medici, delle altre professionalità convenzionate con il Servizio Sanitario Nazionale, degli infermieri, delle ostetriche, delle tecniche, della riabilitazione, della prevenzione e del sociale a rilevanza sanitaria.

Le UCCP sono costituite in **reti di poliambulatori** territoriali dotati di strumentazione di base, aperti al pubblico per tutto l'arco della giornata, nonché nei giorni prefestivi e festivi con idonea turnazione. Queste unità operano in coordinamento e in *collegamento telematico* con le strutture ospedaliere.

Attraverso sistemi informatici, le Regioni assicurano l'adesione obbligatoria dei medici all'assetto organizzativo e al sistema informativo nazionale, particolarmente in relazione al sistema della **tessera sanitaria** e della **ricetta elettronica**. L'assistenza primaria è erogata dalle AFT e dalle UCCP attraverso personale convenzionato con il Servizio Sanitario Nazionale.

Il personale convenzionato è costituito dai medici di medicina generale, dai pediatri di libera scelta e dagli specialisti ambulatoriali. Per i medici di medicina generale è istituito il **ruolo unico**, disciplinato dalla convenzione nazionale, fermi restando i livelli retributivi specifici delle diverse figure professionali.

L'accordo collettivo disciplina le attività e le funzioni individuandole fra quelle previste nei **Livelli Essenziali di Assistenza** (LEA), nei limiti delle disponibilità finanziarie complessive del Servizio Sanitario Nazionale, fatto salvo quanto previsto dalle singole Regioni con riguardo ai livelli di assistenza e alla relativa copertura economica a carico del bilancio regionale.

Nell'ambito del **Patto della Salute** si definiscono le modalità, i criteri e le procedure per valorizzare, ai fini della formazione specifica in medicina generale, l'attività remunerata svolta dai medici in formazione presso i servizi dell'azienda sanitaria e della medicina convenzionata.

Nel settore dell'assistenza farmaceutica, si segnalano le disposizioni sui **farmaci innovativi**. Indipendentemente dall'inserimento nei prontuari terapeutici ospedalieri o regionali, le Regioni devono assicurare agli assistiti l'immediata disponibilità dei medicinali ad *innovatività terapeutica*, a carico del Servizio Sanitario Nazionale ed erogati attraverso gli ospedali e le aziende sanitarie locali, come definito dell'Accordo Stato-Regioni del 18 novembre 2010, secondo il giudizio della Commissione tecnico-scientifica dell'Agenzia Italiana del Farmaco (AIFA).

Le Regioni, inoltre, sono tenute ad aggiornare con periodicità almeno semestrale i **prontuari terapeutici ospedalieri** e ogni altro strumento analogo regionale elaborato allo scopo di razionalizzare l'impiego dei farmaci da parte delle strutture pubbliche, di consolidare prassi assistenziali e di guidare i clinici in percorsi diagnostico-terapeutici specifici. La copia dei prontuari aggiornati dovrà essere trasmessa all'AIFA.

Se sussistono dubbi sui requisiti di innovatività riconosciuti a un medicinale, la Regione li comunica all'AIFA, che sottopone la questione alla Commissione consultiva tecnico-scientifica affinché la riesamini ed emetta un parere motivato. Presso l'AIFA è istituito un tavolo permanente di monitoraggio dei prontuari terapeutici ospedalieri, al quale partecipano, a titolo gratuito, rappresentanti della stessa Agenzia, delle Regioni e del Ministero della Salute.

5.7 I Livelli Essenziali di Assistenza: la revisione del 2017

Giova ricordare che già la L. 833/1978 attribuiva allo Stato il compito di determinare **Livelli Essenziali delle Prestazioni** (LEP) garantiti a tutti i cittadini. L'attributo dell'essenzialità, infatti, era inizialmente riferito alle "*prestazioni sanitarie*", piuttosto che all'"*assistenza*" e fu soltanto il D.Lgs. 502/1992, nell'ottica di razionalizzazione delle risorse, a sostituire alle prestazioni l'assistenza, introducendo per l'appunto i **Livelli Essenziali di Assistenza** (LEA). Successivamente, il Piano Sanitario Nazionale 1998-2000 qualificò "*essenziali*" i livelli di assistenza che, in quanto necessari e appropriati, dovevano essere "*uniformemente garantiti*" su tutto il territorio nazionale e all'intera collettività.

Fu così emanato, il 29 novembre 2001, il decreto in base al quale i livelli di assistenza si strutturavano in tre macro-aree, quali l'**assistenza sanitaria collettiva in ambiente di vita e di lavoro**, l'**assistenza distrettuale** – che comprendeva le attività e i servizi diffusi sul territorio – e l'**assistenza ospedaliera**, nella quale rientravano le prestazioni e i servizi sanitari offerti in ospedale.

Potevano usufruire di un'assistenza specifica gli *invalidi*, le persone affette da *malattie rare*, le persone affette da *fibrosi cistica*, i *nefropatici cronici* in trattamento dialitico, le persone affette da *diabete mellito*, le persone affette dal *morbo di Hansen*, i cittadini residenti in Italia autorizzati alle cure all'estero.

Dopo la *revisione straordinaria* del 2008, revocata perché priva di copertura finanziaria, una nuova revisione fu prevista nel 2012 dall'art. 5 del decreto Balduzzi, con particolare riferimento alle malattie croniche, alle malattie rare e alle ludopatie, ma solo nel 2017, sulla base dell'Intesa Stato-Regioni del 7 settembre 2016, e con la copertura finanziaria resa effettiva dalla legge di stabilità, si è finalmente giunti, con provvedimento firmato dal Presidente del Consiglio il 12 gennaio, al varo di un nuovo decreto integralmente sostitutivo di quello del 2001 e di altri provvedimenti in vigore.

Se pure il decreto del 2017 conserva le macro-aree individuate nel 2001, aggiornando e ampliando i livelli precedenti – nel cui ambito, peraltro, l'area dell'"*assistenza sanitaria collettiva in ambiente di vita e di lavoro*" assume la nuova denominazione di "*prevenzione collettiva e sanità pubblica*", con una differente aggregazione delle attività –, la nuova regolamentazione affida alla **Commissione nazionale per l'aggiornamento dei LEA** la revisione annuale delle prestazioni garantite. La Commissione deve monitorare il funzionamento dei LEA, eliminare le prestazioni superate dai progressi scientifici e valutarne l'introduzione di nuove, più funzionali ed efficaci per la cura dei pazienti. Al tempo stesso sono innovati i **nomenclatori della specialistica ambulatoriale**, introducendo procedure diagnostiche e terapeutiche finora di portata sperimentale o praticate solo in regime di ricovero, e i **nomenclatori dell'assistenza protesica**, rendendo prescrivibili ausili di ultima generazione, come quelli informatici, o come gli apparecchi acustici a tecnologia digitale e le attrezzature domotiche.

Si ampliano, sul piano dell'**assistenza distrettuale**, le tipologie di pazienti aventi diritto all'assistenza integrativa, precisando le condizioni per l'accesso. Per quanto riguarda l'area socio-sanitaria, si individuano tipologie di assistenza caratterizzate da *livelli progressivi di complessità e impegno assistenziale.*

Sul piano dell'assistenza specialistica ambulatoriale, in applicazione del **principio dell'appropriatezza delle cure**, introdotto dalla *Spending review* sanitaria del 2015 – e applicabile, peraltro, anche all'assistenza ospedaliera –, vengono individuate, per alcune prestazioni, le cd. condizioni di erogabilità e viene introdotto, per altre prestazioni ancora, l'obbligo per il medico prescrittore di riportare sulla ricetta la diagnosi o il sospetto diagnostico (cd. appropriatezza prescrittiva). Viene prevista, in pronto soccorso, una funzione di osservazione breve intensiva. Vengono definite le prestazioni ad alto rischio di non appropriatezza in regime di *day surgery*.

Sul piano dell'assistenza destinata alle **categorie particolari**, si incrementa l'elenco delle **malattie rare**, con l'inserimento di più di 110 nuove entità fra malattie singole e gruppi di malattie. I nuovi LEA recepiscono anche i contenuti della L. 134/2015, per quanto riguarda la diagnosi precoce, la cura e il trattamento individualizzato dei *disturbi dello spettro autistico*.

Si revisiona, infine, l'elenco delle **malattie croniche**, includendovi patologie precedentemente trattate come malattie rare, quali la sindrome di Down o di Klinefelter o la celiachia, e introducendovi patologie nuove, come per esempio l'osteomielite cronica, le patologie renali croniche e la broncopneumopatia cronico-ostruttiva.

I LEA dopo la revisione del 2017

La struttura dei nuovi LEA ricalca quella del sistema precedente. Essa prevede tre macroaree, articolate ciascuna in segmenti o aree di attività, secondo lo schema seguente:

- **prevenzione collettiva e sanità pubblica**, nell'ambito della quale il Servizio Sanitario Nazionale garantisce, attraverso i propri servizi nonché avvalendosi dei medici e dei pediatri convenzionati, le seguenti attività:
  - sorveglianza, prevenzione e controllo delle malattie infettive e parassitarie, inclusi i programmi vaccinali;
  - tutela della salute e della sicurezza degli ambienti aperti e confinati;
  - sorveglianza, prevenzione e tutela della salute e sicurezza sui luoghi di lavoro;
  - salute animale e igiene urbana veterinaria;
  - sicurezza alimentare e tutela della salute dei consumatori;
  - sorveglianza e prevenzione delle malattie croniche, inclusi la promozione di stili di vita sani e i programmi organizzati di screening; sorveglianza e prevenzione nutrizionale;
  - attività medico-legali per finalità pubbliche;
- **assistenza distrettuale**, articolata nelle seguenti aree di attività:
  - assistenza sanitaria di base;
  - emergenza sanitaria territoriale;
  - assistenza farmaceutica;
  - assistenza integrativa;
  - assistenza specialistica ambulatoriale;
  - assistenza protesica;
  - assistenza termale;
  - assistenza socio-sanitaria domiciliare e territoriale;
  - assistenza socio-sanitaria residenziale e semiresidenziale;
- **assistenza ospedaliera**, nella quale rientrano le prestazioni e i servizi sanitari offerti in ospedale, articolati nelle seguenti aree di attività:
  - pronto soccorso;
  - ricovero ordinario per acuti;
  - *day surgery*;
  - *day hospital*;
  - riabilitazione e lungodegenza post-acuzie;
  - attività trasfusionali;
  - attività di trapianto di organi e tessuti;
  - centri antiveleni (CAV).

In accordo con la normativa in vigore, vengono garantiti agli **stranieri obbligatoriamente o volontariamente iscritti** al Servizio Sanitario Nazionale parità di trattamento e piena uguaglianza di diritti e doveri, rispetto ai cittadini italiani, per quanto attiene all'assistenza sanitaria erogata in Italia. L'assistenza sanitaria spetta altresì ai familiari a carico regolarmente soggiornanti.

Ai **cittadini di Stati non appartenenti all'Unione europea**, presenti sul territorio nazionale, **non in regola con le norme relative all'ingresso e al soggiorno**, il Servizio Sanitario Nazionale garantisce le cure ambulatoriali e ospedaliere urgenti o comunque essenziali, ancorché continuative, per malattia e infortunio e i programmi di medicina preventiva a salvaguardia della salute individuale e collettiva.

5.8 La riorganizzazione della sanità territoriale (D.M. 77/2022)

Con il D.M. 23 maggio 2022, n. 77 il Ministro della Salute, di concerto con quello dell'Economia e delle Finanze, ha emanato il regolamento che ridefinisce i modelli e gli standard per lo sviluppo dell'assistenza territoriali nel Servizio Sanitario Nazionale (in seguito ne analizzeremo in dettaglio alcuni aspetti).

La nuova organizzazione fa perno sul **Distretto sanitario**, la cui programmazione deve prevedere i seguenti standard:

- le **Case della Comunità** (*hub* e *spoke*), sedi privilegiate per la progettazione e l'erogazione degli interventi sanitari e di integrazione sociale, deputate all'assistenza di prossimità per le popolazioni di riferimento h 24 ogni giorno della settimana;
- l'**infermiere di famiglia (o di Comunità)**, chiamato a interagire con tutte le risorse formali e informali presenti nella Comunità e fortemente orientato alla gestione proattiva della salute;
- le **Unità di Continuità Assistenziale**, équipe mobili distrettuali per la gestione e il supporto della presa in carico di individui o Comunità in condizioni clinico-assistenziali di particolare complessità;
- le **Centrali Operative Territoriali**, sedi del Numero Europeo Armonizzato (NEA) per le cure mediche non urgenti, in grado di offrire un servizio telefonico gratuito attivo h 24 ogni giorno della settimana, per tutte le prestazioni sanitarie e sociosanitarie a bassa intensità assistenziale;
- i **servizi di assistenza domiciliare**, finalizzati all'erogazione al domicilio di interventi caratterizzati da livelli d'intensità e complessità assistenziale variabili nell'ambito di specifici percorsi di cura e di piani personalizzati di assistenza;
- gli **Ospedali di Comunità**, preposti allo svolgimento di una funzione intermedia fra il domicilio e il ricovero ospedaliero, con la finalità di evitare ricoveri ospedalieri impropri o di favorire dimissioni protette in luoghi più idonei al prevalere di fabbisogni socio-sanitari, di stabilizzazione clinica, di recupero funzionale e dell'autonomia e più prossimi al domicilio.

Nella progettazione della nuova geografia dei servizi e delle strutture territoriali, e perciò delle Case della Comunità e dei servizi correlati in rete, devono utilmente rientrare tutte le strutture fisiche territoriali già esistenti e, in particolare, le **Aggregazioni Funzionali Territoriali** (AFT), quali modalità operative monoprofessionali, nonché le **Unità Complesse di Cure Primarie** (UCCP), quali forme organizzative multidisciplinari, entrambe concepite e realizzate nel quadro della riforma dell'assistenza primaria attuata nel 2012 dal decreto Balduzzi.

All'interno del distretto possono essere presenti i **consultori familiari** e le attività rivolte ai minori, ove esistenti, funzionalmente collegati con la Casa della Comunità *hub*.

La riorganizzazione non ha mancato d'intervenire sul fronte delle **cure palliative**, la cui rete è costituita da servizi e strutture in grado di garantire la presa in carico globale dell'assistito e del suo nucleo familiare, in ambito ospedaliero, ambulatoriale, domiciliare e in *hospice*; né d'intervenire sul fronte della **prevenzione in ambito sanitario, ambientale e climatico**.

5.9 La pianificazione sanitaria

5.9.1 Il Piano Sanitario Nazionale (PSN)

Le linee generali di indirizzo e le modalità di svolgimento delle attività istituzionali del **Servizio Sanitario Nazionale** sono stabilite con il Piano Sanitario Nazionale in conformità agli obiettivi della programmazione socio-economica nazionale, tenendo conto anche dei princìpi sulla tutela della salute determinati a livello internazionale.

Alle linee espresse nella pianificazione nazionale devono conformarsi i Piani Sanitari Regionali, che sono piani strategici degli interventi per gli obiettivi di salute e per il funzionamento dei servizi regionali.

Il compito di predisporre il Piano Sanitario Nazionale è attribuito al **Governo**, che provvede su proposta del Ministro della Salute, sentiti i pareri delle commissioni parlamentari competenti per materia (chiamate a esprimersi entro 30 giorni dalla trasmissione dell'atto) e le confederazioni sindacali maggiormente rappresentative (che devono esprimersi entro 20 giorni), e tenendo conto delle proposte formulate dalle Regioni entro il 31 luglio dell'ultimo anno di vigenza del Piano precedente. Il Piano è adottato d'intesa con la Conferenza unificata Stato-Regioni entro il successivo 30 novembre, con atto del Capo dello Stato, previa deliberazione del Consiglio dei Ministri (art. 1, commi 5 e 9, del D.Lgs. 502/1992).

Le **Regioni**, singolarmente o attraverso strumenti di autocoordinamento, elaborano proposte per la predisposizione del Piano Sanitario Nazionale, con riferimento alle esigenze del livello territoriale considerato e alle funzioni interregionali da assicurare prioritariamente, anche sulla base delle indicazioni del Piano vigente e dei livelli essenziali di assistenza individuati in esso o negli atti che ne costituiscono attuazione (art. 1 comma 4, del D.Lgs. 502/1992).

Il Piano, di norma, ha **valenza triennale** e può essere modificato nel corso del triennio, con lo stesso procedimento previsto per la sua adozione. La L. 833/1978 gli assegna il compito di stabilire (art. 53, comma 9):

- gli obiettivi da realizzare nel triennio;
- gli indici e gli standard nazionali da assumere per la ripartizione del Fondo Sanitario Nazionale fra le Regioni, al fine di realizzare in tutto il territorio nazionale un'equilibrata organizzazione dei servizi, anche attraverso una destinazione delle risorse per settori fondamentali di interventi, con limiti differenziati per gruppi di spese correnti e per gli investimenti;
- gli indirizzi ai quali devono uniformarsi le Regioni nella ripartizione della quota regionale ad esse assegnata fra le Unità (oggi Aziende) Sanitarie Locali;

- i criteri e gli indirizzi cui deve riferirsi la legislazione regionale per l'organizzazione dei servizi fondamentali previsti dalla legge e per gli organici del personale addetto al Servizio Sanitario Nazionale;
- le norme generali di erogazione delle prestazioni sanitarie nonché le fasi o le modalità della graduale unificazione delle prestazioni e del corrispondente adeguamento;
- gli indirizzi cui devono riferirsi i Piani Regionali, ai fini di una coordinata e uniforme realizzazione degli obiettivi;
- gli obiettivi fondamentali relativi alla formazione e all'aggiornamento del personale addetto al Servizio Sanitario Nazionale, con particolare riferimento alle funzioni tecnico-professionali, organizzative e gestionali e alle necessità quantitative;
- le procedure e le modalità per verifiche periodiche dello stato di attuazione del Piano e della sua idoneità a perseguire gli obiettivi che sono stati previsti;
- le esigenze prioritarie del Servizio Sanitario Nazionale in ordine alla ricerca biomedica e ad altri settori attinenti alla tutela della salute.

Attualmente la finalità del Piano Sanitario Nazionale è stabilire, contestualmente all'individuazione delle risorse finanziarie, le linee generali di indirizzo del Servizio Sanitario Nazionale, gli obiettivi fondamentali di cura, prevenzione e riabilitazione, e i livelli essenziali di assistenza da erogare su tutto il territorio nel rispetto del quadro finanziario definito per l'intero sistema pubblico.

5.9.2 Il Piano Nazionale della Prevenzione (PNP), il Piano Pandemico Influenzale (PPI) e il Piano Nazionale di Prevenzione Vaccinale (PNPV)

Il **Piano Nazionale della Prevenzione**, divenuto parte integrante del Piano Sanitario Nazionale, individua le aree degli interventi igienico-sanitari finalizzati a evitare l'insorgenza e la diffusione delle malattie. Agli obiettivi e alle finalità del Piano Nazionale della Prevenzione devono adeguarsi le Regioni e le Province autonome, attraverso la predisposizione di piani regionali per la prevenzione di valenza triennale.

L'attuazione del Piano è coordinata dalla Direzione generale della prevenzione sanitaria presso il Ministero della Salute, chiamato a svolgere una funzione di sostegno delle Regioni e di coordinamento degli organi tecnico-scientifici locali.

Alla Direzione generale della Prevenzione sanitaria spetta peraltro la predisposizione, sulla base delle raccomandazioni dell'Organizzazione Mondiale della Sanità, del **Piano Pandemico Influenzale**. Di valenza triennale, il Piano è approvato dalla Conferenza permanente per i rapporti fra Stato, Regioni e Province autonome e si pone l'obiettivo generale di garantire, da parte del sistema sanitario, una risposta adeguata a fronteggiare eventuali emergenze pandemiche a livello nazionale e locale. Tale attività si svolge attraverso la predisposizione di appositi protocolli e strategie predisposte a priori per contenere il più possibile il numero dei contagi e tutelare la salute degli operatori sanitari e del personale coinvolto nell'emergenza, ridurre l'impatto della pandemia sui servizi sanitari e sociali, assicurare il mantenimento dei servizi essenziali, preservare il funzionamento della società e le attività economiche.

Le Regioni, dal canto loro, devono dotarsi di piani locali aggiornati in ragione delle specifiche circostanze epidemiologiche dei vari territori, delle risorse umane e finanziarie a disposizione, delle strutture e degli strumenti da impiegare.

Sempre in sede di Conferenza permanente per i rapporti fra Stato, Regioni e Province autonome è approvato il **Piano Nazionale di Prevenzione Vaccinale**, anch'esso aggiornato con cadenza triennale, che ha l'obiettivo di armonizzare le strategie vaccinali in atto nel Paese, al fine di garantire alla popolazione i pieni benefici derivanti dalla vaccinazione, intesa come strumento di protezione individuale e di prevenzione collettiva, attraverso l'equità nell'accesso ai vaccini e ai servizi di immunizzazione.

Specificamente preordinato al contrasto della pandemia di COVID-19 è il **Piano Strategico Nazionale dei Vaccini per la Prevenzione delle Infezioni da SARS-CoV-2**, previsto e disciplinato dalla legge di bilancio 2021 (art. 1, co. 457-467, della L. 178/2020). Il Piano, adottato dal Ministro della Salute e attuato dalle Regioni e Province autonome, mira a garantire il massimo livello di copertura vaccinale sul territorio nazionale.
Spetta invece al Commissario straordinario per l'attuazione e il coordinamento delle misure occorrenti per il contenimento e il contrasto dell'emergenza epidemiologica provvedere in via sostitutiva a norma dell'art. 120 della Costituzione, in caso di mancata attuazione del Piano o di ritardo, previa diffida alla Regione interessata e previa delibera del Consiglio dei Ministri, su proposta del Ministro della Salute, di concerto con il Ministro per gli Affari regionali e le Autonomie.

5.9.3 I Piani Sanitari Regionali (PSR)

Prima dell'istituzione del Servizio Sanitario Nazionale le prestazioni di rilievo sanitario venivano erogate a livello comunale attraverso le Unità Sanitarie Locali (USL): la L. 833/1978 demandava interamente ai Comuni la gestione dell'assistenza sanitaria e ospedaliera non espressamente riservata allo Stato e alle Regioni. Sicché, se spettava allo Stato l'approvazione del Piano Sanitario Nazionale, era affidata ai Comuni la creazione di una rete territoriale di USL.

Con il D.Lgs. 299/1999 la responsabilità totale della programmazione sanitaria passò alle Regioni e si attribuì alle autonomie locali un ruolo nuovo, finalizzato non più alla gestione diretta del servizio ma alla cooperazione fra i diversi livelli territoriali nella definizione di strategie assistenziali adeguate ai bisogni della popolazione.

Attualmente le finalità che le Regioni devono raggiungere in materia sanitaria sono incluse nei Piani Sanitari Regionali, attraverso i quali si individuano gli aspetti strategici degli interventi finalizzati alla tutela della salute e ad un migliore funzionamento dei servizi.

Perciò, entro 150 giorni dall'entrata in vigore del Piano Sanitario Nazionale, le Regioni devono obbligatoriamente adottare i rispettivi Piani Sanitari Regionali. Questi ultimi sono predisposti dalle **Giunte regionali** e si connotano come strumenti di pianificazione strategica degli interventi regionali finalizzati alla tutela della salute e al funzionamento dei servizi, anche in riferimento agli obiettivi del Piano Sanitario Nazionale.

I relativi progetti di pianificazione sono sottoposti alla **Conferenza permanente per la Programmazione sanitaria e socio-sanitaria regionale** – istituita con il D.Lgs. 229/1999 –, ai cui lavori partecipano i soggetti istituzionali di rilevanza locale, quali i rappresentanti degli enti territoriali, i sindacati degli operatori sanitari (pubblici e privati), le strutture accreditate all'interno del Servizio Sanitario Nazionale e le formazioni sociali private impegnate nell'assistenza sanitaria e sociale.

Dal momento che il Piano Sanitario Regionale deve essere predisposto tenendo conto degli obiettivi stabiliti nella pianificazione nazionale, le Regioni inviano i progetti di piano al Ministro della Salute al fine di acquisirne il parere per quanto attiene alla coerenza con gli indirizzi della pianificazione sanitaria nazionale. Il Ministro della Salute esprime il parere entro 30 giorni dalla data di trasmissione dell'atto, sentita l'Agenzia nazionale per i servizi sanitari regionali.

Gli obiettivi specifici dei Piani Sanitari Regionali differiscono da Regione a Regione. Ciò, peraltro, non impedisce di individuare le finalità generiche della programmazione regionale, le cui competenze sono orientate a definire:

- i modelli organizzativi dei servizi sanitari, tenendo conto della specifica tipologia della domanda presente nel territorio e delle modalità per migliorare l'accessibilità ai servizi da parte dei cittadini;
- i criteri per la distribuzione delle risorse fra le singole aziende, tenendo conto delle priorità definite in sede di programmazione sanitaria nazionale e regionale, delle necessità di riequilibrio territoriale, nonché dell'esigenza di tendere al miglioramento dei livelli di efficienza gestionale delle aziende stesse e del sistema nel suo complesso;
- le modalità per l'attuazione dei controlli sui livelli di efficacia e di efficienza conseguiti dalle singole aziende e dall'intero sistema regionale.

La mancata adozione del Piano Sanitario Regionale, entro un anno dall'entrata in vigore del Piano Sanitario Nazionale, comporta l'intervento sostitutivo del Governo: il Ministro della Salute assegna alla Regione inadempiente un ulteriore termine non inferiore a 3 mesi, perché provveda ad adottare il piano. Spirato tale termine, senza che la Regione abbia adempiuto, il Consiglio dei Ministri, su proposta del Ministro della Salute, sentita l'Agenzia nazionale per i servizi sanitari regionali, d'intesa con la Conferenza permanente per i rapporti fra Stato, Regioni e Province autonome, adotta i provvedimenti necessari per rendere operative nella Regione le disposizioni del Piano Sanitario Nazionale.

Le Regioni trasmettono al Ministro della Salute, entro il 31 marzo di ogni anno, la relazione annuale sullo stato di attuazione del Piano Sanitario Regionale, sui risultati di gestione e sulla spesa prevista per l'anno successivo.

5.9.4 I Piani Attuativi Locali (PAL)

Spetta alla legge regionale disciplinare il rapporto fra la programmazione regionale e la programmazione attuativa locale, nella quale sono coinvolte le Aziende Sanitarie Locali (ASL), in quanto soggetti incaricati della gestione del servizio, e gli enti locali. In particolare, la legge regionale disciplina il procedimento per l'adozione dei Piani Attuativi Locali, definendo le procedure di proposta, adozione e approvazione e le modalità della partecipazione da parte degli enti locali (art. 2, co. 2-*quinquies*, del D.Lgs. 502/1992).

I Piani Attuativi Locali, di durata triennale, sono gli strumenti di pianificazione e programmazione operativa che, nell'ambito delle disposizioni della programmazione sociosanitaria regionale, permettono di tradurre i bisogni di salute e assistenza della popolazione in azioni concrete.

Essi designano gli indirizzi e le scelte che la comunità territoriale è chiamata a realizzare per migliorare i livelli di assistenza e di benessere collettivo. Segnatamente:

- contengono la specificazione territoriale della configurazione organizzativa dei servizi;
- attuano la garanzia dell'erogazione delle prestazioni essenziali;
- disciplinano la localizzazione dei servizi nell'ambito dei distretti sanitari.

I Piani Attuativi Locali sono adottati dal direttore generale dell'Azienda Sanitaria Locale entro il 31 dicembre dell'anno precedente, rispetto al triennio di riferimento, e trasmessi alla Regione per l'approvazione. Nell'ambito della loro autonomia, peraltro, le Regioni definiscono i criteri e le modalità, anche operative, per il coordinamento delle strutture sanitarie operanti nelle Città metropolitane, nonché l'eventuale costituzione di appositi organismi. A questi ultimi, ove costituiti, spetta l'elaborazione del **Piano Attuativo Metropolitano**.

5.9.5 Gli altri strumenti

Si segnalano, per loro importanza, il Patto per la Salute e la Relazione sullo Stato Sanitario del Paese. A questi si aggiungono, a livello distrettuale, il Programma delle attività territoriali e, a livello dipartimentale, il Piano delle attività e dell'utilizzazione delle risorse disponibili.

Il **Patto per la Salute** è lo strumento con il quale il Governo e le Regioni condividono gli indirizzi e gli obiettivi generali relativi alla spesa sanitaria e al Servizio Sanitario Nazionale.

Il Patto, approvato in seno alla Conferenza Stato-Regioni, ha valenza triennale.

La **Relazione sullo Stato Sanitario del Paese** è una componente essenziale del ciclo di pianificazione, programmazione e valutazione del Servizio Sanitario Nazionale. Introdotta dalla L. 833/1978 come informativa periodica, da parte dell'allora Ministro della Sanità al Parlamento, sullo stato di salute del Paese e sull'attuazione delle politiche sanitarie, si è successivamente trasformata in uno strumento di valutazione del processo attuativo del Piano Sanitario Nazionale.

Le finalità della Relazione sono:

- illustrare le condizioni di salute della popolazione presente sul territorio nazionale;
- descrivere le risorse impiegate e le attività svolte dal Servizio Sanitario Nazionale;
- esporre i risultati conseguiti rispetto agli obiettivi individuati dal Piano Sanitario Nazionale;
- presentare i risultati conseguiti in termini di efficienza e di qualità dell'assistenza del Servizio Sanitario Nazionale;
- fornire indicazioni per l'elaborazione delle politiche sanitarie e la programmazione degli interventi.

Si tratta, dunque, di un importante osservatorio sulla salute della popolazione, come pure sullo sviluppo e sull'evoluzione delle politiche sociosanitarie nel nostro Paese.

A **livello distrettuale** riveste importanza il **Programma delle Attività Territoriali** proposto dal Comitato dei Sindaci di Distretto e dal direttore di Distretto, sulla base delle risorse assegnate, e approvato dal direttore generale dell'Azienda sanitaria.

A **livello dipartimentale**, invece, il direttore di Dipartimento predispone annualmente il **Piano delle attività e dell'utilizzazione delle risorse disponibili**, negoziato con la direzione generale nell'ambito della programmazione aziendale (art. 17-*bis*, comma 2, del D.Lgs. 502/1992).

Capitolo 6
La tutela della salute mentale (legge 180/1978)

6.1 La legge Basaglia

La legge n. 180 del 13 maggio 1978 ("Accertamenti e trattamenti sanitari volontari e obbligatori"), nota come **"legge Basaglia"**, dal nome del medico psichiatra che l'ha ispirata (Franco Basaglia), è conosciuta come legge di riforma dell'assistenza psichiatrica e di superamento delle strutture manicomiali. Al fine di comprenderne meglio l'importanza è necessario descrivere, seppure brevemente, come venivano curati i malati mentali prima dell'entrata in vigore della stessa, nonché i princìpi costituzionali che ne sono alla base.

6.1.1 Il periodo antecedente alla legge 180/1978

Gli ospedali psichiatrici, presenti in Italia fin dal XV secolo, vennero regolati per la prima volta nel 1904 e inizialmente denominati manicomi. Al loro interno venivano ricoverati i malati con disturbi mentali gravi, spesso contro la loro volontà, in quanto ritenuti pericolosi per la società che li definiva matti, folli, pazzi, e quindi da "rinchiudere", il più delle volte senza fornire loro alcuna spiegazione. Il malato di mente era un individuo che doveva essere "detenuto", internato, custodito, più che curato, e andava allontanato dalla società.

Il manicomio era frutto della concezione e percezione che la società, tra fine '800 e inizi '900, aveva dei disturbi psichici. Era fortemente diffusa la convinzione che la malattia mentale fosse dovuta a fattori genetici e si escludeva, anzi non si prendeva neppure in considerazione, che potesse avere origine anche da fattori psicologici, ambientali e sociali.

La psichiatria non era una scienza a sé e a quei tempi la cura della malattia mentale era affidata ai neurologi, inoltre, era importantissimo l'aspetto giuridico, in quanto se il soggetto avesse fatto del male a sé o agli altri, la responsabilità sarebbe ricaduta sui terapeuti, che, per evitare questo, autorizzavano molto facilmente il ricovero nei manicomi.

Potendo contare su pochi rimedi terapeutici, tantissimi pazienti venivano considerati intrattabili. Non esistevano inoltre alternative al manicomio in quanto lo Stato non si muoveva nel campo della prevenzione e della riabilitazione e così le famiglie, lasciate sole dallo Stato e con il peso di dover gestire il "pesante fardello", procedevano a far ricoverare i propri cari.

Ai pazienti, internati in strutture manicomiali emarginate e isolate come vere e proprie carceri, veniva talvolta impedito di ricevere visite dall'esterno, perdendo così contatti e rapporti umani e questo determinava nel tempo un aggravamento delle condizioni mentali e fisiche. Ai malati mentali più agitati e difficili da gestire veniva messa la **camicia di forza** e poi rinchiusi in **"*celle*" di isolamento**.

Le misure di contenzione venivano talvolta applicate anche quando non vi fosse un reale bisogno delle stesse.

Una volta che il malato mentale veniva diagnosticato ufficialmente come tale, al momento dell'ingresso in manicomio veniva automaticamente interdetto e perdeva tutta una serie di diritti civili e politici: non poteva più gestire e amministrare il proprio patrimonio in prima persona, fare o ricevere testamento, sposarsi, votare.

Gli istituti manicomiali erano luoghi inadeguati alla riabilitazione dei malati mentali, in quanto le cure applicate si basavano, tra l'altro, sull'elettroshock, praticato in modo barbaro, la lobectomia, l'insulino-terapia, le docce fredde.

Negli anni '60 iniziò ad affermarsi la psicoanalisi che per prima proponeva di dare un'interpretazione psicologica al disagio mentale.

Si svilupparono inoltre l'antropologia, la sociologia, la psichiatria sociale di Sullivan in America, che allargarono gli orizzonti culturali intorno al disagio psichico. Tali discipline ebbero il merito di far capire che altri fattori, non solo quelli biologici, potessero originare e spiegare il disturbo psichiatrico, tra questi anche l'ambiente di vita familiare, sociale, culturale, etnico di una persona.

Si arrivò così a capire che il recupero del paziente doveva partire dal proprio contesto di vita, magari quello stesso che aveva originato o contribuito a creare e modellare il disturbo, e questo, ovviamente, non lo si poteva fare "rinchiudendo" il malato dentro un manicomio.

Tale contesto culturale, che andava sviluppandosi nel periodo dei movimenti di protesta del '68, creò le fondamenta per quei movimenti di psichiatria democratica che in Italia trovarono nel medico psichiatra, docente universitario, direttore di diversi ospedali psichiatrici (Gorizia, Trieste) e profondo riformatore della psichiatria, Franco Basaglia (Venezia, 1924-Venezia, 1980), il loro rappresentante principale.

Gradualmente l'opinione pubblica cominciò a rendersi conto della realtà del manicomio, anche grazie alle immagini cinematografiche. Le notizie sui manicomi italiani e i trattamenti disumani al loro interno fecero il giro del mondo e l'Italia, uno dei Paesi più industrializzati e civili, non poteva permettersi questo. Inoltre, motivo non secondario, i manicomi costavano troppo allo Stato e quindi si decise di chiuderli. Basaglia introdusse il modello della Comunità terapeutica negli ospedali psichiatrici, basata non più solo sulle terapie farmacologiche ma su attività occupazionali come i laboratori di pittura e di teatro o di lavoro retribuito. Per Basaglia le strutture manicomiali andavano chiuse e al loro posto era necessario costruire una rete di servizi esterni che provvedesse all'assistenza delle persone affette da disturbi mentali. In tale clima nasceva la legge 180.

6.1.2 I principi della legge Basaglia

Grazie alla legge Basaglia si passa dal concetto di pericolosità del malato mentale e di difesa sociale dallo stesso a quello di protezione dell'infermo e, soltanto di riflesso, si guarda all'esigenza di tutela della salute pubblica e della sicurezza della società. La persona con disagio psichico se adeguatamente supportata dalle istituzioni preposte, il Centro di Salute Mentale in primis, può riappropriarsi delle proprie capacità di relazione. A tal fine sono necessari interventi riabilitativi di natura sociale, economica e di reinserimento lavorativo diretti a impedire l'aggravamento e/o la riproposizione di eventi nocivi in un soggetto già in precedenza sottoposto a interventi terapeutici e educativi.

La legge Basaglia mette al centro di ogni intervento la relazione perché ritiene che il disturbo mentale sia il risultato di un insieme di fattori relazionali, ambientali, culturali e sociali. La psicosi, essendo una frattura con il reale, porta a conseguenti difficoltà d'inserimento nel sociale e spinge la persona ad isolarsi sempre di più. Nel trattare il disagio mentale è dunque di fondamentale importanza recuperare tale aspetto e così nel contesto del trattamento non si possono escludere attività rivolte al sociale.

Partendo da tale concezione, la legge 180 poggia le basi, oltre che sulla cura, su due aspetti fondamentali e irrinunciabili: **la prevenzione e la riabilitazione.** In materia di disagio psichico non si era mai parlato di prevenzione e non esistevano centri ai quali potesse rivolgersi il paziente al comparire dei primi importanti sintomi. Il nuovo impianto normativo intendeva coinvolgere anche i familiari del paziente e il suo contesto sociale ed ambientale di vita poggiando le fondamenta, in discontinuità con il precedente, sul principio che deve esserci, di norma, la volontarietà del malato di sottoporsi a cure mentali e questo, come stabilito dall'articolo 32 della Costituzione, deve rappresentare la regola. Solo in casi eccezionali e di estrema gravità, si può obbligare una persona a sottoporsi a cure mentali, e quando questo avviene deve riferirsi a un periodo di tempo molto limitato. A tale proposito, la legge Basaglia introduce norme in materia di **Trattamento Sanitario Obbligatorio (TSO)** e di **Accertamento Sanitario Obbligatorio (ASO)** per la cura della malattia mentale.

6.2 Il TSO (Trattamento Sanitario Obbligatorio)

L'articolo 32 della Costituzione, ai commi 2 e 3, recita: "*Nessuno può essere obbligato a un determinato trattamento sanitario se non per disposizione di legge. La legge non può in nessun caso violare i limiti imposti dal rispetto della persona umana*".

Tale articolo ha ispirato la nascita della legge Basaglia, successivamente confluita e assorbita all'interno della legge istitutiva del Servizio Sanitario Nazionale, la n. 833 del 1978, agli articoli 33, 34, 35.

La legge 833/1978 all'articolo 33, comma 1, recita: "*Gli accertamenti ed i trattamenti sanitari sono di norma volontari. Nei casi di cui alla presente legge e in quelli espressamente previsti da leggi dello Stato possono essere disposti dall'autorità sanitaria accertamenti e trattamenti sanitari obbligatori, secondo l'articolo 32 della Costituzione, nel rispetto della dignità della persona e dei diritti civili e politici, compreso per quanto possibile il diritto alla libera scelta del medico e del luogo di cura*".

Tranne rare eccezioni, i trattamenti sanitari obbligatori (TSO) si verificano prevalentemente in ambito psichiatrico, ossia nella cura e tutela della salute mentale, mentre una parte marginale riguarda la cura delle malattie infettive.

6.3 Il TSO per malattia mentale

Il TSO consiste nell'imporre ad una persona con gravi disturbi mentali, che possano portarla a fare del male a sé o agli altri, un ricovero obbligatorio contro la sua volontà, da effettuarsi normalmente presso uno dei servizi psichiatrici di diagnosi e cura (reparti ospedalieri di psichiatria) ma può essere espletato anche presso altra idonea sede terapeutica.

Accade spesso che la persona direttamente interessata non sia consapevole e non si renda neppure conto della gravità della situazione.

In tali, delicati frangenti spesso i familiari o i vicini di casa chiedono aiuto allo psichiatra del Centro Psico Sociale (CPS), oppure contattano direttamente le forze dell'ordine (carabinieri, polizia, vigili urbani) o il servizio per le urgenze ed emergenze sanitarie, telefonando in ogni caso al 112 o 118.

In quali casi si può richiedere il TSO per malattia mentale? L'art. 34, comma 4, della legge 883/78, dispone che il TSO per malattia mentale può avvenire in regime di ricovero ospedaliero solo se sussistono contemporaneamente le seguenti tre condizioni:

- quando una persona affetta da malattia mentale e con la mente alterata necessita di trattamenti sanitari urgenti, in quanto può porre in essere atti autolesivi o lesivi dell'incolumità altrui;
- quando tale persona rifiuta il trattamento e le cure dei sanitari;
- quando non è possibile prendere adeguate misure extraospedaliere ma è necessario ricoverare la persona in SPDC (Servizio Psichiatrico di Diagnosi e Cura), reparto ospedaliero di psichiatria.

Quale autorità dispone il TSO? Dal punto di vista normativo, il TSO viene ordinato e disposto dal Sindaco, in qualità di massima autorità sanitaria del Comune di residenza o presso il quale si trova momentaneamente la persona da ricoverare, su proposta motivata di un medico e della convalida di un secondo medico, appartenente ad una struttura pubblica. La procedura impone infine l'informazione dell'avvenuto provvedimento al giudice tutelare di competenza.

In caso di assenza del Sindaco del Comune di residenza o del Comune presso il quale si trova momentaneamente la persona da ricoverare, la proposta e la convalida di TSO, firmate da due medici, vanno inviate al Sindaco di un paese confinante, il quale comunque deve darne comunicazione al Sindaco che ha la titolarità sul caso, cioè del Comune di residenza. Deve essere inoltre informato anche il giudice tutelare nella cui circoscrizione rientra il Comune di residenza. Se il provvedimento è adottato nei confronti di cittadini stranieri o di apolidi, ne va data comunicazione al Ministero dell'interno e al consolato competente, tramite il prefetto.

Il Trattamento Sanitario Obbligatorio (TSO), istituito dalla legge n. 180 del 1978 e attualmente regolamentato dalla Legge 833/1978 (articoli 33-35), è infatti un atto composito, di tipo medico e giuridico, in quanto sono coinvolti medici, Sindaco e giudice tutelare, che consente l'effettuazione di determinati accertamenti e terapie ad un soggetto affetto da malattia mentale che, in presenza di alterazioni psichiche tali da richiedere urgenti interventi terapeutici, rifiuti il trattamento (solitamente per mancanza di consapevolezza di malattia).

Procedura da seguire per effettuare il TSO per malattia mentale

Il Sindaco dispone con propria ordinanza il TSO solo in presenza di due certificati medici. Ad un primo certificato medico, che ha valore di proposta del TSO, deve seguire un secondo certificato medico di convalida.

Certificato medico di proposta del TSO

La proposta di TSO può essere fatta da un qualsiasi medico (medico curante, guardia medica, libero professionista, dipendente dell'ASL, dell'Azienda ospedaliera, ecc.). In tale certificato, il primo medico deve motivare la richiesta di TSO descrivendo la situazione specifica, seppure brevemente, dichiarando che sussistono contemporaneamente le tre condizioni prima riportate e previste dall'art. 34 della legge n. 833 del 1978 per poter effettuare il ricovero coatto e avanza una proposta di TSO.

Certificato medico di convalida del TSO

Deve poi seguire un secondo certificato, redatto da un secondo medico, che deve essere obbligatoriamente uno specialista di struttura pubblica, ad esempio dell'ASL o dell'Azienda Ospedaliera. Questo secondo medico ha il potere di convalidare o di non convalidare quanto proposto dal primo medico. In caso di convalida del secondo medico, la procedura va avanti e i due certificati vengono portati all'attenzione del Sindaco.

Ricevuti i due certificati medici, il Sindaco, come previsto dall'art. 35 della legge n. 833/78 ha 48 ore di tempo per decidere se disporre il TSO o respingere la richiesta.

Il Sindaco infatti può anche non firmare l'ordinanza di ricovero, ma in questo caso deve fornire spiegazione scritta sui motivi che l'hanno portato a prendere tale decisione.

In caso di approvazione, il Sindaco dispone con propria ordinanza firmata l'ordine di effettuare il TSO e fa accompagnare la persona destinataria del provvedimento in SPDC a cura dei vigili urbani e dei sanitari.

Questo significa che solo dopo l'ordine firmato dal Sindaco, si potrà eseguire, nel rispetto della legge, il ricovero coatto.

Per quanto possibile, la persona deve essere invitata a seguire vigili e sanitari nel reparto ospedaliero ma se questa si rifiuta e oppone resistenza verrà trasferita in modo coatto in SPDC, dove verrà ricoverata in regime di TSO per un periodo massimo di sette giorni, eventualmente prorogabili di 7 giorni in 7 giorni nel caso ne permanga la necessità clinica motivata.

Entro le 48 ore successive al ricovero, il Sindaco ha poi l'obbligo di informare il giudice tutelare inviandogli l'ordinanza che ha disposto il TSO per la necessaria convalida.

Il G.T. (Giudice Tutelare) ha a sua volta 48 ore di tempo dal ricevimento della notizia per decidere se convalidare o meno il TSO.

Il G.T. "*assunte le informazioni e disposti gli eventuali accertamenti provvede con decreto motivato a convalidare il provvedimento e ne dà comunicazione al Sindaco. In caso di mancata convalida il Sindaco dispone la cessazione del TSO*" (art. 35 legge 833/78).

In caso di mancata convalida il TSO decade e la persona ricoverata può lasciare l'ospedale. Il giudice tutelare infatti ha il potere di non convalidare il provvedimento di TSO e non convalidandolo di fatto lo annulla.

In ogni caso, al termine del periodo di ricovero forzato, qualunque sia il motivo che lo ha fatto cessare e in assenza di richiesta di rinnovo, il trattamento ha termine e i medici psichiatri degli SPDC sono tenuti a comunicare al Sindaco la cessazione delle condizioni richieste per il ricovero forzato, che a sua volta lo deve comunicare al giudice tutelare. Dopo i primi 7 giorni il TSO può essere rinnovato per quante volte si renda necessario, avendo però cura di motivare adeguatamente la richiesta di rinnovo.

La legge non pone attualmente limiti ai rinnovi, perché in caso di necessità il malato che non accetta volontariamente di sottoporsi alle cure, va trattenuto per poter proseguire con la somministrazione delle terapie. Nella prassi però, dopo alcuni rinnovi, si tende a dimettere la persona e questo può avvenire per il fatto che è guarita e potrà tornare al proprio domicilio, o perché accetta le cure, o ancora perché viene inserita, con il suo assenso, presso una comunità.

L'inserimento in questo tipo di strutture infatti presuppone la volontarietà del soggetto di aderire ad un Progetto Terapeutico Riabilitativo (PTR) e senza il suo assenso non lo si può costringere a trascorrere parte della sua vita in una Comunità.

La brevità del periodo di ricovero obbligatorio in SPDC e il numero limitato di posti letto di tale reparto permettono un costante ricambio dei "*pazienti*" e quindi di poter curare un maggior numero di persone, inoltre si evita che gli SPDC possano trasformarsi in strutture manicomiali, ricoverando le persone per periodi di tempo indefiniti.

Per quanto possibile, la persona deve poter decidere, nel rispetto del principio di libera scelta, in quale ospedale farsi curare, ma come si può immaginare tale principio non è così semplice da rispettare.

Il periodo di degenza ospedaliera coatta deve svolgersi nel rispetto della dignità della persona e dei diritti civili e politici garantiti dalla Costituzione e può essere trasformato in qualunque momento in ricovero volontario su richiesta del paziente: questo fa decadere automaticamente il TSO perché viene a mancare uno dei presupposti che lo hanno originato, vale a dire il rifiuto delle cure da parte della persona con disturbi mentali.

Le modalità di rinnovo del TSO

La richiesta motivata sulla necessità di prorogare il TSO di ulteriori 7 giorni deve essere formulata, in tempo utile e quindi prima della scadenza dei 7 giorni, dagli psichiatri degli SPDC e comunicata al Sindaco, che, dal ricevimento della richiesta, ha 48 ore di tempo per valutare se concedere il rinnovo e, nel caso lo concedesse, entro le 48 ore successive dovrà informare dell'avvenuto rinnovo il giudice tutelare.

A sua volta, anche il G.T., ricevuta la comunicazione dal Sindaco, ha a disposizione 48 ore per decidere di convalidare o meno il provvedimento e della propria decisione informerà il Sindaco.

La procedura da seguire in caso di ulteriore richiesta di rinnovo è la stessa e si dovrà ripartire ancora una volta dai medici psichiatri dei SPDC che presenteranno richiesta al Sindaco e così via.

Una volta terminato il periodo di TSO per scadenza dei termini o perché dichiarata clinicamente guarita, la persona può chiedere di essere dimessa e tale richiesta **deve essere assecondata ed esaudita**.

Nessuno, infatti, può essere trattenuto contro la sua volontà presso strutture sanitarie o nei reparti di psichiatria a meno che non sia soggetto ad un provvedimento di TSO.

6.4 L'Accertamento Sanitario Obbligatorio (ASO) per malattia mentale

La Legge 833/78 prevede la possibilità che si possa ricorrere all'ASO nelle situazioni in cui sia presente solo il primo dei tre presupposti che la legge stessa prevede per il TSO, vale a dire solo la presenza di gravi alterazioni psichiche che necessitano di urgenti interventi terapeutici. Il procedimento di ASO si considera quindi attivabile al fine di entrare in contatto e valutare dal punto di vista psichiatrico un cittadino quando siano presenti fondati e multipli elementi che depongono per la necessità di un trattamento, e a questa valutazione il cittadino si sottragga. L'inavvicinabilità del cittadino non si può solo presumere, ma va verificata tramite opportuni e adeguati tentativi di entrare in contatto con lui, per esempio tramite una visita domiciliare oppure un contatto telefonico o epistolare, che vanno annotati sulla cartella clinica, quando effettuati.

L'ASO per malattia mentale consiste nell'**imporre una visita medica obbligatoria** ad una persona con problemi psichici critici che non accetti di farsi visitare volontariamente.

L'ASO può essere imposto, solo ed esclusivamente, quando qualcuno segnala al medico il determinato comportamento di una persona, dovuto a causa di disturbi psichici critici. Ciò induce il medico a ritenere di essere in presenza di un disturbo psicopatologico rilevante e questo dubbio, seppure fondato, non può essere accertato perché il cittadino si sottrae a un esame medico diretto.

L'ordinanza di ASO resta in vigore per 48 ore. Qualora il provvedimento non sia espletato entro tale limite e permangano le condizioni che lo hanno motivato, dovrà essere presentato un nuovo certificato di proposta.

L'accertamento coatto non può però essere effettuato, per legge, in regime di degenza ospedaliera: l'ASO potrà pertanto svolgersi presso il domicilio del paziente oppure presso il CSM o in pronto soccorso.

Per richiedere l'ASO è necessario un certificato compilato dal medico di famiglia o dallo psichiatra del CSM, da presentare al Sindaco del Comune di residenza o presso il quale si trova momentaneamente la persona da visitare.

Ricevuta la proposta medica debitamente motivata, il Sindaco ha due giorni di tempo nei casi urgenti e fino a 7 giorni nei casi meno urgenti per decidere se disporre con ordinanza l'ASO.

L'accertamento sanitario obbligatorio viene disposto con un'ordinanza del Sindaco, in qualità di Autorità Sanitaria locale, su proposta motivata del medico richiedente. L'ordinanza deve indicare il luogo in cui l'accertamento deve essere effettuato (Centro di Salute Mentale, domicilio del paziente, pronto soccorso).

Dopo questo accertamento, se ci sono le condizioni e la persona rifiuta di sottoporsi alle cure necessarie, può essere disposto un trattamento sanitario obbligatorio.

L'esito dell'ASO può essere:

- positivo per la persona, nel caso che la stessa non mostri una necessità di trattamento;
- positivo, nel caso in cui il paziente avesse bisogno di cure e le accettasse, in quanto questo sfocerà in un trattamento sanitario volontario;
- interlocutorio, se il medico prevede di rivisitare entro 72 ore il paziente prima di assumere una nuova decisione;
- altamente critico, che evidenzia una situazione di urgenza e prevede il trasporto del paziente presso il più vicino SPDC, per un Trattamento Sanitario Obbligatorio, seguendo le procedure prima descritte.

Si ritiene utile evidenziare che il medico richiede l'ASO e non il TSO nel momento in cui ha solo il sospetto che una determinata persona accusi disturbi psichici critici importanti, tali da sfociare in comportamenti pericolosi per sé e per gli altri e non la certezza.

L'ASO per disturbi mentali, infatti, viene imposto alla persona che rifiuta di farsi visitare volontariamente, impedendo di fatto al medico di valutare la gravità della situazione.

Inoltre, proponendo l'ASO il medico rispetta maggiormente la dignità e la privacy della persona perché si svolge in un luogo "protetto" che come detto può essere il domicilio della persona, il CSM, il pronto soccorso, al contrario del TSO che può avvenire anche in luogo pubblico, ad esempio per strada o in una piazza e con l'uso della forza pubblica, di fronte ad estranei, oppure fatto ancor più sgradito alla persona, di fronte a vicini di casa, familiari, amici o colleghi.

Sia nel proporre il TSO che l'ASO, i medici coinvolti argomentano con motivati certificati medici la situazione, assumendo la responsabilità di quanto documentato.

I medici infatti svolgono un lavoro molto importante che è quello di tutelare non solo la salute del singolo ma dell'intera collettività e la legge Basaglia attribuisce loro un ruolo delicato e fondamentale perché sono coloro che dovranno valutare se proporre uno dei due o, nella peggiore della ipotesi, entrambi i provvedimenti coatti, ASO e TSO.

6.5 I Dipartimenti di Salute Mentale

Come accennato, il Dipartimento di Salute Mentale viene di norma istituito presso ogni Azienda Sanitaria Locale, ma in alcune regioni potrebbe dipendere da altri organismi, tra questi le Aziende Ospedaliere.

I Dipartimenti di Salute Mentale hanno competenza in materia di cura, riabilitazione e reinserimento sociale dei soggetti affetti da patologia psichiatrica. Gli interventi sono articolati in ambulatoriali, domiciliari, semiresidenziali, residenziali e ospedalieri.

Il Dipartimento opera principalmente attraverso i seguenti servizi: i Centri di Salute Mentale, che in alcune regioni possono avere una denominazione diversa, ad esempio in Lombardia prendono il nome di Centri Psico Sociali (CPS), i Centri Diurni, i Servizi Psichiatrici di diagnosi e cura, l'unità Operativa di Neuropsichiatria dell'Infanzia e Adolescenza, le Comunità Riabilitative ad alta assistenza, le Comunità protette.

Accanto ai servizi forniti dalle istituzioni, operano cooperative, associazioni e gruppi di volontariato, che garantiscono un legame con il territorio e con i cittadini oppure rappresentano le istanze degli utenti e delle loro famiglie.

6.6 I Centri di Salute Mentale

Rappresentano il punto di accesso per il cittadino alle cure per malattia mentale. Il CSM è il presidio ambulatoriale specialistico territoriale e socio-sanitario che si rivolge a persone o famiglie di persone con patologia psichiatrica, in cui si realizza la presa in carico dei soggetti che hanno problemi di salute mentale.

Durante l'orario di apertura è sempre presente personale medico ed infermieristico per la pronta accoglienza della domanda di cura o di consulenza. Il contatto con i CSM avviene con la richiesta del medico di medicina generale o con accesso diretto: l'utente può presentarsi di persona per sottoporre il proprio disagio psichico o per illustrare il caso di un familiare per il quale si ritiene necessario un parere specialistico.

Può rivolgersi al CSM anche il personale di istituzioni come il Comune o dell'ASL o di altri enti pubblici e privati, per segnalare situazioni di disagio e di eventuale presa in carico di persone con disagio psichico.

La prima visita è prenotabile presentandosi direttamente o tramite telefono, e avviene di norma secondo un criterio stabilito dal singolo CSM. In tale sede vengono accolte le richieste di intervento provenienti dal territorio, viene definito il problema e, in caso di presa in carico, si costruisce il progetto terapeutico. La visita psichiatrica è una **consulenza** che consiste in uno o più colloqui durante i quali si valuta il disagio psichico per un eventuale ingresso nei percorsi di cura. Dopo la conclusione del percorso di accoglienza e valutazione, l'utente può concordare, in funzione dei bisogni clinici emersi, un'**assunzione in cura** mediante trattamento specialistico di tipo psichiatrico, psicologico o psicoterapeutico. La **presa in carico** è il percorso di cura rivolto agli utenti con disturbi psichici gravi e bisogni complessi.

Le principali aree di intervento del Centro di Salute Mentale sono la diagnosi, la cura e la riabilitazione di disturbi mentali quali schizofrenia e paranoia, sindromi borderline con gravi disturbi dell'umore e comportamento autolesivo, disturbi della personalità, disturbi della condotta alimentare. Le prestazioni erogate:

a) colloqui per la diagnosi e il trattamento dei disturbi psichici, inclusa la valutazione per filtrare la necessità di ricovero ospedaliero;
b) test mentali e valutazioni di disabilità;
c) trattamenti farmacologici, anche con somministrazione diretta;
d) certificazioni pensionistiche;
e) supporto psicologico agli utenti e/o famiglie;
f) consulenza dell'assistente sociale.

L'équipe del CSM effettua anche visite domiciliari.

Il CSM svolge attività ambulatoriale integrata con quella domiciliare; si attuano sia interventi urgenti che un primo filtro rispetto al ricovero.

L'infermiere, l'assistente sociale e il medico psichiatra si recano a casa del paziente, per una valutazione delle sue condizioni psichiche e sociali, per la somministrazione dei farmaci e per un supporto ai famigliari quando il paziente non è in grado di recarsi in ambulatorio o qualora si verifichino particolari situazioni di crisi.

L'équipe del CSM è formata da vari professionisti quali: medico psichiatra, assistente sociale, psicologo, infermiere, educatore.

Il CSM è quindi il presidio deputato alle attività ambulatoriali psichiatriche e psicoterapiche e al coordinamento e all'attivazione di quelle domiciliari. I CSM svolgono una funzione di riferimento e filtro rispetto alle strutture psichiatriche quali il Centro Diurno (CD) per le prestazioni semiresidenziali, i Servizi Psichiatrici di Diagnosi e Cura (SPDC) per i ricoveri ospedalieri o le strutture residenziali, tra queste le Comunità Riabilitative ad alta assistenza (CRA) e le Comunità Protette ad alta e media assistenza (CPM).

6.7 Il Centro Diurno (CD) per persone con disagio psichico

È generalmente ubicato all'interno dello stesso CSM.

Il CD è una struttura diurna curativa e riabilitativa, rivolta prevalentemente a pazienti con gravi disturbi di personalità o psicotici, con un livello di autonomia ridotta ma non interamente compromessa.

L'attività del CD ha le seguenti **finalità**:

a) riabilitazione;
b) socializzazione, anche al fine di evitare pericolosi fenomeni di isolamento;

c) miglioramento dell'autonomia;
d) partecipazione alle attività del centro;
e) sostegno diretto e indiretto alla famiglia.

Il CD non attua una presa in carico globale dei pazienti e pertanto deve integrarsi con gli altri servizi del CSM.

Compito degli operatori del CSM che seguono il paziente è anche quello di proporne l'inserimento in CD e di concordare con lo stesso l'eventuale programma di frequenza.

6.8 I Servizi Psichiatrici di Diagnosi e Cura (SPDC)

Sono reparti ospedalieri di psichiatria dell'ASL o Azienda Ospedaliera dove si effettuano sia trattamenti sanitari volontari che obbligatori (TSO).

Sono destinati alla diagnosi, cura e gestione di pazienti psichici nella fase acuta della malattia per periodi di degenza relativamente contenuti.

Compito degli SPDC è quello di poter sviluppare un'attività terapeutica intensiva per il periodo di tempo sufficiente a risolvere la fase acuta del disturbo, al fine di porre in essere un primo contenimento della crisi per poi favorire un ricollegamento con l'ambiente familiare e sociale.

I ricoveri possono avvenire sia tramite pronto soccorso che per trasferimenti da altri reparti ospedalieri, tramite i CSM o mediante l'invio di specialisti o dei medici di medicina generale.

6.9 Le Comunità Riabilitative ad Alta Assistenza (CRA)

Sono strutture residenziali che svolgono programmi di tipo terapeutico e riabilitativo da svilupparsi per una durata massima di 18 mesi.

Ospitano pazienti di pertinenza esclusivamente psichiatrica che volontariamente aderiscono al progetto di riabilitazione, con un discreto potenziale evolutivo, in grado di utilizzare l'ambiente comunitario per un percorso terapeutico che si prevede a termine.

Il lavoro delle CRA è finalizzato alla riabilitazione di persone che, per via delle loro condizioni cliniche e difficoltà e disabilità psico-sociali, hanno bisogno di un trattamento con assistenza continua nell'arco delle 24 ore.

Le CRA sono solitamente disponibili ad accogliere pazienti psichici post-acuti per progetti della durata massima, in genere, di tre mesi.

L'ambiente della comunità ha il compito di poter aiutare il paziente a elaborare e trasformare le modalità di porsi in relazione a sé e al mondo esterno.

L'accesso avviene mediante l'invio da parte del medico psichiatra del CSM che ha in cura la persona, in base a un programma terapeutico e riabilitativo.

6.10 Le Comunità Protette (ad alta o media assistenza)

Sono strutture residenziali, che hanno il fine di tentare di dare risposte alle esigenze sanitarie e socio-sanitarie dei pazienti psichiatrici che necessitano di trattamenti terapeutici e riabilitativi, mirati a sostenere e sviluppare, dove possibile, le capacità residue di autonomia e da attuarsi in condizioni di residenzialità protetta, in quanto provenienti da famiglie molto problematiche o assenti. Svolgono la propria attività seguendo un Piano Terapeutico Riabilitativo (PTR) e garantiscono attività occupazionali.

Le comunità protette possono prevedere diversi livelli di assistenza: infatti possono essere ad alta, media o bassa protezione ed erogano interventi riabilitativi e socio-assistenziali a breve, medio e lungo periodo fino a 36 mesi.

Devono essere di piccole dimensioni e con caratteristiche familiari e collegate in modo integrato agli altri presidi dell'unità operativa psichiatrica.

Le ammissioni presuppongono la volontaria adesione del paziente e avvengono mediante l'invio del medico psichiatra del CSM.

La giornata in tale residenza è caratterizzata da momenti di vita comunitaria, gruppi di lavoro, attività ricreative, condivisione insieme agli operatori di lavori domestici.

Particolare cura i professionisti della struttura (psichiatri, infermieri, psicologi, educatori) pongono nel favorire il mantenimento di rapporti significativi con i familiari del paziente, contrastando processi di delega totale che porterebbero la persona a perdere ogni aggancio con il contesto di riferimento.

Tale modello comunitario prevede un luogo terapeutico da realizzarsi attraverso varie attività che si svolgono all'interno, con ricoveri di una durata massima di 36 mesi.

6.11 L'Unità Operativa di Neuropsichiatria, Infanzia e Adolescenza (UONPIA)

La **neuropsichiatria infantile** (o NPI) è una branca specialistica della medicina che si occupa dello sviluppo neuropsichico e dei disturbi neurologici e psichici, nell'età fino a diciotto anni, includendo anche i disordini dello sviluppo del bambino nelle sue varie linee di espressione (psicomotoria, linguistica, cognitiva, intellettiva e relazionale), tra i quali disturbi di linguaggio, disturbi di apprendimento, disturbi del controllo sfinterico, disturbi del movimento, disturbi dell'alimentazione, disturbi del sonno, malattie psicosomatiche, disturbi del comportamento e della condotta, disturbi d'ansia, disabilità intellettiva, malattie neurologiche, disturbi dello spettro autistico, psicosi, difficoltà dello sviluppo, disturbi della comunicazione.

È un servizio specialistico che eroga interventi a carattere diagnostico, terapeutico, riabilitativo e supporto psicologico alle famiglie.

Elabora progetti individualizzati per l'utilizzo di protesi e ausili utili all'autonomia personale.

Il gruppo di lavoro o équipe multidisciplinare in neuropsichiatria infantile è costituito normalmente da diverse figure professionali esperte in età evolutiva, come il medico di neuropsichiatria infantile, lo psicologo dell'età evolutiva, il terapista della neuro e psicomotricità dell'età evolutiva, il logopedista, l'educatore, l'assistente sociale, l'infermiere, il tecnico di neurofisiopatologia dell'età evolutiva e altri.

Tale équipe è esperta nella diagnosi (valutazione neurologica, psicologica, neurofisiologica e neuropsicologica). In particolare vengono utilizzati strumenti standardizzati e obiettivi, neuropsicologici e neurofisiologici per la valutazione di tutti i tipi di attenzione.

Nei gruppi di lavoro costituiti per l'integrazione scolastica delle persone disabili, che si riuniscono periodicamente per la definizione e la verifica dei PEI (Piani Educativi

Individualizzati), è presente anche la figura dell'insegnante di sostegno e dell'assistente scolastico, accanto a quella degli insegnanti curricolari, in ogni ordine di scuola.

L'équipe della NPI collabora con la medicina scolastica e si occupa di monitorare l'inserimento dei soggetti portatori di handicap nella scuola dell'obbligo.

Le competenze riguardano: accoglimento, segnalazioni in materia di handicap, problemi neurologici, disturbi dell'apprendimento, disturbi relazionali, interventi diagnostici e psicodiagnostica, consulenza agli adulti (genitori e/o insegnanti), presa in carico riabilitativa.

6.12 Le Residenze per l'Esecuzione delle Misure di Sicurezza (REMS)

A far data dal 1° aprile 2015, l'esecuzione delle misure di sicurezza negli Ospedali Psichiatrici Giudiziari (OPG) e nelle case di cura e custodia è stata sostituita dall'esecuzione nelle REMS, secondo quanto stabilito dall'art. 3-*ter* del decreto-legge 22 dicembre 2011, n. 211 – convertito in legge 17 febbraio 2012, n. 9 – relativo a interventi urgenti per il contrasto della tensione detentiva determinata dal sovraffollamento delle carceri.

Le REMS, Residenze per l'Esecuzione delle Misure di Sicurezza, **sostituiscono gli OPG**, sono strutture sanitarie di accoglienza per gli autori di reato affetti da disturbi psichici (infermi di mente) e socialmente pericolosi. La gestione interna, di esclusiva competenza sanitaria, fa capo al Dipartimento di Salute Mentale dell'ASL di competenza.

Sono strutture residenziali con funzioni terapeutico-riabilitative e socio-riabilitative, dove la permanenza è da ritenersi transitoria ed eccezionale. L'inserimento nelle REMS si può applicare "solo nei casi in cui sono acquisiti elementi dai quali risulti che è la sola misura idonea ad assicurare cure adeguate e a fare fronte alla pericolosità sociale dell'infermo o seminfermo di mente".

Capitolo 7
L'invalidità civile

7.1 L'invalidità civile, la cecità civile, la sordità prelinguale, l'indennità di accompagnamento, l'handicap, la disabilità

Di seguito vengono illustrati, seppure in sintesi, i significati di invalidità civile, cecità civile, indennità di accompagnamento, sordità prelinguale, handicap e disabilità.

- **Invalidità civile** (Legge 30/03/1971, n. 118 e s.m.i.): è invalido civile il soggetto di qualsiasi età affetto da infermità, congenita o acquisita, fisica, psichica, sensoriale, che comporta un danno funzionale permanente, che va a condizionare una riduzione permanente della capacità lavorativa in misura non inferiore ad 1/3 (se in età lavorativa) o una difficoltà persistente a svolgere i compiti e le funzioni proprie dell'età (se minore o ultrasessantacinquenne).
- **Cecità civile** (Legge 27/05/1970, n. 382 e s.m.i., Legge 3/04/2001, n. 138): soggetto di qualsiasi età affetto da cecità totale o con un minimo residuo visivo, anche con eventuale correzione, in ambo gli occhi non superiore a 1/20, oppure con riduzione del campo visivo perimetrico binoculare inferiore al 10%.
- **Sordità prelinguale** (Legge 26/05/1970, n. 381 e s.m.i, Legge 20/02/2006, n. 95): soggetto affetto da sordità binaurale, congenita o acquisita durante l'età evolutiva, che abbia impedito il normale apprendimento del linguaggio parlato.
- **Indennità di accompagnamento.** È un beneficio concesso e pagato dall'Istituto Nazionale Previdenza Sociale che consiste nell'erogazione di una prestazione economica in favore di invalidi al 100%, soggetti mutilati che non riescono a deambulare senza accompagnatore e di persone che da sole non riescono a svolgere le azioni di vita quotidiana come lavarsi, prepararsi da mangiare, camminare o fare la spesa.
- **Handicap** (Legge 5/02/1992, n. 104). La legge 104 del 1992 e successive modifiche ed integrazioni, all'articolo 3, comma 1, definisce "*portatore di handicap*", "*colui che presenta una minorazione fisica, psichica o sensoriale, stabilizzata o progressiva, che è causa di difficoltà di apprendimento, di relazione o di integrazione lavorativa e tale da determinare un processo di svantaggio sociale o di emarginazione*".
- **Accertamento della disabilità ai fini dell'inserimento lavorativo come categoria protetta** (Legge 12/03/1999, n. 68). Soggetti in età lavorativa, già riconosciuti invalidi civili in misura superiore al 45% e pertanto pari o superiore al 46%, oppure sordi o non vedenti. Questi cittadini, avvalendosi del giudizio della Commissione, potranno poi iscriversi alle liste del collocamento mirato presso i Centri per l'Impiego del proprio territorio.

7.2 La procedura da seguire per richiedere il riconoscimento dell'invalidità civile, cecità civile, sordità, indennità di accompagnamento, handicap, disabilità per l'inserimento lavorativo

Dal primo gennaio 2010 la richiesta di accertamento sanitario per il riconoscimento dei suddetti status è stata completamente informatizzata.

Per ottenere tale riconoscimento si deve presentare domanda all'Istituto Nazionale di Previdenza Sociale (INPS) esclusivamente per via telematica tramite il sito web dell'INPS.

La richiesta avviene su istanza del cittadino e si articola in due fasi:

1. il cittadino che intende presentare domanda per richiedere il riconoscimento dell'handicap deve rivolgersi ad un **medico certificatore**, che può essere anche il proprio medico curante purché abilitato alla compilazione telematica del **certificato medico introduttivo** che attesti la natura delle infermità invalidanti.
   La compilazione e la trasmissione telematica del certificato vengono effettuate tramite il sistema informatico dell'INPS e sono quindi consentite ai soli medici abilitati.
   L'accertamento dell'handicap può essere richiesto anche unitamente alla domanda di accertamento dell'invalidità: non è infatti necessario presentare due domande separate.
   Il certificato medico "elettronico" deve contenere le seguenti informazioni sul richiedente:
   – i dati anagrafici;
   – le patologie invalidanti e la tipologia di menomazione (dati clinici e diagnosi).
   Il medico, dopo l'invio telematico all'Inps, consegna all'interessato:
   – la stampa del certificato introduttivo firmata in originale (da esibire all'atto della visita);
   – la stampa della ricevuta di trasmissione, generata in modo automatico dal sistema informatico dell'INPS con il numero del certificato (il numero è da riportare nella domanda per l'abbinamento dei due documenti).
   Ai fini dell'abbinamento con la domanda, il certificato ha una **validità massima di novanta giorni** dalla data del rilascio. Decorso questo termine, sarà necessario richiedere al medico un nuovo certificato.
2. Il cittadino deve poi entro 90 giorni completare la procedura e deve sempre farlo online, in uno dei seguenti modi:
   – **personalmente**, accedendo online con SPID o altre modalità indicate sul sito;
   – **avvalendosi** del supporto di Enti di patronato o Associazioni di categoria accreditati.
   Le "fasi di avanzamento" della procedura sono consultabili on line sul sito dell'INPS, sia dal cittadino che dai soggetti abilitati, utilizzando il codice di ingresso.

   I dati da indicare nella domanda sono:

- dati anagrafici e di residenza completi di codice fiscale;
- dati anagrafici dell'eventuale tutore o amministratore di sostegno;

- le informazioni relative alla residenza o eventuale domicilio provvisorio o eventuale stato di ricovero;
- indirizzo e-mail per eventuali comunicazioni.

Se si è in possesso di una casella di posta elettronica certificata (PEC), le comunicazioni hanno valore legale.

Le persone con il solo possesso della e-mail riceveranno le comunicazioni relative alla richiesta di riconoscimento, oltre che per posta elettronica, anche per raccomandata con avviso di ricevimento.

7.3 La ricevuta e la convocazione a visita

Se la domanda è completa in tutte le sue parti, sarà possibile la chiusura dell'acquisizione; per ogni domanda inoltrata, il sistema informatico rilascerà una ricevuta con numero di protocollo e data di presentazione della stessa.

Terminata tutta l'acquisizione, il sistema consentirà l'invio telematico della domanda e del certificato abbinato all'INPS (che a sua volta li trasmetterà, in tempo reale e sempre per via telematica, all'ASL competente per territorio).

Per ciascuna domanda pervenuta, come già detto, il sistema informatico genera una ricevuta con il protocollo della domanda.

Attraverso il sistema informatizzato, viene proposta al cittadino un'agenda di date disponibili per l'accertamento presso la Commissione ASL.

Il cittadino ha facoltà di scegliere la data della visita o indicarne una diversa da quella proposta, scegliendola però tra le ulteriori date indicate dal sistema.

7.4 Le Commissioni e la visita medica

La visita per il riconoscimento dell'handicap viene effettuata da una commissione medica istituita presso ciascuna ASL competente per territorio e residenza.

La commissione medica, presieduta da un medico specialista in Medicina Legale, è sempre integrata da un medico appartenente alle associazioni di categoria (ANMIC, UIC, ENS, ANFASS) a tutela degli interessi del disabile.

In caso di accertamento dell'handicap (legge n.104/92) o della disabilità, finalizzato all'inserimento o collocamento lavorativo protetto (Legge n. 68/99), le commissioni sono integrate da un medico specialista nella disciplina connessa ai casi da esaminare e da un operatore sociale. La commissione medica è inoltre integrata anche da un medico dell'INPS.

La commissione medica, dopo aver eseguito l'accertamento medico-legale, esprime un giudizio in relazione all'istanza inoltrata e ai relativi requisiti previsti dalla vigente normativa.

Non rientrano nella categoria degli invalidi civili: gli invalidi di guerra, gli invalidi del lavoro e gli invalidi per servizio, che vengono riconosciuti tali a seguito di cause specifiche derivanti dalla guerra, dalla prestazione lavorativa (per i lavoratori privati) o di un servizio (per i dipendenti pubblici e le categorie assimilate).

7.5 La verifica

Come già evidenziato, le Commissioni ASL sono integrate con un medico dell'INPS. Terminata la visita, se il verbale viene approvato all'unanimità, verrà validato dal Responsabile del Centro Medico Legale dell'INPS e in tal caso è da considerarsi approvato e definitivo.

Se invece, conclusa la visita di accertamento, il parere non è stato formulato all'unanimità, l'INPS sospende l'invio del verbale e acquisisce gli atti che vengono esaminati dal Responsabile del Centro Medico Legale dell'INPS. Quest'ultimo può validare il verbale entro 10 giorni, oppure, in alternativa, può procedere ad una nuova visita nei successivi 20 giorni.

La visita, in questo caso, viene effettuata, oltre che da un medico dell'INPS (diverso da quello presente in Commissione ASL), da un medico rappresentante delle associazioni di categoria (ANMIC, ENS, UIC, ANFFAS) e, nel caso di valutazione dell'handicap (legge 104/92) e delle categorie protette (legge 68/99), da un operatore sociale.

La Commissione medica ha facoltà di avvalersi della consulenza di un medico specialista INPS o convenzionato con l'INPS della patologia oggetto di valutazione.

7.6 La visita domiciliare

Nel caso in cui la persona fosse intrasportabile (questo avviene nel caso in cui il trasporto possa comportare un grave rischio per l'incolumità e la salute della persona) è possibile richiedere una visita domiciliare.

La procedura da seguire, anche in questo caso, è informatizzata e la comunicazione di intrasportabilità va sempre inoltrata dal medico abilitato a rilasciare il certificato introduttivo.

In caso di accoglimento, al cittadino verranno comunicati, per lettera raccomandata, data e ora stabilite per la visita domiciliare. In caso di mancato accoglimento della richiesta di visita domiciliare, verrà indicata una nuova data di invito a visita ambulatoriale.

7.7 L'invio del verbale

Al termine della visita, la commissione istituita presso l'ASL redige il verbale e lo invia all'INPS. Sarà a questo punto l'INPS a inviare al cittadino il verbale contenente la decisione presa dalla commissione, con il giudizio definitivo e valido ad ogni effetto.

7.8 Il ricorso

In caso di **mancato riconoscimento** e accoglimento della richiesta, il cittadino potrà fare ricorso entro termini e modi previsti dalla legge.

7.9 Chi può fare domanda

Possono presentare domanda di riconoscimento di uno dei suddetti status di invalidità civile:

- i **cittadini italiani** che abbiano la **residenza** sul territorio nazionale;
- i cittadini stranieri **comunitari** legalmente soggiornanti nel territorio dello Stato iscritti all'anagrafe del Comune di residenza;
- i cittadini stranieri **extracomunitari** legalmente soggiornanti nel territorio dello Stato e titolari del requisito del permesso di soggiorno di almeno un anno di cui all'art. 41 TU immigrazione, anche se privi di permesso di soggiorno CE di lungo periodo.

7.10 Revisione e aggravamento

Nel caso in cui la commissione medica ritenesse che le minorazioni possano essere suscettibili di modificazioni nel tempo, indica nel verbale il termine alla scadenza del quale l'invalido dovrà essere sottoposto ad una nuova visita di revisione.

7.11 Decorrenza del pagamento

Il pagamento delle prestazioni, dove previsto, decorre dal primo giorno del mese successivo alla presentazione della domanda.

7.12 Le modalità di presentazione della domanda d'indennità di accompagnamento a favore di persone ultrasessantacinquenni

L'INPS, con il messaggio n. 1930 del 2018, allo scopo di accelerare l'iter della concessione, ha semplificato le modalità di accesso all'indennità di accompagnamento a favore delle persone ultrasessantacinquenni, che potranno anticipare, già al momento della domanda per l'accertamento sanitario, l'invio dei dati che vengono in genere comunicati all'Istituto solo dopo che il richiedente ha ricevuto il verbale con cui vengono riconosciuti i requisiti sanitari per poter concedere l'indennità di accompagnamento.

Nella tabella che segue vengono riportati i benefici (non economici) in relazione al riconoscimento ottenuto dalla commissione.

Percentuali di invalidità	
% invalidità	**Benefici ottenibili (non economici)**
Fino al 33%	Nessun riconoscimento
Dal 46%	Iscrizione nelle liste speciali dei Centri per l'impiego per le assunzioni agevolate
Dal 33% al 73%	Assistenza sanitaria e agevolazioni fiscali
Dal 66%	Esenzione ticket sanitario
Dal 74% al 100%	Prestazioni economiche (assegno mensile, pensione di inabilità, indennità di accompagnamento ecc.)
Riconoscimento dell'handicap (legge n. 104 del 1992)	Non dà diritto a ricevere prestazioni economiche ma servizi, beni, prestazioni assistenziali e sanitarie, agevolazioni fiscali

Capitolo 8
L'handicap

8.1 Le origini del termine

Secondo alcune ricostruzioni, l'espressione "*hand in cap*" (in italiano "*mano nel cappello*") si riferiva in origine ad un gioco d'azzardo, una specie di lotteria in cui c'erano dei premi da sorteggiare: il fortunato che estraeva dal cappello il numero vincente era tenuto ad offrire un premio di consolazione agli altri scommettitori meno favoriti dalla sorte.

Secondo altre ricostruzioni invece, il termine avrebbe origine in ambito sportivo e si riferirebbe alla penalizzazione che veniva data in Inghilterra, durante una corsa dei cavalli, a un fantino giudicato troppo forte rispetto agli avversari, avvantaggiato tra l'altro dall'avere a disposizione il miglior cavallo da corsa tra quelli in gara.

Al fantino veniva consentito di correre ma con una "hand in cap" (una mano sul cappello) e l'altra che teneva la briglia per tutta la corsa: ciò al fine di colmare il gap e tentare di rendere così più avvincente la gara, dando anche agli altri partecipanti una chance di poter vincere.

Entrata nell'uso comune di diverse lingue, la parola viene utilizzata per definire non una malattia specifica ma un insieme di danni (disabilità), fisici, psichici o sensoriali, o di situazioni culturali o sociali, passando poi al linguaggio corrente in riferimento alle difficoltà derivanti da un deficit.

Entrata nel gergo sportivo, la parola "*handicap*" indica una regola del gioco che, per compensare disparità e disuguaglianze, attribuisce a ciascuno dei contendenti vantaggi e svantaggi differenziati a seconda delle loro qualità.

Coniato per indicare uno svantaggio da bilanciare nelle competizioni sportive, il termine handicap è passato nel linguaggio comune per indicare un'insufficienza che comporta una condizione di difficoltà permanente: le persone con handicap risultano essere tutte quelle affette da qualsiasi tipo di lesione, minorazione, disturbo o difficoltà.

Handicap, dunque, non è un'espressione scientifica ma una parola che accomuna persone e casi diversi.

Anche quando il tipo di handicap è lo stesso, è impossibile delineare un profilo standard del portatore di handicap, sia esso motorio, sensoriale o psichico, perché ciascuno ha una propria storia intessuta di esperienze di vita uniche, ha peculiari modi di pensare, di fare e di reagire alla propria menomazione.

Tuttavia, dietro alla molteplicità delle differenze individuali, fra l'uno e l'altro vi è un aspetto comune: tutti hanno uno svantaggio da compensare, tutti hanno bisogno di un aiuto speciale per non essere sconfitti in partenza. Nel gioco della vita sarebbe infatti ingiusto penalizzare i più fortunati, ma sarebbe altrettanto ingiusto impedire alle persone con handicap di partecipare alla gara.

È proprio questa disparità tra persone sane e portatori di handicap che il legislatore, in questo caso il Parlamento italiano, si prefigge di rimuovere o quantomeno ridurre; con la **legge n. 104 del 5 febbraio 1992**, "Legge-quadro per l'assistenza, l'integrazione sociale e i diritti delle persone handicappate", si vuole riconoscere alle persone con handicap un insieme di diritti, agevolazioni, prestazioni, benefici e servizi in modo da compensare, seppure in parte, l'eventuale svantaggio creatosi in ambito scolastico, sociale e lavorativo nei confronti delle persone sane.

Così facendo il Parlamento interviene per tentare di realizzare l'uguaglianza tra cittadini, come prevista dall'articolo 3 della Costituzione che recita: "*Tutti i cittadini hanno pari dignità sociale e sono eguali davanti alla legge, senza distinzione di sesso, di razza, di lingua, di religione, di opinioni politiche, di condizioni personali e sociali.*

È compito della Repubblica rimuovere gli ostacoli di ordine economico e sociale, che, limitando di fatto la libertà e l'eguaglianza dei cittadini, impediscono il pieno sviluppo della persona umana e l'effettiva partecipazione di tutti i lavoratori all'organizzazione politica, economica e sociale del Paese".

8.2 La legge n. 104 del 5 febbraio 1992

La legge n. 104 del 1992 e successive modifiche ed integrazioni, all'articolo 3, comma 1, definisce "*portatore di handicap*", ... "***colui che presenta una minorazione fisica, psichica o sensoriale, stabilizzata o progressiva, che è causa di difficoltà di apprendimento, di relazione o di integrazione lavorativa e tale da determinare un processo di svantaggio sociale o di emarginazione*"**. Il comma 1 riporta e definisce un "handicap non grave".

Al comma 2, si legge invece che: "*La persona handicappata ha diritto alle prestazioni stabilite in suo favore in relazione alla natura e alla consistenza della minorazione, alla capacità complessiva individuale residua e alla efficacia delle terapie riabilitative*".

Il comma 3 stabilisce che: "*Qualora la minorazione, singola o plurima, abbia ridotto l'autonomia personale, correlata all'età, in modo da rendere necessario un intervento assistenziale permanente, continuativo e globale nella sfera individuale o in quella di relazione, **la situazione assume connotazione di gravità**. Le situazioni riconosciute di gravità determinano priorità nei programmi e negli interventi dei servizi pubblici*". Il comma 3 descrive un handicap grave.

Il comma 4 dispone che: "*La presente legge si applica anche agli stranieri e agli apolidi, residenti, domiciliati o aventi stabile dimora nel territorio nazionale. Le relative prestazioni sono corrisposte nei limiti ed alle condizioni previste dalla vigente legislazione o da accordi internazionali*".

8.2.1 Gli obiettivi di tutela della L. 104/1992

Con l'entrata in vigore della legge 104/92, è stata introdotta nel nostro ordinamento la normativa quadro per l'assistenza, l'integrazione sociale e i diritti delle persone handicappate.

A tal fine, la Repubblica, in ossequio ai principi sanciti dalla nostra Carta Costituzionale, garantisce il pieno rispetto della ***dignità umana* e i *diritti di libertà* e di *autonomia della persona con handicap*** promuovendone la piena integrazione familiare, scolastica, lavorativa e sociale, nonché rimuovendo le condizioni invalidanti che impediscono lo sviluppo della persona umana.

8.3 L'accertamento dell'handicap

Come previsto dall'articolo 4 della legge 104/92, gli accertamenti relativi alla minorazione fisica, psichica o sensoriale, stabilizzata o progressiva, accusata da una persona quale causa di difficoltà di apprendimento, di relazione o di integrazione lavorativa, tale da determinare un processo di svantaggio sociale o di emarginazione, alla necessità dell'intervento assistenziale permanente e alla capacità complessiva individuale residua, di cui all'articolo 3, sono effettuati da una commissione medica insediata presso ciascuna ASL.

Dal primo gennaio 2010 la richiesta di accertamento sanitario dello stato di handicap è stata completamente informatizzata.

Al termine della visita, la commissione istituita presso l'ASL redige il verbale e lo invia all'INPS; l'INPS invierà al cittadino il verbale contenente la decisione presa dalla commissione, con il giudizio definitivo e valido ad ogni effetto.

8.3.1 L'accoglimento della domanda e i principali diritti a favore dei portatori di handicap

Il riconoscimento dell'handicap da parte della commissione non dà diritto a ricevere emolumenti in danaro, come ad esempio una pensione: al cittadino, in base alla tipologia di handicap, viene invece riconosciuto il diritto a ricevere prestazioni, benefici, servizi, protesi, ausili, ecc.

Vediamo nel dettaglio i diritti riconosciuti.

- Diritto all'educazione e all'istruzione - Al bambino da 0 a 3 anni con handicap è garantito l'inserimento negli asili nido. È garantito il diritto all'educazione e all'istruzione della persona con handicap nelle sezioni di scuola materna, nelle classi comuni delle istituzioni scolastiche di ogni ordine e grado e nelle istituzioni universitarie.
- Interventi diretti ad assicurare l'accesso agli edifici pubblici e privati e ad eliminare o superare le barriere fisiche e architettoniche che ostacolano i movimenti nei luoghi pubblici o aperti al pubblico.
- Provvedimenti che rendano effettivi il diritto all'informazione e il diritto allo studio della persona con handicap, con particolare riferimento alle dotazioni didattiche e tecniche, ai programmi, a linguaggi specializzati, alle prove di valutazione e alla disponibilità di personale appositamente qualificato, docente e non docente.
- Servizio di aiuto personale - Il servizio di aiuto personale, che può essere istituito dai Comuni o dalle Unità sanitarie locali nei limiti delle proprie ordinarie risorse di bilancio, è diretto ai cittadini in temporanea o permanente grave limitazione dell'autonomia personale, non superabile attraverso la fornitura di sussidi tecnici, informatici, protesi o altre forme di sostegno rivolte a facilitare l'autosufficienza e le possibilità di integrazione dei cittadini stessi, e comprende il servizio di interpretariato per i cittadini non udenti.
  Il servizio di aiuto personale è integrato con gli altri servizi sanitari e socio-assistenziali esistenti sul territorio.
- Prove d'esame nei concorsi pubblici e per l'abilitazione alle professioni - La persona con handicap sostiene le prove d'esame nei concorsi pubblici e per l'abilitazione alle professioni con l'uso degli ausili necessari e nei tempi aggiuntivi eventualmente

necessari in relazione allo specifico handicap. Nella domanda di partecipazione al concorso e all'esame per l'abilitazione alle professioni, il candidato dovrà specificare quale ausilio avrà necessità di utilizzare in relazione al proprio handicap per poter svolgere la prova, nonché l'eventuale necessità di tempi aggiuntivi.

- Diritto all'ottenimento gratuito di protesi e ausili come carrozzina, sollevatore, letto ortopedico, materasso antidecubito, materiale per eventuale incontinenza ecc., che vengono garantiti attraverso il Servizio Sanitario Nazionale.
- Diritto ad agevolazioni per spese mediche, sanitarie, assistenziali.
- Diritto ad agevolazioni fiscali nei casi previsti dalla legge.
- Diritto a detrazioni IRPEF per carichi di famiglia.
- Diritto ad agevolazioni fiscali sui sussidi tecnici e informatici.
- Diritto al collocamento mirato.
- Facilitazioni per i veicoli delle persone con handicap - I Comuni assicurano appositi spazi riservati ai veicoli delle persone con handicap, sia nei parcheggi gestiti direttamente o dati in concessione, sia in quelli realizzati e gestiti da privati. Il contrassegno relativo al diritto al parcheggio riservato deve essere apposto visibilmente sul parabrezza del veicolo.
- Nel caso il cittadino fosse riconosciuto portatore di handicap ai sensi dell'art. 3, comma 3 della legge 104 del 1992, ossia quando la minorazione, singola o plurima, abbia ridotto l'autonomia personale, correlata all'età, in modo da rendere necessario un intervento assistenziale permanente, continuativo e globale nella sfera individuale o in quella di relazione, la situazione assume connotazione di gravità. Le situazioni riconosciute di gravità determinano priorità nei programmi e negli interventi dei servizi pubblici.
- In caso di riconoscimento di handicap grave (art. 3, comma 3, legge 104/92), la lavoratrice madre o, in alternativa, il lavoratore padre, anche adottivi, di minore con handicap in situazione di gravità accertata hanno diritto al prolungamento fino a tre anni del periodo di astensione facoltativa dal lavoro di cui all'articolo 7 della legge n. 1204 del 30 dicembre 1971, a condizione che il bambino non sia ricoverato a tempo pieno presso istituti specializzati. In alternativa al prolungamento fino a tre anni del periodo di astensione facoltativa, possono chiedere ai rispettivi datori di lavoro di usufruire di due ore di permesso giornaliero retribuito fino al compimento del terzo anno di vita del bambino.

  L'articolo 33 della legge 104/92 stabilisce che, a condizione che la persona con handicap non sia ricoverata a tempo pieno (fatte salve le eccezioni di legge o interpretazioni e circolari INPS* in merito), il lavoratore dipendente, pubblico o privato, che assiste persona con handicap in situazione di gravità, coniuge, parente o affine entro

---

* L'INPS con la circolare n. 155 del 3 dicembre 2010, al punto 3, indica alcune ipotesi che fanno **eccezione** al presupposto sopra enunciato:

- interruzione del ricovero a tempo pieno per necessità del disabile in situazione di gravità di recarsi **al di fuori della struttura** che lo ospita per effettuare visite e **terapie** appositamente **certificate** (ipotesi richiamata nel messaggio n. 14480 del 28 maggio 2010);
- ricovero a tempo pieno di un disabile in situazione di gravità in **stato vegetativo** persistente e/o con **prognosi infausta** a breve termine;
- ricovero a tempo pieno di un **minore** con disabilità in situazione di gravità per il quale risulti **documentato dai sanitari** della struttura ospedaliera il bisogno di assistenza da parte di un

il secondo grado, ovvero entro il terzo grado qualora i genitori o il coniuge della persona con handicap in situazione di gravità abbiano compiuto i sessantacinque anni di età oppure siano anche essi affetti da patologie invalidanti o siano deceduti o mancanti, ha diritto a fruire di tre giorni di permesso mensile retribuito coperto da contribuzione figurativa, anche in maniera continuativa. Il predetto diritto non può essere riconosciuto a più di un lavoratore dipendente per l'assistenza alla stessa persona con handicap in situazione di gravità. Per l'assistenza allo stesso figlio con handicap in situazione di gravità, il diritto è riconosciuto ad entrambi i genitori, anche adottivi, che possono fruirne alternativamente. Il dipendente ha diritto di prestare assistenza nei confronti di più persone in situazione di handicap grave, a condizione che si tratti del coniuge o di un parente o affine entro il primo grado o entro il secondo grado qualora i genitori o il coniuge della persona con handicap in situazione di gravità abbiano compiuto i sessantacinque anni di età oppure siano anch'essi affetti da patologie invalidanti o siano deceduti o mancanti.

---

genitore o di un familiare, ipotesi già prevista per i bambini fino a tre anni di età (come previsto dalla circolare n. 90 del 23 maggio 2007, p. 7).

Capitolo 9
Il diritto al lavoro dei disabili

La legge n. 68 del 1999 ha come finalità la promozione dell'inserimento e dell'integrazione lavorativa delle persone disabili nel mondo del lavoro, attraverso servizi di sostegno e di collocamento mirato e strumenti tecnici e di supporto che permettono di valutare adeguatamente le persone con disabilità nelle loro capacità lavorative e di inserirle nel posto adatto, attraverso analisi di posti di lavoro, forme di sostegno, azioni positive e soluzioni dei problemi connessi con gli ambienti, gli strumenti e le relazioni interpersonali sui luoghi quotidiani di lavoro e di relazione.

Le **persone disabili destinatarie della legge** sono:

- le persone in età lavorativa affette da minorazioni fisiche, psichiche o sensoriali e i portatori di handicap intellettivo, che comportino una riduzione della capacità lavorativa superiore al 45 per cento, accertata dalle competenti commissioni per il riconoscimento dell'invalidità civile (in conformità alla tabella indicativa delle percentuali di invalidità per minorazioni e malattie invalidanti approvata, ai sensi dell'articolo 2 del decreto legislativo 23 novembre 1988, n. 509, dal Ministero della salute sulla base della classificazione internazionale delle menomazioni elaborata dall'Organizzazione mondiale della sanità);
- le persone invalide del lavoro con un grado di invalidità superiore al 33 per cento, accertata dall'Istituto nazionale per l'assicurazione contro gli infortuni sul lavoro e le malattie professionali (INAIL) in base alle disposizioni vigenti;
- le persone non vedenti o sordomute; sono considerati non vedenti coloro che sono colpiti da cecità assoluta o hanno un residuo visivo non superiore ad un decimo ad entrambi gli occhi, con eventuale correzione; sono, invece, considerati sordomuti coloro che sono colpiti da sordità dalla nascita o prima dell'apprendimento della lingua parlata (di cui alle leggi 27 maggio 1970, n. 382, e successive modificazioni, e 26 maggio 1970, n. 381, e successive modificazioni);
- le persone invalide di guerra, invalide civili di guerra e invalide per servizio con minorazioni ascritte dalla prima all'ottava categoria di cui alle tabelle annesse al testo unico delle norme in materia di pensioni di guerra (D.P.R. 915/1978).

I datori di lavoro pubblici e privati sono tenuti ad avere alle loro dipendenze lavoratori con disabilità, secondo specifiche percentuali previste dalla legge in proporzione al numero di dipendenti.

L'accertamento delle condizioni di disabilità che danno diritto di accedere al sistema per l'inserimento lavorativo dei disabili è effettuato dalle commissioni mediche istituite presso ciascuna ASL.

Possono accedere a tale sistema ed iscriversi alle liste del collocamento mirato presso i Centri per l'Impiego del proprio territorio soggetti in età lavorativa, già riconosciuti invalidi civili in misura superiore al 45% e pertanto pari o superiore al 46%, oppure sordi o non vedenti.

Le persone disabili possono partecipare a tutti i concorsi per il pubblico impiego, da qualsiasi amministrazione pubblica siano banditi. A tal fine i bandi di concorso dovranno prevedere "speciali modalità di svolgimento delle prove di esame per consentire ai soggetti suddetti di concorrere in effettive condizioni di parità con gli altri".

Sono previsti sgravi fiscali a favore delle aziende che assumono persone disabili, nonché la possibilità per le aziende di firmare convenzioni con i servizi pubblici per il collocamento mirato dei disabili.

Sono previste sanzioni nei confronti delle aziende pubbliche e private che non ottemperano agli obblighi imposti dalla legge 68/99.

Capitolo 10
Le norme per la tutela sociale della maternità e sull'interruzione volontaria della gravidanza (legge 194/1978)

La **legge n. 194 del 22 maggio 1978** "Norme per la tutela sociale della maternità e sull'interruzione volontaria della gravidanza" disciplina le modalità di accesso all'aborto.

Prima del 1978 l'aborto provocato intenzionalmente era considerato un grave reato, punito con sanzioni molto severe contenute nel codice penale. In Italia il dibattito sull'interruzione volontaria di gravidanza (in acronimo IVG) è stato oggetto di un faticoso iter parlamentare e di lunghe e accese discussioni tra opposte correnti di pensiero, sia fuori che dentro il Parlamento.

La legge 194, composta da 22 articoli, fin dal titolo e dall'articolo 1 "riconosce il valore sociale della maternità e tutela la vita umana fin dal suo inizio", ricordando che l'aborto "non è un mezzo per il controllo delle nascite", e che "lo Stato, le regioni e gli enti locali, nell'ambito delle proprie funzioni e competenze, promuovono e sviluppano i servizi socio-sanitari, nonché altre iniziative necessarie per evitare che l'aborto sia usato ai fini della limitazione delle nascite".

L'impianto della legge stabilisce che l'aborto in Italia è legale solo in alcuni specifici casi, rendendo di fatto ammissibile un atto che in linea di principio è considerato in modo negativo. Questo perché lo stesso non è considerato un fatto privato e personale, al contrario la maternità va tutelata in quanto di fondamentale rilevanza sociale.

Nei primi novanta giorni di gravidanza il ricorso alla IVG è permesso alla donna "*che accusi circostanze per le quali la prosecuzione della gravidanza, il parto o la maternità comporterebbero un serio pericolo per la sua salute fisica o psichica, in relazione o al suo stato di salute, o alle sue condizioni economiche, o sociali o familiari, o alle circostanze in cui è avvenuto il concepimento, o a previsioni di anomalie o malformazioni del concepito*".

Il padre del concepito può esprimersi in merito all'IVG solo previo consenso della donna, non avendo alcun diritto sul feto, e questo perché l'impianto della legge mira a tutelare e privilegiare il diritto alla salute della donna.

Gli accertamenti clinici necessari devono essere garantiti dal consultorio o dalla struttura socio-sanitaria, che hanno il compito in ogni caso, e specialmente quando la richiesta di interruzione della gravidanza sia motivata dall'incidenza delle condizioni economiche, o sociali, o familiari sulla salute della gestante, di esaminare con la donna e con il padre del concepito, ove la donna lo consenta, nel rispetto della dignità e della riservatezza di entrambi, le possibili soluzioni dei problemi proposti, di aiutarla a rimuovere le cause che la porterebbero alla interruzione della gravidanza, di metterla in grado di far valere i suoi diritti di lavoratrice e di madre, di promuovere ogni opportuno intervento atto a sostenerla, offrendole tutti gli aiuti necessari sia durante la gravidanza sia dopo il parto.

Quando il medico del consultorio o della struttura socio-sanitaria, o il medico di fiducia, riscontra l'esistenza di condizioni tali da rendere urgente l'intervento, rilascia immediatamente alla donna un certificato attestante l'urgenza. Con tale certificato la donna può presentarsi ad una delle sedi autorizzate a praticare l'interruzione della gravidanza. Se non viene riscontrato il caso di urgenza, al termine dell'incontro il medico del consultorio o della struttura socio-sanitaria, o il medico di fiducia, di fronte alla richiesta di interruzione della gravidanza sulla base delle circostanze di cui all'articolo 4, le rilascia copia di un documento, firmato anche dalla donna, attestante lo stato di gravidanza e l'avvenuta richiesta, e la invita a soprassedere per sette giorni. Trascorsi i sette giorni, la donna può presentarsi, per ottenere l'interruzione della gravidanza, sulla base del documento rilasciatole, presso una delle sedi autorizzate.

L'articolo 6 della legge 194 prevede che l'interruzione volontaria della gravidanza, dopo i primi novanta giorni, può invece essere praticata:

a) quando la gravidanza o il parto comportino un grave pericolo per la vita della donna;
b) quando siano accertati processi patologici, tra cui quelli relativi a rilevanti anomalie o malformazioni del nascituro, che determinino un grave pericolo per la salute fisica o psichica della donna.

I suddetti processi patologici vengono accertati da un medico del servizio ostetrico-ginecologico dell'ente ospedaliero in cui deve praticarsi l'intervento, che ne certifica l'esistenza. Il medico può avvalersi della collaborazione di specialisti. Il medico è tenuto a fornire la documentazione sul caso e a comunicare la sua certificazione al direttore sanitario dell'ospedale per l'intervento da praticarsi immediatamente. Qualora l'interruzione della gravidanza si renda necessaria per imminente pericolo per la vita della donna, l'intervento può essere praticato anche senza lo svolgimento delle procedure prima descritte. In questi casi, il medico è tenuto a darne comunicazione al medico provinciale. Quando sussiste la possibilità di vita autonoma del feto, l'interruzione della gravidanza può essere praticata solo a particolari condizioni previste dalla legge stessa e il medico che esegue l'intervento deve adottare ogni misura idonea a salvaguardare la vita del feto.

I consultori familiari pubblici e privati hanno l'importante ruolo di assistere la donna in stato di gravidanza dal punto di vista sociale, sanitario e psicologico.

Il personale sanitario (tra questi il ginecologo) ed esercente le attività ausiliarie non è tenuto a prendere parte alle procedure ed agli interventi per l'interruzione della gravidanza quando sollevi obiezione di coscienza, con preventiva dichiarazione. Il personale sanitario ed esercente le attività ausiliarie non può però ricorrere all'obiezione di coscienza nei casi in cui l'intervento sia "indispensabile per salvare la vita della donna in imminente pericolo" (art. 9, comma 5).

La donna ha diritto di lasciare il bambino in affido all'ospedale ai fini di una successiva adozione e di restare anonima.

La richiesta di interruzione della gravidanza è fatta personalmente dalla donna. Se la donna è di età inferiore ai diciotto anni, per l'interruzione della gravidanza è richiesto l'assenso di chi esercita su di lei la potestà o la tutela. Tuttavia, nei primi novanta giorni, quando vi siano seri motivi che impediscano o sconsiglino la consultazione delle persone esercenti la potestà o la tutela, oppure queste, interpellate, rifiutino il loro assenso o esprimano pareri tra loro difformi, il consultorio o la struttura socio-sanitaria, o il medico di fiducia, espleta i compiti e le procedure previste e rimette entro sette giorni dalla richiesta una relazione, corredata del proprio parere, al giudice tutelare del luogo in cui esso opera. Il giudice tutelare, entro cinque giorni, sentita la donna e tenuto conto della sua volontà, delle ragioni che adduce e della relazione trasmessagli, può autorizzarla, con atto non soggetto a reclamo, a decidere l'interruzione della gravidanza.

Qualora il medico accerti l'urgenza dell'intervento a causa di un grave pericolo per la salute della minore di diciotto anni, indipendentemente dall'assenso di chi esercita la potestà o la tutela e senza adire il giudice tutelare, certifica l'esistenza delle condizioni che giustificano l'interruzione della gravidanza. Tale certificazione costituisce titolo per ottenere in via d'urgenza l'intervento e, se necessario, il ricovero.

Ai fini dell'interruzione della gravidanza dopo i primi novanta giorni, si applicano anche alla minore di diciotto anni le procedure di cui all'articolo 7 della legge 194 (qualora l'interruzione della gravidanza si renda necessaria per imminente pericolo per la vita della donna), indipendentemente dall'assenso di chi esercita la potestà o la tutela.

Se la donna è interdetta per infermità di mente, la richiesta di IVG sia prima che dopo i novanta giorni può essere presentata, oltre che da lei personalmente, anche dal tutore o dal marito non tutore, che non sia legalmente separato. Nel caso di richiesta presentata dall'interdetta o dal marito, deve essere sentito il parere del tutore. La richiesta presentata dal tutore o dal marito deve essere confermata dalla donna.

Il medico del consultorio o della struttura socio-sanitaria, o il medico di fiducia, trasmette al giudice tutelare, entro il termine di sette giorni dalla presentazione della richiesta, una relazione contenente ragguagli sulla domanda e sulla sua provenienza, sull'atteggiamento comunque assunto dalla donna e sulla gravidanza e specie dell'infermità mentale di essa nonché il parere del tutore, se espresso.

Il giudice tutelare, sentiti se lo ritiene opportuno gli interessati, decide entro cinque giorni dal ricevimento della relazione, con atto non soggetto a reclamo.

Il medico che esegue l'interruzione della gravidanza è tenuto a fornire alla donna le informazioni e le indicazioni sulla regolazione delle nascite, nonché a renderla partecipe dei procedimenti abortivi, che devono comunque essere attuati in modo da rispettare la dignità personale della donna.

In presenza di processi patologici, fra cui quelli relativi ad anomalie o malformazioni del nascituro, il medico che esegue l'interruzione della gravidanza deve fornire alla donna i ragguagli necessari per la prevenzione di tali processi.

Sono previste sanzioni penali molto importanti nei confronti di chiunque cagioni ad una donna e senza il suo consenso o con il consenso estorto con violenza o minaccia ovvero carpito con l'inganno, l'interruzione della gravidanza o un parto prematuro al di fuori dei casi previsti dalla legge.

La stessa donna interessata che interrompe volontariamente la gravidanza al di fuori delle procedure previste dalla presente legge e da altre norme in vigore, incorre in sanzioni penali.

Infine, va ricordato che nel 1981 gli elettori italiani chiamati ad esprimersi attraverso lo strumento del referendum, confermarono la legge 194 del 1978, respingendone la richiesta di abrogazione.

Capitolo 11
La legge di riforma dell'assistenza sociale (legge 328/2000)

11.1 Il sistema disegnato dalla legge quadro 8 novembre 2000, n. 328

Il sistema dell'assistenza sociale, nell'ordinamento italiano, trova la sua principale fonte nella legge quadro 8 novembre 2000, n. 328, emanata a conclusione di un processo di riforma assai complesso, nell'ambito del quale sono stati ridefiniti gli assetti istituzionali e organizzativi dell'intero sistema, determinando i **compiti dello Stato**, delle **Regioni** e degli **Enti locali** e, allo stesso tempo, riconoscendo e regolamentando il ruolo del cd. **Terzo Settore**, del quale fanno parte quegli organismi privati che, senza finalità di lucro, operano in campo *socio-assistenziale*, *sanitario* e *culturale*, per fornire risposte a bisogni personali o a categorie deboli (cooperative sociali, associazioni di promozione sociale, associazioni di volontariato, organizzazioni non governative, ONLUS ecc.).

> La legge 328 del 2000 è definita "***quadro***" per il fatto che non è immediatamente attuabile in nessuna delle Regioni italiane, senza una legge regionale che la recepisca.
> In quanto legge quadro è intesa come una cornice che fornisce indicazioni e consigli alle Regioni, invitandole a fare una legge che regoli la materia nel proprio territorio.
> Le Regioni, nei limiti fissati dalla legge quadro, potranno di conseguenza esprimersi e legiferare in materia. Ad esempio, in Lombardia, la 328 del 2000, legge nazionale del Parlamento italiano, viene recepita con la legge regionale n. 3 del 12 marzo 2008, "Governo della rete degli interventi e dei servizi alla persona in ambito sociale e sociosanitario" e successive modifiche ed integrazioni.

L'art. 1 enuncia le **finalità della legge**:

- assicurare alle persone e alle famiglie un sistema integrato di interventi e servizi sociali;
- promuovere interventi per garantire la qualità della vita, pari opportunità, non discriminazione e diritti di cittadinanza;
- prevenire, eliminare o ridurre le condizioni di disabilità, di bisogno e di disagio individuale e familiare, derivanti da inadeguatezza di reddito, difficoltà sociali e condizioni di non autonomia.

Il sistema integrato di interventi e servizi sociali – stabilisce l'art. 22 comma 1 – si realizza mediante **politiche e prestazioni coordinate nei diversi settori della vita sociale**, integrando *servizi alla persona e al nucleo familiare* con eventuali misure economiche, e la **definizione di percorsi attivi** per ottimizzare l'efficacia delle risorse, impedire sovrapposizioni di competenze e settorializzazione delle risposte.

Scopo ulteriore è la **promozione della solidarietà sociale**, con la valorizzazione delle iniziative delle persone, dei nuclei familiari, delle forme di auto-aiuto e di reciprocità e della solidarietà organizzata.

Per il raggiungimento di queste finalità, la legge promuove la partecipazione attiva dei cittadini, il contributo delle organizzazioni sindacali, delle associazioni sociali e di tutela degli utenti.

La programmazione e l'organizzazione del sistema compete agli Enti locali, alle Regioni e allo Stato, secondo principi d'indiscussa rilevanza costituzionale, quali:

- la sussidiarietà;
- la cooperazione;
- l'efficacia, l'efficienza e l'economicità;
- l'omogeneità;
- la copertura finanziaria e patrimoniale;
- la responsabilità e l'unicità dell'amministrazione;
- l'autonomia organizzativa e regolamentare degli Enti locali.

Nell'ambito delle rispettive competenze, Enti locali, Regioni e Stato provvedono alla programmazione degli interventi e delle risorse secondo i principi:

- di **coordinamento e integrazione** con gli interventi sanitari e dell'istruzione, nonché con le politiche attive di formazione, di avviamento e di reinserimento al lavoro;
- di **concertazione e cooperazione** tra i diversi livelli istituzionali, tra questi e gli organismi operanti in campo socio-assistenziale, sanitario e culturale (che partecipano con proprie risorse alla realizzazione della rete), le organizzazioni sindacali maggiormente rappresentative a livello nazionale, nonché le ASL per le prestazioni sociosanitarie a elevata integrazione sanitaria comprese nei livelli essenziali del Servizio Sanitario Nazionale.

Sempre nell'ambito delle rispettive competenze, gli Enti locali, le Regioni e lo Stato riconoscono e agevolano il ruolo dei soggetti operanti nel settore nella programmazione, nell'organizzazione e nella gestione del sistema integrato di interventi e servizi sociali, quali:

- Enti del Terzo Settore (ETS);
- organismi della cooperazione;
- associazioni ed enti di promozione sociale;
- fondazioni;
- patronati;
- organizzazioni di volontariato;
- enti riconosciuti delle confessioni religiose con le quali lo Stato ha stipulato patti, accordi o intese.

Alla gestione e all'offerta dei servizi provvedono i soggetti pubblici nonché, in qualità di soggetti attivi nella progettazione e nella realizzazione concertata degli interventi, gli organismi, le organizzazioni e gli enti suddetti.

I Comuni, le Regioni e lo Stato sono tenuti a promuovere azioni per favorire la **pluralità di offerta** dei servizi, garantendo il diritto di scelta fra gli stessi servizi, e consentire, in via sperimentale, su richiesta degli interessati, l'eventuale scelta di servizi sociali in alternativa alle prestazioni economiche, nei limiti stabiliti dalla legge quadro.

11.2 Il livello essenziale delle prestazioni sociali erogabili sotto forma di beni e servizi

Ai sensi dell'art. 22, comma 2, della legge quadro, ferme restando le competenze del Servizio Sanitario Nazionale in materia di *prevenzione*, *cura* e *riabilitazione*, nonché le vigenti disposizioni in materia d'*integrazione socio-sanitaria*, gli interventi indicati qui di seguito costituiscono il livello essenziale delle prestazioni sociali erogabili sotto forma di beni e servizi secondo le caratteristiche e i requisiti fissati dalla **pianificazione nazionale, regionale e zonale**, nei limiti delle risorse del **Fondo nazionale per le politiche sociali**, tenuto conto delle risorse ordinarie già destinate dagli enti locali alla spesa sociale:

- misure di *contrasto della povertà* e di *sostegno al reddito e servizi di accompagnamento*, con particolare riferimento alle persone senza fissa dimora;
- misure economiche per favorire la vita autonoma e la permanenza a domicilio di *persone totalmente dipendenti o incapaci di compiere gli atti propri della vita quotidiana*;
- interventi di *sostegno per i minori in situazioni di disagio* tramite il *sostegno al nucleo familiare di origine* e l'*inserimento presso famiglie, persone e strutture comunitarie di accoglienza di tipo familiare* e per la promozione dei diritti dell'infanzia e dell'adolescenza;
- misure per il *sostegno delle responsabilità familiari*, per favorire l'armonizzazione del tempo di lavoro e di cura familiare;
- misure di *sostegno alle donne in difficoltà*;
- interventi per la *piena integrazione delle persone disabili*, realizzazione di *centri socio-riabilitativi*, di *comunità-alloggio*, e di *servizi di comunità e di accoglienza* per i soggetti disabili privi di sostegno familiare, nonché erogazione delle prestazioni di sostituzione temporanea delle famiglie;
- interventi per le *persone anziane e disabili* per favorire la *permanenza a domicilio*, per l'*inserimento presso famiglie, persone e strutture comunitarie di accoglienza di tipo familiare*, nonché per l'accoglienza e la socializzazione presso *strutture residenziali e semiresidenziali* per coloro che, in ragione dell'elevata fragilità personale o di limitazione dell'autonomia, non siano assistibili a domicilio;
- prestazioni integrate di tipo socio-educativo per contrastare *dipendenze da droghe, alcol e farmaci*, favorendo interventi di natura preventiva, di recupero e reinserimento sociale;
- informazione e consulenza alle persone e alle famiglie per favorire la *fruizione dei servizi* e per promuovere *iniziative di auto-aiuto*.

11.3 Il diritto alle prestazioni

Il sistema integrato di interventi e servizi sociali ha **carattere di universalità**. I soggetti pubblici (Enti locali, Regioni, Stato) sono tenuti a garantire i livelli essenziali di prestazioni e a consentire l'esercizio del diritto soggettivo a beneficiare delle prestazioni economiche di cui all'art. 24 della legge quadro (emolumenti derivanti da invalidità civile, cecità e sordomutismo), nonché di pensioni e assegni sociali.

Hanno diritto di usufruire delle prestazioni e dei servizi del sistema integrato di interventi e servizi sociali:

- i **cittadini italiani**;
- i **cittadini di Stati appartenenti all'Unione europea** e i loro familiari, nel rispetto degli accordi internazionali e con le modalità e nei limiti definiti dalle leggi regionali;
- gli **stranieri extracomunitari**.
- Ai profughi, agli stranieri e agli apolidi sono garantite le misure di prima assistenza.

È riconosciuto un **diritto di accesso prioritario**:

- ai soggetti in *condizioni di povertà* o con *limitato reddito*;
- ai soggetti totalmente o parzialmente incapaci di provvedere alle proprie esigenze per *inabilità di ordine fisico e psichico*;
- ai soggetti con *difficoltà di inserimento* nella vita sociale attiva e nel mercato del lavoro;
- ai soggetti sottoposti a *provvedimenti dell'autorità giudiziaria* che rendono necessari interventi assistenziali.

I parametri per la valutazione di queste condizioni sono definiti dai **Comuni**, sulla base dei criteri generali stabiliti dal **Piano nazionale degli interventi e dei servizi sociali**.

È fatto obbligo agli erogatori dei servizi e delle prestazioni d'informare i destinatari sulle diverse prestazioni di cui possono usufruire, sui requisiti per l'accesso e sulle modalità di erogazione per effettuare le scelte più appropriate.

11.4 I soggetti pubblici

11.4.1 I compiti dello Stato

Secondo il riparto di competenze stabilito dall'art. 117 Cost., la competenza statale in materia assistenziale deve considerarsi circoscritta alla determinazione:

- dei livelli essenziali delle prestazioni socio-assistenziali;
- dei principi fondamentali della materia.

Allo Stato, l'art. 9 della legge quadro attribuisce l'esercizio dei **poteri d'indirizzo e coordinamento** e di **regolazione delle politiche sociali** per i seguenti aspetti:

- la determinazione dei principi e degli obiettivi della politica sociale attraverso il Piano nazionale degli interventi e dei servizi sociali;
- l'individuazione dei livelli essenziali e uniformi delle prestazioni, comprese le funzioni in materia assistenziale, svolte per minori e adulti dal Ministero della Giustizia, all'interno del settore penale;
- la fissazione dei requisiti minimi strutturali e organizzativi per l'autorizzazione all'esercizio dei servizi e delle strutture a ciclo residenziale e semiresidenziale;
- la previsione di requisiti specifici per le comunità di tipo familiare con sede nelle civili abitazioni;
- la determinazione dei requisiti e dei profili professionali in materia di professioni sociali, nonché dei requisiti di accesso e di durata dei percorsi formativi;
- l'esercizio dei poteri sostitutivi in caso di riscontrata inadempienza delle Regioni;
- la ripartizione delle risorse del Fondo nazionale per le politiche sociali.

11.4.2 Il ruolo delle Regioni

Ai sensi dell'art. 8 della legge quadro, le Regioni esercitano le **funzioni di programmazione, coordinamento e indirizzo** degli interventi sociali, nonché di **verifica della rispettiva attuazione** a livello territoriale e disciplinano l'integrazione degli interventi stessi, con particolare riferimento all'attività sanitaria e socio-sanitaria ad elevata integrazione sanitaria.

Spetta in particolare alle Regioni l'esercizio delle seguenti funzioni:

- la definizione di *politiche integrate* in materia di interventi sociali, ambiente, sanità, istituzioni scolastiche, avviamento al lavoro e reinserimento nelle attività lavorative, servizi del tempo libero, trasporti e comunicazioni;
- la promozione e il coordinamento delle *azioni di assistenza tecnica* per l'istituzione e la gestione degli interventi sociali da parte degli Enti locali;
- la promozione della *sperimentazione di modelli innovativi di servizi* in grado di coordinare le risorse umane e finanziarie presenti a livello locale e di collegarsi altresì alle esperienze effettuate a livello europeo;
- la promozione di metodi e strumenti per il *controllo di gestione* atti a valutare l'efficacia e l'efficienza dei servizi e i risultati delle azioni previste;
- la definizione, sulla base dei requisiti minimi fissati dallo Stato, dei criteri per l'*autorizzazione*, l'*accreditamento* e la *vigilanza* delle strutture e dei servizi a gestione pubblica o privata;
- l'istituzione, secondo le modalità definite con legge regionale, e sulla base di indicatori oggettivi di qualità, di *registri dei soggetti autorizzati* all'esercizio delle attività disciplinate dalla legge quadro;
- la definizione dei *requisiti di qualità* per la gestione dei servizi e per l'erogazione delle prestazioni;
- la definizione dei criteri per la *concessione dei titoli per l'acquisto dei servizi sociali* da parte dei Comuni, secondo i criteri generali adottati in sede nazionale;
- la definizione dei criteri per la determinazione del *concorso da parte degli utenti al costo delle prestazioni*;
- la predisposizione e il finanziamento dei *piani per la formazione e l'aggiornamento del personale addetto alle attività sociali*;
- la determinazione dei criteri per la *definizione delle tariffe* che i Comuni sono tenuti a corrispondere ai soggetti accreditati;
- l'esercizio dei *poteri sostitutivi*, secondo le modalità indicate dalla legge regionale, nei confronti degli Enti locali inadempienti.

11.4.3 Le funzioni degli enti locali: Province e Comuni

Ai sensi dell'art. 7 della legge quadro, le **Province** concorrono alla programmazione del sistema integrato di interventi e servizi sociali secondo le modalità definite dalle Regioni, che disciplinano il ruolo delle Province in ordine:

- alla *raccolta delle conoscenze e dei dati sui bisogni e sulle risorse rese disponibili dai Comuni e da altri soggetti istituzionali* presenti in ambito provinciale per concorrere all'attuazione del Sistema Informativo dei Servizi Sociali (SISS);

- all'*analisi dell'offerta assistenziale per promuovere approfondimenti mirati sui fenomeni sociali più rilevanti in ambito provinciale*, fornendo, su richiesta dei Comuni e degli Enti locali interessati, il supporto necessario per il coordinamento degli interventi territoriali;
- alla promozione, d'intesa con i Comuni, di *iniziative di formazione*, con particolare riguardo alla *formazione professionale di base* e all'*aggiornamento*;
- alla *partecipazione*, alla *definizione* e all'*attuazione* dei *Piani di zona*.

I **Comuni**, dal canto loro, sono titolari delle funzioni amministrative concernenti gli interventi sociali svolti a livello locale e concorrono alla programmazione regionale. Ai sensi dell'art. 6 della legge quadro, tali funzioni sono esercitate adottando sul piano territoriale gli assetti più funzionali alla gestione, alla spesa e al rapporto con i cittadini.

Spetta in particolare ai Comuni, in base alla pianificazione nazionale, regionale e di zona, l'esercizio delle seguenti attività:

- la programmazione, la progettazione, la realizzazione del *sistema locale dei servizi sociali a rete*;
- l'indicazione delle *priorità* e dei *settori di innovazione* attraverso la concertazione delle risorse umane e finanziarie locali, con il coinvolgimento dei soggetti privati;
- l'erogazione dei *servizi*, delle *prestazioni economiche* e dei *titoli per l'acquisto di servizi sociali*, nonché delle *attività assistenziali* già di competenza delle Province;
- l'*autorizzazione*, l'*accreditamento* e la *vigilanza* dei servizi sociali e delle strutture a ciclo residenziale e semiresidenziale a gestione pubblica o dei soggetti privati;
- la partecipazione al procedimento per l'*individuazione degli ambiti territoriali*;
- la definizione dei *parametri di valutazione delle condizioni* previste dalla legge ai fini della determinazione dell'*accesso prioritario alle prestazioni e ai servizi*.

I Comuni, inoltre, provvedono a:

- promuovere, nell'ambito del sistema locale dei servizi sociali a rete, le risorse delle collettività locali tramite *forme innovative di collaborazione* per lo sviluppo di *interventi di auto-aiuto* e per favorire la *reciprocità tra cittadini* nell'ambito della vita comunitaria;
- coordinare programmi e attività degli enti che operano nell'ambito di competenza, secondo le modalità fissate dalla Regione, tramite collegamenti operativi tra i servizi che realizzano attività finalizzate all'*integrazione sociale* e intese con le aziende Unità Sanitarie Locali per le *attività socio-sanitarie* e per i *Piani di zona*;
- adottare strumenti per la *semplificazione amministrativa* e per il *controllo di gestione* atti a valutare l'efficienza, l'efficacia e i risultati delle prestazioni;
- effettuare *forme di consultazione dei soggetti privati*, per valutare la qualità e l'efficacia dei servizi e formulare proposte ai fini della predisposizione dei programmi;
- garantire ai cittadini i *diritti di partecipazione al controllo di qualità dei servizi*, secondo le modalità previste dagli statuti comunali.

I Comuni si fanno carico delle spese per i servizi sociali di ambito locale. Per i soggetti che necessitano di ricovero stabile presso strutture residenziali, il Comune nel quale tali soggetti hanno la residenza prima del ricovero, previamente informato, assume gli obblighi connessi all'eventuale *integrazione economica*.

11.4.4 Le forme di collaborazione pubblico-privato: il Terzo Settore

Per Terzo Settore si intende quel complesso di organizzazioni atte alla produzione di beni e/o servizi che si impegnano a gestire attività fuori dal mercato o, se operano nel mercato, lo fanno senza scopo di lucro, ovvero senza distribuire ai propri soci o dipendenti gli eventuali profitti. I proventi derivanti dalle attività di competenza vengono utilizzati per aumentare la quantità e migliorare la qualità dei servizi erogati, reinvestendoli in formazione o nell'acquisto di risorse materiali che permettano di garantire servizi di qualità.

Il *no profit*, come comunemente viene definito il Terzo Settore, costituisce la terza dimensione del sistema economico e sociale, dopo lo Stato (primo settore) e il Mercato (secondo settore), e si fonda su quattro pilastri, ovvero **altruismo**, **dono**, **fiducia** e **reciprocità**, che rappresentano il fulcro di un settore che si muove in virtù del lavoro volontario degli operatori impegnati.

Il Terzo Settore nel tempo si è evoluto affermandosi nella società attuale come interlocutore qualificato delle Amministrazioni locali e nazionali. Il **primo riconoscimento** è avvenuto con l'attuazione della **L. 328/2000**, che prevedeva la partecipazione dei soggetti appartenenti a questo settore alla progettazione e alla realizzazione concertata di beni e servizi in armonia con la Pubblica Amministrazione.

I soggetti che compongono il Terzo Settore sono:

- le Organizzazioni di volontariato;
- le cooperative sociali;
- gli Organismi non lucrativi di utilità sociale (le cd. Onlus);
- le associazioni e gli enti di promozione sociale;
- le società di mutuo soccorso;
- le fondazioni;
- gli enti del patronato e altri soggetti privati non aventi scopo di lucro;
- enti legati alle confessioni religiose;
- le Organizzazioni non governative (ONG).

Capitolo 12
La "legge antiviolenza" (legge 113/2020)

La legge n. 113 del 14 agosto 2020, "Disposizioni in materia di sicurezza per gli esercenti le professioni sanitarie e socio-sanitarie nell'esercizio delle loro funzioni", pubblicata sulla Gazzetta Ufficiale n. 224 del 9 settembre 2020, è entrata in vigore il 24 settembre 2020.

Conosciuta anche come **legge antiviolenza**, è un provvedimento per la tutela della sicurezza degli esercenti le professioni sanitarie e socio-sanitarie.

All'**articolo 1** viene specificato che la legge è rivolta sia alle professioni sanitarie individuate dagli articoli 4 e da 6 a 9 della legge n. 3 dell'11 gennaio 2018 (legge Lorenzin), tra le quali, a titolo di esempio e di sintesi, quelle dei medici e infermieri, sia alle professioni socio-sanitarie individuate dall'articolo 5 della medesima legge, vale a dire i preesistenti profili professionali di operatore socio-sanitario, assistente sociale, sociologo ed educatore professionale.

L'**articolo 2** stabilisce che, entro tre mesi dalla data di entrata in vigore della legge, dovrà essere istituito, presso il Ministero della salute, l'**Osservatorio nazionale sulla sicurezza degli esercenti le professioni sanitarie e socio-sanitarie**, senza nuovi o maggiori oneri per la finanza pubblica, con decreto del Ministro della salute, di concerto con i Ministri dell'interno e dell'economia e delle finanze, previa intesa in sede di Conferenza permanente per i rapporti tra lo Stato, le Regioni e le Province autonome di Trento e di Bolzano.

Col medesimo decreto si dovrà provvedere a definire la durata e la composizione dell'Osservatorio, costituito, per la sua metà, da rappresentanti donne, prevedendo la presenza di rappresentanti delle organizzazioni sindacali di categoria maggiormente rappresentative a livello nazionale, delle Regioni, di un rappresentante dell'Agenzia nazionale per i servizi sanitari regionali (Agenas), di rappresentanti dei Ministeri dell'interno, della difesa, della giustizia e del lavoro e delle politiche sociali, degli ordini professionali interessati, delle organizzazioni di settore, delle associazioni di pazienti e di un rappresentante dell'Istituto nazionale per l'assicurazione contro gli infortuni sul lavoro, nonché le modalità con le quali l'organismo riferisce, di regola annualmente, sugli esiti della propria attività ai Ministeri interessati. La partecipazione all'Osservatorio non dà diritto alla corresponsione di alcuna indennità, rimborso delle spese, gettone di presenza o altri emolumenti.

In particolare, all'Osservatorio sono attribuiti i seguenti compiti:

a) monitorare gli episodi di violenza commessi ai danni degli esercenti le professioni sanitarie e socio-sanitarie nell'esercizio delle loro funzioni;

b) monitorare gli eventi sentinella che possano dar luogo a fatti commessi con violenza o minaccia ai danni degli esercenti le professioni sanitarie e socio-sanitarie nell'esercizio delle loro funzioni;
c) promuovere studi e analisi per la formulazione di proposte e misure idonee a ridurre i fattori di rischio negli ambienti più esposti;
d) monitorare l'attuazione delle misure di prevenzione e protezione a garanzia dei livelli di sicurezza sui luoghi di lavoro ai sensi del Decreto legislativo 9 aprile 2008, n. 81, anche promuovendo l'utilizzo di strumenti di videosorveglianza;
e) promuovere la diffusione delle buone prassi in materia di sicurezza degli esercenti le professioni sanitarie e socio-sanitarie, anche nella forma del lavoro in équipe;
f) promuovere lo svolgimento di corsi di formazione per il personale medico e sanitario, finalizzati alla prevenzione e alla gestione delle situazioni di conflitto nonché a migliorare la qualità della comunicazione con gli utenti.

All'**articolo 3** della legge viene stabilito che il Ministro della salute ha il compito di **promuovere iniziative di informazione** sull'importanza del rispetto del lavoro del personale esercente una professione sanitaria o socio-sanitaria, utilizzando le risorse disponibili a legislazione vigente per la realizzazione di progetti di comunicazione istituzionale.

L'**articolo 4** della legge 113 è poi intervenuto a modificare l'articolo 583-*quater* del codice penale che ora stabilisce quanto segue:

"*Nell'ipotesi di lesioni personali cagionate a un pubblico ufficiale in servizio di ordine pubblico in occasione di manifestazioni sportive, le lesioni gravi sono punite con la reclusione da quattro a dieci anni; le lesioni gravissime, con la reclusione da otto a sedici anni.*

*Le stesse pene si applicano **in caso di lesioni personali gravi o gravissime cagionate a personale esercente una professione sanitaria o socio-sanitaria** nell'esercizio o a causa delle funzioni o del servizio, nonché a chiunque svolga attività ausiliarie di cura, assistenza sanitaria o soccorso, funzionali allo svolgimento di dette professioni, nell'esercizio o a causa di tali attività*".

L'**articolo 5** della legge è intervenuto a modificare l'articolo 61 del codice penale, che ora descrive come **circostanze aggravanti** comuni, "*l'avere agito, nei delitti commessi con violenza o minaccia, in danno degli esercenti le professioni sanitarie e socio-sanitarie nonché di chiunque svolga attività ausiliarie di cura, assistenza sanitaria o soccorso, funzionali allo svolgimento di dette professioni, a causa o nell'esercizio di tali professioni o attività*" (comma 11-*octies*).

L'**articolo 6** della legge è invece intervenuto a modificare l'articolo 581, primo comma del codice penale, in materia di **percosse**, che ora stabilisce che chiunque percuote taluno, se dal fatto non deriva una malattia nel corpo o nella mente, è punito, a querela della persona offesa, salvo che ricorra la circostanza aggravante prevista dall'articolo 61, comma 11-*octies*. Ciò significa che, in presenza delle succitate aggravanti, si potrà procedere d'ufficio a perseguire penalmente l'autore del reato.

L'**articolo 9** della legge stabilisce che, salvo che il fatto costituisca reato, chiunque tenga **condotte violente, ingiuriose, offensive o moleste** nei confronti di personale esercente una professione sanitaria o socio-sanitaria o di chiunque svolga attività ausiliarie di cura, assistenza sanitaria o soccorso funzionali allo svolgimento di dette professioni presso strutture sanitarie e socio-sanitarie pubbliche o private è soggetto alla **sanzione amministrativa** del pagamento di una somma da euro 500 a euro 5.000.

Al fine di **prevenire** episodi di aggressione o di violenza, le strutture presso le quali opera il personale sanitario e socio-sanitario, prevedono, nei propri piani per la sicurezza, misure volte a stipulare specifici protocolli operativi con le forze di polizia, per garantire il loro tempestivo intervento.

L'articolo 8 istituisce la **"Giornata nazionale di educazione e prevenzione contro la violenza nei confronti degli operatori sanitari e socio-sanitari"**, volta a sensibilizzare la cittadinanza a una cultura che condanni ogni forma di violenza. La giornata, ai sensi del D.M. 27 gennaio 2022, verrà celebrata il 12 marzo di ogni anno.

La legge ha dunque una chiara ed evidente finalità sanzionatoria verso chi pone in essere fenomeni di violenza e percosse nei confronti degli esercenti le professioni sanitarie e socio-sanitarie e, al contempo, è volta a diffondere la giusta cultura su tale delicato tema.

Sezione Seconda
Aspetti organizzativi del lavoro sociale e sanitario nel territorio

Capitolo 1
La rete territoriale dei servizi sanitari, sociali e socio-sanitari

1.1 La rete dei servizi

In ambito assistenziale, per servizio si intende un tipo di organizzazione, pubblica o privata, profit o no profit che ha come fine quello di fornire risposte ai bisogni sociali, sanitari e socio-sanitari di cittadini, famiglie, comunità.

Con l'espressione "rete dei servizi" si indica l'insieme dei servizi presenti in un determinato territorio, quello di riferimento per il cittadino e quindi più vicino a lui, in genere dove vive, pertanto locale o comunale per poi passare a livelli più ampi, come quello dei comuni limitrofi e poi provinciale e regionale.

Ciascuno di questi servizi ha generalmente una propria autonomia ma può trovarsi a collaborare insieme ad altri servizi in modo integrato, per rispondere meglio ai bisogni dei cittadini.

1.2 Classificazione della rete dei servizi

Al fine di fornire qualificate risposte ai bisogni crescenti e sempre più complessi di cittadini, famiglie e comunità, è presente in ogni territorio una rete dei servizi molto articolata che opera sotto il controllo di ciascuna Regione. L'articolazione di questa rete varia nelle diverse Regioni, sia per ampiezza che per per determinati servizi o strutture, che in una Regione sono presenti e in altre no oppure organizzati in diverso modo o con altra denominazione.

Accanto ai principali enti pubblici, quali i Comuni, le ASL e le Aziende Ospedaliere, è attiva una vasta rete di strutture pubbliche o private, profit o no profit, di tipo residenziale, semi-residenziale, domiciliare e ambulatoriale, accreditate con la Regione o con il Comune o l'ASL, che operano in ambito sanitario, sociale e socio-sanitario.

Vediamo nel dettaglio:

a) tra le diverse tipologie di strutture sanitarie, vanno citati **gli ospedali**, che garantiscono prestazioni a carattere sanitario (assistenza medica, assistenza infermieristica, sia in regime di ricovero che ambulatoriale e generalmente anche in regime di day hospital, day surgery e di pronto soccorso);
b) **le strutture o unità d'offerta sociali,** che assicurano interventi di natura assistenziale e sociale (assistenza diretta nelle attività quotidiane, attività di socializzazione ed animazione) e non erogano prestazioni a carattere sanitario. Tra queste strutture vanno citate le case albergo, i centri diurni per anziani, gli alloggi protetti per anziani;
c) **le strutture o unità d'offerta socio-sanitarie,** che garantiscono in forma integrata interventi assistenziali (assistenza diretta nelle attività quotidiane, attività alberghiere, attività di socializzazione e di animazione) e prestazioni a carattere sanitario (assistenza medica, assistenza infermieristica, riabilitazione, ecc). Un esempio di struttura socio-sanitaria è la Residenza Sanitaria Assistenziale (RSA).

I servizi appartenenti alla rete sono:

a) **di tipo domiciliare,** come ad esempio il servizio di assistenza domiciliare del Comune che provvede all'invio di personale OSS/ASA presso l'abitazione della persona assistita al fine di garantire l'aiuto nello svolgimento delle attività quotidiane (igiene personale e dell'ambiente, vestizione, preparazione del pasto, ecc.) e dell'Assistenza Domiciliare Integrata (ADI) dell'ASL che prevede interventi integrati al domicilio della persona assistita, sia di natura sanitaria (medico specialista, infermiere, fisioterapista) che socio-assistenziali, attraverso personale OSS, ASA;
b) **di tipo semi-residenziale,** tra questi il Centro Diurno Integrato (CDI) che è frequentato di giorno da anziani non autosufficienti che poi fanno rientro alla propria casa per trascorrere la notte. I servizi semi-residenziali sono strutture intermedie, vale a dire una via di mezzo tra quelli residenziali e quelli domiciliari. Per l'importante funzione svolta, sono di grande aiuto alle famiglie e di supporto ai servizi di assistenza domiciliare;
c) **di tipo residenziale,** tra queste la Residenza Sanitaria Assistenziale (RSA) che offre ospitalità ad anziani non autosufficienti, 24 ore su 24;
d) **di tipo ambulatoriale,** come il Servizio per la cura e il recupero dalla tossicodipendenza (Ser.T) o il Centro di Salute Mentale (CSM) per la cura dei malati psichici.

Infine, i servizi della rete vanno anche classificati in base all'utenza alla quale sono rivolti, distinguendoli essenzialmente in servizi per:

- anziani autosufficienti;
- anziani non autosufficienti;
- disabili;
- malati terminali;
- persone con disturbi psichici;
- persone con dipendenza da droga, farmaci, tabacco, sostanze alcoliche, gioco d'azzardo;
- acuti e post acuti;
- minori e famiglie;
- adulti in difficoltà.

In senso stretto vanno considerate come facenti parte della rete servizi le strutture pubbliche e private accreditate e non quelle non accreditate.

In senso ampio, è tuttavia innegabile che nel territorio siano anche presenti numerose strutture private non accreditate, alle quali i cittadini possono comunque rivolgersi in caso di bisogno, seppure a pagamento.

L'insieme delle strutture sanitarie, sociali e socio-sanitarie, seppure regolate da differenti leggi, devono comunque collaborare, al bisogno, tra loro e favorire quando necessario una presa in carico congiunta della persona fragile, al fine di fornire risposte integrate alle necessità della stessa.

1.3 La rete di offerta delle strutture sanitarie

La rete di offerta delle strutture sanitarie, e tra queste gli ospedali, è molto ampia e diffusa sul territorio; i ricoveri e le prestazioni ambulatoriali (visite ed esami diagnostici) vengono erogati sia da ospedali pubblici, tra i quali le Aziende Ospedaliere, che da numerosi ospedali privati accreditati, in modo da garantire la maggior libertà di scelta possibile ai cittadini.

1.4 La rete dei servizi in ambito sociale e socio-sanitario

Nel rispetto di quanto indicato da diverse leggi, nazionali (tra queste la legge 328 del 2000) e regionali, è presente nel territorio una rete di servizi che può essere definita come "l'insieme integrato dei servizi, delle prestazioni, anche di sostegno economico, e delle strutture territoriali, domiciliari, diurne, semi-residenziali e residenziali" che serve a promuovere condizioni di benessere e inclusione sociale della persona, della famiglia e della comunità e a prevenire, rimuovere o ridurre situazioni di disagio dovute a condizioni economiche, psico-fisiche o sociali.

Concorrono a realizzare la rete dei servizi, secondo il principio di sussidiarietà e in qualità di soggetti attivi nella progettazione e nella realizzazione concertata degli interventi, i soggetti pubblici, organismi non lucrativi di utilità sociale, organismi della cooperazione, organizzazioni di volontariato, associazioni ed enti di promozione sociale, fondazioni, enti di patronato e altri soggetti privati, come le persone fisiche, le famiglie e i gruppi informali di reciproco aiuto e solidarietà.

Il sistema fin qui descritto è definito **integrato** perché nella realizzazione delle reti dei servizi sono coinvolti sia soggetti del **pubblico** che del **privato, profit o no profit**.

Nel perseguimento della realizzazione del sistema integrato di interventi e servizi sociali, nel territorio di competenza i Comuni dovranno collaborare con le ASL, le Aziende Ospedaliere e gli altri soggetti pubblici e privati.

In particolare, dai Comuni dipendono:

- **l'autorizzazione**, **l'accreditamento, il contratto** e **la vigilanza** sui soggetti privati che offrono prestazioni sociali.

Dipendono invece dalle ASL:

- **l'autorizzazione**, **l'accreditamento, il contratto** e **la vigilanza** sui soggetti pubblici e privati che offrono prestazioni socio-sanitarie (e sanitarie).

Spetta invece alla **Regione** la definizione dei criteri generali di accreditamento, sia delle strutture sociali che socio-sanitarie (e anche sanitarie).

Riepilogando, in considerazione di quanto premesso, la rete dei servizi è composta:

1. da **strutture sanitarie**, tra le quali i citati ospedali pubblici e privati, accreditati;
2. da **Unità d'offerta sociali** accreditate con la Regione e/o con il Comune/Comuni, tra le quali:
   - i Centri Diurni per anziani **(CD)**;
   - le Case Albergo per anziani;
   - gli Alloggi protetti per anziani o mini alloggi protetti per anziani **(ALPAN)**;
   - i Centri Socio Educativi per disabili **(CSE)**;
   - i Servizi di Formazione all'Autonomia per disabili **(SFA)**;
3. da **Unità d'offerta socio-sanitarie** accreditate con la Regione, tra le quali:
   - i Centri Diurni Integrati per Anziani **(CDI)**;
   - le Residenze Sanitarie Assistenziali per anziani **(RSA)**;
   - i Centri Diurni per Disabili **(CDD)**;
   - le Residenze Sanitario-assistenziali per Disabili **(RSD)**;
   - le Comunità Alloggio Socio-Sanitarie per Disabili **(CSS);**
   - l'Hospice (in sigla HOS) per malati terminali;
   - gli Istituti di Ribilitazione **(IDR)**;
   - i **Consultori familiari**, sia quelli privati che i consultori familiari pubblici dell'ASL;
   - i Servizi per il recupero di persone affette da tossicodipendenza, ossia sia i **Ser.T** privati accreditati che i Ser.T pubblici dell'ASL;
   - le organizzazioni pubbliche o private che si occupano di Assistenza Domiciliare Integrata (ADI);
4. dagli **Enti pubblici** presenti nel territorio come:
   - il Comune;
   - l'ASL;
   - l'Azienda Ospedaliera. Le aziende ospedaliere in alcune Regioni possono avere anche una differente denominazione. Ad esempio in Lombardia prendono il nome di Aziende Socio Sanitarie Territoriali (ASST).

1.5 Le fonti di finanziamento delle politiche sociali

La realizzazione delle politiche sociali e l'impegno delle relative risorse economiche dipendono dalle scelte messe in atto dai legislatori nazionali che si ripercuotono sulle Regioni e sugli enti locali in termini di interventi attivabili.

Il **Fondo Nazionale per le Politiche Sociali (FNPS)** è un fondo destinato alle Regioni per lo sviluppo della rete integrata di interventi e servizi sociali, come prescritto dalla legge 328/2000. Una quota del Fondo è inoltre attribuita al Ministero del lavoro e delle politiche sociali per gli interventi a carattere nazionale.

Il FNPS, seppur istituito nel 1997 (art. 59, co. 44, L. 449/1997 – "Misure per la stabilizzazione della finanza pubblica"), tuttavia, ha trovato una sua piena definizione con la L. 328/2000 ("Legge quadro per la realizzazione del sistema integrato di interventi e servizi sociali"), che, all'art. 20, lo configura quale strumento mediante il quale lo Stato, insieme alle Regioni e agli Enti locali, concorre al finanziamento della spesa sociale. Al suo interno confluiscono tutti i finanziamenti connessi alle leggi nazionali di settore vigenti nell'ambito delle politiche sociali, nonché le risorse aggiuntive stanziate dalla stessa legge quadro in favore di Regioni e Province autonome.

Il Fondo, in particolare, va a finanziare un sistema articolato di Piani sociali regionali e Piani sociali di zona (predisposti dagli Enti locali), i quali descrivono, per ciascun territorio, una rete integrata di servizi alla persona rivolti all'inclusione dei soggetti in difficoltà o, comunque, all'innalzamento del livello di qualità della vita.

Nel contesto della L. 328/2000 è stabilita una stretta connessione tra il Fondo e uno specifico strumento di programmazione, ovvero il **Piano nazionale degli interventi e dei servizi sociali** (art. 18). Insieme, Fondo e Piano, rappresentavano nel disegno del legislatore uno strumento fondamentale di attuazione delle politiche sociali nazionali, in quanto avrebbero dovuto garantire la definizione di livelli essenziali delle prestazioni (art. 22 della L. 328/2000), in modo da assicurare a tutti, sull'intero territorio nazionale, il godimento di prestazioni dal contenuto essenziale, senza che la legislazione regionale potesse limitarle o condizionarle.

Tale disegno non ha però potuto realizzarsi per un certo numero di anni, a lungo non è stato adottato un Piano, soprattutto per una riduzione sempre più consistente degli stanziamenti, per un mancato coordinamento nazionale e per l'eterogeneità territoriale del sistema di welfare.

Per superare tali difficoltà, il Piano sociale nazionale è stato reintrodotto nell'ordinamento. Il D.Lgs. 147/2017 (art. 21) ha previsto che l'utilizzo delle risorse del Fondo nazionale per le politiche sociali sia oggetto di programmazione per mezzo di un Piano, della cui elaborazione è ora responsabile la **Rete della protezione e dell'inclusione sociale**, presieduta dal Ministro del Lavoro e delle Politiche sociali.

La Rete ha finalità ampie di indirizzo e coordinamento nella materia delle politiche sociali, condividendo le scelte tra tutti coloro che sono responsabili delle decisioni ai diversi livelli territoriali di governo.

Il Piano ha **valenza triennale**, è predisposto dal Governo tenendo conto delle risorse destinate al sistema di finanziamento delle politiche sociali, nonché delle risorse ordinarie già destinate alla spesa sociale dagli enti locali, ed è quindi adottato previa **deliberazione del Consiglio dei Ministri**, su proposta del Ministro del Lavoro e delle Politiche sociali, sentiti i Ministri interessati.

1.6 Il Piano sociale regionale

Se a livello nazionale a programmare gli interventi e le risorse in materia di politiche socio-assistenziali vi è il Piano nazionale delle politiche sociali, a livello regionale si fa riferimento al Piano sociale regionale, quale principale strumento di pianificazione del sistema integrato.

Il Piano regionale delle politiche sociali ha **durata triennale**, viene elaborato dalla **Giunta regionale** in modo partecipato con gli altri soggetti coinvolti nel sistema, e approvato dal Consiglio regionale, al fine di mettere in atto le azioni previste all'interno del documento.

Il documento programmatico regionale rappresenta un punto di riferimento per gli Enti locali, i Comuni e i Distretti socio-assistenziali, nella predisposizione dei **Piani sociali di zona**, in quanto l'analisi territoriale regionale e l'identificazione delle fonti di finanziamento delle politiche socio-assistenziali agevolano il lavoro di studio di alcune aree da parte degli amministratori locali.

In particolare, il Piano sociale regionale individua:

- gli obiettivi di benessere sociale della popolazione;
- gli stati di bisogno e le aree e le azioni prioritarie di intervento;
- le tipologie dei servizi e degli interventi che costituiscono i livelli essenziali di prestazioni da assicurare in modo omogeneo sul territorio;
- i parametri per la valutazione delle condizioni di accesso prioritario alle prestazioni;
- le modalità di verifica dei risultati;
- le modalità di erogazione delle prestazioni sociali da garantire sul territorio regionale;
- le modalità di raccordo fra la programmazione regionale e quella locale;
- l'entità e le modalità di finanziamento del sistema integrato;
- i criteri di ripartizione fra i distretti socio-sanitari delle risorse finanziarie;
- i parametri per la determinazione del sistema tariffario e della compartecipazione degli utenti ai costi delle prestazioni;
- i criteri per la sperimentazione di servizi e interventi volti a rispondere a nuovi bisogni sociali e a introdurre modelli organizzativi e gestionali innovativi;
- i programmi speciali di intervento sociale finalizzati alla riqualificazione di specifiche aree territoriali o alla soluzione di particolari problematiche sociali.

Inoltre il Piano regionale delinea:

- il fabbisogno di strutture residenziali e semiresidenziali;
- le modalità per il coordinamento e l'integrazione dei servizi socio-assistenziali con quelli sanitari ed educativo-scolastici;
- le esigenze e gli ambiti di formazione, riqualificazione e aggiornamento degli operatori sociali e socio-sanitari nell'area dell'assistenza sociale;
- le risorse per la realizzazione e il funzionamento del sistema informativo dei servizi sociali;
- le modalità per la programmazione partecipata e per il coinvolgimento degli utenti nel controllo della qualità dei servizi e degli interventi del sistema integrato.

Il Piano sociale regionale è l'atto di indirizzo con il quale la Regione detta ai Comuni, che hanno titolarità politica e gestionale nel settore delle politiche e dei servizi sociali, i **criteri di riferimento per la programmazione**.

1.7 Il Piano sociale di zona

Il Piano sociale di zona rappresenta un sistema di responsabilità condivise e definisce le specifiche attribuzioni di competenza, ripartite tra i diversi livelli istituzionali, le quali comportano la necessità di coniugare il livello di programmazione regionale con un livello che risulti funzionale alla promozione e protezione degli interessi specifici della popolazione, nelle singole comunità locali, adeguate per territorio e popolazione stessa. Il Piano di zona raffigura l'occasione offerta alle comunità locali per analizzare, valutare, programmare e orientare il proprio sviluppo e va inteso come **piano regolatore del funzionamento dei servizi rivolto alle persone**.

In particolare, il Piano di zona è lo strumento per:

- analizzare i bisogni e i problemi della popolazione sotto il profilo qualitativo e quantitativo;

- riconoscere e mobilitare le risorse professionali, personali, strutturali, economiche, pubbliche, private (profit e no profit) e del volontariato;
- definire obiettivi e priorità, nel triennio di durata del piano, attorno a cui finalizzare le risorse;
- individuare le unità d'offerta e le forme organizzative congrue, nel rispetto dei vincoli normativi e delle specificità e caratteristiche proprie delle singole comunità locali;
- prevedere sistemi, modalità, responsabilità e tempi per la verifica e la valutazione dei programmi e dei servizi.

I **Sindaci** assumono un ruolo strategico nella predisposizione del Piano di zona in quanto coinvolgono, nelle diverse fasi e nel rispetto delle specifiche competenze di ognuno, tutte le istituzioni pubbliche, le istituzioni private, le famiglie e tutti i soggetti della solidarietà organizzata presenti nell'ambito territoriale e disponibili a collaborare, così come in realtà stabilisce la legge quadro sui servizi sociali (L. 328/2000).

Nella fase finale il Piano di zona è sottoposto all'**approvazione dei Consigli comunali dei Comuni facenti parte dell'ambito territoriale interessato** e, quindi, **trasmesso dal Sindaco**, quale rappresentante legale dell'ente, **alla Regione**.

La Giunta regionale verifica la compatibilità tra gli obiettivi del Piano nazionale e regionale delle politiche sociali e gli obiettivi e gli interventi previsti nel Piano sociale di zona dell'ambito territoriale di riferimento.

Dopo l'approvazione da parte della Regione, si procede con la formalizzazione degli accordi e dei contratti di programma e quant'altro possa risultare necessario per la gestione integrata del Piano di zona, in particolare il Sindaco procede con la stipula dell'accordo di programma tra Comuni, singoli e associati, e l'Azienda ASL di riferimento per quanto attiene alle competenze gestionali relative ai servizi ad elevata integrazione socio-sanitaria.

Il PNRR e le politiche sanitarie e sociali

Il **Piano Nazionale di Ripresa e Resilienza (PNRR)**, approvato nel 2021 dall'Italia per il rilancio dell'economia dopo la pandemia di COVID-19, è il documento che il Governo italiano ha predisposto per illustrare come intende investire i fondi nell'ambito del programma messo a punto dall'Unione europea, noto come ***Next generation Eu***.

Il piano si articola su tre assi principali: digitalizzazione e innovazione, transizione ecologica e inclusione sociale. Esso raggruppa i progetti di investimento in 16 componenti, a loro volta articolate in 6 missioni:

1. Digitalizzazione, innovazione, competitività, cultura e turismo
2. Rivoluzione verde e transizione ecologica
3. Infrastrutture per una mobilità sostenibile
4. Istruzione e ricerca
5. Coesione e inclusione
6. Salute

La **missione 5 "Coesione e inclusione"** ha un ruolo di grande rilievo nel perseguimento degli obiettivi, trasversali a tutto il PNRR, di contrasto alle discriminazioni di genere, di incremento delle prospettive occupazionali dei giovani, di riequilibrio territoriale e sviluppo del Mezzogiorno e delle aree interne.

Il Piano destina "importanti risorse alle infrastrutture sociali funzionali alla realizzazione di politiche a sostegno delle famiglie, dei minori, delle persone con gravi disabilità e degli anziani non autosufficienti. (...) Gli interventi di costruzione o ristrutturazione di immobili esistenti (pubblici o privati), destinati a persone con gravi disabilità o ad anziani non autosufficienti si affiancano ad altri interventi di rigenerazione con importanti ricadute sulla riqualificazione dei tessuti urbani più vulnerabili (periferie, aree interne del Paese).

(...) Nella definizione ed esecuzione dei progetti a valenza sociale e territoriale di questa missione sono protagonisti i Comuni e in particolare le aree metropolitane, dove le condizioni di disagio sociale e di vulnerabilità sono più diffuse. Il coinvolgimento degli enti locali è fondamentale per assicurare anche il finanziamento a regime dei nuovi servizi forniti che dovrà, nel corso della programmazione del Bilancio dello Stato dei prossimi anni, essere opportunamente rafforzato. (...)
La missione si esplicita in tre componenti che saranno accompagnate da una serie di riforme volte a sostenere e completare l'attuazione degli investimenti:

- Politiche per il lavoro
- Infrastrutture sociali, famiglie, comunità e Terzo settore
- Interventi speciali per la coesione territoriale".

La **missione 6 "Salute"** è focalizzata su due obiettivi: il rafforzamento della prevenzione e dell'assistenza sul territorio, con l'integrazione tra servizi sanitari e sociali, e l'ammodernamento delle dotazioni tecnologiche del Servizio Sanitario Nazionale (SSN).
La strategia perseguita con il PNRR è volta ad affrontare in maniera sinergica molti aspetti critici del SSN resi evidenti dalla pandemia da COVID-19.
"Un significativo sforzo in termini di riforme e investimenti è finalizzato ad allineare i servizi ai bisogni di cura dei pazienti in ogni area del Paese. Una larga parte delle risorse è destinata a migliorare le dotazioni infrastrutturali e tecnologiche, a promuovere la ricerca e l'innovazione e allo sviluppo di competenze tecnico-professionale, digitale e manageriali del personale.
La missione si articola in due componenti:

- **Reti di prossimità, strutture intermedie e telemedicina per l'assistenza sanitaria territoriale:** gli interventi di questa componente intendono rafforzare le prestazioni erogate sul territorio grazie al potenziamento e alla creazione di strutture e presidi territoriali (come le Case della Comunità e gli Ospedali di Comunità), il rafforzamento dell'assistenza domiciliare, lo sviluppo della telemedicina e una più efficace integrazione con tutti i servizi socio-sanitari;
- **Innovazione, ricerca e digitalizzazione del Servizio Sanitario Nazionale:** le misure incluse in questa componente consentiranno il rinnovamento e l'ammodernamento delle strutture tecnologiche e digitali esistenti, il completamento e la diffusione del Fascicolo Sanitario Elettronico (FSE), una migliore capacità di erogazione e monitoraggio dei Livelli Essenziali di Assistenza (LEA) attraverso più efficaci sistemi informativi. Rilevanti risorse sono destinate anche alla ricerca scientifica e a favorire il trasferimento tecnologico, oltre che a rafforzare le competenze e il capitale umano del SSN anche mediante il potenziamento della formazione del personale".

Capitolo 2
Le norme in materia di accreditamenti istituzionali

2.1 L'accreditamento in senso generale

In ambito sanitario e socio-sanitario lo strumento dell'accreditamento è stato introdotto con il decreto legislativo n. 502 del 30 dicembre 1992 ("Riordino della disciplina in materia sanitaria, a norma dell'art. 1 della legge 23 ottobre 1992, n. 421"), poi rivisto e implementato dal decreto legislativo n. 229 del 19 giugno 1999 ("Norme per la razionalizzazione del Servizio sanitario nazionale, a norma dell'articolo 1 della legge 30 novembre 1998, n. 419").

Per accreditamento si intende *"quel patto o accordo sottoscritto tra un ente pubblico e un soggetto privato, attraverso il quale l'ente pubblico permette al soggetto privato di erogare un servizio pubblico per conto e al posto dello stesso ente pubblico e sotto il suo controllo"*.

Si tenga presente che il patto di accreditamento può venire sottoscritto anche tra due enti pubblici.

In altre parole, il processo di accreditamento viene inteso come atto formale attraverso il quale l'amministrazione pubblica (Comune, ASL, Regione) permette ad un servizio/struttura di diventare proprio fornitore, ossia di erogare servizi che esso stesso può provvedere a finanziare.

La pubblica amministrazione, attraverso l'accreditamento, *"dà credito"* alla struttura esterna e questo significa che si fida della stessa perché la ritiene all'altezza di poter svolgere un servizio al suo posto.

L'attuale sistema di accreditamento dei servizi rivolti a persone e famiglie prevede la presenza sul mercato di molteplici soggetti erogatori di assistenza, i quali dovranno garantire una buona qualità delle prestazioni offerte in quanto operano sotto il controllo e la regia dell'ente pubblico, preposto alla loro selezione.

I soggetti accreditati, pubblici e privati, profit o no profit, possono gestire nel rispetto di precise e rigorose norme e regole imposte dalla Regione sia servizi sanitari che sociali e socio-sanitari.

Tali soggetti operano in regime di libero mercato, e quindi in concorrenza tra loro, sotto il controllo della Regione che svolge una funzione regolatrice dell'attuale sistema. In tale scenario, il cittadino destinatario dei servizi e prestazioni, nel rispetto del principio di libera scelta, sceglie il fornitore del servizio.

L'ente pubblico si trasforma così da soggetto che prima erogava direttamente servizi e prestazioni a soggetto che ora affida i servizi a organizzazioni esterne presenti nel territorio, con la formula degli accreditamenti, liberamente scelte dai cittadini beneficiari dei servizi.

In ambito sociale e pubblico si pensi ad esempio al SAD (Servizio di assistenza domiciliare) del Comune. Il Comune potrebbe erogare il SAD, che è un servizio pubblico, assumendo direttamente alle proprie dipendenze gli ASA, OSA e gli OSS oppure affidando il servizio all'esterno ad una molteplicità di organizzazioni che vengono tecnicamente definite *"enti gestori o pattanti"*, pubblici o privati, profit o no profit, perlopiù cooperative, associazioni, società, RSA, stipulando con le stesse un patto di accreditamento, tramite il quale si permette agli enti accreditati di erogare le prestazioni previste nel SAD con l'impiego di proprio personale ASA, OSA e OSS, al posto del Comune e per conto e sotto il controllo del Comune stesso.

In base agli stessi principi, seppure regolati da differenti leggi, lo Stato e le Regioni possono affidare anche in ambito sanitario e socio-sanitario, nonché nel campo della formazione, i servizi ad organizzazioni esterne, pubbliche o private, con lo strumento dell'accreditamento.

Tra i requisiti minimi da rispettare, per ottenere l'accreditamento, una parte riguarda la dotazione e l'organizzazione del personale, operatori compresi. Al riguardo la normativa demanda alle Regioni la definizione dei requisiti minimi ed ulteriori per la qualificazione dei soggetti fornitori.

Nel campo dell'accreditamento socio-sanitario, si pensi ad esempio alla Regione che tramite l'ASL competente per territorio potrebbe assumere proprio personale per garantire a domicilio prestazioni di Assistenza Domiciliare Integrata (ADI), oppure affidare il servizio all'esterno ad *"enti gestori o pattanti o accreditati"*, pubblici o privati, del settore profit e no profit, tra i quali vi sono per lo più cooperative, associazioni, società, studi infermieristici, RSA, stipulando con gli stessi un patto di accreditamento, tramite il quale si permette agli enti accreditati di erogare le prestazioni di ADI, con l'impiego di medici specialisti, infermieri, fisioterapisti, psicologi, ASA e OSS, assunti alle proprie dipendenze e sotto il controllo dell'ASL stessa.

In ambito sanitario si pensi alla Regione che attraverso il medesimo sistema e tramite le ASL competenti per territorio permette alle diverse strutture pubbliche e private di erogare prestazioni sanitarie in regime di accreditamento.

Un ulteriore esempio lo si può fare nel campo della formazione, dove la Regione permette alle scuole accreditate di organizzare corsi di formazione rivolti agli OSS.

Pertanto, i servizi sanitari, sociali, socio-sanitari e dell'istruzione possono essere erogati sia da soggetti pubblici che privati. Questi organismi vanno a costituire la **rete dei servizi.**

L'accreditamento è dunque un importante strumento di garanzia e di promozione della qualità, che ha l'obiettivo di spronare enti pubblici e privati al confronto, alla competitività, alla valutazione e al miglioramento della qualità, sotto il controllo periodico e costante della Regione e ciò va a vantaggio dei cittadini fruitori dei servizi, che possono liberamente scegliere dove curarsi o dove, nel campo dell'istruzione, frequentare un corso di formazione o seguire un determinato percorso di studi.

2.2 Le tre fasi che devono seguire le strutture sanitarie per lavorare per conto del Servizio Sanitario Regionale

Le strutture sanitarie, pubbliche o private, che intendono erogare prestazioni per conto del Servizio Sanitario Regionale devono seguire di norma, tre fasi, che sono strettamente correlate tra loro, ossia:

- l'autorizzazione all'apertura e al funzionamento;
- l'accreditamento;
- il contratto.

2.2.1 L'autorizzazione all'apertura e al funzionamento delle strutture sanitarie

L'articolo 8 del decreto legislativo n. 502 del 1992 ha affidato il compito alle Regioni di disciplinare i procedimenti relativi all'autorizzazione, accreditamento e contrattualizzazione delle attività sanitarie.

Alle strutture sanitarie che non intendono erogare prestazioni per conto del SSR ma che scelgono unicamente di collocarsi sul "mercato" sanitario, offrendo prestazioni a pagamento a totale carico dell'utente, è richiesto solo l'ottenimento dell'autorizzazione al funzionamento o della presentazione della Segnalazione certificata di inizio attività (SCIA), purché in possesso dei requisiti necessari per svolgere l'attività, dimostrando di possedere i requisiti minimi fissati dalla legge per l'erogazione di prestazioni sanitarie.

La richiesta di autorizzazione al funzionamento o la SCIA vanno presentate all'ASL competente per territorio, allegando i documenti previsti dalle vigenti normative.

Le strutture che invece vogliono inserirsi tra gli erogatori di prestazioni per conto del SSR devono richiedere l'accreditamento e, una volta ottenuto, potranno richiedere la stipula di accordi contrattuali con la Regione, che darà loro titolo a ricevere la remunerazione da parte del sistema sanitario per le prestazioni rese ai cittadini.

2.2.2 L'accreditamento delle strutture sanitarie

Le strutture sanitarie che hanno ottenuto l'autorizzazione al funzionamento possono richiedere di sottoscrivere un patto di accreditamento con la Regione, che verrà rappresentata nella circostanza dall'ASL competente per territorio.

Possono venire accreditate le strutture sanitarie pubbliche e private autorizzate, nonché le strutture sanitarie e socio-sanitarie pubbliche e private che abbiano presentato la SCIA e che siano in possesso dei requisiti strutturali, tecnologici e organizzativi previsti dal decreto del Presidente della Repubblica 14 gennaio 1997 ("Approvazione dell'atto di indirizzo e coordinamento alle Regioni e alle Province autonome di Trento e Bolzano, in materia di requisiti strutturali, tecnologici ed organizzativi minimi per l'esercizio delle attività sanitarie da parte delle strutture pubbliche e private"), nonché degli ulteriori requisiti stabiliti dalla singola Giunta regionale.

In altre parole, l'accreditamento istituzionale è un atto attraverso il quale la Regione riconosce ai soggetti già autorizzati all'esercizio di attività sanitarie lo status di potenziali erogatori di prestazioni nell'ambito e per conto del Servizio Sanitario Regionale.

Con l'ottenimento dell'accreditamento regionale, la struttura sanitaria acquisisce prestigio e lo status di potenziale erogatore di prestazioni e attività sanitarie per conto del Servizio Sanitario Regionale ma non il diritto di ottenere, dalla Regione stessa, la remunerazione per le prestazioni rese a favore dei cittadini.

La Regione opera quindi una modifica dello stato del richiedente, da soggetto autorizzato ad esercitare attività sanitarie a potenziale erogatore, che solo successivamente è infine abilitato a fornire effettivamente tali prestazioni, attraverso la stipula di precisi accordi contrattuali.

Per ottenere il diritto alla remunerazione, le strutture sanitarie devono chiedere infatti di stipulare specifici accordi contrattuali con la ASL competente per territorio che agirà in rappresentanza della Regione.

L'assunzione di tali oneri è subordinata, sulla base del fabbisogno sanitario del territorio dalla singola Regione, alla definizione degli accordi contrattuali con le ASL per la remunerazione delle prestazioni rese e alla valutazione delle performance. La conclusione degli accordi contrattuali, regolata dal sistema di valutazione delle performance delle singole Regioni, è subordinata all'accettazione del sistema di finanziamento, dei controlli, delle sanzioni e all'osservanza dei tempi di erogazione delle prestazioni stabilite dalla Regione, sia per le strutture pubbliche sia per quelle private convenzionate.

La stipula del contratto comporta l'abilitazione del soggetto accreditato a fornire effettivamente tali prestazioni per conto del SSR.

La stipula degli accordi contrattuali è sempre subordinata alla produzione da parte dei soggetti di diritto privato di documentazione comprovante requisiti di solidità del bilancio, capacità di continuità aziendale e di ottemperanza agli obblighi di legge.

2.2.3 Il contratto

Le strutture accreditate che possiedono i requisiti strutturali, tecnologici ed organizzativi generali e specifici stabiliti dalla Regione di appartenenza possono chiedere di stipulare un contratto con l'ASL territorialmente competente per l'erogazione di servizi sanitari con costi posti a carico del Servizio Sanitario. I requisiti di accreditamento, coerenti rispetto alla tipologia di struttura, sono uguali tra strutture pubbliche e private.

Tale contratto rappresenta un patto o accordo tra una struttura sanitaria accreditata, pubblica o privata, e la Regione, attraverso l'ASL competente per territorio, che permette alla struttura sanitaria in esercizio, pubblica o privata, di offrire prestazioni e servizi sanitari per conto della Regione e i cui costi siano a carico totale o parziale del Servizio Sanitario, prevedendo, in determinati casi, il pagamento di un ticket o dell'intero costo da parte del cittadino.

Le strutture sanitarie accreditate e a contratto dovranno garantire un buon livello qualitativo delle prestazioni erogate, sotto il controllo dell'ASL competente per territorio.

L'accertamento da parte dell'ASL competente per territorio, della perdita dei requisiti comporta la declaratoria di decadenza dall'accreditamento e dalla titolarità dei conseguenti rapporti con il servizio sanitario e socio-sanitario regionale.

Le strutture sanitarie e socio-sanitarie, pubbliche e private, accreditate e a contratto, concorrono assieme allo Stato, la Regione, le ASL e le Aziende Ospedaliere ad assicurare i livelli essenziali di assistenza sanitaria ai cittadini.

2.3 Autorizzazione al funzionamento, accreditamento e contratto in ambito socio-sanitario

Le strutture socio-sanitarie in esercizio, vale a dire già autorizzate al funzionamento, possono richiedere alla Regione di sottoscrivere un patto di accreditamento, il cui ottenimento, come argomentato nel paragrafo destinato all'accreditamento delle strutture sanitarie, non dà diritto a ricevere una remunerazione per le prestazioni sanitarie fornite dalla struttura a favore dei cittadini.

L'accreditamento fornisce prestigio alla struttura e il riconoscimento di potenziale soggetto erogatore di servizi per conto del Servizio Sanitario Regionale. Per ricevere una remunerazione dal sistema sanitario per le prestazioni sanitarie fornite a favore dei cittadini è necessario che la struttura socio-sanitaria sottoscriva specifici accordi contrattuali con l'ASL competente per territorio che agirà in rappresentanza della Regione.

Ci sono però differenze sostanziali nel contratto stipulato dalle strutture socio-sanitarie con la Regione, rispetto a quello sottoscritto dalle strutture sanitarie, che vengono di seguito dettagliate.

2.3.1 Contratto tra una struttura socio-sanitaria come CDI ed RSA e la Regione attraverso l'ASL competente per territorio

Nei Centri Diurni Integrati e nelle Residenze Sanitarie Assistenziali la retta mensile da pagare è divisa in due quote:

a) **una quota relativa alle prestazioni alberghiere rese dalla struttura a favore dell'assistito.**
Le prestazioni alberghiere sono quelle che non interessano l'area sanitaria, vi rientrano ad esempio la pulizia delle camere, il rifacimento dei letti, il vitto e l'alloggio.
La retta mensile per le prestazioni alberghiere dovrà essere pagata dall'ospite, dalla famiglia o dal Comune di residenza, in tutto o in parte, qualora l'assistito o i parenti tenuti agli alimenti ed obbligati ad intervenire ai sensi dell'articolo 433 del codice civile, non abbiano le risorse economiche necessarie per sostenere tale costo, previa verifica e valutazione della situazione reddituale e patrimoniale;

b) **una quota relativa alle prestazioni sanitarie** rese dalla struttura a favore dell'utente e che sarà posta a totale carico della Regione in base al livello di fragilità e di non autosufficienza dell'assistito, che ad esempio in Regione Lombardia viene rilevato con la **Scheda di Osservazione Intermedia dell'Assistenza (SOSIA)**, compilata per ciascun utente dal Direttore Sanitario o dal medico di nucleo della struttura.
Pertanto il contratto tra l'unità d'offerta socio-sanitaria, in questo caso CDI ed RSA, e la Regione è quel patto o accordo sottoscritto tra la struttura accreditata, pubblica o privata, e l'ASL competente per territorio che agirà in rappresentanza della Regione, che permette alla struttura di erogare a favore dell'utente prestazioni e servizi sanitari, i cui costi siano a carico del Servizio Sanitario Regionale (SSR). Tali costi verranno corrisposti dalla Regione in base alla scheda di rilevazione del livello di non autosufficienza, in uso presso la singola Regione per ciascun utente della struttura in questione.

Ad esempio, in Lombardia, la scheda SOSIA è uno strumento scientifico di rilevazione della *"fragilità"* e delle capacità dell'utente, basato su scale di valutazione, che fornisce a CDI ed RSA elementi atti a valutare il carico assistenziale, educativo, infermieristico, medico, riabilitativo di ciascun utente e ad orientare l'insieme di interventi individualizzati.

La scheda SOSIA consente inoltre:

1. di classificare gli ospiti di CDI ed RSA in differenti gruppi che identificano diversi livelli di intensità assistenziale;
2. di classificare gli ospiti sulla base di alcuni indicatori quali mobilità, cognitività, diagnosi, comorbilità, utilizzo di ausili, e di monitorarne nel tempo le necessità.

La scheda misura la fragilità di ogni utente in otto livelli, che vengono ulteriormente suddivisi e raggruppati in tre classi, sulla base di questi la Regione provvede a remunerare la struttura con tariffe minime e massime da essa stessa stabilite, che vengono applicate e associate alla classe di appartenenza.

Ad esempio, in RSA i livelli di fragilità e di non autosufficienza 1 e 2 risultanti dalla scheda SOSIA fanno parte della prima classe e comportano il pagamento di una quota sanitaria giornaliera a carico della Regione più alta.

I livelli di fragilità 3, 4, 5, 6 fanno parte della seconda classe e comportano il pagamento di una quota sanitaria giornaliera inferiore e intermedia.

I livelli di fragilità 7 e 8 fanno parte della terza classe e comportano il pagamento di una quota sanitaria giornaliera maggiormente inferiore perché l'ospite è meno compromesso.

In CDI ovviamente, trattandosi di una struttura semiresidenziale e quindi frequentata solo di giorno dall'anziano non autosufficiente, le tariffe applicate dalla Regione in base alla classe SOSIA di appartenenza sono ovviamente inferiori rispetto alla RSA.

Infine si precisa che mentre la quota giornaliera a carico di ciascun utente per le prestazioni alberghiere ricevute viene determinata da ogni singolo CDI o RSA, anche in base a logiche dettate dal mercato in cui operano, la quota per le prestazioni sanitarie fornite agli utenti è invece rigidamente fissata dalla Regione.

2.3.2 Contratto tra strutture socio-sanitarie come CDD, RSD, CSS e la Regione attraverso l'ASL competente per territorio

Anche nei Centri Diurni per Disabili (CDD), nelle Residenze Sanitarie Assistenziali per Disabili (RSD), nonché nelle Comunità Alloggio Socio-Sanitarie (CSS), la retta da pagare è divisa in due quote:

a) **una quota relativa alle prestazioni alberghiere rese dalla struttura a favore dell'assistito.**
   Rientrano ad esempio tra le prestazioni alberghiere la pulizia delle camere, il rifacimento dei letti, il vitto e l'alloggio.
   La retta mensile per le prestazioni alberghiere dovrà essere pagata dall'ospite, dalla famiglia o dal Comune di residenza, in tutto o in parte, qualora l'assistito o i parenti tenuti agli alimenti ed obbligati ad intervenire ai sensi dell'articolo 433 del codice civile, non abbiano le risorse economiche necessarie per sostenere tale costo, previa verifica e valutazione della situazione reddituale e patrimoniale;

b) **una quota relativa alle prestazioni sanitarie** rese dalla struttura a favore dell'utente e che sarà posta a totale carico della Regione in base al livello di fragilità e della gravità della disabilità dell'assistito, vale a dire della gravità della disabilità, risultante dalla rilevazione tramite apposita scheda in uso nella Regione di appartenenza, compilata per ciascun utente dal Direttore Sanitario o medico della struttura. Ad esempio in Regione Lombardia, la suddetta scheda prende il nome di Scheda Individuale Disabile Intermedia (SIDI).

La scheda individuale del disabile intermedia è lo strumento di rilevazione della "*fragilità*" e delle "*capacità*" dell'ospite, vale a dire della gravità della disabilità, essenziale per valorizzare ed orientare il complesso delle risposte di cura personale e di qualità della vita che la struttura è chiamata ad offrire alla persona disabile. In tale ambito, essa costituisce uno strumento in grado di fornire al gestore della struttura elementi atti a valutare il carico assistenziale, educativo, riabilitativo ed infermieristico di cui gli ospiti necessitano al fine di orientare i servizi, le attività e le diverse tipologie di prestazioni offerte.

Anche in queste strutture la scheda individuale del disabile è inoltre finalizzata a consentire la definizione della "*classe di appartenenza*", vale a dire del livello di gravità della disabilità del singolo disabile e a consentire l'esercizio delle funzioni di verifica e controllo, da parte sia dell'ASL (in Lombardia ATS) sia della Regione.

La scheda deve essere compilata, in assenza di significativi cambiamenti sullo stato di salute dell'ospite, annualmente e trasmessa alla Regione.

Pertanto, il contratto tra l'unità d'offerta socio-sanitaria, in questo caso CDD, ed RSD, CSS e la Regione, è quel patto o accordo sottoscritto tra la struttura accreditata, pubblica o privata e l'ASL competente per territorio che agirà in rappresentanza della Regione e che permette alla struttura di erogare a favore dell'utente prestazioni e servizi sanitari, i cui costi siano a carico del Servizio Sanitario Regionale e che verranno corrisposti dalla Regione in base alla scheda di rilevazione della fragilità di ciascun utente della struttura in questione.

La scheda SIDI è uno strumento scientifico di misurazione del livello di gravità della disabilità, basato su scale di valutazione che fornisce ai CDD, RSD, CSS, elementi atti a valutare il carico assistenziale (OSS), educativo, infermieristico, medico e riabilitativo di ogni utente ed ad orientare l'insieme di interventi individualizzati.

Essa classifica nello specifico il livello di fragilità di ogni utente in cinque diverse classi e misura il carico assistenziale settimanale per ogni classe. Viene compilata dal responsabile del servizio della struttura (Direttore sanitario) o medico di nucleo o di reparto della struttura/unità d'offerta e inviata in Regione.

Si precisa, infine, che mentre la quota giornaliera che dovrà pagare ciascun utente per le prestazioni alberghiere ricevute viene liberamente decisa dalla singola struttura, in questo caso CDD, o RSD o CSS, anche in base a logiche dettate dal mercato in cui operano, la quota per le prestazioni sanitarie fornite agli utenti è invece rigidamente fissata dalla Regione, secondo una cifra massima e minima che varia in base al variare di una delle cinque classi di appartenenza attribuita dalla scheda SIDI.

In altre parole, maggiore è la dipendenza dell'utente dall'équipe della struttura in termini di minuti settimanali attribuita attraverso la scheda SIDI, utilizzata come detto in Lombardia, e maggiore sarà la tariffa riconosciuta dalla Regione.

Le tariffe stabilite dalla Regione per ciascun livello della scheda SIDI in CDD sono differenti da quelle applicate in RSD e in CSS.

2.3.3 Il contratto tra la Regione e gli Hospice, tra la Regione e gli Istituti di riabilitazione, tra la Regione e le organizzazioni che si occupano di ADI

A differenza degli esempi precedenti sui CDI, RSA, CDD, RSD, CSS, negli Hospice, negli Istituti di riabilitazione e nelle organizzazioni che si occupano di ADI, quando accreditati e a contratto, tutte le prestazioni, sia quelle alberghiere, quelle socio-assistenziali e sanitarie, ed eventualmente educative e di animazione, sono a totale carico del Servizio Sanitario Regionale e non è previsto alcun costo per il cittadino e la propria famiglia.

2.4 Compiti e poteri dell'ASL nei confronti delle strutture sanitarie e socio-sanitarie accreditate

Le strutture sanitarie e socio-sanitarie accreditate e a contratto dovranno garantire un buon livello qualitativo delle prestazioni erogate, sotto il controllo dell'ASL competente per territorio.

L'ASL può effettuare ispezioni e controlli con o senza preavviso che nei casi più gravi possono concludersi, tra i vari altri casi, con sanzioni pecuniarie e con la revoca dell'accreditamento.

2.5 L'autorizzazione al funzionamento, accreditamento e contratto delle unità d'offerta sociali

Dai **Comuni** dipendono l'autorizzazione, l'accreditamento e la vigilanza sui soggetti privati che offrono prestazioni sociali.

Spetta invece alla **Regione** la definizione dei criteri generali di accreditamento, sia delle strutture sociali che socio-sanitarie (e anche sanitarie).

L'accreditamento delle strutture che operano in ambito sociale è condizione per sottoscrivere i conseguenti contratti con i Comuni, il contratto definisce i rapporti e le reciproche obbligazioni tra il Comune e l'unità d'offerta sociale.

La legge nazionale n. 328 del 2000 ha come punto di forza il coinvolgimento di soggetti pubblici e privati nell'erogazione dei servizi sociali. I privati devono prima chiedere l'autorizzazione al funzionamento e successivamente di venire accreditati, in modo da entrare a fare parte della rete dei servizi sociali territoriali.

Le strutture di tipo sociale (unità d'offerta sociali) che intendono chiedere l'autorizzazione al funzionamento o accreditarsi devono presentare domanda presso il Comune dove hanno la sede.

Ne consegue che l'autorizzazione è indispensabile per qualsiasi soggetto privato che voglia fornire servizi alla persona, seppure non interessato a entrare nel circuito dell'assistenza pubblica; se invece ambisce a diventare un "fornitore di servizi" della pubblica amministrazione, ed entrare a far parte del sistema integrato degli interventi e dei servizi sociali, oltre ad essere un ente autorizzato deve anche ottenere l'accreditamento.

I tre momenti individuati (autorizzazione, accreditamento, contratto) sono interconnessi per quelle strutture, pubbliche o private, che intendono erogare prestazioni per conto del Comune.

Non lo sono invece per quei soggetti sociali che non intendono inserirsi in tale sistema, ma scelgono unicamente di collocarsi sul "mercato" sociale offrendo prestazioni a pagamento, a totale carico dell'utente.

Le strutture accreditate sono quelle che, rispondendo a requisiti strutturali, tecnologici ed organizzativi generali e specifici stabiliti dalla propria Regione, possono chiedere di stipulare un contratto con il Comune dove si ha la sede (possono tuttavia stipulare contratti anche con altri Comuni) per l'erogazione di servizi i cui costi siano a carico totale o parziale del singolo Comune.

I requisiti di accreditamento, coerenti rispetto alla tipologia di struttura, sono uguali tra strutture pubbliche e private, che si trovano così a dover rispondere in ugual modo ai medesimi requisiti.

2.6 La Carta dei servizi

La Carta dei servizi è un importante documento previsto e imposto dalla legge in tutti i settori di pubblica utilità, per migliorare i rapporti tra i beneficiari dei servizi e gli enti che li erogano.

Di essa devono obbligatoriamente dotarsi, per legge, sia gli enti pubblici (Comune, ASL, AO) sia le strutture private che intendono richiedere o mantenere l'accreditamento.

Senza la Carta dei servizi, ad esempio, una RSA, pubblica o privata, non può richiedere l'accreditamento in Regione tramite l'ASL territorialmente competente.

L'ente attraverso la Carta dei servizi presenta se stesso e fornisce **informazioni di base** su quando è stato istituito, in quale sede e città eroga i propri servizi, i servizi che offre e le modalità di accesso agli stessi, il personale impiegato, la tipologia delle prestazioni offerte, servizi accessori disponibili, documenti necessari, il costo dei relativi servizi, quali operatori sono preposti a valutare la richiesta dei cittadini per l'accesso ai servizi, nonché l'esplicitazione delle finalità dell'organizzazione, delle modalità di funzionamento, della giornata tipo degli utenti, delle modalità di accesso alla struttura, le modalità di coordinamento adottate con indicazione della persona incaricata, l'ammontare della retta, con esplicitazione delle prestazioni comprese o escluse dalla stessa, gli eventuali servizi resi a pagamento e il loro relativo costo.

Deve anche contenere in allegato un questionario di soddisfazione per ospiti e familiari, con annessa scheda per esprimere lamentele/apprezzamenti e una descrizione delle modalità di inoltro della lamentela e dei tempi massimi per la risposta del responsabile delle relazioni con il pubblico.

La Carta dei servizi è il mezzo attraverso il quale **qualsiasi soggetto** che **eroga un servizio pubblico,** individua gli **standard** della propria prestazione, dichiarando i propri obiettivi e riconoscendo specifici diritti in capo al cittadino-utente-consumatore.

Deve pertanto contenere sia indicazioni per la raccolta e l'analisi delle segnalazioni di disservizio che indicazioni sul proprio sistema di monitoraggio della soddisfazione degli utenti.

Attraverso la Carta dei servizi i soggetti erogatori di servizi pubblici si impegnano, dunque, a rispettare determinati standard qualitativi e quantitativi, con l'intento di monitorare e migliorare le modalità di fornitura e somministrazione.

La Carta dei servizi rappresenta un patto tra soggetto erogante i servizi, pubblico o privato, e i cittadini.

Prendiamo ad esempio, la Carta dei servizi dell'ASL: è il **patto** tra l'ASL e i cittadini, secondo i principi:

- di imparzialità nell'erogazione delle prestazioni e uguaglianza del diritto all'accesso ai servizi;
- di trasparenza e piena informazione dei cittadini sui servizi offerti dalla ASL e le modalità con cui questi vengono erogati;
- di definizione degli obiettivi della stessa azienda;
- di organizzazione di modalità strutturate per la tutela dei diritti dei cittadini;
- di ascolto delle opinioni e dei giudizi sulla qualità del servizio, espressi dai cittadini direttamente o tramite le associazioni che li rappresentano attraverso modalità e strumenti di partecipazione e coinvolgimento.

È uno strumento che regola i rapporti fra il cittadino e l'Azienda e mette a disposizione di tutti una serie di informazioni sui servizi erogati e la qualità degli stessi.

Nella Carta devono altresì venire esplicitate le procedure per assicurare la tutela degli utenti. Infatti, al fine di tutelare le posizioni soggettive e di rendere immediatamente esigibili i diritti soggettivi riconosciuti, la Carta dei servizi, ferma restando la tutela per via giurisdizionale, prevede per gli utenti la possibilità di attivare ricorsi.

L'ASL invece dovrà avere cura di verificare che:

- la Carta dei servizi sia adottata da tutte le strutture socio-sanitarie accreditate e che venga distribuita agli utenti o familiari, mediante apposito modulo di presa visione al momento della presa in carico;
- i contenuti siano coerenti rispetto a quanto previsto dalla normativa vigente;
- la Carta dei servizi venga modificata dalla struttura ogni qualvolta intervengano modifiche, sia organizzative che sui servizi offerti, e che la stessa ne dia tempestivamente comunicazione all'utente e ai familiari in modo da garantire la trasparenza delle informazioni.

Capitolo 3
Il Comune e il servizio di assistenza sociale

3.1 Il servizio di assistenza sociale e il ruolo del Comune

Il Comune è un ente pubblico ed è uno dei pilastri, insieme alla previdenza sociale e alla sanità, del welfare italiano.

È l'ente locale territorialmente più vicino al cittadino e storicamente ha la titolarità e la competenza, per legge, di tutte le funzioni relative all'organizzazione e all'erogazione dei **servizi sociali**.

I Comuni, su disposizione di varie leggi, in particolare della legge quadro nazionale n. 328 del 2000, hanno la titolarità di tutte le funzioni sociali ed assistenziali, di primo intervento sociale, di prevenzione e tutela dei propri cittadini in condizione di bisogno.

La legge 328 va a regolare i servizi sociali, così come definiti dall'articolo 128 del decreto legislativo n. 112 del 1998 che recita: "*per servizi sociali si intendono tutte le attività relative alla predisposizione ed erogazione di servizi, gratuiti ed a pagamento, o di prestazioni economiche destinate a rimuovere e superare le situazioni di bisogno e di difficoltà che la persona umana incontra nel corso della sua vita, escluse soltanto quelle assicurate dal sistema previdenziale e da quello sanitario, nonché quelle assicurate in sede di amministrazione della giustizia*".

Tali difficoltà, a titolo esemplificativo, sono principalmente riconducibili a problematiche:

- **di tipo economico (povertà)**, spesso dovute alla mancanza di un lavoro o di reddito o a un reddito insufficiente;
- **legate alla non autosufficienza**, ad esempio un anziano o disabile che non riescono a svolgere le azioni di vita quotidiana, come lavarsi, vestirsi, prepararsi da mangiare, uscire di casa;
- **legate alla sfera sociale** (solitudine, emarginazione, disagio psichico, dipendenza da sostanze stupefacenti).

Le persone con difficoltà sociali, economiche, di non autosufficienza, possono rivolgersi all'**ufficio dei servizi sociali** del Comune.

Il servizio di Assistenza Sociale comunale è presente in ciascun Comune italiano o insieme di Comuni associati. È rivolto alle famiglie, ai minori ed agli adolescenti, alle persone adulte, anziani, diversamente abili, che per ragioni socio-economiche, culturali, sanitarie si trovano in situazione di difficoltà o a rischio di esclusione sociale ed emarginazione.

3.2 L'assistente sociale

Presso l'ufficio dei servizi sociali del Comune presta/prestano servizio l'assistente sociale/assistenti sociali (il numero degli operatori dipende dalle dimensioni del Comune).

La legge n. 84 del 23 marzo 1993 "*Ordinamento della professione di assistente sociale e istituzione dell'albo professionale*" all'articolo 1, definendo la professione di assistente sociale recita: "*L'assistente sociale opera con autonomia tecnico-professionale e di giudizio in tutte le fasi dell'intervento per la prevenzione, il sostegno e il recupero di persone, famiglie, gruppi e comunità in situazioni di bisogno e di disagio e può svolgere attività didattico-formative. L'assistente sociale svolge compiti di gestione, concorre all'organizzazione e alla programmazione e può esercitare attività di coordinamento e di direzione dei servizi sociali*".

L'assistente sociale, nello svolgimento del proprio lavoro, rivolge l'attenzione in tre principali direzioni: l'utente, l'organizzazione dove presta servizio ed il contesto sociale e territoriale in cui opera. Partendo dall'analisi e dalla valutazione dei bisogni espressi dai cittadini, contribuisce attivamente e in modo propositivo alla programmazione delle politiche della propria organizzazione e del proprio territorio. Per poter far questo e per poter esercitare le proprie funzioni deve lavorare all'interno di una rete di relazioni che gli consenta di avere ben presenti le risorse da attivare in favore dell'utenza.

L'assistente sociale del Comune si occupa delle problematiche dei cittadini e di famiglie fragili (in particolare, a titolo esemplificativo e non esaustivo), per motivi legati alla povertà e non autosufficienza, all'emarginazione, a problematiche sociali in genere, mettendoli in relazione con le risorse istituzionali e territoriali.

3.3 I destinatari degli interventi e dei servizi sociali

I destinatari degli interventi previsti dai regolamenti socio-assistenziali comunali sono, come anche disposto dall'art. 2 della legge 328/2000:

- i cittadini italiani;
- i cittadini appartenenti all'Unione Europea (UE), residenti nel territorio comunale, aventi titolo all'assistenza secondo le leggi vigenti nel nostro ordinamento giuridico;
- i cittadini non comunitari, residenti nel territorio comunale, con permesso di soggiorno in regola, aventi titolo all'assistenza secondo le leggi vigenti nel nostro ordinamento giuridico.

L'articolo 2, comma 3, della medesima legge stabilisce che: "*I soggetti in condizioni di povertà o con limitato reddito o con incapacità totale o parziale di provvedere alle proprie esigenze per inabilità di ordine fisico e psichico, con difficoltà di inserimento nella vita sociale attiva e nel mercato del lavoro, nonché i soggetti sottoposti a provvedimenti dell'autorità giudiziaria che rendono necessari interventi assistenziali, accedono prioritariamente ai servizi e alle prestazioni erogati dal sistema integrato di interventi e servizi sociali*".

L'articolo 6, comma 2, lettera e, stabilisce che ai Comuni spetta la definizione dei parametri di valutazione delle condizioni di cui all'articolo 2, comma 3, prima citato, ai fini della determinazione dell'accesso prioritario alle prestazioni e ai servizi.

Chi necessita di aiuti e/o servizi deve presentare domanda di assistenza ai servizi sociali sul modulo di domanda standard, fornito dal Comune, all'interno del quale il cittadino autocertifica la composizione del proprio nucleo familiare, la residenza, ecc., allegando i seguenti documenti: copia della carta di identità e del codice fiscale, l'indicatore della situazione economica ed equivalente (ISEE) che è il documento che certifica il reddito e il patrimonio del richiedente (per l'ammissione ad alcuni servizi le leggi vigenti prevedono che si deve tenere conto dell'ISEE del solo richiedente, mentre per altri servizi nel calcolo dell'ISEE vanno computati i redditi del richiedente sommati a quelli di coloro che appartengono al medesimo nucleo familiare), e, se richiesti e necessari al fine della concessione del servizio, eventuali verbali di invalidità civile, indennità di accompagnamento e di riconoscimento dell'handicap.

È inoltre necessario fare un colloquio con l'assistente sociale comunale che per legge è il professionista che deve valutare il bisogno socio-economico della persona che presenta domanda di assistenza economica o di prestazioni socio-assistenziali in esenzione o a tariffa agevolata.

L'assistente sociale è **il professionista** che viene incaricato dal Comune di **accogliere** e **valutare** le richieste di assistenza dei cittadini in difficoltà. Nella sua valutazione l'**assistente sociale** utilizzerà criteri di valutazione globali (legati alla situazione individuale, familiare, sociale) e non esclusivamente vincolati alla situazione economica.

3.4 Principali servizi, interventi e prestazioni del servizio sociale comunale

Il servizio sociale comunale, in base al tipo di risposta da fornire, attua:

1. **interventi di servizio sociale professionale che comprendono:**
   - il servizio sociale professionale;
   - il segretariato sociale;
   - il servizio di tutela dei minori;
   - il lavoro sociale di rete;
2. **interventi socio-assistenziali che in genere comprendono:**
   - l'assistenza economica;
   - i servizi di assistenza domiciliare;
   - il servizio pasti a domicilio;
   - il servizio di trasporto sociale;
   - il servizio di telesoccorso;
   - il servizio lavanderia.

Gli assistenti sociali si occupano inoltre di:

- collaborare con la famiglia, il medico curante e i servizi del territorio per il ricovero di anziani e disabili presso le strutture più adeguate;
- predisporre schede sociali per l'ingresso in Centri Diurni Integrati, Residenza Sanitaria Assistenziale, di anziani residenti;
- predisporre schede sociali per l'ingresso in CDD (Centro Diurno Disabili), RSD (Residenza Sanitaria Assistenziale per persone con disabilità), CSS (Comunità Alloggio Socio-sanitaria) di disabili residenti;
- effettuare visite domiciliari;
- monitoraggio della popolazione anziana;
- fornire informazioni sulla presentazione della domanda di invalidità civile, indennità di accompagnamento, riconoscimento dell'handicap (legge 104/1992) e seguire il richiedente fino ad esito finale;

- segnalazione/inserimento di utenza c/o specifiche strutture o di accompagnamento a specifici percorsi di inserimento sociale (Servizio Inserimento Lavorativo, SIL, presente sul territorio; Servizio Formazione Autonomia, SFA; Centro Socio Educativo, CSE).

3.5 Interventi di servizio sociale professionale nel dettaglio

Servizio sociale professionale

È l'ufficio dove prestano servizio gli assistenti sociali che svolgono attività di consulenza a favore di famiglie, anziani, disabili, adulti, minori, che versano in stato di bisogno sociale, economico o non autosufficienza. Si tratta di un tipo di consulenza che ha i caratteri della globalità e universalità, in quanto rivolta a tutti i tipi di bisogno e a tutte le persone.

Segretariato sociale

È un ufficio o sportello di **orientamento al cittadino** sui **servizi offerti dallo stesso Comune o altri uffici o strutture del territorio** come l'**ASL**, il **medico curante**, i **patronati**, ecc.

Presso l'ufficio di segretariato sociale, avviene il significativo primo contatto tra operatore ed utente, quindi uno dei contesti dove viene accolta e raccolta la domanda sociale.

In particolare vengono fornite informazioni sui **requisiti da possedere e i documenti da presentare** per richiedere determinati servizi. In tale sportello ci lavorano gli **assistenti sociali** o **impiegati del Comune** o **entrambe** le figure. È il momento iniziale di accesso del cittadino ai servizi, nel quale si forniscono informazioni in merito alle risorse e alle prassi da seguire per richiedere un servizio al Comune, in cui viene indirizzato e sostenuto il cittadino-utente. Rappresenta il primo contatto tra assistente sociale ed utenti nel processo di aiuto e mira ad individuare i bisogni, espressi e non espressi. Il colloquio permette alla persona che chiede aiuto di esporre il proprio problema e all'operatore di valutare la situazione in modo da individuare le possibili soluzioni.

Obiettivo dell'intervento è quello di fare una primissima diagnosi e di indirizzare il cittadino-utente verso il servizio più idoneo a fornire risposte ai suoi bisogni, oltre a quello di fornire dettagliate e professionali informazioni e indicazioni sui servizi del Comune e del territorio, sulla normativa in vigore e sulle prassi da seguire per l'accesso ai servizi.

Il segretariato sociale è un servizio pubblico, aperto a tutti, che offre informazioni sulla realtà sanitaria, sociale, culturale, scolastica, educativa e sportiva del territorio, ma anche consulenza e orientamento in merito ai diritti, alle prestazioni e alle modalità di accesso ai servizi.

Il servizio rivolto alla tutela dei minori

È un'attività orientata alla tutela e alla cura dei minori e delle loro famiglie per problemi legati a maltrattamento, fisico o psicologico, grave trascuratezza, abuso o abbandono a danno dei bambini e dei minori.

Gli assistenti sociali di tale servizio lavorano in stretta collaborazione con gli psicologi dell'ASL e l'autorità giudiziaria, sia Tribunale dei minorenni che Tribunale ordinario, per questioni civili o penali.

Il lavoro sociale di rete

È caratterizzato dal lavoro svolto dall'assistente sociale in modo integrato con i diversi servizi presenti nel territorio. Considerata l'attuale crisi del welfare e la conseguente scarsità di risorse a disposizione del Comune, l'assistente sociale svolge oggi un lavoro mirato a cercare di trovare risorse sostitutive o aggiuntive, tra queste quelle offerte principalmente dalla famiglia e dal volontariato, ma non solo, anche quelle potenzialmente attivabili dal Comune, allo scopo di rendere più forte ed efficace l'intervento.

3.6 Principali interventi socio-assistenziali

Ciascun Comune predispone un proprio piano e regolamento socio-assistenziale, contenenti l'insieme di servizi e prestazioni erogabili, nonché i requisiti da possedere, documenti da presentare e criteri da seguire per l'accesso ai diversi servizi.

Ciascuna singola amministrazione comunale in sede di predisposizione del bilancio assegna ad ogni servizio, e tra questi anche al servizio sociale, un budget annuale.

Tra gli interventi socio-assistenziali vi sono: l'assistenza economica, l'assistenza domiciliare, le prestazioni sostitutive.

L'**assistenza economica** può essere concessa a persone e famiglie che non hanno reddito o che hanno un reddito insufficiente per far fronte ai propri bisogni primari e vitali e che versano in condizioni di indigenza. Ciascun Comune adotta con apposito regolamento i criteri per l'erogazione di contributi economici in denaro a favore di tali categorie di persone.

I criteri che consentono di beneficiare di aiuti economici non riguardano solo le condizioni di reddito. L'assistente sociale deve fare una **valutazione globale** della situazione, tenendo conto non solo della **situazione economica (es. ISEE)** ma anche **sociale, familiare, lavorativa del richiedente.**

La provvidenza economica che spesso dà avvio al processo di aiuto fa emergere nel corso del tempo e dei colloqui ulteriori bisogni. L'assistenza economica può venire erogata dal Comune, dopo valutazione e proposta dell'assistente sociale, a cittadini senza reddito o basso reddito e comunque, in linea generale, con reddito inferiore alla soglia ISEE prevista dal piano socio-assistenziale e dal regolamento socio-assistenziale comunale. Pertanto, tutti coloro che si trovano al di sotto di tale soglia o pari alla soglia potranno fare domanda per avere un aiuto economico, ma questo non dà diritto, in via generale, ad ottenere il contributo.

In certi casi il Comune può intervenire con contributi economici a favore di persone e famiglie che necessitano di aiuti continuativi e duraturi nel tempo o che hanno natura di straordinarietà, ad esempio per far fronte a spese non previste che presentano il carattere dell'urgenza. Normalmente, questi aiuti economici servono a coprire in parte o totalmente spese sanitarie impreviste o anche utenze varie. Il Comune chiede che il richiedente provveda, per ovvie ragioni, a documentare tali spese.

I Comuni sono inoltre molto spesso chiamati ad intervenire per l'integrazione della retta da sostenere per il soggiorno in RSA a favore di anziani con reddito mensile insufficiente, sprovvisti di risorse proprie e di familiari in grado di aiutarli.

Sulla base delle proposte formulate dall'assistente sociale, il dirigente dei servizi sociali o una commissione tecnica nominata da quest'ultimo, della quale fanno parte gli assistenti sociali delle diverse aree, decidono in merito all'assegnazione e all'entità degli aiuti economici da erogare a favore di persone e famiglie alle quali è stata accolta domanda di contributo economico. Va infine precisato che, da diversi anni, è prassi diffusa da parte di diversi Comuni subordinare l'erogazione degli aiuti economici alla partecipaione a specifici bandi pubblici, che prevedono criteri maggiormente oggettivi e meno discrezionali da parte dei servizi sociali.

L'**assistenza domiciliare** viene normalmente garantita attraverso:

a) il Servizio di Assistenza Domiciliare (SAD), il voucher sociale, l'Assistenza Domiciliare Minori (ADM), il SADH a favore dei disabili;
b) il servizio pasti a domicilio;
c) il servizio di trasporto sociale;
d) il servizio di telesoccorso;
e) il servizio lavanderia.

Tali servizi e prestazioni sono finalizzati a favorire la permanenza dell'assistito nel proprio ambiente di vita e ad evitare e allontanare per quanto possibile il ricovero presso strutture.

Vengono anche chiamate prestazioni integrative perché erogate ad integrazione del lavoro di assistenza svolto dalle famiglie e, pertanto, non sono da intendersi come sostitutive di tale lavoro.

Le **prestazioni sostitutive** vengono attivate quando la persona non riesce più a svolgere autonomamente gli atti quotidiani della vita e dipende completamente da altri.

Non essendo tale persona (anziana o disabile) più assistibile a domicilio, con aiuti economici o con l'assistenza domiciliare, è pertanto necessario provvedere al suo ricovero, temporaneo o definitivo, presso strutture residenziali.

3.7 Segnalazione della situazione di bisogno

La segnalazione in merito alla necessità di attivazione del servizio a favore di una persona bisognosa e impossibilitata a recarsi presso gli appositi uffici, può essere fatta al Comune da chiunque ne venga a conoscenza, come un familiare, vicino di casa, amico, collega, volontario o semplice passante, ma si concretizza solo con la presentazione formale della richiesta, da parte dell'interessato o di un familiare, tutore legale o amministratore di sostegno, compilata sul modulo di domanda fornito dal Comune.

In caso di persona impossibilitata a presentarsi al servizio, sarà cura dell'assistente sociale recarsi al domicilio della stessa per ascoltarne i bisogni e far compilare la domanda, ed eventualmente supportarla nella produzione dei documenti da allegare.

3.8 L'indicatore della situazione economica ed equivalente (ISEE)

Le leggi in vigore prevedono che per poter accedere alle prestazioni sociali a condizioni agevolate, il cittadino è tenuto a presentare l'indicatore della situazione economica equivalente. L'ISEE costituisce il principale strumento di accesso alle prestazioni agevolate.

Attraverso di esso viene permesso di valutare le condizioni economiche e patrimoniali di singoli cittadini o famiglie, consentendo alle amministrazioni statali o locali di assegnare, secondo criteri omogenei, servizi ed agevolazioni tariffarie ai richiedenti che presentino determinati requisiti.

Per poter determinare l'ISEE è necessario compilare la Dichiarazione Sostitutiva Unica (DSU).

La DSU è un documento che contiene i dati anagrafici, reddituali e patrimoniali di una persona o nucleo familiare.

I dati sono in parte autodichiarati (tra i quali ad esempio i dati anagrafici e i beni patrimoniali) ed in parte acquisiti dall'Agenzia delle entrate (ad esempio reddito complessivo ai fini IRPEF) e dall'INPS (tra questi i trattamenti assistenziali, previdenziali e indennitari erogati da tale ente).

Per quanto riguarda la parte autocertificata, la persona che compila la DSU, definita dichiarante, si assume la responsabilità, anche di natura penale, di quanto in essa dichiara.

La DSU può essere presentata:

- all'Ente che eroga la prestazione sociale agevolata;
- al Comune;
- ad un Centro di Assistenza Fiscale (CAF);
- all'INPS in via telematica.

Sulla base delle informazioni autodichiarate dal cittadino, di quelle acquisite dall'Agenzia delle entrate, nonché di quelle reperite nei propri archivi, l'INPS provvede a calcolare l'ISEE che sarà disponibile attraverso il proprio sito web o attraverso l'ente al quale è stata presentata la dichiarazione.

Capitolo 4
L'assistenza domiciliare del Comune

Su disposizione di diverse leggi e, in particolare della legge n. 328 del 2000 ("Legge quadro per la realizzazione di un sistema integrato di interventi e servizi sociali"), i Comuni hanno la competenza e la titolarità, salvo diversi accordi presi negli ambiti territoriali, ad erogare servizi di assistenza domiciliare di tipo socio-assistenziale e sociale.

In linea generale, per assistenza domiciliare s'intende quel complesso di prestazioni assistenziali erogate dal Comune al domicilio di anziani autosufficienti o non autosufficienti, disabili, minori e famiglie, adulti in difficoltà, per assisterli nello svolgimento delle attività quotidiane e/o per contrastare fenomeni di fragilità, solitudine, emarginazione e povertà.

4.1 Principali obiettivi dell'assistenza domiciliare

- **Garantire,** per quanto possibile la **permanenza a domicilio** dell'assistito perché il proprio ambiente di vita contribuisce a mantenerlo in salute. L'originario concetto di salute infatti, come definito dall'Organizzazione mondiale della sanità (OMS), non è solo assenza di malattia ma completo stato di benessere, fisico, mentale e socio-relazionale;
- **migliorare** la qualità di vita dell'assistito nel suo complesso e di chi lo cura;
- **far sentire** la vicinanza delle istituzioni sia agli assistiti che ai loro familiari;
- **coniugare** l'ambiente di vita degli assistiti con le risorse del territorio;
- **evitare** ricoveri impropri in strutture sanitarie o socio-sanitarie, che avrebbero tra l'altro costi notevoli, sia per lo Stato/Regione/Comune di residenza che per l'assistito o la propria famiglia.

Il Comune eroga assistenza domiciliare di tipo socio-assistenziale (aiuto nell'igiene personale, pulizia della casa, accompagnamento a visite mediche, ecc.), servendosi principalmente di organizzazioni esterne (attraverso il sistema dell'accreditamento o della gara d'appalto), pubbliche o private, profit o no profit, perlopiù cooperative, associazioni di volontariato, società che, su indicazione dell'assistente sociale del Comune, inviano al domicilio dell'assistito, personale OSS, ASA, OSA, per aiutarlo nello svolgimento delle attività quotidiane e/o per contrastare fenomeni di emarginazione, solitudine, fragilità, povertà, secondo un Piano di Assistenza Individuale (PAI) personalizzato.

Nei servizi di assistenza domiciliare del Comune non sono previsti interventi sanitari da parte di medici, infermieri, fisioterapisti, che invece vengono garantiti nel servizio di assistenza domiciliare integrata (ADI) erogata dall'ASL.

4.2 Procedura da seguire per l'ammissione al servizio di assistenza domiciliare del Comune

La domanda di attivazione del servizio può essere inoltrata all'ufficio dei servizi sociali del Comune di residenza o all'assistente sociale di riferimento:

a) dall'interessato o in caso di impedimento della persona, dai familiari previo consenso dell'interessato, o da chi ne esercita la tutela (amministratore di sostegno/tutore);
b) d'ufficio dagli operatori del servizio stesso, in assenza di figure di riferimento parentali o giuridiche, in situazioni urgenti non differibili, opportunamente documentate.

Il richiedente è tenuto alla presentazione del modello ISEE prima dell'attivazione del servizio, per l'opportuna valutazione sull'eventuale quota di compartecipazione al costo del servizio.

In caso di accoglimento della domanda, il richiedente dovrà altresì comunicare all'assistente sociale la scelta del soggetto accreditato rientrante nell'elenco dei soggetti ritenuti professionalmente idonei per l'erogazione del servizio di assistenza domiciliare.

Il servizio verrà attivato secondo le modalità e la tempistica concordate con il richiedente, sulla base di un PAI (Piano di Assistenza Individualizzato) predisposto dall'assistente sociale, compatibilmente con le risorse economiche disponibili.

Nel caso in cui la persona assistita fosse in carico ad un servizio specialistico, sarà compito dell'assistente sociale contattare gli operatori di riferimento (CSM, ADI, Ser.D) al fine di garantire una presa in carico congiunta e poter così rispondere meglio ai bisogni della persona.

I Comuni garantiscono generalmente il servizio tramite uno o più o tutti i seguenti strumenti:
a) il Servizio di Assistenza Domiciliare (SAD);
b) il voucher sociale;
c) il buono Sociale;
d) l'Assistenza Domiciliare Minori (ADM).

4.3 Il Servizio di Assistenza Domiciliare (SAD)

Il SAD è il Servizio di Assistenza Domiciliare erogato dal Comune a favore di anziani autosufficienti e non autosufficienti, disabili, adulti in difficoltà, minori e famiglie, attraverso prestazioni di natura socio-assistenziale o alberghiera da svolgersi al domicilio dell'assistito per aiutarlo nello svolgimento delle attività quotidiane e/o per contrastare fenomeni di fragilità, solitudine, emarginazione, povertà, abbandono, al fine di consentirgli la permanenza nel normale ambiente di vita e di ritardare, o evitare, ove possibile, il ricorso a strutture residenziali.

Il Comune garantisce tale servizio mediante organizzazioni esterne, pubbliche o private, profit o no profit (cooperativa sociale, associazione di volontariato, società) che si sono aggiudicate l'appalto indetto dal Comune o con le quali il Comune ha sottoscritto un patto di accreditamento.

Al momento della presa in carico, vale a dire dell'assegnazione del servizio, l'assistente sociale del Comune formulerà per ciascun assistito un PAI.

In base alle indicazioni fornite nel PAI l'organizzazione esterna che lavora per il Comune invia al domicilio dell'assistito personale qualificato, generalmente OSS, ASA, OSA che vengono coinvolti principalmente nelle seguenti mansioni: aiuto, cura e sostegno alla persona nello svolgimento delle attività quotidiane, sollevando in parte la famiglia dal carico assistenziale, attraverso:

- assistenza diretta alla persona;
- alzata mattutina e messa a letto;
- cura dell'igiene personale (bagno, toilette, cura dell'aspetto);
- aiuto nella vestizione;
- aiuto nella preparazione del pasto;
- aiuto nell'assunzione dei pasti;
- sostegno e compagnia;
- aiuto nella deambulazione;
- **aiuto nello svolgimento delle attività quotidiane per il governo della casa, attraverso:**
  - riordino del letto e della stanza;
  - pulizia dei servizi e dei vani dell'alloggio di utilizzo dell'utente;
  - cambio, lavaggio e stiratura della biancheria e del vestiario;
  - preparazione dei pasti ed eventuale pulizia delle stoviglie;
  - collegamento tra la persona assistita e la rete dei servizi, anche mediante l'accompagnamento a visite mediche;
  - disbrigo di semplici pratiche burocratiche.
  - In quest'ultimo caso, oltre alle indicazioni fornite sul PAI è necessaria la delega dell'assistito o di un familiare o tutore o amministratore di sostegno.

N.B. **Il SAD non prevede l'impiego di medici, infermieri o fisioterapisti**.

La **durata del servizio** e il numero di accessi giornalieri o settimanali vengono determinati in fase di stesura del PAI dall'assistente sociale.

Il servizio può essere concesso: per brevi periodi, ad esempio per qualche settimana o un mese o due, per affrontare un improvviso e imprevisto bisogno come le dimissioni dall'ospedale; per un medio periodo, ad esempio per 6/12 mesi; per un lungo periodo, ad esempio per più di un anno.

Ogni situazione viene costantemente rivalutata dall'assistente sociale che, per esigenze di servizio o mancanza di risorse economiche o per miglioramenti e peggioramenti dell'assistito, può ridurre, aumentare o revocare l'assistenza.

Il SAD può essere concesso in totale esenzione (gratuitamente) o a pagamento, in base alla fascia ISEE di appartenenza del richiedente e alle tariffe stabilite dal Comune nel proprio regolamento socio-assistenziale.

Ciascun Comune è di norma autonomo nel decidere le tariffe e le eventuali soglie di esenzione da applicare. In diversi ambiti tuttavia, è ormai prassi che i Comuni appartenenti ad un determinato Piano di Zona o Unione di Comuni decidano di uniformare le tariffe al fine di evitare l'applicazione di differenti soglie di esenzione o di accesso ai servzi.

4.4 Il voucher sociale

Il voucher sociale è un contributo economico non in danaro, erogato dal Comune sotto forma di titolo di acquisto, con il quale l'assistito può rivolgersi ad una organizzazione esterna, pubblica o privata, profit o no profit, con cui il Comune ha sottoscritto un patto di accreditamento o che lavora per il Comune in appalto, come cooperative, associazioni di volontariato, società, per l'acquisto di prestazioni socio-assistenziali come l'assistenza domiciliare.

I voucher (o buoni-servizio o titoli d'acquisto) sono assimilabili ad un ticket, fornito dall'ente pubblico, una sorta di assegno mensile che attribuisce il diritto a poter acquistare determinati servizi socio-assistenziali.

Sono vincolati all'acquisto di prestazioni rese da un erogatore pubblico o privato scelto dal beneficiario in una rosa di più soggetti accreditati dall'ente pubblico o che lavorano in appalto per quest'ultimo.

Il beneficiario del voucher potrà in genere acquistare l'assistenza domiciliare fornita da personale OSS, ASA, OSA di organizzazioni esterne che lavorano per il Comune oppure una delle prestazioni complementari messe a disposizione dal Comune, vale a dire: il servizio pasti a domicilio, il servizio di trasporto sociale, il servizio di telesoccorso, il servizio lavanderia.

Può essere concesso a favore di persone fragili, come anziani autosufficienti e non autosufficienti, disabili, adulti in difficoltà, minori, ma anche famiglie.

Le principali prestazioni delle quali si occuperanno gli OSS, ASA, OSA a domicilio sono le stesse che sono state indicate nel paragrafo precedente dedicato al SAD, vale a dire quelle di aiuto, cura e sostegno alla persona nello svolgimento delle attività quotidiane.

N.B. Il voucher sociale non prevede l'impiego a domicilio di personale sanitario come medici, infermieri o fisioterapisti.
Il beneficiario del voucher riceve dall'assistente sociale comunale, oltre al titolo di acquisto, l'elenco delle organizzazioni esterne che lavorano per il Comune in assistenza domiciliare, all'interno del quale potrà scegliere quella da cui farsi assistere, nel rispetto della libertà di scelta e di autodeterminazione di ogni cittadino.

Il voucher sociale viene generalmente concesso dai Comuni in **totale esenzione** (gratuitamente), ma alcuni Comuni lo concedono sia gratuitamente che a pagamento, secondo diverse fasce di compartecipazione al costo del servizio, in base all'ISEE presentato dall'utente e alle tariffe stabilite dal singolo Comune.

N.B. Presso vari Comuni c'è la possibilità di acquistare, con il voucher sociale, oltre all'assistenza domiciliare anche il servizio di consegna pasti a domicilio, il servizio trasporti, il telesoccorso, il servizio lavanderia (qualora previsti).

Il cittadino può chiedere uno o più o tutti i suddetti servizi, in base ai propri bisogni e difficoltà, ma è sempre facoltà del Comune, previa valutazione dell'assistente sociale comunale, concederli o meno.

4.5 Il buono sociale

È un **contributo economico in danaro** che il Comune può concedere alle famiglie che gestiscono a casa una persona fragile come un anziano non autosufficiente o persona disabile, minore o adulta al fine di favorirne la permanenza a domicilio e di evitare o allontanare nel tempo il ricorso all'istituzionalizzazione e ricovero in struttura, nonché per compensare il lavoro di cura dei familiari o rimborsare il lavoro svolto da operatori esterni assunti come dipendenti per poter garantire l'assistenza. Il buono sociale può anche essere assegnato direttamente alla persona fragile che vive sola o che non ha familiari conviventi o non conviventi. Per poter essere concesso deve esistere una condizione di difficoltà o incapacità di risposta al bisogno di assistenza da parte del singolo o del nucleo familiare, ossia una condizione di non-autosufficienza in cui il richiedente si trovi impossibilitato a svolgere autonomamente le seguenti funzioni:

- alzarsi;
- lavarsi;
- vestirsi;
- camminare in casa o all'esterno;
- prepararsi da mangiare;
- pulire la casa.

I destinatari del buono sociale sono pertanto persone fragili, non autosufficienti in toto o in parte e/o con problematiche di natura sociale o sanitaria (es: persone sole, persone con demenza, pazienti psichiatrici, emarginati, minori, persone con limitazioni fisiche, psichiche, sensoriali). Il buono sociale non prevede interventi sanitari (medici, infermieristici o fisioterapici).

Per richiedere il buono sociale è necessario presentare l'ISEE con valore come definito dai regolamenti degli Ambiti territoriali/Comuni e il certificato di invalidità, solitamente del 100% o, in aggiunta e se richiesto dal Comune come ulteriore requisito, verbale di riconoscimento dell'indennità di accompagnamento e/o il verbale di riconoscimento di persona con handicap (legge 104/92).

Presso alcuni Comuni viene data al beneficiario la possibilità di scegliere tra due opzioni: o assumere un operatore alle proprie dipendenze o rivolgersi a una cooperativa o agenzia che manderà al suo domicilio un operatore per assisterlo. In questo caso non c'è obbligo per l'assistito di assumere l'operatore alle proprie dipendenze.

L'operatore assunto o il familiare si occuperanno di aiutare la persona fragile assistita nelle diverse attività della vita quotidiana, in particolare in quelle che non riesce a svolgere o che compie a fatica (aiuto nell'igiene personale, alzata e messa a letto, vestizione, ecc.).

Il buono sociale ha una **durata solitamente annuale**, rinnovabile, il cui contributo viene erogato mensilmente.

La somma può variare in base all'ISEE, in relazione al livello di fragilità o all'intensità del bisogno determinata dalla valutazione sociale, secondo una combinazione di entrambi o in base all'entità delle spese sostenute (ad esempio per l'assistente domiciliare).

Ciascun Comune è di norma autonomo nel decidere l'entità del buono. In diversi ambiti tuttavia, è ormai prassi che i Comuni appartenenti ad un determinato Piano di

Zona o Unione di Comuni, decidano di uniformarsi, al fine di evitare l'applicazione di differenti entità del buono o modalità di accesso alla richiesta del beneficio, anche in considerazione delle leggi regionali vigenti in materia.

Va anche precisato che **non tutti i Comuni erogano i buoni sociali**. Ci sono Comuni che danno la possibilità di presentare la richiesta per ottenerli durante l'intero arco dell'anno e altri che li concedono previa pubblicazione di un avviso e bando in alcuni periodi dell'anno. In ogni caso le risorse economiche non sono illimitate e vengono sempre concessi in base a graduatorie o liste d'attesa e salvo disponibilità di risorse di bilancio.

È pertanto necessario rivolgersi al proprio Comune di residenza per chiedere informazioni in merito all'eventuale concessione, ai requisiti da possedere e documenti da presentare.

4.6 Il Servizio di Assistenza Domiciliare Educativa Minori (ADM)

Il servizio di assistenza domiciliare educativa minori, erogato dal Comune, consiste nel complesso di prestazioni di natura socio-educativa rivolte a minori in situazioni di disagio e famiglie che si trovano in temporanea difficoltà.

Il servizio è rivolto ai minori residenti nel Comune di età compresa fra 0 e 18 anni ed alle loro famiglie.

Il servizio sociale predispone un piano/progetto educativo-assistenziale individuale (PI/PEI/PAI) a favore del minore, condiviso con gli operatori e la famiglia e si realizza al domicilio dell'utente con la presenza di un educatore.

Le attività svolte sono:

- mantenimento del minore nel proprio nucleo familiare e/o di appartenenza attraverso il recupero delle risorse presenti;
- supporto ai genitori nel rapporto con i figli;
- socializzazione e integrazione del nucleo familiare nel contesto territoriale;
- integrazione e socializzazione dei minori nel proprio ambiente di vita (oratori, centri di aggregazione giovanile, associazioni sportive, ecc.);
- supporto nello svolgimento delle attività di studio.

Anche per richiedere l'ADM è necessario presentare l'ISEE con valore come definito dai regolamenti degli Ambiti territoriali/Comuni.

4.7 Interruzione e sospensione dei servizi sociali del Comune

I vari servizi di assistenza domiciliare così come le prestazioni complementari possono sempre cessare.

I motivi di cessazione del servizio più diffusi sono:

- quando viene meno la necessità di assistenza che ha motivato la richiesta;
- quando la persona viene ricoverata in struttura residenziale;
- quando non vengono più accettati dalla persona/familiare gli interventi concordati;
- quando la persona cambia Comune di residenza.

4.8 La lista d'attesa nei Servizi di assistenza domiciliare del Comune

Considerata la cronica carenza di risorse economiche, si verifica molto spesso che il numero delle domande di accesso al servizio di assistenza domiciliare sia superiore alle reali possibilità di poterlo concedere.

In questi casi si procede alla formazione di una graduatoria e lista d'attesa sulla base dell'indice di fragilità dei richiedenti, determinato dall'assistente sociale responsabile del caso.

Nella formazione della lista d'attesa, i Comuni danno solitamente la precedenza a:

1. persone che non hanno la possibilità di ricevere un aiuto per l'impossibilità da parte della famiglia di assisterle adeguatamente, per ragioni di salute, distanza abitativa, impegni lavorativi, relazioni conflittuali, incapacità di fornire prestazioni assistenziali adeguate dal punto di vista tecnico;
2. persone sole;
3. persone in dimissione protetta da una struttura sanitaria o socio-sanitaria;
4. persone che necessitano di una presa in carico congiunta con il servizio di Assistenza Domiciliare Integrata (ADI);
5. persone che versano in disagiate condizioni economiche, tali da non consentire l'acquisto di prestazioni private di assistenza.

Ulteriori elementi di valutazione nella formazione della graduatoria sono:

1. stato di malattia o invalidità di anziani o disabili che comporti la perdita totale o parziale dell'autosufficienza dell'utente, in via temporanea o permanente. In tali casi acquista fondamentale importanza il possesso di uno o più o tutti i seguenti documenti:
   a) verbale di riconoscimento dell'invalidità civile;
   b) verbale di riconoscimento dell'indennità di accompagnamento;
   c) verbale di riconoscimento dell'handicap ai sensi della legge n. 104 del 1992.

   In assenza o in attesa del rilascio dei predetti verbali, lo stato di malattia che comprovi la natura delle infermità può essere attestato dal medico curante o specialista;
2. l'età e il periodo trascorso in lista d'attesa.

Infine, a parità di condizioni di fragilità, l'ordine di graduatoria è stabilito in base alla data di presentazione della domanda.

4.9 Obblighi e doveri del personale OSS/ASA/OSA impiegati nei servizi di assistenza domiciliare comunale

Gli OSS/ASA/OSA impiegati e coinvolti nel servizio di assistenza domiciliare dovranno operare a stretto contatto con l'assistente sociale comunale responsabile del caso.

Il modello operativo deve essere improntato al lavoro di équipe.

L'operatore, le cui attività devono essere adeguatamente documentate, deve principalmente attenersi a quanto segue:

- tenere con cura i fogli di presenza, compilarli e farli firmare all'assistito ogni qual volta si reca a domicilio;
- avvertire il referente della propria organizzazione che gestisce il servizio, dell'assenza dell'assistito per adeguare prontamente il calendario giornaliero di lavoro;

- non apportare modifiche né all'orario di lavoro né al calendario assegnato;
- comunicare tempestivamente all'assistente sociale eventuali variazioni di calendario, che saranno possibili in situazioni di emergenza;
- non fornire agli utenti i propri recapiti privati;
- mantenere il segreto d'ufficio nonché quello professionale;
- partecipare alle riunioni periodiche di servizio per la programmazione e la verifica del PAI.

4.10 Le prestazioni complementari al SAD e al voucher sociale

In diversi Comuni, nel SAD e nel voucher sociale, oltre all'assistenza domiciliare, sono inclusi altri servizi, che in genere sono:

1. il servizio trasporto;
2. il servizio pasti;
3. il servizio lavanderia;
4. il servizio di telesoccorso.

Sono servizi che vengono erogati per conto del Comune da soggetti terzi, pubblici o privati che hanno vinto una gara d'appalto presso il Comune o che hanno stipulato un accordo o patto di accreditamento con il medesimo.

L'obiettivo perseguito è di consentire alla persona di continuare a vivere nella propria abitazione in condizioni di serenità e sicurezza evitando il più possibile il ricovero in strutture residenziali.

Tali servizi possono essere concessi a titolo gratuito o a pagamento, in base alle fasce ISEE stabilite dall'amministrazione comunale.

1. Servizio trasporto: un soggetto pubblico o privato del settore profit o no profit, come una cooperativa o associazione o società, potrà per conto del Comune occuparsi di trasportare persone fragili come anziani, disabili o adulti in difficoltà, autosufficienti o parzialmente autosufficienti e sprovvisti di mezzi di locomozione propri o senza patente o che hanno difficoltà a spostarsi con i mezzi pubblici, dalla propria abitazione, in andata e ritorno, presso ospedali o centri di riabilitazione, come ad esempio: soggetti che necessitano di terapie cicliche specialistiche (radioterapia, chemioterapia, dialisi); persone che necessitano di visite mediche specialistiche; persone allettate non autosufficienti.

È un servizio rivolto in particolare a persone che vivono in condizioni di fragilità a causa di difficoltà economiche, di non autosufficienza o in una situazione di emarginazione o a rischio di emarginazione.

In casi particolari, il beneficiario, durante il trasporto, qualora previsto nel PAI dall'assistente sociale potrà essere accompagnato oltre che dall'autista da un OSS/ASA /OSA.

2. Servizio pasti: l'organizzazione che gestisce la mensa di una scuola elementare o di una RSA, o anche una società di catering, potrà, per conto del Comune, consegnare i pasti pronti a domicilio a persone che vivono in condizioni di fragilità a causa di difficoltà economiche, di non autosufficienza o in una situazione di emarginazione o a rischio di emarginazione che non riescono a prepararli autonomamente o che non possono permettersi, per motivi economici, di acquistarli.

Alcuni Comuni consegnano ai beneficiari del servizio, in comodato d'uso, un forno a microonde per consentire loro di poter riscaldare i cibi.

3. Servizio lavanderia: una lavanderia privata o il servizio lavanderia di una RSA o altra organizzazione pubblica o privata potrà, per conto del Comune, occuparsi di lavare indumenti e biancheria, ad anziani, disabili o adulti in difficoltà, sprovvisti di lavatrice o che non sanno utilizzarla e che vivono in condizioni di fragilità a causa di difficoltà economiche, di non autosufficienza o in una situazione di emarginazione o a rischio di emarginazione.

Un OSS/ASA/OSA potrà occuparsi, su disposizione dell'assistente sociale, di portare gli indumenti in lavanderia e riconsegnarli, qualora l'utente non fosse in grado.

4. Servizio di telesoccorso

È un servizio di assistenza domiciliare a "*distanza*" che consente all'utente di ricevere soccorso attraverso un sistema di controllo telefonico.

È finalizzato a garantire la sicurezza domiciliare, offrendo alla persona la possibilità di richiedere ed ottenere aiuto in situazioni di difficoltà.

Il beneficiario viene dotato di un piccolo apparecchio portatile collegato al telefono dell'utente che, se premuto, fa scattare un segnale di allarme alla centrale operativa in funzione 24 ore su 24, che garantisce immediato soccorso.

Nello specifico, il cittadino viene dotato di una "unità domiciliare" collegata al telefono di casa e di un telecomando da portare sempre con sé. Attivando il dispositivo, il cittadino viene automaticamente collegato con il numero della Centrale d'Ascolto di una associazione convenzionata con il Comune, dove uno staff di operatori, opportunamente formati, riceve, 24 ore su 24, le richieste d'aiuto e attiva i soccorsi necessari.

Il centro, ricevuta la segnalazione, avverte immediatamente i familiari o il personale sanitario preposto affinché intervengano urgentemente.

Il personale del centro accerta che la richiesta venga soddisfatta e che l'intervento sia portato a termine nel più breve tempo possibile.

Il servizio è rivolto ad anziani e disabili o adulti che si trovano in situazione di rischio sociale e/o sanitario.

4.11 Il Piano di Assistenza Individuale (PAI) relativo all'assistenza domiciliare comunale

Il PAI è il Piano di Assistenza Individuale predisposto dall'assistente sociale del Comune, al fine di raccogliere informazioni sull'assistito, rilevare i suoi bisogni e i livelli di autonomia, in modo da attivare gli interventi e le prestazioni più opportune da svolgersi tramite personale qualificato, solitamente **OSS, ASA, OSA** al domicilio dell'assistito e rispondere al meglio e in modo personalizzato ai suoi bisogni socio-assistenziali.

Al momento della presa in carico della persona da assistere a mezzo dell'Assistenza Domiciliare, **l'assistente sociale formulerà il PAI,** che deve essere concordato con l'interessato e/o con coloro che se ne prendono cura, anche in ragione dell'eventuale compartecipazione al costo del servizio.

L'assistente sociale, dopo l'osservazione e l'acquisizione di ogni altra informazione utile, definisce:

- le azioni specifiche, la tipologia delle prestazioni e le figure professionali interessate, la frequenza e la durata di ogni intervento necessario al raggiungimento degli obiettivi;
- gli strumenti individuati per la definizione e la gestione del PAI;
- la valutazione periodica dei risultati, con indicatori e tempi;
- la congruità tra bisogni e PAI e tra modifiche del PAI e nuove esigenze.

Formulare un PAI per ogni persona presa in carico nel servizio di assistenza domiciliare significa personalizzare gli interventi. L'individuo singolo nel PAI acquisisce un ruolo centrale verso cui indirizzare gli interventi del lavoro assistenziale.

Per questo motivo assume grande rilevanza il colloquio che svolgerà l'assistente sociale durante la visita domiciliare, in sede di formulazione del PAI con l'assistito e i familiari.

La famiglia infatti, quando esistente e presente, è, per ovvie ragioni, il principale e più importante **caregiver** (soggetto di cura e assistenza).

La stesura del PAI dovrà partire dall'ascolto e osservazione dell'assistito che va coinvolto nel processo di assistenza che lo riguarda e lo stesso va fatto, successivamente o contestualmente, con i suoi familiari.

Va accuratamente evitato l'approccio all'assistito nei soli termini di salute/malattia che sono sempre riduttivi se non fuorvianti, occorre invece avere una visione olistica e a 360 gradi della persona e indirizzare gli interventi verso il mantenimento o il recupero delle capacità residue, quando possibile.

Sarà pertanto importante conoscere abitudini, vissuto, ricordi, storia clinica, problemi familiari e capacità residue della persona da assistere.

4.11.1 Le fasi di costruzione del Piano Assistenziale Individuale domiciliare

Il PAI viene compilato con l'uso di schede, note e scale di valutazione e dovrà essere sottoscritto dal richiedente o da chi se ne prende cura; deve essere formulato sulla base degli effettivi bisogni e della peculiare situazione del richiedente, risultante dall'istruttoria, nonché sulla base delle disponibilità delle risorse del servizio di assistenza domiciliare comunale e della rete dei servizi territoriali. Le fasi di cui si compone sono descritte di seguito.

1. La raccolta dati

Riguarda sia i dati personali sia informazioni concernenti la composizione della famiglia della persona da assistere, i familiari conviventi o non conviventi che se ne prendono cura, il lavoro che svolge o che ha svolto in passato.

2. L'osservazione

Porta a conoscere i bisogni e i livelli di autonomia che verranno eventualmente rilevati con l'ausilio di scale di valutazione.

In questa parte del PAI sarà molto importante rilevare:

1. la capacita di lavarsi (igiene personale);
2. la capacità di vestirsi e svestirsi (abbigliamento);
3. la mobilità (capacità di muoversi all'interno e all'esterno dell'abitazione);
4. l'alimentazione (capacità di prepararsi il pranzo o di assunzione del pasto);

5. la capacità di orientamento spazio-temporale (capacità cognitive);
6. la capacità di comunicare;
7. i bisogni specifici;
8. le relazioni che ancora la persona mantiene, sia all'interno della famiglia che all'esterno (parenti, amici, conoscenti, ecc.).

3. Gli obiettivi da raggiungere

Dopo aver raccolto i dati e osservato e rilevato i bisogni, è necessario formulare degli obiettivi, i quali per essere validi:

- devono essere raggiungibili;
- devono essere coerenti con i bisogni assistenziali;
- devono essere condivisi e accettati dalla persona;
- devono seguire un percorso prestabilito.

Gli obiettivi da porsi possono essere a breve, a medio o a lungo termine:

1. **a breve termine:** quando possono essere raggiunti in un periodo relativamente ridotto di tempo (da alcuni giorni a 1-2 settimane);
2. **a medio termine:** quando possono essere raggiunti in un periodo di tempo intermedio (da alcune settimane fino a un massimo di tre mesi);
3. **a lungo termine**: quando il raggiungimento può richiedere più tempo (da tre mesi a un massimo di un anno o anche più a seconda del caso).

4. La pianificazione degli interventi

Contiene le indicazioni su come e in quali giorni e orari intervenire, tipologia, quantità delle prestazioni da erogare, nonché la durata complessiva di ciascun intervento attraverso gli assistenti domiciliari (tra questi gli OSS).

5. La data di scadenza del servizio

Che in base ai bisogni dell'assistito e delle risorse comunali potrà essere prorogata.

6. La valutazione periodica degli obiettivi e risultati raggiunti

Questa fase dovrà contenere i tempi e le modalità di monitoraggio e di verifica periodica di risultati e obiettivi raggiunti che può concludersi con la conferma del PAI in uso o con la stesura di un nuovo PAI.

Il PAI dovrà inoltre contenere la determinazione della compartecipazione dell'utente al costo del servizio, in base all'ISEE posseduto e alle tariffe stabilite dal Comune.

Confronto tra tutti gli operatori

Il PAI viene discusso e condiviso con gli addetti all'assistenza domiciliare che lo attueranno in stretta collaborazione con il servizio sociale.

In questa fase, ancor più che nelle altre, è fondamentale il confronto fra l'assistente sociale e gli operatori coinvolti nel servizio.

L'équipe si riunisce periodicamente e discute dei singoli PAI, sulla base dei relativi progetti individuali e con riferimento ai problemi ed ai bisogni attuali o emergenti, programmando gli interventi specifici.

Occorrerà verificare se gli obiettivi fissati erano corretti e realistici e se gli interventi erano appropriati.

In caso positivo, il PAI si dovrà ritenere concluso, oppure sarà necessario formulare un nuovo PAI che preveda nuovi obiettivi.

Se i problemi non solo persistono, ma risultano aggravati, è necessaria l'elaborazione di un nuovo PAI. Il PAI e l'assistenza domiciliare stessa vengono sospesi in caso di ricovero temporaneo dell'assistito in strutture sanitarie e/o assistenziali o in caso di altre assenze preventivamente ed obbligatoriamente comunicate all'assistente sociale.

4.11.2 La scheda PAI

A questo punto, al fine di favorire la migliore comprensione degli argomenti trattati nei precedenti paragrafi, viene riportata una scheda PAI che può essere utilizzata nel servizio di assistenza domiciliare del Comune.

COMUNE DI __________________

PIANO ASSISTENZIALE INDIVIDUALE DI ASSISTENZA DOMICILIARE

DATI GENERALI

Cognome e nome____________________________ sesso M ❒ F ❒
Nato a __________________________ il _______________ Età _____________
Residente a __________________________ Via _____________________________
Domiciliato a _________________________ Via _____________________________
Telefono _______________ Cell. __________________________
Codice fiscale _______________________
Tessera sanitaria ________________________ Esenzione ticket _____________________
❒ Stato civile ❒ Celibe/nubile ❒ Coniugato/a ❒ Vedovo/a ❒ Separato/a ❒ Divorziato/a

Persona di riferimento ______________ Indirizzo _________________ tel _______________
Cell. _____________ Medico curante Dr. ______________ Ambulatorio ______________
tel _______________ Cell. _______________________

NUCLEO FAMILIARE

❒ vive solo ❒ con il coniuge ❒ altro ___________________________________

CONVIVENTI			
Cognome e nome	Grado di parentela	Data di nascita	Professione

NON CONVIVENTI (Prioritariamente i parenti tenuti agli alimenti e quelli significativi)				
Cognome e nome	Grado di parentela	Data di nascita	Residenza	Frequenza dei rapporti con l'anziano: a) quotidiani; b) poco frequenti; c) regolari; d) occasionali.

Osservazioni ____

Relazioni familiari ❒ soddisfacenti ❒ scarse ❒ assenti

Relazioni extrafamiliari ❒ soddisfacenti ❒ scarse ❒ assenti

L'anziano/disabile proviene da: ❒ domicilio ❒ semiresidenzialità ❒ residenzialità ❒ ospedale ❒ altro ed è stato/a reso/a partecipe della decisione di attivare il servizio di assistenza domiciliare? sì ❒ no ❒, perché ____

Il/i convivente/i è in grado di prendersi cura della:

PERSONA	totalmente ❒	parzialmente ❒	per nulla ❒
ABITAZIONE	totalmente ❒	parzialmente ❒	per nulla ❒

Disponibilità della rete parentale/amicale non convivente

Ospitalità per brevi periodi	Sì, regolarmente ❒	Sì, sporadicamanente ❒	No ❒
Assistenza ai pasti	Sì, regolarmente ❒	Pranzo ❒	Cena ❒
Accompagnamento a visite	Sì, regolarmente ❒	Sì, sporadicamanente ❒	No ❒
Aiuto nella deambulazione	Sì, regolarmente ❒	Sì, sporadicamanente ❒	No ❒
Aiuto nell'igiene personale	Sì, regolarmente ❒	Sì, sporadicamanente ❒	No ❒
Aiuto nell'igiene ambientale	Sì, regolarmente ❒	Sì, sporadicamanente ❒	No ❒
Aiuto nella somministrazione dei farmaci	Sì, regolarmente ❒	Sì, sporadicamanente ❒	No ❒
Aiuto per acquisti	Sì, regolarmente ❒	Sì, sporadicamanente ❒	No ❒
Disbrigo pratiche	Sì, regolarmente ❒	Sì, sporadicamanente ❒	No ❒
Altro	Sì, regolarmente ❒	Sì, sporadicamanente ❒	No ❒

Ulteriori risorse sociali attivabili

Amici	Sì ❒	No ❒
Vicinato	Sì ❒	No ❒
Volontariato	Sì ❒	No ❒
Nessuna	Sì ❒	No ❒
Altro	Sì ❒	No ❒

Abitudini della persona (es. orari sonno veglia, pasti...)
____

Interessi/hobbies
____

Grado di istruzione
____

Lavoro svolto (attuale o in passato)
____

SITUAZIONE ABITATIVA

Ubicazione, abitazione	centrale, periferica, frazione, isolata		
Riscaldamento	centrale, autonomo, stufa	Condizioni igienico/ambientali	buone, sufficienti carenti* *specificare________
Barriere architettoniche	esterne, interna		
Servizi igienici	interni, esterni, con doccia, con vasca, solo wc, assenti		

Note:
servizi igienici adeguati alle esigenze
servizi igienici non adeguati perché ______________________

Valutazione dell'autonomia personale dell'assistito e rilevazione dei bisogni

SCHEDA DI VALUTAZIONE DELL'AUTONOMIA PERSONALE

		Autosufficiente	Necessita di aiuto	Totalmente dipendente
Igiene	della persona	❐	❐	❐
	dell'abitazione	❐	❐	❐
Abbigliamento	(capacità di vestirsi)	❐	❐	❐
Alimentazione	preparazione	❐	❐	❐
	pasti	❐	❐	❐
	assunzione pasti			
Spostamenti Mobilità	in casa	❐	❐	❐
	all'esterno	❐	❐	❐
Continenza	urinaria	❐	❐	❐
	intestinale	❐	❐	❐
Fare la spesa/commissioni		❐	❐	❐
Uso del telefono		❐	❐	❐
Assunzione di farmaci		❐	❐	❐

Ausili utilizzati ❐ Carrozzina ❐ Comoda per wc ❐ Deambulatore ❐ Sollevapersona
❐ Per incontinenza
❐ altro_________________

Capacità di utilizzo	buona	sufficiente	scarsa
Orientamento spazio-temporale	buona	sufficiente	scarsa
Interessi verso il mondo esterno	buona	sufficiente	scarsa
Deficit sensoriali	Visivi ❐	Uditivi ❐	Altro ❐

Bisogni
L'assistito necessita del supporto di un ASA ❐ OSS ❐ per ________________________

Approfondimenti sulle Figure Professionali che intervengono a domicilio

Figura	Compiti/attività	
Assistente famigliare (badante) Presente ❒ si ❒ no	Aiuto nell'igiene personale (quotidiana)	
	Aiuto per il bagno/doccia	
	Aiuto nel vestirsi	
	Preparazione pasti	
	Somministrazione pasti	
	Aiuto nella deambulazione	
	Accompagnamenti	
	Aiuto nell'igiene ambientale	
	Aiuto negli acquisti	
	Disbrigo pratiche	
	Altro (specificare)	
	Non convivente Convivente	
Infermiere dell'ADI Presente ❒ si ❒ no	Sorveglianza infermieristica	
	Iniezioni	
	Prelievi ematici	
	Sostituzione catetere	
	Medicazioni	
	Altro (specificare)	
	accesso giornaliero accesso settimanale accesso quindicinale accesso mensile Altro	
Fisioterapista dell'ADI Presente ❒ si ❒ no	Trattamento	
	Mobilizzazione	
	Altro (specificare)	
	accesso giornaliero accesso settimanale accesso quindicinale accesso mensile Altro	
Medico Medicina Generale	Visita periodica	accesso giornaliero accesso settimanale
		accesso quindicinale
		accesso mensile
		altro
Caregiver di tipo formale (es. affidatario)		

Definizione degli obiettivi da perseguire, stesura e attivazione del Piano Assistenziale Individuale (PAI), da consegnare in copia all'assistito/famiglia, all'organizzazione incaricata di erogare l'assistenza domiciliare e all'ASA/OSS coinvolto nel piano assistenziale

<table>
<tr><td colspan="3">PIANO ASSISTENZIALE INDIVIDUALE

Nome______________________________Cognome ________________________________

Nato a ______________ il _______________ e residente a ___________________________

In Via ____, n° _________

Tel. ________________________________ Cellulare ______________________________

Persona o parente di riferimento ____

Tel. ________________________________ Cellulare ______________________________

Medico curante DR.____________________ Cellulare ___________________________</td></tr>
<tr><td>PRESA IN CARICO PER</td><td>Aiuto alla persona
Prestazioni domestiche
Spesa, disbrigo pratiche
Aiuto al nucleo familiare</td><td>Igiene
Mobilità
Sostegno/compagnia

ALTRO
❒ PASTO
❒ TELESOCCORSO
❒ TASPORTO
❒ LAVANDERIA</td></tr>
</table>

Assistenza domiciliare per n. ______ ore mensili DA EROGARE A MEZZO DI PERSONALE ❒ ASA ❒ OSS

Giorni settimanali concordati per gli accessi degli ASA/OSS

lunedì	martedì	mercoledì	giovedì	venerdì	sabato	domenica

Orari

lunedì	martedì	mercoledì	giovedì	venerdì	sabato	domenica

Descrizione delle prestazioni da effettuare

Figura da impiegare	Compiti/attività	
❒ Operatore socio sanitario ❒ Ausiliario socio assistenziale	Aiuto nell'igiene personale (quotidiana)	
	Aiuto per il bagno/doccia	
	Aiuto nel vestirsi	
	Preparazione pasti	
	Somministrazione pasti	
	Aiuto nella deambulazione e nella deambulazione	
	Accompagnamenti	
	Aiuto nella pulizia della casa e igiene ambientale	
	Aiuto negli acquisti	
	Disbrigo pratiche	
	Altro (specificare)	

Bisogni dell'assistito ____

____

Obiettivi degli interventi ____

____

Osservazioni ____

Luogo ________ Data 1ª valutazione effettuata in visita domiciliare____________________
Il presente piano verrà rivisto entro il ______________ per pianificare gli interventi successivi.

____

(firma leggibile dell'assistente sociale compilatore)

Dichiarazione di consenso
Io sottoscritto/a ______________________________ dichiaro di avere ricevuto un'informazione comprensibile ed esauriente del presente Piano Assistenziale Individuale, contenente le prestazioni e gli interventi rivolti alla mia persona e acconsento al trattamento suddetto e a che lo stesso venga erogato da _________________________________, quale Ente accreditato presso il Comune/ Piano di Zona di __________________.

Dichiaro di aver ricevuto l'informativa prevista dal GDPR n. 679 del 2016, e autorizzo altresì, nel rispetto della vigente normativa al trattamento dei dati personali.

*(firma)*________________________

L'utente o familiare o legale rappresentante (Tutore, Curatore, Amministratore di sostegno per accettazione)

SCHEDA SINTETICA DI MONITORAGGIO DEL PIANO ASSISTENZIALE INDIVIDUALE A FAVORE DEL SIG. ____________________

Riunione d'équipe tra l'assistente sociale comunale responsabile del caso e compilatore del PAI, il coordinatore dell'organizzazione accreditara e gli asa/oss impiegati nel processo di aiuto.
Data del monitoraggio: ____________________

Osservazioni sull'andamento del Piano Assistenziale:
____
____

Risultati conseguiti
____
____

Difficoltà e criticità emerse nella gestione dell'assistito ______________________________
____
____

Eventuale ridefinizione degli obiettivi, delle figure professionali coinvolte e dei loro compiti
____
____

Varie ed eventuali
____
____

Data prossimo monitoraggio: ____

____

Firma dell'Assistente Sociale
responsabile del Piano
Assistenziale Individuale

Capitolo 5
Le Aziende Sanitarie Locali, le Aziende Ospedaliere, i Medici di famiglia

5.1 Le Aziende Sanitarie Locali

Nella legge istitutiva del Servizio Sanitario Nazionale (L. 833 del 23 dicembre 1978), all'art. 10 viene stabilito che: "... *alla gestione unitaria della tutela della salute si provvede in modo uniforme sull'intero territorio nazionale mediante una rete completa di unità sanitarie locali*", e ancora, l'USL è "*il complesso dei presidi, degli uffici e dei servizi dei comuni singoli o associati e delle comunità montane, i quali in un ambito territorialmente determinato assolvono ai compiti del Servizio sanitario nazionale, indicati nella legge stessa*".

Le USL sono state poi trasformate, con il citato D.Lgs. n. 502 del 1992, in AUSL (Aziende Unità Sanitarie Locali).

Seppure istituite con legge nazionale, le ASL operano sotto il controllo della propria Regione di appartenenza. Per tale motivo, l'organizzazione delle ASL cambia da una Regione ad un'altra; inoltre, in alcune Regioni può avere una diversa denominazione, come ad esempio in Lombardia, dove dal 1° gennaio 2016 le ASL sono state trasformata in Agenzie per la Tutela della Salute (ATS). Stesso discorso vale per le Aziende Ospedaliere che, sempre dal 1° gennaio 2016, in Lombardia sono state trasformate in Aziende Socio Sanitarie Territoriali (ASST).

L'ASL è un ente dotato di personalità giuridica pubblica, di autonomia organizzativa, amministrativa, patrimoniale, contabile, gestionale e tecnica. Rappresenta il punto di contatto tra la rete sanitaria e il cittadino ed è suddivisa in distretti territoriali.

Essa si occupa, in un ambito territorialmente determinato, che in genere è quello provinciale della tutela della salute attraverso propri presidi e uffici, assolvendo ai compiti del Servizio Sanitario Nazionale e del Servizio Sanitario Regionale, come da disposizioni di legge.

L'ASL, seppure azienda pubblica, deve comportarsi sul mercato come le aziende private, facendo attenzione al costo e al risultato, alla qualità del servizio erogato, tenendo d'occhio la spesa e il bilancio.

Ciò deve avvenire in un'ottica di risanamento e contenimento della spesa pubblica, combattendo sprechi e spese inutili.

L'ASL svolge le proprie funzioni e garantisce l'assistenza sanitaria attraverso i propri distretti, dipartimenti e presidi ospedalieri.

Tra i suoi compiti c'è quello di concorrere assieme agli altri soggetti pubblici e privati, operanti in ambito sanitario e socio-sanitario, ad attuare nel proprio territorio di appartenenza i Livelli Essenziali di Assistenza sanitaria (LEA) come individuati da Stato e Regione.

L'ASL può attuare direttamente i LEA di propria competenza attraverso i propri distretti, dipartimenti e presidi ospedalieri, uffici e servizi, oppure indirettamente tramite i soggetti accreditati in ambito sanitario e socio-sanitario.

Nello specifico, ciascuna ASL ha il compito, in un determinato territorio suddiviso a sua volta in distretti, di porre in essere interventi finalizzati alla tutela della salute del cittadino con azioni di prevenzione, di diagnosi, cura e riabilitazione, fisica e psichica.

L'ASL deve favorire e garantire l'integrazione socio-sanitaria, collaborando con i Comuni, per rispondere a problemi o esigenze di carattere sociale e sanitario insieme.

I destinatari dell'assistenza socio-sanitaria sono in particolare le persone fragili (disabili, anziani, malati terminali, malati cronico-degenerativi, persone non autosufficienti, ecc.).

5.2 Le principali funzioni dell'ASL

Di seguito vengono illustrate due, tra le diverse e importanti funzioni svolte dall'ASL:

- **una funzione di regia e di governo della sanità e di tutela della salute pubblica a livello locale,** vale a dire nel proprio territorio di riferimento, in rappresentanza del Ministero della Salute e della Regione di appartenenza, di valutazione in merito al rilascio e revoca degli accreditamenti alle strutture sanitarie e socio-sanitarie e di vigilanza e controllo sulle stesse. Ha infatti compiti di programmazione dell'offerta sanitaria, di accreditamento e contratto delle strutture sanitarie e socio-sanitarie, di negoziazione e acquisto delle prestazioni sanitarie e socio-sanitarie, nonché di vigilanza sull'appropriatezza della qualità delle prestazioni erogate dalle strutture sanitarie e socio-sanitarie accreditate, anche sotto forma di ricovero e non solo;
- **una funzione di erogazione di servizi sanitari e socio-sanitari** attraverso i propri distretti. Ciascun distretto deve assicurare i servizi di "assistenza primaria" relativi alle attività sanitarie e socio-sanitarie, tenendo conto della realtà territoriale e tutelando la Comunità con non più di 60.000 abitanti.

Le Regioni devono disciplinare l'organizzazione del distretto in modo che assicuri i servizi di assistenza primaria relativi alle attività sanitarie e socio-sanitarie.

In particolare ciascun distretto dell'ASL deve garantire, come stabilito dall'**articolo 3 quinquies**, del **decreto legislativo n. 502 del 1992**, come integrato dal decreto legislativo n. 229 del 1999, al **comma 1**:

"*a) assistenza specialistica ambulatoriale;*

b) attività o servizi per la prevenzione e la cura delle tossicodipendenze;

c) attività o servizi consultoriali per la tutela della salute dell'infanzia, della donna e della famiglia;

d) attività o servizi rivolti a disabili e anziani;

e) attività o servizi di assistenza domiciliare integrata;

f) attività o servizi per le patologie da HIV e per le patologie in fase terminale",

nonché, al comma 2:

"*l'assistenza primaria, ivi compresa la continuità assistenziale, attraverso il necessario coordinamento e l'approccio multidisciplinare, in ambulatorio e a domicilio, tra medici di*

medicina generale, pediatri di libera scelta, servizi di guardia medica notturna e festiva e i presidi specialistici ambulatoriali;
il coordinamento dei medici di medicina generale e dei pediatri di libera scelta con le strutture operative a gestione diretta, organizzate in base al modello dipartimentale, nonché con i servizi specialistici ambulatoriali e le strutture ospedaliere ed extraospedaliere accreditate;
l'erogazione delle prestazioni sanitarie a rilevanza sociale, connotate da specifica ed elevata integrazione, nonché delle prestazioni sociali di rilevanza sanitaria se delegate dai comuni;
assistenza specialistica ambulatoriale;
servizi per la prevenzione e la cura delle dipendenze".

Ciascun distretto ha un proprio direttore che viene nominato dal direttore generale dell'ASL e può essere un dirigente dell'azienda che abbia maturato una specifica esperienza nei servizi territoriali e un'adeguata formazione nella loro organizzazione, oppure un medico convenzionato, da almeno dieci anni.

Al distretto sono attribuite risorse definite in rapporto agli obiettivi di salute della popolazione di riferimento.

Nell'ambito delle risorse assegnate, il distretto è dotato di autonomia tecnico-gestionale ed economico-finanziaria, con contabilità separata all'interno del bilancio dell'ASL.

5.3 Breve descrizione dei principali servizi erogati dai distretti dell'ASL

a) Ufficio per l'iscrizione al SSN e per la scelta e revoca del medico di famiglia/ pediatra

Per l'iscrizione al Servizio Sanitario Nazionale ed effettuare la libera scelta del medico e del pediatra tra i medici convenzionati con l'ASL occorre presentarsi allo Sportello dell'Ufficio Scelta e Revoca del Medico di Medicina Generale o del Pediatra di libera scelta.

b) Servizi per la prevenzione e la cura delle dipendenze

Vengono garantiti e svolti attraverso il **Dipartimento Ser.D**, che è un organismo pubblico territoriale che si rivolge alle persone con problemi di dipendenza patologica come tossicodipendenza, tabagismo, alcoldipendenza, farmacodipendenza, gioco d'azzardo.

Fanno capo al Ser.D:

- **il Ser.T**; termine con cui si indicano i Servizi per la cura e la riabilitazione dalle tossicodipendenze che si occupano, a livello ambulatoriale (cioè senza ricovero) delle persone che consumano in modo problematico sostanze stupefacenti, in modo particolare di quelle che si trovano in una situazione di dipendenza (cioè che sentono il bisogno di continuare ad usare sostanze stupefacenti). Obiettivi fondamentali dell'azione dei Ser.T sono quelli di prevenire la diffusione dell'abuso di sostanze legali e illegali e di intervenire a favore della salute psico-fisica delle persone che abusano di droghe legali e illegali o che ne sono dipendenti.
  I Servizi Territoriali per la tossicodipendenza - Ser.T si occupano di:
  – prevenzione della dipendenza e dell'abuso di sostanze legali ed illegali;

- diagnosi, cura e riabilitazione dei soggetti in condizione di dipendenza o di abuso di sostanze.

Le attività del Ser.T si articolano quindi attorno a tre principali tipologie di sostanze: le droghe ed i farmaci; l'alcol; il tabacco.

Accanto al Ser.T dell'ASL operano i Ser.T privati, accreditati con la Regione attraverso le ASL competenti per territorio;

- **il Nucleo Operativo Alcoologia (NOA) per la cura della dipendenza da alcool**: è un ambulatorio specialistico, rivolto a quella fascia di popolazione che ha, o teme di avere, problemi di dipendenza da bevande alcoliche e ai propri familiari. Inoltre, è rivolto a tutti i cittadini che vogliono informazioni sulle problematiche connesse all'eccessivo uso di alcolici;
- **la cura delle nuove dipendenze,** tra le quali la ludopatia o dipendenza da gioco d'azzardo. La presa in carico delle persone affette da ludopatia avviene in genere presso i Ser.T.

  L'accesso ai Ser.T e ai NOA avviene, in genere, attraverso uno dei seguenti modi: presentandosi direttamente, telefonando, attraverso richiesta di famigliari, parenti o altre persone interessate, a seguito di ricovero in ospedale, invio dalla comunità o richiesta dal carcere, segnalazione o invio dalla Prefettura, attraverso il medico di base, volontari, amici, sacerdoti, servizi comunali o dell'ASL, ecc.

  Presso ciascun Ser.T e ciascun NOA è presente un'équipe, in genere composta da medico, infermiere, assistente sociale, psicologo, educatore;
- **le strutture private residenziali** per l'assistenza alle persone dipendenti da sostanze illecite e lecite. Rientrano nella rete dei servizi ed assicurano, attraverso personale qualificato, un programma terapeutico individualizzato caratterizzato da interventi di tipo assistenziale, farmacologico, sanitario, educativo, psicologico e riabilitativo.

c) Il consultorio familiare

Si occupa della tutela della salute dell'infanzia; della donna e della famiglia; di gravidanza e nascita; di interruzione volontaria della gravidanza; consulenza pediatrica; contraccezione; diritto di famiglia; problemi sociali e mediazione familiare; sessualità; sterilità.

È un servizio di assistenza alla famiglia e alla maternità, che ha come scopo quello di garantire assistenza sanitaria, psicologica e sociale per la preparazione alla maternità ed alla paternità responsabile. Si occupa di problemi della coppia e della famiglia anche in ordine alle problematiche minorili.

Il consultorio svolge azioni di prevenzione ed educazione alla salute. È un presidio multi-professionale di prevenzione e assistenza sanitaria-psicologica-sociale, rivolto all'individuo, alla coppia e alla famiglia nelle diverse fasi della vita. Ci lavorano, in genere, ginecologi, assistenti sanitari, ostetrici, psicologi, assistenti sociali, mediatori culturali e familiari.

d) Il servizio di Assistenza Domiciliare Integrata (ADI)

L'ADI è il servizio di assistenza domiciliare integrata, erogato dall'ASL, su proposta in genere del medico curante, a persone fragili e non autosufficienti di tutte le età, come pazienti cronici, critici e terminali, e che si trovano in una condizione di non trasportabilità presso presidi sanitari ambulatoriali dove ricevere cure.

L'ADI consiste in un insieme di prestazioni sanitarie (medico-specialistiche, infermieristiche, fisioterapiche) integrate con prestazioni socio-assistenziali da parte di personale OSS o altri operatori di supporto da garantire al domicilio dell'assistito.

e) Le commissioni per il riconoscimento delle invalidità civili

Le diverse commissioni, che variano a seconda del tipo di riconoscimento da accertare, si occupano di eseguire accertamenti collegiali medico-legali, basati sia sul colloquio con l'utente che sulla valutazione della documentazione sanitaria prodotta. La visita viene effettuata per le seguenti tipologie di accertamento:

- invalidità civile;
- cecità civile;
- sordità;
- indennità di accompagnamento;
- handicap (legge 104/1992);
- disabilità (legge 68/1999).

f) L'ufficio protesi

Dove è possibile richiedere, secondo quanto stabilito dal nomenclatore tariffario (Decreto ministeriale n. 332 del 1999), come modificato dal nuovo nomenclatore delle protesi, che viene incluso nel decreto relativo ai nuovi LEA, l'autorizzazione per l'ottenimento di ausili, presidi, protesi, ortesi, tra i quali pannoloni, letto articolato, sollevatore, carrozzina, materassi e cuscino antidecubito, montascale elettrico, calzature, ecc., presidi per diabetici, prodotti per la celiachia.

g) L'ufficio esenzioni dal ticket

Dove alcune categorie di cittadini possono presentarsi per richiedere, nel rispetto delle leggi vigenti, l'esenzione dal pagamento del ticket.

Il ticket rappresenta il modo, individuato dalla legge, attraverso il quale gli assistiti contribuiscono o "partecipano" al costo delle prestazioni sanitarie ricevute.

Le prestazioni incluse nei livelli essenziali di assistenza (LEA) per le quali **è previsto il pagamento del ticket** sono:

1. le visite specialistiche ed esami di diagnostica strumentale e di laboratorio;
2. le prestazioni eseguite in pronto soccorso che non rivestono carattere di emergenza o urgenza (codici bianchi), non seguite da ricovero;
3. le cure termali.

Per le prestazioni sanitarie che prevedono il pagamento di un ticket, gli assistiti hanno diritto all'esenzione (per alcune o per tutte prestazioni) nei seguenti casi:

- in particolari situazioni di **reddito** associate all'età o alla condizione sociale;
- in presenza di determinate patologie (**croniche o rare**);
- in caso di riconoscimento dello stato di **invalidità**;
- in altri casi particolari (**gravidanza, diagnosi precoce di alcuni tumori, accertamento dell'HIV**).

h) La tutela della salute mentale

La tutela della salute mentale viene in genere assegnata alle ASL, ma in alcune Regioni viene assegnata alle Aziende Ospedaliere. In ogni caso, avviene attraverso i dipartimenti di salute mentale (DSM). A questi ultimi fanno capo le unità operative di psichiatria pubbliche, denominate Servizi Psichiatrici di Diagnosi e Cura (SPDC) e gli ambulatori specialistici socio-sanitari territoriali, denominati Centri di Salute Mentale (CSM), e i Centri Diurni del CSM.

i) Il Centro Unico di Prenotazione (CUP)

È un ufficio/sportello per la prenotazione di visite mediche specialistiche ed esami.

l) La guardia medica (o medico di continuità assistenziale)

Il servizio di continuità assistenziale è attivo negli orari in cui il medico di medicina generale e il pediatra di famiglia non sono tenuti ad esercitare l'attività.

A questo servizio ci si può rivolgere in casi di indifferibile bisogno, cioè per quelle situazioni di malattia per le quali non si può aspettare il giorno successivo per andare dal proprio medico curante. In caso di urgenza infatti è necessario contattare il numero unico di emergenza o recarsi al pronto soccorso.

5.4 I dipartimenti

Come stabilito dall'art. 17-bis del decreto legislativo 502/92 e s.m.i., l'organizzazione dipartimentale è riconosciuta come "il modello ordinario di gestione operativa di tutte le attività delle Aziende sanitarie". Il Dipartimento è costituito da strutture, complesse e semplici a valenza dipartimentale, omogenee, omologhe, affini o complementari, che perseguono comuni finalità e sono quindi tra loro interdipendenti, pur mantenendo la propria autonomia e responsabilità professionale. Esse sono aggregate in una specifica tipologia organizzativa e gestionale, volta a dare risposte unitarie, flessibili, tempestive, razionali e complete rispetto ai compiti assegnati.

A titolo esemplificativo viene di seguito illustrato il modello dell'ASL di Parma che comprende i dipartimenti sanitari e i dipartimenti tecnico/amministrativi.

5.4.1 I dipartimenti sanitari

Dipartimento delle Cure Primarie

Le cure primarie sono erogate dai Dipartimenti delle Cure Primarie, presenti in ogni Distretto dell'Azienda Usl, a loro volta organizzati in Nuclei di cure primarie.

In particolar modo il Dipartimento delle Cure Primarie assicura:

- l'assistenza dei medici di famiglia e dei pediatri di libera scelta
- l'assistenza specialistica ambulatoriale (visite ed esami)
- l'assistenza domiciliare
- l'assistenza protesica ed integrativa
- l'assistenza consultoriale
- l'assistenza agli stranieri presenti nel territorio regionale
- l'assistenza agli ammalati di AIDS
- l'assistenza socio-sanitaria in strutture residenziali e a domicilio
- l'assistenza farmaceutica

- le procedure per l'assistenza all'estero
- l'attivita dello Sportello unico per l'accesso.

Dipartimento di Sanità Pubblica

Si occupa di prevenzione collettiva e tutela della salute pubblica dai rischi di origine ambientale, lavorativa, alimentare e di tutela della salute e del benessere degli animali.

In particolare svolge attività di:

- prevenzione e profilassi delle malattie infettive e diffusive della collettività
- prevenzione dai rischi infortunistici e sanitari connessi agli ambienti di vita ed alle attività lavorative
- sorveglianza e controllo sulla produzione di alimenti in tutte le fasi della filiera produttiva
- promozione della salute e del benessere animale
- tutela dell'attività sportiva.

Il Dipartimento si articola nei seguenti servizi:

- Igiene e sanità pubblica
- Igiene alimenti e nutrizione
- Medicina dello sport
- Sanità pubblica veterinaria
- Prevenzione e sicurezza negli ambienti di lavoro

Dipartimento Assistenziale Integrato Salute Mentale Dipendenze Patologiche

Si occupa della tutela della salute mentale e nel contrasto alle dipendenze patologiche per tutta la popolazione, in età evolutiva ed adulta, della provincia di Parma.

Dipartimento di Assistenza Farmaceutica

È un'articolazione organizzativa dell'Azienda, dotata di autonomia tecnico-gestionale, con l'obiettivo di collaborare alla definizione della politica aziendale del farmaco e sostenerne lo sviluppo, al fine di ottimizzare l'uso dei farmaci e dei dispositivi medici e migliorare l'appropriatezza prescrittiva ed organizzativa, nel rispetto della sicurezza del cittadino assistito ed in coerenza con gli obiettivi individuati dalla pianificazione sanitaria nazionale, regionale ed aziendale.

5.4.2 I dipartimenti tecnico-amministrativi

Il lavoro del personale tecnico e amministrativo è organizzato all'interno dei Dipartimenti interaziendali di AUSL e Azienda Ospedaliero-Universitaria di Parma:

- Risorse umane
- Tecnico e logistica
- Information and Communication Technology
- Valutazione e controllo

5.5 I Presidi Ospedalieri

All'interno delle ASL sono presenti e permangono i Presidi Ospedalieri (PO) che non hanno o hanno perso i requisiti necessari per poter diventare aziende ospedaliere autonome. Essi garantiscono ricoveri e prestazioni ambulatoriali, visite ed esami diagnostici.

Come stabilito dall'articolo 4, comma 9 del D.Lgs. 502/1992 e s.m.i., gli ospedali che non siano costituiti in azienda ospedaliera conservano la natura di presidi dell'unità sanitaria locale.

Nei presidi ospedalieri dell'unità sanitaria locale è previsto un **dirigente medico** come responsabile delle funzioni igienico-organizzative ed un **dirigente amministrativo** per l'esercizio delle funzioni di coordinamento amministrativo. Il dirigente medico ed il dirigente amministrativo concorrono, secondo le rispettive competenze, al conseguimento degli obiettivi fissati dal direttore generale. A tutti i presidi è attribuita autonomia economico-finanziaria con contabilità separata all'interno del bilancio dell'unità sanitaria locale.

5.6 Gli organi delle Aziende Sanitarie Locali

Sono organi dell'Azienda Sanitaria Locale il Direttore generale, il Collegio di direzione e il Collegio sindacale.

Il **Direttore generale**, titolare dei poteri di gestione e rappresentanza legale dell'ente, nomina il Direttore amministrativo e il Direttore sanitario, con provvedimento deliberativo di natura unilaterale, fissandone i compiti, anche con delega di funzioni.

Il Direttore amministrativo dirige i servizi amministrativi; il Direttore sanitario dirige i servizi sanitari ai fini organizzativi e igienico-sanitari e presiede il Consiglio dei sanitari, organismo elettivo con funzioni di consulenza tecnico-sanitaria.

Sia il Direttore amministrativo che il Direttore sanitario partecipano, unitamente al Direttore generale, alla direzione dell'azienda, assumono diretta responsabilità delle funzioni attribuite alla loro competenza e concorrono, con la formulazione di proposte e di pareri, alla formazione delle decisioni della direzione generale.

Il **Collegio di direzione** è organo di supporto alla gestione aziendale, mentre il **Collegio sindacale** ha il compito di vigilare sulla regolarità amministrativa e contabile.

5.7 Le Aziende Ospedaliere

Sono ospedali di nuova costituzione oppure scorporati dalle AUSL (in precedenza presidi ospedalieri dell'AUSL). Sono aziende pubbliche dotate di personalità giuridica e di autonomia imprenditoriale e come le AUSL dovranno comportarsi come aziende private al fine di tenere sotto controllo la spesa. Sono autonome e indipendenti dalle ASL e hanno propri organi di governo.

Come previsto dal decreto legislativo 502/92 e successive modifiche ed integrazioni, la Regione può proporre al Consiglio dei Ministri la costituzione (o la conferma) in aziende ospedaliere dei presidi ospedalieri in possesso dei seguenti requisiti:

a) organizzazione dipartimentale di tutte le unità operative presenti nella struttura;
b) disponibilità di un sistema di contabilità economico-patrimoniale e di una contabilità per centri di costo;
c) presenza di almeno tre unità operative di alta specialità;
d) dipartimento di emergenza di secondo livello, secondo le specificazioni contenute nell'Atto di intesa tra Stato e Regioni di approvazione delle linee guida sul sistema

di emergenza sanitaria pubblicate nella Gazzetta Ufficiale n. 114 del 17 maggio 1996;

e) ruolo di ospedale di riferimento in programmi integrati di assistenza su base regionale e interregionale, così come previsto dal Piano sanitario regionale e in considerazione della mobilità infraregionale e della frequenza dei trasferimenti da presìdi ospedalieri regionali di minore complessità;
f) attività di ricovero in degenza ordinaria, nel corso dell'ultimo triennio, per pazienti residenti in regioni diverse, superiore di almeno il dieci per cento rispetto al valore medio regionale, salvo che per le aziende ubicate in Sicilia e in Sardegna;
g) indice di complessità della casistica dei pazienti trattati in ricovero ordinario, nel corso dell'ultimo triennio, superiore ad almeno il venti per cento rispetto al valore medio regionale;
h) disponibilità di un proprio patrimonio immobiliare adeguato e sufficiente per consentire lo svolgimento delle attività istituzionali di tutela della salute e di erogazione di prestazioni sanitarie.

5.8 Il medico e il pediatra di famiglia

Si è deciso di illustrare in questo paragrafo il ruolo e i principali compiti e funzioni di questi due professionisti per il fatto che, assieme all'assistente sociale del Comune, sono altre due importanti figure di riferimento per i cittadini nel territorio. Inoltre, entrambi si trovano a collaborare molto spesso con l'assistente sociale comunale (soprattutto il medico di medicina generale), in particolare quando si tratta di attivare, ciascuno per quanto di propria competenza, servizi e prestazioni a favore di anziani e disabili e persone non autosufficienti in genere.

I due principali tipi di medici di medicina generale sono il medico di Assistenza Primaria (o Medico di famiglia) e il medico di Continuità Assistenziale (più conosciuto come Guardia Medica). Entrambi sono dei liberi professionisti convenzionati con il Servizio Sanitario Nazionale.

Nel nostro sistema, il medico di famiglia è il medico di scelta fiduciaria da parte del cittadino e fornisce assistenza di primo livello nel proprio studio medico o al domicilio dell'assistito.

Il Medico di Medicina Generale (MMG) e il pediatra di famiglia sono definiti "*medici di assistenza primaria*" (MAP), sono coloro che educano i pazienti alla salute, ne conoscono la storia clinica e definiscono il piano di cura più appropriato in caso di malattia.

Il medico di medicina generale e il pediatra di famiglia rappresentano, di norma, un indispensabile, anche se non più unico, collegamento tra il cittadino e il servizio sanitario, vale a dire la via di accesso alla medicina di secondo livello.

Il medico di famiglia assiste tutta la popolazione al di sopra dei 14 anni; il pediatra quella da zero a 14 anni. Per i minori tra 6 e 14 anni, i genitori possono scegliere fra medico di famiglia e pediatra.

Sia per la scelta del MMG che del pediatra o per sostituirli ci si deve rivolgere al servizio di scelta e revoca del proprio distretto di appartenenza.

Ambulatorio e disponibilità

Il medico curante garantisce ai propri assistiti sia visite domiciliari che nel proprio studio, secondo un orario prestabilito che deve essere esposto nella sala d'attesa. Le visite sono eseguite negli orari di ambulatorio, ad accesso diretto o su prenotazione, in base all'organizzazione del medico.

In caso di impossibilità del paziente a recarsi presso l'ambulatorio, sarà il medico di famiglia ad effettuare la visita domiciliare per controllarne lo stato di salute.

Al medico di famiglia ci si rivolge principalmente per:

- problemi relativi allo stato di salute psico-fisico dell'assistito;
- la prescrizione di farmaci;
- il rilascio di certificati legati alla presentazione di domande di invalidità civile, di indennità di accompagnamento, di riconoscimento dell'handicap;
- la prescrizione di visite mediche specialistiche ambulatoriali; richieste di ricovero in ospedale o presso strutture come RSA o RSD e cure termali;
- chiedere l'attivazione del servizio di Assistenza Domiciliare Integrata (ADI) erogato dall'ASL;
- invio presso medici specialisti (ad esempio neurologo, fisiatra, ortopedico, otorino) per l'ottenimento di protesi e ausili (carrozzine, sollevatori, letti ortopedici, materassi antidecubito, montascale elettrici, pannoloni, traverse, ecc.);
- certificati di malattia del lavoratore o dei figli; certificazioni obbligatorie per legge ai fini della riammissione all'asilo nido, alla scuola materna, alla scuola dell'obbligo e alle scuole secondarie superiori;
- il rilascio di certificati di idoneità allo svolgimento di attività sportive non agonistiche.

Rapporto tra medico di famiglia e ospedale

Il medico di famiglia si prende cura del proprio assistito nell'accesso all'ospedale, può partecipare alla fase diagnostica, curativa e riabilitativa e può accedere in tutti gli ospedali pubblici e le case di cura convenzionate o accreditate. In particolare, al momento delle dimissioni il medico di famiglia deve ricevere dal reparto ospedaliero la relazione clinica contenente l'iter diagnostico e terapeutico, nonché i suggerimenti terapeutici per l'assistenza del paziente a domicilio.

Il medico di famiglia oltre che consultarsi con specialisti può inoltre fornire informazioni in merito a:

a) residenze sanitarie assistenziali o semiresidenziali, residenze rivolte ad anziani disabili;
b) servizi per persone con demenza per consulenze su problemi specifici.

È importante che l'ASA o l'OSS, direttamente assunto alle dipendenze della famiglia o impegnato nei servizi di assistenza domiciliare comunale o dell'ASL, conosca:

- il nome e cognome del medico di famiglia;
- il numero di telefono dell'ambulatorio e, se disponibile, il numero di cellulare;
- l'indirizzo dell'ambulatorio;
- gli orari in cui riceve.

Cosa fare quando il medico curante visita un paziente a casa

Gli OSS, gli ASA e gli assistenti familiari che si prendono cura a domicilio di persone che non hanno familiari e parenti che possano assisterli devono:

- tenere a portata di mano tutta la documentazione sanitaria con la "storia" delle malattie della persona (visite specialistiche, radiografie, ecografie o esami eseguiti di recente);

- esibire le scatole dei farmaci che la persona assume;
- preparare uno schema con le domande che si vogliono rivolgere al MMG.

Per svolgere queste prestazioni, gli assistenti domiciliari devono ricevere una delega dall'assistito o da chi lo rappresenta (tutore, amministratore di sostegno) nonché le indicazioni sul PAI da parte dell'assistente sociale qualora la persona fruisse dell'assistenza domiciliare comunale.

5.9 Le USCA (Unità Speciali di Continuità Assistenziale)

Con l'art. 8 del Decreto legge n. 14 del 9 marzo 2020, il Governo invitava le Regioni e le Province autonome di Trento e Bolzano ad istituire, entro dieci giorni dall'entrata in vigore del medesimo decreto, presso una sede di continuità assistenziale già esistente, una USCA (Unità Speciale di Continuità Assistenziale) ogni 50.000 abitanti per la gestione domiciliare dei pazienti affetti da COVID-19 che non necessitavano di ricovero ospedaliero.

Tali disposizioni erano limitate alla durata dello stato di emergenza epidemiologica da COVID-19, come stabilito dalla delibera del Consiglio dei Ministri del 31 gennaio 2020. In tale data era stato disposto lo stato di emergenza che è stato via via prorogato per terminare il 31 marzo 2022. Nello specifico, il Governo aveva deciso di istituire le USCA al fine di consentire al medico di medicina generale o al pediatra di libera scelta o al medico di continuità assistenziale di garantire l'attività assistenziale ordinaria.

L'unità speciale era costituita da un numero di medici pari a quelli già presenti nella sede di continuità assistenziale prescelta.

Ne potevano far parte:

- i medici titolari o supplenti di continuità assistenziale;
- i medici frequentanti il corso di formazione specifica in medicina generale;
- in via residuale, i laureati in medicina e chirurgia abilitati e iscritti all'ordine di competenza.

L'unità speciale doveva essere attiva sette giorni su sette, dalle ore 8.00 alle ore 20.00.

Il medico di medicina generale o il pediatra di libera scelta o il medico di continuità assistenziale avevano il compito di comunicare all'USCA, a seguito del triage telefonico, il nominativo e l'indirizzo dei pazienti affetti da COVID-19 che non necessitavano di ricovero ospedaliero.

I medici dell'USCA, nello svolgimento delle specifiche attività, dovevano essere dotati di ricettario del Servizio sanitario nazionale, di idonei dispositivi di protezione individuale e seguire tutte le procedure del caso.

L'istituzione e la costituzione delle USCA si sono differenziate da Regione a Regione e, di massima, sono state presenti presso le ASL.

La **riorganizzazione della medicina territoriale** prevista dal **D.M. 77/2022** ha mantenuto in vita l'Unità di Continuità Assistenziale (UCA) dopo la sperimentazione durante la fase pandemica, caratterizzandola come ***équipe* mobile distrettuale** "*per la gestione e il supporto della presa in carico di individui, o di Comunità, che versano in condizioni clinico-assistenziali di particolare complessità e che comportano una comprovata difficoltà operativa*" (allegato 1, paragrafo 7, D.M. 77/2022). Essa non sostituisce ma supporta, per un tempo definito, i professionisti responsabili della presa in carico del paziente e della Comunità.

Composta da un medico e un infermiere, l'UCA opera sul territorio di riferimento anche attraverso l'utilizzo di strumenti di telemedicina (es. televisita e teleassistenza) e in collaborazione con medici di medicina generale e pediatri di libera scelta delle Aggregazioni Funzionali Territoriali (AFT)/Unità Complesse di Cure Primarie (UCCP); inoltre, l'UCA, al fine di svolgere la propria attività, può usufruire del supporto a distanza (teleconsulto) di specialisti del territorio e ospedalieri ed essere integrata con altre figure professionali sanitarie, nell'ambito delle professionalità disponibili, anche attraverso interventi di riorganizzazione aziendale.

Capitolo 6
Il Servizio di Assistenza Domiciliare Integrata (ADI) dell'ASL

6.1 Cosa è l'ADI

L'ADI è il servizio di assistenza domiciliare integrata, erogato dall'ASL su proposta di un medico, in genere il medico curante, a persone fragili di tutte le età che versano in condizioni di non autosufficienza, temporanea o definitiva, come cronici, critici e terminali, con patologie reversibili o irreversibili, impossibilitate a svolgere in modo autonomo le normali attività di vita quotidiana e che vivono in una condizione di non trasportabilità presso presidi sanitari ambulatoriali in grado di rispondere ai loro bisogni. Sono persone che normalmente non riescono ad uscire di casa per curarsi e saranno pertanto i professionisti dell'area sanitaria, quali medici specialisti (in genere geriatri, fisiatri, oncologi), gli infermieri e i fisioterapisti, nonché gli OSS e/o altre figure di supporto a recarsi presso il loro domicilio.

L'ADI si colloca nella rete dei servizi socio-sanitari territoriali e garantisce, alle persone non autosufficienti e in condizioni di fragilità, percorsi assistenziali a domicilio, assicurando la continuità dell'assistenza tra Ospedale e Territorio.

L'ADI ha pertanto tra i suoi obiettivi:

- migliorare la qualità di vita, limitando il declino funzionale della persona;
- supportare la famiglia nel lavoro di cura;
- ridurre i ricoveri ospedalieri impropri e il ricorso ai servizi di emergenza/urgenza;
- evitare, laddove possibile, il ricovero definitivo in strutture residenziali.

Nella presa in carico dei pazienti in ADI, hanno la priorità gli utenti che:

- si trovano in una condizione di non autosufficienza parziale o totale;
- vengono dimessi da strutture ospedaliere;
- si trovano nella fase terminale della vita;
- si trovano ad alto rischio di ricovero.

Per accedere al servizio devono essere presenti tutte le seguenti condizioni:

- bisogni sanitari e sociosanitari gestibili al domicilio;
- non autosufficienza, parziale o totale, di carattere temporaneo o definitivo;
- non deambulabilità e non trasportabilità, con i comuni mezzi, presso i servizi ambulatoriali territoriali;

- presenza di una rete familiare formale e/o informale di supporto;
- condizioni abitative che assicurino la praticabilità dell'assistenza.

Attraverso l'ADI vengono garantite a domicilio prestazioni sanitarie integrate con prestazioni socio-assistenziali.

Tra le prestazioni sanitarie che possono essere garantite vi sono quelle:

- **medico-specialistiche** (principalmente attraverso il medico geriatra, il medico fisiatra, il medico oncologo o medico esperto in cure palliative);
- **infermieristiche**, principalmente per: somministrazione di farmaci, gestione del catetere vescicale, prelievi, medicazioni, gestione stomie, flebo; educazione sanitaria per prevenire le ulcere da decubito; somministrazione della terapia del dolore; sostegno alla famiglia;
- **fisioterapiche** per la riabilitazione motoria a domicilio.

Le suddette prestazioni sanitarie possono essere integrate con prestazioni socio-assistenziali, svolte da personale OSS o altre figure di supporto, che si occupano in particolare di igiene, vestizione e mobilizzazione.

In casi di particolare necessità e bisogno potrà anche essere inviato a domicilio uno psicologo o altri professionisti. L'ADI può essere garantita sia attraverso personale dell'ASL che attraverso personale di organizzazioni esterne accreditate con l'ASL.

6.2 La procedura di attivazione del servizio ADI

L'attivazione avviene con prescrizione medica, che deve indicare:

- la diagnosi principale di patologia ed eventualmente le secondarie;
- la/e motivazione/i della richiesta di ADI.

La **segnalazione** in merito alla necessità di attivazione del servizio a favore di una persona bisognosa può essere fatta al medico curante da chiunque ne venga a conoscenza, come un familiare, un volontario, l'assistente sociale del Comune o anche il tutore o l'amministratore di sostegno del paziente, ma **si concretizza solo con la presentazione formale della richiesta da parte del medico curante** che viene inviata agli uffici preposti dell'ASL.

La proposta di attivazione dell'ADI è in genere una competenza riconducibile al medico di famiglia, che può essere il medico di medicina generale (MMG) o il pediatra di libera scelta (PLS), che, chiamato in causa, si reca al domicilio del paziente per ascoltarne i bisogni, valutarne lo stato clinico e la fattiva necessità di assistenza domiciliare integrata.

Se lo ritiene necessario, il medico curante compila la richiesta di ADI e la invia all'ufficio apposito dell'ASL, che in genere è denominato ufficio ADI ma che può variare da Regione a Regione (in Lombardia ad esempio è lo sportello fragilità o sportello voucher dell'ASST).

La valutazione in merito all'erogazione del servizio compete all'équipe dell'ufficio ADI denominata **Unità di valutazione multidimensionale o disciplinare (UVMD)** composta in genere da medico specialista, solitamente medico geriatra, assistente sociale, infermiere, fisioterapista.

L'UVMD può accogliere subito la proposta fatta dal medico curante oppure decidere di effettuare una visita domiciliare, inviando l'infermiere o il fisioterapista dell'équipe o entrambi, al fine di una valutazione più approfondita di ogni singola situazione. In caso di necessità e urgenza, l'ADI deve essere attivata nell'arco delle 24 ore. È l'UVMD che stabilisce, tenendo conto della diagnosi e proposta del medico curante, il profilo assistenziale, la durata del servizio, la tipologia di prestazioni da erogare, numero di accessi da garantire per ciascun operatore coinvolto, giorni e orari di accesso, tempi di attivazione. Per ciascun assistito dell'ADI viene predisposto un PAI (Piano di assistenza individuale) che viene sottoscritto e condiviso tra i diversi attori coinvolti nel processo di assistenza.

Dimissioni protette. A seguito di ricovero ospedaliero, qualora fosse necessario proseguire con l'assistenza a casa, al fine di garantire la continuità delle cure, l'équipe dell'unità operativa interessata potrà, in collaborazione con il medico di famiglia/pediatra, avviare le procedure per attivare l'ADI.

6.3 Principali requisiti da possedere e documenti da presentare per richiedere il servizio ADI

Per l'attivazione del servizio è necessaria la richiesta del medico curante del paziente, unitamente ad un certificato che attesti la condizione di non autosufficienza, da inviare all'ufficio ADI dell'ASL.

Per accedere al servizio non vi sono limitazioni di età o di reddito. Infatti è un servizio che tiene conto del solo stato di salute del paziente e pertanto completamente gratuito e prescinde dal reddito e dall'età del beneficiario. Anche la richiesta di rinnovo è riconducibile al medico curante.

Le fasi da seguire per richiedere il rinnovo sono le medesime previste per richiedere la prima attivazione dell'ADI.

Capitolo 7
Principali strutture sanitarie, sociali e socio-sanitarie

7.1 Il Centro Diurno per anziani (CD)

È un servizio diurno, rivolto prioritariamente agli anziani autosufficienti, anche se deve essere accessibile a tutti i cittadini senza distinzioni di età.

All'interno vengono svolte attività ludiche, ricreative, culturali, di socializzazione e di solidarietà, con il fine di favorire la socializzazione e il rapporto di comunicazione interpersonale durante il tempo libero e, in genere, l'accesso è libero.

Solitamente viene direttamente gestito dal Comune oppure affidato da quest'ultimo ad associazioni di volontariato o in autogestione agli anziani. Può anche nascere su iniziativa di anziani stessi o di un'associazione di volontariato che poi chiedono di poter essere ospitati nei locali del Comune e/o di sottoscrivere un patto di accreditamento con il Comune. Il centro diurno, infatti, supporta e favorisce l'organizzazione di attività ricreative svolte dalle associazioni attraverso la messa a disposizione gratuita dei locali. Rappresenta un punto di riferimento quotidiano per gli anziani.

Considerato il tipo di attività svolte, vengono in genere impiegati animatori e/o educatori con funzioni di organizzazione delle attività all'interno del centro, nonché personale volontario.

Il centro si caratterizza per la polifunzionalità delle sue prestazioni.

Alcuni CD svolgono anche una funzione di sostegno alla vita domestica e vanno a supportare le attività di assistenza domiciliare alla popolazione anziana o in stato di bisogno, offrendosi come struttura di appoggio e/o come sede naturale del SAD. Possono comprendere servizi ed attività di ristoro (servizio mensa), di ritrovo, di segretariato sociale e di consulenza.

Quando è sede del SAD offre prestazioni di sostegno alla persona (bagni assistiti, manicure, pedicure, lavaggio capelli, lavanderia, stireria, preparazione pasti caldi per gli utenti dell'assistenza domiciliare, non così compromessi da essere ospitati nei Centri Diurni Integrati). In tal caso il personale dovrà avere diverse qualifiche professionali in base alle specifiche attività prestate.

I centri diurni possono essere pubblici o privati, accreditati o non accreditati con il Comune.

7.2 Il Centro Diurno Integrato (CDI)

Il Centro Diurno Integrato (CDI) si colloca nella rete dei servizi socio-sanitari per anziani, con funzione intermedia tra l'assistenza domiciliare e le strutture residenziali.

È un servizio semi-residenziale, di tipo socio-sanitario, aperto nelle ore diurne che si rivolge, di norma, ad anziani non autosufficienti parziali o totali, sopra i 65 anni, che vivono a casa.

Ancor più nello specifico il CDI è rivolto a persone con compromissione dell'autosufficienza:

- affette da pluripatologie cronico-degenerative, fra le quali anche le demenze, ma senza gravi disturbi comportamentali;
- persone sole, anche con un discreto livello di autonomia ma a rischio di emarginazione dalle cure, oppure inserite in un contesto familiare o solidale, per le quali l'assistenza domiciliare risulta insufficiente o troppo onerosa;
- che si trovano in condizioni psico-fisiche tali da raggiungere con un trasporto protetto il servizio territoriale.

Il CDI offre interventi socio-sanitari di supporto all'anziano, alla sua famiglia o al suo contesto sociale quando le necessità assistenziali non sono risolvibili con il solo intervento dei servizi domiciliari, e che non determinano l'esigenza e la richiesta di ricovero in una Residenza Sanitaria Assistenziale per Anziani (RSA). Il CDI garantisce prestazioni socio-assistenziali, sanitarie e riabilitative ed offre opportunità di animazione e di rapporti sociali.

Non sono ammissibili persone autosufficienti, né che già fruiscano di servizi residenziali socio-sanitari, né con elevate esigenze clinico-assistenziali, né con problematiche psichiatriche attive o con demenza associata a gravi disturbi comportamentali, né persone in età giovane o giovane-adulta con disabilità.

Nello specifico il CDI offre:

1. **prestazioni sanitarie** (mediche, tra le quali l'assessment geriatrico e valutazione periodica con conseguenti ed eventuali trattamenti farmacologici; infermieristiche per la somministrazione della terapia e medicazioni e controllo dei parametri biologici; fisioterapiche-riabilitative);
2. **prestazioni socio-assistenziali** e servizi alla persona (supporto e protezione nelle attività della vita quotidiana, nell'assunzione di cibi e bevande, nel fornire aiuto nella scelta e cura dell'abbigliamento, cura della barba e dei capelli, igiene orale, delle mani e dell'intera persona);
3. **servizi di animazione** (di gruppo o individuali) e di socializzazione, quali spettacoli, giochi, attività manuali e pratiche, letture ecc., ed educativi al fine di contenere il decadimento psico-fisico e la tendenza all'isolamento sociale e culturale;
4. **servizi di sostegno al contesto familiare o solidale**: interventi di informazione ed educazione per favorire l'utilizzo al domicilio di tutti i presidi, gli ausili e le procedure che adattino l'ambiente domestico al grado di non autosufficienza raggiunto e supportino l'autonomia residua della persona anziana e le risorse assistenziali del nucleo familiare o solidale a cui essa appartiene;
5. **prestazioni di sostegno psicologico**;
6. **attività psicomotorie**;
7. **riabilitazione cognitiva**.

La composizione dell'équipe può variare. È la Regione dove ha sede il CDI che fissa gli standard minimi di personale da impiegare. In genere le équipe sono formate da un responsabile, da medici (in genere geriatri, fisiatri, neurologi), infermieri, fisioterapisti, animatori, educatori, ASA/OTA/OSS, psicologo, assistente sociale.

Al fine di rispondere all'esigenza di disporre di personale qualificato per ogni possibile supporto all'anziano, possono altresì concorrere al raggiungimento degli standard anche altri operatori, oltre a quelli citati.

Il CDI mette a disposizione un proprio servizio di trasporto, a mezzo del quale, tramite l'uso di un pulmino e l'impiego di personale adeguatamente formato, gli anziani che non vengono accompagnati dai familiari o da caregiver formali o dal Comune e che hanno dato la propria disponibilità, vengono prelevati dal proprio domicilio e accompagnati in CDI, dove sono garantiti sia il servizio pasti (in genere il pranzo a mezzogiorno, e, in alcuni CDI, su richiesta, anche colazione e cena) che l'assistenza sanitaria e socio-assistenziale, le attività educative e di animazione.

Al termine della giornata trascorsa al CDI, gli anziani vengono riaccompagnati al proprio domicilio.

Il CDI può avere sede autonoma e indipendente o essere collocato all'interno di altra struttura residenziale o semiresidenziale; può essere pubblico o privato e non accreditato o accreditato con la Regione attraverso l'ASL competente per territorio. Quando è pubblico viene generalmente gestito dal Comune.

La retta prevede, in caso di CDI accreditato, una quota di natura sanitaria a carico della Regione, che varia in base al livello di non autosufficienza dell'ospite e una quota di natura alberghiera che comprende anche l'eventuale servizio di trasporto a carico dell'ospite/famiglia, qualora questi ultimi non fossero in grado di provvedere e se in possesso dei requisiti necessari, potranno rivolgersi al Comune di residenza per richiedere l'integrazione della retta.

7.3 La Residenza Sanitaria Assistenziale (RSA)

Tra i principali riferimenti normativi relativi alle RSA ci sono la legge 67/88 e il DPCM 22 dicembre 1989.

Nelle linee guida del Ministero della Sanità del 1994, viene specificato che le Residenze Sanitarie Assistenziali realizzano un livello medio di assistenza medica, infermieristica e riabilitativa, accompagnata da un livello "*alto*" di assistenza tutelare ed alberghiera.

La RSA prevede forme di ospitalità permanenti, temporanee e di sollievo, è una struttura socio-sanitaria di tipo residenziale, rivolta di norma ad anziani non autosufficienti parziali o totali sopra i 65 anni non assistibili al domicilio, portatori di patologie geriatriche, neurologiche stabilizzate, ma possono anche ospitare altri soggetti non autosufficienti, non assistibili a domicilio.

Le RSA offrono interventi integrati: medici, infermieristici, riabilitativi, educativo-animativi, socio-assistenziali ed alberghieri, avvalendosi di personale qualificato. Garantiscono assistenza individualizzata, orientata al mantenimento delle capacità residue, degli interessi personali ed alla promozione del benessere.

Il loro obiettivo è quello di aver cura della salute fisica, del benessere psichico, dell'autonomia personale, dello stimolo degli interessi e delle relazioni sociali dell'anziano non autosufficiente.

La RSA rappresenta la collocazione residenziale dell'anziano non autosufficiente quando questi non è più in grado di rimanere al proprio domicilio e non è assistibile presso un Centro Diurno Integrato, non presenta patologie acute da richiederne il ricovero in ospedale, garantendone la qualità di vita.

Le RSA possono eccezionalmente accogliere persone disabili con meno di 65 anni. Per informazioni di dettaglio sulle singole RSA, si può richiedere direttamente la loro Carta dei servizi che deve sempre essere comprensiva del tipo di prestazioni offerte e dei prezzi in vigore.

Le RSA sono distribuite su tutto il territorio regionale.

Per il raggiungimento dello standard assistenziale sopra definito, ogni Regione impone che in RSA debba essere obbligatoriamente garantita la presenza di determinate figure professionali.

La composizione dell'équipe può variare, in genere è formata da un responsabile, da medici (solitamente geriatri, fisiatri, neurologi), infermieri, fisioterapisti, animatori, educatori, ASA/OTA/OSS, psicologo, assistente sociale. Tuttavia, al fine di rispondere all'esigenza di disporre di personale qualificato per ogni possibile supporto all'anziano, possono altresì concorrere al raggiungimento degli standard previsti anche altri operatori.

La RSA può essere pubblica o privata, non accreditata oppure accreditata con la Regione, attraverso l'ASL competente per territorio. Quando è pubblica viene generalmente gestita dal Comune. Le variazioni del grado di non autosufficienza dell'ospite devono essere rilevate dalla struttura, sempre attraverso la compilazione di apposita scheda, alla cui variazione deve corrispondere un adeguato aggiornamento del PAI e la registrazione dell'evento patologico o traumatico nel fascicolo sanitario e sociale.

7.4 Procedure di accoglienza in CDI e RSA

La proposta di accesso in CDI e/o RSA avviene attraverso la compilazione di una domanda di inserimento (firmata dall'ospite oppure, in caso fosse incapace di intendere e volere, dal tutore o amministratore di sostegno nominato dal giudice tutelare) corredata da scheda sanitaria che deve essere compilata dal medico di famiglia (o ospedaliero) per poi essere valutata dal medico di struttura, che dovrà decidere se l'anziano in base alle patologie di cui risulta essere affetto può essere accolto in CDI e/o RSA.

CDI e/o RSA si impegnano ad effettuare tutte le procedure di accoglienza degli ospiti. In particolare:

- tenere la lista di attesa dei richiedenti l'accesso, secondo le modalità stabilite dalla normativa regionale;
- redigere, all'ingresso dell'ospite, la scheda di rilevazione del livello di non autosufficienza e a rivederla periodicamente come stabilito dalle norme regionali;
- verificare che i richiedenti ammessi abbiano il requisito della non autosufficienza;
- redigere, per ogni ospite ammesso, attraverso l'équipe socio-sanitaria un piano di assistenza individualizzato (PAI) corrispondente ai problemi/bisogni identificati per ogni ospite e a quelli da lui percepiti, nonché un fascicolo sanitario e sociale da aggiornare come previsto dalla normativa regionale, nonché a comunicare tutte le informazioni sopra riportate all'ASL competente per territorio secondo le modalità previste dalle leggi di ciascuna Regione e dagli accordi contrattuali di accreditamento.

Il ricovero in RSA può essere di 2 tipi:

1. per inserimento "definitivo" e quindi di lungodegenza;
2. per un periodo temporaneo e di breve durata detto tecnicamente di "sollievo".

La domanda per tutti e due i tipi di ricovero richiede la compilazione di apposita modulistica.

7.4.1 Domanda di inserimento "definitivo"

Gli incaricati della struttura prescelta forniranno le informazioni necessarie in merito alla documentazione amministrativa o sanitaria necessaria per il ricovero e consegneranno il modulo di domanda.

La domanda di accesso può anche essere scaricata direttamente dal sito web (nel caso in cui la struttura disponga di un sito internet).

Al fine di facilitare gli utenti nella raccolta dei documenti necessari all'inserimento, sono state create da alcune ASL, e successivamente condivise e concordate con le RSA accreditate, delle domande di ingresso unificate, con logo dell'ASL e valide per tutte le RSA presenti in quel determinato territorio.

Nel modulo di domanda è inclusa la scheda sanitaria. Quest'ultima dovrà essere compilata dal medico curante o dal medico del reparto ospedaliero in caso di ricovero. Essa deve contenere tutte le informazioni utili (storia clinica dell'anziano, terapia in uso, ecc.) per la verifica dell'appropriatezza del ricovero da parte dell'équipe di valutazione della RSA e in particolare dal direttore sanitario o altro medico incaricato dalla struttura che dovrà decidere se l'anziano, in base alle patologie di cui risulta essere affetto, può essere accolto in RSA.

I cittadini che hanno bisogno di orientamento o di capire quale servizio socio-sanitario possa rispondere in modo più appropriato al loro bisogno, possono rivolgersi all'ufficio dei servizi sociali del proprio Comune di residenza o allo sportello fragilità dell'ASL: sono entrambi spazi gratuiti dove è presente personale qualificato, che dopo avere ascoltato e valutato attentamente le richieste affianca la persona nel leggere i bisogni e nell'individuare possibili risposte, eventualmente alternative al ricovero in RSA.

7.4.2 Domanda di inserimento temporaneo in regime di sollievo

I ricoveri temporanei permettono di ricoverare la persona anziana non autosufficiente per un periodo limitato in una RSA.

Attraverso i ricoveri temporanei si intende sostenere e dare un *"sollievo"* alle famiglie che si trovano temporaneamente in difficoltà nell'assistere i parenti anziani totalmente o parzialmente non autosufficienti, al fine di favorire la permanenza dei soggetti "fragili" nel loro ambiente di vita ed evitare o ritardare il ricovero definitivo in istituto.

Il ricovero di sollievo è rivolto ad anziani non autosufficienti parzialmente o totalmente che si trovano, a causa di un evento straordinario e talvolta imprevisto, temporaneamente sprovvisti del supporto assistenziale necessario alla permanenza a domicilio, oppure ad anziani i cui familiari, per diversi motivi, devono essere temporaneamente alleggeriti dal carico assistenziale, ad esempio in caso di ferie concesse alla badante o per impegni inderogabili dei caregiver informali.

Per accedere al servizio e conoscere le RSA disponibili, è necessario far riferimento al Punto fragilità dell'ASL coincidente con la propria residenza.

L'inserimento nei posti letto di sollievo avviene secondo una programmazione che tiene conto della disponibilità dei posti letto in rapporto al numero delle richieste pervenute; la durata del ricovero di norma è di un mese.

Generalmente, i Comuni gestiscono due tipi di ricoveri temporanei: i ricoveri di sollievo e i ricoveri di emergenza.

Differenze tra posto di sollievo e posto di emergenza

Posto di sollievo. Ricovero temporaneo che in genere ha una durata massima di 1 o 2 mesi, in caso di dimissioni ospedaliere che necessitano ancora di un certo grado di protezione, oppure per garantire un periodo di riposo alle famiglie o ai caregiver formali che accudiscono un familiare anziano.

Posto d'emergenza. Ricovero temporaneo che in genere ha una durata massima di 1 o 2 mesi, a favore delle famiglie che improvvisamente non possono, per motivi di salute o contingenti, provvedere all'assistenza dell'anziano o disabile.

Negli ultimi anni però, a causa delle limitate risorse a disposizione, diversi Comuni offrono il solo ricovero di emergenza al quale si accede attraverso la valutazione dell'assistente sociale. Occorre presentare apposita domanda in Comune, allegando il certificato di invalidità se posseduto ed eventuali referti clinici.

Criteri generalmente adottati per la formulazione delle graduatorie. Le domande valutate ammissibili vengono inserite nelle graduatoria di riferimento.

Al fine della formulazione della graduatoria per l'inserimento in posto di sollievo e/o emergenza, si considerano generalmente i seguenti indicatori di fragilità:

- grado di invalidità;
- età anagrafica;
- assenza di familiari;
- fragilità della rete familiare;
- presenza di familiari invalidi;
- la condizione socio-ambientale effettuata e valutata dall'assistente sociale;
- la condizione economica del nucleo familiare (ISEE) **solo per i ricoveri di sollievo**.

Generalmente, quando offerti dai servizi sociali comunali è possibile usufruire dei ricoveri temporanei solo una volta all'anno.

Chi sostiene i costi del ricovero in RSA? La retta prevede, in caso di RSA accreditata e a contratto, sia per quanto riguarda il **ricovero definitivo che quello di sollievo/ emergenza,** una quota di natura sanitaria a carico della Regione, che varia in base al livello di non autosufficienza dell'ospite e una quota di natura alberghiera a carico dell'ospite/famiglia.

Qualora la persona interessata o la sua famiglia non fossero in grado di sostenere i costi del ricovero possono rivolgersi al Comune di residenza per richiedere l'integrazione della retta dove è presente l'assistente sociale che fornisce tutte le indicazioni del caso, in base alla normativa in vigore al momento della richiesta.

Nelle RSA, per ogni ospite viene fatta una valutazione da parte dell'équipe interna e viene predisposto un piano di assistenza individuale nel quale vengono date tutte le indicazioni al fine di garantire un'assistenza appropriata ai bisogni della persona.

CDI ed RSA possono eccezionalmente accogliere persone non autosufficienti al di sotto dei 65 anni, ad esempio quelle affette da patologie ascrivibili all'area senile e che necessitano di adeguate cure geriatriche, si pensi a una persona disabile di 50 anni affetta da Parkinson giovanile.

7.5 I nuclei Alzheimer

I nuclei Alzheimer sono destinati alla cura e all'assistenza di persone anziane e non anziane affette da demenza e che presentano importanti disturbi del comportamento.

I nuclei Alzheimer trovano in genere collocazione all'interno di RSA, Istituti di Riabilitazione (IDR) e Centri Diurni Integrati (CDI).

Sono strutture protette perché solo gli operatori possono entrare e uscire liberamente con l'utilizzo di apposite chiavi o codici di accesso o badge e mirano quindi ad evitare che i degenti possano uscire o allontanarsi di proposito e senza accompagnatori perché potrebbero perdersi e dimenticare la strada del rientro.

Vengono ammessi nei nuclei Alzheimer RSA persone anziane e non anziane con demenza moderata e/o severa e con disturbi psico-comportamentali che non è possibile gestire a domicilio.

La degenza può essere sia temporanea che permanente.

La retta prevede, in caso di RSA accreditata e a contratto, sia per quanto riguarda il ricovero permanente che quello temporaneo, una quota di natura sanitaria a carico della Regione e una quota di natura alberghiera a carico dell'ospite/famiglia.

Qualora la persona interessata o la sua famiglia non fossero in grado di sostenere i costi del ricovero per quanto riguarda la quota alberghiera, possono rivolgersi al Comune di residenza per richiedere l'integrazione della retta dove è presente l'assistente sociale che fornisce tutte le indicazioni del caso, in base alla normativa in vigore al momento della richiesta.

Il ricovero nei nuclei Alzheimer IDR è destinato ad anziani con differenti livelli di compromissione cognitiva, con o senza disturbi comportamentali.

Le attività svolte in tali nuclei sono diverse (gestione di problematiche cliniche, riabilitazione funzionale, valutazione cognitiva e riabilitazione cognitiva, valutazione e gestione dei disturbi psico-comportamentali e supporto psicologico ai familiari e/o agli operatori che si prendono cura della persona affetta da Alzheimer). Il periodo di degenza nei nuclei Alzheimer degli IDR è temporanea.

7.6 Le case albergo

Sono strutture residenziali che forniscono agli ospiti anziani in condizione di autosufficienza psico-fisica servizi di tipo alberghiero, di socializzazione e protezione.

Sono destinatari di queste strutture persone che, pur non necessitando di particolare protezione sociale e sanitaria, richiedano soluzioni alloggiative in ambienti che consentano di soddisfare esigenze di socializzazione.

Tali strutture non sono tenute a rispettare uno specifico standard di personale purché esse garantiscano il soddisfacimento delle prestazioni previste. In genere hanno una sede autonoma e indipendente oppure sono situate all'interno di una RSA, seppure indipendente dai nuclei per anziani non autosufficienti.

La retta mensile per l'ospitalità in casa albergo è a carico dell'ospite/famiglia, qualora questi ultimi non fossero in grado di provvedere e se in possesso dei requisiti necessari, potranno rivolgersi al Comune di residenza per richiedere l'integrazione della retta.

7.7 Gli alloggi protetti

Gli alloggi protetti sono strutture di tipo sociale rivolte a persone di età superiore ai 65 anni, singoli o coppie, che conservano un sufficiente grado di autonomia, seppure in lievi difficoltà, tali da precludere la permanenza nel proprio contesto di vita, potendo così vivere in ambiente controllato e protetto, allo scopo di prevenire situazioni di emarginazione e disagio sociale. Si caratterizzano per la presenza di spazi comuni e per l'offerta di servizi/prestazioni sociali resi occasionalmente o continuativamente dal gestore.

Sono alloggi realizzati da enti pubblici (solitamente sono i Comuni che li aprono e gestiscono la lista d'attesa) o da privati costituiti da più unità abitative indipendenti, date in locazione ad anziani con fragilità sociali che scelgono l'alloggio come proprio domicilio. Il gestore pubblico o privato ne assume la responsabilità e la conduzione

Gli ospiti possono scegliere tra mono o bilocali con zona cottura dove preparare personalmente i pasti, arredati, o con arredi a cura del locatario, e dotati di bagno accessibile. Sono privi di barriere e dotati di box doccia per disabili. Dispongono di un bagno assistito anche in condivisione con altre unità d'offerta contigue e un dispositivo per chiamate d'emergenza da ogni alloggio. Sono situati nell'abitato urbano e collegati con mezzi pubblici e preferibilmente in connessione con struttura/e residenziale diurna socio-sanitaria o sociale per anziani, nonché collegati con la rete territoriale dei servizi sociali.

Agli ospiti possono venire garantiti il servizio di somministrazione dei pasti, lavanderia o stireria come supporto alle attività domestiche. Si configura non solo come sostegno sussidiario alle persone anziane e alle loro famiglie ma anche quale supporto alla rete territoriale dei servizi sociali (SAD/ segretariato sociale ecc.).

Possono essere accolti, prioritariamente, soggetti che presentino almeno una delle seguenti problematiche:

- reti familiari fragili e residuali;
- vivere in un'abitazione non adeguata (ad esempio per presenza di barriere architettoniche, sfratto);
- diminuzione dell'autonomia nelle sole funzioni di tipo strumentale (es. gestione acquisti e/o finanziaria, uso del telefono, utilizzo di farmaci);
- patologie gestibili al domicilio;
- condizioni di solitudine.

Non possono essere accolte persone anziane sole non autosufficienti che necessitano di assistenza socio-sanitaria continua, per le quali la migliore collocazione è nella rete di unità d'offerta socio-sanitarie.

Resta ferma la possibilità per la persona anziana residente/domiciliata nell'alloggio di scegliere la forma di assistenza personale più consona alle proprie esigenze (es. assunzione di badante). Deve essere garantita la presenza/reperibilità di un operatore sociale, su tutte le 24 ore e per 365 giorni l'anno.

La retta mensile è a carico dell'ospite/famiglia, qualora questi ultimi non fossero in grado di provvedere e se in possesso dei requisiti necessari, potranno rivolgersi al Comune di residenza per richiedere l'integrazione della retta.

7.8 Le strutture per persone con disabilità

Le strutture sociali rivolte ai disabili si differenziano da quelle socio-sanitarie in base alla gravità delle condizioni dei destinatari e negli obiettivi da perseguire.

Le prime si rivolgono a persone con bassa e media disabilità per le quali è possibile avviare percorsi di formazione all'autonomia e di valorizzazione delle competenze, che possano essere utilizzate al meglio nei differenti contesti di vita, ossia in famiglia, scuola, lavoro, comunità.

Le seconde, invece, sono rivolte a persone con disabilità complessa e/o stabilizzata.

Rientrano tra le unità d'offerta socio-sanitaria rivolte a persone con disabilità grave:

- il CDD (Centro Diurno per Disabili);
- la RSD (Residenza Sanitaria assistenziale per persone con disabilità);
- la CSS (Comunità alloggio Socio-Sanitaria).

Rientrano tra le unità d'offerta sociali, rivolte a persone con disabilità leggera:

- il CSE (Centro Socio Educativo);
- lo SFA (Servizio di Formazione all'autonomia).

7.8.1 Il Centro Diurno per Disabili (CDD)

È una struttura socio-sanitaria, di tipo semi-residenziale, rivolta all'accoglienza di persone con disabilità grave, di norma tra i 18 e i 65 anni, dipendente da qualsiasi causa (fisica, psichica, sensoriale).

In CDD, i minori di 18 anni (0-18) possono essere accolti eccezionalmente alle seguenti condizioni:

1. deve esserci una richiesta specifica del genitore/curatore/tutore/amministratore di sostegno;
2. deve esserci una certificazione rilasciata dal neuropsichiatra infantile dell'Unità Operativa di Neuropsichiatria Infantile (UONPIA) di riferimento o dallo specialista neuropsichiatra infantile di una struttura extraospedaliera accreditata che attesti la necessità che il minore debba frequentare il CDD;
3. deve esserci la disponibilità della struttura ad adeguare i propri interventi alle esigenze del minore.

Di norma viene richiesto per l'accesso al CDD il possesso del riconoscimento dell'invalidità del 100% e, contestualmente, il verbale/certificato di riconoscimento di handicap grave ai sensi della legge 104/92, articolo 3, comma 3.

Nel CDD vengono garantite prestazioni sanitarie, integrate con attività di riabilitazione, attività di socio-riabilitazione ed attività educative, secondo programmi individualizzati, redatti da personale qualificato (medico, psicologo, educatori professionali, infermieri e terapisti della riabilitazione ecc.) e definiti, se possibile, con il coinvolgimento delle famiglie.

I CDD sono finalizzati a migliorare la qualità della vita della persona disabile, a promuovere e a sviluppare le potenzialità residue, favorendo la socializzazione nell'ambito del proprio contesto di vita.

Gli standard di personale che devono garantire i CDD variano da regione a regione. In linea di massina all'interno dell'équipe è presente personale appartenente all'area socio-assistenziale (ASA, OTA, OSS), educativa, riabilitativa e infermieristica, nonché personale medico, psicologo, logopedista e assistente sociale. All'interno dei CDD può essere ammessa la presenza di volontari.

L'équipe presente in CDD è dunque in parte composta da figure volute e imposte dalla Regione e, in parte, da figure scelte dalla struttura stessa in base alle proprie necessità e al livello di gravità delle persone disabili.

Il CDD deve assicurare l'erogazione delle prestazioni ai propri ospiti sulla base di Progetti Individualizzati e Piani Educativi Individuali (PEI), prevedendo anche il coinvolgimento delle famiglie.

Il CDD mette a disposizione un proprio servizio di trasporto, a mezzo del quale, tramite l'uso di un pulmino e l'impiego di personale adeguatamente formato, i disabili che non vengono accompagnati dai familiari o caregiver formali o rappresentanti legali e che hanno dato la propria disponibilità, sono prelevati dal proprio domicilio e accompagnati in CDD, dove vengono garantiti sia il servizio pasti (in genere il pranzo a mezzogiorno, e, in alcuni CDD, su richiesta, anche colazione e cena) che l'assistenza sanitaria, quella socio-assistenziale ed educativa e di animazione.

Al termine della giornata trascorsa al centro, i disabili vengono riaccompagnati al proprio domicilio.

Il CDD svolge una funzione intermedia tra l'assistenza domiciliare e le strutture residenziali.

La retta prevede, in caso di CDD accreditato e a contratto, una quota per le prestazioni sanitarie a carico della Regione che varia in base al livello di gravità della disabilità e una quota per le prestazioni alberghiere a carico dell'ospite/famiglia che comprende anche l'eventuale servizio di trasporto, qualora l'ospite o la famiglia non fossero in grado di provvedere e se in possesso dei requisiti necessari potranno rivolgersi al Comune di residenza per richiedere l'integrazione della retta.

La proposta di accesso ai CDD avviene attraverso la compilazione di una domanda di inserimento, corredata da scheda sanitaria che deve essere compilata dal medico di famiglia per poi essere valutata dal medico di struttura, che dovrà decidere se il disabile in base alle patologie di cui risulta essere affetto può essere accolto in CDD.

Il CDD può essere pubblico o privato, non accreditato o accreditato con la Regione attraverso l'ASL competente per territorio.

7.8.2 La Residenza Sanitaria Assistenziale per persone con disabilità (RSD)

È una struttura residenziale socio-sanitaria, destinata all'accoglienza 24 ore su 24 di persone in condizioni di grave disabilità, di norma tra i 18 e i 65 anni, dipendenti da qualsiasi causa, fisica-psichica, sensoriale, non assistibili al domicilio o presso il CDD.

In RSD, i minori di 18 anni (0-18) possono essere accolti eccezionalmente alle condizioni già elencate per i CDD.

Di norma viene richiesto per l'accesso in RSD il possesso del riconoscimento dell'invalidità del 100% e, contestualmente, il verbale di riconoscimento dell'indennità di accompagnamento e il verbale di riconoscimento di handicap grave ai sensi della legge 104/92, articolo 3, comma 3.

La RSD è una residenza protetta che offre agli ospiti, attraverso l'impiego di personale qualificato, prestazioni integrate (sanitarie, socio-assistenziali, alberghiere, educative e di animazione), in base a programmi individualizzati definiti, quando possibile, con il coinvolgimento delle famiglie.

Gli standard di personale che devono garantire le RSD variano da regione a regione. In linea di massima all'interno dell'équipe è presente personale appartenente all'area socio-assistenziale (ASA, OTA, OSS), educativa, riabilitativa e infermieristica, nonché personale medico, psicologo, logopedista e assistente sociale. All'interno delle RSD può essere ammessa la presenza di volontari.

Tuttavia al gestore viene permessa una certa flessibilità, capace di adattare gli standard di personale alle esigenze del singolo disabile, inserendo ad esempio operatori che hanno sostenuto corsi di formazione/aggiornamento/specializzazione in musicoterapia, arteterapia, danzaterapia e teatroterapia, oltre ad esperti in lavori artigianali.

La RSD funziona 24 ore su 24 per l'intera settimana e per tutto l'anno e può essere sia pubblica che privata, non accreditata oppure accreditata con la Regione attraverso l'ASL competente per territorio.

La retta prevede, in caso di RSD accreditata e a contratto, una quota per le prestazioni sanitarie a carico della Regione che varia in base al livello di gravità della disabilità e una quota per le prestazioni alberghiere a carico dell'ospite/famiglia, qualora questi ultimi non fossero in grado di provvedere e se in possesso dei requisiti necessari potranno rivolgersi al Comune di residenza per richiedere l'integrazione della retta.

La proposta di accesso in RSD avviene attraverso la compilazione di una domanda di inserimento corredata da scheda sanitaria che deve essere compilata dal medico di famiglia o medico del reparto ospedaliero in caso di ricovero in ospedale, per poi essere valutata dal medico di struttura, che dovrà decidere se il disabile, in base al tipo di disabilità e alle patologie di cui risulta essere affetto, può essere accolto in RSD.

7.8.3 La Comunità Alloggio Socio-Sanitaria (CSS) per persone con disabilità

La CSS è una struttura residenziale e socio-sanitaria, che accoglie persone adulte con grave disabilità di tipo psichico, prive di sostegno familiare o appartenenti ad una famiglia che non è in grado di prendersi cura di loro, che scelgono la comunità come dimora abituale. La CSS garantisce agli ospiti le necessarie prestazioni di carattere socio-sanitario (assistenza diretta alla persona, infermieristiche, riabilitative e socio-riabilitative).

L'équipe della CSS è composta da un medico curante esterno al quale vengono affidati tutti gli ospiti della comunità (oppure, in alternatativa, ciascun ospite conserva il proprio medico curante); infermieri, ASA e OSS, educatori, psicologi. Gli ospiti sono periodicamente monitorati dai medici psichiatri del centro di salute mentale.

La CSS può essere pubblica o privata, non accreditata o accreditata con la Regione attraverso l'ASL competente per territorio.

La retta prevede, in caso di CSS accreditata e a contratto, una quota per le prestazioni sanitarie a carico della Regione e una quota per le prestazioni alberghiere a carico dell'ospite/famiglia, qualora questi ultimi non fossero in grado di provvedere e se in possesso dei requisiti necessari potranno rivolgersi al Comune di residenza per richiedere l'integrazione della retta.

7.8.4 Il Centro Socio Educativo (CSE)

È una struttura diurna di tipo sociale, pubblica o privata, non accreditata o accreditata con il Comune, per persone con disabilità leggera tra i 18 e i 65 anni la cui fragilità non sia compresa tra quelle riconducibili al sistema socio-sanitario.

Gli interventi socio-educativi e animativi realizzati dagli operatori dell'équipe sono finalizzati a favorire e potenziare l'autonomia personale e la socializzazione dei disabili e sono propedeutici all'inserimento nel mercato del lavoro.

Può accogliere anche minorenni purché vicini al compimento della maggiore età, in considerazione del fatto che l'attività svolta dalla struttura è propedeutica all'inserimento nel mercato del lavoro.

L'équipe è in genere costituita dal coordinatore che è un laureato in scienze psicologiche, pedagogiche o sociali o un dipendente in servizio, con funzioni educative. Ci lavorano in genere psicologi, educatori, assistente sociale, maestri d'arte, artigiani, ecc., con comprovata esperienza nel campo e esperienza specifica con utenza disabile.

Le diverse attività vengono svolte dall'équipe in osservanza di un Progetto Individuale (PI) e di un Piano Educativo Individuale (PEI) che vengono predisposti per ogni ospite e condivisi con lo stesso e la sua famiglia.

L'accesso può avvenire su richiesta del disabile stesso o della sua famiglia, oppure su proposta, in accordo con il disabile e la famiglia, dei servizi sociali del Comune oppure dello psicologo o assistente sociale dell'area Handicap dell'ASL.

La retta mensile per la frequenza al centro è a carico dell'ospite/famiglia, qualora questi ultimi non fossero in grado di provvedere e se in possesso dei requisiti necessari potranno rivolgersi al Comune di residenza per richiedere l'integrazione della retta.

Tra gli spazi generali deve essere presente la cucina, con dispensa e locali accessori, se i pasti sono confezionati all'interno, eventualmente utilizzabile anche come laboratorio. Se invece il servizio pasti è appaltato deve essere presente un *locale o spazio* per smistamento contenitori, riscaldamento e conservazione di cibi e bevande.

7.8.5 Il Servizio di Formazione all'Autonomia (SFA)

È un servizio sociale territoriale diurno rivolto a persone con disabilità fisica e/o intellettiva, la cui fragilità non sia riconducibile a quelle del sistema socio-sanitario e che, per le loro caratteristiche, non necessitano di servizi di alta protezione assistenziale ma di interventi a supporto e sviluppo di abilità utili a creare maggiori autonomie nell'ambito del contesto familiare, sociale, professionale.

È dedicato a persone con disabilità fisica e/o intellettiva ma con potenzialità sufficienti ad acquisire autonomie di base, sia di tipo relazionale che di integrazione col territorio.

Nello specifico, i destinatari dello SFA, che possono variare da una regione ad un'altra, sono in genere:

- persone disabili di età compresa tra i 16 e i 35 anni;

- persone di età superiore ai 35 anni con esiti da trauma o da patologie invalidanti che, dimessi dal sistema sanitario o socio-sanitario, necessitino, per una loro inclusione sociale, di un percorso di acquisizione di ulteriori abilità sociali;
- non possono accedere allo SFA persone con prevalenza di patologie psichiatriche o in situazione di dipendenza da sostanze.

Ha il fine di realizzare attività formative che coinvolgano i disabili attraverso l'apprendimento, il rafforzamento e la valorizzazione di conoscenze e abilità possedute.

Caratterizzato dall'offerta di percorsi socio-educativi e socio-formativi individualizzati, favorisce l'inclusione sociale della persona, potenziando o sviluppando le sue autonomie personali da verificare in tempi definiti e condivisi con la famiglia.

Il servizio contribuisce inoltre all'acquisizione di prerequisiti di autonomia utili all'inserimento professionale che dovrà avvenire in raccordo con i servizi a ciò deputati e pertanto può essere propedeutico all'inserimento successivo in un CSE.

L'équipe è in genere costituita dal coordinatore che è un laureato in scienze psicologiche, pedagogiche o sociali o un dipendente in servizio, con funzioni educative. Ci lavorano in genere psicologi, educatori, assistente sociale, maestri d'arte, artigiani, ecc., con comprovata esperienza nel campo e esperienza specifica con utenza disabile.

Le diverse attività vengono svolte dall'équipe in osservanza di un Progetto Individuale (PI) e di un Piano Educativo Individuale (PEI) che vengono predisposti per ogni ospite e condivisi con lo stesso e la sua famiglia.

L'organizzazione del servizio, infatti, deve garantire la partecipazione attiva della persona e, se del caso, della sua famiglia, al percorso socio-educativo stabilito nel progetto individualizzato e nel piano educativo individuale.

Le attività connesse al percorso socio-educativo individualizzato saranno da realizzarsi prevalentemente attraverso il coinvolgimento delle risorse strutturali e strumentali del territorio e del contesto di vita della persona.

La durata e l'intensità dell'intervento variano in relazione agli obiettivi da raggiungere o raggiunti e sempre in base al progetto individualizzato che pertanto deve prevedere momenti intermedi di verifica e di eventuale riprogettazione.

Obiettivo del servizio è garantire progetti individualizzati che consentano alla persona di muoversi autonomamente sul territorio del proprio contesto di vita, organizzare il proprio tempo, avere cura di sé, intessere a relazioni sociali, acquisire/riacquisire il proprio ruolo nella famiglia o emanciparsi dalla famiglia attraverso l'apprendimento/riapprendimento di abilità specifiche quali: cucinare, tenere in ordine la casa, organizzare tempi e spazi familiari; acquisire prerequisiti per un inserimento/reinserimento lavorativo, attraverso il potenziamento o sviluppo delle competenze cognitive e delle abilità funzionali residue, riconoscimento e rispetto delle regole del mondo del lavoro.

L'accesso può avvenire su richiesta del disabile stesso o della sua famiglia, oppure su proposta, in accordo con il disabile e la famiglia, dei servizi sociali del Comune oppure dello psicologo o assistente sociale dell'area Handicap dell'ASL.

La retta mensile per la frequenza allo SFA è a carico dell'ospite/famiglia, qualora questi non fossero in grado di provvedere, e se in possesso dei requisiti necessari, potranno rivolgersi al Comune di residenza per richiedere l'integrazione della retta.

7.9 L'hospice

L'hospice è una struttura residenziale che ospita malati terminali, sia anziani che disabili, minori non assistibili a domicilio, in fase avanzata, evolutiva e terminale di una malattia incurabile e irreversibile, che non rispondono più alle terapie curative ordinarie (radioterapia, chemioterapia, intervento chirurgico, ecc.), e che necessitano pertanto di un'assistenza mirata al controllo del dolore, alla prevenzione e cura delle infezioni, al supporto psico-sociale e spirituale, anche a favore dei familiari prima e dopo il decesso del congiunto.

È un luogo d'accoglienza e ricovero temporaneo dove la persona viene accompagnata nelle ultime fasi della sua vita con un appropriato sostegno medico, psicologico e spirituale affinché possa viverle con dignità, nel modo meno doloroso e traumatico possibile, con la presenza e il sostegno psicologico e sociale anche delle persone a lei particolarmente legate (partner, familiari, amici).

L'hospice offre un approccio multidisciplinare inclusivo (globale, olistico) che supera l'aspetto puramente e solamente medico della cura, che viene pertanto intesa come il "prendersi cura" della persona nel suo insieme.

Proprio per questo, oltre all'assistenza sanitaria adeguata, queste strutture sono fortemente caratterizzate da una profonda attenzione alla sfera affettiva ed emotiva e di accompagnamento alla morte, rivolta anche ai familiari del malato.

L'assistenza comprende anche la tutela del paziente, la sorveglianza continua, la formazione permanente e il costante aggiornamento di tutti gli operatori nel campo specifico, la ricerca e l'innovazione che riguardano le cure palliative, la preparazione ed il supporo al lutto dei familiari.

Le cure palliative in hospice sono costituite da un complesso integrato di prestazioni mediche specialistiche, infermieristiche, di supporto socio-sanitario (OSS), riabilitative, psicologiche, di accertamento diagnostico, di supporto farmacologico, di nutrizione artificiale, di prestazioni sociali, tutelari, alberghiere, di sostegno spirituale e di assistenza al lutto.

L'assistenza generale richiede un intenso e approfondito lavoro di équipe, che vede prevalentemente coinvolti medici, infermieri, operatori socio-sanitari, assistenti sociali, psicologi, educatori, assistenti spirituali, volontari, nonché, in caso di necessità, anche di altri operatori, al fine di permettere al servizio il raggiungimento degli obiettivi previsti e garantire adeguata cura ai pazienti.

L'hospice può essere sia pubblico che privato, non accreditato o accreditato con la Regione attraverso la competente ASL del territorio e organizzato come struttura a sé stante oppure collocata all'interno di altra struttura autorizzata al funzionamento, prevista nei diversi piani sanitari regionali, come una struttura ospedaliera (Hospice sanitario) o Residenza Sanitaria Assistenziale (RSA) o Istituto di Riabilitazione (IDR) per quanto riguarda gli hospice di tipo socio-sanitario.

Negli hospice accreditati, i costi delle prestazioni erogate sono totalmente a carico della Regione.

L'hospice accreditato e a contratto si impegna nei confronti della Regione e dell'ASL competente per territorio a:

- tenere la lista di attesa dei richiedenti il ricovero, secondo le modalità stabilite dalla normativa regionale;

- redigere la scheda di dimissione ospedaliera;
- redigere per ogni ammesso il Piano di Assistenza Individuale (PAI);
- verificare l'appropriatezza del ricovero.

7.10 Gli Istituti di Riabilitazione (IDR)

L'IDR è una struttura di riabilitazione non ospedaliera che accoglie in regime residenziale o diurno minori, disabili o anziani, che necessitano di trattamenti riabilitativi di diversa intensità.

Gli istituti di riabilitazione accolgono utenti affetti da minorazioni fisiche, psichiche, sensoriali, dovuti a qualunque causa, indipendentemente dall'età e dal riconoscimento di invalidità civile, portatori di patologie complesse o a decorso cronico che comportino diminuzione dell'autonomia.

Sono istituti che operano rispettivamente nelle aree specialistica, generale e geriatrica, di mantenimento. Le prestazioni possono essere erogate in regime di ricovero ordinario, day hospital, in regime diurno, ambulatoriale o domiciliare.

L'accesso agli istituti di riabilitazione avviene in genere tramite prescrizione dei medici di medicina generale o di specialisti operanti in strutture di ricovero e cura autorizzate. In particolare, i medici autorizzati alle prescrizioni per il SSN richiedono la presa in carico per il paziente all'istituto di riabilitazione (IDR) scelto liberamente dallo stesso, per la valutazione e la stesura del progetto riabilitativo individuale.

È lo specialista dell'istituto che definisce il tipo di trattamento riabilitativo e la durata (progetto riabilitativo individuale), quest'ultima in coerenza con i tempi definiti dalla normativa.

Il periodo di riabilitazione potrà essere di breve o media durata in prospettiva del recupero delle funzioni del paziente oppure di durata prolungata nel caso di trattamenti mirati al mantenimento della cronicità progressivamente invalidante.

A conclusione del trattamento viene consegnata al paziente la lettera di dimissioni.

Nel caso di pazienti in dimissione dall'ospedale che necessitano di trattamenti riabilitativi in regime di ricovero, è opportuno un preliminare raccordo tra ospedale e istituto di riabilitazione per garantire la necessaria continuità assistenziale.

È finalizzato a riportare l'individuo a un livello di autonomia massimale e migliorarne la qualità di vita anche sotto il profilo psico-sociale attraverso interventi terapeutici, sanitari ed assistenziali definiti in un Progetto Riabilitativo Individuale (PRI).

Le attività sono mirate al recupero delle capacità motorie, funzionali e dell'autonomia, al ripristino, quando possibile, della situazione antecedente l'evento acuto anche attraverso l'adozione di presidi, protesi ed ausili tecnici quando necessari.

L'IDR è pubblico o privato, non accreditato o accreditato con la Regione, attraverso l'ASL competente per territorio. Quando è accreditato, la retta è a totale carico del sistema sanitario.

7.11 L'ospedale

È una struttura sanitaria, pubblica o privata accreditata, destinata all'assistenza sanitaria, nella quale si provvede al ricovero e alla cura dei malati, in particolare nella fase acuta.

Gli ospedali, specialmente quelli di grandi dimensioni, forniscono il maggior numero di servizi: unità di cura specializzate con carattere di emergenza/urgenza, dipartimenti diagnostici, dipartimenti terapeutici, servizi di supporto, assistenza infermieristica.

È opportuno sottolineare come, quando si parla di unità di cura specializzate, ci si riferisca a:

- **Pronto Soccorso**, che fornisce assistenza a pazienti coinvolti in qualunque tipo di incidente, così come interviene quando si presentano episodi di emergenza medica;
- **Unità di Terapia Intensiva**, per esempio l'UTIC, che fornisce assistenza a pazienti con gravi problemi cardiaci fino a quando le loro condizioni si stabilizzano e possono essere curati in una normale unità operativa;
- **Unità di Riabilitazione**, volta a insegnare a recuperare il massimo livello di autosufficienza possibile in seguito a un infortunio, un incidente o una malattia;
- **Unità di Dialisi**, per tutti coloro che presentano problemi inerenti all'insufficienza renale.

Le **unità chirurgiche** forniscono l'assistenza subito prima, durante e dopo l'intervento cui il soggetto si sottopone. Molti ospedali affiancano all'unità chirurgica principale ambulatori e unità giornaliere che terminano la loro attività nel tardo pomeriggio; i pazienti entrano un paio d'ore prima dell'operazione e vanno via una volta che si sono ripresi.

I **servizi diagnostici** eseguono le indagini utili al medico per la formulazione di una diagnosi. Ne fanno parte: il *laboratorio di analisi*, dove si esaminano campioni di tessuti, feci e fluidi corporei; la *radiologia*, che interviene con analisi ai raggi X, Tomografia Computerizza (TC), Risonanza Magnetica Nucleare (RMN) e scintigrafia; la *neurofisiologia*, che si occupa di indagini nel sonno, svolte quindi mentre il paziente dorme, come elettroencefalogramma (EEG), elettromiogramma (EMG), ecc.

I **dipartimenti terapeutici** hanno la funzione di fornire trattamenti specializzati e/o servizi di riabilitazione per migliorare il grado di funzionalità di un apparato o di un organo specifico della persona malata.

I **servizi di supporto**, poi, rispondono a molti altri bisogni: i *farmacisti* preparano e dispensano sostanze farmacologiche alle varie unità di assistenza, i *dietisti* supervisionano la preparazione del cibo per tutti i pazienti e in particolare per coloro che devono seguire un regime alimentare specifico o sono sottoposti a nutrizione artificiale, gli *assistenti sociali* vengono interpellati nel momento in cui si presenta la necessità di un supporto socio-psicologico e forniscono assistenza in termini di gestione delle finanze, ricerca di alloggio, contatto con altre istituzioni per il sostegno e l'aiuto in casi di gravi difficoltà.

Nella nuova visione integrata della sanità, il distretto, quale possibile articolazione dell'accesso territoriale, e l'ospedale, diventano componenti complesse di un *unicum* e di un *continuum* indissolubile in funzione di una risposta appropriata ai fabbisogni assistenziali. Il concetto di appropriatezza, infatti, non va applicato soltanto alle attività clinico-assistenziali, ma anche e primariamente al *dove* (*setting*).

L'appropriatezza del luogo di cura e del professionista più pertinente (non sotto il profilo delle competenze, ma anche delle tecnologie e dei tempi disponibili) per i fabbisogni del paziente è un prerequisito di economicità ma anche di qualità complessiva sia dell'offerta sia della relazione servizio-utente.

Superare la contrapposizione dualistica ospedale-distretto implica, pertanto, la costruzione di "ponti" non solo culturali, ma anche organizzativi e operativi. La valorizzazione del distretto è un prerequisito anche di miglior funzionalità ospedaliera e di rivalutazione delle competenze specialistiche presenti nell'ospedale.

7.12 La riorganizzazione sanitaria del 2022: il Distretto quale baricentro del sistema

Come già accennato in precedenza, il 23 maggio 2022, con decreto n. 77 del Ministro della Salute, ha visto la luce, in attuazione degli obiettivi della Missione 6 del Piano Nazionale di Ripresa e Resilienza, approvato nel 2021, la tanto attesa riorganizzazione dell'assistenza sanitaria territoriale e del sistema di prevenzione in ambito sanitario, ambientale e climatico, per il cui sviluppo il provvedimento, in vigore dal 7 luglio, ridefinisce i modelli e gli standard qualitativi, strutturali, tecnologici e quantitativi, ai quali le Regioni e le Province autonome devono provvedere, a norma dell'art. 1, ad adeguare l'organizzazione dell'assistenza e del sistema di prevenzione nei rispettivi ambiti territoriali.

Si è così fatto fronte all'esigenza, da tempo avvertita, di una riorganizzazione resa necessaria dall'allungamento dell'aspettativa di vita, dal conseguente invecchiamento della popolazione e da fenomeni di cronicizzazione delle patologie, la gestione dei quali impone al Servizio Sanitario Nazionale la capacità di fornire ai cittadini risposte di prossimità: la riduzione delle liste d'attesa, l'accesso ai servizi e ai farmaci si segnalano fra le principali criticità affrontabili solo alleggerendo il sovraffollamento degli ospedali e privilegiando, il più possibile, una sanità in grado di garantire interventi assistenziali a casa dell'ammalato.

Con il D.M. 77/2022 si individuano e definiscono le strutture che compongono la rete dei servizi territoriali, gli standard in rapporto alla popolazione, i parametri di riferimento del personale, le modalità organizzative e funzionali, gli obiettivi strategici di riferimento e la *governance* del sistema.

Il sistema disegnato ruota intorno al **Distretto sanitario**, che costituisce il baricentro dell'accesso ai servizi delle ASL, caratterizzandosi, a termini del paragrafo 4 dell'allegato 1 al decreto ministeriale, come luogo privilegiato di gestione e di coordinamento funzionale e organizzativo della rete dei servizi socio-sanitari a valenza sanitaria e sanitari territoriali.

Al contempo il Distretto costituisce l'articolazione organizzativo-funzionale deputata "*al perseguimento dell'integrazione fra le diverse strutture sanitarie, in modo da assicurare una risposta coordinata e continua ai bisogni della popolazione, l'uniformità dei livelli di assistenza e la pluralità dell'offerta*".

Il Distretto, inoltre, garantisce una **risposta assistenziale integrata** sotto il profilo delle *risorse*, degli *strumenti* e delle *competenze professionali* per determinare un'efficace presa in carico della popolazione di riferimento.

Al fine dello svolgimento di tali funzioni risulta centrale, e rientra fra le attività del Distretto, la conoscenza dei bisogni di salute della popolazione. Sotto quest'aspetto, costituisce uno degli obiettivi strategici del Piano Nazionale di Ripresa e Resilienza l'adozione, su tutto il territorio nazionale, di un comune **modello di stratificazione della popolazione e delle condizioni demografiche dei territori**, quale strumento di analisi dei bisogni, finalizzata alla programmazione e alla presa in carico. Tale modello deve permettere l'individuazione di interventi appropriati, sostenibili e personalizzati, definiti nel *Progetto di Salute* del singolo paziente.

Si tratta di un progetto attivato al momento dell'accesso della persona al Servizio Sanitario Nazionale e che, "*tracciando, orientando e supportando la persona e i professionisti nelle fasi di transizione fra i diversi setting di cura*", rende accessibili i diversi **Progetti di Assistenza Individuale Integrata** (PAI) e i **Piani Riabilitativi Individuali** (PRI), anche attraverso la Centrale Operativa Territoriale e i sistemi di *e-health*; inoltre, il Progetto di Salute organizza le informazioni per il fascicolo sanitario elettronico e permette la riprogrammazione delle attività su base periodica in seguito alle valutazioni di processo ed esito in relazione al progetto individuale di salute erogato.

In rapporto agli obiettivi di salute della popolazione di riferimento sono attribuite al Distretto le risorse per lo svolgimento delle sue attività, nell'ambito delle quali il Distretto continua a essere dotato di **autonomia tecnico-gestionale ed economico-finanziaria**, con contabilità separata all'interno del bilancio della ASL.

Con l'obiettivo di consentire una programmazione condivisa, unitaria e coerente in relazione ai bisogni socio-sanitari del territorio, il Distretto, inoltre, assicura i **servizi di assistenza primaria** relativi alle attività sanitarie e socio-sanitarie di cui all'art. 3-*quinquies* del D.Lgs. 502/1992, nonché il coordinamento delle proprie attività con quella dei Dipartimenti e dei servizi aziendali, inclusi i Presìdi ospedalieri, inserendole organicamente nel Programma delle attività territoriali.

L'art. 2 del decreto affida al Ministero della Salute il compito di assicurare, per il tramite dell'Agenas (Agenzia Nazionale per i Servizi Sanitari Regionali), il **monitoraggio semestrale** dei prescritti standard qualitativi, strutturali, tecnologici e quantitativi delle strutture dedicate all'assistenza territoriale e al sistema di prevenzione in ambito sanitario, ambientale e climatico.

L'Agenas, dal canto suo, procederà ad elaborare una relazione, che invierà al Ministero della Salute, semestralmente, sullo stato d'implementazione degli standard, in ogni singola Regione e Provincia autonoma.

- **Medicina di Popolazione**: ha l'obiettivo di promuovere la salute della popolazione di riferimento, attraverso l'utilizzo di modelli di stratificazione e identificazione dei bisogni di salute basati sull'utilizzo di dati.
- **Sanità di Iniziativa**: modello assistenziale di gestione delle malattie croniche fondato sull'assistenza proattiva all'individuo dalle fasi di prevenzione ed educazione alla salute fino alle fasi precoci e conclamate della condizione morbosa.
- **Stratificazione della Popolazione**: attuata per profili di rischio, attraverso algoritmi predittivi, permette la differenziazione delle strategie d'intervento per la popolazione e la presa in carico degli assistiti sulla base del livello di rischio, di bisogno di salute e consumo di risorse.
- **Progetto di Salute**: strumento di programmazione, gestione e verifica che associa la stratificazione della popolazione alla classificazione del bisogno di salute, identificando gli standard essenziali delle risposte cliniche socio-assistenziali, diagnostiche, riabilitative e di prevenzione.

7.12.1 Le funzioni e gli standard organizzativi del Distretto sanitario nella riorganizzazione del 2022

Il paragrafo 4 dell'allegato 1 al D.M. 77/2022 prevede un Distretto sanitario ogni 100.000 abitanti circa, con variabilità secondo *criteri di densità* di popolazione e *caratteristiche orografiche* del territorio.

La programmazione deve prevedere i seguenti standard:

- almeno una **Casa della Comunità *hub*** ogni 40.000-50.000 abitanti;
- **Case della Comunità *spoke*** e ambulatori di medici di medicina generale (MMG) e pediatri di libera scelta (PLS), tenendo conto delle caratteristiche orografiche e demografiche del territorio, al fine di favorire la capillarità dei servizi e maggiore equità di accesso, in particolare nelle aree interne e rurali;
- almeno un **infermiere di famiglia o Comunità** ogni 3.000 abitanti (standard da intendersi come numero complessivo di infermieri impiegati nei diversi *setting* assistenziali in cui l'assistenza territoriale si articola);
- almeno un'**Unità di Continuità Assistenziale**, composta da un medico e un infermiere, ogni 100.000 abitanti;
- almeno una **Centrale Operativa Territoriale** ogni 100.000 abitanti o comunque a valenza distrettuale, qualora il Distretto abbia un bacino di utenza maggiore;
- almeno un **Ospedale di Comunità**, dotato di 20 posti letto ogni 100.000 abitanti.

7.12.2 La Casa della Comunità

La Casa della Comunità (CdC), disciplinata dal paragrafo 5 dell'allegato 1 al D.M. 77/2022, è identificata quale "*luogo fisico e di facile individuazione al quale i cittadini possono accedere per bisogni di assistenza sanitaria, socio-sanitaria a valenza sanitaria*", nonché quale "*modello organizzativo dell'assistenza di prossimità per la popolazione di riferimento*".

Al contempo la Casa della Comunità rappresenta il luogo in cui il Servizio Sanitario Nazionale si coordina e integra con il sistema dei servizi sociali, proponendo un raccordo intrasettoriale dei servizi, sotto il profilo dell'integrazione delle diverse dimensioni d'intervento e dei diversi ambiti di competenza, e facendo proprio un approccio orizzontale e trasversale ai bisogni, capace di tener conto della dimensione personale dell'assistito.

Si tratta di un modello d'intervento integrato e multidisciplinare, che la Casa della Comunità promuove in qualità di sede privilegiata per la progettazione e l'erogazione degli interventi sanitari.

L'obiettivo è quello di garantire in modo coordinato:

- l'**accesso unitario e integrato** all'assistenza sanitaria, socio-sanitaria a rilevanza sanitaria e in un luogo di prossimità, ben identificabile e facilmente raggiungibile dalla popolazione di riferimento;
- la risposta e la garanzia di accesso unitario ai servizi sanitari, attraverso le funzioni di assistenza al pubblico e di supporto amministrativo-organizzativo ai pazienti attribuite al **Punto Unico di Accesso** (PUA);
- la **prevenzione e promozione della salute** anche attraverso interventi realizzati dall'*équipe* sanitaria con il coordinamento del Dipartimento di Prevenzione e Sanità pubblica aziendale;

- la promozione e la tutela della **salute dei minori e della donna**, in campo sessuale e riproduttivo e dell'età evolutiva, in rapporto a tutti gli eventi naturali fisiologici tipici delle fasi del ciclo vitale;
- la **presa in carico della cronicità e fragilità**, secondo il modello della Sanità di Iniziativa;
- la valutazione del bisogno della persona e l'accompagnamento alla risposta più appropriata;
- la risposta alla domanda di salute della popolazione e la garanzia della **continuità dell'assistenza** anche attraverso il coordinamento con i servizi sanitari territoriali;
- l'attivazione di **percorsi di cura multidisciplinari**, che prevedono l'integrazione fra servizi sanitari, ospedalieri e territoriali, e fra servizi sanitari e sociali;
- la partecipazione della comunità locale, delle associazioni di cittadini, dei pazienti, dei caregiver.

Al fine di rispondere alle differenti esigenze territoriali, nonché garantire equità di accesso, capillarità e prossimità del servizio, si prevede la costituzione di una rete di assistenza territoriale formata secondo i modelli *hub* e *spoke*, entrambi in grado di proporre un'offerta di servizi costituita da medici di medicina generale, pediatri di libera scelta, specialisti ambulatoriali interni, infermieri di famiglia o Comunità o infermieri che operano nell'ambito dell'assistenza domiciliare, anche mediante modalità di telemedicina e, nel caso delle Case di Comunità *hub*, di teleassistenza.

Sia nelle Case di Comunità *hub*, che in quelle *spoke*, è garantita 6 giorni su 7 l'assistenza medica h 12, attraverso la presenza dei medici di medicina generale afferenti alle **Aggregazioni Funzionali Territoriali** del Distretto di riferimento. Tale attività ambulatoriale ha carattere aggiuntivo rispetto alle attività del medico di medicina generale nei confronti dei propri assistiti e deve essere svolta presso la Casa di Comunità *hub* e *spoke*.

Tutte le strutture fisiche territoriali già esistenti devono utilmente rientrare nella progettazione della nuova geografia dei servizi e delle strutture territoriali e quindi delle Case di Comunità e dei servizi correlati in rete.

7.12.3 L'infermiere di famiglia o di Comunità

L'introduzione della figura dell'infermiere di famiglia o di Comunità si deve all'art. 1, co. 5, D.L. 34/2020, convertito con modificazioni dalla L. 77/2020, nel più ampio quadro delle misure in materia di salute, sostegno al lavoro e all'economia, nonché delle politiche sociali connesse all'emergenza epidemiologica da Covid-19. Il fine di questa norma, approvata nel pieno di quell'emergenza, era infatti il rafforzamento dei servizi infermieristici, per il potenziamento della presa in carico, sul territorio, dei soggetti infettati da SARS-CoV-2 identificati come affetti da Covid-19.

Nel quadro della riorganizzazione della sanità territoriale, attuata dal D.M. 77/2022, l'infermiere di famiglia o di Comunità è la figura professionale di riferimento che "*assicura l'assistenza infermieristica ai diversi livelli di complessità in collaborazione con tutti i professionisti presenti nella Comunità in cui opera, perseguendo l'integrazione interdisciplinare, sanitaria e sociale dei servizi e dei professionisti e ponendo al centro la persona*" (allegato 1, paragrafo 6).

Servizi erogati dalle Case di Comunità	
Case di Comunità *hub*	**Case di Comunità *spoke***
• Équipe multiprofessionali (medici di medicina generale, pediatri di libera scelta, continuità assistenziale, specialisti ambulatoriali interni e dipendenti, infermieri e altre figure sanitarie e socio-sanitarie) • Presenza medica h 24, 7 giorni su 7, anche attraverso l'integrazione della continuità assistenziale • Presenza infermieristica h 12, 7 giorni su 7 • Punto Unico di Accesso (PUA) sanitario • Punto prelievi • Servizi diagnostici finalizzati al monitoraggio della cronicità con strumentazione diagnostica di base (ecografo, elettrocardiografo, retinografo, spirometro ecc.) anche attraverso strumenti di telemedicina (es. telerefertazione ecc.) • Servizi ambulatoriali specialistici per le patologie a elevata prevalenza (cardiologia, pneumologia, diabetologia, ecc.) • Servizi di prevenzione collettiva e promozione della salute pubblica, inclusa l'attività dell'infermiere di famiglia o Comunità, ambulatori infermieristici per la gestione integrata della cronicità e per la risposta ai bisogni occasionali • Interventi di prevenzione e promozione della salute a livello di comunità, anche attraverso i consultori familiari e l'attività rivolta ai minori – ove esistenti – che si articolano con il mondo educativo e scolastico per gli specifici interventi sulla popolazione 0-18 anni (facoltativo) • Attività di profilassi vaccinale in particolare per alcune fasce di età o condizioni di rischio e di fragilità. Tutte le attività di profilassi vaccinale e di sorveglianza delle malattie infettive sono in linea con le indicazioni del Dipartimento di Prevenzione • Sistema integrato di prenotazione collegato al CUP aziendale • Servizio di assistenza domiciliare di base • Partecipazione della Comunità e valorizzazione della co-produzione, attraverso le associazioni di cittadini e il volontariato • Integrazione con i servizi sociali Al fine di assicurare tali servizi, la Casa di Comunità *hub* dovrà essere dotata di 7-11 infermieri di famiglia o Comunità organizzati indicativamente secondo il modello di seguito descritto: • un coordinatore infermieristico • 2-3 infermieri per le attività ambulatoriali • 1-2 infermieri per l'attività di triage e di valutazione dei bisogni di salute • 4-6 infermieri per l'assistenza domiciliare, le attività di prevenzione e la teleassistenza	• Équipe multiprofessionali (medici di medicina generale, pediatri di libera scelta, specialisti ambulatoriali interni e dipendenti, infermieri e altre figure sanitarie e socio-sanitarie) • Presenza medica e infermieristica almeno h 12, 6 giorni su 7 (lunedì-sabato) • Punto Unico di Accesso (PUA) sanitario • Alcuni servizi ambulatoriali per patologie a elevata prevalenza (cardiologo, pneumologo, diabetologo ecc.) • Servizi infermieristici sia in termini di prevenzione collettiva e promozione della salute pubblica, inclusa l'attività dell'infermiere di famiglia o Comunità, sia di continuità di assistenza sanitaria, per la gestione integrata delle patologie croniche • Programmi di screening • Collegamento con la Casa della Comunità *hub* di riferimento • Sistema integrato di prenotazione collegato al CUP aziendale • Partecipazione della Comunità e valorizzazione co-produzione, attraverso le associazioni di cittadini, volontariato

Ne deriva che l'infermiere di famiglia o di Comunità, attraverso una **presenza continuativa e proattiva** nell'area/ambito o Comunità di riferimento, è chiamato a interagire con tutte le risorse, formali e informali, presenti nella Comunità e concorre alla realizzazione della rete del welfare di comunità/generativo.

Fortemente orientato alla gestione proattiva della salute, egli eroga prestazioni assistenziali sanitarie, secondo il setting in cui opera, attivandosi per facilitare e monitorare **percorsi di presa in carico e di continuità dell'assistenza**, in forte integrazione con le altre figure professionali del territorio (medici di medicina generale, pediatri di libera scelta, assistenti sociali, professioni sanitarie tecniche, della riabilitazione e della prevenzione ecc.).

7.12.4 La Centrale Operativa Territoriale e la Centrale Operativa NEA 116117

La Centrale Operativa Territoriale (COT) svolge una funzione di "*coordinamento della presa in carico della persona e di raccordo fra servizi e professionisti coinvolti nei diversi setting assistenziali*: *attività territoriali*, *sanitarie e socio-sanitarie*, *ospedaliere*", nonché di dialogo con la rete dell'emergenza-urgenza (allegato 1, paragrafo 8, D.M. 77/2022).

Si tratta, pertanto, di un modello organizzativo che ha come obiettivo quello di assicurare **continuità, accessibilità e integrazione** dell'assistenza sanitaria e socio-sanitaria.

Dotata di infrastrutture tecnologiche e informatiche (es. piattaforma comune integrata con i principali applicativi di gestione aziendale, software con accesso al fascicolo sanitario elettronico e principali database aziendali, software di registrazione delle chiamate) e operativa 7 giorni su 7, la Centrale Operativa Territoriale assolve al suo **ruolo di raccordo fra i vari servizi** attraverso le seguenti funzioni, distinte e specifiche, seppur interdipendenti:

- il coordinamento della presa in carico della persona fra i servizi e i professionisti sanitari coinvolti nei diversi setting assistenziali;
- il coordinamento e/o l'ottimizzazione degli interventi, attivando soggetti e risorse della rete assistenziale;
- il tracciamento e il monitoraggio delle transizioni da un luogo di cura all'altro o da un livello clinico assistenziale all'altro;
- il supporto informativo e logistico ai professionisti della rete assistenziale (medici di medicina generale e di continuità assistenziale, pediatri di libera scelta, infermieri di famiglia e Comunità ecc.), riguardo alle attività e servizi distrettuali;
- la raccolta, la gestione e il monitoraggio:
  - dei dati di salute e dei percorsi integrati di cronicità, anche attraverso strumenti di telemedicina;
  - dei pazienti in assistenza domiciliare;
- la gestione della piattaforma tecnologica di supporto per la presa in carico della persona (telemedicina, teleassistenza, strumenti di *e-health* ecc.), utilizzata operativamente dalle Case di Comunità e dagli altri servizi afferenti al Distretto, al fine di raccogliere, decodificare e classificare il bisogno.

La Centrale Operativa Territoriale si caratterizza come **servizio a valenza distrettuale**. A livello regionale, per garantire un accesso alla totalità dei servizi disponibili sul territorio, nonché affrontare situazioni complesse o di emergenza, la Centrale

Operativa Territoriale usufruisce di un sistema informativo condiviso e interconnesso con la **Centrale Operativa Regionale 116117**.

La Centrale Operativa 116117, sede del **Numero Europeo Armonizzato** (NEA), unico a livello nazionale ed europeo, per le cure mediche non urgenti, fornisce un servizio telefonico gratuito alla popolazione attivo 24 ore su 24 e 7 giorni su 7 per tutte le prestazioni sanitarie e socio-sanitarie a bassa intensità assistenziale, raccordandosi anche con il servizio di continuità assistenziale e di emergenza urgenza e con altri servizi previsti da ciascuna Regione o Provincia autonoma.

Gli standard prevedono:

- almeno una **Centrale Operativa Territoriale** ogni 100.000 abitanti o comunque a valenza distrettuale, qualora il Distretto abbia un bacino di utenza maggiore, e una dotazione di personale, per ciascuna Centrale, che comprenda almeno un coordinatore infermieristico, 3-5 infermieri, 1-2 unità di personale di supporto;
- almeno una **Centrale Operativa NEA 116117** ogni 1-2 milioni di abitanti o comunque a valenza regionale (se con popolazione inferiore allo standard), incrementabile sulla base della numerosità della popolazione.

La Centrale Operativa 116117 raccoglie le chiamate di uno o più distretti telefonici in funzione delle dimensioni dei distretti stessi e delle modalità organizzative di Regioni e Province autonome.

7.12.5 L'Ospedale di Comunità

L'Ospedale di Comunità (OdC) svolge una **funzione intermedia fra il domicilio e il ricovero ospedaliero**, "*con la finalità di evitare ricoveri ospedalieri impropri o di favorire dimissioni protette in luoghi più idonei al prevalere di fabbisogni socio-sanitari, di stabilizzazione clinica, di recupero funzionale e dell'autonomia e più prossimi al domicilio*" (allegato 1, paragrafo 11, D.M. 77/2022).

Si tratta, precisamente, di una struttura sanitaria di ricovero non ricompresa nelle strutture residenziali, come chiarito dall'intesa Stato-Regioni del 20 febbraio 2020, afferente alla rete di offerta dell'assistenza territoriale e rivolta a pazienti che, a seguito di un episodio di acuzie minore o per la riacutizzazione di patologie croniche, necessitano di **interventi sanitari a bassa intensità clinica**, potenzialmente erogabili a domicilio, ma hanno bisogno nel contempo di **assistenza/sorveglianza sanitaria infermieristica continuativa**, anche notturna, non erogabile a domicilio o comunque non erogabile per inidoneità del domicilio (strutturale e/o familiare).

In possesso di requisiti strutturali, tecnologici e organizzativi idonei a garantire la qualità delle cure e la sicurezza dei pazienti, nonché la misurazione dei processi e degli esiti, l'Ospedale di Comunità può avere una sede propria, essere collocato in una Casa della Comunità, in strutture sanitarie polifunzionali, presso strutture residenziali socio-sanitarie oppure essere situato in una struttura ospedaliera.

Il **numero di posti letto**, all'interno della struttura, può variare di norma da 15 a 20, ma può essere prevista l'estensione fino a due moduli e non oltre, ciascuno di norma con un numero di 15-20 posti letto, per garantire la coerenza rispetto alle finalità, ai destinatari e alle modalità di gestione.

Alla struttura possono accedere pazienti con **patologia acuta minore**, che non necessitano di ricovero in ospedale, o con **patologie croniche riacutizzate**, che devono completare il processo di stabilizzazione clinica, con una valutazione prognostica di risoluzione a breve termine (entro 30 giorni), provenienti dal domicilio o da altre strutture residenziali, dal pronto soccorso o dimessi da Presìdi ospedalieri per acuti.

Il loro accesso presso l'Ospedale di Comunità avviene su proposta:

- del medico di medicina generale;
- del medico di continuità assistenziale;
- del medico specialista ambulatoriale interno e ospedaliero;
- del medico del pronto soccorso;
- del pediatra di libera scelta.

I pazienti ospitati necessitano di assistenza infermieristica continuativa e assistenza medica programmata o su specifica necessità.

Gli Ospedali di Comunità, peraltro, possono prevedere **ambienti protetti**, con posti dedicati a pazienti con **demenza o disturbi comportamentali**, in quanto affetti da patologie croniche riacutizzate a domicilio o in dimissione ospedaliera; inoltre, in prossimità di nosocomi pediatrici, è possibile prevedere la realizzazione di Ospedali di Comunità dedicati a **pazienti pediatrici**, con la responsabilità clinica del pediatra e la presenza di personale di assistenza specificamente formato e competente per tale target di pazienti.

Il coinvolgimento attivo e l'aumento di consapevolezza, nonché la capacità di autocura dei pazienti e del familiare/*caregiver*, si collocano fra gli obiettivi primari del ricovero, attraverso la formazione e l'addestramento alla migliore gestione possibile delle nuove condizioni cliniche e terapeutiche e al riconoscimento precoce di eventuali sintomi d'instabilità.

Gli standard prevedono:

- almeno un Ospedale di Comunità dotato di 20 posti letto ogni 100.000 abitanti;
- 0,2 posti letto per 1000 abitanti da attuarsi in modo progressivo secondo la programmazione regionale;
- una dotazione di personale, per ciascun Ospedale di Comunità con 20 posti letto, che comprenda almeno 7-9 infermieri (di cui un coordinatore infermieristico), 4-6 operatori socio-sanitari, 1-2 unità di altro personale sanitario con funzioni riabilitative e un medico per 4,5 ore al giorno 6 giorni su 7.

Le dimissioni protette

La dimissione protetta è la dimissione da un reparto di degenza di un paziente fragile che ha problemi sanitari o socio-sanitari e che è a rischio, sia per le condizioni cliniche precarie che per la mancanza di un adeguato supporto famigliare o per difficoltà socio-economiche, per il quale è necessario definire un progetto assistenziale personalizzato al fine di garantire la necessaria continuità assistenziale.
È un'importante componente del processo assistenziale e meccanismo di tutela della persona fragile. All'atto dell'ingresso in ospedale è utile comunicare ai medici e agli operatori sanitari le difficoltà che si potrebbero avere al momento di riaccogliere a domicilio la persona di cui ci si occupa.
Per poter garantire la massima tutela al momento della dimissione e la necessaria continuità assistenziale, è indispensabile che la dimissione venga concordata tra gli operatori dell'ospedale e del territorio, il medico di medicina generale e la famiglia. A tal fine l'équipe del reparto e gli assistenti sociali ospedalieri collaborano di volta in volta in modo integrato, e dove necessario, con i vari attori dell'assistenza territoriale come gli assistenti sociali comunali, il medico curante o il pediatra, l'infermiere del territorio, gli operatori dello sportello fragilità del distretto dell'ASL e in accordo con la famiglia, se esistente e collaborante.

Durante la degenza in ospedale vengono messe in atto una serie di valutazioni riguardanti i bisogni socio-sanitari secondo la metodologia della valutazione multidimensionale e vengono attivate tutte quelle procedure per dare il massimo della tutela al momento della dimissione. In caso di rientro a domicilio viene di volta in volta decisa l'attivazione di servizi quali l'assistenza domiciliare integrata dell'ASL o l'assistenza domiciliare del Comune, la richiesta di ausili e protesi, l'avvio delle procedure per il riconoscimento dell'invalidità civile. Se il paziente ha concluso il percorso diagnostico, ma non è ancora in condizione di rientrare al proprio domicilio, il medico preposto valuta la necessità di attivare un periodo di ulteriore ricovero in un reparto di lungodegenza.
Tale modalità di presa in carico si prefigge i seguenti obiettivi:

1. ridurre i ricoveri inappropriati cioè di persone che potrebbero trovare a domicilio le stesse garanzie di cura che in ospedale;
2. ridurre l'ingresso in strutture residenziali (ad esempio in RSA);
3. migliorare la qualità della vita dei pazienti e di chi presta loro le cure (caregiver).

7.12.6 La telemedicina

Nel decreto ministeriale n. 77/2022, la telemedicina si caratterizza come modalità di erogazione a distanza di servizi e prestazioni assistenziali sanitarie e socio-sanitarie a rilevanza sanitaria e utilizzata da un professionista sanitario per fornire prestazioni agli assistiti o servizi di consulenza e supporto ad altri professionisti sanitari.

Il suo sviluppo, perciò, deve essere considerato come elemento abilitante per l'attuazione della riorganizzazione dell'assistenza territoriale. Sotto quest'aspetto, la telemedicina diviene parte integrante del progetto di salute, semplice o complesso che sia, definito per il singolo assistito in base ai propri bisogni di salute, in particolare favorendo:

- la riduzione delle distanze fra gli operatori sanitari e i pazienti e fra gli operatori sanitari stessi;
- il tempestivo intervento per i pazienti cronici trattati a domicilio in occasione di episodi di acuzie;
- la diagnosi precoce dell'evento acuto e il tempestivo intervento per i pazienti trattati a domicilio e/o in condizioni di emergenza;
- l'efficientamento delle prestazioni assistenziali erogate in zone interne e/o disagiate con un'ottimizzazione delle risorse, offrendo servizi di prossimità che aumentino l'appropriatezza e l'aderenza terapeutica;
- la correlazione degli interventi per una presa in carico integrata fra l'ospedale e il territorio, anche assicurando processi di de-ospedalizzazione, come per esempio le dimissioni protette;
- la collaborazione fra gli operatori appartenenti alle diverse reti assistenziali ospedaliere e territoriali, in particolare per una più efficace ed efficiente operatività dei *gruppi di lavoro*.

Capitolo 8
L'assistenza protesica ai disabili

Il servizio sanitario nazionale eroga alle persone disabili o a quanti ne hanno necessità anche per un periodo limitato l'assistenza protesica e integrativa prevista nei livelli essenziali di assistenza.

Questo tipo di assistenza mette a disposizione del cittadino quattro tipologie di dispositivi:

gli **ausili**: si tratta di strumenti, utensili o apparecchiature che permettono alla persona disabile di compiere un atto che non potrebbe fare in condizioni normali (ad esempio carrozzina)	le **protesi**: sono quelle apparecchiature che sostituiscono parti mancanti del corpo	le **ortesi**: sono apparecchiature che migliorano la funzionalità di una parte del corpo compromessa (ad esempio scarpe ortopediche)	i **presìdi**: sono oggetti che aiutano a prevenire o curare determinate patologie (ad esempio catetere per l'incontinenza, ausili per assorbimento urina)

Il servizio sanitario nazionale ha individuato in un elenco, denominato Nomenclatore tariffario, i dispositivi indispensabili che possono essere forniti alle persone che ne hanno necessità.

Le ASL forniscono gratuitamente e direttamente o indirettamente ausili, protesi, ortesi e presidi nel rispetto delle vigenti disposizioni di legge.

I dispositivi protesici per gli invalidi sul lavoro sono invece garantiti dall'Istituto Nazionale per l'Assicurazione contro gli Infortuni sul Lavoro (INAIL).

8.1 Fornitura presidi ad assorbenza per incontinenza

Gli aventi diritto (in connessione a loro menomazioni e disabilità invalidanti) sono:

- gli invalidi civili (se il riconoscimento dell'invalidità è inferiore al 100%, la patologia correlata dovrà essere riportata sul verbale), di guerra e per servizio, i privi della vista e i sordomuti in possesso del relativo verbale;
- i minori di anni 18 che necessitano di un intervento di prevenzione, cura e riabilitazione di un'invalidità permanente;
- coloro che hanno presentato domanda di invalidità, sono stati sottoposti a visita dalla Commissione e sono in attesa di ricevere il verbale con riconoscimento dell'invalidità;
- i soggetti affetti da incontinenza urinaria stabilizzata, previa presentazione di certificazione medica redatta da uno specialista, operante in struttura ospedaliera, competente per la menomazione, per un periodo non superiore ad un anno.

Le persone che rientrano tra gli aventi diritto devono seguire una specifica procedura per richiedere la fornitura di presidi ad assorbenza per incontinenza (pannoloni). Per prima cosa devono farsi rilasciare un certificato dal medico di famiglia o dal medico specialista, ad esempio un neurologo, attestante la motivazione clinica della richiesta, tipo e misura del presidio richiesto, fabbisogno giornaliero. Successivamente, l'interessato, o un familiare, deve recarsi presso la propria ASL di residenza per definire il piano terapeutico, presentando, unitamente alla prescrizione medica, la seguente documentazione:

- carta regionale dei servizi ed eventuale esenzione dal ticket;
- copia verbale di invalidità o copia domanda di invalidità, se richiesto;
- modulo dove si dichiara di:
  - effettuare, sulla base del piano terapeutico, la scelta dei prodotti commerciali della ditta incaricata, che lavora in appalto per l'ASL, che rispondono maggiormente alle proprie esigenze. Le forniture sono gratuite in tutto il territorio regionale;
  - indicare la periodicità di consegna della fornitura a domicilio (ogni 90, 60, 30 giorni);
  - indicare la fascia oraria di prevista consegna a domicilio (mattino oppure pomeriggio);
  - indicare l'indirizzo completo della residenza o domicilio dove effettuare la consegna e un recapito telefonico;
  - indicare il nome di un'eventuale persona delegata al ritiro;
  - esprimere il consenso al trattamento dei dati, nel rispetto della vigente normativa in materia di privacy.

L'ASL autorizza il piano terapeutico attenendosi ai limiti qualitativi e quantitativi previsti dalla vigente normativa.

Il rinnovo dell'autorizzazione è di norma annuale, fatta eccezione per eventuali integrazioni o variazioni al piano terapeutico.

8.2 Fornitura a raccolta per incontinenza e stomia

L'ASL garantisce a favore di persone affette da particolari patologie la fornitura di ausili per incontinenza a raccolta (cateteri e sacche) o per stomia (placche e sacche).

Gli aventi diritto (in connessione a loro menomazioni e disabilità invalidanti) sono:

- invalidi civili (se il riconoscimento dell'invalidità è inferiore al 100%, la patologia correlata dovrà essere riportata sul verbale), di guerra e per servizio, i privi della vista e i sordomuti in possesso del relativo verbale;
- minori di anni 18 che necessitano di un intervento di prevenzione, cura e riabilitazione di un'invalidità permanente;
- coloro che hanno presentato domanda di invalidità, sono stati sottoposti a visita della Commissione e sono in attesa di ricevere il verbale con riconoscimento dell'invalidità;
- soggetti ileo-colostomizzati o urostomizzati, portatori di catetere permanente, affetti da incontinenza urinaria stabilizzata, e persone affette da patologia grave che obbliga all'allettamento, previa presentazione di certificazione medica redatta da uno specialista, operante in struttura ospedaliera, competente per la menomazione, per un periodo non superiore ad un anno.

Le persone che rientrano tra gli aventi diritto devono seguire una specifica procedura per richiedere la fornitura di ausili. Per prima cosa devono farsi rilasciare un certificato dal medico di famiglia (per cateteri e sacche) oppure dallo specialista operante in struttura pubblica o privata accreditata per stomizzati (placche e sacche) attestante la motivazione clinica della richiesta, tipo e misura del presidio richiesto, fabbisogno giornaliero.

Successivamente, l'interessato, o un familiare, deve recarsi presso l'ufficio di protesica minore del distretto ASL di residenza per stabilire il piano delle forniture, presentando, unitamente alla prescrizione medica, la seguente documentazione:

- carta regionale dei servizi ed eventuale esenzione dal ticket;
- copia del verbale di invalidità o copia domanda di invalidità, qualora richiesto.

Il rinnovo dell'autorizzazione è di norma annuale, fatta eccezione per eventuali integrazioni o variazioni al piano terapeutico.

I presidi autorizzati possono essere ritirati con cadenza mensile presso una qualsiasi farmacia del territorio dell'ASL di residenza, presentando la carta regionale dei servizi dell'interessato. L'assistito non deve sostenere alcun costo.

8.3 Forniture protesiche ed ortopediche (ausili e protesi)

L'ASL garantisce gratuitamente a favore di persone affette da particolari patologie che causano disabilità la fornitura di:

- **ausili protesici personalizzati** quali: protesi d'arto, protesi acustica, protesi oculare, protesi mammaria, busto ortopedico, calzature ortopediche, plantari, carrozzina, sistemi di postura, ausili per la comunicazione, ausili per la vista, ecc.;
- **ausili per l'assistenza e gestione a domicilio** quali: letto ortopedico, materasso antidecubito, sollevatore, carrozzina di serie, sedia per WC e doccia, rialzo per WC.

Gli aventi diritto (in connessione a loro menomazioni e disabilità invalidanti) sono:

- invalidi civili (se il riconoscimento dell'invalidità è inferiore al 100%, la patologia correlata dovrà essere riportata sul verbale), di guerra, per servizio, ciechi e sordomuti;
- minori di anni 18 che necessitano di interventi di prevenzione, di cura o di riabilitazione per invalidità permanente;
- coloro che hanno presentato domanda di invalidità, sono stati sottoposti a visita della Commissione e sono in attesa di ricevere il verbale con riconoscimento dell'invalidità;
- amputati di arto, donne che hanno subito un intervento di mastectomia o con malformazione congenita che comporti l'assenza di una o di entrambe le mammelle o della sola ghiandola mammaria, soggetti che hanno subito un intervento demolitore sull'occhio, laringo-tracheostomizzati con presentazione di idonea certificazione medica;
- i ricoverati in struttura sanitaria accreditata, pubblica o privata, per i quali il medico specialista certifichi la contestuale necessità ed urgenza dell'applicazione di una protesi, di una ortesi o di un ausilio prima della dimissione;
- soggetti in assistenza domiciliare affetti da grave patologia che obbliga all'allettamento e malati terminali.

In caso di **ausili protesici personalizzati,** l'assistito, munito di impegnativa rilasciata dal medico di famiglia, deve sottoporsi a visita specialistica presso un medico prescrittore di struttura pubblica o privata accreditata, scelto tra quelli inseriti nell'Albo dei Prescrittori dell'ASL di riferimento. Lo specialista redige la prescrizione, in alcune Regioni ancora con modalità cartacea e in altre online, in collegamento con l'ufficio protesi dell'ASL di residenza che rilascia l'autorizzazione e ne consegna copia all'assistito che può scegliere di rivolgersi, nel rispetto del principio di libera scelta, a una ditta convenzionata. Dopo l'erogazione degli ausili prescritti da parte della ditta, entro i tempi previsti dalla normativa vigente, l'assistito si rivolge allo specialista prescrittore, che effettuerà, entro una determinata tempistica dal giorno della consegna e su appuntamento, il collaudo.

In caso di **ausili per l'assistenza e gestione a domicilio**, l'interessato, o un familiare, deve rivolgersi al medico di famiglia oppure al medico specialista prescrittore per la prescrizione degli ausili necessari (ad esempio letto ortopedico, materasso, sollevatore, carrozzina di serie, sedia per WC e doccia, rialzo per WC) per pazienti in assistenza domiciliare o malati terminali.

Sarà compito dell'ufficio preposto dell'ASL di residenza attivarsi, dopo aver ricevuto la prescrizione cartacea o telematica, per la fornitura del presidio.

I presidi non personalizzati vengono forniti dall'ASL in comodato d'uso gratuito, non devono subire modifiche e devono essere restituiti a fine utilizzo, ad esempio a seguito di ricovero definitivo presso una struttura residenziale, decesso o trasferimento.

8.4 Fornitura presidi per diabetici

I cittadini affetti da diabete mellito, che necessitano di effettuare l'autocontrollo, in possesso di tessera di esenzione per patologia, possono richiedere la fornitura di aghi, lancette, siringhe per insulina, strisce reattive, altri presidi per l'autocontrollo.

L'interessato, o un familiare, deve presentarsi all'ufficio protesica minore del proprio distretto ASL di residenza, con la seguente documentazione:

- piano terapeutico, di solito con validità annuale, ad esclusione di eventuali integrazioni o variazioni, contenente l'indicazione del fabbisogno di lancette, aghi, reattivi, ecc., prescritto dal medico di famiglia o da un medico diabetologo abilitato;
- tessera sanitaria/carta regionale dei servizi;
- la tessera di esenzione per patologia.

L'assistito, che non deve sostenere alcun costo, può ritirare i presidi autorizzati in qualsiasi farmacia del territorio dell'ASL di residenza, secondo il fabbisogno massimo mensile autorizzato, presentando la propria carta regionale dei servizi.

Si precisa, infine, che nel presente capitolo, relativamente ad ausili e protesi, presidi e ortesi, sono state indicate a titolo d'esempio le procedure da seguire per ottenerli in uso presso le diverse ASL e che, in linea di massima, sono analoghe, anche se possono esservi variazioni tra una Regione e un'altra.

Capitolo 9
Metodologia dell'intervento in ambito sociale e sanitario

Nello svolgimento del proprio lavoro, sia in ambito sociale che sanitario, ciascun operatore per svolgere al meglio il proprio ruolo deve seguire e adottare una corretta metodologia di intervento.

La Metodologia del lavoro sociale e sanitario è una delle discipline previste nel percorso formativo degli OSS (e ASA) ed è collocata all'interno dell'area Psicologica e Sociale.

L'insegnamento di questa materia viene normalmente affidata ad un assistente sociale o infermiere e a volte ad entrambi.

Tale disciplina si occupa di studiare e definire *"il come deve fare"* l'operatore durante lo svolgimento della propria attività, al fine di lavorare in modo ordinato e professionale.

Trattare di metodologia significa anche parlare di metodo, procedimento metodologico, tecniche da mettere in pratica e strumenti che l'operatore deve utilizzare per svolgere al meglio il proprio lavoro, al fine di porlo nelle condizioni di attivare una corretta relazione di aiuto.

9.1 Il metodo

Dal punto di vista etimologico, la parola *"metodo"* deriva dal greco e significa ***"strada con la quale"*** si vuole raggiungere una maggiore conoscenza della realtà osservata.

Il metodo può essere definito come un procedimento messo in atto, fisico o mentale, seguendo precisi criteri al fine di raggiungere uno scopo.

Il metodo è strettamente legato ai valori che indirizzano e orientano l'azione degli operatori dell'area sanitaria e sociale, che si concretizzano nel rispetto della persona da assistere.

In ogni attività professionale è importante lavorare con il ***"giusto metodo"*** vale a dire con il/i metodo/i più appropriato/i.

Il metodo è necessario in quanto va a definire in anticipo ogni singola azione lavorativa, fornendo sicurezza all'operatore che grazie a questo non si affida al caso. Il metodo infatti serve a **definire anticipatamente l'azione**.

9.2 Il procedimento metodologico

Ogni professione utilizza un proprio processo metodologico.

Nello specifico, nell'ambito del servizio sociale e della professione dell'assistente sociale *"il procedimento metodologico, essendo uno schema concettuale, deve tradursi in una forma mentis che l'operatore sociale utilizza sempre, qualunque sia il tipo di intervento che deve fare e con qualunque tipo di interlocutore*".[1]

9.3 Le tecniche

Nel vocabolario Treccani, le tecniche vengono definite come "*insieme delle norme su cui è fondata la pratica di un'arte, di una professione o di una qualsiasi attività, non soltanto manuale ma anche strettamente intellettuale, in quanto vengono applicate e seguite...*".

Comunemente si parla di tecniche di disegno, di pittura, di gioco o di uno sport e altro ancora; nell'ambito delle professioni legate all'assistenza, quando si parla di tecniche lo si può fare ad esempio per riferirsi a quelle utilizzate nel campo del servizio sociale (dall'assistente sociale) o di quello sanitario (tecniche mediche, tecniche infermieristiche, tecniche di fisioterapia e così via).

9.4 La Metodologia del lavoro sanitario per l'OSS

Le abilità che dovranno possedere gli allievi OSS a fine corso, in ambito sanitario ed in particolare in quello di supporto al personale infermieristico, sono richiamate nel Provvedimento della Conferenza permanente per i rapporti tra lo Stato, le Regioni e le Province autonome di Trento e Bolzano che ha istituito la figura dell'Operatore Socio Sanitario (OSS).

Nel provvedimento del 22 febbraio 2001, nell'allegata tabella B che forma parte integrante del medesimo atto, si legge che l'OSS:

"È in grado di curare la pulizia e la manutenzione di arredi e attrezzature, nonché la conservazione degli stessi e il riordino del materiale dopo l'assunzione dei pasti.

Sa curare il lavaggio, l'asciugatura e la preparazione del materiale da sterilizzare.

Sa garantire la raccolta e lo stoccaggio corretto dei rifiuti, il trasporto del materiale biologico sanitario, e dei campioni per gli esami diagnostici, secondo protocolli stabiliti.

Sa svolgere attività finalizzate all'igiene personale, al cambio della biancheria, all'espletamento delle funzioni fisiologiche, all'aiuto nella deambulazione, all'uso corretto di presidi, ausili e attrezzature, all'apprendimento e mantenimento di posture corrette.

In sostituzione e appoggio dei famigliari e su indicazione del personale preposto è in grado di: aiutare per la corretta assunzione dei farmaci prescritti e per il corretto utilizzo di apparecchi medicali di semplice uso; aiutare nella preparazione alle prestazioni sanitarie; osservare, riconoscere e riferire alcuni dei più comuni sintomi di allarme che l'utente può presentare (pallore, sudorazione ecc.); attuare interventi di primo soccorso; effettuare piccole medicazioni o cambio delle stesse; controllare e assistere la somministrazione delle diete; aiutare nelle attività di animazione e che favoriscono la socializzazione, il recupero ed il mantenimento di capacità cognitive e manuali; collaborare ad educare al movimento e favorire movimenti di mobilizzazione semplici su singoli e gruppi; provvedere al trasporto di utenti, anche allettati, in barella-carrozzella; collaborare alla composizione della salma e provvedere al suo trasferimento; utilizzare specifici protocolli per mantenere la sicurezza dell'utente, riducendo al massimo il rischio...".

---

[1] Dal Pra Ponticelli M., *Lineamenti di Servizio Sociale*, Astrolabio, Roma, 1987, pag. 117.

9.5 Gli strumenti del lavoro sociale e sanitario

Gli **strumenti professionali** sono costituiti dall'insieme di **competenze tecniche** di cui dispone l'operatore, che, messe in pratica, gli permettono di cercare di perseguire gli obiettivi ascrivibili alla propria attività professionale. Ciascuno strumento è caratterizzato da una o più tecniche di utilizzo.

Gli OSS devono saper utilizzare nello svolgimento del proprio lavoro, come previsto dalle rispettive norme che regolano il profilo, strumenti che storicamente e generalmente venivano e vengono utilizzati, seppure con ruoli e responsabilità differenti, anche e soprattutto da operatori appartenenti alle cosiddette "*professioni intellettuali*" e tra questi gli assistenti sociali, gli infermieri, i medici, gli psicologi; pertanto è necessario istruirli, prepararli e guidarli anche alla conoscenza e utilizzo di tali strumenti.

Tra i suddetti strumenti professionali utilizzabili dagli OSS, vanno citati a titolo descrittivo, esemplificativo e non esaustivo, **gli strumenti relativi alla dimensione relazionale e alla dimensione organizzativa**.

Tra gli strumenti relativi alla dimensione relazionale:

- il rapporto diretto con l'assistito (che è lo strumento più importante) e con i famigliari dello stesso;
- la conoscenza della rete dei servizi territoriali;
- la riunione in équipe.

Tra gli strumenti dell'ambito organizzativo, va citata la documentazione tecnico-professionale e amministrativa.

Nei suddetti ambiti, **un importantissimo strumento** per gli OSS è rappresentato dalla documentazione che essi utilizzano nell'esercizio del proprio lavoro e che, in determinati contesti, come ad esempio nelle strutture socio-sanitarie di tipo residenziale e semiresidenziale, concorrono a compilare. Tra questi strumenti ci sono il PAI (Piano Assistenziale Individualizzato), il PEI (Piano Educativo Individuale), il PI (Progetto Individuale), il diario delle consegne. Altri importanti strumenti sono le linee guida, i protocolli, le procedure, i piani di lavoro, dei quali si parlerà successivamente.

Per il fatto di lavorare a stretto contatto con la persona da assistere, gli operatori di supporto hanno la grande responsabilità di dovere e sapere percepire anche quelle pur minime e piccole alterazioni della stessa, quelle variazioni che spesso sfuggono a chi ha solo contatti occasionali e che invece sono segnali importantissimi nella lettura dell'intero quadro assistenziale.

Gli OSS devono prestare molta attenzione nelle attività che svolgono in quanto possono rischiare di svolgere una mansione che sconfina nelle competenze di altre figure professionali.

È pertanto importantissimo conoscere bene le proprie competenze al fine di sapere "*cosa si può e non si può fare*".

Al fine di favorire la migliore comprensione su cosa sia un procedimento metodologico, viene di seguito indicato quello utilizzato dall'assistente sociale nel processo di aiuto.

9.6 Il processo di aiuto nel servizio sociale

Il processo di aiuto è caratterizzato da un insieme di azioni che si susseguono nel tempo, finalizzate a dare aiuto alla singola persona o gruppo, partendo dai bisogni e non può prescindere da un utilizzo adeguato della relazione interpersonale e professionale nei confronti degli utenti e del sistema in cui l'assistente sociale opera.

Il processo di aiuto si esplica attraverso fasi metodologiche che consentono di lavorare in modo logico e ordinato:

1. l'assistente sociale accoglie e ascolta la persona in situazione di bisogno e la sua richiesta di aiuto;
2. l'assistente sociale concorda uno o più colloqui da svolgersi solitamente nell'ufficio dei servizi sociali del Comune o, al bisogno, presso il domicilio della persona che chiede assistenza per capire meglio la situazione. Durante questa fase l'assistente sociale raccoglie informazioni personali, familiari e sociali, bisogni e problemi di chi chiede assistenza al fine di fare un'attenta e prima analisi della situazione;
3. l'assistente sociale individua il problema e prende in carico la persona bisognosa;
4. l'assistente sociale analizza e valuta la situazione, possibili obiettivi da raggiungere e individua un progetto di intervento;
5. nell'attuazione del progetto di intervento, l'assistente sociale attiva le risorse necessarie per rispondere al bisogno, che possono essere:
   a) risorse personali, come ad esempio gli stessi punti di forza di chi chiede aiuto;
   b) risorse familiari;
   c) risorse del Comune (servizi, prestazioni, aiuti economici);
   d) risorse delle reti no profit del terzo settore, ad esempio quelle messe a disposizione dalle associazioni di volontariato;
   e) risorse messe a disposizione da altri enti pubblici;
   f) risorse messe a disposizione dalle reti di mercato, come ad esempio le aziende che operano nel settore del profit;
6. verifica e valutazione periodica dei risultati raggiunti, sia in itinere che a conclusione del processo di aiuto che può concludersi con la formulazione di un nuovo progetto;
7. chiusura dell'intervento.

In tutte le fasi del processo di aiuto, l'assistente sociale coinvolge la persona portatrice del bisogno, perché la sua partecipazione è necessaria al fine di favorire il cambiamento, la consapevolezza e le responsabilità proprie.

Le fasi metodologiche citate non sono sempre facilmente individuabili perché la sequenza logica nel tempo può variare in base ai singoli casi.

Le verifiche costanti, periodiche e in itinere sono infatti fondamentali per l'eventuale ridefinizione degli interventi, in particolare in funzione degli obiettivi da perseguire e dei risultati che si vogliono raggiungere.

9.7 Gli OSS e la relazione di aiuto nei servizi di assistenza domiciliare

Come ampiamente descritto nei capitoli di riferimento, gli OSS e altri operatori di supporto come gli ASA possono essere incaricati dall'assistente sociale del Comune di erogare prestazioni di assistenza domiciliare, alle dipendenze di organizzazioni esterne accreditate, pubbliche o private, profit e no profit, al domicilio di persone fragili come anziani, disabili, adulti in difficoltà, minori e famiglie.

Gli ASA e OSS possono anche venire incaricati di lavorare a domicilio in ADI oppure venire direttamente assunti dallo stesso assistito attraverso il libero mercato o inviati da aziende private, generalmente cooperative alle quali il cittadino o la sua famiglia si sono rivolti. In tutti i casi, nel lavoro a domicilio, agli ASA e OSS vengono richieste, oltre alle competenze tecniche, specifiche competenze relazionali in quanto devono sapersi rapportare all'assistito, alla sua famiglia se esistente, e, se coinvolti in un servizio di assistenza domiciliare, al proprio coordinatore e all'assistente sociale del Comune referente e responsabile del caso.

Devono pertanto saper attivare e gestire una corretta **relazione di aiuto.**

Ogni operatore che lavora con persone fragili in difficoltà è chiamato a vivere una relazione.

La **relazione** è un legame presente tra due o più persone.

Tale legame può essere:

1. informale, che è quello che si crea quando la persona fragile viene assistita da un proprio familiare, definito ***"caregiver informale"***;
2. formale, che è quello che si crea quando la persona fragile viene assistita da un caregiver esterno alla famiglia, come ad esempio un ASA o OSS, definiti in quest'ultimo caso ***"caregiver formali"***.

Una relazione d'aiuto si instaura nel momento in cui c'è una persona che ha bisogno d'aiuto e un'altra che invece è in grado di fornirlo. Per questo motivo si dice che **la relazione d'aiuto è una relazione asimmetrica in quanto assistito e operatore non si trovano sullo stesso *"livello"* o *"piano"*.**

L'**asimmetria dei ruoli** caratterizza ogni situazione di assistenza duale (e non solo: basti pensare alla RSA dove c'è una persona fragile da assistere che è l'anziano non autosufficiente e una intera équipe che è chiamata a rispondere ai suoi bisogni), dove uno è in difficoltà, in una situazione di sofferenza, malattia e disagio e l'altro si pone in relazione con lui per svolgere un ruolo di aiuto e assistenza, disponendo quindi di più risorse e potere.

Quest'ultimo soggetto è l'operatore che con le competenze, tecniche e gli strumenti posseduti è chiamato ad aiutare la persona in difficoltà.

Non basta ovviamente il solo e corretto utilizzo delle proprie competenze tecniche e relazionali per poter instaurare una valida ed efficace relazione d'aiuto ed è per questo che agli operatori coinvolti vengono richieste anche doti *"umane"*.

La relazione di aiuto può essere ben avviata se l'operatore mostra un interesse reale e non *"artefatto"* e si realizza quando c'è la capacità di dare cure e assistenza e ricevere gratificazione da questo, non solo dal punto di vista economico ma anche umano e professionale. La sofferenza, la malattia, l'emarginazione, la solitudine e la povertà investono, seppure in differente modo, sia chi soffre sia l'operatore preposto all'assistenza.

Attivare e gestire una corretta relazione di aiuto significa operare in linea con il concetto originario di salute coniato dall'Organizzazione Mondiale della Sanità (OMS): "*la salute non è da intendersi solo come assenza di malattia, bensì come un completo stato di benessere fisico, psichico e socio-relazionale*".

9.8 La posizione dell'operatore all'interno della relazione di aiuto

L'operatore nel proprio lavoro a domicilio deve:

- rispettare e accettare la persona da assistere e la sua famiglia, se presente ed esistente, nella loro dimensione fisica e spirituale, unicità, globalità, dignità, libertà, diritti, valori, principi, **personalizzando l'intervento**, consapevole che ogni persona è unica ed irripetibile e per questo ha diritto ad una risposta personalizzata, rispettandone esperienze, interessi, aspirazioni, bisogni, risorse, ideali e progetti;

- tenere sempre presente che si entra in casa di un'altra persona, e quindi non propria, dove per il tempo strettamente connesso alla prestazione che deve eseguire, lui è ospite. Deve pertanto rispettare la casa in cui entra e ciò che rappresenta per l'assistito e la sua famiglia, se presente ed esistente. Per fare questo l'operatore deve lavorare per farsi accettare, apprezzare e ben volere, essendo consapevole che l'assistito, in particolare se anziano, può essere diffidente nei suoi confronti e talvolta ha bisogno di tempo prima di "aprirsi" e potersi fidare;
- **informarsi,** ad esempio farsi raccontare la propria storia di vita e possibilmente, direttamente dall'assistito, in modo da conoscerlo meglio e poter comunicare con lui;
- **assumere fin da subito** e in ogni circostanza un atteggiamento e comportamento **non giudicante,** sospendendo i propri *"giudizi"*; in altre parole, deve lavorare senza pregiudizi, etnocentrismi ed egocentrismi;
- **accettare la persona:** significa accettarla così com'è in quanto persona e non come si vorrebbe che fosse. Trova fondamento sul riconoscimento della dignità umana dell'assistito e dei suoi diritti, operando in assenza di pregiudizi in relazione alla razza, religione, ambiente socio-culturale, comportamento, abitudini, sesso, età. Per questo è importante mostrare attenzione su quanto l'assistito dice e come lo dice, ai suoi punti di vista, ai suoi limiti, che sono legati in modo indissolubile alla propria cultura e alla propria scala di valori. Questo ovviamente non significa approvare tutto quello che egli dice, ma così facendo probabilmente lo si mette a proprio agio, al fine di consentirgli di esprimere liberamente il proprio punto di vista;
- **non avere pregiudizi.** Per ***"pregiudizio"*** s'intende il giudizio, opinione errata che dipende da scarsa conoscenza di fatti o persone;
- **non essere etnocentrico. *"Etnocentrismo"*** è un termine con il quale si giudicano le altre culture confrontandole con la propria, generalmente ritenendo quest'ultima come "superiore" alle altre. Assumere comportamenti fortemente etnocentrici (in senso negativo) in campo assistenziale, come nel caso di tutte le estremizzazioni, non è certamente utile. Considerato che la società in cui viviamo è di tipo multietnico e multiculturale è più opportuno assumere atteggiamenti e comportamenti di tipo **relativistico culturale**, concetto con il quale si afferma che ciascuna cultura deve essere studiata sulla base dei significati e dei valori che essa si dà e non sulla base di credenze culturali;
- **non essere egocentrico**. Per "***egocentrismo***" si intende l'atteggiamento e comportamento del soggetto che pone se stesso e i propri problemi al centro di ogni esperienza, trascurando la presenza e gli interessi degli altri, nella convinzione che ogni cosa gli sia dovuta e che esistano solo i propri bisogni. Un operatore egocentrico difficilmente riuscirebbe a provare empatia verso i propri assistiti e colleghi;
- **essere empatico** e cioè "*sapersi calare nei panni dell'altro*", in ottica relativistica, adottandone il punto di vista e capendone i problemi, tenendo ben chiari i rispettivi ruoli, quello di chi aiuta e di chi viene aiutato con regole e confini distinti e chiari, assumendo il giusto e corretto distacco relazionale. Nella relazione d'aiuto, l'operatore deve essere capace di "**donarsi**" all'assistito, fornendo un **ascolto attivo ed empatico**;

- **assumere un atteggiamento di distacco relazionale.** Da non intendersi come assenza di empatia o sensibilità o incapacità di provare emozioni, ma come la capacità dell'operatore di non farsi pericolosamente coinvolgere troppo nella situazione del paziente/assistito. L'operatore infatti potrà certamente provare dispiacere per la situazione vissuta dal proprio assistito ma dovrà sempre rimanere "lucido" al fine di poterlo assistere sempre e in ogni circostanza, anche guidandolo e consigliandolo al meglio o sostituendosi a questi qualora non autonomo o incapace di intendere o volere, sempre ovviamente nei limiti delle proprie funzioni e mansioni e delle leggi in vigore, non perdendo mai di vista il proprio mandato e ruolo tecnico. Ad esempio, non dormire la notte, piangere in continuazione per le sofferenze dei propri assistiti, vivere costantemente sulla propria pelle la sofferenza di chi si assiste sono fattori sicuramente deleteri per un operatore che lo porterebbero quasi certamente a bruciare energie, ad eventuali esaurimenti nervosi, a non riuscire a vivere una propria vita e di conseguenza ad avere una minore efficacia ed efficienza nello svolgimento del lavoro di assistenza;
- **saper ascoltare** non significa sentire o udire in modo passivo.
  Sentire significa apprendere attraverso i sensi alcuni dati dell'esperienza immediata del mondo esterno; avvertire impressioni suscitate da stimoli interni o esterni e prenderne coscienza.
  Ascoltare è invece un processo attraverso il quale l'operatore è capace di cogliere le comunicazioni dell'altro e non è una attività passiva ma attiva e intenzionale che viene fatta con volontà.
  L'ascolto fa parte del processo di comunicazione ed è fondamentale all'interno della relazione di aiuto. Viene ancora prima dell'azione di parlare, al fine di evitare di parlarsi addosso o di non capire o fraintendersi.
  È opportuno sottolineare che le nostre abitudini di ascolto vengono inevitabilmente apprese durante l'infanzia e nelle successive fasi di socializzazione, ma con impegno e applicazione è tuttavia possibile migliorare le proprie capacità di ascolto;
- **saper "osservare"**. Mentre "vedere" è un processo meccanico, osservare incece è un processo volontario. Osservare significa guardare con volontà e attenzione e si differenzia da "vedere", che significa percepire con la vista le cose intorno a noi.
  Ne consegue pertanto che "osservare" significa guardare in modo attento e interessato;
- **prestare attenzione alla comunicazione** che si svolge all'interno della relazione di aiuto. È di fondamentale importanza dare particolare attenzione alla comunicazione, sia a quella espressa dagli assistiti che a quella espressa dagli operatori, tenendo ben presente l'importanza della comunicazione, verbale e non verbale;
- **aiutare l'assistito** a recuperare o mantenere, per quanto possibile e rispettando i suoi tempi, il miglior livello di benessere psicofisico e socio-relazionale con flessibilità e tolleranza, senza sostituirsi a lui quando possibile; ciò significa rispettare la sua dignità e la sua libertà di autodeterminarsi;
- **rispettare l'autodeterminazione di ciascun individuo.** Per autodeterminazione s'intende la capacità che ha una persona in grado di intendere e di volere di poter prendere le migliori decisioni per se stessa. Rispettare il diritto di autodeterminazione significa riconoscimento della capacità di scelta autonoma ed indipendente dell'individuo/assistito. Rispettare l'autodeterminazione di ciascun individuo rientra tra i doveri etici, morali, deontologici e giuridici di tutti gli operatori dell'area sanitaria e sociale. Tra i compiti fondamentali dell'OSS/ASA, vi è anche quello di contribui-

re (nei limiti previsti dal proprio profilo, ruolo e competenze), assieme agli altri operatori coinvolti nel processo di aiuto, all'autodeterminazione della persona assistita, e questo consiste nella capacità di promuovere nella stessa le proprie potenzialità, al fine di renderla responsabile e compartecipe del processo di aiuto che la riguarda;
- **essere riservato** e mantenere sia il segreto professionale che d'ufficio in ragione di quanto si viene a conoscere nello svolgimento del proprio lavoro. Questo è sia un diritto fondamentale dell'assistito che un dovere dell'operatore, sia di tipo giuridico in quanto imposto per legge, che deontologico, etico e morale e la sua inosservanza è perseguibile sia penalmente che per via disciplinare;
- **essere motivati:** le persone che svolgono un lavoro di tipo assistenziale, in ambito sociale e sanitario devono possedere una forte e costante motivazione. La motivazione consiste nella spinta propulsiva a mettere in atto un determinato comportamento che abbia come finalità il raggiungimento di un dato obiettivo (soddisfazione di un bisogno o realizzazione di uno scopo). La motivazione è dunque un fattore soggettivo ed è strettamente legata alla passione, intesa come un intenso coinvolgimento e desiderio per una determinata attività, che piace e dà soddisfazione. Chi svolge un lavoro di assistenza e ama aiutare gli altri, trae dalla relazione di aiuto quella soddisfazione e gratificazione che fornisce maggiore energia al proprio impegno;
- **saper valorizzare la persona assistita,** in particolare se si trova in una situazione di non completa autosufficienza, rinforzando il suo livello di autostima, facendole ad esempio dei complimenti quando fa dei progressi in una determinata attività;
- **tenere in ogni circostanza un comportamento professionale e decoroso** sia a tutela della propria immagine di operatore che della organizzazione presso la quale si presta servizio, che dell'istituzione (Comune o ASL) committente. Tenere comportamenti poco decorosi, sia dal punto di vista morale o etico o che violano specifiche direttive imposte dalla propria organizzazione o dall'istituzione committente o addirittura che violano le leggi in vigore, porta a ledere sia l'immagine e decoro della propria professione che quella della propria organizzazione e dell'istituzione committente.

È, infine, opportuno e di fondamentale importanza sottolineare che gli ASA e OSS, specie se coinvolti nel servizio di assistenza domiciliare del Comune, si trovano molto spesso ad essere, in assenza di rete familiare, le uniche persone a stretto contatto con le persone assistite. Sono quindi gli ASA e OSS che si accorgono dei significativi cambiamenti, sia positivi che negativi, dei propri assistiti e che hanno pertanto il dovere e l'obbligo di **segnalare immediatamente** all'assistente sociale del Comune che ha in carico la situazione e al proprio coordinatore dell'organizzazione dove presta servizio, ogni situazione vissuta dall'assistito che può essere di pericolo per l'incolumità dello stesso. Si pensi, ad esempio, alla progressiva e inarrestabile perdita di autosufficienza di un anziano che comporta l'impossibilità di poterlo assistere al domicilio: in tale caso, ricevuta per tempo la segnalazione, l'assistente sociale potrà lavorare per valutare soluzioni alternative, orientando l'anziano presso il servizio più appropriato. Questo significa che gli ASA e OSS non sono figure di secondo piano nel campo dell'assistenza o "operatori di serie *B*" e neppure meri esecutori del PAI redatto dall'assistente sociale, ma fondamentali ingranaggi del processo di aiuto e devono saper lavorare in modo integrato e in équipe all'interno della rete dei servizi.

È importante sottolineare che tutte le indicazioni fornite in questo capitolo, sui comportamenti da porre in essere all'interno della relazione di aiuto a domicilio, sono applicabili ad altri contesti lavorativi come ad esempio in RSA o CDI e altri servizi in generale.

Capitolo 10
L'organizzazione del lavoro sanitario e socio-sanitario, il processo di assistenza e la principale modulistica utilizzata

10.1 I principali modelli organizzativi

Le competenze e le abilità richieste all'operatore sociosanitario sono strettamente connesse all'organizzazione assistenziale e ai profili professionali che vi operano.

L'assistenza alla persona può funzionare secondo vari modelli organizzativi, che essenzialmente differiscono per le modalità di svolgimento delle attività, per i criteri di assunzione delle decisioni, per il modo di valorizzare le competenze professionali, per il livello di partecipazione e responsabilità richiesto ai singoli professionisti sanitari.

Si propongono, qui di seguito, i principali modelli di sistemi organizzativi. Ciascuno di essi presenta dei vantaggi e degli svantaggi, sono stati creati per adattarsi a realtà differenti.

10.1.1 Il modello funzionale

Il modello funzionale, o "per compiti", si basa sull'assegnazione di compiti tecnici, per turno di lavoro, secondo la formazione e le competenze del personale e il grado di complessità del compito.

Un coordinatore distribuisce le mansioni tra i componenti del gruppo di lavoro, secondo una centralizzazione gerarchica, e ne controlla la corretta esecuzione. Ciascun membro del gruppo si specializza nell'eseguire sempre la medesima attività e, all'inizio del turno, si limita solo a definire la propria sfera di operatività, in modo che non si abbia sovrapposizione di compiti. La responsabilità è di ordine tecnico.

Il sistema funzionale non ha bisogno di un'intensa attività di coordinamento e, inoltre, ha il vantaggio di richiedere poco personale e poche risorse. Gli inconvenienti, d'altro canto, sono i seguenti: il sistema non è motivante all'interno del gruppo di lavoro, riduce al minimo la comunicazione interpersonale e, a lungo andare, la ripetitività delle mansioni rende l'approccio meccanicistico e impersonale, producendo frustrazione e deresponsabilizzazione.

10.1.2 Il *team nursing*

Il *team nursing*, o "modello per équipe", prevede un team composto da un capo-équipe (*team leader*) e da un numero ristretto di collaboratori (infermieri, studenti infermieri, personale sociosanitario, tecnici) che operano in maniera coordinata sotto la supervisione e la diretta responsabilità del capo-équipe. Il team, così composto, fornisce assistenza ad un gruppo di pazienti in uno specifico turno di servizio.

Il principio organizzativo si basa sulla distribuzione delle responsabilità in funzione delle competenze e della condivisione di obiettivi e decisioni. I membri dell'équipe rispondono al capo-équipe il quale, a sua volta, risponde all'infermiere coordinatore.

Fondamentali sono la pianificazione del lavoro e la verifica dei risultati.

Il capo-équipe:

- predispone i piani di assistenza e li discute insieme all'équipe;
- determina gli obiettivi e le priorità;
- assegna i membri del team ai singoli pazienti in base alle competenze dell'operatore;
- svolge egli stesso attività di assistenza diretta;
- coordina e valuta le attività dell'équipe.

Il *team nursing* ha il vantaggio di valorizzare le competenze, garantendo maggior soddisfazione ai componenti dello staff assistenziale e, al tempo stesso, una più elevata qualità delle prestazioni, nonché una maggiore continuità nelle cure assistenziali.

L'inconveniente è rappresentato dalla necessità di risorse materiali maggiori.

10.1.3 Il *primary nursing*

Il *primary nursing* consiste nell'affidare il paziente ad un infermiere di riferimento per tutta la durata dell'ospedalizzazione. Il principio organizzativo è rappresentato dalla responsabilizzazione personale nel rispetto dell'autonomia.

Il *primary nurse*, infatti, è responsabile 24 ore su 24 dell'assistenza di quel paziente. Egli si prende cura globalmente del soggetto e ne diventa il principale referente, individuando e rendendo disponibili le informazioni cliniche essenziali e le istruzioni che devono essere eseguite dagli altri operatori, in sua assenza, per assicurare la continuità dell'assistenza.

Il *primary nurse*, inoltre, pianifica le dimissioni, assicurandosi che chi si prenderà cura del paziente dopo che sarà stato dimesso sia in grado di farlo in modo sicuro ed efficace.

Il principale vantaggio di questo sistema è che l'assistenza è personalizzata, continua e globale. Gli infermieri lavorano al massimo delle loro capacità professionali e percepiscono un elevato grado di soddisfazione.

L'inconveniente è rappresentato dagli alti costi per il maggior numero di infermieri richiesti.

10.1.4 Il *case manager*

Il *case manager* provvede direttamente alle cure, guida l'assistenza determinando gli obiettivi con il gruppo multidisciplinare, coordina l'attività nel periodo di degenza dal ricovero alla dimissione e programma anche i controlli di *follow-up* che il soggetto eseguirà successivamente, educa l'équipe dei collaboratori, ma soprattutto i *caregiver* che si prenderanno cura del paziente.

Il principio organizzativo su cui si basa è la responsabilizzazione professionale rispetto alla globalità del percorso assistenziale.

L'interazione tra gli operatori è fondamentale secondo la logica del team di lavoro e della progettazione assistenziale.

La formazione richiesta per poter essere in grado di gestire con competenza e abilità questo ruolo è una formazione avanzata che porta ad approfondire le conoscenze di tipo assistenziale, a sviluppare le capacità legate alle dinamiche organizzative e a implementare le conoscenze riguardanti le risorse comunitarie.

10.1.5 Il percorso critico

Il percorso critico è un **piano di assistenza dettagliato**, **prestampato**, **interdisciplinare** e **standardizzato**, che riflette il corso ideale del trattamento per un paziente medio che abbia una certa diagnosi e necessiti di un'assistenza standard, con risultati relativamente prevedibili. Lo strumento, infatti, è scarsamente utilizzato in situazioni complesse e dagli esiti poco prevedibili.

Scopo complessivo del percorso critico è migliorare la qualità e l'efficienza dell'assistenza al paziente, stabilendo la sequenza e la temporizzazione delle attività interdisciplinari, compresi i programmi di valutazione, le consulenze, i test diagnostici, la nutrizione, la terapia, le attività, i trattamenti, i problemi terapeutici, l'educazione e la pianificazione alla dimissione. Sebbene le diagnosi infermieristiche di questo tipo non siano generalmente comprese in un "percorso critico", è tuttavia possibile identificare le diagnosi e gli interventi per un paziente specifico.

Ciascuna struttura sanitaria stabilisce il proprio "percorso critico". Un team interdisciplinare, che comprende infermieri, medici, dietisti, servizi di riabilitazione, servizi sociali e altre figure ancora, sviluppa il percorso attraverso il consenso sulla situazione da gestire nel caso identificato.

Gli scopi non raggiunti o gli interventi non attuati nell'arco di tempo stabilito sono chiamati **varianze**. L'operatore sanitario documenta su appositi moduli delle varianze i motivi per cui lo scopo non è stato raggiunto o un intervento non è stato attuato. In questi casi il percorso può essere modificato mediante una revisione. La documentazione si complica quando i pazienti hanno più di due diagnosi o varianze. Per integrare il percorso sono necessari moduli per una documentazione addizionale.

10.2 Le scale di valutazione

Una valutazione globale dello stato di salute, che analizzi in modo oggettivo, dettagliato e omogeneo l'impatto che i problemi fisici, psicologici, relazionali e sociali esercitano sullo stato funzionale (altro possibile oggetto della valutazione è il rischio di lesioni da decubito), è di gran lunga più importante di una semplice lista di diagnosi o deficit.

L'analisi delle condizioni del paziente, condotta sulla base di parametri ben definiti, costituisce un elemento di dialogo tra professionisti, suggerisce chiare indicazioni sull'andamento dello stato generale del paziente e consente l'utilizzo di dati chiari e confrontabili per la trasmissione di informazioni.

A questo scopo servono gli indici assistenziali e le scale di valutazione, strumenti standardizzati e validati che esplorano gli aspetti clinici e funzionali dell'assistito con lo scopo di rilevarne e quantificarne i problemi, definire l'intervento più appropriato e personalizzato per risolverli, misurare i risultati ottenuti, comunicare in modo oggettivo agli altri operatori della rete clinico-assistenziale le informazioni, individuare all'occorrenza l'intervento assistenziale più adatto alla dimissione.

Le scale di valutazione[1]:

- misurano;
- fotografano;
- creano un punto di partenza;
- consentono il confronto e la comparazione;
- consentono l'utilizzo da parte di rilevatori diversi (linguaggio standard);
- aiutano le équipe a rivedere le modalità di approccio;
- orientano le scelte;
- verificano i cambiamenti nel tempo.

Semplicità nella somministrazione, comprensibilità e affidabilità rappresentano le caratteristiche tipiche di questi strumenti che permettono di misurare il fenomeno oggetto d'indagine nella sua intera variabilità, anche alle più basse intensità. Caratteristiche ulteriori sono l'**attendibilità incrociata** (rilevazioni indipendenti devono dare il medesimo risultato) e la **stabilità** (rilevazioni ripetute devono dare lo stesso risultato a parità di condizioni).

Alcune delle scale di valutazione più conosciute e utilizzate per identificare il rischio di lesioni da pressione sono:

- la scala di **Norton** (1962, UK), che utilizza le seguenti categorie:
  - condizioni fisiche;
  - stato mentale;
  - deambulazione;
  - mobilità;
  - incontinenza;
- la scala di **Gosnell** (1973, USA), che deriva dalla precedente, ma la modifica perché alla categoria *Condizioni fisiche* sostituisce quella di *Stato nutrizionale* e alla categoria *Incontinenza* quella di *Continenza* e inoltre aggiunge dati demografici del paziente, dati sull'ammissione e sulla dimissione, sulla diagnostica clinica e la valutazione dell'aspetto della cute, il peso, l'altezza, i segni vitali e i farmaci assunti;
- la scala di **Braden** (1982, USA), che esamina i seguenti sei parametri:
  - percezione sensoriale;
  - umidità cutanea;
  - attività (grado di attività fisica);
  - mobilità;
  - alimentazione;
  - frizione e scivolamento;

[1] Loi D., *L'infermiere e le scale di valutazione: conoscenza, opportunità e prospettive* (Dispensa).

- la scala di **Waterlow** (1984, UK), nella quale vengono valutati:
  - corporatura (rapporto peso/altezza);
  - aspetto della cute;
  - sesso ed età;
  - continenza;
  - mobilità;
  - nutrizione;
  - presenza di particolari elementi di rischio (per esempio, malnutrizione, deficit neurologico, ecc.);
- la scala di **Knoll** (1985, USA), che valuta i seguenti otto parametri:
  - stato di salute generale;
  - stato di coscienza;
  - attività;
  - mobilità;
  - incontinenza;
  - alimentazione;
  - assunzione di liquidi per os;
  - malattie predisponenti.

Al di là delle specificità, l'obiettivo comune è permettere a tutti i professionisti sanitari di operare in maniera congiunta nell'interesse primario del paziente. Da qui "*la necessità di una sintassi comune, che riconduca ad un linguaggio e a strumenti di riferimento condivisi: quando la raccolta dati è integrata dall'uso di scale di valutazione e di indici assistenziali il linguaggio risulta standardizzato e i concetti sono esplicati in modo più o meno dettagliato nelle variabili da rilevare, favorendo la condivisione*"[2].

10.3 La cartella infermieristica

La cartella infermieristica, formalmente riconosciuta dal decreto del Presidente della Repubblica n. 384/1990, è lo strumento mediante il quale l'infermiere documenta il processo di assistenza infermieristica, in particolare la pianificazione dell'assistenza e la sua attuazione[3]. Al suo interno devono essere registrati i dati raccolti, le diagnosi infermieristiche individuate, la pianificazione, l'attuazione degli interventi previsti e la loro valutazione[4].

Essa facilita le decisioni in merito ai bisogni sanitari immediati del paziente, nonché ai suoi bisogni di continuità assistenziale in caso di cure di urgenza e/o emergenza praticate al momento dell'accettazione. Tuttavia, acquista valenza anche come fonte documentaria indispensabile per il conseguimento degli obiettivi strategici in materia di gestione, organizzazione e valutazione della qualità dei servizi.

Ne sono elementi essenziali:

- la raccolta di dati anamnestici;
- la pianificazione degli interventi;
- il diario infermieristico;
- la valutazione dell'assistenza prestata all'utente.

---

2 Santullo A., *Le scale di valutazione in sanità*, McGraw-Hill, 2008.

3 *Manuale della cartella clinica*, Regione Lombardia, Direzione Generale, 2007.

4 AA.VV., *Quaderno del nursing di base*, Nettuno, Parma, 1993.

Costituendo parte integrante della cartella clinica, la cartella infermieristica deve essere redatta chiaramente, con puntualità e diligenza e contenere dati oggettivi sull'andamento della condizione patologica e sulle attività diagnostiche terapeutiche realizzate. L'infermiere risponde della sua compilazione sia sul piano professionale che su quello normativo.

La cartella infermieristica costituisce **atto pubblico** in senso lato, per cui ha valenza probatoria sul piano legale. La sua compilazione deve rispettare i seguenti criteri:

- veridicità dei fatti registrati;
- completezza in ogni sua parte;
- chiarezza (grafia comprensibile, terminologia appropriata);
- pertinenza.

Commette il reato di **falso materiale in atto pubblico**, punito dall'art. 476 del codice penale, l'infermiere che cancella o corregge in maniera fraudolenta dati già documentati. Commette il reato di **falso ideologico in atto pubblico**, punito dall'art. 479 del codice penale, l'infermiere che inserisce dati non veritieri.

10.4 La cartella clinica

La cartella clinica "*è il fascicolo nel quale si raccolgono i dati anamnestici e obiettivi riguardanti la persona ricoverata, quelli giornalieri sul decorso della malattia, i risultati ed infine la diagnosi della malattia che ha condotto la persona in ospedale*" (Guzzanti, Tripodi 1996).

Essa fornisce pertanto la prova *legale* delle attività che riguardano l'assistenza al paziente. Se accuratamente documentata, essa è la prova attestante, in un'eventuale lite giudiziaria, ciò che è esattamente accaduto al paziente.

I tipi di documenti che costituiscono la cartella in un'istituzione sanitaria sono determinati dall'istituzione stessa e/o dalla legislazione in vigore. Nella tabella seguente si descrive il contenuto di documenti che si trovano generalmente nella cartella del paziente.

Documenti della cartella clinica del paziente

Documento	Contenuto
Frontespizio	*Dati anagrafici*: nome, numero identificativo del ricovero, indirizzo, numero di telefono, data e luogo di nascita, sesso, etnia, stato civile, religione, nome e indirizzo dei familiari prossimi, numero della tessera sanitaria o codice fiscale, data, ora, tipo di ricovero *Dati clinici*: diagnosi di ingresso, numero del DRG all'ingresso, direttive anticipate del paziente (se dichiarate) *Dati di dimissione* (compilati dal medico alla dimissione del paziente): nome del medico curante, ora e giorno della dimissione, diagnosi principale e secondarie, cause esterne correlate al codice della lesione, procedure e dati, medico chirurgo, disposizioni del paziente
Anamnesi clinica ed esame fisico	Descrizione del disturbo principale, malattie passate e presenti, storia familiare e personale del paziente, anamnesi patologica recente, risultati dell'accertamento medico relativi ai vari organi e apparati
Accertamento infermieristico all'ingresso	Dati raccolti attraverso l'intervista e l'accertamento infermieristico
Prescrizioni	Prescrizioni verbali o scritte da parte dei medici, al fine di prendere in carico il paziente, guidarlo verso il percorso diagnostico-terapeutico e condurlo alla dimissione

Documenti della cartella clinica del paziente	
Documento	**Contenuto**
Rapporto di consulenze	Risultati di un medico la cui opinione è stata richiesta da un altro medico per valutare e/o trattare il paziente
Diario medico	Fornisce una relazione pertinente e cronologica del decorso del paziente in ospedale e documenta ogni cambiamento di condizione e risposta al trattamento. Può contenere giudizi clinici di altri membri dell'équipe (per esempio, dietologo o assistente sociale)
Risultati di laboratorio	Risultati dei test di laboratorio prescritti dai medici
Risultati di radiologia	Referti del servizio diagnostico di radiologia
Medicina nucleare	Descrive studi diagnostici e procedure terapeutiche eseguite usando agenti radiofarmaceutici
Foglio di grafica	Vari parametri vitali, tra i più comuni: FC, FR, PA, TC; possono anche includere peso, dieta, entrate e uscite di liquidi
Piano di assistenza infermieristico	Il piano di trattamento include le diagnosi infermieristiche o l'elenco dei problemi, obiettivi del paziente, interventi, valutazione
Note progressive	Espongono dettagliatamente l'assistenza e i trattamenti forniti, le risposte del paziente al piano di assistenza e ai trattamenti, il raggiungimento dei risultati attesi. Non sono un duplicato dei fogli di flusso (se usati)
Foglio di flusso	Contiene tutti gli interventi di routine che possono essere indicati con un segno di spunta o con altri metodi simili
Foglio di terapia	Indica tutti i farmaci somministrati: orali, topici, per via iniettiva, per inalazione e per via infusiva in un unico sito; comprende data, ora, dosaggio, via di somministrazione e nome del professionista che somministra i farmaci. Farmaci prescritti di routine, al bisogno e a dosi singole hanno generalmente sezioni separate
Consenso informato	*Al ricovero*: dà all'istituzione e al medico il permesso di trattare il paziente *Chirurgico*: spiega le ragioni e la natura del trattamento, i rischi, le complicanze, le forme alternative di trattamento, il non trattamento, le conseguenze della procedura. Di solito il consenso al trattamento chirurgico e all'anestesia sono separati per dividere le responsabilità *Alle trasfusioni di sangue*: dà il permesso di somministrare sangue o derivati del sangue *Altro*: consenso informato specifico per alcune procedure, per partecipare a progetti di ricerca, per fotografie
Registrazione dell'aspetto educativo del paziente	Descrive le istruzioni date al paziente, alla sua famiglia, ai *caregiver* e la risposta di apprendimento
Registrazione del team assistenziale	Usata per la terapia respiratoria, fisica, per la dieta, quando i progressi medici sono usati solo dai medici
Lettera di dimissione infermieristica	Contiene un breve riassunto di cure fornite, farmaci, aspetti educativi e altre istruzioni (per esempio, data del controllo), stato e modalità di dimissione
Pianificazione alla dimissione e sommario	Revisione degli eventi descriventi lo stato morboso del paziente, indagine (studi diagnostici), trattamenti, risposte e condizioni alla dimissione. Sono incluse le istruzioni e la pianificazione per il controllo
Altri documenti	Possono essere o meno presenti nella cartella clinica (relazione operatoria, di anestesia, patologica, documenti di trasfusione, relazione di riabilitazione, percorso critico, relazione di contenzione e report autoptico)

La cartella clinica risponde soprattutto all'esigenza di registrare, in modo progressivo, contesto e dettagli dell'iter decisionale cui il paziente viene sottoposto durante il ricovero, ma è anche importante in quanto[5]:

- rappresenta la base informativa essenziale per il *decision-making* e per la continuità assistenziale, consentendo la tracciabilità delle azioni svolte in merito a responsabilità cronologia-modalità d'esecuzione;
- facilita l'integrazione di competenze multiprofessionali;
- consente di adempiere a obblighi di legge, codici deontologici, linee guida regionali e nazionali;
- consente di effettuare valutazioni d'appropriatezza delle prestazioni sanitarie, dell'attività assistenziale e interventi di *audit* clinico;
- è utilizzabile per interventi di *risk management*;
- rappresenta uno dei punti essenziali per attività di accreditamento e certificazione;
- è uno strumento importante per studi scientifici, ricerca clinica ed epidemiologica;
- ha un ruolo importante per la valorizzazione delle attività sanitarie;
- può rivestire un ruolo notevole quale strumento di formazione e aggiornamento per gli operatori sanitari.

La cartella clinica è un **documento riservato** e deve essere letta esclusivamente dagli operatori incaricati di prestare assistenza al paziente. Ciò nondimeno, può essere usata dai ricercatori per determinare se il paziente risponde ai criteri di ricerca per essere incluso in uno specifico studio. La cartella non deve essere lasciata in posti accessibili a tutti e dopo la consultazione deve essere mantenuta in un luogo idoneo a conservarla o nell'archivio.

10.5 La cartella clinica integrata

L'esigenza di una documentazione sanitaria integrata nasce dai limiti posti dalla tradizionale cartella clinica. Infatti, l'assistenza prestata alla "persona con problemi di salute" comporta sempre più spesso l'attivazione di percorsi clinico-assistenziali in cui operano contemporaneamente diverse figure professionali (medici, infermieri, tecnici, ecc.).

La cartella clinica integrata permette la registrazione puntuale e dettagliata di tutto il percorso terapeutico-assistenziale in un'ottica multidisciplinare. Ciò rende possibile la ricostruzione del processo di cura, l'integrazione delle informazioni, la successione cronologica, la rapida individuazione di problemi e soluzioni, la tracciabilità degli atti sanitari compiuti, ecc. Si tratta, dunque, di uno strumento operativo concepito per favorire il confronto tra i vari professionisti e, di conseguenza, un approccio olistico all'ammalato, con differenti profili di responsabilità cliniche e gestionali.

Segnatamente, la cartella clinica integrata ha le seguenti finalità:

- promuovere una cultura professionale che attribuisca un valore innovativo alla documentazione sanitaria, in termini di completezza, interdisciplinarietà, integrazione e sicurezza, nei confronti del paziente, degli operatori e dell'organizzazione;

---

[5] Regione Piemonte – ASL TO2 – Linee d'indirizzo per la corretta tenuta della documentazione sanitaria.

- promuovere il processo di integrazione interprofessionale, con particolare riferimento alla trasmissione delle informazioni riguardanti il percorso di cura e la continuità tra i diversi settori assistenziali.

Come ogni altro documento sanitario, la cartella clinica integrata deve essere redatta nel rispetto dei seguenti criteri: tracciabilità, chiarezza, accuratezza e appropriatezza, veridicità, attualità, pertinenza e completezza.

10.6 La cartella clinica elettronica

Tra gli strumenti resi disponibili dal processo di informatizzazione della sanità, la cartella clinica elettronica (*Electronic Medical Record*, EMR) è presto divenuta un indispensabile strumento di lavoro, nonché di miglioramento delle possibilità assistenziali. Essa permette al professionista sanitario:

- di conoscere con immediatezza i dati anamnestici e le terapie in corso;
- di fornire con una certa rapidità certificati e ricette ripetibili;
- di seguire nel tempo i problemi e partecipare a indagini epidemiologiche.

Le informazioni di base devono includere, oltre ai dati del paziente, le notizie concernenti la sua attività lavorativa, eventuali allergie, vaccinazioni, sieropositività, terapie, abitudini di vita, eventuali problemi familiari o sociali, oltre a un'anamnesi ostetrico-ginecologica per la donna.

Tra le numerose possibilità fornite da questo strumento, le più interessanti sono:

- la gestione unitaria e coerente dei dati di tipo anagrafico-amministrativo, anamnesici e relativi ai contatti avuti con le varie strutture delle ASL;
- l'identificazione del paziente secondo criteri di selezione. La cartella, infatti, si inserisce in un più ampio SIS (Sistema Informativo Sanitario) e consente di prendere visione dei risultati prodotti dal reparto interessato e di metterli a disposizione per le fasi successive della gestione;
- l'inserimento, da parte del medico curante, di prescrizioni farmacologiche, che possono essere gestite da un eventuale modulo software specifico.

Il Fascicolo Sanitario Elettronico

Nell'ambito della sanità in rete, la realizzazione del Fascicolo Sanitario Elettronico (FSE) rappresenta un salto culturale di notevole importanza il cui elemento chiave risiede nel considerare il FSE non solo come uno strumento necessario a gestire e supportare i processi operativi, ma anche come fattore abilitante al miglioramento della qualità dei servizi e al contenimento significativo dei costi.

Il FSE ha come obiettivo quello di fornire ai medici, e più in generale ai clinici, una visione globale e unificata dello stato di salute dei singoli cittadini. Esso contiene eventi sanitari e documenti di sintesi, organizzati secondo una struttura gerarchica paziente-centrica, che permette la navigazione fra i documenti clinici in modalità differenti a seconda del tipo di indagine.

L'orizzonte temporale di riferimento è l'intera vita del cittadino. All'interno del FSE, inoltre, è fondamentale che sia contenuta una sintesi della storia clinica del paziente, il *Patient Summary*, allo scopo di rendere fruibili in maniera ottimale le informazioni necessarie.

Al fine di favorire la qualità, il monitoraggio, l'appropriatezza nella dispensazione dei medicinali e l'aderenza alla terapia ai fini della sicurezza del paziente, è prevista l'istituzione del dossier farmaceutico quale parte specifica del FSE, aggiornato a cura della farmacia che effettua la dispensazione.

Nel FSE confluisce il consenso o il diniego alla donazione degli organi.

(*Fonte*: Ministero della Salute)

La cartella elettronica può adeguarsi a diversi modelli:

- *orientata al tempo*: i dati sono raccolti e presentati in ordine temporale;
- *orientata alla sorgente*: i dati sono raccolti e presentati in funzione dell'ambiente o del contesto di rilevamento; all'interno dell'ambiente sono ordinati temporalmente;
- *orientata al problema*: i dati sono raccolti e presentati in funzione del problema, cioè organizzazione temporale in una classificazione per problemi.

10.7 La Carta dei Servizi Pubblici Sanitari

Al fine di garantire la qualità dell'assistenza sanitaria nei confronti della generalità dei cittadini, il decreto legislativo n. 502/1992 ha introdotto, in via ordinaria, nell'ordinamento sanitario italiano il metodo di verifica e revisione della qualità e della quantità delle prestazioni, nonché del loro costo.

L'art. 14 conferisce al **Ministro della Salute** il potere di emanare d'intesa con le **Regioni**, alle quali spetta l'esercizio dei poteri di vigilanza, un decreto sui contenuti e sulle modalità di utilizzo degli indicatori di qualità dei servizi e delle prestazioni sanitarie con particolare riferimento:

- alla personalizzazione e all'umanizzazione dell'assistenza;
- al diritto dell'informazione;
- alle prestazioni alberghiere;
- all'andamento delle attività di prevenzione delle malattie.

In attuazione di questa normativa, il 19 maggio 1995, con decreto del Presidente del Consiglio dei Ministri, è stato adottato lo schema generale di riferimento della carta dei servizi pubblici sanitari, uno strumento, come si legge nel testo del provvedimento, essenzialmente volto "*alla tutela dei diritti degli utenti: non si tratta di una tutela intesa come mero riconoscimento formale di garanzie al cittadino, ma di attribuzione allo stesso di un potere di controllo diretto sulla qualità dei servizi erogati*".

Spetta alle Regioni determinare le attività di indirizzo tecnico e programmatico nei confronti delle aziende sanitarie in materia di valutazione della qualità delle prestazioni sanitarie.

Le aziende e gli enti del servizio sanitario nazionale, dal canto loro, devono adottare e pubblicizzare idoneamente gli **standard di quantità e qualità del servizio** di cui assicurano il rispetto, verificando la corretta applicazione degli standard e il grado di soddisfazione degli utenti, ai quali va garantita "*la specifica tutela rappresentata da forme di rimborso nei casi in cui sia possibile dimostrare che il servizio reso è inferiore, per qualità e tempestività allo standard pubblicato*".

La tutela si completa con iniziative dirette al superamento degli eventuali disservizi, con la ricezione dei reclami e con i necessari interventi presso la direzione delle aziende e degli enti. Agli utenti devono essere altresì garantiti, tramite l'istituzione dell'Ufficio Relazioni con il Pubblico (URP), l'informazione, l'accoglienza, la partecipazione.

Spettano al Ministro della Salute i poteri di alta vigilanza, nonché la determinazione dei contenuti e delle modalità di utilizzo degli indicatori di efficienza e qualità, con decreto da emanarsi d'intesa con la Conferenza Stato-Regioni, sentiti gli ordini e i collegi competenti.

Nella **Relazione sullo stato sanitario del Paese** il Ministro della Salute deve riferire in merito alle verifiche dei risultati conseguiti.

10.8 Come documentare l'assistenza

Le strutture sanitarie (ospedale, presidi sul territorio), le unità all'interno della struttura (per esempio, unità operativa di emergenza, unità mediche o chirurgiche) e la specificità dei pazienti (per esempio, geriatrici, ginecologici, pediatrici) determinano la specificità della documentazione. Ciò nonostante, la documentazione utilizzata deve riflettere il processo di *nursing*.

Si elencano di seguito le **linee guida generali per la documentazione**:

- assicurarsi di aver registrato correttamente il paziente o la cartella e che il nome del paziente e il numero identificativo del ricovero siano in ogni pagina del documento;
- documentare subito dopo la conclusione dell'incontro con il paziente per assicurarsi di ricordare i dati (seguire le linee guida della struttura relative alla frequenza delle registrazioni);
- datare e specificare l'orario in ogni annotazione;
- firmare ogni annotazione col proprio nome e cognome e con le proprie credenziali professionali, secondo le direttive aziendali;
- non lasciare spazi fra le voci;
- se si commette un errore di scrittura, usare una singola linea per barrare l'errore, poi porre data, orario e firma della correzione (come indicato dalle direttive aziendali), evitando cancellature, croci o uso di correttori;
- mai cambiare l'annotazione di un'altra persona, anche se è sbagliata;
- la prima voce del turno dovrebbe essere fatta presto (per esempio, alle 7.30 del mattino per il turno 7-14, anziché alle 11.30 o alle 12.00); documentare almeno ogni due ore, o secondo le direttive aziendali;
- usare le virgolette per indicare le affermazioni dirette del paziente (per esempio, "mi sento uno straccio");
- documentare in ordine cronologico e, se l'ordine cronologico non è usato, spiegare perché;
- scrivere in modo leggibile;
- usare una penna con inchiostro permanente (l'inchiostro nero è generalmente preferibile perché permette una migliore fotocopiatura);
- documentare tutte le telefonate in entrata e uscita che sono relative al caso del paziente.

In caso di **documentazione elettronica**, le linee guida sono le stesse, ovvero occorre documentare tutto con precisione, in maniera completa e oggettiva. Tuttavia, l'utilizzo di sistemi elettronici facilita la compilazione, permettendo anche la compilazione automatica dei record previsti dalla cartella clinica elettronica, in modo da non necessitare di inchiostro e carta, scrivendo in modo leggibile e identificando il compilatore attraverso la firma elettronica. Un operatore non può accedere ai dati sanitari elettronici di un paziente senza eseguire il *login* ed entrare nel sistema che, a ogni accesso, automaticamente identifica il professionista che accede, la data e l'ora.

10.9 I sistemi informativi

I sistemi di documentazione e di trasmissione dei dati riguardanti l'assistenza al paziente si sono molto evoluti e sono tuttora in via di perfezionamento. Attualmente i sistemi informativi in uso riflettono i bisogni specifici e le preferenze delle varie aziende sanitarie.

Tra i molti sistemi usati per documentare, riportiamo i seguenti:

- documentazione narrativa;
- documentazione orientata alla fonte;
- documentazione secondo il sistema PIE;
- documentazione focalizzata;
- documentazione attraverso le eccezioni (CBE);
- documentazione informatizzata;
- percorso critico.

10.9.1 La documentazione narrativa

La documentazione narrativa, metodo tradizionale prima dell'avvento dei fogli di flusso, è un racconto cronologico suddiviso in paragrafi, che descrive i trattamenti eseguiti, la risposta del paziente e il suo *status* (Fig. 10.1).

Essa è il più flessibile di tutti i sistemi e può essere usata in qualsiasi ambiente clinico, perché mostra in maniera chiara il rapporto tra interventi e risposta del paziente, come nell'esempio sottostante.

ESEMPIO DI DOCUMENTAZIONE PROGRESSIVA

DATA	ORA	NOTE PROGRESSIVE
3/2/10	16:30	Paziente a 6 h post op.; risveglio facile; orientato: 3.
		Bendaggio addominale asciutto e intatto. Nega di aver dolore, ma dice
		di aver avvertito nausea e di aver vomitato un liquido chiaro. Ha provato
		ad andare in bagno con l'assistente, ma avvertiva capogiro. Aiutato
		a distendersi sul letto. Ha eliminato 250 ml di urina limpida gialla
		nel pappagallo. Incoraggiato a girarsi nel letto, a tossire e respirare
		profondamente ———— M. Rossi, Inf.
3/2/10	16:50	Continua a provare nausea. Tigan 250 mg somministrato per bocca.
		———— M. Rossi, Inf.
3/2/10	17:30	Dice che non avverte più nausea. Ancora senza dolore. Gli è stato
		mostrato come tossire e respirare profondamente in modo corretto
		———— M. Rossi, Inf.

Figura 10.1 *Documentazione narrativa.*

Tuttavia, è frequente che la documentazione narrativa non rifletta l'intero processo di *nursing*. Ciò può accadere perché i problemi che il paziente presenta sono difficili da seguire, dal momento che l'informazione non è documentata a sufficienza, o perché i progressi fatti dal paziente medesimo sono difficili da decifrare.

10.9.2 La documentazione secondo il sistema PIE, la documentazione focalizzata e quella attraverso le eccezioni

Il **sistema di documentazione PIE** (*Problem Intervention Evaluation*) è stato sviluppato per razionalizzare la documentazione. Questo sistema include un piano integrato di assistenza, fogli di flusso, fogli di valutazione e note progressive.

La figura 10.2 mostra un esempio di documentazione secondo il PIE.

ESEMPIO DI DOCUMENTAZIONE PROGRESSIVA

DATA	ORA	NOTE PROGRESSIVE
3/2/10	08:30	P #1: Immagine corporea disturbata dovuta a mastectomia bilaterale
		I #1: Incoraggiare la verbalizzazione di stati d'animo e preoccupazioni e
		restare attenti ai commenti della paziente su eventuali cambiamenti nel corpo;
		incoraggiare a osservare il sito chirurgico quando pronta ——
		E #1: Ha dato un'occhiata al torace durante il cambio della medicazione.
		Continuare a incoraggiare la partecipazione della paziente al cambio
		della medicazione —— M. Rossi, Inf.
3/2/10	08:30	P #2: Ritmo respiratorio alterato dovuto a danni ai muscoli
		della respirazione dopo mastectomia —— M. Rossi, Inf.
		I #2: Incoraggiare l'uso dello spirometro a respirazione forzata ogni
		due ore aumentando il livello ogni giorno; accertare i rumori respiratori,
		la frequenza e la qualità degli atti respiratori ogni 4 ore; monitorare la
		saturazione di O_2 con l'ossimetro da polso. —— M. Rossi, Inf.
		E #2: Usa lo spirometro a respirazione forzata ogni due ore da quando
		si sveglia. Rumori respiratori normali; atti respiratori 20, superficiali,
		poco profondi; saturazione O_2 93%. —— M. Rossi, Inf.

Figura 10.2 *Documentazione secondo il sistema PIE.*

La **documentazione focalizzata** è un sistema che usa un formato colonna per documentare *Dati*, *Azione* e *Risposta* (DAR) (Smith, 2000c), come illustrato nella figura 10.3.

ESEMPIO DI DOCUMENTAZIONE PROGRESSIVA

DATA	ORA	PUNTO FOCALE	NOTE PROGRESSIVE
3/2/10	13:00	Carenza di	D: La paziente dice di non capire
		conoscenza relativa	perché deve prendere tre farmaci.
		alla terapia	"Non mi piace prendere pillole".
			A: Fornite spiegazioni in merito a ciascuna
			terapia e agli effetti collaterali. ——
			R: La paziente verbalizza che capisce meglio
			il perché della sua terapia ——
			M. Rossi, Inf.
3/2/10	16:00	Sanguinamento	D: La paziente afferma che le sono appena
		vaginale fuori	venute le mestruazioni e che escono grumi di
		della norma	sangue. ——
			A: Un tampone maxi saturato in 30 minuti.
			PA 110/68, P 100, FR 20. Non si osservano
			coaguli di sangue. Situazione riferita al Dr.
			Bianchi e ricevuti ordini. Iniziare EV con ago G20,
			1000 ml di fisiologica, 100 ml/h. Continuare il
			monitoraggio del sanguinamento e dei parametri
			vitali. Il Dr Bianchi vedrà la paziente tra un'ora.
			R: La paziente capisce le ragioni della
			terapia EV. —— M. Rossi, Inf.

Figura 10.3 *Documentazione focalizzata.*

Normalmente il punto focale è il problema assistenziale prioritario, ma può essere anche:

- un segno o un sintomo (per esempio, sanguinamento anomalo vaginale);
- un cambiamento acuto nella condizione del paziente (per esempio, improvviso aumento della pressione arteriosa);

- un comportamento del paziente (per esempio, pianto dopo aver parlato al telefono);
- una procedura di cura (per esempio, medicazione di una ferita con drenaggio);
- un bisogno particolare (per esempio, rinvio della dimissione) (Smith, 2000a).

La documentazione focalizzata rispecchia le fasi del **processo di assistenza**. I *Dati* sono informazioni soggettive e oggettive che descrivono il punto focale; le *Azioni* sono gli interventi; la *Risposta* è la reazione del paziente agli interventi (Smith, 2000a). Il formato colonna di questo sistema è usato all'interno delle note progressive, ma si distingue facilmente dalle altre voci.

Infine, la **documentazione attraverso le eccezioni** (*Charting By Exception*, CBE) è un sistema che usa protocolli standardizzati per stabilire quale sia il decorso atteso della malattia. Solo gli eventi significativi (eccezioni) sono documentati in forma narrativa. Il presupposto è che i bisogni di assistenza del paziente rientrino nella routine e tra gli eventi prevedibili, così come i risultati attesi e la risposta del paziente.

La regola "*ciò che non è documentato si considera non avvenuto*" è sostituita, nel sistema per eccezioni (CBE), dalla presunzione che, a meno che sia documentato diversamente, sono stati rispettati tutti i protocolli standard e non è necessaria alcuna ulteriore documentazione.

Il tempo speso per documentare l'assistenza al paziente può essere ridotto. Murphy (2003) afferma che il CBE, una volta progettato e implementato all'interno di una struttura e reso conforme ai requisiti di documentazione statali o locali, non è illegale.

10.9.3 La documentazione informatizzata

Le strutture sanitarie hanno consolidato da tempo l'utilizzo dei computer per richiedere test diagnostici e farmaci e per ottenere i risultati dei test. L'uso di sistemi informatizzati per la registrazione dei dati sta prendendo piede più lentamente. In termini sia temporali sia finanziari, è un impegno enorme per la struttura sanitaria programmare e realizzare il cambiamento verso la documentazione computerizzata del paziente.

L'informatizzazione pone problemi di lunghezza dei campi, di linguaggio, di terminologia utilizzabile e di sicurezza, soprattutto sotto il profilo della privacy, senza contare i costi relativi alla programmazione, all'hardware, al software, ecc.

Questi sistemi generalmente seguono le componenti del **processo di assistenza** che, in collaborazione con il *sistema di informazione ospedaliero*, possono essere trasformati e adattati alle forme di documentazione della struttura. Esistono sistemi di aiuto che consentono ai professionisti sanitari di prendere decisioni, mettendoli in guardia su eventuali incompatibilità di farmaci, sull'uso appropriato degli antibiotici (basato sui risultati di colture, di antibiogrammi, di prove di sensibilizzazione) e su eventuali reazioni avverse del paziente. Un altro sistema di aiuto utilizza i dati dell'accertamento per suggerire possibili diagnosi assistenziali, criteri per la definizione degli obiettivi e dei risultati attesi e i possibili interventi, tra cui selezionare quelli appropriati per il caso specifico. È inoltre disponibile un programma per lo *spelling* di parole mediche.

Quando accanto al letto è disponibile un computer, è possibile documentare immediatamente gli accertamenti sul paziente, le terapie somministrate, gli interventi attuati; è possibile anche controllare il piano di assistenza e rivederlo, se necessario, controllare i risultati dei test e molto altro. La tempestività, la completezza e la qualità della documentazione sono notevolmente migliorate.

Oltre che far risparmiare tempo e ottimizzare la precisione delle informazioni, la documentazione computerizzata facilita la leggibilità; immagazzina e ritrova le informazioni in fretta e facilmente; aiuta a collegare le diverse fonti di informazione del paziente; usa una terminologia standardizzata, migliorando così la comunicazione tra i dipartimenti dell'assistenza sanitaria. Attraverso questi sistemi diventa possibile reperire facilmente e in fretta le informazioni necessarie nelle diverse occasioni.

Ciò nondimeno possono verificarsi problemi se il sistema di documentazione computerizzata non è usato in maniera corretta e se l'informazione sul paziente risulta confusa. Quando le misure di sicurezza e di tutela della privacy sono trascurate, la fiducia del paziente può essere compromessa. Gli operatori (medici, infermieri, ausiliari) non devono mai fornire i codici di identificazione del computer o la password a nessuno. Molti sistemi conservano tracce di ciò che ciascun utente ha lasciato nel sistema.

Per prevenire problemi di tal genere, gli utenti devono ricordare di uscire dal programma, per evitare accessi non autorizzati da parte di altri. Gli utenti devono anche seguire i protocolli della struttura per correggere gli errori e stampare copie delle informazioni in luoghi dove gli altri non possono visionarle.

L'informazione è temporaneamente indisponibile quando il sistema dei computer è fuori uso, sia per normali servizi di manutenzione sia per un guasto improvviso. Il tempo di acquisizione dei dati può rallentare durante le ore di punta, quando è disponibile un numero eccessivamente ridotto di terminali.

10.10 I moduli per documentare i dati

I moduli per la documentazione comprendono il Kardex, le schede di flusso, le note progressive e le schede di dimissione. Questi moduli sono studiati per facilitare la custodia dei dati e permettere un rapido e facile accesso alle informazioni.

10.10.1 Il Kardex

Il Kardex è una scheda sintetica contenente le principali notizie sull'assistenza fornita al paziente. Tradizionalmente esso non è parte della cartella clinica e viene usato come punto di riferimento durante il turno e durante la trasmissione delle informazioni nel cambio turno.

Si presenta in forme, grandezze e tipologie varie, compresa quella creata al computer, e generalmente contiene le seguenti informazioni:

- *nome* del paziente, *età*, *situazione coniugale*, *orientamento religioso*, *medico*, *numero di telefono* per contattare la famiglia;
- *diagnosi mediche*, elencate per priorità;
- *diagnosi infermieristiche*, elencate per priorità;
- *allergie*;
- *prescrizioni mediche* su dieta, terapie, terapia endovenosa, trattamenti, test diagnostici e procedure (compresi date e risultati), consulenze, ordine di non rianimazione, se appropriato;
- *attività consentite* (limitazioni funzionali, necessità di assistenza per attività di vita quotidiana e precauzioni per la sicurezza).

Il Kardex sta progressivamente lasciando spazio al sistema informatizzato.

10.10.2 Le schede di flusso

Le schede di flusso, con colonne verticali o orizzontali per registrare data, orario, dati di valutazione e informazioni sull'intervento, servono per identificare più facilmente i cambiamenti nelle condizioni del paziente.

Per l'insegnamento al paziente e per la terapia endovenosa si utilizzano altre schede, che costituiscono un'altra parte delle schede di flusso. Questi moduli generalmente contengono una legenda che identifica abbreviazioni approvate per documentare i dati, perché c'è poco spazio per la registrazione, come esplicitato nella figura 10.4.

Le schede di flusso devono essere riempite completamente, perché gli spazi bianchi indicano che qualche cosa non è stato riconosciuto, provato o completato.

Siccome queste schede riducono la sovrabbondanza di documentazione nelle note progressive, pur senza sostituirle, esse sono usate come supplemento in molti sistemi di documentazione.

10.10.3 Le note progressive

Le note progressive sono usate per documentare la condizione del paziente, la sua reazione agli interventi messi in atto, i problemi, le lamentele, i risultati raggiunti.

I documenti identificati sotto il gruppo *note progressive degli infermieri* sono:

- le note infermieristiche;
- le schede di flusso personali;
- i documenti di insegnamento;
- la scheda dei parametri vitali;
- la scheda per il bilancio idrico;
- i formulari speciali (per esempio, fogli di flusso per diabetici o schede per accertamenti neurologici).

Le note progressive possono essere sia narrative sia incorporate in una scheda di flusso standardizzata che completa la SOAP(IE), la PIE, la documentazione focalizzata e altri sistemi di documentazione.

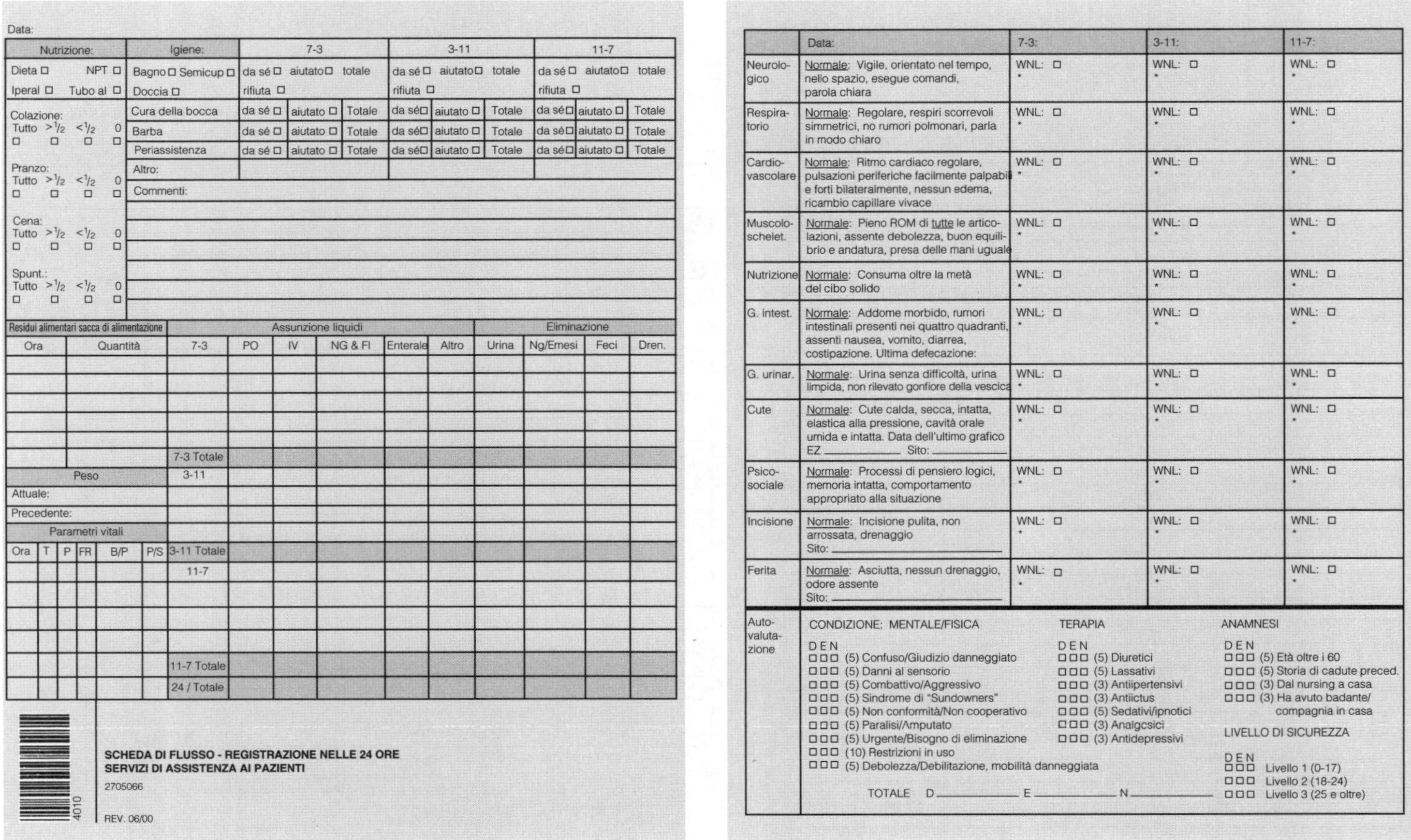
Data:

Nutrizione:	Igiene:	7-3	3-11	11-7
Dieta ☐ NPT ☐ / Iperal ☐ Tubo al ☐	Bagno ☐ Semicup ☐ / Doccia ☐	da sé ☐ aiutato☐ totale / rifiuta ☐	da sé ☐ aiutato☐ totale / rifiuta ☐	da sé ☐ aiutato☐ totale / rifiuta ☐
Colazione: Tutto >1/2 <1/2 0 ☐ ☐ ☐ ☐	Cura della bocca	da sé ☐ aiutato ☐ Totale	da sé☐ aiutato ☐ Totale	da sé☐ aiutato ☐ Totale
	Barba	da sé ☐ aiutato ☐ Totale	da sé☐ aiutato ☐ Totale	da sé☐ aiutato ☐ Totale
	Periassistenza	da sé ☐ aiutato ☐ Totale	da sé☐ aiutato ☐ Totale	da sé☐ aiutato ☐ Totale
Pranzo: Tutto >1/2 <1/2 0 ☐ ☐ ☐ ☐	Altro:			
	Commenti:			
Cena: Tutto >1/2 <1/2 0 ☐ ☐ ☐ ☐				
Spunt.: Tutto >1/2 <1/2 0 ☐ ☐ ☐ ☐				

Residui alimentari sacca di alimentazione		Assunzione liquidi						Eliminazione			
Ora	Quantità	7-3	PO	IV	NG & FI	Enterale	Altro	Urina	Ng/Emesi	Feci	Dren.
		7-3 Totale									
Peso		3-11									
Attuale:											
Precedente:											
Parametri vitali											
Ora T P FR B/P P/S		3-11 Totale									
		11-7									
		11-7 Totale									
		24 / Totale									

4010

SCHEDA DI FLUSSO - REGISTRAZIONE NELLE 24 ORE
SERVIZI DI ASSISTENZA AI PAZIENTI
2705066
REV. 06/00

	Data:	7-3:	3-11:	11-7:
Neurologico	Normale: Vigile, orientato nel tempo, nello spazio, esegue comandi, parola chiara	WNL: ☐ *	WNL: ☐ *	WNL: ☐ *
Respiratorio	Normale: Regolare, respiri scorrevoli simmetrici, no rumori polmonari, parla in modo chiaro	WNL: ☐ *	WNL: ☐ *	WNL: ☐ *
Cardiovascolare	Normale: Ritmo cardiaco regolare, pulsazioni periferiche facilmente palpabili e forti bilateralmente, nessun edema, ricambio capillare vivace	WNL: ☐ *	WNL: ☐ *	WNL: ☐ *
Muscoloschelet.	Normale: Pieno ROM di tutte le articolazioni, assente debolezza, buon equilibrio e andatura, presa delle mani uguale	WNL: ☐ *	WNL: ☐ *	WNL: ☐ *
Nutrizione	Normale: Consuma oltre la metà del cibo solido	WNL: ☐ *	WNL: ☐ *	WNL: ☐ *
G. intest.	Normale: Addome morbido, rumori intestinali presenti nei quattro quadranti, assenti nausea, vomito, diarrea, costipazione. Ultima defecazione:	WNL: ☐ *	WNL: ☐ *	WNL: ☐ *
G. urinar.	Normale: Urina senza difficoltà, urina limpida, non rilevato gonfiore della vescica	WNL: ☐ *	WNL: ☐ *	WNL: ☐ *
Cute	Normale: Cute calda, secca, intatta, elastica alla pressione, cavità orale umida e intatta. Data dell'ultimo grafico EZ ______ Sito: ______	WNL: ☐ *	WNL: ☐ *	WNL: ☐ *
Psicosociale	Normale: Processi di pensiero logici, memoria intatta, comportamento appropriato alla situazione	WNL: ☐ *	WNL: ☐ *	WNL: ☐ *
Incisione	Normale: Incisione pulita, non arrossata, drenaggio Sito: ______	WNL: ☐ *	WNL: ☐ *	WNL: ☐ *
Ferita	Normale: Asciutta, nessun drenaggio, odore assente Sito: ______	WNL: ☐ *	WNL: ☐ *	WNL: ☐ *

Autovalutazione

CONDIZIONE: MENTALE/FISICA
D E N
☐☐☐ (5) Confuso/Giudizio danneggiato
☐☐☐ (5) Danni al sensorio
☐☐☐ (5) Combattivo/Aggressivo
☐☐☐ (5) Sindrome di "Sundowners"
☐☐☐ (5) Non conformità/Non cooperativo
☐☐☐ (5) Paralisi/Amputato
☐☐☐ (5) Urgente/Bisogno di eliminazione
☐☐☐ (10) Restrizioni in uso
☐☐☐ (5) Debolezza/Debilitazione, mobilità danneggiata

TERAPIA
D E N
☐☐☐ (5) Diuretici
☐☐☐ (5) Lassativi
☐☐☐ (3) Antiipertensivi
☐☐☐ (3) Antiictus
☐☐☐ (5) Sedativi/ipnotici
☐☐☐ (3) Analgesici
☐☐☐ (3) Antidepressivi

ANAMNESI
D E N
☐☐☐ (5) Età oltre i 60
☐☐☐ (5) Storia di cadute preced.
☐☐☐ (3) Dal nursing a casa
☐☐☐ (3) Ha avuto badante/compagnia in casa

LIVELLO DI SICUREZZA
D E N
☐☐☐ Livello 1 (0-17)
☐☐☐ Livello 2 (18-24)
☐☐☐ Livello 3 (25 e oltre)

TOTALE D ______ E ______ N ______

Figura 10.4a *Scheda di flusso relativa ad accertamento e interventi.*

NUOVA VALUTAZIONE DELLE CONOSCENZE DEL PAZIENTE

Il bisogno del paziente di nuove conoscenze e di istruzioni è cambiato nelle ultime 24 ore?	□ Sì	□ No
È stato programmato qualche nuovo test o procedura per il paziente oggi?	□ Sì	□ No
Sono state date spiegazioni?	□ Sì	□ No
Il paziente/altra persona di rilievo dice di capire:	□ Sì	□ No

Desideri del paziente/Richiede istruzioni circa: ____________________

____

Le necessità dei piani di dimissione sono cambiate nelle ultime 24 ore?	□ Sì	□ No

Se sì, consulta il Servizio sociale e documenta il cambiamento qui sotto.

QUALSIASI ISTRUZIONE DEVE ESSERE DOCUMENTATA NEL MODULO DI EDUCAZIONE MULTIDISCIPLINARE

ORA	PROBLEMA #	NOTE PROGRESSIVE

ORA	PROBLEMA #	NOTE PROGRESSIVE

VERIFICA DEL PIANO DI ASSISTENZA		____ Inf.	____ Ora
VALUTAZIONE DEL SITO EV		Turno 7-3:	Turno 3-11:	Turno 11-7:
Normale: EV evidente; nessun arrossamento, no fuoriuscita di liquido ed edema	Sito #1: Data di inizio:	WNL: □ •	WNL: □ •	WNL: □ •
	Sito #2: Data di inizio:	WNL: □ •	WNL: □ •	WNL: □ •

Assistenza al sito EV secondo gli standard ospedalieri □ Orario: •

Cambio del sito di infusione EV secondo gli standard ospedalieri □ Orario: •

Inizio IV:	Orario	Tentativi	Sito	Ø Ago	S	U
					□	□
Prepar. sito secondo gli standard □					□	□
					□	□

INIZIALI	FIRMA	INIZIALI	FIRMA

Figura 10.4b *Scheda di flusso relativa ad accertamento e interventi.*

10.11 La scheda di dimissione

La documentazione di dimissione del paziente consiste in un riepilogo in cui vengono riportate la patologia e il percorso assistenziale. Un riepilogo narrativo di dimissione nelle note progressive include:

- stato del paziente all'ammissione e alla dimissione;
- breve riepilogo dell'assistenza fornita al paziente;
- risultati degli interventi assistenziali ed educativi;
- problemi risolti e ulteriore necessità di assistenza per problemi non risolti, inclusi i controlli successivi;
- istruzioni al paziente su terapie, dieta, interazione dieta-terapia, attività, trattamenti, necessità di essere seguito e altre particolari esigenze.

Molte strutture usano moduli in cui la dimissione e le istruzioni sono formulate come un elenco di voci. Il modulo viene duplicato, una copia rimane al paziente e una viene messa nella documentazione medica. La figura 10.5 riporta un esempio di questo tipo di modulo.

10.12 I rapporti

Il rapporto riassume l'attuale informazione critica riguardo alle decisioni cliniche da prendere e alla continuità dell'assistenza. Stendere un rapporto, come anche documentare, comporta una grande attenzione al processo di *nursing*, agli standard assistenziali, ai principi etici e legali.

Per fare un rapporto verbale in maniera ben organizzata ed efficace, il professionista sanitario deve porsi le seguenti domande:

- *Cosa dire?*
- *Perché dirlo?*
- *Come dirlo?*

Un altro elemento importante del rapporto è l'ascolto. Il rapporto richiede che ciascuno sia presente per partecipare. Ricevere un rapporto assistenziale permette di sviluppare la propria capacità di ascolto.

Alcuni dei tipi di rapporto possibili sono il rapporto riassuntivo dello stato di ogni paziente, i rapporti e gli ordini telefonici e il rapporto di incidenti (schede di monitoraggio degli eventi avversi).

SUGGERIMENTI PROFESSIONALI

Informazioni per il rapporto di cambio turno

1. Nome del paziente, numero della stanza e del posto letto, età e sesso
2. Medico, giorno del ricovero, diagnosi e qualsiasi intervento chirurgico
3. Test diagnostici o trattamenti effettuati nelle ultime 24 h; risultati, se disponibili
4. Stato generale, ogni cambiamento significativo delle condizioni di salute
5. Prescrizioni mediche nuove o aggiornate
6. Diagnosi infermieristiche e interventi infermieristici suggeriti
7. Valutazione degli interventi infermieristici
8. Quantità dei liquidi endovenosi somministrati
9. Tempo trascorso dagli ultimi farmaci somministrati al bisogno
10. Notizie utili relative al paziente

AZIENDA SANITARIA DI .... OSPEDALE ....I_I_I_I_I_I_I_I_I

SCHEDA DI DIMISSIONE OSPEDALIERA CODICE NOSOGRAFICO I_I_I_I_I_I_I_I_I_I_I

SCHEDA REPARTO

Numero della scheda di reparto I_I_I_I_I_I_I_I_I

Cognome e nome del paziente..

Data e ora di ricovero (ggmmaaaahhmm) I_I_I_I_I_I_I_I_I_I_I_I_I **Data e ora di uscita** ggmmaaaahhmm)
I_I_I_I_I_I_I_I_I_I_I_I_I

Giorni di permesso I_I_I **Modalità di dimissione** 7 trasferito ad altro reparto stessa struttura ❑ dimesso dall'ospedale

Diagnosi principale di reparto...cod. I_I_I_I_I_I

Diagnosi concomitanti di reparto

Prima:
....cod. I_I_I_I_I_I

Seconda:
....cod. I_I_I_I_I_I

Terza:
....cod. I_I_I_I_I_I

Quarta:
....cod. I_I_I_I_I_I

Quinta:
....cod. I_I_I_I_I_I

Intervento chirurgico (o procedura o parto) principale **Data** (ggmmaaaa)
....cod. I_I_I_I_I_I I_I_I_I_I_I_I_I_I

Struttura erogatrice esterna di effettuazione dell'intervento
0 Stessa struttura in cui è ricoverato il paziente
1 Istituto di cura della Provincia .... cod. I_I_I_I_I_I_I
2 Altro istituto di cura .... cod. I_I_I_I_I_I_I

Primo intervento chirurgico (o procedura o parto) secondario **Data** (ggmmaaaa)
....cod. I_I_I_I_I_I I_I_I_I_I_I_I_I_I

Struttura erogatrice esterna di effettuazione dell'intervento
0 Stessa struttura in cui è ricoverato il paziente
1 Istituto di cura della Provincia .... cod. I_I_I_I_I_I_I
2 Altro istituto di cura .... cod. I_I_I_I_I_I_I

Secondo intervento chirurgico (o procedura o parto) secondario **Data** (ggmmaaaa)
....cod. I_I_I_I_I_I I_I_I_I_I_I_I_I_I

Struttura erogatrice esterna di effettuazione dell'intervento
0 Stessa struttura in cui è ricoverato il paziente
1 Istituto di cura della Provincia .... cod. I_I_I_I_I_I_I
2 Altro istituto di cura .... cod. I_I_I_I_I_I_I

Terzo intervento chirurgico (o procedura o parto) secondario **Data** (ggmmaaaa)
....cod. I_I_I_I_I_I I_I_I_I_I_I_I_I_I

Struttura erogatrice esterna di effettuazione dell'intervento
0 Stessa struttura in cui è ricoverato il paziente
1 Istituto di cura della Provincia .... cod. I_I_I_I_I_I_I
2 Altro istituto di cura .... cod. I_I_I_I_I_I_I

Quarto intervento chirurgico (o procedura o parto) secondario **Data** (ggmmaaaa)
....cod. I_I_I_I_I_I I_I_I_I_I_I_I_I_I

Struttura erogatrice esterna di effettuazione dell'intervento
0 Stessa struttura in cui è ricoverato il paziente
1 Istituto di cura della Provincia .... cod. I_I_I_I_I_I_I
2 Altro istituto di cura .... cod. I_I_I_I_I_I_I

Quinto intervento chirurgico (o procedura o parto) secondario **Data** (ggmmaaaa)
....cod. I_I_I_I_I_I I_I_I_I_I_I_I_I_I

Struttura erogatrice esterna di effettuazione dell'intervento
0 Stessa struttura in cui è ricoverato il paziente
1 Istituto di cura della Provincia .... cod. I_I_I_I_I_I_I
2 Altro istituto di cura .... cod. I_I_I_I_I_I_I

Firma del responsabile del reparto .... Firma del medico curante ....

Figura 10.5 *Scheda di dimissione.*

10.13 Il registro operatorio

Si tratta di uno strumento destinato a documentare, attraverso i verbali operatori, il numero e le modalità esecutive degli interventi chirurgici.

La tenuta del registro è obbligatoria per legge.

Copia del verbale operatorio deve essere inclusa nella cartella clinica del paziente, della quale costituisce parte integrante e rilevante.

Il Ministero della Salute ha specificato i requisiti formali e sostanziali di tale documento. Sotto il profilo formale, il registro deve obbligatoriamente riportare:

- gli elementi identificativi del paziente;
- la data e l'ora d'inizio e di fine dell'atto operatorio;
- il nominativo con indicazione del primo operatore e di quanti altri hanno partecipato direttamente all'intervento;
- la diagnosi finale utilizzata e la denominazione della procedura eseguita;
- il tipo di anestesia utilizzata e il nome dei sanitari che l'hanno condotta;
- la descrizione chiara e sufficientemente particolareggiata della procedura attuata;
- la sottoscrizione almeno da parte del primo operatore.

Quanto ai requisiti sostanziali, essi sono da identificare:

- nella veridicità (per correzioni di errori procedere analogamente alla cartella clinica);
- nella completezza;
- nella chiarezza.

Se all'intervento partecipano più équipe chirurgiche, nel verbale dovranno essere annotati i dati utili a individuare i professionisti e le azioni a essi ascrivibili, svolte durante l'intervento.

10.14 Linee guida, protocolli, procedure, consegne

Tutti i professionisti e gli operatori dell'équipe, impiegati a vario titolo all'interno delle varie strutture sanitarie, sociali e socio-sanitarie, prestano servizio con l'obbligo di attenersi ai protocolli e alle procedure, ai piani di lavoro, ai registri delle consegne, imposti da ciascuna singola organizzazione dalla quale dipendono e differenti da struttura a struttura.

10.14.1 Le linee guida

Sono raccomandazioni di comportamento clinico-assistenziale, prodotte attraverso un processo sistematico di revisione della letteratura scientifica, delle opinioni di esperti e di ricerca clinica, allo scopo di orientare e **assistere sanitari e pazienti nel decidere quali siano le modalità di assistenza sanitaria più appropriate** in specifiche circostanze cliniche.

Lo scopo delle linee guida è quello di orientare l'agire dell'operatore sottolineando ciò che è di efficacia dimostrata e ciò che invece non è supportato o è scarsamente supportato da evidenze.

Le linee guida sono il frutto di evidenze scientifiche.

Costituiscono elementi di referenza per la realizzazione di protocolli. Sono valutate e validate da esperti. Sono diffuse ufficialmente da organi autorevoli come società scientifiche, associazioni professionali, istituzioni sanitarie (es: Organizzazione mondiale della sanità, Ministero della Salute, Regione, ASL, AO).

Sono in grado di modificare le conoscenze, le abitudini e i comportamenti dei professionisti.

Si concentrano sulla produzione di un risultato, consentendo una certa flessibilità "*su chi fa che cosa*". Lo sviluppo è sistematico, basato sulle migliori evidenze disponibili, multidisciplinare e deve coinvolgere il cittadino/utente.

Devono avere un requisito essenziale: la forza delle raccomandazioni.

10.14.2 I protocolli

I protocolli sono documenti scritti che scaturiscono dalle linee guida e pertanto hanno una valenza scientifica.

Esiste un protocollo per ogni singola e specifica situazione sanitaria o assistenziale da affrontare. Fornisce indicazioni su ciò che è meglio fare in ogni singola e determinata situazione lavorativa. Essi hanno validità solo se inseriti in una determinata realtà operativa. Vale a dire che il protocollo utilizzato presso l'unità operativa di chirurgia non può essere utilizzato nell'unità operativa di medicina.

Sono pertanto documenti che variano in base al tipo di organizzazione e vengono creati ad hoc all'interno dell'organizzazione specifica in cui devono essere utilizzati.

Infatti, ciascuna unità operativa ospedaliera (ad esempio l'unità operativa di medicina o quella di oculistica o cardiologia), nonché ciascuna struttura (ad esempio la RSA o la RSD), adotta propri protocolli che sono esclusivamente rivolti ai propri professionisti e operatori interni che a vario titolo prestano servizio all'interno di ognuna di esse.

Sono strumenti che tengono conto dell'ambiente, delle risorse umane e materiali, in un preciso contesto.

Il protocollo è lo schema ottimale della sequenza di comportamenti da adottare in relazione ad un determinato iter diagnostico, terapeutico, riabilitativo e assistenziale da attivare nei confronti di una situazione clinica tipica e deve essere costituito seguendo le linee guida.

Il protocollo è uno strumento che formalizza la successione di un insieme di azioni fisiche e/o mentali e/o verbali con le quali il professionista o l'operatore raggiunge un determinato obiettivo.

Ha come scopo quello di massimizzare l'appropriatezza delle prestazioni erogate.

Un esempio pratico relativamente all'attività assistenziale può essere il protocollo sull'igiene del paziente. In tale strumento infatti vengono definite tutte le modalità di attuazione dell'atto assistenziale: ad esempio come si esegue l'igiene nella persona di sesso maschile e in quella di sesso femminile, su persone autosufficienti, parzialmente autosufficienti, allettate, in stato vegetativo, ecc.; le unità minime da utilizzare (un operatore, due operatori, uso di sollevatore meccanico), a seconda del tipo di paziente che si va ad assistere, smaltimento dei rifiuti, ecc.

All'interno di ciascun protocollo è anche presente la bibliografia finale che illustra pienamente il materiale scientifico che ha dato vita al documento operativo.

Il non rispetto dei protocolli espone legalmente gli operatori davanti all'errore. Hanno la finalità di garantire l'erogazione delle prestazioni in modo efficace, efficiente ed omogeneo.

10.14.3 La procedura

La procedura è costituita da una dettagliata descrizione degli atti che devono essere compiuti per realizzare ogni singola attività sanitaria o assistenziale.

Ciascuna procedura viene eseguita in esecuzione di uno specifico protocollo ed è pertanto di rigida applicazione.

Ancor più nello specifico con il termine procedura s'intende quel documento descrittivo e prescrittivo che individua uno specifico processo di erogazione di assistenza e di cure, stabilendone chiaramente le fasi di svolgimento, i singoli compiti professionali e le responsabilità ad esse collegate, nel luogo dove si svolge l'attività.

Rappresenta la forma di standardizzazione più elementare, in quanto si riferisce ad una successione logica di azioni, più o meno rigidamente definite, allo scopo di raccomandare la modalità tecnicamente ottimale di eseguire una tecnica semplice o complessa.

Le procedure descrivono le modalità ottimali di esecuzione di una tecnica operativa semplice o complessa ed hanno come obiettivo la riduzione della variabilità di comportamento e indicano una relativa uniformità delle azioni. Possono riguardare anche azioni elementari di un determinato processo assistenziale.

Caratteristiche che differenziano le linee guida dai protocolli

Linee guida	Caratteristiche	Protocolli
Generale	VALENZA	Locale
Da organi autorevoli a livello nazionale e internazionale	DIFFUSIONE	All'interno di ciascuna singola U.O.; all'interno di ciascuna struttura socio-sanitaria (es: RSA)
Da esperti del settore	VALUTAZIONE E VALIDAZIONE	A livello locale
Ottimale	COMPORTAMENTO	Ottimale + Vincoli presenti
Sì	FLESSIBILITÀ	Relativa
No	DEFINIZIONE DELLE COMPETENZE	Sì
Discrezionale	ADOZIONE E OSSERVAZIONE	Obbligatoria
Necessarie per la costruzione dei protocolli	REFERENZIALITÀ SCIENTIFICA	Necessari per valutare le prestazioni

Caratteristiche che differenziano il protocollo dalla procedura

Protocollo	Procedura
Si riferisce ad un processo lavorativo	Riguarda una singola azione
Scompone l'attività in vari momenti, illustrando la logica a cui essi si ispirano per rispondere a principi scientifici	È una descrizione molto dettagliata degli atti da compiere per eseguire determinate operazioni

In conclusione e in sintesi va specificato che le **linee guida** sono supportate da evidenze scientifiche e rappresentano il punto di partenza.

I **protocolli**, seguendo le indicazioni delle linee guida, indicano per iscritto ciò che è meglio fare per quella situazione.

Le **procedure** insegnano come compiere al meglio, con le azioni, quello che viene indicato nel protocollo.

Ad esempio, in ospedale, ogni unità operativa (reparto) ha dei propri protocolli e il personale segue i protocolli in uso presso la stessa. A puro titolo di esempio, non ha senso infatti, che gli operatori dell'unità operativa di chirurgia seguano i protocolli del reparto di oculistica.

10.15 Approfondimenti su procedure e protocolli da adottare in ambito sanitario e socio-sanitario

I soggetti gestori di strutture sanitarie e socio-sanitarie, per legge, hanno l'obbligo di predisporre diversi documenti, tra i quali:

- procedure e protocolli per i processi assistenziali più rilevanti per la specifica tipologia di struttura e attività, con relativo piano di diffusione e di attuazione, dando evidenza dell'effettivo utilizzo di procedure e protocolli previsti dalle specifiche norme di riferimento, nonché dell'adozione di ulteriori procedure e protocolli necessari a fornire una adeguata assistenza alla tipologia di utenza trattata. Per tutte le procedure e i protocolli assistenziali adottati deve essere previsto un aggiornamento ogni qualvolta si renda necessario e comunque alla scadenza prevista dalla legge;
- procedure e protocolli relativi all'approvvigionamento, conservazione e smaltimento dei farmaci;
- procedure e protocolli che garantiscano la tracciabilità della somministrazione dei farmaci;
- procedure e regolamenti per lo svolgimento delle principali attività di supporto tecnico o amministrativo, in particolare:
  - criteri e modalità di accesso dell'utente (programmazione delle liste d'attesa, accoglimento e registrazione);
  - modalità di prelievo, conservazione e trasporto dei materiali organici da sottoporre ad accertamento;
  - modalità di pulizia, lavaggio, disinfezione e sterilizzazione di tutti gli strumenti ed accessori;
  - pulizia e sanificazione degli ambienti;
  - modalità di compilazione, conservazione, archiviazione del Fascicolo Socio Assistenziale e Sanitario (FASAS) e di ogni altra documentazione comprovante l'attività socio-sanitaria erogata.

Tutto il personale tenuto all'applicazione di quanto previsto dalle diverse procedure deve essere portato a conoscenza del loro contenuto.

10.16 Le consegne

Sono rappresentate dal passaggio e della condivisione di informazioni scritte (in forma cartacea o elettronica) o verbali, tra professionisti, operatori presenti al momento del cambio del turno.

Quando redatte in forma scritta, le consegne devono:

- essere chiare e leggibili. In caso di correzioni, le frasi scritte in precedenza devono risultare leggibili anche a seguito delle modifiche apportate;

- essere firmate da chi le ha compilate;
- riportare in modo fedele quanto accaduto, evitando omissioni.

Per quanto riguarda le consegne del personale di supporto, esse devono riportare fedelmente quelle prestazioni che non sono state svolte durante il turno e che invece si era tenuti ad eseguire in quanto previste dalla pianificazione assistenziale.

In tale consegna si andrà pertanto a scrivere, ad esempio, che il bagno settimanale del sig. Mario Rossi non è stato eseguito, provvedendo ad indicare la motivazione.

Le consegne relative alle altre figure professionali, che non riguardano le attività degli operatori di supporto, devono al contrario riportare le prestazioni che sono state effettuate.

Per ciascuna persona assistita deve essere utilizzato un singolo documento, contenente i dati identificativi del medesimo, nel quale viene riportata la vita assistenziale della persona, dall'ingresso fino alla dimissione.

Il foglio di consegna è parte integrante della cartella assistenziale (per gli operatori di supporto), della cartella infermieristica (per gli infermieri), della cartella fisioterapica (per i terapisti della riabilitazione), della cartella clinica (per il medico), che vanno inseriti nel FASAS di ciascun assistito.

La documentazione riguardante la vita dell'assistito all'interno della struttura sanitaria o socio-sanitaria fa parte integrante della cartella clinica, unitamente ai documenti di visite specialistiche, esami diagnostici o di laboratorio effettuati durante la permanenza nella stessa struttura.

10.17 Il Fascicolo Socio Assistenziale e Sanitario nelle strutture socio-sanitarie

In via generale, è previsto che tutte le strutture socio-sanitarie, tra queste la RSA, debbano adottare per ogni ospite un fascicolo socio-assistenziale e sanitario per la tenuta e l'aggiornamento delle informazioni, completo di consenso informato dell'assistito o del tutore/curatore o amministratore di sostegno.

Ad esempio, in Lombardia tale documento è denominato FASAS.

Il FASAS, come stabilito dalla vigente legislazione lombarda, è comprensivo delle seguenti sezioni:

- sezioni anamnestiche compilate dai singoli professionisti coinvolti nel percorso assistenziale;
- sezione relativa all'analisi e alla valutazione della situazione del singolo utente e, dove necessario e opportuno, del suo contesto familiare. Tale sezione, costantemente aggiornata, comprende la documentazione riferita ad aspetti sanitari, assistenziali e psicosociali che attestino le valutazioni cliniche, relazionali e delle abilità funzionali dell'utente. In particolare, dovrà contenere:
  - l'indicazione degli strumenti validati in uso per le valutazioni (scale di valutazione);
  - le valutazioni dei diversi professionisti in funzione del bisogno rilevato, coinvolgendo tutte o alcune delle seguenti aree: medica, psicologica, sociale, infermieristica, riabilitativa, educativo-animativa, dell'assistenza tutelare (ASA e OSS);

- sezione relativa al percorso dell'utente nell'unità d'offerta, per dare evidenza della progettazione, della pianificazione e dell'attuazione degli interventi, dei protocolli assistenziali e delle procedure adottati nelle diverse aree interessate e sopra individuate. Costituiscono parte indispensabile di tale sezione: il progetto individuale (PI) relativo all'assistito, che nella riabilitazione assume il nome di progetto riabilitativo individuale (PRI); la pianificazione degli interventi con il piano assistenziale individuale (PAI) o piano educativo individuale (PEI) o programma riabilitativo individuale (PRI); il diario; i fogli unici di terapia farmacologica qualora necessaria;
- sezione della modulistica relativa alla tutela della privacy; al consenso informato per gli specifici atti sanitari proposti; alla tutela giuridica della persona, se attivata.

Il **progetto individuale (PI)**, che nella riabilitazione assume il nome di **progetto riabilitativo individuale (PRI)**, sulla base della valutazione dei bisogni emersi, definisce le aree di intervento ed esplicita, in ogni area individuata, gli obiettivi perseguibili.
Fornisce inoltre evidenza dell'avvenuta informazione e condivisione con l'assistito o l'avente titolo, con il familiare o il caregiver.
L'équipe redige la pianificazione degli interventi che, a seconda della tipologia di utenza trattata, assume le forme del Piano Assistenziale Individuale (PAI) o del Piano Educativo Individuale (PEI) o del Programma Riabilitativo Individuale (PRI).
La pianificazione prevede:

- la descrizione degli obiettivi individuati per le diverse aree di intervento;
- la definizione degli interventi e delle modalità di attuazione (come? con quale intensità? dove? per quanto tempo?);
- l'individuazione dell'équipe o degli operatori coinvolti;
- la declinazione delle attività di monitoraggio degli obiettivi e dei tempi previsti;
- l'evidenza della eventuale sospensione o interruzione degli interventi e le relative motivazioni;
- la verifica del raggiungimento degli obiettivi individuati.

10.18 Il Piano Assistenziale Individuale (PAI) e il Piano Educativo Individuale (PEI) utilizzati in ambito socio-sanitario

Tutte le unità d'offerta socio-sanitarie accreditate, sia quelle per anziani non autosufficienti come CDI, RSA, che per disabili, come CDD, RSD, CSS, per poter mantenere l'accreditamento con la Regione devono adottare e compilare per ciascun assistito, un documento di pianificazione dell'assistenza.

Nella prassi si è consolidata la consuetudine che il PAI venga redatto nelle strutture per anziani non autosufficienti come CDI e RSA e che il PEI, invece, venga redatto nelle strutture per disabili come CDD, RSD e CSS, e in tutti gli altri servizi e strutture dove sono presenti i disabili (ad esempio ADM, CSE, SFA).

Il PAI rispetto al PEI, essendo rivolto ad anziani non autosufficienti, ha una funzione prevalentemente assistenziale e meno educativa.

Infatti, attraverso la compilazione del PAI con la raccolta d'informazioni sull'assistito, con l'osservazione e con l'uso di scale di valutazione si arriva ad individuare cosa non riesce a fare o quali atti esegue con difficoltà l'anziano, come mangiare, vestirsi, avere cura della propria persona, camminare, espletare i propri bisogni fisiologici, e di conseguenza pianificare l'assistenza individuale.

Il PEI invece, essendo rivolto ai disabili, ha una funzione prevalentemente educativa e meno assistenziale, in cui è molto importante il ruolo dell'educatore.

Mediante il PEI vengono individuati quali atti della vita quotidiana non riesce a compiere o che compie a fatica il disabile, in modo che gli educatori e gli altri operatori dell'équipe svolgano attività durante la giornata indirizzate ad educare il disabile al fine di migliorare le proprie competenze ed autonomie, nonché per migliorare o mantenere le capacità residue sia cognitive che motorie.

10.18.1 Che cosa è, perché e come nasce il PAI

In questo paragrafo viene trattato il PAI utilizzato nelle strutture residenziali (RSA) e semi-residenziali (CDI).

Negli ultimi anni l'aumento del numero degli anziani e degli anziani disabili ha portato ad un profondo cambiamento dell'assistenza residenziale.

La dimostrazione di questo viene fornita dal tipo di assistenza attualmente erogata: se in passato veniva concepita principalmente sul piano sanitario, oggi l'assistenza si basa sulla cura della persona e la centralità delle cure è posta sull'individuo e non sull'operatore sanitario.

Nel PAI si fa riferimento a tutti i bisogni considerati nella loro globalità. L'obiettivo che ci si pone con la stesura di tale importante documento è rivolto in un primo momento al mantenimento e potenziamento dell'autonomia dell'individuo, mentre in un secondo momento l'obiettivo che si intende perseguire è finalizzato a sostituire quelle funzioni che sono andate perse a causa di patologie o incidenti.

Nell'ambito dell'assistenza socio-sanitaria ogni paziente chiede di essere trattato come un individuo unico e non come un'entità sociale senza specificità. A garanzia di tale assunto viene stilato il Piano di Assistenza Individuale, PAI, mettendo a disposizione dell'assistito un'équipe multidisciplinare.

Il PAI quindi è:

- un piano di assistenza individuale creato su misura sulla persona, finalizzato alla gestione quotidiana dell'anziano ospite che permette di poter condividere con lui le decisioni;
- uno strumento di lavoro d'équipe;
- uno strumento di valutazione degli obiettivi raggiunti.

Formulare il PAI richiede una serie di conoscenze della persona anziana; per questo è importante rilevare tutti i dati possibili riguardanti le reali esigenze dell'individuo. Ciò permette di poter migliorare e sfruttare le abilità residue e focalizzare gli interventi sulle aree ritenute più deboli. Le informazioni devono essere attinte direttamente dalla persona anziana e trascritte nell'immediato: ciò al fine di evitare errori e dimenticanze che possano essere utili per la corretta elaborazione del piano assistenziale.

A tale scopo è opportuno all'ingresso in struttura un colloquio conoscitivo sia con la persona anziana che con i familiari. Il confronto tra e con i familiari della persona anziana è utile in quanto spesso ci si rende conto che i bisogni sentiti dai familiari non coincidono con quelli espressi verbalmente o in modo silente dall'anziano. Tuttavia spesso l'ospite non è in grado di collaborare e pertanto è necessario capire le eventuali divergenze che possano nascere tra i bisogni richiesti e le proposte che vengono presentate.

La situazione diventa complessa quando ci si trova di fronte ad anziani con sistema cognitivo compromesso e con informazioni contraddittorie fornite dai parenti.

L'intervento degli operatori pertanto deve essere finalizzato ad individuare, attraverso le informazioni acquisite, le priorità dei bisogni. Un ruolo importante lo gioca il lavoro di ogni componente dell'équipe che dovrà redigere il PAI, in quanto ognuno con le proprie risorse lavora per il raggiungimento degli obiettivi comuni; a tal fine è importante identificare e condividere le priorità di ciascun professionista coinvolto, senza dimenticare che la centralità è posta sulla persona.

Importante è anche il monitoraggio costante sull'evoluzione di repentini cambiamenti dello stato di salute o delle capacità funzionali e relazionali: tali situazioni rendono indispensabile una riformulazione del PAI, soprattutto se ciò dovesse accadere prima della scadenza prevista per ridiscutere della pianificazione.

Per poter procedere a una corretta elaborazione del PAI, è necessario conoscere e adattare le risorse disponibili, definendo quali sono gli obiettivi potenzialmente raggiungibili.

Nel PAI devono risultare evidenti:

1. il progetto individuale e il coinvolgimento della persona e/o dei familiari;
2. il coinvolgimento delle diverse figure professionali (équipe multidisciplinare);
3. obiettivi realistici e misurabili;
4. le modalità di attivazione degli interventi;
5. la valutazione degli esiti.

I dati riportati sul PAI devono essere rintracciabili in due tipi di diari: il diario degli eventi e il diario degli interventi. Nel primo vengono riportati tutti gli eventi riguardanti la presa in carico: per esemprio la cartella clinica, la cartella infermieristica, la cartella sociale, la cartella riabilitativa. Il diario degli interventi è invece il documento che raccoglie gli interventi effettivamente erogati in attuazione di quanto previsto dal piano assistenziale; qualora non venisse eseguito un intervento, nel diario deve esserne riportata la motivazione.

Affinché il PAI possa essere elaborato devono essere osservati alcuni criteri, che sono:

1. la personalizzazione: significa che ciascun PAI deve riportare fedelmente quella che può essere definita come la fotocopia della situazione della persona assistita;
2. il coinvolgimento della persona o dei propri familiari;
3. la presenza di indicatori di risultato; essi devono essere rilevabili e quantificabili al fine di poter formulare degli obiettivi realistici e misurabili dando la possibilità di valutarne gli esiti;
4. la congruenza tra la documentazione presente nei fascicoli sanitari e sociali e la corretta valutazione della persona. Quanto scaturisce dalla seduta d'équipe deve poi essere riportato sul diario degli eventi e interventi;
5. la tracciabilità: deve esserci coerenza tra gli interventi previsti dal PAI e gli interventi effettivamente erogati e rintracciabili sui diari degli interventi;
6. l'aggiornamento secondo linee guida e protocolli: nella stesura ed erogazione degli interventi infatti, l'équipe deve essere costantemente aggiornata in merito alle eventuali novità provenienti dal settore scientifico.

10.18.2 Le fasi di compilazione del Piano Assistenziale Individuale in CDI ed RSA

Il Piano di Assistenza Individuale (PAI) si propone, come fondamentale obiettivo, di evitare di fornire a tutti gli ospiti assistiti una risposta uguale, generalizzata, per porre invece l'accento sulla personalizzazione dell'intervento.

Nella compilazione del PAI è importante che l'équipe eviti di considerare l'anziano nei soli termini di salute/malattia che sono sia riduttivi che fuorvianti, adottando invece una visione multidimensionale dell'anziano stesso e indirizzi gli interventi verso il mantenimento o il recupero delle potenzialità residue.

Con i PAI si deve passare da un modo di lavorare dove ciascun operatore dell'équipe è un mero esecutore dei compiti a lui affidati ad un metodo di lavoro dove ciascun membro deve venire responsabilizzato al fine di raggiungere importanti obiettivi.

Questo si può fare solo se si presta attenzione ai problemi individuali di ciascun assistito, evitando accuratamente di fornire risposte standardizzate e personalizzando gli interventi.

Si deve inoltre superare la logica, ancora oggi molto forte, del "*lavorare sulla persona*" per passare invece ad un lavoro "*con la persona*", ricordando anche che ogni persona è unica e irripetibile.

Adottando PAI non standardizzati ma condivisi, si restituisce dignità all'anziano e contestualmente si attribuisce maggiore dignità e senso all'agire del personale che, a vario titolo e ciascuno per quanto di propria competenza, presta la propria professionalità all'interno della struttura.

Vengono così tutti responsabilmente chiamati a fornire un personale contributo per il raggiungimento degli obiettivi che, all'interno del PAI, ci si è prefissati di ottenere, dove il singolo assistito viene considerato una PERSONA che assume un posto centrale verso cui dirigere gli interventi dell'équipe.

La persona viene messa al centro dell'attenzione da parte dell'équipe che si adopera per conoscere i suoi bisogni, i livelli di autonomia, la sua storia, le sue potenzialità e le sue aspettative; sulla base di queste analisi l'équipe predispone interventi per fare in modo che tali bisogni vengano soddisfatti e che le potenzialità residue vengano mantenute o rinforzate.

Per far questo è necessario conoscere in modo approfondito ogni persona assistita.

Per quanto possibile, se la persona è capace di intendere e volere e se possiede una mente ancora lucida occorre darle la possibilità di decidere a quali interventi sottoporsi.

Il Piano Assistenziale Individuale (PAI) è la trasposizione operativa dell'intervento assistenziale e viene elaborato dall'équipe che prende in carico la persona.

Il PAI viene compilato con l'uso di schede e scale di valutazione.

Le **fasi di "*costruzione*" (pianificazione/compilazione) del PAI**, in sintesi sono:

1. raccolta dati e informazioni sull'assistito, di tipo personale, familiare, sociale, sanitario;
2. individuazione dei bisogni assistenziali e dei livelli di autonomia, mediante l'osservazione, l'ascolto e l'uso di scale di valutazione;
3. determinazione degli obiettivi da raggiungere;
4. pianificazione e definizione degli interventi da attuare;
5. attuazione, esecuzione degli interventi previsti;

6. valutazione periodica degli obiettivi e dei risultati raggiunti che può concludersi:
   a) con la conferma del PAI in uso;
   b) con la formulazione di un nuovo PAI e quindi con la ridefinizione di nuovi obiettivi;
   c) con la sospensione temporanea del PAI (ad esempio per un ricovero temporaneo in ospedale dell'assistito);
   d) chiusura del PAI (ad esempio perché l'assistito decide di farsi dimettere per tornare a casa o andare in altra struttura o perché deceduto).

10.18.3 La struttura del PAI

Il Piano di Assistenza Individuale utilizzato in CDI ed RSA, come già detto, è uno strumento di lavoro compilato da tutti gli operatori dell'équipe al fine di raccogliere informazioni sull'assistito, rilevare i bisogni e i livelli d'autonomia, in modo da attivare le prestazioni necessarie e più opportune per assisterlo al meglio in modo personalizzato.

Il PAI (come anche il PEI) è in genere suddiviso in quattro aree d'intervento.

1. **Area sanitaria,** divisa a sua volta in:
   a) una parte curata dal medico di nucleo o struttura o direttore sanitario;
   b) una parte infermieristica.
2. **Area della riabilitazione**, curata dal fisioterapista.
3. **Area assistenziale**, compilata dal coordinatore o referente degli OSS, oppure direttamente compilata da un ASA o OSS.
4. **Area educativa o sociale**, compilata da educatore e animatore e da assistente sociale e psicologo.

Riepilogando:

1. per ogni assistito, è obbligatorio redigere un PAI personalizzato, entro un determinato periodo di tempo, stabilito dalla singola Regione: in genere 7, 15, 30 giorni. Questo arco di tempo viene ritenuto utile e necessario per permettere all'équipe di redigere un PAI esaustivo, capace di rispondere appieno ai bisogni dell'anziano.
   È perciò molto importante il lavoro degli operatori che si occupano dell'accoglienza in struttura, partendo dal colloquio con l'anziano stesso e con i familiari. In questa fase le figure principali sono il medico, l'infermiere, il fisioterapista, l'assistente sociale, l'educatore, l'animatore, il referente degli OSS o l'OSS stesso che raccolgono informazioni generali: dati personali, residenza, nomi dei familiari di riferimento e i loro recapiti; la terapia in uso, le malattie principali, i ricoveri che ha avuto, interventi chirurgici, e se proviene da domicilio, ospedale o altra struttura, il livello di autonomia, le aspettative, le propensioni e le motivazioni al ricovero. Per poter giungere a compilare un PAI esaustivo, è inoltre necessario che i diversi operatori, ciascuno per quanto di propria competenza, nel rispetto delle vigenti leggi, compilino le relative scale di valutazione, tra queste:
   a) la scala di Barthel (valutazione del grado di autonomia nello svolgimento delle semplici attività di vita quotidiana);
   b) la scala IADL (valuta la capacità sull'uso di strumenti della vita quotidiana);
   c) la scala Mini Mental State Examinatio (MMSE), che valuta il sistema cognitivo;
   d) la scala di Tinetti (valutazione dell'equilibrio e andatura);
   e) la scala di Norton (valutazione del rischio di lesione da pressione).

Durante il periodo di tempo che anticipa la compilazione del PAI, è inoltre fondamentale l'osservazione costante dell'assistito da parte dell'équipe, al fine di capire meglio le abitudini dell'anziano;
2. il PAI deve essere obbligatoriamente aggiornato, alle scadenze previste, per far sì che l'équipe ridiscuta della situazione. Ciò significa che è uno strumento dinamico, costantemente aggiornabile sulla base dei bisogni dell'assistito;
3. ciascun PAI deve essere aggiornato prima della scadenza prevista in presenza di significativi cambiamenti sullo stato di salute dell'ospite, come miglioramenti o peggioramenti gravi, ad esempio dovuti ad una grave caduta che comporti un aumento dei bisogni assistenziali e una significativa perdita di autonomia con conseguente aumento di dipendenza dall'équipe. La segnalazione su tale cambiamento può essere fatta da ciascun operatore al resto dell'équipe, ma è l'équipe al completo che aggiorna il PAI;
4. ciascun PAI deve essere compilato e firmato per assunzione di responsabilità da ogni operatore dell'équipe;
5. il PAI utilizzato in CDI e RSA è definito PAI integrato, perché predisposto e compilato da tutta l'équipe della quale fanno parte operatori di diverse aree;
6. tutte le figure professionali devono annotare eventuali informazioni rilevanti sull'assistito nel diario di aggiornamento, che è parte integrante del PAI.

Nel PAI ciascun operatore dell'équipe identifica, per quanto di competenza, i bisogni dell'assistito e si pone degli obiettivi, per poi condividere quanto rilevato con il resto dell'équipe. Ad esempio, il fisioterapista, vedendo che l'anziano deambula poco o male, potrebbe prefiggersi come obiettivo di provare a farlo camminare. Un OSS invece potrebbe proporsi come obiettivo di rendere maggiormente autonomo l'anziano nel mangiare o nel lavarsi o nel far fronte ai bisogni fisiologici.

Il PAI prevede anche dei tempi di verifica e di monitoraggio per controllare se l'obiettivo è stato raggiunto o se è necessario altro tempo.

Il PAI, contenente obiettivi e risultati raggiunti da ciascun operatore, va poi discusso in équipe durante la data prevista per la verifica.

Copia del PAI va fatta firmare all'assistito, e se non in grado d'intendere e di volere ad un familiare o tutore o amministratore di sostegno, così da coinvolgerlo nella progettualità che lo riguarda. Inoltre, per ragioni di trasparenza, copia del PAI va lasciata anche all'assistito o a chi lo rappresenta.

Capitolo 11
Le fasi del processo di assistenza

11.1 Concetti generali

L'operatore socio-sanitario collabora con l'infermiere e partecipa attivamente al processo di assistenza o processo di *nursing*.

Il processo di *nursing* definisce il piano di assistenza infermieristica e indirizza il professionista sanitario non solo sulle modalità di realizzazione, ma anche sulle modalità di documentazione delle prestazioni erogate.

Il primo riferimento al *nursing* come "processo" è presente in un articolo di giornale scritto da Lydia Hall nel 1955, ma la terminologia "processo di *nursing*" non è mai stata largamente impiegata fino alla fine degli anni Sessanta (Edelman & Mandle, 2002).

Johnson (1959), Orlando (1961) e Wiedenbach (1963) si riferivano a un processo di *nursing* composto da tre fasi: accertamento, programmazione e valutazione. Yura e Walsh (1967) ne identificarono, invece, quattro:

1. accertamento;
2. pianificazione;
3. attuazione;
4. valutazione.

La terminologia *diagnosi infermieristica* fu usata per la prima volta da Fry (1953). Dopo il primo incontro con il gruppo dell'**Associazione Nord Americana per le Diagnosi Infermieristiche** (*North American Nursing Diagnosis Association* - NANDA) nel 1974, la diagnosi infermieristica fu aggiunta quale fase separata nel processo di *nursing*.

Ora le fasi del processo di *nursing* sono:

1. accertamento;
2. diagnosi;
3. pianificazione e identificazione dei risultati attesi;
4. attuazione;
5. valutazione.

Sebbene queste fasi siano costruite l'una sull'altra, esse non sono disposte in modo lineare: ogni fase si sovrappone alle precedenti e alle successive.

Il *nursing* è un processo dinamico e richiede creatività nella sua applicazione. Le fasi sono sempre le stesse per ogni ambito clinico, ma la loro correlazione e i risultati sono sempre differenti in relazione alla tipologia di paziente. Il processo è applicabile a tutti i pazienti, indipendentemente dalla loro età e dall'ambito clinico.

Il *nursing* olistico

Lo scopo del *nursing* olistico è "*favorire la guarigione dell'intera persona dalla nascita alla morte*" (*American Holistic Nurses Association* - AHNA, 2004).

Il termine **olistico** deriva dalla parola greca ***holos***, che significa "tutto, intero". La salute olistica considera i vari aspetti – fisico, intellettuale, socio-culturale, psicologico e spirituale – della vita di una persona come un tutt'uno integrato. Questi cinque aspetti non possono essere separati o isolati; qualsiasi cosa incida su un aspetto della vita di una persona influisce anche sugli altri. Vanno sempre considerati l'ambiente in cui la persona vive e le modalità con cui essa interagisce con quell'ambiente.

Gli **infermieri** e gli **operatori sociosanitari** devono capire come integrare questi aspetti della vita allo scopo di aiutare i pazienti nel processo di guarigione. Il "prendersi cura" è spesso differente dalla cura. Sebbene a volte sia possibile curare una malattia, mentre altre volte no, il "prendersi cura" è sempre possibile e una delle sue componenti principali è l'assistenza. Quindi, lo scopo dell'assistenza olistica è il "prendersi cura".

Tra le modalità olistiche più frequentemente usate nel *nursing* elenchiamo le seguenti:

- biofeedback;
- esercizio e movimento;
- stabilire obiettivi;
- buonumore e riso;
- lavoro di fantasia;
- massaggi;
- ludoterapia;
- preghiera;
- tocco terapeutico.

11.2 L'accertamento

L'accertamento comprende la raccolta sistematica, la verifica, l'organizzazione, l'interpretazione e la documentazione dei dati.

La completezza e la correttezza dei dati sono direttamente collegate alla precisione delle fasi che seguono. L'accertamento, dunque, comprende i seguenti punti:

- raccolta dei dati da diverse fonti;
- validazione dei dati;
- organizzazione dei dati;
- interpretazione dei dati;
- documentazione dei dati.

Tutti i passaggi descritti devono essere rispettati, in quanto un accertamento non completo potrebbe compromettere le successive fasi del processo di *nursing*.

Lo scopo è identificare i comportamenti che influiscono sulla salute e i relativi problemi, reali e/o potenziali. L'accertamento permette di verificare le abilità funzionali del paziente, l'assenza o la presenza di disfunzioni, le normali attività di vita quotidiana e lo stile di vita.

Identificando i punti di forza del paziente, si acquisiscono informazioni sulle capacità, sui comportamenti e sulle abilità residue che il paziente può usare durante il processo di cura e di guarigione. Inoltre, l'accertamento offre l'opportunità di creare con l'assistito un rapporto interpersonale e terapeutico. Durante questa fase, l'ammalato può discutere sui temi e sugli scopi del piano assistenziale.

Le informazioni necessarie all'accertamento sono generalmente determinate dall'ambito clinico-assistenziale e dalle necessità del paziente.

Tre sono i tipi di accertamento: generale, mirato e continuo.

L'**accertamento generale** fornisce i dati fondamentali, comprese l'anamnesi completa e la valutazione dei bisogni reali. Perciò include l'accertamento della salute fisica e psico-sociale del paziente, la percezione della salute, la presenza di fattori di rischio e le capacità di farvi fronte. Esso è preferibile quando si tratta di determinare le necessità assistenziali, in modo particolare nei primi approcci.

Di solito l'accertamento generale viene effettuato al momento del primo accesso in una struttura sanitaria. I cambiamenti nello stato di salute del paziente possono essere misurati confrontandoli con questi dati.

I limiti di tempo o particolari circostanze possono richiedere di abbreviare il tempo per la raccolta dei dati, come si verifica nell'**accertamento mirato**, che è circoscritto ai rischi potenziali, ai bisogni particolari o agli interessi legati all'assistenza sanitaria. Non essendo dettagliato come l'accertamento generale, esso è in genere utilizzato per i brevi ricoveri programmati (per esempio, centri di chirurgia ambulatoriale e pronto soccorso), in aree specialistiche, come nell'ambito della salute mentale, nel travaglio e nel parto, oppure per *screening* su problemi specifici o particolari fattori di rischio.

Dopo che i problemi sono stati identificati durante la raccolta completa o mirata di dati, si passa all'**accertamento continuo**, che include un monitoraggio sistematico di specifici problemi. Questo tipo di accertamento estende la raccolta e permette di verificare la validità dei dati ottenuti durante l'accertamento iniziale. Il monitoraggio sistematico consente di determinare la risposta del paziente agli interventi da porre in essere e di identificare qualsiasi altro problema.

Sebbene i dati siano raccolti da una varietà di fonti, il paziente è considerato la **fonte primaria** (il principale fornitore di informazioni). Bisognerebbe raccogliere tutte le informazioni possibili dal paziente, servendosi sia delle tecniche di intervista sia delle procedure di accertamento fisico. Tutte le altre fonti informative sono considerate **fonti secondarie** e includono i membri della famiglia, altri operatori sanitari e le cartelle cliniche.

Le informazioni raccolte attraverso l'accertamento sono di due tipi: soggettive e oggettive. I **dati soggettivi** (chiamati anche "sintomi") provengono dal punto di vista del paziente (a volte della famiglia) e comprendono percezioni, sentimenti e interessi. Il metodo principale per la raccolta dei dati soggettivi è il colloquio. L'**anamnesi** fornisce una grande quantità di dati soggettivi.

I **dati oggettivi** (chiamati anche "segni") sono dati osservabili e misurabili e sono ottenuti sia attraverso le tecniche di valutazione messe in atto durante l'esame fisico sia attraverso i risultati dei test diagnostici e di laboratorio.

Nella tabella che segue si forniscono esempi di dati soggettivi e oggettivi.

Tipi di dati	
DATI	
Un maschio africano di 79 anni arriva al pronto soccorso perché non può muovere il braccio sinistro. Il paziente riferisce: "è accaduto circa un'ora fa, quando il mio mal di testa è peggiorato. Ora ho nausea e vertigini". L'operatore sanitario rileva i parametri vitali – temperatura 37°C; frequenza cardiaca 100 b/m; frequenza respiratoria 28/m; pressione arteriosa: 200/102 mmHg – e osserva che il paziente non può muovere il braccio sinistro e che il suo viso è arrossato.	
DATI SOGGETTIVI	**DATI OGGETTIVI**
Mal di testa	T 37, FC 100
Nausea	FR 28, PA 200/102
Vertigini	Non può muovere il braccio sinistro
	Viso arrossato

I dati oggettivi possono aggiungersi o convalidare i dati soggettivi.

La **validazione** è un passaggio critico che previene fraintendimenti, omissioni e conclusioni affrettate. Il processo è particolarmente importante nel caso in cui le fonti siano considerate inattendibili, come quando il paziente è confuso o incapace di comunicare. Se due fonti forniscono dati contrastanti, è necessario cercare ulteriori informazioni o chiarimenti.

I risultati della raccolta dovrebbero anche essere paragonati agli standard di normalità; quelli che se ne allontanano in modo vistoso devono essere verificati nuovamente e confermati.

11.2.1 L'organizzazione dei dati

I dati vengono organizzati in categorie, e suddivisi in gruppi a seconda dell'intervento necessario. Il **raggruppamento** è "*il processo che mette i dati insieme allo scopo di identificare le aree problematiche e i punti di forza del paziente*". All'uopo viene utilizzato un **modello di accertamento**.

Si descrivono di seguito i diversi modelli di accertamento adottati nelle organizzazioni assistenziali.

Gerarchia dei bisogni. Secondo la teoria della gerarchia dei bisogni di Maslow, i bisogni fondamentali (fisiologici) dell'individuo devono essere soddisfatti prima che si sviluppino bisogni di un livello più alto. Quando si usa questo modello di analisi è necessaria una valutazione iniziale dei bisogni fisiologici, seguita dalla valutazione dei bisogni posti ai livelli più alti.

Modello biologico. Si tratta di un modello che organizza la raccolta dei dati in base alle funzioni dei tessuti e degli organi nei vari apparati corporei (per esempio, apparato respiratorio, cardiovascolare, gastrointestinale).

I medici spesso usano questo modello, che per tale motivo viene anche chiamato "modello medico".

Modello funzionale di salute. Elaborato da Marjory Gordon (1998), questo modello fornisce una struttura per la raccolta dei dati incentrata su undici schemi funzionali di salute. Le aree raggruppano le informazioni sui modelli abituali del paziente e qualsiasi eventuale cambiamento al fine di determinare se l'attuale risposta del paziente è funzionale o disfunzionale.

Per esempio, il modello di "eliminazione" viene applicato a chi presenta episodi di diarrea molte volte alla settimana. La raccolta dei dati dovrebbe mettere a fuoco le abitudini di eliminazione, la dieta e l'assunzione di liquidi prima che si sia presentata la diarrea e l'effetto di qualsiasi cambiamento sullo stile di vita e sulle capacità funzionali del paziente.

Gli undici modelli sono:

1. percezione e gestione della salute;
2. nutrizione e metabolismo;
3. eliminazione;
4. attività ed esercizio fisico;
5. modello cognitivo e percettivo;
6. riposo e sonno;
7. percezione e concetto di sé;
8. ruolo e relazioni;
9. sessualità e riproduzione;
10. adattamento e tolleranza allo stress;
11. valori e convinzioni.

Teoria del "self-care" (cura di sé). Sviluppata da Dorothea Orem (2001), questa teoria è basata sulla capacità del paziente di prendersi cura di sé (autocura), espressione con la quale vengono indicate le norme da seguire per mantenere o migliorare la propria salute. Essa riguarda innanzitutto le condizioni patologiche.

I punti essenziali della cura di sé sono:

- mantenere una sufficiente ossigenazione;
- mantenere una sufficiente assunzione di acqua;
- mantenere una sufficiente assunzione di cibo;
- fornire misure di assistenza associate ai processi di eliminazione urinaria e intestinale;
- mantenere un equilibrio tra attività e riposo;
- mantenere un equilibrio tra solitudine e interazione sociale;
- prevenire ciò che costituisce un pericolo per la vita umana, per l'efficienza e il benessere della persona;
- promuovere l'efficienza e lo sviluppo dell'uomo all'interno di gruppi sociali secondo il potenziale umano, i limiti umani conosciuti e il desiderio dell'uomo di essere normale (Orem, Taylor e Renpenning, 2001).

11.2.2 L'interpretazione e la documentazione dei dati

Dopo che i dati sono stati raccolti, è possibile sviluppare interpretazioni e deduzioni sul loro significato. L'organizzazione dei dati in gruppi aiuta a riconoscere modelli di risposta o di comportamento.

Quando i dati sono stati suddivisi in gruppi, l'operatore sanitario può:

- distinguere tra dati rilevanti e irrilevanti;
- determinare se e dove mancano informazioni/dati;
- identificare modelli di causa ed effetto.

I dati devono essere **registrati** e, in alcuni casi, anche **segnalati**.

L'operatore sanitario deve decidere quali dati segnalare immediatamente e quali soltanto registrare. I dati che riflettono significativi scostamenti dalla norma (per esempio, PA 180/100, gravi difficoltà respiratorie oppure un elevato livello di ansia) dovranno essere sia segnalati che registrati. Tra i dati che devono essere soltanto registrati rientrano, per esempio, il fatto che una certa terapia prescritta per il mal di testa abbia procurato sollievo o che una medicazione addominale è asciutta e intatta.

È essenziale, per una precisa e completa registrazione dei dati, comunicare l'informazione agli altri membri dell'équipe sanitaria.

La base per determinare la qualità dell'assistenza è la documentazione, che racchiude i dati che compongono i problemi identificati.

11.3 La diagnosi infermieristica

La seconda fase del processo di *nursing* comprende un'ulteriore **analisi** (le parti che devono essere esaminate vanno suddivise) e una **sintesi** (raggruppamento dei dati in modo nuovo) dei dati raccolti. Il risultato di questo processo è una lista di diagnosi infermieristiche.

Secondo la NANDA (*North American Nursing Diagnosis Association*), la diagnosi infermieristica "*è un giudizio clinico sulle risposte di un individuo, di una famiglia o di una comunità agli attuali o potenziali processi dei problemi di salute/vita. La diagnosi infermieristica fornisce le basi per selezionare gli interventi infermieristici e ottenere risultati di cui l'infermiere è responsabile*".

Le diagnosi forniscono le basi dell'assistenza al paziente attraverso le fasi rimanenti. I pazienti ricevono diagnosi sia **medica** sia **infermieristica**.

Nella tabella seguente si mettono a confronto le due categorie di diagnosi.

Confronto di diagnosi medica e infermieristica

Diagnosi infermieristica	Diagnosi medica
Identifica situazioni che l'operatore sanitario è abilitato e qualificato a trattare	Identifica condizioni che il medico è abilitato e qualificato a trattare
Incentrata sulle risposte ai problemi di salute o sui processi vitali del paziente	Incentrata su lesioni, malattie o processi patologici
Variabile in base alle risposte del paziente e/o ai mutamenti dei problemi di salute	Rimane la stessa fino a che non si attuino le cure o fino alla morte del paziente
Esempio: Nausea Dolore acuto Compromissione della mobilità fisica	Esempio: Colelitiasi

11.4 La pianificazione e l'identificazione dei risultati

Posta la diagnosi e identificate le capacità del paziente, si passa allo sviluppo del piano di assistenza.

La pianificazione si svolge in tre fasi: iniziale, continua, alla dimissione.

La **pianificazione iniziale** comprende lo sviluppo del piano preliminare di assistenza. Essendo i periodi di ricovero in ospedale sempre più brevi, la pianificazione iniziale è molto importante per assicurare la soluzione dei problemi.

La **pianificazione continua** aggiorna il piano di assistenza del paziente. Si raccolgono nuove informazioni su quest'ultimo, vengono valutate quelle intraprese e si fornisce una revisione del piano di assistenza.

La **pianificazione alla dimissione** comporta una previsione e una pianificazione dei bisogni del paziente dopo la dimissione.

La fase di pianificazione abbraccia le seguenti attività:

- stabilire i principali problemi assistenziali;
- identificare e stilare obiettivi e risultati a breve e lungo termine (identificazione dei risultati) che siano sempre incentrati sul paziente;
- identificare specifici interventi assistenziali;
- registrare l'intero piano di assistenza nella documentazione del paziente.

11.4.1 Stabilire le priorità

Stabilire le priorità comporta anche decidere quali problemi assistenziali siano più importanti e richiedano di essere trattati per primi.

La gerarchia dei bisogni di Maslow è uno dei più comuni metodi per selezionare le priorità. Quando i bisogni fisiologici di base (per esempio, respirazione, nutrizione, temperatura, idratazione ed eliminazione) sono stati soddisfatti ad un certo livello, si può considerare la necessità di passare al livello successivo (per esempio, ambiente sicuro, condizioni di vita stabili, affetto, autogratificazione) e così via verso l'apice della gerarchia.

11.4.2 Identificare i risultati attesi

L'identificazione dei risultati attesi comprende sia l'individuazione degli obiettivi sia quella dei risultati propriamente attesi, che insieme forniscono le linee guida per interventi assistenziali individualizzati e stabiliscono i criteri di valutazione per misurare l'efficacia del piano di assistenza.

Gli **obiettivi** identificano scopi, intenti, finalità: sono dichiarazioni generali che descrivono il cambiamento desiderato o perseguito nella condizione o nel comportamento del paziente.

Gli obiettivi incentrati sul paziente sono stabiliti, quando possibile, in collaborazione con lo stesso e garantiscono che l'assistenza sia individualizzata.

Si distinguono obiettivi a breve termine e obiettivi a lungo termine.

L'**obiettivo a breve termine**, incentrato sull'eziologia, è un'affermazione che profila la risoluzione desiderata in un periodo di tempo breve, generalmente poche ore o giorni (meno di una settimana).

L'**obiettivo a lungo termine** è una dichiarazione che profila la risoluzione desiderata in un periodo di tempo lungo, normalmente settimane o mesi.

Quando gli obiettivi sono stati stabiliti, i **risultati attesi** possono essere identificati sulla base di questi.

Un **risultato atteso** è l'affermazione specifica e dettagliata che descrive i metodi da usare per raggiungere lo scopo. Esso comprende l'assistenza diretta, l'insegnamento al paziente e la continuità assistenziale. I risultati devono essere misurabili, realistici e limitati nel tempo. Per ciascun obiettivo possono essere stabiliti diversi risultati attesi.

Inoltre, devono essere definiti gli interventi al fine di rendere possibile al paziente il raggiungimento degli obiettivi prefissati.

11.4.3 Identificazione di specifici interventi assistenziali

Un intervento assistenziale è un'azione portata a compimento per aiutare il paziente a raggiungere gli obiettivi e i risultati attesi. Esso si riferisce direttamente ai **fattori associati** o ai **fattori di rischio** in grado di risolvere o prevenire il problema.

Gli interventi assistenziali possono essere diversi per un unico paziente, come per esempio:

- aiutare il paziente a girarsi ogni 2 ore;
- insegnare l'igiene del cavo orale;
- pesare il paziente alle 7.00 tutti i giorni.

Gli interventi formulati sono registrati nel **piano di assistenza** del paziente. La lista degli interventi è dinamica e può cambiare via via che si interagisce con il paziente, o si accertano le risposte agli interventi valutandole.

Si distinguono tre categorie di interventi: autonomi, interdipendenti, dipendenti.

Gli **interventi indipendenti** (o autonomi) sono iniziati dall'operatore sanitario e non richiedono né guida né prescrizioni da parte di nessun altro professionista. La maggior parte della pratica assistenziale permette interventi autonomi per le attività di vita quotidiana, per l'educazione alla salute e per la promozione della salute.

Gli **interventi interdipendenti** sono realizzati da un operatore in collaborazione con altri operatori. Per esempio, l'operatore socio-sanitario può assistere un paziente mentre esegue un esercizio insegnato dal fisioterapista.

Gli **interventi dipendenti** richiedono una precisa indicazione fornita da un professionista sanitario.

11.5 L'attuazione degli interventi assistenziali

L'attuazione consiste nella realizzazione degli interventi assistenziali identificati durante la fase di pianificazione. Essa comprende anche l'attribuzione o l'assegnazione di un compito specifico al personale di supporto all'assistenza.

Le capacità coinvolte sono parecchie, inclusa quella di accertare le condizioni del paziente prima, durante e dopo ciascun intervento assistenziale. Le risposte positive aggiungono informazioni da usarsi quando sarà il momento di valutare l'intervento. Le risposte negative vanno prese in considerazione immediatamente.

Gli interventi assistenziali possono essere attuati sulla base di prescrizioni specifiche o di protocolli.

Il **protocollo** consiste in una serie di disposizioni rigide o di procedure che devono essere seguite in determinate e specifiche condizioni. Protocollo e procedura definiscono gli interventi che sono permessi e le circostanze in cui l'operatore socio-sanitario può metterli in atto.

È importante che gli interventi siano documentati.

La documentazione rende possibile una valida comunicazione tra i membri del team assistenziale, assicura la continuità dell'assistenza e permette di valutare i progressi nella direzione dei risultati attesi.

La comunicazione scritta e/o quella verbale devono essere obiettive, descrittive e complete. Devono includere osservazioni, non opinioni, e devono tracciare un quadro preciso delle condizioni del paziente.

11.6 La valutazione dei risultati

La valutazione permette di stabilire se gli obiettivi sono stati raggiunti completamente, parzialmente o per niente. Quando l'obiettivo è stato ottenuto, gli interventi assistenziali possono continuare affinché lo *status* sia mantenuto. Quando l'obiettivo è parzialmente raggiunto o non raggiunto, è opportuno effettuare una nuova valutazione della situazione e una nuova raccolta dati.

L'insuccesso è solitamente determinato da errori commessi nella raccolta dei dati. I motivi del mancato raggiungimento dell'obiettivo o del suo parziale raggiungimento comprendono:

- incompletezza dei dati;
- oggettiva irrealizzabilità degli obiettivi e dei risultati attesi;
- insufficienza dei tempi stabiliti;
- inadeguatezza degli interventi assistenziali alla situazione del paziente.

La valutazione è un processo fluido che dipende da tutte le componenti del processo di assistenza.

Capitolo 12
Glossario acronimi dell'area sanitaria, sociale, socio-sanitaria e giuridica

12.1 Glossario acronimi dei principali termini utilizzati in ambito sociale, sanitario, socio-sanitario

ADEST	ASSISTENTE DOMICILIARE E DEI SERVIZI TUTELARI
ADB	ASSISTENTE DI BASE
ADI	ASSISTENZA DOMICILIARE INTEGRATA
ADM	ASSISTENZA DOMICILIARE MINORI
ADS	AMMINISTRATORE DI SOSTEGNO
A.L.AUT.	ALLOGGI PER L'AUTONOMIA
AL.P.AN.	ALLOGGI PROTETTI PER ANZIANI
A.N.	ASILO NIDO
AO	AZIENDA OSPEDALIERA
APS	ASSOCIAZIONE DI PROMOZIONE SOCIALE
A.S. (1)	ASSISTENTE SOCIALE
A.S. (2)	ASSISTENTE SANITARIO/A
ASA	AUSILIARIO SOCIO-ASSISTENZIALE
ASO (1)	ACCERTAMENTO SANITARIO OBBLIGATORIO
ASO (2)	ASSISTENTE ALLA POLTRONA DI STUDIO ODONTOIATRICO
ASSI	DIPARTIMENTO PER LE ATTIVITÀ SOCIO-SANITARIE INTEGRATE
ASP	AZIENDA DI SERVIZI ALLA PERSONA
ASL	AZIENDA SANITARIA LOCALE
ASST	AZIENDA SOCIO-SANITARIA TERRITORIALE
ATS	AGENZIA PER LA TUTELA DELLA SALUTE
BURL	BOLLETTINO UFFICIALE DI REGIONE LOMBARDIA
CA	COMUNITÀ ALLOGGIO PER DISABILI
CAG	CENTRI DI AGGREGAZIONE GIOVANILE
CASA	COMUNITÀ ALLOGGIO SOCIALE ANZIANI
CD	CENTRO DIURNO
CEAD	CENTRO DI ASSISTENZA DOMICILIARE
CDCD	CENTRI PER I DISTURBI COGNITIVI E DEMENZE

CDD	CENTRO DIURNO DISABILI
CDI	CENTRO DIURNO INTEGRATO
CF	CONSULTORIO FAMILIARE
C.FAM.	COMUNITÀ FAMILIARE
CPA	COMUNITÀ PROTETTA AD ALTA ASSISTENZA
CPB	COMUNITÀ PROTETTA A BASSA PROTEZIONE
CPE	COMUNICAZIONE PREVENTIVA DI ESERCIZIO
CPI	CENTRO DI PRONTO INTERVENTO PER ANZIANI/DISABILI
C.P.INF.	CENTRO PRIMA INFANZIA
CSE	CENTRO SOCIO-EDUCATIVO
CPM	COMUNITÀ PROTETTA A MEDIA E ALTA ASSISTENZA
CPS	CENTRO PSICO-SOCIALE
CRA	COMUNITÀ RIABILITATIVA AD ALTA ASSISTENZA
CRD	CENTRO RICREATIVO DIURNO
CRS	CARTA REGIONALE DEI SERVIZI
CSM	CENTRO DI SALUTE MENTALE
CSS	COMUNITÀ ALLOGGIO SOCIO-SANITARIA – COMUNITÀ SOCIO-SANITARIA
CUP	CENTRO UNICO DI PRENOTAZIONE
DAT	DISPOSIZIONI ANTICIPATE DI TRATTAMENTO
DGR	DELIBERAZIONE DI GIUNTA REGIONALE
DSM	DIPARTIMENTO DI SALUTE MENTALE
E.O.H.	ÉQUIPE OPERATIVA HANDICAP
FASAS	FASCICOLO SANITARIO E SOCIALE
E	EDUCATORE
H	OSPEDALE
HOS	HOSPICE
IDR	ISTITUTO DI RIABILITAZIONE
IPAB	ISTITUTI PUBBLICI DI ASSISTENZA E BENEFICENZA
IRCCS	ISTITUTI DI RICERCA E CURA A CARATTERE SCIENTIFICO
ISEE	INDICATORE DELLA SITUAZIONE ECONOMICA EQUIVALENTE
LEA	LIVELLI ESSENZIALI DI ASSISTENZA SANITARIA
LIVEAS	LIVELLI ESSENZIALI DI ASSISTENZA SOCIALE
MAP	MEDICO DI ASSISTENZA PRIMARIA
M.N.	MICRO-NIDO
MMG	MEDICO DI MEDICINA GENERALE
NAP	NON AUTOSUFFICIENTI PARZIALI
NAT	NON AUTOSUFFICIENTI TOTALI
N.F.	NIDO FAMIGLIA
NOA	NUCLEO OPERATIVO ALCOLOGIA
OMS	ORGANIZZAZIONE MONDIALE DELLA SANITÀ
OSS	OPERATORE SOCIO-SANITARIO

OSA	OPERATORE SOCIO-ASSISTENZIALE
OTA	OPERATORE TECNICO ADDETTO ALL'ASSISTENZA
PAI	PIANO ASSISTENZIALE INDIVIDUALE
PAL	PIANO ATTUATIVO LOCALE
PDZ	PIANO DI ZONA
PEI	PIANO EDUCATIVO INDIVIDUALE
PI	PROGETTO INDIVIDUALE
PLS	PEDIATRA DI LIBERA SCELTA
PO	PRESIDIO OSPEDALIERO
P.O.T.	PRESIDIO OSPEDALIERO TERRITORIALE
PRESST	PRESIDIO SOCIO-SANITARIO TERRITORIALE
PS	PRONTO SOCCORSO
PSN	PIANO SANITARIO NAZIONALE
PSR	PIANO SANITARIO REGIONALE
PSSR	PIANO SOCIO-SANITARIO REGIONALE
REMS	RESIDENZE PER L'ESECUZIONE DELLE MISURE DI SICUREZZA
RSA	RESIDENZA SANITARIA ASSISTENZIALE (PER ANZIANI NON AUTOSUFFICIENTI)
RSD	RESIDENZA SANITARIA ASSISTENZIALE PER PERSONE CON DISABILITÀ
SAD	SERVIZIO DI ASSISTENZA DOMICILIARE
SADH	SERVIZIO DI ASSISTENZA DOMICILIARE HANDICAP
SCIA	SEGNALAZIONE CERTIFICATA DI INIZIO ATTIVITÀ
SER.D	SERVIZIO DIPENDENZE
SFA	SERVIZIO DI FORMAZIONE ALL'AUTONOMIA
SER.T	SERVIZIO TERRITORIALE PER LA CURA E IL RECUPERO DALLE TOSSICODIPENDENZE
SIDI	SCHEDA INDIVIDUALE DISABILE INTERMEDIA
SIR	SISTEMA INFORMATIVO REGIONALE
SIS	SITEMA INFORMATIVO SANITARIO
SISS	SISTEMA INFORMATIVO SOCIO-SANITARIO
S.OS.I.A.	SCHEDA DI OSSERVAZIONE INTERMEDIA DELL'ASSISTENZA
SPDC	SERVIZI PSICHIATRICI DI DIAGNOSI E CURA
SS	SERVIZI SOCIALI
SSN	SERVIZIO SANITARIO NAZIONALE
SSR	SERVIZIO SANITARIO REGIONALE
TERP	TECNICO DELLA RIABILITAZIONE PSICHIATRICA
TDR	TERAPISTA DELLA RIABILITAZIONE
T.O. (1)	TERAPISTA OCCUPAZIONALE
T.O. (2)	TECNICO ORTOPEDICO
TSO	TRATTAMENTO SANITARIO OBBLIGATORIO
UDO	UNITÀ D'OFFERTA
UDP	UFFICIO DI PIANO
UONPIA	UNITÀ OPERATIVA NEUROPSICHIATRIA INFANZIA ADOLESCENZA

UEPE	UFFICIO PER L'ESECUZIONE PENALE ESTERNA
UO	UNITÀ OPERATIVA
UPT	UFFICIO DI PUBBLICA TUTELA
URP	UFFICIO PER LE RELAZIONI CON IL PUBBLICO
UVA	UNITÀ DI VALUTAZIONE ALZHEIMER
UVG	UNITÀ DI VALUTAZIONE GERIATRICA
UVGO	UNITÀ DI VALUTAZIONE GERIATRICA OSPEDALIERA
UVMD	UNITÀ DI VALUTAZIONE MULTI-DIMENSIONALE

12.2 Glossario delle principali abbreviazioni utilizzate in ambito giuridico

ART.	ARTICOLO
C.	COMMA
C.C.	CODICE CIVILE
CDM	CONSIGLIO DEI MINISTRI
C.P.	CODICE PENALE
CPC	CODICE DI PROCEDURA CIVILE
CPP	CODICE DI PROCEDURA PENALE
CSM	CONSIGLIO SUPERIORE DELLA MAGISTRATURA
COST.	COSTITUZIONE
D.L.	DECRETO LEGGE
D.LGS.	DECRETO LEGISLATIVO
D.M.	DECRETO MINISTERIALE
D.P.C.M.	DECRETO PRESIDENTE CONSIGLIO DEI MINISTRI
DCR	DELIBERAZIONE DEL CONSIGLIO REGIONALE
DGR	DELIBERAZIONE DI GIUNTA REGIONALE
D.P.R.	DECRETO DEL PRESIDENTE DELLA REPUBBLICA
G.U.	GAZZETTA UFFICIALE
L.	LEGGE DEL PARLAMENTO
L. COST.	LEGGE COSTITUZIONALE
L.P.	LEGGE PROVINCIALE
L.R.	LEGGE REGIONALE
P.A.	PUBBLICA AMMINISTRAZIONE
RD	REGIO DECRETO
UE	UNIONE EUROPEA
TAR	TRIBUNALE AMMINISTRATIVO REGIONALE
TU	TESTO UNICO

Bibliografia

AA.VV., *L'intervento di rete. Concetti e linee di azione*, Ed. Gruppo Abele, 1995

AA.VV., *L'operatore cortocircuitato. Strumenti per la rilevazione del burn-out fra gli operatori sociali*, Ed. CLUP, 1987

AA.VV., *L'organizzazione nel lavoro sociale*, Ed. Gruppo Abele, 1998

Agostini L., Pacchi C., Parisi R., *Burnout e servizi sociosanitari. Un'indagine esplorativa*. In: "Difesa Sociale", 1990, pp. 41-62

Bernstein Gail S. e Halaszyn Judith A., *Io, operatore sociale. Come vincere il burn-out e rendere gratificante il mio lavoro*, Centro Studi Erickson, Trento, 1993

Campanini A. (a cura di), *Il colloquio nel servizio sociale*, Novastampa, Parma, 1993

De Robertis C., *Metodologia dell'intervento nel lavoro sociale*, Zanichelli, Bologna, 1986

Folgheraiter F., *Operatori sociali e lavoro di rete*, Erickson, Trento, 1991, pp. 255-258

Leone L., Prezza M., *Costruire e valutare i progetti nel sociale*, F. Angeli, Milano, 2003

Maguire L., *Il lavoro sociale di rete*, traduzione, introduzione a cura di Folgheraiter F., Centro Studi Erickson, Trento,1989

Mariani V., *Il lavoro d'équipe nei servizi alla persona*, Edizioni Del Cerro, 2009

Piaget J., *Lo sviluppo mentale del bambino e altri studi di psicologia*, Piccola Biblioteca Einaudi, 2000

Salomè J., *La relazione di aiuto e la formazione al colloquio*, Liguori, Napoli, 1996

Sanicola L., *L'intervento di rete*, Liguori, Napoli, 1994

Sanicola L., *Reti sociali e intervento professionale*, Liguori, Napoli, 1995

Watzlawick P., Beavin J.H., Jackson D.D., *Pragmatica della comunicazione umana*, Astrolabio, Roma, 1997

Parte Seconda

Competenze psicosociali

SOMMARIO

Capitolo 1
Elementi di psicologia generale

1.1 I campi d'indagine della psicologia

La psicologia è la scienza che studia il comportamento e l'attività mentale. Dibattuto è il problema del metodo di accesso al campo d'indagine specifico e cioè come debba essere esaminata la realtà psichica.

Gli psicologi di orientamento **meccanomorfico** considerano l'evento psichico come un fatto ricostruibile secondo parametri sperimentalistici, mentre gli psicologi di orientamento **antropomorfico** attribuiscono ad esso una struttura specifica che richiede una partecipazione interiore.

Altri interrogativi sorgono riguardo alla natura della psiche, al suo essere un'*entità astorica* oppure un *prodotto sociale*, al concetto di *normalità psichica*, all'esistenza di un confine tra la salute mentale e il comportamento deviante. Il problema concerne i legami tra lo *psichico* e il *neurofisiologico* e innesca un'accesa polemica tra psicologi **riduzionisti** e **antiriduzionisti**, lasciando affiorare una gamma di posizioni intermedie, mentre la questione relativa all'eventuale possibilità di tradurre in costrutti misurabili i dati psichici contrappone due schieramenti, i **quantificazionisti** e gli **antiquantificazionisti**.

Il rapporto tra l'individuo e l'ambiente, inoltre, è oggetto di una dicotomia tra **ambientalisti**, che sottolineano l'importanza delle influenze ambientali sulle strutture comportamentali, e **innatisti**, che affermano l'ereditarietà di tali strutture.

Nel linguaggio delle scienze contemporanee la psicologia è la disciplina che analizza, con metodo scientifico, la fenomenologia della vita psichica, allo scopo di venire a conoscenza dei modi più reconditi attraverso i quali essa si attua e delle leggi che la conducono.

La **psicologia scientifica** si è sviluppata grazie all'opera di scienziati naturali, fisici, fisiologi, medici che, soprattutto in Germania, condussero ricerche sui processi mentali più elementari, in particolare su quelli alla base delle sensazioni e delle emozioni.

Wilhelm M. Wundt (1832-1920) fondò una psicologia sperimentale su vasta scala, dopo che **Gustav T. Fechner** (1801-1887) aveva mostrato le possibilità d'impiego dell'esperimento e dell'osservazione empirica esatta. Wundt fondò a Lipsia, nel 1879, il primo laboratorio per l'indagine sperimentale dei processi psichici, evento considerato da molti come l'inizio della psicologia come scienza autonoma, tracciando inoltre un vasto sistema della nuova scienza, compresa tra la psicofisiologia sperimentale e la psicologia dei popoli.

Nel XX secolo il centro scientifico internazionale si spostò negli Stati Uniti, dove gli studiosi rifiutarono l'idea che la psicologia dovesse occuparsi della mente e affermarono l'**antimentalismo**, promuovendo la corrente del **comportamentismo**, che avrebbe dominato la psicologia per oltre quarant'anni.

I comportamentisti sostennero che la psicologia avrebbe potuto liberare se stessa e ampliare la propria sfera d'azione facendo del comportamento il proprio campo d'indagine, evitando complesse teorizzazioni sui processi mentali e attenendosi a ciò che è obiettivo e osservabile dall'esterno, i comportamenti manifesti.

Sebbene molti correttivi siano stati introdotti, il comportamentismo ha influenzato a lungo la psicologia, in particolare attraverso l'opera di **Burrhus F. Skinner** (1904-1990). La psicologia *stimolo-risposta*, che era precedente al comportamentismo, fu rapidamente incorporata in questa corrente.

Il fisiologo **Ivan P. Pavlov** (1848-1936) introdusse la nozione di *riflesso condizionato*, un riflesso appreso, in base al quale la risposta si abbina allo stimolo che precedentemente non la provocava. Celebre il suo esperimento con il cane: si mostra all'animale una porzione di carne e, nel fare questo, si suona un campanello; dopo che quest'operazione è ripetuta per un certo numero di volte, il suono riesce da solo, e dunque artificialmente, a stimolare la salivazione nell'animale.

I concetti di stimolo e risposta spiegavano la formazione delle abitudini e dell'apprendimento, gratificando l'aspirazione comportamentista di disporre di un'unità analitica che consentisse di rendere comprensibile il comportamento: se lo stimolo responsabile della reazione poteva essere identificato, allora la reazione poteva essere prevista, e, attraverso un condizionamento, tenuta sotto controllo.

La visione comportamentista, ritenuta troppo angusta per comprendere l'estrema ricchezza dei dati psicologici, si indebolì nel secondo dopoguerra, mentre si delineò una rinascita dello studio scientifico dei processi mentali. Si consolidò la **psicologia cognitiva** o **psicologia del conoscere**, che analizzava il funzionamento della mente a livello astratto e si occupava dei modelli di riconoscimento, delle distorsioni nella percezione della realtà, della linea sfumata esistente tra attenzione e disattenzione.

L'area cognitiva è il campo di studi che ha per oggetto di analisi la mente. A quest'area appartengono anche la psicologia fisiologica, la neurofisiologia e altre discipline quali la filosofia, l'etologia, l'informatica. La mente, infatti, può essere considerata un sistema operativo: un apparato che svolge compiti attraverso operazioni analizzabili sul piano sia della concretezza sia dell'astrazione.

La psicologia fisiologica si origina dall'incontro tra psicologia cognitiva, anatomia e fisiologia del sistema nervoso; essa studia il funzionamento della mente a livello materiale, tentando di comprendere, attraverso il lavoro sperimentale, i processi anatomo-fisiologici sottostanti ai processi cognitivi. La possibilità della psicologia di definirsi unicamente come studio dell'azione del cervello rappresenta un problema vivacemente discusso, ma interessante, poiché appare ineludibile l'esistenza di un legame vincolante tra attività cerebrale ed esperienza.

La **neuropsicologia** scaturisce dalla confluenza della psicologia cognitiva e della neurologia; essa analizza le prestazioni mentali di pazienti con lesioni cerebrali. L'esistenza della percezione subliminale è confermata, per esempio, da sindromi cliniche generate da lesioni cerebrali e caratterizzate da percezioni senza coscienza.

L'**etologia classica**, considerata una branca dell'etologia, attraverso confronti sistematici tra specie animali differenti, studia le origini e l'evoluzione dei comportamenti. Da circa un trentennio si è affermata l'**etologia cognitiva**, che rivela i processi biologico-evolutivi dei fenomeni mentali.

La scienza cognitiva studia i sistemi intelligenti, che siano umani, animali o artificiali; essa si concentra sulla natura della conoscenza e sull'architettura della mente. Per i teorici del **modularismo**, la mente è formata da una serie di moduli periferici, che trattano le informazioni in arrivo e le trasformano in rappresentazioni trasmesse ad un elaboratore centrale. Una diversa concezione della struttura della mente è stata proposta dai teorici del **connessionismo** o delle **reti neurali**, secondo i quali nel cervello umano esistono molte unità operative, i neuroni, e non una sola centrale operativa, come la CPU (*Central Processing Unit*) presente nel computer, in grado di lavorare sulle informazioni in entrata e in uscita attinte dalla memoria, e di controllare l'intero processo di funzionamento.

I connessionisti hanno costruito intelligenze artificiali basate su reti di unità come quelle del cervello umano, caratterizzato da un'architettura parallela, capace dunque di sfruttare le connessioni tra le numerose unità e di riuscire a compiere contemporaneamente più operazioni. Poiché, secondo quest'approccio, i fenomeni mentali corrispondono ai fenomeni fisici del cervello, è legittimo affermare che la teoria delle reti neurali ripropone la concezione filosofica del **riduzionismo materialista**.

1.2 Il concetto di personalità

La personalità è il complesso delle qualità proprie di un uomo, delle sue **caratteristiche** e delle sue **modalità di comportamento** che, nella loro organizzazione e strutturazione, ne fanno un soggetto distinto da tutti gli altri e ne spiegano l'adattamento all'ambiente.

Concetto tra i più complessi della psicologia, la personalità, dunque, è ciò che v'è di assolutamente *unico* e *irripetibile* nel singolo soggetto: essa riguarda l'aspetto esteriore, le abilità, le motivazioni, la reattività emotiva, l'esperienza vissuta e che continua a vivere.

La descrizione esauriente di una persona, un individuo cioè considerato nei suoi rapporti con gli altri e con la società, necessita di una conoscenza approfondita della sua storia evolutiva, dei suoi modelli motivazionali, del suo stile di vita, delle soluzioni adottate nei vari contesti conflittuali. Lo studioso della personalità, oltre a fornire un ritratto significativo dei soggetti esaminati, cerca anche di prevederne il comportamento: la personalità, anche se non va intesa in modo schematico, suggerisce che alcuni tratti fondamentali della persona appaiono persistenti, permettendo così di riscontrare una certa coerenza transituazionale dei comportamenti.

Sulla formazione della personalità influiscono probabilmente fattori predisponenti di carattere biologico, ma è indubbio che anche l'ambiente eserciti una significativa influenza. Sotto un altro aspetto, anche un determinato tipo di struttura fisica può influire sulla personalità: l'altezza, la forza, il peso e altri fattori di questo tipo pongono limiti precisi alle risposte che l'individuo può sperare di fornire in una determinata situazione ambientale.

Ogni *status*, vale a dire ogni posizione che l'individuo occupa all'interno della società, implica un insieme di modelli di comportamento attesi, di obblighi e privilegi, che può essere definito **ruolo** e che consente di strutturare l'azione secondo direttrici condivise. Pur essendo fondato su norme sociali, il ruolo si delinea durante l'interazione e ne assicura un prevedibile corso. I *ruoli formali*, riconosciuti ufficialmente e regolati da norme precise, si differenziano dai *ruoli informali*, non ufficiali e maggiormente negoziati. Siccome a ogni *status* corrispondono più ruoli, l'individuo si trova ad affrontare una serie di ruoli diversi.

Tutto questo spiega come mai la definizione di personalità sia talmente complessa da produrre diverse prospettive di analisi.

Secondo la **teoria dei tratti**, intendendo il tratto come una caratteristica interiore duratura, una dimensione persistente, continua, in cui il soggetto può occupare una determinata posizione, la personalità è definibile in base alla posizione occupata in un certo numero di scale, ciascuna delle quali rappresenta un tratto diverso: sicché è possibile collocare l'individuo lungo una scala di intelligenza, come indice di un tratto della sua personalità, lungo una scala di sensibilità emotiva, come indice di un secondo tratto, o una scala di ascendenza-sottomissione, indice di un terzo.

I tratti si possono considerare come l'indicazione della capacità di un soggetto di adottare certe modalità di comportamento in singoli contesti ambientali, di diventare, per esempio, aggressivo in alcune circostanze e mite in altre. Si deve distinguere tra *tratti fondamentali*, radicati nell'individuo e costanti, e *tratti di superficie*, variabili a seconda delle circostanze; nonché tra *tratti comuni*, riscontrabili in maniera generalizzata in tutti gli individui, e *tratti individuali*, tipici di un dato soggetto.

Secondo la **teoria bidimensionale della personalità**, elaborata da Hans Eysenck, sono sufficienti soltanto due fattori di personalità: la dimensione *introversione-estroversione* e la dimensione *stabilità-instabilità* emotiva.

I termini *introversione* ed *estroversione*, resi popolari dallo psicologo svizzero Carl Jung, si riferiscono a due tipi di soggetti, l'introverso, che tende a ritirarsi in se stesso, e l'estroverso, che tende a realizzare una fitta rete di interazioni. La dimensione stabilità-instabilità, invece, comporta la collocazione all'estremità stabile degli individui che mostrano il grado maggiore di autocontrollo, e all'estremo opposto dei soggetti ansiosi e inquieti.

Sin troppo nota è la **teoria psicoanalitica**, elaborata da Sigmund Freud, segnata da un duplice aspetto, *genetico* e *interattivo*, poiché si concentra sull'analisi sia dello sviluppo sin dalla primissima infanzia, sia dei conflitti motivazionali affioranti durante il corso dell'esistenza. Secondo la concezione psicoanalitica, lo sviluppo è segnato da un percorso costante, che, attraverso un processo formativo, costruisce una struttura di personalità relativamente stabile.

Freud introduce i concetti di:

- **Es**, parte della personalità che riflette impulsi istintuali non organizzati e che, se sbrigliata, ricerca l'immediata gratificazione dei bisogni primitivi, obbedendo alle leggi del piacere;
- **Io**, parte che corrisponde al sé com'è percepito dal soggetto e che esercita funzioni di controllo, frenando l'impulsività dell'Es, nello sforzo di differire la gratificazione finché questa non sia ottenibile in modi socialmente accettati;
- **Super-io**, parte della personalità che corrisponde alla coscienza morale, elemento fondamentale della struttura della personalità, principio e origine sociale dell'obbligo morale che si costituisce grazie all'interiorizzazione delle figure affettivamente importanti e delle regole di vita da esse imposte (si pensi ai divieti imposti dai genitori durante l'infanzia).

Contro queste teorie si esprimono polemicamente i **teorici del comportamento sociale o dell'apprendimento sociale**. Costoro sostengono che la condotta dell'individuo è fortemente condizionata dalla *specificità* delle circostanze e delle situazioni ambientali e perciò focalizzano il loro interesse sulla modificabilità del comportamento.

Si afferma che l'invariabilità di una condotta è determinata dalle aspettative relative a se stessi e agli altri, talmente definite da sortire un comportamento ad esse uniforme, mentre un altro elemento fondamentale in questo senso è la stabilità dell'ambiente, dal punto di vista sia fisico sia sociale. Pur non negando l'influsso dell'ereditarietà, i teorici della specificità vi attribuiscono scarsa importanza.

Le **teorie umanistico-esistenziali**, infine, considerano gli individui *luoghi di autorealizzazione*: l'essere umano è dotato di potenzialità da dispiegare nel consorzio civile. Ne deriva che la personalità è il risultato dell'equilibrio creato, di volta in volta, nel contrastare gli elementi che impediscono all'individuo di esprimere liberamente il proprio potenziale. Questi elementi emergono dall'ambiente sociale o dallo stesso soggetto, che, se occorre, non esita a tradire se stesso, pur di apparire come gli altri si aspettano che sia.

1.3 Apprendimento e maturazione

Si possono comprendere i processi psicologici dell'adulto, dalle percezioni alle motivazioni, dalle emozioni ai conflitti, solo se si conosce in che modo essi si originano.

Il problema del rapporto tra la crescita, o **maturazione**, e l'influenza dell'esperienza, o **apprendimento**, è stato affrontato in vari settori della psicologia.

Quando si parla di *maturazione* si fa riferimento ai processi di crescita articolati in regolari modificazioni del comportamento, la cui successione temporale, per quanto richieda un insieme di stimolazioni ambientali, è relativamente indipendente dall'esercizio e dall'esperienza. Il concetto di *apprendimento*, invece, ha a che fare con le trasformazioni comportamentali persistenti derivate dalla pratica. Si tratta del processo per cui emergono comportamenti inediti o alterati, come risultato di precedenti risposte, purché i cambiamenti non siano da ritenere il prodotto della maturazione o di alterazioni temporanee dell'organismo, come, per esempio, gli effetti sortiti da droghe.

La regolarità dello **sviluppo prenatale** fornisce un chiaro esempio di ciò che si intende per maturazione, poiché la crescita procede in modo ordinato e prevedibile anche per i bambini nati prematuri e tenuti in incubatrice, che si sviluppano con lo stesso ritmo di quelli rimasti nell'utero fino al termine. Anche durante la prima infanzia, molti tipi di comportamento, come l'acquisizione della stazione eretta, la deambulazione o la fonazione, si svolgono secondo una sequenza ordinata difficilmente influenzabile dall'ambiente.

Nonostante la maturazione crei le condizioni favorevoli all'apprendimento, il comportamento risulta però dall'azione combinata di entrambi, come dimostra lo **sviluppo motorio** in un bambino che, impossibilitato a camminare durante la fase appropriata della crescita, incontrerà successivamente molte difficoltà. Vari studi hanno dimostrato che anche lo sviluppo sensoriale, pur dipendendo dalla maturazione, per funzionare correttamente necessita di un'adeguata quantità di stimolazione.

D'altro canto, se è vero che i bambini traggono beneficio da un ambiente ricco di sollecitazioni, è anche vero che un aumento di stimoli non provoca un'accelerazione dello sviluppo fino a che non si raggiunge lo **stadio sufficiente di maturazione**. Diversi esperimenti hanno dimostrato che un addestramento particolare sortisce effetti temporanei e che, per poter superare una fase, non solo deve aver luogo un adeguato apprendimento, ma devono intervenire processi collegati a trasformazioni interne.

Lo **sviluppo psicologico** sembra seguire un percorso lineare in cui uno stadio succede all'altro e a ogni svolta il semplice accumularsi meccanico dei cambiamenti si interrompe per dar luogo a vere e proprie ristrutturazioni. Il concetto di **periodo critico** presuppone che la mancata risoluzione di particolari problemi evolutivi legati a un determinato stadio ostacoli il passaggio allo stadio successivo.

1.4 Stadi del percorso evolutivo: il pensiero di Jean Piaget

Secondo lo psicologo svizzero Jean Piaget (1896-1980), il percorso evolutivo di un individuo si articola in quattro stadi fondamentali, ognuno dei quali è caratterizzato da un tipo particolare di operazione.

1.4.1 Stadio sensomotorio

Dura dalla nascita fino all'età di 2 anni: consente all'intelligenza di esprimersi solo attraverso il contatto sensorio e fisico con l'ambiente. Prima che sia raggiunto il livello del linguaggio i significati vengono definiti attraverso la **manipolazione**. Un effetto dell'attività manipolatoria del bambino è rappresentato dal *conseguimento* dell'oggetto, dalla consapevolezza cioè che un oggetto visto da differenti angoli visuali costituisca una realtà duratura, rimanendo lo stesso oggetto.

Per esempio, se il bambino ha imparato a reggere il biberon e questo gli viene presentato capovolto, inizialmente il bambino cerca di poppare dal fondo, ma successivamente, quando comincia a riconoscere l'oggetto come qualcosa di persistente, lo raddrizza e prende a succhiarlo dalla sommità.

1.4.2 Stadio preoperazionale

Inizia a 2 anni e finisce a 7: è caratterizzato, sotto il profilo sia della conoscenza sia della morale, da un tratto particolare, l'**egocentrismo**. Il soggetto comincia col comprendere e sentire attraverso se stesso, prima di riuscire a operare una distinzione tra ciò che appartiene alle cose o agli altri e ciò che proviene dal proprio universo intellettivo e affettivo. Il bambino, dunque, non può divenire cosciente del proprio pensiero, perché la coscienza di sé comporta un confronto continuo tra l'io e l'altro.

Nel periodo dai 5 ai 7 anni si sviluppa progressivamente il **principio della conservazione** della massa, del peso e del volume degli oggetti.

1.4.3 Stadio delle operazioni concrete

Dura dall'età di 7 a 11 anni: è caratterizzato da un'alternanza tra il primitivo egocentrismo e l'accettazione passiva dei giudizi altrui. Siccome fino all'età di 7 anni è predominante il rapporto con gli adulti, in primo luogo con i genitori, segnato dalla soggezione e dalla coercizione, il pensiero e la coscienza morale sono ancora esterni al bambino, che li riceve, in maniera incondizionata, dagli altri soggetti significativi del suo ambiente.

In questa fase, i fanciulli sono capaci di trattare il mondo concreto quasi con la stessa abilità cognitiva degli adulti, possono assumere i ruoli altrui e giudicare ponendosi nella prospettiva degli altri. Il bambino acquista la capacità di effettuare operazioni logiche, come la **reversibilità** in aritmetica, la **classificazione**, cioè l'organizzazione di oggetti in gerarchie di classi, e successivamente la **seriazione**, ossia l'organizzazione di oggetti in serie ordinate.

Appare un'altra forma di relazione sociale, quella fondata sulla **cooperazione**, instaurata tramite il contatto con compagni coetanei, che consente di comprendere la diversità e la complementarità delle funzioni nel gioco collettivo e, quindi, della molteplicità dei punti di vista. Si perviene all'autonomia solo attraverso la discussione, che, ingenerando riflessioni, verifiche e critiche, permette di passare al vaglio idee e categorie, regole e principi.

1.4.4 Stadio delle operazioni formali

È lo stadio che segna l'**inizio dell'adolescenza**: è caratterizzato dall'acquisita capacità del soggetto di **concettualizzazione** e di **formulazione** di un ragionamento ipotetico-deduttivo.

Il processo di sviluppo cognitivo, secondo Piaget, presenta un **carattere universale**, perché in tutte le società si attraversano gli stessi stadi con lo stesso ordine, anche se i contenuti, in relazione alle differenti visioni del mondo, variano da una cultura all'altra.

Una scarsa esposizione al pensiero formale, inoltre, comporta che non tutti i soggetti raggiungano lo stadio conclusivo, fermandosi a quello delle operazioni concrete.

L'adolescenza

L'adolescenza è quel periodo che va dalla **pubertà** – età in cui compaiono i caratteri sessuali secondari e comincia a maturare la funzione sessuale – all'**età adulta**. L'età adolescenziale, compresa approssimativamente **tra i 13 e i 20 anni**, è segnata da mutamenti somatici che riguardano i caratteri sessuali primari, cioè gli organi riproduttivi, e i caratteri sessuali secondari, vale a dire i tratti non direttamente connessi con l'apparato riproduttivo, che distinguono l'uomo maturo dalla donna matura.

1.5 Freud, Vygotskij ed Erikson

Il fondatore della psicanalisi, **Sigmund Freud** (1856-1939), ha riconosciuto l'importanza fondamentale per lo sviluppo delle prime esperienze infantili e ha descritto i rapporti del bambino con i genitori mostrandone le radici sessuali, definite libidiche: il contatto fisico con la madre, o con chi la sostituisce, procura il primo piacere.

I vari periodi della crescita individuale possono essere definiti come fasi dello sviluppo psicosessuale, in rapporto alla diversa localizzazione corporea delle fonti di piacere nelle varie età, fino ad arrivare alla gratificazione della sessualità adulta.

Freud distingue:

- lo **stadio orale**, che corrisponde ai primi due anni di vita, durante il quale la gratificazione avviene attraverso la stimolazione delle labbra e della regione orale, come accade nell'allattamento e nella suzione del pollice;
- lo **stadio anale**, che corrisponde all'età compresa tra i 2 e i 4 anni, durante il quale la gratificazione è ottenuta attraverso la ritenzione o l'espulsione delle feci;
- lo **stadio fallico**, che dura dall'età di 4 anni all'età di 6, periodo durante il quale la gratificazione si realizza attraverso la stimolazione degli organi sessuali;
- lo **stadio di latenza**, che comincia all'età di 6 anni e finisce all'età di 10, fase durante la quale gli stimoli sessuali si placano, ma non scompaiono;
- lo **stadio genitale**, durante il quale gli interessi sessuali si delineano in maniera definita.

Secondo la prospettiva di **Lev S. Vygotskij** (1896-1934), il maggior esponente della scuola cognitiva russa, lo sviluppo della psiche è soprattutto un riflesso delle condizioni materiali e appare guidato dal contesto storico-sociale in cui il bambino vive.

L'aspetto caratterizzante dello sviluppo è la **socialità**, perché il piccolo cresce nell'interazione con gli altri, in primo luogo con gli adulti significativi del suo ambiente. Di centrale importanza appaiono la comunicazione e l'educazione nel processo di umanizzazione dell'uomo e di acquisizione, da parte dell'individuo, delle caratteristiche fondamentali della comunità di appartenenza.

Esistono, secondo Vygotskij, due livelli di sviluppo nel percorso di crescita del soggetto: il primo, definito **effettivo**, concerne ciò che è stato conseguito come risultato di uno specifico processo formativo già realizzato, il secondo, definito **potenziale**, riguarda ciò che il bambino può inizialmente raggiungere solo con l'aiuto di un adulto.

Erik H. Erikson, infine, descrive una successione di stadi psicosociali durante i quali il fanciullo si trova, ad ogni svolta, ad affrontare problemi specifici, tessendo una rete sempre più complessa di interazioni, che parte dal rapporto con la madre per comprendere progressivamente le relazioni con entrambi i genitori, con l'intero nucleo familiare, con il vicinato, con i compagni di scuola, con gli amici, con i colleghi, fino a giungere all'intera società.

1.6 Le rappresentazioni mentali: le proposizioni e le immagini

Le conoscenze possono essere immagazzinate nella mente sia in formato digitale, come **proposizioni mentali** o rappresentazioni basate sul significato, sia in formato analogico, come **immagini mentali** o rappresentazioni basate sulla percezione.

I termini *digitale* e *analogico* derivano dall'informatica, scienza in cui è possibile distinguere i calcolatori digitali, che operano con numeri o simboli paragonabili a numeri, e i calcolatori analogici, così definiti perché utilizzano le analogie tra fenomeni.

Le proposizioni mentali sono contenuti ideativi puri, nel senso che catturano le idee quasi allo stato puro, poiché sono in un codice astratto. Prive dell'ambiguità che caratterizza le frasi, in cui le parole acquistano un significato o l'altro a seconda del contesto, le proposizioni mentali sono costituite da termini che si riferiscono a concetti in maniera univoca, i quali, a loro volta, indicano oggetti e concetti che esprimono relazioni tra oggetti. Per esempio, la proposizione mentale che corrisponde alla frase "la penna è sul banco" è formata da tre concetti, uno di relazione, *esser sopra*, e due di oggetti, *penna* e *tavolo*.

La mente ha la capacità di generare l'*impressione soggettiva* di percepire, attraverso una fervida attività di immaginazione che non corrisponde alla fantasia, ma alla possibilità di produrre immagini e di esaminarle, come accade per esempio quando si pensa all'azzurro del mare.

Secondo la **teoria della doppia codifica**, nella mente esisterebbero due sistemi distinti, anche se interconnessi, di elaborazione delle informazioni, uno operante in formato digitale, specializzato nell'ambito degli input verbali, l'altro in formato analogico, specializzato nell'ambito degli input non verbali. Se, per esempio, viene letta una frase, è il sistema digitale a procedere alla sua elaborazione, e i dati vengono conservati in un magazzino di memoria dove le conoscenze sono in formato digitale. Se viene letta la parola *fiore*, è possibile immaginare un fiore, creando così un'informazione di tipo analogico accanto all'informazione di tipo digitale legata al nome dell'oggetto.

1.6.1 I concetti

Il concetto è un'*idea astratta e generale*. Esso fissa i caratteri permanenti di un gruppo di individui fra loro simili, caratteri che poi vengono attribuiti a tutti gli individui che entrano nel gruppo considerato.

Il pensiero, complessa forma di comportamento, perché in esso si intrecciano più attività cognitive di base, in particolare, la *memoria* e l'*attenzione*, corrisponde a un processo che genera prodotti mentali e che è segnato dall'uso di **simboli** come rappresentazioni di oggetti ed eventi. Si intende per simbolo un oggetto o un segno che suscita l'idea di qualcosa che non cade immediatamente sotto i nostri sensi.

Quando si mangia una mela non si svolge un'attività di pensiero. Se però si richiama alla mente l'attività di mangiare la mela, si utilizza un qualche riferimento simbolico, che può concentrarsi su oggetti o eventi ricordati, assenti o immaginari, ma anche su percezioni e attività presenti, elaborandone il significato in modo da trascendere però la situazione presente.

Un simbolo veicola un significato fornendo un'informazione circa un oggetto o un evento e suggerendo una reazione adeguata alla persona che lo percepisce.

È possibile distinguere tra significati **denotativi** e **connotativi**. I significati del primo tipo si riferiscono a qualcosa che è possibile indicare. Sono uguali per chiunque sia in grado di comprenderli e consistono nei *significati primari dei simboli*, in qualcosa di specifico, come avviene con i nomi degli oggetti o di azioni precise. I significati connotativi, invece, presentano un carattere affettivo o valutativo, variando da un individuo all'altro: essi coincidono con le suggestioni e la valenza emotiva di una parola o di un simbolo al di là del loro significato denotativo. L'indirizzo della propria abitazione, per esempio, è denotativo ma il fatto che si viva o meno in una bella zona è un significato connotativo secondario all'indirizzo in sé.

Il metodo del **differenziale semantico**, elaborato da **Charles E. Osgood** nel 1969, è un tentativo di rappresentare le connotazioni. Si tratta di un metodo che riguarda il significato e sottolinea le diverse dimensioni dello stesso. Per chiarire le connotazioni di una parola, si chiede al soggetto di valutarla secondo un certo numero di coppie di aggettivi, come *debole-forte*, *buono-cattivo*, *attivo-passivo*. Le due qualità vengono collocate alle estremità di una scala a sette punti e il soggetto deve indicare l'intensità del proprio giudizio ponendo la parola in esame in corrispondenza di un certo punto della scala. Nonostante le differenze individuali nella connotazione, in un gruppo omogeneo affiora la tendenza, per parole di uso diffuso, ad avere connotazioni simili.

Un simbolo si riferisce a un concetto quando rappresenta una classe di oggetti o di eventi caratterizzati da una proprietà comune.

I concetti sono gli **strumenti cognitivi** della **categorizzazione**, cioè le rappresentazioni mentali utili per ordinare e raggruppare in classi le realtà che il soggetto esperisce. La mente, che sarebbe sopraffatta se fosse costretta a prendere in esame ogni stimolo nella sua unicità, può trattare gli *oggetti*, gli *eventi*, i *luoghi* raggruppandoli in categorie, insiemi cognitivamente equivalenti che, per le operazioni mentali da compiere, presentano lo stesso valore. Un oggetto verrà inserito in una classe senza che sia necessario ogni volta identificarlo e stabilirne le funzioni, e ciò consentirà di utilizzarlo in modo corretto anche se presenta forme originali rispetto a quelle conosciute e se compare in un contesto inedito. Per esempio, nella lingua italiana, l'infinità di sfumature di colori esistenti si riduce, nei discorsi correnti, a undici nomi di colori usati più di frequente.

Un importante psicologo statunitense, **Jerome Bruner**, mediante lo studio di fenomeni emergenti nel campo della comunicazione persuasiva, dell'opinione pubblica e della psicopedagogia, ha sviluppato una **concezione strutturalista della percezione**, che egli estende al più ampio ambito del pensiero, analizzando sia i rapporti tra la dimensione emotiva e le difese percettive sia il processo di formulazione dei concetti.

La percezione non avviene in maniera passiva, ma l'individuo organizza in categorie la realtà per semplificarla ed economizzare energie. L'opera bruneriana si è rivelata innovativa rispetto a un mondo accademico centrato sul paradigma del comportamentismo, che aveva studiato principalmente l'aspetto del comportamento osservabile. Il centro di gravità della ricerca subisce così uno spostamento e si trasferisce dal comportamento alla mente, la quale è considerata una struttura attiva che elabora informazioni ed è orientata alla risoluzione di problemi, alla selezione, all'interpretazione e al raggiungimento di determinati obiettivi.

Decisione, strategia, euristica rappresentano, per Bruner, i concetti-chiave di approccio attivo alla mente, che, intesa come agente, ricerca il dialogo con le altre menti attive. Sia nelle discipline umanistiche sia in quelle scientifiche è opportuno che l'insegnamento offra criteri utili a tenere sotto controllo la complessità dello scibile, fornendo strutture e modalità che il singolo possa utilizzare per la propria autoformazione.

Concetti e categorie

Il **concetto congiuntivo** è quel tipo di concetto in cui tutti gli oggetti di una classe hanno in comune delle caratteristiche: per esempio, tutti gli smeraldi sono duri, traslucidi e verdi.
Il **concetto relazionale**, invece, indica quel tipo di concetto in cui i vari elementi hanno in comune delle relazioni, piuttosto che dei caratteri. Per esempio, un triangolo isoscele ha due lati uguali, ma questi possono avere qualunque lunghezza.
Infine, per **categorizzazione** s'intende l'attività cognitiva che consente di raggruppare singoli elementi in una categoria generale sulla base di un determinato concetto. La definizione di raggruppamenti in cui inserire il singolo soggetto, oggetto o evento, non è un processo negativo, poiché agevola l'adattamento all'ambiente. Il limite di ogni categorizzazione consiste nella possibilità di errore insita nelle generalizzazioni.

1.7 Motivazione, attrazione e repulsione

Si definisce **motivazione** o **motivo** la forza che sta alla base del comportamento: si tratta di quell'impulso che sollecita l'organismo ad agire orientandone e guidandone la stessa azione.

Il motivo, oltre a determinare uno stato di prontezza, tende a dirigere il comportamento in un particolare senso: l'animale, se è affamato, corre verso il cibo e, se è sofferente, cerca di sfuggire allo stimolo doloroso. Nonostante la motivazione sia un processo interiore, si svolge in costante interazione con l'ambiente esterno, e si configura come specifica, poiché mette in moto l'organismo verso una meta precisa.

Anche se comportamenti *riflessi*, come le pulsazioni cardiache o la digestione, sono finalizzati ad assicurare il corretto funzionamento dell'organismo e si rivelano sensibili a varie specie di attivazione motivazionale, si considera *motivato* il comportamento più complesso.

Nell'infinità di motivi che spingono l'individuo ad agire, le classificazioni si sono focalizzate sui bisogni fondamentali all'origine dei processi motivazionali.

Il **bisogno** è una condizione fisiologica che, però, sortisce conseguenze di carattere psicologico, definite **pulsioni**, che sono caratterizzate da tensione ed energia.

La prima fase del comportamento motivato, alimentata dalla pulsione, s'identifica in un'attività preparatoria finalizzata. Quest'attività, se coronata da successo, fa raggiungere all'organismo un oggetto ambientale, detto **incentivo positivo**, capace di ridurre la pulsione attraverso la gratificazione del bisogno e di provocare così un'attività finale o **comportamento consumatorio**, che conclude la sequenza del comportamento motivato.

Si indica, per esempio, lo stato di privazione di cibo come uno stato di bisogno: quando l'organismo ha necessità di nutrimento, si determinano nel sangue alterazioni chimiche, manifestazioni di tale bisogno che sfociano nella pulsione della fame. Vari esperimenti hanno dimostrato che non è corretto interpretare la pulsione della fame come dipendente da sorgenti locali di stimolazione, per esempio dalle contrazioni gastriche. Meglio ipotizzare l'esistenza di sorgenti centrali, cioè di processi cerebrali che si svolgono principalmente nell'ipotalamo, attivati dall'esaurimento di sostanze nutritive nel sangue, che generano nell'uomo la consapevolezza della brama di cibo. Similmente è stato dimostrato che l'attività di regolazione della sensazione di sete si svolge nell'ipotalamo o in una zona adiacente, ipotizzando l'esistenza di qualche centro cerebrale sensibile al bisogno di liquido dell'organismo.

La **teoria del bisogno-pulsione-incentivo**, fondata sulla deprivazione e su stimolazioni dolorose, è adattabile ad altri motivi fisiologici, come quello sessuale e quello materno. Esistono, però, motivazioni fondamentali, come l'*attività*, la *manipolazione* e la *curiosità*, che presentano correlati fisiologici meno definiti.

Robert S. Woodworth, nel 1958, propose una teoria della motivazione basata sul **primato del comportamento** in contrasto con quella centrata sul **primato del bisogno**: assumendo questo punto di vista appare più plausibile la spiegazione di fenomeni come il gioco o la ricerca di avventure, motivi autonomi non finalizzati alla gratificazione di bisogni fisiologici.

Per rendere conto, poi, dei motivi che non rientrano nel modello della pulsione, gli studiosi hanno concentrato l'attenzione sull'influenza degli incentivi. Nella teoria della deprivazione e delle pulsioni dolorose tutti gli incentivi sono positivi, visti cioè in funzione della loro capacità di ridurre la pulsione attraverso la soddisfazione del bisogno o l'eliminazione della sofferenza. L'incentivo negativo è, invece, identificabile con ogni oggetto e circostanza che, percepiti o previsti, abbiano l'effetto di indirizzare il comportamento lontano da sé. Se un incentivo positivo, come un gustoso manicaretto, esercita sull'organismo **attrazione**, un incentivo negativo, come un odore sgradevole, genera **repulsione**.

Si ricava un senso di soddisfazione sia da una ricompensa sia dalla cessazione di una punizione; similmente, da una punizione quanto dalla mancanza di ricompense viene ingenerato un senso di disagio e insofferenza.

È possibile annoverare una serie di comportamenti in grado di emergere in seguito all'esistenza di incentivi:

- il **comportamento appetitivo** o di **avvicinamento**, attivato dalla comparsa di un incentivo positivo o dalla eliminazione di un incentivo negativo. Per esempio, un bambino si reca a casa di un amico per giocare (incentivo positivo), ma esita di fronte al cane da guardia, a meno che questo non sia legato (neutralizzazione dell'incentivo negativo);

- il **comportamento avversivo** o **di allontanamento** o **di regressione** o **di elusione**, attivato dalla comparsa di un incentivo negativo e dall'eliminazione di un incentivo positivo. Per esempio, lo sguardo severo della mamma (incentivo negativo) può inibire il pianto della bimba capricciosa o la mancanza di marmellata (assenza di incentivo positivo) può scoraggiare il bambino a recarsi in cucina;
- il **comportamento conflittuale**, generato da una scelta forzata tra due incentivi, positivi o negativi, o dalla presenza di un incentivo con proprietà ambivalenti. La scelta tra due viaggi a lungo sognati o due lavori massacranti può assumere carattere conflittuale.

Classificare le motivazioni

Nel gran numero di motivazioni che inducono l'individuo all'azione si possono annoverare:

- le **motivazioni primarie**, che trovano la loro origine in un bisogno di tipo biologico, legato all'autoconservazione degli organismi;
- le **motivazioni omeostatiche**, derivanti dal bisogno che esprime la tendenza degli organismi a conservare le proprie condizioni di equilibrio interno: la fame preserva, per esempio, l'equilibrio nutritivo e la sete quello idrico;
- le **motivazioni innate specifiche**, sortite dal bisogno che manifesta l'inclinazione degli individui di una specie ad adattarsi all'ambiente naturale e sociale. Per esempio, l'uomo, nell'espletamento di compiti importanti, è caratterizzato dal tratto biologico-evolutivo della curiosità;
- le **motivazioni secondarie**, apprese nel corso della vita, come il bisogno di mangiare che si avverte non perché si è spinti dalla fame, ma per il fatto che è ora di pranzo, sicché è indotto da abitudini acquisite a partire dalle esperienze precedenti di soddisfazione della fame;
- le **motivazioni superiori**, dotate di una forte valenza ideale, non vincolate a bisogni di tipo biologico, come accade, per esempio, per l'autorealizzazione, il dispiegamento delle potenzialità individuali.

Un'altra classificazione distingue:

- le **motivazioni estrinseche**, segnate da un'azione finalizzata all'acquisizione di un guadagno. Il controllo motivazionale del comportamento, attraverso la possibilità di ricompensa o punizione, si produce, per esempio, nel caso in cui si studia per ottenere un premio e non per la soddisfazione offerta da tale attività;
- le **motivazioni intrinseche**, in cui l'azione e i fini cui esse tendono sono fortemente vincolati, come accade nel caso in cui si dipinge un paesaggio unicamente per esprimere le emozioni da esso suscitate.

1.8 L'esperienza emotiva

Un'emozione corrisponde a un **processo psicologico**, articolato in una *sequenza di cambiamenti* promossa da un *evento scatenante*, il quale è causato da modificazioni dell'ambiente esterno o interno.

L'esperienza emotiva consente al soggetto di entrare in rapporto con la realtà circostante: si tratta di uno strumento complesso che, dispiegandosi sugli orizzonti cognitivo, biologico e comportamentale, tende a coinvolgere l'individuo nella sua globalità.

Le emozioni sono accompagnate da **elementi di comportamento** diretti ad affrontare le situazioni, risolvendo o eludendo i problemi che queste presentano. Nonostante la relazione tra tipi di eventi e tipi di reazione sembri abbastanza prevedibile, tale nesso non è così scontato. La grande variabilità esistente tra le modalità di risposta degli individui è spiegabile se si sottolinea il fatto che si reagisce emotivamente non tanto all'accadimento in sé, ma a come esso viene percepito.

Le ricerche transculturali hanno dimostrato che molti **schemi evento-emozione** sono universali, indipendenti dalla cultura in cui si manifestano, anche se esistono schemi specifici, propri di determinate collettività, legati alle *emozioni etniche*, esperienze vissute in particolare da alcuni popoli.

Nel processo emotivo si verificano fenomeni fisiologici che riguardano l'*attività cerebrale*, la regolazione delle *funzioni vegetative*, la *circolazione sanguigna*, la *digestione*, la *termoregolazione*, il *sistema endocrino* e il *sistema immunitario*. Vari sono i metodi per rilevare e misurare le reazioni fisiologiche delle emozioni, come il monitoraggio della pressione arteriosa, della frequenza cardiaca, del ritmo e della profondità della respirazione, l'elettrocardiogramma, l'elettroencefalogramma, la misura del diametro pupillare, la registrazione dei movimenti oculari, la misura della capacità di conduzione elettrica della pelle.

Esistono **configurazioni tipiche** o ***pattern* fisiologici delle emozioni**, riscontrabili quando affiorano determinati stati d'animo, anche se non c'è una corrispondenza sistematica tra tipi di emozione e cambiamenti che avvengono nel funzionamento dell'organismo. Negli schemi fisiologici di risposta intervengono anche molte idiosincrasie di carattere individuale, vale a dire attitudini proprie di ogni soggetto a reagire in modo diverso agli stimoli.

Durante il processo emotivo si verificano cambiamenti anche nella sfera del comportamento. È possibile distinguere tre tipi di risposta:

- **reazioni espressive**, manifestazioni involontarie, emissioni spontanee di segnali non verbali, che esprimono lo stato interiore di un soggetto e che, in alcuni casi, svolgerebbero il compito di regolare il funzionamento dell'organismo, riducendone il carico emotivo;
- **tendenze**, spinte interiori del soggetto, capaci di promuovere l'azione e caratterizzate dalla **precedenza di controllo**, vale a dire dal loro essere imperative, imponendosi alle altre tendenze comportamentali. Una persona impaurita, per esempio, può difendersi continuando a colpire l'aggressore, anche dopo averlo reso inoffensivo;
- **comportamenti specifici**, che corrispondono alla realizzazione delle tendenze emotive o delle strategie pensate al fine di ripristinare il normale equilibrio.

Un'emozione, ben lontana dall'essere un fenomeno puramente irrazionale, comporta un'attività altamente razionale. Si compie un'operazione di **pianificazione**, di decisione delle strategie da seguire per riprendere il controllo sull'ambiente, di *coping*, che vuol dire rifinitura e che si riferisce all'attuazione dei piani, e di **monitoraggio** degli effetti dell'azione.

L'esperienza soggettiva delle emozioni subisce un'**elaborazione cognitiva**, grazie al filtro delle conoscenze individuali. Su tutti i livelli del processo emotivo si esercita il controllo, sia per ragioni sociali che impediscono di esprimere o addirittura di provare determinate emozioni, sia per motivi di tipo edonistico che spingono a ricercare le emozioni piacevoli e a evitare quelle spiacevoli.

L'importante fenomeno del **contagio emotivo**, che si verifica quando un'emozione manifestata nell'emittente ne suscita un'altra, simile o complementare, nel ricevente, consente di armonizzare le emozioni individuali a quelle collettive, coordinando i ruoli degli attori sociali. Il **conforto sociale**, importante pratica dell'esperienza psicologica, svolge la funzione di sostegno tra gli individui.

La comunicazione delle emozioni espleta il fondamentale compito di esercitare un controllo sulle relazioni sociali e di creare un'immagine del sé, contribuendo alla formazione dell'opinione che hanno gli altri riguardo ad una determinata persona e dell'opinione, che, di rimando, questa ha di se stessa.

Le emozioni influiscono sui processi mentali che permettono di giungere alla conoscenza della realtà sociale e, pur favorendo errori, producendo distorsioni e sottraendo obiettività ai giudizi, costituiscono un valido strumento cognitivo, facendo da supporto all'attività decisionale.

1.8.1 Emozioni e motivazioni

L'intensificarsi delle emozioni motiva gli individui all'azione. Un'emozione spiacevole corrisponde allo **stato di tensione** che mette in moto l'**attività pulsionale**: l'individuo, quando è terrorizzato, cerca di fuggire esattamente nello stesso modo in cui evita una stimolazione dolorosa. L'attivazione dello stato di paura e la tendenza ad eliminarla non sono dissimili dalla fame e dalla pulsione ad eliminare gli spasimi della fame. La paura, una volta attivata, determina una forte tendenza ad evitare quelle situazioni in cui è probabile che si manifesti l'evento o l'oggetto temuto.

Molti psicologi ritengono che gli stati di paura acquisita, con gli stati connessi di apprensione, spiegano buona parte del **comportamento motivato**. Fortemente vincolata alla paura, anche l'ansia, stato di tensione che si desidera schivare, genera delle conseguenze sul piano della motivazione. La rabbia, che all'inizio si manifesta sempre come emozione, assume qualità pulsionali e induce ad attività di rappresaglia contro il soggetto o l'oggetto considerato responsabile della frustrazione subita.

Talvolta le emozioni sono concomitanti al comportamento motivato, come nel caso di una gioia incontenibile, che non è né una pulsione né una meta, ma può avere un valore rilevante nella scelta delle attività strumentali in vista di altri fini.

Le emozioni, che possono rivelarsi utili, agevolando la soluzione dei problemi, e al contempo dannose, inibendo i processi, presentano dunque un carattere complesso, e il difficile tentativo di distinguere le sfumature che le caratterizzano è ulteriormente complicato dal ruolo rilevante svolto dalle circostanze e dalle determinanti situazionali.

Il fatto che le emozioni non compaiano ai livelli più bassi della scala zoologica, per diventare, invece, sempre più rilevanti nei mammiferi, fino ai primati e all'uomo, dimostra che esse rappresentano una conquista evolutiva recente. La vita associata ha reso necessario disporre di sistemi per acquisire informazioni sul comportamento degli altri individui e poterli prevedere, utilizzando così una conoscenza che riveli l'altrui essere amichevole o ostile. Se nelle società rigide, come quelle delle termiti, delle formiche o delle api, dove si agisce secondo programmi geneticamente stabiliti, non occorrono indicazioni sulle tendenze dei singoli, nelle organizzazioni collettive, dove, al contrario, affiora una certa libertà d'azione, emerge il bisogno di una conoscenza reciproca tra i membri.

1.9 La comunicazione e il linguaggio

Nella storia il concetto di **comunicazione** ha subito sensibili modificazioni semantiche, non indicando più l'atto del condividere, ma la trasmissione dei messaggi.

Lo sviluppo e la crescita di un individuo si realizzano all'interno di una rete di comunicazione. A volte accade che un atto comunicativo non traduca alla perfezione le intenzioni di chi lo compie e che non si realizzi, dunque, una comunicazione efficace.

Chi comunica deve concentrarsi non solo sul messaggio in uscita, ma anche sulla reazione di chi riceve il messaggio, vale a dire sull'intero svolgimento del processo comunicativo, che si dispiega attraverso una serie di elementi:

- l'**emittente**, colui che, dotato di un apparato di emissione, invia il messaggio;
- il **messaggio**, l'insieme di informazioni trasmesse dall'emittente;
- il **codice**, sistema di regole che assegna a determinati segnali un significato.
  Il codice, a sua volta, può essere:
  - *verbale*: la lingua, con il suo insieme di regole, permette all'emittente di organizzare il messaggio e al ricevente di comprenderlo;
  - *non verbale*: gestualità, mimica facciale, forza o intonazione vocale e altre forme espressive;
- il **canale**, mezzo utilizzato per trasmettere il messaggio;
- il **ricevente**, colui che, dotato di un apparato di ricezione, capta il messaggio;
- il ***feedback*** o la *risposta di ritorno* da parte del ricevente che non utilizza necessariamente lo stesso canale di comunicazione;
- il **contesto**, situazione concreta in cui avviene lo scambio di informazioni;
- le **interferenze**, ostacoli che disturbano il processo comunicativo.

Il *sistema di comunicazione* può subire effetti di distorsione, perché a quello che si intende trasmettere si aggiunge a volte ciò che non si voleva comunicare, per cui il messaggio percepito risulta differente da quello inviato.

Un atto comunicativo è efficace quando viene compreso dal destinatario in modo che quest'ultimo gli attribuisca un significato analogo alle intenzioni dell'emittente.

Il sistema di segni adoperato per comunicare si definisce **linguaggio**.

Il linguaggio è una delle manifestazioni dell'attività simbolica dell'uomo, vale a dire della sua attitudine a rappresentare gli oggetti, le idee e gli eventi mediante suoni, gesti, atteggiamenti, comportamenti e segni che ne costituiscono i sostituti. Tale facoltà non appartiene esclusivamente alla specie umana, poiché, come ha dimostrato Karl von Frisch, le api, per esempio, sono in grado di comunicare grazie al ritmo dei loro spostamenti sul favo o alla durata di un volo e al suo orientamento rispetto alla posizione del sole.

Il linguaggio, però, è un sistema di comunicazione tipico dell'uomo e si distingue per la complessità della struttura, perché ciascuno dei simboli usati per comunicare è analizzabile in unità minori, ricombinabili diversamente in modo da formare nuovi simboli.

Esso è fondato sull'associazione di un concetto, il **significato** – o **contenuto semantico** – e di schemi di suoni, il **significante** – o **espressione verbale** – connubio

L'origine del linguaggio

Affinché l'uomo giungesse a parlare, si sono resi necessari l'acquisizione di un apparato fonatorio che consentisse l'agevole articolazione dei suoni, uno sviluppo cerebrale che permettesse di padroneggiare la logica complessa del codice linguistico, e una messa a punto di quest'ultimo mediante la definizione dei principi di funzionamento del linguaggio.

Secondo l'**ipotesi evoluzionista**, il linguaggio risalirebbe alle origini della storia del genere umano, mentre, secondo l'**ipotesi emergentista**, questo sistema di comunicazione sarebbe comparso in tempi più recenti, nell'*homo sapiens*, e come evento originario unico, grazie allo sviluppo del cervello, avvenuto durante i milioni di anni precedenti, che avrebbe creato le condizioni per l'invenzione del codice linguistico.

Quest'ultima ipotesi spiegherebbe il fatto che tutte le lingue presentano la stessa architettura, costituendo dunque i molteplici percorsi di una logica di base del sistema linguistico, espressioni della varietà delle esperienze storiche e sociali.

che produce il **segno linguistico**. Questa relazione è ineludibile, ma necessaria, affinché i membri di una collettività comprendano e siano compresi.

Due sono le funzioni fondamentali del linguaggio:

- consente la comunicazione reciproca, se chi parla e chi ascolta attribuiscono alle parole lo stesso significato. L'atto del denominare consiste nel delimitare la porzione del dato attribuendo ad essa un significato;
- offre un sistema di risposte che facilita il pensiero e il comportamento. Dare il nome a un oggetto significa identificarlo, attribuire ad esso un'individualità e al contempo classificarlo in una delle categorie concettuali riconosciute dalla collettività del soggetto parlante.

I suoni del linguaggio possono essere classificati in unità sonore distinte su cui si basano tutte le lingue, i **fonemi**, raggruppabili in **morfemi**, unità significative, unità minime dotate di senso, come radici di parole, prefissi, suffissi e parole. Queste ultime possono, a loro volta, essere unite per formare una frase, descrivibile in base all'organizzazione delle sue parti, alla sua struttura, distinta in **struttura di superficie**, consistente nella sequenza sonora della frase, nella sua formulazione, e in **struttura profonda**, consistente nel pensiero sotteso alla frase.

Il sistema di regole che collega le due strutture costituisce la *grammatica della lingua*, che consente ad una serie arbitraria di suoni o simboli grafici di assumere un significato. La struttura profonda si trasmuta nella struttura di superficie mediante una serie di *regole di trasformazione*, che indicano i passaggi attraverso i quali il pensiero è collegato all'effettiva sequenza sonora. Si pensa che una frase affermativa semplice, che potrebbe ad esempio essere "Io ho gustato la torta", avendo subìto meno trasformazioni, sia più intimamente avvinta alla struttura profonda rispetto alla versione passiva "La torta è stata gustata da me".

Il senso dei segni di una lingua non si riduce alle correlazioni predefinite tra parole e significati lessicali, contenuti nei dizionari: le parole, inserite in frasi e discorsi, incluse in un contesto linguistico, vengono pronunciate in situazioni concrete, in un contesto extralinguistico. L'uso che gli interlocutori fanno del linguaggio, determinando in buona parte i significati, è oggetto di studio della **pragmatica**, concentrata appunto sul rapporto tra i segni e i soggetti, che si distingue dalla **sintassi**, focalizzata sulle relazioni tra i segni, e dalla **semantica**, che studia il rapporto tra segni e oggetti.

Il linguaggio è, al contempo, espressione e condizione necessaria della vita sociale: affinché la comunicazione possa avvenire, i soggetti di una comunità devono riferire gli stessi simboli agli stessi oggetti, operazione che è il risultato di una decisione arbitraria, dato che nulla impone che un dato oggetto debba chiamarsi in un determinato modo, e combinare tali simboli secondo le stesse regole.

Linguaggio e pensiero

Esiste una stretta corrispondenza tra le categorie del pensiero e quelle della lingua, che offre gli schemi di organizzazione del pensiero.
Benjamin L. Whorf, uno studioso delle lingue degli **Indiani d'America**, giunse alla conclusione che strutture dissimili di linguaggio generano concezioni del mondo differenti.
Questa tesi, nota come ipotesi della **relatività linguistica**, ha animato un vivace dibattito, dal momento che molti psicologi hanno ipotizzato che siano le esperienze significative acquisite dai membri delle varie popolazioni ad influire sulle modalità di espressione: gli **Eschimesi** usano parole diverse per indicare i numerosi tipi di neve e gli **Hanunóo** delle Filippine designano con termini differenti la ricchissima gamma di varietà di riso.

Fortemente connesso alle attività tecniche e sociali tipiche dell'uomo, il solo essere dotato di parola e il solo capace di fabbricare utensili, il linguaggio presuppone l'adesione ad una norma, e l'esistenza di un orizzonte normativo è un elemento di distinzione delle società umane da quelle animali: grazie alla rappresentazione della realtà attraverso i segni linguistici codificati, l'individuo risolve problemi organizzativi riguardanti la vita in comune e la suddivisione dei compiti. Tramite il linguaggio si trasmette la cultura e ogni progresso individuale diventa così progresso della comunità.

Capitolo 2
La psicologia dello sviluppo

2.1 Il campo d'indagine della psicologia dello sviluppo

Si definisce **sviluppo** il processo evolutivo di un organismo. Si tratta di un processo con modificazioni di struttura, funzione e organizzazione che può avvenire per tre ordini di cause: **maturazione intrinseca** (ovvero sviluppo di capacità innate), **influenza dell'ambiente** e **apprendimento**.

La costruzione di un modello unico e universalmente valido dello sviluppo umano sarebbe il sogno di ogni ricercatore. Definire con chiarezza le caratteristiche e i confini delle diverse fasi evolutive avrebbe infatti una grande utilità dal punto di vista sia pedagogico che clinico, permettendo da un lato di sviluppare adeguati modelli educativi, dall'altro di definire efficaci protocolli terapeutici grazie ad un'individuazione certa della **dicotomia normalità-patologia**.

Nonostante la molteplicità di ricerche e di contributi teorici, tale obiettivo è ben lungi dall'essere raggiunto. Sebbene i singoli autori siano riusciti a mettere in luce vari aspetti dello sviluppo psichico e sociale degli individui, i modelli proposti hanno descritto solo parzialmente la complessità dello sviluppo umano, privilegiando di volta in volta alcuni aspetti e tralasciandone altri. Si cercherà, in questo capitolo, di presentare i principali filoni teorici della psicologia dello sviluppo e i loro assunti di base, dopo aver preliminarmente definito il campo di indagine della materia.

Nell'ambito della psicologia dello sviluppo, una prima distinzione da operare è quella tra *psicologia dell'età evolutiva* e *psicologia del ciclo di vita*, due branche della psicologia con precise differenze in merito all'oggetto di indagine.

La **psicologia dell'età evolutiva** si occupa di osservare e studiare ciò che avviene nella fase dell'infanzia sino all'adolescenza, due periodi dello sviluppo psicologico particolarmente ricchi di cambiamenti e di importanti acquisizioni sia cognitive che affettive, emotive e, prima ancora, fisiologiche.

L'**infanzia** comprende la fase della vita che va dalla *nascita* al 12° anno di età. La fase dell'**adolescenza**, invece, abbraccia tutto il periodo che intercorre tra il 12° e il 18° anno, anche se adesso si parla sempre più spesso di "tarda adolescenza", intendendo così riferirsi al prolungamento di alcune caratteristiche psicologiche proprie di questa fase di sviluppo, sino al 25° anno di età. È importante operare delle distinzioni per fasce d'età, poiché a ogni fascia corrisponde una serie di cambiamenti che non sono solo individuali. L'età scolare, per esempio, è caratterizzata dall'ingresso nel sistema scolastico, cui segue la maturazione di specifiche abilità. L'obiettivo del percorso di crescita, sia sul piano fisico sia nell'area psicologica, è il **raggiungimento della maturità**, ovvero ciò che l'individuo dovrebbe aver acquisito alla fine di questo lungo periodo di vita, in termini di crescita progressiva e armonica nei diversi piani dello sviluppo in ambito sia fisiologico che psicologico.

Il campo della **psicologia del ciclo di vita**, che ha ricevuto un notevole impulso dal lavoro di **Erik Erikson** (1902-1980), studia come le persone si adattino alle diverse tappe dell'esistenza e come gradualmente acquisiscano consapevolezza del *calendario biosociale*, ovvero di quell'insieme di scadenze che scandiscono i passaggi evolutivi, come il matrimonio o l'arrivo dei figli. Per Erikson l'uomo ha come scopo quello di costruire un *senso di identità*, per cui ogni tappa della vita rappresenta una svolta. La vita pone l'individuo nella condizione di dover affrontare dei dilemmi sempre nuovi, in cui le esigenze personali si scontrano con le componenti e i vincoli sociali. L'uomo apprende attraverso la gestione di questi dilemmi nuove competenze e consapevolezze che lo conducono a sviluppare la propria identità.

A queste due impostazioni teoriche si aggiunge la prospettiva della **psicologia dell'arco di vita**, sviluppatasi a partire dai contributi teorici di **Lev Semënovič Vygotskij** (1896-1934) e della scuola russa, secondo cui per comprendere lo sviluppo psicologico dell'individuo è necessario tenere in considerazione i **fattori sociali** e **culturali** che influenzano la persona.

Secondo questa prospettiva, le *età dell'uomo* non possono basarsi su calcoli puramente cronologici, perché l'età da sola non è sufficiente a spiegare i cambiamenti comportamentali. Viene così introdotto il concetto di *crescita continua*, perché pur ammettendo, per pura comodità, la suddivisione in fasi, queste non possono essere esplicative di un processo di costruzione e integrazione di abilità che progredisce nel tempo.

Lo sviluppo umano è un processo dinamico costituito da una serie di cambiamenti che avvengono in ciascuna delle fasi principali della vita e che hanno importanti implicazioni per il futuro. I concetti di cambiamento e sviluppo devono dunque essere inquadrati in una **prospettiva interazionista e costruttivista** in cui individuo e ambiente sono strettamente correlati.

La persona conosce e interpreta la realtà in interazione con l'ambiente, che non è separato dall'individuo ma è anzi in una certa misura costruito dall'individuo stesso. Per questo motivo occorre porre l'attenzione sulle diverse **funzioni psicologiche dello sviluppo**: lo *sviluppo fisico-motorio*, lo *sviluppo cognitivo*, lo *sviluppo affettivo-emozionale*, lo *sviluppo sociale e della personalità*, lo *sviluppo morale*.

Ciascuna di esse opera attivamente nel processo di maturazione, andando a formare l'unità psicofisica dell'individuo, che si sviluppa come soggetto e come persona.

2.2 Le principali teorie dello sviluppo

Sono tre i grandi filoni teorici della moderna psicologia dello sviluppo: quello **comportamentista**, quello **organismico** e quello **psicoanalitico**, che differiscono per gli assunti di base, per i metodi di indagine e per il focus di indagine.

L'approccio comportamentista muove dall'assunto che l'individuo è plasmabile dalle influenze ambientali ed è predisposto a sviluppare processi di apprendimento costanti e progressivi, se sottoposto a giuste stimolazioni esterne.

2.2.1 Il comportamentismo

Secondo i comportamentisti, il cambiamento dipende dagli **stimoli forniti dall'ambiente**, per cui il bambino tenderà a ripetere quelle sequenze comportamentali rinforzate dall'esterno e a eliminare quelle che ottengono rinforzi negativi.

L'approccio comportamentista si propone sin dalla sua origine in maniera estremamente scientifica, utilizzando come metodologia di indagine la sperimentazione di laboratorio e l'osservazione sistematica e controllata.

Il focus di indagine è rappresentato dai **processi di apprendimento**. La corrente più radicale si esprime con i concetti di *condizionamento classico* e *operante*, sintetizzabili nell'espressione **apprendimento associativo**, ovvero per *stimolo-risposta*. Detto anche *semplice* o *meccanico*, l'apprendimento associativo è fondato sulla relazione stimolo-risposta che mette capo alla formazione di abitudini. Esso comprende il condizionamento classico, il condizionamento operante e l'apprendimento di risposte combinate[1].

2.2.2 Il condizionamento classico di Pavlov

A questo proposito sono noti gli studi del Nobel per la medicina **Ivan Pavlov** (1849-1936), il fisiologo russo che dimostrò, attraverso l'osservazione sistematica di cani sottoposti a particolari stimolazioni, il **legame tra stimoli e risposte**.

Pavlov osservò che nei cani si produceva un'aumentata salivazione in conseguenza all'assunzione di cibo. Sfruttando quest'associazione di stimoli e introducendo quello che definì **SC**, ovvero uno stimolo neutro come un suono, ottenne ugualmente la reazione di salivazione, pur eliminando la somministrazione del cibo.

SI – Stimolo incondizionato (cibo)	SC – Stimolo condizionato (suono)
RI – Risposta incondizionata (salivazione)	RC – Risposta condizionata (salivazione)

Gli esperimenti condotti sui cani ottennero di procurare da parte degli animali una risposta fisiologica di salivazione anche in assenza della somministrazione di cibo, confermando l'avvenuto apprendimento della *risposta incondizionata* per *via associativa*.

2.2.3 Il condizionamento operante

Il condizionamento operante è stato introdotto da **Edward Lee Thorndike** (1874-1949) e approfondito dallo psicologo statunitense **Burrhus Skinner** (1904-1990), secondo cui l'apprendimento avviene mediante *rinforzo* di una delle tante risposte presenti nel contesto. Nei suoi esperimenti condotti sui topi, Skinner notò che il topo chiuso in una gabbia, se premeva una leva casualmente e otteneva cibo (rinforzo), apprendeva ad abbassare la leva per ottenerlo nuovamente: si era, cioè, strutturato un condizionamento operante.

Si può sostenere, sintetizzando, che dagli studi sul condizionamento operante deriva l'assunto secondo cui i comportamenti rinforzati positivamente tendono a ripetersi, quelli rinforzati negativamente o non rinforzati tendono a estinguersi. Si distinguono, inoltre, i **rinforzi primari**, che soddisfano i bisogni fondamentali, come fame e sete, dai **rinforzi secondari**.

Per la psicologia dello sviluppo e per la moderna pedagogia, questi studi acquisiscono una particolare significatività. La maggior parte delle strategie educative proposte come vincenti per la prima infanzia, ma anche per l'adolescenza, si fonda su questi concetti.

---

[1] U. Galimberti, *Dizionario di Psicologia*, Utet, 1992.

I ricercatori hanno spostato l'attenzione dagli animali ai bambini e ci si è domandati se il condizionamento classico è applicabile a questi ultimi. A tale scopo sono state fatte osservazioni precise sul *riflesso di suzione* nel lattante.

2.2.4 La teoria dell'apprendimento sociale

Sempre di matrice comportamentista è la teoria dell'apprendimento sociale sviluppata da **Albert Bandura** (1925), che si discosta dal comportamentismo radicale di Skinner per l'importanza attribuita all'osservazione come mezzo di apprendimento anche in assenza di rinforzo.

L'apprendimento non sarebbe più associato alla sola esperienza diretta, bensì all'imitazione di modelli mediante il **processo di rinforzo vicariante**, per cui le conseguenze relative al comportamento del modello (ricompensa o punizione) hanno lo stesso effetto sull'osservatore.

In tale contesto, il bambino assume un ruolo attivo nel processo di organizzazione ed elaborazione degli stimoli provenienti dall'ambiente esterno. I rinforzi non derivano più dunque dall'ambiente esterno ma dall'elaborazione individuale degli stessi (*rinforzi intrinseci*).

2.2.5 L'approccio organismico

Si tratta di un approccio che considera l'individuo come un **organismo attivo**, spontaneo e teso a realizzare le proprie potenzialità, dotato cioè di **principi organizzativi intrinseci**. Il cambiamento è la caratteristica primaria del comportamento. Il bambino costruisce gradualmente la propria comprensione, sia di sé e degli altri sia del mondo esterno, attraverso un continuo interscambio con l'ambiente.

Tra i principali esponenti di questa corrente ricordiamo Piaget, Vygotskij e Werner.

La teoria di **Jean Piaget** (1896-1980) è nota anche come **teoria stadiale**, perché lo psicologo svizzero ha descritto in modo estremamente preciso e dettagliato le singole fasi di sviluppo, intendendo per *sviluppo* un processo che nasce dall'*interazione individuo-ambiente*. Organizzazione, adattamento ed equilibrazione, che Piaget definisce *invarianti funzionali*, consentono all'individuo di migliorare e accrescere la propria organizzazione del pensiero.

La teoria di Piaget si contrappone a quella del russo **Lev Semënovič Vygotskij** (1896-1934), secondo cui lo sviluppo mentale trae origine dall'interiorizzazione delle norme culturali, pertanto sin dalle prime modalità di comunicazione il bambino manifesta di possedere un'attività intellettiva fortemente condizionata dal contesto e allo stesso tempo legata ad esso. Gli studi di Vygotskij si sono concentrati sull'acquisizione del linguaggio e sulla **costruzione dei concetti**.

Vygotskij e la formazione dei concetti

Vygotskij compì osservazioni sistematiche di bambini che, incaricati di mettere in ordine dei pezzetti di legno su cui erano segnate delle sillabe, procedevano in modi diversi. Dalle osservazioni deriva il sistema di classificazione in quattro fasi, con cui egli spiega l'evolversi della costruzione dei concetti:

- **fase dei mucchi**: il materiale viene assemblato insieme e senza differenziazioni;
- **fase dei complessi**: in questa fase, corrispondente all'età scolare, si rileva una forma di organizzazione dei materiali basata su legami irrilevanti;
- **fase degli pseudoconcetti**: tale fase, che procede sino all'adolescenza, porta a raggruppare gli oggetti in base alle caratteristiche esterne;
- **fase dei concetti**: corrisponde ad una capacità di organizzazione in base all'astrazione e alla generalizzazione.

Heinz Werner (1890-1964) propose un concetto di sviluppo che parte da una matrice di *ordine biologico*. Facendo un parallelismo tra sviluppo psichico e fisico, egli descrisse lo sviluppo adottando il **principio della crescente organizzazione**: in particolare, lo psicologo austriaco sostenne che lo sviluppo prende le mosse da un insieme indifferenziato, partendo dal quale procede poi per tappe di differenziazione e organizzazione gerarchica.

Le acquisizioni che caratterizzano i diversi periodi di vita sono affiancate a ciò che il bambino ha già appreso, ma ad un livello gerarchico superiore. Anche lo sviluppo psicologico, pertanto, procede da una *comprensione globale* del dato intrapsichico (emozioni, sensazioni) e della realtà ad una *comprensione analitica*.

Interessante è anche la teoria di **Jerome Bruner**, il quale ritiene che per sviluppo si debba intendere lo **sviluppo cognitivo**. Questo non avviene per stadi come nella teoria di Piaget, ma è legato alle strategie messe in atto dall'individuo per affrontare e padroneggiare una determinata situazione di vita in un determinato contesto. È il modo in cui le informazioni vengono elaborate che differenzia i percorsi dello sviluppo psicologico di un individuo. **Rappresentazione esecutiva** (azione), **rappresentazione iconica** (immagine) e **rappresentazione simbolica** (linguaggio) sono modalità di elaborazione del pensiero che non costituiscono fasi disgiunte o stadi di sviluppo, ma possono coesistere.

L'*azione* si riferisce alla prima modalità di conoscenza, prettamente manipolativa, corrispondente a ciò che il bambino fa esplorando intenzionalmente l'ambiente. Tale attivazione ha come scopo proprio la conoscenza dell'ambiente e della realtà. La *rappresentazione iconica* (fino ai 7 anni) corrisponde alle immagini mentali che il bambino si costruisce in base all'esperienza e che costituiscono forme di riorganizzazione della realtà. L'acquisizione del *linguaggio* fornisce poi al bambino uno strumento di codifica e decodifica della realtà ancora più complesso. I processi mentali hanno pertanto, per Bruner, un fondamento sociale.

2.2.6 L'approccio psicoanalitico

L'approccio psicoanalitico considera l'individuo come un **organismo simbolico** capace di attribuire significato a se stesso e all'ambiente circostante. Il cambiamento è visto come l'esito di conflitti interni (per esempio, tra amore e odio, tra serenità e ansia).

La teoria psicoanalitica di **Sigmund Freud** (1856-1939) si basa sullo sviluppo come un *susseguirsi di fasi psicosessuali*. **Erik Erikson** (1902-1994) aggiunge alla dimensione psicosessuale quella sociale, dividendo il ciclo di vita in otto età. Rispetto a Freud, Erikson prolunga lo sviluppo nell'intero arco di vita.

2.3 L'individuo e i suoi contesti

La famiglia, la scuola e il lavoro sono per grandi linee i tre contesti primari di cui un individuo viene a far parte nel corso della vita. In ognuno di tali contesti egli si relazionerà con altri individui e ne nasceranno relazioni più o meno profonde, più o meno durature e significative; ognuna di queste relazioni costituirà un tassello che si andrà ad unire agli altri e concorrerà a determinare lo sviluppo di ciascuno.

La **famiglia** è un contesto certamente costitutivo, perché è lì che il bambino trova le prime corrispondenze ai suoi bisogni, in cui stabilisce le prime relazioni significative e in cui trova una *base sicura* dal punto di vista affettivo-relazionale. Quasi immediatamente, se si pensa che oggi si frequentano i nidi sin dai primissimi mesi di vita, il bambino è immerso in un ambiente scolastico. Un bambino che entra al nido in tenera età sperimenta immediatamente la socialità, impara a gestire i conflitti, acquisisce maggiore autonomia, perché trae i benefici del confronto con gli altri, anticipando di fatto alcune tappe dello sviluppo: tappe che, per i coetanei che non frequentano ancora un ambiente scolastico, si susseguiranno con maggiore lentezza.

La **scuola** è organizzata in modo ciclico, sia per i contenuti didattici e gli apprendimenti relativi, sia per la struttura. Con le riforme che si sono succedute nel tempo si sono registrati dei cambiamenti notevoli anche all'interno della struttura.

Il terzo contesto, invece, è quello del **lavoro**, che entra a far parte del mondo del bambino in modo indiretto, attraverso i genitori. Non bisogna dimenticare però che, in alcuni contesti culturali, ciò non corrisponde al vero, poiché i minori spesso lavorano sin dalla più tenera età.

L'**interazione tra i tre sistemi** è uno dei cardini dei nuovi presupposti socio-educativi. Sempre più spesso la famiglia sceglie la scuola, e la scuola si adatta alle esigenze della famiglia, con programmi attenti all'orario di lavoro dei genitori, soprattutto per quel che riguarda l'orario scolastico, reso flessibile per venire incontro ai bisogni delle mamme e dei papà che lavorano tutto il giorno. Molte strutture scolastiche si attrezzano addirittura per fornire un servizio di baby parking diurno e notturno, affinché i genitori abbiano più tempo libero.

Una **sinergia tra scuola e famiglia**, e tra maestri e genitori, è fondamentale per attuare una coerenza educativa e permettere al bambino una crescita e uno sviluppo armonici. Se aggiungiamo a ciò la variabile temporale, possiamo distinguere diversi periodi dello sviluppo, più o meno coincidenti con i criteri dello sviluppo sociale: prima infanzia, età prescolare, età scolare, preadolescenza e adolescenza, fase adulta.

Età	Periodi di sviluppo
Età della prima infanzia	Da 0 a 3 anni: il contesto è esclusivamente familiare, anche se sempre più spesso vi sono bambini che frequentano il nido anche a partire da 4 mesi
Età prescolare	Da 3 a 6 anni: i sistemi coinvolti sono quello scolastico e quello familiare. Le relazioni si sviluppano con i familiari ma anche con i pari e con partner dei sistemi esterni come le maestre
Età scolare	Da 6 a 10-11 anni: è in questa fase dello sviluppo che il bambino acquisisce maggiore autonomia e capacità di relazionarsi consapevolmente con gli altri. Egli sceglie le proprie amicizie e direziona le proprie scelte
Preadolescenza e adolescenza	Da sempre definita l'età della crisi, coincide con l'ingresso nelle scuole secondarie e con gli studi superiori. È il periodo più delicato per alcuni equilibri, come per esempio per la gestione della propria autostima
Fase adulta	Da questo momento in poi inizia il secondo ciclo della famiglia e della vita lavorativa

2.4 Lo sviluppo sociale

Il **processo di socializzazione** inizia fin dalla primissima infanzia, dopo la nascita, e progredisce durante l'infanzia e l'adolescenza attraverso i complessi meccanismi di apprendimento che conducono l'individuo ad assumere modelli di comportamento simili a quelli degli altri soggetti che formano il suo gruppo di appartenenza.

La socializzazione è dunque *quel processo mediante il quale gli individui acquistano le conoscenze, le abilità, i sentimenti e i comportamenti che li mettono in grado di partecipare, più o meno attivamente, alla vita sociale.* Il divenire sociale viene fatto coincidere con l'adattamento dell'individuo alla società e con l'assunzione di ruoli sociali, adattamento che si realizza mediante processi di apprendimento sociale.

Sino agli anni Sessanta si pensava alla socializzazione o in chiave di **competenze progressive** determinate dalle influenze culturali, o in chiave di **controllo degli impulsi** e **consapevolezza del proprio ruolo sociale**. Al giorno d'oggi si preferisce utilizzare l'espressione "sviluppo sociale", proprio per indicare come l'individuo sia, fin dalla nascita, immerso nei sistemi relazionali e come da questi tragga maggiore consapevolezza del proprio ruolo in ambito sociale. L'adulto perde il ruolo di "modello" e acquisisce quello di facilitatore, mediatore o interlocutore che agevola l'organizzazione di dette competenze e conoscenze.

Nella storia evolutiva dell'individuo, quando si parla di **età infantile**, si fa riferimento a quell'arco di tempo dell'esistenza umana che coincide con i primi due anni di vita. Questo primo periodo di vita del bambino, che passa dalla condizione protetta del feto alla vita esterna, è caratterizzato dall'assenza di una comunicazione di tipo verbale. Solo dopo i due anni, il bambino, con l'acquisizione di una **prospettiva soggettiva**, può aprirsi a nuovi campi di esperienza e di relazione.

Ciò che cambia, in primo luogo, da un periodo all'altro, è proprio l'**acquisizione del linguaggio**, ma questa conquista si accompagna a nuove consapevolezze percettive e propriocettive, che consentono all'infante di esercitare le sue abilità sociali. In questa prospettiva sono importanti tanto i presupposti biologici, quanto i comportamenti socialmente orientati prodotti dal bambino e influenzati dall'adulto. Dal modo in cui il bambino si rapporta socialmente, ricaviamo indici importanti circa lo sviluppo affettivo e quello cognitivo, ma anche circa la consapevolezza delle emozioni e dei pensieri, propri e degli altri.

Uno dei momenti più significativi dello sviluppo sociale è quello in cui il soggetto acquisisce **consapevolezza di essere un individuo separato dagli altri**, ovvero la fase di *oggettivazione del sé.* Secondo **Robert Selman**, i bambini acquistano una maggiore abilità nella comprensione di se stessi e degli altri a mano a mano che acquisiscono la capacità di assumere il punto di vista dell'altro (*role-taking*). Per tutta la fase della prima infanzia il bambino gioca in modo imitativo, spesso copiando ciò che fanno le persone a lui vicine, mentre solo dopo i 7 anni sviluppa la **capacità di padroneggiare il gioco con delle regole**.

Tuttavia, è chiaro come la comprensione di sé e quella degli altri siano in un rapporto di interdipendenza. Più il bambino diventa consapevole di essere un individuo che pensa, sente, agisce, interviene nelle interazioni, orientando il proprio comportamento, più è in grado di riconoscere gli stati d'animo, le emozioni, i pensieri e i comportamenti degli altri. In questo modo egli acquisisce anche quel **sistema di norme e di valori** che gli garantisce di poter vivere nel proprio sistema sociale e di poter essere riconosciuto dagli altri.

Selman, "*grazie alle sue ricerche sullo sviluppo socio-cognitivo nell'infanzia e nella fanciullezza, ha individuato gli stadi delle abilità di* role-taking *attraverso cui si va affinando la distinzione tra sé e gli altri o meglio tra il concetto di sé e quello degli altri*"[2].

---

2 L. Camaioni, P. Di Blasio, *Psicologia dello sviluppo*, Il Mulino, 2002.

Lo studioso ha coniato l'espressione *perspective taking* per riferirsi all'assunzione di una **prospettiva sociale** e ha correlato lo sviluppo della capacità di assunzione di un punto di vista diverso dal proprio allo sviluppo del giudizio morale.

Durante la fanciullezza, l'individuo comincia anche ad intendere alcuni aspetti del funzionamento della società, raggiungendo un primo accostamento al livello di conoscenza macro-sociale. Parallelamente alle conoscenze sugli altri, si sviluppano le conoscenze sul sé. Durante gli anni della scuola elementare, la descrizione di sé passa gradualmente da un elenco di attributi fisici, comportamentali ed esterni, a rappresentazioni dei loro tratti, delle qualità interiori, delle credenze, dei valori. Questo sviluppo si rivolge verso un ritratto di sé psicologico e più astratto.

Esiste un altro aspetto del concetto di sé, quello dell'**autostima**, basato sul giudizio dei sentimenti o delle qualità che si percepiscono come proprie.

Stadi di sviluppo delle abilità di *role-taking* (assunzione di ruolo sociale) secondo Selman

Livelli	Concetto di persona	Concetto di relazione
Livello indifferenziato, egocentrico (3-6 anni)	**Indifferenziato:** il bambino non distingue caratteristiche fisiche e psicologiche di una persona Nessuna differenza tra atti intenzionali e non intenzionali Confusione tra mondo soggettivo e mondo oggettivo	**Egocentrico:** la diversità è accettata solo a livello percettivo e non a livello cognitivo
Livello 1 Differenziato, soggettivo (6-8 anni)	**Differenziato:** maggiore uniformità tra pensieri e sentimenti. Si acquisisce la differenziazione tra caratteristiche fisiche e psicologiche. Si distinguono atti intenzionali	**Soggettivo:** maggiore reciprocità nella relazione ma solo a livello di azione. Il bambino distingue tra prospettive proprie e altrui
Livello 2 Autoriflessivo, reciproco (9 anni)	**Autoriflessivo:** si riconosce la prospettiva dell'altro come diversa dalla propria. Si comprende che l'altro può avere sentimenti e pensieri non solo diversi ma molteplici	**Reciproco:** le differenze non sono più solo fisiche, tra sé e l'altro, ma anche di pensiero e di emozione
Livello 3 Reciproco, assunzione del punto di vista di una terza persona (11 anni)	**Assunzione del punto di vista altrui:** solo a questo punto il bambino riesce a porsi al di fuori della relazione e riconoscere il punto di vista di una terza persona. Parliamo quindi della nascita di un "io osservante"	**Reciproco:** si considerano simultaneamente più prospettive e più relazioni
Livello 4 Sociale, simbolico (oltre i 12 anni)	**Profondità:** emozioni, azioni e pensieri sono inseriti in un sistema più complesso di relazione. Si comprende che essi possono anche essere inconsapevoli La personalità emerge come concetto che attiene ad un sistema di tratti, credenze, valori	**Sociale, simbolico:** le prospettive possono essere molteplici, diverse ed espresse anche attraverso i sentimenti Si supera il punto di vista della terza persona e si comprende che esiste un livello più alto, legato alla morale sociale

A partire dai *6 anni*, i bambini cominciano a fare **paragoni tra le informazioni sociali** che ricevono, se sono più o meno competenti dei loro compagni. Il paragone sociale può diventare più forte se nell'ambiente (per esempio, la classe o il campo di gioco) è presente un'atmosfera competitiva. Tutto ciò ha un riflesso sulla costruzione del sé del bambino: sorgono i primi dubbi sulle proprie capacità e il bambino comincia a percepire la differenza tra competenza e impegno. Quest'età è importante anche per lo sviluppo di un senso più problematico dell'**autoefficacia**, cioè della percezione e della valutazione che il bambino ha delle proprie capacità di affrontare con successo un determinato aspetto della realtà.

Un'ulteriore caratteristica dello sviluppo sociale è rappresentata dalla **comprensione della specificità delle regole** che governano i rapporti tra i pari rispetto a quelle in vigore verso gli adulti. Nei suoi rapporti con gli adulti, il fanciullo accetta la loro autorità unilaterale, fruendo anche dei vantaggi che derivano da tale accettazione, come l'essere accuditi, il non avere responsabilità. Con i suoi coetanei vige una reciprocità simmetrica o diretta, che prevede un contributo paritario di entrambi i partecipanti alla relazione.

Tutti questi elementi contribuiscono a trasformare la fisionomia dei processi di gruppo di cui il bambino fa parte. Le amicizie si distinguono ora più nettamente: grazie al supporto emotivo fornito dalla stabilità del rapporto, con gli amici il bambino coopera e compete, riesce a risolvere problemi, si confronta, cercando conferme al proprio valore personale. Fare amicizia e soprattutto mantenerla è, per così dire, il banco di prova delle capacità sociali del bambino.

2.4.1 La teoria dell'apprendimento sociale

La teoria dell'apprendimento sociale fa capo allo psicologo canadese Albert Bandura. Lo studioso ritiene che le aspettative di genere vengano rafforzate e trasmesse attraverso le **pratiche educative**. Dalla nascita in poi, infatti, i bambini sono trattati in modo diverso dalle bambine. I maschi, per esempio, vengono incoraggiati all'esplorazione e all'indipendenza; le bambine, invece, a giocare con le bambole. Una tale impostazione si stacca dal **comportamentismo**, che legge i comportamenti come reazioni agli stimoli, e si avvicina al **cognitivismo.**

Bandura è interessato ai processi cognitivi che emergono dall'interazione con l'ambiente. Questa teoria sottolinea l'importanza dell'**apprendimento per imitazione**. Persona, comportamento e ambiente sono triadi dinamiche, che interagiscono e si determinano reciprocamente. L'individuo può trasformare il contesto e agire seguendo le proprie inclinazioni, secondo un principio di **determinismo reciproco**. La consapevolezza nelle proprie capacità di azione, di influenzamento e di reazione, chiamata *agenticità*, è alla base del concetto di *autoefficacia*. In base a questi presupposti teorici, i modelli proposti dalla televisione e dai mass-media hanno un ruolo significativo nella trasmissione degli stereotipi.

2.5 Lo sviluppo psicologico e la definizione dell'identità

Si è detto che un aspetto importante nello sviluppo sociale è la costituzione di un'idea del sé. Tale percezione è strettamente legata allo sviluppo dell'**identità sessuale**.

Con la crescita il bambino impara presto a individuare somiglianze e differenze con gli altri. Una delle categorie in base alle quali egli effettua questa distinzione è quella del *genere sessuale*. Intorno ai 10 mesi i bambini comprendono che vi sono individui di sesso maschile e femminile; verso l'anno di età cominciano a prestare attenzione ai coetanei.

Non è tuttavia ancora chiaro se esista una differenziazione strutturale tra maschi e femmine rispetto alle strategie cognitive. Sinora gli studi dimostrano che sono maggiori le somiglianze che le differenze. Le differenze sono marcate nella *scelta dei giochi*: i maschi, per esempio, sono più predisposti ai giochi di movimento o prediligono giochi che rientrano negli stereotipi maschili, come costruzioni, macchinine, mentre le femmine sono di solito predisposte a giochi più meditativi o con le bambole.

In genere le differenze si notano anche nella scelta dei compagni di gioco. Solitamente i bambini tendono a giocare con compagni dello stesso sesso. Parallelamente si nota un preciso stile relazionale nei bambini e nelle bambine; queste ultime sono di solito più collaborative, mentre i coetanei maschi improntano relazioni basate su aspetti gerarchici e di dominanza, tesi all'affermazione di sé piuttosto che alla collaborazione.

Due grandi teorie si sono occupate di analizzare lo *sviluppo dell'identità* e in particolare hanno legato tale sviluppo alla *sessualità*: la **psicoanalisi** e la **teoria dell'apprendimento sociale**.

2.5.1 La teoria freudiana

La **teoria psicoanalitica** fa capo al neurologo e psicoanalista austriaco Sigmund Freud (1856-1939), il quale pone l'accento sul **rapporto madre-bambino**.

Freud teorizza che alla base di tale relazione ci sia una motivazione secondaria. Alla nascita il bambino ha due tipi di istinti fondamentali: quelli **libidici** – nei quali sono ricompresi gli istinti vitali che riguardano i bisogni fisiologici legati alla sopravvivenza – e quelli **aggressivi** che successivamente evolveranno nell'**istinto di morte**.

Il bambino è per un lungo periodo totalmente narcisista e agisce solamente per ottenere la gratificazione degli istinti vitali: egli mostra affetto per la madre poiché è lei che si occupa del suo benessere e che soddisfa i suoi bisogni primari.

L'istinto libidico tenderà successivamente ad investire particolari zone del corpo chiamate **zone erogene**. A seconda delle diverse zone interessate, si distinguono cinque stadi detti stadi "psicosessuali".

La teoria freudiana è una **teoria stadiale**: lo sviluppo viene suddiviso in diverse fasi, ciascuna delle quali definisce come si evolve l'*energia libidica*. Gli stadi sono, in successione, l'orale, l'anale, il fallico, la latenza, il genitale.

Il primo stadio, quello **orale**, corrisponde ai primi *18 mesi* di vita. I primi contatti del bambino con il mondo si sviluppano per il tramite della bocca: pertanto, la regione orale diventa il mezzo privilegiato di **rapporto con la madre**, vissuta come un oggetto che gratifica il bambino tramite l'alimentazione. Questo stadio termina con lo **svezzamento**: il bambino deve ora abituarsi ad un tipo diverso di alimentazione e, di conseguenza, anche ad avere con la madre un rapporto diverso.

Lo **stadio anale**, il secondo, inizia all'età di *18 mesi* e si protrae fino al compimento dei *36*. L'energia libidica è concentrata nella dinamica **ritenzione-espulsione delle feci**. Spesso, in tale fase, i genitori possono diventare ossessivi sul controllo degli sfinteri, pretendendo che il figlio acquisti al più presto questa capacità. È in questo stadio che può sorgere un conflitto tra autonomia del bambino e tendenza dei genitori a imporre propri tempi e bisogni. In tal senso il bambino, attraverso una serie di comportamenti oppositivi alle richieste genitoriali, manifesterebbe la propria aggressività.

Il terzo stadio, quello **fallico**, occupa un periodo di tempo che inizia a *36 mesi* e si protrae fino ai *5 anni*. L'attenzione viene spostata ai genitali e alla scoperta delle differenze legate al possesso del pene.

Freud colloca in questo periodo il famoso **complesso di Edipo**, che si manifesta nell'emersione di desideri incestuosi verso il genitore del sesso opposto e rivalità e gelosia verso il genitore dello stesso sesso. Per la teoria freudiana, tutto il resto dello sviluppo è condizionato in modo positivo o negativo dal superamento o meno di tale complesso. Per il maschio egli identifica il superamento di questa fase con il manifestarsi del **complesso di castrazione**, cioè del timore di essere evirato dal genitore prima odiato e ora elevato a modello. In questa fase, il bambino tenderà a identificarsi con il padre: interiorizzando quest'ultimo, egli ne assumerà il potere.

Il processo di identificazione è dovuto a quello che Freud considera il tabù più importante, perché fonda il genere umano: il **tabù dell'incesto**. Lo stesso processo, ma con i ruoli scambiati, avviene per le femmine: solo che la bambina proverà meno angoscia, perché per lei la vagina rappresenta già una castrazione avvenuta. E ciò costituirà poi, secondo Freud, il problema irrisolvibile della donna: l'**invidia del pene**. In questo periodo il bambino avrà costituito le tre strutture fondamentali della personalità: l'**Es**, l'**Io** e il **Super Io.**

Dai *6* agli *11 anni* emerge la fase di **latenza**, in cui l'energia libidica si rafforza ma non viene espressa: a questo punto il bambino è ormai un essere completo. La fine della conflittualità edipica lo porterà a impegnare le proprie energie nella ricerca, nello studio, nel rapporto con i coetanei.

Nello **stadio genitale**, l'ultimo, le pulsioni sessuali vengono orientate verso un partner e finalizzate a costruire una relazione sessuale. Con la **pubertà** si risvegliano le cariche libidiche e aggressive che dovranno trovare una modalità espressiva sempre più matura per giungere ad un'identità sessuale tanto più valida quanto più sono stati superati gli stadi precedenti.

2.5.2 Lo sviluppo psicosociale di Erikson

Erik Erikson (1902-1994) è l'unico autore che, occupandosi dell'analisi dello sviluppo della personalità, ha fornito un quadro completo dell'intero ciclo vitale dell'uomo: dalla nascita alla vecchiaia.

La sua teoria, potendosi definire "neofreudiana", mantiene in comune con la matrice originale l'assunto dell'esistenza dell'inconscio. Tuttavia Erikson, a differenza di Freud, attribuisce notevole importanza alla dimensione socioculturale nei suoi stadi e ridimensiona la componente sessuale, che nella teoria freudiana è un caposaldo.

Erikson polarizza il proprio interesse sull'**interazione tra individuo e ambiente** (familiare e sociale), tanto da definire gli stadi di sviluppo come *stadi psicosociali*, a differenza di Freud che aveva parlato di *stadi psicosessuali*. Scopo fondamentale dell'uomo è la ricerca di una **propria identità** che, pur variando nel tempo, è caratterizzata da un bisogno di **coerenza dell'Io** tale da permettergli un rapporto valido e creativo con l'ambiente sociale. Secondo l'autore, nel ciclo vitale l'individuo passa attraverso una serie di tappe evolutive (stadi), che sono caratterizzate da una coppia antinomica: una **conquista** e un **fallimento**. Tale situazione (come, per esempio, fiducia-sfiducia) è definita "qualità dell'Io".

Erikson individua otto stadi che non sono, come per Freud, definiti da specifici momenti biologici, bensì da particolari modalità sociali. Ciascuna tappa deve portare al rinforzo della specifica qualità positiva dell'Io: solo in tal modo il soggetto può accedere validamente allo stadio successivo. Le **qualità dell'Io** sono esperite come *vissuti* (quindi accessibili all'introspezione), come *modalità comportamentali* (quindi osservabili) e come *strutture del mondo interno* (quindi inconsce).

Il primo stadio è quello della **fiducia/sfiducia**. La condizione di fiducia nasce da un **rapporto affettivo** incentrato sulla **figura della madre** e caratterizzato da ripetitività e costanza. La madre, dal canto suo, riesce a trasmettere fiducia al bambino nella misura in cui è supportata dall'intero nucleo familiare che rappresenta per il bambino il contesto sociale di riferimento. Il mancato sviluppo della fiducia provoca nel bambino sfiducia e impedisce la creazione di un Io solido.

Segue lo stadio dell'**autonomia** e dei **timori**. L'acquisizione del linguaggio, la capacità di deambulare e di controllare gli sfinteri rende autonomo il bambino ma nel contempo lo espone a dei rischi: la paura di non essere compreso nel parlare, così come la paura di cadere, espone il bambino al timore di essere giudicato (*vergogna*, per esempio, in caso di caduta) e deriso dagli altri (*dubbio*, il timore di essere preso in giro). Perciò il bambino deve essere dunque guidato e rassicurato fino a quando non acquisirà la padronanza piena di queste abilità necessarie ad integrarsi nell'ambiente che lo circonda.

Alla conquista dell'autonomia, e alla consapevolezza della capacità di progettare e realizzare i propositi, è legato lo **spirito di iniziativa**. Questo stadio, il terzo, è contraddistinto da **iperattività** e manifestazioni talvolta violente che possono essere vissute dai genitori come comportamenti aggressivi, negativi, da correggere.

Secondo Erikson si tratta di una fase estremamente importante per lo sviluppo di un Io equilibrato: bisogna fare il possibile perché i bambini non vivano le manifestazioni di aggressività come qualcosa di cattivo, di lesivo per gli altri, altrimenti il rischio è che sviluppino un **senso di colpa**. Se non si sviluppa un atteggiamento positivo nei confronti dello spirito di iniziativa, il rischio è che i bambini si sentano frustrati o repressi nei loro desideri o che, sul versante opposto, si lascino andare ad atteggiamenti irrispettosi nei confronti degli altri e di eccessivo individualismo.

Si giunge così al quarto stadio, quello in cui si delinea il concetto di **industriosità**. Il bambino fa il suo ingresso nella vita sociale mediante l'inserimento nel contesto scolastico: dovrà confrontarsi con nuove realtà, entrare in competizione, misurarsi con la capacità di apprendimento. L'industriosità si riferisce alla possibilità che il bambino ha di ottenere l'**approvazione sociale** grazie alla propria produttività (imparando a leggere, a scrivere, partecipando alle attività di gruppo, ecc.), ma può anche suscitargli un **senso di inadeguatezza e inferiorità** se, nel confronto con i suoi compagni, non riesce a integrarsi costruttivamente.

L'aggressività e l'irruenza tipiche dello stadio precedente vengono sostituite da diligenza, perseveranza, costanza, che diventano qualità importanti.

Stadio successivo è quello dell'**adolescenza**, caratterizzato da importanti cambiamenti fisici che inducono il soggetto a mettere in discussione la sua identità per svilupparne una nuova e definitiva in cui la **maturità sessuale** è una nuova componente. Si tratta della delicatissima fase in cui l'adolescente sperimenta esperienze nuove, in grado di affrancarlo definitivamente dalla famiglia: lo sviluppo delle prime forti passioni, l'emergere delle attitudini innate, la possibilità di ricoprire in prima persona dei ruoli sociali.

Anche i primi amori, caratteristica fondamentale di tale nuova fase, non hanno una connotazione esclusivamente sessuale, ma sono in gran misura un tentativo di definire la propria identità. Il rischio da scongiurare è che il bisogno di trovare una propria identità si trasformi in ricerca di modelli in cui identificarsi per incapacità di definire, appunto, una propria identità.

Costituita ormai una propria identità, l'individuo tende a conservare se stesso e a stabilizzare il rapporto con gli altri componenti del suo ambiente, tipicamente il **partner** e i **colleghi di lavoro**. La ricerca di rafforzare il rapporto con i propri punti di riferimento ha sul versante opposto la possibilità di chiudersi al rapporto con gli altri (isolamento) al di fuori della propria cerchia.

Il settimo stadio è la **generatività**. Si tratta di un concetto che non riguarda solo il desiderio di mettere al mondo dei figli e di allevarli, ma anche quello di creare qualcosa di utile con il proprio lavoro, di insegnare agli altri la propria esperienza.

L'ultima fase dello sviluppo sociale degli individui è quella dell'**integrità dell'Io**, cui può contrapporsi il senso della **disperazione**. Chi ha costruito un Io forte riesce ad accettare il tempo trascorso considerando il proprio vissuto come "*un irripetibile ciclo vitale* (...), *qualcosa di necessario e insostituibile*" e, quindi, anche un nuovo stadio della propria vita. Diversamente, chi non è riuscito a costruire un Io forte vivrà questa fase con rimpianto e grande rimorso, sfociando nella disperazione.

Erikson ha formulato una teoria dello sviluppo umano molto affascinante e completa, il cui difetto principale è probabilmente una certa superficialità nella descrizione di alcuni eventi psichici (per esempio non si comprende bene su quali basi una madre possa infondere fiducia o sfiducia nel bambino o incoraggiarne l'industriosità). Il suo merito principale è aver rivalutato la forte interazione tra sviluppo psichico e ambiente sociale.

Gli stadi psicosociali di Erikson

Periodo	Qualità dell'Io	Riferimento
Dalla nascita al primo anno (infanzia)	Fiducia vs sfiducia	Madre
Da 1 a 3 anni (fanciullezza)	Autonomia vs vergogna o dubbio	Famiglia
Da 4 a 5 anni (fase del gioco)	Iniziativa vs senso di colpa	Famiglia/asilo
Da 6 a 11 anni (scolarizzazione)	Industriosità vs senso di inferiorità	Coetanei (compagni di classe e amici di famiglia)
Da 12 a 18 anni (preadolescenza e adolescenza)	Identità vs dispersione o confusione di ruoli	Coetanei (compagni e amici esterni alla famiglia)
Da 19 a 25 anni (età giovanile)	Intimità vs isolamento	Compagno/a e amici
Da 26 a 40 anni (età adulta)	Generatività vs stagnazione	Colleghi di lavoro e famiglia propria
Oltre i 40 anni (maturità)	Integrità dell'Io vs disperazione	Colleghi

2.6 Lo sviluppo cognitivo

L'intelligenza, definita come uno dei tratti determinanti della personalità, è costituita da un complesso di funzioni. Secondo **David Wechsler** (1896-1991), psicologo americano, essa è una funzione dell'intera personalità ed è sensibile ad altri fattori oltre a quelli inclusi nel concetto di abilità cognitive (*fattori non intellettivi*) (D. Wechsler, 1981). Parlando dei fattori non intellettivi, egli scrive: "(...) *l'intelligenza non può essere* *separata dalla personalità* (...)" (D. Wechsler, 1949). In sintesi, l'intelligenza è quella funzione complessa dell'individuo che, integrando la **percezione dei dati ambientali** con i **fattori non intellettivi**, attiva le differenti abilità cognitive – in base alla situazione – per risolvere i problemi della vita quotidiana.

Jean Piaget, fra i maggiori studiosi dello sviluppo intellettivo, ha condotto indagini sui primi anni di vita del bambino tendenti a dimostrare la continuità tra lo **sviluppo del sistema nervoso** e l'**incremento dell'intelligenza**.

Secondo Piaget, lo sviluppo mentale si connota come percorso graduale teso al raggiungimento dell'equilibrio; questo però è continuamente in trasformazione, sicché continuo è lo sviluppo umano, sia intellettuale sia spirituale. Gli esseri viventi sono in grado di adattarsi dinamicamente al proprio ambiente, riescono a trasformarlo e si trasformano essi stessi in un'ottica di sopravvivenza della specie.

Lo **sviluppo mentale** consiste in un adattamento sempre più preciso alla realtà, che è descritto da Piaget come il risultato dell'interazione funzionale di due processi: l'assimilazione e l'accomodamento.

L'**assimilazione** è un processo che consente ai dati dell'esperienza di essere inseriti in schemi di comportamento o di spiegazione preesistenti, i quali non subiscono alcun mutamento dall'incontro con stimoli nuovi. Tali sono, per esempio, gli schemi percettivo-motori, d'interpretazione, di anticipazione e altri ancora. L'**accomodamento**, invece, si attua quando gli schemi già posseduti vengono modificati per effetto dell'adeguamento ai nuovi elementi di cui l'individuo fa esperienza. L'equilibrio tra i due processi, che sono complementari, determina un **adattamento intelligente**.

Il bambino reagisce alle sollecitazioni continuamente offerte dall'ambiente, ricevendo tutti gli stimoli che provengono da nuove esperienze, grazie al suo innato desiderio di conoscere. Le novità attraggono il bambino, che cerca di applicare i propri schemi di conoscenza a situazioni sempre nuove, e ciò comporta anche la crescita degli schemi di apprendimento, che progressivamente si migliorano e si connettono gli uni agli altri.

Piaget ha studiato, su basi rigorosamente empiriche, lo sviluppo intellettivo dalla nascita all'età dell'adolescenza. Tale sviluppo avviene attraverso un susseguirsi di stadi nei quali si acquisiscono **abilità cognitive** qualitativamente differenti. Ogni nuovo stadio, con le peculiarità che lo caratterizzano, deriva dallo stadio precedente. Nel corso della progressione da uno stadio all'altro, le interazioni dell'individuo sono inizialmente delle semplici risposte agli stimoli ambientali, poi diventano azioni sull'ambiente e su se stesso, infine si caratterizzano come azioni di riflessione sui propri pensieri e considerazioni sulla realtà.

Nel corso dell'evoluzione cognitiva, Piaget distingue le seguenti fasi:

- **fase sensomotoria** (*da 0 a 2 anni*), in cui il bambino possiede abilità sul piano della *percezione* e del *comportamento*. Da queste abilità egli raggiunge, intorno ai *18 mesi*, una forma di intelligenza diversa, contrassegnata dalla **capacità di pensare**. A caratterizzare tale stadio è l'**animismo**: le azioni e gli oggetti cui le azioni si riferiscono non hanno un'effettiva corrispondenza con la realtà, ogni cosa vive in funzione del bambino;
- **fase preconcettuale o preoperatoria, distinta in fase del pensiero simbolico** (*da 2 a 4 anni*), in cui il bambino esplora l'ambiente che lo circonda, scopre che le cose e le persone hanno dei nomi e che i nomi si possono usare per indicare qualcosa o per ricreare una realtà non presente. Il **gioco simbolico o d'immaginazione** (giocare a

far finta) è caratteristico di questo stadio: il bambino, infatti, passa gradualmente da una forma di gioco imitativa, in cui ha la capacità di ripetere azioni che vede compiere ad altri, a un gioco in cui compie azioni prodotte dalle sue idee; e
fase del pensiero intuitivo (*da 4 a 7 anni*), caratterizzata dal crescente utilizzo del **linguaggio come strumento di pensiero**. Il bambino riesce a formare delle semplici intuizioni, ma la capacità di definire i concetti non è ancora presente: egli indica gli oggetti riguardo al loro utilizzo, in funzione dell'azione del momento;

- **fase delle operazioni concrete** (*da 8 a 12 anni*), in cui il bambino è capace di svolgere un pensiero reversibile, cioè suscettibile di essere annullato da un'altra azione. Si tratta di un procedimento mentale che consente di eseguire operazioni di **classificazione**, **raggruppamento** e **seriazione**, perché permette di manipolare mentalmente le conoscenze, senza perdere la consapevolezza della forma originale delle stesse;
- **fase del pensiero logico-formale** (*da 12 anni in poi*), in cui si passa dal pensiero concreto al pensiero astratto o formale, dall'azione sensomotoria alla **rappresentazione** e alla **concettualizzazione**, e gli schemi operativi acquisiti prima si organizzano in nuove strutture.

2.7 L'esperienza emotiva

Tutte le teorie convergono nel ritenere che le **emozioni** rappresentino un'esperienza complessa e multidimensionale, funzionale a fornire all'individuo un utile parametro su cui fondare il proprio rapporto con l'ambiente esterno.

In senso generale, l'emozione "*può essere intesa come un allontanamento dal normale stato di quiete dell'organismo, cui si accompagna un impulso all'azione e alcune specifiche reazioni fisiologiche interne, ognuna delle quali si esprime attraverso una diversa configurazione e designa diverse risposte emotive*"[3].

Attraverso l'emozione l'organismo risponde ad una sollecitazione esterna che coinvolge il sistema cognitivo, la sfera motivazionale, quella fisiologica e quella comunicativa.

La valutazione che avviene sul **piano cognitivo** consente sia di apprezzare ciò che accade sia, conseguentemente, di attribuire un significato alle emozioni. Il soggetto, pertanto, in base alla valutazione dei dati, decide se uno stimolo è positivo o negativo, piacevole o doloroso. Allo stesso modo questa valutazione orienta i diversi livelli di azione e gestione delle situazioni che hanno scatenato una certa emozione.

È proprio il **sistema motivazionale** a orientare le scelte e i comportamenti. In generale una persona tende a cercare gli eventi piacevoli e a evitare quelli spiacevoli.

A livello fisiologico, invece, l'esperienza emotiva coinvolge, attivandoli, il **sistema endocrino** e il **sistema nervoso centrale e autonomo**.

Ciascuna emozione include una serie di correlati espressivi-emotivi, che sono evincibili da precise configurazioni facciali. Attraverso questa modalità espressiva, le persone sono in grado di comunicarsi emozioni. Gli studi hanno dimostrato che alcune emozioni e il corrispettivo espressivo sono comuni per tutti gli individui e costituiscono una sorta di corredo di base, funzionale all'adattamento. Il **sistema comunicativo**, tuttavia, non include solo la mimica facciale ma anche tutte le componenti non verbali.

---

[3] L. Camaioni, P. Di Blasio, *Psicologia dello sviluppo*, Il Mulino, 2002.

All'inizio dell'**età prescolare** i bambini cominciano ad utilizzare **schemi di azione intenzionali**, servendosene nello svolgimento di attività semplici come la manipolazione dei cubi o lo scarabocchiare. Osservandoli, è facile comprendere come abbiano una sorta di traccia da seguire per portare a termine con successo l'attività nella quale sono impegnati. In tali momenti appare altrettanto evidente che i bambini sono portati a confrontarsi con emozioni complesse, come la frustrazione.

Lo sviluppo del sistema emotivo riveste un'importanza fondamentale per l'organizzazione dell'esperienza e delle relazioni, poiché è funzionale ad intrecciare relazioni. In realtà, fin dai primi giorni di vita, il bambino è in grado di modulare attività che regolano le emozioni. Il succhiarsi il pollice, infatti, è una delle cose che il bambino fa quando ha necessità di autoconsolarsi. Solo verso i 4-5 anni diventa capace di autoregolare le emozioni e di gestirle in modo appropriato al contesto.

L'adulto svolge un ruolo importantissimo nelle diverse fasi del **processo di autoregolazione**, poiché al principio è impegnato in attività di consolazione, che si trasformano nel tempo in attività di sostegno emotivo e successivamente aiutano il bambino ad interiorizzare.

A cosa servono le emozioni? Quasi tutti gli approcci concordano nel riconoscere alle emozioni un ruolo adattivo. L'**approccio funzionalista**, tuttavia, concentra il proprio interesse in questa sfera di analisi e sottolinea l'importante ruolo regolatore delle emozioni, che mediano il rapporto tra l'organismo e il suo ambiente. Darwin fu il primo a evidenziare lo stretto legame con la funzione adattiva, ma anche gli studi e le osservazioni sui neonati hanno confermato questa teoria.

Le emozioni hanno il compito di regolare sia i **processi psicologici** sia i **comportamenti sociali e interpersonali**. Le emozioni di base sono corredate anche di una mimica facciale e vocale che rende possibile la comunicazione tra persone appartenenti a culture e lingue diverse. Questa teoria fornisce risposta anche alla domanda se esistano **emozioni fondamentali**. Per alcuni autori le emozioni fondamentali sono tristezza, paura, rabbia e gioia; altri autori aggiungono anche la vergogna. Tutti concordano comunque nel ritenere che, per essere considerata di base, un'emozione debba avere un corrispettivo mimico-facciale.

Le varie teorie, inoltre, ci indicano nel **sistema edonico**, legato alle sensazioni di piacere/dispiacere, il primo polo emozionale. Non sono ancora forme intenzionali di comunicazione, ma sono i rudimenti delle emozioni che poi evolveranno in modo più complesso.

2.8 Lo sviluppo morale: le teorie cognitive

Una tematica importante dal punto di vista sociale è lo sviluppo del senso morale negli individui. Comprendere i meccanismi della formazione della moralità e i fattori che la influenzano può infatti aiutare a comprendere meglio le interazioni tra individui e società e orientare i **criteri educativi**.

Lo sviluppo del giudizio e della condotta morale sono stati oggetto di molteplici approfondimenti, in ambito educativo, condotti secondo prospettive differenti. Alcuni hanno posto l'accento su **fattori esteriori**, di natura socioculturale, inducenti all'assunzione di norme etiche e di condotte moralmente accettabili. Altri, invece, hanno posto l'attenzione sulle **componenti intrinseche** dello sviluppo individuale, sottolineando la stretta connessione fra le trappe di maturazione mentale e le fasi di crescita morale.

Uno dei primi psicologi a studiare il problema dell'acquisizione del giudizio morale fu **Jean Piaget**, che si focalizzò specificatamente sulla morale dei bambini. Basandosi sull'osservazione delle regole dei giochi e su interviste riguardanti azioni come il rubare o il mentire, Piaget scoprì che anche la moralità può considerarsi un **processo evolutivo**.

I bambini cominciano a sviluppare una morale basata sulla stretta aderenza alle regole, ai doveri e all'obbedienza imposta dall'autorità: questo tipo di morale è dettato dalla convinzione che ad un'azione errata segua automaticamente una punizione. Successivamente, attraverso l'interazione con altri bambini, essi scoprono che un comportamento strettamente aderente alle regole può talvolta essere problematico. Ecco allora che sviluppano uno stadio autonomo di pensiero morale, caratterizzato dalla capacità di interpretare le regole criticamente e selettivamente, basandosi sul **mutuo rispetto** e sulla **cooperazione.**

Le fasi dello sviluppo morale secondo Piaget

Servendosi del metodo clinico e dell'osservazione diretta, Piaget arriva a delineare diverse fasi dello sviluppo morale: anomia, realismo morale e relativismo morale.

Sino ai *4 anni* il bambino attraversa la **fase premorale** (**anomia**), caratterizzata da un'assenza totale di regole.

In un periodo successivo (**realismo morale**), fino ai *9 anni* circa, egli adotta un punto di vista *egocentrico*. Il giudizio si basa sul danno oggettivo arrecato e non prende in considerazione l'intenzionalità dell'atto. Il bambino manifesta una *morale eteronoma*. La validità della regola dipende da chi la impone – i genitori, gli insegnanti, ecc. – e prevale il **criterio della responsabilità oggettiva**, per cui la gravità di un atto dipende dalle sue conseguenze. Nell'ultima fase, quella del **relativismo morale**, prevale il *soggettivismo morale*. Solo in questa fase la regola viene intesa come frutto di un accordo discutibile. Dopo i *9 anni* il bambino comprende il concetto di responsabilità soggettiva di un'azione o di una scelta.

Piaget si sofferma anche sul concetto di **giustizia**, che passa dall'essere retributiva, ovvero legata al danno, all'essere distributiva nella fase di autonomia morale, funzionale a riportare l'ordine sociale e non solo a punire.

Gli studi di Piaget furono sviluppati da **Lawrence Kohlberg**, secondo il quale nell'acquisizione della morale è determinante la maturazione delle strutture cognitive. Kohlberg aggiunge un concetto portante, quello di **convenzione**. Pur riconoscendo l'importanza di fattori estrinseci, socioculturali e ambientali, egli ritiene che lo sviluppo morale, al pari di quello cognitivo, manifesti componenti intrinseche caratterizzate da specifici ritmi evolutivi.

Kohlberg individua tre livelli di sviluppo: *preconvenzionale*, *convenzionale* e *postconvenzionale* (*convenzionalità* significa "*attinenza alle regole, alle aspettative dell'autorità, della società*"). Comprensione e accettazione delle regole crescono di pari passo.

Nell'infanzia, in accordo con questa teoria, la condotta viene regolata secondo i primi due stadi di sviluppo della morale; in seguito il comportamento si evolve in successivi stadi. Si vede così come la moralità si sviluppi per **apprendimento sociale**, che differisce in relazione al contesto in cui si vive: i criteri morali assorbiti nell'infan-

La teoria del dominio

Secondo questa teoria, elaborata negli anni Settanta dallo psicologo statunitense **Elliot Turiel**, a partire dai 39 mesi si differenziano due rispettivi domini (ambiti) concettuali: le **convenzioni sociali** e gli **imperativi morali**. Le azioni ricadenti nel dominio della moralità hanno effetti di tipo intrinseco, mentre le azioni che riguardano la sfera sociale non hanno effetti intrinseci interpersonali.

Ciò giustificherebbe la concezione comune che la trasgressione delle convenzioni sia meno grave della mancata osservanza delle norme morali universalmente riconosciute.

zia e durante l'adolescenza dal contesto familiare e sociale, attraverso la maturazione da uno stadio all'altro, verranno mantenuti in età adulta, anche in situazioni diverse.

2.8.1 Gli altri approcci

Ad **Albert Bandura** fa riferimento la prospettiva comportamentista e, in particolare, la **teoria dell'apprendimento sociale**, secondo cui le norme vengono apprese in base all'esperienza, ovvero per il tramite di rinforzi positivi o negativi. I comportamenti si apprendono dall'osservazione e solo successivamente possono essere rinforzati. Bandura assume una prospettiva di **interazionismo cognitivo-sociale**, sottolineando nello sviluppo morale un processo interattivo globale nel quale intervengono sia fattori individuali-personali, sia fattori ambientali-sociali.

Nella **prospettiva psicoanalitica** rientrano sia la teorizzazione originaria di Freud sia quelle successive di Klein e Jacobson. **Sigmund Freud** sostiene che la coscienza morale, ovvero il *Super Io*, sia il risultato del complesso edipico e del legame di dipendenza con le figure genitoriali. Il senso di colpa si configura come la conseguenza dell'azione censoria del Super Io. In questa prospettiva assume una funzione importante anche l'*Io ideale*, derivante dall'identificazione con gli adulti di riferimento, poiché costituisce un modello a cui il bambino tende ad assomigliare.

L'austriaca **Melanie Klein**, diversamente da Freud, ritiene che per parlare di coscienza morale non si debba attendere il superamento dell'Edipo, ma che il bambino manifesti una comprensione di questa dimensione fin dalla primissima infanzia. Egli, infatti, manifesta spinte aggressive nei confronti della madre che, causando senso di colpa e paura di perdere l'oggetto d'amore, lo spingono a tenere comportamenti riparatori.

Secondo **Edith Jacobson**, invece, riveste una funzione primaria l'*Io ideale*, che si formerebbe prima del *Super Io* e che concorrerebbe, con la sua funzione vicariante, a guidare il bambino nella comprensione di ciò che è giusto e di ciò che non lo è.

Tra gli studiosi vi è un generale consenso sul principio che lo sviluppo della moralità avvenga per stadi successivi. Ne consegue che la personalità adulta riflette le caratteristiche sviluppate durante l'infanzia.

2.9 L'adolescenza e la definizione dell'identità

Sull'importanza dell'adolescenza nel percorso evolutivo non vi è discordanza di opinioni tra gli studiosi. L'adolescenza, infatti, è la stagione della vita in cui l'individuo costruisce la propria personale identità.

L'adolescente non è più un bambino e non è ancora un adulto, ma attraversa una fase delicata di transizione durante la quale è chiamato a fronteggiare una complessa serie di compiti evolutivi. Tra questi i più importanti sono le trasformazioni corporee, il confronto con il gruppo dei pari e con le figure genitoriali, le fasi dell'innamoramento e della relazione di coppia, la costruzione dell'identità, la gestione dell'autostima.

Se pur riconosciamo in questi compiti di sviluppo elementi comuni ai diversi adolescenti, è altrettanto vero che riscontriamo significative differenze nel percorso evolutivo, date dalle variabili ambientali e sociali con cui il ragazzo interagisce. I cambiamenti fisici, che potrebbero sembrare una naturale evoluzione del corpo infantile, rappresentano invece una delle trasformazioni più significative e difficili da fronteggiare. Il corpo spesso diviene luogo simbolico e viene caricato di significati. Talora viene amato, altre volte odiato e *segnato*.

Questa fase dello sviluppo si conclude all'incirca al 18° anno di età, ma la sua durata varia da cultura a cultura poiché strettamente connessa con fattori di ordine socioculturale. La fine dell'adolescenza, infatti, segna il passaggio al **mondo degli adulti**, un mondo in cui le responsabilità vengono riconosciute e assunte dal ragazzo.

In ambito psicologico i diversi orientamenti hanno focalizzato l'attenzione sui turbamenti emotivi propri dell'adolescente. Le emozioni sono intense e spesso drammaticamente esasperate. Gioia, dolore e rabbia sono stati d'animo percepiti in modo totalizzante e molte volte trovano nel gruppo dei pari un terreno adeguato per essere condivisi. In termini puramente cronologici l'inizio dell'adolescenza è collocabile tra i 10 e i 12 anni per le *ragazze* e tra gli 11 e i 13 anni per i *ragazzi*.

Compiti di sviluppo secondo Havighurst

Robert James Havighurst (1900-1991) delinea alcuni specifici problemi che l'adolescente deve fronteggiare, il cui superamento pone le basi per acquisire quella sicurezza indispensabile per affrontare le difficoltà future:

- instaurare relazioni nuove e più mature con i coetanei di entrambi i sessi;
- acquisire un ruolo sociale femminile o maschile;
- accettare il proprio corpo ed usarlo in modo efficace;
- conseguire indipendenza emotiva dai propri genitori e dagli altri;
- raggiungere la sicurezza di indipendenza economica;
- orientarsi verso e prepararsi per un'occupazione o professione;
- prepararsi al matrimonio e alla vita familiare;
- sviluppare competenze intellettuali e conoscenze necessarie per la competenza civile;
- desiderare ed acquisire un comportamento socialmente responsabile;
- acquisire un sistema di valori e una coscienza etica come guida al proprio comportamento.

(L. Camaioni, P. Di Blasio, *Psicologia dello sviluppo*, Il Mulino, 2002, p. 258)

L'adolescenza, tuttavia, è un periodo tutt'altro che omogeneo e si può suddividere in *preadolescenza*, *adolescenza*, *pubertà*, *tarda adolescenza* e *post adolescenza*, termini che indicano una dimensione evolutiva segnata da continui cambiamenti che interessano la sfera affettiva, emotiva e cognitiva. Le trasformazioni fisiche sono specifiche del periodo definito **pubertà**. Come l'adolescenza è il passaggio dal mondo infantile a quello adulto, così durante la pubertà avvengono quei cambiamenti fisiologici che trasformano il corpo del bambino in quello di un adulto.

Le principali differenze tra la fase preadolescenziale e quella adolescenziale, invece, sono relative al processo di **costruzione dell'identità**. Durante la preadolescenza vi è un significativo mutamento legato alla dimensione dell'identità fisica, elaborazione di quei cambiamenti corporei iniziati nella pubertà. Nell'adolescenza le capacità autoriflessive del ragazzo si affinano, aiutandolo a conquistare la propria identità, nonché a riorganizzare valori, scelte e morale.

Due tra i maggiori studiosi del periodo adolescenziale, **Margaret Mead** (1901-1978) e **Stanley Hall** (1844-1924), ritengono che l'influenza culturale sia determinante nel delineare le modalità di fronteggiamento della **crisi adolescenziale**[4].

La Mead, celebre antropologa, ha dimostrato che la *crisi* è un dato prettamente culturale e non universale. Attualmente è opinione diffusa, in ambito scientifico, che l'adolescenza non solo non sia necessariamente un periodo costellato da crisi, ma che siano determinanti le risorse personali e quelle ambientali, le abilità di *coping*, il *senso di autoefficacia* e l'*autostima maturati*.

La formazione di un'**identità personale** è tra i compiti di sviluppo più importanti da affrontare nel periodo adolescenziale.

L'identità coincide con due dimensioni: l'idea che un individuo ha di sé e ciò che l'individuo è realmente.

L'**immagine di sé** non è altro che la descrizione che l'individuo fa di sé: essa è l'aspetto cosciente dell'identità e perciò regola l'autostima, l'autoefficacia (sentirsi in grado di compiere un'attività), la soddisfazione di sé, i sentimenti di inadeguatezza, le aspettative di essere accolti ed apprezzati dalla società.

Scuola e processo di costruzione dell'identità

L'andamento dell'esperienza scolastica può incidere profondamente sul processo di costruzione dell'identità dell'adolescente. Quando gli allievi percepiscono le valutazioni espresse dagli insegnanti si determinano in loro delle autovalutazioni corrispondenti, dando origine a un *bias* – ossia ad un giudizio (o pregiudizio) sviluppato sulla base delle informazioni possedute – a partire dalle impressioni percettive, dall'effetto alone e dall'etichettamento. Gli allievi rispondono adattando il proprio comportamento alle etichette di *successo* o di *fallimento*. "*L'acquisizione delle competenze scolastiche continua ad essere la sfida cognitiva e motivazionale più impegnativa che la persona si trova ad affrontare nel proprio processo di crescita (...). Tale impegno rappresenta un'impresa pubblica e competitiva che definisce l'immagine di sé, nel senso che i voti scolastici predeterminano le reazioni degli altri e i percorsi professionali*" (Albert Bandura, 1995).

Durante l'adolescenza il senso di identità si esprime attraverso l'**idea di sé cercata** (esperienze in cui mettersi alla prova) e l'**idea di sé riflessa** (coerenza, sforzo di riflessione e consapevolezza). In questa ricerca si scontrano il sé reale e il sé ideale, ciò che si è e ciò che si vorrebbe essere.

Secondo gli psicologi interazionisti, il sé è una costruzione sociale che implica l'interiorizzazione di ciò che **Charles Horton Cooley** (1864-1929) chiama "*altri significativi*", ovvero gli atteggiamenti che gli altri esprimono nei suoi confronti (*looking-glass self*).

Durante l'adolescenza, l'ancoraggio sociale dell'immagine di sé è ancora più evidente che in altri periodi della vita: l'incertezza generata dai mutamenti fisici ed emotivi e le attese sociali ad essi connesse porta infatti ad una maggiore dipendenza dagli altri per la conferma dell'immagine e della stima di sé.

4 L. Camaioni, P. Di Blasio, *Psicologia dello sviluppo*, Il Mulino, 2002, p. 257.

Capitolo 3
La psicologia clinica

3.1 Le origini e il campo d'indagine della psicologia clinica

Si definisce clinica quella branca della psicologia che si occupa della comprensione, della prevenzione e della cura delle problematiche psicopatologiche e relazionali, a livello individuale, familiare e di gruppo.

A differenza di quello sperimentale, il metodo clinico utilizza il rapporto interpersonale come strumento di conoscenza.

Storicamente la pratica psicologico-clinica fonda le sue radici in due differenti tradizioni della psicologia nate tra la fine dell'Ottocento e l'inizio del Novecento in Europa: la ricerca psicometrica e differenziale, la psicodinamica.

Nel 1883 lo studioso inglese **Francis Galton**, indagando sulle differenze intellettive individuali, pervenne alla conclusione che l'intelligenza è un fattore ereditario. Nel 1890 **James McKeen Cattell**, psicologo statunitense, cominciò a misurare le differenze individuali tramite lo studio di fenomeni psicologici molto circoscritti come la percezione del dolore, la differenza tra i pesi, ecc., introducendo il **test mentale**. Nello stesso periodo Cattell costituì la *Psychological Corporation*, un'associazione in grado di offrire le prime applicazioni psicometriche in campo industriale ed educativo.

Lightner Witmer, successore di Cattell all'Università della Pennsylvania, in un convegno a Boston nel 1896, utilizzò per primo pubblicamente le espressioni *psicologia clinica* e *metodo clinico*. Nello stesso anno fu da lui fondata la prima clinica psicologica.

Nel saggio *Psychologie individuelle*, pubblicato nel 1896, i francesi **Binet** ed **Henri**, confutando le conclusioni di Galton e Cattell, affermarono che il modo migliore per discriminare gli individui consisteva nel rilevare le loro capacità psicologiche superiori.

A partire da quel momento l'interesse si spostò sulle teorie psicodinamiche della personalità grazie ai contributi di **Théodule Ribot**, **Pierre Janet** e **George Dumas**, appartenenti all'area di studi riguardante la *Psychologie pathologique*, e grazie anche agli studi medici e psicopatologici di esponenti di spicco della neurologia clinica, come **Auguste Ambroise Liébeault**, **Hippolyte Bernheim**, **Eugen Bleuler** e **Sigmund Freud**.

I modelli psicodinamici della personalità influenzeranno nei metodi, negli strumenti e nelle tecniche di diagnosi e di intervento la nascente psicologia clinica.

In Italia il campo della psicologia clinica inizia ad essere definito solo a partire dal secondo dopoguerra. Un precursore è senz'altro **Sante De Sanctis**, considerato uno dei fondatori della psicologia e della neuropsichiatria italiana. Anche se non scrisse mai esplicitamente di psicologia clinica, è presente nei suoi studi una dimensione applicativa di carattere clinico e psicopatologico.

Attualmente i compiti della psicologia clinica sono:

- la prevenzione primaria delle condizioni di disagio personale e relazionale;

- la promozione del benessere psicologico e psicosociale;
- l'identificazione precoce delle problematiche e delle patologie;
- il corretto inquadramento dei fattori psicologici, personologici, familiari, relazionali, ambientali e contestuali che sono alla base dei disturbi e delle difficoltà psicologiche;
- la gestione clinica delle principali problematiche personali, familiari, gruppali e comunitarie;
- l'intervento terapeutico e terapeutico-riabilitativo nelle problematiche emotive, relazionali, comportamentali o cognitive;
- il sostegno in situazioni di crisi emotiva, relazionale o decisionale.

3.2 I disturbi dell'età evolutiva

Per età evolutiva si intende l'arco di tempo che va dall'infanzia alla fine dell'adolescenza. Si tratta di un percorso di crescita estremamente complesso, costellato di sfide e di tappe importanti, come lo sviluppo delle relazioni familiari, la nascita di un fratellino o di una sorellina, l'inizio della scuola, l'integrazione con i coetanei e altro ancora.

I cambiamenti da affrontare, durante questa importantissima stagione, riguardano lo sviluppo fisico, cognitivo, affettivo e comportamentale. Si tratta, dunque, di quel periodo della vita durante il quale la persona raggiunge il pieno sviluppo delle sue caratteristiche somatiche e psichiche, acquistando via via una maggiore autonomia e maturazione nella comprensione della partecipazione affettiva e nel processo di socializzazione.

Si è visto, nel capitolo precedente, come questo processo sia convenzionalmente diviso in fasi: la **prima infanzia** (da 0 a 3 anni), la **seconda infanzia** (da 3 a 6 anni), la **fanciullezza** (da 6 a 10 anni), la **preadolescenza** (da 10 a 13 anni) e l'**adolescenza** (dai 13 anni).

Il passaggio da una fase all'altra implica di solito una crisi di adattamento, che si manifesta in un disagio che molto spesso i bambini e gli adolescenti non riescono a spiegare con le parole. Sono, piuttosto, i loro comportamenti a far scattare il campanello d'allarme. È importante cogliere i segnali di disagio, quali cali nel rendimento scolastico, le difficoltà di socializzazione, i comportamenti oppositivi e provocatori, al fine di prevenire l'insorgere di una patologia o di un disturbo più serio.

In età evolutiva l'intervento psicologico può essere indicato sia a scopo di prevenzione e sostegno, sia in presenza di un disturbo conclamato, sotto forma di psicoterapia. L'intervento di prevenzione e supporto si rivela particolarmente utile in presenza di esperienze traumatiche come la separazione dei genitori o la perdita di uno di loro, perché può facilitare l'elaborazione dell'esperienza vissuta e la riduzione della durata della sofferenza. Il trattamento psicoterapeutico, invece, è finalizzato alla *riduzione* dei sintomi e alla cura del disturbo.

I disturbi, per citare i più comuni, possono essere di tipo comportamentale (per esempio, deficit di attenzione e iperattività), di tipo emozionale (per esempio, depressione, ansia da separazione, fobia scolare), oppure manifestarsi nell'alimentazione (per esempio, anoressia e bulimia nervosa), nell'apprendimento (per esempio, dislessia, disortografia e disgrafia, discalculia), nella capacità di comunicazione (per esempio, disturbi fonatori, balbuzie, mutismo selettivo), nelle capacità motorie (per esempio, disturbo dello sviluppo della coordinazione), nello sviluppo cognitivo e socio-relazionale (per esempio, ritardo mentale, autismo).

3.3 I disturbi del comportamento: il disturbo da deficit di attenzione e iperattività

Si definisce **disturbo da deficit di attenzione/iperattività** quella condizione in cui è presente una persistente disattenzione e/o iperattività/impulsività. La sindrome, nota con l'acronimo **ADHD** (*Attention-Deficit/Hyperactivity Disorder*) o più semplicemente **ADD** (*Attention Deficit Disorder*), si manifesta nel bambino con comportamenti caratterizzati da disattenzione, impulsività e iperattività motoria.

La **sintomatologia** è solitamente complessa perché la sindrome si presenta frequentemente associata ai *disturbi specifici dell'apprendimento* (dislessia, disgrafia, discalculia) e ai *disturbi d'ansia* e, con minore frequenza, alla *depressione*, al *disturbo ossessivo compulsivo*, al *disturbo da tic*, al *disturbo bipolare*.

Di seguito i sintomi più ricorrenti sul piano del **deficit di attenzione**.

Il soggetto:

- spesso non riesce a prestare attenzione ai particolari o commette *errori di distrazione* nei compiti scolastici, sul lavoro o in altre attività;
- spesso ha *difficoltà a mantenere l'attenzione* sui compiti o sulle attività di gioco;
- spesso *non sembra ascoltare* quando gli si parla direttamente;
- spesso *non segue le istruzioni* e *non porta a termine* i compiti scolastici, le incombenze o i doveri sul posto di lavoro (non a causa di comportamento oppositivo o di incapacità a capire le istruzioni);
- spesso ha *difficoltà a organizzarsi* nei compiti e nelle attività;
- spesso evita, prova *avversione*, o è *riluttante ad impegnarsi* in compiti che richiedono sforzo mentale protratto (come compiti a scuola o a casa);
- spesso *perde gli oggetti* necessari per i compiti o le attività (per esempio, giocattoli, compiti di scuola, matite, libri o strumenti);
- spesso è facilmente *distratto da stimoli estranei*;
- spesso è *sbadato* nelle attività quotidiane.

Riportiamo ora i sintomi dell'**iperattività**.

Il soggetto:

- spesso muove con *irrequietezza* mani e piedi o si dimena sulla sedia;
- spesso *lascia il proprio posto a sedere* in classe o in altre situazioni in cui ci si aspetta che resti seduto;
- spesso *scorrazza* e *salta* dovunque in modo eccessivo in situazioni in cui ciò è fuori luogo;
- spesso ha *difficoltà a giocare* o a dedicarsi ai divertimenti in modo tranquillo;
- è spesso *sotto pressione* o agisce come se fosse "motorizzato";
- spesso *parla troppo*.

Ulteriore manifestazione del disturbo è l'**impulsività**, che si esprime:

- nella tendenza a *sparare le risposte* prima che le domande siano state completate;
- nella *difficoltà ad attendere* il proprio turno;
- nella *tendenza ad interrompere* gli altri o *ad essere invadenti* nei loro confronti.

I sintomi devono manifestarsi prima dei 7 anni. Non si conosce ancora la causa precisa del disturbo; esistono, tuttavia, fattori che possono contribuire a farlo insorgere o esacerbare. Tra questi rientrano sia fattori genetici sia le condizioni fisiche e/o sociali del soggetto. Il metodo di cura prevede spesso una combinazione di trattamenti: terapie comportamentali, cambiamenti dello stile di vita, interventi clinico-psicologici e terapie farmacologiche. Per la maggior parte, i bambini che presentano questo disturbo, se convenientemente trattati, riescono nel tempo ad avere una vita scolastica, sociale e familiare adeguata.

L'ADHD è diagnosticato attraverso un *assessment* psicologico. Al fine di escludere altre potenziali cause dovranno svolgersi esami fisici, radiologici e test di laboratorio. In sede di **diagnosi differenziale**, è bene approfondire la ricorrente difficoltà che il bambino ha nel portare a conclusione attività che richiedono concentrazione (come la comprensione di un testo): potrebbe trattarsi di difficoltà transitorie oppure di disturbo dell'apprendimento vero e proprio.

I sintomi di disattenzione, peraltro, sono comuni tra i bambini con basso QI collocati in ambienti scolastici inadeguati alle loro capacità intellettive. Tali sintomi devono essere distinti da segni similari in bambini con *disturbo da deficit di attenzione/iperattività*.

Essendo l'ADHD un disturbo pervasivo, tutti gli ambiti di vita del bambino sono coinvolti, per cui l'intervento terapeutico va indirizzato verso tutte le aree compromesse (cognitiva, emotivo-affettiva, comportamentale, relazionale). Il **trattamento cognitivo-comportamentale**, unito alla somministrazione di farmaci, è particolarmente indicato.

3.4 I disturbi specifici dell'apprendimento

Le "difficoltà ad apprendere" possono dipendere da **fattori ambientali e/o esterni** (arretratezza culturale, scarsa stimolazione, degrado sociale, assenze frequenti, difficoltà linguistiche) oppure da **fattori individuali** (deficit visivi e/o uditivi, insufficienza mentale, scarso funzionamento di capacità specifiche come linguaggio, lettura, memoria o attenzione).

I disturbi, estremamente variabili, vengono diagnosticati quando i risultati ottenuti in test psicometrici somministrati individualmente su lettura, calcolo o espressione scritta si collocano significativamente al di sotto degli standard previsti in base all'età, all'istruzione e al livello di intelligenza. Alcuni soggetti possono avere difficoltà solo nell'ambito della lettura e della scrittura, altri solo nell'ambito del calcolo o magari nella comprensione di ciò che viene detto loro; altri, infine, possono presentare difficoltà in più ambiti contemporaneamente.

La psicologia suddivide queste "difficoltà" in **disturbi specifici dell'apprendimento** (DSA) e **disturbi non specifici** (DNSA). I primi rappresentano una precisa categoria diagnostica e, in quanto tali, si distinguono dalla generica "difficoltà di apprendimento" che, proprio per il suo carattere aspecifico, include tipologie molto diverse di difficoltà che si possono manifestare nell'ambito scolastico.

Una diagnosi di DSA si può porre "*quando, a test standardizzati di **lettura**, **scrittura** e **calcolo**, il livello di una o più di queste tre competenze risulta di almeno due deviazioni standard inferiore ai risultati medi prevedibili, oppure l'età di lettura e/o di scrittura e/o di calcolo è inferiore di almeno due anni in rapporto all'età cronologica del soggetto, e/o all'età mentale, misurata con test psicometrici standardizzati, nonostante un'adeguata scolarizzazione. Tali di-*

sturbi (denominati ***dislessia****,* ***disortografia*** *e* ***disgrafia****,* ***discalculia****) sono sottesi da specifiche disfunzioni neuropsicologiche, isolate o combinate*"[1].

I DNSA, invece, "*si riferiscono ad una disabilità ad acquisire nuove conoscenze e competenze non limitata ad uno o più settori specifici delle competenze scolastiche, ma estesa a più settori. Il* ***ritardo mentale****, il livello cognitivo borderline, l'****ADHD****, l'****autismo*** *ad alto funzionamento, i* ***disturbi d'ansia****, alcuni quadri distimici, sono alcune tra le categorie o entità diagnostiche che causano o possono causare DNSA*".

Nel Manuale Diagnostico e Statistico dei Disturbi Mentali i *disturbi specifici di apprendimento* sono inquadrati nell'Asse 1 come **disturbi della lettura, dell'espressione scritta e del calcolo**. Nella classificazione internazionale delle malattie e dei problemi correlati (ICD-10) proposta dall'OMS vengono collocati sull'Asse 2, *Sindromi e disturbi da alterazione specifica dello sviluppo psicologico*, come **disturbi evolutivi specifici delle abilità scolastiche**. Il DSM V e l'ICD-10 prevedono anche un'ulteriore categoria diagnostica, quella dei **disturbi di apprendimento non altrimenti specificati**, residuale rispetto alla prima.

Il problema delle difficoltà ad apprendere è di notevole entità e incomincia a manifestarsi già a partire dalla **scuola dell'infanzia**, anche se lì non si pone propriamente in termini di *apprendimento scolastico*. Negli Stati Uniti d'America, l'*Individuals with Disabilities Education Act* (IDEA) del 1990 impone di offrire programmi scolastici gratuiti e adeguati a tutti gli studenti affetti da difficoltà di apprendimento. Nel nostro Paese al riconoscimento "ufficiale" della *dislessia*, della *disortografia* e della *discalculia* come DSA si è giunti soltanto nel 2010, con il varo della legge n. 170 la quale, assegnando alla scuola doveri e compiti precisi, identifica un percorso di segnalazione del disturbo che è alternativo rispetto a quello stabilito per situazioni di handicap certificate secondo la legge quadro 104/1992.

Il percorso prevede che la scuola realizzi "*interventi tempestivi idonei a individuare i casi sospetti di DSA*", cui seguono attività di "*recupero didattico mirato*". L'esito di tali interventi però non costituisce una diagnosi, essendo questa di pertinenza del Servizio Sanitario Nazionale. Perciò, nel caso di persistenti difficoltà, la scuola trasmette "*apposita comunicazione alla famiglia*", cui spetta la decisione di rivolgersi ai servizi sanitari per ottenere un inquadramento diagnostico e comunicarne l'esito all'istituzione scolastica, la quale, a fronte di una diagnosi di DSA, deve garantire l'uso di strumenti compensativi e dispensativi di flessibilità didattica.

Il decreto attuativo della legge, recante in allegato le **Linee guida per il diritto allo studio degli alunni e degli studenti con DSA**, è stato varato il 12 luglio 2011. Le indicazioni, elaborate sulla base delle recenti conoscenze scientifiche, sono indirizzate alla realizzazione di interventi personalizzati che puntino sulla centralità delle metodologie didattiche. Il decreto pone a carico delle istituzioni scolastiche l'obbligo di attuare i necessari **interventi pedagogico-didattici** per il successo formativo degli alunni e degli studenti con DSA, attivando **percorsi di didattica individualizzata e personalizzata**, anche attraverso la redazione di *piani didattici personalizzati*, e ricorrendo a strumenti compensativi e misure dispensative.

---

[1] Società Italiana di Neuropsichiatria dell'Infanzia e dell'Adolescenza, *Linee guida per i Disturbi di Apprendimento*.

3.5 I disturbi di tipo emozionale: la depressione, il disturbo ossessivo compulsivo, la fobia scolare

3.5.1 Disturbo depressivo

Tra i diversi quadri psicopatologici riscontrabili in età evolutiva, il disturbo depressivo è uno dei più rilevanti per frequenza, gravità e prognosi.

Soprattutto nei bambini, le manifestazioni di tipo depressivo non sono paragonabili a quelle dell'adulto, perché i bambini possono soffrire flessioni temporanee e mutevoli del tono dell'umore, in relazione ad avvenimenti familiari o extrafamiliari, come la nascita di un fratellino, la malattia di un familiare, l'inserimento scolastico; inoltre, la diagnosi è resa problematica dal fatto che il bambino, diversamente dall'adulto, non dice di sentirsi depresso, sicché i sintomi della malattia devono essere riconosciuti più nelle manifestazioni oggettive e/o somatiche (per esempio, scarsa mimica facciale, scarso contatto visivo, pianto frequente, rallentamenti nello sviluppo psicomotorio, eczema, diarrea, asma) che in quelle di tipo soggettivo e introspettivo.

Più il soggetto è piccolo, quindi, più i sintomi sono di tipo psicosomatico. Con la crescita, fino a tutta l'adolescenza, si moltiplicano i mezzi per esprimere uno stato di sofferenza psicologica e, con più frequenza, compaiono i disturbi del comportamento. Così, per esempio, possono essere segnali di una sindrome depressiva l'irritabilità, il ritiro sociale, l'espressione triste, il pianto frequente, l'eccessiva remissività, l'accondiscendenza, la difficoltà di concentrazione, il calo del rendimento o il fallimento scolastico, gli incidenti ripetuti, condotte etero- e autolesioniste, la fuga, la menzogna, il furto.

Altri segnali da non sottovalutare sono le lamentele somatiche, le emicranie, l'insonnia, gli incubi notturni e, soprattutto, l'**anedonia** (incapacità di trarre divertimento dalle attività quotidiane e specialmente dal gioco).

Se questi sintomi sono di una certa intensità e si protraggono per un certo arco di tempo, una valutazione specialistica sarebbe opportuna poiché la prevenzione, il sostegno o l'intervento precoce sono comunque auspicabili. Se male interpretata, infatti, la sindrome depressiva può evolvere verso una malattia somatica o moltiplicare le difficoltà di adattamento del soggetto all'ambiente circostante, ostacolandone l'integrazione sociale e la capacità di padroneggiare i compiti evolutivi. Da ciò consegue l'importante ruolo degli adulti nel saper riconoscere in tempo i campanelli di allarme.

Un intervento tempestivo è fondamentale per evitare che il disturbo possa peggiorare e strutturarsi in epoche successive. La depressione, infatti, comincia ad assumere proporzioni adulte già nell'adolescenza, stadio di crisi emozionali per antonomasia, in cui i processi intellettivi hanno raggiunto un livello pressoché adulto di maturazione e ogni insuccesso è attribuito a responsabilità personali.

Un approccio psicoterapeutico consigliato è quello sistemico-relazionale, che indaga e interviene in merito ai disagi del soggetto tenendo conto dei contesti in cui esso è inserito, principalmente quello familiare.

3.5.2 Disturbo ossessivo compulsivo

Il disturbo ossessivo compulsivo in età evolutiva si caratterizza, come negli adulti, per la presenza di pensieri e immagini ricorrenti (ossessioni) e/o comportamenti ripetitivi o atti mentali (compulsioni), che causano stress e danni funzionali.

Sino a qualche tempo fa si riteneva che questo disturbo fosse poco diffuso in età evolutiva, ma spesso gli adulti in trattamento terapeutico ammettono, attraverso racconti e ricordi, di soffrirne sin dall'età precoce. In età pediatrica viene diagnosticato mediamente nei bambini di età compresa tra i 7 e i 12 anni. Nei maschi può presentarsi già nel periodo puberale, attorno ai 10-13 anni, mentre nelle femmine compare con maggior frequenza nell'adolescenza.

Gli studiosi non hanno dedicato molta attenzione all'origine del disturbo ossessivo compulsivo. Ciò nondimeno, tra le possibili cause si è soliti comprendere fattori individuali come la vulnerabilità allo stress e la presenza di un umore disforico (stato misto di rabbia e tristezza).

I soggetti più esposti sono quelli con elevata sensibilità alla minaccia o al pericolo, elevata frequenza di emozioni negative, forte senso di responsabilità, coscienziosità, rigidità morale, timidezza.

Si possono distinguere diverse tipologie di disturbo ossessivo compulsivo. Si tratta di tipologie talvolta concomitanti, ciascuna con sintomi specifici:

- disturbi da contaminazione, connessi a improbabili o irrealistici contagi o infezioni;
- disturbi da controllo, che si manifestano attraverso controlli protratti e ripetuti finalizzati a riparare o prevenire disgrazie o incidenti immaginari;
- ossessioni pure, che sono pensieri o, più spesso, immagini prive di compulsioni, in cui la persona attua comportamenti indesiderati e inaccettabili, insensati, pericolosi o socialmente sconvenienti (ad esempio, aggredire qualcuno, bestemmiare, compiere azioni blasfeme, offendere persone care, ecc.);
- superstizione eccessiva, che si manifesta con la convinzione che fare o non fare, vedere o non vedere certe cose, pronunciare o non pronunciare certe parole, ripetere o non ripetere certe azioni sia determinante per l'esito degli eventi;
- ordine e simmetria, per cui la persona non tollera assolutamente che gli oggetti siano posti in modo anche minimamente disordinato o asimmetrico, perché ciò gli procura una sgradevole sensazione di mancanza di armonia e di logicità;
- compulsioni mentali, che non costituiscono una reale categoria a sé stante, perché le ossessioni che le generano possono appartenere a qualunque delle precedenti categorie. Coloro che ne soffrono, pur non presentando alcuna compulsione materiale, eseguono precisi rituali mentali per scacciare il contenuto del pensiero ossessivo e ridurre di conseguenza l'ansia.

Ossessioni e compulsioni

Le **ossessioni** sono pensieri persistenti e ingombranti da cui non è possibile liberarsi. Si presentano come idee, immagini o impulsi privi di senso che insorgono improvvisamente, generando forti stati di ansia, senza alcuna relazione con il precedente flusso di pensieri (per esempio, paura dello sporco o dei germi, paura delle malattie, bisogno di simmetria, ordine e precisione, ossessioni religiose).

Le **compulsioni**, invece, sono *comportamenti ripetitivi* (ad esempio, controllare, toccare più volte un oggetto, lavarsi le mani, ordinare e pulire le proprie cose, ecc.) o *atti mentali* (ruminazioni, rituali superstiziosi, pregare, contare, ripetere parole o frasi, ecc.). Si presentano in risposta alle ossessioni e di solito determinano una temporanea sensazione di sollievo dall'ansia, producendo un senso di relativa sicurezza, anche se per poco tempo. Così, per esempio, il soggetto si lava ripetutamente le mani finché non se le sente "ripulite".

Il comportamento ossessivo compulsivo non è controllabile dal soggetto, il quale si sente anzi obbligato a mettere in atto certe azioni o certe *routine*.

3.5.3 Fobia scolare

Si parla di fobia scolare quando l'**ansia** e la **paura** di andare e restare a scuola sono tali da compromettere con assenze ripetute e croniche una regolare frequenza scolastica.

Il soggetto che soffre di questo disturbo presenta un livello di angoscia molto elevato sin dalla sera prima. Chiede di potersi assentare dalla scuola e, se ci va, riesce a rimanerci solo per pochissimo tempo, chiedendo di essere riaccompagnato a casa.

I sintomi somatici sono vertigini, mal di testa, tremori, palpitazioni, dolori al torace e dolori addominali, nausea, vomito, diarrea, dolori alle spalle e agli arti. Il sonno può essere disturbato da incubi o risvegli notturni.

Altri disturbi che possono associarsi a questa sindrome sono l'ansia da separazione, l'ansia generalizzata, la fobia sociale, gli attacchi di panico, il disturbo post-traumatico da stress, la depressione, il disturbo della condotta, il disturbo oppositivo-provocatorio, il disturbo da deficit di attenzione-iperattività, i disturbi specifici dell'apprendimento.

I fattori scatenanti sono prevalentemente ambientali e connessi ad eventi traumatici e stressanti (per esempio, malattia, separazione dei genitori, relazioni conflittuali all'interno della famiglia, legami disadattivi con i genitori, ritorno a scuola dopo una lunga interruzione o vacanza, ecc.).

Sul **piano terapeutico** si dimostra generalmente efficace l'**approccio** cognitivo-comportamentale. Il ritorno a scuola può essere graduale e concordato, nei tempi e nelle modalità, con gli insegnanti e il personale scolastico. Uno dei percorsi di cura alternativi è la **terapia familiare**, che mira a risolvere il problema attraverso la ricerca di nuove forme di comunicazione e collaborazione tra i componenti della famiglia.

La fobia scolare colpisce tra l'1% e il 5% dei ragazzi in età scolare senza differenze di genere socio-economico. Esordisce durante l'infanzia intorno ai 5-6 anni, ma può riguardare anche i bambini compresi nella fascia di età 10-11 anni, mentre nell'adolescenza può verificarsi tra i 12 e i 15 anni.

3.6 I disturbi dell'alimentazione

3.6.1 Anoressia nervosa

Si definisce anoressia nervosa quel disturbo del comportamento alimentare caratterizzato da inedia autoimposta tramite restrizione dell'apparato calorico ed esercizio fisico compulsivo: chi ne è affetto rifiuta il livello minimo normale di alimentazione perché ha paura di ingrassare. Questa paura permane anche quando il peso corporeo è così basso da costituire un rischio per la vita della persona. Ciò che caratterizza il disturbo è l'eccessiva attenzione al corpo, al peso e alle forme corporee.

Il soggetto anoressico è ossessionato da una continua ricerca della magrezza: nonostante sia in condizioni di sottopeso, continua a percepire alcune parti del corpo come "troppo adipose" e, pur di raggiungere la supposta perfezione, si impone regimi dietetici sempre più restrittivi. Il cibo finisce per divenire il suo chiodo fisso: legge con scrupolo le etichette degli alimenti, li sminuzza prima di ingerirli, calcola gli importi calorici, fa un uso improprio di lassativi e diuretici e, a poco a poco, perde il controllo sulla propria alimentazione.

L'esordio dell'anoressia è quasi sempre consequenziale ad un evento stressante o ad una dieta intrapresa con lo scopo di migliorare il proprio aspetto fisico e di correggere abitudini alimentari ritenute sbagliate e dannose. Il principale sintomo è il rifiuto di mantenere il peso corporeo entro livelli di normalità, in rapporto all'età e alla statura. Il primo segnale indicatore del disturbo è un marcato dimagrimento. Nei soggetti di sesso femminile, la perdita di peso è accompagnata, dopo la pubertà, dalla **scomparsa delle mestruazioni** (amenorrea). Con il progredire della malattia il rifiuto si esprime nella drastica riduzione del numero giornaliero di pasti, in un eccesso di attività fisica e perfino nel vomito autoindotto, mentre la fame è spesso "ingannata" attraverso l'assunzione di liquidi e cibi ipocalorici.

Si distinguono due sottotipi di anoressia:

- il tipo restrittivo, così definito per la presenza di rigide restrizioni alimentari ma senza abbuffate compulsive o condotte purgative di eliminazione (per esempio, vomito autoindotto, abuso/uso improprio di lassativi o diuretici);
- il tipo bulimico purgativo, che presenta, accanto alla restrizione, episodi di abbuffate compulsive e conseguente utilizzo di sistemi purgativi per eliminare il cibo assunto.

Le conseguenze dell'anoressia nervosa sono sia psicologiche sia di natura organica. Sotto il **profilo psicologico** il soggetto anoressico perde interesse per i temi che non riguardino il cibo e l'alimentazione, vive una condizione di isolamento sociale, ha difficoltà a portare avanti relazioni affettive. Sotto il **profilo organico**, il dimagrimento è quasi sempre associato a complicanze cardiovascolari, difficoltà digestive, alterazioni dell'equilibrio idroelettrolitico, riduzione della *performance* cognitiva, perdita di memoria e concentrazione, riduzione della massa muscolare e ossea, complicanze dermatologiche (colorito giallastro delle estremità, aumento della peluria, pelle secca e disidratata, perdita dei capelli).

Il disturbo coinvolge in prevalenza il sesso femminile: solo un caso su dieci riguarda i maschi.

Sul piano terapeutico si privilegia il **trattamento psichiatrico**, coinvolgendo anche i familiari: viene in genere effettuato in regime ambulatoriale e, nei casi più gravi, in comunità terapeutiche specializzate nella cura dei disturbi alimentari. Nei casi estremi può rendersi necessario il **ricovero** del paziente (anche presso comunità terapeutiche specializzate) per alimentarlo contro la sua volontà.

3.6.2 Bulimia nervosa

La bulimia (letteralmente "*fame da bue*"), diversamente dall'anoressia, è caratterizzata da **abbuffate ricorrenti**, cui seguono **comportamenti di compenso** finalizzati a prevenire l'aumento di peso (vomito autoindotto, abuso/uso improprio di lassativi e diuretici, eccessivo esercizio fisico, uso di farmaci anoressizzanti, ecc.).

La persona che soffre di questo disturbo pensa insistentemente al cibo, avvertendo un intenso desiderio o bisogno compulsivo di mangiare e, nel contempo, è preoccupato di ingrassare e/o di sentirsi o apparire grasso. Il **peso** e le **forme corporee**, infatti, sono i due fattori principali su cui la persona bulimica basa la propria autostima. Si vergogna della propria condotta alimentare (frequenti sono i sensi di colpa e di disprezzo verso se stesso) e fa il possibile per nasconderla. Durante gli episodi di abbuffate compulsive, che per questo motivo non si verificano mai in presenza di estranei, ingoia grandi quantità di cibo di ogni tipo (per esempio, biscotti, patatine, dolciumi, caramelle), talmente in fretta da non avere nemmeno il tempo di gustarlo e fino a quando non si sente talmente pieno da star male.

A differenza degli anoressici, che sono sempre sottopeso, i soggetti bulimici possono essere di peso normale, sottopeso o sovrappeso. Se sono normopeso, come spesso avviene, il disturbo si manifesta in maniera meno evidente rispetto al lampante dimagrimento di un anoressico. Il peso comunque può variare enormemente e oscillare nel tempo.

Come l'anoressia, anche la bulimia nervosa conosce due forme: **bulimia con condotte di eliminazione**, in cui la persona dopo l'abbuffata ricorre al vomito autoindotto, ai lassativi o ai diuretici, e **bulimia senza condotte di eliminazione**.

Sotto l'**aspetto psicologico** la presenza di questo disturbo ha spesso effetti negativi sull'umore (per esempio, tristezza, depressione, sensi di colpa e di disgusto verso se stessi). Sotto l'**aspetto medico**, l'uso improprio di lassativi e diuretici può causare gravi alterazioni elettrolitiche, complicanze renali e aritmie cardiache. Nelle ragazze che hanno già raggiunto la maturità sessuale, il ciclo può diventare irregolare o scomparire del tutto.

La bulimia colpisce il 3-4% delle adolescenti, ma è infrequente prima della pubertà; nei maschi è rara, ma si può presentare.

3.7 I disturbi della comunicazione

3.7.1 Disturbo della fonazione

Il disturbo della fonazione consiste nell'incapacità di utilizzare i suoni dell'eloquio, in assenza di disabilità e/o anomalie fisiche (per esempio, compromissione uditiva, deficit strutturali del meccanismo periferico orale dell'eloquio, condizioni neurologiche, limitazioni cognitive, ecc.) e in confronto con quanto ci si attenderebbe in base all'età e al grado di intelligenza.

Il soggetto, pur mostrandosi capace di formare correttamente proposizioni complesse e di comprendere ciò che gli viene detto, manifesta difficoltà nella **produzione**, nell'**uso** e nell'**organizzazione** dei suoni.

La manifestazione più tipica del disturbo è l'errata o inadeguata articolazione dei suoni come pure la loro sostituzione (uso del /t/ al posto del suono /k/) od omissione (per esempio, delle consonanti finali). I suoni articolati male sono in special modo quelli acquisiti più tardi nello sviluppo (*l*, *r*, *s*, *z*, *gl*, *gn*, *c*). Nondimeno, nei bambini più piccoli e/o nei casi più gravi, l'anomalia può interessare anche le *consonanti* e le *vocali*.

Il problema è riconoscibile già entro il terzo anno di vita. È anche possibile però che, nelle sue forme meno gravi, non venga riconosciuto prima che il soggetto incominci a frequentare la scuola dell'infanzia o la scuola primaria. Il disturbo può rendere l'eloquio scarsamente intellegibile o, nei casi di maggiore gravità, del tutto incomprensibile. Le omissioni di suoni sono generalmente ritenute più gravi delle sostituzioni, che a loro volta vengono valutate in modo più severo rispetto alle distorsioni.

Il trattamento privilegiato è quello **logopedico**, che interviene direttamente sulle difficoltà di pronuncia e al quale è opportuno associare un'adeguata **psicoterapia cognitivo-comportamentale**, per scongiurare il pericolo che le difficoltà di espressione linguistica ledano la stima che il bambino ha di sé e la sua capacità di stabilire relazioni sociali.

Non sono considerati come parte del disturbo della fonazione i problemi limitati al ritmo dell'eloquio o alla voce. Tali disturbi sono piuttosto classificati come **balbuzie** oppure come *disturbo della comunicazione non altrimenti specificato*.

3.7.2 Disturbo dell'espressione del linguaggio

Il disturbo dell'espressione si configura quando il linguaggio risulta essere molto povero e comunque al di sotto della soglia di evoluzione rispetto all'età e al grado di intelligenza. Ne costituiscono manifestazioni tipiche l'uso di un vocabolario ristretto sul piano quantitativo, la persistente difficoltà a imparare nuove parole e a farne uso, l'incidenza di frequenti errori lessicali, la difficoltà a coniugare i verbi, l'uso di proposizioni molto brevi e limitate nel tipo e nella scelta, come pure di strutture grammaticali semplificate, l'omissione di parti importanti delle frasi.

In genere la compromissione interessa in vario modo tutte le diverse componenti linguistiche (fonologica, morfosintattica, semantica).

Il disturbo può essere **acquisito** come conseguenza di una condizione neurologica o di altra condizione medica generale (per esempio, encefalite, trauma cranico, ecc.), e in questo caso sono comuni anche ulteriori difficoltà di eloquio (per esempio, problemi di articolazione motoria, errori fonetici, eloquio lento, ripetizione di sillabe, ecc.), o **di sviluppo** se la compromissione della capacità espressiva non è associata ad alcuna lesione neurologica di origine conosciuta. Nei bambini in età scolare è spesso associato a disturbi dell'apprendimento e talvolta anche a difficoltà di ricezione del linguaggio.

I soggetti che ne sono affetti cominciano in genere a parlare relativamente tardi e progrediscono in maniera più lenta del normale, ma non presentano anomalie nel **funzionamento non linguistico** né nelle **capacità di comprensione del linguaggio**, che rientrano solitamente nella norma. Nella metà dei casi il problema è superato con la crescita, mentre l'altra metà dei soggetti incontra difficoltà più durature. La maggior parte dei bambini acquisisce capacità di linguaggio più o meno normali entro la tarda adolescenza.

Il disturbo non viene diagnosticato se risultano soddisfatti i criteri per il **disturbo autistico** o per un altro **disturbo generalizzato dello sviluppo**, ferma restando peraltro la possibilità di diagnosi concomitante di disturbo dell'espressione del linguaggio o di *disturbo misto dell'espressione e della ricezione del linguaggio.*

Il trattamento terapeutico può prevedere programmi che utilizzano esercizi di pratica del linguaggio parlato, del vocabolario e della costruzione della frase, l'intervento logopedico, il *parent training* (psico-educazione per i familiari), la terapia di sostegno psicologico per il bambino e la terapia di gruppo. Le terapie psicologiche sono volte a migliorare le strategie relazionali utilizzate dai bambini al fine di potenziare la loro capacità di comunicazione.

3.7.3 Disturbo della comprensione/disturbo misto dell'espressione e della ricezione

Il disturbo del primo tipo si manifesta quando la capacità di comprendere il linguaggio altrui è significativamente compromessa, per cui vi è l'incapacità, da parte dell'individuo che ne è affetto, a intendere il vocabolario di base o frasi semplici. In più vi è un deficit di elaborazione sensoriale, soprattutto nell'elaborazione uditiva temporale (ad esempio, incapacità di associare suoni e simboli, scarsa attenzione verso i suoni e loro inadeguata discriminazione).

Il soggetto ha difficoltà a riconoscere nomi familiari all'età di *1 anno*, a identificare oggetti comuni a *18 mesi*, a eseguire semplici istruzioni a *2 anni*, a capire le strutture grammaticali o gli aspetti più sottili del linguaggio (per esempio, tono della voce). Nelle ipotesi di minore gravità possono esservi difficoltà solo nella comprensione di particolari tipi di parole (per esempio, termini spaziali) o di frasi (per esempio, frasi complesse come costruzioni ipotetiche).

In quasi tutti i casi è marcatamente disturbata anche la capacità di espressione. Al riguardo si parla di **disturbo misto dell'espressione e della ricezione del linguaggio**, proprio per indicare che la capacità di comunicazione è intaccata sotto entrambi gli aspetti. La sindrome, quindi, include tanto le manifestazioni tipiche della difficoltà di espressione quanto la difficoltà di capire parole, frasi o specifici tipi di parole.

Il disturbo può essere acquisito o di sviluppo e ha maggiori probabilità di manifestarsi nei soggetti che hanno una storia familiare di disturbi della comunicazione o dell'apprendimento. Il tipo acquisito dovuto alla **sindrome di Landau-Kleffner** (afasia epilettica acquisita) insorge di solito tra i 3 e i 9 anni di età. Spesso si può associare con il *disturbo della fonazione*, i *disturbi dell'apprendimento*, il *disturbo dello sviluppo della coordinazione*, l'*enuresi*, il *deficit di attenzione/iperattività*.

Il disturbo misto è solitamente diagnosticato prima dei *4 anni* di età, ma nei casi più gravi è evidente già a *2 anni* e si presenta sotto forma di difficoltà ad emettere spontaneamente suoni o parole. Il bambino può sembrare sordo, pur riuscendo a sentire. Reagisce a suoni non linguistici provenienti dall'ambiente che lo circonda, ma non al linguaggio parlato e, quando incomincia (tardivamente) a parlare, il discorso è costellato di errori, omissioni, distorsioni e/o sostituzioni di parole.

Il **trattamento terapeutico** presuppone un'istruzione linguistica che aiuti il bambino a colmare le sue lacune verbali, accompagnata da intervento logopedico, *parent training*, terapia di sostegno psicologico ed eventuale terapia di gruppo. Il miglioramento clinico delle capacità di linguaggio in alcuni casi può essere completo; nelle forme più gravi il deficit diventa progressivo, con maggiore probabilità di evolvere in disturbi dell'apprendimento.

3.7.4 Balbuzie

La balbuzie è un'anomalia del normale fluire e della cadenza dell'eloquio, il quale risulta caratterizzato da frequenti ripetizioni e/o prolungamenti di suoni o di sillabe oppure da arresti della fonazione per cui il balbuziente non riesce a produrre suoni. Essa è un tipico disordine evolutivo che comincia nella prima infanzia e continua nell'età adulta in almeno il 20% dei casi.

Ne sono manifestazioni tipiche:

- le **ripetizioni**, che si verificano quando suoni e sillabe (a volte anche parole e frasi) sono ripetuti due o più volte. Per esempio: "te-te-telefono, do-do-domani, ca-cavallo, gio-gio-giocattolo";
- i **prolungamenti**, che sono invece allungamenti innaturali di suoni. Per esempio: "mmmmamma, mmmmerenda, sssstella";
- i **blocchi**, che consistono in cessazioni inappropriate dei suoni e del flusso dell'aria, spesso associati al blocco della lingua, delle labbra e/o della piega vocale.

Il disturbo, spesso assente durante la lettura orale, il canto o il colloquio con oggetti inanimati e/o con gli animali, è invece aggravato dallo stress, dall'ansia e da tutte quelle situazioni in cui il soggetto sente su di sé una speciale tensione a comunicare (per esempio, sostenere un'interrogazione a scuola, un colloquio di lavoro ecc.). Il disagio è generalmente accompagnato da **movimenti muscolari** (per esempio, tic, tremori delle labbra o del viso, scosse del capo, chiusura delle mani a pugno, movimenti respiratori, ecc.), **timore anticipatorio** di suoni e parole che possono rivelarsi problematici, **strategie di astensione** dalla pronuncia di specifiche parole o dall'elusione di situazioni ritenute "pericolose" (per esempio, parlare al telefono o in pubblico). La sua incidenza sullo stato emozionale e funzionale della persona è spesso critica. Negli individui adulti il disturbo può limitare la scelta del lavoro o la carriera.

La balbuzie si manifesta, in media, prima dei 12 anni. L'età d'insorgenza si colloca solitamente tra i 18 mesi e i 9 anni. Il disturbo non deve essere confuso con la normale mancanza di fluenza presentata dai bambini in età prescolare quando cominciano ad articolare le prime parole. La differenza sta nel fatto che per il balbuziente le difficoltà di eloquio sono di gran lunga superiori a quelle incontrate da un bambino normale; inoltre, i soggetti con balbuzie appaiono tesi e a disagio ogni volta che parlano, mentre quelli normali si mostrano a loro agio seppur ancora privi di un linguaggio fluente.

Non si conoscono a oggi cause singole ed esclusive del disturbo, ma la **base genetica** resta la più accreditata.

Il **trattamento logopedico**, specificamente indicato nella cura del disturbo, comprende l'impiego di tecniche di *respirazione* e *rilassamento*. Il balbuziente impara, attraverso appositi esercizi, a rallentare la velocità dell'eloquio e a modulare il volume della voce. Sicuramente utili, in associazione con la logopedia, possono rivelarsi altri tipi di trattamento, come l'ipnosi, la psicoanalisi, la psicoterapia individuale, la psicoterapia di gruppo, il *parent training*.

La psicoterapia cognitivo-comportamentale considera la balbuzie un comportamento che può essere modificato agendo sui *vissuti disfunzionali* che vi sono associati e sui comportamenti deleteri che il balbuziente tende a mettere in atto quando il disturbo si presenta.

3.7.5 Mutismo selettivo

Il mutismo selettivo è un disturbo infantile dell'ansia caratterizzato dall'incapacità del bambino di parlare in varie situazioni sociali. Il mutismo è "selettivo" appunto perché non dipende da un deficit di apprendimento, né da altri disturbi, ma dal fatto che questi bambini sono così ansiosi che non riescono a parlare.

A differenza degli autistici, i bambini selettivamente muti non presentano alcuna grave compromissione dell'interazione sociale né modalità ristrette di comportamento; inoltre, le loro capacità comunicative risultano essere adeguate almeno in alcune situazioni. I bambini con autismo sono spesso anch'essi muti, ma il loro mutismo non è mai di natura selettiva.

3.8 Il disordine dello sviluppo della coordinazione

Si tratta di un disturbo tipico dei primi anni di vita (si stima che colpisca il 5-6% dei bambini in età scolare). Si manifesta con un **ritardo nello sviluppo delle capacità motorie** o con una **difficoltà a coordinare i movimenti**. Il soggetto che ne soffre è impossibilitato a svolgere le normali attività quotidiane (per esempio, vestirsi, usare le posate, lavarsi i denti, chiudere la cerniera, preparare lo zaino).

Il disordine motorio è diagnosticato in assenza di altri disturbi fisici, neurologici o comportamentali noti e porta ad un deficit compromettente per la maturazione e l'apprendimento (incluso quello scolastico).

Il quadro sintomatico include problemi di linguaggio, la difficoltà a ordinare temporalmente la sequenza di movimenti per compiere un gesto, a considerare le forze in gioco nell'esecuzione del gesto e l'incapacità di prevedere l'esito stesso della sequenza dei movimenti, l'incapacità di elaborare le informazioni sensoriali e di eseguire comandi verbali.

La difficoltà di imparare come muovere il corpo si associa, di solito, alla difficoltà di apprendere strategie per risolvere i problemi legati alle attività motorie. Il soggetto è incapace di rilevare gli errori nei propri movimenti e di correggerli.

Il bambino che soffre di questo disturbo appare goffo e impacciato, si comporta in maniera incoerente ed esegue ripetutamente le stesse attività motorie, manifestando opposizione a cambiamenti nella propria routine o nel proprio ambiente. Si dimostra generalmente disinteressato, anche nelle aree di gioco, a quelle attività che richiedono una reazione fisica o, comunque, uno sforzo fisico significativo; inoltre, ha difficoltà a trasferire le capacità motorie da un'attività all'altra, come per esempio afferrare oggetti di dimensioni diverse.

Spesso il bambino è insoddisfatto dei propri risultati, ha difficoltà a completare un lavoro entro un tempo prefissato e, comunque, dimostra delusione nei confronti del lavoro prodotto, al punto di cancellare ciò che ha scritto, specialmente in materie quali matematica, ortografia o lingua scritta, che richiedono una grafia precisa e ben organizzata. Sovente la scarsa sicurezza che ha di sé lo trattiene dal socializzare con i propri coetanei; tra l'altro, ha spesso difficoltà generali a organizzare il proprio banco, l'armadietto o i compiti.

La **valutazione neuropsicologica** del disordine dello sviluppo si può effettuare tramite un test chiamato **MABC** (*Movement Assessment Battery for Children*), cui possono essere sottoposti bambini di età compresa tra i 4 e i 12 anni. Il test permette una valutazione della mobilità e delle capacità di equilibrio statico e dinamico. Un altro strumento è il **DCD-Questionnaire**, che può essere utilizzato per bambini di età superiore ai 4 anni. Questo test permette di misurare le capacità già valutate dal MABC e, in più, la coordinazione generale.

I genitori o gli insegnanti devono saper riconoscere in tempo questo disturbo, perché i bambini che ne sono affetti tendono ad avere problemi scolastici e comportamentali, e inoltre possono sviluppare bassa autostima, depressione e ansia.

3.9 Le sindromi genetiche e la loro tipologia

Le sindromi genetiche sono malattie causate da **alterazioni del genotipo** e, nel caso in cui coinvolgano la linea delle *cellule germinali*, assumono carattere ereditario. Le alterazioni possono colpire anche la linea delle *cellule somatiche*. Il loro grado di incisività varia da sindrome a sindrome. Inoltre, gli individui che ne sono colpiti non sempre presentano le medesime caratteristiche. Diversa può essere la stabilità del Q.I. nel tempo, diversi possono essere i profili cognitivi e i condizionamenti genetici sullo sviluppo emotivo, sociale e comportamentale.

I geni, portatori dei caratteri ereditari, sono localizzati nei cromosomi e, siccome possediamo due copie di ciascun cromosoma, possediamo anche due copie di ciascun gene. Perciò gli studi hanno permesso di suddividere le malattie genetiche in **dominanti** e **recessive**: sono dominanti se basta un solo gene anomalo perché la malattia si manifesti; recessive, invece, se occorrono due geni anomali. Nelle *malattie ereditarie recessive* un solo gene anomalo determina lo stato di "portatore sano" (l'individuo è sano ma può trasmettere la malattia ai figli).

Alcune malattie si manifestano ancor prima del concepimento e comportano conseguenze già apprezzabili nel neonato per la presenza di malformazioni o altre anomalie dello sviluppo; altre, invece, in periodi successivi, altre ancora restano latenti per anni e si manifestano soltanto in età avanzata.

A seguire le sindromi genetiche più conosciute.

3.9.1 Sindrome di Down

Ereditaria nel 98% dei casi, è una condizione genetica caratterizzata dalla presenza di un cromosoma 21 (o di parte di esso) soprannumerario nelle cellule, sicché i cromosomi nel nucleo sono 47, anziché 46.

L'alterazione comporta un variabile grado di *ritardo nello sviluppo mentale, linguistico e psicomotorio*. La presenza della sindrome, il cui nome deriva dal medico britannico John Langdon Down (1828-1896), che per primo la descrisse nel 1862, è rilevabile dall'analisi cromosomica e da una serie di altre caratteristiche, la più nota delle quali è il taglio degli occhi a mandorla, unita ad anomalie cranio-facciali, del collo, del torace, dell'addome e ad altre malformazioni (per esempio, metacarpi e falangi corte).

Le complicazioni più frequenti associate alla sindrome sono la sordità, l'insorgenza di malattie cardiovascolari, la leucemia, l'invecchiamento precoce e il diabete.

3.9.2 Sindrome di Klinefelter

Descritta da Harry Klinefelter nel 1942, è la condizione genetica presente negli individui che hanno almeno un cromosoma X, una delle due tipologie di cromosoma sessuale, soprannumerario. I sintomi più comuni sono la microrchidia (testicoli piccoli), causa di sterilità, l'allungamento eccessivo degli arti e, soprattutto nei bambini in età scolare, la presenza di *disturbi cognitivi e comportamentali selettivi*, nonostante un QI normale.

Il 10% dei casi di Klinefelter ha diagnosi prenatale. Le prime evidenze cliniche possono manifestarsi nella prima infanzia o, come avviene più spesso, durante la pubertà, con il mancato sviluppo dei caratteri sessuali secondari, la microrchidia e la scarsa produzione di androgeni testicolari (aspermatogenesi).

3.9.3 Sindrome dell'X fragile (o di Martin Bell)

La sindrome dell'X fragile, la più comune causa di ritardo mentale dopo la sindrome di Down, è provocata dall'alterazione di un gene situato sul cromosoma X. Il nome *X fragile* deriva dal fatto che la mutazione del DNA provoca una modificazione nella struttura del cromosoma X che, visto al microscopio, presenta una "strozzatura" nell'estremità distale del braccio lungo, dove è situato il gene FMR1.

Le caratteristiche fisiche e neurologiche più evidenti dei soggetti colpiti sono il viso stretto e allungato, la fronte e la mandibola prominenti, l'attaccatura bassa delle orecchie, i padiglioni auricolari ampi ed estroversi e, nei maschi, l'ingrossamento dei testicoli (macrorchidia). Le conseguenze della malattia sono *ritardo mentale moderato o grave, ritardo nello sviluppo psicomotorio, turbe del carattere e del comportamento, difficoltà nel linguaggio.*

Le femmine presentano meno problemi, anche se qualitativamente simili, rispetto ai maschi. Per lo più si osservano *comportamenti di estrema timidezza, ansia, esitamento sociale, tendenza ad evitare i contatti visivi.* Ciò comporta che, in molti casi, la malattia non venga diagnosticata.

3.9.4 Sindrome di Turner

Nota anche come disgenesia gonadica, interessa esclusivamente soggetti di sesso femminile e dipende da un'anomalia del cromosoma sessuale X. Le manifestazioni cliniche tipiche di questa sindrome sono la bassissima statura, la gabbia toracica ampia e piatta, il collo corto, mani e piedi gonfi, i caratteri sessuali secondari scarsamente sviluppati a causa di una carente produzione di estrogeni, assenza del ciclo mestruale o menopausa precoce. Possono aggiungersi complicanze cardiache, anomalie renali, ipertensione, maggiore suscettibilità alle malattie autoimmuni e all'osteoporosi. Meno dell'1% delle donne affette da sindrome di Turner è in grado di procreare.

La sindrome *non comporta ritardo mentale* o, se lo comporta, si tratta di un deficit modesto. Possono esserci però *deficit visuo-motori e visuo-spaziali* con possibili difficoltà scolastiche consequenziali.

3.9.5 Sindrome di Duchenne

Scoperta dal neurologo francese Guillaume Benjamin-Amand Duchenne (1806-1875), al quale deve il nome, questa sindrome, dal decorso relativamente rapido e attivo, è la più conosciuta tra le **distrofie muscolari** dell'infanzia e colpisce quasi esclusivamente il sesso maschile, mentre le donne possono essere "portatrici sane" o colpite in forme lievi.

La sindrome è causata dall'assenza di una proteina, la *distrofina*, e insorge intorno ai 3 anni, quando il bambino comincia a manifestare difficoltà a saltare, correre, salire le scale, alzarsi da terra. La patologia è progressiva: i soggetti colpiti perdono durante l'adolescenza l'uso degli arti inferiori e intorno alla prima età adulta l'uso di quelli superiori, ma sono soprattutto le complicanze cardiache e respiratorie a ridurre notevolmente l'aspettativa di vita. All'incirca il 30% di essi presenta un *deficit cognitivo* stabile. In assenza di deficit possono comunque insorgere *difficoltà di apprendimento e di linguaggio.*

Non esistono tuttora terapie risolutive, ma attraverso la somministrazione di steroidi è possibile migliorare le abilità motorie e ridurre la sensazione di affaticamento, mentre la cardiopatia può essere curata, nei primi tempi, attraverso la somministrazione di farmaci specifici.

3.9.6 Sindrome di Marfan

La sindrome di Marfan, così chiamata dal nome del pediatra Antoine Marfan (1858-1942), il primo a descriverla nel 1896, è una condizione medica classificata come un disturbo ereditario del tessuto connettivo che colpisce le ossa e i legamenti (*sistema scheletrico*), gli occhi (*sistema oculare*), il cuore e i vasi sanguigni (*sistema cardiovascolare*), i polmoni.

Nella maggior parte dei casi, la malattia è causata dalle mutazioni del gene FBN1 (15q21) che codifica per la fibrillina-1, una proteina essenziale del tessuto connettivo.

Alcune forme cliniche di confine sono dovute alle mutazioni del gene TGFBR2, localizzato sul cromosoma 3, che codifica per un recettore del TGF-beta.

I soggetti colpiti presentano comunemente difetti refrattivi della vista, quali miopia e astigmatismo, arti molto lunghi e sproporzionati rispetto al torace, spesso anch'esso malformato, strie cutanee, frequenti ernie, iperlassità dei tegumenti.

Di solito la sindrome di Marfan è facilmente riconoscibile negli adolescenti, ma è necessario distinguerla dalle altre patologie del connettivo.

3.9.7 La disabilità intellettiva

La disabilità intellettiva (espressione che nel DSM V ha sostituito quella di "ritardo mentale") è la condizione che risulta – già in età evolutiva, prima cioè del compimento del diciottesimo anno – da un insieme di **deficit dello sviluppo cognitivo e socio-relazionale.** È caratterizzata da un funzionamento intellettuale generale significativamente al di sotto della media, presente insieme a carenze del comportamento adattivo, e può essere causata da qualsiasi condizione che impedisca il normale sviluppo del cervello prima, durante, dopo la nascita o nel periodo dell'infanzia.

3.10 L'autismo e i disturbi dello spettro autistico

Le **Linee Guida per l'autismo** emanate dalla **Società Italiana di Neuropsichiatria dell'Età Evolutiva** definiscono l'autismo come "*una sindrome comportamentale causata da un disordine dello sviluppo biologicamente determinato, con esordio nei primi tre anni di vita. Le aree prevalentemente interessate sono quelle relative all'interazione sociale reciproca, all'abilità di comunicare idee e sentimenti e alla capacità di stabilire relazioni con gli altri*".

La diagnosi di "disturbo dello spettro autistico" richiede la presenza di almeno tre sintomi nella categoria dei "deficit della comunicazione sociale" e di almeno due in quella dei "comportamenti ripetitivi".

Associata alla diagnosi di autismo è spesso riscontrabile una diagnosi di **disabilità intellettiva**. Inoltre, i soggetti autistici sono spesso **iperattivi**, hanno difficoltà a mantenere l'attenzione, possono manifestare anomalie dell'umore o dell'affettività e **incapacità di valutazione dei rischi**.

Altri disturbi dello spettro autistico sono:

- il **disturbo disintegrativo della fanciullezza**, che si manifesta dopo almeno due anni di sviluppo apparentemente normale (comunicazione verbale e non verbale, relazioni sociali, gioco e comportamento adattivo adeguati all'età), caratterizzandosi per una *marcata regressione* in diverse aree del funzionamento;
- la **sindrome di Asperger**, le cui principali manifestazioni, presenti anche nel disturbo autistico, sono una *grave e perdurante compromissione dell'integrazione sociale* e lo sviluppo di *interessi e modalità comportamentali ristretti e ripetitivi*. Diversamente dal disturbo autistico, la sindrome di Asperger non implica ritardi o devianze clinicamente significativi nell'acquisizione del linguaggio né vi si riscontrano, durante i primi tre anni di vita, ritardi clinicamente significativi nello sviluppo cognitivo, nell'acquisizione delle capacità di apprendimento e nel comportamento adattivo (eccetto che nell'interazione sociale) che sono appropriati all'età.

3.11 L'età adulta: adattamento e disturbi comportamentali

Si definisce *adattamento* l'insieme delle modificazioni che si verificano in un essere vivente e che gli consentono di vivere in un ambiente.

Nell'adattamento è possibile concepire un *continuo*, che parte da un comportamento altamente adattivo e procede fino al raggiungimento del polo opposto, caratterizzato da assoluta impotenza. Se al di sotto del punto mediano possono essere collocati i **soggetti nevrotici**, che tentano di affrontare l'ansia in un modo che interferisce con la loro capacità di risoluzione dei problemi, all'estremità negativa possono essere posizionati i **soggetti psicotici**, che fanno ricorso a meccanismi di difesa così radicali da non poter più affrontare la realtà.

Sebbene in passato nevrosi e psicosi siano state ritenute due entità nosologiche differenti dal punto di vista qualitativo, è ormai consolidata l'idea che le diversità dipenderebbero dalla gravità dei sintomi.

La persona ben adattata, pur sperimentando determinati conflitti, non ne viene annientata, ma può dispiegare con energia le proprie potenzialità. Un soggetto disadattato, invece, tende a lasciarsi travolgere dagli eventi, sperimentando grande sofferenza a causa dei propri conflitti emotivi irrisolti, inibito nell'attività di produrre.

Consapevole delle proprie motivazioni e dei propri sentimenti, conscia delle proprie pulsioni, la persona adattata non si ritiene vittima inerme degli accadimenti e, inoltre, è in grado di costruire una fitta trama relazionale, mostrando empatia, capacità di immedesimazione nell'altrui stato d'animo, offrendo e ricevendo affetto.

Non esiste alcuna linea di demarcazione netta tra adattamento e malattia mentale, ed essere mentalmente sani non significa essere immuni da qualsiasi sintomo patologico: così come soggetti che godono di ottima salute fisica possono presentare qualche lieve disturbo, persone che rientrano nella norma quanto a salute mentale possono rivelarsi particolarmente irascibili, sospettose o timide.

La società nella quale un individuo vive definisce anormali alcune modalità di comportamento rispetto ai propri modelli, condotte che di solito, ma non sempre, sono anche infrequenti dal punto di vista statistico. Viene inoltre ritenuta anormale l'azione di un soggetto che risulta paralizzata dall'ansia o che può rivelarsi pericolosa.

3.12 Le nevrosi

Le reazioni nevrotiche esprimono una condizione di disadattamento in cui l'individuo si dimostra **incapace di affrontare le proprie ansie**, sviluppando determinati sintomi, che però non determinano un profondo squilibrio della personalità come invece accade nelle psicosi.

I disturbi nevrotici sono forme estreme, più accentuate e persistenti, dei meccanismi di difesa messi in atto nel tentativo di superamento dei conflitti, così invadenti da interferire gravemente con l'esistenza. Se la soluzione non può essere raggiunta, il soggetto permane in uno stato di angoscia oppure si difende ma, riuscendo a liberarsi solo di una piccola parte del carico di ansia che lo attanaglia, comincia a non funzionare normalmente nella vita quotidiana.

Si ritiene che le nevrosi rappresentino forme esasperate di quei modelli di risposta appresi durante il corso della prima infanzia attraverso l'interazione con le figure significative del suo ambiente.

Il sintomo prevalente è l'**angoscia**, che spesso è chiaramente palese, ma che talvolta si nasconde dietro altre manifestazioni.

Le nevrosi vengono classificate in base ai sintomi piuttosto che al tipo di conflitto, nonostante tale criterio di categorizzazione si riveli insoddisfacente, dato che spesso gli ammalati presentano disturbi tipici di più di una forma, tendenti a sovrapporsi.

3.12.1 Nevrosi d'angoscia

Si tratta di stati cronici di ansia, con frequenti episodi di attacchi acuti di angoscia, durante i quali l'individuo è fagocitato dal terrore che stia per accadere qualcosa di disastroso e manifesta sintomi fisiologici come palpitazioni cardiache, respiro affannoso, traspirazione, tensione muscolare, debolezza e nausea.

La maggior parte delle nevrosi d'angoscia si colloca tra l'**angoscia diffusa**, liberamente fluttuante, non associata a specifici stimoli, oggetti o eventi, e l'**angoscia legata**, vincolata a particolari circostanze. Gli stati di tensione sono da considerarsi nevrotici quando costituiscono modalità consuete di risposta a situazioni affrontabili dalla maggior parte delle persone senza grosse difficoltà.

Il soggetto nevrotico, pur soffrendo di un profondo senso di inadeguatezza, continua a proporsi standard di successo irrealisticamente elevati e a provare frustranti sentimenti di colpa quando non riesce a raggiungerli.

3.12.2 Nevrosi ossessive

Sono caratterizzate principalmente dalla presenza combinata di **pensieri ossessivi**, ricorrenti con insistenza, e **azioni coatte**, impulsi irrefrenabili che spingono il soggetto a ripetere determinati **atti rituali o stereotipati**, come nel caso in cui si è terrorizzati dall'esistenza delle malattie contagiose e si sente continuamente il bisogno di disinfettarsi.

Pur riconoscendo l'irrazionalità della propria condotta, il nevrotico si mostra incapace di controllarla. Per esempio, una madre che prova ostilità nei confronti dei propri figli può sentirsi costretta a proteggerli costantemente. La ritualità che segna le attività quotidiane di molti nevrotici, come lavarsi e vestirsi seguendo sempre la stessa sequenza di atti, sembra esprimere il bisogno di dare un'organizzazione ad un mondo caotico, fronteggiandone così le minacce, e di difendere se stessi da pensieri e azioni inaccettabili.

3.12.3 Fobie

La fobia è una paura. Il soggetto che ne soffre ha **paura di oggetti** o **eventi** che non rappresentano un pericolo reale oppure è oppresso da **timori sproporzionati** rispetto a pericoli effettivi. Tipiche sono le paure dei luoghi chiusi (*claustrofobia*), dei luoghi alti (*acrofobia*), della folla (*oclofobia*), degli animali (*zoofobia*) e del buio (*nictofobia*).

Quando una persona mostra di temere qualcosa di inoffensivo, si suppone che l'oggetto fobico simboleggi qualcosa di realmente minaccioso. La paura che insorge a causa di un oggetto specifico può essere schivata evitandone lo stimolo.

3.12.4 Isterie di conversione

Sono forme di isteria in cui si manifestano **sintomi fisici** senza alcuna causa organica, che possono essere di natura *sensoriale*, come la perdita di sensibilità in alcune parti del corpo, di ordine *motorio*, come la paralisi di un arto o il tremore muscolare, di tipo *viscerale*, come la sensazione di soffocamento.

Il soggetto isterico cerca di risolvere un problema attraverso la malattia, convertendo l'angoscia in sintomi fisici, come accade al soldato che sviluppa una paralisi agli arti inferiori pur di non riconoscere la propria paura di combattere.

3.13 Le psicosi

La psicosi è una malattia mentale in cui il paziente presenta una grave alterazione della personalità, spesso accompagnata da processi di pensiero disturbati fino a giungere al delirio o alle allucinazioni.

Si è soliti distinguere tra **psicosi organiche**, caratterizzate da sintomi riconducibili a una causa fisiologica conosciuta, e **psicosi funzionali**, caratterizzate da disturbi di origine psicologica.

Le due forme principali di psicosi funzionale sono:

- la **psicosi maniaco-depressiva**, segnata da oscillazioni del tono dell'umore, che fluttua dall'intensa euforia alla profonda malinconia;
- la **schizofrenia**, segnata da una disarmonia o dissociazione fra diversi aspetti del funzionamento della personalità, in particolare da una separazione dei processi del pensiero dalle emozioni.

Nella forma più blanda della **psicosi maniaco-depressiva** il soggetto mostra energia ed entusiasmo, mentre nella forma più acuta manifesta agitazione psicomotoria, confusione e disorientamento. Nello stadio più grave, invece, il soggetto diventa completamente apatico e perde ogni interesse per la vita.

Molti studiosi ritengono che l'iperattività, affiorata durante la fase maniacale, manifesti il senso di incapacità che invece emerge durante la fase depressiva. L'ipotesi che esista una predisposizione genetica alla psicosi maniaco-depressiva è corroborata dalla frequenza con cui questo disturbo si manifesta tra i figli dei soggetti che ne soffrono.

La *schizofrenia*, dal canto suo, può insorgere lentamente o esplodere repentinamente, in conseguenza di un evento doloroso. Nel primo caso, si verifica un deterioramento progressivo della capacità di adattamento, con scarse possibilità di guarigione. Nel secondo caso, invece, la prognosi può essere favorevole.

Tra i vari sintomi si possono elencare:

- **disturbi dell'affettività**, cioè affievolimento dell'espressione emotiva o sua inadeguatezza rispetto al contesto, come accade quando il paziente parla di avvenimenti tragici sorridendo in maniera fatua;
- **indebolimento dell'interesse nei confronti della realtà circostante**, per cui il soggetto, nei casi più gravi, può rimanere in una condizione di stupore catatonico, immobile e silenzioso per giorni;
- **autismo**, una condizione che si riferisce al ritiro dalla realtà, al ripiegamento nel proprio mondo interiore e allo smarrimento delle coordinate spazio-temporali;

- **deliri e allucinazioni**, vale a dire false credenze ed esperienze sensoriali non sollecitate da stimoli esterni corrispondenti. Quando prevalgono i deliri e le allucinazioni a carattere persecutorio, il soggetto, che viene definito *paranoide*, utilizza in forma estrema il meccanismo della proiezione, riflettendo sugli altri l'ostilità che non vuole riconoscere in se stesso;
- **comportamento bizzarro**, ossia iterazione di gesti, movimenti e azioni che appaiono privi di senso.

Non esiste una netta linea di demarcazione tra **disturbi organici** e **disturbi funzionali**: in un soggetto che già mostri segni di instabilità possono insorgere sintomi psicotici in seguito ad una lesione cerebrale, mentre in un altro meglio adattato lo stesso danno può comportare solo una leggera trasformazione del comportamento. Oltre agli elementi di natura fisiologica, nel condizionamento delle reazioni dei pazienti, si rivelano dunque determinanti anche altri fattori, come la personalità dei soggetti stessi e la quantità di stress ambientale che essi sono costretti a subire.

L'elevata probabilità che un gemello monozigote di un soggetto schizofrenico manifesti lo stesso disturbo e la frequente presenza di sintomi di tipo schizofrenico fra i parenti di soggetti schizofrenici corroborano la tesi che in questa patologia esista un fattore ereditario.

Il soggetto psicopatico

Il termine **psicopatico** indica un individuo fondamentalmente asociale che, a causa di un bisogno di immediata gratificazione dei propri desideri, sviluppa una condotta deviante, incoerente e impulsiva, segnata dall'assoluta mancanza di coscienza morale e dall'incapacità di conformarsi ai costumi della collettività, di provare sensi di colpa e di instaurare relazioni significative con il prossimo.

È probabile che il soggetto psicopatico da bambino non abbia ricevuto amore dai genitori e che, non riuscendo a identificarsi con questi ultimi, si riveli inabile a interiorizzare i loro ruoli e a riproporli in età adulta.

3.14 I disturbi dell'alimentazione

I disturbi alimentari comprendono, come già detto precedentemente, l'anoressia nervosa e la bulimia nervosa. L'**anoressia** è caratterizzata da inedia autoimposta tramite restrizione dell'apporto calorico ed esercizio fisico compulsivo. La **bulimia**, al contrario, è caratterizzata da periodi di alimentazione compulsiva ("abbuffate") fino anche a 10.000 calorie alla volta, seguiti da vomito autoindotto e altre forme di purga, come l'abuso di lassativi e diuretici.

Il peso corporeo è normale o superiore alla norma nella bulimia nervosa e in continuo calo nell'anoressia nervosa. La maggior parte degli individui che soffrono di questi disturbi è di sesso femminile e ha meno di 30 anni.

Le complicanze di queste patologie possono essere gravi e comprendono **anomalie cardiache**, come brachicardia, ipotensione, aritmie, insufficienza cardiaca cronica e collasso cardiocircolatorio, erosioni orali ed esofagee e carie dentali dovute al vomito, nonché anomalie renali che influenzano la capacità del rene di filtrare l'urina, rash cutanei dovuti alla malnutrizione e lividi causati sempre dal vomito.

Le persone con anoressia nervosa tendono a essere ambiziose, perfezioniste e ad avere un'immagine corporea distorta: si vedono grasse, sono rigide e ritualiste.

La bulimia nervosa è più frequente dell'anoressia nervosa. I soggetti bulimici hanno paura di non riuscire a smettere di mangiare; spesso si sentono colpevoli e depressi dopo le "abbuffate".

Il trattamento è principalmente **psichiatrico** e coinvolge sia l'ammalato sia i familiari. Viene in genere effettuato in regime ambulatoriale e, nei casi più gravi, in **comunità terapeutiche** specializzate nella cura dei disturbi alimentari.

3.15 Il disturbo d'ansia

L'ansia è uno stato nel quale l'individuo avverte una forte sensazione di minaccia, solitamente accompagnata da un aumento della frequenza respiratoria e cardiaca e della pressione arteriosa in assenza di una ragione specifica che giustifichi queste emozioni.

Hildegard E. Peplau ha identificato quattro stadi progressivi: ansia lieve, ansia moderata, ansia grave, panico.

La persona con **ansia lieve**, pur mostrando sintomi come irritabilità e irrequietezza, è ancora in grado di concentrarsi sui compiti assegnati. Anzi, questo stadio ansioso può essere persino di beneficio per il soggetto se contribuisce a migliorare le *performance* (Townsend, 2008).

L'**ansia moderata** presenta ulteriori sintomi fisici e cognitivi. La pressione arteriosa, il polso e la frequenza respiratoria aumentano, la persona presenta sudorazione e inizia ad avere difficoltà a concentrarsi o ad apprendere nuove nozioni. L'operatore sanitario deve essere capace di riconoscere questa difficoltà prima di insegnare al paziente come assumere un farmaco o come affrontare un esame diagnostico.

Difficoltà di scala maggiore, in diverse aree, presentano gli individui con **ansia grave**. Il loro grado di funzionamento mentale, infatti, può essere drasticamente ridotto: i soggetti di questo tipo hanno una visione a tunnel, con un'attenzione estremamente limitata e sintomi fisici molto pronunciati. Spesso sono molto spaventati e possono essere irrazionali nei loro processi ideativi (Townsend, 2008).

Lo stadio più grave è il **panico**. La persona in preda ad attacco di panico può manifestare sintomi di **psicosi** (perdere il contatto con la realtà), quali *delusioni* (false impressioni che presentano in modo alterato la realtà) e/o *allucinazioni* (percezioni che qualcosa sia presente quando in effetti non lo è, sentire voci che non ci sono). La persona che raggiunge questo livello di ansia deve essere costantemente rassicurata, monitorata e supervisionata (Antai-Otong, 2008).

La **psicoterapia**, ampiamente utilizzata nel trattamento dei disturbi ansiosi, può essere praticata a qualsiasi stadio, preferibilmente prima di arrivare all'ansia grave o allo stadio di panico.

Alcune delle diagnosi psichiatriche più comuni che riguardano l'ansia sono il *disturbo d'ansia generalizzato*, il *disturbo ossessivo compulsivo*, il *disturbo post-traumatico da stress*.

3.15.1 Disturbo d'ansia generalizzato

Il Manuale Diagnostico e Statistico dei Disturbi Mentali definisce il disturbo d'ansia generalizzato come un'**ansia o preoccupazione eccessiva** riguardo a numerosi eventi o attività per la maggior parte del tempo, difficilmente controllabile, che è causa di disagio soggettivo e limitazioni in aree importanti dell'esistenza della persona.

L'ansia è spesso correlata a **sintomi somatici** quali tensione muscolare, irritabilità, difficoltà legate al sonno e irrequietezza. La sintomatologia deve presentarsi per un periodo di almeno sei mesi.

I criteri per diagnosticare il disturbo d'ansia generalizzato sono i seguenti:

- ansia e preoccupazione eccessive (attesa apprensiva), che si manifestano per la maggior parte dei giorni per almeno sei mesi, a riguardo di una quantità di eventi o di attività (come prestazioni lavorative o scolastiche);
- la persona ha difficoltà nel controllare la preoccupazione;
- l'ansia e la preoccupazione sono correlate a tre (o più) dei sei sintomi seguenti:
  - irrequietezza, o sentirsi tesi o con i nervi a fior di pelle;
  - facile affaticabilità;
  - difficoltà a concentrarsi o vuoti di memoria;
  - irritabilità;
  - tensione muscolare;
  - alterazioni del sonno (difficoltà ad addormentarsi o a mantenere il sonno, o sonno inquieto e insoddisfazione).

L'ansia, la preoccupazione, o i sintomi fisici causano disagio clinicamente significativo o menomazione del funzionamento sociale, lavorativo o di altre aree importanti.

I sintomi ansiosi comprendono:

- apprensione (per esempio, preoccupazioni per il futuro, difficoltà di concentrazione, sentirsi sulla corda);
- tensione motoria (per esempio, irrequietezza, tremori, mal di testa, incapacità a rilassarsi);
- altri sintomi di iperattivazione (per esempio, tachicardia, bocca secca, capogiri, sudorazione, disturbi gastrici).

Sul piano terapeutico si privilegiano trattamenti che associno l'**approccio psicoterapeutico** al **supporto farmacologico**. Gli approcci psicoterapeutici, di tipo **cognitivo-comportamentale**, mirano a ridurre i sintomi ansioso-depressivi e a ripristinare le normali funzionalità psicosociali. Molto importante, inoltre, è l'attivazione di reti di sostegno psicosociali, come l'inserimento in un contesto sportivo ricreativo o studentesco che possa promuovere un confronto attivo e di scambio con il gruppo.

3.15.2 Disturbo ossessivo compulsivo

Nel disturbo ossessivo compulsivo, la persona ha **pensieri o impulsi persistenti e ricorrenti** (*ossessioni*), invadenti o inappropriati, che le causano ansia o paure e la portano ad adottare **comportamenti ripetitivi o rituali** (*compulsivi*) per neutralizzare l'ansia provocata dall'ossessione.

Per poter diagnosticare questo tipo di disturbo, le ossessioni e le compulsioni devono durare almeno un'ora al giorno e interferire con la normale routine quotidiana, con gli impegni, con le attività e le relazioni sociali della persona.

3.15.3 Disturbo post-traumatico da stress

I soggetti affetti da disturbo post-traumatico da stress hanno subìto un grave trauma. Il disturbo, infatti, può insorgere a seguito di aggressioni fisiche gravi, abusi emotivi, fisici o sessuali, oppure quando si è vittima o testimone di eventi catastrofici (per esempio, incidenti aerei) o calamità naturali (per esempio, terremoti, inondazioni, uragani).

Se la risposta al trauma è stata di paura o d'impotenza, l'evento viene rivissuto persistentemente tramite reminiscenze, sogni o *flashback* di tipo allucinatorio.

Le persone affette da questa sindrome presentano i sintomi per più di un mese e mostrano alterazioni della funzionalità sociale, sintomi di ansia, fuga dagli stimoli associati al trauma e intorpidimento generalizzato.

3.16 I disturbi dell'umore: il caso della sindrome bipolare

Il disturbo bipolare è caratterizzato da forti cambiamenti dell'**umore** (che è il modo in cui un individuo si sente, per esempio, depresso, felice, triste) e dello **stato d'animo** (che è la manifestazione obiettiva del modo in cui l'individuo si sente); inoltre, la persona affetta da bipolarismo può variare tra la **depressione** (stato di estrema tristezza, disperazione e impotenza) e la **mania** (umore estremamente elevato con comportamento agitato).

Si possono avere fluttuazioni di umore e stato d'animo di grado diverso e per periodi di tempo differenti. Per esempio, una persona può soffrire di questi cambiamenti in particolari periodi dell'anno, ogni due-tre mesi, ogni due-tre settimane o ancora ogni due-tre giorni. Le alterazioni dell'umore tra la depressione e la mania sono spesso definite cicliche: il soggetto con variazioni cicliche può passare diverse volte, durante il giorno, dalla depressione alla mania.

Si possono avere anche diversi gradi di depressione e mania: come la depressione, le manie possono essere lievi, moderate o gravi. Il grado di mania è un continuo che progredisce dall'**ipomania** (forma lieve senza alterazioni significative) alla **mania grave o delirante**.

Una persona con **disturbo bipolare nella fase depressiva** presenta gli stessi sintomi di una persona depressa. Il soggetto nella **fase maniacale**, invece, può essere agitato, molto irritabile e capace di intimidire le altre persone sia verbalmente che fisicamente; inoltre è iperattivo, incapace di stare seduto o fermo, può mostrare **stati di euforia** (esaltandosi eccessivamente rispetto alla situazione) o **condotte incongruenti** con la sua normale personalità e il suo carattere (per esempio, vestirsi in maniera vistosa e provocatoria, sperperare il denaro, assumere comportamenti pericolosi); dopo un po' può entrare in conflitto nelle relazioni sociali, familiari e personali.

Spesso sono i familiari e le persone vicine che si preoccupano di richiedere l'intervento sanitario. Questa situazione, già di per sé difficile, è complicata dal fatto che spesso il soggetto nega di essere malato, rifiutando qualunque aiuto: non considera il comportamento eccentrico come un problema e gli piace la sensazione di esaltazione indotta dalla malattia.

Sul piano terapeutico, potrebbe rendersi necessario isolare e/o contenere fisicamente il soggetto nella fase maniacale, quando è molto agitato, per proteggerlo da lesioni autoinflitte o evitare che rechi lesioni ad altre persone. La **psicoterapia** può essere utile, ma non deve rappresentare l'unico intervento. Questi pazienti, in genere, per poter avere una funzionalità adeguata, devono assumere **farmaci per tutta la vita**.

3.17 Gli stati depressivi

La depressione è uno stato nel quale un individuo avverte sentimenti di estrema tristezza, disperazione e impotenza. Molti sintomi possono accompagnare questa sindrome, da lievi a gravi, e manifestarsi in modi diversi.

La causa primaria della depressione è sconosciuta, ma è certamente presente uno **squilibrio di neurotrasmettitori**. La comparsa della malattia può essere indotta da modificazioni della chimica corporea causate da eventi traumatici, cambiamenti ormonali, condizioni sanitarie alterate, incidenza di altre malattie o abuso di sostanze.

I sintomi includono tristezza persistente, alterazioni negative dell'appetito e del sonno, irritabilità, agitazione, ansia, preoccupazione, pessimismo, perdita di energie, sensi di colpa, sensazione d'inutilità, incapacità a concentrarsi, dolori inspiegabili, pensieri ricorrenti di morte o suicidio.

Si possono distinguere tre stadi progressivi di depressione: lieve, moderata, grave.

I soggetti con **depressione lieve** possono essi stessi avvertire una differenza nel modo in cui si sentono e nella loro capacità funzionale in determinate situazioni, ma possono non essere in grado di identificare il problema. Sebbene siano ancora in grado di svolgere la loro routine quotidiana, questo può rappresentare un peso, sia fisicamente che mentalmente.

Una riduzione della capacità di lavoro potrebbe evidenziarsi nella **depressione moderata**. In questo stadio i rapporti sono influenzati dal fatto che il soggetto si isola sempre di più e si disinteressa di ciò che prima trovava interessante, come per esempio hobby e attività ricreative. Gli interventi terapeutici adottati durante questa fase sono i più efficaci per contrastare la depressione prima che la salute mentale del soggetto peggiori ulteriormente.

Quando la depressione progredisce verso la **forma grave**, la persona è notevolmente debilitata dalla malattia e, oltre ai sintomi tipici, può presentare psicosi o perdita di contatto con la realtà.

Diagnosi psichiatriche associate alla depressione sono la depressione maggiore e la distimia. Per la diagnosi di **depressione maggiore** il Manuale Diagnostico e Statistico dei Disturbi Mentali richiede la presenza di (almeno) un episodio depressivo maggiore che duri da (almeno) due settimane, rappresenti una modificazione rispetto alla normale funzione dell'individuo e causi un certo grado di alterazione nelle sue funzioni sociali o lavorative. Devono ricorrere, inoltre, cinque o più sintomi di depressione, uno dei quali *deve* essere la presenza di un *umore depresso* o la *perdita di interesse* verso attività precedentemente considerate interessanti. Gli altri quattro sintomi possono essere rappresentati da modificazioni dell'appetito o del peso corporeo, disturbi del sonno (in genere difficoltà a restare addormentati), astenia o perdita di energie, sentimenti d'inutilità o di colpa, pensieri persistenti di morte.

Alcune persone, in particolare gli adolescenti, mostrano irritabilità o eccentricità piuttosto che tristezza. I familiari e gli amici stretti possono notare un cambiamento nel modo di comportarsi di questi soggetti, in genere isolamento sociale e disinteresse per attività che in precedenza erano considerate piacevoli.

Gli episodi depressivi maggiori si sviluppano frequentemente in pochi giorni o settimane e, se non trattati, si protraggono per mesi.

Se l'essenza della patologia depressiva maggiore è rappresentata da episodi limitati di depressione, le persone con **distimia** si sentono invece quasi sempre depresse, per la maggior parte della giornata, per la maggior parte dei giorni, per almeno due anni.

I soggetti affetti da questo disturbo presentano almeno due dei seguenti sintomi: modificazioni dell'appetito e del sonno, astenia, scarsa autostima, scarsa concentrazione, difficoltà a prendere decisioni, sentimenti di disperazione. Come nel caso della patologia depressiva maggiore, i sintomi devono causare un malessere clinico significativo o alterazioni delle funzioni sociali o lavorative.

La **psicoterapia**, combinata con la somministrazione di **farmaci antidepressivi**, aiuta i pazienti a identificare le cause della loro depressione. Si tratta di un approccio terapeutico a lungo termine che richiede molta motivazione da parte dell'ammalato, l'investimento di tempo e di energie.

3.18 La dipendenza da sostanze

3.18.1 Abuso di sostanze stupefacenti

Una sostanza stupefacente è una droga, legale o illegale, che può provocare alterazioni fisiche o psicologiche.

Le patologie connesse all'abuso di queste sostanze possono essere classificate in intossicazione, abuso o dipendenza.

Si definisce:

- **intossicazione** l'effetto reversibile sul *sistema nervoso centrale* (SNC) che insorge subito dopo l'uso di uno stupefacente;
- **abuso** l'uso scorretto, eccessivo o improprio di uno stupefacente, l'astinenza dal quale non causa sintomi;
- **dipendenza** la necessità di una sostanza al punto tale da provocare astinenza, che è causa di alterazioni funzionali, sintomi fisici e/o necessità psicologica di quella determinata sostanza.

Numerosi sono i fattori che interagiscono con l'abuso di sostanze stupefacenti: si tratta di fattori personali, familiari, correlati allo stile di vita, ambientali e di sviluppo. Si ipotizza che anche i **fattori genetici** possano essere coinvolti. I tratti della personalità che inducono alla ricerca di sensazioni particolari e all'impulsività possono spingere a sperimentare le droghe.

L'abuso di stupefacenti sembra essere correlato ai **rapporti familiari**, in particolar modo negli adolescenti. L'esistenza di rapporti problematici e difficoltà comunicative, la carenza di relazioni affettive all'interno della famiglia, lo scarso coinvolgimento dei genitori nelle attività dei figli sono tutti fattori che possono contribuire al rischio che i figli cerchino nelle droghe una compensazione illusoria.

Molti **fattori ambientali** possono predisporre all'abuso di sostanze stupefacenti o incoraggiarlo. L'ambiente sociale in cui l'individuo si trova, i gruppi, i circoli, le associazioni universitarie e, più in generale, le frequentazioni e le attività svolte con i coetanei, specialmente durante l'adolescenza, influenzano notevolmente l'accettazione o il rifiuto delle droghe. Vi sono poi gli stress che ciascuno di noi affronta nel corso della propria vita, come per esempio la perdita del lavoro, una malattia, un incidente, un divorzio, la perdita di una persona cara, una condizione di disagio economico. Spesso queste tensioni sono eccessive e si fa fatica a gestirle. In simili situazioni l'uso di una sostanza stupefacente (per esempio, cocaina, eroina) come meccanismo di *coping* negativo può offrire un momentaneo rifugio e sollievo. I più esposti sono i soggetti che non hanno buoni modelli di comportamento. Si tratta di persone che non hanno imparato ad affrontare e a risolvere i problemi: sono incapaci di utilizzare le loro risorse nelle situazioni difficili e cercano una possibile via di fuga nelle sostanze che alterano lo stato di coscienza.

La **prevenzione** contro l'abuso di droghe deve caratterizzarsi come processo attivo finalizzato ad affrontare situazioni stressanti. Esistono tre livelli di prevenzione. La *prevenzione di primo livello* mira a impedire l'uso delle droghe o a interromperlo prima che evolva in abuso o dipendenza: la popolazione bersaglio è rappresentata dai bambini in età scolare, i primi a dover imparare che le droghe fanno male. La *prevenzione di secondo livello*, invece, mira a evitare che un uso abituale di droghe diventi abuso o dipendenza: il fine è riportare il soggetto ad uno stato di astinenza o, almeno, spingerlo a ridurre l'uso. La *prevenzione di terzo livello*, infine, mira a fare in modo che il soggetto interrompa l'assunzione di droghe. Se ciò non è possibile, l'obiettivo è evitare che i problemi fisici e psicosociali peggiorino.

Il **trattamento terapeutico** dipende da fattori quali la quantità della sostanza abusata, la frequenza dell'uso, l'età, le condizioni di salute e lo stile di vita della persona. Anche le infezioni causate dall'utilizzo di aghi non sterili e/o i danni tissutali od organici provocati dalle sostanze abusate, come per esempio il danno polmonare correlato al fumo di crack o marijuana, devono essere adeguatamente trattati.

Il **recupero**, in genere, necessita dell'astinenza associata a modifiche caratteriali e interpersonali. La maggior parte degli individui ha bisogno di assistenza e trattamento professionali nell'ambito di un programma di auto-aiuto.

3.18.2 Alcolismo

Gli studi statistici evidenziano che circa due terzi della popolazione consumano più di una bevanda alcolica occasionale. Gli uomini bevono più frequentemente e in maggiori quantità rispetto alle donne. Alcuni alcolisti bevono poco o nulla in pubblico o con gli amici. Spesso passa molto tempo prima che i familiari si rendano conto che uno dei componenti della famiglia è un alcolista.

L'alcolista, in genere, adotta un'**assuefazione comportamentale**, ovvero un adattamento compensatorio indotto dall'influenza di una particolare sostanza. La persona sotto l'influenza dell'alcool impara a compensare, nascondendolo, il deterioramento delle *performance* motorie e del linguaggio.

Il consumo di alcool provoca una sensazione di euforia, il rilasciamento dei muscoli scheletrici, modificazioni dell'attività mentale, come l'alterazione della capacità di giudizio e la riduzione dell'autocontrollo. Gli aspetti psicosociali legati al consumo comprendono perdita di memoria, negazione del problema, conflitti con i familiari, rifiuto di mangiare, perdita di interesse, pensieri distorti e deterioramento morale.

L'abuso cronico provoca **patologie epatiche**, di cui la più grave è la *cirrosi epatica*, una malattia degenerativa cronica, **disturbi cardiovascolari** e **gastrointestinali**. Un alcolista, inoltre, corre maggiori rischi di sviluppare una **pancreatite** rispetto ad una persona astemia: una pancreatite grave può essere letale.

Molti programmi di trattamento prevedono il ricovero presso ospedali, comunità terapeutiche o centri residenziali. Può essere importante il ruolo dei gruppi di sostegno psicologico, il più noto dei quali è **Alcolisti Anonimi**, fondato nel 1935, attivo su scala internazionale.

L'obiettivo della disintossicazione è interrompere o controllare l'iperattività neuronale che si verifica quando si riduce l'alcolemia o non vi è più traccia di alcol nell'organismo. Ciò si ottiene sostituendo l'alcool con un farmaco avente caratteristiche farmacologiche simili e riducendo gradualmente la dose somministrata.

L'abuso di alcool è una forma di disadattamento nell'affrontare i fattori stressanti della vita. Apprendere meccanismi di *coping* salutari aiuta a resistere all'uso di alcool. Un meccanismo di *coping* positivo è la partecipazione a programmi di esercizio fisico; la pratica sportiva riduce lo stress e induce una sensazione di benessere.

3.19 Le psicoterapie: soma e psiche

Le tecniche terapeutiche utilizzate per trattare i vari tipi di disturbo comportamentale, finalizzate alla trasformazione della condotta dell'individuo disturbato, sono differenziabili in due categorie principali: le **terapie somatiche**, che agiscono sul paziente con mezzi fisiologici, come i medicinali, e le **psicoterapie**, che cercano di intervenire sul soggetto con strumenti psicologici.

L'esperienza ha mostrato gli effetti drammatici di metodi come l'elettroshock, impiegato nella cura di individui gravemente depressi, o la chirurgia cerebrale, usata al fine di placare comportamenti emotivi troppo intensi.

Il metodo di trattamento somatoterapico attualmente usato consiste nella **terapia farmacologica**, grazie alla quale sono stati ottenuti notevoli successi nella cura delle psicosi: infatti, oltre a calmare l'agitazione dei pazienti, determinati farmaci riducono la frequenza delle allucinazioni e fanno riacquistare il contatto con la realtà.

Si tratta di un tipo di terapia che deve comunque essere accompagnata dal pervicace tentativo di aiutare la persona sofferente a risolvere i propri problemi sia con il miglioramento delle circostanze ambientali sia con la psicoterapia. Quest'ultima consiste in un procedimento finalizzato ad elevare il senso di benessere della persona.

Tutti i metodi psicoterapeutici, nonostante le differenze tecniche, appaiono accomunati dalla presenza di un elemento, la comunicazione tra il terapeuta, che non deve mai lasciarsi coinvolgere emotivamente, e il paziente, sollecitato ad esprimere liberamente i propri desideri e le proprie paure. Le tecniche psicoterapiche rivelano la propria efficacia in particolare nella cura dei soggetti nevrotici, disposti a comunicare per ricevere l'ausilio necessario.

3.19.1 Psicoterapia centrata sul cliente

Si tratta di un metodo di trattamento sviluppato da Carl Rogers, il quale sostiene che la relazione assistenziale risulta efficace soprattutto grazie agli atteggiamenti assunti dal terapeuta, che deve mostrarsi comprensivo, sicuro di sé, capace di suscitare fiducia nell'ammalato, intuire i suoi sentimenti riposti e non esprimere giudizi.

Chi si rivolge allo psicologo può, in condizioni favorevoli, ritrovare da solo la strada per una più profonda comprensione dei propri problemi.

Il procedimento è designato come **metodo non-direttivo**, perché Rogers parte dal principio che, assecondando il bisogno di un sano dispiegamento delle proprie potenzialità, ogni uomo è in grado di arrivare da sé a una chiarificazione delle proprie questioni insolute. Criterio determinante di maturità interiore è la facoltà di un'auto-percezione realistica, di una visione di se stessi aderente alla realtà.

Il problema è stabilire se e quanto l'obiettività interiore garantisca che il soggetto si prefigga nuove finalità e sappia perseguirle. Le tecniche della terapia centrata sul cliente sono state impiegate con successo nel rapporto con soggetti nevrotici, capaci di comunicazione verbale e motivati a esporre i loro problemi. Il metodo dell'**ascolto attivo**, fatto cioè con attenzione, si contrappone all'**intervento diretto**, che può assumere vari aspetti, a seconda dell'orientamento teorico e della personalità del terapeuta, e che è anche il criterio distintivo delle differenti possibilità terapeutiche.

3.19.2 Terapia psicoanalitica

È la terapia fondata sulle teorie di Sigmund Freud. Un elemento fondamentale del metodo psicoanalitico è costituito dalle **associazioni libere**, finalizzate all'espressione verbale di pensieri e sentimenti profondamente rimossi di cui il paziente non ha consapevolezza.

L'interpretazione delle associazioni libere assume due forme: l'analista può richiamare l'attenzione del paziente sulle sue resistenze, manifestate per esempio quando una catena di associazioni si blocca improvvisamente, o può disvelare le idee celate dalle sue parole, offrendogli uno spunto per proseguire nel flusso successivo delle associazioni.

La tendenza del paziente a fare dell'analista l'oggetto di risposte emotive viene definita **transfert**: sullo psicoterapeuta vengono proiettati atteggiamenti simili a quelli di figure significative del proprio ambiente, come i genitori o i fratelli.

Durante il corso di una terapia psicoanalitica si delineano tre esperienze fondamentali:

- l'**abreazione** o **catarsi**, una sorta di purificazione emozionale, che si riferisce all'intenso rivivere un'esperienza affettiva;
- l'***insight***, la comprensione dell'origine della condizione conflittuale, che deriva da un progressivo perfezionamento della conoscenza di sé, anche se talvolta si verifica mediante il recupero di un ricordo rimosso;
- il ***working through***, processo rieducativo in cui, nel clima del contesto terapeutico, si riesaminano gli stessi conflitti e il paziente impara ad affrontare il mondo reale.

Anche i sogni sono eventi psichici che contengono materiale emotivo rimosso, come impulsi e desideri respinti nel profondo della psiche perché vietati dalla coscienza. Il contenuto latente di un sogno corrisponde al suo significato nascosto, come le motivazioni che esso esprimerebbe, interpretabili a partire dal contenuto manifesto, personaggi e loro azioni, quale viene conservato nella memoria.

Da un punto di vista strettamente scientifico, alcuni studiosi rilevano che questa teoria si fonda su dati non dimostrabili mediante la metodologia sperimentale. Tuttavia, lo psicologo clinico che lavora con tale materiale, pur ammettendo di trovarsi di fronte a processi scientificamente incerti, non rinuncia a servirsene.

3.19.3 Terapia del comportamento

Basandosi sull'assunto che un comportamento disadattato risulta modificabile grazie ai principi dell'apprendimento, la terapia del comportamento ha dischiuso più ampie prospettive per l'impiego di criteri scientifici nella pratica psicoterapeutica.

Se una condotta che mostra uno scarso adattamento è appresa, impiegando alcune tecniche sviluppate nel lavoro sperimentale sull'apprendimento, si dovrebbe essere in grado di sostituire le risposte inadeguate con risposte più adattive. Il soggetto, condizionato a rispondere agli eventi ansiogeni con il rilassamento (indotto da tecniche di rilassamento muscolare profondo o da ordini impartiti in stato di ipnosi oppure dalla somministrazione di tranquillanti), subisce una sorta di desensibilizzazione alla situazione che provoca ansia.

I terapisti del comportamento si servono del **controcondizionamento**, vale a dire della sostituzione di una determinata risposta ad uno stimolo mediante il rinforzo di un'altra risposta, di solito incompatibile, e della **modellazione del comportamento**, della modificazione, cioè, del comportamento operante ottenuta rinforzando solo quelle variazioni della risposta che si volgono nella direzione desiderata dallo sperimentatore. Il rinforzo – gli effetti dell'azione in grado di modificare le successive reazioni – può essere costituito da ricompense di tipo sociale o da forme più primitive, come per esempio il cibo o le sigarette, utilizzate con gli psicotici che vivono gravi forme di isolamento.

Si è infatti riscontrato che bambini gravemente disturbati facevano notevoli progressi se ricevevano non pasti regolari, ma piccole quantità di cibo per ogni risposta che si avvicinava al tipo di comportamento desiderato.

3.19.4 Terapia di gruppo

Si tratta di un approccio durante il quale l'ammalato esprime i propri problemi agli altri membri del gruppo, discutendone. Dopo una fase iniziale segnata da diffidenza, di solito si riesce a instaurare tra i partecipanti un rapporto empatico.

Questo tipo di terapia, che viene utilizzato spesso insieme alla terapia individuale, ha sortito effetti positivi nella cura di pazienti nevrotici e psicotici. Una forma particolare di terapia di gruppo è la **terapia familiare**, finalizzata alla sollecitazione di un'osservazione comprensiva e di un'interpretazione significativa dei problemi che possono affliggere una determinata famiglia.

3.20 Malattia e salute mentale

Il concetto di malattia risulta fuorviante in quanto evoca una scissione ben definita tra le due dimensioni della normalità e dell'anormalità che, come è stato precedentemente detto, a seconda della loro intensità, sfumano l'una nell'altra senza soluzione di continuità.

La questione si rivela, però, controversa. Se, infatti, sembra opportuno, almeno per le nevrosi, abbandonare il concetto di malattia per focalizzare l'attenzione su problemi pratici, quali la possibilità di mutare il comportamento al fine di affrontare con meno angoscia la vita, non si può negare completamente l'esistenza di un substrato patologico nelle gravi affezioni psichiche derivanti da una perdita del contatto con la realtà.

Una riflessione sull'aspetto semantico dei termini psicologia e psichiatria ne può mettere in luce le caratteristiche essenziali: la prima si configura come *loghia*, sapere; la seconda, invece, come *iatria*, cura, e tratta il paziente schizofrenico, del quale elenca statisticamente i sintomi registrati, basandosi su strutture teoriche e nozioni di biochimica.

Se è vero, dunque, che gli psichiatri sono i medici della psiche preposti alla sua cura, è anche vero, però, che normalità e follia presentano una loro intrinseca coerenza nell'atto stesso della formazione della coscienza, e che il confine che distingue il senso dal non-senso si ritrova nell'antica questione che anima il primo impulso del pensiero filosofico: uno dei compiti principali dell'indagine scientifica consiste nel penetrare il segreto dei fenomeni attraverso i quali una personalità si forma e si riforma, obiettivo di fondamentale importanza non solo per la psicoterapia, ma anche per l'insieme dei processi educativi.

3.21 Le reazioni fisiologiche allo stress

Secondo Hans Selye, lo stress è una risposta non specifica ad una qualsiasi richiesta fatta all'organismo. Selye ha indicato tali richieste con il nome di **stressori** (fattori/agenti stressanti): ogni situazione, evento o agente che produce stress è uno stressore.

Gli agenti stressanti possono essere interni o esterni: per esempio il dolore è uno stressore interno, mentre la perdita del lavoro è uno stressante esterno. Perfino gli eventi piacevoli possono essere stressanti quando implicano la necessità di adattamento. Gli stressori in se stessi sono neutri, dunque né buoni né cattivi. È la percezione individuale che determina se l'effetto è positivo o negativo. Ogni evento può essere stressante a seconda di come è percepito dalla persona.

Si definisce **energia adattiva** la forza interiore di cui un individuo si serve per rispondere o adattarsi allo stress. Tutti hanno un'energia adattiva, ma in quantità diversa. Quando la persona ha consumato tutta la sua energia adattiva, perché non è più in grado di adattarsi, può subentrare la malattia e perfino la morte.

Gli agenti stressanti causano cambiamenti strutturali e chimici nell'organismo quando questo tenta di mantenere l'**omeostasi**, che è l'equilibrio tra bisogni fisiologici, psicologici, socioculturali, intellettuali e spirituali. Selye ha chiamato l'insieme delle reazioni agli stressori **sindrome generale di adattamento** (SGA).

Si possono distinguere tre stadi all'interno di questa sindrome. Nel **primo stadio**, di *crisi* o *allarme*, il corpo si prepara a gestire gli agenti di stress. I cambiamenti fisiologici possono provocare sintomi come freddo, pallore, tremore, sudore ai palmi delle mani o alle piante dei piedi. Un forte stress può causare dilatazione delle pupille, bocca asciutta, palpitazioni, nausea e diarrea. Durante il **secondo stadio**, quello dell'*adattamento* o della *resistenza*, il corpo

L'adattamento come risposta allo stress

Il processo continuo per mezzo del quale gli individui si adeguano ai cambiamenti e agli agenti stressanti si definisce **adattamento** e costituisce una risposta olistica che coinvolge tutte le dimensioni della persona: fisiologica, psicologica, cognitiva, sociale e spirituale.

L'adattamento **fisiologico** è il modo in cui il corpo reagisce agli agenti di stress che influenzano il suo funzionamento. L'adattamento **psicologico** coinvolge l'uso di meccanismi di difesa e porta ad accettare momentaneamente nuove situazioni, come nel caso del lavoratore che perde improvvisamente il posto di lavoro e deve adattarsi psicologicamente alla situazione di disoccupato.

L'adattamento **cognitivo** comprende l'apprendimento, la comunicazione, la capacità di risolvere i problemi e la percezione delle persone e del mondo. L'adattamento **sociale** comprende le relazioni con la famiglia, con gli amici e con i colleghi che possono fornire sostegno nei momenti di stress. L'adattamento **spirituale** implica il credere in un essere superiore e avere una percezione positiva dello scopo e del significato della vita.

tenta di difendersi dagli agenti stressanti mediante la **risposta *fight-or-flight*** (letteralmente "*combatti o fuggi*"). Il corpo, in questo stadio, è biologicamente pronto a difendere se stesso sia combattendo sia fuggendo i fattori di stress. Il **terzo stadio**, caratterizzato dall'*esaurimento*, insorge se l'energia di adattamento è inadeguata a rispondere ad uno stress prolungato e opprimente.

Secondo Selye, le reazioni fisiologiche del corpo sono essenzialmente le stesse, indipendentemente dalla causa dello stress.

Un'esperienza stressante fornisce un'opportunità di crescita personale e, al tempo stesso, implica il rischio di disorganizzazione e preoccupazione. Quando gli agenti stressanti sono trattati in maniera appropriata, si ottiene l'adattamento e il corpo torna alla normalità.

Si parla propriamente di **eustress** per descrivere quel tipo di stress che produce conseguenze positive, come nel caso dello studente che, in procinto di sostenere un esame, studia a ritmi serrati e lo supera. Gli agenti stressanti che provocano una risposta inefficace causano **distress** (angoscia, preoccupazione), come nel caso dello studente che, dovendo sostenere un esame il giorno successivo, comincia a studiare soltanto all'ultimo momento, riempiendo la testa di nozioni confuse per l'intera notte, e fallisce l'esame.

3.22 Strategie di *coping*

Si tratta di strategie per reagire allo stress. Se, infatti, lo stress è una risposta automatica, le persone possono imparare a conservare la loro energia di adattamento mediante il **condizionamento**: questo avviene quando si insegnano alle persone comportamenti suscettibili di trasformarsi in reazioni automatiche. Alcune persone che sono abituate a farlo possono contenere una gran quantità di stress, mentre altre non possono affrontarne nemmeno una quantità minima.

I meccanismi di difesa che richiedono una minima quantità di energia sono chiamati **difese adattive**. Queste riguardano direttamente le situazioni stressanti e perciò i sintomi.

Le difese adattive nelle situazioni di stress sono:

- accettare il sostegno da parte degli altri;
- rilassarsi per alleviare la tensione;
- cambiare il proprio comportamento quando la situazione lo richiede;
- perseguire obiettivi più realistici;
- risolvere i problemi.

Come il corpo ha **meccanismi fisiologici** (per esempio, sistema immunitario, risposta infiammatoria) per difendersi dalle infezioni e dalle malattie, la mente possiede **meccanismi protettivi psicologici**.

Molti meccanismi di difesa costituiscono funzioni inconsce che proteggono la mente dall'ansia e sono usati per raggiungere e mantenere l'omeostasi psicologica. L'individuo non decide consciamente di applicare i meccanismi difensivi; questi, infatti, si attivano automaticamente.

Tutte le persone ricorrono a simili difese: il loro utilizzo non implica né malattia mentale né squilibrio psicosociale, a meno che non si caratterizzino come **difese disadattive**, il che si verifica quando rappresentano l'unico modo per l'individuo di rispondere alle minacce o limitano la sua capacità di funzionamento. Le difese disadattive impediscono all'individuo di fare progressi verso la soluzione e l'accettazione dello stress:

possono includere disordini somatici, rituali, abuso di droghe e alcool, alimentazione eccessiva ed estraniazione dalla realtà.

3.23 La relazione di aiuto

La relazione di aiuto assume un'importanza basilare, perché consente all'ammalato di affrontare consapevolmente e volutamente la propria patologia, ma soprattutto gli permette di compiere autonomamente una scelta.

Il processo interattivo, promosso dall'operatore sanitario per aiutare la persona che gli sta di fronte a individuare le difficoltà e a identificare le risorse in suo possesso, ha come suoi elementi costitutivi la capacità di ascolto, la capacità di sostenere la relazione e di facilitare il cambiamento.

Le competenze relazionali e comunicative di cui l'operatore sanitario deve disporre hanno la finalità di orientare, sostenere e guidare l'ammalato attraverso un percorso in cui non trovano spazio il desiderio di rendersi utili o l'improvvisazione, né tanto meno il pressappochismo o lo spontaneismo.

La relazione di aiuto deve porsi come obiettivi quello di "*promuovere nell'altro la crescita*" e di "*favorire una valorizzazione maggiore delle risorse personali del soggetto*".

Impegnarsi in un'interazione che sottenda alla relazione di aiuto significa avere chiara la consapevolezza di non voler fornire facili soluzioni né risposte consolatorie, di non voler interpretare né offrire consigli, di non voler investigare fra le motivazioni del soggetto né valutare le sue azioni.

Capitolo 4
Il linguaggio e la comunicazione

4.1 Il processo di comunicazione

La **comunicazione** può essere definita come quel processo mediante il quale avviene uno scambio di informazioni tra un emittente e un ricevente.

Quando si comunica con un ammalato, con la sua famiglia o con qualche altro componente dell'équipe assistenziale, è importante che le informazioni siano trasmesse e ricevute con estrema precisione e chiarezza e che gli infermieri abbiano acquisito conoscenze e competenze relazionali adeguate per poter interagire con diversi attori sociali.

Questo capitolo si occuperà del **processo comunicativo e relazionale**: si affronteranno i possibili modi di comunicare, compresa la comunicazione verbale e quella non verbale, e i diversi fattori che la influenzano, quali l'età, la cultura, l'educazione, la lingua, l'attenzione, le emozioni e ulteriori aspetti.

Si descriveranno le **tecniche** che promuovono un'efficace comunicazione terapeutica, basate sull'attenzione, l'osservazione, l'ascolto attivo, la vicinanza, l'accoglienza e l'empatia, nonché tutti gli elementi che possono costituire invece delle barriere per un'adeguata comunicazione, anche attraverso la presentazione di esempi e di suggerimenti professionali.

Si esamineranno gli **aspetti psicosociali** della comunicazione, come lo stile, la gestualità, la percezione del tempo, il significato dello spazio (la prossemica), i valori culturali, l'uso di un linguaggio "politicamente corretto" (ossia scevro di quei termini che potrebbero essere considerati discriminatori) e la loro importanza ed influenza sul sistema di assistenza sanitaria.

Si prenderanno in esame diverse **tipologie comunicative**, come la comunicazione con il paziente e con la sua famiglia, la comunicazione con il team assistenziale e quella intrapersonale.

Si possono identificare sei elementi base della comunicazione:

- l'emittente;
- il messaggio;
- il canale (o mezzo);
- il ricevente;
- il *feedback* (o retroazione);
- il contesto comunicativo.

L'**emittente** è chi possiede un'idea o un'emozione e intende trasmetterla agli altri. I **messaggi** emessi scaturiscono dal bisogno di relazionarsi con gli altri e sono finalizzati alla creazione di significati condivisi e alla comprensione di svariate situazioni sociali. Si tratta, quindi, di stimoli prodotti dall'emittente e a cui il ricevente generalmente offre risposta. La percezione personale e il significato che l'individuo attribuisce ad ogni stimolo possono modificare il contenuto stesso del messaggio.

L'emittente deve scegliere il **canale** più adatto attraverso il quale vuole trasferire i propri pensieri, le proprie idee e le proprie emozioni. Il canale con cui il messaggio viene trasmesso può essere di tipo verbale, di tipo non verbale o di entrambi i tipi.

La componente fisiologica della ricezione comprende i **processi uditivi, visivi e cinestetici**, ma la ricezione di un messaggio può essere favorita od ostacolata anche da alcuni processi psicologici del ricevente. Per esempio, l'ansia in alcuni casi può causare un'alterazione dell'udito, ma anche della vista.

Gli **elementi cognitivi** intervengono come aspetti *razionali* del processo di ricezione e comportano l'interpretazione degli stimoli e la loro conversione in atti di significato, come l'*ascolto*, che infatti è definibile come l'interpretazione dei suoni percepiti e l'attribuzione ad essi di un significato.

Il ***feedback*** è una risposta di retroazione, che proviene dal ricevente, la quale consente all'emittente di verificare se il messaggio ricevuto corrisponde a quello inviato. Quando questi aspetti non coincidono, saranno inviati e ricevuti ulteriori messaggi, fino a che il ricevente non avrà compreso il messaggio per come esso è stato inviato dall'emittente.

Alcuni fattori, come la cultura, l'età, le emozioni, il linguaggio e l'attenzione, possono influenzare sia l'emittente che il ricevente, così come la situazione interattiva in cui essi si trovano. Questi elementi costituiscono la cornice di riferimento interpretativa ed esercitano un'influenza sulla comunicazione, in alcuni casi favorendola e in altri casi, al contrario, ostacolandola.

4.1.1 Comunicare con sé stessi

Che lo ammettano o no, gli individui parlano a se stessi quotidianamente. La comunicazione intrapersonale è di fondamentale importanza, perché quello che si dice a se stessi influisce sulla propria personalità e sul modo d'interagire con gli altri. Il dialogo con se stessi può essere positivo o negativo.

Comunicare positivamente con se stessi, specialmente dopo una giornata difficile, è la chiave per una positiva autoconsiderazione. Si possono inviare a se stessi pensieri positivi, soprattutto se si riesce a comunicarli ad alta voce. Pensare, pronunciare e udire affermazioni positive sulla propria persona rinforza l'autostima. Il desiderio di riuscire ne trae beneficio e rinforzo. Rammentare i propri successi, quando le cose non vanno per il verso giusto, aiuta a superare il senso di frustrazione.

Un'affermazione positiva non è altro che un pensiero o un'idea su cui un individuo coscientemente si sofferma per produrre un risultato desiderato. Un'affermazione positiva può essere usata per trasformare messaggi interiori negativi in messaggi positivi. Per esempio, c'è sicuramente differenza tra il dire "*so che posso superare questo test*" e "*non so se riuscirò a superare questo test*". Ciò non significa che un'affermazione positiva possa sostituire lo studio o la preparazione per svolgere il test, ma la predisposizione può modificare il modo di porsi riguardo alla prova da sostenere o l'attitudine verso qualsiasi altra situazione o sfida personale.

Ogni volta che ci diciamo "*io non riesco a fare...*" riduciamo la nostra autostima con un pensiero negativo. Che un simile pensiero nasca da noi o che sia la reiterazione di quanto altri abbiano detto di noi, l'effetto è comunque deleterio. La percezione negativa di noi spalanca le porte all'autocritica e ci sentiamo "*fallimentari*".

4.2 La comunicazione verbale

Per comunicazione verbale s'intende l'**uso delle parole** orali e scritte. Gli strumenti della comunicazione verbale sono l'eloquio e l'ascolto, la scrittura e la lettura.

L'**eloquio** costituisce il mezzo privilegiato di comunicazione, ma richiede che il ricevente presti **ascolto**. A chi non è mai capitato di parlare a qualcuno e di ricevere una risposta assolutamente priva di senso o addirittura di non riceverne alcuna? Ciò accade se l'interlocutore, pur sentendo le parole, non ascolta appieno il messaggio. Un ascoltatore disattento è un ascoltatore che non si concentra su quanto gli viene comunicato. Se si considera che una persona, in media, parla ad una velocità che varia dalle 125 alle 150 parole al minuto (PAM), mentre ascolta ad una velocità media tra 400 e 800 parole al minuto, si comprende come l'ascolto sia una delle abilità più difficili da acquisire e mettere in atto.

Si calcola che il tono della voce trasmetta il 23% del contesto di un messaggio. Identiche parole possono assumere significati diversi se pronunciate con differenti tonalità vocali. La voce può avere un tono amareggiato, ansioso, sorpreso, sarcastico, gioioso, rabbioso, sincero, ecc.

L'operatore sanitario, perciò, deve porre attenzione al tono con cui comunica con l'ammalato e al tono con cui l'ammalato stesso trasmette i propri messaggi.

Un altro strumento della comunicazione verbale è la **scrittura**. Perché avvenga la comunicazione, il ricevente di un messaggio scritto deve leggere le parole che gli vengono comunicate, comprenderle e attribuire loro un significato.

Nei messaggi scritti, in genere, non c'è possibilità di ricevere un *feedback* immediato da parte del ricevente. Perciò, nel comunicare attraverso la scrittura, bisogna essere il più possibile chiari ed espliciti.

Supponiamo, per esempio, che un medico legga la documentazione prodotta da un altro operatore. È evidente che, se quest'operatore non è presente, manca la possibilità di un *feedback* immediato. Sicché, se l'operatore ha scritto che "*il paziente non collabora*", il medico può farsi solo un'idea vaga e approssimativa di ciò che l'operatore abbia inteso esattamente. Se invece l'operatore scrive che "*il paziente rifiuta il pranzo, rifiuta di scendere dal letto e di sedersi sulla sedia*", l'informazione trasmessa è più precisa.

La chiarezza nella scrittura è un requisito essenziale per instaurare una buona comunicazione, soprattutto negli scambi che avvengono all'interno dell'équipe terapeutica.

4.3 La comunicazione non verbale

La comunicazione non verbale (o *linguaggio del corpo*) permette di inviare messaggi senza servirsi della comunicazione orale o scritta. La comunicazione *senza parole* può realizzarsi in molti modi: mediante i gesti, la mimica facciale, la postura o l'andatura, il tono della voce, il contatto fisico, il contatto visivo, la posizione del corpo o addirittura l'aspetto fisico.

Si tratta di una forma di comunicazione che in parte può essere appresa, in parte è assolutamente istintiva e inconsapevole. I sentimenti, per esempio, vengono espressi più sinceramente attraverso la comunicazione non verbale, proprio per la ridottissima incidenza del controllo cosciente.

Gli ammalati sono particolarmente sensibili ai messaggi non verbali. Sembra che diano ad essi molta importanza e, proprio per questo, i professionisti sanitari non dovrebbero mai trascurare quest'aspetto della comunicazione. Si pensi a quelle attività assistenziali che sono meno gradevoli: come si sentirebbe un paziente se l'infermiere, nell'atto di svuotargli la padella, mostrasse un'espressione di disgusto e ripugnanza?

Gli operatori sanitari, dal canto loro, devono essere in grado di cogliere i messaggi provenienti dagli ammalati. Capita che, nel vedere un operatore indaffarato, l'ammalato abbia timore di recargli disturbo e dica, per esempio, di non aver bisogno di niente o di star bene, anche se ciò non corrisponde al vero. L'operatore più intuitivo e ricettivo è quello capace di riconoscere i segnali non verbali, come per esempio i pugni stretti, una postura rigida o un'espressione accigliata, da cui dedurre che il paziente ha qualche problema.

Un modo molto diffuso di parlare è la **gestualità**. I gesti possono essere usati per accompagnare un messaggio verbale, rinforzare ed enfatizzare un'idea, attirare l'attenzione di una persona o dare sfogo alle tensioni. Gesti come tamburellare con le dita, produrre piccoli e costanti movimenti o far girare un anello sono indice di tensione, nervosismo o impazienza. Sbattere i pugni denota comunemente rabbia, mentre il gesto d'indicare serve a mostrare una precisa direzione.

Segue la **mimica facciale**. Ci sono persone il cui volto appare particolarmente espressivo; in altri soggetti, invece, la mimica può essere meno incisiva. Anche i bambini sono in grado di riconoscere le emozioni sul volto di un interlocutore. Un gran sorriso è facilmente interpretabile come indicatore di uno stato di felicità, mentre le sopracciglia sono molto espressive nel mostrare emozioni come sorpresa, preoccupazione, inquietudine oppure dispiacere. Perfino il modo di corrugare la fronte può significare, secondo i casi, tristezza o preoccupazione, scetticismo o sorpresa.

I medici, gli infermieri e gli operatori sociosanitari dovrebbero osservare le espressioni facciali degli ammalati ed essere altrettanto consapevoli delle proprie, soprattutto in presenza di situazioni particolarmente "sgradevoli", come nel caso di ammalati con vomito o incontinenza fecale. L'ammalato decodifica facilmente le espressioni di disgusto sul volto di chi gli presta assistenza. Simili espressioni possono causargli imbarazzo, vergogna, impaccio, mentre può ricevere comprensibilmente maggior conforto se scorge espressioni che indicano premura, interesse ed empatia.

Molto importante è il **contatto visivo**. Uno sguardo può esprimere gioia, tristezza, dolore o allegria: spesso è difficile interpretare correttamente i messaggi inviati attraverso gli sguardi. Guardare negli occhi denota interesse e attenzione; al contrario, chi distoglie lo sguardo dimostra disinteresse o disagio. Mantenere il contatto visivo, quando si presta ascolto, significa trasmettere all'interlocutore il messaggio "ti sto ascoltando".

Anche la **postura**, l'**andatura** e la **posizione del corpo** hanno importanza nella comunicazione non verbale. Una postura eretta e l'andatura decisa sono interpretati come indicatori di fiducia in se stessi, di competenza e di autostima. Al contrario, le spalle basse, la testa inclinata in avanti e un portamento strascicato danno l'impressione di bassa autostima, di depressione, di mancanza di fiducia o di apatia. Anche il modo di stare in piedi, di camminare e di stare seduti può comunicare/rivelare i propri stati d'animo e l'immagine di sé. Ad esempio, spostarsi da un lato all'altro della sedia, oppure avanti e indietro, sono segnali che comunicano uno stato di ansia e di preoccupazione.

La **posizione del corpo** è spesso un buon indicatore dell'atteggiamento di una persona. Le **posizioni aperte**, con le braccia disposte lungo i fianchi, sono interpretate di solito come significative di un atteggiamento altamente recettivo e disponibile al dialogo. Ciò nondimeno, bisogna stare attenti a non fraintendere il linguaggio corporeo degli ammalati. Per esempio, le braccia conserte generalmente identificano atteggiamenti di distacco, ma potrebbero anche significare semplicemente che la persona ha freddo.

Molte attività assistenziali, infine, richiedono un **contatto fisico** con l'ammalato (per esempio, per aiutarlo a fare il bagno, per cambiargli la medicazione, per aiutarlo nella deambulazione). Dal momento, quindi, che il contatto fisico è parte integrante dell'assistenza, la maggior parte degli ammalati accetta di essere toccata, purché naturalmente il contatto sia gestito in modo competente e professionale. Sebbene nella nostra cultura il contatto fisico non sia molto utilizzato come mezzo di comunicazione, esso può esprimere premura, comprensione, incoraggiamento, calore, sicurezza e affetto. Se brusco, però, è facile che comunichi rabbia, dispiacere, disattenzione o incomprensione.

4.4 I fattori che influenzano la comunicazione

La comunicazione comprende molti altri aspetti, oltre all'invio e alla ricezione di messaggi *verbali* e *non verbali*. Il modo in cui una persona invia o riceve un messaggio è condizionato da fattori quali l'età, l'istruzione, le emozioni, la cultura, la lingua. Solo considerando adeguatamente tutti questi fattori si può instaurare una comunicazione corretta ed efficace.

Innanzitutto esercitano un'influenza importante i fattori correlati all'**età**. Un conto è comunicare con un *bambino*, un altro conto è comunicare con un adulto, specialmente se si tratta di *soggetti anziani*. I bambini, per esempio, anche quelli molto piccoli, non hanno difficoltà a comprendere il *linguaggio del corpo*. Prima ancora di imparare a capire le parole, essi sono in grado d'interpretare il tono della voce e la gestualità. I **bambini in età prescolare** rispondono molto bene anche ad un tipo di comunicazione che coinvolga giocattoli o situazioni di gioco. Più si arricchisce il vocabolario del bambino, maggiori sono le possibilità di realizzare poi una buona comunicazione verbale.

Gli anziani, invece, è possibile che abbiano capacità uditive indebolite o tempi di risposta più lunghi. Perciò chi comunica verbalmente con un soggetto anziano deve preferibilmente collocarsi di fronte a lui e lasciargli il tempo necessario per rispondere. Ciò nondimeno l'età e il livello di sviluppo di un individuo non vanno sempre di pari passo. Per esempio, le persone con *ritardo mentale* o *ritardo nello sviluppo* comunicano in base a tale livello di deficit e non di certo rispetto a quello che ci si aspetterebbe dalla loro età anagrafica. Bisogna sempre utilizzare, perciò, un linguaggio adatto al livello di sviluppo del proprio interlocutore.

Solitamente il vocabolario è tanto più ricco e complesso quanto maggiore è la **capacità d'interloquire e comprendere concetti e idee astratte**, ma anche l'istruzione ricevuta dalla persona è un ulteriore fattore che influenza la comunicazione. È essenziale, perciò, saper modulare la complessità del linguaggio in base al livello socioculturale della persona con la quale ci si relaziona.

Anche lo **stato emotivo** di una persona determina fortemente il modo di inviare o di ricevere messaggi. Per esempio, un individuo in preda ad ansia o turbamento può non percepire quanto gli viene detto o interpretare il messaggio in maniera errata. In una simile situazione, il soggetto generalmente parla in modo brusco, utilizzando toni della voce alti e duri. La persona depressa, invece, è piuttosto taciturna e si esprime con frasi molto brevi. È bene, pertanto, che si comprenda l'emozione che trapela da un messaggio.

Ciascuna **cultura** ha il suo standard di comunicazione, specialmente riguardo al comportamento non verbale. Nella cultura europea, per esempio, guardare negli occhi è visto come un segnale di apertura e sincerità; in altre culture, come quella nipponica, può essere interpretato come una mancanza di rispetto. Allo stesso modo, in molte zone d'Europa il bacio sulla guancia è considerato normale, mentre in altri continenti può essere giudicato con un certo fastidio.

Certamente sulla fluidità e sulla complessità della comunicazione influisce la **lingua**. Parlare la stessa lingua aiuta le persone a comprendersi meglio, mentre la presenza di marcati accenti dialettali o l'utilizzo di un'altra lingua può ostacolare la comunicazione e la comprensione dei messaggi. Quando la comunicazione verbale non è sufficiente ai fini di una comprensione globale, spesso si ricorre a quella non verbale, che ha maggiori elementi di universalità. Sarebbe auspicabile che chi si trovi a lavorare in una realtà in cui è diffuso l'uso di una seconda lingua fosse in grado di comprenderla e di comunicare, anche ad un livello base. Molte strutture sanitarie sono oggi tenute a garantire la presenza di interpreti abilitati.

Nei contesti ospedalieri molte persone preferiscono che non si parli pubblicamente delle loro malattie o delle terapie. Perciò dovrebbe essere sempre assicurato agli ammalati il **pieno rispetto della riservatezza**, che significa anche saper gestire il processo di comunicazione all'interno di un contesto adeguato. Se occorre comunicare un'informazione personale ad un ammalato che occupa una stanza da solo, è preferibile chiudere la porta; se l'ammalato condivide la stanza con altre persone, i colloqui vanno preferibilmente condotti in un luogo più riservato e appartato.

La stanza dell'ospedale diventa, infatti, temporaneamente la *casa* dell'ammalato; pertanto, l'operatore sanitario dovrebbe portare lo stesso rispetto che riserverebbe alla casa di qualunque altra persona, bussando alla porta prima di entrare nella stanza, chiedendo il permesso prima di sedersi sul letto e prima di spostare qualsiasi oggetto personale dell'assistito. Si tratta di semplici accortezze che denotano considerazione e rispetto per la persona. Se l'ammalato si sente rispettato, ne trae beneficio la comunicazione e anche la relazione.

4.5 La comunicazione terapeutica

La comunicazione terapeutica, chiamata anche *comunicazione efficace*, è una comunicazione risoluta capace di creare un effetto benefico nell'assistito. Il centro della conversazione è rappresentato dall'ammalato, dai suoi problemi e dai suoi bisogni.

Gli obiettivi sono generalmente orientati a sviluppare fiducia, ottenere o fornire informazioni, mostrare premura e comprendere gli stati d'animo del paziente. Gli ammalati e gli operatori sanitari, quando si incontrano per la prima volta, non si conoscono affatto. Ne deriva che i medici, gli infermieri e tutti gli altri membri dell'équipe sanitaria sono chiamati, in primo luogo, a lavorare per costruire un **rapporto di reciproca fiducia** con ogni paziente. Più si dimostra stima e premura, più rapidamente si instaurerà tale rapporto.

Una relazione affettuosa, che si esprime specialmente attraverso la **comunicazione non verbale**, fa sì che il paziente si senta rilassato, bene accolto e non giudicato. Il *contatto fisico*, importante per trasmettere calore umano, dovrebbe essere usato in modo appropriato. Prendere la mano del paziente o appoggiargli una mano sulla spalla può sensibilmente rafforzare la **comunicazione verbale**.

Naturalmente ci sono diversi modi per dimostrare all'ammalato che si ha premura per lui; a volte bastano piccoli gesti, come offrire dell'acqua senza che sia stata richiesta, rinfrescare la fronte, riposizionare il cuscino, aprire o chiudere una finestra, bussare alla porta prima di entrare e salutare cordialmente.

È importante rivolgersi al paziente in modo educato, chiamandolo "*signore/a*" o, eventualmente, chiedendo l'autorizzazione a chiamarlo per nome. Tali accorgimenti denotano un senso di rispetto per l'individuo da parte di chi lo assiste.

Una volta instaurata la relazione assistenziale, si può incoraggiare l'ammalato a esprimere i suoi stati d'animo. Molti pazienti sono angosciati per la loro malattia; alcuni provano un senso di ansia per il fatto di essere in ospedale, mentre altri hanno timore dei risultati dei test diagnostici. Il più delle volte queste stesse persone sono restie ad ammettere di sentirsi preoccupate e timorose. Chi presta assistenza, perciò, deve essere in grado di aiutare il paziente, invitandolo a parlare dei suoi stati d'animo. Anche un'affermazione chiarificatrice, o il semplice *lasciar parlare* l'ammalato, può bastare per alleviare uno stato d'ansia.

La comunicazione efficace è *autentica*; bisogna essere onesti con gli ammalati e i loro familiari, mostrando loro anche la propria partecipazione emotiva. L'autenticità, l'onestà e la sincerità sono basilari nella costruzione di qualsiasi rapporto di fiducia.

La capacità di percepire in modo esperienziale e di capire gli stati d'animo, i sentimenti e i pensieri di un'altra persona si definisce **empatia**. Il rapporto empatico si realizza attraverso una sintonizzazione emotiva, basata sull'ascolto attivo, che permette di condividere i vissuti interiori e di afferrare il punto di vista di un'altra persona, mettendo da parte preoccupazioni e pensieri personali. Si può non essere coinvolti o non condividere i pensieri e i sentimenti espressi da un ammalato, ma attraverso l'empatia si è in grado di comprenderli e di accettarli. Si tratta, dunque, di mantenere le proprie opinioni, i propri valori e le proprie emozioni mentre vengono intesi quelli dell'altro. Se, per esempio, un infermiere o qualsiasi altro operatore si lasciasse sopraffare dalle sofferenze dell'ammalato, finirebbe anch'egli per sentirsi afflitto, peggiorando ulteriormente lo stato d'animo della persona assistita.

Va tenuto presente, comunque, che essere empatici significa condividere qualsiasi vissuto e non solo esperienze dolorose o negative.

Inoltre è importante che l'ammalato si senta accettato come portatore di **valori personali** e **credenze proprie**, che possono differire anche profondamente dai valori e dalle credenze di chi gli presta assistenza. L'accettazione si dimostra anche nel non esprimere credenze o valori differenti e accogliendo in modo naturale le affermazioni o anche le lamentele del paziente. Così facendo, i pazienti si sentiranno liberi di comunicare e con più facilità collaboreranno alla cura.

Accanto all'accettazione c'è il **rispetto**. Considerare gli ammalati come degli "individui unici" significa accettarli con un atteggiamento non giudicante e non pregiudizievole. L'accoglienza e il rispetto permettono ai pazienti di essere se stessi e di essere certi che riceveranno sempre e comunque un'assistenza di qualità, anche se la pensano diversamente o hanno valori e credenze diversi.

4.5.1 Tecniche di comunicazione terapeutica

La comunicazione terapeutica è favorita e rafforzata da precise tecniche, che dovrebbero essere apprese e assimilate nelle modalità comunicative di tutti gli operatori sanitari.

Si illustrano, qui di seguito, i contenuti di un'efficace comunicazione terapeutica.

Chiarimento/conferma

L'operatore sanitario chiede un chiarimento o una conferma quando non è sicuro del significato del messaggio ricevuto dall'ammalato.

Il chiarimento è la tecnica usata per capire i messaggi verbali. Per esempio: "*Lei intende dire che...?*".

La conferma, invece, permette di ricevere una precisazione e stabilirne l'accuratezza. Va bene sia per i messaggi non verbali che per quelli verbali, come per esempio:

"*Lei sta dicendo che non le hanno ancora praticato la medicazione oggi?*".

"*Vedo che ha una mano sul fianco. Sente forse dolore in quella zona?*".

Domande aperte

Le domande aperte incoraggiano gli ammalati a esprimere i loro pensieri e i loro sentimenti. *Cosa*, *come*, *dove*, *quando* e *come mai* sono le parole con le quali può iniziare una domanda aperta.

Si tratta di domande alle quali non si può rispondere con un semplice *sì* o un semplice *no* e quindi aprono al dialogo e all'approfondimento della conversazione.

Qui di seguito vengono riportati due esempi di domande aperte:

"*Cosa l'ha infastidita di questa medicazione?*".

"*Che cosa le ha detto il medico circa le dimissioni?*".

Affermazioni indirette

Un'affermazione indiretta richiede una risposta dell'ammalato. Trattandosi di un'affermazione e non di una domanda, l'ammalato non proverà il disagio di essere sottoposto ad un'interrogazione.

Un'affermazione indiretta permette all'ammalato di indirizzare la conversazione a suo piacimento e ciò contribuisce a preservare il suo senso di indipendenza.

Si riportano due esempi di affermazioni indirette:

"*Mi racconti qualcosa della seduta odierna di fisioterapia*".

"*Mi stava dicendo che...*".

Rispecchiamento

Il rispecchiamento consiste nel ripetere tutto o parte del messaggio al mittente. Spesso l'azione si focalizza sui sentimenti dell'ammalato e aiuta l'emittente ad ascoltare il messaggio che proviene dal ricevente.

La tecnica dell'intervento *a specchio* fornisce a chi emette il messaggio un'opportunità per chiarirlo e mostrare che chi ascolta sta tentando di comprenderlo. Tale tecnica, infatti, sostiene l'ammalato in modo che possa riformulare, chiarire, ristrutturare quanto già affermato, senza che il suo interlocutore (medico, infermiere, operatore sociosanitario, ecc.) aggiunga proprie opinioni e giudizi personali.

Il rispecchiamento può essere una tecnica molto utile, purché non se ne faccia un uso eccessivo.

Di seguito un esempio.
Ammalato: "*Sono molto in ansia per la mia operazione di domani. Un amico ha avuto un'infezione dopo lo stesso intervento. Ho molta paura*".
Operatore sanitario: "*È preoccupato per l'operazione e teme di contrarre un'infezione?*".

Parafrasare/ribadire

Parafrasare significa riaffermare il messaggio dell'emittente usando parole proprie. Questa tecnica permette all'emittente di capire in che modo il ricevente ha interpretato il messaggio.

Se necessario, possono essere richiesti dei chiarimenti. In tal modo l'emittente capisce che il ricevente sta veramente ascoltando e cercando di capire il messaggio.

Per esempio:

"*Lei quindi teme di avere complicanze dopo l'intervento?*".

Riassumere

La tecnica del riassumere consiste nell'affermare, in una o due frasi, i punti più importanti della conversazione, per permettere all'emittente di conoscere che cosa è stato davvero recepito.

L'emittente può aggiungere altre informazioni e può chiarire quello che era stato detto inizialmente.

Per esempio:

"*Vediamo, oggi abbiamo discusso di...*".

Mettere a fuoco

Mantenere la comunicazione incentrata sull'argomento che si sta affrontando a volte può essere estremamente difficile. I pazienti possono divagare oppure può essere l'operatore a dirottare l'attenzione su altri argomenti.

Ecco degli esempi su come mettere a fuoco gli argomenti desiderati:

"*Possiamo discutere questo tra qualche minuto. In questo momento mi piacerebbe discutere piuttosto di...*".

"*Un minuto fa lei ha detto di aver avuto un disturbo allo stomaco subito dopo la terapia. Mi spieghi meglio*".

Gestire il silenzio

Il silenzio è una delle tecniche più difficili, ma efficaci, da utilizzare. Secondo la cultura occidentale la maggior parte delle persone si sente a disagio in presenza di pause e silenzi prolungati e avverte quindi la necessità di riempire il vuoto dicendo qualcosa.

Il silenzio può diventare una valida tecnica terapeutica, offrendo al paziente il tempo di riordinare i pensieri e di controllare le emozioni. Il silenzio, inoltre, fornisce all'operatore sanitario l'opportunità di decidere come continuare al meglio l'interazione con l'ammalato.

Se l'operatore sanitario adotta comportamenti finalizzati a migliorare la comunicazione durante il silenzio, il paziente riuscirà meglio a verbalizzare pensieri o sentimenti.

4.5.2 Le barriere alla comunicazione

Impegnarsi ad assumere comportamenti e atteggiamenti volti a favorire la comunicazione terapeutica serve a poco se poi è lo stesso terapeuta a creare barriere comunicative.

Il processo comunicativo è qualcosa di molto impegnativo. Saper riconoscere gli elementi che lo ostacolano permette di eludere le barriere; molti errori possono essere corretti solo se identificati. Un semplice "*mi dispiace, non avrei dovuto dire questo*" spesso può risolvere una situazione.

La pratica certamente aiuta ad affinare le abilità comunicative. Sono riportati, qui di seguito, alcuni tra i più frequenti ostacoli alla comunicazione.

Domande chiuse

Sono quelle domande alle quali si può rispondere con un *sì* o con un *no* o con una o due parole. Dopo la risposta la comunicazione di solito si interrompe e non vi è altro modo per continuarla.

Questo genere di domande risulta particolarmente appropriato quando si devono raccogliere informazioni funzionali all'inquadramento diagnostico dell'ammalato oppure in situazioni di emergenza.

Esempi di domande chiuse sono:
"*Le è passato il dolore?*".
"*Ha dormito bene?*".

Cliché

I cliché sono molto usati. Si tratta di frasi banali, impersonali, a volte prive di senso, spesso adoperate quando le persone non sanno cosa dire.

Sono frequentemente usate senza nemmeno rendersi conto dell'effetto che possono avere sull'interlocutore. Spesso, infatti, possono sembrare irrispettose della situazione personale dell'ammalato.

Ecco qualche esempio:
"*Resista, domani è un altro giorno*".
"*Potrebbe andare peggio*".

False rassicurazioni

Spesso vengono usate delle false rassicurazioni riguardo alla situazione di un ammalato con la nobile intenzione di dargli coraggio, non tenendo conto tuttavia del reale stato delle cose.

Le false rassicurazioni possono essere particolarmente dannose nel caso di pazienti in fase terminale, perché questi soggetti sono talmente abbattuti da credere in qualsiasi rassicurazione, anche se del tutto infondata.

Un esempio di falsa rassicurazione è:
"*Non si preoccupi. Sono sicuro che tutto andrà bene*".

Risposte giudicanti

Le risposte che esprimono giudizi personali fanno riferimento al sistema di valori del singolo individuo, che considera qualcosa come *giusto* o *sbagliato* in base alla propria etica.

Simili risposte, da parte degli operatori sanitari (medici, infermieri, operatori socio-sanitari ecc.) andrebbero evitate, perché non danno spazio ad un'ulteriore discussione, screditando indirettamente il sistema di valori dell'ammalato.

Ecco due esempi:
"*Lei non dovrebbe pensarla in questo modo*".
"*Lei invece dovrebbe...*".

Mostrare accordo/disaccordo o approvazione/disapprovazione

Che sia d'accordo o non lo sia, che approvi o disapprovi, chi esprime un'opinione asserisce che una certa idea sia giusta o sbagliata.

Gli operatori sanitari dovrebbero astenersi dal mostrare accordo/disaccordo o approvazione/disapprovazione riguardo a determinate idee. Gli ammalati, infatti, potrebbero lasciarsi facilmente condizionare, sentendosi fortemente influenzati a manifestare, per compiacenza piuttosto che per autentica adesione personale, le stesse opinioni dei loro interlocutori e rinunciare a esprimere liberamente le proprie.

Ecco un esempio:

"*Io non farei in quel modo*".

Dare consigli

Consigliare significa fornire un parere personale piuttosto che professionale, riducendo la responsabilità dell'ammalato nel prendere decisioni che lo riguardano.

Ecco un esempio:

"*Io credo che lei dovrebbe...*".

Stereotipi

Si ricorre agli stereotipi, in genere, quando si ignorano le differenze individuali e culturali della persona, che finisce così per essere *etichettata*, solo per il fatto di presentare talune caratteristiche, all'interno di una determinata categoria, generalizzata e omogenea.

Per esempio:

"*Uno della sua età non dovrebbe preoccuparsi di questo*".

"*I ragazzi non dovrebbero piangere*".

Sminuire

Sminuire significa far intendere a chi ci parla che i suoi pensieri o sentimenti non hanno per noi alcun valore, che è sciocco pensarla in un certo modo, che la sua condizione non differisce assolutamente da quella degli altri individui o non è più grave.

Ecco due esempi:

"*Molti sono in una situazione ancora peggiore*".

"*Sì, tutti si sentono così*".

Difendersi

Si è portati a difendersi quando si ha la sensazione di essere direttamente o indirettamente attaccati. Un operatore sociosanitario, per esempio, potrebbe dire qualcosa in difesa di se stesso, di un altro collega, del medico o dell'intera équipe sanitaria.

SUGGERIMENTI PROFESSIONALI

Assistere l'ammalato con problemi di udito

Accertarsi se l'ammalato utilizza un apparecchio acustico. Assicurarsi che sia funzionante e acceso.
Fare ogni sforzo per collocare l'ammalato in una zona con il minimo rumore di fondo.
Porsi sempre di fronte all'ammalato.
Parlare con un tono di voce normale e in modo chiaro e comprensibile.
Valutare se l'ammalato utilizza il linguaggio dei segni. Se sì, assicurarsi il supporto di un interprete.
Porre particolare attenzione ai segni non verbali dell'ammalato e al proprio comportamento non verbale.
Fornire all'ammalato carta e penna per facilitare la comunicazione, se ritenuto necessario.

Assistere il paziente con problemi di vista

Guardare direttamente l'ammalato quando si parla.
Usare un tono e un volume di voce normali.
Avvisare l'ammalato quando si entra o si esce dalla stanza.
Consentire alla persona di orientarsi nell'ambiente circostante, usare come riferimento le lancette dell'orologio per indicare in quale direzione si trovano gli oggetti in prossimità dell'ammalato.
Chiedere il permesso prima di toccare l'ammalato.

Un simile atteggiamento può essere facilmente frainteso dall'ammalato, il quale, per esempio, pensa che non gli è permesso di criticare o di esprimere il proprio punto di vista ed erige così una delle barriere alla comunicazione più difficili da superare.

A nessuno piace essere criticato o che si parli male dei colleghi. La prima risposta che risulta naturale è orientata a difendersi per qualcosa che è stato detto o fatto.

Ecco un esempio di difesa:

"*Nessuno in questo reparto direbbe una cosa del genere*".

Richiedere spiegazioni

La richiesta di spiegazioni può essere percepita dall'ammalato come un atto "*intimidatorio*". Quando si sente richiedere una spiegazione in merito ad alcuni comportamenti, sentimenti o pensieri, spesso il paziente non ne conosce affatto la ragione e il risultato che si ottiene è quello di generare ulteriore ansia, mettere la persona sulla difensiva e contribuire a chiudere i canali di comunicazione.

Ecco un esempio:

"*Perché ha fatto questo?*".

"*Perché si sente così?*".

Cambiare argomento

Il cambio di argomento, quando è improvviso o brusco, può essere interpretato dall'ammalato come segno di disinteresse o disattenzione.

Ecco un esempio.

Ammalato: "*Penso che non guarirò mai*".

Operatore sanitario: "*Bella giornata oggi, vero?*".

4.6 I fattori determinanti nella comunicazione tra personale sanitario e ammalati

Come accennato in precedenza, fattori quali l'età, l'istruzione, le emozioni, la cultura, il linguaggio, influiscono notevolmente sulla comunicazione.

Nelle comunicazioni tra il personale sanitario e l'ammalato entrano in gioco anche fattori legati alle persone singolarmente considerate. L'operatore sanitario deve essere sensibile a questi fattori e mettere da parte i pregiudizi personali, in modo da fornire un'assistenza appropriata e competente, pur nell'unicità e irripetibilità di quella persona.

Tra i **fattori relativi a chi presta l'assistenza** si segnalano lo stato di salute, la situazione familiare, il carico di lavoro, i rapporti all'interno dell'équipe sanitaria, così come le precedenti esperienze lavorative. Sono tutti fattori che hanno effetto sull'atteggiamento, sul pensiero, sulla concentrazione e sulle emozioni e anche sulle modalità di invio e ricezione dei messaggi.

I **fattori relativi all'ammalato** interferiscono inevitabilmente con informazioni di carattere bioclinico e pisco-socio-relazionale: gli aspetti sociali, la religione, la situazione familiare, la vista, l'udito e la capacità di eloquio, il livello di coscienza, la conoscenza della lingua, lo stadio della malattia.

Fattori sociali legati alla malattia. Problemi di salute socialmente accettabili, come aver subìto una colecistectomia o un'appendicectomia, oppure l'influenza, sono facili da discutere. Al contrario, risulta più difficile comunicare con una donna che ha subìto una mastectomia: dato il significato simbolico associato al seno, è più difficile per una donna accettare che esso possa essere rimosso.

Anche una persona HIV-positiva o che abbia contratto un'altra malattia sessualmente trasmissibile sarà probabilmente riluttante a parlarne, anche per gli aspetti legati alla stigmatizzazione sociale e alla discriminazione che possono essere associati al virus o alla malattia.

È importante che l'ammalato si senta accettato, qualsiasi sia la patologia da cui è affetto.

Religione. La comunicazione può risultare più difficile quando le credenze religiose di un paziente sono differenti da, se non addirittura contrastanti con, quelle dell'équipe di assistenza sanitaria che lo ha in carico.

I fedeli di alcune religioni affidano la loro guarigione solo alla fede e alle medicine non convenzionali, rifiutando talvolta anche le trasfusioni di sangue, come fanno i Testimoni di Geova; questi e altri aspetti devono essere necessariamente indagati e considerati.

Quando un ammalato riceve la visita di un ministro del proprio culto, come un prete o un rabbino, è importante garantire il più possibile la tutela della sua privacy.

Situazione familiare. La comunicazione con i familiari è un aspetto centrale della cura, che fornisce importanti informazioni e aiuta l'instaurarsi di una proficua relazione con la famiglia.

La famiglia dell'ammalato può essere un'importante fonte di informazioni per il terapeuta e di grande conforto e supporto per lo stesso ammalato, perché la malattia spesso avvicina i membri della famiglia al paziente.

Ciò nondimeno il personale sanitario deve evitare di discutere gli aspetti della malattia o della terapia in presenza di membri della famiglia senza aver prima avuto il consenso del paziente. Al fine di rispettare il diritto alla privacy, è sempre preferibile chiedere ai presenti, anche se componenti della famiglia, di uscire dalla stanza ogni qualvolta vi sia necessità d'intervenire sul paziente, a meno che non sia l'ammalato stesso a chiedere espressamente la presenza di altre persone.

Capacità visive. Generalmente i soggetti ipovedenti parlano soltanto quando ci si rivolge loro. Nel parlare usano spesso toni molto alti, non sapendo a quale distanza si trovi l'interlocutore. Il silenzio, d'altro canto, può facilmente metterli a disagio. Quando si accoglie un paziente non vedente, per evitare che possa spaventarsi, è opportuno informarlo prima di toccarlo.

Il personale sanitario, inoltre, deve guidare il paziente ai "*suoni dell'ospedale*". Sarà molto utile descrivergli la stanza in dettaglio e accompagnarlo nelle zone limitrofe.

Capacità uditive. Comunicare con ammalati che hanno problemi di udito richiede molto tempo, calma e pazienza. L'ammalato potrebbe provare frustrazione nello sperimentare la necessità di un ampio lasso di tempo per cercare di comunicare.

Questo malessere generalmente proviene più dallo sforzo di capire gli altri che dal cercare di essere capiti. È utile collocarsi di fronte al paziente e parlargli lentamente, cercando di enfatizzare la formazione delle parole con le labbra. Anche i gesti possono essere molto efficaci nell'accompagnare il discorso verbale.

È opportuno verificare se il paziente utilizza un apparecchio acustico e, in caso affermativo, incoraggiarlo a usare l'apparecchio per comunicare più agevolmente.

Capacità di eloquio. La *disfasia* (disturbo dell'articolazione delle parole) e l'*afasia* (perdita della capacità di parlare o comprendere le parole) sono le più frequenti conseguenze di un ictus, anche se entrambe possono derivare da una lesione al cervello. Anche altre disfunzioni neurologiche, come il morbo di Parkinson, possono causare disfasia.

I soggetti con problemi di disfasia hanno difficoltà a esprimere pensieri e sentimenti e a mandare messaggi e, per questi motivi, possono sentirsi frustrati e rifiutati.

Se il paziente è in grado di scrivere, può usare carta e penna, così come una lavagna o la tastiera del computer per comunicare. Stabilire una via di comunicazione alternativa può dare al paziente speranza, aiutarlo a mantenere l'autostima e prevenire i sentimenti di depressione, di rabbia e di ostilità.

Livello di coscienza. Una reale comunicazione non può essere stabilita con ammalati che non hanno coscienza o che sono in stato di coma. Tuttavia, i pazienti in stato di coscienza non vigile o comatoso potrebbero sentire, pur non essendo in grado di rispondere.

Chi li assiste dovrebbe parlare loro esattamente come se fossero vigili, rivolgendosi loro come se potessero interagire, presentandosi e spiegando la ragione per la quale ci si trova nella stanza. Anche se si tratta di uno scambio prettamente o apparentemente unidirezionale, questo modo di interagire è importante per garantire una corretta assistenza alla persona.

Conoscenza della lingua. Anche la capacità dell'ammalato di comunicare attraverso la lingua corrente influisce sulla sua interazione con il personale sanitario. A svolgere la funzione di interprete può essere anche un membro dell'équipe in grado di parlare la lingua dell'ammalato, purché questo non interferisca con il suo lavoro. È bene, comunque, parlare direttamente al paziente mantenendo il contatto visivo e comunicare con calma e chiarezza, evitando termini dialettali o strettamente tecnico-professionali. Ricorrere a disegni oppure a dizionari bilingue può essere spesso di grande aiuto.

Si ricordi sempre che anche i gesti, le espressioni del volto e le altre forme di comunicazione non verbale inviano messaggi e possono quindi risultare, specialmente in questi casi, di grande aiuto.

Lavorare con gli adolescenti

Quando si lavora con gli adolescenti, è bene usare un atteggiamento non giudicante nel rapporto.
È fondamentale trattare ogni adolescente con dignità e rispetto, evitando però un atteggiamento accondiscendente nella comunicazione.
È essenziale stabilire un rapporto collaborativo e trattare gli adolescenti come partecipanti attivi alla loro salute.
Bisogna rispondere a tutte le domande onestamente ed essere sensibili alla comunicazione non verbale. Gli adolescenti sono spesso molto imbarazzati e stentano a iniziare a parlare dei loro problemi legati alla salute.
Si ricordi che il gruppo ha molta importanza per gli adolescenti; perciò è importante usare metodi di gruppo.
Bisogna dare dimostrazione di accettazione agli adolescenti anche quando devono essere stabiliti dei limiti.
Discutere l'autorità degli adulti è una parte normale dell'adolescenza, pertanto è essenziale non individualizzare tali comportamenti.

Stadio della malattia. Nello stadio iniziale di una malattia i pazienti sono spesso desiderosi di sapere tutto al riguardo e possono esprimere rabbia e risentimento per il loro stato di salute.

Gli ammalati che si trovano nella fase terminale della vita rappresentano sfide speciali per il personale sanitario. La maggior parte di essi sa di dover morire ed è in pena per le persone care. È quindi importante che l'ammalato identifichi le persone che considera "*di famiglia*". La morte non è in genere il primo argomento di discussione, essendo spesso considerata una sconfitta. Si ricordi che anche in questi casi il silenzio e l'ascolto sono entrambi parte della comunicazione e possono trasmettere tenerezza, comprensione e accettazione.

L'ammalato che desidera parlare ha bisogno di avere accanto una persona capace di ascoltarlo. Ogni volta che affronta argomenti correlati al tema della morte è importante che trovi interlocutori disposti ad ascoltare e a prendere parte alla conversazione.

Il personale sanitario e la famiglia devono lavorare in sinergia per capire come comunica l'ammalato. Questo richiede la capacità d'identificare e decifrare messaggi, anche di carattere non verbale: per esempio, facilita la comprensione dei messaggi il prestare attenzione ai gesti e alle espressioni del volto.

Capitolo 5
Elementi di sociologia

5.1 Il campo d'indagine della sociologia

La sociologia è la scienza che studia i fenomeni sociali. In particolare, essa è focalizzata sull'analisi dei processi che hanno luogo nelle **società occidentali contemporanee**.

Come progetto metodologico di osservazione dei fatti sociali e di individuazione delle leggi che li governano, la sociologia nacque intorno alla metà del XIX secolo, nonostante la storia del pensiero avesse offerto esempi precedenti di indagine sull'uomo e sul suo habitat naturale attraverso la filosofia sociale, meno interessata a ciò che la realtà sociale era realmente rispetto a ciò che invece avrebbe dovuto essere. Pur rivolgendo lo sguardo verso le società del passato o le comunità tradizionali, non coinvolte nel processo di modernizzazione, la sociologia costituì una risposta intellettuale organizzativa ai bisogni emersi nel nuovo contesto industrializzato: con la rivoluzione industriale, infatti, gli ambienti fisici e sociali subirono una serie di radicali trasformazioni e le città crebbero vorticosamente. Mentre le aristocrazie e le monarchie crollavano, una classe media in ascesa cominciava a domandare a gran voce la democrazia.

Al giorno d'oggi la sociologia si propone di comprendere l'esperienza sociale: uno dei suoi compiti principali è quello di dare ragione dell'immensità di quest'esperienza. Come ha sottolineato Peter L. Berger, questa scienza è una **forma speciale di coscienza**, che induce a interpretare i lineamenti sia della realtà sociale di appartenenza sia di più vasti mondi, collocati oltre l'esperire immediato dei singoli.

Il pensiero sociologico

"Nella sua ricerca della comprensione, il sociologo percorre il mondo degli uomini ignorando i confini usuali. Nobiltà e degradazione, potenza e umiltà, intelligenza e stoltezza sono per lui ugualmente interessanti per quanto possano differire rispetto ai suoi valori e alle sue predilezioni personali. Così, le sue domande possono condurlo in ogni possibile strato della società, nei luoghi più noti e meno noti, più rispettati e più disprezzati. (...) Quella che ci interessa è la curiosità che prende ogni sociologo davanti a una porta chiusa dietro la quale ci sono voci umane. Se è un buon sociologo, vorrà aprire quella porta, capire quelle voci. Dietro ogni porta chiusa, immaginerà nuovi aspetti della vita umana non ancora percepiti e compresi. (...) L'interesse della sociologia nasce dal fatto che la sua prospettiva ci consente di vedere sotto una nuova luce il mondo dove abbiamo sempre vissuto".

(Berger P.L., 1963, *Invito alla sociologia*, Marsilio, Padova, 1967)

Il comportamento umano è fortemente influenzato dai **gruppi** ai quali l'individuo appartiene e dall'interazione che si sviluppa al loro interno, cioè dal modo in cui ci si relaziona gli uni rispetto agli altri, condizionandosi reciprocamente. Il gruppo dunque costituisce, per il sociologo, il principale quadro di riferimento, sia che si tratti di una *gang*, di una *comunità etnica* o di una *metropoli*. L'oggetto di studio della sociologia è estremamente esteso, poiché copre, allo stesso tempo, gruppi di entità varia.

Concentrare l'attenzione sull'azione di un insieme di soggetti produce una più completa comprensione dell'esperienza personale. La vita degli uomini viene modellata da forze storiche che si sottraggono al loro controllo: per esempio, quando una società si industrializza, i contadini diventano operai urbani e quando l'economia di un Paese si indebolisce, il tasso di disoccupazione cresce, indipendentemente dall'efficienza dimostrata dai lavoratori nello svolgimento delle loro mansioni.

La prospettiva che consente di rintracciare i nessi esistenti tra gli accadimenti privati e gli eventi sociali, tra soggetto e mondo, viene definita da Charles Wright Mills *immaginazione sociologica*.

Il sociologo, per comprendere la realtà sociale, deve essere consapevole della duplice manifestazione, microscopica e macroscopica, della società. Gli individui, infatti, abitano contemporaneamente un microcosmo costituito dai rapporti personali, e un macrocosmo consistente di strutture molto più vaste, che li coinvolge in relazioni anonime.

I due mondi, che si compenetrano a vicenda senza soluzione di continuità, sono oggetto di studio rispettivamente della **microsociologia**, confinante con la psicologia sociale, e della **macrosociologia**, tesa all'analisi dell'intera società e delle sue principali strutture.

5.1.1 Il metodo della ricerca sociologica

Per scienza s'intende sia il corpo di conoscenze raggiunto grazie all'utilizzazione di metodi logici e sistematici, sia l'insieme di tali metodi.

Se le *scienze naturali* studiano i fenomeni fisici e biologici, le *scienze sociali* si occupano dei vari aspetti del comportamento umano. Tutte le scienze partono dall'assunto che, esistendo nell'universo un ordine sottostante, gli avvenimenti si verificano seguendo un modello regolare. Sarebbe sempre possibile la spiegazione dei fenomeni, correlati da rapporti di causa e di effetto, e, in presenza di particolari condizioni, la loro predizione. Se la società e i processi che in essa si svolgono seguono determinati modelli, i sociologi possono formulare generalizzazioni sufficientemente affidabili, costruire teorie, analizzare dati, effettuare esperimenti, osservare, documentare e giungere a conclusioni esatte. Così come si può affermare, in termini generali, che a una determinata temperatura la combinazione di idrogeno e di ossigeno produrrà acqua, si potrà anche affermare, in termini generali, che tutte le società umane daranno sempre vita a una qualche forma di organizzazione familiare. Per le sue generalizzazioni, spiegazioni e previsioni, la scienza si avvale dell'analisi sistematica di dati verificabili. Il corpo delle conoscenze scientifiche rappresenta l'interpretazione più logica dei dati esistenti, che però possono essere sempre interpretati in modo nuovo, corretti o confutati.

Nonostante sia impossibile dimostrare l'esistenza di leggi universali applicabili a ogni fenomeno in qualsiasi circostanza, le spiegazioni e le predizioni offerte dagli scienziati sono più precise

Giudizi di realtà e giudizi di valore

Le conoscenze che riguardano il mondo sono prodotti sociali. Il loro contenuto è determinato dal contesto nel quale si realizzano. Ciascun individuo è indotto a percepire la realtà selettivamente e a interpretarla secondo un punto di vista personale, basato sulle proprie opinioni e sulle proprie esperienze.

Il sociologo dovrebbe essere consapevole dei propri preconcetti, tenendoli lontani dal processo di ricerca. Tra **giudizi di realtà**, che dicono *che cos'è* e *com'è* la realtà, e **giudizi di valore**, che concernono la *qualità* delle cose o il *significato morale* che si attribuisce loro, esiste un eterno conflitto, ma l'impossibilità di un raggiungimento completo dell'obiettività non impedisce di definire quest'ultima come forma di autodisciplina del pensiero, tesa a minimizzare le distorsioni prodotte da deformazioni personali.

rispetto a quelle fornite dai sociologi. Il comportamento umano, che deriva da motivazioni spesso molto complesse, difficilmente determinabili con esattezza, può essere infatti modificato, ad esempio quando gli individui sono consapevoli di essere oggetto di studio. Il metodo della scienza sociologica utilizza sia la **teoria** sia la **ricerca empirica**. L'elaborazione teorica corrisponde alla formulazione di ipotesi tendenti a dare una spiegazione a determinati fenomeni. La teoria sociologica rende comprensibili i fatti della vita sociale, ordinando gli accadimenti in un quadro di riferimento che consente di individuarne le cause e gli effetti, di spiegarli e di predirli. Le prospettive teoriche offrono assunti di carattere generale inerenti alla società, fornendo un punto di vista complessivo per lo studio di problemi specifici. Nonostante l'alto grado di raffinatezza raggiunto attualmente dai metodi empirici, che individuano nell'esperienza il criterio di validità di ogni conoscenza, la **teoresi**, cioè l'attività del pensiero speculativo tendente a concludersi in una costruzione concettuale sistematica, costituisce un momento fondamentale della ricerca sociologica, confermando la necessità di un'integrazione tra i due tipi di approccio, tra il lavoro di riflessione e l'esame di documenti, l'osservazione, le interviste, le storie di vita, l'uso di questionari e le inchieste.

5.2 Gli elementi strutturali della società

La società è formata da individui che compiono **azioni sociali**: si tratta di azioni rivolte intenzionalmente verso gli altri. Il sistema sociale è il complesso di posizioni occupate e ruoli svolti da **soggetti individuali e collettivi** che interagiscono nel quadro di regole ben precise. La funzione di queste regole è limitare e disciplinare la varietà degli atti consentiti a ciascun soggetto. La trama dei rapporti relativamente stabili, il complesso degli innumerevoli modelli interattivi connessi tra loro, che derivano da tali norme, costituisce la **struttura sociale**, destinata a permanere al di là del mutevole e transitorio flusso della quotidianità.

5.2.1 Norme e valori sociali

Le norme sociali sono definibili come **regole o direttive condivise** che disciplinano le interazioni tra gli individui e i gruppi, prescrivendo come questi soggetti debbano *pensare*, *sentire* e *agire* in determinate situazioni. Tali regole forniscono valide indicazioni sulle *corrette modalità d'azione* e aspettative affidabili sul *comportamento degli altri*.

Si è soliti distinguere:

- le norme *universali*, che regolano la condotta degli appartenenti alla comunità indistintamente, dalle norme *speciali*, che si rivolgono solo al comportamento di alcuni membri;
- le norme che derivano dalla *tradizione* da quelle che sono prodotte dalla *pianificazione razionale* della vita collettiva;
- le norme *orali* da quelle *scritte*;
- le norme *giuridiche* (o *stateways*), che presentano un elevato grado di forza coercitiva, finalizzata ad assicurare la loro osservanza, da quelle *morali* (o *mores*), che ricevono una forte legittimazione su basi etiche o religiose, e dai costumi di *gruppo* (o *folkways*), come usanze, convenzioni, cerimoniali.

Ciascuna società deve disporre di un sistema di **controllo sociale** idoneo a garantire che i suoi membri si comportino abitualmente secondo le modalità attese e approvate. Anche se durante il processo di crescita nella società è l'individuo stesso a interiorizzare le regole sociali, una parte di questo controllo sull'individuo viene esercitata dagli altri in modo sia formale, attraverso agenzie, quali la polizia e i pubblici ufficiali, sia informale, attraverso le reazioni degli altri soggetti.

Le norme di una società esprimono i suoi **valori**, concetti astratti, generali, idee condivise di ciò che è buono, giusto, desiderabile o stimabile: se una collettività, per esempio, attribuisce importanza all'istruzione, le regole sociali favoriranno la scolarizzazione di massa.

Cultura ideale e cultura reale

Una causa di tensione sociale è la discrepanza, talora esistente, tra la **cultura ideale**, che si manifesta nei valori e nelle norme in cui astrattamente si crede, e la **cultura reale**, che si manifesta nelle pratiche effettive: in Occidente, per esempio, nonostante si proclami che il principio dell'uguaglianza sia fondamentale, esistono Paesi molto ricchi e aree di estrema povertà.

Causa ulteriore di tensione può essere l'esistenza di **subculture**, espresse da gruppi che non partecipano alla cultura dominante della società e che possiedono stili di vita propri, come le minoranze etniche, e di **controculture**, espresse da gruppi che si trovano in radicale disaccordo rispetto alla cultura dominante, come la *beat generation* degli anni Sessanta.

5.2.2 Le istituzioni

Un complesso unitario e durevole di norme sociali, valori, *status*, ruoli e gruppi di partecipazione, che risponda a un disegno ordinato e miri a determinate finalità, sviluppandosi attorno a un bisogno fondamentale del vivere sociale, può essere definito **istituzione**.

Le norme istituzionali, poiché regolano in modo corale il comportamento dei soggetti, sono coordinate e sottoposte a controllo unitario.

Un'istituzione è in genere polifunzionale, finalizzata a vari scopi, che si differenziano in manifesti, espliciti e latenti, non dichiarati. La **convergenza funzionale**, fenomeno tipico della società complessa, indica il concorso di più istituzioni allo stesso risultato.

Tra le istituzioni fondamentali della società è possibile rubricare:

- la *famiglia*, che regola il comportamento sessuale e si prende cura dei bambini. Componente universale della società, la famiglia può assumere una molteplicità di configurazioni strutturali a seconda del contesto spazio-temporale;
- il *sistema scolastico*, che trasmette ai giovani la conoscenza;
- la *religione*, che afferma la credenza nelle divinità;
- la *scienza*, che studia il mondo naturale e sociale;
- il *sistema politico*, che distribuisce il potere e mantiene l'ordine;
- il *sistema economico*, che produce e distribuisce beni e servizi;
- il *sistema sanitario*, che cura la salute dei cittadini;
- le *forze armate*, che difendono lo Stato dalle aggressioni;
- il *sistema giudiziario*, che detiene il controllo sociale.

5.2.3 Le organizzazioni

Un'organizzazione è un insieme di soggetti che perseguono determinati fini con appositi mezzi, rapportandosi gli uni agli altri.

Il mondo moderno è segnato da un'imponente trasformazione, perché la mentalità organizzativa pervade l'intera società, moltiplicando il numero di realtà progettate in vista del raggiungimento di obiettivi prefissati, mediante strumenti come impianti, attrezzature, metodi e tecniche di lavoro.

Se tutte le istituzioni sono organizzazioni, non tutte le organizzazioni sono istituzioni. Non sono istituzioni le organizzazioni che non svolgono un *servizio socialmente rilevante*, né quelle che non posseggono la capacità di accreditarsi presso vasti settori della società.

5.2.4 Gli *status* e i ruoli

Si intende per *status* la posizione che l'individuo occupa nella società. Anche se si possono avere numerosi *status* contemporaneamente, solo uno di essi, di regola quello occupazionale, definibile ***status* chiave**, tende ad essere dominante.

Lo *status* è **simbolico** e **correlativo**, perché determina come l'individuo si colloca nella società e come si debbano instaurare relazioni con gli altri.

Nelle società complesse lo *status* è definito da quattro fattori:

- il *compito sociale*, vale a dire l'insieme delle mansioni che si espletano nella collettività in cui si vive;
- la *condizione economica*, determinata dal reddito;
- il *prestigio*, vale a dire la reputazione di cui l'individuo gode;
- il *potere*, che è la capacità di esercitare influenza sugli altri.

I soggetti che hanno uno *status* pressappoco equivalente formano una **classe**.

Si possono distinguere gli *status* **ascritti**, assegnati dalla società in base a requisiti che gli individui posseggono naturalmente, quali l'età, il sesso, la famiglia di appartenenza, dagli *status* **acquisiti**, conquistati con la volontà, l'impegno e la capacità.

La differenza, però, non è così netta, poiché gli *status* ascritti necessitano talvolta di legittimazione sociale, mentre il raggiungimento di *status* acquisiti è facilitato da certe condizioni di partenza.

Gli *status* comportano, da parte di chi li possiede, modelli di comportamento attesi, obblighi e privilegi che, nel loro insieme, possono essere definiti **ruoli** e consentono di strutturare le azioni secondo direttrici condivise.

Pur essendo fondato su norme sociali, il ruolo si delinea durante l'interazione, assicurandone un prevedibile corso.

I **ruoli formali**, riconosciuti ufficialmente e regolati da norme precise, si differenziano dai **ruoli informali**, non ufficiali e maggiormente negoziati.

Siccome a ogni *status* corrispondono più ruoli, l'individuo si trova a rivestire ruoli diversi. Lo *status* di professore universitario, per esempio, comporta lo svolgimento di un ***role set*** che prevede compiti da insegnante, da ricercatore, da autore di articoli accademici, ecc.

5.2.5 I gruppi

Qualunque sia lo scopo delle attività quotidiane, l'individuo, animale socievole, generalmente lo persegue stando insieme agli altri.

Un gruppo, parte vitale della struttura sociale, è composto da soggetti interagenti, aventi *status* e ruoli interrelati. È possibile individuare una delle principali conseguenze di quest'interazione nel sentimento di appartenenza che accomuna i membri del gruppo.

Differente dal gruppo è l'**aggregato**, un insieme di persone che si trova casualmente nello stesso istante in uno stesso luogo, che non interagisce in maniera significativa e che non sperimenta alcun senso di partecipazione.

Il gruppo differisce anche dalla **categoria**, formata da un certo numero di persone che, in molti casi, non si sono mai incontrate, ma che sono caratterizzate da tratti comuni, come l'età, la razza, il sesso.

I gruppi si distinguono in:

- *gruppi primari*, costituiti da un esiguo numero di individui (per esempio, le famiglie e le piccole comunità), i quali interagiscono per un periodo relativamente lungo sulla base di rapporti informali. Le relazioni tra i membri, dirette, personali, intime, sono segnate da un profondo coinvolgimento emotivo;
- *gruppi secondari*, sorti per conseguire finalità specifiche, dotati di una struttura interna rigida e formalizzata. Questi gruppi sono costituiti da persone che instaurano relazioni temporanee e anonime (per esempio, le società commerciali, i partiti politici o le burocrazie statali).

Accade spesso che gruppi secondari, di limitate dimensioni e di recente formazione, si trasformino in gruppi primari, con il progressivo aumento della conoscenza reciproca dei membri e della loro interazione.

Le società preindustriali contemplavano unicamente la presenza di gruppi primari, mentre le civiltà industriali sono state segnate dalla moltiplicazione di rapporti di tipo secondario, instaurati tra soggetti non vincolati da legami affettivi, interagenti per scopi pratici, in termini di ruoli specifici più che nella pienezza della loro personalità.

Ciascun gruppo possiede il proprio patrimonio di norme, valori, *status*, ruoli. Quanto minori sono le dimensioni del gruppo tanto maggiore è l'intensità dell'interazione tra i membri e tanto più forte è l'influenza esercitata sui singoli dalle norme e dai valori comuni.

Il piccolo gruppo detiene il forte potere di indurre al conformismo i partecipanti e un aumento delle sue dimensioni può sortire effetti disgreganti, soprattutto se i nuovi componenti minacciano le norme stabilite.

5.3 Il processo di socializzazione

Attraverso il processo, definito *socializzazione*, di acquisizione delle conoscenze, dei modelli, dei valori, delle norme sociali, dei modi di pensare, sentire e agire propri della civiltà, l'individuo apprende e interiorizza gli **elementi socioculturali** del proprio ambiente, integrandoli alla struttura della personalità, formata dall'organizzazione di diverse componenti psichiche, come i tratti comportamentali, le capacità intellettuali, gli impulsi, le attitudini o le tracce di esperienze anteriori.

I sociologi distinguono tra **socializzazione primaria**, che indica il processo originario attraverso il quale il bambino diventa un membro della società, e **socializzazione secondaria**, che invece indica tutti i processi successivi attraverso i quali un individuo viene ammesso in un mondo sociale specifico.

Periodi di intensa socializzazione sono costituiti dall'infanzia e dall'adolescenza, ma tale processo prosegue per tutta la vita, perché la necessità di adattarsi a situazioni inedite impone l'acquisizione quotidiana di nuovi elementi del codice sociale che regola l'esistenza: si pensi, per esempio, al grande sforzo di adattamento richiesto dal primo lavoro, oppure all'arte di saper invecchiare, che gli anziani devono imparare, avendo attualmente perduto il rispetto di cui godevano nel passato, o ancora al trasferimento di un immigrato in un paese d'adozione, che – come dimostra il fatto che un'acculturazione completa si realizza solo dopo due o tre generazioni – rappresenta una tra le più difficili prove di **risocializzazione**.

Nonostante la socializzazione possa essere vista soprattutto come l'imposizione di controlli dall'esterno, mediante un insieme di premi e punizioni, l'attore sociale non si sente oggetto di coercizione da parte di un'autorità, poiché la cultura e il sistema sociale, una volta integrati con la personalità, diventano l'obbligo morale, la regola della coscienza e la maniera naturale di pensare, sentire e agire.

L'effetto sortito dalla socializzazione, la produzione di una sufficiente conformità dei modi di pensare, sentire, agire in ogni membro della collettività, mira, da una parte, all'adattamento dei soggetti alla società, e dall'altra alla perpetuazione di quest'ultima.

5.4 I meccanismi della socializzazione

I processi di apprendimento sono fortemente influenzati dall'ereditarietà e dall'ambiente.

Il condizionamento esercitato dall'**ambiente** è oggetto di studio della **psicologia behaviorista** che, ispirandosi all'opera di Ivan Pavlov, considera l'apprendimento come lo sviluppo di risposte agli stimoli esterni all'organismo. In questa prospettiva, la socializzazione consisterebbe innanzitutto nell'apprendimento di risposte efficaci alle situazioni, agli eventi e agli oggetti che agiscono da sollecitazione.

I teorici dell'istinto, invece, sottolineano l'importanza dell'**ereditarietà** nella spiegazione della condotta umana, ritenuta il prodotto di pulsioni intrinseche dell'individuo.

L'apprendimento, costituito da una ristrutturazione dei bisogni primari dell'uomo secondo i modi di soddisfazione socialmente riconosciuti, non procederebbe, dunque, da una *tabula rasa* ma sarebbe il risultato di un patrimonio istintuale ereditario il cui corso deve essere guidato.

Tra le due posizioni, la linea di demarcazione, seppure persiste, appare attualmente più sfumata, riconoscendosi che una teoria dell'apprendimento deve tener conto sia del dato ereditario, sia dell'ambiente esterno, sia della loro costante interazione.

I due meccanismi principali in base ai quali si sviluppa l'attitudine all'azione sociale sono:

- l'*apprendimento*, identificabile con l'acquisizione di riflessi, abitudini, atteggiamenti, mossi anche dall'istinto, che si inscrivono nell'organismo e nella psiche della persona guidandone la condotta;
- l'*interiorizzazione dell'altro*, consistente nella costruzione del proprio sé. Ciò avviene attraverso:
  - l'immagine che la persona crede di fornire agli altri di se stessa;
  - i giudizi su se stessa che la persona attribuisce agli altri.

La sensazione di essere un'entità è il prodotto della comunicazione con l'altro e dell'intuizione delle percezioni di sé attraverso l'altro.

Il processo di apprendimento, più lungo e complesso nell'uomo che in ogni altro animale, è rafforzato da differenti forme di interiorizzazione dell'altro. Il pensiero si rivela per sua stessa natura sociale, dispiegandosi negli atti comunicativi e utilizzando simboli collettivi per costituirsi e diffondersi.

George H. Mead ha introdotto il concetto di **interazione simbolica**, riferendosi all'interazione che si realizza attraverso simboli, come i gesti, le espressioni del volto e soprattutto il linguaggio. In particolare, Mead ha osservato come l'io sociale del bambino si sviluppi giocando il ruolo degli altri, i genitori, i compagni di gioco, gli eroi imitati, e interiorizzandone gli atteggiamenti mediante l'identificazione con l'*altro generalizzato*, ossia l'insieme strutturato degli altri ruoli da cui il piccolo dipende.

Il fondatore della psicanalisi, disciplina che ha notevolmente contribuito a spiegare il processo di socializzazione, **Sigmund Freud**, ha riconosciuto l'importanza fondamentale delle esperienze della prima infanzia per lo sviluppo della personalità, e ha descritto i rapporti del bambino con i genitori mostrandone le radici sessuali, definite libidiche: il contatto fisico con la madre, o con chi la sostituisce, procura il primo piacere erotico.

Freud ha considerato gli stadi dell'infanzia, definiti psicosessuali, in rapporto alla diversa localizzazione corporea delle fonti di piacere nelle varie età, fino ad arrivare alla gratificazione della sessualità adulta. Nell'analisi dei rapporti con i genitori, Freud ha sottolineato l'affiorare nel bambino di sentimenti ambivalenti, poiché le frustrazioni subite nel corso dell'educazione impartita, essendo inflitte dalle persone amate, vengono percepite molto violentemente.

Altro contributo della psicanalisi alla comprensione del processo di socializzazione deriva dall'analisi dell'attitudine al **transfert**, che è la capacità di trasferire su altre persone, su altri ruoli, su altri oggetti, sentimenti precedentemente fissati su una sola persona, un solo ruolo, un solo oggetto, facoltà che espleta una funzione importante soprattutto nei momenti di svolta dell'esistenza (come, per esempio, durante il matrimonio).

5.4.1 Gli agenti di socializzazione

Esistono particolari agenti sociali che favoriscono la standardizzazione delle condotte dei membri di una società. I principali fattori attivi nel processo di socializzazione sono:

- la **famiglia**, agente fondamentale di socializzazione, che svolge la funzione di educare i bambini soprattutto nella prima infanzia, periodo durante il quale si stabiliscono i primi forti vincoli affettivi, si apprende il linguaggio e si inizia a interiorizzare norme e valori.
  I modelli di interazione familiare esercitano un influsso ineludibile sui tratti della personalità del soggetto, che continuerà ad essere condizionata dallo *status* assegnato nell'ambito della *subcultura* di etnia, di classe, di religione cui si appartiene.
  La famiglia attinge all'esterno i modelli comportamentali che i genitori trasmettono ai figli, ai quali questi si iniziano tra loro e ai quali talvolta essi iniziano anche i genitori;
- la **scuola** che, formando gli alunni e trasmettendo la conoscenza, insegna ad aderire alle regole, come il sistema sociale richiede. La partecipazione alla vita scolastica indebolisce i legami familiari di dipendenza, creando nuovi vincoli entro più vasti orizzonti;
- i **gruppi d'età**, nell'ambito dei quali è possibile distinguere insiemi di soggetti coetanei finalizzati a uno scopo esplicito di socializzazione. Le cerchie di persone anziane possono essere considerate un esempio di questo tipo, poiché perseguono l'intento di invecchiare nel miglior modo possibile, trascorrendo il loro tempo in compagnia.

Esistono poi *gruppi di socializzazione* nei quali gli adulti hanno la responsabilità di formare i fanciulli, come avviene in tutti i movimenti dei giovani di carattere educativo, e *gruppi di età omogenea* che, per svolgere funzioni o esercitare attività, devono socializzare i loro membri, come, ad esempio, i movimenti giovanili orientati verso un'attività sociale o politica;

- i **movimenti sociali**, i **sindacati** e le **aziende**, che esercitano una funzione socializzatrice nei confronti di soggetti di età differente, generalmente imperniata sulle attività svolte.

  A differenza della famiglia, della scuola, delle chiese, di molti movimenti educativi, che rivelano una tendenza socializzatrice nei confronti dell'individuo considerato nella sua totalità, i gruppi e le istituzioni che non perseguono esplicitamente lo scopo della socializzazione hanno ambizioni più limitate;
- i **mezzi di comunicazione di massa**, che veicolano e diffondono, con prepotenza pervasiva e persuasiva, modelli, valori, ideali, capaci spesso di imporsi anche grazie alle potenzialità di inquietanti messaggi subliminali, eludendo il vaglio critico della coscienza. Molti mutamenti culturali vengono al contempo registrati e prodotti dagli ormai onnipresenti mass-media.

L'arco della vita, parabola biologica scandita dalla sequenza che procede dalla nascita alla morte, è dunque fortemente influenzato anche da fattori sociali. Se è vero che ogni società impone la propria concezione del ciclo vitale al processo fisiologico della crescita e dell'invecchiamento, dividendolo in una serie di stadi – ciascuno dei quali attribuisce a coloro che vi appartengono diritti e obblighi – il numero, la durata e il contenuto di queste fasi varia da una cultura all'altra.

La sopravvivenza di ogni società dipende dalla sua capacità di far sì che i suoi membri svolgano efficacemente i loro ruoli in ogni periodo dell'esistenza. Molte **società preindustriali** contemplano solo due stadi principali, l'infanzia e l'età adulta, e il passaggio da una fase all'altra, che avviene al momento della pubertà, è spesso contrassegnato da cerimonie sociali di iniziazione. Le **società industriali**, richiedendo ai lavoratori un più elevato livello di istruzione, hanno aggiunto un nuovo stadio, l'**adolescenza**, compresa tra i 13 e i 19 anni, introdotto come conseguenza del prolungarsi del periodo di scolarizzazione. Attualmente il soggetto, dopo aver attraversato la fase della gioventù, tendente, a causa della difficoltà di trovare un lavoro fisso, a prolungarsi fino ai 30 anni e oltre, entra nella maturità, stadio in cui dovrebbe essersi realizzato compiutamente il nucleo dell'identità, che appare sempre dischiusa, però, alla possibilità di nuovi adattamenti.

Gli atteggiamenti appresi nel corso della socializzazione si riferiscono ad ampi sistemi di significato e di valori che vanno molto al di là della situazione immediata. La socializzazione, sia primaria sia secondaria, comporta sempre delle trasformazioni nel microcosmo degli individui, e al contempo li pone in contatto con le strutture complesse del macrocosmo. I cambiamenti esterni, sia microscopici sia macroscopici, possono rendere obsoleta buona parte della precedente socializzazione, inducendo i soggetti a mettere in discussione gli schemi comportamentali acquisiti. Il fatto che le esperienze socializzatrici non si sommino semplicemente le une alle altre, ma si combinino secondo modalità uniche in ciascuna persona, dimostra però che la condizione ipersocializzata degli esseri umani non può vanificare i tratti fondamentali della personalità e che la parte non socializzata di noi non è mai del tutto al servizio di quella socializzata.

5.5 Cultura e diversità culturali

Ciascun individuo è culturalmente unico. La cultura di una persona è influenzata dalle esperienze di vita e dall'educazione e il suo pensiero è la lente attraverso cui la persona guarda ogni cosa.

Nella società, la cultura si riferisce ad una struttura dinamica integrata di conoscenze, atteggiamenti, comportamenti, credenze, idee, abitudini, costumi, linguaggi, valori, simboli, rituali e cerimonie che sono unici per un gruppo specifico di persone. Questa struttura fornisce al gruppo un indirizzo generale per vivere.

Gli individui acquisiscono il **credo culturale** inconsciamente durante il periodo di sviluppo e maturazione. Le persone vivono la cultura dalla tenera età attraverso l'osservazione delle tradizioni (modelli consueti stabiliti di pensiero e di comportamento). I credo culturali, i valori, i costumi, le abitudini si trasmettono di generazione in generazione attraverso l'interazione, le attività quotidiane e le celebrazioni. Per esempio, la nascita di un bambino è celebrata secondo le norme culturali e i costumi di ciascuna famiglia, che possono includere preghiere, benedizioni, speciali cerimonie, riti religiosi, e così via. Genitori, nonni e altri familiari trasmettono al bambino le norme culturali e gliele spiegano attraverso dimostrazioni, discussioni e messa in atto di ruoli, dai quali il bambino apprende i comportamenti propri della cultura di riferimento.

La cultura non è né statica né uniforme tra i membri di un determinato gruppo culturale, ma è un insieme di processi dinamici appresi lungo il corso della vita. Le differenze all'interno dei gruppi culturali sono il risultato delle diverse prospettive e delle pratiche individuali.

Le differenze esistenti tra le persone per ragioni di etnia e cultura si definiscono **diversità culturali**. In alcuni Paesi, come gli Stati Uniti, ma ora anche in Italia, esiste una ricca varietà culturale. Il clima socio-politico è arricchito da queste ampie potenzialità di risorse umane con diversi punti di vista e comportamenti. Una popolazione diversificata fornisce differenti idee, punti di vista e approcci alla risoluzione dei problemi, nonché un'aspettativa di migliore tolleranza.

> **Etnia**
>
> Per **etnia** si intende l'identità di un gruppo: è un'eredità sociale che provvede a dare un senso di continuità che si tramanda da una generazione all'altra. I membri di un gruppo etnico dimostrano il loro senso di appartenenza attraverso i tratti comuni e i costumi. L'identità etnica può essere manifestata in vari modi; ad esempio, molti afroamericani esprimono il loro orgoglio etnico indossando abiti che sottolineano la loro origine e l'eredità propria del loro popolo.

Lavorare e vivere in simili società può naturalmente presentare qualche svantaggio. I problemi sorgono quando le differenze all'interno dei gruppi culturali non sono comprese; in questi casi spesso si generano apprensione e agitazione nelle aspettative delle altre persone.

Alcuni gruppi culturali sono stati storicamente vittime del pregiudizio e delle discriminazioni sotto forma di *razzismo*, *sessismo* e *classismo*. La società, consciamente o inconsciamente, continua a discriminare. Si parte dalla convinzione che un percorso o un pensiero sia superiore rispetto a un altro considerato inferiore.

L'**etnocentrismo**, ovvero la convinzione della superiorità di una cultura e il rifiuto delle altre, genera l'**oppressione**. Non è altro che l'imposizione di determinati valori, norme e ideali di un gruppo nei confronti di un altro gruppo. L'oppressione trova fondamento in un disprezzo culturale che porta a soffocare le religioni, le aspettative e le tradizioni altrui.

La **stereotipizzazione** è la convinzione che tutte le persone appartenenti a un'etnia o a un gruppo culturale agiscano nello stesso modo, condividano gli stessi pensieri e credenze e abbiano le stesse attitudini. Essa consiste nell'etichettare un popolo secondo un preconcetto culturale ignorando, di conseguenza, la sua identità individuale.

Il gruppo i cui valori all'interno di una società prevalgono sugli altri dà luogo alla **cultura dominante**. La cultura dominante negli Stati Uniti, per esempio, è formata da persone di razza bianca che costituiscono la classe media, per la maggior parte protestanti e di origine europea. I valori della cultura europea hanno fortemente influenzato la cultura americana.

I valori dominanti entrano in conflitto con quelli dei gruppi minoritari. Un **gruppo minoritario** comprende un numero di persone inferiore rispetto alla maggioranza della popolazione. Simili gruppi sono spesso etichettati e trattati differentemente da altri nella società. I gruppi minoritari sono generalmente considerati meno potenti dei gruppi dominanti.

Caratteristiche della cultura

Leninger (2002) ha identificato alcune caratteristiche comuni e trasversali a tutte le culture:

- la cultura è un **comportamento appreso**, non è ereditata né innata. Essa è un'integrazione di tante componenti correlate. Le motivazioni, le attività, la visione del mondo, le relazioni e le individualità sono influenzate da costanti modelli di comportamento e formano un insieme coesivo;
- la cultura viene acquisita. I **modelli di comportamento** degli adulti sono rapidamente imitati dai bambini, i quali sviluppano azioni e attitudini accettate nella società;
- la cultura viene condivisa. I modelli di comportamento non sono definiti singolarmente, ma sono accettati e praticati da ogni membro di un determinato **gruppo culturale**;
- la cultura è dinamica. Le idee nuove sperimentate da altre generazioni possono condurre a differenti modelli di comportamento;
- la cultura è sottintesa. Ogni membro di un gruppo culturale capisce e accetta il comportamento. I **credo culturali** sono ampiamente conosciuti e adottati.

5.6 Credenze e pratiche relative all'assistenza sanitaria

La cultura influenza le **decisioni sulla salute** e la relativa pratica, influendo anche sul modo di reagire alla malattia e al dolore.

Per esempio, nelle culture in cui gli alimenti crudi non sono consumati, l'incidenza delle infezioni alimentari può essere più bassa rispetto alle culture in cui il consumo di carne e pesce crudi è comune. D'altra parte, i tabù culturali contro il consumo di proteine durante la gravidanza hanno un effetto estremamente nocivo sullo sviluppo del feto.

I **valori culturali** determinano le risposte umane alla malattia. Le **credenze** e i **modelli di condotta** influenzano l'atteggiamento verso i diversi aspetti della salute. Il modo in cui la malattia viene definita, la sua eziologia (causa e origine), i concetti di promozione della salute e il modo di metterli in atto, gli stessi professionisti sanitari e i rimedi applicati, sono tutti fattori che subiscono l'influenza del *background* culturale.

Pertanto, la varietà di modi possibili per fornire cure è la naturale conseguenza delle diverse concezioni culturali relative all'eziologia e alle definizioni di salute e malattia. La **medicina classica** può non essere accettata come terapia quando la spiegazione scientifico-razionale della causa di una patologia non è riconosciuta dal gruppo culturale. Nei diversi gruppi si possono quindi trovare rimedi alternativi. Al fine di aumentare la collaborazione degli ammalati alla cura è opportuno, nei limiti del possibile, impostare il ciclo terapeutico e i trattamenti prescritti nel rispetto dei rimedi tradizionali propri di quella cultura. Gli ammalati che attribuiscono alla loro malattia una causa soprannaturale probabilmente cercheranno interventi dai loro leader spirituali o dai guaritori tradizionali.

La **medicina popolare** classifica le malattie come eventi naturali ed eventi non naturali. La classificazione di una malattia determina il tipo di trattamento e il rimedio usato. Poiché il sistema della medicina popolare (riferito anche alla medicina alternativa) può rappresentare una sfida dal punto di vista culturale per gli stessi infermieri impegnati nell'assistenza, è bene che questi conoscano le principali credenze religiose riguardanti le malattie, i fattori che contribuiscono alla loro insorgenza e le pratiche sanitarie utilizzate nella tradizione popolare. Coloro che mettono in pratica i rimedi popolari di riferimento conoscono bene le norme e i costumi culturali di riferimento (Edelman & Mandle, 2005).

I medici, gli infermieri e gli altri operatori sanitari devono essere in grado di riferirsi a cure e a trattamenti relativi al contesto culturale dell'ammalato e di coinvolgere i *caregiver*, i familiari e gli altri membri del contesto sociale del paziente come alleati nel trattamento. Il *background* culturale del paziente e le sue preferenze influenzano il modo in cui egli interagisce con gli altri e con il mondo intorno a sé. In una situazione insolita, quale può essere l'ammissione ad un piano di cura per il ripristino della salute, le differenze culturali possono sembrare anche più grandi. In questa situazione, infatti, le persone tendono a tenersi aggrappate alle cose a loro più familiari, così da difendersi da ciò che è sconosciuto.

Pur cercando di curare opportunamente le persone e di ridurre lo stress causato dalla malattia, è dunque importante saper comunicare con l'ammalato, al fine di riconoscere le influenze derivanti dalla cultura, l'orientamento spazio-temporale, l'organizzazione sociale e le variazioni biologiche.

SUGGERIMENTI PROFESSIONALI

Colleghi di culture diverse

In molte unità di cura, il team assistenziale è formato da professionisti di culture diverse. Se da un lato questo rappresenta un potenziale positivo di sviluppo e di miglioramento dell'assistenza, dall'altro può avere come risultato il conflitto e una scarsa collaborazione.

I modi per lavorare con successo in un ambiente con diversità culturali sono:

- essere coscienti dei propri limiti culturali ed evitare i preconcetti e gli stereotipi rispetto alla cultura degli altri;
- fare attenzione agli effetti sugli altri delle parole o azioni che vengono dette e fatte;
- sensibilizzare gli altri e chiarire eventuali fraintendimenti;
- imparare ad accettare opinioni e punti di vista diversi;
- essere aperti alla discussione.

Assistenza che tiene conto degli aspetti culturali

- Rispettare le credenze e i pensieri dell'ammalato.
- Essere sensibili verso i comportamenti e le pratiche che sono differenti dalla propria cultura.
- Essere sensibili alle differenze se non sono dannose per la salute dell'ammalato. Per esempio, un ammalato potrebbe credere che mangiare cipolle risolva i problemi respiratori. Tuttavia, mangiare cipolle potrebbe non essere affatto terapeutico, ma nel contempo non causare alcun problema alla salute.

- Porre attenzione anche ai discorsi dell'ammalato per capire le influenze etniche e culturali, le credenze popolari relative alla prevenzione, all'eziologia, alla trasmissione o a qualche altro aspetto della malattia. Per esempio, potreste sentire il paziente dire: "Lo sapevo che oggi non sarei stato bene, la notte scorsa ho sentito cantare una civetta".
- Sfruttare ogni occasione per mandare messaggi positivi ed educare ai comportamenti sani, se necessario. Per esempio, quando viene chiesto a una donna incinta di parlare della sua dieta, questa potrebbe rispondere che non mangia mai carne e uova perché pensa che aumentare di peso possa essere rischioso in gravidanza e accrescere i rischi di un parto difficile.

Linee guida per un insegnamento sensibile agli aspetti culturali

- Mettere a fuoco il *background* culturale dell'ammalato.
- Valutare le conoscenze dell'ammalato sull'argomento trattato, chiedendoglielo direttamente.
- Mettere a fuoco la percezione dei bisogni di apprendimento, aiutando l'ammalato e la sua famiglia a individuarli con esattezza.
- Osservare l'ammalato e la sua famiglia al fine di determinare le dinamiche e i diversi ruoli. Chiedere all'ammalato quali membri della famiglia desidera includere nelle sessioni di insegnamento.
- Usare un linguaggio di semplice comprensione, evitando l'uso di espressioni gergali e di termini medici complessi.
- Chiarire i messaggi verbali e non verbali con l'ammalato.
- Chiedere all'ammalato di ripetere le informazioni ricevute e fargli fare una dimostrazione del materiale presentato.

Parte Terza

Igiene e sicurezza

SOMMARIO

Capitolo 1
Salute e sicurezza del personale sanitario

1.1 Il quadro normativo in materia di sicurezza sul lavoro

Uno degli obblighi generali del datore di lavoro è quello di tutelare la sicurezza del lavoratore. In ambito privatistico l'art. 2087 del codice civile impone all'imprenditore di adottare nell'esercizio dell'impresa le misure che, secondo la particolarità del lavoro, l'esperienza e la tecnica, sono necessarie a salvaguardare l'**integrità fisica** e la **personalità morale** dei prestatori di lavoro.

L'art. 9 della legge n. 300/1970 (Statuto dei lavoratori) attribuisce ai lavoratori il diritto di controllare attraverso le loro rappresentanze l'applicazione, da parte del datore di lavoro, delle norme di prevenzione contro gli infortuni e le malattie professionali, nonché di promuovere la ricerca e l'attuazione di tutte le misure idonee a tutelare la loro salute e integrità fisica. Numerose ed eterogenee sono state le leggi speciali stratificatesi nel tempo con l'intento di garantire la salute e la sicurezza sui luoghi di lavoro.

Gli obblighi di sicurezza si riferiscono non soltanto alle attrezzature, ai macchinari e ai servizi che il datore di lavoro fornisce o deve fornire, ma anche all'ambiente lavorativo.

Il sistema sanitario è un sistema complesso in cui interagiscono molteplici fattori, eterogenei e dinamici, tra cui la pluralità delle prestazioni sanitarie, delle competenze specialistiche e dei ruoli professionali, tecnico-sanitari ed economico-amministrativi e l'eterogeneità dei processi e dei risultati da conseguire. Tutti gli elementi del sistema devono integrarsi e coordinarsi, per rispondere ai bisogni assistenziali del paziente e assicurargli la miglior cura possibile.

Le organizzazioni sanitarie stanno sviluppando la cultura della sicurezza attraverso la promozione di un ambiente di cura più sicuro, l'identificazione delle fonti del potenziale rischio insito nelle pratiche di cura, la prevenzione e il controllo. Tuttavia, gli ambienti sanitari non rappresentano un rischio solo per i pazienti, ma anche per chi vi lavora.

Le strutture sanitarie (ospedali, case di cura, poliambulatori, ecc.) hanno l'obbligo di gestire la salute e la sicurezza sul lavoro come parte integrante della gestione generale dell'azienda, preoccupandosi di migliorare i livelli di salute e sicurezza sul luogo di lavoro e prevenendo il verificarsi di infortuni e malattie correlate al lavoro.

Il problema, però, non riguarda solo l'ambito sanitario, ma qualsiasi ambiente di lavoro; nell'ultimo decennio diverse sono state le direttive comunitarie. Il legislatore nazionale ha prima emanato la legge n. 626/1994 e successive modificazioni, recependo la direttiva europea n. 391/1989. Poi la materia ha trovato il suo definitivo assetto nel Testo Unico sulla salute e sicurezza sul lavoro, il D.Lgs 9 aprile 2008 n. 81 e successive modificazioni ed integrazioni. Esso si applica a tutti i *settori di attività*, privati e pubblici, a tutte le *tipologie di rischio*, a tutti i lavoratori, *subordinati* e *autonomi*, nonché ai soggetti a essi equiparati.

Il Testo unico codifica una serie di obblighi e divieti finalizzati a prevenire gli infortuni e le malattie professionali, nonché a garantire la protezione dei lavoratori negli ambienti di lavoro.

Il ruolo della prevenzione è fondamentale, in quanto ad essa spetta il compito di definire le misure operative per eliminare, ridurre e rendere accettabile il rischio lavorativo. Per una prevenzione efficace è opportuno introdurre soluzioni di carattere gestionale definendo chi fa cosa, quali sono i compiti e i poteri di chi opera in materia di sicurezza all'interno di una struttura, ed effettuare azioni di controllo e di anticipazione dell'evento dannoso.

1.2 Gli strumenti di protezione dei lavoratori

Le misure generali di tutela della salute e della sicurezza dei lavoratori nei luoghi di lavoro sono previste e indicate dall'art. 15 del Testo Unico n. 81/2008:

- la valutazione di tutti i rischi per la salute e sicurezza;
- la programmazione della prevenzione, mirata ad un complesso che integri in modo coerente nella prevenzione le condizioni tecniche produttive dell'azienda nonché l'influenza dei fattori dell'ambiente e dell'organizzazione del lavoro;
- l'eliminazione dei rischi e, ove ciò non sia possibile, la loro riduzione al minimo in relazione alle conoscenze acquisite in base al progresso tecnico;
- il rispetto dei principi ergonomici nell'organizzazione del lavoro, nella concezione dei posti di lavoro, nella scelta delle attrezzature e nella definizione dei metodi di lavoro e produzione, in particolare al fine di ridurre gli effetti sulla salute del lavoro monotono e di quello ripetitivo;
- la riduzione dei rischi alla fonte;
- la sostituzione di ciò che è pericoloso con ciò che non lo è o lo è meno;
- la limitazione al minimo del numero dei lavoratori che sono, o che possono essere, esposti al rischio;
- l'utilizzo limitato degli agenti chimici, fisici e biologici sui luoghi di lavoro;
- la priorità delle misure di protezione collettiva rispetto alle misure di protezione individuale;
- il controllo sanitario dei lavoratori;
- l'allontanamento del lavoratore dall'esposizione al rischio per motivi sanitari inerenti la sua persona e l'adibizione, ove possibile, ad altra mansione;
- l'informazione e formazione adeguate per i lavoratori;
- l'informazione e formazione adeguate per dirigenti e i preposti;
- l'informazione e formazione adeguate per i rappresentanti dei lavoratori per la sicurezza;
- le istruzioni adeguate ai lavoratori;
- la partecipazione e consultazione dei lavoratori;
- la partecipazione e consultazione dei rappresentanti dei lavoratori per la sicurezza;
- la programmazione delle misure ritenute opportune per garantire il miglioramento nel tempo dei livelli di sicurezza, anche attraverso l'adozione di codici di condotta e di buone prassi;
- la predisposizione delle misure di emergenza da attuare in caso di primo soccorso, di lotta antincendio, di evacuazione dei lavoratori e di pericolo grave e immediato;
- l'uso di segnali di avvertimento e di sicurezza;

- la regolare manutenzione di ambienti, attrezzature, impianti, con particolare riguardo ai dispositivi di sicurezza in conformità alla indicazione dei fabbricanti.

La costante attenzione a questi fattori rende l'operatore sanitario capace di mantenere un ambiente sicuro per l'assistito e per se stesso. La sicurezza è associata alla promozione della salute e alla prevenzione della malattia. Un ambiente sano riduce il rischio di incidenti e le susseguenti alterazioni della salute e del sistema di vita; esso aiuta anche a contenere il costo dei servizi sanitari.

1.3 I soggetti responsabili in materia di sicurezza

Responsabili della sicurezza dei lavoratori, in aggiunta al **datore di lavoro**, devono considerarsi anche i **dirigenti** e i **preposti**, nell'ambito delle rispettive attribuzioni e competenze.

A tal fine si definiscono ai sensi dell'art. 2, 1° comma, del Testo unico n. 81/2008:

- *datore di lavoro*: il soggetto titolare del rapporto di lavoro con il lavoratore o, comunque, il soggetto che, secondo il tipo e l'assetto dell'organizzazione nel cui ambito il lavoratore presta la propria attività, ha la responsabilità dell'organizzazione stessa o dell'unità produttiva in quanto esercita i poteri decisionali e di spesa;
- *dirigente*: la persona che, in ragione delle competenze professionali e di poteri gerarchici e funzionali adeguati alla natura dell'incarico conferitogli, attua le direttive del datore di lavoro organizzando l'attività lavorativa e vigilando su di essa;
- *preposto*: la persona che, in ragione delle competenze professionali e nei limiti di poteri gerarchici e funzionali adeguati alla natura dell'incarico conferitogli, sovrintende all'attività lavorativa e garantisce l'attuazione delle direttive ricevute, controllandone la corretta esecuzione da parte dei lavoratori ed esercitando un funzionale potere di iniziativa.

Destinatari della tutela sono tutti i lavoratori e le lavoratrici, subordinati e autonomi, nonché i soggetti ad essi equiparati. Costoro hanno il **diritto di controllare**, mediante loro **rappresentanze**, l'applicazione delle norme per la prevenzione degli infortuni e delle malattie professionali e di promuovere la ricerca, l'elaborazione e l'attuazione di tutte le misure idonee a tutelare la loro salute e la loro integrità fisica (art. 9 Statuto dei lavoratori).

Sotto quest'aspetto, tra gli obblighi che il legislatore ha posto a carico del datore di lavoro, è previsto quello di designare il **responsabile del servizio di prevenzione e protezione dai rischi**, interno ed esterno, nonché di permettere ai lavoratori di verificare, mediante il **rappresentante dei lavoratori per la sicurezza (RLS)**, l'applicazione delle misure di sicurezza e di protezione della salute e di consentire allo stesso rappresentante per la sicurezza di accedere alle informazioni e alla documentazione aziendale riguardante la valutazione dei rischi e le misure di prevenzione.

Il rappresentante per la sicurezza è istituito a livello territoriale, aziendale e di sito produttivo. Sono previste, in aggiunta a questo soggetto, altre due figure:

- il **rappresentante dei lavoratori per la sicurezza territoriale (RLST)**, che opera in tutte le aziende o unità produttive del territorio o del comparto di competenza in cui non si è proceduto all'elezione o designazione di un rappresentante;
- il **rappresentante dei lavoratori di sito produttivo**, individuato su iniziativa dei rappresentanti per la sicurezza per favorire le sinergie tra le rappresentanze operanti in specifici contesti produttivi.

I lavoratori devono, dal canto loro, prendersi cura della propria salute e sicurezza e di quella delle altre persone presenti sul luogo di lavoro, su cui ricadono gli effetti delle loro azioni o omissioni, conformemente alla loro formazione, alle istruzioni e ai mezzi forniti dal datore di lavoro.

In particolare i lavoratori devono:

- contribuire, insieme al datore di lavoro, ai dirigenti e ai preposti, all'adempimento degli obblighi previsti a tutela della salute e sicurezza sui luoghi di lavoro;
- osservare le disposizioni e le istruzioni impartite dal datore di lavoro, dai dirigenti e dai preposti, ai fini della protezione collettiva e individuale;
- segnalare immediatamente al datore di lavoro, al dirigente o al preposto le deficienze dei mezzi e dei dispositivi di sicurezza e protezione, nonché qualsiasi eventuale condizione di pericolo di cui vengano a conoscenza, adoperandosi direttamente, in caso di urgenza, nell'ambito delle proprie competenze e possibilità, per eliminare o ridurre le situazioni di pericolo grave e incombente, dandone notizia al rappresentante dei lavoratori per la sicurezza;
- utilizzare correttamente le attrezzature di lavoro, le sostanze e i preparati pericolosi, i mezzi di trasporto, nonché i dispositivi di sicurezza;
- utilizzare in modo appropriato i dispositivi di protezione messi a loro disposizione;
- non rimuovere o modificare senza autorizzazione i dispositivi di sicurezza o di segnalazione o di controllo;
- non compiere di propria iniziativa operazioni o manovre che non sono di loro competenza ovvero che possono compromettere la sicurezza propria o di altri lavoratori;
- partecipare ai programmi di formazione e di addestramento organizzati dal datore di lavoro;
- sottoporsi ai controlli sanitari previsti dal presente decreto legislativo o comunque disposti dal medico competente.

SUGGERIMENTI PROFESSIONALI

Prevenzione: complesso delle disposizioni o misure necessarie, anche secondo la particolarità del lavoro, l'esperienza e la tecnica, per evitare o diminuire i rischi professionali nel rispetto della salute della popolazione e dell'integrità dell'ambiente esterno.
Protezione: insieme di misure adottate necessarie a ridurre le conseguenze dannose di un dato evento che potrebbe verificarsi nonostante l'assunzione di tali misure.
Rischio per il lavoratore: probabilità che sia raggiunto il limite potenziale di danno nelle condizioni di impiego e/o esposizione. La **Norma UNI EN 292 PARTE I/1991** definisce il pericolo come fonte di possibili lesioni o danni alla salute e il rischio come combinazione di probabilità e di gravità di possibili lesioni o danni alla salute in una situazione pericolosa. È fondamentale, quindi, distinguere i concetti di **pericolo** e di **rischio**, in quanto il pericolo contiene in sé la certezza del verificarsi dell'evento avverso, mentre il rischio ne implica solo la possibilità.
Analisi del rischio: processo di identificazione degli elementi che possono portare al rischio di incidente.
Analisi: scomposizione di un tutto nelle sue componenti per esaminarle una per una.
Valutazione del rischio: processo completo che comprende l'analisi e la stima. Sintesi degli elementi che caratterizzano il rischio e relative conseguenze. Più in generale un'indicazione, qualitativa o quantitativa, delle possibilità di danno che un sistema può subire/causare.
Valutazione: determinazione di un valore.
Gestione del rischio: insieme delle azioni che devono essere messe in atto per cercare di attenuare il rischio. La ricerca di condizioni di minor rischio (con maggior grado di sicurezza) comporta interventi mirati a diminuire l'entità della conseguenza (protezione) o la frequenza degli eventi pericolosi (prevenzione) o di entrambe.

1.4 Il rischio professionale in ambito sanitario

I rischi che possono minacciare la sicurezza degli operatori sanitari sono raggruppabili in tre categorie:

- **rischi trasversali-organizzativi**, che derivano da fattori organizzativi (turnazione, stress, ecc.);
- **rischi infortunistici**, che derivano dall'uso di impianti e attrezzature (rischi meccanici, utilizzo di taglienti e pungenti, esplosione, utilizzo di apparecchiature elettromedicali, rischi di incendio, ecc.);
- **rischi igienico-ambientali**, che derivano dall'esposizione ad agenti di rischio chimico, fisico o biologico, movimentazione manuale dei pazienti, radiazioni ionizzanti e non ionizzanti, ecc.

La corretta valutazione dei rischi permette al datore di lavoro di predisporre i provvedimenti idonei a garantire la sicurezza e la salute dei lavoratori. Questi provvedimenti comprendono:

- misure di tutela generali;
- misure di tutela particolari;
- misure di emergenza.

Rischio da MMC (Movimentazione Manuale di Carichi)

La movimentazione manuale di carichi può essere causa di:

- disturbi dovuti alla graduale usura dell'**apparato muscolo-scheletrico**, riconducibile a operazioni continue di sollevamento e movimentazione di carichi;
- **traumi acuti**, quali ferite o fratture, in seguito a infortuni;
- rischio di **lesioni dorso-lombari**, che aumenta se il carico è:
  - troppo pesante (superiore a 20 kg);
  - troppo grande (ingombrante, impossibile da tenere vicino al corpo);
  - difficile da afferrare;
  - instabile o sbilanciato (il centro di gravità dell'oggetto è lontano dal baricentro del lavoratore);
  - difficile da raggiungere.

In ambito sanitario si assiste di frequente alla **movimentazione di soggetti in cura**, l'equivalente della movimentazione manuale dei carichi.

Nel processo di miglioramento delle condizioni generali di sicurezza, la formazione, l'informazione e l'addestramento ricoprono un ruolo prioritario e insostituibile.

1.4.1 Il rischio biologico

Il rischio biologico rappresenta la probabilità che ci si ammali in conseguenza dell'esposizione ad **agenti biologici** ovvero a **microrganismi patogeni** che potrebbero causare infezioni e che sono veicolati da fluidi biologici (sangue) o materiale potenzialmente infetto.

Quando il rischio interessa i pazienti, in letteratura si fa riferimento al concetto di **infezione ospedaliera**, importante causa di morbosità e mortalità per i pazienti assistiti dai servizi sociosanitari. Si definisce infezione nosocomiale, l'infezione acquisita in una struttura sanitaria i cui sintomi, legalmente e tecnicamente decorrono non prima di 48/72 ore dal ricovero o dopo la dimissione, mentre l'infezione non era né manifesta né in incubazione al momento del ricovero. *L'infezione ospedaliera viene quindi definita sulla base del rapporto temporale esistente tra infezione e istituzionalizzazione.* Quando il rischio interessa il personale sanitario, si parla invece di **rischio lavorativo**. Sia gli operatori sanitari sia i pazienti possono a loro volta essere *fonte/veicolo/ospite di microrganismi patogeni.*

Il D.Lgs 81/08 all'art. 268 classifica gli agenti biologici in quattro gruppi a seconda del rischio di infezione.

Al **gruppo 1** appartengono quegli agenti biologici che presentano poche probabilità di causare malattie in soggetti umani.

Al **gruppo 2** appartengono quegli agenti biologici che possono causare malattie in soggetti umani. La probabilità che si propaghino nella comunità è bassa e di norma sono disponibili efficaci misure profilattiche o terapeutiche.

Al **gruppo 3** appartengono quegli agenti biologici in grado di causare malattie gravi in soggetti umani e costituiscono un serio rischio per i lavoratori; essi possono propagarsi nella comunità ma di norma sono disponibili efficaci misure profilattiche o terapeutiche.

Al **gruppo 4** appartengono quegli agenti biologici che sono in grado di provocare malattie gravi in soggetti umani e costituiscono un serio rischio per i lavoratori. Possono presentare un elevato rischio di propagazione nella comunità e non sono disponibili, di norma, efficaci misure profilattiche o terapeutiche.

L'allegato XLVI integrato nel su citato T.U. D.Lgs 81/08 fornisce un elenco degli agenti biologici classificati nei gruppi 2, 3 e 4, specificando che "*gli agenti biologici che non sono stati inclusi nel gruppi 2, 3, 4 dell'elenco non sono implicitamente inseriti nel gruppo 1*".

Fattori di rischio per gli operatori sanitari

Categoria di rischio	Fonti potenziali di rischio
Trasversale-organizzativo	• Attività interferenti • Ergonomia delle postazioni di lavoro e organizzazione degli spazi lavorativi • Uso di attrezzature munite di videoterminale • Gestione delle emergenze generali • Emergenze sanitarie • Conduzione di automezzi • Frequenza di cantieri edili • Organizzazione delle attività • Lavoro a turni/lavoro notturno • Movimentazione manuale dei carichi • Movimentazione manuale dei pazienti ospedalizzati • Uso di ausili manuali per l'assistenza fisica del paziente: sollevatori, carrozzine, tavolette • Attività lavorative in gravidanza
Infortunistico *Strutturale*	• Caratteristiche strutturali e igieniche degli ambienti: cubatura, superfici, pavimenti e pareti • Caratteristiche dei servizi igienici • Caratteristiche degli spogliatoi • Caratteristiche delle superfici finestrate • Caratteristiche delle superfici vetrate • Locali sottotetto • Locali interrati e seminterrati • Scale fisse

(*segue*)

Fattori di rischio per gli operatori sanitari	
Categoria di rischio	**Fonti potenziali di rischio**
Infortunistico	
Elettrico	• Impianti tecnologici e di servizio • Scariche atmosferiche • Uso di attrezzature ad alimentazione elettrica • Uso di apparecchiature elettromedicali
Incendio	• Incendio ed esplosione • Archivi cartacei • Camera iperbarica • Deposito di infiammabili/combustibili
Meccanico	• Aree di deposito di materiale • Modalità di accatastamento e stoccaggio dei materiali/scaffalature • Impianti di ascensori • Apparecchiature a pressione • Recipienti a pressione • Uso di scale portatili • Uso di presidi medico-chirurgici e dispositivi medici • Uso di attrezzature meccaniche (radioterapia) • Uso di attrezzature meccaniche (manutenzione di strutture, impianti, verde)
Igienico-ambientale	
Agenti fisici	• Illuminazione • Microclima • Rumore • Vibrazioni • Ultrasuoni e infrasuoni • Apparecchiature laser • Radiazioni infrarosse • Radiazioni ultraviolette • Radiazioni ionizzanti (regolamentate dal D.Lgs. 7 marzo 2020, n. 101, che ha riordinato la normativa di settore, dando attuazione alla direttiva 2013/59/Euratom) • Sorgenti di calore • Qualità dell'aria nelle sale operatorie
Cancerogeni	• Fumo passivo • Agenti cancerogeni e mutageni • Preparazione di farmaci antiblastici
Agenti biologici	• Rifiuti e smaltimento • Altri agenti biologici
Agenti chimici	• Lattice presente in presidi e dispositivi • Altri agenti chimici

1.4.2 Il rischio chimico

Il rischio chimico è dovuto all'esposizione del lavoratore ad **agenti chimici pericolosi**, che possono provocare danni per la salute.

I principali agenti chimici pericolosi utilizzati in ambiente ospedaliero sono identificabili in gas anestetici, gas criogenici, farmaci antiblastici, sterilizzanti-disinfettanti, reattivi di laboratorio (solventi, corrosivi, infiammabili ecc.). Tutti i soggetti presenti in ospedale possono essere considerati potenziali soggetti esposti.

Le vie di penetrazione dell'agente chimico sono dovute prevalentemente a fenomeni di:

- inalazione;
- contatto;
- ingestione.

I preparati e gli agenti chimici pericolosi maggiormente presenti nei luoghi di lavoro vengono classificati come segue.

Esplosivi (E): sostanze e preparati solidi, liquidi, pastosi o gelatinosi che, anche senza l'azione dell'ossigeno atmosferico, possono provocare una reazione esotermica con rapida formazione di gas e che, in determinate condizioni di prova, detonano, deflagrano rapidamente o esplodono in seguito a riscaldamento in condizioni di parziale contenimento.

Comburenti (O): sostanze e preparati che, a contatto con altre sostanze, soprattutto se infiammabili, provocano una forte reazione esotermica.

Estremamente infiammabili (F+): sostanze e preparati liquidi con punto di infiammabilità estremamente basso e punto di ebollizione basso, nonché sostanze e preparati gassosi che a temperatura e pressione ambiente sono infiammabili a contatto con l'aria.

Facilmente infiammabili (F): sostanze e preparati che, a contatto con l'aria, a temperatura ambiente e senza apporto di energia, possono subire innalzamenti termici e da ultimo infiammarsi; sostanze e preparati solidi che possono facilmente infiammarsi dopo un breve contatto con una sorgente di accensione e che continuano a bruciare o a consumarsi anche dopo il distacco della sorgente di accensione; sostanze e preparati liquidi il cui punto di infiammabilità è molto basso; sostanze e preparati che, a contatto con l'acqua o l'aria umida, sprigionano gas estremamente infiammabili in quantità pericolose.

Molto tossici (T+): sostanze e preparati che, in caso di inalazione, ingestione o assorbimento cutaneo in piccolissime quantità, possono essere letali oppure provocare lesioni acute o croniche.

Tossici (T): sostanze e preparati che, in caso di inalazione, ingestione o assorbimento cutaneo in piccole quantità, possono essere letali oppure provocare lesioni acute o croniche.

Nocivi (Xn): sostanze e preparati che, in caso di inalazione, ingestione o assorbimento cutaneo, possono essere letali oppure provocare lesioni acute o croniche.

Schede di sicurezza degli agenti chimici pericolosi

I contenuti che una scheda di sicurezza deve possedere sono i seguenti:

- Identificazione della sostanza/preparato e della società/impresa
- Composizione/informazione sugli ingredienti
- Identificazione dei pericoli
- Interventi di primo soccorso
- Misure antincendio
- Provvedimenti in caso di dispersione accidentale
- Manipolazione e immagazzinamento
- Protezione personale/controllo dell'esposizione
- Proprietà fisiche e chimiche
- Stabilità e reattività
- Informazioni tossicologiche
- Informazioni ecologiche
- Osservazioni sullo smaltimento
- Informazioni sul trasporto
- Informazioni sulla normativa
- Altre informazioni

Corrosivi (C): sostanze e preparati che, a contatto con i tessuti vivi, possono esercitare su di essi un'azione distruttiva.

Irritanti (Xi): sostanze e preparati non corrosivi, il cui contatto diretto, prolungato o ripetuto con la pelle o le mucose può provocare una reazione infiammatoria.

Sensibilizzanti: sostanze e preparati che, per inalazione o assorbimento cutaneo, possono dar luogo a una reazione di ipersensibilizzazione, per cui una successiva esposizione alla sostanza o al preparato produce reazioni avverse caratteristiche.

Cancerogeni: sostanze e preparati che, per inalazione, ingestione o assorbimento cutaneo, possono provocare il cancro o aumentarne la frequenza.

Mutageni: sostanze e preparati che, per inalazione, ingestione o assorbimento cutaneo, possono produrre difetti genetici ereditari o aumentarne la frequenza.

Tossici per il ciclo riproduttivo: sostanze e preparati che, per inalazione, ingestione o assorbimento cutaneo, possono provocare o rendere più frequenti effetti nocivi non ereditari nella prole o danni a carico della funzione o delle capacità riproduttive maschili o femminili.

Pericolosi per l'ambiente (N): sostanze e preparati che, qualora si diffondano nell'ambiente, presentano o possono presentare rischi immediati differiti per una o più delle componenti ambientali.

Gli agenti chimici pericolosi devono essere dotati di **etichettatura** e **schede di sicurezza**. L'etichettatura permette, infatti, di riconoscere le sostanze pericolose utilizzate e le loro proprietà.

Le schede di sicurezza (SDS, *Safety Data Sheet*) rappresentano il documento tecnico più significativo ai fini informativi sulle sostanze chimiche e sulle loro miscele, in quanto contengono le informazioni necessarie sulle proprietà fisico-chimiche, tossicologiche e di pericolo per l'ambiente necessarie per una corretta e sicura manipolazione delle sostanze e delle miscele. Tali sostanze sono conservate in contenitori etichettati con simboli che contraddistinguono la pericolosità dei prodotti in essi contenuti.

1.4.3 Tutela del lavoratore nell'utilizzo di attrezzature munite di videoterminali

Con lo sviluppo delle apparecchiature informatiche e la loro quotidiana applicazione nelle attività pubbliche e private, l'utilizzo di videoterminali è ormai strumento indispensabile della vita lavorativa. Ciò ha portato grandi vantaggi in ambito lavorativo, maggiore funzionalità e snellimento del lavoro, ma ha anche sollevato l'esigenza di prevedere **misure di protezione del lavoratore** addetto al loro impiego.

Grande attenzione è stata dedicata ai rischi per la salute connessi all'utilizzo delle apparecchiature informatiche qualora l'ambiente di lavoro e i mezzi accessori non siano adeguati ad un corretto utilizzo di tali strumenti.

Normativa previgente. Già il D.Lgs. 626/1994, poi abrogato e sostituito dal D.Lgs. 81/2008 e successivi – che recepisce, tra l'altro, gli indirizzi della Direttiva 90/270/CEE – al titolo VI, artt. 50-59, conteneva tutte le norme per il controllo delle attrezzature e del personale addetto ai videoterminali e le prescrizioni minime per l'uso di videoterminali.

Con il Decreto Interministeriale del 2 ottobre 2000 (*Linee guida d'uso dei videoterminali*) sono state poi fornite indicazioni fondamentali per lo svolgimento dell'attività al videoterminale al fine di prevenire l'insorgenza di disturbi

Normativa attuale. Attualmente la normativa per la tutela del lavoratore dall'utilizzo di videoterminali è disciplinata dal testo unico sulla sicurezza sul lavoro e riportata nel Titolo VII artt. 172-178, D.Lgs. 81/2008, nonché nell'Allegato XXXIV al decreto relativo ai requisiti minimi cui il datore di lavoro deve attenersi per la tutela della salute dei videoterminalisti.

Numerose indagini condotte sui possibili effetti prodotti sulla salute degli addetti ai videoterminali hanno evidenziato alcuni disturbi correlati all'uso dei videoterminali:

- **rischi per la vista e gli occhi:** causati dalla fatica visiva connessa all'impegno degli occhi (astenopia), alle caratteristiche dello schermo, alle condizioni di illuminazione e di microclima dell'ambiente;
- **rischi per l'apparato muscolo-scheletrico:** condizionati da posture non corrette, arredi e tempi di lavoro;
- **affaticamento mentale:** influenzato dalle tipologie della mansione e modalità di svolgimento, dal software e dal rumore che possono causare stress mentale.

Tali indagini hanno anche rilevato che i rischi non derivano dall'utilizzo di videoterminali ma le cause sono da riscontrare in condizioni ambientali e organizzative non idonee al loro utilizzo, da inadeguata progettazione dei posti e delle modalità di lavoro, dalla mancata applicazione di principi ergonomici che inducono comportamenti e posture scorrette da parte degli utilizzatori.

Pertanto spetta al datore di lavoro adottare le **misure appropriate** per ovviare a tali rischi, organizzando e predisponendo i posti di lavoro per i videoterminalisti in conformità ai requisiti minimi dettati dal testo unico (Titolo VII e Allegato XXXIV, D.Lgs. 81/2008).

Disturbi visivi (astenopia) e pause

I disturbi visivi riscontrati con una certa frequenza sui video terminalisti sono: bruciore oculare, visione sfocata o doppia, cefalea, lacrimazione, prurito, frequente ammiccamento, arrossamento alle congiuntive, spasmo palpebrale, ecc. Di norma tali disturbi sono considerati transitori e la terapia consigliata è il riposo.

Per prevenire l'insorgenza dei disturbi l'attuale normativa (art. 175 del D.Lgs. 81/2008) dispone di provvedere ad organizzare il lavoro in modo tale da contemplare pause o interruzioni di almeno 15 minuti ogni 2 ore di applicazione al video, durante le quali svolgere attività prive di sforzi importanti.

La distanza consigliata del video dagli occhi è di 50-70 cm e la normativa prevede una frequenza biennale di controlli medici agli ultracinquantenni, quinquennale negli altri casi, obbligatoria nell'ambito della regolamentazione della sorveglianza sanitaria prevista dall'art. 41.

Disturbi muscolo-scheletrici

Le caratteristiche del nostro apparato muscolare sono concepite e finalizzate al naturale alternarsi delle contrazioni e dei rilassamenti, tipico del lavoro dinamico. I nostri muscoli e le articolazioni della colonna vertebrale, mal sopportano un lavoro statico con uno stato di contrazione e postura fissa prolungata, in quanto ciò riduce il normale afflusso di sangue, l'eliminazione di prodotti di scarto (acido lattico), creandosi rapidamente le condizioni di affaticamento.

Per contrastare quindi gli effetti negativi di una vita sedentaria innanzitutto occorrerebbe svolgere attività fisica regolare soprattutto laddove, come nel caso dei videoterminalisti, vengono effettuati movimenti ripetitivi degli arti superiori, che coinvolgono una serie di muscoli (trapezio, deltoide, sopraspinoso, muscoli paravertebrali) e sollecitati i tendini per i movimenti delle dita delle mani, oltre al sovraccarico funzionale del ritorno venoso al cuore, altro fattore di rischio per chi svolge un'attività lavorativa sedentaria per tante ore al giorno.

Affaticamento mentale e stress

Nella valutazione dei rischi professionali a cui sono potenzialmente esposti i videoterminalisti assumono un posto di rilievo anche i fattori psicosociali, aggiungendosi agli elementi ambientali ed ergonomici già ricordati, che portano all'insorgenza di alcuni disturbi somatici (cefalee, insonnia, dispepsie, ecc.), nonché ad una condizione di tensione generalizzata e di stress.

Il datore di lavoro adotta le misure appropriate per ovviare ai rischi riscontrati attuando tutte le misure necessarie per la tutela della salute dei lavoratori e del luogo di lavoro, così come ribadito dall'art. 15 del testo unico D.Lgs. 81/2008 (v. tabella 1.1) e nel rispetto dei requisiti minimi inerenti precise condizioni ergonomiche e di igiene ambientale (Tabella 1.1, Allegato XXXIV del testo unico).

Suggerimenti preventivi

- Progettazione e strutturazione del posto di lavoro secondo i criteri ergonomici espressi dalle Linee Guida Ministeriali del **D.M. 2-10-2000**, e ulteriormente riportati nel testo unico sulla sicurezza sul lavoro (**D.Lgs. 81/2008**).
- Organizzazione del lavoro col fine di consentire la massima variabilità posturale possibile ed una discrezionalità operativa agli addetti.
- Educazione alla salute ed informazione sanitaria per contrastare stili di vita ed abitudini nocive (sedentarietà, alimentazione errata, fumo, sovrappeso, ecc.).

Tabella 1.1 Requisiti minimi della postazione dei videoterminalisti

1. Attrezzature	
a) Osservazione generale	L'utilizzazione in sé dell'attrezzatura non deve essere fonte di rischio per i lavoratori.
b) Schermo	• La risoluzione dello schermo deve essere tale da garantire una buona definizione, una forma chiara, una grandezza sufficiente dei caratteri e, inoltre, uno spazio adeguato tra essi. • L'immagine sullo schermo deve essere stabile; esente da farfallamento, tremolio o da altre forme di instabilità. • La brillanza e/o il contrasto di luminanza tra i caratteri e lo sfondo dello schermo devono essere facilmente regolabili da parte dell'utilizzatore del videoterminale e facilmente adattabili alle condizioni ambientali. • Lo schermo deve essere orientabile ed inclinabile liberamente per adeguarsi facilmente alle esigenze dell'utilizzatore. È possibile utilizzare un sostegno separato per lo schermo o un piano regolabile.

(segue)

Tabella 1.1 Requisiti minimi della postazione dei videoterminalisti	
b) Schermo	• Sullo schermo non devono essere presenti riflessi e riverberi che possano causare disturbi all'utilizzatore durante lo svolgimento della propria attività. • Lo schermo deve essere posizionato di fronte all'operatore in maniera che, anche agendo su eventuali meccanismi di regolazione, lo spigolo superiore dello schermo sia posto un po' più in basso dell'orizzontale che passa per gli occhi dell'operatore e ad una distanza degli occhi pari a circa 50-70 cm, per i posti di lavoro in cui va assunta preferenzialmente la posizione seduta
c) Tastiera e dispositivi di puntamento	• La tastiera deve essere separata dallo schermo e facilmente regolabile e dotata di meccanismo di variazione della pendenza onde consentire al lavoratore di assumere una posizione confortevole e tale da non provocare l'affaticamento delle braccia e delle mani. • Lo spazio sul piano di lavoro deve consentire un appoggio degli avambracci davanti alla tastiera nel corso della digitazione, tenendo conto delle caratteristiche antropometriche dell'operatore. • La tastiera deve avere una superficie opaca onde evitare i riflessi. La disposizione della tastiera e le caratteristiche dei tasti devono agevolarne l'uso. • I simboli dei tasti devono presentare sufficiente contrasto ed essere leggibili dalla normale posizione di lavoro. • Il mouse o qualsiasi dispositivo di puntamento in dotazione alla postazione di lavoro deve essere posto sullo stesso piano della tastiera, in posizione facilmente raggiungibile e disporre di uno spazio adeguato per il suo uso.
d) Piano di lavoro	• Il piano di lavoro deve avere una superficie a basso indice di riflessione, essere stabile, di dimensioni sufficienti a permettere una disposizione flessibile dello schermo, della tastiera, dei documenti e del materiale accessorio. • L'altezza del piano di lavoro fissa o regolabile deve essere indicativamente compresa fra 70 e 80 cm. Lo spazio a disposizione deve permettere l'alloggiamento e il movimento degli arti inferiori, nonché l'ingresso del sedile e dei braccioli se presenti. • La profondità del piano di lavoro deve essere tale da assicurare una adeguata distanza visiva dallo schermo. • Il supporto per i documenti deve essere stabile e regolabile e deve essere collocato in modo tale da ridurre al minimo i movimenti della testa e degli occhi.
e) Sedile di lavoro	• Il sedile di lavoro deve essere stabile e permettere all'utilizzatore libertà nei movimenti, nonché una posizione comoda. Il sedile deve avere altezza regolabile in maniera indipendente dallo schienale e dimensioni della seduta adeguate alle caratteristiche antropometriche dell'utilizzatore. • Lo schienale deve fornire un adeguato supporto alla regione dorso-lombare dell'utente. Pertanto deve essere adeguato alle caratteristiche antropometriche dell'utilizzatore e deve avere altezza e inclinazione regolabile. Nell'ambito di tali regolazioni l'utilizzatore dovrà poter fissare lo schienale nella posizione selezionata. • Lo schienale e la seduta devono avere bordi smussati. I materiali devono presentare un livello di permeabilità tali da non compromettere il comfort dell'utente e pulibili. • Il sedile deve essere dotato di un meccanismo girevole per facilitare i cambi di posizione e deve poter essere spostato agevolmente secondo le necessità dell'utilizzatore. • Un poggiapiedi sarà messo a disposizione di coloro che lo desiderino per far assumere una postura adeguata agli arti inferiori. Il poggiapiedi non deve spostarsi involontariamente durante il suo uso.
f) Computer portatili	• L'impiego prolungato dei computer portatili necessita della fornitura di una tastiera e di un mouse o altro dispositivo di puntamento esterni nonché di un idoneo supporto che consenta il corretto posizionamento dello schermo.

(*segue*)

Tabella 1.1 Requisiti minimi della postazione dei videoterminalisti

2. Ambiente	
a) Spazio	• Il posto di lavoro deve essere ben dimensionato e allestito in modo che vi sia spazio sufficiente per permettere cambiamenti di posizione e movimenti operativi.
b) Illuminazione	• L'illuminazione generale e specifica (lampade da tavolo) deve garantire un illuminamento sufficiente e un contrasto appropriato tra lo schermo e l'ambiente circostante, tenuto conto delle caratteristiche del lavoro e delle esigenze visive dell'utilizzatore. • Riflessi sullo schermo, eccessivi contrasti di luminanza e abbagliamenti dell'operatore devono essere evitati disponendo la postazione di lavoro in funzione dell'ubicazione delle fonti di luce naturale e artificiale. • Si dovrà tener conto dell'esistenza di finestre, pareti trasparenti o traslucide, pareti e attrezzature di colore chiaro che possono determinare fenomeni di abbagliamento diretto e/o indiretto e/o riflessi sullo schermo. • Le finestre devono essere munite di un opportuno dispositivo di copertura regolabile per attenuare la luce diurna che illumina il posto di lavoro.
c) Rumore	• Il rumore emesso dalle attrezzature presenti nel posto di lavoro non deve perturbare l'attenzione e la comunicazione verbale.
d) Radiazioni	• Tutte le radiazioni, eccezion fatta per la parte visibile dello spettro elettromagnetico, devono essere ridotte a livelli trascurabili dal punto di vista della tutela della sicurezza e della salute dei lavoratori.
e) Parametri microclimatici	• Le condizioni microclimatiche non devono essere causa di discomfort per i lavoratori. • Le attrezzature in dotazione al posto di lavoro non devono produrre un eccesso di calore che possa essere fonte di discomfort per i lavoratori.
3. Interfaccia elaboratore/uomo	
a) Spazio	All'atto dell'elaborazione, della scelta, dell'acquisto del software, o allorché questo venga modificato, come anche nel definire le mansioni che implicano l'utilizzazione di unità videoterminali, il datore di lavoro terrà conto dei seguenti fattori: – il software deve essere adeguato alla mansione da svolgere; – il software deve essere di facile uso adeguato al livello di conoscenza e di esperienza dell'utilizzatore. Inoltre nessun dispositivo di controllo quantitativo o qualitativo può essere utilizzato all'insaputa dei lavoratori; – il software deve essere strutturato in modo tale da fornire ai lavoratori indicazioni comprensibili sul corretto svolgimento dell'attività; – i sistemi devono fornire l'informazione di un formato e ad un ritmo adeguato agli operatori; – i principi dell'ergonomia devono essere applicati in particolare all'elaborazione dell'informazione da parte dell'uomo.

Capitolo 2
Le misure per la sicurezza dell'assistito

2.1 Concetti generali

La sicurezza dei pazienti è uno dei fattori determinanti la qualità delle cure e pertanto è uno degli obiettivi prioritari che il Servizio Sanitario Nazionale si pone. Lo sviluppo di interventi efficaci è strettamente correlato alla comprensione delle criticità dell'organizzazione e dei limiti individuali, richiedendo una cultura diffusa che consenta di superare le barriere per l'attuazione di misure organizzative e di comportamenti volti a promuovere l'analisi degli eventi avversi ed a raccogliere gli insegnamenti che da questi possono derivare.

La sicurezza dei pazienti quindi si colloca nella prospettiva di un complessivo miglioramento della qualità e poiché dipende dall'interazioni delle molteplici componenti che agiscono nel sistema, deve essere affrontata attraverso l'adozione di pratiche di governo clinico che consente di porre al centro della programmazione e gestione dei servizi sanitari i bisogni dei cittadini, valorizzando nel contempo il ruolo e la responsabilità di tutte le figure professionali che operano in sanità.

A partire dal gennaio 2008 tutti gli ospedali che hanno conseguito l'accreditamento all'eccellenza secondo la metodologia Joint Commission International sono tenuti al rispetto degli Obiettivi Internazionali per la Sicurezza del Paziente.

Obiettivi Internazionali per la Sicurezza del Paziente
- Identificare correttamente il paziente
- Migliorare l'efficacia della comunicazione
- Migliorare la sicurezza dei farmaci ad alto rischio
- Garantire l'intervento chirurgico in paziente corretto, in parte del corpo corretta
- Ridurre il rischio di infezioni associate all'assistenza sanitaria
- Ridurre il rischio di danno al paziente in seguito a caduta

Lo scopo di tali Obiettivi è di promuovere miglioramenti specifici in aree considerate problematiche in ambito sanitario.

La sicurezza e la salute dell'assistito sono influenzate da vari fattori, compresi l'età, lo stile di vita, l'occupazione, la mobilità, le alterazioni sensoriali e percettive e lo stato emotivo.

Il rischio di ferirsi varia con l'età e la fase di sviluppo, aumentando con il processo di crescita. Molti incidenti avvengono in **età prescolare**, quando i bambini cominciano a esplorare l'ambiente esterno alla casa. Si tratta, perlopiù, di infortuni che possono essere prevenuti con la vigilanza di un adulto attento, ma è importante anche l'educazione che il bambino riceve sulle misure preventive da adottare.

Ci sono poi gli incidenti che interessano la **fascia adolescenziale**; dal momento che gli adolescenti passano molto tempo fuori casa, gli sforzi educativi di genitori, scuole e fornitori di cure sanitarie devono focalizzarsi sulla sicurezza all'esterno. I fattori ad alto rischio di ferimento o di morte sono gli incidenti automobilistici, l'abuso di sostanze stupefacenti, la violenza, le gravidanze non desiderate e le malattie sessualmente trasmesse.

Nell'**età adulta**, invece, il rischio di farsi male è generalmente relazionato allo stile di vita, ai comportamenti e alle pratiche di lavoro. Le misure preventive per gli adulti si focalizzano sull'esercizio fisico, sulla nutrizione e sulla sicurezza nel lavoro. I fattori ad alto rischio per gli adulti comprendono l'ansia, l'affaticamento, i disturbi del sonno e le alterazioni della salute.

Quanto agli **anziani**, il rischio di cadute è quello che ha la maggiore incidenza, specialmente in bagno, in camera e in cucina. L'anziano non vede bene e si muove male, per la perdita di forza e flessibilità dei muscoli, per l'alterazione del senso dell'equilibrio, per gli effetti delle medicine, per le malattie croniche come l'osteoartrite, il morbo di Parkinson e il morbo di Alzheimer (Walker, 1996). Le misure preventive per questa fascia di età comprendono una buona illuminazione, l'uso di corrimano, il cambio di posizione lento, l'uso di tappetini antiscivolo nella vasca da bagno o nella doccia e la rimozione di scendiletto e tappeti liberi.

In ambito assistenziale i pazienti con maggior rischio di infortunio a causa di caduta sono quelli a **mobilità ridotta**, che può derivare da scarso equilibrio o coordinazione, debolezza muscolare o paralisi. L'immobilità può anche condurre a complicazioni fisiologiche ed emotive, come ulcere da pressione e depressione. Gli **stati emotivi** come la depressione e l'ira alterano gli schemi di pensiero e il tempo di reazione e perciò influiscono sulla percezione dei rischi ambientali. Durante i periodi di stress può capitare che vengano tralasciate le solite precauzioni di sicurezza.

2.2 L'accertamento e la valutazione del rischio

Il processo di accertamento costituisce la base per identificare i problemi prioritari del paziente e redigere le diagnosi assistenziali. Il paziente a rischio richiede frequenti rivalutazioni per gli opportuni cambiamenti nel piano di cura e negli esiti attesi.

Sotto l'aspetto della sicurezza, il rischio può essere rilevato attraverso una corretta **anamnesi** e un adeguato **esame psicofisico**, correlato con i dati di laboratorio, ma soprattutto mediante l'utilizzo di metodologie di accertamento standardizzate che facilitino la comunicazione interprofessionale e guidino la pianificazione. Gli strumenti e i mezzi specificamente studiati per la valutazione del rischio aiutano il paziente a prevenirlo. Un'analisi dei fattori di rischio rilevanti identifica i **rischi reali o potenziali**.

Per esempio, il rischio di danneggiare l'integrità della cute è maggiore quando il paziente è a letto. Si possono pianificare cure idonee a prevenirlo compilando una lista di controllo delle potenziali lesioni cutanee. A tale scopo la **scala di Braden** esamina i seguenti parametri: percezione sensoriale, umidità, attività fisica, mobilità, nutrizione, frizione e scivolamento. Vi è rischio di sviluppare lesioni da decubito con un punteggio uguale o inferiore a 16. Questi indici possono essere inseriti nelle cartelle del paziente o nei protocolli di prevenzione in modo graduale, per favorire il cambiamento.

Indice di Braden	Lista di controllo delle potenziali lesioni cutanee			
	Variabili			
Indicatori	4	3	2	1
Percezione sensoriale Capacità di rispondere in modo corretto alla sensazione di disagio correlata alla pressione	**Non limitata** Risponde agli ordini verbali. Non ha deficit sensoriali che limitino la capacità di sentire ed esprimere il dolore o il disagio	**Leggermente limitata** Risponde agli ordini verbali, ma non può comunicare sempre il suo disagio o il bisogno di cambiare posizione oppure ha impedimenti al sensorio che limitano la capacità di avvertire il dolore o il disagio in una o due estremità	**Molto limitata** Risponde solo agli stimoli dolorosi. Non può comunicare il proprio disagio se non gemendo o agitandosi oppure ha impedimenti al sensorio che limitano la percezione del dolore o del disagio almeno in metà del corpo	**Completamente limitata** Non vi è risposta (non geme, non si contrae né afferra) allo stimolo doloroso, a causa del diminuito livello di coscienza o della sedazione oppure mostra limitata capacità di percepire dolore in molte zone del corpo
Umidità Grado di esposizione della pelle all'umidità	**Raramente bagnato** La pelle è abitualmente asciutta. Le lenzuola sono cambiate a intervalli di routine	**Occasionalmente bagnato** La pelle è occasionalmente umida e richiede un cambio di lenzuola extra una volta al giorno	**Spesso bagnato** La pelle è sovente, ma non sempre, umida. Le lenzuola devono essere cambiate almeno una volta per turno	**Costantemente bagnato** La pelle è mantenuta costantemente umida dalla traspirazione, dall'urina, ecc. Ogni volta che il paziente si muove o si gira, lo si trova sempre bagnato
Attività fisica Grado di attività fisica	**Deambulazione frequente** Cammina al di fuori della camera almeno due volte al giorno e dentro la camera una volta ogni due ore (al di fuori delle ore di riposo)	**Deambulazione occasionale** Cammina occasionalmente durante il giorno, ma per brevi distanze, con o senza aiuto. Trascorre la maggior parte di ogni turno a letto o sulla sedia	**In poltrona** Capacità di camminare severamente limitata o inesistente. Non mantiene la posizione eretta e/o deve essere assistito nello spostamento sulla sedia o sulla sedia a rotelle	**Completamente allettato** Costretto a letto
Mobilità Capacità di cambiare e di controllare le posizioni del corpo	**Non limitata** Si sposta frequentemente e senza assistenza	**Leggermente limitata** Cambia frequentemente posizione con minimi spostamenti del corpo	**Molto limitata** Cambia occasionalmente posizione del corpo o delle estremità, ma è incapace di fare frequenti o significativi cambiamenti di posizione senza aiuto	**Completamente limitata** Non può fare alcun cambiamento di posizione senza assistenza

(segue)

Indice di Braden	Lista di controllo delle potenziali lesioni cutanee			
	Variabili			
Indicatori	4	3	2	1
Nutrizione Assunzione usuale di cibo	**Eccellente** Mangia la maggior parte del cibo. Non rifiuta mai un pasto. Talvolta mangia tra i pasti. Non necessita di integratori	**Adeguata** Mangia più della metà dei pasti e quattro porzioni o più di proteine al giorno. Usualmente assume integratori oppure si alimenta artificialmente con NPT, assumendo il quantitativo nutrizionale necessario	**Probabilmente inadeguata** Raramente mangia un pasto completo, generalmente mangia la metà dei cibi offerti. Le proteine assunte includono tre porzioni di carne o latticini al giorno, occasionalmente integratori alimentari oppure riceve meno della quantità ottimale di dieta liquida o enterale (con sondino)	**Molto povera** Non mangia mai un pasto completo. Raramente mangia più di 1/3 di qualsiasi cibo offerto e due porzioni o meno di proteine al giorno. Assume pochi liquidi e nessun integratore oppure è stato a digiuno o mantenuto con fleboclisi o con sole bevande per più di cinque giorni
Frizione e scivolamento		**Assenza di problemi apparenti** Si sposta nel letto e sulla sedia in modo autonomo e ha sufficiente forza muscolare per sollevarsi completamente durante i movimenti	**Potenziali problemi** Si muove poco e necessita di assistenza minima. Durante lo spostamento la cute fa attrito con le lenzuola o con il piano della poltrona, occasionalmente può scivolare	**Problemi** Richiede assistenza nei movimenti da moderata a massima. Frequentemente scivola nel letto o sulla poltrona. Frequentemente richiede riposizionamenti con la massima assistenza. Sono presenti spasticità, contratture, agitazione, che causano costante attrito contro il piano del letto o della poltrona

Nei **pazienti ricoverati** dovrebbero essere valutati, a ogni cambio turno, i fattori di rischio di caduta e quei fattori che minacciano le funzioni fisiologiche della pelle.

Va garantito un ambiente sicuro lasciando il paziente nel letto in posizione abbassata, con le sponde laterali alzate e con il dispositivo di chiamata a portata di mano. Gli effetti personali sono posti in un luogo facile da raggiungere e i dispositivi di assistenza (per esempio, tutore ortopedico) nelle vicinanze.

Nel caso di **pazienti curati a domicilio**, gli operatori sanitari possono fare una stima del rischio per pianificare un percorso educativo dell'assistito e di chi lo assiste (*caregiver*). Accertamento, insegnamento e valutazione dei risultati relativi alla sicurezza possono richiedere svariate visite a casa.

La valutazione del rischio di lesioni dell'assistito comporta anche la valutazione dei risultati di laboratorio su eventuali anomalie del quadro ematico (per esempio, anemia, infezione).

Gli assistiti malnutriti sono a più alto rischio di lesioni.

SUGGERIMENTI PROFESSIONALI

Gli incidenti nell'ambiente sanitario

Nell'ambiente sanitario, gli incidenti sono catalogati in base all'agente causante.

- **Incidenti causati da comportamenti dell'assistito:** derivano dalla condotta o da singole azioni del paziente. Ne sono esempi avvelenamenti, bruciature, tagli e contusioni autoinflitte.
- **Incidenti causati da procedure terapeutiche:** derivano da interventi medici o infermieristici. Ne sono esempi errori medici, pazienti che cadono durante i trasferimenti, contaminazione di strumenti o ferite sterili ed esercizio improprio di attività assistenziali.
- **Incidenti causati da attrezzature:** derivano dal malfunzionamento o dall'uso improprio di presidi medici come il defibrillatore. Le politiche nazionali e istituzionali stabiliscono gli standard di sicurezza riguardanti le attrezzature.

Tutti gli incidenti e i rapporti degli incidenti devono essere completamente documentati secondo il protocollo istituzionale.

Domande chiave per il colloquio riguardo alla sicurezza e all'igiene

- Cosa fa per restare in salute?
- Come passa di solito la giornata (per esempio, a casa o al lavoro)?
- Quali sono i suoi interessi relativi alla cura della salute?
- Ha bisogno di assistenza per fare il bagno o vestirsi?
- Quanto spesso va dal dentista o dall'oculista?
- Quante volte usa il filo interdentale?
- Si lava le mani prima di preparare il cibo?
- Conserva le carni e i prodotti caseari in frigorifero fino a quando sono pronti per essere usati?
- Ci sono un rivelatore di fumo e un estintore in casa sua?
- I numeri telefonici di emergenza sono a portata di mano?

2.3 La diagnosi infermieristica

A seguito della raccolta e dell'analisi dei dati, l'infermiere formula una diagnosi infermieristica. Le principali diagnosi correlate alla mancanza di sicurezza e di igiene sono il rischio di lesioni e il deficit della cura di sé.

Il **rischio di lesioni** sussiste quando l'assistito è "*a rischio di ferirsi per le condizioni ambientali che interagiscono con le sue risorse di adattamento e di difesa*" (NANDA, 2010).

Sebbene questa etichetta diagnostica non abbia caratteristiche definenti presentate dalla NANDA, essa è posta per categorie che hanno fattori di rischio sia interni sia esterni. Un fattore di *rischio interno biochimico* per un assistito con la vista danneggiata sarebbe catalogato come *rischio di lesioni* in relazione al fattore di rischio di disfunzione sensoriale (visiva). In casa, i farmaci sul comodino, in presenza di un bambino che muove i primi passi, dovrebbero essere identificati come fattore di rischio chimico esterno per il bambino; la diagnosi infermieristica dovrebbe essere catalogata come *rischio di lesioni* correlato al fattore di rischio per farmaci nell'ambiente.

Esempi di altre diagnosi sono:

- **rischio di aspirazione**: rischio di ingresso di secrezioni gastrointestinali, secrezioni orofaringee, solidi o fluidi nelle vie tracheobronchiali;
- **rischio di sindrome da disuso**: rischio di deterioramento dei sistemi corporei come conseguenza di inattività muscolo-scheletrica prescritta o inevitabile;
- **rischio di cadute**: aumentata predisposizione a cadere che può causare danno fisico;
- **rischio di reazione allergica al lattice**: rischio di reazione allergica ai prodotti naturali contenenti lattice;

- **rischio di avvelenamento**: accentuato rischio di esposizione accidentale e/o ingestione di farmaci o prodotti pericolosi in dosi sufficienti a causare avvelenamento;
- **rischio di soffocamento**: rischio accentuato di soffocamento accidentale (disponibilità di aria inadeguata per l'inspirazione);
- **rischio di suicidio**: rischio di lesioni autoinflitte potenzialmente letali;
- **rischio di trauma**: rischio accentuato di lesioni tissutali accidentali (per esempio, ferita, ustione, frattura).

Queste otto diagnosi assistenziali permettono interventi assistenziali specifici che devono essere relazionati al problema diagnosticato. Per esempio, la diagnosi infermieristica specifica per il bambino che muove i primi passi, il quale trova dei farmaci sul comodino, sarebbe *rischio di avvelenamento*, in relazione al fattore di rischio di farmaci accessibili ai bambini. Il livello di rischio sarebbe più elevato se i farmaci fossero in contenitori aperti o se i contenitori chiusi non avessero tappi a prova di bambino. La diagnosi sottolinea gli specifici interventi assistenziali diretti verso l'addestramento del paziente.

Il **deficit della cura di sé** si configura quando un individuo non è in grado di svolgere una o più attività della vita quotidiana (ADL). Nella tabella sottostante sono illustrati tre deficit della cura di sé correlati alle pratiche igieniche.

L'assistito a rischio di lesioni o con un deficit della cura di sé può avere **altri problemi fisiologici o psicologici** correlati.

Deficit della cura di sé correlati alle pratiche igieniche

Diagnosi infermieristica e definizione	Caratteristiche definenti	Fattori correlati
Deficit della cura di sé relativo all'igiene personale Capacità ridotta di effettuare o completare da sé le attività di igiene personale	Incapacità di raggiungere le attrezzature per il bagno, lavare il corpo o parti del corpo, raggiungere o arrivare alla sorgente d'acqua, regolare la temperatura o il flusso dell'acqua del bagno, entrare e uscire dal bagno, asciugare il corpo	Diminuzione o mancanza di motivazione; debolezza e stanchezza; forte ansia; incapacità di percepire parte del corpo o le relazioni spaziali; danno percettivo o cognitivo; dolore; danno neuromuscolare; danno muscolo-scheletrico; barriere ambientali
Deficit della cura di sé relativo al vestirsi/prepararsi Capacità ridotta di effettuare o completare da sé le attività del vestirsi/prepararsi	Incapacità di scegliere i vestiti, utilizzare dispositivi, usare cerniere, togliersi i vestiti, mettere i calzini, indossare indumenti, mantenere un aspetto soddisfacente, indossare biancheria intima, tirare su i vestiti, mettersi le scarpe, mettere e togliere indumenti necessari, raggiungere o rimpiazzare abiti, allacciare indumenti	Diminuzione o mancanza di motivazione; dolore; ansia acuta; danno percettivo o cognitivo; danno neuromuscolare; danno muscolo-scheletrico; barriere ambientali; debolezza o stanchezza
Deficit della cura di sé relativo alle attività di toilette Capacità ridotta di effettuare o completare da sé le attività di toilette	Incapacità di manipolare indumenti, badare alla propria igiene, sedersi o sollevarsi dal WC o usare il lavabo, arrivare al WC o al lavabo, ripulire il WC o il lavabo	Barriere ambientali; debolezza o stanchezza; diminuzione o mancanza di motivazione; ansia acuta; stato di mobilità danneggiato; capacità ridotta di spostarsi; danno muscolo-scheletrico; danno neuromuscolare; dolore; danno percettivo o cognitivo

Da: *Nursing Diagnoses: Definitions and Classification 2009–2011*, by *North American Nursing Diagnosis Association*, 2009, Indianapolis, IN: Wiley-Blackwell.

2.4 Pianificazione, identificazione dei risultati attesi e attuazione delle misure di sicurezza

Il principale traguardo assistenziale è fornire cure sicure, identificando i **rischi reali o potenziali** e attuando le opportune **misure di sicurezza**, attraverso la pianificazione degli interventi e l'individuazione dei risultati, in relazione alle molteplici aree specialistiche di attività professionale. Un'altra parte importante del piano di cura è l'**educazione del paziente** correlata ai rischi potenziali da identificare e alle pratiche di promozione della salute. Il piano di cure assistenziali dovrebbe comprendere l'educazione dell'ammalato alle azioni preventive e ai cambiamenti in un ambiente non sicuro.

Quanto agli interventi attuativi, essi comportano una valutazione continua dei rischi per la salute del paziente e un'attenzione prioritaria agli interventi di assistenza finalizzati alla riduzione del rischio, come:

- promuovere adeguati momenti di riposo e di esercizio;
- insegnare al paziente quali sono i rischi per la salute;
- somministrare i farmaci prescritti;
- fornire un apporto nutritivo bilanciato.

L'attuazione di misure di sicurezza può richiedere una modifica dell'ambiente fisico.

2.4.1 L'identificazione del paziente

La corretta identificazione del paziente in ambito sanitario ha un duplice obiettivo:

1. identificare un individuo in maniera attendibile in quanto persona destinataria della prestazione o del trattamento;
2. verificare la corrispondenza tra il servizio o il trattamento e quell'individuo.

Gli errori di identificazione del paziente si verificano di fatto in tutte le fasi della diagnosi e del trattamento; La letteratura internazionale riconosce tra le buone pratiche per evitare gli errori legati alla non corretta identificazione del paziente, l'introduzione di **braccialetti identificativi**, che devono contenere informazioni capaci di identificare in maniera univoca il paziente e devono essere accompagnati da procedure di identificazione attiva che coinvolgano sia gli operatori che il paziente.

SUGGERIMENTI PROFESSIONALI

Interventi assistenziali per la sicurezza

- Identificare il paziente
- Aumentare la consapevolezza della sicurezza
- Aumentare la sicurezza in sala operatoria
- Prevenire le cadute
  - Asciugare i liquidi versati
  - Usare le sponde laterali
  - Ricorrere alla contenzione fisica
  - Usare dispositivi di assistenza per camminare
  - Assicurare un'illuminazione adeguata
  - Rimuovere gli ostacoli
- Ridurre i pericoli nel bagno
- Prevenire gli incendi
- Assicurarsi delle condizioni di sicurezza delle apparecchiature
- Ridurre l'esposizione alle radiazioni
- Prevenire l'avvelenamento
  - Farmaci e prodotti chimici
  - Rischio chimico
- Prevenire gli errori nella somministrazione dei farmaci
- Garantire la sicurezza dei carrelli dei farmaci e della pulizia
- Prevenire le reazioni trasfusionali da incompatibilità ABO
- Prevenire lo strangolamento
- Prevenire il suicidio
- Prevenire il soffocamento
- Prevenire l'annegamento
- Ridurre l'inquinamento acustico

L'operatore sanitario che accoglie il paziente ha la responsabilità di:

- identificare il paziente correttamente, raccogliendo i dati identificativi e sensibili, direttamente dal paziente o dal familiare/tutore/accompagnatore se minorenne o incapace;
- applicare al paziente il braccialetto identificativo in modo che sia facilmente accessibile, di solito viene applicato al polso dx o sx, oppure in altre sedi quando le condizioni cliniche sono peculiari;
- quando non sia possibile effettuare la procedura di identificazione come sopra (es. paziente in stato di incoscienza, e/o non accompagnato, e/o troppo piccolo per comprendere): si identifica il paziente, attribuendogli il nome e cognome "paziente ignoto" seguito da un numero identificativo progressivo, da applicare sul braccialetto identificativo;
- se il braccialetto identificativo si perde o è deteriorato, l'identificazione del paziente deve essere eseguita nuovamente e immediatamente con il paziente stesso, se possibile oppure con familiare/tutore/accompagnatore;
- se manca il braccialetto identificativo sul paziente ed è necessario procedere ad una procedura urgente, le procedure/prestazioni in urgenza devono essere comunque garantite.

Per fornire cure sicure durante la **degenza** è essenziale che i degenti siano correttamente coordinati con l'attività, la terapia, la dieta o il trattamento pianificato.

Qualsiasi sia la procedura utilizzata nella corretta identificazione del paziente, l'identificazione è essenziale prima di somministrare farmaci o sangue/emoderivati, prelievo di campioni biologici, esecuzione trattamenti, procedure, interventi chirurgici, indagini strumentali. Sottoporre a intervento chirurgico un paziente sbagliato o una parte del corpo sbagliata è un errore di estrema gravità, che può essere causato da diversi fattori, quali la scarsa adesione alla check list pre-operatoria aziendale e l'adesione alla Raccomandazione n° 3 del Ministero della Salute sulla corretta identificazione del paziente, del sito chirurgico e della procedura, la mancanza di meccanismi di controllo, l'inadeguata comunicazione tra operatori sanitari e pazienti e/o tra operatori all'interno dell'équipe.

2.5 La prevenzione delle cadute[1]

Le cadute tra le persone ospedalizzate rappresentano una priorità per la sanità pubblica a causa della loro gravità. L'aumento dell'aspettativa di vita ha determinato una crescita del numero di anziani affetti da malattie croniche e comorbidità, con conseguenti aumenti significativi di ricoveri ospedalieri soprattutto tra i pazienti anziani.

Ciò genera in tale target di popolazione un fattore di rischio di declino funzionale e cognitivo, per la comparsa di altre sindromi geriatriche.

In quasi tutti i contesti sanitari, spesso sono sempre le persone anziane e fragili o affette da demenza che presentano un maggior rischio di caduta, inoltre coloro che

[1] I.S.S. - Programma nazionale per le linee guida (PNLG), *PNLG 13 - Prevenzione delle cadute da incidente domestico negli anziani*, 2009.
IPASVI - Federazione Nazionale Collegi IPASVI, *Superare la contenzione: si può fare*, I Quaderni, 2009; n. 25.
Ministero della Salute Raccomandazione n. 13, novembre 2011 (aggiornata al 1 dicembre 2011).

subiscono una caduta per la prima volta presentano un rischio elevato di cadere nuovamente nello stesso anno.

Le cadute dei pazienti rientrano tra gli eventi avversi più frequenti nelle strutture sanitarie e possono determinare conseguenze immediate e tardive anche gravi o infauste.

L'evento caduta può determinare nei soggetti fragili danni di tipo fisico e psicologico: paura di cadere nuovamente, perdita di sicurezza, ansia, depressione. Le persone che sperimentano tale evento avverso possono andare incontro ad una diminuzione dell'autonomia, aumento della disabilità e riduzione della qualità di vita.

Il Ministero della Salute, attraverso la Raccomandazione Ministeriale n. 13 del 2011, ha sviluppato il monitoraggio degli eventi sentinella nell'ambito dell'assistenza di qualità e sicurezza, con l'obiettivo di analizzare le cause che hanno permesso il verificarsi dell'evento avverso, riconoscere gli errori e favorire azioni preventive per contrastare il ripetersi di eventi simili.

Grande attenzione viene posta anche a livello dei più autorevoli organismi internazionali con particolare riferimento alla sicurezza delle cure, gestione del rischio clinico e miglioramento della qualità. A tal proposito è doveroso citare l'Organizzazione Mondiale della Sanità, (OMS), che, nel rapporto mondiale sulla prevenzione delle cadute nell'anziano, definisce le cadute come il "*pervenire inavvertitamente a terra, sul pavimento o altro livello inferiore, escludendo i cambiamenti intenzionali di posizione per appoggiarsi a mobili, pareti o altri oggetti*"[2]

Le cadute dei pazienti che avvengono in un contesto ospedaliero comportano un incremento dei costi sanitari e sociali dovuti dal prolungarsi della degenza, dalle attività diagnostiche e terapeutiche aggiuntive, da eventuali ulteriori ricoveri.

Le cadute possono essere classificate in:

- prevedibili (fanno parte di questa categoria le cadute di persone classificate ad alto rischio, che presentano condizioni di disorientamento, difficoltà nella deambulazione, patologie neuro-muscolo-scheletriche);
- non prevedibili (fanno parte di questa categoria le cadute di persone classificate a basso rischio in cui si possono verificare episodi sincopali, vertigini, reazioni a farmaci);
- accidentali (sono dovute a fatalità e possono dipendere sia da fattori ambientali che dal paziente).

La maggior parte delle cadute in ambiente sanitario rientrano tra quelle ritenute prevedibili, ben il 78%, secondo quanto asserito dalla Raccomandazione n. 13/2011 del Ministero della Salute, che pone come obiettivi la prevenzione dell'evento sentinella "*Morte o grave danno per caduta di paziente nelle strutture sanitarie*", comprimere il rischio di caduta e, nel caso che l'evento accada, ridurne le conseguenze.

In materia di prevenzione degli incidenti domestici, il Ministero della salute in collaborazione con l'Istituto Superiore di Sanità ha fornito le indicazioni per la stesura di una linea guida. Nascono in quest'ambito le Linee Guida PNLG che traggono spunto dalle linee guida del National Institute for Clinical Excellence (NICE) del National Health Service (NHS) con lo scopo di individuare i soggetti a rischio, la prevenzione e gli interventi da porre in essere per evitare gli eventi caduta.

[2] Rapporto mondiale OMS sulla prevenzione delle cadute nell'anziano ©CESPI – Centro Studi delle Professioni Sanitarie, Torino, 2015. Traduzione e curatela: Laura Delpiano.

Il primo intervento da porre in essere per la prevenzione delle cadute è dato dall'identificare i possibili fattori di rischio che possono essere distinti in:

- **fattori intrinseci.** Essi riguardano le condizioni di salute, i dati anagrafici, le comorbilità e le terapie farmacologiche.
- **fattori estrinseci.** Si fa riferimento all'ambiente, alle caratteristiche della struttura di degenza, a fattori di tipo organizzativo-assistenziali.

Esempi di fattori intrinseci sono le patologie che ne compromettono la marcia, la stabilità posturale e l'orientamento spazio/tempo, l'età maggiore di 65 anni, precedenti cadute, l'incontinenza, il deterioramento cognitivo, patologie neuromuscolari, la non autosufficienza, deficit sensoriali, paura di cadere, i farmaci come gli ipotensivi, i diuretici, gli ansiolitici, gli antidepressivi; i pazienti che assumono quattro o più farmaci sono considerati a rischio.

Tra i fattori estrinseci vi sono quelli ambientali come i pavimenti e le scale sprovviste di soluzioni antiscivolo, assenza di corrimano lungo i percorsi e nelle scale, stanze di degenza e bagni di ridotte dimensioni, presenza di tappeti, illuminazione inadeguata, letti o barelle non regolabili in altezza, assenza di supporti per il WC, difficoltà o inaccessibilità del campanello di chiamata e degli ausili per la deambulazione.

La valutazione del rischio si basa sull'osservazione del paziente, sull'anamnesi e storia di precedenti cadute del paziente, sulle patologie e i farmaci assunti, sulle scale di valutazione, al momento di accettazione del paziente.

La rivalutazione del rischio di caduta dei pazienti deve essere effettuata ad intervalli regolari durante la degenza ospedaliera e ogni qual volta si manifesta un cambiamento sullo stato di salute, una modificazione della terapia farmacologica, in seguito a caduta e infine, alla dimissione.

Le scale di valutazione per predire il rischio caduta maggiormente utilizzate nei contesti ospedalieri sono la scala di Morse, di Conley, la Stratify, la Tinetti. Esse tuttavia valutano esclusivamente fattori di rischio intrinseci e non prendono in considerazione i fattori di rischio estrinseci. Nella tabella sottostante si riporta la scala di valutazione del rischio cadute di Conley.

Scala di Conley per la valutazione del rischio cadute		
	Sì	**No**
Precedenti cadute (domande al paziente/caregiver) – È caduto nel corso degli ultimi 3 mesi?	2	0
– Ha mai avuto vertigini o capogiri? (negli ultimi 3 mesi)	1	0
– Le è mai capitato di perdere urine o feci mentre si recava in bagno? (negli ultimi 3 mesi)	1	0
Deterioramento cognitivo (osservazione del personale) – Compromissione della marcia, passo strisciante ampia base di appoggio marcia instabile	1	0
– Paziente agitato (definizione: eccessiva attività motoria, solitamente non finalizzata ed associata ad agitazione interiore. Esempio: incapacità a stare seduto fermo, si muove con irrequietezza, si tira i vestiti, ecc.).	2	0
– Deterioramento della capacità di giudizio/mancanza del senso di pericolo	3	0
Totale		
Indice di Conley > = 2 rischio di caduta		

Il principale fattore di protezione per contrastare ed evitare il rischio cadute è l'attività fisica. È utile educare sia il personale assistenziale che il paziente e i familiari al fine di far eseguire correttamente i passaggi posturali, mantenere un buon equilibrio, utilizzare gli ausili in modo corretto.

Favorire l'autonomia migliora le abilità e potenzialità residue, favorisce maggior sicurezza e aiuta il paziente a superare le difficoltà e la paura di cadere. Il rischio si riduce quando la mobilità prevale sull'immobilità.

È doveroso contemplare un breve cenno sulla correlazione tra uso dei mezzi di contenzione e rischio cadute. La contenzione non è raccomandata nella prevenzione e non protegge i pazienti dalle cadute. In letteratura, infatti, non viene riportata alcuna prova che la contenzione fisica eviti la caduta e pertanto non è consigliata per prevenirne il rischio. Anche l'uso delle sponde laterali non riduce le cadute dal letto e di contro, la loro rimozione non è associata ad un aumento degli eventi.

Gli interventi e le strategie efficaci per prevenire il rischio di caduta possono essere attuati attraverso un programma condiviso tra paziente, familiari, caregivers, nonché attraverso la valutazione del paziente (stato confusionale, disorientamento), la compilazione delle scale di valutazione del rischio, l'educazione dei pazienti e dei familiari, la diminuzione dei rischi ambientali, l'educazione del paziente che riferisca urgenze minzionali o intestinali, il monitoraggio dei pazienti che fanno uso di farmaci sedativi, diuretici, antiipertensivi, l'istruzione dei pazienti all'uso di calzature allacciate con suola antiscivolo e l'aiuto nella deambulazione; è utile infine posizionare il letto più in basso possibile, frenarlo, fornire sempre il campanello di chiamata e gli oggetti necessari alla persona con un grado di mobilità ridotto.

2.6 I mezzi di contenzione

Quando si parla di mezzi di contenzione si intende l'insieme di dispositivi in grado di limitare la libertà, i movimenti e i comportamenti volontari della persona. Essi possono essere fisici, chimici e ambientali. In ambito sanitario possono essere utilizzati anche dei farmaci specifici.

L'origine della contenzione risale alla psichiatria, quando il suo uso veniva ritenuto lecito in assenza di norme precise. Ma a partire dai primi anni del 900 l'uso dei mezzi di contenzione venne normato con Regio Decreto, più precisamente il n. 615 del 1909 il quale consentiva l'uso "*ai casi assolutamente eccezionali*" e solo in presenza di "*autorizzazione del direttore o di un medico dell'istituto*".

Attualmente la Costituzione Italiana all'art. 3 tutela i cittadini rimuovendo "*gli ostacoli che limitano la libertà personale*". Inoltre l'art. 13 sancisce che "*La libertà personale è inviolabile. Non è ammessa forma alcuna di detenzione, né di qualsiasi altra restrizione della libertà se non per atto motivato dall'autorità giudiziaria*. Infine, all'art. *32 Nessuno può essere obbligato ad un determinato trattamento se non per disposizione di legge*.

Anche il codice penale a tutela della persona interviene con l'art. 605 (sequestro di persona), l'art. 610 (violenza privata), l'art. 590 (lesioni personali colpose), l'art. 586 (morte o lesioni come conseguenza di altro delitto).

Inoltre la Legge Basaglia, confluita nella L. n. 833 del 1978 agli articoli 33, 34, 35 offre garanzie e tutela al cittadino in materia TSO.

Attualmente la contenzione può essere utilizzata solo con atto medico. La prescrizione deve essere motivata e deve riportare le misure alternative che sono state messe in atto per evitarla, le condizioni dell'assistito, le patologie, i tipi di mezzi contenitivi utilizzati (Fig. 2.1), l'orario di applicazione e di rimozione per il monitoraggio. L'uso della contenzione non deve superare le 12 ore, deve essere rimossa almeno ogni due ore per consentire al paziente di essere mobilizzato; la valutazione del paziente deve essere fatta almeno ogni mezz'ora.

La prescrizione deve essere completata con la firma del medico che all'atto della stessa acquisisce il consenso informato da parte del paziente, familiari, e del rappresentante legale.

A tutela del paziente inoltre la prescrizione alla contenzione deve essere condivisa con l'èquipe multidisciplinare.

Evidenze scientifiche e indicazioni della letteratura consigliano di evitare e ridurre la contenzione fisica; a tale scopo vengono organizzati corsi di aggiornamento e convegni per fornire informazioni su tale tematica al fine di "*superare la contenzione*".

Quali potrebbero essere gli accorgimenti maggiormente idonei al fine di evitare la contenzione fisica? Potremmo citarne alcuni che possano essere in grado di diventare elementi per favorire il benessere e migliorare le condizioni di vita della persona:

- condizioni ambientali (favorire l'illuminazione delle stanze e dei corridoi di degenza, evitare ostacoli lungo i percorsi);
- sicurezza durante il riposo nel letto: abbassare il letto, posizionare cuscini ai bordi del letto, eliminare le sponde (possono essere oggetto di scavalcamento); se il paziente è a rischio di caduta posizionare il materasso sul pavimento; fornire il sistema di chiamata e assicurarsi che il paziente sia in grado di utilizzarlo; avvicinare eventuali presidi per aiutare i passaggi posturali;
- garantire postura comoda e confortevole durante la permanenza su sedia o poltrona;
- fornire aiuto nella deambulazione;
- mantenere le attività occupazionali individuali o di gruppo, ricreative e sociali;
- consentire le passeggiate in sicurezza; fornire assistenza durante l'eliminazione;
- assicurare supervisione e osservazione continua;
- individuare i bisogni del paziente;
- favorire la presenza dei familiari;
- individuare e segnalare modificazioni del comportamento abituale;
- fornire sicurezza con sistemi di allarme.

Per quanto riguarda la correlazione cadute/contenzione determinati studi hanno rilevato che l'utilizzo dei mezzi contenitivi non abbassano significativamente il numero di cadute nei pazienti a rischio, mentre la mobilizzazione quotidiana favorisce una riduzione del rischio.

L'équipe pertanto deve lavorare per garantire sicurezza e protezione al paziente fragile.

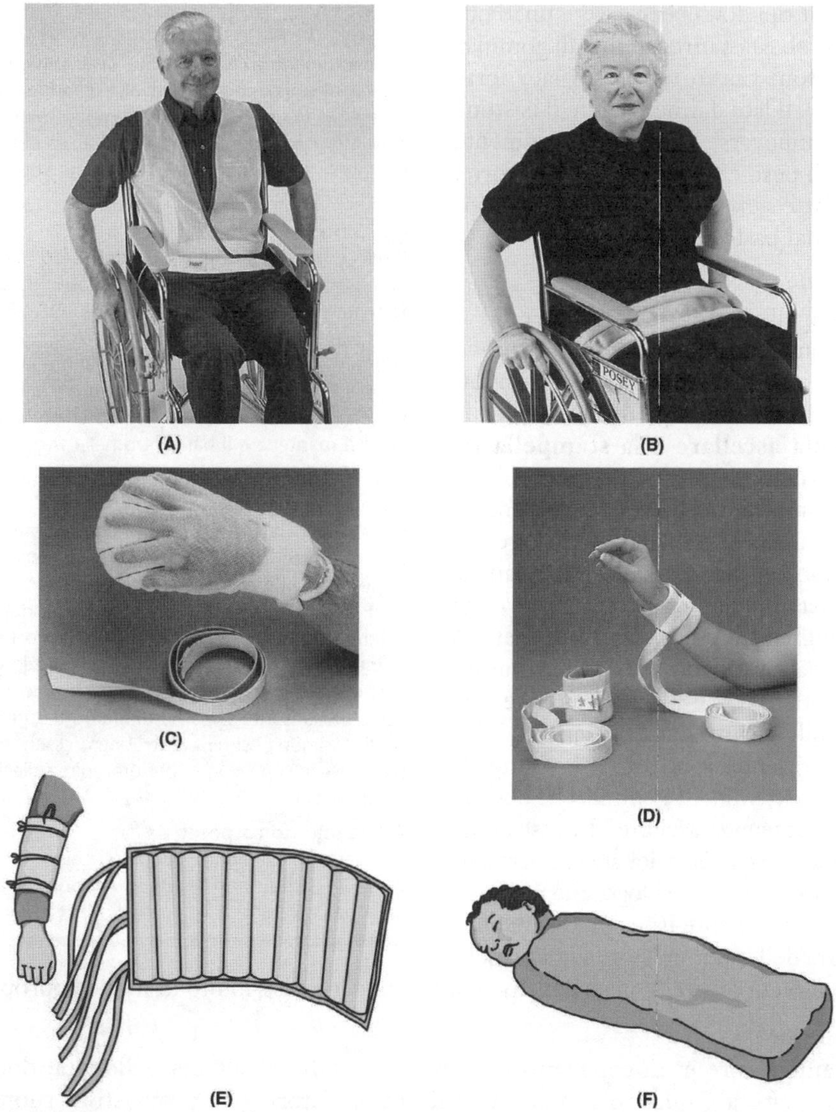

Figura 2.1 *Tipi di mezzi di contenzione.* **A.** *Giubbotto o panciotto di contenzione.* **B.** *Cintura di contenzione per sedia.* **C.** *Guanto a manopola o contenzione per la mano.* **D.** *Mezzo di contenzione per l'arto o l'estremità.* **E.** *Mezzo di contenzione per il gomito.* **F.** *Mezzo di contenzione a mummia.*

2.7 I dispositivi ausiliari per la deambulazione

I dispositivi ausiliari per la deambulazione comprendono bastoni, stampelle, deambulatori e sedie a rotelle.

Bastoni

I bastoni sono dispositivi per la deambulazione ricurvi che forniscono supporto al lato debole del corpo. Tre tipi comuni di bastoni sono il **bastone singolo**, il **tripode** (treppiedi) e il **quadrato** (quattropiedi).

Tutti i tipi dovrebbero avere un'impugnatura robusta e un'estremità di gomma.

I bastoni vanno tenuti sul lato forte del corpo: il lato danneggiato e il bastone devono muoversi contemporaneamente mentre il peso è sostenuto dal lato forte. Il lato forte si muove mentre il peso è sostenuto dal bastone e dal lato debole.

Stampelle

Le stampelle sono staffe di metallo o legno usate temporaneamente o in modo permanente per aumentare la mobilità. Esistono due tipi di stampelle: la **stampella ascellare** e la **stampella da avambraccio.**

La stampella ascellare, il tipo più comunemente usato, si posiziona sotto l'ascella, con il peso ben piazzato sulle impugnature.

La stampella da avambraccio ha un'impugnatura e un polsino di metallo che si adatta attorno al braccio. Questo tipo di stampella è più conveniente, ma non stabile quanto quella ascellare.

Per prevenire le scivolate, le stampelle hanno le estremità di gomma, che devono essere mantenute asciutte. Le estremità dovrebbero essere ispezionate regolarmente e sostituite quando si logorano.

Va regolarmente ispezionata anche la struttura della stampella: se sono presenti lesioni o curvature, il peso della persona non viene distribuito in modo appropriato.

Usare una corretta meccanica del corpo

Il corpo umano è capace di muoversi in molti modi diversi, alcuni più efficienti di altri. Il modo più efficace e più sicuro per sollevare e muovere pesi consiste nell'usare i principi della meccanica del corpo, che riguardano il baricentro, la base di appoggio e l'allineamento corporeo.

Baricentro

Il baricentro è posto al centro del corpo, nella zona pelvica. Il peso del corpo è approssimativamente uguale sopra e sotto questa zona. Tutto il movimento dovrebbe essere spostato attorno al punto centrale. Questo mantiene il peso sopra la base di appoggio e rende più facile stare bilanciati. Tenere la schiena eretta e piegare le ginocchia e le anche aiuta a mantenere il baricentro nella zona pelvica. Se il baricentro si sposta, il corpo tende a cadere.

Base di appoggio

I piedi sono la base di appoggio. Essi vanno tenuti divaricati quando si sollevano oggetti pesanti, perché è più facile restare bilanciati con una base di appoggio ampia. Inoltre, un piede dovrebbe essere tenuto un po' più avanti dell'altro per imprimere stabilità alla schiena. Mantenere le ginocchia leggermente piegate permette un movimento veloce e consente al corpo di ammortizzare i sobbalzi. Quando ci si gira, dovrebbero essere mossi i piedi invece che il corpo, per prevenire sollecitazioni alla schiena.

Allineamento corporeo

Il corretto allineamento corporeo richiede che varie parti del corpo siano tenute in relazione anatomica l'una con l'altra.

Deambulatori

Un deambulatore è un congegno tubolare di metallo all'altezza della vita, dotato di un'impugnatura e quattro gambe. Alcuni deambulatori sono provvisti di ruote sulle gambe anteriori, mentre altri hanno le estremità di gomma su tutte e quattro le gambe.

I deambulatori forniscono un senso di sicurezza e un supporto ulteriore, nonché indipendenza all'assistito. Il paziente prima muove in avanti il deambulatore e poi fa un passo bilanciando il peso su di esso.

Sedie a rotelle

La sedia a rotelle è un mezzo di deambulazione per pazienti incapaci di supportare il loro peso stando in piedi. L'operatore sanitario deve istruire l'assistito sull'uso sicuro della sedia a rotelle, ricordandogli di bloccarla quando non la muove e di sollevare i poggiapiedi quando sale o scende da essa.

La sedia a rotelle dovrebbe essere sempre spinta lentamente da dietro e fatta entrare e uscire di schiena dalle porte e dagli ascensori.

2.8 La prevenzione degli incendi

L'incendio è un potenziale pericolo negli ambienti istituzionali e in casa. Lo sviluppo di un incendio richiede la contemporanea presenza di tre elementi: **innesco** (calore sufficiente per far prendere fuoco), **combustibile** (materiale solido, liquido o gassoso), **comburente** (ossigeno per alimentare la fiamma).

Gli assistiti immobilizzati o incapaci sono esposti a grande rischio in caso di incendio. Tra le più comuni cause di incendio nelle strutture assistenziali si riscontrano attrezzature elettriche difettose, sigarette, fiamme libere, ossigeno terapeutico e liquidi infiammabili. Nelle strutture sanitarie vige il **divieto di fumo**.

Le misure di sicurezza relative agli incendi devono essere finalizzate a prevenirne lo sviluppo e, in caso di insuccesso, a proteggere l'assistito dai suoi effetti.

Gli interventi per prevenire il rischio di incendio o ridurne le conseguenze consistono:

- nel predisporre il piano di emergenza per incendio;
- nell'addestrare gli addetti antincendio e quelli della squadra di primo intervento;
- nell'assicurarsi che le uscite di sicurezza in caso di incendio siano libere da ostacoli e ben segnalate;
- nell'identificare le posizioni degli estintori e dimostrare l'operazione per spegnere il fuoco;
- nel predisporre il piano di evacuazione;
- nel collocare i numeri di emergenza in prossimità di tutti i telefoni;
- nel tenere gli spazi aperti e i corridoi privi di ostacoli;
- nel curare la manutenzione degli impianti e delle attrezzature elettriche;
- nell'informare gli assistiti delle procedure adottate in caso di incendio.

Le strutture sanitarie, in considerazione della tipologia di attività che vi si svolge e della presenza di assistiti spesso non autosufficienti, visitatori e parenti, sono classificate come a rischio di incendio "elevato".

La formazione e l'addestramento degli addetti vanno curati con rigore, secondo le prescrizioni della vigente normativa in tema di sicurezza, che prevede, tra l'altro, l'effettuazione periodica di esercitazioni mirate alla verifica della funzionalità dei piani di emergenza adottati e della capacità di intervento del personale preposto.

2.9 La sicurezza delle apparecchiature[3]

Prevenzione degli eventi avversi conseguenti al malfunzionamento dei dispositivi medici/apparecchi elettromedicali

Il malfunzionamento degli apparecchi elettromedicali derivante da una mancata o inadeguata manutenzione può determinare eventi avversi gravi.

L'attività di manutenzione delle tecnologie biomediche sta evolvendo da una concezione di pura operatività (il ripristino delle apparecchiature non funzionanti) verso una vera e propria funzione manageriale volta alla riduzione dei rischi connessi all'uso dei dispositivi medici, alla diminuzione dei tempi di inutilizzo, alla prevenzione dei guasti

[3] Tratto dalla raccomandazione del Ministero della salute n. 9, aprile 2009.

ed alla garanzia della qualità delle prestazioni erogate. In tal modo si ottimizza la durata fisiologica del bene contribuendo al miglioramento continuo del percorso assistenziale del paziente (inclusa la degenza media dell'episodio di ricovero) del cui iter diagnostico-terapeutico la tecnologia costituisce un fattore fondamentale.

È, quindi, assolutamente imprescindibile che la manutenzione delle apparecchiature sia gestita in modo corretto ed efficace.

L'obbligatorietà della manutenzione è rilevabile dalla lettura della Legislazione (Sicurezza nei luoghi di Lavoro, Autorizzazione e Accreditamento Istituzionale, Direttive, etc.)

L'obiettivo è la riduzione degli eventi avversi riconducibili al malfunzionamento dei dispositivi medici/apparecchi elettromedicali derivanti da una scarsa e/o non corretta manutenzione degli stessi.

È indispensabile che ogni struttura sanitaria identifichi le funzioni aziendali ed i soggetti professionali responsabili della gestione in sicurezza del parco tecnologico biomedico (cfr. Art. 71 del D. Lgs. 81/08).

In alcune aziende sanitarie la struttura deputata alla gestione degli apparecchi elettromedicali è rappresentata dal ***Servizio di Ingegneria Clinica (SIC)***.

Per quanto riguarda il modello organizzativo, esistono tre possibili soluzioni per la gestione della manutenzione:

- ***servizio di tipo interno*** (controllo ed assistenza eseguita da personale dipendente della struttura sanitaria con uno *staff* di ingegneri clinici e tecnici biomedici): è la soluzione implementata a partire dagli anni '70 -'80, che permette tempestività di intervento ed ottimale controllo delle attività manutentive. Tuttavia, tale modello organizzativo necessita di una "massa critica tecnologica" consistente, un aggiornamento continuo del personale e, comunque, la sottoscrizione di contratti di manutenzione con i produttori per le apparecchiature ad alta complessità tecnologica;
- ***servizio di tipo misto*** (controllo affidato ad ingegneri clinici interni ed assistenza eseguita da tecnici biomedici dipendenti della struttura sanitaria e/o da ditte terze specializzate e/o mediante stipula di contratti di manutenzione con i produttori): è la formula che si è affermata maggiormente negli ospedali italiani a partire dagli anni novanta perché garantisce contestualmente, alla struttura sanitaria, flessibilità organizzativa, controllo di qualità dei servizi prestati, miglior compromesso nella combinazione di diverse competenze e possibilità di integrazione delle molteplici attività di un *SIC;*
- ***servizio completamente esterno*** (intera assistenza tecnica delle tecnologie affidata ad un unico interlocutore esterno all'azienda, le cosiddette società/aziende di *Global Service):* tale modalità organizzativa, da considerarsi attualmente transitoria alla luce del recente Disegno di Legge che obbliga le strutture sanitarie a dotarsi di *SIC* interni, è preferita da quelle strutture sanitarie che non si sono ancora dotate di un *SIC*, permette un'agilità organizzativo-gestionale, ma richiede l'attenta scelta di un interlocutore qualificato (cfr. Art. 26 del D. Lgs. 81/08) e, comunque, di un'autorevole supervisione dell'Ospedale, attraverso la presenza di un Servizio di Ingegneria Clinica o, quantomeno, di un Ingegnere Clinico, pena la perdita del controllo del sistema ed il peggioramento della qualità del servizio reso.

È fondamentale che chiunque svolga le attività di manutenzione debba possedere capacità tecniche adeguate; egli si assumerà la responsabilità diretta per tutti gli eventi derivanti dall'attività stessa, ferma restando la responsabilità del fabbricante per tutti i difetti o vizi originari del prodotto.

Le strategie implementate per l'ottimizzazione dell'attività manutentiva sulle Tecnologie biomediche raggiungono piena efficacia solo in presenza di una struttura di controllo e monitoraggio che, quasi in tempo reale, possa valutare effettivamente il rispetto delle condizioni pattuite con i manutentori e/o gli indicatori di performance.

La manutenzione dei dispositivi medici richiede almeno le seguenti azioni:

1. svolgimento dell'attività di manutenzione e delle verifiche periodiche di sicurezza e dei controlli di qualità e prove funzionali;
2. suggerimenti per la manutenzione del software associato ai dispositivi medici/ apparecchi elettromedicali.

Le azioni più frequentemente messe in campo per migliorare la sicurezza del dispositivo dovrebbero comprendere:

- **manutenzione correttiva:** installazione periodica di programmi più aggiornati (patch) per ovviare a possibili malfunzionamenti (bug) comunicati tipicamente dal Ministero della Salute o dalle Autorità Competenti di altri Paesi (cfr. segnalazioni di "incidente" e "mancato incidente") o derivanti da test effettuati a seguito dell'introduzione del dispositivo sul mercato;
- **manutenzione perfettiva:** installazione di aggiornamenti software che migliorino le prestazioni del dispositivo o la sua manutenibilità.
- **manutenzione adattativa:** interventi mirati a preservare le funzionalità del software del dispositivo a seguito di variazioni dell'ambiente in cui esso opera (tipicamente a seguito dell'introduzione di funzionalità di "dialogo" con altri applicativi/dispositivi).

Formazione

Devono essere previsti programmi aziendali di formazione che includano periodi di addestramento del personale coinvolto nella manutenzione di dispositivi medici/ apparecchi elettromedicali.

2.10 Altre misure di prevenzione

2.10.1 Prevenire l'inalazione del cibo

Identificazione della disfagia e prevenzione dell'inalazione di cibo

L'inalazione di sostanze gastriche nelle vie respiratorie può provocare infezioni come la polmonite ab-ingestis ed ostruzione delle vie aeree. I sintomi possono essere lievi o gravi e comprendere febbre, tosse, dispnea. A rischio possono essere considerati i soggetti con alterazione dello stato di coscienza, vomito, portatori di SNG, PEG, con disfagia.

È importante identificare precocemente il comportamento del paziente e lo stato di coscienza al fine di prevenire l'aspirazione di cibo.

Particolare importanza in ambito assistenziale rivestono il comportamento del paziente durante l'assunzione dei pasti e delle bevande e il ruolo dell'OSS.

A tal proposito è bene ricordare che la deglutizione deriva dal risultato combinato di forze che mantengono il bolo fuori dalle vie respiratorie durante il transito in faringe. Essa si compone di 4 fasi:

- **fase preparatoria orale**: si attua attraverso la masticazione e la salivazione degli alimenti all'interno della bocca; in questa fase si ha la preparazione del **bolo** alimentare;
- **fase propulsiva orale**: durante questa fase il bolo viene spinto grazie ai movimenti della lingua verso la faringe;
- **fase faringea**: la via digestiva si incrocia con quella respiratoria. Qui l'epiglottide chiude la trachea per consentire il passaggio del bolo alimentare verso l'esofago. Se questa fase non avviene correttamente il rischio è quello di possibile inalazione di cibo nelle vie respiratorie;
- **fase esofagea**: il bolo alimentare arriva nell'esofago e grazie ai movimenti involontari peristaltici arriva fino allo stomaco.

La deglutizione è permessa grazie a sei nervi cranici: trigemino, facciale, glossofaringeo, vago, accessorio e ipoglosso. Un danno a uno solo di questi nervi cranici in conseguenza a malattie neurologiche (ictus), tumore, sclerosi laterale amiotrofica, morbo di Parkinson, demenza, sclerosi multipla o trauma cranico, potrebbe essere la causa di alterazione alla deglutizione.

I pazienti ritenuti a rischio dovrebbero essere sottoposti a screening per sospetta disfagia, prima che vengano forniti loro cibi o bevande.

La disfagia costituisce un'eventualità frequente e talora sottovalutata durante l'evento cerebrovascolare acuto, poiché si verifica dal 28% al 45% dell'ictus cerebrale acuto emisferico. Qualora non riconosciuta, tale manifestazione ha risvolti negativi sull'evoluzione del paziente cerebrovascolare, sia per le complicanze respiratorie che per le conseguenze nutrizionali e di disidratazione.

Secondo dati dell'Agency of Health Care Policy and Research *(Agency for Health Care Policy and Research. Diagnosis and Treatment of Swallowing Disorders (Dysphagia). Evidence Report Technolo'y Assessement n. 8, 1999)*, il 75% di pazienti ospedalizzati per stroke lamentano disfagia che nel 91% dei casi può persistere a tre mesi dall'episodio acuto. Il 43-54% di questa popolazione presenta inalazione che si complica nel 40% dei casi con broncopolmoniti. Il 4% di questi soggetti muore per complicanze respiratorie.

Tutti i pazienti con ictus dovrebbero essere sottoposti a screening per disfagia, prima di ricevere cibo e bevande.

A seguito di diagnosi di disfagia, il paziente deve ricevere una dieta a consistenza modificata, omogenea, tale da non interferire con la normale deglutizione. La deglutizione è stimolata dai sapori forti e aromatizzati. Mentre devono essere evitati cibi con consistenza diversa, come la minestra, o con temperature estreme, alimenti secchi e riso, pane bianco.

Prima di somministrare il pasto è necessario:

- provvedere all'igiene orale per stimolare la salivazione;
- verificare lo stato di coscienza del paziente (non somministrare cibi o bevande in caso di stato di incoscienza);
- mantenere un ambiente tranquillo;
- far assumere la posizione seduta;
- evitare di far parlare il paziente mentre si sta alimentando;
- l'operatore che fornisce il cibo dovrebbe mantenere gli occhi alla stessa altezza o più in basso del paziente;

- fornire piccole porzioni, meglio se si usa un cucchiaino. Alternare il cibo con le bevande;
- fornire il tempo necessario per alimentarsi senza fretta;
- preferire piccoli pasti con più frequenze giornaliere;
- provvedere all'igiene orale al termine del pasto per eliminare residui di cibo.

Cura della disfagia

I pazienti con disfagia orofaringea devono aderire ad un programma di riabilitazione che comprenda esercizi riparatori oltre a tecniche di compensazione e modificazione della dieta.

A seguito degli esiti rilevati dallo screening nutrizionale, i pazienti identificati come denutriti e quelli a rischio di denutrizione, devono essere indirizzati ad un dietologo e considerati per la prescrizione di supplementi nutrizionali per via orale come parte del loro piano globale di assistenza nutrizionale.

L'alimentazione attraverso gastrostomia percutanea endoscopica (PEG) è il percorso consigliato per i pazienti che necessitano di nutrizione enterale a lungo termine (> 4 settimane).

Lo stato nutrizionale scadente post ictus aumenta il tempo di permanenza in ospedale e il rischio di complicanze e di malnutrizione.

I pazienti con disfagia, che non sono in grado di soddisfare le loro esigenze nutrizionali dovrebbero essere considerati per la nutrizione enterale il più presto possibile, entro una settimana dall'esordio. Tale decisione deve essere presa da un team multidisciplinare in accordo con il paziente e i suoi familiari.

Nonostante la mancanza di evidenze a sostegno della nutrizione enterale, molti pazienti tollerano bene il SNG e traggono beneficio dalla somministrazione di nutrienti, fluidi e farmaci, per questa via, nelle prime settimane di trattamento.

Una buona igiene orale deve essere mantenuta nei pazienti con disfagia, in particolare in quelli con PEG o SNG, al fine di promuovere la salute orale e il comfort del paziente.

Cura dei pazienti con disfagia

Il personale, i familiari e i pazienti dovrebbero essere formati sulle tecniche di alimentazione. Tale formazione deve comprendere: conoscenza delle modifiche di comportamento alimentare; la preparazione dei prodotti alimentari; la gestione dei fattori comportamentali e ambientali; cura dell'igiene orale; gestione in caso di soffocamento.

Tutto il personale coinvolto nella rilevazione e gestione della disfagia dovrebbe essere formato secondo le raccomandazioni del proprio gruppo professionale.

2.10.2 Prevenire il soffocamento

Il soffocamento può essere prevenuto con appropriate osservazioni assistenziali dei malati a rischio, come i neonati, i paralitici o i pazienti non coscienti, i quali hanno maggiore difficoltà a svolgere le normali attività quotidiane.

Gli appartenenti a queste categorie devono essere riposizionati di frequente e controllati affinché non presentino ostruzioni. Non vanno usati cuscini, materassi e trapunte soffici in cui la testa può sprofondare. In presenza di secrezioni orali, la testa dell'assistito deve essere girata su di un lato per prevenire il soffocamento. Devono essere usati dei dispositivi di controllo che segnalano se il respiro si interrompe.

La disfagia è spesso correlata al rischio di soffocamento

La disfagia è un disturbo della deglutizione conseguente a patologie di varia natura: neurologiche, oncologiche, traumi. Esistono vari gradi di disfagia ed essa può comportare serie complicanze quali l'aspirazione tracheo-bronchiale (passaggio di cibo nelle vie aeree con rischio di soffocamento) o la polmonite *ab ingestis* (polmonite causata da cibo nei polmoni).

Consigli pratici per l'assistenza al malato disfagico durante il pasto

- La posizione migliore per alimentarsi è quella seduta con un comodo sostegno per gli avambracci e i piedi appoggiati a terra.
- A letto il tronco deve essere alzato il più possibile, anche utilizzando più di un cuscino da mettere come appoggio alla schiena.
- L'ambiente ove viene consumato il pasto deve essere tranquillo, silenzioso e ben illuminato.
- La persona che dà da mangiare dovrebbe sedersi tenendo gli occhi alla stessa altezza o più in basso di chi deve mangiare.
- Il paziente deve mangiare lentamente, concentrandosi sulla deglutizione.
- È possibile rendere la deglutizione più sicura somministrando liquidi densi e una dieta semisolida con sostanze di consistenza omogenea (cibo che mantenga e formi facilmente un bolo).
- Evitare: cibi e bevande a temperature estreme, liquidi, il latte perché potrebbe favorire un'eccessiva produzione di muco, prodotti che si sciolgono in bocca (per esempio pezzetti di ghiaccio, alcuni prodotti in gelatina, gelato), alimenti di consistenza mista, per esempio l'associazione di consistenze diverse come in alcune minestre (parte solida e liquida insieme), alimenti secchi e friabili, alimenti che si suddividono in tante piccole unità (per esempio riso, pane secco), alimenti che impastano la bocca (per esempio burro di arachidi, banane, pane bianco morbido).
- Non introdurne un secondo boccone se quello precedente non è stato completamente deglutito (attenzione ai residui di cibo che permangono in bocca).
- Il pasto non può durare troppo a lungo: stanchezza e distraibilità del paziente aumenterebbero i rischi d'inalazione – somministrare pasti piccoli, ma frequenti.
- Controllare lo stato d'attenzione ed eventualmente decidere di sospendere il pasto ai primi segni di stanchezza.
- Controllare che durante la somministrazione del pasto il paziente non cambi posizione.
- Dare opportuni input verbali per coinvolgere il paziente nell'atto della deglutizione quando esso si distrae.
- Dedicare un tempo adeguato all'alimentazione.
- Il paziente non deve parlare durante il pasto, né guardare la televisione, né essere distratto in alcun modi.
- Bisogna evitare la somministrazione dei farmaci per bocca. Tuttavia se è indispensabile assumere compresse per bocca può essere utile, salvo controindicazioni, polverizzarle e mescolarle a un cucchiaino dell'alimento più facile da deglutire per la persona con disfagia (per esempio un omogeneizzato di frutta). Quando si polverizza la compressa bisogna fare attenzione a non disperdere parte del farmaco.
- Per almeno 15 minuti dopo il pasto il paziente deve rimanere seduto e successivamente è indispensabile provvedere all'igiene orale, per prevenire tra l'altro l'aspirazione di particelle di cibo che possono rimanere in bocca.
- Non potendo utilizzare, specialmente all'inizio del trattamento riabilitativo della deglutizione, dentifrici e collutori in quanto il paziente potrebbe ingerirli o, peggio ancora, inalarli, per la pulizia del cavo orale, può essere utilizzata in sostituzione una garza sterile o uno spazzolino per bambini a setole morbide, imbevuti con piccole quantità di bicarbonato di sodio o di colluttorio.
- Non utilizzare MAI liquidi nel tentativo di favorire la deglutizione del cibo, se il paziente non ha dimostrato un'adeguata protezione delle vie respiratorie.

AUSL Romagna-Rimini, materiale informativo per il cittadino, paziente disfagico.

In Italia, muoiono per cause legate all'ostruzione delle vie aeree circa 50 bambini ogni anno, 1 ogni settimana. Il cibo è il principale responsabile delle ostruzioni, ma anche tutti i piccoli oggetti come spille, piccole parti di giocattoli, o monete possono causare soffocamento.

Secondo i dati ufficiali dell'Istat, il 27% delle morti classificate come "accidentali" nei bambini da 0 a 4 anni avviene per soffocamento causato da inalazione di cibo o di corpi estranei. Più del 50% delle morti da inalazione di corpo estraneo avviene nei bambini di età inferiore ai 5 anni con un picco massimo di incidenza tra i 2 mesi a 2 anni di vita.

Passando nelle fasce d'età 5-9 anni e 10-14 anni la percentuale di morti per soffocamento diminuisce progressivamente (11,5% e 4,7%), ma rimane comunque tra le più significative tra le cause accidentali.

La Società Italiana di Medicina di Emergenza ed Urgenza Pediatrica (SIMEUP, 2012), calcola che 1 su 4 delle morti registrate come morte accidentale sono dovute nel bambino più piccolo a soffocamento per ostruzione delle vie aeree improvvisa da inalazione di cibo, giocattoli.

Dalle statistiche inoltre emerge che molti degli incidenti si verificano perché il bambino mangia mentre svolge altre attività (giocare, muoversi, parlare oppure ridere) con notevole aumento del rischio d'inalazione accidentale. Tra le tipologie di sostanze che provocano soffocamento il cibo rappresenta il 67,4% dei casi.

Regole per la prevenzione degli incidenti da soffocamento in un bambino
• Tenere lontano dalla portata del bambino oggetti molto piccoli • Scegliere accuratamente giochi adatti alla sua età • Evitare di farlo mangiare e giocare da solo • Sorvegliare l'ambiente in cui si muove • Evitare di mettere orecchini a bambini • Non lasciare in giro la scatola del cucito • Controllare che i bottoni dei vestiti del bimbo siano ben attaccati • Controllare che le spille da balia siano chiuse
"La salute e la sicurezza del bambino", Quaderni per la salute e la sicurezza. ISPESL

2.10.3 Prevenire il suicidio in ospedale[4]

Il suicidio in ospedale rappresenta un evento sentinella rilevante, come dimostrato anche dai dati internazionali e, pertanto, è necessario che negli ospedali vengano adottati strumenti e misure idonee di prevenzione.

Per prevenire il suicidio in ospedale, il Dipartimento della Qualità, Direzione Generale della Programmazione Sanitaria, dei Livelli di Assistenza e dei Principi Etici di Sistema, Ufficio III, ha redatto la raccomandazione ministeriale n. 4, marzo 2008.

La letteratura internazionale ha individuato una serie di fattori di rischio relativi al suicidio e la loro conoscenza consente l'adozione di strategie efficaci per la riduzione dell'evento suicidio in ospedale agendo su:

1. strumenti di valutazione del paziente;
2. profili assistenziali per i pazienti che hanno una reazione suicidiaria o tentano il suicidio che prevedano la continuità della cura anche dopo la dimissione;
3. processi organizzativi;
4. formazione degli operatori;
5. idoneità ambientale e strutturale.

Questa raccomandazione presenta una possibile traccia di domande che vanno scelte e adattate alla specifica situazione, per orientare l'operatore nella conduzione del col-

4 Tratto dalla raccomandazione del Ministero della salute n. 4, marzo 2008.

loquio con il paziente, dopo aver raccolto l'anamnesi, nel caso in cui siano emersi un sospetto da approfondire o possibili fattori di rischio.

Le domande, elaborate sulla base delle correnti linee guida psichiatriche internazionali nonché di indicazioni nazionali, sono utili per accertare l'entità del rischio di suicidio, la presenza nel paziente di forti sensi di colpa o di una forte rabbia per un torto subìto e la speranza di suscitare attraverso l'azione suicida un rimpianto nella persona ritenuta colpevole. Il suicidio può avvenire in tutto l'ambito ospedaliero, ma possono essere considerati a maggiore rischio le aree cliniche quali il Servizio Psichiatrico di Diagnosi e Cura (SPDC), le Unità Operative di Oncologia, Ostetricia e Ginecologia e il Dipartimento di emergenza, nonché gli spazi comuni quali scale, terrazze e vani di servizio.

Il rischio di suicido è massimo nei primi giorni del ricovero e nella prima settimana dopo la dimissione. La presa in carico del paziente, oltre ad un'accurata valutazione, richiede:

- l'integrazione delle diverse competenze (operatori sanitari e informal caregiver) presenti nell'unità operativa, al fine di cogliere i segni premonitori dell'atto suicidiario;
- la possibilità di avvalersi delle consulenze specialistiche psicologiche e psichiatriche;
- il coinvolgimento di altri specialisti e dei medici di medicina generale (MMG), sia per completare l'anamnesi che per favorire la continuità terapeutica al momento della dimissione;
- il maggiore coinvolgimento possibile delle famiglie e degli amici sia nella fase di valutazione che nella gestione dei fattori di rischio;
- il coinvolgimento, sulla base di protocolli concordati, di volontari preparati all'uopo;
- una comunicazione adeguata tra gli operatori e tra questi e i pazienti;
- la prescrizione di terapie "personalizzate" per i soggetti ritenuti a rischio suicidiario.

All'atto della dimissione di pazienti che hanno tentato il suicidio è opportuno assicurare:

- la disponibilità immediata di un referente ospedaliero da contattare in caso di bisogno;
- l'integrazione con i servizi territoriali sociosanitari per fornire supporto fisico e psicologico in modo attivo e continuativo.

Le caratteristiche dell'ambiente e degli spazi ospedalieri ed i processi organizzativi possono contribuire ad evitare il verificarsi dell'evento.

In particolare è opportuno che l'ospedale, nel rispetto della dignità della persona, disponga, rispettando le priorità e i limiti di spesa, di:

- dispositivi di sicurezza, quali serrature di sicurezza, video a circuito chiuso, allarmi, ringhiere;
- infissi di sicurezza, ove possibile, assicurandone una manutenzione adeguata (con particolare riguardo ai punti luce/finestre dei piani alti);
- strutture ed attrezzature (ad esempio, docce e cabine docce) che non suggeriscano usi impropri;
- misure che impediscano alla persona a rischio di accedere a mezzi per togliersi la vita (ad esempio, oggetti taglienti, cinture, corde, farmaci).

La Formazione

Per aumentare la capacità degli operatori di rilevare la predisposizione dei pazienti al suicidio ed adottare idonee misure di prevenzione, vanno incrementate le attività di orientamento e formazione del personale rispetto a tale problematica, nonché garantiti richiami sulla comunicazione e sui rischi connessi al suicidio in tutte le attività formative.

Va previsto, inoltre, un aggiornamento specifico periodico del personale operante in unità operative considerate critiche.

Segnalazione dell'evento sentinella e attivazione del protocollo di monitoraggio

L'Azienda deve favorire la segnalazione degli eventi sentinella tramite specifiche procedure aziendali.

L'evento sentinella "Suicidio di paziente in ospedale" deve essere segnalato secondo il protocollo di monitoraggio degli eventi sentinella del Ministero della Salute.

2.10.4 Prevenire l'annegamento

L'annegamento, termine con cui si intende il processo di alterazione della funzione respiratoria conseguente all'immersione parziale o totale in un liquido, è una delle principali cause di morte per evento traumatico non intenzionale nel mondo. Esiste un grave e significativo problema di sanità pubblica collegato agli annegamenti e riconosciuto dall'OMS, tanto che quest'ultima ha elaborato e pubblicato un rapporto dedicato esclusivamente ad essi. Si riporta, qui di seguito, il testo tratto dall'Informativa OMS Annegamento del Ministero della Salute.

Annegamento

Dimensioni del problema

Secondo le stime, nel 2012 sono morte per annegamento 372.000 persone, il che rende l'annegamento un grave problema di sanità pubblica a livello mondiale. Gli eventi traumatici causano il 9% della mortalità totale nel mondo. L'annegamento è la terza causa di morte per evento traumatico non intenzionale ed è responsabile del 7% di tutti i decessi legati ad eventi traumatici.

Nel mondo, il carico di malattia e i decessi dovuti ad annegamento si riscontrano in tutte le economie e in tutte le regioni dell'OMS, tuttavia:

- il 91% dei decessi dovuti ad annegamento non intenzionale si verifica nei paesi a basso e medio reddito;
- più della metà degli annegamenti del mondo avvengono nelle regioni OMS del Pacifico occidentale e del Sud-est asiatico;
- i tassi di mortalità per annegamento sono più elevati nella Regione africana dell'OMS, e sono più alti di 10-13 volte rispetto a quelli registrati rispettivamente nel Regno Unito e in Germania.

Fattori di rischio:

Età

L'età è uno dei principali fattori di rischio per l'annegamento. Tale relazione è spesso associata a un allentamento della sorveglianza. Nel mondo, i tassi più alti di annegamento riguardano i bambini di età compresa fra 1 e 4 anni, seguiti dai bambini di 5-9 anni di età. Nella Regione OMS del Pacifico occidentale, i bambini di età compresa fra i 5 e i 14 anni muoiono più frequentemente per annegamento che per qualsiasi altra causa.

Le statistiche sugli annegamenti dei bambini in una serie di paesi sono particolarmente rivelatrici:

- In 48 degli 85 paesi i cui dati rispettano i criteri di inclusione, l'annegamento è una delle 5 principali cause di morte per le persone di età compresa fra 1 e 14 anni;

- Australia: l'annegamento è la prima causa di morte dovuta a eventi traumatici non intenzionali nei bambini di età compresa fra 1 e 3 anni;
- Bangladesh: gli annegamenti causano il 43% di tutti i decessi nei bambini di età compresa fra 1 e 4 anni;
- Cina: l'annegamento è la prima causa di morte dovuta a eventi traumatici nei bambini di età compresa fra 1 e 4 anni;
- Stati Uniti: l'annegamento è la seconda causa di morte dovuta a eventi traumatici non intenzionali nei bambini di età compresa fra 1 e 14 anni.

Differenze di genere

Le persone di sesso maschile sono particolarmente a rischio di annegamento, con un tasso complessivo di mortalità doppio rispetto al sesso femminile, e hanno maggiori probabilità di subire ricoveri ospedalieri a seguito di annegamento non fatale. Gli studi suggeriscono che i tassi più elevati di annegamento negli individui di sesso maschile sono dovuti a una maggiore esposizione all'acqua e a comportamenti più a rischio, come nuotare da soli e bere alcol prima di nuotare da soli o uscire in barca.

Accesso all'acqua

Avere maggior contatto con l'acqua è un altro fattore di rischio per l'annegamento. Gli individui più soggetti all'annegamento sono quelli con occupazioni nel settore della pesca commerciale o che pescano per motivi di sussistenza, che utilizzano piccole imbarcazioni e che vivono in paesi a basso reddito. Particolarmente a rischio sono i bambini che vivono vicino a fonti d'acqua non delimitate, come fossati, stagni, canali di irrigazione o piscine.

Inondazioni

Gli annegamenti sono responsabili del 75% dei decessi durante le inondazioni. Le inondazioni stanno diventando più frequenti e si ritiene che questa tendenza continuerà. I rischi di annegamento aumentano con le inondazioni, in particolare nei paesi a basso e medio reddito in cui le persone vivono in aree soggette a inondazioni e la capacità di avvertire, evacuare o proteggere le comunità dalle inondazioni è inadeguata o si sta appena sviluppando.

Trasporti sull'acqua

Gli spostamenti quotidiani e i viaggi intrapresi dai migranti e dai richiedenti asilo politico spesso sono effettuati su imbarcazioni sovraffollate e non sicure, prive di equipaggiamenti di salvataggio o operati da personale privo di formazione in materia di navigazione e incidenti di trasporto. Anche il personale che lavora sotto gli effetti dell'alcol o di droghe è a rischio

Altri fattori di rischio

Esistono altri fattori che sono associati con un più alto rischio di annegamento:

- avere una posizione socioeconomica svantaggiata, appartenere a una minoranza etnica, non avere un'istruzione superiore e vivere in un contesto rurale sono tutti fattori associati a un rischio più alto, anche se esistono diversità a livello dei paesi;
- lasciare i neonati senza sorveglianza o soli con un altro bambino vicino all'acqua;
- consumare alcol, vicino all'acqua o nell'acqua;
- soffrire di patologie come l'epilessia;
- nei viaggi per turismo, non conoscere le caratteristiche e la pericolosità delle acque locali.

Prevenzione

Esistono molti interventi per la prevenzione degli annegamenti. L'installazione di barriere (ad esempio coprendo i pozzi, utilizzando cancelli di sicurezza e box per i neonati, recintando le piscine) per limitare l'esposizione ai pericoli legati alle acque, o rimuoverli del tutto, riduce in misura significativa il livello di esposizione e i rischi collegati.
Asili per bambini in età prescolare, sorvegliati e basati sulla comunità, possono ridurre il rischio di annegamento e hanno altri benefici provati per la salute. Un altro approccio consiste nell'insegnare ai bambini di età scolare i rudimenti del nuoto, della sicurezza in acqua e delle tecniche di salvataggio. Ma nell'intraprendere questi sforzi è necessario concentrarsi sulla sicurezza e su una gestione complessiva del rischio che includa un programma di provata sicurezza, un'area di formazione priva di pericoli, una valutazione e selezione degli allievi e una proporzione studenti/istruttore fissata in base alla sicurezza.
Per la prevenzione degli annegamenti è anche importante dotarsi di politiche e normative efficaci. Elaborare e attuare regolamenti per la sicurezza dei natanti, del trasporto marittimo e dei traghetti è un aspetto importante del miglioramento della sicurezza sull'acqua e della prevenzione degli annegamenti.

È possibile prevenire gli annegamenti durante le inondazioni aumentando la resilienza nei confronti delle inondazioni e gestendo i rischi di inondazione attraverso una migliore programmazione della risposta ai disastri e dell'assetto del territorio, nonché tramite il ricorso a sistemi di allerta precoce.
L'elaborazione di una strategia nazionale per la sicurezza delle acque può far aumentare la consapevolezza in materia di sicurezza in prossimità delle acque, creare il consenso sulle soluzioni, fornire indicazioni strategiche e un modello di riferimento per l'azione multisettoriale e permettere il monitoraggio e la valutazione degli sforzi compiuti.

Risposta dell'OMS

L'OMS ha pubblicato il "Rapporto mondiale sugli annegamenti: prevenire una delle principali cause di morte". È la prima volta che l'OMS elabora un rapporto dedicato esclusivamente agli annegamenti. Il rapporto sottolinea che gli annegamenti sono stati ampiamente sottovalutati finora, e che i governi e le comunità dei ricercatori e dei *policy makers* dovrebbero fare molto di più per dare priorità alla prevenzione degli annegamenti e integrarla negli altri programmi di sanità pubblica.
Il Rapporto globale sugli annegamenti dà raccomandazioni ai governi per adattare ai contesti nazionali e attuare programmi efficaci di prevenzione degli annegamenti, migliorare i dati disponibili sull'annegamento e sviluppare piani nazionali di sicurezza delle acque. Il rapporto, inoltre, sottolinea la natura multisettoriale del problema dell'annegamento, e invita a un maggior coordinamento tra le agenzie delle Nazioni Unite, i governi, le ONG più rilevanti e le istituzioni universitarie per la prevenzione degli annegamenti.
A livello nazionale, L'OMS ha lavorato con i Ministeri delle salute di alcuni paesi a basso e medio reddito per prevenire gli annegamenti attraverso l'uso di barriere che controllano l'accesso all'acqua e l'istituzione di centri di assistenza diurni per i bambini in età prescolare. Inoltre, l'OMS ha anche finanziato, nei paesi a basso reddito, ricerche mirate all'analisi di questioni prioritarie legate alla prevenzione degli annegamenti. A livello regionale, l'OMS organizza programmi di formazione e workshop che riuniscono i rappresentanti dei governi, delle ONG e delle agenzie delle Nazioni Unite che lavorano alla prevenzione degli annegamenti.

Informativa OMS n. 347

2.10.5 Ridurre l'inquinamento acustico: legislazione, strutture ospedaliere ed esposizione dei lavoratori

La progressiva introduzione di tecnologia nelle strutture ospedaliere determina il significativo incremento dell'inquinamento acustico interno. Il rumore può generare effetti psicologici nocivi e riduzione di efficacia terapeutica per i pazienti, stress e difficoltà di concentrazione per il personale medico e per gli altri operatori.
Per l'acustica ambientale il sistema legislativo nazionale italiano fa capo alla Legge 447/95 (Legge quadro sull'inquinamento acustico), che stabilisce che è obbligatorio produrre una valutazione previsionale del clima acustico delle aree interessate alla realizzazione delle seguenti tipologie di insediamenti: scuole e asili nido, ospedali, case di cura e di riposo e altre strutture ad esse assimilabili.

In materia di esposizione al rumore nei luoghi di lavoro la normativa di riferimento è costituita dal testo unico sulla sicurezza sul lavoro, D.Lgs. 9-4-2008, n. 81, che ha abrogato la precedente normativa vigente e accorpato le disposizioni relative nel titolo VIII in materia di protezione dei lavoratori contro i rischi di esposizione al rumore durante il lavoro.

La valutazione dell'esposizione al rischio rumore viene effettuata secondo la metodologia prevista appunto dal D.Lgs. 81/2008.

L'analisi acustica dell'ambiente di lavoro, che precede le misure fonometriche, prevede lo studio dei cicli di lavoro, delle modalità di esecuzione del lavoro, dei macchinari e delle altre sorgenti primarie e secondarie, cioè tali da influenzare il livello di rumore diffuso che caratterizza nell'ambiente di lavoro, i diversi locali e le singole postazioni. In questa fase può essere di aiuto riferirsi ai dati della Banca Nazionale dei Profili di Rischio di Comparto dell'I.S.P.E.S.L.

Il decreto fissa i doveri del datore di lavoro, che deve mettere in atto tutte le misure tecniche, organizzative e procedurali, concretamente attuabili, in base alle conoscenze acquisite ed al progresso tecnico, privilegiando gli interventi alla fonte, in modo da ridurre al minimo i rischi derivanti dall'esposizione al rumore.

L'esposizione al rumore giornaliera e settimanale rilevata negli ospedali è generalmente inferiore, come valore di media ponderata, ai limiti previsti dalla legislazione sulla sicurezza nei luoghi di lavoro: difficilmente viene superata la soglia degli 85 dB(A) per l'esposizione giornaliera o settimanale.

Gli effetti dell'inquinamento acustico sugli operatori e sui pazienti

In assenza di una normativa, italiana o europea, che indichi specifici e precisi limiti di rumorosità ambientale "interna" alla struttura ospedaliera, per la tutela degli operatori e dei malati dai cosiddetti danni extra-uditivi prodotti dal rumore, si è fatto riferimento a vari studi, realizzati principalmente negli USA e in Canada, che hanno verificato la correlazione fra il rumore presente negli ospedali e le situazioni di stress fisico e psicologico del personale e dei ricoverati. Si sono quindi esaminati in questa ottica i risultati di campagne di misura effettuate negli ultimi anni all'interno di importanti complessi ospedalieri italiani dai quali emerge che, proprio all'interno degli ambienti considerati più critici e sensibili (sale operatorie, sale di induzione e risveglio dall'anestesia, unità di terapia intensiva, reparti neonatali) si misurano livelli medi di rumorosità ambientale vicini ai 75 dB(A), superiori ai livelli tipici degli ambienti abitativi e molto superiori ai valori di 40-45dB(A) per il periodo di riferimento diurno e di 35 dB(A) per il periodo di riferimento notturno, generalmente raccomandati come livelli massimi per le strutture ospedaliere[5].

Per valutare il livello di esposizione al rumore dei pazienti e le sue possibili conseguenze è opportuno considerare e analizzare i livelli di qualità acustica interna al complesso ospedaliero, considerando in particolare alcuni spazi ove l'inquinamento acustico può aggiungersi ad altre forme di disagio derivanti dalle condizioni cliniche o dal tipo di patologia o di intervento a cui i pazienti sono sottoposti.

A integrazione del collaudo acustico, volto a verificare il rispetto dei limiti di legge e delle specifiche contrattuali, si può effettuare uno studio sulle condizioni di benessere acustico della struttura, individuando, sulla base di misure e calcoli, i livelli medi di esposizione al rumore dei degenti, con riferimento ad alcuni scenari principali, considerati particolarmente sensibili.

Le strutture sanitarie sono sottoposte ad inquinamento acustico: operatori e pazienti subiscono il rumore provocato da apparecchi elettromedicali, impianti di condizionamento dell'aria, telefoni, aspiratori, sterilizzatrici, movimentazione di letti, carrelli. A ciò si aggiunga il contributo del rumore antropico che è spesso evidente a causa di errato layout o difetto di isolamento fra spazi contigui.

Il rumore può influire sull'efficacia di certe terapie che riguardano pazienti in stato di incoscienza o di semi-incoscienza ed è comunque in grado di ridurre la performance lavorativa e aumentare il livello di stress di medici, paramedici e pazienti coscienti.

A partire dai principi che definiscono la progettazione sostenibile, è possibile elaborare, e calibrare attraverso casi di studio, una metodologia generale per la progettazione

---

5 Fonti: *National Institute for Occupational Safety and Health, United States Environmental Protection Agency for Health Care Facilities.*

acusticamente compatibile degli edifici destinati ad ospitare strutture sanitarie, a tutela di chi, all'interno di esse viene curato o svolge la propria attività lavorativa.

All'interno di particolari reparti e di particolari attività questo insieme di rumori è in grado di recare danno alla salute dei lavoratori e dei pazienti in modo correlato al tempo di permanenza, alla gravità delle patologie, alla difficoltà delle operazioni mediche.

I modelli permanenza-gravità (PeGra), attraverso la determinazione della criticità acustica degli scenari ospedalieri a partire dai tempi di permanenza e dal livello di gravità, inteso anche come delicatezza e complessità delle attività ospedaliere, possono costituire un valido aiuto per il progettista acustico. Insieme ai livelli di rumore misurati e valutati secondo le specifiche previste dalla legislazione e dalla normativa di settore, questi strumenti di calcolo portano alla valutazione del discomfort acustico e dei suoi effetti in modo strettamente collegato alle peculiarità patologiche e terapeutiche che caratterizzano i diversi scenari ospedalieri e permettono l'individuazione di una scala di priorità nella progettazione acustica legata a fattori propri delle attività di assistenza e cura che in essi hanno luogo[6].

[6] S. Luzzi., S. Falchi: *Rumore e comfort acustico nelle strutture ospedaliere*

Capitolo 3
Il controllo delle infezioni

3.1 Cenni introduttivi

Tra i diversi rischi associati all'assistenza sanitaria e socio-sanitaria quello infettivo, ossia il rischio per pazienti e operatori di contrarre un'infezione nel corso di un episodio assistenziale o in ambito lavorativo, occupa un posto particolare in ragione delle dimensioni del rischio, della complessità dei determinanti e del trend epidemiologico in aumento.

Gli operatori sanitari hanno la responsabilità di fornire un'assistenza di qualità che osservi i principi sul controllo delle infezioni: si tratta di principi basilari, la cui applicazione è essenziale per la sicurezza dell'ambiente sanitario. Essi saranno trattati nel presente capitolo, illustrando i concetti di microrganismo, patogenicità, infezione e colonizzazione, catena delle infezioni, difese corporee. Si dirà delle fasi del processo infettivo e, soprattutto, del ruolo del personale sanitario nel contenere le infezioni.

3.2 Flora e patogenicità

La flora è l'insieme dei microrganismi che si trovano o che si sono adattati a vivere in uno specifico ambiente, come nell'intestino, sulla cute, nella vagina e nel cavo orale.

Esistono due tipi di flora: residente e transitoria.

La **flora residente** (o normale) è composta da microrganismi stabilmente presenti nell'organismo ospitante, del quale di solito non alterano lo stato di salute: un esempio è il *Proprionibacterium*, che si trova sulla pelle. In condizioni normali la flora residente non è patogena, anzi impedisce la crescita di microrganismi dannosi, svolgendo, quindi, una funzione protettiva; diventa responsabile di infezioni solo quando si propaga a sedi del corpo in cui non è normalmente presente, colonizzandole e alterandone l'equilibrio.

La **flora transitoria** è composta da microrganismi presenti occasionalmente (o per una durata limitata) nell'organismo ospitante. Un esempio di germe transitorio è lo *Staphylococcus aureus*: questo patogeno rimane sulla superficie cutanea per un breve periodo di tempo. La flora transitoria solitamente si acquisisce dal contatto diretto con superfici ambientali inquinate.

La maggior parte dei microrganismi presenti nell'ambiente non causano malattie o infezioni; alcuni, però, sono in grado di farlo e perciò vengono chiamati *patogeni*. Mentre il concetto di **patogenicità** si riferisce alla capacità di un microrganismo di cagionare una malattia, la **virulenza** rappresenta la frequenza con cui la malattia si sviluppa. Sulla virulenza influiscono la forza con cui il microrganismo patogeno può attaccare e danneggiare le cellule sane, la capacità di interferire con i normali sistemi di regolazione corporea e la capacità di resistere o sfuggire all'attacco dei globuli bianchi presenti nel sangue.

3.2.1 Classificazione dei microrganismi patogeni

I microrganismi patogeni sono: i batteri, i virus, i funghi, i protozoi e le *rickettsie*.

I **batteri** sono organismi unicellulari privi di un vero nucleo o mancanti di alcuni meccanismi metabolici. Pertanto, per sopravvivere, essi hanno bisogno di un ambiente dal quale poter assorbire il nutrimento necessario. Possono essere di forma sferica, a bacchetta, a spirale o a virgola e presentarsi in cellule singole, in coppia, a catena o in gruppo. Sebbene la maggior parte dei batteri si moltiplichi per *divisione cellulare*, alcune specie si trasformano in **spore**, una forma in grado di resistere a situazioni ambientali sfavorevoli.

Quando l'ambiente diviene adatto, le spore germinano e producono nuove cellule. Esse sono difficili da distruggere, perché resistenti al calore, all'essiccazione e ai disinfettanti. Il ritmo di proliferazione di un batterio è condizionato da diversi fattori ambientali, quali i cambiamenti di temperatura e la presenza di nutrimento; a questo proposito, la temperatura ottimale per i patogeni è 37 °C.

Non tutti i batteri sono dannosi, solo una piccola percentuale è realmente patogena. Le infezioni batteriche più comuni sono la diarrea, la polmonite, la sinusite, la cellulite, la meningite, la gonorrea, l'otite media, l'impetigine e le infezioni urinarie.

I **virus** sono organismi capaci di vivere solo all'interno delle cellule, perché non possono procurarsi nutrimento né riprodursi fuori di esse. Essi contengono un *core* di **acido desossiribonucleico** (DNA) o di **acido ribonucleico** (RNA) circondato da un rivestimento proteico. Alcuni hanno la capacità di creare un rivestimento aggiuntivo chiamato *involucro*, che li aiuta a proteggersi dall'attacco del sistema immunitario.

I virus danneggiano le cellule che li ospitano, bloccando la normale sintesi proteica e utilizzando i meccanismi metabolici cellulari per riprodursi. Una stessa infezione può provocare sintomi differenti negli individui, in base alla diversa risposta immunitaria nei confronti dell'invasione virale. Alcuni virus provocano immediatamente una malattia, mentre altri rimangono latenti per molti anni. Le infezioni virali più conosciute sono l'influenza, il morbillo, il raffreddore, la varicella, l'epatite B, l'*herpes* genitale e l'AIDS.

I **funghi** si sviluppano in cellule singole (come i *lieviti*) o in colonie (come le *muffe*), e ricavano cibo dalla materia organica morta o dagli organismi viventi. La maggior parte dei funghi non è patogena e costituisce buona parte della normale flora corporea. Si riscontrano malattie fungine negli individui immunodepressi; i funghi possono causare infezioni al cuoio capelluto, alla cute, alle unghie e alle mucose.

I **protozoi** sono organismi parassiti unicellulari con capacità di movimento autonomo. La maggior parte dei protozoi si procura il nutrimento dalla materia organica morta o in decomposizione. Le infezioni da protozoi si diffondono con l'ingestione di cibo o di acqua contaminata o attraverso punture d'insetto; le più comuni sono malaria, gastroenteriti e infezioni vaginali.

Le ***rickettsie*** sono parassiti intracellulari che devono necessariamente trovarsi in una cellula vivente per riprodursi. Le infezioni da *rickettsie* si diffondono attraverso le pulci, le zecche, gli acari e i pidocchi e comprendono il tifo, la febbre maculosa delle Montagne Rocciose e la malattia di Lyme.

3.3 La catena di infezione

La catena di infezione serve a descrivere lo sviluppo di un processo infettivo. Affinché la trasmissione dei microrganismi possa avvenire, il processo infettivo richiede il coinvolgimento di diversi anelli (elementi).

Nella figura 3.1 si illustrano i sei anelli fondamentali della catena di infezione: l'agente biologico, la fonte, la via di eliminazione dalla fonte, le modalità di trasmissione, le vie di ingresso nell'ospite e l'ospite suscettibile.

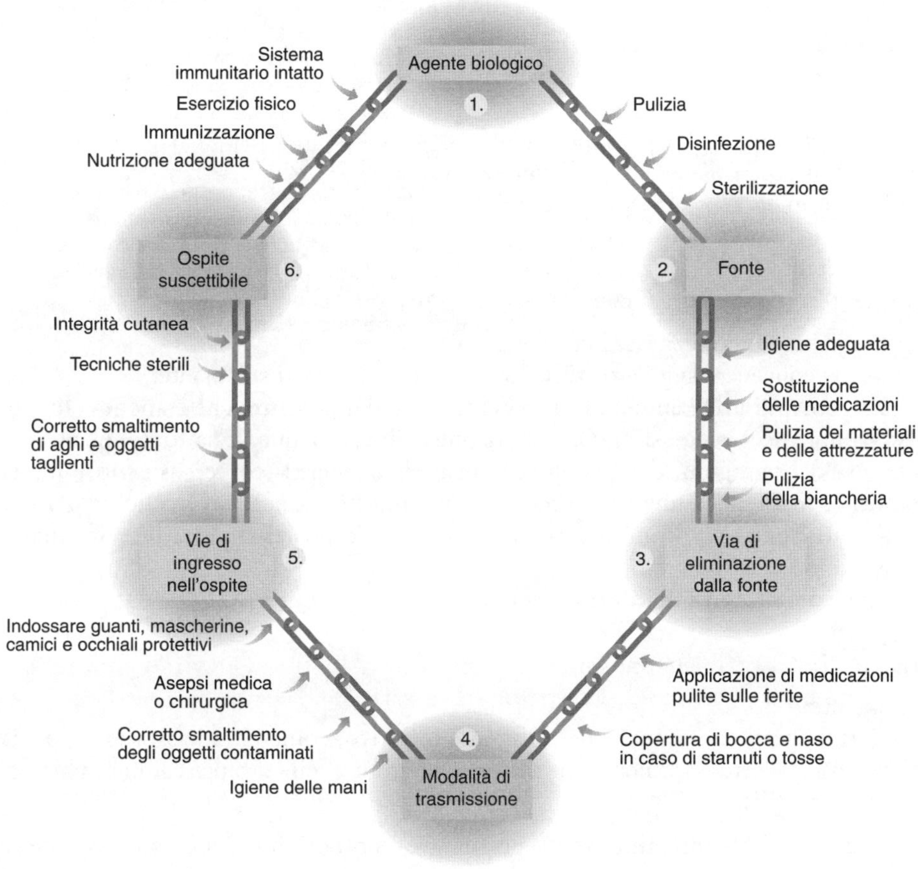

Figura 3.1 *La catena di infezione: le misure di prevenzione seguono ogni anello della catena.*

Un processo infettivo non può svilupparsi senza trasmissione di germi. Perciò la conoscenza della catena facilita il controllo o l'eliminazione della trasmissione. L'interruzione della catena si ottiene alterando il processo interattivo tra agente, ospite e ambiente.

L'**agente** è l'entità capace di causare la malattia. Gli agenti con questa caratteristica possono essere:

- **biologici**: organismi viventi che invadono un ospite, come batteri, virus, funghi, protozoi e *rickettsie*;
- **chimici**: sostanze che possono interagire con l'organismo umano, come additivi alimentari, farmaci, pesticidi e prodotti chimici industriali;
- **fisici**: fattori ambientali, come il caldo, la luce, il rumore e le radiazioni.

Colonizzazione e infezione

La **colonizzazione** è una moltiplicazione di microrganismi sulla superficie corporea o all'interno di un organismo ospite.
La colonizzazione non porta danni cellulari: un esempio è la flora (microrganismi) presente nell'intestino. Se però aumenta la suscettibilità dell'organismo ospitante o la virulenza del germe, i microrganismi colonizzanti possono trasformarsi in una potenziale causa di infezioni.
L'**infezione** è l'invasione e la moltiplicazione di microrganismi patogeni in un tessuto corporeo. Questi microrganismi sono chiamati **agenti infettivi**. Diversamente dalla colonizzazione, l'infezione provoca danni cellulari: un esempio è l'infezione alla gola da streptococco.
Gli agenti infettivi che hanno la capacità di essere trasmessi con contatto diretto o indiretto, attraverso un veicolo (o un vettore) o attraverso percorsi aerei, sono detti **agenti trasmissibili**. Le malattie causate da questi agenti sono denominate **malattie trasmissibili**.

Nella catena di infezione, l'interesse maggiore si concentra sugli agenti biologici e sui loro effetti sull'ospite.

Il luogo in cui un agente può sopravvivere si chiama **fonte**, che è anche il luogo in cui si sviluppano i processi di colonizzazione e riproduzione. Una fonte, per favorire la crescita dei patogeni, deve contenere i nutrienti adatti (come ossigeno e materia organica) e mantenere una temperatura e un'umidità idonee, un livello di pH compatibile (né troppo acido né troppo alcalino) e un'esposizione alla luce in quantità adeguata.

Le più comuni fonti di infezione sono:

- l'uomo;
- gli animali;
- l'ambiente;
- i fomiti (oggetti contaminati da un agente infettivo, come panni assorbenti, orinali, biancheria da letto, strumenti sanitari, medicazioni, recipienti per campioni biologici e altri materiali).

Sia l'uomo sia gli animali possono presentare i sintomi di un'infezione o anche solo essere **portatori** dell'agente. I portatori sono organismi che ospitano l'agente infettivo, ma sono privi di sintomi. L'agente può comunque essere trasmesso ad altri organismi in entrambi i casi.

Il percorso attraverso il quale un agente infettivo lascia la fonte, per trasferirsi in un ospite vulnerabile, si chiama **via di eliminazione**. L'uscita avviene mediante le secrezioni corporee, tra cui:

- l'espettorato dall'apparato respiratorio;
- lo sperma, le secrezioni vaginali o l'urina dall'apparato genito-urinario;
- la saliva e le feci dall'apparato gastrointestinale;
- il sangue;

- le ferite secernenti;
- le lacrime.

La **modalità di trasmissione**, invece, è il percorso attraverso il quale l'agente infettivo esce da una fonte, passando per una via di eliminazione, ed entra in un nuovo ospite suscettibile. La maggior parte degli agenti infettivi ha una modalità di trasmissione abituale o principale, ma alcuni microrganismi possono essere trasmessi in più modi. Qualsiasi oggetto nell'ambiente può divenire un potenziale mezzo di trasmissione.

La modalità più importante e frequente è la **trasmissione per contatto**: il contagio avviene per contatto diretto tra le persone, per contatto ravvicinato con secrezioni contaminate o, ancora, per contatto con un fomite. Le malattie a trasmissione sessuale si diffondono per contatto diretto, le infezioni virali più comuni (raffreddore, morbillo, influenza) per contatto ravvicinato con secrezioni contaminate.

Inoltre, la **trasmissione aerea**, che si realizza quando un ospite suscettibile si trova a contatto con goccioline o particelle di polvere sospese nell'aria. Il tempo che un organismo impiega per essere trasportato in aria dipende dalle dimensioni delle particelle. A ogni modo, più a lungo esse rimangono in sospensione, maggiore è la possibilità che trovino una via di ingresso nella persona ospite. Una malattia che si propaga per trasmissione aerea è il morbillo, perché le goccioline contaminate contenenti il virus si trovano nelle microgoccioline emesse con gli starnuti. Le goccioline possono trovare una via di entrata attraverso le mucose o la congiuntiva.

Quando l'agente infettivo raggiunge un ospite suscettibile per mezzo di un oggetto inanimato, si parla di **trasmissione attraverso veicoli**. Sono oggetti idonei a veicolare le infezioni l'acqua, il cibo, il latte, i farmaci e il sangue. Il colera, per esempio, si diffonde attraverso l'acqua contaminata, la salmonellosi attraverso la carne, le uova, il latte consumati crudi o non pastorizzati e con l'uso di acque non potabili. Si parla, infine, di **trasmissione attraverso vettori** quando l'agente infettivo viene trasportato da insetti come mosche, pulci, zecche, pidocchi e altri animali. La malattia di Lyme, la malaria e la febbre del Nilo occidentale sono esempi di malattie diffuse da vettori.

Modalità di trasmissione degli agenti infettivi

Modalità	Esempi
Per contatto	Contatto diretto tra l'operatore sanitario e il paziente: • contatto fisico • bagno • massaggio • igiene intima (pulizia di urine e feci) • secrezioni del paziente Contatto indiretto con fomiti: • vestiti • biancheria da letto • medicazioni • strumenti assistenziali • strumenti diagnostici/terapeutici • contenitori per campioni di laboratorio • effetti personali • strumenti personali per la cura di sé

(segue)

Modalità di trasmissione degli agenti infettivi	
Modalità	**Esempi**
Aerea	Inalazione di microrganismi trasportati in particelle di polvere o di umidità: • tossire • parlare • starnutire
Attraverso veicoli	Contatto con oggetti inanimati contaminati: • acqua • sangue • farmaci • cibo • urine
Attraverso vettori	Contatto con oggetti animati contaminati: • animali • insetti

La **via di ingresso**, penultimo anello della catena, è il percorso attraverso il quale un agente infettivo entra in un ospite. Le vie di ingresso comprendono:

- *sistema tegumentario*, attraverso una lesione della cute o delle mucose (per esempio, infezioni della ferita chirurgica);
- *apparato respiratorio*, attraverso l'inalazione di goccioline contaminate (per esempio, raffreddore, influenza e morbillo);
- *apparato genito-urinario*, attraverso il contatto con secrezioni vaginali o sperma infetti (per esempio, infezioni sessualmente trasmesse, IST);
- *apparato gastrointestinale*, attraverso l'ingestione di cibo o acqua contaminati (per esempio, febbre tifoide, epatite A);
- *sistema circolatorio*, attraverso la puntura di insetti (per esempio, puntura di zanzara che trasmette la malaria);
- *via transplacentare*, mediante il trasferimento di microrganismi dalla madre al feto attraverso la placenta e il cordone ombelicale (per esempio, HIV ed epatite B).

L'ultimo anello è l'**ospite**, ossia l'organismo che può essere contagiato da un agente infettivo. L'essere umano è solitamente considerato un ospite. Si chiama **ospite suscettibile** il soggetto privo di sufficiente resistenza a un agente e quindi vulnerabile alla malattia. Per esempio, è più probabile che un individuo non vaccinato contragga l'infezione per la ridotta immunità contro l'agente infettivo. L'**ospite compromesso**, invece, è quello le cui difese corporee sono indebolite: per esempio, un soggetto immunodepresso o con patologie oncologiche è maggiormente esposto al rischio di infezioni a causa delle diminuite difese immunitarie.

Tra le caratteristiche che possono avere incidenza sulla suscettibilità dell'ospite si annoverano:

- l'*età*: l'invecchiamento riduce l'efficienza del sistema immunitario, accrescendo la vulnerabilità alle infezioni;
- le *malattie concomitanti*: la comorbilità evidenzia una condizione favorevole alle infezioni;
- lo *stress*: un individuo con uno stato emotivo compromesso potrebbe avere una risposta immunitaria alterata o diminuita;

- l'*immunizzazione/vaccinazione*: gli individui che non sono completamente immunizzati sono esposti a un rischio maggiore di infezione;
- lo *stile di vita*: alcuni comportamenti, come avere rapporti sessuali non protetti con diversi partner o condividere gli aghi nell'assunzione di sostanze stupefacenti per via endovenosa, possono essere fattori di rischio e causare infezioni;
- l'*occupazione*: alcune attività lavorative causano una maggiore esposizione agli agenti patogeni, come quando si maneggiano sostanze chimiche (per esempio i disinfettanti) o strumenti taglienti (esempio le forbici);
- lo *stato nutrizionale*: gli individui che mantengono un peso adeguato per la propria altezza e costituzione fisica sono meno soggetti alle malattie;
- l'*ereditarietà*: alcuni individui sono, per fattori genetici, più suscettibili alle infezioni di altri.

L'interazione tra l'agente e l'ospite avviene nell'ambiente, che è sempre il terzo elemento da considerare nella catena di infezione. La maggior parte delle condizioni che favoriscono la trasmissione dei microrganismi, riflette cambiamenti nella relazione tra gli individui e l'ambiente circostante.

3.3.1 L'interruzione della catena

Nelle strutture sanitarie e socio-sanitarie vi è il rischio di trasmissione di microrganismi patogeni a pazienti, operatori, visitatori, oggetti e all'ambiente. L'igiene ambientale, l'igiene della persona, la disinfezione dei presidi medici riutilizzabili e delle attrezzature sanitarie, e talvolta il processo di sterilizzazione sono i capisaldi per evitare tale trasmissione e per controllare il rischio infettivo; a tale scopo sono necessari metodi appropriati di pulizia, antisepsi e disinfezione, la scelta e la gestione corretta delle soluzioni, tenendo conto anche della sede anatomica o dell'oggetto da disinfettare.

La corretta antisepsi e disinfezione non è da considerare la panacea delle infezioni ma riveste un ruolo fondamentale, e senza di essa viene minacciata la sicurezza delle cure sanitarie.

Le infezioni correlate alle pratiche assistenziali comprendono infezioni che derivano dall'esposizione dei pazienti, ma anche degli operatori o di altre persone che frequentano la struttura, ad agenti infettivi che possono derivare dal contatto diretto con una persona (es. le mani contaminate degli operatori) o dal contatto indiretto con dispositivi medici riutilizzabili (es. strumentario chirurgico) o con l'ambiente inanimato contaminato (es. superfici, polvere).

L'efficacia di antisettici e disinfettanti è condizionata da tre principali fattori: le caratteristiche della soluzione, la corretta indicazione d'uso, la modalità di impiego. Circa 30 anni fa Spaulding (1968) ha fornito i criteri per definire gli obiettivi di disinfezione e sterilizzazione e ha suddiviso in tre categorie – critico, semicritico e non critico – l'oggetto da disinfettare o sterilizzare in base al suo utilizzo; questa classificazione è ancora attuale.

Ogni struttura/Azienda Sanitaria è tenuta a elaborare un proprio protocollo di antisepsi e disinfezione opportunamente aggiornato e a supportare gli operatori nelle modalità di utilizzo.

SUGGERIMENTI PROFESSIONALI

Come ridurre il rischio di contrarre infezioni

Seguire una dieta bilanciata

Un'alimentazione adeguata aiuta il sistema immunitario a funzionare nel modo migliore. Nella loro dieta, i pazienti necessitano di una quantità di proteine appropriata sia per mantenere e riparare i tessuti sia per produrre gli anticorpi necessari a contrastare le infezioni. Una dieta bilanciata permette anche di mantenere un appropriato equilibrio acido-base.

Fare esercizio fisico

L'esercizio fisico sostiene il metabolismo corporeo, permettendo la conservazione degli anticorpi e dell'energia necessaria per respingere le infezioni.

Riposare e dormire

La qualità del riposo e del sonno è determinante per una buona salute. Riposando e dormendo per un tempo adeguato, si può avere un effetto ricostituente, essenziale per il benessere psico-fisico.

Immunizzarsi

L'immunizzazione è il processo che porta all'immunità di un individuo, chiamata anche *resistenza alle infezioni*. Le immunità possono essere acquisite attraverso le immunità passive e attive.

L'**immunità passiva** può essere:

- **artificiale** (nell'organismo vengono somministrati sieri o immunoglobuline);
- **naturale** (si attua con il passaggio di immunoglobuline dalla madre al feto per via transplacentare o al neonato allattato con il latte materno).

L'**immunità attiva** può essere:

- **artificiale** (il sistema immunitario di un soggetto ospite è stato esposto ad un agente infettante attraverso la somministrazione di un vaccino);
- **naturale** (il sistema immunitario di un soggetto ospite è stato esposto ad un agente infettante attraverso il "contagio".

Mentre le immunoglobuline hanno rapida azione, vita breve, e vengono somministrate a soggetti ad alto rischio di contrarre la malattia in seguito a recente e probabile contatto con l'agente infettivo, (es. lesioni o tagli con oggetti sporchi o arrugginiti in grado di poter provocare il Tetano) i vaccini hanno lenta azione (in genere la produzione di anticorpi varia da due a sei mesi), alcuni necessitano di più somministrazioni, "*richiamo*", e durano nel tempo.

3.4 Igiene ambientale[1]

In Europa l'alta percentuale di resistenza agli antibiotici è divenuta una grave minaccia per i pazienti ricoverati nelle strutture sanitarie. Essa rappresenta un pericolo e desta grande preoccupazione per la salute pubblica. Per questo motivo sono stati messi in atto una serie di strategie volte ad una migliore gestione, prevenzione e controllo delle infezioni.

Dati raccolti dalla rete europea di sorveglianza della resistenza antimicrobica (EARS-Net), cui partecipano 30 Paesi dell'Unione europea, dimostrano che l'antibiotico-resistenza in Europa è differente secondo il tipo di ceppo batterico, della classe di antibiotici e dell'area geografica.

---

1 https://ecdc.europa.eu/en/publications-data/surveillance-antimicrobial-resistance-europe-2017
https://www.epicentro.iss.it/resistenza_antibiotici/Documentazione-europa
https://www.cdc.gov/hai/toolkits/Evaluating-Environmental-Cleaning.html
AA.VV. *Linee guida per la gestione delle operazioni di pulizia e sanificazione nelle strutture ospedaliere*, Milano, Edicom s.r.l, 2009.

Malattie trasmesse dall'animale all'uomo, come la salmonellosi, stanno diventando sempre più difficili da debellare a causa della resistenza antibiotica dei batteri responsabili di tali malattie. I dati emergono dal rapporto dell'EFSA, Autorità Europea per la Sicurezza Alimentare e dall'ECDC, Centro Europeo per il Controllo e la Prevenzione delle Malattie, sulla resistenza agli antibiotici isolati sulla specie umana, suini e vitelli.

Le infezioni ospedaliere o ICA sono in aumento nelle strutture sanitarie e gli antibiotici talvolta non sono in grado di contrastare l'azione e debellare gli agenti patogeni responsabili.

L'80% delle infezioni correlate all'assistenza (ICA) riguardano le IVU (infezioni alle vie urinarie), le ISC (infezioni del sito chirurgico), le IVR (le infezioni dell'apparato respiratorio), le sepsi, e le infezioni associate al cateterismo venoso centrale. Le specie batteriche maggiormente rappresentative in tali infezioni vengono identificate con lo *Staphylococcus aureus*, l'*Escherichia coli, lo Pseudomonas aeruginosa.*

Le ICA rappresentano pertanto un problema di salute pubblica con costi elevati a causa della degenza ospedaliera protratta. Per questo motivo sono state definite Linee Guida che forniscono indicazioni sulle attività di pulizia negli ambienti sanitari.

3.4.1 La pulizia ambientale

Il termine "pulizia" indica una serie di azioni volte a rimuovere lo sporco e i rifiuti, di qualsiasi natura, da supellettili, superfici e ambienti, con il fine di ridurre la trasmissione di agenti patogeni.

Una corretta pulizia ambientale eseguita negli ambienti sanitari è un intervento indispensabile e deve essere eseguito prima di ogni operazione di disinfezione. Il disinfettante utilizzato senza aver precedentemente pulito ed eliminato lo sporco è privo di azione e il risultato si dimostra inefficace.

La pulizia consiste nella rimozione manuale dello sporco visibile attraverso l'uso di acqua e sostanze detergenti. Studi approfonditi (Carling PC e Bartley) hanno dimostrato che inefficaci sistemi di pulizia ambientale sono responsabili di aumento del rischio di trasmissione dei microrganismi in ambito sanitario correlati alla contaminazione di superfici e apparecchiature vicine al paziente. Per tale motivo le strutture sanitarie pongono in essere degli obiettivi per meglio ottimizzare l'accuratezza dei sistemi di pulizia.

Le superfici ambientali non pulite e sanificate in maniera corretta hanno dimostrato essere responsabili di trasmissione dello stesso agente patogeno resistente in pazienti che occupavano il letto precedentemente utilizzato da malati con multi-resistenza.

A tal fine in un corretto sistema di pulizia ambientale è bene ricordare alcuni concetti chiave:

- gli agenti patogeni sopravvivono sulle aree o superfici asciutte
- gli oggetti e le superfici ambientali sono spesso contaminate da agenti patogeni
- la camera di degenza occupata da un paziente multiresistente agli antibiotici aumenta il rischio di trasmissione al paziente successivo
- i protocolli non sempre vengono rispettati secondo l'ordine indicato
- le mani del personale sono il veicolo maggiormente rappresentativo per la trasmissione di agenti patogeni.

Le pulizie possono essere distinte in: pulizie ordinarie, attività di routine da eseguirsi quotidianamente che comprendono le pulizie delle aree comuni, della stanza di degenza, dei bagni, delle cucine; pulizie periodiche, attività che vengono svolte con frequenza e programma prestabiliti e prevedono pulizia più accurata come per esempio la ceratura dei pavimenti, lavaggio degli infissi, ecc.; pulizie straordinarie che vengono svolte in occasioni di interventi inattesi o imprevisti o particolari esigenze (es.: spargimento accidentale di materiale biologico, imbiancatura degli ambienti).

Le operazioni di pulizia non devono intralciare la normale attività del personale sanitario, per questo motivo dovrebbero essere eseguite in orari di non sovrapposizione con le altre attività lavorative.

I detergenti

I prodotti utilizzati per la pulizia sono sostanze chimiche chiamate detergenti, che vengono utilizzate insieme all'acqua e permettono di rimuovere lo sporco visibile senza rovinare le superfici e senza creare danni al personale.

I detergenti agiscono grazie ad un'azione meccanica, ad un'azione chimica, al tempo di contatto, alla temperatura. Questi fattori sono influenzati, inoltre, dal tipo di sporco e dalla durezza dell'acqua. I detergenti devono essere atossici, eliminabili attraverso il risciacquo, non dannosi sia per il personale che per l'ambiente (biodegradabili), infine, possono avere un'azione battericida.

> **Alcuni termini da ricordare**
>
> **Pulizia:** insieme di operazioni che permette di rimuovere lo "sporco visibile" di qualsiasi natura (polvere, grasso, liquidi, materiale organico) e da qualsiasi tipo di ambiente e superficie.
>
> **Sanificazione:** è un intervento preceduto dalla pulizia volto a creare una situazione ambientale con una carica microbica entro limiti igienicamente accettabili.
>
> **Disinfezione:** è un'operazione, preceduta dalla pulizia, che consente tramite l'uso di disinfettanti, di ridurre il carico microbico presente su oggetti e superfici da trattare.

L'azione svolta dalle sostanze detergenti permette di ridurre la tensione superficiale, sciogliere e catturare lo sporco e favorirne la rimozione. I detergenti per essere chiamati tali devono avere determinate caratteristiche e in funzione al loro uso vengono distinti in detergenti alcalini, manutentori, deceranti, autolucidanti, neutri, sgrassanti, disinfettanti, a secco.

I **detergenti alcalini** hanno una formulazione utile per sgrassare le superfici. Vengono utilizzati sia per le stoviglie alimentari che per rimuovere sporco ostinato da pavimenti e superfici particolarmente grasse (es.: cucine). I detergenti **manutentori** vengono utilizzati nelle pulizie quotidiane e sono poco aggressivi. I detergenti **deceranti** sono utilizzati per la deceratura dei pavimenti. I detergenti **autolucidanti** hanno formulazioni combinate con cere che permettono di eseguire la pulizia e di lucidare il pavimento. I detergenti **neutri** sono poco aggressivi e offrono un'efficace azione di pulizia. I detergenti sgrassanti sono usati per sgrassare superfici particolarmente sporche (sanitari, forni). I detergenti con **disinfettante** offrono azioni di pulizia con potere battericida. I detergenti a secco vengono utilizzati per la pulizia di materiali a secco (es.: per le moquettes o pavimenti in linoleum), usati con macchinari industriali (monospazzola).

I disinfettanti

Sono prodotti chimici con azione battericida e non devono essere utilizzati in alternativa ai detergenti. Il disinfettante non produce alcuna azione nei confronti delle spore batteriche. Affinché il potere del disinfettante abbia efficacia è importante valutare come deve essere impiegato.

L'azione battericida è influenzata da diversi fattori:

- il tipo di agente patogeno da eliminare
- la carica microbica
- la concentrazione e la diluizione del disinfettante
- il luogo o l'oggetto contaminato
- la durata d'azione del disinfettante

I requisiti che dovrebbe possedere un disinfettante possono essere sintetizzati con:

- ampio spettro d'azione e rapidità di azione
- persistenza nel tempo
- atossico
- potere di penetrazione elevato
- costi accessibili

Consigli per il corretto uso di detergenti e disinfettanti

Prima di eseguire la disinfezione procedere ad una accurata pulizia eliminando lo sporco per diminuire la carica microbica.

- Diluire correttamente con l'acqua secondo le indicazione della casa produttrice. Un uso improprio dei detergenti e disinfettanti non migliora la qualità e l'efficacia ma potrebbe danneggiare i materiali.
- Le soluzioni diluite devono essere utilizzate in tempi brevi.
- I detergenti e disinfettanti non devono essere miscelati con altre soluzioni diverse da quelle indicate dal produttore.
- Chiudere sempre i contenitori dopo il loro utilizzo e al riparo dalla luce e da fonti di calore.
- Non travasare i prodotti ma tenere il prodotto sempre nei contenitori originali.

I disinfettanti si dividono in disinfettanti di basso livello, livello intermedio, alto livello.

I disinfettanti di **basso livello** hanno la capacità di distruggere solo alcuni tipi di batteri, virus e microrganismi, ma non hanno efficacia nei microrganismi più resistenti come i bacilli della TBC e le spore.

I disinfettanti di **livello intermedio** sono efficaci su gran parte dei microrganismi ad eccezione delle spore.

I disinfettanti di **alto livello** sono efficaci su tutti i microrganismi, fanno eccezione alcune spore batteriche.

Attrezzature

Le attrezzature maggiormente utilizzate per eseguire le operazioni di pulizia ordinarie sono:

- **i carrelli di servizio**. Sono realizzati in metallo e plastica e largamente utilizzati per le pulizie industriali e nelle strutture sanitarie. Essi consentono una migliore organizzazione e pianificazione per le operazioni di pulizia. Sono dotati di ruote e pertanto consentono il trasporto con facilità di tutto il materiale occorrente per eseguire le pulizie. Il carrello di servizio è provvisto di un supporto per trasportare i materiali di utilizzo (scope, bastoni per i pavimenti, palette per la raccolta dello sporco secco), un portasacco per la raccolta dei rifiuti a secco, un cestello per i flaconi, uno spazio dedicato al supporto di due secchielli di colore diverso per distinguere acqua sporca e pulita, due secchi grandi utili per separare acqua con detergente e acqua pulita con disinfettante, uno strizzatore.
- **Scopa a frangia e a trapezio**. Sono costituite da un manico fissato ad uno snodo. La frangia, di cotone o microfibra, è mantenuta in sede da un telaio in metallo. Possono essere utilizzate a secco o con soluzioni detergenti o con garze di tessuto non tessuto (TNT) ricambiabili che assicurano una maggiore igiene.

- **Mop**. Sono attrezzature utilizzate per il lavaggio manuale, e sono realizzati con materiali in microfibra.
- **Lavasciuga**. Sono macchinari utilizzati per il lavaggio di ampi spazi e permettono di lavare e asciugare i pavimenti con un'unica operazione. Esse sono dotate di un rullo o spazzola, che rimuove lo sporco, un serbatoio per l'acqua e il detergente, un sistema di aspirazione dei liquidi. È importante eseguire manualmente la pulizia di angoli o piccoli spazi che le lavasciuga non riescono a raggiungere.
- **Aspirapolvere/liquidi**. Sono macchinari, provvisti di particolari filtri, che consentono grazie ad un sistema di aspirazione, di rimuovere la polvere/liquidi e depositarli in un contenitore rigido o in un sacchetto.
- **Spargicera**. Particolari attrezzi che consentono di stendere la cera sui pavimenti.
- **Panni e salviette per pulizia**. Sono utilizzati per la spolveratura degli ambienti e possono essere monouso o multiuso. I primi dopo l'uso vanno eliminati, mentre quelli multiuso possono essere riutilizzati salvo che vengano lavati ad alte temperature. È utile identificare i panni per la pulizia attraverso il sistema dei colori riportando gli stessi dei secchielli del carrello.

3.4.2 Le aeree di rischio infettivo

Nelle strutture sanitarie il rischio infettivo dipende anche dalla classificazione degli ambienti e delle aeree.

Le aeree a basso rischio infettivo sono i luoghi come i corridoi, le scale, gli uffici, le sale d'attesa. Le aeree a medio rischio sono le stanze dei degenti e gli ambulatori.

Le aeree ad alto rischio sono le sale operatorie, i centri di sterilizzazione, le U.O. di terapia intensiva e rianimazione, le UTIC, ecc.

Un'ulteriore classificazione viene fatta in base al rischio di infezione del paziente. Più il paziente è compromesso più aumenta il rischio di contrarre infezioni.

3.4.3 Procedura per eseguire le pulizie nelle stanze di degenza

Scopo della procedura

- Pulizia, detersione e disinfezione

Materiale

- Carrello di servizio con materiale (secchio rosso, secchio blu, scopa a frange, garze inumidite per pavimenti, panni in microfibra per spolveratura arredi, sacchetti di plastica, detergente, disinfettante, segnaletica per pavimenti bagnati, mop, acqua, secchielli colorati)
- Guanti di gomma

Tecnica

1. Indossare i guanti di gomma.
2. Se possibile arieggiare i locali.

3. Procedere dalla parte più pulita a quella più sporca. Svuotare i cestini della carta nell'apposito sacco porta rifiuti ubicato nel carrello di servizio, pulire il cestino con un panno e sostituire il sacchetto di plastica.
4. Provvedere alla scopatura dei pavimenti utilizzando la scopa a frange e possibilmente a umido (evita di sollevare la polvere).
   - Eseguire con movimenti ad S dalla periferia verso il centro del locale per poi spostarsi verso l'esterno della stanza.
   - Non sollevare la scopa da terra durante la permanenza nella stanza di degenza
   - Rimuovere la garza quando si è fuori dalla stanza facendo particolare attenzione a non sollevare la polvere.
   - Rimuovere i residui di sporco con la scopa e la paletta.
   - Se si utilizzano scope a frange umidificate, sostituire la frangia ad ogni stanza.
   - Eliminare la garza dopo l'uso nell'apposito sacco dei rifiuti.
5. Spolverare le superfici e gli arredi.
   - Rimuovere eventuali oggetti dai comodini e pulirli.
   - Utilizzare panni in microfibra inumiditi con soluzioni detergenti, rimuovere le polveri ed eventuali macchie, asciugare le superfici di arredo.
   - Non usare le soluzioni detergenti direttamente sulle superfici da trattare per evitare che possano danneggiarsi.
   - Se necessario ripassare con soluzioni disinfettanti.
   - Detergere e disinfettare il letto di degenza, il materasso, i cuscini.
6. Procedere con il lavaggio dei pavimenti (utilizzare due secchi di acqua. Secchio rosso acqua e detergente, secchio blu acqua con disinfettante).
   - Procedere al lavaggio prima delle zone critiche come gli angoli e i bordi.
   - Immergere il mop nel secchio rosso.
   - Lavare i pavimenti procedendo con andatura ad S e a piccole zone.
   - Risciacquare il mop nel secchio rosso.
   - Strizzare il mop con l'apposito strizzatore.
   - Immergere il mop nel secchio blu e ripassare nella parte pulita.
   - Segnalare l'area con l'apposita cartellonistica.
   - Sostituire l'acqua quando è sporca e ogni qual volta si rende necessario.
   - Lavare tutti gli attrezzi utilizzati e riporli puliti ad asciugare.
   - Rimuovere i guanti di gomma e lavare le mani.

3.4.4 Procedura di pulizia e disinfezione dei servizi igienici

Scopo della procedura

- Pulizia, detersione e disinfezione

Materiale

- Carrello di servizio con materiale (secchio rosso, secchio blu, scopa a frange, garze inumidite per pavimenti, panni in microfibra per spolveratura arredi, sacchetti di plastica, detergente, disinfettante, segnaletica per pavimenti bagnati, mop, acqua, secchielli colorati)
- Guanti di gomma

Tecnica

1. Indossare i guanti di gomma.
2. Se possibile arieggiare i locali.
3. Procedere dalla parte più pulita a quella più sporca. Svuotare i cestini della carta nell'apposito sacco porta rifiuti ubicato nel carrello di servizio, pulire il cestino con un panno e sostituire il sacchetto di plastica.
4. Procedere alla pulizia dei sanitari distribuendo il detergente sui sanitari.
5. Pulire i sanitari, la rubinetteria e tutte le superfici e gli arredi, utilizzando un panno diverso per il lavabo, wc e bidet.
6. Risciacquare il detergente dalle superfici.
7. Disinfettare le parti pulite seguendo le istruzioni fornite dal produttore (risciacquare se necessario e/o asciugare).
8. Procedere con il lavaggio dei pavimenti (utilizzare due secchi di acqua. Secchio rosso acqua e detergente, secchio blu acqua con disinfettante).
9. Segnalare l'area con l'apposita cartellonistica.
10. Sostituire l'acqua al termine della pulizia.
11. Lavare tutti gli attrezzi utilizzati e riporli puliti ad asciugare.
12. Rimuovere i guanti di gomma e lavare le mani.

3.4.5 Procedura di pulizia in caso di contaminazione accidentale di materiale organico nelle superfici

Scopo della procedura

- Eliminazione del materiale organico, detersione e disinfezione delle aree contaminate

Materiale

- Carrello di servizio con materiale (secchio rosso, secchio blu, scopa a frange, garze inumidite per pavimenti, panno carta assorbente, panni in microfibra per spolveratura arredi, sacchetti di plastica, detergente, disinfettante, decontaminanti, segnaletica per pavimenti bagnati, mop, acqua, secchielli colorati)
- Guanti di gomma

Tecnica

1. Indossare i guanti di gomma.
2. Distribuire il decontaminante specifico sulla superficie da trattare.
3. Circoscrivere lo spargimento del materiale biologico con l'utilizzo del panno carta.
4. Rimuovere il materiale e gettarlo nell'apposito sacco dei rifiuti.
5. Provvedere alla detersione.
6. Provvedere alla disinfezione.
7. Verificare assenza di residui di materiale biologico.

Registrazione degli interventi di pulizia

Tutte le attività di pulizia, ordinarie, periodiche e straordinarie, devono essere documentate. Esistono, infatti, delle apposite schede che permettono, all'operatore che ha eseguito l'intervento, di registrare l'attività svolta. Egli dovrà apportare la data e l'ora dell'intervento di pulizia, il tipo di intervento eseguito, data e ora del successivo intervento programmato, la firma dell'operatore.

3.5 Disinfezione e sterilizzazione

3.5.1 Disinfezione

La disinfezione si esegue per eliminare il pericolo costituito dalla presenza di microrganismi e prevenire la trasmissione delle malattie infettive riducendo il rischio di contaminazione e le probabilità di trasmissione delle infezioni. La disinfezione è realizzata utilizzando agenti chimici la cui azione deve essere microbicida.

È possibile distinguere gli agenti antimicrobici in disinfettanti, che a causa della loro tossicità non possono essere utilizzati sui tessuti viventi e, in antisettici, che possono essere applicati alla pelle e alle mucose poiché non possiedono attività irritanti. Si tratta di una definizione che non trova più una rigorosa applicazione nella pratica e pertanto, ai termini antisettico e disinfettante, non può più essere attribuito un significato sostanzialmente differente. La destinazione e la sicurezza nell'impiego di un agente antimicrobico dipenderanno dalla sua concentrazione e dalla formulazione del prodotto commerciale. La sua efficacia, invece, dipende dalle condizioni ambientali in cui avviene la disinfezione, dal tempo di contatto, dalle caratteristiche dei microrganismi e dalla possibilità di questi di trasformare il composto in una forma inattiva.

Esistono diversi tipi di disinfettanti:

- derivati del fenolo;
- biguanidi (Clorexidina);
- composti tensioattivi;
- aldeidi (Glutaraldeide);
- alogeni (Cloro, iodio, bromo);
- alcoli (Alcol etilico, alcol isopropilico);
- agenti ossidanti (Perossido di idrogeno).

Indicazioni per la corretta gestione dei disinfettanti

- Se non vengono fornite soluzioni pronte all'uso occorre che la diluizione avvenga rispettando l'asepsi.
- Il liquido di diluizione deve essere acqua distillata sterile per la diluizione di antisettici che vengono a contatto con cute e mucose non integre (devono essere sterili al momento dell'uso).
- Le soluzioni acquose dei disinfettanti, e in misura minore quelle alcoliche, possono venire contaminate da microrganismi: il servizio di farmacia dovrebbe fornire flaconi di piccolo volume per ridurre il rischio di inquinamento.
- Conservare gli antisettici e i disinfettanti nei loro contenitori originali, senza travasarli, al riparo dalla luce e lontano da fonti di calore.
- Chiudere sempre i contenitori dopo l'uso.
- Durante l'uso evitare che la bocca del contenitore e la parte interna del tappo vengano direttamente a contatto con le mani dell'operatore, con ferite, cotone, garze, ecc.
- Una volta aperti i flaconi, evidenziare con apposita etichetta la data di apertura e la data di scadenza.
- Se si verifica la fuoriuscita di un certo quantitativo di disinfettante lungo il contenitore, è necessario asciugarlo immediatamente.
- I contenitori devono sempre essere ben chiusi, quando non utilizzati, per evitare il contatto con l'aria (evaporazione del solvente e rischio di inquinamento).
- I contenitori devono sempre riportare in etichetta il nome del prodotto, la concentrazione, l'uso cui è destinato, la data di preparazione e di scadenza.

- I contenitori utilizzati per l'immersione del materiale nelle soluzioni disinfettanti devono essere puliti, asciugati e disinfettati o sterilizzati: per non alterare la concentrazione delle soluzioni disinfettanti, è indispensabile immergervi solo materiale pulito e asciutto.
- Dopo il trattamento di disinfezione per immersione, rimuovere il materiale con tecnica asettica, risciacquare con acqua sterile e asciugare.
- Non mescolare mai detergenti e disinfettanti (possibile disattivazione dei principi attivi).
- I contenitori dei disinfettanti/antisettici devono essere tenuti al riparo dalla luce, lontano da fonti di calore e possibilmente in apposito armadietto. Devono essere separati dal materiale infiammabile (se a base alcolica) secondo quanto previsto dalle norme antincendio.
- In ogni Unità operativa devono essere presenti le schede tecniche e le schede di sicurezza di antisettici e disinfettanti in uso: tutte le avvertenze previste devono essere rispettate.

Fonte: Guida "Antisepsi e disinfezione in ambito sanitario e socio-sanitario" dell'Agenzia sanitaria e sociale regionale dell'Emilia-Romagna.

3.5.2 La sterilizzazione

La necessità di ridurre o eliminare il livello delle infezioni ospedaliere, l'aumento della quantità dei presidi da risterilizzare conseguente ad interventi chirurgici sempre più sofisticati, impongono che la sterilizzazione si effettui in locali idonei, con metodiche sperimentate, con attrezzature efficienti, con personale professionalmente preparato.

Poiché le procedure di sterilizzazione rappresentano un processo produttivo finalizzato all'assicurazione della sterilità, richiedono una gestione centralizzata, esigenza sempre più sentita nella nuova gestione aziendale ospedaliera.

Per poter fornire una sufficiente garanzia di sterilità, è necessario che i processi di sterilizzazione siano convalidati prima dell'uso e che le prestazioni delle apparecchiature siano sottoposte a regolari controlli.

Si ricorda che, la sicurezza che un prodotto sterilizzato sia privo di microrganismi vitali non può essere stabilita se non in termini di probabilità di sopravvivenza dei microrganismi.

Generalmente si considera un prodotto sterile, quando la probabilità che un singolo microrganismo vitale sia presente è uguale o inferiore a 10-6 cioè 0,000001.

Il valore dato da questa probabilità è quello che generalmente viene definito come *«grado di assicurazione di sterilità o livello di assicurazione di sterilità» (S.A.L.)*. Generalmente ogni ospedale costituisce una realtà a sé e dal punto di vista organizzativo esistono centrali di sterilizzazione concepite in maniera differente. Qualunque sia il modello organizzativo esistente, è fondamentale, anche dove esistono attività decentrate, che le metodiche di sterilizzazione siano in grado di dimostrare l'affidabilità delle apparecchiature.

Il processo di sterilizzazione è un intervento di prima scelta da preferire in tutte le situazioni di rischio elevato; esso è obbligatorio per gli articoli «critici» ed è consigliabile, anche se non indispensabile, per quelli « semicritici » (Moro 1994).

I materiali sanitari possono essere sterilizzati mediante vari sistemi:

- fisici (calore secco, calore umido, UV, filtrazione);
- chimici (Ossido di etilene, Gas plasma e Glutaraldeide).

Ciascun sistema presenta caratteristiche peculiari che ne determinano vantaggi e svantaggi d'impiego a seconda delle specifiche condizioni d'uso.

Calore secco

Il processo si realizza in una stufa ad aria calda, costituita da una camera in acciaio inossidabile a ventilazione forzata, provvista di ripiani perforati per la circolazione dell'aria e di sensori per il controllo della temperatura. La sterilizzazione dipende dal trasferimento del calore dall'aria calda a oggetti più freddi e, poiché l'aria è un cattivo conduttore di calore, con scarso potere penetrante, sono necessari tempi di 60-90 minuti, in funzione del volume del materiale da sterilizzare, prima che il materiale contenuto nella stufa giunga ad una temperatura efficace di sterilizzazione. In genere il trattamento raccomandato prevede una temperatura di 160°-180° C. In particolare, il trattamento è indicato sui taglienti (poiché il calore secco non ha proprietà corrosive sui metalli), per la vetreria di laboratorio, lo strumentario in vetro, olii e polveri. Molti altri materiali, al contrario, non sono indicati perché le alte temperature ed i lunghi tempi di trattamento li danneggerebbero.

Calore umido

Il calore umido è più efficace del calore secco data la buona conducibilità termica e l'elevato potere penetrante. È impiegato sotto diverse forme tra le quali l'acqua bollente ed il vapore fluente o sottopressione. La sterilizzazione in autoclave è tra le varie procedure una delle più utilizzate: si tratta di un processo ottimale che impiega vapore saturo e cioè vapore in equilibrio termico con l'acqua da cui deriva. Il vapore saturo conduce il calore più efficacemente dell'aria, di conseguenza il trattamento in autoclave prevede tempi e temperature decisamente inferiori a quelle utilizzate nelle stufe a secco. L'autoclave è formata da una camera di sterilizzazione, per ottenere vapore saturo l'aria inizialmente contenuta nella camera deve essere completamente eliminata. Il tempo totale di esposizione, sebbene dipenda dalla natura del materiale che viene sterilizzato, dal tipo e dal volume del contenitore, è comunemente 15-20 minuti. La sterilizzazione a vapore è la più diffusa all'interno degli ospedali perché meno costosa, più efficace e sicura di altre forme di trattamento. Suo limite è la non applicabilità a quegli articoli sanitari alterabili dal calore e dall'umidità.

Qualsiasi condizione che determini il non mantenimento dello stato di vuoto della camera può determinare un fallimento del ciclo di trattamento.

Il surriscaldamento può essere tollerato entro un certo limite, ma grandi sbalzi comportano una perdita di efficienza del processo di sterilizzazione. Inoltre, l'energia radiante del rivestimento dell'autoclave o del carico stesso può scaldare il sensore, se non opportunamente schermato, producendo un'indicazione erronea della temperatura reale (Joslyn 1991).

Si ricorda che l'umidità dei materiali sterilizzati può favorire la loro ricontaminazione, pertanto molte autoclavi sono provviste di sistemi di essiccamento.

Infine, ma non ultimo, si deve ricordare l'importanza di una puntuale manutenzione dell'apparecchiatura e della sua strumentazione di controllo. In questo appare fondamentale la collaborazione dell'Ufficio Tecnico e del Servizio di Igiene e Tecnica Ospedaliera.

Sia le stufe a secco che le autoclavi devono essere collaudate al momento dell'installazione. Successivamente la regolarità dei cicli di sterilizzazione deve essere controllata mediante gli apparecchi di misurazione. I controlli possono essere effettuati con indicatori chimici o biologici.

UV

I raggi UV sono radiazioni ultraviolette che hanno basso potere di penetrazione attraverso i solidi e sono arrestate dal vetro e dalla plastica. Ne consegue, quindi, che le applicazioni siano limitate alla sterilizzazione di superfici non porose, dell'aria in ambienti "a rischio" come corsie e sale operatorie. Sono molto irritanti per la cute e per gli occhi pertanto gli operatori devono indossare indumenti e occhiali protettivi. Questi raggi hanno azione germicida poiché inattivano batteri e virus per azione diretta sul DNA e la loro azione antimicrobica è molto rapida.

Filtrazione

La sterilizzazione per filtrazione non agisce uccidendo i microrganismi o alterandone il metabolismo ma separandoli da gas, emulsioni e soluzioni termolabili. Le caratteristiche richieste ad un filtro per un'efficace eliminazione dei microrganismi sono: efficiente rimozione di particelle con dimensioni superiori ad un determinato valore, elevata velocità di flusso, sterilizzabilità al vapore, flessibilità e resistenza, scarsa capacità di rilasciare fibre nel filtrato e di assorbire materiali dal liquido. I filtri che più soddisfano queste caratteristiche sono i filtri a membrana polimerica oggi universalmente utilizzati sia per la filtrazione di laboratorio che per quella industriale. Questi filtri, disponibili con pori uniformi di differente diametro, sono composti da una miscela di esteri di cellulosa (acetati o nitrati) o da materiali con maggiore resistenza chimica. In commercio si trovano anche sistemi di filtrazione sterili monouso. Le principali applicazioni della sterilizzazione per filtrazione riguardano soluzioni termolabili, prodotti biologici come sieri e vaccini, prodotti solidi come gli antibiotici, aria o altri gas che vengono immessi nelle aree asettiche.

Ossido di etilene

L'ossido di etilene (EtO) è a temperatura ambiente un gas incolore di odore etereo. La sua formula è C_2H_4O e il suo punto di ebollizione è di 10,8° C. È solubile in acqua e in vari solventi organici. È infiammabile ed esplosivo se mescolato con l'aria a partire dal 3%. Occorre, quindi, miscelare l'ossido di etilene (10-12%) con CO_2 o con HFC 124 (2 cloro-1,1,1,2 tetrafluoroetano) (8,6%) o in alternativa si può impiegare l'ossido di etilene puro, a pressione inferiore a quella atmosferica, entro camere di sterilizzazione da cui sia stata in precedenza eliminata tutta l'aria. L'ossido di etilene ha attività su tutti i microrganismi compresi spore e virus. L'azione biocida dell'EtO dipende da alcuni parametri tra cui: concentrazione, temperatura, tasso di umidità e durata dell'esposizione. Di norma vengono utilizzate concentrazioni comprese tra 400 e 1000 mg/l; temperatura media tra 40 e 50° C e tasso di umidità tra il 40% e l'80%. Il tempo di esposizione è inversamente proporzionale alla concentrazione scelta e varia da 30 minuti a 10 ore. Mediante l'EtO si possono sterilizzare tutti i dispositivi medici, gli oggetti di gomma e di plastica, i tessuti e la carta. Bisogna però tenere presente che i vari materiali possono più o meno assorbire il gas e pertanto devono subire un processo di desorbimento dopo la sterilizzazione. L'assorbimento è influenzato dalla natura, dalle dimensioni e dal confezionamento del materiale così come dai parametri di sterilizzazione. È direttamente proporzionale al tempo e alla concentrazione di esposizione ed inversamente proporzionale alla temperatura. A causa della sua elevata reattività anche con i tessuti viventi, l'ossido di etilene può provocare tossicità sia acuta che cronica.

Gas plasma

Il "gas plasma" è creato in una camera di sterilizzazione in cui viene fatto il vuoto e il perossido di idrogeno al 58% sottoforma di vapore è sottoposto a sollecitazioni attraverso radiofrequenze di 13,56 Mhz. L'applicazione del campo elettromagnetico porta alla formazione di una nube di particelle cariche, molte delle quali sono radicali liberi e ioni attivi, che interagiscono con componenti vitali dei microrganismi (membrana cellulare, strutture proteiche, DNA) provocandone la rapida distruzione. Questa metodologia è particolarmente adatta per la sterilizzazione di strumenti sensibili al calore poiché la temperatura di processo non supera i 50° C, in un tempo di 75 minuti. Tale sistema è inoltre semplice, sicuro per gli operatori e per l'ambiente in quanto al termine del processo nessun residuo tossico rimane nei materiali trattati. Un limite del sistema è la ridotta capacità del gas di penetrare gli strumenti cavi e materiali che non tollerano il vuoto (es.: cateteri per misure urodinamiche, o particolarmente lunghi, >31 cm), inoltre gli oggetti da sterilizzare devono essere confezionati in carte "speciali" (Tyveck) in quanto il processo è incompatibile con la cellulosa.

Glutaraldeide

Negli ultimi anni l'aumento della produzione e dell'impiego di sostanze chimiche capaci di ottenere una sterilizzazione a freddo è stato sollecitato soprattutto dal fatto che molti materiali utilizzati in ambito medico oggigiorno non possono essere sterilizzati a calore poiché la loro composizione non lo permette. Tra le sostanze sterilizzanti e disinfettanti utilizzate in ambiente ospedaliero la Glutaraldeide è tra quelle di più largo impiego per la sua efficacia, per la sua rapida attività germicida e per la sua limitata azione corrosiva sui materiali di uso medicale, è utilizzata quale disinfettante ad alto livello in forma diluita (2-5%). Si tratta però di una sostanza facilmente assorbibile a livello cutaneo e respiratorio, che si è dimostrata irritante per cute e mucose (oculari e delle prime vie aeree) ed il suo uso frequente può portare a fenomeni di sensibilizzazione.

Decontaminazione e pulizia del materiale

Prima di sottoporre il materiale alla sterilizzazione occorre eseguire un processo di decontaminazione, lavaggio e asciugatura corretto. La decontaminazione, procedura alla quale devono essere sottoposti tutti i materiali e gli strumenti riutilizzabili per inattivare, distruggere o rimuovere microrganismi patogeni dalla superficie di uno strumento, al fine di tutelare gli operatori addetti alla sterilizzazione, al trasporto ed al lavaggio del materiale utilizzato, è uno degli adempimenti previsti dal D.Lgs 81/2008, in particolare nel Titolo X, e successive modifiche, che contiene le indicazioni a tutela della salute dell'operatore sanitario in relazione al rischio derivante dall'esposizione ad agenti biologici. La decontaminazione avviene mediante immersione in soluzioni chimiche appropriate o mediante lavaggio ad alta temperatura. Tale aspetto era già stato preso in considerazione col DM 28 settembre 1990 che recita: *I presidi riutilizzabili devono, dopo l'uso, essere immediatamente immersi in un disinfettante chimico di riconosciuta efficacia sull'HIV prima delle operazioni di smontaggio o pulizia, da effettuare come preparazione per la sterilizzazione.* Infatti, in un oggetto non perfettamente pulito, la presenza di sporco residuo può creare una protezione ai microrganismi (in modo particolare sulle spore), impedendone la loro distruzione. La decontaminazione può essere manuale oppure automatica. Nel secondo caso il materiale trattato passa direttamente ad una successiva fase di confezionamento. Nel primo caso, invece, alla decontaminazione manuale segue una rigorosa fase di lavaggio per rimuovere i residui di sostanze organiche e inorganiche e, di conseguenza, i microrganismi. Le operazioni di lavaggio dovranno essere eseguite in un'area dedicata esclusivamente a tali procedure e soprattutto rispettando comportamenti e condizioni igienico-ambientali tali da consentire la salvaguardia del personale addetto.

Parecchi sono gli ospedali che hanno già provveduto ad elaborare linee guida, al fine di uniformare metodiche e trattamenti dei presidi che permettano di rendere il processo di sterilizzazione più sicuro a garanzia della qualità.

Metodiche di lavaggio (manuale – ultrasuoni – automatico)

Lavaggio manuale

I presidi e i dispositivi, di norma, da adottare nelle operazioni di lavaggio, sono i seguenti:
- indumenti di protezione (tuta, camice) monouso nel caso di patologie infettive emergenti di rilievo;
- guanti;
- dispositivi di protezione delle vie respiratorie (mascherina monouso);
- dispositivi del tipo a visiera o equivalente per la protezione del volto da schizzi di liquidi biologici e da altro materiale similare.

La procedura per la pulizia manuale deve essere eseguita secondo precise indicazioni. Innanzitutto un'attenzione particolare va riservata agli strumenti appuntiti e taglienti, anche attraverso una corretta sequenzialità della procedura:

- il materiale deve essere posto su una griglia sospesa in una soluzione di liquido detergente preparata rispettando le indicazioni del produttore;
- lo strumentario deve essere immerso nella soluzione aperto e smontato, affinché il detergente venga a contatto con tutte le parti, rispettando i tempi indicati;
- gli strumenti devono essere spazzolati, soprattutto quelli con incastri e zigrinature;
- risciacquare il materiale con acqua possibilmente demineralizzata;
- asciugare.

Lavaggio ad ultrasuoni

Il lavaggio ad ultrasuoni avviene in seguito alla formazione di bolle di gas generate da onde ultrasoniche che implodendo all'interno di un liquido, rilasciano energia d'urto che colpisce e rimuove lo sporco dalle superfici del materiale.

L'acqua nella vasca ad ultrasuoni deve avere una temperatura non inferiore a 40 °C. Nella vasca va aggiunto un detergente appropriato rispettando la concentrazione prescritta dal produttore.

Gli strumenti devono essere aperti o smontati sugli appositi cestelli e completamente immersi nella soluzione.

Va fatta attenzione affinché sia i cestelli che gli strumenti di grande superficie non siano sovrapposti determinando zone d'ombra per gli ultrasuoni.

Il risciacquo va eseguito con acqua preferibilmente demineralizzata. Poi asciugare.

Lavaggio automatico

Il lavaggio automatico avviene mediante l'uso di macchine lavastrumenti che provvedono autonomamente alla detersione secondo le fasi previste dal programma.

Gli strumenti vengono posti aperti, per garantirne la pulizia, su appositi panieri o cestelli e rimangono fermi durante il lavaggio, viene meno così la possibilità di urti reciproci e di danneggiamento.

L'acqua corrente evita l'accumulo di sporco, durante le fasi di lavaggio si raggiungono temperature di 90° C, quindi si associa all'attività di detersione un processo di disinfezione termica.

Inoltre, si riduce il rischio di infortuni per l'operatore.

I ferri chirurgici vengono poi risciacquati, disincrostati e lubrificati rispettivamente con acqua demineralizzata e additivi speciali.

Metodologie di controllo del ciclo di sterilizzazione

La sterilizzazione è un processo la cui efficacia deve essere misurata ed accertata sull'intero ciclo del processo stesso con opportuni metodi di misura e di controllo che lo validino. A tal fine vengono utilizzati indicatori fisici, biologici e chimici.

Indicatori fisici

Le variabili tempo, temperatura e pressione sono gli indicatori per la convalida fisica nei processi di sterilizzazione effettuati con il calore. Tali controlli avvengono tramite strumenti fissi installati sulle apparecchiature di sterilizzazione; su appositi diagrammi vengono riportati i valori della pressione, della temperatura e le loro variazioni nel tempo per tutta la durata del ciclo di sterilizzazione.

Indicatori biologici

Secondo quanto descritto dalla vigente legislazione, la convalida del processo di sterilizzazione richiede l'uso di indicatori biologici. Essi sono rappresentati da preparazioni di specie resistenti e di ceppi standard in genere registrati e approvati dalla FDA (*Food and Drug Administration*) e forniti con certificato attestante il ceppo standard e la popolazione.

Indicatori chimici

Gli indicatori chimici (cere o inchiostri), applicati su un supporto, generalmente di carta, reagiscono agli stimoli chimici o fisici cambiando consistenza o colore.

Si possono distinguere indicatori chimici di processo e di sterilizzazione.

Gli indicatori di processo sono sensibili ad un solo parametro di sterilizzazione ed indicano il raggiungimento del parametro senza specificare per quanto tempo. Il cambiamento di colore deve essere uniforme su tutta la superficie dell'indicatore. Si tratta di indicatori normalmente posti all'esterno del materiale, indicano l'avvenuta sterilizzazione ma non garantiscono la sterilità.

Gli indicatori di sterilizzazione forniscono indicazioni sui tre parametri necessari per la sterilizzazione: vapore, temperatura e tempo. Essi vengono inseriti all'interno del materiale dimostrando la buona penetrazione del vapore ed il raggiungimento della temperatura per il tempo stabilito.

3.6 I rifiuti sanitari e ospedalieri

La norma che disciplina la gestione dei rifiuti sanitari e dei rifiuti speciali a rischio infettivo è il DPR 15 luglio 2003, n. 254.

Tale norma all'art. 2 fa una classificazione dei rifiuti dividendoli in:

- rifiuti sanitari non pericolosi
- rifiuti sanitari assimilabili agli urbani
- rifiuti sanitari pericolosi non a rischio infettivo
- rifiuti sanitari a rischio infettivo
- rifiuti sanitari che richiedono particolari sistemi di gestione

Tra i rifiuti sanitari non pericolosi troviamo i materiali metallici non ingombranti e ingombranti, il vetro per farmaci e soluzioni privi di deflussori e aghi, gessi ortopedici, i farmaci scaduti.

Tra i rifiuti sanitari assimilati ai rifiuti urbani vi sono quelli derivanti dalle attività di ristorazione e resti di pasti provenienti dalle unità operative, il vetro, la carta, la plastica, biancheria, gessi ortopedici e bende, pannolini e assorbenti igienici, sacche per le urine (ad esclusione di quelli provenienti da pazienti infetti o da reparti di malattie infettive).

Tra i rifiuti sanitari pericolosi a rischio infettivo vi sono quelli che provengono da unità operative a rischio infettivo e per i quali esiste un rischio di trasmissione biologica, rifiuti che siano contaminati da materiale biologico infetto o potenzialmente infetto. Nel DPR 254/03 vengono elencati:

- i rifiuti che provengono da ambienti di isolamento infettivo e siano venuti a contatto con qualsiasi liquido biologico secreto od escreto dei pazienti isolati;
- rifiuti contaminati da sangue o altri liquidi biologici che contengono sangue in quantità tale da renderlo visibile;
- rifiuti contaminati da feci o urine, nel caso in cui sia ravvisata clinicamente dal medico che ha in cura il paziente una patologia trasmissibile attraverso tali escreti;
- rifiuti contaminati da liquido seminale, secrezioni vaginali, liquido cerebro-spinale, liquido sinoviale, liquido pleurico, liquido peritoneale, liquido pericardico o liquido amniotico.

- rifiuti provenienti da attività veterinaria, che:
  - siano contaminati da agenti patogeni per l'uomo o per gli animali;
  - siano venuti a contatto con qualsiasi liquido biologico secreto od escreto per il quale sia ravvisato, dal medico veterinario competente, un rischio di patologia trasmissibile attraverso tali liquidi.

La norma su citata, inoltre, favorisce il recupero di rifiuti sanitari attraverso la raccolta differenziata, al fine di ridurre la quantità di rifiuti. Fanno parte di questa categoria i contenitori in vetro di farmaci, di alimenti, di bevande, di soluzioni per infusione privati di cannule o di aghi ed accessori per la somministrazione, carta e cartone, plastica, rifiuti provenienti da giardinaggio, rifiuti alimentari provenienti dalle cucine o resti di cibo delle unità operative. Sono esclusi i contenitori di soluzioni di farmaci antiblastici o visibilmente contaminati da materiale biologico o provenienti da unità operative a rischio infettivo.

La gestione dei rifiuti sanitari riveste una grande importanza e deve essere tale da:

- diminuirne la pericolosità (attraverso la realizzazione di corsi di formazione per il personale sanitario sulla gestione dei rifiuti sanitari al fine di evitare il contatto con materiali infetti o potenzialmente tali);

- favorirne il riciclo e il recupero (attraverso la raccolta differenziata dei rifiuti assimilabili agli urbani);
- ottimizzarne l'approvvigionamento, il trasporto e lo smaltimento.

I rifiuti sanitari pericolosi a rischio infettivo possono essere sottoposti a sterilizzazione, frantumazione ed essiccamento in particolari impianti dotati di autorizzazione secondo la normativa vigente. Tale processo di sterilizzazione permette di abbattere la carica batterica. Tali centrali possono essere ubicate all'interno delle strutture sanitarie, devono possedere i requisiti di legge e sono sottoposte a controlli periodici da parte delle autorità competenti.

I rifiuti sanitari pericolosi devono essere inseriti in particolari contenitori, in genere di cartone flessibile, sui quali deve essere riportata la dicitura "**Rifiuti sanitari pericolosi a rischio infettivo**" accompagnata dal simbolo del rischio biologico.

I rifiuti taglienti invece devono essere inseriti in particolari contenitori rigidi, resistenti, sui quali deve essere riportata la dicitura "**Rifiuti sanitari pericolosi a rischio infettivo taglienti e pungenti**" accompagnata dal simbolo del rischio biologico.

Il colore di tali imballaggi deve essere diverso da quello utilizzato per altri rifiuti, al fine di essere immediatamente individuati e contraddistinti.

La normativa, inoltre, indica che i rifiuti sanitari pericolosi a rischio infettivo possono essere mantenuti nel deposito temporaneo per un massimo di cinque giorni.

Gli imballaggi devono riportare il nome della struttura sanitaria, la data di chiusura del contenitore, il peso dell'imballo.

Lo smaltimento dei rifiuti sanitari pericolosi a rischio infettivo deve essere effettuato in particolari impianti di termodistruzione, secondo la normativa vigente.

Lo smaltimento dei farmaci scaduti avviene anch'esso negli impianti di termodistruzione o inseriti in particolari contenitori a chiusura ermetica. Il farmaco diversamente smaltito e gettato nei normali rifiuti domestici può dar luogo a fenomeni di tossicità, causati dalle esalazioni di sostanze inquinanti. Inoltre, gli antibiotici gettati nei rifiuti urbani possono favorire condizioni di resistenza microbica.

3.7 L'importanza di promuovere un'igiene adeguata

Sostituire le medicazioni e la biancheria e assicurarsi che siano utilizzati materiali puliti nell'assistenza alla persona sono efficaci misure per interrompere la catena di infezione tra la fonte e la via di eliminazione. L'obiettivo è eliminare l'accumulo di microrganismi prima che un agente patogeno possa raggiungere un ospite suscettibile.

Bisogna educare i pazienti sull'importanza di mantenere la cute e le mucose pulite e integre. L'igiene della pelle, dei capelli e delle unghie serve a conservare la normale flora corporea e ad eliminare dall'organismo quella transitoria. Il bagno e la cura delle mani riducono in modo consistente il potenziale infettivo. I pazienti devono essere incoraggiati a fare il bagno e a lavarsi i denti ogni giorno: quelli che non sono in grado di svolgere queste attività autonomamente devono essere assistiti.

Per evitare la fuoriuscita degli agenti infettivi dall'organismo ospite e interrompere così la catena di infezione tra la via di eliminazione e la modalità di trasmissione, si deve aver cura che tutte le ferite siano coperte da **medicazioni pulite**. Inoltre, si devono stimolare i pazienti a coprire la bocca e il naso quando tossiscono o starnutiscono e anche l'operatore che li assiste deve comportarsi nello stesso modo. Quando ci si prende cura di una persona che potrebbe avere **secrezioni infette** è buona norma indossare i guanti.

I guanti, e altri dispositivi di protezione come le mascherine, i camici e gli occhiali, devono essere usati anche per interrompere la catena tra la modalità di trasmissione e la via di ingresso in un nuovo ospite; inoltre, si deve garantire l'asepsi.

L'igiene delle mani e il corretto smaltimento del materiale e della biancheria contaminati sono i metodi maggiormente indicati per prevenire la trasmissione di microrganismi da un paziente a un altro o anche agli operatori sanitari.

Interrompere, infine, la catena dall'ospite all'agente significa eliminare l'infezione prima che cominci. Il rischio di contrarre le infezioni può essere ridotto conducendo un adeguato stile di vita; un'alimentazione corretta, l'esercizio fisico, un ritmo sonno-veglia regolare e l'immunizzazione permettono di mantenere intatto il sistema immunitario e, di conseguenza, di prevenire il contagio.

3.8 Le difese immunitarie aspecifiche

Il sistema immunitario dell'ospite è la barriera difensiva contro gli agenti infettivi, dal momento che è capace di riconoscere il *self* dal *non-self*, cioè di individuare ciò che non è compatibile con la composizione genetica dell'ospite (*self*); gli agenti esterni (*non-self*) sono chiamati antigeni.

La risposta immunitaria contro un antigene è azionata da difese aspecifiche e specifiche.

Le difese aspecifiche, indipendenti da precedenti esposizioni ad antigeni, proteggono l'ospite da tutti i microrganismi. Sono costituite dalla pelle e dalla flora normalmente presente nell'organismo, dalle mucose, dai riflessi della tosse, dello starnuto e della lacrimazione, dal processo di eliminazione urinaria e fecale, dagli ambienti acidi e dai processi infiammatori.

La **superficie cutanea**, la prima linea di difesa contro le infezioni, agisce come una barriera fisica contro gli agenti infettivi. Le cellule della pelle si ricambiano ogni giorno, allontanando così i microrganismi potenzialmente dannosi. Il sebo, una sostanza prodotta dalla cute, contiene acidi grassi che uccidono alcuni batteri. La flora che risiede normalmente sulla pelle e all'interno dell'organismo entra in competizione con quella patogena e ne inibisce la moltiplicazione. Ciò nondimeno, può accadere che l'equilibrio della flora normale si alteri, permettendo la proliferazione di organismi patogeni e causando infezioni a volte molto gravi.

Anche le **mucose** sono una barriera fisica contro gli agenti infettivi: il muco prodotto li intrappola e ne inibisce la crescita. Per esempio, le ciglia dell'apparato respiratorio trattengono e spingono il muco contenente i microrganismi verso l'esterno, così da ridurre il potenziale di infezione.

I riflessi della **tosse** e dello **starnuto** espellono efficacemente il muco e i microrganismi dall'apparato respiratorio. Le **lacrime** proteggono gli occhi lavando via continuamente i microrganismi e contengono anche battericidi.

L'**eliminazione urinaria e fecale** e l'**acidità** di solito impediscono lo sviluppo di organismi patogeni. La flora residente nell'intestino crasso previene la crescita di patogeni, mentre il processo meccanico della defecazione rimuove la maggior parte di essi. L'acidità urinaria previene la crescita microbica, mentre la minzione lava e pulisce l'uretra e il collo vescicale dai microrganismi, impedendo che risalgano lungo l'apparato urinario.

La normale **flora vaginale** previene lo sviluppo di diversi patogeni. A partire dalla pubertà, i lattobacilli nella vagina fermentano e producono zuccheri che abbassano il pH fino a valori acidi, che impediscono lo sviluppo di patogeni.

Anche l'**infiammazione** è una risposta cellulare aspecifica. Quando si verifica un danno tissutale causato da batteri, traumi, sostanze chimiche, calore o altri avvenimenti, si provoca il rilascio di sostanze da cui derivano alcuni importanti cambiamenti a livello della lesione. L'intero complesso di modifiche tissutali in risposta al danno è chiamato *processo infiammatorio*.

L'infiammazione, sebbene non sia necessariamente il risultato dell'invasione di microrganismi, ha segni e sintomi simili a quelli di un'infezione. I principali segni infiammatori/infettivi sono i seguenti:

- *rossore* (eritema) provocato dall'aumento del flusso ematico nell'area interessata;
- *calore* causato dall'aumento del flusso sanguigno e dal maggior metabolismo locale;
- *dolore* conseguente all'incremento della pressione sui recettori presenti nell'area coinvolta;
- *gonfiore* (o *edema*, un accumulo evidente di liquido interstiziale) dovuto ai liquidi e ai leucociti che passano dal sistema circolatorio ai tessuti;
- perdita della funzionalità provocata sia dal dolore sia dal gonfiore che, peraltro, è il meccanismo corporeo per far riposare la parte danneggiata;
- *pus* (*essudato purulento*), che risulta solo dalle infezioni, una secrezione costituita da globuli bianchi, cellule morte, batteri e altri detriti.

Di solito l'intensità del processo infiammatorio è proporzionale al livello di danno tissutale.

Fasi del processo infiammatorio

Fase	Descrizione	Risultato
1	Il danno iniziale causa il rilascio di sostanze chimiche: istamina, bradichinina, serotonina, prostaglandine e linfochine	Inizia il processo infiammatorio
2	Aumenta il flusso sanguigno verso l'area danneggiata	Produce i caratteristici rossore e calore
3	L'aumento della permeabilità capillare fa filtrare una grande quantità di plasma nel tessuto danneggiato; gli spazi tissutali e i vasi linfatici vengono intasati da coaguli di fibrinogeno	L'infezione viene "murata" e ne risulta un edema in tensione
4	I leucociti si infiltrano nel tessuto danneggiato e circondano i batteri e il tessuto necrotico	Si produce essudato purulento (pus)
5	Le cellule tissutali distrutte vengono sostituite da cellule con uguale o simile struttura e funzione e/o da tessuto fibroso	Si provoca la ricostruzione del tessuto o la formazione di tessuto fibroso (cicatrice), che potrebbe ridurre la capacità funzionale del tessuto

3.8.1 Le difese specifiche

Le difese immunitarie specifiche costituiscono una risposta mirata contro un antigene che ha invaso l'organismo umano: esse si attivano quando i fagociti non riescono a completare l'eliminazione dell'antigene. Questa situazione causa la produzione di **linfociti T (cellule T)** che regolano la risposta immunitaria attivando altre cellule.

Le cellule T si spostano verso l'area danneggiata e rilasciano sostanze chimiche chiamate *linfochine*, che contribuiscono, a loro volta, alla distruzione dell'antigene mentre attraggono altri linfociti verso l'area danneggiata. Stimolano anche la produzione di **cellule B**, che diventano plasmacellule in grado di produrre anticorpi specifici.

Gli **anticorpi** sono sostanze proteiche che distruggono l'antigene. La stimolazione delle cellule B, insieme alla produzione di anticorpi, è conosciuta come **immunità umorale.**

Le cellule B della memoria si formano per ricordare l'antigene e preparare l'ospite a future invasioni. Non appena l'antigene entrerà nuovamente nell'organismo, la risposta immunitaria produrrà tempestivamente e più velocemente gli anticorpi specifici. La formazione di questi anticorpi, denominata **immunità acquisita**, protegge l'individuo da antigeni pericolosi già conosciuti, come batteri, virus, tossine e anche tessuti estranei.

Anche il processo di **vaccinazione** (inoculazione di un vaccino che produce immunità contro specifiche malattie) procura immunità acquisita.

Esistono tre diversi tipi di vaccini, costituiti da:

- **organismi morti**, incapaci di trasmettere malattie, ma dotati ancora di antigeni chimici, intracellulari o di parete, come gli agenti eziologici di tifo, pertosse e difterite;
- **tossine** trattate chimicamente in modo da essere private delle capacità tossiche, ma con antigeni ancora intatti, come per il tetano e il botulismo;
- **organismi vivi** che sono stati attenuati (resi, cioè, incapaci di causare la malattia) ma ancora con antigeni specifici, come gli agenti eziologici di poliomielite, febbre gialla, morbillo, vaiolo e molte altre malattie virali.

3.9 Tipi e stadi delle infezioni

L'infezione è il risultato dell'invasione tissutale e del danno procurato da un agente infettivo.

Esistono due tipi di infezioni:

- **infezioni localizzate**, quando sono limitate a un'area definita o a un singolo organo, con sintomi che richiamano quelli di un processo infiammatorio (rossore, dolore, gonfiore), come un *herpes* labiale;
- **infezioni sistemiche**, quando colpiscono l'intero organismo e coinvolgono più organi, come l'AIDS.

Tutte le infezioni presentano quattro stadi: incubazione, stadio prodromico, malattia e convalescenza.

Il periodo di **incubazione** è il tempo compreso tra l'ingresso di un agente infettivo nell'ospite e la comparsa dei sintomi. Durante questo intervallo, l'agente

Infezioni correlate all'assistenza (ICA)

Per *infezioni correlate all'assistenza (ICA)* s'intende un'infezione contratta in ospedale o in un'altra struttura sanitaria che non era né presente né in incubazione al momento del ricovero del paziente. Vengono incluse anche le infezioni che diventano sintomatiche dopo la dimissione e quelle che si sono trasmesse tra il personale sanitario. Le ICA si manifestano principalmente in quattro sedi: *tratto urinario, ferite chirurgiche, apparato respiratorio, sepsi.*

La maggior parte delle ICA è causata dal personale sanitario che non osserva un'adeguata igiene, in special modo delle mani. L'ambiente ospedaliero espone i pazienti a una varietà di microrganismi a cui non sono mai stati esposti: essi, perciò, non hanno resistenza a queste infezioni.

invade il tessuto e si moltiplica per procurare un'infezione. Tipicamente, il paziente diventa contagioso nei confronti delle altre persone durante il periodo finale di questo stadio. Per esempio, il periodo di incubazione della varicella è di due-tre settimane; la contagiosità inizia da 1 o 2 giorni prima della comparsa dell'eruzione e può durare fino alla comparsa delle croste[2].

Lo **stadio prodromico** è il tempo compreso tra la comparsa di sintomi aspecifici e la manifestazione di quelli più specifici. Nel frattempo l'agente infettivo continua a invadere e a moltiplicarsi nell'ospite. Un paziente potrebbe essere contagioso nei confronti di altre persone durante questo lasso di tempo. Il paziente affetto da varicella, nella fase prodromica, manifesta un lieve innalzamento della temperatura corporea, seguito entro 24 ore dalle eruzioni cutanee.

La fase di **malattia** è il periodo in cui il paziente mostra i segni e i sintomi specifici del processo infettivo.

Lo stadio della **convalescenza** comincia con la scomparsa dei sintomi acuti e si protrae fino a quando il paziente ritorna allo stato iniziale di salute. In questo stadio, nel caso della varicella, scompaiono le eruzioni e le irritazioni cutanee.

3.10 Il processo di assistenza

Un'assistenza di qualità richiede la riduzione della trasmissione di microrganismi negli ambienti sanitari. Le procedure per il controllo delle infezioni sono mirate a contenere o eliminare le sorgenti di microrganismi sia nelle strutture sanitarie sia nelle abitazioni. Gli operatori sanitari hanno la responsabilità di proteggere i pazienti e se stessi utilizzando tali pratiche.

L'**accertamento**, che è la prima fase del processo di *nursing*, conduce all'individuazione dei problemi prioritari dei pazienti e all'identificazione delle diagnosi appropriate.

Le informazioni ottenute con l'*anamnesi* e l'*esame fisico* correlate ai risultati di laboratorio identificano i pazienti a rischio di infezione, per i quali si richiede una frequente rivalutazione seguita da idonei cambiamenti nel piano di cura, negli obiettivi assistenziali e negli interventi assistenziali. Un accertamento completo comprende anche la valutazione dell'ambiente di vita, per scoprire potenziali pericoli e le capacità di auto-cura. Anche l'esame di fattori come il contesto lavorativo, lo stato immunitario e altre questioni correlate alla salute, può aiutare a identificare rischi reali o potenziali di infezione.

Dopo la raccolta e l'analisi dei dati, si identifica una **diagnosi infermieristica**. La *North American Nursing Diagnosis Association International* (NANDA-I) propone una sola diagnosi correlata alle infezioni: **rischio di infezione**, che si definisce come un incremento del pericolo di invasione da parte di organismi patogeni. I fattori di rischio che aumentano la suscettibilità di un paziente alle infezioni sono i seguenti:

- *difese primarie inadeguate* (lesioni della pelle, tessuti traumatizzati, diminuzione dell'azione ciliare, stasi dei liquidi corporei, cambiamenti del pH delle secrezioni e peristalsi alterata);
- *difese secondarie inadeguate* (diminuzione dell'emoglobina, leucopenia, risposta infiammatoria inibita);
- *immunità acquisita inadeguata*;

[2] Fonte: https://www.epicentro.iss.it/varicella/

- *immunosoppressione*;
- *distruzione tissutale con esposizione all'ambiente esterno*;
- *malattie croniche*;
- *malnutrizione*;
- *procedure invasive*;
- *assunzione di farmaci*;
- *traumi*;
- *rottura della membrana amniotica*;
- *conoscenze insufficienti, che portano il paziente a non evitare l'esposizione ai patogeni.*

I pazienti a rischio di infezioni potrebbero avere altre condizioni fisiche o psicologiche associate. Tra le diagnosi più comuni che accompagnano frequentemente il rischio di infezioni rientrano:

- *nutrizione sbilanciata, cioè inferiore o superiore al fabbisogno*;
- *protezione alterata*;
- *compromissione dell'integrità tissutale*;
- *alterazione della mucosa del cavo orale*;
- *compromissione dell'integrità cutanea*;
- *deficit di conoscenze.*

Questa lista indica diversi problemi correlati che devono essere presi in considerazione quando si pianifica l'assistenza a un paziente a rischio di infezioni.

Gli operatori sanitari collaborano con l'ammalato per determinare gli **obiettivi**, i **risultati attesi** e gli **interventi per ridurre il rischio di infezione**. In particolare, i risultati attesi indicano quale direzione dare all'assistenza prestata. L'educazione al paziente, ai familiari e agli assistenti non professionali per identificare i potenziali pericoli e le pratiche di promozione della salute è un altro elemento critico del piano assistenziale. Una responsabilità ulteriore dell'operatore sanitario consiste nel garantire al paziente un ambiente sicuro, che comprenda le norme di prevenzione delle infezioni nosocomiali. Gli interventi per ridurre il rischio di infezione si concentrano nell'assicurare l'**asepsi** e un adeguato trattamento dei materiali.

L'efficacia dell'assistenza viene valutata in base al raggiungimento degli obiettivi e dei risultati attesi.

È importante che il paziente non contragga infezioni durante l'ospedalizzazione e soprattutto che sviluppi la consapevolezza dei fattori che ne aumentano il rischio.

3.11 L'asepsi

Il termine "asepsi" indica l'assenza di microrganismi. Le tecniche asettiche, invece, sono le pratiche di controllo delle infezioni utilizzate per prevenire la trasmissione dei patogeni. L'uso di queste pratiche riduce il rischio e la propagazione delle infezioni nosocomiali.

Esistono due tipi di asepsi: medica e chirurgica.

Asepsi medica

L'asepsi medica, chiamata anche *tecnica pulita*, si riferisce alle pratiche usate per ridurre il numero, la crescita e la diffusione degli agenti infettivi. Le misure più comuni di asepsi medica sono l'igiene delle mani, il cambiamento giornaliero della biancheria e la pulizia quotidiana dei pavimenti e delle attrezzature ospedaliere.

La pulizia delle mani è la misura di controllo delle infezioni più elementare ed efficace e si esegue con modalità e prodotti diversi a seconda delle mansioni da svolgere. Essa include il *lavaggio sociale* (con sapone comune e acqua), il *lavaggio antisettico* (con sostanze antimicrobiche e acqua), la *frizione antisettica* (utilizzando un detergente in soluzione alcolica) e l'*asepsi chirurgica* (effettuata dal personale in fase pre-operatoria con un lavaggio antisettico che elimini la flora transitoria e riduca quella residente).

Il lavaggio delle mani va eseguito

- quando le mani sono visibilmente sporche;
- prima e dopo aver indossato i guanti;
- prima e dopo il turno di lavoro;
- prima e dopo il contatto con il paziente o con oggetti contaminati;
- prima e dopo la distribuzione del cibo e la consumazione degli alimenti;
- prima e dopo l'uso dei servizi igienici;
- dopo aver rimosso padelle e pappagalli;
- dopo aver rifatto i letti;
- dopo essere venuti a contatto con materiale organico;
- dopo essersi soffiato il naso;
- dopo aver eseguito l'igiene ambientale.

Le mani visibilmente sporche vanno lavate con sapone (normale o antimicrobico) e acqua. Il lavaggio si esegue sfregando assieme le mani, su ogni superficie e piega, e risciacquandole sotto un getto di acqua corrente. Lo sfregamento rimuove fisicamente lo sporco e la flora transitoria, e il flusso d'acqua li allontana. Se le mani non sono visibilmente sporche, al posto di sapone e acqua si può usare una frizione con una soluzione a base di alcool. Per rimuovere la flora transitoria, si raccomanda un tempo di lavaggio di 20-30 secondi. Le aree ad alto rischio, però, come il nido ospedaliero, di solito richiedono un lavaggio della durata di circa 2 minuti.

Se non sono disponibili acqua e sapone, è possibile utilizzare soluzioni a base di alcool o gel (CDC, 2009a). Secondo il CDC (2009b), simili detergenti sono più efficaci nell'uccisione dei batteri rispetto ad acqua e sapone. La frizione antisettica utilizza una preparazione contenente alcool preparata appositamente per ridurre il numero dei microrganismi vivi sulle mani. Si applica il prodotto sul palmo di una mano e si sfregano le mani assieme, coprendo tutte le superfici e le dita, finché non si asciugano. Il gel alcolico non deve essere usato quando le mani sono visibilmente sporche, contaminate con liquidi biologici, materiale organico, sangue, nel caso si debba eseguire il lavaggio chirurgico, dopo essersi recati ai servizi igienici, prima di consumare il pasto.

Asepsi chirurgica

L'asepsi chirurgica, chiamata anche *tecnica sterile*, consiste nelle pratiche per eliminare tutti i microrganismi e le spore da un oggetto o da una superficie. Essa viene attuata in sala operatoria, durante il travaglio e il parto e in molti interventi diagnostici e terapeutici al letto del paziente.

Le misure impiegate sono il lavaggio chirurgico delle mani, la predisposizione e il mantenimento di un campo sterile, l'applicazione dell'abbigliamento chirurgico (cuffie, berretti, maschere e occhiali), l'applicazione del camice e dei guanti sterili con la tecnica chiusa.

La tecnica sterile è comunemente richiesta:

- per tutte le procedure invasive, sia se entrano attraverso un orifizio corporeo (aspirazione tracheobronchiale, inserimento di un catetere vescicale) sia se perforano intenzionalmente la cute (iniezioni, inserimento di aghi o cateteri endovenosi);
- per gli interventi infermieristici in presenza di un'interruzione della superficie cutanea (cambiare una medicazione su una ferita chirurgica o sul sito d'ingresso di un catetere endovenoso) o in caso di distruzione degli strati cutanei (traumi o ustioni).

3.12 I Coronavirus

I Coronavirus (CoV) sono virus ad RNA, capaci di causare malattie che vanno dal più comune raffreddore a patologie gastrointestinali, cefalea, tosse e malessere generale. Talvolta possono causare in soggetti anziani o con patologie croniche cardiovascolari, respiratorie, metaboliche o immunodepresse, complicanze alle basse vie respiratorie con insorgenza di bronchiti o polmoniti.

I Coronavirus sono organismi semplici e subdoli che, grazie alle loro caratteristiche, sono capaci di infettare un'altra cellula, senza la quale non potrebbero vivere; i virus infatti sono organismi intracellulari obbligati. Essi hanno inoltre un'innata capacità di mutare e talvolta effettuare il salto di specie da un ospite all'altro (**spillover**).

Alcuni ceppi di Coronavirus sono ritenuti responsabili di gravi sindromi respiratorie acute come la SARS, la MERS e la più recente SARS-CoV-2.

I Coronavirus vengono così chiamati per via della forma che li caratterizza in quanto ricordano un'immagine simile a quella di una corona. Essi possono essere visti solo al microscopio elettronico per via delle loro ridotte dimensioni. I virus hanno la capacità di replicarsi solo all'interno di una cellula ospite, quando invece si trovano all'esterno della cellula esistono in forma di particelle indipendenti note come **virioni**.

Il virione del Coronavirus al microscopio elettronico ha una dimensione di circa 90 nanometri; per fare un paragone è 10000 volte più piccolo del diametro di un capello umano, e presenta sulla superficie delle glicoproteine S (**spike**) che permettono al virus di legarsi alle cellule che hanno un recettore adeguato e di conseguenza poter insediarsi all'interno di esse.

All'interno, i Coronavirus contengono quattro proteine essenziali e del materiale genetico sotto forma di RNA, il quale verrà rilasciato nel momento in cui il virus entra in una cellula. Tale cellula infetta produrrà nuovi virioni che saranno in grado di infettare altre cellule.

Malattie da Coronavirus

La **SARS**, *Severe Acute Respiratory Sindrome*, è stata individuata per la prima volta in Cina nel 2002. Il virus sembra sia partito dai pipistrelli i quali lo hanno poi trasmesso allo zibetto, allevato per uso commerciale nel territorio cinese. In pochi mesi questo virus è stato in grado di causare diversi focolai e decessi, per fortuna localizzati e, grazie alle misure prese, non sfociati in una pandemia.

La SARS provoca una grave sindrome da distress respiratorio acuto, il cui meccanismo d'azione vede la proteina di superficie legarsi ai recettori presenti negli alveoli polmonari. La conseguenza è un'elevata risposta infiammatoria acuta polmonare, con formazione di fibrina negli alveoli e l'impossibilità di effettuare scambi gassosi.

La **MERS**, *Middle East Respiratory Syndrome*, è una sindrome respiratoria acuta che trova le sue origini in Arabia Saudita ed è conosciuta dal 2012. Il serbatoio d'infezione sembra siano ancora una volta i pipistrelli, mentre i dromedari sono gli ospiti intermedi. Il salto di specie non è stato ampiamente definito, ma la trasmissione da uomo a uomo si è avuta sopratutto tra gli operatori sanitari che hanno prestato cure ai pazienti. La malattia si manifesta con gravi disturbi a carico del tratto respiratorio e con complicazioni intestinali e renali, a causa del recettore d'ingresso presente sia nelle basse vie respiratorie che nell'epitelio dell'apparato intestinale con il quale si lega il virus.

La **SARS-CoV-2** è causata da un nuovo ceppo di Coronavirus e viene così chiamata per via del genoma simile a quello della SARS-CoV-1. Tale nome è stato assegnato dalla *Commissione internazionale per la tassonomia dei virus*, dopo aver identificato la somiglianza con il genere della SARS. Denominato in precedenza COVID-19 (*Coronavirus Disease 2019*), per via del fatto che il nuovo focolaio di infezione di polmonite è stato segnalato il 31 dicembre del 2019, è un virus mai identificato prima, la cui velocità di trasmissione è piuttosto elevata.

Elevata è stata anche la risposta di solidarietà e collaborazione internazionale che la comunità scientifica ha posto in atto per contrastare l'emergenza che si è venuta a creare. Molteplici infatti sono stati i trial clinici e gli studi avviati con l'obiettivo di testare farmaci e trovare un vaccino. In un tempo relativamente breve sono stati sviluppati numerosi vaccini diversi in tutto il mondo.

In Italia e in Europa la **campagna vaccinale** è partita il **27 dicembre 2020**: i vaccini sono stati offerti gratuitamente a tutta la popolazione, secondo un ordine di priorità che ha tenuto conto del rischio di malattia, dei tipi di vaccino e della loro disponibilità.

3.12.1 L'infezione da COVID-19

Cenni introduttivi

Le informazioni riportate di seguito sull'infezione da SARS-CoV-2 sono tratte da documenti diffusi da organismi internazionali in materia di salute e sanità pubblica e dalle evidenze scientifiche. Poiché la materia è oggetto di continua evoluzione, considerato che la pandemia al momento della stesura non è ancora definitivamente sconfitta, gli argomenti trattati potrebbero essere oggetto di ulteriori aggiornamenti e modifiche.

L'anno 2020 ha esordito con la notizia di una minaccia per la vita e la salute della popolazione a livello mondiale, che è rimbalzata dai giornali alle televisioni ai social network. Il pericolo è costituito da un agente ad eziologia sconosciuta che causa una polmonite atipica. Il virus, denominato SARS-CoV-2, appartiene alla famiglia dei Coronavirus e si diffonde a macchia d'olio in tutto il pianeta, non tralasciando alcuna regione o Stato.

Wuhan, il capoluogo della provincia dello Hubei nella Cina centrale, è il centro del focolaio epidemico, più precisamente sembra che il virus si sia diffuso a partire da un mercato del pesce della città. Il 31 dicembre del 2019 le autorità sanitarie cinesi divulgano la notizia del sospetto di alcuni casi di infezione di polmonite atipica, causata da un nuovo agente non ben identificato. È proprio nella cittadina di Wuhan, ben collegata ad altre città della Cina e del mondo da una rete ferrotramviaria e da aeroporti internazionali, che vengono segnalati diversi casi sospetti di persone che pare abbiano frequentato il mercato nel quale avviene, oltre al pesce, anche la vendita di animali selvatici usati a scopi alimentari. Le origini del nuovo Coronavirus sembra siano da ricondurre ai pipistrelli. Secondo alcuni studi la trasmissione del COVID non sarebbe avvenuta in modo diretto da questi esseri all'uomo, ma pare vi sia stato un altro animale che ha agito come una sorta di trampolino, il cosiddetto **salto di specie**, per trasmettere il virus dagli animali all'uomo.

Nella prima decade di gennaio 2020, il CDC (*Centers for Disease Control and Prevention*) identifica il virus, stabilendo che si tratta di un nuovo ceppo di Coronavirus, e a febbraio viene data conferma dalla comunità scientifica della capacità di trasmissione interumana.

Il focolaio cinese si diffonde rapidamente interessando diversi Paesi di tutto il pianeta e i numeri dell'epidemia diventano da subito importanti.

Il nuovo Coronavirus causa insufficienza respiratoria acuta grave e l'OMS dichiara lo stato di pandemia globale l'11 marzo 2020, giornata in cui in tutto il mondo si registrano quasi 120.000 casi di COVID-19 con più di 100 Paesi coinvolti.

Per contrastare il propagarsi dell'infezione nella popolazione vengono applicate diverse misure di prevenzione e controllo, nonché soluzioni in grado di contenere il sovraccarico delle strutture sanitarie.

I provvedimenti di sanità pubblica posti in essere dai governi dei diversi Paesi per mitigare l'impatto della pandemia possono essere riassunti in:

- distanziamento sociale, al fine di interrompere la catena di propagazione dell'infezione;
- isolamento dei casi sintomatici;
- sospensione di eventi che possano creare sovraffollamento o assembramenti;
- diffusione dello smart working e della didattica a distanza;
- divulgazione dell'importanza di una corretta igiene delle mani, secondo le modalità promosse dall'OMS e conosciute fin dal 2005 con la celebrazione della Giornata mondiale per il lavaggio delle mani;
- uso dei sistemi di protezione delle vie aeree (filtranti facciali).

Il COVID-19 si trasmette molto velocemente e la popolazione non possiede alcuna immunità pregressa contro il nuovo virus. L'infezione si presenta diversamente, in alcuni soggetti non dà sintomi, i cosiddetti asintomatici, mentre in altri i sintomi sono lievi. Purtroppo ben noti sono anche i tanti casi gravi di polmonite bilaterale interstiziale che talvolta hanno decorso infausto.

Le complicanze della nuova insufficienza respiratoria mandano in tilt gli ospedali che si ritrovano ad accogliere un alto numero di pazienti indirizzati alle terapie intensive, reparti di rianimazione e reparti dell'area medica. La situazione precipita velocemente al punto che le strutture sanitarie pubbliche risultano ben presto intasate, costrette a tramutare la destinazione di altri reparti per far fronte all'elevato numero di ricoveri di pazienti affetti dall'infezione respiratoria grave.

Il virus dilaga velocemente al punto che il governo italiano si trova costretto a predisporre fin da subito misure straordinarie di sanità pubblica al fine di contenere la sindrome respiratoria acuta grave. Diversi saranno i decreti del Presidente del Consiglio dei Ministri (DPCM) che verranno via via emessi durante l'anno al fine di rallentare la curva dei contagi. Verrà dichiarato lo stato di emergenza sul territorio nazionale in relazione al rischio sanitario. Verranno posti in quarantena diversi comuni e regioni, vietati gli spostamenti ritenuti non necessari, sospese le attività sportive e le manifestazioni culturali. Tutte le misure di prevenzione e controllo verranno poste in essere per allentare la pressione sul SSN che da subito appare critica e preoccupante.

Al 31 marzo 2022 verrà dichiarata la fine dell'emergenza COVID-19 (Decreto Legge n. 24 del 24/03/2022), ma vista la persistenza del virus e degli effetti da contagio sia a livello nazionale che mondiale, le Regioni sono tenute a monitorare con cadenza giornaliera l'andamento della situazione epidemiologica nei propri territori e, in relazione a tale andamento, le condizioni di adeguatezza del sistema sanitario, al fine di garantire lo svolgimento in sicurezza delle attività economiche, produttive e sociali.

Come si trasmette

Le modalità di trasmissione del nuovo Coronavirus sono simili a quelle di altri Coronavirus. Il meccanismo principale di trasmissione è quello per via aerea, anche se non si esclude che possa avvenire anche per contatto diretto, per esempio con la stretta di mano. Tale gesto infatti potrebbe essere veicolo d'infezione in quanto le mani contaminate sono capaci di portare il virus nelle mucose di bocca, naso e occhi.

Studi approfonditi hanno evidenziato che il **SARS-CoV-2** si avvale della proteina **spike** che si lega al recettore ACE2, diventando il punto d'ingresso nelle cellule umane.

Sintomi

I sintomi più comuni sono febbre maggiore di 37,5°C, tosse, difficoltà respiratoria, anosmia (perdita improvvisa dell'olfatto), ageusia (perdita del gusto), diarrea.

Vi sono anche, fortunatamente, casi confermati positivi e asintomatici o con sintomi lievi simili a quelli di una normale influenza. Tuttavia la malattia può progredire verso forme gravi di polmonite e insufficienza respiratoria grave. In questo caso le cure vengono erogate in regime di ricovero ospedaliero.

Persone a rischio d'infezione

Le persone più a rischio di manifestare sintomi gravi sono gli anziani e quelle con patologie croniche come BPCO e malattie respiratorie, ipertensione arteriosa, patologie cardiocircolatorie, diabete. A rischio di contrarre il virus in modo grave vi sono anche pazienti oncologici o immunodepressi, i quali hanno delle basse difese immunitarie a causa della malattia e dei trattamenti farmacologici ai quali sono sottoposti.

Tra le persone a rischio di contrarre l'infezione da COVID-19 vi sono anche gli operatori sanitari e il personale di supporto, in quanto a stretto contatto con i pazienti. Per questo motivo i principali organismi in materia di salute e sanità pubblica come l'OMS, l'ISS, il Ministero della Salute, raccomandano che tutti gli operatori coinvolti, a qualsiasi titolo, vengano opportunamente formati e aggiornati in merito ai rischi di esposizione, alle misure di prevenzione e controllo delle infezioni, comprese le infezioni respiratorie.

Le **più efficaci misure di prevenzione** da adottare, sia nell'ambito comunitario che sanitario, prevedono di:

- praticare frequentemente l'igiene delle mani con acqua e sapone o, se questi non sono disponibili, con soluzioni/gel a base alcolica. In ambito sanitario è raccomandato l'uso preferenziale di soluzioni/gel a base alcolica, in modo da consentire l'igiene delle mani al letto del paziente in tutti i momenti raccomandati (prima e dopo il contatto, prima di manovre asettiche, dopo il contatto con liquidi biologici, dopo il contatto con le superfici in vicinanza del paziente);
- evitare contatti ravvicinati e rispettare la distanza di almeno un metro da altre persone;
- indossare la mascherina chirurgica ed evitare di toccarla al suo interno. Dopo la rimozione eseguire un accurato lavaggio delle mani;
- evitare di toccare naso, bocca, occhi con le mani.

Sorveglianza e diagnosi

L'ECDC (European Centre for Disease Prevention and Control) riconosce cinque obiettivi per l'esecuzione del test per SARS-CoV-2, sottolineandone anche la necessità in determinati contesti:

1. controllare la trasmissione;
2. monitorare l'incidenza, l'andamento e valutare la gravità nel tempo;
3. mitigare l'impatto dell'infezione da COVID nelle strutture sanitarie e socio-assistenziali;
4. rilevare cluster o focolai in contesti specifici;
5. prevenire la (re)introduzione nelle aree che hanno raggiunto un controllo sostenuto del virus.

Indice di trasmissibilità e di riproduzione Rt e R0[1]

Il numero di riproduzione di una malattia infettiva viene indicata con l'indice R0 ed è il numero medio di infezioni trasmesse da ogni individuo ad inizio epidemia, in una fase in cui normalmente non sono effettuati specifici interventi per il controllo del fenomeno infettivo. Tale indice rappresenta il potenziale di trasmissione o trasmissibilità di una malattia infettiva non controllata.

L'indice Rt viene calcolato nel corso del tempo di un'epidemia e permette di monitorare l'efficacia degli interventi.

I test attualmente disponibili per l'identificazione del COVID-19 sono di tre tipi.

1. **Test molecolare.** Si tratta di un test con esecuzione di tampone naso-oro faringeo, con l'obiettivo di identificare e rilevare il genoma (RNA) del virus SARS-CoV-2 nel campione biologico. È un metodo altamente specifico e sensibile per individuare uno o più geni bersaglio del virus e misurare la concentrazione iniziale della sequenza. Ad oggi rimane il test più affidabile, in grado di rilevare il virus anche a bassa carica virale, in soggetti sintomatici, pre-sintomatici, asintomatici.
   La processazione viene eseguita in laboratori specializzati, data la complessità dell'operazione. Il risultato dell'indagine può essere ottenuto da un minimo di tre/cinque ore fino a qualche giorno, considerato le organizzazioni logistiche e la grande richiesta di processamento dei tamponi nei laboratori.
   Recentemente è stato introdotto un nuovo test molecolare salivare che viene effettuato con la raccolta di un campione di saliva, invece che con il tampone naso-oro faringeo.
2. **Test antigenico rapido.** Viene utilizzato principalmente per indagine di screening e offre risultati rapidi. Va ad identificare gli anticorpi specifici presenti sulla superficie virale che indicano un'infezione in atto o pregressa. I test antigenici non rilevano l'RNA ma bensì gli antigeni. Il risultato può essere immediato e visibile ad occhio nudo, in quanto ci si serve di apparecchiature (*point of care*) che non hanno bisogno di laboratori. La diagnosi di negatività non esclude la possibilità di infezione da SARS-CoV-2 e pertanto un soggetto ritenuto sospetto dovrebbe essere sottoposto a test molecolare per confermare la diagnosi. Anche nel caso di positività, il paziente deve essere sottoposto a test molecolare per confermare la diagnosi.
3. **Test sierologici.** Vengono eseguiti su siero attraverso un prelievo di sangue venoso. Non sono in grado di confermare o meno un'infezione in atto, rilevano solo l'esposizione al virus. In caso di positività o sospetto negativo, il paziente deve essere sottoposto a esecuzione di test molecolare.

3.12.2 Dispositivi di protezione individuali

Al fine di preservare la salute degli operatori sono stati organizzati dai vari istituti di sanità pubblica appositi corsi di aggiornamento riguardanti l'addestramento circa le modalità e l'uso dei DPI, la corretta procedura di vestizione e svestizione, lo smaltimento corretto dei DPI contaminati.

Negli ospedali sono stati creati dei reparti dedicati COVID-19 (**zone rosse**) dove ricoverare pazienti confermati positivi all'infezione e assistiti da personale formato. Inoltre tali reparti ospedalieri sono dotati di appositi locali idonei per la vestizione e svestizione del personale preposto all'assistenza (**zone filtro**).

Gli operatori devono prestare particolare attenzione e seguire le raccomandazioni durante tutte le procedure, in particolare a quelle che generano aerosol, ricorrendo a filtranti facciali (mascherine chirurgiche, mascherine FFP2, FFP3), visiere di protezione, occhiali di protezione. Inoltre durante tali operazioni devono essere indossati il camice impermeabile a maniche lunghe, guanti monouso, calzari monouso, cuffia chirurgica monouso, prima di recarsi dal paziente noto per positività da COVID.

Maschera di protezione

A seconda dell'utilizzo le mascherine facciali possono essere distinte in:

- **mascherine chirurgiche**: sono presidi monouso e nascono con l'obiettivo di proteggere non l'utilizzatore che li indossa, bensì coloro che si trovano nelle vicinanze. La maschera chirurgica infatti viene indossata per trattenere schizzi di liquidi biologici (saliva) o droplet o goccioline (provenienti da starnuti o colpi di tosse) che potrebbero essere altrimenti diffusi per via orale; per esempio il personale sanitario nell'ambito di un intervento chirurgico deve proteggere il paziente che altrimenti potrebbe essere contaminato se il campo operatorio non è protetto. Nell'ambito dell'infezione da COVID-19 viene maggiormente usata dal paziente infetto per impedire che possa contaminare l'ambiente circostante. Esse non garantiscono la protezione contro agenti infettivi in sospensione (aerosol);
- **maschere di protezione o facciali filtranti**: possono essere monouso o riutilizzabili a seconda del modello e forniscono protezione all'utilizzatore contro agenti risultati patogeni e dannosi per la salute e trasmessi per via aerea. Le mascherine di protezione sono dotate di un filtro capace di trattenere polveri, pollini, fumi, aerosol e agenti dannosi. Una volta saturo il filtro deve essere sostituito. Possono essere inoltre dotate di una valvola di espirazione che garantisce maggior comfort all'utilizzatore, in quanto non permette la formazione di condensa all'interno della maschera. Sono inoltre in grado di garantire protezione contro gli agenti infettivi trasmissibili per via aerea, come i Coronavirus.

  Esistono diversi tipi di maschere filtranti: FFP1, FFP2, FFP3.

  Le maschere **FFP1** garantiscono una filtrazione dell'80% (per fornire un esempio, danno protezione contro polveri o inalazioni di colla usata nel bricolage).

  Le maschere **FFP2** garantiscono una filtrazione del 94% e pertanto risultano idonee all'uso per garantire efficacia contro agenti trasmissibili per via aerea (virus influenzali, aviaria, SARS, TBC, SARS-CoV-2, ecc.). Possono essere dotate di valvola per massimizzare il comfort e facilitare l'esalazione, evitando l'accumulo di calore all'interno della coppa.

Le maschere **FFP3** garantiscono una filtrazione del 99% e sono efficaci e idonee contro l'inalazione di particelle molto fini, fumi, polveri, aerosol (per esempio, forniscono protezione contro particelle molto fini come l'amianto o l'antrace). Hanno una forma che garantisce una corretta adesione al volto coprendo naso e bocca. Come le FFP2 anch'esse possono essere dotate di valvola per migliorarne il comfort.

Uso corretto della mascherina

La mascherina chirurgica per garantire la sua efficacia deve essere indossata correttamente. Pertanto è bene attenersi alla seguente procedura:

- eseguire il lavaggio delle mani con acqua e sapone (lavaggio sociale) o in alternativa, se non è possibile, usare il gel o soluzioni idroalcoliche;
- non toccarla internamente per non contaminarla. Sarebbe opportuno usare i lacci o gli elastici in dotazione alla mascherina per indossarla correttamente;
- poggiarla sul viso verificando che l'orientamento sia corretto (barretta metallica verso l'alto da poggiare sul naso, marcatura del produttore verso l'esterno);
- coprire bene naso, bocca e mento, facendola aderire correttamente e fissandola con gli elastici dietro la nuca o dietro le orecchie;
- la mascherina non deve essere rimossa, né tanto meno abbassata sotto il mento o lasciare il naso scoperto. Deve essere sostituita in caso di contaminazione da parte di spruzzi esterni; se non contaminata esternamente e usata regolarmente il suo utilizzo può protrarsi fino a tre ore;
- smaltire la mascherina negli appositi contenitori subito dopo la rimozione e lavare le mani o igienizzarle con gel o soluzioni idroalcoliche.

Dispositivi di protezione degli occhi

Ormai è noto che il SARS-CoV-2 possa trasmettersi non solo attraverso la via aerea ma anche attraverso le mucose degli occhi con aerosol, gocce e spruzzi di agenti infettivi.

Per questo motivo vengono forniti idonei DPI di protezione degli occhi.

- **Occhiali.** Sono costituiti da materiale atossico, con aste regolabili, ponte nasale adattabile a tutti i visi, formati da una montatura, che deve aderire perfettamente al volto, e una monolente antigraffio e antiappannamento non graduata; permettono una corretta visuale non deformando l'immagine. Gli occhiali da vista non sono considerati dispositivi di protezione e pertanto se indossati dovranno essere posti al di sotto dei DPI oculari.
- **Visiere.** Sono costituite da una parte anteriore simile a una grossa lente, trasparente, in materiale atossico, antigraffio, e un elastico o bordatura da fissare al capo. Forniscono protezione a tutto il volto e possono essere usate anche da coloro che indossano occhiali da vista in quanto ben tollerate.

Altri DPI monouso

Per completezza, viene fatto un breve riferimento ad ulteriori DPI che vengono utilizzati maggiormente nei reparti COVID o durante il trasporto di pazienti sospetti o infetti, come le cuffie, i calzari, i camici impermeabili e le tute idrorepellenti.

Le cuffie sono realizzate in materiale TNT o polipropilene, traspiranti, e vengono impiegate per garantire una protezione degli operatori.

Anche i camici o le tute sono realizzati in polipropilene e garantiscono protezione agli operatori. Queste ultime sono anche dotate di cappuccio elasticizzato con chiusura a zip o velcro, elastico in vita, caviglie e polsi.

3.12.3 Le zone filtro

Le zone filtro sono luoghi in cui vengono identificate particolari operazioni di vestizione e svestizione da parte del personale preposto nei reparti a rischio infettivo, al fine di garantire una limitazione di trasmissione degli agenti biologici infettivi.

Le zone filtro vengono divise in:

- **zona filtro pulita**, in cui il personale procede alla vestizione. Qui viene predisposto tutto il materiale idoneo al processo di vestizione, prima di entrare nelle stanze o nel reparto potenzialmente contaminati;
- **zona filtro sporca**, luogo in cui il personale potenzialmente contaminato procede alla decontaminazione, svestizione e smaltimento dei DPI.

Le zone filtro devono essere dotate di lavandino con acqua corrente, gel idroalcolico, contenitori dei rifiuti speciali, contenitori dei rifiuti nel quale riporre i dispositivi riutilizzabili (occhiali/visiere) che dovranno essere sanificati.

3.12.4 Procedura per vestizione (zona filtro pulita)

Accertamento

- Verificare che nella zona filtro tutto il materiale occorrente sia presente e integro.

Pianificazione assistenziale

- I DPI devono essere correttamente indossati da tutti gli operatori. Sarebbe opportuno che le zone filtro possano essere frequentate nello stesso momento da due operatori alla volta, al fine di potersi aiutare nella vestizione e di controllarsi a vicenda circa la corretta e completa esecuzione. È inoltre opportuno evitare assembramenti anche in questi locali.

Materiale occorrente

- Guanti monouso di diverse misure, maschere chirurgiche e filtranti facciali, camici impermeabili e/o tute impermeabili, soprascarpe e/o calzari monouso, occhiali e visiere, cuffie monouso, gel idroalcolico, contenitori dei rifiuti per differenziata (carta/plastica).

Preparazione

- Assicurarsi che gli altri operatori siano a disposizione se si ha bisogno di assistenza.

Tecnica

1. Rimuovere ogni monile (anelli e bracciali). È consentito tenere la fede nuziale.
2. Eseguire il lavaggio delle mani.
3. Verificare l'integrità dei dispositivi.
4. Indossare i calzari, copriscarpe o stivali monouso.
5. Eseguire il lavaggio delle mani.
6. Indossare i guanti monouso.

7. Indossare il camice monouso impermeabile o la tuta idrorepellente sopra la divisa. Se viene indossata la tuta, procedere alla vestizione appoggiandosi o sedendosi su una sedia per evitare perdita di equilibrio o cadute accidentali. Infilare prima una gamba e poi l'altra, procedere verso il corpo, quindi infilare prima un braccio poi l'altro, chiudere con l'apposito velcro situato nella parte anteriore, coprire il capo con l'apposito cappuccio e farlo aderire bene alla testa e sotto il volto.
8. Indossare la cuffia monouso.
9. Indossare la maschera FFP2 o FFP3.
10. Indossare gli occhiali di protezione o la visiera.
11. Indossare un secondo paio di guanti monouso da far aderire sopra il camice.

3.12.5 Procedura per svestizione (zona filtro sporca)

Accertamento
- Verificare che nella zona filtro tutto il materiale occorrente sia presente.

Pianificazione assistenziale
- I DPI devono essere correttamente rimossi da tutti gli operatori. Alcuni studi hanno evidenziato che l'inosservanza della procedura della svestizione potrebbe essere oggetto di contagio tra gli operatori. Tutti i DPI vanno smaltiti nell'apposito contenitore dei rifiuti speciali posizionato nella zona sporca. Sarebbe opportuno che le zone filtro possano essere frequentate nello stesso momento da due operatori alla volta, al fine di potersi aiutare nella svestizione e di controllarsi a vicenda circa la corretta e completa esecuzione. È inoltre opportuno evitare assembramenti anche in questi locali.

Materiale occorrente
- Lavandino con acqua corrente e sapone, gel idroalcolico, contenitori dei rifiuti speciali, contenitori dei rifiuti nel quale riporre i dispositivi riutilizzabili (occhiali/visiere) che dovranno essere sanificati, soluzioni per sanificazione e decontaminazione.

Preparazione
- Assicurarsi che gli altri operatori siano a disposizione se si ha bisogno di assistenza.

Tecnica
1. Decontaminare nell'apposita zona filtro, evitando qualsiasi contatto tra i DPI e le mucose, viso e cute.
2. Rimuovere calzari, copriscarpe o stivali/gambali monouso e smaltirli.
3. Rimuovere il primo paio di guanti monouso, avendo cura di afferrare l'esterno e sfilarlo dall'interno con la mano opposta (il primo paio di guanti è potenzialmente contaminato).
4. Rimuovere il camice impermeabile slacciando i lacci in vita e quelli della parte posteriore situati dietro al collo, sfilandolo dall'interno e allontanandolo dal corpo, arrotolarlo dall'interno. Se è stata indossata la tuta, procedere alla svestizione sfilando la stessa dalla parte alta del corpo, cappuccio, braccia e tronco, arrotolandola verso il basso, sfilandola dal corpo e infine arrotolandola verso le gambe. Per tale procedimento appoggiarsi o sedersi su una sedia per evitare perdita di equilibrio e cadute accidentali.

5. Procedere al lavaggio delle mani (il secondo paio di guanti monouso è ancora indossato).
6. Rimuovere gli occhiali di protezione o la visiera e posizionarli nell'apposito contenitore per la sanificazione.
7. Rimuovere la cuffia monouso e smaltirla.
8. Rimuovere la maschera filtrante facendo cura di non toccarla esternamente in quanto potenzialmente infetta e smaltirla.
9. Rimuovere il secondo paio di guanti monouso e smaltirlo.
10. Procedere ad un accurato lavaggio sociale delle mani, preferibilmente con acqua e sapone.

3.12.6 La gestione della salma COVID o sospetta COVID positiva

Attività	Obiettivo
Il personale sanitario dovrà indossare tutti i DPI idonei.	
Constatato il decesso da parte del medico, il personale sanitario provvederà all'esecuzione di un elettrocardiogramma per venti minuti consecutivi. Il tracciato andrà conservato nella cartella clinica del defunto per poter essere visionato dal medico necroscopo.	La registrazione documenta l'assenza di attività elettrica cardiaca.
Si provvede all'isolamento della salma, evitando ogni attività di vestizione, posizionandola all'interno di un sacco impermeabile, sigillato e disinfettato esternamente.	Riduce al minimo la possibilità di contagio.
La salma verrà trasferita dal reparto alla morgue, all'interno di un apposito sacco che non dovrà essere completamente chiuso, ma lasciato aperto in corrispondenza del capo.	Consente il riconoscimento della salma ai familiari e l'ultimo saluto nella camera ardente.
La salma, dopo l'accertamento del medico necroscopo, potrà essere portata nella cella frigorifera in attesa delle onoranze funebri.	Le imprese funebri provvederanno a eseguire quanto disposto in materia di polizia mortuaria per il sigillamento del feretro.

Il Ministero della Salute ha fornito indicazioni riguardanti il settore funebre, cimiteriale e di cremazione connesse all'epidemia da SARS-CoV-2, attraverso la circolare n. 11285 del 1° aprile 2020 ("Indicazioni emergenziali connesse ad epidemia COVID-19 riguardanti il settore funebre, cimiteriale e di cremazione").

Le norme che regolano i servizi funebri sono contenute nel regolamento di polizia mortuaria e vengono implementate dalle linee guida per la prevenzione del rischio biologico nel settore dei servizi necroscopici, autoptici e delle pompe funebri. Vengono inoltre applicate le disposizioni contenute nel D.Lgs. n. 81/2008, in materia di sicurezza sul lavoro.

Il provvedimento del Presidente del Consiglio dei Ministri, inoltre, fa presente che le indicazioni e le cautele citate nella circolare ministeriale vanno poste in essere fino ad un mese dopo il termine della fase dell'emergenza (dichiarata al 31 marzo 2022).

Procedura di isolamento paziente deceduto COVID positivo o sospetto COVID in struttura sanitaria

Accertamento
- La constatazione del decesso e l'accertamento vengono fatti dal medico secondo la legislazione vigente.

Pianificazione assistenziale
- Prima di dare inizio all'assistenza post mortem, procedere alla vestizione del personale addetto secondo la procedura dettata dalle norme anticovid.

Materiale occorrente:
- carrello trasporto salma;
- sacco impermeabile monouso con cartellino identificativo paziente;
- contenitori rifiuti speciali;
- mascherine e/o filtranti facciali di protezione;
- erogatore ipoclorito di sodio diluito allo 0,5% con acqua;
- elettrocardiografo;
- DPI idonei e indossati.

Preparazione
- Assicurarsi che gli altri operatori siano a disposizione se si ha bisogno di assistenza.

Tecnica
1. Indossare i calzari o copriscarpe monouso.
2. Eseguire il lavaggio delle mani o frizionare con gel idroalcolico.
3. Indossare primo paio di guanti monouso.
4. Indossare il camice impermeabile o la tuta monouso.
5. Indossare la cuffia monouso.
6. Indossare la mascherina/facciale filtrante.
7. Indossare gli occhiali protettivi o la visiera.
8. Indossare secondo paio di guanti monouso.
9. Posizionare il sacco impermeabile sul carrello trasporto salme.
10. Preparare l'erogatore della soluzione di ipoclorito di sodio.
11. Entrare con il carrello nella stanza di degenza e posizionarlo accanto al letto. Frenare le ruote del letto e del carrello.
12. Spruzzare la soluzione di idroclorito di sodio sulla salma.
13. Sistemare la salma all'interno del sacco, traslandola dal letto al carrello e aiutandosi con il lenzuolo. Non fare movimenti bruschi al fine di evitare eventuali perdite biologiche dagli orifizi corporei.
14. Chiudere il sacco lasciando il capo libero.
15. Spruzzare il sacco esternamente con la soluzione di ipoclorito di sodio.
16. Assicurarsi che la salma sia ben identificata, sia con il braccialetto dell'Unità Operativa che con il cartellino posizionato sul sacco e che i dati corrispondano.
17. Trasportare la salma nell'apposita stanza dedicata all'accoglimento della stessa situata all'interno dell'Unità Operativa, in attesa di trasferimento da personale della morgue verso la camera mortuaria.

18. Rimuovere ed eliminare i DPI seguendo la procedura sulla vestizione.
19. Procedere al lavaggio delle mani.

3.13 Procedure di prevenzione delle infezioni correlate all'assistenza[3]

Precauzioni standard

Il concetto di *precauzioni standard* è stato introdotto alla fine degli anni '90 in sostituzione delle precedenti "precauzioni universali" diffuse in seguito alla comparsa e alla diffusione del virus dell'Immunodeficienza acquisita (HIV).

Si definiscono *precauzioni standard* le misure da adottare per l'assistenza di tutti i pazienti, indipendentemente dalla diagnosi o dal presunto stato infettivo.

Sono basate sul principio che sangue, liquidi organici, secrezioni, escrezioni, cute non integra e mucose possono trasmettere agenti infettivi direttamente o indirettamente mediante attrezzature, strumentazioni, dispositivi medici o mani contaminate.

Le precauzioni standard comprendono:

- l'igiene delle mani,
- l'uso dei guanti,
- l'uso dei dispositivi di protezione individuale (DPI),
- l'adozione di pratiche sicure per la prevenzione dell'esposizione degli operatori sanitari a patogeni trasmissibili per via ematica,
- la collocazione del paziente,
- le procedure di sanificazione ambientale,
- la gestione dei dispositivi medici,
- la gestione della biancheria e delle stoviglie,
- il trattamento dei rifiuti

A) Igiene delle mani

Anche l'Organizzazione Mondiale della Sanità ha assunto il tema della sicurezza del paziente come uno degli obiettivi principali di attività ed ha promosso, nell'ambito della Global *Patient Safety Challenge (GPSC), l'obiettivo "Cure pulite sono cure più sicure" (Clean Care is Safer Care)*, che focalizza l'attenzione sull'igiene delle mani come la misura più importante ed efficace per prevenire la trasmissione delle infezioni.

Con *"igiene delle mani"* ci si riferisce, genericamente, alla procedura di pulizia delle mani per rimuovere sporco, materiale organico o microrganismi. Può essere realizzata attraverso il lavaggio semplice con acqua e sapone. il lavaggio con detergenti contenenti agenti antisettici, il frizionamento con un prodotto alcolico ed il lavaggio chirurgico con antisettici. Le linee guida dei CDC identificano come metodo preferenziale il frizionamento alcolico. in assenza di sporco visibile o materiale organico.

Le linee guida OMS del 2009 identificano 5 momenti in cui è fondamentale effettuare l'igiene delle mani:

1. Prima del contatto con il paziente.
2. Prima di una manovra asettica.
3. Dopo l'esposizione ad un liquido biologico.

---

[3] *Manuale di formazione per il governo clinico: la sicurezza dei pazienti e degli operatori*, gennaio 2012, Ministero della salute.

4. Dopo il contatto con il paziente.
5. Dopo il contatto con tutto ciò che sta intorno al paziente.

Il lavaggio delle mani e l'uso dei guanti, in ambiente ospedaliero, sono considerati le misure di controllo più efficaci per la lotta alle infezioni ospedaliere.

La popolazione microbica presente sulla cute delle mani può essere di due tipi: residente e transitoria.

- La prima è costituita da microrganismi che colonizzano stabilmente la cute: per il 20% essi si trovano nelle pieghe profonde e nei follicoli piliferi, per l'80% sono disposti negli strati superficiali.
- La flora transitoria è costituita da microrganismi patogeni e non patogeni che vengono acquisiti e ceduti con facilità.

In ambito sanitario si eseguono tre tipi di lavaggio delle mani:
1. Lavaggio igienico di routine (sociale).
2. Lavaggio antisettico: con acqua e sapone antisettico o con soluzione alcolica.
3. Lavaggio chirurgico.

1. Lavaggio sociale
Obiettivo: allontanare la popolazione microbica transitoria

- **Quando eseguirlo:** prima e dopo qualsiasi contatto con il paziente che non preveda il lavaggio antisettico, quando le mani sono visivamente sporche, dopo il contatto con ciò che sta intorno al paziente (es. letto, pompe di infusione, etc.);
- **Prodotti da utilizzare:** acqua e comune detergente;
- **Tempo di lavaggio:** 40 - 60 secondi.

Come eseguirlo:
1. rimuovere anelli, bracciali e orologi;
2. rimboccare le maniche al gomito se necessario;
3. bagnarsi con acqua le mani;
4. distribuire una dose di detergente su mani, polsi e avambracci (solitamente tra 3ml e 5ml);
5. frizionare vigorosamente le mani l'una contro l'altra, per permettere al detergente di venire in contatto con tutta la superficie soggetta al lavaggio, compresi pollice, dorso delle mani, zona sotto ungueale;
6. risciacquare bene le mani facendo scorrere l'acqua dalle dita verso i gomiti e asciugare con una salvietta monouso per mano;
7. se il lavandino è sprovvisto di rubinetto a gomito o a pedale, chiuderlo con l'ultima salvietta utilizzata.

2. Lavaggio antisettico
Obiettivo: rimuovere la flora microbica transitoria e ridurre a livelli accettabili quella residente

- **Prodotti da utilizzare:** clorexidina gluconato 4%; povidone iodio 7,5-10%;
- **Tempo di lavaggio:** 3 minuti.

- **Quando eseguirlo:**
  - prima e dopo l'esecuzione di procedure invasive;
  - prima di un contatto diretto con pazienti ricoverati in terapia intensiva o immunocompromessi (neonati, immaturi, pazienti oncoematologici, deficit immunitari) o con lesioni della cute (ferite, ustioni);
  - prima e dopo l'esecuzione delle medicazioni;
  - dopo il contatto con materiale biologico;
  - prima e dopo aver assistito un paziente infetto o colonizzato con germi resistenti a gli antibiotici.

  Come eseguirlo:
  1. rimuovere anelli, bracciali e orologi;
  2. rimboccare le maniche al gomito se necessario;
  3. bagnarsi con acqua le mani;
  4. distribuire una dose di antisettico o di detergente antisettico su mani, polsi e avambracci;
  5. frizionare vigorosamente le mani l'una contro l'altra, per permettere all'antisettico di venire in contatto con tutta la superficie soggetta al lavaggio,compresi pollice, dorso delle mani ed in modo particolare la zona sotto ungueale;
  6. risciacquare abbondantemente con acqua corrente le mani facendo scorrere l'acqua dalle dita verso i gomiti;
  7. asciugare con una salvietta monouso per mano; se il lavandino è sprovvisto di rubinetto a gomito o a pedale, chiuderlo con l'ultima salvietta utilizzata.

Frizione idroalcolica

La frizione delle mani con soluzione idroalcolica può essere effettuata con l'obiettivo di **decontaminare le mani**; **le indicazioni sono le stesse del lavaggio antisettico**.

Può inoltre sostituire il lavaggio igienico in assenza di acqua corrente disponibile.

I prodotti a base alcolica non agiscono sulle spore; in caso di pazienti infetti o contaminati con un agente sporigeno (ad es. clostridium difficile) eseguire il lavaggio antisettico delle mani con acqua e sapone antisettico.

- **Prodotto da utilizzare:** soluzioni a base alcolica;
- **Tempo di lavaggio:** 20 - 30 secondi;
- **Come eseguirlo:** Applicare il prodotto sul palmo della mano e sfregare tra loro le mani coprendo tutta la superficie delle mani e delle dita fino a che le mani sono asciutte.

È obbligatorio lavarsi le mani in maniera antisettica, utilizzando un sapone antimicrobico, nelle seguenti situazioni:

- prima e dopo procedure invasive (il lavaggio va eseguito prima e dopo avere indossato i guanti nel corso di procedure invasive),
- prima e dopo il contatto con ferite,
- prima del contatto con pazienti particolarmente esposti alle infezioni,
- dopo il contatto con persone e materiali infetti.

3. Lavaggio chirurgico
Obiettivo: distruggere e inibire lo sviluppo della flora transitoria e di quella residente

- **Quando eseguirlo:** prima di ogni procedura chirurgica; deve precedere l'uso dei guanti sterili.
- **Prodotti da utilizzare:** detergente antisettico, Povidone allo Iodio.
- **Tempo di lavaggio:** da 5 a 8 minuti.

Come eseguirlo:

1. regolare la temperatura dell'acqua a 37°C, poiché a temperature inferiori si ha una vasocostrizione e restringimento dei pori che impedisce la penetrazione dell'antisettico; temperature più alte possono provocare irritazioni cutanee;
2. bagnare uniformemente mani e avambracci fino a due dita al di sopra della piega dei gomiti;
3. tenere le mani più alte rispetto ai gomiti;
4. distribuire uniformemente 5 ml di soluzione antisettica, premendo la leva del dispenser con il gomito o utilizzando la spugna monouso;
5. strofinare accuratamente per due minuti ogni lato di ogni dito, tra le dita, palmo e dorso di entrambi le mani lavare ciascun lato del braccio dal polso al gomito per 1 minuto;
6. risciacquare per 1 min. prima le mani e dopo gli avambracci avendo cura di tenere le mani al di sopra del livello dei gomiti per evitare che l'acqua dagli avambracci coli sulle mani;
7. risciacquare mani e avambracci facendoli passare sotto il getto dell'acqua in una sola direzione, dalla punta delle dita ai gomiti;
8. asciugare mani, avambracci, gomiti, tamponando e non strofinando, con un panno sterile: va asciugato prima ciascun dito, quindi la restante parte della mano, e da ultimo l'avambraccio sino alla piega del gomito con movimento circolare, avendo cura di non passare dall'avambraccio alla mano.

Nell'igiene delle mani devono essere rispettate le seguenti indicazioni:

1. non indossare unghie artificiali o ricostruite quando è previsto il contatto con pazienti a rischio (es. durante gli interventi chirurgici o in aree intensive);
2. l'uso frequente della frizione alcolica immediatamente dopo il lavaggio delle mani aumenta il rischio di dermatite;
3. non aggiungere saponi ad erogatori parzialmente vuoti, per evitare la contaminazione batterica:
4. fornire agli operatori sanitari creme o lozioni per le mani che riducano al minimo il verificarsi di dermatiti irritative;
5. assicurarsi che gli erogatori siano facilmente accessibili in tutti i punti di assistenza.

B) Uso dei guanti

I guanti costituiscono un valido strumento a protezione dell'operatore e nella prevenzione della trasmissione per contatto di agenti infettivi al paziente.

Indicazioni per la scelta dei guanti e il loro uso
Guanti puliti
Tutte le situazioni cliniche in cui si può venire a contatto con sangue, liquidi biologici, secrezioni, escrezioni e oggetti visibilmente sporchi di liquidi biologici. ESPOSIZIONE DIRETTA AL PAZIENTE: es. contatto con sangue, contatto con membrane mucose e cute non integra, potenziale presenza di microrganismi virulenti e pericolosi, situazioni epidemiche o di emergenza, posizionamento o rimozione di dispositivo intravascolare, prelievo di sangue, rimozione delle linee infusive, visita ginecologica. ESPOSIZIONE INDIRETTA AL PAZIENTE: es. svuotare pappagallo o padella, manipolare/pulire la strumentazione, manipolare i rifiuti, pulire schizzi di liquidi corporei.
Uso di guanti non indicato (eccetto in caso di precauzioni da contatto).
Tutte le situazioni in cui vi sia assenza di rischio potenziale di esposizione a sangue o liquidi corporei o ad un ambiente contaminato. ESPOSIZIONE DIRETTA AL PAZIENTE: es. misurare la pressione,la temperatura e valutare il polso, vestire il paziente, trasportare il paziente, pulire occhi e orecchie (in assenza di secrezioni). ESPOSIZIONE INDIRETTA AL PAZIENTE: es. usare il telefono, scrivere in cartella, cambiare le lenzuola, posizionare un sistema di ventilazione non invasiva e la cannula dell'ossigeno, spostare mobili all'interno della camera del paziente.

I guanti devono essere:

- di misura adeguata e di tipo idoneo alla prestazione da effettuare;
- sostituiti durante procedure assistenziali effettuate in sedi corporee diverse dello stesso paziente;
- rimossi prontamente dopo l'uso per evitare di contaminare, toccandoli, oggetti non contaminati e superfici ambientali;
- sostituiti prima di assistere un altro paziente;
- sostituiti quando si rompono o si verifica una lacerazione o una puntura;
- eliminati dopo il loro uso. Non riutilizzare o lavare i guanti perché questa pratica è associata alla trasmissione di microrganismi patogeni;
- devono essere indossati sopra al polsino, quando è previsto l'uso del camice.

L'uso dei guanti è complementare e non alternativo al lavaggio delle mani perché:

- i guanti possono presentare difetti non visibili ad occhio nudo o possono lacerarsi durante l'uso;
- le mani possono contaminarsi durante o dopo la rimozione dei guanti.

Inoltre, durante l'utilizzo dei guanti:

- non toccarsi gli occhi, il naso, la bocca, i capelli o l'epidermide,
- non toccare oggetti, telefono, porte ed altre strutture od attrezzature "pulite",
- non allontanarsi dal luogo di lavoro indossando i guanti.

C) Uso dei dispositivi di protezione individuale (DPI)

Misure di barriera: Dispositivi di protezione individuale (D.P.I.)

Definizione D.P.I. art. 74 D.Lgs 81/2008: "Si intende per dispositivo di protezione individuale (DPI) qualsiasi attrezzatura destinata ad essere indossata e tenuta dal lavoratore allo scopo di proteggerlo contro uno o più rischi suscettibili di minacciarne la sicurezza o la salute durante il lavoro, nonché ogni complemento o accessorio destinato a tale scopo".

I DPI devono essere impiegati quando i rischi non possono essere evitati o sufficientemente ridotti da misure tecniche di prevenzione, da mezzi di protezione collettiva, da misure, metodi o procedimenti di riorganizzazione del lavoro.

- Indossare mascherina ed occhiali protettivi, oppure visiera, per proteggere le mucose di occhi, naso, bocca, e, se necessario, cuffia e copricapelli in tutti i casi di procedure od attività di assistenza al paziente che possano generare schizzi o spruzzi di sangue, liquidi biologici, secreti od escreti. Indossare filtrante respiratorio nel caso di patologia a trasmissione aerea.
- Indossare un camice protettivo con maniche lunghe per proteggere la cute e prevenire la contaminazione della divisa durante procedure od attività di assistenza al paziente che possano generare schizzi o spruzzi di sangue, liquidi biologici, secreti od escreti. In tutti i casi di assistenza al paziente e in maniera particolare nel caso di patologia trasmissibile per contatto.

La mascherina, il facciale o gli occhiali protettivi devono essere usati per proteggere le mucose degli occhi, naso e bocca degli operatori durante l'esecuzione di procedure che possono determinare schizzi di sangue o di altri liquidi biologici (es. prelievi, procedure di aspirazione di liquidi biologici, broncoscopie) o durante l'assistenza ai pazienti infetti in isolamento.

I DPI monouso, dopo l'attività, devono essere smaltiti nei contenitori per rifiuti potenzialmente infetti.

I DPI riutilizzabili dopo l'uso devono essere detersi e/o disinfettati (quando necessario).

D) Pratiche sicure per prevenire l'esposizione a materiale biologico

1. Maneggiare la biancheria contaminata (sangue e altri liquidi biologici) con protezioni ed in modo da evitare spargimenti, smaltendola negli idonei contenitori.
2. Non usare il materiale riutilizzabile per l'assistenza ad altro paziente prima che esso sia stato sanificato e trattato in maniera appropriata.
3. Maneggiare con attenzione lo strumentario chirurgico usato ed immergerlo in un disinfettante prima del lavaggio e della sterilizzazione.
4. Adottare le misure necessarie a prevenire infortuni causati da aghi, bisturi ed altri oggetti taglienti.

Igiene respiratoria

Il paziente che accede alla struttura sanitaria con segni e sintomi di infezione delle vie respiratorie deve essere educato al contenimento delle proprie secrezioni, al fine di prevenire la trasmissione di patogeni mediante *droplets*.

È opportuno, quindi, che egli sia consapevole di dover:

- coprire naso e bocca con un fazzoletto di carta durante gli accessi di tosse o gli starnuti;
- effettuare l'igiene delle mani dopo il contatto con le secrezioni.

Durante i periodi di incremento della prevalenza delle infezioni respiratorie in comunità (epidemie stagionali di influenza, parainfluenza, adenovirus, RSV etc.), proporre ai pazienti di indossare una mascherina chirurgica quando si trovano nelle aree comuni di attesa o, in alternativa, distanziare spazialmente di un metro il paziente dagli altri soggetti presenti.

Il personale che assiste un paziente con infezione delle vie respiratorie deve osservare le precauzioni per droplets: mascherina chirurgica ed igiene delle mani.

Il personale con infezione delle vie respiratorie dovrebbe evitare di assistere pazienti, specialmente se ad alto rischio (immunodepressi, diabetici, trapiantati etc.).

Le misure di isolamento

Le precauzioni basate sulla via di trasmissione sono precauzioni aggiuntive rispetto alle cautele standard da applicare a tutti i pazienti noti o sospetti di essere infetti o colonizzati da agenti infettivi o epidemiologicamente importanti che possono essere trasmessi per via aerea, con goccioline (droplet) o per contatto.

Precauzioni da contatto

La modalità più comune di trasmissione delle infezione è attraverso il contatto, che può essere diretto o indiretto. Il contatto diretto avviene quando i microrganismi sono trasferiti da un paziente a un altro senza un oggetto o una persona contaminata intermedia, mentre nel contatto indiretto un oggetto o una persona consentono il trasferimento del microrganismo.

È pertanto opportuno:

- ricoverare il paziente in una stanza individuale con servizio igienico dedicato o, se non disponibile, con pazienti affetti dalla stessa patologia (se non vi sono altre controindicazioni);
- indossare i guanti prima di entrare nella camera e ogni volta che si venga a contatto con la cute integra del paziente o con le superfici e gli oggetti a stretto contatto con il paziente;
- indossare un camice quando è probabile che gli abiti vengano a contatto diretto con il paziente o con le superfici o gli oggetti potenzialmente infetti.

Le precauzioni da contatto si applicano non solo in tutte le situazioni in cui la presenza di ferite secernenti, di incontinenza fecale o di altre secrezioni corporee aumentino il rischio di trasmissione delle infezioni, ma anche in presenza di microrganismi multiresistenti.

A titolo di esempio, si indicano alcuni microrganismi/infezioni per cui è previsto l'isolamento da contatto: *Clostridium difficile*, pediculosi, scabbia, foruncolosi stafilococcica nei neonati e nei bambini, Herpes Zoster (disseminato o in paziente immunocompromesso).

Droplet

La trasmissione di microrganismi attraverso droplet avviene direttamente dal tratto respiratorio di una persona infetta alla mucosa del ricevente, generalmente a breve distanza.

I droplet sono tradizionalmente definiti come particelle di grandi dimensioni (superiori a 5 µm) emesse dal paziente durante i colpi di tosse, gli starnuti o la conversazione o durante procedure quali broncoscopia o bronco aspirazione.

Le precauzioni da adottare sono le seguenti:

- ricoverare il paziente in una stanza singola o, se non disponibile, con pazienti affetti dalla stessa patologia, se non vi sono altre controindicazioni;
- indossare la maschera prima di entrare nella camera del paziente.

A titolo di esempio, si indicano alcuni microrganismi/infezioni per cui sono previste le precauzioni droplet: malattia invasiva da *Neisseria meningitidis*, Mycoplasma, pertosse, influenza, SARS.

Via aerea

La trasmissione per via aerea avviene per la disseminazione di particelle di piccole dimensioni che rimangono infettive sia nel tempo sia a distanza.

Precauzioni idonee sono:

- ricoverare il paziente in camera/e in cui sono previsti almeno 6 o 12 cambi d'aria/ora;
- tenere la porta della camera chiusa, quando non è prevista l'entrata o l'uscita di operatori;
- far indossare al paziente la mascherina chirurgica e fargli osservare le regole per l'igiene respiratoria;
- quando il paziente lascia la camera, aerare adeguatamente (almeno 1 ora);
- entrando nella camera, gli operatori devono indossare i facciali filtranti FFP2 o FFP3.

Sempre a titolo di esempio, le patologie a trasmissione per via aerea sono: morbillo, varicella, tubercolosi.

Ambiti assistenziali e problematiche particolari

Nelle Linee guida del 2007 il CDC di Atlanta evidenzia il fatto che l'assistenza sanitaria non viene più erogata esclusivamente negli ospedali, ma anche in altri ambiti, quali, ad esempio, le strutture di lungodegenza e le residenze sanitarie. Da qui la necessità di sostituire la dicitura "*infezione ospedaliera*" con quella di "*infezione associata all'assistenza sanitaria*".

La comparsa di nuove patologie (es. la SARS o l'influenza aviaria) ed il bioterrorismo presentano nuove situazioni, minacce e sfide da affrontare.

I CDC hanno elaborato anche specifiche indicazioni per i microrganismi multi resistenti.

Si riportano di seguito alcune avvertenze per realtà assistenziali specifiche diverse dagli ospedali.

Ambulatori

In ambito ambulatoriale, le linee guida per la prevenzione delle infezioni devono essere adattate in quanto i pazienti rimangono in sala d'attesa per periodi prolungati, gli stessi ambulatori sono occupati velocemente, con procedure di pulizia ridotte o assenti ed i pazienti infetti potrebbero non essere riconosciuti immediatamente.

- I pazienti con sospetto di patologie infettive dovrebbero attendere in aree separate al fine di contenere il rischio di trasmissione delle infezioni, evitando le sale d'attesa affollate;
- anche gli accompagnatori sintomatici dovrebbero essere trattati come i pazienti infetti; è opportuno definire specifiche procedure di identificazione dei pazienti con patologie che si trasmettono per via aerea. Nel caso in cui non fosse possibile procedere immediatamente al suo trattamento, far indossare la mascherina chirurgica al paziente e istruire lui ed i suoi accompagnatori sulle misure di igiene respiratoria. Quando il paziente lascia la camera di isolamento aerare adeguatamente la stessa fino a consentire il completo ricambio dell'aria.

Lungodegenza

Le strutture che prevedono una lungodegenza sono di diverso tipo e vanno dalle strutture residenziali per anziani alle strutture per la riabilitazione. La loro caratteristica comune è il tempo prolungato che i pazienti trascorrono al punto da divenire (es. nelle RSA) il loro ambiente di vita.

I pazienti (o ospiti) condividono gli spazi e partecipano ad attività comuni quindi le restrizioni per i pazienti colonizzati o infetti potrebbero avere conseguenze psicosociali. È pertanto necessario valutare attentamente il rischio di trasmissione delle infezioni, considerandone anche l'aspetto sociale.

I pazienti provenienti da ambienti di lungodegenza, possono, inoltre, trasferire i microrganismi in ospedale, a causa di ricoveri frequenti.

È necessario valutare di volta in volta, la collocazione dei pazienti infetti o colonizzati da microrganismi per cui è previsto l'isolamento da contatto o droplet, considerando attentamente i fattori di rischio e il potenziale impatto psicologico dell'isolamento stesso.

Per le patologie che si trasmettono per via aerea, è necessario seguire le precauzioni previste per i pazienti ospedalizzati.

Assistenza domiciliare

L'assistenza domiciliare è una modalità organizzativa che consente di fornire presso il domicilio dell'assistito prestazioni di natura socio assistenziale con servizi e strumenti adeguati ad offrire una risposta ai bisogni rilevati e a concorrere al mantenimento del massimo livello di benessere, salute e funzione possibili. Tale modalità consente al paziente la permanenza nel suo abituale ambiente di vita senza il ricorso a strutture residenziali.

La tipologia di sostegno e di cure erogate varia molto: dal supporto durante le attività quotidiane (es. bagno) a terapie invasive (es. terapia infusionale).

L'assistenza domiciliare è erogata soprattutto a pazienti con patologie cronico-degenerative che richiedono un'assistenza permanente e continuativa, con l'impiego prolungato se non addirittura constante di *device* (i dispositivi per accesso vascolare centrale o periferico, i dispostivi per assistenza respiratoria, i cateteri vescicali), con i conseguenti rischi infettivi ad essi correlati.

Tra i fattori di rischio relativi ai *dispositivi per accesso vascolare* vi sono: la durata prolungata del ricovero prima dell'inserzione del catetere, la durata prolungata del cateterismo, la colonizzazione del sito di inserzione e del raccordo, la somministrazione di nutrizione parenterale totale, pratiche di gestione del catetere non aderenti agli standard.

Riguardo ai *dispositivi per assistenza respiratoria*, le polmoniti sono le infezioni associate ai costi più elevati ed alla proporzione più elevata di decessi per infezione. Tra i fattori di rischio della VAP vi sono l'intubazione prolungata, l'alimentazione enterale, l'aspirazione, la presenza di patologie favorenti, l'età avanzata.

In merito ai *cateteri vescicali* la durata del cateterismo rappresenta il principale fattore di rischio per lo sviluppo di IVU. Altri fattori di rischio sono il drenaggio a circuito aperto, errori nella manipolazione della sacca o del catetere, il sesso femminile e l'età avanzata.

Ai fini del contenimento e del controllo del rischio infettivo nell'assistenza domiciliare, quindi, gli operatori sanitari, accanto al rispetto delle misure di prevenzione di carattere generale, ovvero le precauzioni standard e, in particolare, alla corretta igiene delle mani, devono porre grande attenzione nella scrupolosa applicazione delle procedure di assistenza e di gestione dei device in base alle linee guida e buone pratiche riconosciute.

L'**incidenza delle infezioni** legate all'assistenza domiciliare non è attualmente nota. Il rischio appare legato prevalentemente agli operatori sanitari o all'utilizzo di strumenti contaminati. L'assistenza domiciliare, tuttavia, può contribuire allo sviluppo dell'antibioticoresistenza e, quindi:

- l'utilizzo di attrezzatura pluriuso dovrebbe essere limitato. Nel caso di pazienti con patologie trasmissibili per contatto è necessario procedere prima di lasciare l'abitazione del paziente alla pulizia e disinfezione degli strumenti non critici utilizzati e che non possono essere lasciati al domicilio del paziente stesso;
- per l'assistenza a pazienti con ulcere da pressione, incontinenza e ferite secernenti è consigliato l'utilizzo delle precauzioni standard, in particolare camice e guanti.

Parte Quarta

L'assistenza alla persona

SOMMARIO

Capitolo 1
I bisogni della persona e il concetto di benessere

1.1 L'individuo, i bisogni, le motivazioni

Ai sensi dell'art. 1, comma 2, dell'Accordo Stato-Regioni del 2001, l'OSS è l'operatore che, a seguito dell'attestato di qualifica conseguito al termine di specifica formazione professionale, svolge attività indirizzata a soddisfare i **bisogni primari della persona**, nell'ambito delle proprie aree di competenza, in un contesto sia sociale che sanitario.

Il bisogno: si configura come uno stato di carenza. Di seguito alcuni dei significati più comuni:

- un forte stimolo fisico o psichico a compiere qualcosa;
- la mancanza di qualcosa di desiderato o necessario;
- un desiderio impellente;
- una condizione caratterizzata dalla mancanza di cose richieste;
- una situazione o un momento di difficoltà;
- una situazione di estrema povertà.

Segnatamente, il bisogno identifica delle necessità di tipo materiale o immateriale che l'individuo sente crescere dentro di sé e di cui cerca l'appagamento nell'ambiente circostante.

Ciò nondimeno, sul piano motivazionale, la spinta a soddisfare i propri bisogni non sempre è sufficiente ad agire e, d'altra parte, non tutte le pulsioni ad agire nascono da uno stato di carenza, né si può dire che esista sovrapposizione tra bisogni psicologici e fisiologici, come confermano i casi di dipendenza psicologica da droghe che non danno dipendenza fisica.

Henry Murray, psicologo statunitense, fu il primo a chiarire la specificità del bisogno in chiave psicologica. Egli classificò i bisogni in **viscerogeni**, corrispondenti alle necessità fisiologiche e basilari dell'organismo, e **psicogeni**, corrispondenti alle esigenze specifiche della psiche di ogni singola persona, i quali si sviluppano nella relazione costante con gli stimoli esterni.

Sulla base di questa classificazione Murray individuò una stretta relazione tra l'ambiente, da cui l'individuo riceve la spinta ad agire, e le forze interne che danno vita all'azione. Secondo Murray, il bisogno, inteso come forza interna che direziona l'individuo ad agire sull'ambiente circostante, spinge l'organismo a entrare in azione e a rimanere in attività fino a quando nell'interazione organismo-ambiente non si determina un'alterazione che appaga il bisogno. La percezione che una persona ha del proprio ambiente è ciò che si definisce "pressione".

La teoria di Murray divergeva completamente dalle tesi precedentemente proposte, che ipotizzavano l'esistenza di istinti, pulsioni e motivazioni universali. Per Murray i bisogni non sono innati. La motivazione è strettamente legata e dipendente dall'ambiente visto sia come fonte e sede di pressioni sia come sede per soddisfare le diverse necessità.

Sotto quest'aspetto la motivazione è l'insieme dei fattori che stanno alla base del comportamento, lo sollecitano e lo orientano in determinate direzioni. Gli elementi in gioco della personalità dell'individuo sono le **competenze**, ciò che l'individuo è in grado di fare, e i **valori personali**, che rappresentano il suo codice etico e morale di comportamento. La spinta motivazionale s'innesca ogni qual volta l'individuo avverte un bisogno.

Si possono distinguere tre categorie fondamentali di motivazioni umane:

- **motivazioni primarie**, pulsioni di natura fisiologica che comprendono in larga parte bisogni fondamentali per la sopravvivenza (per esempio, bere, mangiare, dormire);
- **motivazioni secondarie**: bisogni di natura individuale e sociale che nascono dai diversi processi di socializzazione di cui l'individuo è partecipe (per esempio, il successo, la competizione);
- **motivazioni di livello superiore**: impulsi che appartengono alla sfera degli obiettivi e delle aspirazioni individuali, per esempio nell'ambito del lavoro e della professione, nel campo delle affettività e, più in generale, nel campo delle relazioni sociali.

Una delle più note concettualizzazioni oggetto di studio nell'ambito delle teorie motivazionali è la gerarchia dei bisogni di Maslow.

1.2 La gerarchia dei bisogni secondo Maslow

Abraham Maslow ha sviluppato la teoria della motivazione comportamentale basata sui bisogni. Questa teoria è spesso riportata come *gerarchia dei bisogni di Maslow*, strutturata in cinque livelli.

I **bisogni fisiologici** (o di base) devono essere raggiunti obbligatoriamente per rimanere in vita. Tutti gli altri bisogni, invece, sono correlati alla qualità della vita: si tratta dei bisogni di sicurezza e protezione, di appartenenza e amore, di autostima e realizzazione di sé.

I **bisogni di livello inferiore** devono essere obbligatoriamente soddisfatti perché un individuo sia motivato a soddisfare i bisogni del livello gerarchicamente superiore.

Modelli o teorie del *nursing* usano la gerarchia di Maslow come base per programmare l'assistenza infermieristica dei pazienti. In tal modo, si assicura che i bisogni fisiologici di base, come tutti gli altri, siano accertati e soddisfatti nei piani di assistenza individualizzata.

Bisogni fisiologici

Sebbene Maslow non abbia specificamente indicato le necessità fisiologiche, esse sono generalmente individuate nei bisogni di *aria*, *acqua*, *eliminazione*, *riposo* (sonno)/*attività* (esercizio) e *sessualità*.

Con l'eccezione della sessualità, la realizzazione di questi bisogni costituisce condizione indispensabile per la sopravvivenza dell'individuo. Nondimeno la soddisfazione dei bisogni sessuali, se non è necessaria per la sopravvivenza individuale, lo è però per la sopravvivenza della specie umana.

I bisogni fisiologici di base devono essere raggiunti prima che i bisogni del livello superiore diventino motivazionali rispetto al comportamento. Per esempio, una persona affamata è motivata dal bisogno di nutrirsi e il suo comportamento si concentra sulla ricerca del cibo.

Bisogni di sicurezza e protezione
Il livello superiore, di sicurezza, comprende i bisogni di protezione, stabilità e assenza di ansia immotivata. I bisogni di sicurezza includono sia gli aspetti fisici che quelli emozionali.

La malattia è spesso una minaccia alla sicurezza, perché compromette la stabilità della vita.

Bisogni di amore e di appartenenza
Il terzo livello della gerarchia, quello dell'amore e dell'appartenenza, incorpora non soltanto il dare, ma anche il ricevere affetto. Avere amici e far parte di gruppi e organizzazioni rappresentano due strade per soddisfare questi bisogni, la cui realizzazione è estremamente importante per la salute mentale.

Bisogni di autostima
Il livello dei bisogni di autostima è soddisfatto con il successo nel lavoro e in altre attività. Il riconoscimento degli altri fa crescere la nostra autostima e i sentimenti di orgoglio per quello che siamo riusciti a fare.

Bisogni di realizzazione di sé
La realizzazione di sé è il più alto livello della gerarchia di Maslow. Una persona che abbia soddisfatto questi bisogni è una persona fiduciosa, contenta di sé e creativa; è in cerca di sfide e ha una visione positiva del mondo.

Secondo Maslow, molti individui sono talmente presi dalla soddisfazione dei bisogni fisiologici, di protezione e sicurezza, che resta loro poco tempo o scarse energie per appagare i bisogni di amore, appartenenza, autostima e realizzazione di sé.

C'è poi chi non è per nulla interessato ai livelli superiori della gerarchia: si tratta di persone che non hanno difficoltà a raggiungere i livelli più bassi, ma la cui personalità e le cui attitudini rendono difficile, se non impossibile, il soddisfacimento dei bisogni dei tre livelli più alti.

Il cammino di un individuo verso i livelli superiori non è continuo. Cambiano le circostanze di vita, cambiano i bisogni non soddisfatti delle persone e il comportamento è motivato da differenti livelli della gerarchia. Per esempio, se una persona sta lavorando per soddisfare il proprio bisogno di autostima e improvvisamente viene licenziata dal lavoro, i bisogni di protezione e di sicurezza per fornire aiuto finanziario a sé e alla famiglia risultano inaspettatamente minacciati e non soddisfatti e motiveranno il comportamento di quella persona.

Salute
La percezione della salute varia in base alla sua definizione. Nel preambolo del suo documento costitutivo, l'Organizzazione Mondiale della Sanità (OMS) definisce la salute come «lo stato di completo benessere fisico, psichico e sociale e non solamente l'assenza di malattia e infermità». Tale definizione di salute non permette variazioni sul grado di benessere o malattia. D'altro canto il concetto di continuum salute-malattia permette una più ampia descrizione dello stato di salute della persona. Vedendo la salute e la malattia su un continuum, è possibile considerare una persona come né mai completamente sana, né mai completamente malata. Invece, lo stato di una persona è sempre in cambiamento e potenzialmente può variare dal maggiore livello di benessere a uno stato di bassissima salute fino alla morte imminente. Il modello del continuum salute-

malattia rende possibile vedere una persona in possesso simultaneamente sia di un certo grado di salute che di malattia.

Le limitazioni della definizione di salute dell'OMS sono evidenti in relazione alle malattie croniche. Una persona cronicamente malata non può soddisfare lo standard di salute stabilito dalla definizione dell'OMS. Tuttavia, quando si considera la malattia cronica dalla prospettiva del continuum salute-malattia, la persona affetta da malattia cronica può essere vista come chi virtualmente ha raggiunto il massimo livello di benessere, se esprime con successo le sue potenzialità, pur con i limiti della sua malattia cronica.

Benessere

Il benessere è stato definito come l'equivalente della salute. Cookfir (1996) indica che il benessere include «un approccio cosciente e deliberato a un avanzato stato di salute fisica, psicologica e spirituale, e uno stato di vigore dinamico e fluttuante». Leddy & Pepper (1998) sostengono che il benessere è indicato dalla capacità di una persona di eseguire al meglio quanto è capace di fare, dall'abilità di adattare e correggere varie situazioni, da un riferito senso di stare bene, dal senso che «qualcosa è legato e armonioso». Con questo riferimento è evidente che lo scopo dei professionisti sanitari è di promuovere cambiamenti positivi orientati alla salute e al benessere. Il flutto che il senso di benessere abbia un aspetto soggettivo enfatizza l'importanza di riconoscere e rispondere al paziente in modo personalizzato, e la diversità del nursing e dell'assistenza sanitaria.

Promozione della salute

Oggi, sempre maggiore enfasi è posta sulla salute, sulla promozione della salute, sul benessere e sulla cura di sé. La salute è vista come il risultato di uno stile di vita orientato al benessere. Il risultato è stato l'evoluzione di un ampio numero di strategie di promozione della salute, inclusi screening multifase, test generici, programmi di monitoraggio della salute nel corso della vita, programmi di salute mentale e ambientale, riduzione di rischi, educazione sanitaria e dietetica. Il crescente interesse nelle abilità di self-care è evidenziato dal largo numero di pubblicazioni sulla salute, di conferenze e di workshop per un pubblico ampio.

Gli individui sono sempre più preparati sulla loro salute e sono incoraggiati a sviluppare un maggiore interesse sulla responsabilità per salute e benessere. Programmi educativi strutturati di autocura enfatizzano la promozione della salute, la prevenzione della malattia, la gestione delle patologie, l'automedicazione, l'uso giudizioso del sistema sanitario professionale. Inoltre, esistono oltre 500.000 gruppi di auto-aiuto, con lo scopo di condividere esperienze e informazioni sulle abilità di cura di sé, con altre persone che hanno malattie croniche o disabilità simili.

Sforzi speciali sono stati fatti dai professionisti sanitari per raggiungere e motivare membri di vari gruppi culturali e socio-economici sugli stili di vita e le pratiche sanitarie. Stress, dieta inappropriata, mancanza di esercizio, fumo, droghe, comportamenti a alto rischio, incluse pratiche sessuali e scarsa igiene, sono tutti comportamenti conosciuti relativi allo stile di vita che promuovono la salute. Lo scopo è di motivare le persone a migliorare il modo in cui vivono, modificando i comportamenti a rischio e adottando comportamenti sani[1].

---

[1] Brunner & Suddarth's, *Nursing medico-chirurgico*, vol. 1 (Cap. 1 *Erogazione dell'assistenza sanitaria e professione infermieristica*).

1.3 Il benessere e la sua promozione

Tra i compiti che l'art. 1, comma 2, dell'Accordo Stato-Regioni del 2001 assegna all'OSS vi è quello di favorire il benessere e l'autonomia dell'utente.

Il benessere è definito come uno stato di salute ottimale in cui un individuo:

- sfrutta al massimo il potenziale umano;
- si muove verso l'integrazione delle funzionalità umane;
- ha autocoscienza e autocompiacimento e si assume la responsabilità della propria salute.

I ricercatori hanno individuato le seguenti aree di benessere: fisico, intellettuale, socioculturale, psicologico, emozionale, spirituale, professionale.

Il **benessere fisico** contraddistingue gli individui che praticano regolare esercizio fisico, seguono un regime dietetico bilanciato e si sottopongono a regolari controlli fisici. Questi soggetti evitano i comportamenti sessualmente a rischio, limitano l'esposizione all'inquinamento ambientale e riducono l'assunzione di alcool, tabacco, caffeina e farmaci.

Il **benessere intellettuale** è la capacità di agire come una persona indipendente, in grado di decidere in maniera sensata. Le decisioni sono basate sui bisogni dell'individuo, ma nello stesso tempo tengono conto dei bisogni degli altri. La lucidità di pensiero, il saper risolvere i problemi e dare buoni giudizi, il desiderio di imparare continuamente, sono tutte qualità che si trovano in una persona che sta bene intellettualmente.

Il *nursing* esige che si prendano molte decisioni, alcune delle quali fondamentali per la vita dei pazienti. L'operatore sanitario deve essere in una condizione di benessere intellettuale per poter prendere le migliori decisioni possibili riguardo all'assistenza del paziente.

Non meno importante è il **benessere socioculturale**, ossia la capacità di valutare i bisogni degli altri e aver cura del proprio ambiente e di chi lo occupa. Gli operatori sanitari sono chiamati a curare ammalati di tutte le età e, nella società multietnica del nuovo millennio, di tutte le etnie, persone che parlano lingue diverse e vengono da differenti gruppi culturali. La **cultura** (comportamento, abitudini, credenze di famiglia, famiglia allargata, tribù, nazione e società) influenza il modo in cui un individuo vede il benessere, lo vive e risponde alla malattia.

L'operatore sanitario deve comprendere che, seppure i bisogni fondamentali di ciascuno siano gli stessi, il modo di soddisfarli può variare in relazione alle diversità culturali dei pazienti. Perciò, deve impegnarsi per superare le discriminazioni, accettando ogni persona nella sua unicità.

Si colloca in questo stesso contesto il **benessere psicologico**, che abbraccia il piacere della creatività, il soddisfacimento del bisogno di amare e di essere amati, la capacità di comprendere le **emozioni** e l'abilità di mantenere il controllo sulle emozioni. Ciò richiede che gli individui sappiano riconoscere le emozioni e controllare le reazioni nelle varie situazioni. Le emozioni riducono la distanza tra mente e corpo: un individuo che è emotivamente in buone condizioni comprende le sue stesse sensazioni e sa quando esprimerle appropriatamente. Questa persona accetta le limitazioni, sopporta lo stress in modo sano, possiede le abilità per adattarsi ai cambiamenti, infine è ottimista e felice, si diverte e dimostra rispetto e affetto per gli altri.

Star bene emozionalmente significa anche avere un **atteggiamento positivo**. Sono stati scritti molti libri su come una disposizione positiva giochi nell'aiutare a vincere la malattia. Diversi autori sostengono che avere un atteggiamento positivo è importante quanto ricevere il miglior trattamento possibile sul piano terapeutico.

Un atteggiamento può diventare un modo di essere: se si pensa ripetutamente in positivo, inconsciamente si è subito portati a vedere il lato migliore in qualsiasi situazione. Poiché gli operatori sanitari giocano un ruolo determinante nell'aiutare le persone a trovare un significato nella vita, è molto importante il **benessere spirituale**, che si manifesta come forza interiore e pace. La spiritualità è un concetto più ampio rispetto all'affiliazione religiosa del paziente, in quanto comprende le credenze di una persona che danno significato e scopo alla sua esistenza. Si manifesta con lavori significativi, espressioni creative, rituali familiari e pratiche religiose. Comporta la ricerca di significato in qualsiasi cosa, vita, malattia e morte comprese.

I bisogni spirituali abbracciano l'amore, il perdono e la speranza. La dimensione spirituale umana è il principale fattore di guarigione e può fare la differenza tra vita e morte, tra benessere e malattia. Gli operatori sanitari hanno il dovere etico di rispettare le credenze religiose dei pazienti, fornendo loro l'ambiente adatto per praticarle e facendo in modo che sia disponibile, quando richiesta, una guida spirituale (sacerdote, ministro, rabbino o altro rappresentante).

L'individuo che, oltre a star bene in tutte queste aree, è anche soddisfatto negli studi o nell'attività lavorativa e lavora in armonia con gli altri gode di **benessere professionale**.

1.4 I fattori che influenzano la salute

I fattori che influiscono sulla salute possono essere suddivisi in genetici, biologici, ambientali e personali.

I **fattori ereditari** (genetici) e le modalità di funzionamento del corpo umano (**fattori biologici**) hanno notevole incidenza sullo stato di benessere individuale. Nel patrimonio genetico, infatti, possono essere presenti *disordini ereditari* (per esempio, anemia falciforme) o *anomalie cromosomiche* (per esempio, sindrome di Down). Simili patologie condizionano enormemente la qualità della vita e la salute dell'individuo. Ciò vale anche per la **biologia**: un corpo che funziona bene è sicuramente meno esposto al rischio di contrarre malattie.

Numerosi sono i **condizionamenti ambientali**, naturali o prodotti dall'uomo. Si tratta di fattori che dipendono in larga parte dalla posizione geografica e dalle condizioni di vita. L'esposizione ad alcuni *irritanti biologici naturali*, o la loro ingestione, può causare malattie e, talvolta, perfino la morte, come nel caso di chi ingerisce funghi velenosi. Altri gravi pericoli possono venire dall'esposizione a *sostanze chimiche* come l'amianto e le vernici con piombo, così come può essere estremamente dannosa una prolungata esposizione alle radiazioni solari.

Vi sono poi i *disastri naturali ambientali*, come le eruzioni vulcaniche, gli uragani, le alluvioni, le bufere di neve, la siccità, le ondate di caldo e altre condizioni climatiche estreme. Questi fenomeni mettono a rischio la salute e l'incolumità allo stesso modo dei *disastri provocati dagli uomini* (si pensi alle guerre, all'inquinamento, alla sovrappopolazione, ecc.).

Quanto ai fattori personali, che costituiscono un'area interamente controllata dall'individuo, la loro incidenza sulla salute è innegabile. I fattori comportamentali tipici sono legati all'alimentazione, all'attività fisica, alla cura personale, alle abitudini sessuali, al consumo di alcool, tabacco o droghe e alle scelte concernenti la sicurezza.

Abitudini alimentari e **dieta** appropriate, specialmente se abbinate ad **attività fisica**, migliorano di molto, nel loro insieme, il benessere fisico. Mangiare non solo soddisfa i bisogni biologici di base (sostentamento, nutrizione e idratazione), ma permette anche di soddisfare i bisogni sociali e interpersonali. Gli esercizi fisici, dal canto loro, migliorano l'elasticità muscolare, la circolazione e il benessere mentale; inoltre accrescono la resistenza, fanno abbassare la pressione arteriosa, riducono la probabilità di contrarre l'osteoporosi e le malattie cardiache. In breve, chi pratica attività fisica vive in condizioni migliori di salute.

Curare la propria persona, in particolare la *pelle*, i *capelli* e le *unghie*, aiuta a proteggere il corpo dalle aggressioni di allergeni, batteri, funghi e virus. La cura personale deve anche includere *abitudini sane* (per esempio, corretta postura, movimenti corporei appropriati, igiene dentale e orale).

Non meno importante è la **pratica sessuale**. Stabilire intimità e relazioni sessuali con un'altra persona è un naturale momento della crescita e dello sviluppo. Una relazione sessuale sana è basata sulla reciproca soddisfazione, sull'approccio consensuale alle pratiche sessuali, sull'etica e sulla morale individuali e sul mutuo rispetto delle preferenze e delle scelte personali.

Per il mantenimento e la promozione della salute è importante evitare e/o limitare il consumo di alcool, tabacco o droghe. Consumare **bevande alcoliche** o **droghe** è una scelta personale che si riflette sulla sobrietà, sulle capacità decisionali e, in diversi modi, sulla sicurezza. Quanto al consumo di **tabacco**, è scientificamente accertato che quando si smette di fumare, i rischi per la salute cominciano subito a decrescere. Nel caso di soggetti che fumano da lungo tempo, per rimuovere dai polmoni tutti gli effetti del fumo possono occorrere anche dieci-quindici anni. Il fumo provoca malattie tumorali, polmonari e cardiache; chi poi fuma in presenza di altre persone (**fumatori passivi**) espone a rischio anche loro.

Anche l'**abuso di farmaci da prescrizione** costituisce un problema sanitario e sociale di notevoli dimensioni. Si parla di abuso di farmaci quando questi vengono assunti o in modo difforme dalla prescrizione medica o, indebitamente, da chi non ne avrebbe bisogno. Se non assunti come stabilito, molti farmaci da prescrizione possono dare assuefazione.

Le scelte sulla **sicurezza**, infine, influenzano molte aree della vita individuale e possono essere viste più come *scelte culturali* che come atti distinti per promuovere la salute. Chi guida senza mettere le cinture di sicurezza e senza rispettare i limiti di velocità mostra di avere una scarsa cultura della sicurezza.

1.5 La prevenzione delle malattie

La *prevenzione* consiste in un insieme di interventi volti a impedire l'insorgenza di una malattia o comunque ad ostacolarne la progressione e va attuata per tutta la vita. Gli interventi possono variare dalla modifica dello stile di vita, che costa poco o nulla, all'impiego di procedure tecnologiche molto costose. Gli strumenti necessari vanno sostenuti e finanziati dal sistema sanitario in relazione ai cambiamenti che avvengono nel trattamento delle malattie e ai programmi di prevenzione. Il miglioramento della salute, l'aspettativa di vita più lunga e una popolazione che vive meglio, si sente meglio e fa maggiore attenzione alla propria salute costituiranno la ricompensa di tale impegno.

Esistono tre tipologie di prevenzione: *primaria*, *secondaria* e *terziaria*. Storicamente la prevenzione primaria non è stata sostenuta dal nostro sistema sanitario, mentre la prevenzione secondaria e quella terziaria, sebbene richiedano ingenti risorse economiche, sono state, e ancora rappresentano, il punto nodale.

La **prevenzione primaria** comprende tutte le pratiche e le raccomandazioni messe in atto per ridurre il rischio che si verifichino problemi di salute: per esempio, le raccomandazioni sui programmi di vaccinazione o sul modo di prevenire l'osteoporosi con cibi ricchi di calcio; oppure le campagne di informazione sui rischi connessi al tabagismo per prevenire il cancro ai polmoni. Di solito la prevenzione primaria ha minori costi e offre maggiori benefici.

Pratiche essenziali per la salute

- Non assumere tabacco o droghe.
- Consumare non più di 60 grammi di alcool al giorno.
- Seguire una dieta povera di grassi, colesterolo e sale, ma ricca di fibre, frutta, verdura e pesce.
- Svolgere regolare attività fisica.
- Restare tonici e in forma.
- Guidare autovetture munite di airbag e adoperare le cinture di sicurezza. Guidare prudentemente e non bere mai alcolici prima di mettersi alla guida.
- Evitare stress eccessivi.
- Ridurre al minimo l'esposizione a radiazioni, raggi ultravioletti, inquinanti chimici e altri pericoli ambientali.
- Proteggersi dalle malattie sessualmente trasmissibili.
- Sottoporsi a regolari controlli medici, comprese le vaccinazioni e i test di screening.

La **prevenzione secondaria**, invece, include l'*accertamento* e il *trattamento* della malattia in corso. Al momento di raccogliere i dati per l'anamnesi, l'operatore sanitario deve fare attenzione alla storia familiare, ai fattori di rischio, ai segni e ai sintomi di una potenziale malattia. L'esame medico dell'assistito va condotto tenendo presenti la fascia anagrafica e i fattori di rischio. Per esempio, negli adulti si misura la pressione per verificare la presenza di stati ipertensivi, mentre nei bambini in età scolare si verifica la presenza di problemi alla vista e all'udito. La prevenzione secondaria, se correttamente eseguita, permette la diagnosi precoce e una cura rapida ed efficace della malattia.

La **prevenzione terziaria**, infine, si focalizza sulla massimizzazione del recupero dopo la malattia. Le *attività riabilitative o educative* sono comuni a questo livello di prevenzione. Per esempio, le persone colpite da ictus seguono programmi di riabilitazione fisica intensiva finalizzati al recupero dell'indipendenza nelle attività di vita quotidiana.

1.6 L'assistenza sanitaria

La maggior parte delle persone ricorre al sistema sanitario solo quando insorge la malattia, ma esistono modi migliori per usufruire della sanità: la **promozione della salute** e la **prevenzione delle malattie**.

Gli adulti in salute dovrebbero sottoporsi a esami fisici periodici e a test diagnostici: ogni uno-tre anni nel periodo dai 20 ai 39 anni; ogni uno-due anni nel periodo dai 40 e ai 49 anni; ogni anno superati i 50 anni.

Ciascun adulto poi dovrebbe sottoporsi al richiamo dell'**antitetanica** ogni dieci anni. Gli operatori sanitari, gli studenti, i soggetti ad alto rischio di esposizione, i malati di diabete e gli ultrasessantacinquenni dovrebbero sottoporsi alla **vaccinazione antinfluenzale** ogni anno e al **vaccino anti-pneumococco** ogni sei anni.

A ogni controllo medico devono essere effettuate le seguenti analisi cliniche: *emocromo completo*, *glicemia*, *colesterolo*, *esame delle urine*, *sangue occulto nelle feci* e, per le donne, il *Pap test*.

Nel periodo dai 20 ai 40 anni andrebbe eseguito un **elettrocardiogramma** ogni cinque anni (annualmente nel caso di soggetti ad alto rischio). A ogni esame medico le donne dovrebbero sottoporsi a **mammografia** (annualmente oltre i 40 anni) e gli uomini, dopo i 40 anni, a **esame testicolare** ed **esame del retto.**

Ciascuna donna dovrebbe eseguire un **autoesame del seno** (autopalpazione) dopo ogni ciclo mestruale e ciascun uomo un **autoesame testicolare** mensile.

Ogni sei mesi andrebbe eseguito un **esame odontoiatrico.** Ogni due-tre anni, nel periodo che va dai 40 ai 49 anni, e ogni uno-due anni dopo i 50 sarebbe opportuno eseguire un **esame oculistico**, compresa la tonometria per il glaucoma.

1.7 Raccomandazioni per una vita sana

È importante ricordare che, mentre alcune variabili di salute (come genere sessuale ed etnia) non possono essere controllate o cambiate, altre (ad esempio la dieta e il consumo di tabacco) dipendono da scelte individuali.

Si riporta, qui di seguito, un elenco di indicazioni volte a promuovere una vita sana e il benessere nella vita quotidiana.

Anemia falciforme e talassemia

- Richiedere *screening* genetico e *counseling* se appartenenti a gruppi a rischio.

Cancro

- Non fumare.
- Evitare l'esposizione a radiazioni non necessarie.
- Proteggere la pelle dai raggi ultravioletti: usare protettivi solari.
- Evitare l'esposizione a sostanze chimiche dannose.
- Ridurre al minimo l'esposizione a pesticidi, erbicidi e veleni.
- Limitare l'assunzione di alcool e caffeina.
- Seguire una dieta bilanciata con un adeguato apporto di fibre.
- Praticare regolare esercizio fisico.
- Praticare sesso sicuro.
- Eseguire *screening* specifici (ad esempio, mammografia, Pap test, sangue occulto nelle feci) e periodici.

Cancro al seno

- Seguire una dieta a basso contenuto di grassi.
- Praticare regolare esercizio fisico.
- Limitare l'assunzione di alcool e caffeina.
- Eseguire mensilmente l'autoesame del seno.
- Sottoporsi a esami mammografici.

Carie dentale e patologie periodontali

- Passare il filo interdentale e lavarsi i denti dopo ogni pasto.
- Usare un dentifricio ricco di fluoro.
- Sottoporsi a pulizia professionale due volte all'anno.
- Sottoporsi ad esame dentale ogni anno.

Cataratta

- Indossare cappelli a falda e occhiali da sole.
- Seguire una dieta bilanciata.
- Evitare di fumare.

Eritema solare

- Applicare sempre una crema solare (con un fattore di protezione minimo di 15) quando ci si espone al sole.

Glaucoma

- Eseguire una tonometria.
- Eseguire un esame del nervo ottico.

Infezioni del tratto urinario

- Assumere liquidi in abbondanza.
- Urinare frequentemente, in particolare prima e dopo i rapporti sessuali.
- Indossare indumenti intimi di cotone.
- Asciugarsi in senso antero-posteriore.
- Bere succo di mirtillo.
- Evitare bagnoschiuma, docciaschiuma, carta igienica colorata e profumata.

Lombalgia

- Praticare regolare esercizio fisico.
- Praticare una corretta meccanica corporea.
- Assumere una postura adeguata.

Malattie cardiache

- Seguire una dieta a basso contenuto di grassi e colesterolo e ad alto contenuto di fibre.
- Praticare regolare attività fisica, 30 minuti da tre a cinque volte a settimana (jogging, nuoto, ciclismo, ecc.).
- Non fumare o, se si è fumatori, ridurre la quantità di sigarette.
- Ridurre lo stress: eseguire pratiche di rilassamento e meditazione.
- Non eccedere nel consumo di caffeina o alcool.
- Mantenere un appropriato rapporto peso/altezza.
- Mantenere una normale pressione arteriosa.
- Sottoporsi a regolari test medici.

Malattie sessualmente trasmesse

- Avere rapporti con un solo partner, tra individui non infetti.
- Usare i profilattici.

Osteoporosi

- Seguire una dieta bilanciata, assumendo cibi ricchi di calcio (latte e derivati).
- Fare esercizio fisico.
- Valutare insieme al medico di base la necessità di un supplemento di calcio e una terapia sostitutiva di estrogeni (donne).
- Non fumare.

Peso

- Seguire le linee guida dietetiche per un regime alimentare bilanciato.
- Praticare quotidianamente 30 minuti di esercizio fisico.
- Se in sovrappeso, mangiare il numero minimo di porzioni raccomandate e preferire frutta o verdura cruda come spuntino tra i pasti.
- Se sottopeso, mangiare il numero massimo di porzioni raccomandate e preferire spuntini più nutrienti tra i pasti.

Raffreddore e influenza

- Lavarsi le mani di frequente.
- Usare fazzolettini di carta e gettarli correttamente.
- Sottoporsi annualmente alla vaccinazione antinfluenzale.
- Seguire una dieta bilanciata.
- Assumere liquidi in abbondanza.

Stress

- Identificare le fonti dello stress.
- Stabilire aspettative e obiettivi realistici.
- Provare ad essere flessibili.
- Esprimere i propri pensieri e sentimenti.
- Non abusare di alcool o droghe per rilassarsi.
- Praticare regolare attività fisica.
- Praticare il rilassamento muscolare e la respirazione profonda.
- Dormire un numero di ore soddisfacente.
- Ridere, avere senso dell'umorismo.
- Lasciarsi aiutare, se necessario.

Tubercolosi (in particolare per gli operatori sanitari)

- Sottoporsi al test di Mantoux (tubercolina).
- Sottoporsi a terapia preventiva con isoniazide; ogni individuo esposto all'infezione o già infetto dovrebbe seguire un ciclo completo di terapia.

Capitolo 2
L'igiene della persona assistita

2.1 Gli interventi relativi all'igiene personale

Componente essenziale delle cure assistenziali è provvedere all'igiene personale. Gli operatori socio-sanitari garantiscono il bisogno di igiene del paziente.

Il bisogno di igiene deriva dall'incapacità di instaurare e/o mantenere un'adeguata igiene personale o dalla mancanza di conoscenze in materia.

Obiettivi della pianificazione assistenziale in riferimento al bisogno di igiene della persona assistita:

- miglioramento della qualità delle prestazioni erogate alla persona assistita;
- ottimizzazione dell'utilizzo delle risorse;
- fornire una guida e dare indicazioni agli operatori dell'esecuzione diretta delle cure assistenziali;
- decidere gli interventi più efficaci di fronte ad un problema assistenziale riferito alle cure igieniche;
- valutare quotidianamente lo stato psicofisico del malato e il suo grado di autonomia (osservare lo stato di mucose, cute e annessi cutanei e stato mentale ed emotivo);
- migliorare l'aspetto del malato per mantenere l'immagine di sè: favorire la sensazione di benessere;
- favorire l'acquisizione della sicurezza nei rapporti sociali;
- pulire le mucose, la cute e gli annessi cutanei;
- garantire l'integrità cutanea;
- eliminare gli odori sgradevoli;
- contribuire a mantenere il trofismo di mucose, cute e annessi cutanei (es. attraverso massaggio);
- prevenire le infezioni;
- prevenire l'insorgere di lesioni da pressione;
- favorire il movimento e riattivare la circolazione;
- stare vicino al malato.

Per l'operatore sanitario assicurare l'igiene significa svolgere tutte quelle attività che garantiscano la pulizia, il benessere e il rispetto della sicurezza della persona assistita.

Fattori che influenzano il bisogno di igiene:

- età e sesso;
- educazione;

- ambiente di vita;
- potenzialità motoria;
- grado di dipendenza;
- condizione della cute, delle mucose e alterazioni dovute a stati patologici;
- presenza di presidi diagnostico-terapeutici (drenaggi, cateteri venosi, sondini naso-gastrici ecc.).

Le **variabili da considerare per effettuare la pianificazione dell'igiene** sono descritte di seguito.

Il grado di dipendenza dell'assistito:

- riduzione dell'energia, affaticamento e ridotta capacità di effettuare le attività di cure personali;
- dolore che può limitare la capacità/volontà di movimento e di cura di sé;
- compromissione neuro-muscolare;
- disfunzioni cognitive;
- alterazioni psichiatriche.

Le condizioni di cute, mucose e annessi cutanei:

- presenza di infezioni e lesioni;
- rilevare la presenza di una serie di alterazioni morfologiche che costituiscono il segno di una malattia cutanea;
- alterazione delle unghie.

Le patologie:

- patologie acute e interventi chirurgici;
- apparecchi gessati;
- linee infusionali (non bagnarle);
- ferite chirurgiche (non bagnarle).

La frequenza e la tipologia delle cure igieniche richieste dalle condizioni della persona:

- valutare i pazienti che necessitano di assistenza nella cura dell'igiene corporea in base alle caratteristiche precedentemente descritte;
- assicurare il comfort fisico ed emotivo.

Una valutazione iniziale terrà conto delle necessità igieniche del paziente, della sua autonomia, si valuteranno i tempi e si controllerà che il paziente disponga del materiale personale necessario.

Criteri generali dell'igiene della persona:

- temperatura ambientale 24-26 °C;
- temperatura acqua intorno ai 37,4-38 °C per:
  - non procurare danni alla cute,
  - essere gradita alla persona,
  - rispetto dell'intimità;
- preparare tutto il materiale necessario prima di iniziare l'esecuzione;

- la persona non autosufficiente deve essere messa in condizioni di provvedere da sola alla sua igiene fin dove è possibile; solo a quel punto interviene l'infermiere;
- l'operatore sanitario che provvede all'igiene deve posizionarsi a destra del malato (a sn se mancino) e iniziare dalla parte più lontana (es. arto sn) per evitare di sporcare la parte già pulita.
- se il malato è in grado di collaborare, può bastare un solo infermiere; in caso contrario saranno necessari due operatori.

- **Eseguire l'igiene procedendo**:
  - dalla zona più "pulita" a quella più "sporca";
  - dall'alto verso il basso;
  - dall'interno verso l'esterno.
- **Detergere accuratamente facendo particolare attenzione a:**
  - pieghe cutanee;
  - zone interdigitali;
  - prominenze ossee.
- Rimuovere residui di sapone, sciacquando ripetutamente.
- Asciugare:
  - utilizzando materiale morbido e assorbente,
  - tamponando la cute senza frizionare,
  - facendo particolare attenzione alle zone suddette.
- Riordinare materiale.

Regole fondamentali da seguire quando si deve assicurare l'igiene della persona:

- essere ben organizzati;
- assicurare la privacy;
- scegliere una posizione (per il malato e per l'operatore);
- prendersi cura di tutto il corpo della persona.

Classificazione delle cure igieniche:

- **Totali:** doccia, bagno in vasca, bagno a letto.

– Seguire sempre i criteri generali e le regole fondamentali.

– Assicurare la privacy (paravento) e scoprire il malato un po' per volta (anche nelle aree critiche);

– Particolare attenzione deve essere posta nella preparazione dell'ambiente.

Le cure igieniche totali sono rivolte alle persone con alterazione dello stato di salute:

- paziente parzialmente o totalmente dipendente;
- paziente a cui è stato prescritto il riposo al letto;
- paziente ricoverato in area critica;
- paziente con disabilità motoria;
- paziente portatore di apparecchi gessati;
- paziente con insufficienza respiratoria (es. ossigenoterapia);
- altro.

Paziente totalmente dipendente (bisogno sostituito)
Sono necessari due operatori. Il bisogno verrà soddisfatto eseguendo l'igiene del pz al letto, che costituisce la somma dell'igiene dei diversi distretti corporei

- **Parziali**: ordinarie (viso, denti, bocca, occhi, naso, orecchie, capelli, mani, arti superiori, arti inferiori, genitali esterni).

Paziente parzialmente dipendente (bisogno compensato)

L'operatore deve:
– aiutare la persona fornendo il materiale necessario e l'aiuto richiesto;
– garantire un'adeguata temperatura dell'ambiente;
– predisporre tutti gli accorgimenti atti a **garantire la sicurezza della persona**;
– preparare il materiale;
– aiutare, eventualmente, a togliere gli indumenti;
– assistere il pz laddove trova difficoltà;
– se necessario aiutare il pz nella cura delle unghie e dei capelli;
– aiutare il pz a vestirsi.

- **Speciali**: finalizzate alla prevenzione o alla cura di patologie della cute e delle mucose

Principi da rispettare
– garantire la privacy, il comfort e il benessere;
– pulire prima le zone pulite e poi quelle sporche;
– compiere movimenti sincroni;
– preservare la sicurezza;
– mantenere caldo l'ambiente;
– favorire il recupero dell'autosufficenza.

Tra gli indici più utilizzati per valutare la capacità di svolgere le funzioni essenziali della vita quotidiana si segnala la **scala di valutazione di Katz** (Tab. 2.1).

Tabella 2.1 Scala di valutazione di Katz: è usata per valutare negli anziani e nei malati cronici la capacità di svolgere le funzioni essenziali della vita quotidiana

Fare il bagno (vasca, doccia, spugnature)	
Fa il bagno da solo (entra ed esce dalla vasca da solo)	1
Ha bisogno di assistenza soltanto nella pulizia di una parte del corpo (per esempio, schiena)	1
Ha bisogno di assistenza per più di una parte del corpo	0
Vestirsi (prendere i vestiti dall'armadio e/o dai cassetti), inclusi biancheria intima, abiti, lacci o bretelle, se utilizzati	
Prende i vestiti e si veste completamente da solo, senza bisogno di assistenza	1
Prende i vestiti e si veste senza bisogno di assistenza, eccetto che per allacciare le scarpe	1

(segue)

Tabella 2.1 Scala di valutazione di Katz: è usata per valutare negli anziani e nei malati cronici la capacità di svolgere le funzioni essenziali della vita quotidiana	
Ha bisogno di assistenza per prendere i vestiti o nel vestirsi oppure rimane parzialmente o completamente svestito	0
Toilette (andare nella stanza da bagno per la minzione e l'evacuazione, pulirsi, rivestirsi)	
Va in bagno, si pulisce e si riveste senza bisogno di assistenza (può utilizzare mezzi di supporto, come bastone, deambulatore o sedia a rotelle; può usare un vaso da notte o una comoda, che svuota al mattino)	1
Ha bisogno di assistenza nell'andare in bagno o nel pulirsi o nel rivestirsi o nell'uso del vaso da notte o della comoda	0
Non si reca in bagno per l'evacuazione	0
Spostarsi	
Si sposta dentro e fuori dal letto e in poltrona senza assistenza (eventualmente con bastoni canadesi o deambulatore)	1
Compie questi trasferimenti se aiutato	0
Allettato, non esce dal letto	0
Continenza di feci e urine	
Controlla completamente feci e urine	1
"Incidenti" occasionali	0
Necessita di supervisione per il controllo di feci e urine, usa il catetere, è incontinente	0
Alimentazione	
Senza assistenza	1
Assistenza solo per tagliare la carne o imburrare il pane	1
Richiede assistenza per portare il cibo alla bocca o viene nutrito parzialmente o completamente per via parenterale	0
PUNTEGGIO TOTALE (numero totale di funzioni perse)	
Tratta da: Katz S., Ford A.B. et al. JAMA 1963; 185: 914-919	

2.2 L'igiene del perineo

Il **perineo** è la zona compresa fra cosce, pelvi e ano. In questa zona vi sono organi e strutture deputati all'attività riproduttiva e sessuale nonché all'eliminazione delle scorie (feci ed urine).

Le cure igieniche di questa zona sono fondamentali per allontanare la proliferazione batterica favorita dall'ambiente caldo-umido e dall'assenza di luce.

All'igiene perineale si provvede ogni volta sia necessario e comunque sempre dopo ogni evacuazione o emissione di urine, per prevenire le infezioni, eliminare il disagio ed i cattivi odori.

In particolare **l'igiene** della regione pubica, dei genitali e della regione anale deve essere effettuata al mattino e deve essere ripetuta durante il giorno in caso di:
- incontinenza;
- defecazione;
- interventi chirurgici in zona genito-rettale;
- partorienti.

- **Gli obiettivi dell'igiene del perineo sono:**
  - diminuire la proliferazione batterica rimuovendo l'eccesso di secrezioni;
  - migliorare il comfort;
  - educare la persona.
- **Principi generali:**
  l'igiene va effettuata partendo dalle aree più pulite a quelle più sporche per evitare il diffondersi dei germi e la contaminazione. Rispettare la privacy del paziente. Utilizzare prodotti che mantengono il ph fisiologico.
- **Frequenza dell'igiene perineale:**
  la frequenza dipende dal tipo di paziente e dalla sua patologia.
- **I soggetti per i quali è raccomandata un'accurata igiene perineale sono:**
  - pazienti nella fase acuta della malattia;
  - pazienti con urine molto concentrate o con alterazione della funzione renale e vescicale;
  - pazienti portatori di catetere vescicale;
  - pazienti immobilizzati a letto;
  - pazienti debilitati o con deterioramento cognitivo;
  - pazienti che presentano secrezioni anomale delle vie genitali o rettali;
  - pazienti in fase di scompenso diabetico o epatico;
  - pazienti chirurgici, in particolare nel post-operatorio;
  - pazienti con vaginiti e puerpere.

  Se l'igiene perineale viene eseguita a letto: il malato viene posizionato in decubito dorsale.

  Se il paziente è in grado di mobilizzarsi da solo, l'igiene perineale viene svolta in autonomia o sotto sorveglianza se la persona è parzialmente autonoma. Ciò consente al paziente di provare meno imbarazzo e di svolgere le cure igieniche nel rispetto delle proprie abitudini.

2.3 L'igiene dei piedi e il taglio delle unghie

La cura dei piedi che consiste nel lavaggio e nel taglio delle unghie e permette un controllo e la conservazione dell'integrità cutanea, previene i cattivi odori e l'iperidrosi. È una pratica assolutamente fondamentale per chi soffre di diabete e problemi circolatori.

Frequenza: l'igiene dei piedi deve essere quotidiana.

Esecuzione: l'operatore deve eseguire il lavaggio delle mani ed **indossare i guanti** (potrebbero essere presenti delle onicomicosi). **Predisporre il materiale**: un catino in cui stiano comodamente immersi i piedi, sapone e manopole, cerata di protezione, asciugamani, creme emollienti o altri prodotti specifici per i piedi come di consuetudine per la persona.

Se la persona può stare seduta farla accomodare sulla sedia o sul bordo del letto, proteggere il pavimento o la sedia su cui si appoggia il catino. **Assicurarsi che la persona sia comoda** e possa tollerare la posizione per il tempo necessario.

Se la persona non può assumere la posizione seduta, scalzare la biancheria dalla pediera del letto e proteggere il piano dello stesso con una cerata, quindi predisporre il catino ed invitare la persona a porvi i piedi; può essere più comodo immergere un solo piede alla volta.

Preparare l'acqua alla temperatura idonea e porre in immersione i piedi (per 5 o 10 minuti) quindi procedere all'insaponatura (utilizzare le precauzioni utilizzate per il bagno) che deve comprendere anche il polpaccio, insistere delicatamente nelle zone interdigitali. Procedere al risciacquo a caduta.

Asciugare accuratamente i piedi insistendo nelle **zone interdigitali**. Quest'ultime devono essere asciugate con **moltissima cura nel soggetto diabetico**, in quanto eventuale umidità può favorire il formarsi di piccole piaghe che possono degenerare in ferite infette con le gravi conseguenze che ne possono derivare (**infezione, necrosi, amputazione**).

Applicare la crema emolliente e procedere al taglio delle unghie.

Il taglio delle unghie

È consigliabile effettuare **il taglio delle unghie dopo il pediluvio** ed eventualmente prolungare il tempo di immersione se le unghie sono molto dure. L'operatore si lava le mani e predispone il materiale: **taglia unghie o tronchesine, lima per unghie, cotone e garze, disinfettante.**

Le unghie dei piedi devono essere **tagliate in orizzontale, evitando di arrotondare gli angoli per impedire che si incarnino.**

Sia con le tronchesine sia con il tagliaunghie posizionare la lama alla lunghezza desiderata e prima di procedere al taglio avvolgere l'unghia (semplicemente ponendo una garza attorno) per evitare che l'unghia tagliata sia dispersa nell'ambiente.

Lavare le tronchesine con il detergente, asciugarle accuratamente, disinfettarle per contatto con apposite soluzioni o preferibilmente farle sterilizzare. In alcune situazioni come pazienti diabetici o con problemi vascolari periferici è consigliabile l'utilizzo più frequente della lima piuttosto del taglio al fine di prevenire la formazione di eventuali ferite.

In caso di lesioni della cute o anomalie delle unghie ricorrere tempestivamente a personale sanitario o specializzato (podologo).

Per ciò che concerne le mani queste possono essere trattate nello stesso modo dei piedi ossia:

- è bene che il lavaggio delle mani sia fatto sotto acqua corrente sia al lavandino, sia utilizzando brocca e catino,
- il taglio delle unghie **non è eseguito in orizzontale ma in tondo**, se le unghie sono molto dure è consigliabile procedere all'immersione prima del taglio. Anche per le unghie delle mani, quando è possibile, preferire l'utilizzo della lima per unghie.

2.4 L'igiene orale

La cavità orale contiene il cibo, lo mastica, secerne il muco per renderlo umido e lubrificarlo e secerne un enzima digestivo. La salute orale ha un impatto significativo sulla qualità della vita e senza dubbio la influenza, pensiamo alla presenza di uno stimolo irritativo o doloroso che compromette le attività della vita quotidiana, dalla semplice masticazione fino alla capacità di relazionarsi con l'ambiente e con le persone, con conseguenze sia sul metabolismo che sul tono dell'umore. Alterazioni della mucosa del cavo orale possono essere segni di sottostanti problemi di salute e talvolta una carente igiene orale ne è essa stessa la causa, infatti, le infezioni del cavo orale possono avere conseguenze su tutto l'organismo. I problemi più comuni che interessano la cavità orale comprendono: alitosi, carie dentali, gengivite, stomatite, piorrea, candidosi o mughetto, ragadi, herpes labiale, tutte legate ad una carente igiene orale.

In età adulta, le pratiche di igiene orale sono rivolte alla prevenzione della carie e della paradontopatia e sono di particolare rilievo soprattutto per quei soggetti in cui l'insorgenza di complicanze su base infiammatoria-infettiva potrebbe minare in modo significativo l'integrità degli organi, pensiamo a pazienti affetti da malattie invalidanti, portatori di protesi vascolari e ortopediche, soggetti trapiantati, individui con malattie metaboliche o immunosoppressive e portatori di handicap psicofisici.

Tabella 2.2 Raccomandazioni relative alla cura del cavo orale

Raccomandazioni	**Livello delle evidenze**
Raccomandazioni pratiche	
1. Gli OSS dovrebbero essere consapevoli delle loro credenze e pratiche personali in merito all'igiene orale e di come queste possono influenzare la cura che forniscono ai pazienti	III
2. Gli OSS devono raccogliere i dati sulla salute orale, includendo credenze, pratiche e stato corrente del cavo orale, come parte della valutazione al momento del ricovero del paziente	IV
3. Gli OSS devono utilizzare uno strumento di valutazione del cavo orale standardizzato, valido ed affidabile per compiere l'accertamento iniziale e *in itinere*	III
4. Le informazioni sullo *status* della salute orale sono regolarmente revisionate con tutti i membri del team per monitorare il progresso del paziente e facilitare lo sviluppo di un piano di cura individualizzato	IV
5. Gli OSS provvedono, supervisionano, ricordano e indicano ai pazienti che la cura del cavo orale deve essere svolta almeno due volte al giorno e su base routinaria, includendo i pazienti che: hanno uno *status* di salute debole; hanno un livello di coscienza alterato; hanno i denti (dentati) o non hanno i denti (edentuli)	IV
6. Gli OSS supervisionano durante la cura orale i pazienti a rischio di aspirazione	III
7. Gli OSS forniscono educazione ai pazienti e/o ai membri della famiglia riguardo alla cura orale	III
8. Gli OSS sono ben informati sui prodotti per l'igiene orale e la loro relativa applicazione alle specifiche popolazioni di pazienti	IV
9. Gli OSS sono consapevoli dei trattamenti e dei farmaci che hanno un impatto sulla salute orale	IV
10. Gli OSS usano tecniche adatte quando forniscono le cure orali ai pazienti	IV
11. Gli OSS inviano i pazienti che necessitano di consultazione da un professionista della salute orale (per esempio, igienista, odontotecnico, dentista)	IV
12. Gli OSS si accertano di documentare tutta la storia relativa alla salute orale, valutazione e cura	IV
13. Gli OSS richiedono appropriate conoscenze e abilità nella salute orale, acquisite attraverso un programma iniziale di istruzione infermieristica, programma di orientamento sul posto di lavoro e opportunità di sviluppo	IV
14. Gli OSS che direttamente o indirettamente si occupano di cure igieniche del cavo orale devono partecipare ad un appropriato *training* e a corsi di formazione sull'igiene orale	IV

Tratto e adattato da: Registered Nurses Association of Ontario (2008). *Igiene del cavo orale: Valutazione e Interventi Infermieristici.* Toronto, Canada: *Registered Nurses Association of Ontario.* (Traduzione a cura di Massimo Rivolo, Collaboratore Centro Studi EBN – Direzione Servizio Infermieristico, Tecnico e Riabilitativo, Azienda Ospedaliero-Universitaria di Bologna – Policlinico S. Orsola-Malpighi).

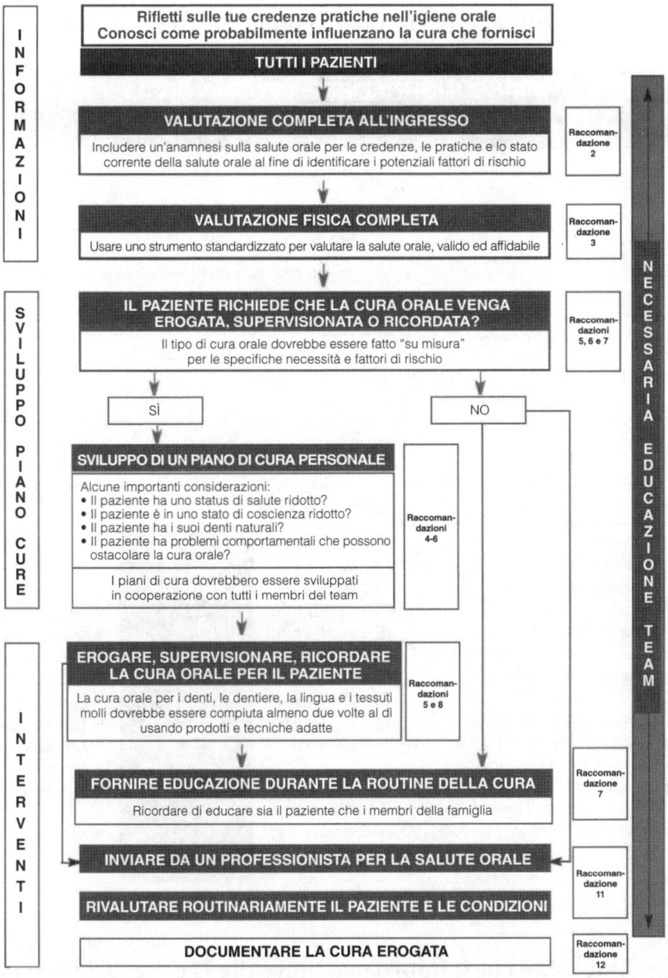

Figura 2.1 *Algoritmo guida per la valutazione e gli interventi nella salute orale.*

La scarsa igiene orale e la perdita dei denti possono incidere sull'interazione sociale della persona, sull'immagine di sé e sulla sua capacità di apporto nutrizionale. La cura orale quotidiana è vitale per mantenere l'integrità delle mucose, delle gengive, dei denti e delle labbra (Tab. 2.2).

La valutazione infermieristica della salute orale dovrebbe consentire di identificare quali sono le persone a rischio di sviluppo di problemi, come la stomatite, la mucosite e le malattie parodontali. La valutazione dovrebbe essere completata in tutti i pazienti come parte della routine, nella valutazione sistemica[1].

[1] *Registered Nurses Association of Ontario* (2008). *Igiene del cavo orale: Valutazione e Interventi Infermieristici*. Toronto, Canada: *Registered Nurses Association of Ontario*. (Traduzione a cura di Massimo Rivolo, Collaboratore Centro Studi EBN – Direzione Servizio Infermieristico, Tecnico e Riabilitativo, Azienda Ospedaliero-Universitaria di Bologna – Policlinico S. Orsola-Malpighi).

Le cure preventive per preservare la cavità orale e i denti consistono nel passare il filo interdentale, lo spazzolino e risciacquare con fluoruro o collutorio (Fig. 2.2).

PIANO GIORNALIERO DI CURA ORALE
DA USARSI NEI *SETTING* DI CURA PER LUNGODEGENTI

Paziente: Compilato da: Data: / /

Dentista: Telefono:

Data dell'ultimo appuntamento: Prossima revisione del piano di cura orale:

Valutazione della dentiera (segna con un cerchio)	Superiore	Piena Parziale Non indossata No dentiera Nome sulla dentiera: Sì No	Pulizia della dentiera: Indipendente Con assistenza Totalmente dipendente
	Inferiore	Piena Parziale Non indossata No dentiera Nome sulla dentiera: Sì No	
Valutazione dei denti naturali (segna con un cerchio)	Superiore	Sì No Presenza di punte delle radici	Pulizia dei denti: Indipendente Con assistenza Totalmente dipendente
	Inferiore	Sì No Presenza di punte delle radici	

Interventi di igiene orale (controlla tutti quelli da applicare ed indica la frequenza necessaria)		
• Tamponcini	☐ a.m.	☐ p.m.
• Spazzolino elettrico	☐ a.m.	☐ p.m.
• Spazzolino con aspiratore	☐ a.m.	☐ p.m.
• Spazzolino normale	☐ a.m.	☐ p.m.
• Uso di due spazzolini	☐ a.m.	☐ p.m.
• Spazzolino interprossimale/filo interd.	☐ a.m.	☐ p.m.
• Normale dentifricio al fluoro	☐ a.m.	☐ p.m.
• Non utilizza dentifricio	☐ a.m.	☐ p.m.
• Strofina la dentiera con spazzolino	☐ a.m.	☐ p.m.
• Lascia in ammollo la dentiera la notte con apposite compresse		
• Strofina la dentiera ogni settimana		
• Necessari prodotti per la bocca asciutta		
• Vernice di fluoro o altri prodotti con fluoro (RX dal dentista)		
• Risciacqua la bocca con la clorexidina (RX dal dentista)		
• Altro:		

Barriere per la cura orale (controlla tutti quelli da applicare)

- Dimentica l'igiene
- Rifiuta l'igiene
- Non apre la bocca
- Aggressivo/calci/colpi
- Morsica lo spazzolino e/o gli operatori
- Non può deglutire adeguatamente
- Non può sciacquare/sputare
- Digrigna e mastica costantemente
- La testa guarda in giù
- Non vuole togliere la dentiera di notte
- Problemi alle mani o di destrezza/artrite
- Richiede supporto economico
- Altro:

Figura 2.2 *Piano di cure di assistenza sanitaria orale.*

La ricerca ha dimostrato che il **fluoro** può prevenire la carie. Sebbene esso sia comune nei dentifrici e nei collutori, le persone con mucose molto secche o irritate non dovrebbero usare i collutori in commercio, perché l'alcool ivi contenuto le secca ulteriormente.

Ai bambini piccoli possono essere date gocce di fluoro non prima di 2 settimane di vita, un eccesso di fluoro può scurire lo smalto dei denti.

Per prevenire lo scolorimento dello smalto dentale, la somministrazione dovrebbe avvenire con un contagocce diretto verso il retro della gola.

Il **filo interdentale** va usato quotidianamente prima di lavarsi i denti, perché previene la formazione della placca e rimuove i frammenti di cibo tra i denti. L'uso regolare del filo rafforza la prevenzione della carie e dei disturbi parodontali.

È buona regola igienica **spazzolarsi i denti dopo ogni pasto**, usando un dentifricio contenente fluoro e spazzolando la lingua per rimuovere i batteri e prevenire l'alitosi. Lo spazzolino favorisce la circolazione sanguigna nelle gengive e rimuove la placca e i frammenti di cibo. Le dentiere vanno spazzolate allo stesso modo dei denti; dovrebbero essere tenute umide riponendole in bocca o immergendole in acqua dopo la pulizia.

2.5 La cura dei capelli e dei peli

I capelli influiscono sull'aspetto e sull'immagine corporea di una persona, perciò dovrebbero essere spazzolati o pettinati quotidianamente nel modo che il paziente preferisce. Una cura quotidiana può ridurne i problemi e favorirne la crescita. È importante prevenirne la perdita, le infezioni o le infestazioni, promuovere la circolazione nel cuoio capelluto, distribuire olii lungo i fusti dei capelli in modo da mantenere un aspetto curato.

Alcuni pazienti presentano capelli ingarbugliati o arruffati vicino alla cute. Per evitare che si aggroviglino o si arruffino, e se il paziente lo permette, i capelli possono essere intrecciati, avendo cura di evitare intrecci troppo stretti, che possono causare dolore e caduta.

Lo shampoo va fatto rispettando le abitudini del paziente. Il lavaggio può avvenire con acqua o shampoo a secco, massaggiando delicatamente il cuoio capelluto. Bisogna risciacquare a fondo e asciugare con un tessuto assorbente, pettinare e mettere in piega come desidera il paziente.

Anche la struttura, la crescita e la distribuzione dei peli forniscono informazioni sullo stato di salute generale di una persona. Barba e baffi hanno bisogno di cure e pulizie quotidiane. Possono essere lavati con sapone o shampoo, ma spesso richiedono solo una leggera strofinata con un panno umido.

I peli superflui vanno eliminati con la rasatura. Gli uomini si radono spesso per rimuovere i peli facciali e le donne possono radersi per rimuovere i peli dalle gambe e/o dalle ascelle.

Le procedure sanitarie possono richiedere la rasatura di una zona del corpo del paziente: l'area va lavata con sapone e acqua calda per ammorbidire i peli prima di passare il rasoio. Per facilitare la rimozione è opportuno applicare schiuma da barba o sapone soffice. Dopo aver steso la pelle, occorre tenere il rasoio con un'angolazione di 45° e muoverlo sulla cute con colpi fermi e brevi in direzione della crescita del pelo, facendo attenzione a non tagliare la cute. Bisogna lavare, risciacquare e tamponare leggermente la cute asciutta dopo la rasatura.

I pazienti che sanguinano con facilità dovrebbero usare solo rasoi elettrici. Gli OSS devono indossare i guanti, a meno che non si usino rasoi elettrici.

2.6 La cura degli occhi, delle orecchie e del naso

Gli **occhi** sono continuamente puliti dalle lacrime e dal battito delle palpebre.

Le palpebre dovrebbero essere lavate quotidianamente con un panno caldo dall'interno verso l'esterno della caruncola lacrimale.

Le ciglia prevengono l'ingresso di materiale estraneo negli occhi e nei sacchi congiuntivali. Le ciglia e le sopracciglia dovrebbero essere lavate insieme al viso.

I pazienti in stato di coma, ai quali manca il riflesso di ammiccamento, hanno bisogno di speciali cure per gli occhi. Lubrificanti o gocce per gli occhi dovrebbero essere instillati di frequente per prevenire abrasioni della cornea.

Quanto alle **orecchie**, vanno puliti il padiglione auricolare e il canale uditivo esterno. Non si deve inserire alcun oggetto nel canale uditivo. Il cerume in eccesso o il materiale estraneo può essere rimosso con un panno caldo, tirando l'orecchio del paziente adulto verso l'esterno. L'orecchio va tirato verso l'alto e all'indietro nei bambini. L'irrigazione dell'orecchio può essere necessaria per rimuovere del cerume secco, previa prescrizione medica.

Devono essere puliti anche gli **apparecchi acustici**, per assicurarne il corretto funzionamento. Se l'apparecchio acustico è difettoso, l'operatore sanitario deve controllare il dispositivo di accensione/spegnimento, il regolatore del volume, la batteria (e cambiarla, se necessario), la tubatura di plastica, la presenza di rotture, la perdita di connessione e l'interruttore del telefono, che deve essere spento, a meno che il paziente non lo stia usando. Quando non è usato, l'apparecchio acustico deve essere riposto in un contenitore, perché la polvere e lo sporco possono danneggiarne il meccanismo.

Non meno importante è la cura del **naso**, l'organo dell'olfatto, che umidifica l'aria inalata, facilita il respiro e previene l'entrata di materiale estraneo nel tratto respiratorio. Secrezioni eccessive o secche possono danneggiare la funzione nasale. Se il paziente non può soffiarsi il naso, occorre inserire un applicatore con la punta di cotone inumidito con acqua o soluzione fisiologica nelle narici, ma non oltre la copertura di cotone. Un bulbo di suzione può rimuovere le eccessive secrezioni nasali in un bambino piccolo.

Il paziente intubato dovrebbe ricevere meticolose cure della cute nell'area del naso per prevenire screpolature cutanee.

SUGGERIMENTI PROFESSIONALI

Occhi artificiali

Sebbene alcuni occhi artificiali (protesi) siano impiantati permanentemente, ce ne sono altri che necessitano di pulizia quotidiana: l'occhio deve essere rimosso dalla cavità oculare e lavato.

Lenti a contatto

I pazienti in grado di inserire, rimuovere e curare le loro lenti a contatto hanno meno bisogno di assistenza da parte degli operatori. Esistono lenti a contatto rigide e morbide: ogni tipo richiede cure e pulizia diverse. Le lenti dovrebbero essere rimosse nelle situazioni di emergenza e poste nella soluzione appropriata.

Cura degli occhi nei pazienti in stato di coma

Almeno ogni quattro ore, usare un panno caldo per sciacquare palpebre, ciglia e sopracciglia.
Pulire dall'interno verso l'esterno della caruncola lacrimale.
Soluzioni di lacrime artificiali vanno instillate per prevenire secchezza della cornea e ulcerazioni se gli occhi rimangono aperti ed è assente il riflesso di ammiccamento.
Se vengono usati dei cerotti o degli schermi per occhi, è opportuno rimuoverli ogni quattro ore per controllare l'occhio e fornire le cure adeguate.

2.7 Sostituzione delle medicazioni, cambio della biancheria, pulizia dei materiali

Ogni ferita o altra lesione cutanea rappresenta una potenziale riserva di agenti infettivi e una via di eliminazione di patogeni che possono trasmettersi da un individuo ad un altro. Le **medicazioni** su ferite aperte o essudanti devono essere cambiate regolarmente.

Le medicazioni sono generalmente utilizzate per favorire la guarigione delle ferite e prevenirne la contaminazione: l'utilità della medicazione può essere vanificata dal fatto che in alcuni tipi di ferite l'approccio locale al trattamento della lesione deve essere preceduto dalla rimozione della causa che ha provocato la lesione stessa (come ad esempio nel caso delle lesioni da pressione è indispensabile rimuovere la pressione attraverso il riposizionamento del paziente e l'applicazione di idonee superfici antidecubito).

Le medicazioni vengono definite primarie quando il materiale di medicazione viene posto a diretto contatto con i tessuti lesi, secondarie quando il materiale di medicazione serve per riempire ulteriormente una cavità o svolge la funzione di fissaggio della medicazione primaria. Quando si seleziona la medicazione è necessario conoscere il tipo di materiale che entra in contatto diretto con il letto della ferita, in quanto la selezione stessa deve tener conto di una serie di fattori che definiscono la medicazione "ideale" per i diversi tipi di ferita.

Questi fattori rendono la medicazione in grado di:

- consentire l'assorbimento dell'eccesso essudato,
- fornire un microambiente umido,
- essere sterile/pulita,
- non disperdere residui nella ferita,
- ridurre il dolore,
- essere di facile utilizzo,
- non essere allergenica,
- non provocare traumi alla rimozione,
- essere impermeabile ai microrganismi,
- fornire un isolamento termico.

Nella sostituzione si devono seguire corrette tecniche asettiche, per proteggere sia l'operatore sanitario sia il paziente dalle infezioni.

La sostituzione della biancheria del letto libero e occupato ha come obiettivo quello di assicurare l'igiene, migliorare il comfort e il benessere della persona assistita, ridurre la carica batterica, eliminare polvere e cellule di sfaldamento dagli effetti letterecci.

Le **lenzuola**, i **camici** e gli **asciugamani** raccolgono le secrezioni corporee. Gli agenti infettivi possono essere facilmente trasmessi attraverso il contatto con la biancheria; per questo, la biancheria va cambiata regolarmente e quella sporca deve essere smaltita nel modo più appropriato. Durante il cambio, bisogna fare attenzione a che la biancheria sporca non venga a contatto con la divisa dell'operatore sanitario.

Vanno puliti e disinfettati, dopo ogni singolo uso, tutti gli strumenti adoperati per l'assistenza sanitaria. Si devono istruire i pazienti a non condividere mai i propri strumenti igienici con altre persone.

Il personale addetto deve indossare guanti e mascherine nella pulizia dei materiali per evitare il contatto con prodotti di rifiuto o con secrezioni contaminate.

2.8 Procedure attribuibili all'OSS

Sono attribuibili all'OSS, previa valutazione infermieristica del livello delle conoscenze, delle abilità e della complessità assistenziale, le seguenti procedure:

- il *rifacimento di un letto non occupato*;
- il *rifacimento di un letto occupato*;
- l'*effettuazione del bagno ad un paziente adulto o pediatrico*;
- la *cura dell'igiene perineale e genitale*;
- la *cura dell'igiene della bocca e dei denti*;
- la *cura dell'igiene dei piedi*.

Procedura 2.1 Rifare un letto non occupato

Accertamento

1. Valutare le condizioni di salute del paziente per determinare se può scendere dal letto in sicurezza. In alcune strutture, se il paziente è cronicamente allettato, è necessario ottenere una prescrizione medica prima di farlo alzare.
2. Se necessario, misurare la pressione sanguigna, il polso e il respiro del paziente.
3. Valutare lo stato di mobilità del paziente.
4. Fare attenzione a tutti i drenaggi e/o i dispositivi connessi con il paziente.

Pianificazione assistenziale

Il rifacimento del letto non occupato può essere delegato all'operatore sociosanitario. Nel caso di un letto occupato, l'infermiere deve valutare il grado di complessità assistenziale e le conoscenze degli OSS. Se necessario, li deve informare delle corrette procedure di applicazione di lenzuola o traverse assorbenti. Se i drenaggi o le medicazioni si spostano o si tolgono, l'OSS deve comunicarlo immediatamente all'infermiere. Sottolineare l'importanza di avere a disposizione nelle immediate vicinanze il campanello di chiamata mentre il paziente è fuori dal letto.

Materiale occorrente

- Guanti monouso
- Due lenzuola piane o uno con angoli e uno piano
- Una traversa di stoffa (opzionale)
- Una coperta
- Un copriletto
- Traversa impermeabile (opzionale)
- Federa/e per il/i guanciale/i
- Sacca portabiancheria di plastica o di tessuto, se disponibile

Interventi assistenziali

Tecnica

1. Se il paziente è a letto, prima di effettuare la procedura, presentarsi e verificarne l'identità secondo il protocollo della struttura. Spiegare al paziente che cosa si sta facendo, perché e come può collaborare. Illustrare come i risultati saranno usati nella pianificazione futura delle cure o delle terapie.
2. Provvedere alla riservatezza del paziente.
3. Lavarsi le mani e osservare le procedure per il controllo delle infezioni.
4. Indossare i guanti monouso
5. Mettere un lenzuolo pulito sul tavolo da letto o sulla sedia del paziente; non usare il letto di un altro paziente.
6. Valutare e aiutare il paziente a scendere dal letto con l'uso di dispositivi di supporto (per esempio, bastone, tutore ortopedico, cintura di sicurezza), in base alle esigenze.
   - Accertarsi che per il paziente sia il momento adatto e conveniente per alzarsi.
   - Aiutare il paziente a sedersi su una sedia comoda.
7. Sollevare il letto a un'altezza di lavoro comoda.

8. Togliere le lenzuola.
   - Togliere dalle lenzuola ogni accessorio di proprietà del paziente e liberare il campanello di chiamata o qualsiasi drenaggio dalla biancheria.
   - Togliere tutta la biancheria del letto spostandosi intorno ad esso, cominciando dalla parte superiore del lato più lontano per arrivare al lato più vicino.
   - Rimuovere le federe mettendo i guanciali su una sedia posta ai piedi del letto.
   - Piegare in quattro la biancheria pulita riutilizzabile, come il copriletto e il lenzuolo superiore. Piegare prima il lenzuolo nel mezzo portando l'angolo superiore a livello di quello inferiore, poi afferrarlo al centro e piegarlo finché gli orli non si toccano.
   - Rimuovere la traversa impermeabile e gettarla, se è sporca.
   - Arrotolare le lenzuola sporche dentro il lenzuolo inferiore, tenendolo lontano dalla divisa, e riporlo direttamente nel raccoglitore per biancheria, non sul pavimento.
   - Afferrare saldamente il materasso usando le maniglie, se presenti, e tirarlo fino alla testa del letto.
   - Rimuovere i guanti monouso. Lavarsi le mani e indossare guanti monouso puliti.
9. Applicare il lenzuolo inferiore e la traversa.
   - Mettere al centro del letto il centro del lenzuolo piegato. Accertarsi che l'orlo del lenzuolo scenda dai due lati del materasso. Spianare il lenzuolo sul materasso, lasciandone una quantità sufficiente in alto per fare la piega sotto il materasso (Fig. 2.3). Mettere l'orlo inferiore del lenzuolo sotto il materasso ai piedi del letto e non piegarlo (a meno che non sia un lenzuolo con l'orlo elastico).
   - Mettere l'orlo del lenzuolo all'angolo alto del lato più vicino con una piega ad angolo retto e piegare il lenzuolo sotto il materasso, procedendo dalla testa ai piedi del letto.
   - Se è stata usata una traversa, collocarla sul lenzuolo inferiore in modo che il centro coincida con il centro del letto e i bordi superiori e inferiori si estendano dal centro dell'area del letto in cui dovrebbe essere la schiena del paziente all'area in cui dovrebbe trovarsi il centro della gamba o il ginocchio. Piegare l'orlo della metà superiore della traversa verso il centro del letto e rimboccare l'orlo sotto il materasso (Fig. 2.4).
   - *Opzionale*: Prima di girare dall'altro lato del letto, mettere le lenzuola superiori sul letto con l'orlo in alto, spianarle, piegarle sotto il materasso e chiuderle con una **piega ad angolo retto** agli angoli in basso.
10. Girare dall'altro lato e fissare le lenzuola inferiori.
    - Rimboccare il lenzuolo inferiore sotto il materasso alla testa del letto, tirare fermamente il lenzuolo e fissarlo con una piega ad angolo retto.
    - Tirare il resto del lenzuolo fermamente perché non si formino pieghe.
    - Rimboccare la traversa, se appropriato.
11. Applicare e completare le procedure per il lenzuolo superiore, la coperta e il copriletto.
    - Spianare il lenzuolo superiore nel letto, con l'orlo in alto, in modo che la sua piega centrale sia al centro del letto e l'orlo superiore a livello dell'orlo superiore del materasso.

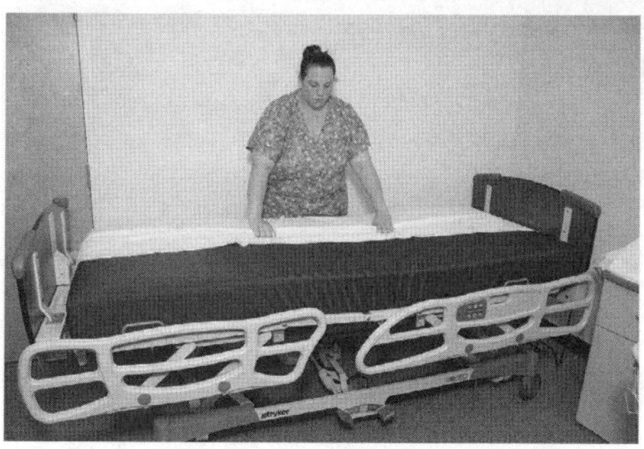

Figura 2.3 *Mettere il lenzuolo inferiore sul letto.*

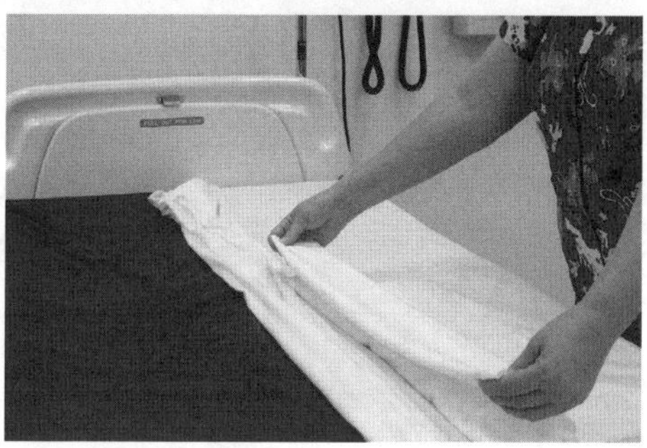

Figura 2.4 *Mettere una trasversa pulita sul letto.*

- Spianare il lenzuolo sul letto.
- *Opzionale*: fare una piega orizzontale o verticale sul lenzuolo a livello dei piedi per fornire uno spazio addizionale al paziente e per prevenire il piede cadente.
  a. *Piega verticale*: fare una piega di 5-10 cm nel lenzuolo perpendicolarmente ai piedi del letto.
  b. *Piega orizzontale*: fare una piega di 5-10 cm nel lenzuolo trasversalmente al letto vicino ai piedi.

Allentare le coperte sui piedi dopo aver messo il paziente a letto è un modo per fornirgli uno spazio supplementare.

- Seguire la stessa procedura per la coperta e il copriletto, mettendo gli orli superiori a 15 cm dalla testiera del letto per permettere a una parte del lenzuolo di essere ripiegato su di essi.
- Piegare il lenzuolo, la coperta e il copriletto ai piedi del letto unendoli con una piega ad angolo retto, usando tutti gli strati della biancheria. Lasciare i lati del lenzuolo superiore, della coperta e del copriletto penzolare liberamente ai lati del letto se non si sono eseguite pieghe per i piedi.
- Piegare la parte alta del lenzuolo superiore sopra il copriletto a formare un risvolto (Fig. 2.5).
- Girare dall'altro lato del letto e ripetere la procedura.

12. Mettere le federe pulite sui guanciali.
    - Afferrare la parte chiusa della federa al centro con una mano.
    - Tirare su i lati della federa e metterli sulla mano che terrà il cuscino. Poi afferrare il centro di un lato corto del guanciale attraverso la federa (Fig. 2.6).
    - Con la mano libera, tirare la federa sul guanciale.
    - Aggiustare la federa in modo che il guanciale si accomodi bene negli angoli e le cuciture siano diritte.
    - Mettere i guanciali appropriatamente a capo del letto.
13. Provvedere al benessere e alla sicurezza del paziente.
    - Posizionare il campanello di chiamata in modo che il paziente lo possa raggiungere facilmente. Alcuni campanelli di chiamata hanno dei morsetti che si attaccano al lenzuolo o alla federa. Altri si attaccano con una spilla di sicurezza. Ormai la maggior parte dei letti possiede un pulsante di chiamata sulla sbarra laterale.
    - Se il letto deve essere usato da un paziente, piegare le coperte in alto da un lato o fino all'estremità del letto.
    - Posizionare il comodino e il tavolo da letto in modo che siano facilmente raggiungibili dal paziente.
    - Lasciare il letto nella posizione alta se il paziente deve ritornare con la barella, o nella posizione bassa se il paziente sta ritornando a letto dopo essersi alzato per camminare o sedersi su una sedia.
14. Riordinare il materiale. Rimuovere i guanti monouso. Lavarsi le mani

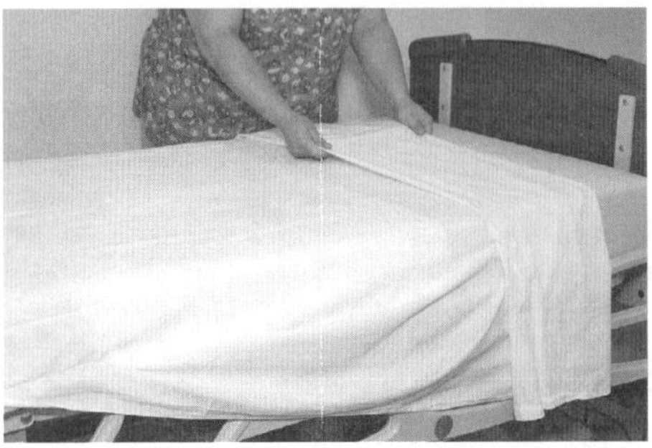

Figura 2.5 *Rimboccare il lenzuolo superiore.*

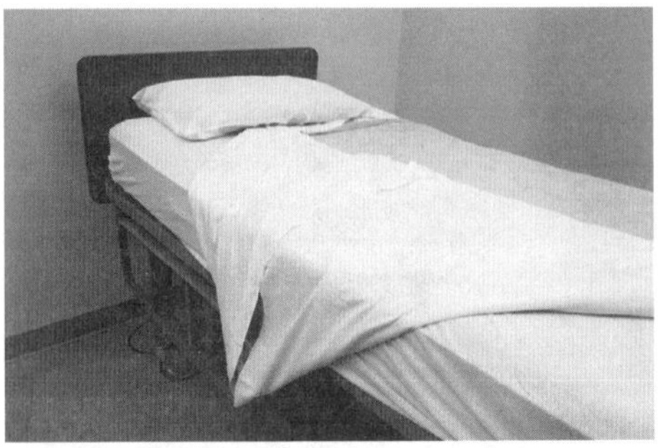

Figura 2.6 *Ripiegare i due angoli esterni della biancheria superiore a formare un triangolo.*

Variazione: preparare un letto chirurgico

Un letto chirurgico si utilizza per i pazienti che stanno subendo un intervento chirurgico e torneranno a letto per la fase post-operatoria. Quando si prepara un letto chirurgico, le lenzuola vanno ripiegate orizzontalmente per facilitare il trasferimento del paziente nel letto. In alcune strutture, il paziente è riportato in reparto mediante una barella e successivamente trasferito nel letto della stanza. In altre, il letto del paziente è portato in sala operatoria e il trasferimento sul suo letto avviene subito dopo l'intervento. In questo caso, è necessario preparare il letto con lenzuola pulite non appena il paziente entra in sala operatoria, perché possa essere pronto subito dopo l'intervento.

- Togliere le lenzuola dal letto.
- Mettere i guanciali sulla sedia a lato del letto.
- Mettere le lenzuola inferiori come per un letto non occupato. Mettere un telo da bagno sul fondo del letto se è previsto dalla struttura.
- Mettere la biancheria superiore (lenzuolo, coperta e copriletto) sul letto come per un letto non occupato. Non piegarla sotto il materasso, unire gli angoli con pieghe ad angolo retto o piegarla ai piedi del letto.
- Fare un risvolto nella parte superiore del letto come per un letto non occupato. Piegare le lenzuola superiori verso il basso.
- Dal lato del letto dove il paziente sarà trasferito, ripiegare i due angoli esterni delle lenzuola superiori fino a che si incontrino nel mezzo del letto, formando un triangolo.
- Prendere l'apice del triangolo e ripiegarlo sul lato del letto opposto a quello su cui salirà il paziente.
- Lasciare il letto nella posizione alta con le sbarre laterali abbassate.
- Bloccare le ruote del letto se non deve essere mosso.

Dopo la procedura

- Accertarsi che il campanello di chiamata sia accessibile al paziente.
- Confrontare i parametri vitali del paziente (per esempio, pressione sanguigna, polso e respiro) con i dati precedenti, in particolare se il paziente è allettato da molto tempo o se è la prima volta che si alza dopo un intervento chirurgico.

Procedura 2.2 Rifare un letto occupato

Accertamento

1. Valutare le condizioni della cute e il bisogno di un materasso speciale (per esempio, a "struttura alveolare o a scacchiera"), di una pedana, di un alzacoperte o di protettori per i calcagni.
2. Valutare la capacità del paziente di riposizionarsi.
3. Valutare la necessità di utilizzare traverse impermeabili per la presenza di incontinenza o eccessive secrezioni.
4. Valutare eventuali prescrizioni e/o precauzioni specifiche nel muovere e posizionare il paziente.

Pianificazione assistenziale

Il rifacimento del letto può essere delegato all'operatore sociosanitario, previa valutazione da parte dell'infermiere del grado di complessità assistenziale del paziente e delle conoscenze degli OSS. È necessario informare gli operatori sociosanitari sul grado di dipendenza del paziente e sulla necessità di un altro operatore per eseguire il cambio della biancheria del letto. Istruire, se necessario, il personale di supporto sulla corretta manipolazione dei drenaggi o di apparecchiature speciali (per esempio, pedana, protettori per i calcagni).

Materiale occorrente

- Due lenzuola piane o uno con angoli e uno piano
- Una traversa di stoffa (opzionale)
- Una coperta
- Un copriletto
- Traversa impermeabile o tamponi (opzionale)
- Federa/e per il/i guanciale/i
- Sacca portabiancheria di plastica o di tessuto, se disponibile

Interventi assistenziali

Tecnica

1. Prima di effettuare la procedura, presentarsi e verificare l'identità del paziente secondo il protocollo della struttura. Spiegare al paziente cosa si sta facendo, perché e come può collaborare. Illustrare come i risultati saranno usati nella pianificazione di ulteriori cure o trattamenti.
2. Provvedere alla riservatezza del paziente.
3. Lavarsi le mani e osservare le procedure per il controllo delle infezioni. Indossare i guanti monouso.
4. Togliere la biancheria dal letto.
   - Togliere tutti i dispositivi attaccati alla biancheria del letto, ad esempio il campanello di chiamata.
   - Liberare la biancheria superiore dai piedi del letto e togliere il copriletto e la coperta.
   - Lasciare il lenzuolo superiore sul paziente (il lenzuolo superiore può rimanere sul paziente prima di cambiarlo, poiché fornisce calore sufficiente) o sostituirlo con un telo da bagno come segue:
     a. Stendere il telo da bagno sul lenzuolo superiore.
     b. Chiedere al paziente di tenere l'orlo superiore del telo.
     c. Infilare la mano sotto il telo, afferrare il lenzuolo e sfilarlo dai piedi del letto, lasciando il telo a posto.
     d. Togliere il lenzuolo dal letto e riporlo nel contenitore della biancheria sporca.
5. Cambiare il lenzuolo inferiore e le traverse.
   - Alzare la sbarra verso la quale si girerà il paziente. Se non ci sono sbarre laterali, farsi aiutare a sostenere il paziente sull'orlo del letto.
   - Aiutare il paziente a girarsi dal lato opposto verso la sbarra laterale sollevata.
   - Liberare il lenzuolo inferiore dal lato del letto vicino all'operatore.
   - Piegare gli effetti letterecci (per esempio, lenzuolo inferiore e traversa) al centro del letto (Fig. 2.7), il più possibile vicino e sotto al paziente.

- Mettere il nuovo lenzuolo inferiore sul letto e piegarlo verticalmente il più vicino possibile al paziente (Fig. 2.8). Piegare il lenzuolo inferiore alla metà del letto e unire con una piega ad angolo retto se non si sta usando un lenzuolo con elastico.
- Mettere la traversa pulita nel letto con la piega centrale al centro del letto. Piegare la metà più lontana verticalmente al centro del letto e piegare il bordo più vicino sotto il lato del materasso (Fig. 2.9).
- Aiutare il paziente a girarsi verso il lato pulito del letto. Il paziente rotola oltre le lenzuola piegate al centro del letto, sul lato pulito dello stesso.
- Spostare sul lato pulito i guanciali per l'uso da parte del paziente. Alzare le sbarre laterali prima di cambiare lato del letto.
- Girare dall'altro lato del letto e abbassare la sbarra laterale.
- Rimuovere le lenzuola sporche e metterle nel portabiancheria.
- Spianare il lenzuolo inferiore piegato dal centro del letto.
- Fronteggiando il lato del letto, usare entrambe le mani per tirare il lenzuolo in modo da spianarlo e lisciarlo e quindi piegare l'eccedenza sotto il lato del materasso.
- Spianare la traversa piegata al centro del letto e tirarla energicamente con entrambe le mani. Tirare il lenzuolo in tre sezioni: (a) di fronte al lato del letto per tirare la parte media; (b) di fronte all'angolo basso per tirare la sezione più bassa; (c) di fronte all'angolo alto per la sezione superiore.
- Piegare la traversa in eccedenza sotto il lato del materasso.

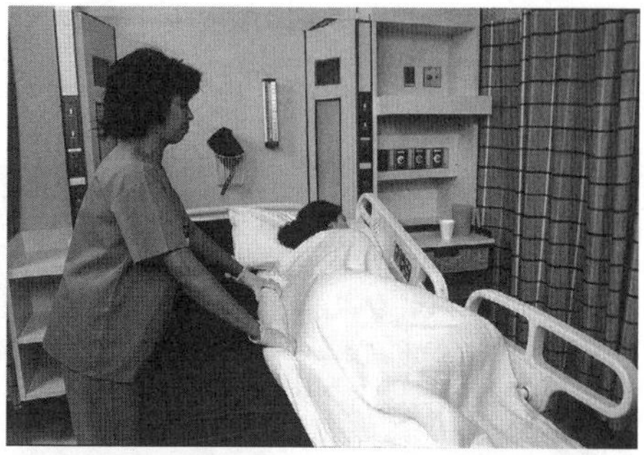

Figura 2.7 *Spostare le lenzuola sporche il più possibile vicino al paziente.*

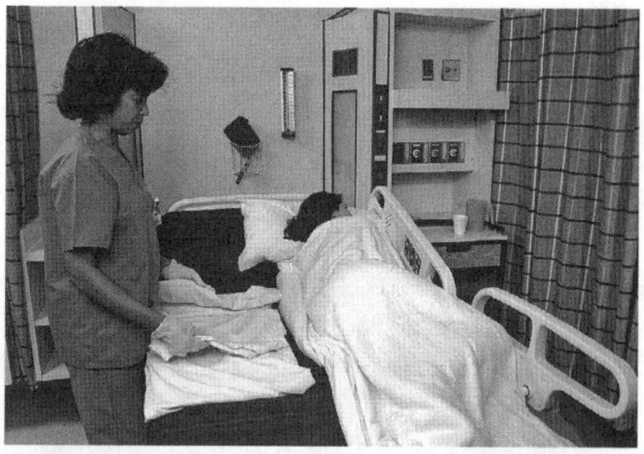

Figura 2.8 *Mettere un nuovo lenzuolo inferiore su metà letto.*

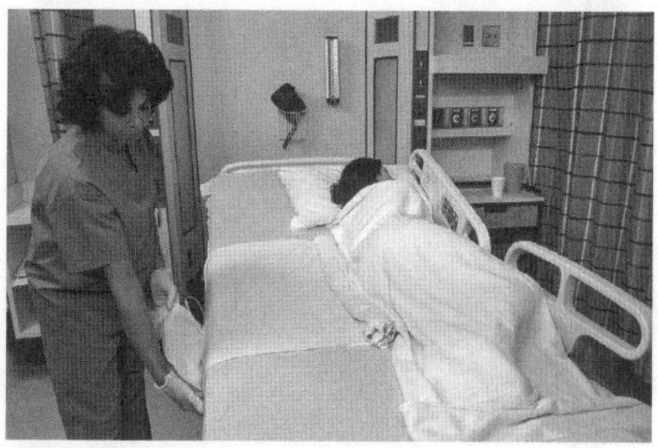

Figura 2.9 *Mettere una traversa pulita sul letto.*

6. Riposizionare il paziente al centro del letto.
   - Riposizionare i guanciali al centro del letto.
   - Aiutare il paziente a mettersi al centro del letto. Valutare la posizione richiesta o preferita dal paziente e incoraggiarlo ad assumere quella posizione.
7. Mettere e/o completare la biancheria superiore del letto.
   - Spianare il lenzuolo superiore sul paziente e chiedergli di tenere l'orlo superiore del lenzuolo o piegarlo sotto le spalle. Il lenzuolo dovrebbe rimanere sul paziente quando si toglie il telo da bagno o il lenzuolo sporco.
   - Completare la parte superiore del letto.
8. Garantire sempre la sicurezza del paziente.
   - Alzare le sbarre se necessario. Mettere il letto nella posizione bassa prima di allontanarsi dal lato del letto.

- Attaccare il campanello di chiamata alla biancheria del letto in modo che sia facilmente raggiungibile dal paziente.
- Posizionare gli accessori usati dal paziente in modo che siano facilmente raggiungibili.

9. Riordinare il materiale. Rimuovere i guanti monouso. Lavarsi le mani.

Dopo la procedura

- Eseguire un'adeguata valutazione dei bisogni assistenziali del paziente, del suo stato di benessere e sicurezza, del corretto funzionamento dei drenaggi e della facilità per il paziente a raggiungere, al bisogno, il campanello di chiamata.

Procedura 2.3 Bagno ad un paziente adulto o pediatrico

Accertamento

1. Valutare i fattori fisici o emozionali (per esempio, fatica, sensibilità al freddo, bisogno di controllo, ansia o paura).
2. Valutare le condizioni della cute (colorito, traumi e turgore, presenza di macchie pigmentate, temperatura, lesioni, escoriazioni, abrasioni e contusioni). Le aree eritematose (arrossate) sull'osso sacro, sulle prominenze ossee e sui talloni devono essere controllate per l'eventuale presenza di ulcere da pressione.
3. Valutare la presenza di dolore e necessità di terapie farmacologiche aggiuntive (per esempio, un analgesico) prima del bagno.
4. Valutare altri aspetti della salute che possono riguardare la capacità del paziente di lavarsi (per esempio, mobilità, forza, capacità cognitive).

Pianificazione assistenziale

- Verificare il tipo di bagno più adatto al paziente tenendo conto anche delle sue abitudini
- Verificare lo stato della cute (rossore, lesioni, eruzioni cutanee)
- Incoraggiare il paziente a compiere il più possibile attività autonome appropriate per conseguire stima di sé

Materiale occorrente

- Bacinella con acqua calda (37/38 °C)
- Sapone liquido o saponetta
- Biancheria: telo da bagno, due asciugamani, spugna, camice pulito, pigiama o vestiti secondo le necessità, lenzuola e asciugamani addizionali, se necessario
- Guanti monouso
- Articoli di igiene personale (per esempio, deodorante, borotalco, lozioni)
- Materiale da barba per pazienti maschi
- Tavolo per materiale da bagno
- Sacco per biancheria

Interventi assistenziali

Preparazione

- Prima di lavare un paziente, determinare: (a) lo scopo e il tipo di bagno necessario al paziente; (b) il grado di autosufficienza del paziente; (c) tutte le precauzioni specifiche per il paziente riguardanti i movimenti e le posizioni; (d) altre cure che il paziente può ricevere, come fisioterapia o radioterapia, per coordinare tutti gli aspetti delle cure e prevenire un affaticamento non necessario; (e) il grado di accettazione del paziente all'aiuto durante le cure igieniche; (f) il materiale occorrente per il bagno.

- Sono necessarie precauzioni per lavare un paziente sottoposto a terapia endovenosa. Possono essere usati dei camici facilmente rimovibili con del velcro o dei bottoni a ciappa lungo le maniche. Se non è disponibile un camice speciale, l'operatore deve prestare attenzione particolare nel cambiare il camice del paziente dopo il bagno (o quando il camice si sporca).

Tecnica

1. Prima di effettuare la procedura, presentarsi e verificare l'identità del paziente secondo il protocollo della struttura. Spiegare al paziente che cosa si sta facendo, perché e come può collaborare. Discutere con il paziente le sue preferenze relativamente al bagno e spiegare ogni procedura che non conosce.
2. Provvedere alla riservatezza del paziente tirando le tende intorno al letto o chiudendo la porta della stanza.
3. Lavarsi le mani, indossare i guanti e osservare le procedure per il controllo delle infezioni.
4. Preparare il paziente e l'ambiente circostante.
   - Invitare i membri della famiglia a collaborare, se il paziente lo desidera.
   - Chiudere finestre e porte per assicurare una temperatura confortevole della stanza.
   - Dare al paziente una padella o un pappagallo o chiedere se preferisce usare il bagno o la sedia comoda.
   - Incoraggiare il paziente a eseguire le cure igieniche il più possibile in modo autonomo.
   - Durante il bagno, controllare ogni zona cutanea con attenzione.

Bagno a letto

5. Preparare il letto e posizionare il paziente in modo appropriato.
   - Posizionare il paziente a un'altezza confortevole per eseguire la procedura. Abbassare la sponda del lato vicino a sé mantenendo sollevata l'altra. Far spostare il paziente vicino a sé.
   - Mettere un telo da bagno sopra il lenzuolo. Togliere il lenzuolo da sotto il telo da bagno iniziando dalle spalle del paziente, spostando le lenzuola in basso verso i piedi. Chiedere al paziente di afferrare la parte superiore del telo da bagno mentre si spostano le lenzuola verso i piedi del letto. *Nota*: Se le lenzuola devono essere riutilizzate, conservarle sopra la sedia accanto al letto. Se devono essere cambiate, riporle nel sacco della biancheria, non gettarle a terra.
   - Rimuovere il camice del paziente lasciandolo coperto con il telo da bagno. Mettere il camice nel sacco della biancheria.
6. Preparare una manopola da bagno con un asciugamano piccolo.
7. Pulire il viso.
   - Mettere l'asciugamano sotto la testa del paziente.
   - Lavare gli occhi del paziente solo con acqua e asciugarli bene. Usare un angolo diverso dell'asciugamano per ogni occhio. Asciugare dalla parte interna della palpebra alla parte esterna (Fig. 2.10).
   - Chiedere al paziente se vuole usare del sapone per lavare il viso.
   - Lavare, sciacquare e asciugare la faccia, le orecchie e il collo del paziente.
   - Togliere l'asciugamano da sotto la testa del paziente.

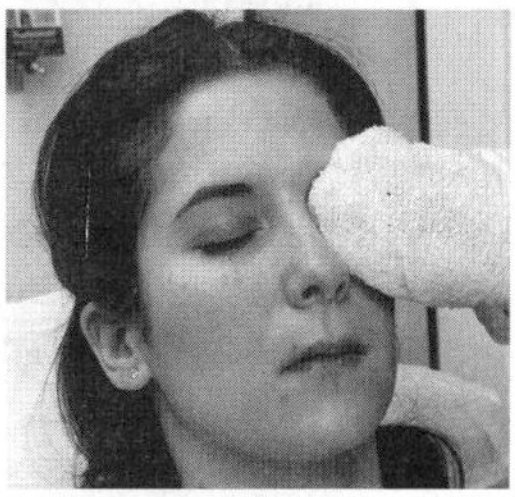

Figura 2.10 *Usare un angolo diverso dell'asciugamano per ogni occhio e pulire dall'angolo interno a quello esterno.*

8. Lavare le braccia e le mani (escludere le braccia nelle cure igieniche parziali).
   - Mettere un asciugamano sotto il braccio vicino a sé.
   - Lavare, sciacquare e asciugare le braccia, alzandole e sostenendole a livello dei polsi e dei gomiti. Eseguire lunghi ed energici strofinamenti dal polso alla spalla, inclusa l'area ascellare (Fig. 2.11).
   - Mettere il deodorante o il borotalco, se il paziente lo desidera. Un'attenzione particolare è richiesta per i pazienti con alterazioni respiratorie.
   - *Opzionale*: porre un asciugamano sul letto con sopra una bacinella. Mettere le mani del paziente nella bacinella. Tenere a bagno le mani facilita la rimozione dello sporco sotto il letto ungueale. Assistere il paziente nel lavare, sciacquare e asciugare le mani, con particolare attenzione allo spazio interdigitale.
   - Ripetere la procedura per il braccio e la mano controlaterale. Fare attenzione se si sta somministrando una terapia endovenosa e controllarla, sempre dopo aver mosso la mano o il braccio.

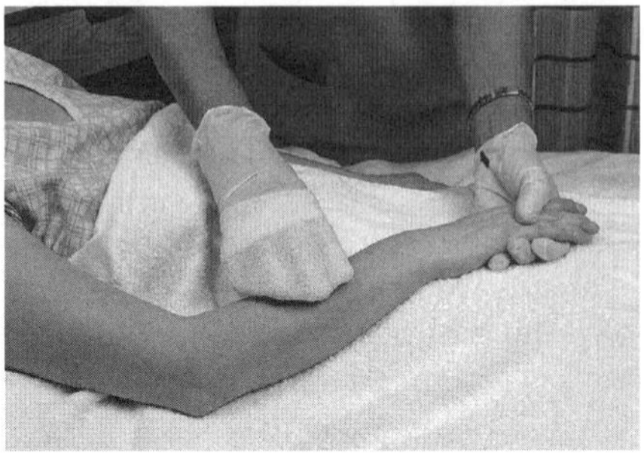

Figura 2.11 *Lavare l'avambraccio effettuando movimenti decisi e lunghi diretti dal polso verso la spalla.*

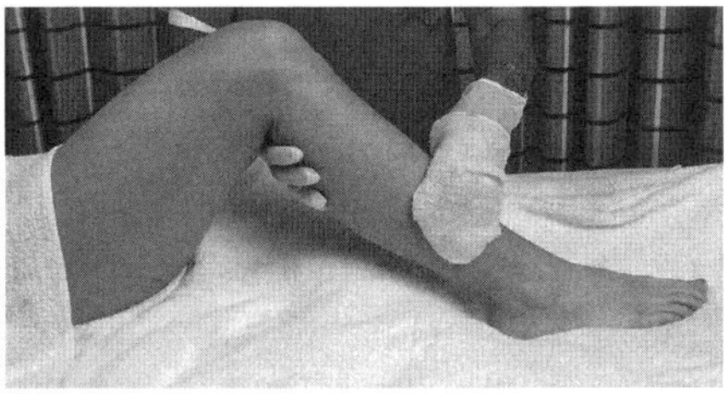

Figura 2.12 *Lavare la gamba.*

9. Lavare il torace e l'addome (escludere torace e addome nelle cure igieniche parziali. Tuttavia, le aree sotto le mammelle delle donne possono richiedere una pulizia se sono irritate o se la paziente presenta una sudorazione significativa in quell'area).
   - Mettere il telo da bagno disteso sopra il torace. Piegare il telo da bagno in basso sull'area pubica del paziente.
   - Tirare il telo da bagno via dal torace e lavare il torace e l'addome con la manopola da bagno con lunghi ed energici strofinii. Porre particolare attenzione alla cute sotto le mammelle e a ogni piega cutanea, in particolare se il paziente è in sovrappeso. Sciacquare e asciugare bene.
   - Sostituire il telo da bagno quando le zone sono state asciugate bene.
10. Lavare le gambe e i piedi (escludere gambe e piedi nelle cure igieniche parziali).
   - Scoprire la gamba più lontana piegando il telo da bagno sopra l'altra gamba e facendo attenzione a mantenere il perineo coperto.
   - Alzare la gamba e mettervi sotto l'asciugamano da bagno. Lavare, sciacquare e asciugare la gamba con lunghi, profondi ed energici sfregamenti, dalla caviglia al ginocchio alla coscia (Fig. 2.12).
   - Invertire la copertura e ripetere la procedura con la gamba controlaterale.
   - Lavare i piedi mettendoli nella bacinella con l'acqua.
   - Asciugare i piedi, facendo particolare attenzione agli spazi interdigitali. Può essere preferibile lavare il piede dopo aver lavato una gamba e prima di lavare l'altra.
   - Sostituire l'acqua con altra acqua pulita e calda, quando necessario. Dato che le cellule della superficie cutanea sono rimosse con il lavaggio, l'acqua usata per le persone di colore può essere scura, senza che questo significhi che l'acqua sia sporca e/o da cambiare. Abbassare il letto e alzarne la sponda quando si va a cambiare l'acqua.
11. Lavare la schiena e quindi il perineo.

- Aiutare il paziente ad assumere una posizione prona o laterale con la schiena verso di sé. Mettere il telo da bagno lungo la schiena e i glutei tenendo il paziente coperto, per quanto possibile.
- Lavare e asciugare la schiena del paziente, dalle spalle ai glutei e alla parte alta delle cosce, facendo attenzione alla piega glutea.
- Dopo aver finito il bagno, praticare un massaggio alla schiena.
- Aiutare il paziente a riprendere la posizione supina e accertarsi che sia in grado di eseguire le cure igieniche del perineo in modo autonomo. Se non è in grado, coprire il paziente e lavare l'area.

12. Aiutare il paziente ad applicare borotalco, lozioni o deodorante.
    - Usare il borotalco in modo limitato, facendo attenzione a disperderne il minimo possibile nell'aria.
    - Aiutare il paziente a indossare un camice pulito o un pigiama.
    - Assistere il paziente durante l'igiene dei capelli, della bocca e delle unghie. Molti pazienti preferiscono o hanno la necessità di effettuare l'igiene della bocca prima del bagno.

Bagno in vasca o doccia

13. Preparare il paziente e la vasca.
    - Riempire per un terzo o per metà la vasca con acqua a una temperatura gradevole per il paziente.
    - Coprire tutti i cateteri endovenosi e le ferite con protezioni di plastica e spiegare al paziente come evitare di bagnarle, se possibile.
    - Mettere il tappetino da bagno o un asciugamano sul pavimento e sul fondo della vasca.
14. Assistere il paziente nella doccia o nella vasca.
    - Aiutare il paziente a regolare la temperatura e il getto dell'acqua, se necessario, e a mantenere una posizione eretta. Molti pazienti hanno bisogno di sedersi nella doccia perché molto deboli. L'acqua calda può causare svenimenti nei pazienti anziani a causa della vasodilatazione e dell'abbassamento della pressione sanguigna dovuti ai cambiamenti di posizione.
    - Se il paziente necessita di molta assistenza per il bagno in vasca, può essere necessaria una sedia da bagno idraulica (si veda "Variazione" più avanti).
    - Spiegare al paziente come deve segnalare la necessità di aiuto. Lasciare il paziente per 2-5 minuti e mettere il cartello "occupato" sulla porta. Per ragioni di sicurezza, non lasciare soli i pazienti con ridotte capacità cognitive o quelli che potrebbero essere a rischio (per esempio, anamnesi di convulsioni o sincope).
15. Assistere il paziente nell'igiene e nell'uscita dalla vasca.
    - Lavare la schiena, le gambe e i piedi del paziente, se necessario.
    - Aiutare il paziente a uscire dalla vasca. Se il paziente è instabile, mettergli un asciugamano da bagno sulle spalle e svuotare la vasca, prima di aiutarlo a uscire.
16. Asciugare il paziente e assisterlo nelle cure successive.
    - Eseguire il punto 12.
    - Aiutare il paziente a tornare nel proprio letto.
    - Pulire la vasca o la doccia secondo i protocolli della struttura.
    - Gettare la biancheria usata negli appositi sacchi della biancheria e mettere il cartello "libero" sulla porta del bagno.
    - Riordinare il materiale, rimuovere e gettare i guanti.
17. Documentare l'attività sulla cartella assistenziale:
    - Tipo di igiene praticata (per esempio, completa, parziale o autonoma).
    - Interventi assistenziali effettuati per garantire l'integrità cutanea.
    - Capacità del paziente di collaborare durante le cure igieniche.
    - Reazioni del paziente alle cure igieniche. Documentare anche la necessità di controllo dei parametri vitali, se indicato.

- Bisogno educativo del paziente sulle cure igieniche.
- Informazioni o insegnamenti dati al paziente o alla sua famiglia.

Variazione: bagno con l'uso di una sedia idraulica da vasca

Un sollevatore idraulico è spesso usato nelle cure croniche o riabilitative per facilitare il trasferimento del paziente che non è in grado di camminare fino alla vasca (Fig. 2.13). Inoltre, il sollevatore aiuta a evitare stiramenti alla schiena dell'operatore.

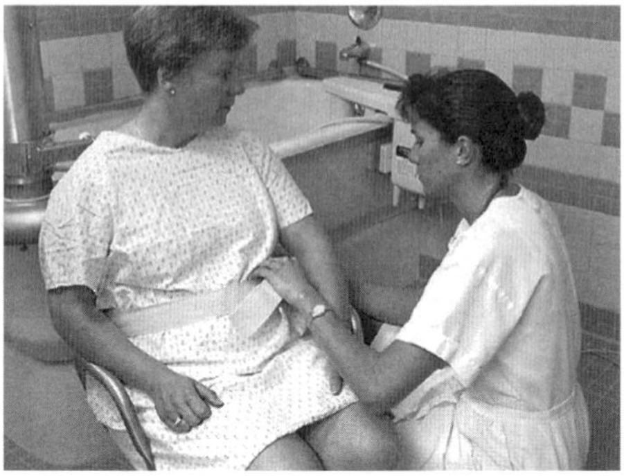

Figura 2.13 *Chiudere la cintura di sicurezza prima di trasferire il paziente su una sedia idraulica da vasca.*

- Portare il paziente nella stanza da bagno con una sedia a rotelle o con una sedia da doccia.
- Riempire la vasca e controllare la temperatura dell'acqua con un termometro da bagno.
- Abbassare la sedia idraulica fino al punto più basso fuori dalla vasca.
- Trasferire il paziente sulla sedia idraulica e chiudere la cintura di sicurezza.
- Alzare la sedia idraulica verso la vasca.
- Sostenere le gambe del paziente mentre si muove la sedia verso la vasca.
- Mettere le gambe del paziente dentro l'acqua e abbassare lentamente la sedia dentro la vasca.
- Se necessario, aiutare il paziente durante le cure igieniche.
- Invertire la procedura per far uscire il paziente dalla vasca.
- Asciugare il paziente e portarlo nella sua stanza.

Dopo la procedura

- Fare attenzione alla tolleranza del paziente alla procedura (per esempio, frequenza e ritmo del respiro, frequenza cardiaca, comportamenti di accettazione o di resistenza, affermazioni relative al comfort).
- Eseguire un appropriato controllo per valutare:
  - condizioni e integrità della cute (secchezza, turgore, rossore, lesioni, ecc.);
  - forza del paziente. Osservare ampiezza dei movimenti e circolazione, mobilità e sensibilità di tutti gli arti;
  - grado di autosufficienza del paziente.
- Confrontare i dati con i precedenti, se disponibili.

Procedura 2.4 Igiene perineale e genitale

Accertamento

1. Valutare la presenza di:
   - Irritazioni, escoriazioni, infiammazioni, gonfiore.
   - Eccessiva secrezione.
   - Odore; dolore o disagio.
   - Incontinenza di feci o urine.
   - Recente chirurgia rettale o perineale.
   - Presenza di catetere permanente.

2. Determinare:
   - Le pratiche eseguite per la pulizia perineale.
   - Il grado di autosufficienza per eseguire l'igiene perineale e genitale.

Pianificazione assistenziale

Le cure igieniche del perineo e dei genitali possono essere attribuite all'operatore sociosanitario previa valutazione delle conoscenze e abilità e del grado di complessità assistenziale.

Materiale occorrente

Cure perineali e genitali praticate durante le cure igieniche a letto
- Asciugamano da bagno
- Telo da bagno
- Guanti monouso
- Bacinella con acqua tiepida
- Sapone
- Asciugamano quadrato per preparare la manopola da bagno

Igiene speciale nella zona perineale e genitale
- Asciugamano da bagno
- Telo da bagno
- Guanti monouso
- Bottiglia, brocca o contenitore di acqua tiepida o di soluzione prescritta
- Padella per raccogliere l'acqua di lavaggio
- Assorbente

Interventi assistenziali

Preparazione
- Determinare se il paziente ha avuto disturbi all'area genitale.
- Preparare il materiale necessario.

Tecnica
1. Prima di effettuare la procedura, presentarsi e verificare l'identità del paziente secondo il protocollo della struttura. Spiegare al paziente che cosa si sta facendo, perché e come può collaborare, rispettando il suo eventuale imbarazzo.
2. Provvedere alla riservatezza del paziente tirando le tende intorno al letto o chiudendo la porta della stanza. Alcune strutture sanitarie forniscono avvisi che indicano la necessità di riservatezza.
3. Lavarsi le mani e osservare le procedure per il controllo delle infezioni (indossare i guanti monouso).
4. Preparare il paziente:
   - Piegare le lenzuola ai piedi del letto e il camice in alto per scoprire l'area genitale.
   - Mettere un asciugamano da bagno sotto il bacino del paziente.
5. Posizionare e coprire il paziente; pulire la parte alta delle cosce.

Pazienti di sesso femminile
- Porre la donna in posizione supina con le ginocchia flesse e aperte.
- Coprire il corpo e le gambe con il telo da bagno posizionato in modo che un angolo sia a livello della testa, un altro a livello dei piedi e gli altri due sui fianchi. Coprire le gambe gi-

rando l'angolo inferiore del telo da bagno sotto e poi sopra la parte inferiore della coscia (Fig. 2.14). Portare la porzione media della base del telo da bagno sopra l'area pubica.

Pazienti di sesso maschile

- Collocare il paziente in posizione supina con le ginocchia flesse e con le anche ruotate esternamente.

6. Ispezionare l'area perineale.
   - Osservare particolari aree di infiammazione, escoriazione, tumefazione, specialmente tra le labbra della vagina nella donna e tra le pieghe scrotali nell'uomo.
   - Osservare la presenza di eccessive secrezioni e la presenza di odori.

Figura 2.14 *Coprire la paziente per praticare le cure perineali.*

7. Lavare e asciugare l'area perineale e genitale.

Pazienti di sesso femminile

- Pulire le grandi labbra. Quindi, aprirle per lavare le pieghe tra le grandi e le piccole labbra.
- Usare i quattro angoli dell'asciugamano da bagno, uno per ogni passaggio, andando dal pube al retto. Per donne con mestruazioni o pazienti con catetere permanente, usare fazzoletti monouso. Usare un fazzoletto pulito per ogni passaggio. Pulire dall'area meno contaminata (di solito il pube) a quella maggiormente contaminata (di solito il retto).
- Lavare bene l'area. Mettere una padella sotto la paziente e usare una brocca per versare l'acqua tiepida sull'area. Asciugare bene il perineo, facendo particolare attenzione alle pieghe delle labbra vaginali.

Pazienti di sesso maschile

- Lavare e asciugare il pene strofinando efficacemente.
- Se il paziente non è circonciso, retrarre il prepuzio ed esporre il glande (punta del pene) per pulirlo. Ricoprire il glande dopo averlo pulito.
- Lavare e asciugare lo scroto. La piega posteriore dello scroto necessita di essere pulita insieme ai glutei (si veda punto 9).

8. Ispezionare gli orifizi perineali per verificare la loro integrità.
   - Osservare attentamente l'area intorno all'uretra nei pazienti con catetere permanente.
9. Pulire tra le natiche.
   - Aiutare il paziente a girarsi con la schiena di fronte a sé.
   - Porre particolare attenzione all'area anale e alla piega posteriore dello scroto negli uomini.
   - Se necessario, pulire l'ano con fazzoletti di carta prima di lavarlo.
   - Asciugare l'area perineale.
   - Nelle donne con mestruazioni o dopo il parto, applicare un assorbente dalla zona vaginale a quella anale.
10. Togliere e gettare i guanti. Lavarsi le mani.
11. Documentare l'attività sulla cartella assistenziale.

Dopo la procedura

- Confrontare i dati attuali con i precedenti, se disponibili.
- Condurre un appropriato controllo sulle medicazioni prescritte per le escoriazioni.
- Riferire all'infermiere tutte le alterazioni rispetto alla norma.

Procedura 2.5 Igiene della bocca e dei denti

Accertamento

1. Determinare le capacità del paziente per le cure personali.
2. Determinare le abituali cure della bocca praticate dal paziente.
3. Ispezionare labbra, gengive, mucosa orale e lingua per eventuali anomalie.
4. Identificare la presenza di problemi orali, come carie dentali, alitosi, gengivite, perdita o rottura dei denti.
5. Controllare se il paziente ha ponti o dentiere. Se il paziente ha la dentiera, chiedere se sono presenti gonfiori o dolenzie e, in caso positivo, la loro ubicazione per le valutazioni future.

Pianificazione assistenziale

L'igiene della bocca, la pulizia interdentale e dei denti e le cure delle dentiere possono essere affidate agli operatori sociosanitari previa valutazione delle loro conoscenze e abilità e del grado di complessità assistenziale. L'OSS riferisce all'infermiere in relazione allo stato della mucosa orale del paziente.

Materiale occorrente

Spazzolatura e cura interdentale

- Asciugamano
- Guanti monouso
- Bacinella
- Spazzolino da denti (a setole morbide)
- Contenitore con acqua tiepida
- Dentifricio
- Collutorio
- Filo interdentale (come minimo due pezzi di 20 cm di lunghezza)
- Sostegno per filo interdentale (opzionale)

Pulizia della dentiera

- Guanti monouso
- Fazzoletto o garza
- Contenitore della dentiera
- Fazzoletto pulito
- Spazzolino da denti o spazzola con setole dure
- Dentifricio specifico per la pulizia della dentiera
- Acqua tiepida
- Contenitore per collutorio
- Bacinella
- Asciugamano

Interventi assistenziali

Tecnica

1. Prima di effettuare la procedura, presentarsi e verificare l'identità del paziente secondo il protocollo della struttura. Spiegare al paziente che cosa si sta facendo, perché e come può collaborare.
2. Provvedere alla riservatezza del paziente tirando le tende intorno al letto o chiudendo la porta della stanza. Alcune strutture sanitarie forniscono degli avvisi che indicano la necessità di privacy.

3. Lavarsi le mani e osservare le procedure per il controllo delle infezioni (indossare i guanti monouso).
4. Preparare il paziente.
   - Assistere il paziente allettato ad assumere una posizione seduta, se consentito, altrimenti assisterlo in una posizione supina con la testa girata da un lato.
5. Preparare il materiale necessario.
   - Mettere l'asciugamano sotto il mento del paziente.
   - Bagnare le setole dello spazzolino da denti con acqua tiepida e spalmare il dentifricio.
   - Usare uno spazzolino da denti a setole morbide (uno piccolo per i bambini) e il dentifricio preferito dal paziente.
   - Nel paziente allettato, mettere o tenere la bacinella reniforme sotto il mento, adattando la curva al mento o al collo del paziente.
   - Ispezionare la bocca e i denti.
6. Spazzolare i denti.
   - Dare lo spazzolino da denti al paziente o spazzolargli i denti come segue:
     a. Tenere lo spazzolino sui denti con le setole che formano un angolo di 45°. La punta delle setole esterne deve penetrare sotto il solco gengivale. Lo spazzolino pulisce sotto il solco gengivale di due o tre denti per volta. Questa tecnica solcolare rimuove la placca batterica e pulisce sotto i margini gengivali (Fig. 2.15A).
     b. Muovere le setole su e giù delicatamente con piccoli colpi dal solco alla corona dei denti.
     c. Ripetere fino a quando si puliscono tutte le parti interne ed esterne dei denti e delle gengive.
     d. Pulire le superfici masticanti muovendo lo spazzolino avanti e indietro con piccoli colpi (Fig. 2.15B).
     e. Spazzolare dolcemente la lingua con lo spazzolino da denti.

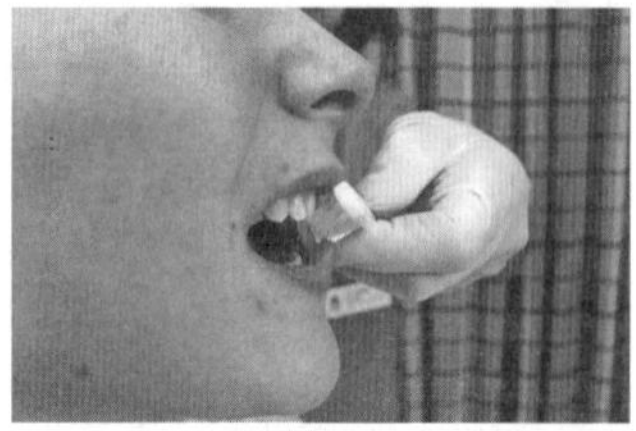

Figura 2.15A *Spazzolare dal solco gengivale alle corone dei denti.*

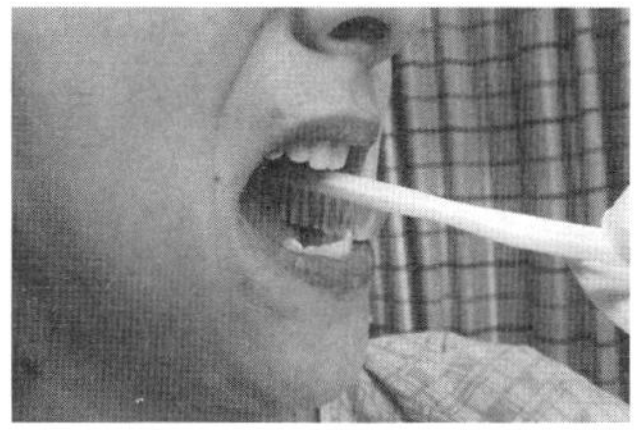

Figura 2.15B *Spazzolare le superfici masticanti.*

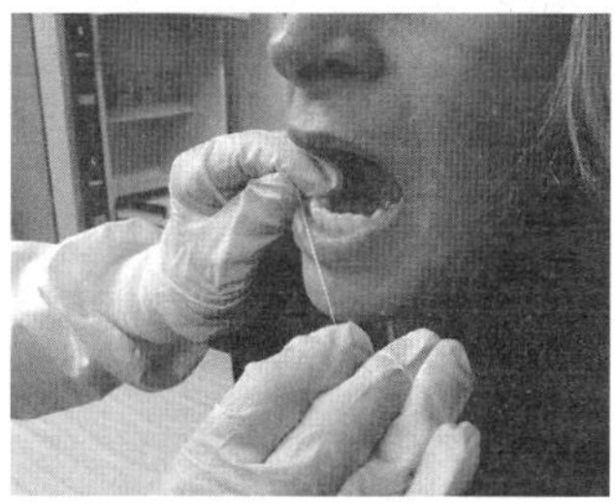

Figura 2.15C *Pulire gli spazi inter-dentali inferiori usando gli indici per tendere il filo.*

   - Dare al paziente il contenitore dell'acqua o il collutorio per risciacquare la bocca. Quindi chiedergli di sputare il dentifricio e l'acqua in eccesso nella bacinella. Alcune strutture prevedono l'uso di un collutorio standard. In alternativa, risciacquare la bocca con soluzione fisiologica può essere un efficace sistema di pulizia e umidificazione.
   - Ripetere la fase precedente fino a che la bocca sia libera da particelle di dentifricio e cibo.
   - Rimuovere la bacinella e aiutare il paziente ad asciugarsi la bocca.
7. Usare il filo interdentale.
   - Assistere il paziente a usare il filo interdentale in modo autonomo o usare il filo su un paziente vigile e cooperativo come segue. Il filo interdentale cerato si sfilaccia meno di quello semplice; le particelle alimentari si attaccano più facilmente al filo interdentale non incerato.
     a. Avvolgere un capo del filo al terzo dito di ogni mano.
     b. Per pulire gli spazi interdentali superiori, tendere il filo tra pollice e indice. Muovere il filo su e giù tra i denti. Quando il filo raggiunge il margine della gengiva, farlo scivolare delicatamente nello spazio tra le gengive e i denti. Allontanare delicatamente il filo dalle gengive muovendolo su e giù. Iniziare dal retro a destra fino al retro a sinistra o lavorare dai denti centrali fino alle parti posteriori dell'uno e dell'altro lato.
     c. Per pulire i denti inferiori, usare gli indici per tendere il filo (Fig. 2.15C).

- Dare al paziente acqua tiepida o colluttorio per sciacquare la bocca e una bacinella reniforme per sputare l'acqua.
- Aiutare il paziente ad asciugarsi la bocca.

8. Rimuovere e riordinare in modo adeguato il materiale utilizzato.
   - Portare via e pulire la bacinella reniforme.
   - Togliere e gettare i guanti. Lavarsi le mani.
9. Documentare sulla cartella assistenziale del paziente la procedura effettuata per la pulizia dei denti, della lingua e delle gengive e annotare le condizioni riscontrate della mucosa orale. Riferire all'infermiere qualsiasi complicanza, presenza di dolore o sanguinamento. Registrare se durante la pulizia dei denti si sono verificate emorragie.

Variazione: Igiene della dentiera

1. Rimuovere la dentiera.
   - Mettere i guanti.
   - Se il paziente non può togliersi la dentiera da solo, prendere il fazzoletto o la garza e afferrare la placca di resina superiore sui denti anteriori con il pollice e l'indice e muovere la dentiera con leggere ondulazioni (Fig. 2.16).
   - Abbassare la dentiera superiore, estrarla dalla bocca e metterla nel contenitore.
   - Tirare la dentiera inferiore, girandola verso il lato sinistro, ad esempio, e abbassandola leggermente a destra, per rimuoverla senza stirare le labbra.
   - Mettere la dentiera inferiore nel contenitore.
   - Rimuovere una dentiera parziale esercitando una pressione uguale su ogni lato della dentiera, non nei fermagli metallici, che possono curvarsi o rompersi.

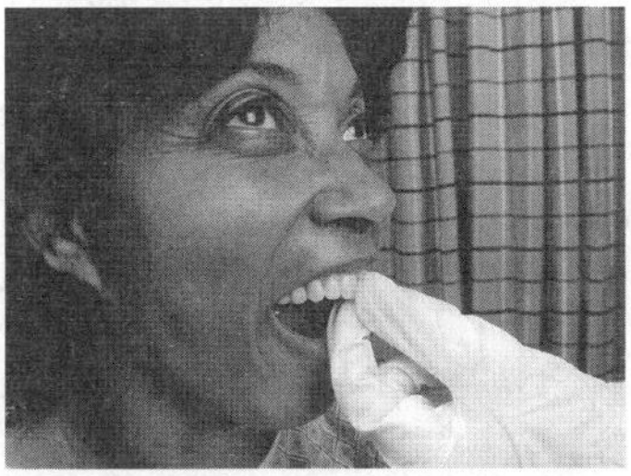

Figura 2.16 *Rimuovere la dentiera superiore interrompendo la suzione.*

2. Pulire la dentiera.
   - Prendere il contenitore della dentiera dal lavandino. Prestare attenzione a non far cadere la dentiera. Mettere un panno nel lavandino.
   - Usare lo spazzolino da denti o una spazzola con setole dure per lavare la dentiera con acqua tiepida e con il detergente.
   - Sciacquare la dentiera sotto il getto dell'acqua. Se la dentiera è macchiata, immergerla in un prodotto specifico. Seguire in modo dettagliato le indicazioni del produttore. Per prevenire danni dovuti alla corrosione, le dentiere che hanno parti di metallo non devono essere lasciate a bagno la notte.
3. Ispezionare la dentiera e la bocca.
   - Osservare la dentiera per valutare la presenza di zone ruvide o acuminate o consumate che possono irritare la lingua o le mucose della bocca, le labbra e le gengive del paziente.
   - Ispezionare la bocca per valutare la presenza di zone arrossate, irritate o infette.
   - Valutare la zona di attacco della dentiera. Le persone che portano la dentiera devono essere visitate da un dentista almeno una volta all'anno per controllare l'attacco e la presenza di zone di irritazione nei tessuti molli della bocca.
4. Riposizionare in bocca la dentiera.
   - Dare al paziente il collutorio e una bacinella reniforme per sciacquare la bocca. Se il paziente non può rimettersi da solo la dentiera, inserire le placche di resina una alla volta. Tenere ogni dentiera leggermente angolata nell'inserirla, per evitare di ferire le labbra.
   - *Nota*: Se il paziente pulisce da sé la dentiera, assicurarsi che questa venga riposta nel contenitore giusto.
5. Assistere il paziente come necessario.
   - Asciugare le mani e la bocca del paziente con l'asciugamano.

- Se il paziente non vuole o non può portare la dentiera, conservarla in un contenitore specifico per dentiere con l'acqua. Etichettare il contenitore con le generalità del paziente. Non porre il contenitore sul vassoio del pasto.

6. Togliere e gettare i guanti. Lavarsi le mani.
7. Documentare tutta la procedura effettuata sulla cartella clinico-assistenziale del paziente, annotando tutti i problemi assistenziali riscontrati, come la presenza di zone irritate nella mucosa.

Procedura 2.6 Igiene dei piedi

Accertamento

Valutare:

- Anamnesi di ogni problema che può essere correlato con l'odore dei piedi; disagio ai piedi; mobilità dei piedi; problemi circolatori (per esempio, gonfiore, variazioni di temperatura e di colore della pelle, dolore); problemi strutturali (per esempio, calli, dita a martello o dita sovrapposte).
- Le abituali pratiche di cura dei piedi (per esempio, frequenza di lavaggio dei piedi e di taglio delle unghie, prodotti usati per l'igiene dei piedi, quanto spesso sono cambiate le scarpe, se il paziente cammina sempre a piedi nudi, se si reca da un podologo).
- La superficie cutanea per la pulizia, l'odore, la secchezza e l'integrità.
- Ogni piede e dito del piede per forma, grandezza e presenza di lesioni (per esempio, duroni, calli, verruche o eruzioni) e le aree di gonfiore ed edema della caviglia.
- I talloni per la presenza di eritema, vesciche o rotture nella cute.
- La temperatura cutanea dei due piedi per valutare le condizioni circolatorie.
- I piedi dei pazienti allettati per la presenza di piede cadente.
- L'autonomia nelle cure (per esempio, ogni problema relativo alla cura dei piedi).

Pianificazione assistenziale

La cura dei piedi dei pazienti non diabetici può essere attribuita agli operatori sociosanitari.

Materiale occorrente

- Lavandino o bacinella con acqua tiepida
- Cuscino
- Tela cerata
- Asciugamano
- Sapone
- Panno bagnato
- Strumenti per tagliare le unghie dei piedi e materiale di pulizia, se consentito dalla regolamentazione della struttura sanitaria
- Lozione o talco per i piedi

Interventi assistenziali

Preparazione

Preparare tutto il materiale necessario per tagliare le unghie, se nella struttura sanitaria non è presente un podologo.

Tecnica

1. Prima di effettuare la procedura, presentarsi e verificare l'identità del paziente secondo il protocollo della struttura. Spiegare al paziente cosa si sta facendo, perché e come può collaborare.
2. Provvedere alla riservatezza del paziente tirando le tende intorno al letto o chiudendo la porta della stanza. Alcune strutture sanitarie forniscono degli avvisi che indicano la necessità di riservatezza.
3. Lavarsi le mani e osservare le procedure per il controllo delle infezioni, indossare i guanti monouso.
4. Preparare il materiale necessario.
   - Riempire la bacinella con acqua calda a 30-40 °C.
   - Aiutare il paziente ad assumere una posizione seduta sulla sedia o al bordo del letto; se non è possibile far assumere al paziente tali posizioni, metterlo supino o in posizione di semi-Fowler.
   - Mettere un cuscino sotto le ginocchia del paziente allettato, se non vi sono controindicazioni.
   - Mettere la bacinella sulla cerata ai piedi del letto, in caso di paziente allettato, o sul pavimento davanti alla sedia, per un paziente deambulante.
   - Proteggere il bordo della bacinella con un asciugamano in caso di paziente allettato.
5. Lavare i piedi.
   - Mettere i piedi del paziente nella bacinella e lavarli con acqua e sapone facendo particolare attenzione agli spazi interdigitali. Non è consigliato tenere dentro l'acqua i piedi per molto tempo nei pazienti diabetici o in individui con malattie vascolari periferiche.
   - Risciacquare bene i piedi per rimuovere il sapone.
   - Strofinare le zone callose del piede con il panno.
   - Sostituire l'acqua e immergere il piede per 10-20 minuti nel caso in cui sia necessario eseguire il taglio delle unghie.
   - Pulire le unghie come richiesto con un pulisci-unghie.
   - Togliere il piede dalla bacinella e posizionarlo nell'asciugamano.
6. Asciugare bene il piede e applicare una lozione o un talco specifico per i piedi.
   - Asciugare delicatamente con l'asciugamano, facendo particolarmente attenzione agli spazi interdigitali.
   - Applicare la lozione o la lanolina sul piede, ma non tra le dita.

   Oppure:
   - Applicare un talco deodorante neutro specifico per i piedi se vi è una tendenza alla traspirazione eccessiva.
7. Eseguire la cura delle unghie del primo piede mentre il secondo è a bagno.
   - Fare attenzione, perché in molte strutture la cura delle unghie dei piedi richiede una prescrizione medica o può essere controindicata nei pazienti diabetici o con infezioni alle dita dei piedi o con malattie vascolari periferiche. In questi casi può essere richiesto l'intervento del medico.
8. Documentare tutti i problemi riscontrati ai piedi sulla cartella assistenziale del paziente.
   - Registrare i segni di infiammazione, infezione, abrasioni, calli fastidiosi, borsiti dell'alluce ed eventuali aree di ischemia. Questo è particolarmente importante in pazienti con malattie vascolari periferiche e diabete.

Dopo la procedura

- Ispezionare le unghie e la pelle dopo l'ammollo.
- Confrontare i dati attuali con i precedenti.
- Riferire all'infermiere eventuali complicanze

Capitolo 3
L'assistenza nell'eliminazione urinaria e fecale

3.1 L'eliminazione urinaria

L'eliminazione urinaria è una funzione fisiologica. Non bisogna confondere l'eliminazione con l'**escrezione**, che è il processo attraverso il quale i rifiuti del metabolismo cellulare sono allontanati dall'organismo; l'eliminazione, invece, è la semplice espulsione della parte di cibo non digerita e non assorbita dall'organismo.

L'escrezione urinaria e la quantità di urina eliminata dall'organismo nell'unità di tempo si definiscono **diuresi**: in assenza di condizioni patologiche, la diuresi nell'arco delle 24 ore può variare da 1.000 a 1.500 ml.

L'urina si forma nei **reni** e viene trasportata nelle **pelvi renali** che si restringono a imbuto e danno origine agli **ureteri**, due condotti che, scendendo verso il basso ai lati della colonna vertebrale, sboccano nella **vescica urinaria**, posizionata dietro la **sinfisi pubica**.

La vescica è un organo cavo rivestito internamente da un epitelio (*mucosa vescicale*) e dotato di una parete di tessuto muscolare. Da essa ha origine un singolo condotto, l'**uretra** che, attraversando il pavimento della cavità pelvica, si estende sino alla superficie esterna del corpo. Quest'apertura esterna è chiamata **meato urinario** o **orifizio uretrale**. L'uretra della donna è lunga circa 4 cm e sbocca in corrispondenza della vulva, tra le piccole labbra; quella dell'uomo percorre il pene; nell'uretra maschile, lunga circa 20 cm, sboccano i dotti eiaculatori che vi immettono lo sperma al momento dell'eiaculazione.

Le figure 3.1 e 3.2, rispettivamente, illustrano gli apparati urogenitali maschile e femminile.

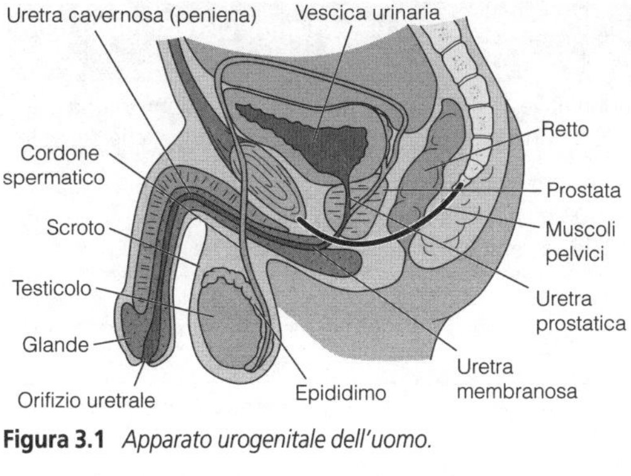

Figura 3.1 *Apparato urogenitale dell'uomo.*

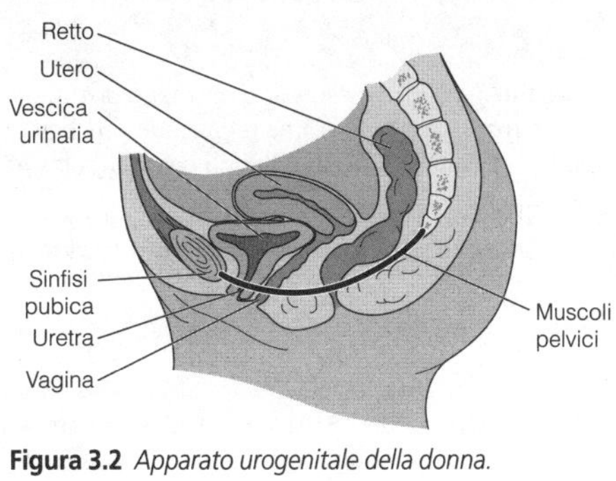

Figura 3.2 *Apparato urogenitale della donna.*

L'urina si raccoglie nella vescica urinaria fino a quando la pressione non stimola speciali terminazioni nervose sensitive che si trovano nella parete vescicale, dette **re-**

cettori di stiramento. Nell'adulto, ciò si verifica quando la vescica contiene tra i 250 e i 450 ml di urina. I messaggi inviati dai nervi all'encefalo comportano la *contrazione del muscolo detrusore* e il *rilassamento dello sfintere interno*.

Come risultato, l'urina può fuoriuscire dalla vescica, ma è ancora trattenuta dallo **sfintere urinario esterno**. Nella donna, lo sfintere è situato a metà dell'uretra; nel maschio è distale alla porzione dell'uretra prostatica.

Se il momento e il luogo sono appropriati per l'emissione dell'urina (**minzione**), un comando volontario proveniente dall'encefalo rilassa lo sfintere esterno e ha luogo la minzione. Se il momento o il luogo sono inappropriati, il riflesso della minzione solitamente diminuisce, la vescica urinaria continua a riempirsi e il riflesso viene poi nuovamente stimolato.

Da quali sostanze è composta l'urina?

L'urina normale risulta composta per il 96% da **acqua**, per il 2,5% da **rifiuti azotati** (*urea*), per l'1,5% da **sali** e da **tracce di composti organici** (ad esempio, pigmenti biliari, responsabili del colore paglierino delle urine normali).

In condizioni patologiche, può accadere che alcuni composti presenti nell'urina (ad esempio, sali dell'acido urico o dell'acido ossalico, alcuni amminoacidi) precipitino nella pelvi renale, dando origine a *sassolini*, chiamati **calcoli renali**. Se questi si incuneano negli ureteri, possono costituire un ostacolo al deflusso dell'urina, causando dolorose contrazioni della muscolatura della parete degli ureteri, indicate con il nome di **coliche renali**.

Le problematiche del controllo della minzione si dividono in due categorie principali: ritenzione e incontinenza.

La **ritenzione urinaria** comporta l'accumulo di urina nella vescica con l'impossibilità di svuotamento. Visto che la produzione di urina è continua, la ritenzione determina distensione vescicale.

L'**incontinenza urinaria** è l'opposto della ritenzione: indica, infatti, l'incapacità temporanea o permanente dello sfintere esterno di controllare il flusso di urina dalla vescica.

Nel momento in cui si manifestano alterazioni nel normale funzionamento dell'apparato urogenitale, le persone diventano consapevoli delle proprie abitudini urinarie e degli eventuali sintomi associati. Il ruolo dell'**infermiere** e dell'**OSS**, nell'eliminazione urinaria, consiste nell'assistere il paziente con controllo minzionale, nel prelevare un campione di urina (eliminato o tramite catetere) oppure nell'effettuare lo svuotamento vescicale attraverso il cateterismo.

Principali alterazioni flusso urinario (qualità e quantità) che possono determinare disturbi della minzione:
1) **ANURIA:** assenza o escrezione di meno di 100 ml di urina nelle 24 ore. Tale sintomo è l'espressione di una brusca interruzione della funzione renale. L'anuria dev'essere differenziata dalla ritenzione acuta di urine, che consiste nell'impossibilità di emettere l'urina contenuta in vescica.
2) **OLIGURIA**: riduzione della quantità di urina inferiore ai 500 ml nelle 24 ore a causa di una patologia renale, per grave stato di disidratazione oppure per ostruzione flusso vie escretrici.
3) **POLIURIA**: produzione elevata di urine nelle 24 ore senza una corrispettiva assunzione di liquidi che possa giustificarla > 2500/3000 ml nelle 24 ore. La causa più frequente di poliuria è il diabete mellito non adeguatamente controllato.
4) **RITENZIONE URINARIA**: la ritenzione urinaria è l'incapacità di svuotare completamente la vescica a causa di ostacoli che si interpongono sulla via di deflusso. Acuta o cronica, la ritenzione urinaria si manifesta con l'impossibilità di eliminare l'urina, nonostante lo stimolo minzionale sia presente e sempre più intenso. La ritenzione urinaria è spesso una complicanza di patologie urogenitali o neurologiche; il disturbo è più frequente all'aumentare dell'età, soprattutto tra gli uomini, nei quali le patologie prostatiche o le stenosi dell'uretra causano ostruzione al flusso dell'urina.

5) **POLLACHIURIA**: Aumento transitorio o permanente del numero di minzioni durante le 24 ore accompagnato dalla riduzione del volume vuotato per ogni atto minzionale. Malattie correlate: cistiti, infezioni vie urinarie, IPB.
6) **DISURIA**: Minzione difficoltosa. Nella maggior parte dei casi, la disuria è l'espressione di un'infezione delle basse vie urinarie (responsabile di flogosi dell'uretra o della vescica).
7) **STRANGURIA**: Minzione dolorosa. La stranguria è un disturbo della minzione caratterizzato da un'emissione di urina difficoltosa, lenta e dolorosa. Nella maggior parte dei casi, questo sintomo è dovuto a un'infiammazione delle vie genito-urinarie (cistite, uretrite, prostatite, vaginite, pielonefrite e calcoli renali).
8) **NICTURIA**: Minzione durante le ore notturne. Il termine nicturia definisce la necessità di alzarsi più volte durante il riposo notturno per dar sfogo al ripetuto stimolo minzionale.
9) **ENURESI**: consiste nel rilascio involontario di urina dopo l'età in cui si raggiunge il controllo sfinterico; generalmente interessa i bambini, tuttavia si tratta di un problema che può verificarsi anche in età adulta. Le perdite di urina durante la notte infatti hanno diverse cause in relazione al sesso e all'età. L'enuresi notturna dell'adulto può essere correlata a patologie specifiche del tratto urinario, a malattie croniche o a disturbi metabolici o psicologici.

3.2 La ritenzione urinaria

Questo disturbo si manifesta quando il soggetto non riesce a svuotare la vescica nonostante abbia lo stimolo a urinare (che può essere anche imperioso e doloroso). Ciò determina stasi urinaria e aumenta la possibilità di infezioni (ad esempio, cistiti).

Una varietà di cause può provocare tale problema: dall'**ipertrofia prostatica benigna** all'ostruzione dell'uretra da parte di un **calcolo** a **tumori** e **infezioni.** Problemi agli sfinteri vescicali si possono verificare durante gli interventi chirurgici o come effetti collaterali di alcuni farmaci o a causa di un trauma perineale.

Il trattamento può includere **antidolorifici** e **antispastici** per aiutare il paziente a rilassare la vescica. Farmaci **colinergici** possono essere prescritti per promuovere la contrazione del muscolo detrusore e lo svuotamento della vescica.

In ultima analisi deve essere usato un **catetere vescicale** per svuotare la vescica, mentre si ricorre alla chirurgia per la rimozione di ostacoli non altrimenti superabili o rimovibili.

Se il paziente non riesce ad urinare bene occorre valutare il residuo vescicale con il **Blandenscan** (apparecchio a ultrasuoni che consente di misurare la quantità di urine in vescica) o inserendo un catetere rigido e misurando le urine rimaste in vescica dopo la minzione. L'utilizzo del Blandenscan è da preferire, perché riduce l'incidenza di infezioni. In condizioni normali il *residuo vescicale* deve essere inferiore a 50 ml.

3.3 L'incontinenza urinaria

L'incontinenza urinaria, vale a dire la **perdita involontaria di urine dalla vescica**, può rappresentare una complicanza di varie patologie dell'apparato urinario o di problemi neurologici. Essa può essere permanente o temporanea. Non costituisce solo un problema psicologico, ma influenza anche l'emotività e il benessere sociale. Molti farmaci (sedativi, ipnotici, diuretici, anticolinergici, antipsicotici e alfa-antagonisti) possono essere associati a questo disturbo.

CONSIDERAZIONI RELATIVE ALL'ETÀ

Pazienti anziani e infezioni delle vie urinarie

I pazienti anziani sono più soggetti alle infezioni delle vie urinarie, dal momento che presentano un incompleto svuotamento della vescica, incontinenza fecale con presenza di feci in zona perineale e urine meno acide.

L'incompleto svuotamento della vescica nella donna è causato da un prolasso vescicale o uterino e dalla perdita di tono dei muscoli pelvici; nell'uomo è causato da un ingrandimento della prostata. Nei pazienti anziani, talvolta l'unico segno di un'infezione delle vie urinarie è rappresentato dalla comparsa di alterazioni mentali o di stato confusionale (NIH, 2006).

Si distinguono diversi tipi di incontinenza: da sforzo, da urgenza, da superamento della capacità vescicale, totale e come enuresi notturna.

Anche se si può essere soggetti a tutte le età, l'incontinenza è più frequente negli anziani.

Incontinenza da sforzo. È il tipo più comune di incontinenza urinaria: non è una malattia né un'inevitabile conseguenza dell'età avanzata. Chiunque può esserne affetto, ma le donne sono più soggette a questa condizione. Si verifica quando una persona compie un **atto che sottopone a tensione** (distorce) il **pavimento pelvico** (ad esempio quando si tossisce, si ride, si corre, si danza, si starnutisce, si solleva un peso, si esegue un movimento rapidamente o semplicemente si cammina).

Il trattamento medico dipende dalla causa: può includere la rieducazione della vescica, farmaci come estrogeni coniugati o interventi chirurgici.

La chirurgia può essere necessaria per ripristinare il normale tono muscolare del pavimento pelvico o per ricostruire lo sfintere, ma viene generalmente considerata l'ultima scelta. Un altro trattamento prevede l'**iniezione di collagene** nei tessuti intorno all'uretra, che riduce il calibro dell'uretra e quindi la perdita di urine. Questa procedura si può attuare in regime ambulatoriale anche in ambulatori non chirurgici; sempre chirurgicamente si può impiantare uno **sfintere artificiale**.

Il paziente può anche essere addestrato a praticare **esercizi per rinforzare i muscoli del pavimento pelvico** (esercizi di Kegel) e ridurre o eliminare l'incontinenza. Tali esercizi portano a contrarre i muscoli del pavimento pelvico fino a bloccare il flusso urinario durante la minzione e poi, con il rilasciamento successivo, consentire la ripresa del flusso urinario. Una volta che il paziente ha appreso l'esercizio, questo può essere fatto dovunque e in qualunque momento. Praticare l'esercizio per dieci, sette o otto volte al giorno ha l'effetto di rinforzare i muscoli pelvici.

Il paziente va rieducato a svuotare la vescica trenta minuti prima della possibile insorgenza dell'incontinenza. Lo schema viene gradualmente esteso fino a quando il paziente non rimane asciutto per due ore, raggiungendo, infine, un intervallo di tre-quattro ore tra una minzione e l'altra.

Incontinenza da urgenza. È quella che si verifica quando un soggetto non riesce a bloccare lo stimolo improvviso e urgente ad urinare. A volte la perdita di urine avviene senza alcun preavviso. Questo tipo di incontinenza riconosce spesso la sua causa in un'**irritabilità della vescica**, dovuta ad infezioni o alla presenza di urine molto concentrate.

La terapia prevede la diagnosi e la risoluzione delle infezioni, suggerendo al paziente di introdurre circa 3 litri di liquidi/die per diluire le urine.

Incontinenza da overflow. Quando la vescica è talmente piena e distesa da indurre una perdita spontanea di urine (ovviamente al di fuori della minzione) si parla di incontinenza da *overflow* o da sovrariempimento. Si verifica questo fenomeno quando l'uretra è bloccata o la muscolatura della vescica è così indebolita da non riuscire a provocare il normale svuotamento.

La Stenosi **dell'uretra** può essere secondario all'ipertrofia prostatica. La vescica, quando è troppo distesa, non riesce a contrarsi con forza sufficiente per indurre la minzione. L'indebolimento della muscolatura vescicale si manifesta nei pazienti **diabetici**, negli **alcolisti** o per **neuropatia degenerativa**.

La rieducazione vescicale può alleviare la situazione.

Incontinenza totale. Quando la vescica non ha la capacità di trattenere neanche minime quantità di urine si parla di *incontinenza totale*. Per gestire questa situazione il paziente può essere addestrato ad adoperare personalmente il **catetere vescicale**. Generalmente l'incontinenza totale è conseguenza di gravi problemi neurologici (vescica neurogena).

La chirurgia, creando una deviazione temporanea o permanente, può essere d'ausilio terapeutico.

Enuresi notturna. È così definita l'incontinenza che si manifesta durante il sonno. Limitare l'assunzione di liquidi dopo le ore 18.00, pur rimanendo costante l'apporto totale di fluidi nelle 24 ore, può aiutare il paziente a rimanere continente durante la notte.

Il paziente dovrebbe svuotare comunque la vescica immediatamente prima di andare a letto.

3.4 Il cateterismo vescicale

Cateterizzazione esterna. Per prevenire le complicazioni e gli inconvenienti associati all'incontinenza negli uomini, si può utilizzare un **catetere esterno** collegato ad un sistema di drenaggio. Il catetere maschile esterno è una guaina sintetica o di semplice gomma che viene posta sopra il pene, nello stesso modo in cui viene usato il condom per la contraccezione. Diversamente da un normale condom, il catetere maschile esterno ha un connettore al quale viene collegato un tubo di drenaggio, che consente all'urina di fluire in una sacca di raccolta. Inoltre, diversamente dai normali condom, la maggioranza dei cateteri maschili esterni sono auto-adesivi. Il catetere maschile esterno è un dispositivo non-invasivo, poiché non crea alcun contatto con la mucosa dell'uretra.

I cateteri maschili esterni possono essere usati per trattare l'incontinenza, che non può essere gestita diversamente.

I più comuni svantaggi dei cateteri maschili esterni sono rappresentati dal distacco dovuto a un posizionamento scorretto e ad una misura sbagliata e da possibili reazioni cutanee.

Cateterizzazione interna. Questo sistema consiste nell'introdurre un tubo flessibile cavo, o **catetere**, nella vescica attraverso l'uretra. Si tratta di un sistema che deve essere eseguito solo quando è assolutamente necessario, perché può provocare infezioni uretrali e vescicali. La tecnica utilizzata deve essere rigorosamente *sterile*. Un altro rischio della cateterizzazione è rappresentato dai **traumi**, soprattutto nell'uomo, la cui uretra è lunga e tortuosa. Si possono causare danni all'uretra se il catetere viene forzato attraverso stenosi o introdotto con un'angolazione non corretta.

SUGGERIMENTI PROFESSIONALI

Istruzioni da impartire al paziente in caso di cateterizzazione vescicale

Per i cateteri a permanenza, insegnare al paziente a:
- non tirare mai il catetere;
- tenere il deflussore del catetere fissato alla gamba usando un dispositivo di fissaggio del catetere;
- accertarsi che non siano presenti nodi o attorcigliamenti nel deflussore;
- tenere la busta di drenaggio dell'urina al di sotto del livello della vescica;
- riferire segni e sintomi di infezioni delle vie urinarie, quali bruciore, urgenza di urinare, dolore addominale, urina torbida;
- mantenere un adeguato introito di liquidi per via orale.

I pazienti che portano cateteri a permanenza per lunghi periodi necessitano della **sostituzione a intervalli regolari di catetere e busta**. Lo standard è spesso la sostituzione dei dispositivi una volta al mese, anche se i protocolli delle singole strutture possono variare. Informare il paziente di queste operazioni di routine.

Inoltre, con i pazienti che hanno **cateteri a permanenza inseriti in ambiente domestico**, devono essere discusse le questioni relative alla sessualità.

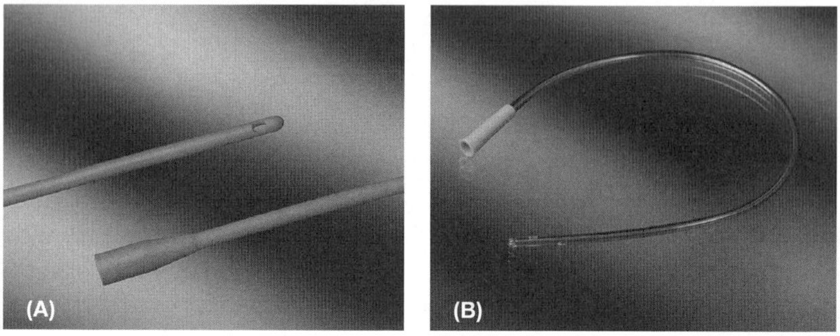

Figura 3.3 *Cateteri temporanei (di Nelaton) di gomma (A) o di plastica (B).*

Per le conoscenze e le abilità richieste sulle tecniche sterili e sull'anatomia, l'inserimento del catetere vescicale, **non può essere attribuito all'OSS**, che assiste l'infermiere durante la procedura.

Possono essere usati **cateteri temporanei**, inseriti per drenare la vescica e poi immediatamente rimossi, o **cateteri a permanenza**, lasciati in vescica per drenare l'urina.

I cateteri sono comunemente di *gomma*, *lattice*, *silicone* o *polivinilcloruro* (PVC). I cateteri in PVC sono considerati a breve termine e possono restare in sede fino a sette giorni. I cateteri in *politetrafluoroetilene* possono restare in sede fino a ventotto giorni. I cateteri a lungo termine, che possono restare in sede fino a dodici settimane, sono in *silicone-elastomero*, *idrogel* o *polimeri*.

I cateteri sono misurati in base alla loro circonferenza esterna utilizzando la scala French (Fr) o Charrière (Ch): più alto è il numero, maggiore è la larghezza del catetere. Le misure 14 (4,7 mm), 16 (5,3 mm) e 18 (6 mm) sono le più utilizzate negli adulti. Il lume di un catetere in silicone è leggermente più largo di quello di un catetere in lattice della stessa misura.

Il catetere temporaneo, o **catetere di Nelaton**, è costituito da un tubo a singolo lume con un piccolo occhiello o apertura a circa 1,25 cm dalla punta di inserzione (Fig. 3.3).

Il catetere a permanenza, o **catetere di Foley**, contiene all'interno un secondo piccolo canale per tutta la sua lunghezza: questo canale è collegato a un palloncino di ancoraggio vicino alla punta di inserzione. Il palloncino viene gonfiato dopo l'inserimento del catetere stesso.

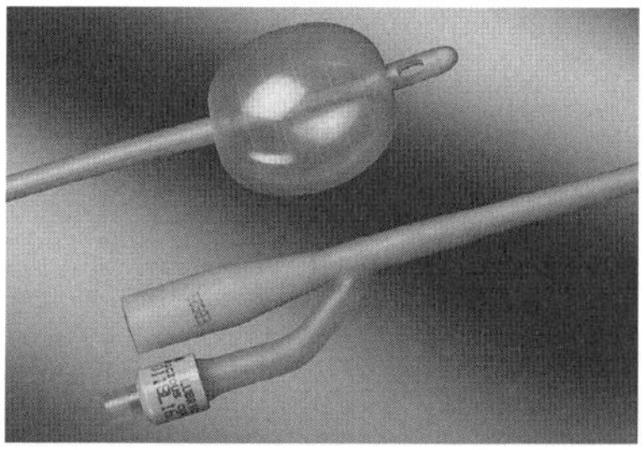

Figura 3.4 *Catetere a permanenza (di Foley) con palloncino gonfiato.*

La punta esterna del catetere a permanenza *a due vie* presenta due aperture: una per drenare l'urina e l'altra per gonfiare il palloncino (Fig. 3.4).

Una variante del catetere a permanenza è il **catetere Mercier** (a gomito), che presenta una punta curvata (Fig. 3.5). Questo dispositivo viene utilizzato a volte nei maschi che sono affetti da **ipertrofia prostatica**, perché la sua punta è un po' più rigida rispetto a quella di un catetere normale. Ciò

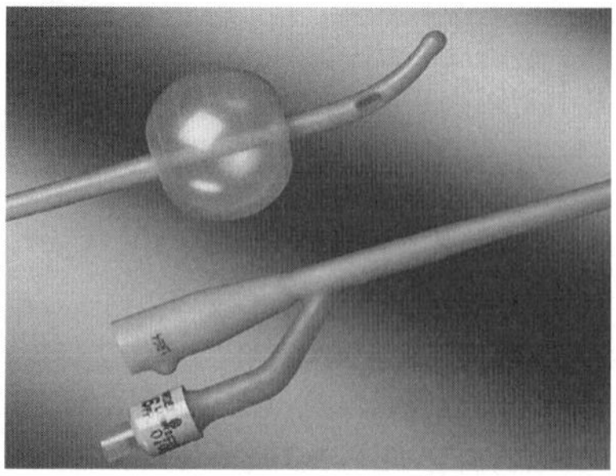

Figura 3.5 *Punta di un catetere Coudé o Mercier.*

comporta che il catetere può essere meglio controllato durante l'inserimento e il suo passaggio è meno traumatico.

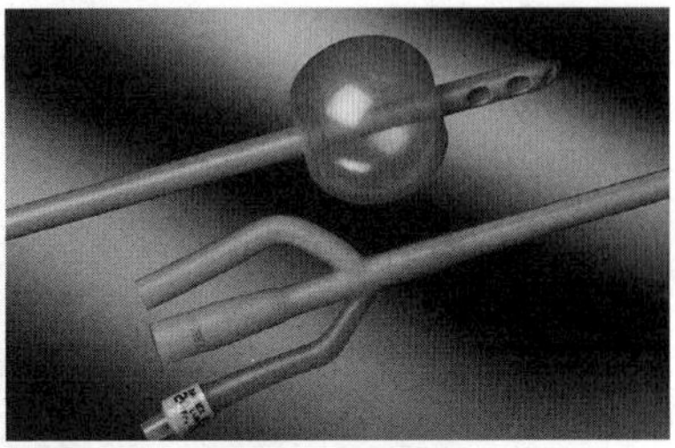

Figura 3.6 *Catetere di Foley a tre vie.*

Per i pazienti che necessitano di un'**irrigazione vescicale continua o periodica**, viene utilizzato il catetere di Foley *a tre vie* (Fig. 3.6). Simile al catetere di Foley a due vie prima descritto, esso presenta un terzo canale attraverso il quale del liquido sterile può fluire all'interno della vescica. Da quest'ultima, il liquido fuoriesce nel canale principale fino al contenitore di raccolta.

I palloncini di ancoraggio dei cateteri a permanenza sono misurati in base al volume di liquido o di aria con il quale possono essere gonfiati. La misura del palloncino è indicata sul catetere insieme al suo diametro (per esempio, 18 Fr - 10 ml).

I cateteri a permanenza sono solitamente collegati ad un **sistema di drenaggio chiuso** per gravità.

I sistemi a circuito chiuso sono dotati di:

1. un rubinetto per lo svuotamento della sacca,
2. un dispositivo per il prelievo dei campioni,
3. una valvola unidirezionale che impedisce il ritorno delle urine in vescica.

I sistemi chiusi di drenaggio sono più efficaci per prevenire le eventuali batteriurie.

3.5 Raccolta ed esame delle urine

Gli operatori sanitari sono responsabili della corretta raccolta dei campioni di urina per numerosi esami: urine per esami di routine, **raccolta sterile** o da **mitto intermedio** per colture e raccolta di campioni a orario per molti esami che dipendono dagli specifici problemi di salute del paziente.

Alcuni semplici esami delle urine sono eseguiti dall'infermiere o, laddove previsto, dall'OSS e includono la determinazione del peso specifico, del pH e della presenza di valori anomali di glucosio, chetoni, proteine e sangue.

Gli operatori nelle unità di cura o i pazienti a domicilio usano di solito delle confezioni già pronte per valutare la presenza nell'urina di elementi anormali. Queste confezioni contengono il materiale necessario e il reagente adatto, che può essere in forma di compresse, di liquido o di strisce di carta. Quando l'urina entra in contatto con il reagente, una reazione chimica produce una variazione del colore. Questa variazione, confrontata con una tabella di colori standard, permette di valutare la presenza e la quantità dell'elemento cercato. Indicazioni specifiche sulla quantità di urina necessaria, sul tempo richiesto per la reazione chimica e per l'interpretazione del risultato vengono fornite dai singoli produttori.

Alcune strutture sanitarie potrebbero richiedere una valutazione colorimetrica prima di effettuare l'analisi delle urine. Ciò garantisce un'interpretazione accurata dei colori per la determinazione di costituenti anomali nelle urine.

3.5.1 Campione di urina per esami di routine

Un campione di urina ottenuto con la minzione completa è di solito sufficiente per un esame di routine. Molti pazienti sono capaci di raccogliere un campione di urine indipendentemente dalle istruzioni ricevute.

Generalmente 10 ml di urina sono sufficienti per un'analisi di routine. I pazienti gravemente malati, fisicamente incapaci o disorientati potrebbero avere bisogno di usare una padella o un pappagallo a letto, altri della supervisione o dell'assistenza in bagno. L'esame viene effettuato sulle prime urine del mattino, perché il campione raccolto presenta caratteristiche attendibili e una concentrazione più uniforme e un pH maggiormente acido rispetto all'urina prodotta nelle minzioni successive. L'esame completo delle urine viene richiesto per diverse patologie metaboliche, per verificare lo stato di funzionamento del rene e la presenza di infezioni delle vie urinarie.

Un'analisi completa delle urine è strutturata in tre fasi:

- esame fisico atto a rilevare colore, trasparenza e densità;
- esame chimico finalizzato a testare chimicamente le sostanze che danno informazioni sullo stato di salute e di malattia;
- esame microscopico che serve a identificare e misurare il tipo di cellule e altre componenti (batteri) che possono essere presenti nell'urina.

3.5.2 Campione orario di urina

Alcuni esami delle urine richiedono la raccolta di tutta l'urina eliminata in un intervallo di tempo variabile da 1 a 2 fino a 24 ore.

I campioni devono essere conservati a bassa temperatura o con l'aggiunta di sostanze conservanti per prevenire la crescita batterica o l'alterazione dei componenti dell'urina.

Ad ogni minzione, l'urina viene raccolta in un piccolo contenitore e versata subito dopo nel raccoglitore grande conservato a bassa temperatura.

Gli esami che prevedono la raccolta a orario servono:

- per valutare la capacità di diluizione e concentrazione del rene;
- per diagnosticare disordini del metabolismo del glucosio (ad esempio, diabete mellito);
- per determinare la quantità di costituenti specifici delle urine (ad esempio, albumina, amilasi, creatinina, urobilinogeno, ormoni quali estradiolo o corticosteroidi).

3.5.3 Campione sterile di urine

Campioni di urina sterili, da mitto intermedio, devono essere raccolti quando si voglia eseguire una coltura e identificare microrganismi che causano infezioni dell'apparato urinario. È necessario assicurarsi che il campione non venga contaminato da microrganismi presenti sul meato urinario.

I campioni sono raccolti in un contenitore sterile, che deve avere un coperchio.

L'urinocoltura è una procedura che richiede l'utilizzo di tecniche sterili e non sempre può **essere attribuita all'OSS o ai familiari** per via delle condizioni del paziente. I risultati dell'esame, infatti, non sono attendibili se viene usata una tecnica di raccolta non corretta. La **procedura per eseguire l'urinocoltura da mitto intermedio al paziente autosufficiente è indicata nella procedura 3.5** in calce al presente capitolo.

3.6 L'eliminazione intestinale

L'eliminazione dall'organismo dei prodotti di rifiuto della digestione è essenziale per uno stato di salute ottimale: i prodotti di scarto escreti sono detti **feci**. La **defecazione** (detta anche **evacuazione**) consiste nell'espulsione delle feci dall'ano e dal retto.

La frequenza dell'eliminazione intestinale è estremamente soggettiva e varia da persona a persona (da diverse volte al giorno a due o tre volte a settimana). Anche la quantità di materiale defecato varia da persona a persona.

Quando le onde peristaltiche spingono le feci nel sigma e nel retto, i nervi sensitivi presenti nel retto sono stimolati e il soggetto avverte il bisogno di defecare. Nel momento in cui lo **sfintere anale interno** si rilascia, le feci si spostano nel canale anale. Dopo che il soggetto si è seduto sul water o sulla padella, lo **sfintere anale esterno** viene rilasciato volontariamente. L'espulsione è coadiuvata dalla contrazione dei muscoli addominali e del diaframma, che aumenta la pressione addominale, e dalla contrazione dei muscoli del pavimento pelvico, che spinge le feci lungo il canale anale.

La defecazione normale è facilitata dalla **flessione delle cosce**, che aumenta la pressione all'interno dell'addome, e dalla **posizione seduta**, che aumenta la pressione verso il basso sul retto.

Se il riflesso dell'evacuazione viene ignorato o se la defecazione viene consapevolmente inibita mediante la contrazione del muscolo sfintere esterno, lo stimolo defecatorio normalmente scompare per qualche ora prima di ripresentarsi. L'inibizione ripetuta dello stimolo defecatorio può procurare un'espansione del retto e conseguente accumulo di feci, con possibile perdita dell'impulso a evacuare; il risultato finale può essere la **stipsi**.

3.7 I fattori che influenzano l'evacuazione

L'eliminazione varia durante i diversi periodi della vita. Su di essa possono avere influenza anche fattori quali la dieta, le entrate e le uscite di liquidi, l'attività fisica, le condizioni psicologiche e lo stile di vita.

3.7.1 Fasi di sviluppo

I **neonati**, i **bambini** che gattonano e quelli un po' più grandicelli, nonché gli **anziani**, costituiscono categorie di soggetti che mostrano similarità nell'eliminazione.

Il primo materiale fecale del neonato è il **meconio**, normalmente eliminato entro 24 ore dalla nascita.

Il meconio è nero, catramoso, inodore e appiccicoso. Le feci di transizione, eliminate nella settimana seguente, hanno in genere un colore giallo-verdastro, contengono muco e sono alquanto liquide.

I neonati eliminano le feci di frequente, spesso dopo ogni poppata. Dal momento che l'intestino è immaturo, l'acqua non viene assorbita bene e le feci sono morbide, liquide e frequenti. Quando l'intestino matura, si verifica un incremento della flora intestinale. In seguito all'introduzione di cibi solidi, le feci diventano meno frequenti e più solide.

I **neonati allattati al seno** presentano feci di un colore che varia dal giallo chiaro al dorato, mentre quelli alimentati con latte artificiale presentano feci di colore giallo scuro o marrone rossiccio e più consistenti.

Un certo grado di controllo della defecazione compare dopo il 1° anno e mezzo. A questa età, i bambini hanno imparato a camminare e il sistema nervoso e l'apparato muscolare sono sufficientemente sviluppati da permettere il controllo intestinale. Il desiderio di **controllare le evacuazioni diurne** e di usare il bagno generalmente nasce quando il bambino diventa consapevole del disagio causato dal pannolino sporco e impara a riconoscere la sensazione che indica la necessità di evacuare. Il controllo diurno è tipicamente raggiunto entro i 2 anni e mezzo di età, dopo un processo di allenamento.

I **bambini in età scolare** e gli **adolescenti** hanno abitudini defecatorie simili a quelle degli adulti. Le modalità di defecazione variano per frequenza, quantità e consistenza. Alcuni bambini potrebbero rimandare la defecazione per non interrompere un'attività come il gioco.

Nella **popolazione anziana**, il problema più comune di gestione della defecazione è la **costipazione** (Hill, 2007; Mauk, 2005). Ciò è dovuto, in parte, a ridotti livelli di attività, apporto di quantità inadeguate di liquidi e fibre e debolezza muscolare. Molte persone anziane credono che *regolarità* significhi un'evacuazione al giorno. Coloro che non rientrano in questo ritmo spesso assumono dei preparati da banco per combattere quella che ritengono sia costipazione, senza sapere che i normali ritmi di eliminazione intestinale sono estremamente variabili. Per alcuni un ritmo normale potrebbe essere a giorni alterni, per altri due volte al giorno.

Adeguate quantità di fibre alimentari nella dieta, un sufficiente esercizio fisico e il consumo di sei-otto bicchieri di liquidi al giorno sono misure essenziali per la prevenzione della costipazione. Per alcune persone è utile una tazza di acqua calda o di tè caldo alla stessa ora ogni mattina. La risposta al **riflesso gastrocolico** (aumentata peristalsi del colon dopo l'ingresso del cibo nello stomaco) è un'altra considerazione importante. Per esempio, si raccomanda di andare in bagno da cinque a quindici minuti dopo i pasti, quando si verifica un aumento della motilità del colon (Bisanz, 2007).

3.7.2 Dieta, apporto di liquidi e attività fisica

Un'adeguata massa (cellulosa, fibra) nella dieta è necessaria per provvedere al volume fecale. Le diete **leggere** e quelle a **basso contenuto di fibre** sono carenti in massa e quindi generano un residuo di prodotti di rifiuto insufficiente a stimolare il riflesso della defecazione.

Gli alimenti a basso residuo, quali riso, uova e carni magre, si muovono più lentamente lungo il tratto intestinale. L'aumento dell'apporto di liquidi in associazione a tali alimenti ne incrementa la velocità di movimento.

Determinati alimenti sono difficili o impossibili da digerire per alcune persone. Questa incapacità determina problemi digestivi e, in alcuni casi, l'eliminazione di feci acquose. Anche l'**alimentazione irregolare** può alterare la regolarità della defecazione. Gli individui che mangiano tutti i giorni alla stessa ora hanno di solito un tempo normale di risposta al cibo ingerito, oltre che una fisiologica attività peristaltica del colon.

Una normale eliminazione fecale richiede, di solito, un **apporto giornaliero di liquidi** che varia da 2.000 a 3.000 ml.

Non meno importante è l'**attività fisica**. L'esercizio fisico, infatti, favorisce la peristalsi, la quale agevola il movimento del chimo lungo il colon. Una muscolatura addominale e pelvica ipotonica è spesso poco efficace nell'aumentare la pressione intra-addominale durante la defecazione o nel suo controllo.

La debolezza muscolare può derivare da mancanza di esercizio fisico, immobilità o alterazione delle funzioni neurologiche. I pazienti costretti a letto sono spesso stitici.

3.7.3 Fattori psicologici

Gli individui che soffrono di ansia o che sono particolarmente nervosi manifestano un aumento dell'attività peristaltica, con conseguente **nausea** o **diarrea**. Al contrario, gli individui depressi hanno un rallentamento della motilità intestinale, con conseguente **stipsi**.

Il modo in cui una persona reagisce a questi stati emotivi è il risultato di differenze individuali nella risposta del sistema nervoso enterico alla stimolazione vagale da parte dell'encefalo.

3.7.4 Posizione

Sebbene la posizione che più facilita la defecazione sia quella accovacciata, per molte persone la miglior posizione sul water è assunta sporgendosi in avanti. Per i soggetti che hanno difficoltà a sedersi e ad alzarsi, al water regolare può essere applicato un water elevato, in modo che i pazienti non debbano abbassarsi fino al water regolare.

Una **comoda** al lato del letto, ovvero una sedia portatile con un water e un contenitore al di sotto che può essere svuotato, è spesso utilizzata per i **soggetti adulti ospedalizzati** che possono alzarsi dal letto ma non sono in grado di camminare fino al bagno. Alcune comode sono dotate di ruote e possono scorrere sulla base di un normale water quando il contenitore dei rifiuti viene rimosso, assicurando così ai pazienti la riservatezza di un bagno. Altre sono dotate di un sedile e possono essere usate come sedie (Fig. 3.7). Sono disponibili anche **sedie con vasino** per i bambini.

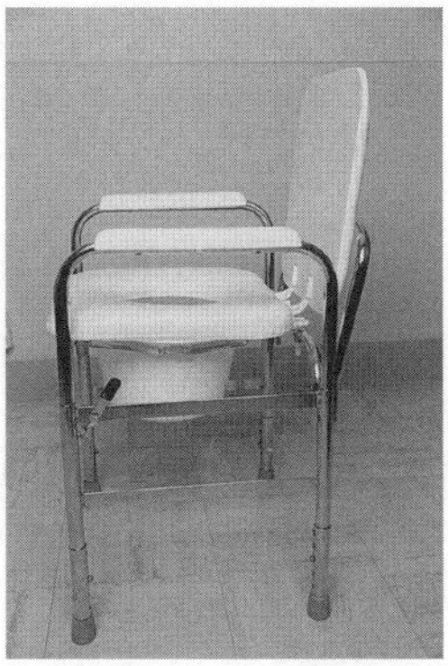

Figura 3.7 *Una comoda con sedile soprastante.*

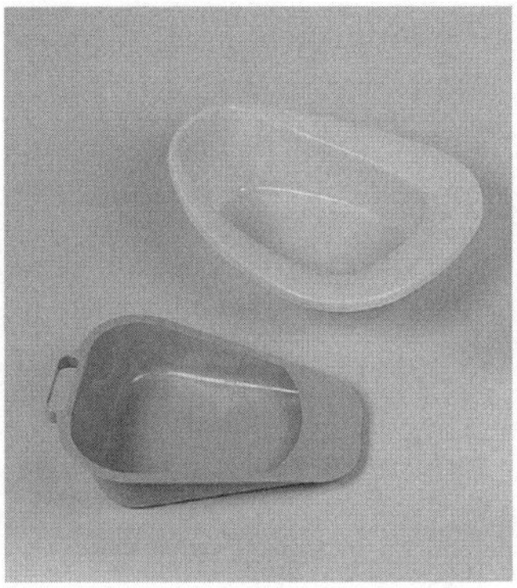

Figura 3.8 *Sopra, padella standard o regolare. Sotto, padella a pantofola o da frattura.*

I pazienti costretti a letto potrebbero aver bisogno di utilizzare una **padella**, un contenitore per le urine e le feci (Fig. 3.8). I pazienti di sesso femminile usano la padella sia per l'urina che per le feci, mentre i pazienti di sesso maschile usano la padella per le feci e il pappagallo per l'urina.

Le padelle vanno utilizzate secondo le linee guida descritte nella tabella 3.1.

Tabella 3.1 Linee guida per l'utilizzo delle padelle
• Per preservare l'**asepsi clinica**, a ogni paziente ricoverato viene consegnata una propria padella.
• Le padelle sono collocate in un luogo apposito, fuori della vista di parenti o amici del paziente. Le unità a lato del letto sono progettate e disegnate con uno specifico comparto per collocare la padella, la quale non è visibile agli altri ed è separata dagli oggetti personali del paziente. Le corrette **norme igieniche** proibiscono il collocamento della padella sul pavimento, sotto il letto o sopra l'unità del paziente.
• Le padelle devono essere sempre afferrate dall'esterno e indossando i **guanti**. La **padella da frattura** (a pantofola) ha manici utili per il trasporto. La **padella standard** (quella con i bordi alti) ha bisogno di essere sostenuta con entrambe le mani, alla base, per il trasporto.
• **Detergere i presidi dopo l'utilizzo**. Le apparecchiature per il lavaggio sono localizzate in aeree specifiche.

3.7.5 Farmaci

Alcuni farmaci provocano effetti collaterali che possono interferire con la normale eliminazione, causando **diarrea**; altri (come grosse dosi di certi tranquillanti e la somministrazione ripetuta di morfina e codeina) causano **stipsi**, in quanto riducono l'attività gastrointestinale agendo sul sistema nervoso centrale. Le **compresse di ferro**, che hanno un effetto astringente, causano costipazione agendo più localmente sulla mucosa intestinale.

Esistono farmaci che agiscono direttamente sull'eliminazione. I **lassativi**, per esempio, stimolano l'attività intestinale, favorendo l'eliminazione fecale. Altri farmaci ammorbidiscono le feci, facilitando la defecazione, oppure inibiscono l'attività peristaltica (e possono essere utilizzati per curare la diarrea).

I farmaci possono alterare anche l'aspetto delle feci. Ci sono farmaci che possono favorire il sanguinamento del tratto gastrointestinale (es. aspirina, fans, antinfiammatori), con alterazione delle feci:

- melena: emissione di feci scure, simile a catrame, maleodorante, contenete sangue digerito;
- rettorragia: emissione di feci con sangue rosso vivo che può avvenire durante la defecazione, oppure dopo o indipendentemente da essa.

I sali di ferro determinano feci nere a causa dell'ossidazione del ferro; gli antibiotici possono determinare una **colorazione grigio-verde**, mentre gli antiacidi possono determinare una **colorazione biancastra** o la presenza di macchioline bianche nelle feci.

I farmaci per l'**anestesia generale** possono provocare il blocco o il rallentamento dei normali movimenti peristaltici del colon, inibendo la stimolazione parasimpatica muscolare. I pazienti sottoposti ad anestesia locale o spinale hanno minori probabilità di incappare in questo disturbo.

Procedure diagnostiche e chirurgiche. Al paziente è generalmente vietata l'ingestione di cibo o di liquidi prima di certe procedure diagnostiche, come la colonscopia o la sigmoidoscopia.

Il paziente potrebbe anche essere sottoposto a un clistere evacuativo prima dell'indagine. In queste condizioni, di solito, la defecazione normale non si verifica fino alla ripresa dell'alimentazione.

Gli interventi chirurgici sull'intestino possono causarne la provvisoria perdita del movimento peristaltico: questa condizione, nota come **ileo paralitico**, di solito dura da 24 a 48 ore.

Condizioni patologiche e dolore. Traumi cranici e al midollo spinale possono ridurre la stimolazione nervosa all'evacuazione e la limitata mobilità può portare il paziente a stitichezza, poiché egli riduce il proprio grado di autonomia. Viceversa, un cattivo funzionamento dello sfintere anale può provocare un'**incontinenza** fecale (perdita del controllo sull'espulsione delle feci).

I pazienti che provano **dolore durante l'evacuazione** (ad esempio, a seguito di un intervento chirurgico alle emorroidi) spesso sopprimono lo stimolo della defecazione per evitare il dolore; di conseguenza, possono andare incontro a costipazione.

Anche i pazienti che assumono **analgesici narcotici** per il dolore potrebbero sviluppare costipazione come effetto collaterale dei farmaci.

3.8 I rimedi contro la stipsi: i clisteri

Il clistere è utilizzato soprattutto come trattamento della stipsi. Per **costipazione** o **stipsi** s'intende il passaggio di feci scarse, secche e dure oppure la mancata eliminazione di feci per un determinato periodo di tempo.

La funzione del clistere è quella di distendere l'intestino e talvolta di irritare la mucosa intestinale, aumentando così la peristalsi e l'escrezione di feci e flato.

I clisteri sono classificati in quattro gruppi:

- **clistere evacuativo**, effettuato principalmente per:
  - prevenire la fuoriuscita di feci durante un intervento chirurgico;
  - preparare l'intestino a determinati test diagnostici, quali radiografie o esami di visualizzazione (per esempio, colonscopia);
  - rimuovere le feci in caso di costipazione o fecalomi;
- **clistere carminativo**, somministrato per aiutare ad alleviare la distensione addominale espellendo i gas (in un soggetto adulto vengono instillati da 60 a 80 ml di liquido);
- **clistere a flusso refluo**, o irrigazione del colon, utilizzato occasionalmente per far espellere i gas. Si stimola la peristalsi alternando il flusso di 100-200 ml di liquido dentro e fuori il retto e il sigma. Si ripete la procedura cinque o sei volte, fino all'espulsione dei gas e alla risoluzione della distensione addominale;
- **clistere ritentivo**, somministrato per ammorbidire le feci e lubrificare il retto e il canale anale, facilitando il passaggio del cilindro fecale. Si introduce olio o un farmaco nel retto e nel sigma. Il liquido è trattenuto per un periodo di tempo relativamente lungo (per esempio, da 2 a 3 ore). I **clisteri di antibiotici** sono utilizzati per il trattamento locale delle infezioni, i **clisteri antielmintici** per uccidere gli elminti, quali i vermi e i parassiti intestinali, e i **clisteri nutritivi** per somministrare liquidi e nutrienti nel retto.

SUGGERIMENTI PROFESSIONALI

Soluzioni comunemente utilizzate per i clisteri

I clisteri evacuativi prevedono una varietà di soluzioni.

Le **soluzioni ipertoniche** (come il fosfato di sodio) esercitano una pressione osmotica che drena i liquidi dagli spazi interstiziali nel colon. L'aumento di volume nel colon stimola la peristalsi e quindi la defecazione. Un clistere ipertonico di uso comune è il preparato commerciale *Fleet fosfato*.

Le **soluzioni ipotoniche** (ad esempio l'acqua del rubinetto) esercitano una pressione osmotica più bassa rispetto al fluido interstiziale circostante, per cui l'acqua si sposta dal colon agli spazi interstiziali. Prima di lasciare il colon, essa stimola la peristalsi e la defecazione. Dal momento che l'acqua si porta fuori dal colon, i clisteri con acqua di rubinetto non dovrebbero essere ripetuti, per il rischio di sovraccarico circolatorio che si può determinare quando l'acqua si sposta dagli spazi interstiziali nel sistema circolatorio.

Le **soluzioni isotoniche**, come la soluzione fisiologica, sono considerate le più sicure, in quanto esercitano la stessa pressione osmotica del fluido interstiziale circostante il colon, senza che si verifichi uno spostamento di liquidi in ingresso o in uscita da esso. Il volume di soluzione fisiologica instillato nel colon stimola la peristalsi.

Le **soluzioni saponose** stimolano la peristalsi, aumentando il volume del colon e irritandone la mucosa. Il solo sapone puro (sapone di Castiglia) dovrebbe essere usato per minimizzare l'irritazione della mucosa.

Alcuni clisteri hanno grandi volumi (da 500 a 1.000 ml) per gli adulti, mentre altri hanno piccoli volumi, incluse le soluzioni ipertoniche. La quantità di soluzione somministrata per un clistere di grande volume dipende dall'**età** e dalle **condizioni cliniche** del soggetto. Per esempio, i pazienti con determinate **malattie cardiache o renali** subirebbero degli effetti avversi a causa della notevole ritenzione di liquidi che potrebbe derivare da clisteri ipotonici di grande volume.

La tabella 3.2 propone le linee guida su come somministrare un clistere.

Tabella 3.2 Linee guida per la somministrazione di clisteri
I clisteri, negli adulti, sono praticati solitamente ad una temperatura tra 40 °C e 43 °C, salvo diverse prescrizioni. Temperature elevate possono essere dannose per la mucosa intestinale; temperature basse sono fastidiose per il paziente e possono causare uno spasmo della muscolatura dello sfintere.
La forza del flusso della soluzione è determinata da: • altezza del contenitore della soluzione; • misura della sonda rettale; • viscosità del liquido; • resistenza del retto.
Più in alto il contenitore della soluzione è mantenuto sopra il retto, maggiori saranno la forza (pressione) e la velocità del liquido nel retto. Durante la maggior parte delle somministrazioni di clisteri agli adulti, il contenitore della soluzione non dovrebbe essere più di 30 cm al di sopra del retto. Durante un clistere evacuativo alto, il contenitore della soluzione viene tenuto di solito da 30 a 49 cm al di sopra del retto, in quanto in questo caso il liquido deve essere instillato più in profondità per ripulire tutto l'intestino. Il tempo necessario per praticare un clistere dipende principalmente dal volume di liquido da introdurre e dalla tolleranza del paziente. Grandi volumi (per esempio, 1000 ml) possono richiedere da 10 a 15 minuti, mentre volumi più piccoli richiedono meno tempo. Il tempo necessario di ritenzione del liquido dipende dallo scopo del clistere e dalla capacità del paziente di contrarre lo sfintere esterno per trattenere la soluzione. Clisteri con soluzioni oleose possono essere trattenuti da 1 a 3 ore, gli altri da 5 a 10 minuti.

Da una prospettiva di tipo olistico, gli operatori sanitari e sociosanitari devono aver presente che certi pazienti percepiscono il clistere come una violazione del loro spazio personale. Perciò, è essenziale tenere in considerazione la sensibilità culturale del paziente, valutarne il potenziale disagio e cercare di assecondarne le richieste ogniqualvolta sia possibile.

Quando non è possibile esaudire i desideri dell'assistito, è opportuno spiegargli in modo rispettoso la situazione: un approccio gentile e rassicurante è spesso il più efficace.

3.9 L'occlusione intestinale

L'occlusione intestinale è un ostacolo al normale passaggio attraverso l'intestino: essa può essere presente sia nell'intestino crasso che in quello tenue, più spesso nell'ileo. Può avere un'origine meccanica, nervosa o vascolare.

L'*ostruzione meccanica*, che può essere parziale o completa, può essere causata da un **tumore**, da un **fecaloma**, da un'**ernia**, da un **volvolo** (attorcigliamento dell'intestino sul suo asse), da un'**intussuscezione** (quando l'intestino s'infila in se stesso) o da aderenze formatesi, per esempio, dopo interventi chirurgici.

L'*ostruzione neurologica*, conosciuta come *ileo paralitico*, avviene quando la trasmissione nervosa all'intestino è interrotta da un trauma, da un'infezione o da farmaci, con conseguente paralisi di una parte dell'intestino.

L'*ostruzione vascolare*, infine, è causata da un'interruzione del flusso di sangue diretto verso una parte dell'intestino, come nel caso di *aterosclerosi*. La parte dell'intestino interessata diventa necrotica.

La diagnosi di una sospetta occlusione intestinale deve essere confermata da una radiografia in bianco dell'addome e da un clisma opaco o da un clisma del tenue.

Il trattamento terapeutico dell'occlusione intestinale dipende dalla causa che l'ha determinata e dall'area in cui è localizzata. Alcuni casi possono essere trattati in maniera conservativa, posizionando un sondino nasogastrico per la decompressione, somministrando **terapia infusionale per via endovenosa** per la reidratazione e trattando la causa dell'ostruzione mediante l'uso di **clisteri evacuativi**.

La maggior parte delle occlusioni intestinali richiede un **intervento chirurgico**, che consiste nell'eseguire una resezione dell'intestino per rimuovere la parte in cui è localizzata l'ostruzione.

3.9.1 I fecalomi

Il fecaloma è una massa di **feci indurite** che ostruisce il retto, impedendo il normale passaggio delle feci. Siccome il fecaloma rimane nel retto e il colon ne assorbe acqua, un'ulteriore quantità di feci si aggiunge alla massa, che diventa talmente dura e grande da non poter più passare attraverso l'ano.

Il fecaloma è riconoscibile dal gocciolamento di feci liquide (diarrea) e dalla mancata fuoriuscita di feci normali dal retto. La parte liquida delle feci defluisce all'esterno passando intorno alla massa inclusa (Fig. 3.9).

Anche se l'insorgenza di un fecaloma può essere evitata, a volte si rende necessaria la rimozione manuale. Quando si sospetta la presenza di un fecaloma,

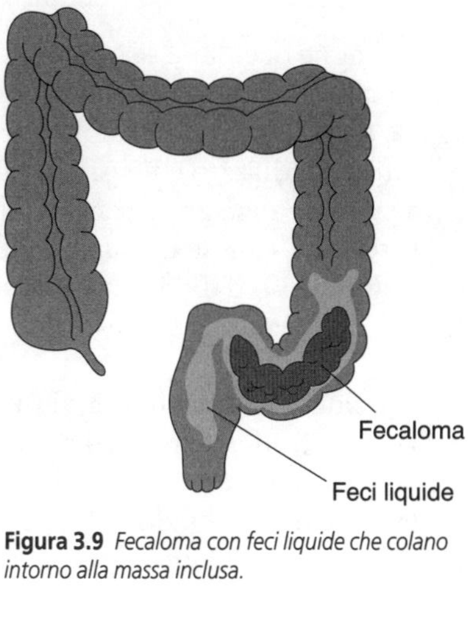

Figura 3.9 *Fecaloma con feci liquide che colano intorno alla massa inclusa.*

al paziente viene somministrato un **clistere ritentivo oleoso**, seguito da un **clistere evacuativo** (da 2 a 4 ore più tardi), con l'aggiunta di **clisteri evacuativi giornalieri**, **supposte** o **ammorbidenti fecali**.

Se queste misure falliscono, si rende necessaria l'**asportazione manuale**, che comporta la rottura della massa fecale con un dito e la successiva rimozione dei frammenti. Considerato il trauma che la mucosa viscerale può subire, questa procedura deve essere eseguita solo da personale medico e infermieristico esperto. La sollecitazione rettale è inoltre controindicata in alcuni pazienti, perché può causare un eccessivo stimolo vagale, responsabile di aritmie cardiache (ad esempio, riduzione della frequenza cardiaca).

Prima di procedere alla rimozione manuale, è raccomandato un clistere ritentivo oleoso, da trattenere per 30 minuti. Dopo la rimozione, l'operatore può effettuare altri interventi per eliminare le feci rimanenti, come un clistere evacuativo o la somministrazione di una supposta oleosa.

Dal momento che la rimozione manuale di un fecaloma può risultare dolorosa, può essere consigliata l'applicazione, se la struttura lo consente, di 1 o 2 ml di *lidocaina* (*xilocaina*) gel su un dito coperto da guanto, che viene inserito nel canale anale quanto più possibile. La lidocaina anestetizza il canale anale e il retto e dovrebbe essere inserita 5 minuti prima della procedura di rimozione del fecaloma.

L'asportazione manuale di un fecaloma **non può essere attribuita all'OSS**, considerata la forte probabilità di stimolare il nervo vago nel corso della manovra. L'operatore sociosanitario può assistere l'infermiere durante la procedura.

3.10 Esami delle feci

L'analisi di un campione di feci del paziente può dare informazioni sulle sue condizioni di salute e si effettua per i seguenti scopi.

La procedura dell'operatore per prelevare un campione di feci e procedere all'**esame delle feci** è indicata nel dettaglio nella **procedura 3.8** in calce al presente capitolo.

3.10.1 Ricerca di sangue occulto

Il sangue occulto è sangue non visibile nelle feci che può essere individuato solo con mezzi chimici o con un microscopio. Il processo digestivo nel tratto gastrointestinale agisce sul sangue, rendendolo occulto. Un campione casuale per la ricerca del sangue occulto è finalizzato a diagnosticare un **sanguinamento gastrointestinale**, un'**ulcera** o un **tumore maligno**, in particolare il carcinoma del colon-retto.

Il test del sangue occulto (SOF), detto anche test al guaiaco, è eseguito dall'operatore sanitario o dal paziente stesso a domicilio per avere una risposta in tempi brevi. La carta al guaiaco, una resina derivata dal legno, reagisce alla presenza di sangue nelle feci.

Per ridurre la possibilità di un risultato **falso positivo**, quando la ricerca viene utilizzata per confermare sospetti di un disturbo gastrointestinale, il paziente è posto a digiuno da uova, carne rossa, barbabietole, broccoli, meloni, rape per le 24-48 ore precedenti l'esame e non dovrebbe lavare i denti con lo spazzolino (ma solo con colluttorio) per un periodo di 3 giorni. Farmaci che causano falsi positivi per il sangue occulto sono salicilati, bromuri, antinfiammatori non steroidei, preparazioni di ferro, potassio, steroidi, diuretici tiazidici e indometacina.

Risultati **falsi negativi** si rilevano invece se il paziente ha assunto con l'alimentazione più di 250 mg giornalieri di vitamina C fino a tre giorni prima del test, anche se è in atto un'emorragia.

ISTRUZIONI DA DARE AL PAZIENTE

- Evitare i cibi, i farmaci e la vitamina C indicati dal produttore per il periodo di tempo raccomandato e durante il test. Di solito, i cibi specificati e la vitamina C vanno limitati nei 3 giorni che precedono il test e i farmaci specificati nei 7 giorni che precedono il test.
- Usare una penna a sfera per etichettare i campioni con nome, indirizzo, età e data. Di solito si raccolgono tre campioni da diverse evacuazioni consecutive. Ciascun campione deve essere datato accuratamente.
- Evitare di raccogliere i campioni durante il periodo mestruale e nei 3 giorni successivi nonché nei periodi in cui si hanno emorroidi sanguinanti o ematuria.
- Rimuovere eventuali disinfettanti dalla tazza del water e tirare lo scarico due volte prima di procedere con il test.
- Evitare di contaminare il campione con l'urina o la carta igienica. Svuotare la vescica prima del test. Per facilitare la raccolta del campione, trasferire le feci in un contenitore pulito e asciutto. Indossare i guanti.
- Utilizzare la spatola in dotazione per trasferire il campione al nastro di analisi. È richiesta solo una piccola quantità di feci.
- Prelevare il campione dal centro delle feci per essere sicuri dell'uniformità del campione.
- Avvolgere la spatola in un asciugamano di carta e gettarla nel cestino dei rifiuti. Non sciacquarla.
- Seguire le istruzioni per l'uso del test. I sistemi di analisi possono variare. Ad esempio, per il test Hemoccult, un sottile strato di feci viene strisciato sui riquadri all'interno dell'involucro, mentre una goccia di soluzione di sviluppo viene applicata sul lato opposto al campione. Per l'Hematest, un sottile strato di feci viene strisciato su una carta da filtro al guaiaco, si mette una tavoletta al centro del campione e si aggiungono due o tre gocce d'acqua alla tavoletta. Se nel dispositivo c'è spazio per due campioni, prelevare i campioni da due diverse zone delle feci.
- Consultare il medico se vi sono problemi nella comprensione delle istruzioni.
- Portare i campioni al medico o al laboratorio, come prescritto.

3.10.2 Esame chimico-fisico

Un'eccessiva presenza di grasso nelle feci (**steatorrea**) può indicare un malassorbimento nell'intestino crasso. Una quantità ridotta di bile può indicare un'ostruzione dei dotti biliari che dalla cistifellea o dal fegato arrivano all'intestino.

Per permettere l'esecuzione di questi esami, l'operatore sanitario deve raccogliere e inviare al laboratorio tutte le feci espulse oppure solo un campione.

3.10.3 Ricerca parassitologica

L'**esame parassitologico delle feci** viene eseguito in caso di **parassitosi intestinale**, che si manifesta con diarrea, crampi, occlusione intestinale, dimagrimento e anemia. L'esame viene effettuato attraverso la ricerca nelle feci dei parassiti e delle loro uova: **elminti** (uova e/o larve), **protozoi** come Giardia intestinalis, **coccidi** (Cryptosporidium parvum, Isospora belli, Cyclospora caye.

Per effettuare la ricerca di parassiti e di organismi intestinali quali protozoi, vermi e loro uova, è necessario che il campione sia trasportato subito al laboratorio. Di solito, vengono esaminati tre campioni di feci per avere la conferma della presenza di parassiti e prescrivere la terapia idonea.

È bene consultare sempre le procedure della struttura sanitaria relative alla raccolta di campioni. Ad esempio, un campione di feci per la ricerca di uova e parassiti può essere raccolto in contenitori speciali con conservanti.

3.10.4 Ricerca di batteri e/o virus

Consiste nella ricerca nelle feci di batteri o virus con un esame che si chiama coprocoltura (o esame colturale delle feci), che avviene con la raccolta di un piccolo campione di feci in contenitori sterili e con una tecnica asettica. I batteri possono avere forma rotondeggiante (cocchi), allungata (bacilli), spiraliformi (campylobacter) e sono responsabili di malattie. Quelli più comunemente ricercati sono: Campylobacter, Clostridium, Escherichia coli, Salmonelle, Shigelle, Stafilococco, Vibrioni, Yersinia. Nelle feci si può ricercare anche la Candida che è un micete. Tra i virus si ricerca comunemente il Rotavirus che può provocare gravi diarree soprattutto nei bambini.

Le feci devono essere inviate subito al laboratorio, cui va segnalato se il paziente assume terapia antibiotica.

Sul campione fecale vengono effettuate valutazioni di tipo macroscopico (analizzandone colore, odore, consistenza), chimiche e microbiologiche, alla ricerca di eventuali batteri. Mediante un **antibiogramma** è poi possibile **valutare la sensibilità e la resistenza dei batteri presenti nelle feci agli antibiotici**.

3.11 Le alterazioni dell'eliminazione

3.11.1 Alterazione del bisogno di eliminazione intestinale: la colostomia

Il termine stomia deriva dal termine greco "stoma" che significa bocca o apertura. La stomia viene realizzata per creare una connessione tra un viscere cavo facenti parte dell'apparato digerente o urinario con la superficie cutanea.

La stomia intestinale o colostomia

Nel caso di stomia intestinale l'abboccamento della parete intestinale con quella addominale viene realizzata in seguito ad un intervento chirurgico e può identificarsi a seconda della localizzazione in:

- enterostomie
- colostomia
- ileostomia

Quando invece la stomia interessa l'apparato urinario viene realizzata una connessione tra l'uretere, i reni, la vescica e la parete cutanea

La stomia viene confezionata per via chirurgica in seguito a patologie o lesioni gravi e talvolta irreparabili e possono essere temporanee o permanenti.

Le stomie vengono classificate in base alla **localizzazione** e alla **durata di permanenza.**

La sede dello stoma dipende dalla porzione di intestino interessato:

- **Ileostomia.** Confezionata in fossa iliaca destra consente il collegamento tra l'ileo e la parete addominale. Le feci in questo caso sono liquide in quanto è presente un'abbondanza di acqua che non è stato possibile riassorbire dall'intestino crasso.

- **Ciecostomia** realizzata tra il cieco e la parete addominale destra, favorisce la fuoriuscita di feci poltacee
- **Trasversostomia.** Viene realizzata e confezionata tra il colon traverso e la parete addominale. Le feci assumono una consistenza semipoltacea.
- **Sigmoidostomia.** Collega la parete addominale con il quadrante inferiore sinistro. Le feci sono maggiormente formate e le scariche diventano più regolari.

In base alla **durata** si dividono in:

- **Temporanee.** Confezionate nel caso in cui l'intestino debba mantenersi in condizioni di riposo. La stomia così realizzata permette la fuoriuscita del materiale fecale attraverso l'abboccamento stomale collegato ad una sacca di raccolta. Finito il trattamento e risolti i problemi di salute, il transito intestinale viene ripristinato attraverso la "ricanalizzazione".
- **Permanenti.** Confezionate quando il paziente si trova in condizioni di non poter più usare il normale transito per l'espulsione del materiale fecale e la stomia diviene così l'unica via di eliminazione.

La stomia viene confezionata a distanza da cicatrici, dall'ombelico e da aderenze cutanee, dalla linea alba e dalla cresta iliaca, in pazienti con una storia patologica come occlusioni intestinali, traumi addominali, tumori intestinali, che non hanno risposto ad altri interventi di natura medica.

Il confezionamento della stomia viene eseguita in seguito ad un intervento chirurgico. Essa si presenta rossa e umida ed essendo priva di terminazioni nervose non produce dolore. La cute peristomale deve essere protetta con prodotti specifici per evitare che il contatto con materiale fecale o urine possa irritarla.

Le complicanze post-operatorie possono essere precoci o tardive. In genere quelle precoci si hanno entro le prime due settimane dal confezionamento e si presentano con alterazioni cutanee, stenosi e retrazione dello stoma, sanguinamento, edema, infezione, ischemia e necrosi. Le complicanze tardive si manifestano con prolasso, ernie e laparocele.

Il paziente stomizzato sarà in grado di condurre una vita normale. Tuttavia avrà necessità di un supporto emotivo a causa dei cambiamenti dell'immagine corporea, che in genere inizia nel periodo preoperatorio. Il paziente viene educato e supportato da un team di professionisti per evitare o diminuire gli stati emotivi, come ansia, paura e perdita di autostima causati dalle modificazioni del proprio corpo. Durante la preparazione all'intervento il paziente e/o i familiari vengono istruiti circa la gestione della cura stomale.

Verranno valutate la capacità del soggetto di provvedere in autonomia alla gestione, pulizia e cambio della sacca, riconoscere segni e sintomi di infezione o cambiamenti importanti che necessitano di ulteriori approfondimenti.

I presidi per la stomia

Essi sono caratterizzati da sacchetti di raccolta di colore beige, monopezzo o a due pezzi, che permettono di ridurre l'impatto di fuoriuscita di gas e odori sgradevoli che possano interferire con la normale vita quotidiana del paziente. La scelta del presidio dipende dalla localizzazione della stomia.

Il sistema a due pezzi è costituito da una placca, di diverse misure e da un sacchetto di raccolta, mentre il sistema monopezzo è costituito dalla fusione della placca con la sacca.

Il sistema a due pezzi viene utilizzato in quei soggetti in cui la cute peristomale è soggetta all'insorgenza di lesioni e pertanto la placca che si applica alla cute non viene rimossa insieme alla sacca, ma rimane in sede. Con il sistema monopezzo invece la placca viene rimossa ogni qual volta deve essere rimossa la sacca.

Il primo sacchetto di raccolta applicato immediatamente nel post-chirurgico prevede l'uso di un presidio trasparente, aperto sul fondo in modo da poter essere vuotato senza dover rimuoverlo dalla cute. Le feci e il rigonfiamento del sacchetto permettono di poter valutare la quantità, qualità delle feci, la ripresa della motilità intestinale, l'osservazione della cute peristomale.

I successivi sacchetti utilizzati in genere dopo due/cinque giorni dall'intervento, sono di colore beige e nascondono il materiale fecale.

L'igiene della stomia

Non è prevista una tecnica sterile. È sufficiente adottare le misure precauzionali per eseguire l'igiene con tecnica pulita. Gli obiettivi per una corretta procedura sono finalizzati al mantenimento dell'integrità cutanea e favorire il benessere psicofisico del paziente.

3.11.2 Alterazione del bisogno di eliminazione urinaria: le urostomie

Le urostomie sono derivazioni urinarie che vengono confezionate attraverso un intervento chirurgico e permettono di mettere in comunicazione l'apparato urinario con l'esterno dell'organismo in quei pazienti affetti da particolari patologie invalidanti e che diversamente non sarebbero in grado di far refluire l'urina prodotta dai reni in maniera fisiologica.

L'apparato urinario infatti è composto dai reni, organi bilaterali, in grado di produrre l'urina che confluisce agli ureteri, "tubicini" che collegano i reni alla vescica. L'urina in questo modo si raccoglie all'interno della vescica che funge da serbatoio. La vescica in condizioni di normalità è dotata di uno sfintere in grado di permettere il controllo della fuoriuscita delle urine. Al contrario le urostomie ne sono prive e pertanto le urine non possono essere trattenute e fuoriescono senza controllo, in modo permanente e continuo.

Sono diverse le tecniche chirurgiche adottate per garantire il reflusso delle urine: tra queste vengono ricordate le ureterocutaneostomie, le nefrostomie, le cistostomie.

Durante la sostituzione della sacca e della placca è necessario porre particolare attenzione alla presenza dei cateterini ureterali. Essi infatti non risultano essere fissati alla cute ma sono solo ancorati con filo di sutura, pertanto la loro dislocazione potrebbe essere rischiosa.

Il paziente portatore di urostomia deve essere educato a introdurre un'idonea quantità di liquidi per favorire una buona funzionalità renale.

3.12 Procedure attribuibili all'OSS

Procedura 3.1 Assistenza al paziente che necessita di padella o pappagallo per la minzione

Accertamento

L'operatore socio-sanitario, nell'ambito delle proprie competenze, esegue l'accertamento riguardo:

- le abitudini (chiedere al paziente o ai familiari se la minzione è più frequente di giorno o durante la notte)

- la frequenza (chiedere al paziente o ai familiari di descrivere il numero delle minzioni giornaliere)
- le difficoltà
- perdita accidentale di urine (incontinenza da sforzo o da urgenza)
- dolore durante la minzione e difficoltà ad urinare

Pianificazione assistenziale

Nel prepararsi ad assistere il paziente nell'uso di un dispositivo per urinare, determinare se sussistono limitazioni nel posizionamento del paziente. Chiedergli se ha già usato precedentemente un pappagallo o una padella: in caso positivo, valutare se il paziente presenta dei bisogni particolari relativi all'uso del dispositivo. Localizzare il dispositivo del paziente.
L'OSS assiste la persona all'eliminazione urinaria e deve essere a conoscenza della raccolta di eventuali campioni. I segni patologici devono essere riferiti all'infermiere.

Materiale occorrente

- Padella o pappagallo puliti
- Carta igienica
- Contenitore appropriato per prelievo di urine, se richiesto
- Guanti monouso

Interventi assistenziali

Preparazione

- Far assumere al paziente una posizione appropriata.
- Sia gli uomini che le donne non autosufficienti possono preferire una posizione di semi-Fowler, oppure gli uomini possono preferire una posizione in piedi al lato del letto se le condizioni di salute lo permettono.

Tecnica

1. Prima di effettuare la procedura, presentarsi e verificare l'identità del paziente secondo il protocollo della struttura. Spiegare al paziente che cosa si sta facendo, perché e come può collaborare. Illustrare come i risultati saranno usati nella pianificazione futura delle cure o delle terapie.
2. Provvedere alla riservatezza del paziente.
3. Lavarsi le mani e osservare le procedure per il controllo delle infezioni, indossare i guanti monouso.
4. Assistere il paziente nell'uso del pappagallo o della padella.
   - Consegnare il pappagallo o la padella al paziente, in modo che possa posizionarlo autonomamente.

   Oppure:
   - Posizionare il dispositivo tra le gambe del paziente, in modo che l'urina vi fluisca all'interno.
   - Assicurarsi che il campanello di chiamata sia raggiungibile dal paziente.
   - Allontanarsi per 2-3 minuti o fino alla chiamata del paziente.

   Oppure:
   - Rimanere vicino al paziente se necessita di supporto nel mantenimento della postura o altro tipo di assistenza.
5. Assistere il paziente durante la rimozione del dispositivo, se necessario.
   - Lavarsi le mani e osservare le procedure per il controllo delle infezioni. Indossare i guanti monouso.

- Asciugare con la carta igienica il meato urinario, se è bagnato. Asciugare il perineo.
- Cambiare la biancheria del letto o la traversa posta sotto il paziente, se sono bagnate.
- Fornire il materiale necessario per la pulizia delle mani.

6. Controllare l'urina come richiesto.
   - Misurare la quantità di urina emessa, se per il paziente è stato richiesto il bilancio idrico, e trasferirne un campione nel contenitore appropriato, se necessario.
   - Svuotare e sanificare il dispositivo e riporlo di lato al letto del paziente. Se il paziente di sesso maschile preferisce, il pappagallo può essere appeso per il manico a un lato del letto per un più facile accesso.
   - Togliere e gettare i guanti. Lavarsi le mani.
7. Documentare le informazioni sulla cartella assistenziale. Registrare sul foglio dei parametri la quantità di urina con eventuali annotazioni.

Dopo la procedura

- Effettuare un'adeguata valutazione dei dati attuali del paziente e confrontarli con i precedenti, se disponibili.
- Riferire all'infermiere ogni alterazione significativa rispetto alla norma.

Procedura 3.2 Posizionare un catetere vescicale esterno

Accertamento

1. Eseguire il lavaggio delle mani, indossare i guanti monouso ed esaminare il pene del paziente per valutare l'eventuale presenza di gonfiore o escoriazione, che controindicano l'impiego del condom.

Pianificazione assistenziale

- Determinare se in passato al paziente è stato applicato un catetere esterno e se ha avuto difficoltà con esso.
- Effettuare tutte le procedure che sono più semplici da eseguire quando il paziente è senza catetere esterno; ad esempio, pesare il paziente risulta più semplice in assenza del deflussore e della busta.

L'applicazione di un catetere a condom può essere attribuita all'OSS. L'infermiere è responsabile della determinazione dei bisogni assistenziali dei pazienti, come quelli determinati da circolazione alterata o allergia al lattice, e della formazione del personale socio sanitario sul corretto utilizzo del condom. L'interpretazione dei risultati ottenuti e la determinazione delle risposte assistenziali più idonee sono una responsabilità infermieristica.

Materiale occorrente

- Guaina a condom della giusta taglia: *small, medium, large, extra-large*. Seguire la guida del produttore per le dimensioni, se necessario. Usare un modello in silicone privo di lattice per i pazienti con allergia al lattice. Utilizzare i condom autoaderenti o quelli con Velcro, cerotto o altri dispositivi di fissaggio esterni.
- Busta di drenaggio fissabile alla gamba, se il paziente deambula, o busta di drenaggio urinario con deflussore
- Guanti monouso
- Bacinella con acqua calda e sapone
- Spugna e asciugamano

Interventi assistenziali

Preparazione

- Preparare la busta di drenaggio fissabile alla gamba per il collegamento alla guaina a condom (Fig. 3.10).
- Se non è srotolato, srotolare il condom verso l'esterno su se stesso per facilitarne l'applicazione. Su alcuni modelli è presente una linguetta interna. Questa viene applicata intorno al meato urinario per evitare il reflusso di urina.

Tecnica

1. Prima di effettuare la procedura, presentarsi e verificare l'identità del paziente secondo il protocollo della struttura. Spiegare al paziente che cosa si sta facendo, perché e come può collaborare.
2. Provvedere alla riservatezza del paziente.
3. Lavarsi le mani e osservare le procedure per il controllo delle infezioni.
4. Indossare i guanti monouso.
5. Far assumere al paziente una posizione supina o seduta.
   - Coprire il paziente adeguatamente con il telo da bagno, scoprendo solo il pene.
6. Ispezionare e pulire il pene.
   - Pulire l'area genitale e asciugarla accuratamente.
7. Applicare e fissare il condom.
   - Srotolare il condom delicatamente sul pene, lasciando circa 2,5 cm tra la fine del pene e il tubo di connessione di plastica o gomma (Fig. 3.11).
   - Fissare il condom al pene senza stringere troppo. Evitare di tirare i peli pubici. Alcuni condom hanno un adesivo interno verso la fine che aderisce alla cute della base del pene. Molti condom sono confezionati con un nastro speciale. Se non sono presenti questi adesivi, utilizzare una striscia di nastro elastico o Velcro intorno alla base del pene e sopra il condom. Il cerotto comune è controindicato, in quanto non è flessibile e potrebbe interrompere il flusso sanguigno.

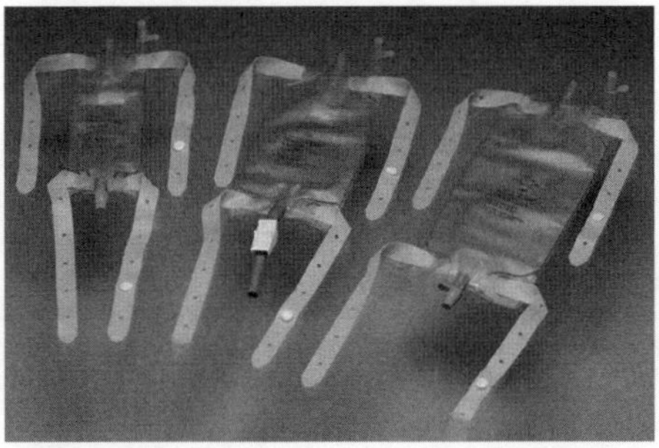

Figura 3.10 *Buste di drenaggio urinario con sistema di fissaggio alla gamba.*

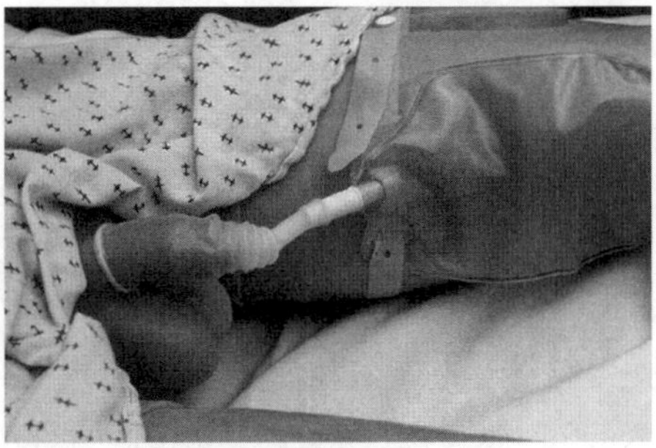

Figura 3.11 *Condom srotolato sul pene.*

8. Collegare in modo sicuro il sistema di drenaggio urinario.
   - Assicurarsi che la punta del pene non tocchi il condom e che questo non si attorcigli.
   - Collegare il sistema di drenaggio urinario al condom.
   - Togliere e gettare i guanti. Lavarsi le mani.
   - Attaccare la busta di drenaggio urinario alla struttura del letto se il paziente deve rimanere a letto.
   - Ancorare la busta alla gamba del paziente se il paziente deambula.
9. Istruire il paziente sul sistema di drenaggio.
   - Insegnare al paziente a tenere la busta di drenaggio sotto il livello del condom e a evitare attorcigliamenti del deflussore.

10. Controllare il pene dopo 30 minuti dall'applicazione del condom e almeno ogni 4 ore. Controllare il flusso urinario. Documentare tali risultati.
    - Controllare il pene per la presenza di eventuali gonfiori e colorito anomalo.
    - Valutare il flusso urinario se il paziente ha urinato. Normalmente, una certa quantità di urina rimane nel deflussore se il flusso non è ostruito.
11. Cambiare il condom secondo le indicazioni e provvedere alla cura della cute. Nella maggior parte delle strutture sanitarie, il condom viene cambiato ogni giorno.
    - Rimuovere il nastro elastico o di Velcro, indossare i guanti monouso e arrotolare il condom.
    - Lavare il pene con acqua e sapone, sciacquarlo e asciugarlo accuratamente.
    - Controllare il prepuzio per la presenza di segni di irritazione o gonfiore e valutarne il colorito.
    - Applicare un nuovo condom.
    - Togliere e gettare i guanti. Lavarsi le mani.
12. Documentare i risultati dell'attività svolta sulla cartella del paziente e nel piano assistenziale, scrivendo tutte le note ritenute necessarie. Registrare l'applicazione del condom, l'orario e le osservazioni ritenute utili.

Dopo la procedura

- Eseguire un adeguato controllo sulla base dei dati rilevati che deviano da quelli attesi per il paziente. Confrontare i dati attuali con i precedenti, se disponibili.

Procedura 3.3 Raccolta delle urine 24/h

Accertamento

Considerare il grado di collaborazione del paziente e il tipo di assistenza necessario.

Pianificazione assistenziale

Verificare se il paziente necessita di utilizzare una padella o un pappagallo.

Materiale occorrente

- Guanti monouso.
- Padella pulita, pappagallo o sedia comoda.
- Contenitore di raccolta per esame delle urine delle 24/h.
- N. 2 Etichette di identificazione da apporre una sul contenitore e una sul contenitore da inviare in laboratorio.
- Contenitore per urine da inviare in laboratorio.
- Carrello o supporto per provette.

Interventi assistenziali

Preparazione

- Preparare il materiale occorrente.
- Valutare se il paziente necessita di assistenza in bagno. I pazienti con patologie gravi, fisicamente inabili o disorientati possono avere bisogno di usare la padella o il pappagallo a letto.

Tecnica

1. Prima di effettuare la procedura, presentarsi e verificare l'identità del paziente secondo il protocollo della struttura.
2. Provvedere alla riservatezza del paziente.
3. Spiegare al paziente che cosa si sta facendo, perché e come può collaborare. Spiegare che tutti i campioni devono essere privi di contaminazioni fecali e istruire i pazienti a non gettare nella padella la carta igienica, ma in un cestino dei rifiuti; posizionare il contenitore provvisto dell'etichetta identificativa del paziente, per la raccolta delle urine 24/h, nel bagno della stanza di degenza.
   - Informare il paziente che la raccolta inizierà ad un orario ben preciso (per esempio le ore 7 del mattino) e terminerà il giorno successivo alla medesima ora.
   - Istruire il paziente riguardo la modalità di raccolta (esempio alle ore 7, ora di inizio della raccolta, svuotare completamente la vescica senza raccogliere il campione. Successivamente le urine andranno raccolte nel contenitore urine 24/h per tutto il periodo comprendendo anche quelle emesse alle ore 7 dell'indomani mattina.
4. Se si fornisce assistenza al paziente che richiede aiuto nel recarsi al bagno o ad usare la padella o il pappagallo osservare le procedure per il controllo delle infezioni (lavaggio mani e indossare i guanti monouso).
5. Assicurarsi che il contenitore venga chiuso e che le urine non vengano perse.
6. Il giorno successivo all'inizio della raccolta rilevare la quantità urine attraverso la scala graduata presente nel contenitore stesso dopo aver indossato i guanti monouso.
7. Assicurarsi che il contenitore sia perfettamente chiuso e quindi miscelarne il contenuto capovolgendolo due/tre volte.
8. Prelevare circa 100 ml di urine attraverso l'apposito rubinetto posto nel contenitore delle 24/ e travasarli nel contenitore urine da inviare in laboratorio. Pulire quest'ultimo, apporre l'etichetta identificativa, scrivere il volume totale delle urine emesse nelle 24/h, posizionare sul carrello portaprovette da inviare in laboratorio.
9. Eliminare l'urina restante dal contenitore delle 24/h, pulirlo e disinfettarlo secondo il protocollo in uso.
10. Riordinare il materiale
11. Rimuovere i guanti monouso e procedere al lavaggio delle mani.

Procedura 3.4 Raccogliere un campione di urina per esame di routine

Accertamento

1. Determinare la capacità del paziente di capire le istruzioni e di provvedere alla raccolta del campione di urina in modo autonomo.

Pianificazione assistenziale

La raccolta dei campioni delle urine per esami di routine senza utilizzare procedure invasive può essere attribuita al personale socio-sanitario o ai familiari del paziente, previa valutazione delle loro conoscenze e abilità e del grado di complessità assistenziale.

Materiale occorrente

- Contenitore di raccolta delle urine (provetta bianca)
- Porta provette
- Bicchiere monouso, padella o pappagallo

- Etichetta per l'identificazione del campione
- Guanti monouso

Interventi assistenziali

Preparazione
- Preparare il materiale occorrente
- Identificare il contenitore
- Procurarsi un contenitore pulito per raccogliere l'urina (padella o sedia comoda).

Tecnica
1. Prima di effettuare la procedura, presentarsi e verificare l'identità del paziente secondo il protocollo della struttura. Spiegare al paziente cosa si sta facendo, perché e come può collaborare.
2. Provvedere alla riservatezza del paziente.
3. Lavarsi le mani e osservare le procedure per il controllo delle infezioni.
4. Indossare i guanti monouso.
5. Iniziare la raccolta.
   - Provvedere all'igiene intima del paziente. Aiutarlo se necessario.
   - Chiedere al paziente di urinare nel bicchiere, nella padella o nel pappagallo.
   - Trasferire l'urina nella provetta. Gettare il bicchiere nell'apposito sacco dei rifiuti. Pulire esternamente la provetta, asciugarla, etichettarla e sistemarla nell'apposito porta provette.
6. Aiutare il paziente a ricomporsi e accompagnarlo nella stanza di degenza o in altro luogo preferito (es.: soggiorno, sala tv).
7. Riordinare il materiale.
8. Rimuovere i guanti e procedere al lavaggio delle mani.
9. Documentare tutte le informazioni utili sulla cartella assistenziale.

Dopo la procedura

- Informare l'infermiere dell'avvenuta raccolta

Procedura 3.5 Urinocoltura da mitto intermedio al paziente autosufficiente

Accertamento

- Determinare la capacità del paziente di raccogliere il campione.
- Valutare il colore, l'odore e la limpidezza delle urine e la presenza di segni clinici di infezione dell'apparato urinario, ad esempio frequenza, urgenza, **disuria** (minzione dolorosa o difficoltosa), **ematuria** (presenza di sangue nelle urine), dolore al fianco, urine torbide e maleodoranti).

Pianificazione assistenziale

- L'urinocoltura è una procedura richiede abilità e utilizzo di tecniche sterili.

Materiale occorrente

Il materiale utilizzato dalle diverse strutture sanitarie può variare. Alcune strutture usano materiale di raccolta già pronto e preconfezionato, mentre altre usano kit sterili preparati direttamente dalla struttura. Sia i kit che il materiale preconfezionato generalmente contengono:
- guanti monouso;

- soluzione antisettica;
- contenitore per le urine sterile;
- etichetta per contrassegnare il campione;

Inoltre, l'operatore ha bisogno del:

- recipiente per l'acqua, sapone e asciugamano.

Interventi assistenziali

Preparazione

Preparare il materiale occorrente per la raccolta del campione. Utilizzare sussidi visivi, se disponibili, per far capire al paziente la tecnica di raccolta.

Tecnica

1. Prima di effettuare la procedura, presentarsi e verificare l'identità del paziente secondo il protocollo della struttura. Spiegare al paziente che cosa si sta facendo, perché e come può collaborare. Illustrare come i risultati saranno usati nella pianificazione futura delle cure o delle terapie.
2. Provvedere alla riservatezza del paziente.
3. Lavare le mani e osservare le procedure per il controllo delle infezioni, indossare i guanti monouso.
4. Dare istruzioni sulla raccolta del campione se il paziente deambula e se è in grado di seguire le indicazioni:
   - inviare o assistere il paziente in bagno;
   - chiedere al paziente di lavare e asciugare i genitali e l'area perineale con acqua e sapone;
   - chiedere al paziente se ha un'ipersensibilità verso qualche agente disinfettante o detergente;
   - istruire il paziente alla pulizia del meato urinario con gli antisettici.

Per i pazienti di sesso femminile

- Usare solo una volta i tamponi per asciugarsi. Pulire l'area perineale dall'alto verso il basso e gettare il tampone.

Per i pazienti di sesso maschile

- Se non circoncisi, ritirare leggermente il prepuzio per esporre il meato urinario.
- Usare un movimento circolare per pulire il meato urinario e la porzione distale del pene.

5. Per un paziente che necessita di assistenza, preparare il paziente e il materiale.
   - Indossare guanti monouso.
   - Lavare l'area perineale con acqua e sapone, sciacquare e asciugare.
   - Assistere il paziente su una sedia comoda o su una padella. Se si usa una padella o un pappagallo, posizionare il paziente in piedi, se possibile.
   - Togliere e gettare i guanti. Lavare le mani.
   - Aprire il materiale per l'esame, facendo attenzione a non contaminare il bordo del contenitore o il coperchio. Posizionare il coperchio in posizione eretta.
   - Indossare guanti puliti.
   - Pulire il meato urinario e l'area perineale come descritto al punto 4.
6. Raccogliere il campione da un paziente che non deambula o istruire alla raccolta un paziente che deambula.
   - Far urinare il paziente.
   - Mettere il contenitore sotto il getto intermedio dell'urina e raccogliere il campione facendo particolare attenzione a non toccare il perineo o il pene con il contenitore.
   - Raccogliere l'urina nel contenitore (30-60 mL generalmente sono sufficienti).
   - Chiudere il contenitore ermeticamente, toccandone solo l'esterno.

   - Pulire, se necessario, l'esterno del contenitore del campione con il disinfettante.
   - Rimuovere i guanti e lavare le mani.
7. Mettere l'etichetta per l'identificazione del campione e inviarlo al laboratorio.
   - Controllare che l'etichetta del campione sia attaccata sul contenitore e non sul coperchio e che la richiesta per il laboratorio contenga le informazioni corrette. Mettere il campione in un sacchetto di plastica che riporti l'avviso di rischio biologico.
8. Riferire all'infermiere dell'avvenuta procedura.

Procedura 3.6 Assistere il paziente che necessita della padella per evacuare

Accertamento

Valutare:
- Modello di eliminazione: frequenza e orari dell'eliminazione intestinale del paziente. Questo modello è cambiato recentemente? È mai cambiato? In caso affermativo, il paziente conosce i fattori che possono averlo influenzato?
- Gonfiore addominale.
- Presenza di dolore addominale o rettale.
- Livello di mobilità e grado di assistenza richiesto.
- Necessità di un campione di feci.

Pianificazione assistenziale

- Chiedere se il paziente ha mai usato una padella.

L'OSS assiste i pazienti durante la defecazione, sulla base delle conoscenze e abilità e del grado di complessità assistenziale. L'operatore sociosanitario deve informarsi sulla necessità di raccogliere alcuni campioni di feci prima dello smaltimento. Qualsiasi variazione patologica delle caratteristiche delle feci deve essere tempestivamente comunicata all'infermiere.

Materiale occorrente

- Padella pulita e copripadella
- Carta igienica
- Bacinella con acqua, sapone, spugna e asciugamano
- Contenitori per il prelievo di campioni, se richiesto
- Guanti monouso
- Traversa assorbente monouso

Interventi assistenziali

Preparazione
- Sistemare il letto all'altezza idonea per non affaticare la schiena durante la mobilizzazione del paziente.
- Sollevare la sponda del letto dal lato opposto.

Tecnica
1. Prima di effettuare la procedura, presentarsi e verificare l'identità del paziente secondo il protocollo della struttura. Spiegare al paziente che cosa si sta facendo, perché e come può collaborare.
2. Provvedere alla riservatezza del paziente.

3. Lavarsi le mani e osservare le procedure per il controllo delle infezioni (per esempio, guanti monouso).
4. Indossare i guanti monouso.
5. Preparare il paziente.
   - Per i pazienti che possono collaborare sollevando il bacino, sistemare la biancheria del letto in modo da esporre la zona da trattare e sollevare gli indumenti per non farli bagnare durante la procedura. Piegare la biancheria da letto esponendo il bacino e sistemare il pigiama per evitare cadute accidentali dentro la padella.
   - Per i pazienti che non possono sollevare il bacino, piegare la biancheria e le coperte da letto fino al bacino.
6. Posizionare la padella.
   - Per i pazienti che possono sollevare il bacino:
     a. chiedere al paziente di flettere le ginocchia, spingere con la schiena e i calcagni e sollevare il bacino. Il paziente può utilizzare un trapezio, se presente, o afferrare la sponda laterale per l'appoggio. Assistere il paziente nel sollevare il bacino, ponendogli una mano sotto la testa e una sul fondoschiena, appoggiando il gomito sul materasso e usando l'avambraccio come una leva;
     b. predisporre la traversa assorbente dove sarà collocata la padella. Posizionare una padella standard sotto i glutei con la punta diretta verso i piedi del letto, poggiando il bacino sull'orlo arrotondato morbido. Disporre una padella a pantofola (da frattura) con la parte piatta sotto le natiche del paziente (Fig. 3.12A).
   - Per i pazienti che non possono sollevare il bacino:
     a. assistere il paziente nell'assumere una posizione laterale;
     b. posizionare la padella contro i glutei del paziente, con la parte aperta diretta verso i piedi del letto;
     c. far girare delicatamente il paziente in posizione supina mantenendo la padella in posizione (Fig. 3.12B).
7. Sollevare il letto in posizione di semi-Fowler. Ricontrollare la posizione della padella, poiché potrebbe essersi spostata mentre si sollevava la testa del paziente.
   - Se il paziente è impossibilitato ad assumere la posizione di semi-Fowler, posizionargli un piccolo cuscino sotto la schiena oppure aiutarlo ad assumere la posizione più confortevole.
8. Mettere un lenzuolo sul paziente.
9. Fornire al paziente la carta igienica, abbassare il letto, sollevare la sponda laterale e assicurarsi che il campanello di chiamata sia a portata di mano. Chiedere al paziente di chiamare al termine dell'evacuazione. Lasciare il paziente solo quando si è sicuri di avere eseguito tutte le fasi della procedura.

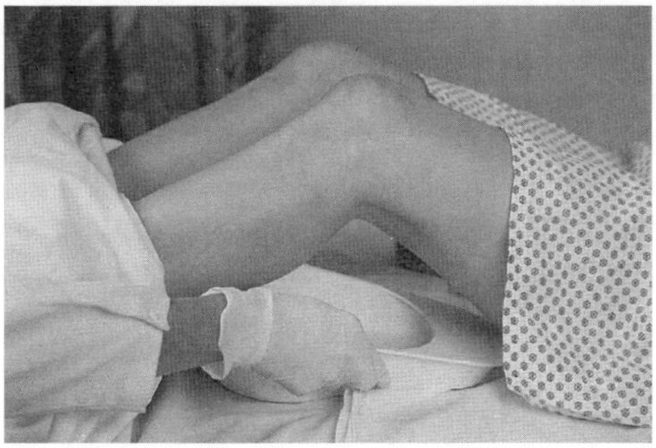

Figura 3.12A *Posizionamento di una padella a pantofola (da frattura) sotto i glutei del paziente.*

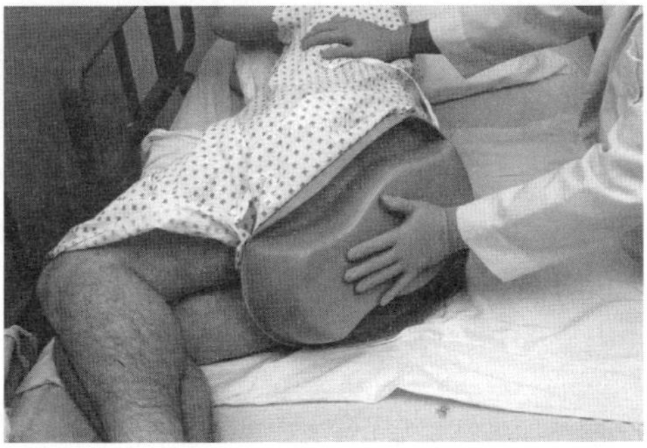

Figura 3.12B *Posizionamento di una padella regolare contro i glutei del paziente.*

Rimozione della padella

10. Riposizionare il letto nella posizione iniziale.
    - Rimuovere la padella nello stesso modo in cui è stata posizionata, tenendola con fermezza per evitare di versarne il contenuto.
    - Coprire la padella e posarla su una sedia adiacente con una traversa o un asciugamano sotto di essa.
11. Assistere il paziente rispettando le norme igieniche.
    - Attorcigliare la carta igienica diverse volte intorno alla mano con il guanto e pulire la persona dal pube all'ano cambiando ogni volta frammento di carta igienica.
    - Gettare la carta igienica sporca nella padella.
    - Lavare la zona anale con acqua e sapone e asciugare accuratamente.
    - Rimuovere la traversa assorbente monouso e cambiare il lenzuolo, se necessario.
    - Porgere al paziente il materiale per lavare e asciugare le mani.
12. Provvedere all'attenuazione degli odori sgradevoli nella stanza.
    - Spruzzare del deodorante per ambienti, salvo controindicazioni per problemi respiratori o allergie.
13. Riordinare la padella utilizzata.
    - Prelevare un campione di feci, se richiesto, e metterlo nel contenitore etichettato.
    - Svuotare e pulire la padella, se non è monouso.
    - Togliere e gettare i guanti. Lavarsi le mani.
14. Documentare sulla cartella clinico-assistenziale tutte le informazioni utili (per esempio, colore, odore, quantità e consistenza delle feci). Riportare il dato di positività dell'alvo nel foglio parametri.

Procedura 3.7 Somministrare un microclisma

Accertamento

Valutare:

- Quando il paziente ha evacuato l'ultima volta, la quantità, il colore e la consistenza delle feci.
- Se il paziente soffre di incontinenza fecale.
- Se il paziente è in grado di utilizzare il bagno o una sedia comoda oppure dovrà restare a letto e usare una padella.

Pianificazione assistenziale

La somministrazione di alcuni clisteri può essere attribuita all'operatore sociosanitario o ai familiari del paziente, previa valutazione delle loro conoscenze e abilità e del grado di complessità assistenziale. L'OSS deve essere a conoscenza delle precauzioni standard da adottare. L'infermiere deve essere tempestivamente avvisato e deve intervenire quando una delle fasi della procedura risulta difficoltosa.

Materiale occorrente

- Traversa monouso
- Telo da bagno
- Padella o sedia comoda
- Guanti monouso
- Asciugamano di carta

Clistere di piccolo volume
- Contenitore preconfezionato di soluzione per clistere con punta prelubrificata

Interventi assistenziali

Tecnica

1. Prima di effettuare la procedura, presentarsi e verificare l'identità del paziente secondo il protocollo della struttura. Spiegare al paziente cosa si sta facendo, perché e come può collaborare. Illustrare come i risultati ottenuti saranno utilizzati per la pianificazione futura delle cure o dei trattamenti. Avvertire il paziente della sensazione di pienezza che può provare durante la somministrazione della soluzione. Spiegare al paziente la necessità di trattenere la soluzione il più a lungo possibile.

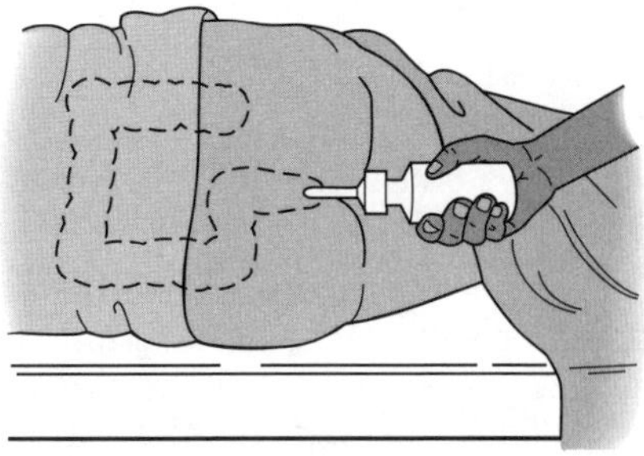

Figura 3.13 *Posizione laterale da far assumere per eseguire un microclisma o un clistere evacuativo.*

2. Provvedere alla riservatezza del paziente.
3. Lavarsi le mani e osservare le tecniche per il controllo delle infezioni.
4. Indossare i guanti monouso.
5. Far assumere al paziente adulto la posizione laterale sinistra, con la gamba destra flessa il più possibile (Fig. 3.13), e sistemargli una traversa monouso sotto le natiche.
6. Far scorrere lentamente la soluzione del microclisma.
   - Comprimere il contenitore manualmente.
   - Fare scorrere il liquido lentamente.
   - Se si utilizza una soluzione preconfezionata in sacca di plastica (clismafleet), comprimerla durante l'introduzione del liquido per prevenire l'aspirazione della soluzione.
   - Dopo che il liquido è stato introdotto, oppure quando il paziente non riesce più a trattenerlo e sente il bisogno di evacuare (la necessità di defecare indica che la quantità di liquido immesso è sufficiente), rimuovere il clismafleet.
   - Eliminare il clismafleet in un sacchetto monouso.
7. Consigliare al paziente di trattenere la soluzione.
   - Chiedere al paziente di rimanere sdraiato.
   - Chiedere al paziente di trattenere la soluzione per un periodo di tempo appropriato, per esempio da 5 a 10 minuti per un clistere evacuativo o almeno 30 minuti per un clistere ritentivo.
8. Assistere il paziente nella defecazione.
   - Assistere il paziente nell'utilizzo di padella, sedia comoda o bagno. La posizione seduta favorisce lo stimolo a defecare.
   - Chiedere al paziente che usufruisce del bagno di non tirare lo scarico, affinché l'infermiere possa visionare le feci.
   - Se è richiesto un campione di feci, chiedere al paziente di adoperare una padella o una sedia comoda.
   - Togliere e gettare i guanti. Lavarsi le mani.

Variazione: Somministrare un clistere a un paziente con incontinenza fecale

Qualche volta capita che il paziente non abbia il controllo sfinterico, per cui non riesce a trattenere il liquido neanche per pochi minuti. In questo caso, far assumere al paziente una posizione supina su una padella. Se necessario, si può sollevare di 30° la testa del letto per facilitare la respirazione, ponendo dei cuscini come supporto per la testa e per la schiena.

9. Documentare l'avvenuta procedura, risultati attesi, e riferire all'infermiere eventuali complicanze inerenti la procedura.

Procedura 3.8 Prelevare un campione di feci

Accertamento

- Considerare il bisogno di assistenza alla defecazione.
- Considerare la necessità di uso della padella o comoda.

Pianificazione assistenziale

Prima di prelevare un campione di feci, è necessario conoscere il motivo del prelievo e il metodo corretto per ottenere e maneggiare il campione (per esempio, la quantità di feci richiesta, se è necessario aggiungere delle sostanze conservanti e se è necessario inviare subito il campione al laboratorio). Può essere necessario concordare le procedure con il laboratorio di riferimento; in alcuni casi viene richiesto solo un campione, in altri sono necessari più campioni e devono essere raccolte tutte le feci prodotte in un dato periodo di tempo. È necessario sapere se il paziente deve seguire una dieta priva di carne rossa e se occorre sospendere l'assunzione orale di preparati contenenti ferro prima di effettuare l'esame per la ricerca del sangue occulto.
La raccolta di campioni di feci per esami generici può essere attribuita all'OSS o ai suoi familiari, previa valutazione delle loro conoscenze e abilità e del grado di complessità assistenziale.
L'OSS esegue l'esame colturale che richiede l'utilizzo di tecniche sterili. La tecnica di raccolta deve essere corretta, altrimenti i risultati dell'esame possono non essere attendibili.

Materiale occorrente

Raccolta del campione di feci
- Padella pulita o sedia comoda
- Guanti monouso
- Contenitore di plastica con coperchio per il campione (etichettato) o, per esame colturale delle feci, tampone sterile in una provetta, come da procedura prevista
- Due spatole
- Asciugamano di carta

Esame delle feci per la ricerca di sangue occulto
- Padella pulita o sedia comoda
- Guanti monouso
- Due spatole
- Asciugamano di carta
- Test per il sangue occulto

Interventi assistenziali

Preparazione

Preparare il materiale occorrente. Collocare un avviso nel bagno del paziente nel caso in cui si richieda un campione a tempi prestabiliti (per esempio, "Conservare tutte le feci").

Tecnica

1. Prima di effettuare la procedura, presentarsi e verificare l'identità del paziente secondo il protocollo della struttura. Spiegare al paziente cosa si sta facendo, perché e come può collaborare. Illustrare come i risultati saranno usati nella pianificazione di ulteriori cure o trattamenti.

Dare ai pazienti in ambulatorio le seguenti informazioni e istruzioni:
- defecare in una padella pulita o su una sedia comoda;
- non contaminare il campione, se possibile, con urina o sangue mestruale. Urinare prima della raccolta del campione;
- dopo la defecazione, non mettere la carta igienica nella padella, perché i contenuti della carta possono alterare i valori degli esami di laboratorio.

2. Provvedere alla riservatezza del paziente.
3. Lavarsi le mani e osservare le procedure per il controllo delle infezioni, indossare i guanti monouso.
   - L'OSS deve osservare quanto più possibile le tecniche asettiche per ottenere un campione di feci, per maneggiare la padella del paziente e per mettere il campione nel contenitore di raccolta.
4. Assistere il paziente che ha bisogno di aiuto.
   - Assistere il paziente sulla sedia comoda posta vicino al letto, sulla padella o in bagno.
   - Indossare guanti monouso per prevenire la contaminazione delle mani e, se è necessario, pulire il paziente. Ispezionare la cute vicino alla zona anale per valutare eventuali irritazioni, specialmente quando il paziente defeca frequentemente e/o presenta feci liquide.
5. Mettere la quantità di feci necessaria nel contenitore di raccolta.
   - Usare una o due spatole per trasferire parte o tutte le feci nel contenitore di esame, prestando particolare attenzione a non contaminarne l'esterno. La quantità di feci necessaria dipende dal tipo di esame richiesto. Di solito sono sufficienti 2,5 cm di feci formate o 15/30 mL di feci liquide. Qualche volta è necessario inviare al laboratorio tutte le feci espulse per includere nel campione anche l'eventuale pus, muco o sangue.
   - Per eseguire un esame colturale delle feci, bagnare un tampone sterile nelle stesse, preferibilmente dove è presente e visibile il pus (in caso di feci purulente). Mettere il tampone in una provetta sterile.
   - Per eseguire l'esame del sangue occulto delle feci (SOF), vedere la fase 7.
   - Avvolgere le spatole usate in un panno di carta prima di gettarle nel contenitore per lo smaltimento dei rifiuti.
   - Dopo aver prelevato il campione, applicare il coperchio sul contenitore.
6. Assicurare il comfort al paziente.
   - Svuotare, pulire e mettere a posto la padella o la sedia comoda.
   - Togliere e gettare i guanti usati. Lavarsi le mani.
7. Mettere l'etichetta per l'identificazione sul campione e inviarlo al laboratorio.
   - Controllare che l'etichetta sul campione contenga le informazioni corrette e sia ben attaccata al contenitore del campione.
   - Assicurarsi che i campioni siano posti in appropriati contenitori o sacche per il rischio biologico.
   - Organizzare l'invio del campione al laboratorio. Alcuni campioni di feci per esami colturali o test per la presenza di parassiti devono essere inviati immediatamente al laboratorio. Se ciò non fosse possibile, bisogna seguire le istruzioni riportate sul contenitore del campione. In alcuni casi è necessaria la refrigerazione, perché i valori batteriologici cambiano se il campione di feci viene lasciato in una stanza calda. Non mettere mai i campioni di feci in un frigorifero che contiene cibo o farmaci.

Esame delle feci per la ricerca di sangue occulto
- Scegliere il test.
- Indossare i guanti monouso.
- Seguire le indicazioni del produttore. Ad esempio:
  a. per un test al guaiaco, prelevare uno strato sottile di feci e strisciarlo con una spatola su un foglio di carta o su carta da filtro e lasciare cadere i reagenti sullo striscio, come previsto dalle indicazioni;
  b. per un Hematest, prelevare uno strato sottile di feci e strisciarlo con una spatola su carta da filtro, mettere una compressa in mezzo al campione e seguire le indicazioni del produttore;

c. per l'Hemoccult, prelevare uno strato sottile di feci o strisciarlo con una spatola nel cerchio dentro la bustina e lasciare cadere la sostanza reagente sullo striscio (Fig. 3.14A e B).
- Togliere e gettare i guanti. Lavarsi le mani.

8. Informare l'infermiere dell'avvenuta procedura

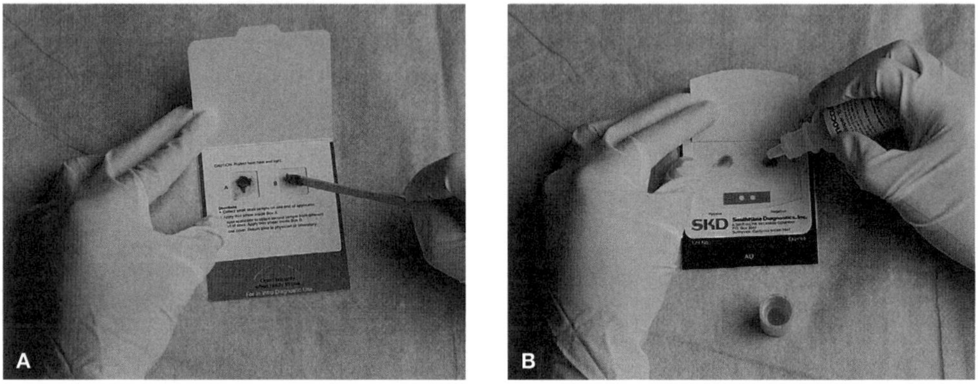

Figura 3.14 A. *Aprire il risvolto anteriore dell'Hemoccult e applicare uno striscio sottile di feci nel riquadro.* **B.** *Aprire il risvolto posteriore del riquadro e applicare il reagente sullo striscio.*

Procedura 3.9 Svuotare la sacca di raccolta urine a circuito chiuso

Accertamento

Verificare quotidianamente la quantità di urine presenti nel sacchetto di raccolta.

Pianificazione assistenziale

Monitoraggio della diuresi, corretta gestione del catetere vescicale, contrastare infezioni alle vie urinarie correlate alla gestione del catetere vescicale.

Materiale occorrente

- Guanti monouso.
- Sacchetto di raccolta monouso.
- Sacco di raccolta per i rifiuti.
- Telino monouso impermeabile.
- Disinfettante clorexidina.
- Garze.

Interventi assistenziali

Tecnica

1. Identificare il paziente.
2. Garantire la privacy del paziente e spiegare la procedura.
3. Posizionare il telino impermeabile sul pavimento, sotto la sacca di raccolta del catetere vescicale.
   - Evitare di contaminare il pavimento con liquidi biologici.
4. Effettuare il lavaggio delle mani e indossare i guanti monouso.

5. Pulire con le garze imbevute del disinfettante la valvola di scarico della sacca di raccolta e collegare alla stessa il sacchetto monouso.
   - Impedisce che il circuito sterile possa essere contaminato.
6. Buttare la garza utilizzata nell'apposito sacco dei rifiuti.
7. Quantificare le urine presenti nel sacchetto.
   - Permette di monitorare la diuresi quotidiana.
8. Aprire il dispositivo di scarico e far refluire il contenuto nel sacchetto monouso.
9. Disinfettare e chiudere la valvola di scarico.
10. Chiudere la clip della sacca monouso.
    - Evita la fuoriuscita accidentale dalla sacca di raccolta monouso.
11. Rimuovere la sacca monouso eliminandola nell'apposito sacco dei rifiuti.
12. Rimuovere i guanti.
13. Lavarsi le mani.
14. Registrare la quantità di urine nel foglio di grafica e informare l'infermiere.

Procedura 3.10 Gestione della colostomia

Accertamento

Verificare lo stato e le condizioni di salute del paziente. Verificare la necessità del paziente di sostituire la sacca di raccolta della stomia.

Pianificazione assistenziale

Garantire adeguata gestione della stomia aiutando il paziente a migliorare la qualità della vita, anche attraverso il supporto familiare, previo il consenso dell'interessato.

Materiale occorrente

- Sistema di raccolta mono o due pezzi
- Acqua tiepida
- Sapone neutro
- Panno carta
- Forbici
- Calibratore per stomia
- Sacchetto per rifiuti

Interventi assistenziali

Preparazione

Consigliare al paziente di assumere una posizione comoda e avere il materiale occorrente a portata di mano.

Tecnica

1. Identificare il paziente.
2. Provvedere alla riservatezza del paziente, fargli assumere una posizione comoda.
3. Lavarsi le mani e osservare le procedure per il controllo delle infezioni.
4. Indossare i guanti monouso.
5. Rimuovere la sacca di raccolta procedendo dall'alto verso il basso.

- In questa fase è utile tendere la cute per evitare traumatismi. Per facilitare la rimozione possono essere utilizzate soluzioni a base oleosa in quanto non irritano la pelle, tuttavia il loro impiego potrebbe rendere difficoltosa l'adesione della nuova placca.
- Tale tecnica permette di evitare la fuoriuscita del materiale fecale raccoltosi all'interno della sacca.

6. Verificare la quantità e la qualità delle feci.
   - Le feci provenienti da un'ileostomia hanno una consistenza liquida.
   - Le feci provenienti da una trasversostomia hanno una consistenza semipoltacea.
   - Le feci provenienti da sigmoidostomia hanno consistenza maggiormente formata.
7. Eliminare la sacca di raccolta nell'apposito contenitore dei rifiuti.
8. Provvedere all'igiene dello stoma utilizzando acqua tiepida e sapone neutro.
   - Evitare l'uso di saponi irritanti che possano ledere la cute peristomale. Con una salvietta morbida pulire lo stoma con movimenti rotatori procedendo dalla parte più pulita alla parte più sporca.
   - Durante la pulizia potrebbero verificarsi dei microsanguinamenti o microlesioni che tuttavia non inficiano con l'utilizzo del presidio, salvo arrossamenti o allergie causate dal materiale.
   - Verificare eventuali alterazioni della cute o delle feci.
   - Provvedere ad asciugare con carta morbida assorbente o garze, evitando l'uso di cotone o carta igienica.
   - Eseguire rasatura di eventuali peli presenti nella zona di applicazione della sacca per facilitare il posizionamento e la rimozione della sacca.
9. Preparare un nuovo sacchetto di raccolta.
   - Misurare il diametro dello stoma utilizzando l'apposito calibratore per stomia.
   - Ritagliare con precisione il foro della placca utilizzando le forbici. Un foro più grande consente alle feci di depositarsi intorno alla cute peristomale favorendo la possibilità di lesioni. Dimensioni più piccole apportano il rischio di strozzatura dello stoma con scarso apporto di ossigenazione del tessuto stomale.
10. Applicare una pasta protettiva.
    - Favorisce la creazione di un film barriera che evita macerazioni e lesioni della cute.
11. Applicare il sacchetto di raccolta precedentemente modellato.
    - Rimuovere la placca di protezione dalla parte adesiva.
    - Procedere dal basso verso l'alto e far aderire correttamente tutti i lembi.
    - Sostituire la placca in caso di sistema a due pezzi ogni 48/h o quando si rende necessario.
    - Sostituire il sacchetto di raccolta ogni 12/24 ore o ogni qualvolta si renda necessario.
12. Evitare di far indossare indumenti stretti che possano creare compressione a livello della sacca.
13. Rimuovere i guanti e lavare le mani.
14. Riferire all'infermiere eventuali alterazioni dello stato della cute, dolore riferito dal paziente.
    - Permette di poter intervenire immediatamente in caso di necessità e urgenza.
15. Registrare il dato nell'apposita scheda parametri.
    - Permette di mantenere sotto controllo le variazioni dell'alvo.

Procedura 3.11 Gestione della urostomia

Accertamento

Verificare lo stato e le condizioni di salute del paziente. Verificare la necessità del paziente di sostituire la sacca di raccolta dell'urostomia.

Pianificazione assistenziale

Garantire adeguata gestione dell'urostomia aiutando il paziente a migliorare la qualità della vita, anche attraverso il supporto familiare, previo il consenso dell'interessato.

Materiale occorrente

- Sistema di raccolta mono o due pezzi
- Acqua tiepida
- Sapone neutro
- Panno carta
- Forbici
- Calibratore per stomia
- Sacchetto per rifiuti

Interventi

Preparazione

Consigliare al paziente di assumere una posizione comoda e avere il materiale occorrente a portata di mano.

Tecnica

1. Identificare il paziente.
2. Provvedere alla riservatezza del paziente, fargli assumere una posizione comoda.
3. Lavarsi le mani e osservare le procedure per il controllo delle infezioni.
4. Indossare i guanti monouso.
5. Rimuovere la sacca di raccolta procedendo dall'alto verso il basso.
   - In questa fase è utile tendere la cute per evitare traumatismi. Per facilitare la rimozione possono essere utilizzati soluzioni a base oleosa in quanto non irritano la pelle, tuttavia il loro impiego potrebbe rendere difficoltosa l'adesione della nuova placca.
   - Tale tecnica permette di evitare la fuoriuscita delle urine raccolte all'interno della sacca.
6. Verificare la quantità e la qualità delle urine.
   - Se richiesto conservare le urine nell'apposito contenitore delle urine delle 24/h, diversamente eliminare il contenuto nell'apposito contenitore dei rifiuti.
7. Provvedere all'igiene dello stoma utilizzando acqua tiepida e sapone neutro.
   - Evitare l'uso di saponi irritanti che possano ledere la cute peristomale. Con una salvietta morbida pulire lo stoma con movimenti rotatori procedendo dalla parte più pulita alla parte più sporca.
   - Verificare eventuali alterazioni della cute.
   - Provvedere ad asciugare con carta morbida assorbente o garze, evitando l'uso di cotone o carta igienica.
   - Eseguire rasatura di eventuali peli presenti nella zona di applicazione della sacca per facilitare il posizionamento e la rimozione della sacca.
8. Preparare un nuovo sacchetto di raccolta.
   - Misurare il diametro dello stoma utilizzando l'apposito calibratore per stomia.
   - Ritagliare con precisione il foro della placca utilizzando le forbici. Dimensioni non corrette possono favorire fuoriuscita di urine.
9. Applicare una pasta protettiva.
   - Favorisce la creazione di un film barriera che evita macerazioni e lesioni della cute.
10. Applicare il sacchetto di raccolta precedentemente modellato.
    - Rimuovere la placca di protezione dalla parte adesiva.

- Procedere dal basso verso l'alto e far aderire correttamente tutti i lembi.
- Sostituire la placca in caso di sistema a due pezzi ogni 48/h o quando si rende necessario.
- Sostituire il sacchetto di raccolta ogni 12/24 ore o ogni qualvolta si renda necessario.
- Vuotare la sacca più volte al giorno in quanto il peso dell'urina potrebbe facilitarne la rimozione.

11. Evitare di far indossare indumenti stretti che possano creare compressione a livello della sacca.
12. Rimuovere i guanti e lavare le mani.
13. Riferire all'infermiere eventuali alterazioni dello stato della cute, dolore riferito dal paziente.
    - Permette di poter intervenire immediatamente in caso di necessità e urgenza.
14. Registrare il dato nell'apposita scheda parametri.
    - Permette di mantenere sotto controllo le variazioni delle urine.
15. Verificare lo stato e le condizioni di salute del paziente.

Procedura 3.12 Collaborazione dell'OSS con l'infermiere nell'inserimento del catetere vescicale nell'uomo e nella donna

Accertamento

L'infermiere identifica lo scopo del cateterismo vescicale e verifica la prescrizione medica che ne indica il posizionamento. Il CV è indicato in caso di ritenzione urinaria, vescica neurologica, interventi chirurgici, stenosi uretrali.
L'OSS collabora con l'infermiere in:

- eseguire l'igiene al paziente
- far assumere e mantenere la posizione supina
- preparare il carrello e kit del materiale occorrente
- ritirare il materiale.

Pianificazione assistenziale

L'OSS assicura l'igiene al paziente e predispone il materiale sul carrello.

Materiale occorrente

- Padella per esecuzione igiene
- Acqua tiepida
- Sapone intimo a ph fisiologico
- Salviette monouso per igiene
- Asciugamano personale o salviette asciutte monouso
- Telino sterile
- Telino sterile fenestrato
- Tamponi o garze sterili
- 2 paia di guanti sterili della misura idonea
- 1 flaconcino antisettico monouso
- 1 siringa preriempita di lubrificante monouso
- 1 siringa da 10 ml
- 1 flaconcino di soluzione per gonfiaggio palloncino di ancoraggio
- Cateteri vescicali di varie misure e diverso tipo (silicone/lattice - due/tre vie)
- Sacchetti di raccolta/urometro a circuito chiuso con reggi sacchetto (stativo)
- Guanti monouso della misura idonea

Interventi

Preparazione

Consigliare al paziente di assumere una posizione comoda e avere il materiale occorrente a portata di mano.

Tecnica

Infermiere/OSS

1. Prima di effettuare la procedura, presentarsi e verificare l'identità del paziente secondo il protocollo della struttura. Spiegare al paziente cosa si sta facendo, perché e come può collaborare.
2. Provvedere alla riservatezza del paziente.

OSS

3. Lavarsi le mani e indossare i guanti monouso.
   - Garantire sempre il controllo delle infezioni.
4. Eseguire l'igiene intima del paziente.
   - Posizionare la persona supina con le gambe divaricate e leggermente flesse.
   - Procedere all'igiene dall'alto verso il basso, dalla parte più pulita a quella più sporca.
   - (donna) Divaricare le grandi e piccole labbra e procedere prima da un lato e poi dall'altro cambiando la manopola ad ogni fase di pulizia.
   - (Uomo) Procedere pulendo prima il meato urinario, scoprendo il glande dal prepuzio, successivamente spostarsi verso la zona scrotale. Riportare il prepuzio nella posizione iniziale dopo averlo deterso e risciacquato.
   - Risciacquare con acqua tiepida e asciugare tamponando.
   - Procedere all'igiene della zona anale, risciacquare e asciugare.

Infermiere

5. Eseguire il lavaggio antisettico delle mani e indossare i guanti sterili.

OSS

6. Disinfettare il meato urinario e secondo le indicazioni fornite dall'infermiere.
7. Porgere il materiale sterile all'infermiere garantendo la tenuta della sterilità.

Infermiere

8. Posiziona il telino sterile fenestrato in modo che venga esposto solo il meato urinario.
9. Posiziona il successivo telo sterile per ampliare il campo sterile e posizionare sopra il materiale.
10. Lubrifica il catetere vescicale e il meato urinario, connette il CV alla sacca di raccolta e lo introduce nel meato urinario. Si assicura che l'urina fuoriesca e che sia presente nel tubo di raccolta (ciò indica il corretto posizionamento). Procede al gonfiaggio del palloncino. Clampare il CV in presenza di uno svuotamento vescicale maggiore di 500 ml e sclampare dopo qualche minuto (evita collassamento della vescica e favorisce miglior drenaggio delle urine).

OSS

11. Assicurare la sacca del catetere al letto inferiormente alla vescica, facendo attenzione a non tenerlo sospeso (evitare di tirarlo) e che non venga poggiato sul pavimento (evitare contaminazioni).
12. Riordinare e smaltire il materiale nell'apposito sacco dei rifiuti.

Infermiere/OSS

13. Rimuovere guanti sporchi e indossare i guanti puliti monouso.
14. Aiutare il paziente ad assumere una posizione confortevole.
15. Fornire il campanello di chiamata.

Dopo la procedura

- Garantire adeguato svuotamento vescicale, monitoraggio della diuresi, bilancio idrico.

Procedura 3.13 Collaborazione dell'OSS con l'infermiere nell'esecuzione di un clistere a scopo evacuativo

Accertamento

Infermiere/OSS verificano:
- quando il paziente ha evacuato l'ultima volta, la quantità, il colore e la consistenza delle feci
- se il paziente soffre di incontinenza fecale
- se il paziente è in grado di utilizzare il bagno o una sedia comoda oppure dovrà restare a letto e usare una padella.

Pianificazione assistenziale

L'infermiere valuterà se il paziente presenta distensione addominale, addome non trattabile o dolore, presenza di fecalomi.

Materiale occorrente

OSS prepara il materiale occorrente
- Traversa monouso
- Padella o sedia comoda
- Guanti monouso
- Lubrificante
- Fleet/clistere
- Sonda rettale
- Asciugamano di carta

Interventi

Preparazione

Consigliare al paziente di assumere una posizione comoda e avere il materiale occorrente a portata di mano.

Tecnica

Infermiere/OSS
1. Prima di effettuare la procedura, presentarsi e verificare l'identità del paziente secondo il protocollo della struttura. Spiegare al paziente cosa si sta facendo, perché e come può collaborare.
2. Provvedere alla riservatezza del paziente.
3. Lavarsi le mani e indossare i guanti monouso.

Infermiere/OSS
- Aiutare il paziente ad assumere una posizione adeguata (decubito laterale sinistro).
- Posizionare un traverso monouso e, se occorre, un presidio assorbente.

Infermiere

- Preparare la sonda rettale o il fleet, lubrificando la punta e inserire la sonda nell'ampolla rettale, delicatamente.
- Far scorrere lentamente la soluzione del clistere comprimendo il contenitore manualmente.
- Rimuovere la sonda e il clisma ed eliminarli nell'apposito sacco per i rifiuti.
- Chiedere al paziente di mantenere il decubito a letto e di trattenere il liquido per un periodo di tempo appropriato.
- Rimuovere i guanti e lavare le mani.

OSS

Fornisce assistenza al paziente nella defecazione.

- Assiste il paziente nell'utilizzo di padella, sedia comoda o bagno. La posizione seduta favorisce lo stimolo a defecare.
- Chiede al paziente che usufruisce del bagno di non tirare lo scarico, affinché si possano visionare le feci.
- Se è richiesto un campione di feci, chiedere al paziente di adoperare una padella o una sedia comoda.
- Togliere e gettare i guanti. Lavarsi le mani.

Capitolo 4
L'assistenza nell'alimentazione

4.1 La nutrizione e la sua fisiologia

La nutrizione comprende tutti quei processi che interessano il consumo e l'utilizzo degli alimenti per la crescita, il mantenimento dei tessuti dell'organismo e l'omeostasi corporea.

La maggior parte degli argomenti di questo capitolo si focalizza sull'ingestione, perché si tratta di un processo che l'individuo può controllare e nel quale l'**OSS** assiste la persona.

Verranno fornite le informazioni fondamentali circa la nutrizione e il ruolo di chi presta assistenza per andare incontro alle necessità nutrizionali individuali. Si tratterà degli elementi nutritivi e della loro funzione nell'organismo, dei disturbi dell'alimentazione, della valutazione nutrizionale, delle diete speciali, del modo di assistere un paziente durante i pasti, nonché dei metodi di alimentazione alternativi per garantire una nutrizione adeguata.

I processi fisiologici coinvolti nell'utilizzo dei nutrienti sono cinque: ingestione, digestione, assorbimento, metabolismo ed escrezione.

La nutrizione, dunque, comincia con l'**ingestione**, ovvero l'immissione del cibo nel canale digerente, di norma attraverso la bocca. In particolari circostanze l'ingestione avviene direttamente nello stomaco, mediante un sondino di alimentazione (questa specifica situazione verrà descritta più avanti).

Si definisce **digestione**, invece, l'insieme dei processi meccanici e chimici che trasformano fisicamente le sostanze nutritive fino a renderle assorbibili. La *digestione meccanica* include la **masticazione**, in cui il cibo è sminuzzato e miscelato con gli enzimi salivari, e la **deglutizione**, in cui le onde peristaltiche e le secrezioni mucose spingono il cibo lungo l'esofago. La *digestione chimica* è il processo attraverso cui gli enzimi, i succhi gastrici e quelli intestinali, la bile e i succhi pancreatici trasformano il cibo in nutrienti semplici che possono essere utilizzati dall'organismo.

La digestione comincia nello stomaco (eccetto il caso di alcuni amidi, per i quali comincia in bocca) e si completa nell'intestino. La **peristalsi** (ritmica e coordinata serie di contrazioni della muscolatura del tratto gastrointestinale) spinge il **chimo** (un impasto acido semifluido) nell'intestino tenue e crasso. Solo i carboidrati, le proteine e i grassi richiedono la digestione chimica per rendere le sostanze nutrienti disponibili per l'assorbimento. La figura 4.1 illustra gli elementi fondamentali e le funzioni del sistema digerente.

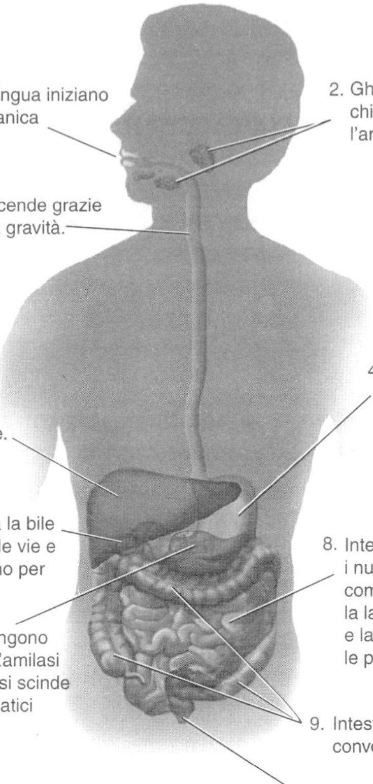

Figura 4.1 *Funzioni dell'apparato digerente.*

L'**assorbimento** è il processo per cui i prodotti finali della digestione (elementi nutritivi semplici) attraversano le membrane epiteliali dell'*intestino tenue e crasso*, passando nel *sangue* e nel *sistema linfatico*.

I **nutrienti** vengono assorbiti e utilizzati dall'organismo in base al fabbisogno. La maggior parte dei nutrienti è *idrosolubile* e può essere assorbita direttamente nel *circolo ematico* attraverso i *villi intestinali* (piccoli prolungamenti che si trovano nell'intestino tenue). I *grassi*, che non sono idrosolubili, sono assorbiti prima nel sistema linfatico e successivamente nel sistema circolatorio.

La trasformazione delle sostanze nutritive in energia da parte dell'organismo è detta **metabolismo**.

Il metabolismo coinvolge due processi:

- l'**anabolismo,** il processo costruttivo in cui sono sintetizzate nuove molecole e si formano nuovi tessuti per crescita o per riparazione tissutale;
- il **catabolismo**, il processo distruttivo in cui i tessuti e le sostanze vengono scissi nelle loro componenti essenziali.

Mentre l'anabolismo richiede energia, il catabolismo la rilascia. Durante il metabolismo l'energia è anche prodotta dall'**ossidazione**, che è il processo chimico di combinazione dei nutrienti con l'ossigeno. L'energia prodotta dall'organismo viene utilizzata in diversi modi: *energia elettrica* per l'attività dell'encefalo e dei nervi, *energia chimica* per il metabolismo, *energia meccanica* per la contrazione muscolare ed *energia termica* per la termoregolazione.

Il **tasso metabolico**, espresso in calorie, è la velocità di utilizzo dell'energia nel corpo umano. Una **caloria** è la quantità di calore necessaria per far innalzare la temperatura di un grammo di acqua di un grado Celsius. In relazione alla grande quantità di energia rilasciata durante il metabolismo, questa è espressa in **chilocalorie** (kcal), che equivalgono a 1.000 calorie.

L'**escrezione**, infine, è il processo di eliminazione e rimozione delle sostanze di scarto dall'organismo. La fibra alimentare e altre sostanze indigeribili, tra cui i sali, bile e acqua, vengono trasformati in feci ed espulsi dall'organismo come rifiuti solidi. Altri organi escretori che aiutano l'apparato digerente nell'eliminazione delle scorie sono i reni, la vescica, le ghiandole sudoripare, la pelle e i polmoni.

La maggior parte dei liquidi viene espulsa attraverso i reni e la vescica sotto forma di urina. Alcuni liquidi eliminati vengono rimossi attraverso le ghiandole sudoripare della pelle sotto forma di sudore. I rifiuti gassosi vengono eliminati attraverso i polmoni.

Il metabolismo basale

Il metabolismo basale è la quantità di energia necessaria per mantenere le **funzioni fisiologiche essenziali** quando una persona è in completo riposo. Si tratta del più basso livello di energia che può essere consumato.

Il principale fattore che influenza il metabolismo basale è la **composizione corporea**. Il tessuto muscolare ha un maggior dispendio metabolico e produce più energia rispetto al tessuto adiposo. Generalmente, le donne hanno un metabolismo più basso rispetto agli uomini, perché hanno una percentuale maggiore di tessuto adiposo; tuttavia, il metabolismo aumenta durante le mestruazioni, la gravidanza e l'allattamento.

Anche l'**età** influenza il metabolismo, che aumenta nei periodi di crescita.

L'attività ghiandolare, in particolare della **tiroide**, è un altro fattore di influenza. La velocità del metabolismo dipende principalmente dagli ormoni **triiodotironina** (T3) e **tiroxina** (T4). L'**ipoattività tiroidea**, ovvero una diminuzione della secrezione degli ormoni tiroidei, causa un abbassamento della funzione metabolica, mentre un'iperattività tiroidea accresce la secrezione degli ormoni tiroidei, aumentando il metabolismo.

4.2 I nutrienti

L'organismo, per funzionare efficacemente ed efficientemente, ha bisogno di sei tipologie di nutrienti: l'acqua, i carboidrati, i grassi, le proteine, le vitamine e i sali minerali.

Se una persona si alimenta nel rispetto di una dieta ben bilanciata, tutti questi elementi sono forniti dal cibo.

I nutrienti sono classificati in energetici, organici e inorganici, come mostra la tabella 4.1. I **nutrienti energetici** rilasciano energia in modo che possa essere utilizzata dall'organismo. I **nutrienti organici** costruiscono e mantengono i tessuti del nostro corpo regolando i processi metabolici. I **nutrienti inorganici** provvedono a mediare le reazioni chimiche che avvengono all'interno del nostro organismo, a trasportare le sostanze, a regolare la temperatura corporea, a promuovere l'osteosintesi e la conduzione degli impulsi nervosi.

Tabella 4.1 Classificazione dei nutrienti

CLASSE	NUTRIENTI
Nutrienti energetici	Carboidrati Lipidi Proteine
Nutrienti organici	Carboidrati Lipidi Proteine Vitamine
Nutrienti inorganici	Acqua Sali minerali

Il nutriente principale di base del corpo umano è l'**acqua**. Dato che ogni cellula richiede, oltre all'acqua, un continuo rifornimento di energia, i nutrienti di cui ha più bisogno sono quelli che ne producono maggiormente, come i carboidrati, i grassi e le proteine. La sensazione di fame spinge le persone ad alimentarsi con nutrienti che soddisfano il fabbisogno energetico giornaliero.

Carboidrati, grassi e proteine sono detti **macronutrienti**, in quanto sono necessari in grandi quantità (ad esempio, centinaia di grammi) per fornire energia. I **micronutrienti**, ovvero vitamine e minerali, sono invece necessari in piccole quantità (ad esempio milligrammi o microgrammi) per poter metabolizzare i nutrienti che forniscono energia.

Le funzioni dei nutrienti sono interrelate: variazioni nell'assunzione di un nutriente possono portare a cambiamenti nella funzionalità di un altro. Alcuni esempi di funzioni correlate riguardano il **ferro**, che viene meglio assorbito quando è presente la vitamina C, e il **calcio**, il cui assorbimento dipende dalla presenza della vitamina D. Nella pianificazione della dieta è necessario accertare le preferenze e le abitudini alimentari individuali, oltre al contenuto nutrizionale degli alimenti.

La tabella 4.2 riassume le principali caratteristiche dei nutrienti.

SUGGERIMENTI PROFESSIONALI

I grassi (o lipidi)

Un grasso è formato da una molecola di glicerolo combinata con una, due o tre molecole di acidi grassi.

I lipidi più importanti sono:

- i **trigliceridi** (grassi veri), composti da una molecola di glicerolo unita a tre molecole di acidi grassi, rappresentano la maggior parte dei grassi dell'alimentazione e del grasso corporeo;
- i **fosfolipidi** (lipoidi), formati da glicerolo, acidi grassi e fosforo, sono componenti strutturali delle cellule, per esempio la mielina (rivestimento isolante di molti nervi) e la lecitina (una parte delle membrane cellulari);
- il **colesterolo** (uno sterolo), non essenziale nella dieta (perché il fegato ne produce approssimativamente 1.000 mg al giorno), si trova in tutte le membrane cellulari, nel tessuto encefalico e nervoso, nel sangue, e viene espulso con la bile.

Il colesterolo è necessario per produrre molti ormoni, come estrogeni, testosterone, adrenalina e cortisone. L'assunzione di colesterolo proveniente da cibi animali può influenzare il livello di colesterolo nel sangue.

Tabella 4.2 I nutrienti: fabbisogno giornaliero e funzioni

Acqua

È il maggiore costituente di ogni cellula del corpo umano. Costituisce approssimativamente il 55-65% del peso di un adulto e il 70-75% del peso di un neonato. Il contenuto di acqua nel corpo diminuisce con l'età.
Circa i due terzi dell'acqua del nostro organismo sono rappresentati dal **liquido intracellulare**, il fluido all'interno delle cellule. L'altro terzo è **liquido extracellulare**, il fluido esterno alle cellule, che include plasma, linfa, liquor cefalorachidiano, **liquido interstiziale** (liquido presente nei tessuti attorno a ogni cellula) e fluidi del sistema gastrointestinale.

Fabbisogno giornaliero

La quantità di acqua richiesta dal corpo varia in base a **fattori ambientali**, come temperatura e umidità, e **fattori fisici**, come il livello di attività, i bisogni metabolici, le perdite funzionali (urine e feci), l'età, la frequenza respiratoria e lo stato di salute.
Le temperature ambientali più alte e un'intensa attività fisica causano maggiore perdita di acqua attraverso una sudorazione più intensa.
Generalmente sono necessari 1.000 ml di acqua per metabolizzare 1.000 calorie ingerite. Si ha uno stato di relativo equilibrio idrico quando il corpo ha un'adeguata ed equilibrata distribuzione di fluidi intra- ed extracellulari
Il bilancio giornaliero delle entrate e delle uscite di acqua di una persona dovrebbe essere in pareggio.

Funzioni

L'acqua svolge molte funzioni all'interno del nostro organismo:

- **solvente**: è il liquido in cui molte sostanze sono disciolte in soluzione;
- **trasportatore**: trasporta sostanze nutritive, scorie e altri materiali attraverso il corpo, da e verso ogni cellula dell'organismo, tramite il sangue, i fluidi tissutali e le secrezioni corporee;
- **regolatore della temperatura corporea**: viene espulsa con la sudorazione quando la temperatura si alza. L'evaporazione del sudore raffredda il corpo;
- **lubrificante**: è un componente del fluido che si trova all'interno delle articolazioni, detto liquido sinoviale, che garantisce il movimento scorrevole delle molte articolazioni del corpo;
- **componente delle cellule**: dà struttura e forma al corpo;
- **idrolisi**: scompone le sostanze, specie nel metabolismo.

Carboidrati

Sono composti da **carbonio**, **idrogeno** e **ossigeno**. Le iniziali di questi tre elementi sono usate come abbreviazione CHO. I carboidrati rappresentano la **principale fonte di energia** per tutte le funzioni dell'organismo e costituiscono anche la **maggiore fonte di nutrimento** per tutta la popolazione mondiale, in quanto i cibi che ne sono ricchi sono i meno costosi e i più abbondanti.

Fabbisogno giornaliero

Le raccomandazioni dietetiche prevedono che il 50-60% delle calorie assunte quotidianamente da un individuo provenga dai carboidrati.

Funzioni

I carboidrati sono la fonte primaria di energia del corpo. L'organismo deve mantenere un apporto di energia costante e, per questo motivo, conserva approssimativamente una volta e mezzo l'apporto di carboidrati per il proprio fabbisogno giornaliero nel fegato e nei muscoli.
I carboidrati sono altresì necessari per **bruciare completamente i grassi e per la sintesi degli acidi grassi e degli amminoacidi**. Il sistema nervoso centrale e gli eritrociti fanno affidamento sui carboidrati come unica fonte di energia.

Grassi

Sono composti da **carbonio**, **idrogeno** e **ossigeno** e costituiscono la risorsa più concentrata di energia nella dieta, fornendo 9 kcal per grammo. Le popolazioni dei Paesi sviluppati tendono a seguire regimi alimentari relativamente ricchi di grassi e, sebbene questi siano nutrienti essenziali, se consumati in quantità eccessive, cosituiscono un serio rischio per la salute.
Il termine utilizzato per indicare tutti i tipi di grassi è **lipidi**. I lipidi sono componenti organici **insolubili in acqua**, ma **solubili in solventi organici** come l'etere o l'alcool, e includono grassi veri e propri e composti come i lipoidi e gli steroli. I grassi forniscono poco più del doppio delle calorie dei carboidrati.

(*segue*)

Tabella 4.2 I nutrienti: fabbisogno giornaliero e funzioni
Fabbisogno giornaliero
Le raccomandazioni dietetiche prevedono che non oltre il 25-30% delle calorie assunte quotidianamente da un individuo provenga dai grassi.
Funzioni
I grassi svolgono molteplici funzioni all'interno dell'organismo: • forniscono un'elevata quantità di energia (più del doppio delle kcal dei carboidrati); • intervengono nell'assorbimento delle vitamine liposolubili; • rappresentano il maggior componente delle membrane cellulari e della guaina mielinica; • aumentano il gusto del cibo e rallentano il tempo di svuotamento gastrico, dando un senso di sazietà; • proteggono e aiutano gli organi a restare *in situ*; • isolano il corpo, favorendo la termoregolazione.
Proteine
Composte da **carbonio**, **idrogeno**, **ossigeno** e **azoto**, sono identificate coi simboli chimici di questi quattro elementi: CHON. La proteina è il solo nutriente che può costruire, riparare e mantenere i tessuti dell'organismo. Un adeguato apporto di proteine nella dieta quotidiana è essenziale. Tutti i tessuti e i fluidi nel corpo, ad eccezione della bile e delle urine, contengono proteine. Queste, infatti, costituiscono la parte più cospicua dei muscoli, della pelle, dei capelli, delle unghie, dell'encefalo, dei nervi e degli organi interni. Gli amminoacidi sono il materiale di base per la costruzione delle proteine.
Fabbisogno giornaliero
La richiesta giornaliera di proteine è determinata da **costituzione**, **età**, **sesso**, **condizioni fisiche ed emotive**. Una persona più robusta ha più cellule corporee da mantenere rispetto ad una persona più minuta. Un bambino durante la crescita, una donna incinta o una donna in allattamento hanno bisogno di più proteine rispetto ad un adulto medio. Quando la digestione è inefficiente, l'assorbimento degli amminoacidi è limitato, di conseguenza è richiesto un maggiore apporto di proteine.
Funzioni
Le proteine **forniscono gli amminoacidi** necessari per sintetizzare le proteine dell'organismo, usate per costruire, riparare e mantenere i tessuti del corpo; inoltre, le proteine intervengono nel bilanciamento dei liquidi. Le proteine servono anche a sintetizzare gli **anticorpi**, che proteggono l'organismo dall'ingresso di agenti patogeni e di sostanze estranee. Se le riserve di carboidrati e grassi (fonti di energia primaria e secondaria) sono insufficienti, le proteine, sotto forma di amminoacidi, possono essere convertite in glucosio e trasformate in energia per l'organismo. Questo processo è detto **gluconeogenesi**.
Vitamine
Sono composti organici essenziali alla vita e alla salute: una loro carenza può essere causa di svariate malattie. Alcune categorie di persone sono più esposte a carenze vitaminiche perché non seguono una dieta equilibrata: tra queste gli etilisti, gli indigenti, gli anziani malati, i pazienti con gravi malattie che alterano l'appetito, le persone affette da ritardo mentale e i bambini che non ricevono un'assistenza adeguata.
Fabbisogno giornaliero
Il fabbisogno di vitamine varia durante il ciclo vitale. Supplementi vitaminici sono generalmente necessari nelle **donne in gravidanza o che allattano**, nei **bambini** e negli **anziani**.
Funzioni
Le vitamine non apportano energia, ma sono necessarie, sia pure in piccole quantità, per il **metabolismo** dei grassi, dei carboidrati e delle proteine.
Minerali
Le analisi chimiche mostrano che il corpo umano è costituito da elementi chimici specifici (ossigeno, carbonio, idrogeno e azoto), che rappresentano il 96% del peso corporeo. Il restante 4% è formato da minerali, che sono essenziali per la salute.

(*segue*)

Tabella 4.2 I nutrienti: fabbisogno giornaliero e funzioni
I minerali si trovano nell'acqua e nei cibi naturali (non trattati) assieme a proteine, carboidrati, grassi e vitamine. I minerali presenti nel terreno vengono assorbiti dalle piante durante la loro crescita, pertanto le persone che si nutrono di tali vegetali o di carni di animali che si sono a loro volta cibati di queste piante assumeranno un adeguato apporto di sali minerali.
Fabbisogno giornaliero
I minerali essenziali (macroelementi) sono richiesti in quantità superiori a 100 mg al giorno, mentre i minerali presenti in tracce (microelementi) sono richiesti in quantità minori di 100 mg al giorno.
Funzioni
I minerali sono elementi inorganici che aiutano a regolare le funzioni dell'organismo, di cui sono parte essenziale. Come le vitamine, anch'essi non hanno valore energetico.

Fattori che influenzano lo stato dietologico in varie situazioni

Un indicatore sensibile dell'aumento o della perdita di proteine è il bilancio azotato. Si dice che un adulto è in equilibrio relativamente all'azoto quando l'assunzione di azoto (attraverso il cibo) è uguale alla sua escrezione (attraverso urine, feci, traspirazione); questo è un segno di salute.

Un bilancio positivo dell'azoto è presente quando l'apporto di azoto supera l'escrezione e indica crescita tessutale, come si verifica durante la gravidanza, l'infanzia, la guarigione dopo un intervento chirurgico e la ricostruzione dei tessuti persi.

Un bilancio negativo dell'azoto indica che i tessuti sono distrutti più velocemente di quanto sono ricostruiti. In assenza di un adeguato apporto proteico, il corpo converte le proteine in glucosio per ottenere energia. Questo può verificarsi in caso di febbre, chirurgia, denutrizione, ustioni e malattie debilitanti. Ogni grammo di azoto perso in eccesso di apporto rappresenta una deplezione di 6,25 g di proteine o 2 g di tessuto muscolare. Perciò un bilancio negativo dell'azoto di 10 g/giorno per 10 giorni può significare la perdita di 2,5 kg di tessuto muscolare convertito in glucosio per ottenere energia.

Quando si associano condizioni che determinano un bilancio dell'azoto negativo con l'anoressia (perdita di appetito), esse portano a malnutrizione. La malnutrizione interferisce con la guarigione delle ferite, aumenta la suscettibilità alle infezioni e contribuisce ad aumentare l'incidenza di complicanze, allunga l'ospedalizzazione e prolunga il tempo di permanenza a letto del paziente.

Il paziente ospedalizzato può avere un apporto dietetico inadeguato a causa della malattia o dei disordini che hanno determinato la necessità del ricovero, o perché il cibo dell'ospedale può non essere familiare o non essere appetitoso. La persona assistita a domicilio può sentirsi troppo malata o affaticata per comprare e preparare il cibo o può essere incapace di mangiare a causa di altri problemi fisici o di limitazioni. Un reddito economico limitato e una elevata spesa per i farmaci possono causare una scarsa disponibilità di denaro per acquistare cibo nutriente. I pazienti con una casa o una cucina inadeguata tendono ad avere un inadeguato apporto nutrizionale.

A causa di trattamenti complessi (per es. respiratori, infusioni endovenose, chemioterapia), in passato usati solo nel contesto ospedaliero, ma ora erogati anche a domicilio o in centri ambulatoriali, l'accertamento nutrizionale del paziente a domicilio è ora un importante aspetto dell'assistenza domiciliare e territoriale, così come lo è nell'assistenza ospedaliera.

Molti farmaci influenzano lo stato nutrizionale sopprimendo l'appetito, irritando le mucose o causando nausea e vomito. Altri possono influenzare la flora batterica dell'intestino o direttamente influire sull'assorbimento di nutrienti determinando una malnutrizione secondaria. Le persone che nello stesso giorno devono assumere molti farmaci spesso riferiscono di sentirsi troppo sazie per mangiare. Le persone che usano le prescrizioni e farmaci al bisogno, richiedono un accertamento dei loro effetti sull'appetito e sull'apporto nutrizionale[1].

4.3 Le alterazioni della nutrizione

La **malnutrizione** è comunemente definita come carenza di principi nutritivi necessari o appropriati, ma in pratica essa include sia l'iponutrizione che l'ipernutrizione (obesità).

L'**ipernutrizione** consiste in un'assunzione calorica eccessiva rispetto al fabbisogno energetico quotidiano, con il conseguente accumulo di energia sotto forma di aumento del tessuto adiposo. Quando la quantità di grasso depositato aumenta, l'individuo va incontro a sovrappeso o obesità.

L'**iponutrizione** consiste in un'assunzione di nutrienti insufficiente a soddisfare il fabbisogno energetico quotidiano come risultato di un inadeguato apporto alimentare oppure di problemi di digestione e/o assorbimento. Un inadeguato apporto alimentare può essere causato da impossibilità di acquistare e preparare gli alimenti, scarse conoscenze riguardo a nutrienti essenziali e diete equilibrate, disagio durante o dopo i pasti, **disfagia** (difficoltà a deglutire), **anoressia** (perdita dell'appetito), nausea o vomito.

Digestione e assorbimento impropri dei nutrienti possono essere causati da un'inadeguata produzione ormonale o enzimatica o da condizioni cliniche risultanti da un'infiammazione o un'ostruzione del tratto gastrointestinale. La nutrizione inadeguata è associata a marcato calo ponderale, debolezza generalizzata, alterazione delle capacità funzionali, ritardo nella guarigione delle ferite, maggiore suscettibilità alle infezioni, ridotta immunocompetenza, alterazione della funzionalità polmonare e prolungata degenza in ospedale.

I soggetti a più alto rischio sono i **pazienti anziani con deperimento cognitivo** e i **pazienti con demenza severa** che mostrano agitazione durante i pasti a causa di stimoli oppressivi.

La **malnutrizione proteico-calorica (MPC)**, un tempo associata alle manifestazioni di sottoalimentazione visibili nei bambini denutriti dei Paesi del terzo mondo, è ora riconosciuta come un problema significativo dei pazienti con deficienze a lungo termine nell'apporto calorico

SUGGERIMENTI PROFESSIONALI

Segni e sintomi di disidratazione

- L'anamnesi rivela un apporto inadeguato di liquidi.
- La diuresi è ridotta.
- Il peso specifico delle urine è maggiore di 1.035.
- La perdita di peso varia dal 3 al 5% nella disidratazione lieve, dal 6 al 9% nella disidratazione moderata e dal 10 al 15% nella disidratazione severa.
- Gli occhi sono incavati, la lingua presenta maggiori solchi e fessure.
- È presente xerostomia (secchezza delle fauci).
- Il turgore cutaneo è diminuito.
- I tempi di riempimento e svuotamento capillare sono ritardati (più lunghi rispetto a 3-5 secondi).
- Nel neonato le fontanelle sono incavate.
- Modificazioni neurologiche possono verificarsi nella disidratazione moderata e severa.

---

[1] Brunner & Suddarth's, *Textbook of Medical Surgical Nursing*, vol. 1, ed. 2010 North American Edition.

(ad esempio, soggetti affetti da cancro e malattie croniche). La MPC consiste in uno squilibrio tra apporto nutritivo ed esigenze proteiche dell'organismo (Kuszajewski e Clontz, 2005). I suoi tratti salienti sono: riduzione delle proteine viscerali (ad esempio, albumina), calo ponderale ed evidente deperimento muscolare con perdita di tessuto adiposo. I soggetti con MPC impiegano più tempo a guarire dalle lesioni, presentano più complicazioni e tendono a permanere più a lungo in ambiente ospedaliero (Kuszajewski e Clontz, 2005).

Verificare e promuovere un'adeguata nutrizione dei pazienti rappresenta un aspetto importante e vitale del ruolo assistenziale.

4.4 La nausea e il vomito

> **Definizione**
> - **Nausea**: sensazione sgradevole che talvolta insorge prima del vomito.
> - **Vomito**: rapido svuotamento del contenuto gastrico.

Le cause che possono scatenare la nausea e il vomito possono essere diverse e riconducibili a tossinfezioni alimentari, gravidanza, infezioni batteriche o virali, labirintite, procedure diagnostiche, assunzione di particolari terapie farmacologiche ed interferiscono con il normale apporto di cibo.

La **nausea** spesso è accompagnata da pallore cutaneo, sudorazione intensa, scialorrea, cefalea, malessere generale, fastidio e disgusto di odori alimentari e del cibo. Talvolta la nausea scatena lo svuotamento gastrico con episodi di vomito.

Il paziente che riferisce nausea deve essere aiutato a:

- assumere una posizione adeguata evitando di far eseguire movimenti bruschi;
- controllare ed eseguire atti respiratori lenti.

Il paziente che riferisce nausea potrebbe andare incontro ad episodi di vomito, pertanto è necessario fornirgli un contenitore o traverso, informare l'infermiere e offrire alimenti semplici se graditi.

Il **vomito** è caratterizzato da un rapido e violento svuotamento del contenuto gastrico che avviene per via retrograda dallo stomaco verso la bocca ed è preceduto da sensazione di nausea. Esso può comportare la perdita di acqua e sali minerali, tuttavia un solo episodio di vomito non comporta perdite rilevanti.

Le complicanze possono insorgere in caso di ripetuti e inarrestabili episodi di vomito, che insorgono soprattutto nelle persone anziane e nei bambini; essi, infatti, potrebbero andare incontro a gravi stati di disidratazione o importanti squilibri elettrolitici tali da richiedere la reidratazione per via endovenosa.

Nell'assistere il paziente che vomita è importante valutare le caratteristiche del materiale emesso. Pertanto è utile rilevare:
- la quantità e la frequenza degli episodi di vomito;
- l'odore (acido, ematico o fecale);
- la consistenza (liquido o non digerito);
- il colore (biliare, caffeano).

Il vomito può essere:

- **centrale**: si manifesta a getto, senza essere preceduto da nausea. Tra le cause del vomito centrale vi sono i traumi cranici, tumori cerebrali, emorragie cerebrali;
- **gravidico**: si manifesta nella donna gravida e generalmente scompare dopo il terzo trimestre di gravidanza;
- causato da malattie infettive come la gastroenterite;
- causato da ostruzione intestinale;
- causato da effetti collaterali a farmaci (es.: Anestetici, Chemioterapici).

Al paziente che riferisce nausea e/o vomito deve essere fornita assistenza attraverso una serie di interventi. Deve essere posta particolare attenzione in caso di paziente incosciente, il quale deve essere aiutato ad assumere la posizione di Sims o laterale di sicurezza, al fine di evitare l'ostruzione delle vie aeree e il soffocamento, causati dal vomito con conseguente ab-ingestis.

L'assistenza al paziente prevede di:

- indossare i DPI (mascherina, guanti, occhialini, camice);
- fornire una bacinella, traverso monouso, fazzoletti di carta. Il paziente deve essere aiutato a rimettere all'interno della bacinella o nel traverso in modo da osservare le caratteristiche del materiale espulso;
- assistere il paziente ed aiutarlo ad assumere una posizione confortevole, seduta con la testa rivolta verso il basso (se cosciente) o in decubito laterale o in posizione di Sims se paziente in stato di incoscienza.
- informare l'infermiere.

Il vomito può essere autoindotto attraverso la stimolazione del velo pendulo situato in fondo alla gola. Tale pratica tuttavia non è consigliata in quanto potrebbe dar luogo a complicanze come lesioni ulcerative esofagee e dello stomaco, infezioni a denti e gengive, riduzione della motilità gastrica, squilibri elettrolitici.

Caratteristiche del vomito

- Alimentare (presenza di alimenti)
- Acquoso (presenza di succo gastrico)
- Biliare (colore verdastro)
- Fecale (presenza di feci)
- Caffeano (rosso scuro)
- Ematemesi (rosso vivo)

In caso di ingestione di sostanze corrosive il vomito non deve essere mai provocato in quanto potrebbe aggravare le lesioni provocate durante l'ingestione. È utile rivolgersi in questo caso al pronto soccorso, ad un centro antiveleni.

4.5 Valutazione e *screening* nutrizionale

Scopo di una valutazione nutrizionale è l'identificazione dei pazienti a **rischio di malnutrizione** e di quelli in **condizioni nutrizionali inadeguate**.

Nella maggior parte delle strutture sanitarie, la responsabilità della valutazione e del supporto nutrizionale è condivisa tra medico, dietologo, infermiere e operatori: sono disponibili vari tipi di valutazione.

Una valutazione completa è spesso operata da un nutrizionista o un dietologo e dal medico. Generalmente, viene effettuato uno *screening* nutrizionale. La tabella 4.3 ne illustra i componenti (antropometrici, biochimici, clinici e dietetici).

Tabella 4.3 Componenti di una valutazione nutrizionale		
	Dati di *screening*	**Dati approfonditi aggiuntivi**
Dati antropometrici	Altezza Peso Peso corporeo ideale Peso corporeo abituale Indice di massa corporea	Plica cutanea tricipitale Circonferenza del centro del braccio Circonferenza muscolare del centro del braccio
Dati biochimici	Emoglobina Albumina sierica Conta linfocitaria totale	Livello di transferrina sierica Azoto ureico nelle urine Escrezione urinaria di creatinina
Dati clinici	Cute Capelli e unghie Membrane mucose Livello di attività	Analisi del capello Esame neurologico
Dati dietetici	Diario alimentare delle 24 ore Registrazione della frequenza di alimentazione	Registrazione della frequenza di consumo di specifici alimenti Diario alimentare Anamnesi dietetica

I pazienti identificati come a rischio moderato o alto vengono sottoposti a una valutazione completa da parte di un dietologo. Gli standard per le strutture di assistenza infermieristica richiedono che tutti i degenti che mangiano meno del 75% dei loro pasti siano sottoposti a valutazione nutrizionale.

Gli operatori sanitari effettuano gli *screening* nutrizionali attraverso anamnesi di routine ed esami fisici. Sono disponibili anche *screening* specifici per popolazioni particolari (ad esempio, anziani e donne incinte) e per specifiche patologie (ad esempio, cardiopatie).

Strumenti di *screening*, quali la **Valutazione Globale Soggettiva Generata dal Paziente** (VGSGP), possono essere incorporati nell'anamnesi infermieristica e/o assistenziale. Il test VGSGP è un metodo di classificazione dei pazienti come ben nutriti, moderatamente malnutriti o gravemente malnutriti sulla base dell'anamnesi dietetica e dell'esame fisico. Creato principalmente per i pazienti affetti da cancro, è stato ampiamente testato ed è risultato appropriato per i pazienti ricoverati e non con varie diagnosi (Green e Watson, 2005).

Gli interventi assistenziali volti a promuovere una nutrizione ottimale per i pazienti ospedalizzati sono spesso erogati in collaborazione con il **medico**, che impartisce le prescrizioni dietetiche, e con il **dietista/nutrizionista**, che informa i pazienti relativamente alle diete speciali. L'operatore sanitario rafforza queste istruzioni e inoltre crea un'atmosfera che incoraggi l'alimentazione, monitora l'appetito e il consumo di cibo del paziente, somministra l'alimentazione enterale e parenterale e si consulta costantemente con il medico e il dietologo sui problemi nutrizionali.

Dieta equilibrata

Per dieta si intende l'insieme degli alimenti che gli esseri umani assumono per nutrirsi.

La dieta equilibrata si caratterizza per la qualità e la quantità dei nutrienti.
Una dieta equilibrata nell'arco dell'intera giornata deve prevedere:
(in relazione al fabbisogno calorico)

- Colazione 25%
- Spuntino 5%
- Pranzo 35%
- Merenda 5%
- Cena 35%

Tabella 4.4 Fabbisogno calorico
Ogni alimento che viene "bruciato" all'interno del nostro organismo produce una certa quantità di calore.
"Misurando il calore sviluppato di un certo quantitativo di alimento possiamo conoscere l'energia in esso contenuta"
La caloria è quindi l'unità di misura dell'energia contenuta negli alimenti (energia chimica).
• In nutrizione viene usata la grande caloria (kilocaloria = Kcal) che è la quantità di calore necessaria per innalzare la temperatura di un Kg d'acqua di 1 °C (da 14,5 °C a 15,5 °C). • La grande caloria (Cal o kcal), equivalente a 1000 cal è utilizzata per indicare l'apporto energetico di un alimento. • La determinazione dell'apporto calorico deve essere fatta in riferimento allo zucchero (glucosio), che è l'alimento naturale di più semplice assimilazione. • Tenendo conto che un grammo di zucchero sviluppa 3,92 kcal, un grammo di proteina circa 4 kcal e un grammo di lipidi circa 9 kcal, tutti gli altri alimenti devono essere rapportati ad essi per calcolarne l'apporto energetico.

La piramide alimentare

Lo stile di vita dei nostri giorni è caratterizzato da grande disponibilità di cibo e da una sempre più diffusa sedentarietà che portano a vivere in una situazione di apparente benessere psico-fisico che spesso non corrisponde con lo stato di salute. Viviamo, quindi, in un'epoca in cui insieme all'allungarsi dell'aspettativa di vita si registra anche la crescita del rischio di patologie quali: obesità, malattie metaboliche, cardiovascolari e cancro.

Al fine di orientare la popolazione verso comportamenti alimentari più salutari che promuovessero la prevenzione e riducessero il rischio di future patologie, il Ministero della Salute affidò ad un Gruppo di esperti (D.M. del 1.09.2003) il compito di elaborare un modello di dieta di riferimento che fosse coerente con lo stile di vita e con la tradizione alimentare del nostro Paese.

Nacque così la **piramide settimanale dello stile di vita italiana** che si basava sulla definizione di **Quantità Benessere (QB)**, ossia la porzione standard in grammi di alimento da considerare come unità di misura sia per il cibo che per l'attività fisica.

Classica e sempre attuale è la piramide alimentare come espressione di una divisione in gruppi di alimenti contenenti nutrienti diversi (cereali, frutta e verdura, carne, latte, grassi, ecc). Nella versione italiana la piramide si basa su un buon apporto di proteine vegetali (legumi), cereali, olio d'oliva, con forte presenza di frutta e verdura, tipica espressione del modello alimentare mediterraneo ed un moderato consumo di alimenti di origine animale.

La piramide alimentare è composta da diversi piani, ciascun piano riguarda uno o più gruppi di alimenti che sono caratterizzati da un diverso contenuto qualitativo di nutrienti.

I gruppi di alimenti richiamano le indicazioni della Società Italiana di Nutrizione Umana che mediante i LARN (Livelli di Assunzione Raccomandata di energia e Nutrienti) fornisce indicazioni per la popolazione italiana.

L'apporto energetico deve essere soddisfatto da una opportuna miscela di nutrienti energetici: carboidrati, grassi e proteine.

La maggior parte del fabbisogno energetico, cioè il 55% delle calorie, deve provenire dai carboidrati contenuti negli alimenti di origine vegetale (cereali, legumi, tuberi, ortaggi e frutta). Il consumo di questi alimenti fornisce anche il necessario quantitativo di fibra e di phytochemicals (composti di origine vegetale) che esercitano funzione protettiva sull'organismo.

I grassi totali cioè i condimenti ed i grassi presenti negli alimenti di origine animale devono essere contenuti entro i 55-65 g/die in modo tale da non superare il 30% dell'apporto calorico giornaliero.

Nell'ambito della quota di grassi possono essere presenti in quantità calcolata gli acidi grassi essenziali (AGE + PUFA) provenienti dai frutti cd. a guscio (noci, nocciole etc.) calcolabili nel totale degli acidi grassi insaturi presenti nel pesce che è alternabile con la carne come alimento prevalentemente proteico.

Va tenuto, altresì, presente, che i condimenti vegetali (oli vegetali) rappresentano anch'essi una quota dell'apporto lipidico.

Le proteine che servono a mantenere ed accrescere l'organismo devono essere consumate in quantitativo di 50-70 g/die che corrisponde a circa il 15% del fabbisogno energetico giornaliero. Tale quantitativo è largamente sufficiente a soddisfare le necessità anche di chi svolge attività fisica.

I LARN, che mirano ad indicare i valori di energia e nutrienti minimi per un buon funzionamento dell'organismo, sono periodicamente rivisti e si basano su studi epidemiologici e scientifici relativi ai consumi, ai fabbisogni ed ai rapporti tra salute e nutrizione.

Le Revisioni più recenti, quelle del 2014, hanno definito i nuovi livelli di assunzione di riferimento dei nutrienti e di energia per la popolazione italiana. I LARN sono stati suddivisi in:

AR: Fabbisogno medio
PRI: Assunzione raccomandata per la popolazione
AI: Assunzione adeguata
RI: Range di riferimento per l'assunzione di macronutrienti
UL: Livello massimo di assunzione
SDT: Obiettivo nutrizionale per la popolazione

La piramide alimentare è un grafico concepito per invitare la popolazione a seguire i consigli dietetici. Per interpretarla, si parte dal presupposto che gli alimenti situati al vertice della piramide sono quelli che dovrebbero essere consumati in piccole quantità e, di conseguenza, gli alimenti posti nella parte bassa sono quelli che bisogna consumare con più frequenza e in quantità maggiori.

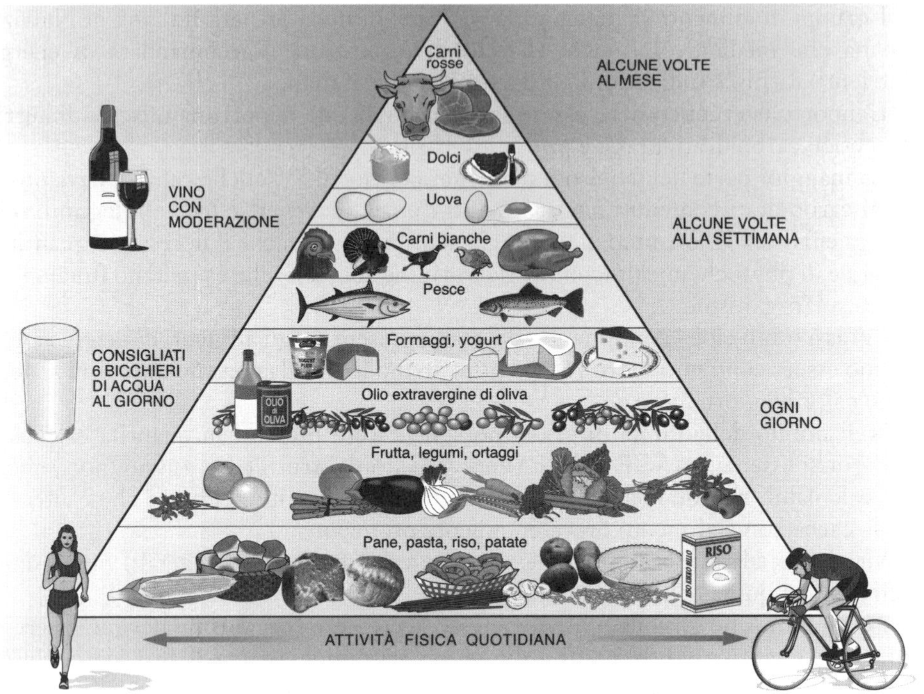

I gruppi in cui gli esperti della nutrizione hanno suddiviso gli alimenti in base ai nutrienti specifici da loro forniti sono:

Gruppo 1: ortaggi e frutta

- Questo gruppo comprende ortaggi e frutta, fonte importantissima di fibra, vitamine come la pro-vitamina A (presente soprattutto in albicocche, meloni, pomodori, peperoni e carote), di vitamina C (maggiormente presente in kiwi, fragole, agrumi, pomodori, peperoni etc.) di altre vitamine, molti minerali ed acqua ma si differenziano per il contenuto di zuccheri semplici della frutta.
- Gli alimenti di questo gruppo offrono una vasta scelta, inoltre è possibile consumare i prodotti di stagione. Meglio sarebbe poter scegliere i prodotti che provengono da coltivazioni biologiche.

Gruppo 2: cereali e tuberi

- Altro importante gruppo comprende cereali e tuberi, cioè tutti i prodotti ottenuti dal frumento (pane, pasta, biscotti, cracker, e fette biscottate), dal granoturco (farina per polenta), il riso, le patate, l'avena, l'orzo, il farro e tutti i loro derivati.
- Anche se in quantità controllata il pane, la pasta e la minestra non devono mai mancare nell'alimentazione quotidiana poiché rappresentano non soltanto il nostro modello alimentare di dieta mediterranea ma anche la nostra principale fonte di energia.

Gruppo 3: latte e latticini

- Il gruppo comprende latte, yogurt, latticini (come la ricotta ed altri prodotti) e formaggi.

- Il nutriente peculiare di questo gruppo è il Calcio. Indispensabile per la formazione e del mantenimento delle ossa e dei denti.

Inoltre le proteine di ottimo valore biologico ossia composte da aminoacidi essenziali (che il corpo umano da solo non riesce a produrre) sono contenute in buone quantità in questo gruppo come pure vitamine importanti come la vitamina B2 e A.

Gruppo 4: carne, uova, legumi, pesce
carne, pesce, uova, legumi (fagioli, lenticchie, ceci, piselli, soia, etc.)

- Questi alimenti hanno la funzione di fornire oligoelementi (zinco, rame e ferro) altamente assorbibili e quindi utilizzabili nonché proteine di ottima qualità biologica e vitamine del gruppo B.
- I legumi se abbinati ai cereali forniscono proteine con caratteristiche della carne, del pesce e delle uova come ferro, oligoelementi e apportano notevoli quantità di proteine di buone qualità biologica.

Gruppo 5: grassi di condimento

- Olio, burro, margarina, panna, lardo e strutto forniscono essenzialmente grassi in percentuali variabili. Gli alimenti di questo gruppo comprendono sia grassi di origine vegetale che animale. Il loro consumo deve essere contenuto, in quanto costituiscono una fonte concentrata di calorie.
- Sono diversi tra loro per il contenuto in acidi grassi saturi, monoinsaturi e polinsaturi. Tra i polinsaturi sono essenziali l'acido linoleico e linolenico.

Ai grassi di origine vegetale è bene dare la preferenza, perché privi di colesterolo e con un contenuto in acidi grassi insaturi prevalente rispetto ai saturi. Questo non significa che la quantità di olio d'oliva o di semi che si consuma non debba essere contenuto, anche se sono grassi più consigliabili (quelli vegetali) non bisogna, comunque, eccedere.

Quantità Benessere (QB) e movimento
Il dispendio energetico rappresenta l'altro braccio della bilancia da riequilibrare.

Le varie attività quotidiane potrebbero essere un modo semplice per favorire stili di vita meno sedentari, ma ritmi di vita sempre più caotici, la presenza di apparecchi tecnologici (telecomandi) che favoriscono sempre più lo stare seduti, l'abitudine sedentaria dei bambini sin dai primi anni di vita riconducibile anche all'insufficienza ed all'insicurezza di spazi in cui correre e giocare, non incoraggiano l'attività fisica.

Le maggiori autorità scientifiche (quali i *Centers for Disease Control and Prevention* di Atlanta, dell'*American College of Sport Medicine* e del *Surgeon's General Report on Physical Activity and Health*) ribadiscono che è possibile ottenere significativi miglioramenti soggettivi ed obbiettivi svolgendo almeno 30 minuti al giorno di attività fisica moderata (cammino), corrispondenti a 5.000 passi, da cui deriva un consumo medio di circa 150 kcal/die a 1000 kcal/set[2].

[2] Tratto dal Gruppo di lavoro DM 01/09/2003: "Elaborazione del tipo di dieta verso cui indirizzare il cittadino, consigliando le opportune variazioni".

4.6 Le diete speciali

Modificazioni della dieta sono spesso necessarie per il trattamento di un processo patologico, come il diabete mellito, per la preparazione a esami particolari o a procedure chirurgiche, per incrementare o ridurre il peso corporeo, per colmare deficit nutrizionali o per facilitare la guarigione di un organo.

Le diete possono essere modificate nei seguenti aspetti: composizione, apporto calorico, nutrienti specifici, condimento o consistenza. I pazienti ospedalizzati che non hanno necessità particolari seguono una **dieta regolare** (standard o comune), che fornisce il normale fabbisogno metabolico di una persona sedentaria (circa 2.000 kcal). La maggior parte delle strutture sanitarie propone un menu giornaliero in cui scegliere i pasti per il giorno seguente; altre forniscono pasti standard nell'ambito di una dieta generale.

Una variazione rispetto alla dieta comune è la **dieta leggera**, indicata per pazienti nel post-operatorio o per pazienti non pronti per una dieta regolare. Gli alimenti nella dieta leggera sono cotti in maniera semplice e senza grassi, contengono crusca e molte fibre.

Diete modificate nella consistenza sono solitamente previste prima o dopo interventi chirurgici o per favorire la guarigione in pazienti con problemi gastrointestinali. Tali regimi alimentari includono le diete liquida, semiliquida, morbida e tollerata. Generalmente ai pazienti sottoposti a chirurgia gastrointestinale non vengono somministrati liquidi o dolciumi di colore rosso: in caso di vomito, infatti, il colore potrebbe essere confuso con la presenza di sangue.

4.6.1 Dieta liquida

La dieta liquida:

- è limitata al consumo di acqua, tè, caffè, brodo, succhi di frutta e gelatina;
- fornisce al paziente liquidi e carboidrati (in forma di zuccheri semplici), ma non garantisce un apporto adeguato di proteine, grassi, vitamine, minerali o calorie;
- è a breve termine (da 24 a 36 ore);
- è somministrata ai pazienti sottoposti a determinati interventi chirurgici o in fasi acute di infezioni, specialmente a carico del tratto gastrointestinale.

Gli obiettivi principali di tale dieta consistono nell'alleviare la sete, prevenire la disidratazione e minimizzare la stimolazione del tratto gastrointestinale.

4.6.2 Dieta semiliquida

La dieta semiliquida:

- contiene solo liquidi o alimenti che diventano liquidi alla temperatura corporea, come il gelato;
- non è raccomandabile a lungo termine, perché è povera di ferro, proteine e calorie;
- ha un elevato contenuto di colesterolo, a causa delle grandi quantità di latte previste.

Le diete semiliquide sono monotone e difficili da accettare. Sono somministrate spesso ai pazienti con disturbi gastrointestinali o a quelli incapaci di tollerare i cibi solidi o semisolidi. Ai pazienti costretti a consumare solo liquidi per lunghi periodi viene di solito somministrato un integratore orale nutrizionalmente bilanciato.

La pianificazione di sei o più pasti al giorno può favorire un apporto nutrizionale più adeguato.

4.6.3 Dieta morbida

La dieta morbida:

- è costituita da alimenti facilmente masticabili;
- è digeribile ed è spesso prescritta ai pazienti con difficoltà di masticazione e deglutizione;
- è a basso residuo (con poche fibre), contenente pochissimi alimenti crudi (ma le restrizioni variano in base alla tolleranza soggettiva).

Una variante della dieta morbida è la **dieta purea**, nella quale agli alimenti possono essere aggiunti liquidi, producendo cibi di consistenza semisolida.

4.6.4 Dieta tollerata

È prescritta quando l'appetito, la capacità di mangiare e la tolleranza per certi alimenti si modificano. Per esempio, nel primo giorno post-operatorio potrebbe essere prescritta una dieta liquida. Se non si verifica nausea, se si ristabilisce la motilità intestinale normale, come evidenziato da suoni intestinali attivi e dal passaggio di gas riferito dal paziente, e se il paziente ha voglia di mangiare, si può passare a una dieta semiliquida, leggera o regolare.

4.6.5 Dieta e processi patologici

Un appropriato regime alimentare può ridurre il rischio di gravi patologie o può contribuire al trattamento di un processo patologico. Il rispetto di particolari diete è spesso necessario, ad esempio:

Dieta iposodica

Dieta che prevede un regime alimentare povero di sodio e sale. Il sale aggiunto alle pietanze e quello contenuto in alcuni alimenti, se consumato in grande quantità, aumenta i valori della pressione arteriosa. Tale dieta è sicuramente necessaria nei casi di patologie cardiovascolari.

Dieta ipocalorica

Dieta che prevede l'assunzione quotidiana di una quantità di calorie inferiore a quelle necessarie all'organismo. Si raccomanda questa dieta in caso di obesità, condizione patologica caratterizzata da un eccesso di peso corporeo dovuto ad un accumulo straordinario di tessuto adiposo nell'organismo; una dieta ipocalorica con ridotto apporto di zuccheri sarà indicata in caso di ipertrigliceridemia che contribuisce allo sviluppo precoce delle malattie cardiovascolari e si associa a tutte le condizioni nelle quali viene meno un'efficace azione dell'insulina, come il diabete mellito.

Dieta ipoglucidica

Dieta che prevede una riduzione degli zuccheri e dei carboidrati. Essa è indicata in caso di diabete mellito, malattia cronica del metabolismo del glucosio, caratterizzata dall'aumento dei valori della glicemia (concentrazione di glucosio nel sangue) perché l'insulina, ormone prodotto da cellule del pancreas, non svolge più la sua normale attività: permettere il passaggio delle molecole di glucosio dal sangue nelle cellule dei muscoli e del fegato.

Dieta ad alto contenuto di fibre

Le fibre alimentari comprendono un insieme di carboidrati che non siamo in grado di digerire; non hanno un valore nutritivo o energetico, ma sono ugualmente importanti per la regolazione di diverse funzioni fisiologiche dell'organismo. Le fibre solubili (contenute in legumi, frutta, vegetali) hanno la capacità di ridurre e rallentare l'assorbimento di zuccheri e grassi contribuendo al controllo della glicemia e del colesterolo; le fibre non solubili (contenute in alimenti integrali, verdura, ortaggi) agiscono sul funzionamento del tratto gastrointestinale, favorendo il transito, prevenendo e correggendo la stipsi e le malattie intestinali.

4.7 Igiene degli alimenti

Dal 1° gennaio 2006, in materia di igiene della produzione e delle commercializzazione degli alimenti, sono entrati in applicazione i Regolamenti attuativi previsti dal Regolamento (CE) 178/2002 (principi e requisiti generali della legislazione alimentare), in particolare il Regolamento (CE) 852/2004 sull'igiene dei prodotti alimentari.

La legislazione alimentare si occupa degli aspetti igienico-sanitari relativi all'alimento in tutte le fasi:

- produzione
- lavorazione
- confezionamento
- distribuzione
- deposito
- vendita
- somministrazione.

La novità sostanziale è che contrariamente alla vecchia normativa, il Regolamento (CE) 852/2004 interessa tutte le attività della filiera di produzione alimentare, di origine animale o vegetale, compresa la produzione primaria.

Il Regolamento in breve comprende:

- requisiti generali e specifici in materia di igiene;
- analisi dei pericoli e dei punti critici di controllo e conferma del sistema HACCP (*Hazard-Analysis and Control of Critical Points*) come strumento di analisi e controllo delle condizioni di igiene e sicurezza delle produzioni alimentari;
- la promozione dell'elaborazione e la divulgazione di manuali di buona prassi igienica comunitari e nazionali (Manuali GHP);
- la consultazione per un parere dell'Autorità Europea per la Sicurezza Alimentare, nel caso l'applicazione del Regolamento abbia impatto significativo sulla salute pubblica.

I casi in cui si identifica un grave rischio per la salute umana sono stati suddivisi sulla base degli effetti acuti o cronici secondo il seguente schema.

- **Effetti immediati:** quando la comparsa di gravi effetti nocivi per la salute umana a seguito dell'assunzione di un alimento contaminato si manifesta immediatamente o dopo un breve periodo di tempo o su specifiche categorie di popolazione, quali i soggetti allergici, immunodepressi, anziani, donne in gravidanza (ad esempio malattie alimentari, intossicazioni, allergie ecc.) come riportato nell'allegato D della linea guida per la gestione operativa del sistema d'allerta per alimenti destinati al consumo umano, approvata in Conferenza Stato-Regioni il 13 novembre 2008 lettere a), b), f), j):
- alimenti contenenti sostanze proibite, conformemente a quanto previsto dalle disposizioni comunitarie o, in loro assenza, dalle norme nazionali;
- alimenti contenenti residui di pesticidi o metaboliti derivanti dalla loro degradazione per i quali la predicted short term intake supera quella acuta di riferimento (ARJD) per la sostanza;
- alimenti contenenti funghi o tossine fungine, batteri o tossine batteriche, tossine algali, parassiti e loro metaboliti, virus o prioni, che, sulla base dei riscontri analitici ottenuti, in presenza di limiti fissati da norme nazionali o comunitarie, fondati sulla valutazione del rischio, sono in grado di indurre con elevata probabilità la comparsa di malattia nell'uomo;
- alimenti preconfezionati contenenti allergeni che non figurano tra gli ingredienti riportati in etichetta.
- **Effetti a lungo termine:** quando l'assunzione di un alimento può comportare probabili effetti a lungo termine, effetti tossici cumulativi sulla salute di chi lo consuma o dei suoi discendenti, come riportato nell'allegato D della linea guida per la gestione operativa del sistema d'allerta per alimenti destinati al consumo umano, approvata in Conferenza Stato-Regioni il 13 novembre 2008 lettere c), d), e), g), h), i):
- alimenti contenenti residui di pesticidi o loro metaboliti o prodotti della loro degradazione per i quali non è stata fissata alcuna dose acuta di riferimento, ma esiste una dose giornaliera accettabile (ADI) e la dose predicted short term intake supera chiaramente la ADI;
- alimenti contenenti sostanze teratogene, genotossiche o cancerogene i cui livelli trovati eccedono i limiti fissati dalla legislazione comunitaria o, in sua assenza, dalla normativa nazionale;
- alimenti contenenti sostanze teratogene, genotossiche o cancerogene per le quali non vi sono limiti stabiliti, ma la predicted short term intake (PSTI) supera la dose giornaliera tollerabile (TDI);
- alimenti che presentano un livello di contaminazione radioattiva da Cs-134 e Cs-137 superiore al limite stabilito dal regolamento CE n. 737190, del 22 marzo 1990 relativo alle condizioni di importazione di prodotti agricoli da Paesi terzi, a seguito dell'incidente verificatosi nella centrale nucleare di Cernobyl, così come modificato dal regolamento CE n. 616/2000;
- organismi geneticamente modificati, così come definiti all'art. 3 del regolamento CE n. 182912003, del Parlamento europeo e del Consiglio del 22 settembre 2003, concernente alimenti e mangimi geneticamente modificati, fatta eccezione per gli alimenti di cui all'art. 47 della citata norma;
- nuovi alimenti e nuovi ingredienti alimentari, così come definiti all'art. 1 del regolamento CE n. 258197 del Parlamento europeo e del Consiglio, per i quali non risulta sia già stata rilasciata un'autorizzazione all'immissione in commercio ad un operatore del settore o ad un'impresa.

Fonte: Regolamento (CE) 178/2002 - *Procedure per il richiamo di prodotti non conformi e avvio del sistema di pubblicazione dei dati inerenti i prodotti richiamati.*

I principali agenti che contaminano gli alimenti

Gli alimenti devono risultare privi di alterazioni e contaminazioni ed essere esenti da trattamenti eseguiti volontariamente per conseguire illeciti guadagni (frodi).

Le alterazioni sono dovute a microrganismi e ad agenti fisici che deteriorano il prodotto, sono il risultato del suo deperimento naturale, accelerato da una cattiva conservazione.

Le contaminazioni, dovute ad incuria, errori ed incidenti sono date dalla presenza nell'alimento di sostanze estranee di varia origine e, possono essere:

- **di origine biologica**: le fonti di contaminazione sono le materie prime utilizzate nella preparazione dei cibi, gli ambienti e gli attrezzi di lavorazione, il personale addetto. I più diffusi microrganismi che contaminano gli alimenti sono batteri, funghi, virus. Essi sono responsabili oltre che delle alterazioni anche delle principali malattie infettive e tossinfezioni trasmesse dagli alimenti;
- **di origine chimica e radioattiva**: entrambe dovute all'inquinamento ambientale; le prime derivate soprattutto dalle pratiche agronomiche (uso di pesticidi e concimi per la protezione delle colture) e dall'uso di sostanze chimiche (farmaci) per la risoluzione di problemi in campo zootecnico.

I principali fattori che influenzano la crescita dei microrganismi

Numerosi fattori influenzano la vita dei microrganismi:

- la **temperatura**. Le basse temperature bloccano l'attività microbica ma, raramente uccidono i microrganismi. Le temperature elevate hanno invece azione battericida;
- il **tempo** è un fattore importante per la crescita microbica. Col passare del tempo, il numero dei batteri aumenta in modo *esponenziale*;
- l'**acqua** è indispensabile per tutte le forme di vita. La maggior parte dei microrganismi non si riproduce in alimenti essiccati o con contenuto idrico inferiore al 35%;
- l'**acidità** o l'**alcalinità** dell'ambiente ostacolano la crescita dei batteri, ma non quella delle muffe. I lieviti preferiscono gli ambienti acidi.

Rispetto all'**ossigeno atmosferico** i microrganismi si distinguono in aerobi obbligati, che vivono solo in presenza di ossigeno; anaerobi obbligati, che vivono solo in assenza di ossigeno; aerobi facoltativi, che vivono sia in presenza che in assenza di ossigeno.

Al fine di prevenire la contaminazione degli alimenti, l'attenzione deve essere sempre mantenuta particolarmente elevata su alcuni aspetti, in particolare:

- igiene del personale
- igiene dell'ambiente
- igiene degli alimenti (preparazione, manipolazione e conservazione)

Igiene del personale

- Igiene degli abiti da lavoro
- Lavaggio accurato delle mani
- Mantenimento delle unghie, pulite, corte e non laccate
- Non indossare gioielli e oggetti personali
- L'apposito copricapo deve raccogliere completamente i capelli

Igiene dell'ambiente

Comprende la pulizia di:

- locale
- superfici di lavoro
- refrigeratori
- utensili
- tutti i materiali che vengono a contatto con il cibo

La manipolazione degli alimenti

Quando si manipolano gli alimenti è importante:

- lavarsi sempre le mani prima di iniziare a lavorare, dopo aver tossito, starnutito o essersi soffiati il naso, dopo la toilette
- asciugarsi le mani solo con salviette monouso
- non toccarsi orecchie, naso, bocca, capelli
- utilizzare sempre gli utensili per toccare il cibo
- usare i guanti e disinfettare, proteggere e coprire eventuali ferite
- non fumare nelle cucine
- indossare un copricapo, grembiule o camice pulito
- prendere sempre i bicchieri dallo stelo e le posate dal manico
- non parlare sul carrello degli alimenti o sul piatto
- non lasciare il cibo a temperatura ambiente

Conservazione degli alimenti

La conservazione degli alimenti consiste nell'inibizione o nel rallentamento dei processi alternativi che si verificano spontaneamente.

Per conservare bene gli alimenti è necessario:

1. controllare accuratamente i prodotti alla consegna; in particolare gli imballi, la temperatura, il trasporto l'etichettatura ecc;
2. osservare sistematicamente il prodotto: etichettature, data di scadenza ecc;
3. mantenere sempre i contenitori ben chiusi o ben coperti da coperchi, pellicola ecc.;
4. avere sempre la possibilità di rintracciare l'alimento;
5. non appoggiare alimenti o derrate sul pavimento; devono essere sempre sollevati almeno 20 centimetri da terra;
6. proteggere gli alimenti dal contatto con insetti, roditori, animali, ecc;
7. controllare in modo sistematico l'efficienza degli apparecchi refrigeranti e curare la loro pulizia.

Trattamenti per la conservazione degli alimenti

Esiste un'amplia gamma di metodi di conservazione la cui efficacia è correlata alle caratteristiche dei singoli alimenti. Bisogna dire che i processi conservativi tendono ad essere invasivi e a modificare le proprietà nutritive e organolettiche dei prodotti. La conservazione può sfruttare la disidratazione, un trattamento che abbassa l'attività dell'acqua creando condizioni sfavorevoli alla crescita dei microrganismi. Tra i vari processi che si basano sulla disidratazione annoveriamo l'essiccazione, la liofilizzazione, ecc.

Tra i trattamenti per la conservazione degli alimenti si possono distinguere:

- **trattamento termico** (sterilizzazione, pastorizzazione, ecc.): ha un'azione microbicida che, a seconda della temperatura utilizzata, può interessare tutti i microrganismi o soltanto quelli patogeni. La riduzione di tutti i microrganismi si usa per i prodotti a lunga conservazione ma, in questo caso, anche gran parte delle proprietà nutritive dell'alimento vengono distrutte; meno deleteria è la distruzione dei soli microrganismi patogeni. Il trattamento termico ha dunque un duplice effetto: riduce la carica microbica e altera le proprietà nutritive dell'alimento. Per ottenere un determinato effetto, bisognerà mediare tra il valore della temperatura e la durata del trattamen-

to: più elevata è la temperatura, minore sarà il tempo di esposizione necessario e viceversa;
- **trattamento crioscopico** (refrigerazione, congelamento): i microrganismi non vengono uccisi dal freddo ma subiscono un arresto della crescita. In particolare, nel congelamento, l'abbassamento dell'attività dell'acqua libera presente nell'alimento che congela contribuisce ulteriormente a creare condizioni sfavorevoli alla crescita microbica;
- **metodi chimici**: sfruttano l'aggiunta di sostanze chimiche (additivi alimentari), che modificano le proprietà degli alimenti creando condizioni sfavorevoli alle alterazioni o, di sostanze naturali (conservanti naturali), che modificando le proprietà organolettiche diventano veri e propri ingredienti del prodotto finito. Tra i metodi "naturali" ritroviamo la salagione, che si attua mediante l'aggiunta di cloruro di sodio o di soluzioni saline, il sale abbassa l'attività dell'acqua, così come l'aggiunta di zucchero. La conservazione sotto alcol (etanolo ad alte concentrazioni) che ha un effetto microbicida sulle forme vegetative dei microrganismi. La conservazione sott'olio che isola l'alimento dal contatto con l'aria, creando condizioni sfavorevoli alla crescita di microrganismi aerobi. La conservazione sott'aceto che ha azione microbicida;
- **metodi biologici**: sfruttano la fermentazione, tecnica che prevede l'impiego di microrganismi.

4.8 L'assistenza durante i pasti

La soddisfazione del bisogno di alimentazione e idratazione, può richiedere, in relazione al livello di autonomia di cui gode la persona, un intervento di aiuto parziale o totale da parte dell'operatore sanitario.

Le cause che portano a una limitazione o addirittura a una compromissione importante dell'autonomia, sono riconducibili a:

- condizioni fisiologiche: invecchiamento;
- handicap fisici e mentali;
- condizioni patologiche (traumi, patologie legale al bisogno alimentazione).

Ogni individuo ha un proprio stile alimentare: arriva in ospedale, in RSA o in altre realtà istituzionali con le sue abitudini alimentari, abitudini che vengono sconvolte dall'organizzazione generale che impone orari insoliti, menù inconsueti, commensali estranei.

Anche la struttura stessa non sempre consente di creare condizioni ambientali favorevoli a quelle abituali della persona assistita.

È nella mediazione tra una condizione ideale e una buona condizione che si collocano gli interventi degli operatori sia per ciò che riguarda la preparazione dell'assistito al pasto, sia per quello che concerne l'assunzione dello stesso.

Assume grande importanza, per il benessere del paziente, tenere in considerazione:

- il modo di preparazione e di presentazione dei cibi;
- la capacità della persona di affrontare la situazione nuova e le eventuali restrizioni;
- le sue abitudini alimentari e i suoi desideri (nel limite del possibile).

Preparazione della persona e dell'ambiente

1. L'ambiente deve essere reso il più piacevole possibile. Elementi che possono disturbare il malato, come viste spiacevoli, dovrebbero essere eliminati, e fattori

fisiologici o psicologici che possono turbarlo, quali dolore e preoccupazioni, dovrebbero essere ridotti al minimo.
2. Qualsiasi azione che possa disturbare il pasto può essere anticipata o prevenuta; per esempio la soddisfazione dei bisogni di eliminazione.
3. Il paziente deve essere sistemato in una posizione adeguata e comoda e l'atmosfera deve essere serena.
4. I pazienti autonomi vengono invitati i a sedersi a tavola per consumare i pasti in modo confortevole; in soggiorno è bene arieggiare la stanza prima del pasto.
5. A tutti i pazienti deve essere data la possibilità di lavarsi le mani, prima e dopo il pasto (dopo il pasto deve essere espletata anche l'igiene orale).
6. Per i pazienti allettati, sistemare il tavolino e predisporre tutto ciò che può servire durante il pasto (acqua, bicchiere, tovagliolo...).

Esecuzione del pasto

- Imboccare il paziente, se è necessario, con delicatezza, dedizione e pazienza. Assicurare la minuziosa ripartizione del cibo in bocconi piccoli, lasciare al paziente il tempo di masticare e farlo bere di tanto in tanto, comunque quando ne avverte la necessità.
- Per i pazienti con problemi di disfagia o di masticazione i cibi possono essere frullati; al termine del pasto verificare se il paziente ha mangiato e segnalare la quantità; informarsi sull'eventuale rifiuto e sulle cause che impediscono al paziente di alimentarsi (per es. nausea e vomito, disfagia, dolore) e riferire all'infermiere.
  - Al termine del pasto fornire al paziente le cure igieniche necessarie, assicurandogli il decubito migliore, favorire inizialmente la posizione semiseduta per facilitare la digestione.

L'aiuto dell'assunzione dei pasti si svolge a vari livelli.

L'operatore deve favorire il recupero dell'autonomia della persona assistita e far sì che le abilità residue siano conservate o recuperate.

Per alcuni pazienti sarà sufficiente per esempio, avvicinare gli accessori (posate, tovagliolo, bicchiere) e il vassoio, mentre per altri sarà indispensabile l'assistenza globale all'alimentazione.

Compromissione della deglutizione

Una capacità della deglutizione adeguata è essenziale per alimentarsi in condizioni di sicurezza. La difficoltà nella deglutizione (DISFAGIA) può derivare da una patologia o da un trauma dei nervi cranici.

Di solito, tale danno è il risultato di un *accidente cerebrovascolare (ictus cerebrale) o di un trauma cranico.*

Per evitare l'inalazione del cibo nelle vie aeree, si deve accertare accuratamente, prima dell'alimentazione, la capacità dell'assistito di deglutire.

Se si hanno incertezze della capacità del paziente di deglutire, non si deve somministrare alcun cibo o liquido per bocca.

Per le persone che hanno difficoltà a deglutire, favorire l'assunzione di cibi semisolidi e non liquidi. Può essere necessario addensare le bevande, evitare cibi secchi, quali cracker o fette biscottate e cibi appiccicosi come il cioccolato o il miele.

Mantenere il tronco in posizione eretta dopo i pasti previene il reflusso gastrico ed il rischio di aspirazione.

Al termine della somministrazione del pasto, si deve ispezionare il cavo orale dell'assistito per rilevare eventuali depositi di cibo non deglutito che potrebbero essere successivamente aspirati nelle vie aeree; il cavo orale deve essere libero da eventuali residui di cibo.

4.9 La nutrizione enterale

La **nutrizione enterale (NE)**, conosciuta anche come **nutrizione enterale totale (NET)**, viene prescritta quando il paziente non è in grado di ingerire i cibi oppure quando il tratto gastrointestinale superiore è danneggiato o è compromesso il trasporto del cibo all'intestino tenue.

L'alimentazione enterale è somministrata tramite un sondino nasogastrico a piccoli fori oppure attraverso sondini per gastrostomia e digiunostomia.

Il **sondino nasogastrico** viene inserito in una delle narici, attraverso il nasofaringe, fino allo stomaco. In alcuni casi, viene fatto passare attraverso la bocca e la faringe, anche se questa via può risultare molto più fastidiosa per il paziente adulto e causare senso di soffocamento.

Il metodo è spesso utilizzato nei neonati, che respirano obbligatoriamente con il naso, e nei neonati prematuri, che non hanno ancora sviluppato il riflesso faringeo.

I presidi solitamente utilizzati sono i **sondini nasogastrici di grosso calibro** (con diametro di 12 Fr) posizionati nello stomaco. Sono esempi il sondino di Levin, di gomma o plastica a singolo lume con fori in prossimità della punta, e il sondino di scarico di Salem a doppio lume (Fig. 4.2).

Il lume maggiore del sondino di Salem permette la conduzione dei liquidi allo stomaco o la rimozione del contenuto gastrico. Quando il sondino è utilizzato per l'aspirazione del contenuto gastrico, il lume minore permette l'ingresso dell'aria atmosferica per impedire l'aspirazione della mucosa nel caso in cui il sondino aderisca alla parete dello stomaco. Si evita, in questo modo, l'irritazione della mucosa gastrica.

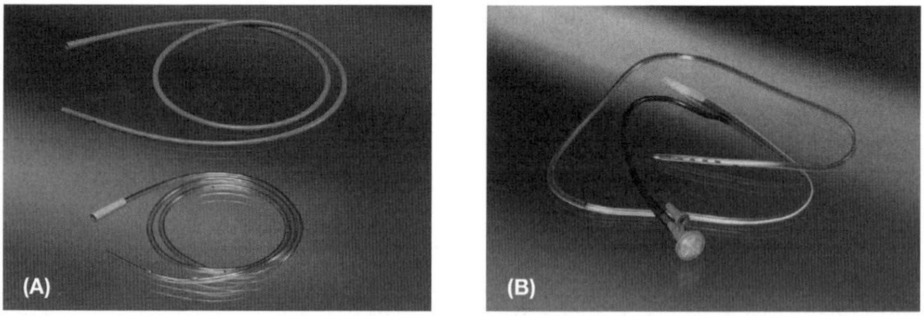

Figura 4.2 A. *Sondino di Levin a singolo lume;* **B.** *Sondino di Salem a doppio lume con filtro sull'ingresso per l'aria e connettore sull'ingresso di aspirazione.*

I sondini nasogastrici sono utilizzati per alimentare pazienti che presentano adeguato svuotamento gastrico, motilità intestinale, normali riflessi della tosse e del vomito e che richiedono un'alimentazione di breve durata. Tali riflessi si manifestano se un abbassalingua spinto sulla parte posteriore della gola innesca le risposte di vomito e tosse.

I sondini nasogastrici, inoltre, sono indicati per:

- prevenire nausea, vomito e distensione gastrica dopo un intervento chirurgico (in questo caso il sondino è collegato ad una sacca di raccolta);

- rimuovere il contenuto dello stomaco per eseguire un esame di laboratorio;
- effettuare un lavaggio gastrico in caso di avvelenamento o overdose da farmaci.

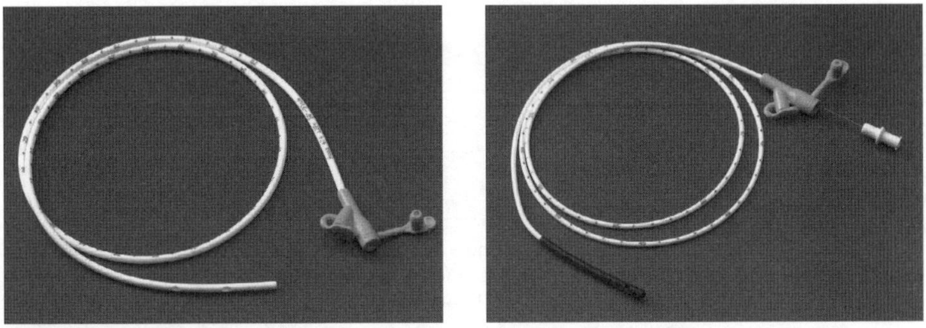

Figura 4.3 *Sondini di alimentazione nasoenterici:* **A.** *12 Fr, 90 cm;* **B.** *8 Fr, opaco, con mandrino di 110 cm, punta appesantita. Notare che entrambi presentano un connettore a Y che permette l'irrigazione e la somministrazione di farmaci senza scollegare il circuito.*

Viene spesso utilizzato per l'alimentazione il **sondino di piccolo calibro**, più soffice, più flessibile, meno irritante (ma si ostruisce più facilmente) e disponibile in varie misure (8, 10 e 12 Fr). Questo tipo di sondino, talvolta chiamato **sondino naso-enterico** (o **naso-intestinale**), è più lungo di quello nasogastrico (almeno un metro per un adulto), perché è collocato nell'area post-pilorica o nella parte superiore dell'intestino tenue (Figg. 4.3 e 4.4A).

Il sondino di piccolo calibro può essere inserito attraverso il naso o la bocca. Se il paziente è intubato, sedato o in coma, è preferibile l'inserzione orale. Se invece il paziente è vigile e non ha sondini orali, l'inserzione nasale è più comoda e meglio tollerata (Merrel e Fisher, 2007).

L'inserimento di un sondino nasogastrico è una procedura invasiva che richiede un'approfondita conoscenza (di anatomia e fisiologia, dei fattori di rischio) e abilità nelle procedure assistenziali. Perciò **non può essere attribuita all'OSS**, così come la procedura di rimozione del sondino. L'operatore sociosanitario **collabora con** l'infermiere durante la procedura concernente il paziente portatore di sondino nell'igiene orale.

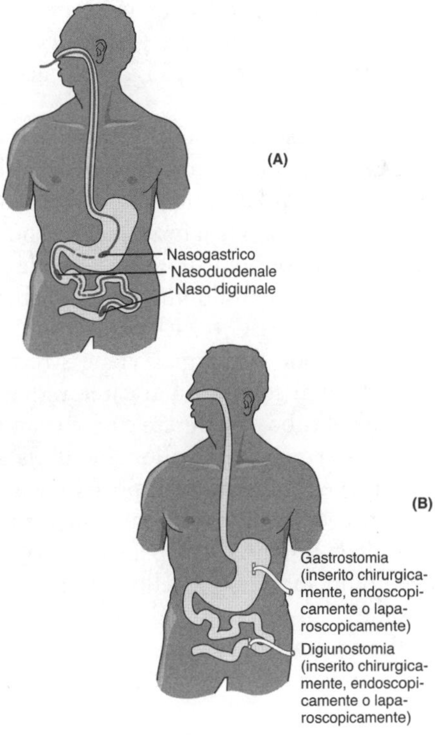

Figura 4.4 *Siti per l'accesso enterale:* **A.** *Per sondini nasoenterici/nasointestinali;* **B.** *per sondini per gastrostomia e per digiunostomia.*

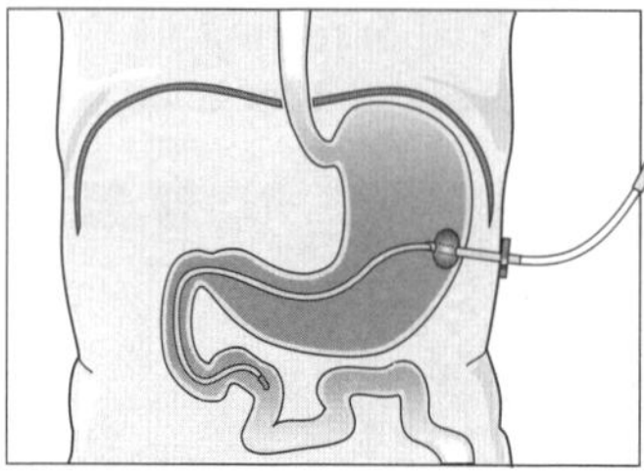

Figura 4.5 *Sondino per digiunostomia endoscopica percutanea (PEJ).*

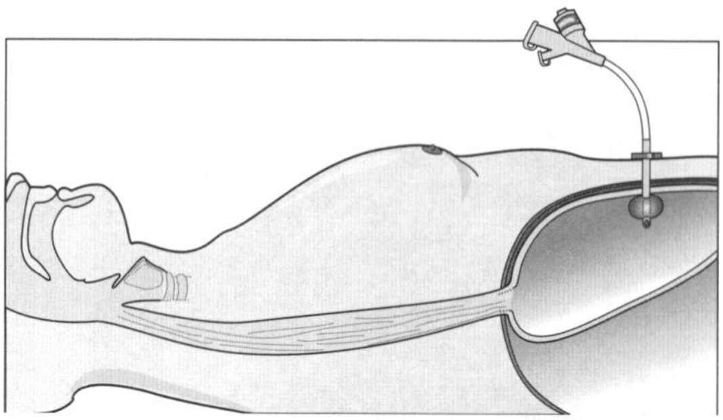

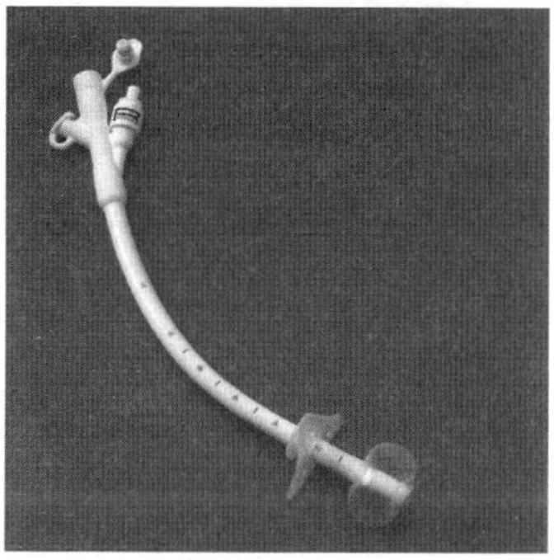

Figura 4.6 *Sondino per gastrostomia endoscopica percutanea (PEG).*

Per supportare una nutrizione a lungo termine, generalmente per più di sei-otto settimane, si utilizzano i dispositivi per **gastrostomia** e **digiunostomia**. I sondini sono inseriti chirurgicamente o mediante laparoscopia nello stomaco (*gastrostomia*, Fig. 4.4B) o nel digiuno (*digiunostomia*, Fig. 4.4B) attraverso la parete addominale.

Una **gastrostomia endoscopica percutanea (PEG)** (Fig. 4.6) o una **digiunostomia endoscopica percutanea (PEJ)** (Fig. 4.5) si realizza utilizzando un endoscopio per visualizzare l'interno dello stomaco, praticando una puntura attraverso la cute e il tessuto sottocutaneo dell'addome fino allo stomaco e inserendo il catetere PEG o PEJ attraverso la puntura.

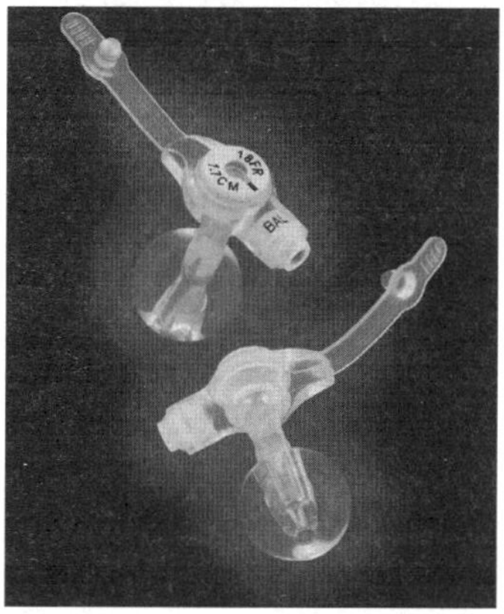

Figura 4.7 *Sondino di alimentazione per gastrostomia a basso profilo.*

L'incisione chirurgica viene stretta con una sutura intorno al sondino o al catetere per evitare perdite intorno al tubo. Il catetere è provvisto di una protuberanza esterna e di un palloncino di fissaggio gonfiabile interno per mantenerlo in posizione. Per la guarigione sono necessarie medicazioni della ferita chirurgica, seguendo le **norme di asepsi**. Allo scopo può essere utilizzato un sondino a livello cutaneo che viene lasciato in sede (Fig. 4.7) e al quale si collega un set di alimentazione all'occorrenza.

La somministrazione degli alimenti tramite gastrostomia o digiunostomia è una competenza infermieristica, non attribuibile all'OSS.

4.10 La nutrizione parenterale

La nutrizione parenterale può essere totale o periferica. La **nutrizione parenterale totale (NPT)**, conosciuta anche come **iperalimentazione**, è l'infusione endovenosa di acqua, proteine, carboidrati, elettroliti, minerali e vitamine attraverso un **catetere venoso centrale (CVC)**.

La NPT è considerata una procedura invasiva, per cui viene utilizzata quando non è possibile l'accesso enterale o quando il paziente non è in grado di tollerare l'alimentazione enterale.

Le soluzioni per NPT sono ipertoniche (altamente concentrate rispetto al sangue) e, perciò, si somministrano esclusivamente in vene centrali a flusso elevato, dove vengono diluite dal sangue del paziente.

Le formule per NPT forniscono tutti i **nutrienti essenziali** in quantità sufficienti a favorire il mantenimento del peso corporeo e la guarigione delle ferite. Destrosio al 10-50% in acqua, più una miscela di aminoacidi e specifici additivi, quali vitamine, minerali ed elementi in tracce (ad esempio, zinco e manganese), vengono mescolati in un unico contenitore e infusi come soluzione per NPT primaria. Le emulsioni lipidiche contenenti principalmente acidi grassi essenziali vengono somministrate da un contenitore separato attraverso il connettore a Y della linea endovenosa e combinate con la soluzione per NPT.

Le proporzioni dei nutrienti e delle calorie totali fornite variano con i bisogni nutrizionali individuali. Perciò è necessario effettuare un'attenta valutazione nutrizionale per determinare l'appropriato regime di NPT.

La NPT non è priva di rischi: il controllo delle infezioni è della massima importanza. L'infermiere deve sempre osservare la tecnica asettica chirurgica quando cambia le soluzioni, i deflussori, le medicazioni e i filtri. I pazienti, inoltre, sono maggiormente esposti al rischio di squilibri di fluidi, elettroliti e glucosio, per cui è necessaria una frequente valutazione e modificazione della miscela.

Siccome le soluzioni per NPT sono ricche di glucosio, le infusioni vengono avviate gradualmente, per prevenire l'**iperglicemia**. Il paziente deve adattarsi alla terapia NPT aumentando la secrezione di insulina da parte del pancreas. I livelli di glucosio vengono monitorati durante l'infusione. Quando la terapia NPT deve essere interrotta, la velocità di infusione NPT viene abbassata lentamente per prevenire l'**iperinsulinemia** e l'**ipoglicemia**.

Svezzare un paziente dalla NPT può richiedere fino a 48 ore, ma si può realizzare in 6 ore se il paziente riceve quantità adeguate di carboidrati per via orale o endovenosa.

La **nutrizione parenterale periferica (NPP)** si somministra attraverso le vene periferiche e perciò non può essere costituita da preparati come quelli delle linee centrali (al massimo destrosio al 10-12%), anche se può contenere lipidi. Per esempio, un'emulsione di lipidi al 20% può fornire quasi 2.000 chilocalorie (kcal) al giorno tramite una vena periferica.

La NPP è considerata una modalità di nutrizione più sicura e conveniente della NPT, in quanto non dà problemi metabolici associati alle soluzioni di destrosio altamente concentrate o complicazioni settiche associate al catetere venoso centrale. Il principale inconveniente, per altro verso, è rappresentato dalla frequente incidenza di flebite associata alla NPP.

La NPP è somministrata a pazienti che necessitano di nutrizione endovenosa per un breve periodo o quando il posizionamento di un catetere venoso centrale è controindicato. La nutrizione parenterale è una terapia di solito utilizzata per prevenire e non per correggere i deficit nutrizionali.

4.11 Procedure e attività attribuibili all'OSS

L'inserimento di un **sondino nasogastrico** rappresenta una procedura invasiva che richiede un'approfondita conoscenza (ad esempio, di anatomia e fisiologia e dei fattori di rischio) e abilità nelle procedure assistenziali. L'OSS collabora con l'infermiere durante l'esecuzione della procedura e assiste il paziente nell'igiene orale, controllando anche l'eventuale insorgenza di complicanze (come vomito ed emorragia).

La **somministrazione della NPT** è competenza e responsabilità infermieristica, data la complessità della procedura e la necessità di utilizzazione di tecniche sterili. L'OSS esegue correttamente l'igiene quotidiana di tali pazienti e conosce le possibili complicanze, i segni e i sintomi che devono essere tempestivamente riferiti all'infermiere.

L'OSS **assiste il paziente durante il pasto.** In tutti i casi è necessario valutare la capacità del paziente di alimentarsi e identificare gli effettivi o potenziali fattori di rischio che possono influire sullo stato nutrizionale del paziente. L'operatore sociosanitario deve conoscere le strategie che promuovono la salute nutrizionale del paziente e riferire qualsiasi variazione del comportamento alimentare.

Procedura 4.1 Assistenza al paziente adulto durante i pasti

Accertamento

Valutare:
- La capacità di alimentarsi e l'assistenza necessaria (notare la coordinazione delle mani, il livello di coscienza e la capacità visiva).
- L'appetito e la tolleranza a solidi e liquidi.
- La necessità di una dieta speciale.
- Le allergie alimentari e gli alimenti graditi e non graditi.

Pianificazione assistenziale

Verificare la dieta prescritta al paziente:
- Verificare se al paziente è stato prescritto il digiuno in previsione di esami strumentali, di laboratorio o di intervento chirurgico.
- In caso di variazione della dieta del paziente, avvisare il personale addetto.
- L'OSS assiste e aiuta nell'alimentazione il paziente, laddove necessario.

Materiale occorrente

- Vassoio per pasti con il vitto prescritto
- Tovagliolo extra o piccolo asciugamano
- Cannuccia, tazza speciale, bicchiere appesantito o altri strumenti di assistenza, se necessari

Interventi assistenziali

Preparazione

Preparare il paziente e il tavolo da letto.

- Assistere il paziente in bagno, sulla padella o sulla sedia comoda se ha bisogno di urinare.
- Assistere il paziente durante il lavaggio delle mani prima di mangiare. Se il paziente ha problemi di igiene orale, lavargli i denti o usare un collutorio può rendere più gradevoli i sapori e aumentare l'appetito.
- Liberare il tavolo in modo che ci sia spazio per il vassoio. Se il paziente deve rimanere in una posizione supina, sistemare il tavolo al lato del letto in modo che possa vedere il cibo.

Tecnica

1. Prima di effettuare la procedura, presentarsi e verificare l'identità del paziente secondo il protocollo della struttura. Spiegare al paziente cosa si sta facendo, perché e come può collaborare.
2. Provvedere alla riservatezza del paziente.
3. Lavarsi le mani e osservare le procedure per il controllo delle infezioni.
4. Posizionare il paziente in modo adeguato.
   - Far assumere al paziente una posizione comoda per mangiare. La maggior parte delle persone si siede per mangiare; se possibile, aiutare il paziente a sedersi nel letto (Fig. 4.8) o su una sedia.
   - Far assumere al paziente un decubito laterale se non può sedersi.
   - Se per mangiare è richiesta assistenza, posizionarsi possibilmente seduti di fianco al paziente.
   - Verificare il nome del paziente, il tipo di dieta e la completezza del pasto sul vassoio. Se la dieta non sembra corretta, verificare nuovamente i dati in cartella. Non somministrare una dieta sbagliata al paziente.

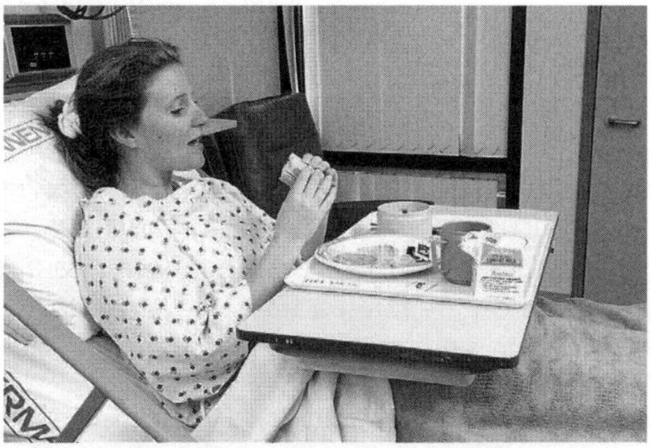

Figura 4.8 *La posizione seduta favorisce il comfort del paziente durante i pasti.*

   - Incoraggiare il paziente a mangiare autonomamente, assistendolo come necessario. Non sostituirsi completamente al paziente.
   - Rimuovere i coperchi dei pasti, imburrare il pane, versare da bere e tagliare la carne, se necessario.
   - Per consentirne l'identificazione, nel caso di una persona non vedente, descrivere la collocazione del cibo come le ore su un orologio. Per esempio, dire "le patate sono alle ore 8.00; il pollo alle ore 12.00 e i fagiolini alle ore 4.00" (Fig. 4.9).
   - Se il paziente necessita di assistenza per mangiare:
     a. Chiedere in quale ordine desidera mangiare le pietanze.
     b. Usare utensili e posate normali, ove possibile.
     c. Se il paziente è un non vedente, informarlo sul tipo di pietanze.
     d. Avvertire il paziente se il cibo è molto caldo o molto freddo.
     e. Garantire un tempo sufficiente per consentire al paziente di masticare e di ingoiare tra un boccone e l'altro.

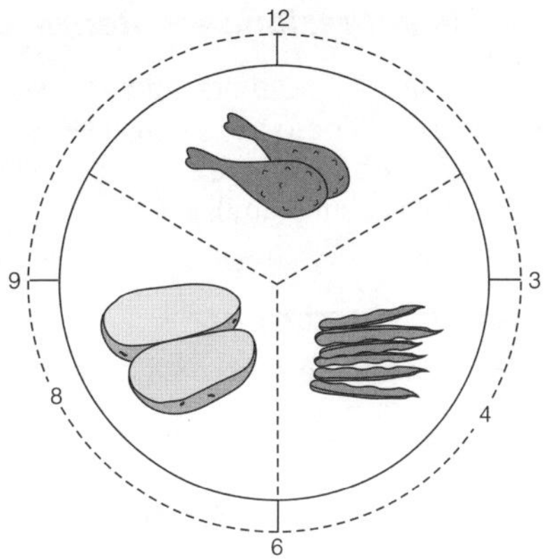

Figura 4.9 *Per un paziente non vedente, è possibile utilizzare il sistema dell'orologio per descrivere la posizione degli alimenti sul vassoio.*

f. Far assumere liquidi come richiesto o, se il paziente non è in grado di chiederlo, offrire liquidi dopo tre o quattro bocconi di cibo solido.
g. Usare una cannuccia o un bicchiere speciale per liquidi, se necessario.
h. Scegliere argomenti di conversazione di interesse del paziente, se questi vuole chiacchierare.

5. Provvedere al comfort del paziente dopo il pasto.
   - Aiutare il paziente a pulirsi la bocca e le mani.
   - Riposizionare il paziente.
   - Rimettere i coperchi alle portate e rimuovere il vassoio dal letto.
6. Documentare tutte le informazioni utili.
   - Annotare quanto e cosa il paziente ha mangiato e la quantità di liquidi introdotti.
   - Registrare i liquidi assunti.
   - Se il paziente segue una dieta speciale o presenta difficoltà nel mangiare, registrare la quantità di cibo ingerito e l'insorgenza di qualsiasi dolore, stanchezza o senso di nausea.
   - Se il paziente non mangia, avvisare l'infermiere.

Dopo la procedura

- Valutare l'appetito del paziente, la tolleranza ai cibi e ai liquidi ingeriti, osservare se c'è difficoltà a masticare e/o a ingoiare, variando di conseguenza la consistenza del cibo (per esempio, cibi tritati o purea, necessità di supporti particolari per l'alimentazione).
- Confrontare i dati attuali con le valutazioni e le informazioni precedenti, se disponibili.
- Riferire all'infermiere ogni alterazione significativa rispetto alla norma.

Procedura 4.2 Rilevazione del peso corporeo

Accertamento

- Controllare se il paziente segue una dieta speciale che possa influire su eventuali variazioni del peso corporeo.
- Segnalare la comparsa di eventuali segni e sintomi di affaticamento riferiti dal paziente.

Pianificazione assistenziale

- Verificare il peso precedente e se vi sono variazioni importanti riguardo il peso corporeo.
- Rilevare il peso sempre alla stessa ora della giornata, preferibilmente al mattino.
- Utilizzare sempre la stessa bilancia e preferibilmente senza abiti e senza calzature (indossare solo gli abiti intimi).

Materiale occorrente

- Bilancia pesapersone o sedia pesapersone.
- Guanti monouso.

Interventi assistenziali

Preparazione

Presentarsi e verificare l'identità del paziente secondo il protocollo della struttura. Spiegare al paziente cosa si sta facendo e come può collaborare. Preparare il materiale occorrente.

Tecnica

1. Provvedere alla riservatezza del paziente.
2. Lavarsi le mani e osservare le procedure per il controllo delle infezioni.
3. Indossare i guanti monouso.
4. Chiedere al paziente se ha necessità di recarsi al bagno prima di essere pesato.
5. Chiedere al paziente di rimuovere gli abiti, mantenendo la biancheria intima; qualora non sia in grado di eseguire da solo, fornirgli l'aiuto necessario.
6. Posizionare la bilancia vicino al letto del paziente e aiutarlo a salire sopra la stessa.
   - Se si usa la sedia pesapersona assicurarsi prima che la batteria che garantisce il correttamente funzionamento sia carica.
   - Accendere la bilancia prima che il paziente venga fatto sedere sopra la stessa.
   - Attendere qualche secondo e far sedere il paziente sulla bilancia solo dopo che il display fornisce tale indicazione.
   - Far posizionare correttamente il paziente assicurandosi che le braccia siano posizionate sui braccioli o sulle proprie gambe e i piedi sulla pedana della bilancia.
7. Assicurarsi che il paziente non poggi da nessuna altra parte quando si trova sulla bilancia (es.: per evitare di cadere o mantenersi in equilibrio, potrebbe appoggiare la mano o il corpo nel letto influendo sul risultato finale).
8. Rilevare il peso corporeo leggendo il dato sul display della bilancia.
9. Aiutare il paziente a scendere dalla bilancia e a vestirsi.
10. Aiutare il paziente a trovare una posizione confortevole e fornire il campanello di chiamata.
11. Procedere al riordino del materiale.
12. Rimuovere i guanti e gettarli nell'apposito sacco dei rifiuti.
13. Procedere al lavaggio delle mani.
14. Documentare sulla scheda di monitoraggio del peso corporeo.

Dopo la procedura

- Riferire all'infermiere il dato rilevato ed eventuali variazioni rispetto alla rilevazione precedente.

Procedura 4.3 Assistenza alla persona con nausea e vomito

Accertamento

- Verificare insorgenza di nausea o di vomito.

Pianificazione assistenziale

- Garantire e fornire assistenza al paziente, comunicare all'infermiere insorgenza di nausea riferita dal paziente ed episodi di vomito.

Materiale occorrente

- Guanti monouso
- Bacinella e traverso monouso
- Fazzoletti di carta monouso
- Acqua e sapone
- Dentifricio, collutorio, spazzolino
- Cambio di biancheria del letto
- Cambio di biancheria del paziente

Interventi assistenziali

Tecnica

1. Identificare e garantire la privacy del paziente.
2. Effettuare il lavaggio delle mani e indossare i guanti monouso.
3. Posizionare il paziente, se cosciente, seduto o su un fianco laterale e fornire un traverso monouso e una bacinella. In caso di paziente incosciente far assumere la posizione laterale di sicurezza (SIMS).
   - Consente di evitare ostruzione delle vie aeree e soffocamento con rischio di ab-ingestis.
4. Aiutare il paziente a vomitare all'interno della bacinella o del traverso fornito.
   - Permette di poter visionare le caratteristiche del vomito.
5. Fornire aiuto nell'igiene personale, del viso e delle mani e nella cura del cavo orale durante e al termine dell'emissione di vomito.
6. Sostituire la biancheria personale se necessario.
7. Sostituire le lenzuola e la biancheria del letto se necessario.
8. Rimuovere il materiale sporco gettandolo nell'apposito sacco dei rifiuti.
9. Aerare il locale.
10. Aiutare il paziente a trovare una posizione confortevole.
    - Dopo l'episodio di vomito il paziente potrebbe accusare spossatezza e voler riposare. Assicurare una posizione che possa garantire sicurezza (semiseduta e in posizione laterale).
    - Fornire il campanello di chiamata.
11. Lavarsi le mani e riordinare l'unità del paziente.

Capitolo 5
L'assistenza al paziente a letto o con problemi di mobilizzazione

5.1 Meccanica del corpo e prevenzione del rischio di lesioni

Quando si parla di **meccanica del corpo** si fa riferimento all'utilizzo efficiente, coordinato e sicuro del corpo, al fine di muovere correttamente gli oggetti e svolgere le attività della vita quotidiana.

Sino a non molto tempo fa si riteneva che l'obiettivo della meccanica del corpo fosse quello di facilitare l'uso sicuro ed efficiente dei gruppi muscolari più adatti a mantenere l'equilibrio, ridurre l'energia e la fatica e diminuire il rischio di lesioni sia per il personale infermieristico e di supporto sia per i pazienti, specialmente durante il trasferimento, il sollevamento e il riposizionamento.

Gli ultimi quattro decenni di ricerca nel campo della meccanica del corpo (ergonomia) hanno dimostrato che in realtà:

- addestrare gli operatori sanitari e assistenziali esclusivamente in meccanica del corpo non previene le lesioni professionali;
- le fasce per la schiena probabilmente non sono efficaci nel ridurre le lesioni alla schiena;
- gli operatori che sono fisicamente in forma non sono a minor rischio di lesioni;
- il singolo operatore non dovrebbe sollevare più di 23 kg e solo in circostanze strettamente controllate;
- i benefici a lungo termine dell'uso della giusta attrezzatura (ad esempio, sollevatori meccanici) superano ampiamente i danni relativi alle lesioni;
- gli operatori utilizzeranno le attrezzature quando avranno partecipato alla decisione di acquistarle.

Si sa che gli episodi di lesione in conseguenza dello spostamento e del sollevamento dei pazienti sono numerosi e questa consapevolezza deve spingere il personale sanitario a utilizzare con maggior rigore le procedure di mobilizzazione.

Il modo migliore per prevenire il **rischio di lesioni** al personale sanitario e ai pazienti è utilizzare quello che può definirsi un *sistema amico* nell'effettuare sollevamenti, servendosi dei **dispositivi di assistenza** ogniqualvolta sia possibile.

I dispositivi raccomandati sono le attrezzature per il **sollevamento meccanico a imbracatura totale** per i pazienti completamente dipendenti o che richiedono un elevato livello di assistenza, **sollevatori meccanici di assistenza in posizione eretta o a imbracatura totale** per il sollevamento dei pazienti dipendenti dal pavimento, cinture di trasferimento per il sollevamento assistito dal pavimento (Blocks, 2005).

Lo sviluppo di dispositivi di assistenza per la mobilizzazione dei pazienti ha reso possibile la mobilizzazione di questi ultimi con mezzi alternativi a quelli strettamente manuali (Converso e Murphy, 2004). Si ritiene, inoltre, che in questo modo si possa garantire un maggior grado di sicurezza, dignità e comodità ai pazienti.

Gli operatori sanitari e assistenziali hanno il dovere di rendersi partecipi della normativa e delle iniziative per l'acquisto di attrezzature con cui prevenire le lesioni nei luoghi di lavoro.

Nella tabella 5.1 vengono riassunti le linee guida e i principi della meccanica del corpo.

Tabella 5.1 Sommario delle linee guida e dei principi della meccanica del corpo

Linee guida	Principi
Pianificare i movimenti o i trasferimenti con attenzione. Lasciare gli spazi liberi da ostacoli	Una preparazione appropriata previene possibili incidenti e traumi.
Ottenere l'assistenza di altre persone o usare apparecchiature meccaniche per muovere gli oggetti che pesano più di 23 chili. Incoraggiare il paziente a farsi aiutare il più possibile.	Non sollevare mai da soli qualcosa che pesi più di 23 chili. Farsi aiutare e usare i dispositivi di assistenza per evitare danni a se stessi e al paziente.
Sistemare l'area di lavoro a livello della vita e mettere il corpo vicino all'area di lavoro. Alzare i letti elettrici e i tavolini da letto o abbassare le sponde del letto per prevenire stiramenti e contratture	Gli oggetti che sono vicini al centro di gravità vengono spostati con minore sforzo
Usare un corretto allineamento. Stare il più vicino possibile agli oggetti da spostare. Fare attenzione a stiramenti, allungamenti e rotazioni che possono porre la linea di gravità fuori dalla base di appoggio	L'equilibrio è mantenuto e lo stiramento muscolare è meno frequente se la linea di gravità passa dentro la base di appoggio
Prima di trasportare un oggetto, allargare la base di appoggio e flettere le ginocchia, le anche e le caviglie	Più è larga la base di appoggio, più è basso il centro di gravità e maggiore è la stabilità
Prima di trasportare un oggetto, contrarre i glutei, gli addominali e i muscoli delle braccia e delle gambe per prepararli al movimento.	Maggiore è la contrazione preparatoria della muscolatura prima di muovere un oggetto, minore sarà l'energia richiesta per muoverlo e ancora inferiore sarà il rischio di danni muscoloscheletrici
Guardare sempre in direzione del movimento	I gruppi muscolari maggiori non vengono utilizzati se la colonna vertebrale è ruotata o torta
Evitare di lavorare contro la forza di gravità. Tirare, spingere e ruotare gli oggetti invece di alzarli. Abbassare la testa del letto prima di muovere o alzare i pazienti dal letto	Trasportare un oggetto lungo una superficie piana richiede meno energia che trasportarlo verso l'alto su una superficie inclinata o alzarlo contro la forza di gravità. Tirare crea meno attrito che spingere
Usare i muscoli glutei e delle gambe piuttosto che i muscoli sacrospinali della schiena per esercitare uno sforzo di sollevamento. Distribuire il lavoro tra ambedue le gambe e le braccia per prevenire dolori alla schiena	L'uso sincrono del maggior numero di grandi gruppi muscolari durante un'attività aumenta la forza totale e previene la fatica muscolare e i traumi
Quando si spinge un oggetto, allargare la base di appoggio spostando il piede anteriore in avanti	L'equilibrio è mantenuto con il minimo sforzo quando la base di appoggio è allargata nella direzione nella quale avverrà il movimento
Quando si tira un oggetto, allargare la base di appoggio riportando indietro la gamba	
Quando si muovono o si trasportano oggetti, tenerli il più vicino possibile al proprio centro di gravità	Più vicina è la linea di gravità al centro della base di appoggio, maggiore è la stabilità
Usare il peso del corpo come una forza per tirare o spingere con la rotazione dei piedi, inclinandosi in avanti o indietro	Il peso del corpo aggiunge forza per contrastare il peso dell'oggetto e riduce la possibilità di stiramenti alle braccia e alla schiena

5.2 I movimenti del corpo

I movimenti corporei richiedono attività muscolare coordinata e integrazione neurologica e prevedono gli elementi fondamentali di allineamento corporeo (postura), equilibrio e coordinazione motoria.

5.2.1 Allineamento del corpo (postura)

È la posizione geometrica che le diverse parti del corpo assumono in relazione l'una con l'altra. Un buon allineamento o postura favorisce l'**equilibrio ottimale** e la **massima funzionalità** in tutte le posizioni assunte dal paziente: in piedi, seduto o sdraiato.

Un corpo ben allineato si mantiene in equilibrio senza determinare trazioni sulle articolazioni, sui muscoli, sui tendini o sui legamenti.

SUGGERIMENTI PROFESSIONALI

Prevenire i danni alla schiena

Gli **OSS** possono far cambiare posizione ai pazienti per favorirne l'espansione polmonare e per spostarli in ambienti più appropriati. È importante che l'operatore sanitario non metta in pericolo la propria salute per assistere i pazienti. I fattori di rischio per i traumi alla schiena sono rappresentati da: sollevamento, posizionamento e trasporto del paziente.

Due movimenti sono da evitare perché possono causare un danno potenziale alla schiena: la **torsione** (rotazione) **della colonna toraco-lombare** e la **flessione acuta della schiena con anche e ginocchia dritte**. La torsione involontaria della schiena si può prevenire mantenendo un angolo retto e fronteggiando la direzione del movimento, spingendo, tirando o facendo scivolare e muovendo l'oggetto direttamente in direzione o lontano dal centro di gravità.

5.2.2 Equilibrio

È uno stato di bilanciamento in cui forze opposte agiscono una contro l'altra. Essenziale per l'equilibrio è che il corpo sia ben allineato. In effetti è difficile distinguere l'equilibrio dall'allineamento, anche se l'equilibrio è il risultato del corretto allineamento. Una persona mantiene l'equilibrio fino a quando la **linea di gravità** (una linea retta immaginaria) passa attraverso il **centro di gravità** (il punto o la parte in cui si concentra tutto il peso di un oggetto) e la **base di appoggio** (la base su cui un oggetto poggia).

Il **centro di gravità** di un soggetto adulto ben allineato in piedi è leggermente anteriore rispetto alla parte superiore del sacro (Fig. 5.1). Per avere bilanciamento e stabilità nella posizione eretta, un adulto deve concentrare il peso del corpo simmetricamente lungo la linea di gravità.

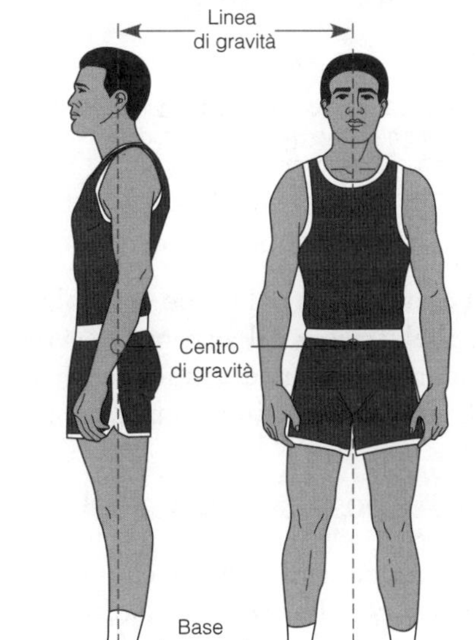

Figura 5.1 *Il centro di gravità e la linea di gravità influenzano l'allineamento nella posizione eretta.*

In una persona in piedi e ben allineata, il centro di gravità rimane abbastanza stabile. Se la persona si muove, il centro di gravità si sposta continuamente in direzione delle parti del corpo che si muovono. L'equilibrio dipende dall'interrelazione tra il centro di gravità, la linea di gravità e la base di appoggio. Più la linea di gravità passa attraverso il centro della base di appoggio, maggiore è la stabilità

(Fig. 5.2A). Al contrario, se la linea di gravità passa verso il margine della base di appoggio, l'equilibrio è precario (Fig. 5.2B). Se la linea di gravità passa all'esterno della base di appoggio, la persona cade (Fig. 5.2C).

Una **base di appoggio ampia** e un **centro di gravità basso** forniscono stabilità ed equilibrio maggiori. L'equilibrio del corpo, perciò, può essere migliorato allargando la base di appoggio e/o abbassando il centro di gravità il più vicino possibile alla base di appoggio. La base di appoggio si allarga facilmente mettendo i piedi più lontani possibile. Il centro di gravità si abbassa flettendo le anche e le ginocchia fino ad assumere una posizione rannicchiata.

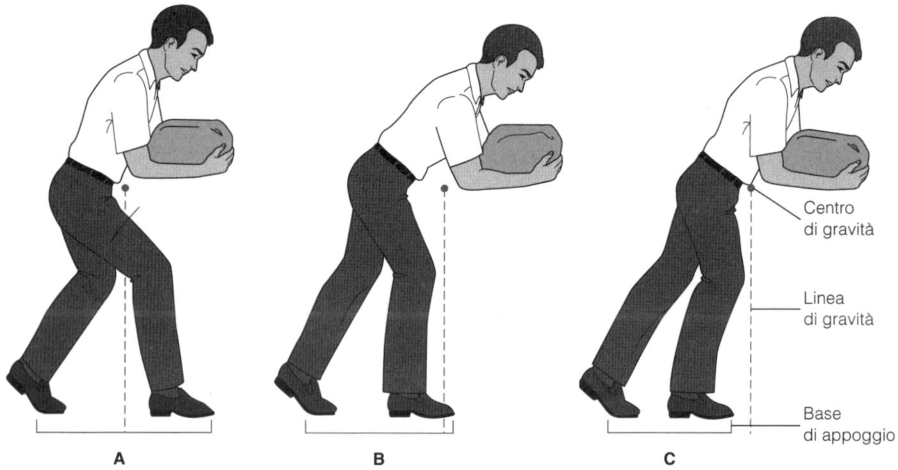

Figura 5.2 A. *L'equilibrio è mantenuto quando la linea di gravità cade vicino al centro della base di appoggio.* **B.** *L'equilibrio è precario quando la linea di gravità cade sul bordo della base di appoggio.* **C.** *L'equilibrio si perde quando la linea di gravità esce dalla base di appoggio.*

5.2.3 Movimenti corporei coordinati

La meccanica del corpo coinvolge il funzionamento integrato dell'**apparato muscolo-scheletrico** e del **sistema nervoso**. Il tono muscolare, la mobilità articolare, i riflessi neuromuscolari e i movimenti coordinati di gruppi di muscoli volontari antagonisti hanno un ruolo importante nel produrre movimenti equilibrati, fluidi e direzionali.

5.3 Il posizionamento del paziente a letto

Posizionare un paziente con un **buon allineamento del corpo** e fargli **cambiare posizione regolarmente** e **sistematicamente** sono aspetti essenziali dell'attività dell'OSS.

I pazienti che possono muoversi da soli cambiano spesso posizione e richiedono di solito un'assistenza minima. Ciò nondimeno, è necessario istruirli sulle tecniche da usare per mantenere il corretto allineamento del corpo e in esercizio le loro articolazioni.

Le persone deboli, fragili, malate, paralizzate o incoscienti richiedono l'aiuto dell'operatore, che provvede o assiste ai vari cambi di posizione. In questi pazienti è importante valutare lo stato della cute e provvedere alla sua cura prima e dopo il cambio di posizione.

Alcune posizioni, sia quelle corrette che scorrette, possono essere dannose se mantenute per un lungo periodo di tempo. Cambiamenti frequenti della posizione aiutano a prevenire l'**atrofia muscolare**, la pressione eccessiva che provoca **ulcere da decubito**, il danno ai nervi e ai vasi sanguigni superficiali e le **contratture** (si definisce contrattura l'accorciamento permanente di un muscolo). Il cambio di posizione aiuta a mantenere il tono muscolare e a stimolare i riflessi posturali.

Se il paziente non è in grado di muoversi da solo o necessita di assistenza, è preferibile usare una tecnica **a due o più operatori per spostarlo o girarlo**. Un'assistenza adeguata riduce il rischio di distorsione muscolare e/o traumi corporei sia al paziente sia all'operatore.

> **SUGGERIMENTI PROFESSIONALI**
>
> **Come promuovere il comfort e la sicurezza del paziente a letto**
>
> Controllare che il **materasso sia compatto**, abbia una superficie piana e fornisca sufficiente supporto alle curvature naturali del corpo.
>
> Controllare che il **letto sia pulito e asciutto**. Minore è l'attrito tra l'oggetto da muovere e la superficie sulla quale si deve muovere, minore è l'energia richiesta da parte dell'OSS. **Accertarsi che gli arti del paziente si possano muovere liberamente**, quando possibile.
>
> Mettere **supporti di appoggio** in zone specifiche in base alla posizione del paziente. Usare solo i supporti di appoggio necessari a mantenere l'allineamento e a prevenire lo stiramento dei muscoli e delle articolazioni del paziente.
>
> Evitare di posizionare una parte del corpo, soprattutto se ha delle prominenze ossee, direttamente sopra un'altra. La **pressione eccessiva** può danneggiare le vene e predispone il paziente alla formazione di trombi. La pressione sullo spazio popliteo può danneggiare i nervi e i vasi sanguigni presenti in questa zona.
>
> Elaborare un **piano sistematico di 24 ore per i cambi di posizione**. Frequenti cambi di posizione sono essenziali per prevenire le ulcere da decubito nei **pazienti immobilizzati**. Questi pazienti devono essere posturati ogni 2 ore durante il giorno e la notte e con maggiore frequenza quando vi sia il rischio di lesioni della cute.
>
> Chiedere al paziente informazioni per definire la posizione più comoda e appropriata.

5.3.1 Posizione di Fowler (o semiseduta)

È la posizione in cui **testa e tronco sono sollevati di 45-60° rispetto al letto** (visualizzare un angolo retto per immaginarla) con le ginocchia flesse o estese. Tipicamente, la posizione di Fowler ha un angolo di elevazione della parte superiore del corpo di 45°.

Nella **posizione di semi-Fowler**, la testa e il tronco sono sollevati di 15-45°. Questa posizione è talvolta chiamata **posizione di Fowler bassa** e tipicamente prevede un'elevazione di 30°. Quando la testa e il tronco del paziente sono sollevati di 60-90°, si parla di **posizione di Fowler alta**; nella maggior parte dei casi, questo significa che il paziente è seduto dritto, ad angolo retto rispetto al letto. Il riquadro 19.1 descrive come mettere un paziente nelle posizioni di Fowler.

La posizione di Fowler è quella preferita per persone che hanno difficoltà respiratorie e/o problemi cardiaci. Se infatti il paziente è in posizione di semi-Fowler o di Fowler alta, la forza di gravità tira il diaframma in basso, permettendo una maggiore espansione dei polmoni.

I soggetti che sono costretti a letto ma in grado di mangiare, leggere, guardare la televisione o che ricevono delle visite, trovano questa posizione molto comoda.

5.3.2 Posizione ortopnoica

Un adattamento della posizione di Fowler alta è la posizione ortopnoica. Il paziente è seduto **sul letto o sul lato del letto** e si poggia **su un tavolo da letto** (Fig. 5.3).

- **Posizione di semi-Fowler o di Fowler bassa:** posizione seduta nel letto con la parte superiore del corpo sollevata di 15-45° (più comunemente 30°) a partire dal bacino
- **Posizione di Fowler:** posizione seduta nel letto con la parte superiore del corpo sollevata di 45-60° (più comunemente 45°) a partire dal bacino

Misure da attuare per migliorare l'allineamento e il comfort*

- Mettere un cuscino sotto la parte bassa della schiena per supportare la regione lombare e prevenire la flessione posteriore della curvatura lombare
- Mettere un cuscino per sostenere testa, collo e parte alta della schiena e prevenire l'iperestensione del collo. Evitare l'uso di un cuscino troppo grande o di molti cuscini, perché si possono avere delle contratture causate dalla flessione del collo
- Mettere un cuscino sotto l'avambraccio per ridurre il peso della spalla e permettere al sangue venoso di scorrere dalle mani alle braccia
- Mettere un piccolo cuscino sotto le cosce per flettere le ginocchia e prevenire l'iperestensione delle ginocchia
- Mettere un rotolo per il trocantere lateralmente al femore per prevenire la rotazione esterna delle anche
- Mettere una pedana per fornire ai piedi l'appoggio in dorsiflessione e prevenirne la flessione plantare

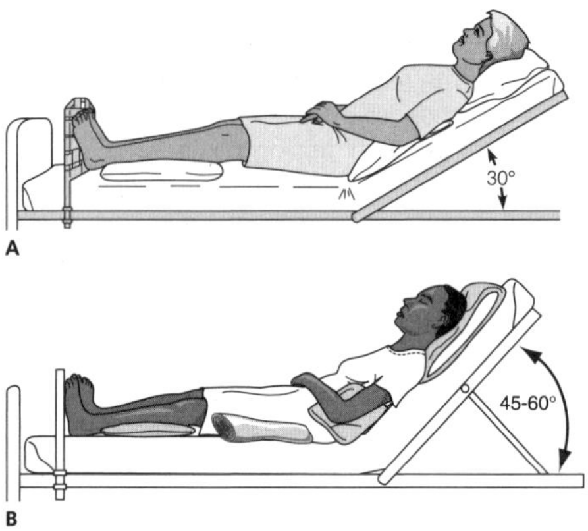

A. Posizione di Fowler bassa (semi-Fowler) (supportata)
B. Posizione di Fowler (supportata). L'entità del supporto dipende dalle necessità del singolo paziente

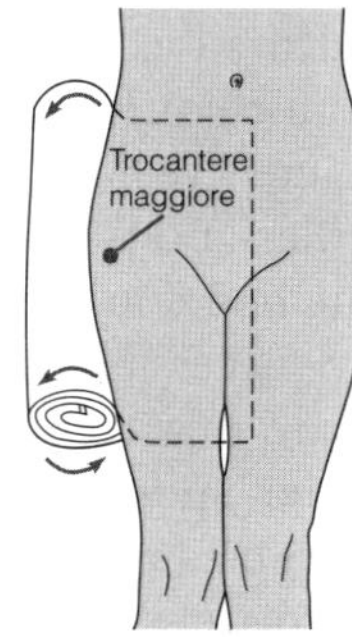

Preparare un rotolo per il trocantere. (1) Piegare l'asciugamano dal lato più lungo. (2) Arrotolare l'asciugamano cominciando dal lato lungo approssimativamente per 30 cm verso l'altro bordo. (3) Girare il rotolo. Palpare il trocantere maggiore del femore e mettere il rotolo con il centro al livello del trocantere; mettere la parte piatta dell'asciugamano sotto il paziente; far rotolare l'asciugamano contro l'anca

* L'entità del supporto dipende dalle necessità individuali del paziente

Riquadro 5.1 *Posizioni di Fowler (semi-Fowler e Fowler completa) supportate.*

La posizione ortopnoica:

- facilita la respirazione e permette la massima espansione del torace;
- è particolarmente utile nei pazienti che hanno problemi respiratori, come quelli affetti da malattia polmonare ostruttiva cronica (COPD), perché possono comprimere la parte bassa del torace contro il bordo del tavolo.

Figura 5.3 *Posizione ortopnoica.*

5.3.3 Posizione distesa dorsale (supina)

Nella posizione distesa dorsale, **la testa è leggermente sollevata da un piccolo cuscino.**

La posizione distesa dorsale è usata quando è necessario provvedere al comfort del paziente e facilitare i processi di guarigione in alcuni tipi di chirurgia o anestesia (ad esempio, spinale).

Il riquadro 5.2 descrive come mettere un paziente nella posizione distesa dorsale.

Misure da attuare per migliorare l'allineamento e il supporto*

- Mettere un cuscino di grandezza appropriata sotto la testa per favorire, se necessario, l'allineamento e prevenire l'iperestensione del collo nei pazienti con torace prominente
- Mettere un rotolo o un piccolo cuscino sotto la curvatura lombare per prevenirne la flessione
- Mettere rotoli o sacchetti di sabbia lateralmente al trocantere del femore per prevenire la rotazione esterna della gamba
- Mettere un piccolo cuscino sotto la coscia per flettere leggermente il ginocchio e prevenirne l'iperestensione
- Mettere una pedana o un cuscino arrotolato per sostenere i piedi in dorsiflessione e prevenirne la flessione plantare
- Mettere un cuscino sotto le gambe per prevenire la pressione sui calcagni

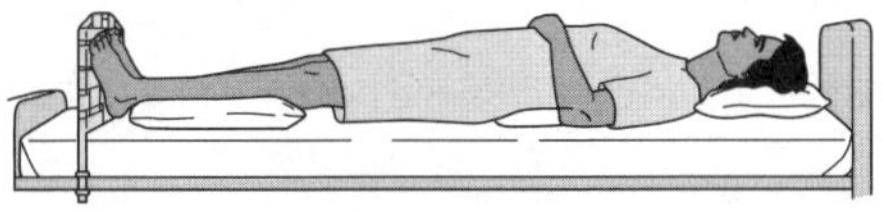

Posizione distesa dorsale (supportata)

* L'entità del supporto dipende dalle necessità individuali del paziente

Riquadro 5.2 *Posizione distesa dorsale (supportata).*

Misure da attuare per migliorare l'allineamento e il supporto*

- Se non è controindicato, mettere un piccolo cuscino sotto la testa per favorire il drenaggio dalla bocca e prevenire la flessione o l'iperestensione del collo
- Mettere un piccolo cuscino o un rotolo sotto l'addome, appena sotto il diaframma, per prevenire l'iperestensione della curvatura lombare, le difficoltà respiratorie, la pressione sulle mammelle nelle donne e la pressione sui genitali negli uomini
- Lasciare che i piedi cadano naturalmente sul materasso o supportare le gambe con un cuscino di sostegno per evitare che le dita dei piedi tocchino il letto per prevenire la flessione plantare

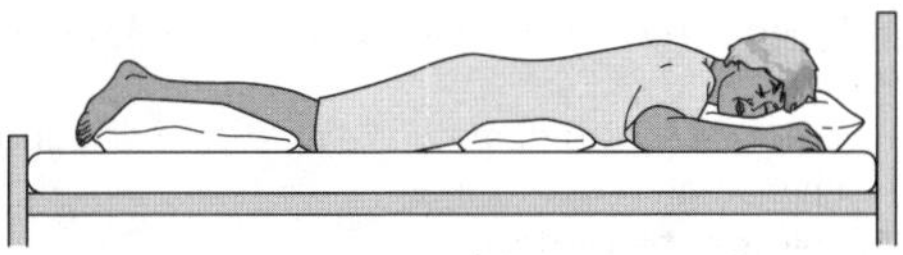

Posizione prona (supportata)

* L'entità del supporto dipende dalle necessità individuali del paziente

Riquadro 5.3 *Posizione prona (supportata).*

5.3.4 Posizione prona

Nella posizione prona **il paziente è disteso sull'addome con la testa girata da un lato**. Le anche non sono flesse. Sia i bambini che gli adulti dormono in questa posizione, qualche volta con una o entrambe le braccia flesse sulla testa (riquadro 5.3).

La posizione prona:

- è la sola posizione a letto che permette la massima estensione delle articolazioni dell'anca e del ginocchio;
- se usata periodicamente, aiuta a prevenire le contratture dovute alla flessione delle anche e delle ginocchia, riducendo in tal modo i problemi causati da tutte le altre posizioni a letto.

Ciò nondimeno, la posizione prona presenta anche alcuni inconvenienti. La forza di gravità sul tronco provoca una **lordosi accentuata** (la curvatura in avanti della colonna vertebrale lombare) nella maggior parte delle persone e il collo è molto ruotato lateralmente. Per questa ragione, i medici sconsigliano tale posizione in persone con problemi alla colonna vertebrale cervicale o lombare.

La posizione prona causa anche una **flessione plantare**. Alcuni pazienti con problemi cardiaci o respiratori trovano questa posizione costrittiva e soffocante, perché l'espansione del torace durante la respirazione è limitata.

La posizione prona dovrebbe essere usata solo quando la colonna vertebrale del paziente è adeguatamente allineata, solo per poco tempo e solo in pazienti che non evidenziano segni di anomalie vertebrali.

Il riquadro 5.3 descrive come mettere un paziente nella posizione prona.

SUGGERIMENTI PROFESSIONALI

Dispositivi di supporto

Cuscini

Disponibili in varie misure, sono usati per appoggiare o sollevare un braccio o una gamba. I cuscini spessi possono essere usati per sollevare la parte superiore del corpo.

Materassi

Sono disponibili diversi tipi di materassi per letti ospedalieri e il loro diverso uso dipende dai protocolli aziendali. Un materasso ospedaliero deve avere le seguenti caratteristiche: essere ignifugo, antibatterico e antimicrobico, facilmente lavabile disinfettabile e sanificabile, traspirante, impermeabile e antiallergico.

Stivaletti

Sono prodotti in varie sostanze. Hanno un fermo esterno e un'imbottitura per proteggere la pelle. Mantengono la posizione fisiologica dei piedi e sostengono il peso delle coperte sulle dita dei piedi.

Pedana

Piattaforma spesso di materiale plastico o di legno. Mantiene i piedi in dorsiflessione per prevenire la flessione plantare.

Rotolo per trocantere

Confezionato di solito arrotolando una coperta o un asciugamano. Viene messo sotto la cresta iliaca del paziente. Previene la rotazione esterna della gamba quando il paziente è in posizione supina.

Rotolo per la mano

Confezionato di solito arrotolando un panno. Lo scopo è mantenere una posizione adeguata per prevenire le contratture delle dita.

Cuscino per abduzione

Un cuscino modellato in forma triangolare, mantiene l'anca abdotta per evitare lussazioni.

5.3.5 Posizione laterale

Nella posizione laterale (su un fianco), **il paziente è appoggiato su un lato del corpo**. Flettere l'anca e il ginocchio superiori e mettere la gamba superiore davanti al corpo crea una larga base triangolare di appoggio e garantisce una maggiore stabilità.

Maggiore è la flessione dell'anca e del ginocchio, maggiori sono la **stabilità** e l'**equilibrio** in questa posizione. La flessione riduce la lordosi e favorisce un buon allineamento della schiena. Per questa ragione, la posizione laterale è idonea per far riposare e dormire i pazienti.

La posizione laterale favorisce la riduzione della pressione sul sacro e sui calcagni dei pazienti allettati per molti giorni e che rimangono in posizione di Fowler o in posizione distesa dorsale per molto tempo.

*Misure da attuare per migliorare l'allineamento e il supporto**

- Posizionare un cuscino sotto la testa e il collo per provvedere a un buon allineamento e prevenire la flessione laterale e l'affaticamento dei muscoli sternocleidomastoidei
- Mettere un cuscino sotto il braccio superiore per consentire un buon allineamento; il braccio inferiore si dovrebbe poter flettere facilmente. Evitare la rotazione interna e l'abduzione della spalla, che possono causare limitazioni funzionali successive, e prevenire una riduzione dell'espansione toracica
- Disporre un cuscino sotto la gamba e la coscia per dare loro un buon allineamento. Controllare che le spalle e le anche siano allineate. Queste misure prevengono la rotazione e l'adduzione interna del femore e la torsione della colonna vertebrale

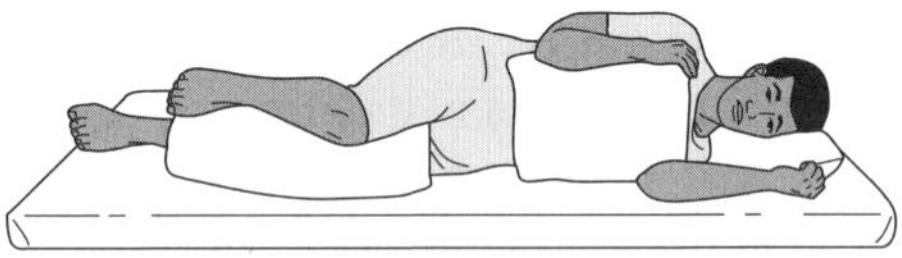

Posizione laterale (supportata).

* L'entità del supporto dipende dalle necessità individuali del paziente

Riquadro 5.4 *Posizione laterale (supportata).*

La maggior parte del peso corporeo poggia sulla parte laterale della scapola, sulla parte laterale dell'ilio e sul trocantere maggiore del femore. I pazienti che hanno un deficit motorio o sensoriale di una parte del corpo di solito trovano più comodo posizionarsi sul lato sano.

Il riquadro 5.4 descrive come mettere un paziente nella posizione laterale.

5.3.6 Posizione di Sims (semiprona)

Nella posizione di Sims (semiprona), **il paziente è in una posizione intermedia tra quella laterale e quella prona**. Il braccio inferiore è posto lungo il corpo, mentre il braccio superiore è flesso alla spalla e al gomito. Entrambe le gambe sono flesse davanti al paziente: la gamba superiore è maggiormente flessa all'anca e al ginocchio della gamba inferiore.

La posizione di Sims si usa:

- nei pazienti in stato di incoscienza, perché facilita il drenaggio dalla bocca e previene l'aspirazione di liquidi;
- nei pazienti con paralisi (paraplegici o emiplegici), perché riduce la pressione sul sacro e sul trocantere maggiore dell'anca;
- in caso di somministrazione di clisteri e in pazienti che devono essere sottoposti a visite e/o a trattamenti dell'area perineale.

Molte persone, soprattutto le **donne in gravidanza**, trovano la posizione di Sims comoda per dormire. I pazienti che hanno un **deficit motorio o sensoriale** di una parte del corpo considerano di solito più comodo essere posizionati sul lato sano.

Il riquadro 5.5 descrive come mettere un paziente nella posizione di Sims.

Misure da attuare per migliorare l'allineamento e il supporto*

- Mettere un cuscino per sostenere la testa mantenendone un buon allineamento, a meno che non sia necessario il drenaggio della bocca
- Porre un cuscino sotto il braccio superiore per prevenire la rotazione interna della spalla e del braccio
- Posizionare un cuscino sotto la gamba superiore per sostenerla in allineamento e prevenire la rotazione interna e l'adduzione dell'anca e della gamba
- Mettere dei sacchetti di sabbia (o rotoli fatti con asciugamani) per sostenere i piedi e prevenirne la dorsiflessione

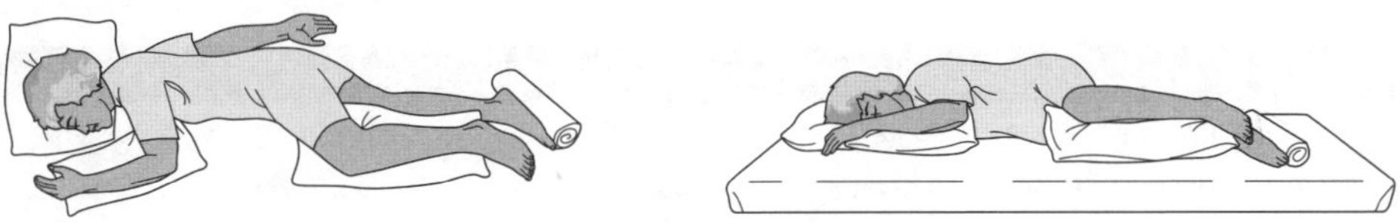

Posizione di Sims (supportata)

* L'entità del supporto dipende dalle necessità individuali del paziente

Riquadro 5.5 *Posizione di Sims (semiprona) (supportata).*

5.4 Muovere e girare i pazienti nel letto

Le persone sane sono solitamente in grado di spostarsi da un luogo all'altro o cambiare la posizione del proprio corpo con poco sforzo, mentre le persone malate possono avere difficoltà a muoversi anche nel letto.

Il grado di assistenza richiesta dai pazienti dipende dalla loro capacità di muoversi e dalla loro condizione di salute. Gli OSS devono valutare il bisogno di mobilizzazione sia nei pazienti autonomi sia in quelli che necessitano di assistenza per muoversi.

Per aiutare una persona a muoversi, il personale coinvolto ha bisogno di utilizzare una corretta meccanica del corpo, disporre di un numero appropriato di operatori e utilizzare **dispositivi di assistenza** (come quelli mostrati nelle figure 5.4 e 5.5) per evitare traumi a se stessi e al paziente.

Avere a disposizione un numero sufficiente di operatori e i giusti dispositivi di assistenza aiuta anche ad assicurare al paziente comodità e riservatezza. Il corretto allineamento del corpo del paziente deve essere mantenuto per non sottoporre a sforzi il sistema muscolo-scheletrico.

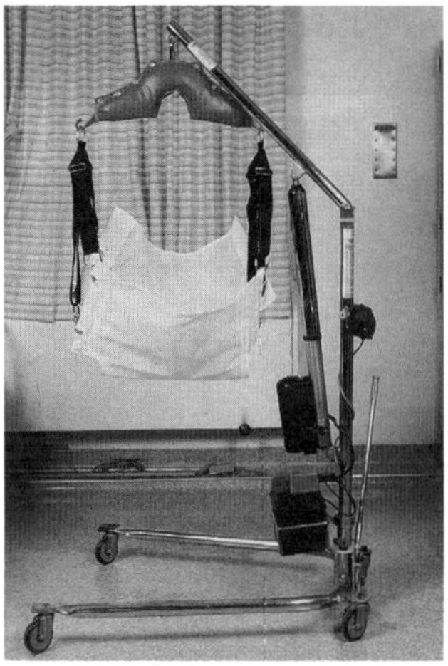

Figura 5.4 *Sollevatore idraulico con sedile a un pezzo.*

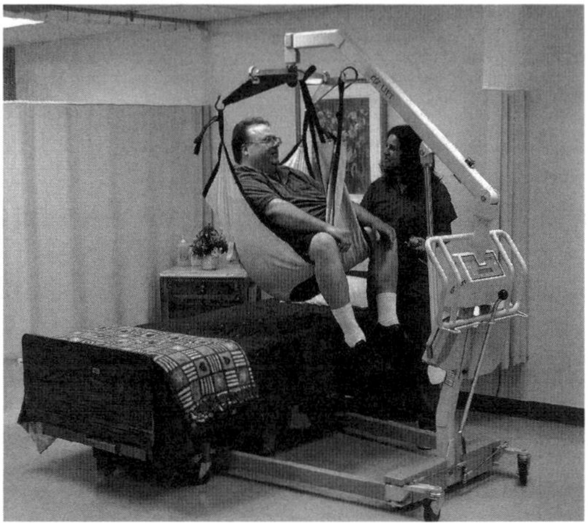

Figura 5.5 *Il sollevatore EZ® è un sollevatore elettrico che solleva i pazienti da letto, sedia, WC e pavimento.*

Le azioni e le basi razionali delle procedure da utilizzare per il sollevamento e il movimento sono riportate nella tabella 5.2.

Tabella 5.2 Azioni e basi razionali utilizzabili per muovere e/o sollevare i pazienti
• Non sollevare mai una persona o un oggetto che pesi più di 23 kg senza assistenti o dispositivi di assistenza
• Utilizzare un numero appropriato di operatori per effettuare la manovra
• Utilizzare i dispositivi di assistenza appropriati (sollevatori meccanici, assi, tavole ecc.) per la manovra
• Alzare il letto per mettere il paziente vicino al proprio centro di gravità
• Bloccare le ruote del letto e alzare la sponda della parte opposta per garantire la sicurezza del paziente
• Posizionarsi in direzione del movimento per prevenire torsioni della colonna vertebrale
• Assumere la posizione che consente di aumentare la stabilità e l'equilibrio
• Inclinare il tronco in avanti e flettere le anche, le ginocchia e le caviglie per abbassare il proprio centro di gravità, aumentare la stabilità e assicurare l'uso dei grandi gruppi muscolari durante il movimento
• Contrarre i glutei, gli addominali e i muscoli delle gambe e delle braccia per prepararli al movimento e prevenire traumi
• Oscillare dalla gamba anteriore a quella posteriore quando si tira e dalla gamba posteriore a quella anteriore quando si spinge; per vincere l'inerzia, contrastare il peso del paziente e aiutarlo a compiere un movimento progressivo ed equilibrato

5.5 Trasferimento e sollevamento

Molti pazienti non richiedono nessuna assistenza nel trasferimento dal letto alla sedia o alla sedia a rotelle, dalla sedia a rotelle al bagno e dal letto alla barella. Prima di qualsiasi trasferimento, comunque, l'**OSS** deve determinare le capacità fisiche e mentali del paziente per valutare la possibile collaborazione alla procedura di trasferimento.

Usare una **cintura di trasferimento (di deambulazione)** garantisce una maggiore sicurezza. La cintura ha una maniglia che consente all'infermiere di controllare i movimenti del paziente durante il trasferimento. Un numero sempre maggiore di strutture sanitarie richiede al personale di usare le cinture per il trasferimento o per la mobilizzazione dei pazienti.

Le **linee guida generali** relative alle tecniche di trasferimento sono le seguenti:

- pianificare *cosa fare* e *come farlo*. Determinare lo spazio in cui si dovrà eseguire la manovra di trasferimento (i bagni, per esempio, sono solitamente stretti), il numero di assistenti (uno o due) necessari per effettuare il trasferimento in sicurezza, la tecnica e la forza degli operatori, nonché le capacità del paziente;
- valutare l'*altezza del letto* e la *lunghezza delle gambe del soggetto* per assicurarsi che gli spostamenti autonomi dentro e fuori dal letto siano agevoli;
- quando si effettua una **visita domiciliare**, è importante ispezionare il *materasso*. Un materasso infossato, uno troppo morbido o uno ad acqua troppo pieno, se usati per un lungo periodo, contribuiscono allo sviluppo di contratture in flessione delle cosce e dolore alla parte bassa della schiena. Reti rigide o tavole di legno messe sotto il materasso sono fortemente raccomandate per pazienti che hanno problemi o curvature alla schiena;
- valutare le conoscenze delle persone che supportano il paziente sulla *meccanica del corpo* e sulla *prevenzione dei traumi*;
- istruire sul modo di *girare e posizionare il paziente nel letto*. Osservare le persone che normalmente aiutano il paziente mentre compiono i movimenti;
- insegnare alle persone che normalmente aiutano il paziente i **principi di base per il corretto allineamento del corpo** e come mantenerlo dopo aver riposizionato il paziente. Rivalutare periodicamente questa tecnica per migliorare la corretta applicazione della meccanica del corpo;
- insegnare alle persone che normalmente aiutano il paziente a **valutare la cute** per osservare l'integrità o la presenza di arrossamento dopo il riposizionamento;
- avvertire coloro che prestano assistenza dei pericoli del sollevamento e del riposizionamento e incoraggiare l'utilizzo di **dispositivi di assistenza**;
- sottolineare l'importanza di informare il personale di supporto su quanto tempo gli **arrossamenti della cute** rimangono sulla zona di pressione dopo il riposizionamento. Spiegare che queste zone di arrossamento non devono essere massaggiate, dato che ciò potrebbe determinare traumi ai tessuti;
- procurarsi l'attrezzatura essenziale prima di cominciare (ad esempio, cintura di trasferimento, assi di scivolamento, sedia a rotelle) e **controllare che tutti i dispositivi funzionino correttamente**;
- **rimuovere gli ostacoli** dall'area utilizzata per il trasferimento;
- spiegare la procedura di trasferimento al paziente, includendo ciò che il paziente stesso dovrebbe fare;
- spiegare la procedura di trasferimento al personale di supporto e specificare chi darà le direttive (deve esserne incaricata una sola persona);
- sostenere o mantenere sempre il paziente piuttosto che l'attrezzatura e garantirgli sicurezza e dignità;

- scrivere un programma per il trasferimento, includendovi i dati relativi alla tolleranza del paziente (ad esempio, polso e frequenza respiratoria).

Documentare tutte le informazioni rilevanti. Registrare:

- l'ora del cambio di posizione, specificando posizione iniziale e finale;
- eventuali segni di aree di pressione;
- l'uso di dispositivi di supporto;
- le capacità del paziente nel collaborare al movimento e al posizionamento;
- la risposta del paziente quando viene mosso e girato (ad esempio, ansia, disagio, vertigini).

La tabella 5.3 propone le linee guida operative per un uso sicuro di **barelle** e **sedie a rotelle**.

Tabella 5.3 Linee guida operative
Uso sicuro delle sedie a rotelle
Mettere sempre i blocchi a entrambe le ruote della sedia a rotelle, quando il paziente si trasferisce dalla sedia o sulla sedia Alzare i poggiapiedi prima di trasferire il paziente sulla sedia a rotelle Abbassare i poggiapiedi dopo il trasferimento e posizionarvi i piedi del paziente Assicurarsi che il paziente sia ben posizionato in fondo al sedile della sedia Usare le cinture di sicurezza, che devono essere chiuse per proteggere dalle cadute pazienti disorientati Entrare o uscire da un ascensore con la sedia a rotelle tirandola sempre dalle ruote posteriori Posizionarsi sempre tra la sedia a rotelle e la parte più bassa di un piano inclinato
Uso sicuro delle barelle
Bloccare le ruote del letto e della barella prima di trasferire il paziente dall'una all'altra posizione Chiudere le cinghie di sicurezza intorno al paziente sulla barella e alzare le sponde Non lasciare mai da solo il paziente sulla barella senza aver alzato le sponde da tutti e due i lati, bloccato le ruote e legato le cinghie di sicurezza intorno al paziente Spingere sempre la barella dalla parte della testa del paziente. Questo accorgimento serve per proteggere la testa del paziente in caso di collisione Se la barella ha due ruote orientabili e due fisse: – posizionare sempre la testa del paziente dal lato delle ruote fisse; – spingere la barella dal lato delle ruote fisse (la barella si manovra più facilmente se spinta da questo lato); – manovrare la barella in modo che la testa del paziente entri per prima nell'ascensore

5.6 La deambulazione

La deambulazione (l'atto del camminare) è una facoltà che la maggior parte delle persone dà per scontata, tralasciando che quando si è ammalati e/o costretti a letto, si è impossibilitati a camminare. Più a lungo i pazienti rimangono a letto, maggiore è la difficoltà che hanno nel ricominciare a camminare. Spesso uno o due giorni a letto rendono un soggetto debole, instabile e tremante quando si alza. Un paziente operato, anziano o immobilizzato per molto tempo si sente maggiormente debole.

Il personale sociosanitario è spesso chiamato ad assistere i pazienti che si preparano a camminare nuovamente. Si tratta di un compito impegnativo, che comincia quando i pazienti sono ancora allettati.

Gli OSS dovrebbero incoraggiare i pazienti a compiere le attività quotidiane, a mantenere un corretto allineamento del corpo e a eseguire regolari esercizi muscolari, con la massima gamma di movimenti possibile, rispettando le limitazioni imposte dalla malattia e dalla convalescenza.

I problemi più comuni che interferiscono con la capacità di deambulazione includono **patologie muscolari, malattie o traumi alle ossa degli arti inferiori** o che danneggiano l'equilibrio, come un'infezione all'orecchio o un accidente cerebrovascolare che provoca **emiplegia** (perdita dei movimenti di una parte del corpo).

Sono ausili alla deambulazione strumenti come bastoni, deambulatori e stampelle.

SUGGERIMENTI PROFESSIONALI

Assistere il paziente nella deambulazione

Bambini e adolescenti

I bambini e gli adolescenti che hanno subìto un trauma sportivo (ad esempio, distorsione della caviglia) potrebbero voler essere più attivi di quanto sia possibile. Per limitarne l'attività e favorirne la guarigione, può essere applicato un gesso, una stecca o uno stivale.

Insegnare ai bambini l'importanza di un'attività appropriata e l'uso dei dispositivi di assistenza (come le stampelle), se necessario.

Aiutarli a focalizzare cosa ***possono*** fare piuttosto che ciò che non possono fare (ad esempio, dicendo loro: "puoi stare in piedi sulla linea dei tiri liberi e fare lanci nel canestro").

Anziani

Accertarsi di come il paziente abbia camminato in precedenza e modificare l'assistenza di conseguenza.

Mettere in programma un peggioramento della velocità, dello sforzo, della resistenza alla fatica, del tempo di reazione e della coordinazione dovuto a una diminuzione della conduzione nervosa.

Essere cauti quando si utilizza una **cintura di trasferimento con un paziente affetto da osteoporosi**. Una pressione eccessiva prodotta dalla cintura può aumentare il rischio di fratture vertebrali da compressione.

Se si utilizzano dispositivi di assistenza quali un **deambulatore** o un **bastone**, assicurarsi che il paziente sia supervisionato quando comincia a imparare il corretto metodo di utilizzo. Le **stampelle** potrebbero creare molta più difficoltà ai pazienti anziani, a causa della loro ridotta forza a livello della porzione superiore del corpo.

Stare attenti a cogliere i **segni di intolleranza** all'attività, specialmente nei pazienti anziani con problemi cardiaci o polmonari.

Stabilire piccoli obiettivi e ampliarli lentamente per aumentare resistenza, forza e flessibilità.

Essere consapevoli di tutti i **rischi di cadute** cui sono esposti i pazienti anziani.

Nelle persone anziane, le risposte corporee tornano normali più lentamente. Per esempio, un aumento della frequenza cardiaca determinato da un esercizio fisico potrebbe permanere per ore prima che la frequenza torni normale.

5.6.1 Gli ausili meccanici per camminare

Gli ausili meccanici per camminare includono bastoni, stampelle e deambulatori. Comunemente si usano tre tipi di bastoni: il **bastone standard** (o bastone diritto), il **bastone a treppiede** (o tripode), che ha tre appoggi, e il **bastone quadrangolare**, a quattro piedi (Fig. 5.6).

Le punte del bastone dovrebbero avere tappi di gomma per migliorare la trazione e prevenire gli scivolamenti. Il bastone standard è lungo 91 cm; alcuni bastoni di alluminio si possono regolare da 56 a 97 cm. La lunghezza dovrebbe permettere al gomito di essere leggermente flesso. I pazienti possono usare uno o due bastoni, a seconda del bisogno di sostegno.

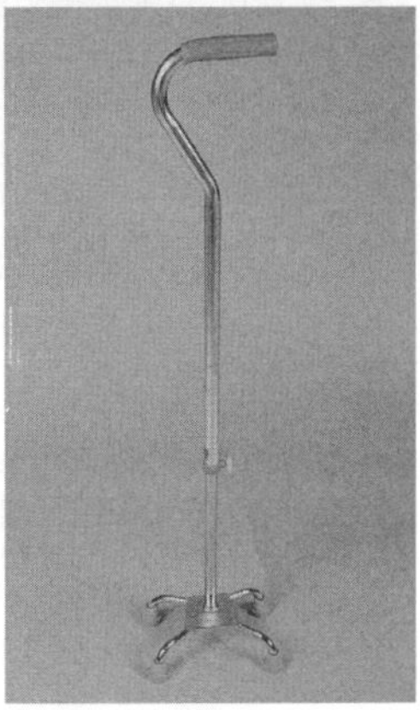

Figura 5.6 *Bastone quadrangolare.*

Le **stampelle** possono rappresentare una necessità provvisoria per alcune persone e permanente per altre: esse hanno lo scopo di favorire una deambulazione autonoma; pertanto, è importante imparare a usarle correttamente.

Le stampelle più frequentemente usate sono la **stampella ascellare** con impugnatura e la **stampella di Lofstrand**, che poggia solo sull'avambraccio (Fig. 5.7). Il polsino metallico intorno all'avambraccio e l'impugnatura di metallo stabilizzano i polsi e rendono la deambulazione più sicura e più facile. La piattaforma, o stampella estensore del gomito, ha anch'essa un polsino per il braccio (Fig. 5.7). Tutte le stampelle richiedono punte a ventosa, di solito di gomma, che aiutano a prevenire lo scivolamento sulla superficie del pavimento.

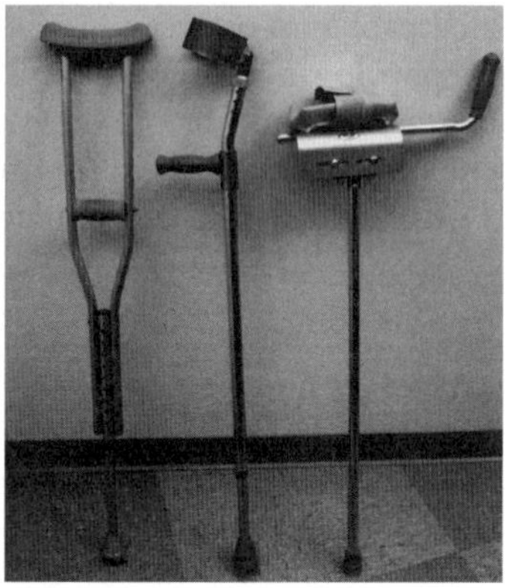

Figura 5.7 *Tipi di stampelle: ascellare, di Lofstrand e piattaforma.*

SUGGERIMENTI PROFESSIONALI

Valutare l'altezza dei pazienti per la scelta delle stampelle

Gli operatori devono valutare l'altezza dei pazienti per la scelta di stampelle ascellari; infatti, è molto importante calcolare la corretta lunghezza delle stampelle e la corretta posizione delle impugnature.
Per determinare la lunghezza delle stampelle si possono utilizzare due metodi:

- il paziente giace in posizione supina e si misura dalla parte anteriore dell'ascella fino a un punto a 2,5 cm lateralmente al calcagno;
- il paziente, in piedi, posiziona la punta delle stampelle 5 cm davanti e 15 cm lateralmente al piede. L'operatore si assicura che vi sia uno spazio di almeno tre dita (da 2,5 a 5 cm) tra ascella e stampella con le spalle in posizione di riposo.

Per determinare la corretta posizione delle impugnature:

- il paziente sta in piedi e supporta il peso del corpo con le impugnature delle stampelle;
- l'operatore misura l'angolo di flessione del gomito, che deve essere di circa 30°. Per verificare che l'angolo sia corretto, può essere usato un goniometro (uno strumento portatile che si utilizza per misurare gli angoli alle articolazioni).

Insegnare al paziente il corretto utilizzo delle stampelle

- Seguire il piano di esercizi sviluppato per rinforzare i muscoli delle braccia prima di iniziare a camminare con le stampelle.
- La corretta lunghezza delle stampelle e la posizione delle impugnature devono essere stabilite da personale specializzato. Le **stampelle troppo lunghe** forzano le spalle verso l'alto e rendono difficile alzare il corpo da terra; invece, le **stampelle troppo corte** determinano un incurvamento e una cattiva posizione del corpo.
- Il **peso del corpo** deve essere sostenuto sia dalle braccia che dalle ascelle. La continua pressione sulle ascelle può danneggiare il nervo radiale e determinare debolezza dei muscoli dell'avambraccio, del polso e della mano.
- Mantenere una **postura più eretta possibile** per prevenire stiramenti muscolari e articolari e mantenere l'equilibrio.
- Ogni passo fatto con le stampelle deve essere di lunghezza adeguata. È opportuno iniziare con piccole distanze piuttosto che con lunghi passi.
- Controllare regolarmente i **tappi di gomma delle stampelle** e sostituirli, se consumati.
- Mantenere i **tappi delle stampelle asciutti e puliti** per garantire l'attrito. Se un tappo si bagna, asciugarlo bene prima dell'uso.
- Indossare **scarpe con il tacco basso** che facciano presa sul pavimento. Le suole di gomma riducono il rischio di scivolamento. Sistemare i lacci delle scarpe in modo che non possano sciogliersi o raggiungere il pavimento, dove potrebbero finire sotto le stampelle.

5.7 Procedure attribuibili all'OSS

Le procedure di mobilizzazione del paziente possono essere attribuibili all'OSS, in base al livello di abilità dell'operatore e al grado di complessità assistenziale. Le posizioni più adatte per il paziente sono in funzione dell'integrità della cute. Inoltre, si valuta il comfort e il giusto allineamento del paziente dopo il riposizionamento.

Sono attribuite all'operatore sociosanitario le seguenti procedure:
- Posizionamento di un paziente nel letto
- Mobilizzazione di un paziente nel letto
- Mobilizzazione di un paziente nella posizione laterale o prona
- Mobilizzazione di un paziente nel letto mantenendo la posizione allineata (rotolamento)
- Posizionamento di un paziente sul bordo del letto
- Trasferimento di un paziente dal letto alla sedia
- Trasferimento di un paziente dal letto alla barella
- Mobilizzazione di un paziente mediante l'uso del sollevatore
- Assistenza al paziente durante la deambulazione
- Mobilizzazione di un paziente che necessita di bastone per camminare
- Mobilizzazione di un paziente attraverso l'uso delle stampelle

Procedura 5.1 Sostenere la posizione del paziente a letto

Accertamento

Valutare la forza, l'abilità e qualsiasi esigenza specifica del paziente prima di fargli cambiare posizione. I fattori da valutare comprendono:
- *Tessuto adiposo.* Un paziente con molto tessuto adiposo richiede generalmente meno cuscini di supporto rispetto a un paziente magro nella posizione supina, ma un maggior numero di supporti per mantenere una posizione laterale.
- *Struttura scheletrica.* Sia la quantità che i tipi di appoggi si differenziano in base alla struttura scheletrica dell'individuo. Un paziente con una marcata lordosi lombare richiede un maggiore supporto lombare rispetto a un paziente con lordosi trascurabile.
- *Condizioni di salute.* Un paziente con paralisi flaccida o spastica richiede dei supporti. Il supporto differisce in base alla condizione di salute specifica del paziente.
- *Fastidio.* Un paziente che sente dolore durante i movimenti chiede di poterlo prevenire o di potersi muovere senza dolore. Un paziente in stato di incoscienza non è in grado di riferire il bisogno di mobilizzazione e la necessità di supporti per mantenere la posizione.
- *Condizione della cute.* I pazienti che hanno problemi di nutrizione e/o problemi di circolazione richiedono l'utilizzo di più cuscini nei punti di compressione rispetto agli altri, per prevenire le piaghe da decubito.
- *Capacità di movimento.* I pazienti che possono muoversi nel letto possono cambiare frequentemente posizione. Il paziente che non è in grado di muoversi da solo (per esempio, in stato di incoscienza) richiede l'uso di supporti per evitare la tensione muscolare.
- *Idratazione.* I pazienti disidratati sono più a rischio di insorgenza di ulcere da decubito rispetto a quelli ben idratati e perciò hanno bisogno di maggiore supporto sotto le zone sottoposte a pressione.
- *Aspetti culturali.* Bisogna tener conto delle barriere comunicative, delle questioni personali o del sesso dell'operatore sanitario. Infatti, a seconda del loro *background*, alcuni pazienti po-

trebbero sentirsi estremamente a disagio nell'essere toccati da una persona dell'altro sesso o dello stesso sesso. L'unico modo per saperlo è chiederlo e osservare attentamente le risposte alla situazione. Rispettare il pudore e le esigenze personali del paziente quando possibile e rassicurarlo durante tutta la procedura. La maggior parte dei pazienti apprezza la gentilezza e un tocco deciso ma delicato.

Pianificazione assistenziale

- Determinare la necessità di supporti, come cuscini, rotoli o asciugamani piegati, supporti di gommapiuma, pedane, rotoli per le mani, stecche da polso o da mano o sacchetti di sabbia.
- Determinare l'entità dell'assistenza richiesta per posizionare il paziente. Il rischio di stiramenti muscolari e di danni per il paziente e per l'infermiere si riduce quando viene erogata un'assistenza adeguata.

Il posizionamento dei pazienti a letto può essere delegato all'OSS o ai familiari, sulla base della loro conoscenza e abilità e del grado di complessità assistenziale. L'OSS deve conoscere le posizioni adatte per il paziente in base alle variazioni dell'integrità cutanea. Si deve incoraggiare il paziente a partecipare, per quanto possibile, al cambio di posizione. L'infermiere è responsabile della valutazione del comfort e del giusto allineamento del paziente dopo il riposizionamento e dell'integrità della cute, in particolare nelle zone di compressione.

Materiale occorrente

Il seguente materiale può essere usato per posizionare i pazienti:
- Cuscini (da uno a sei), in base alle esigenze del paziente
- Rotoli per il trocantere
- Pedana
- Rotoli da mano o stecche da polso, se necessari
- Asciugamano piegato
- Sacchetti di sabbia o asciugamani arrotolati

Interventi assistenziali

Preparazione

- Controllare l'ora in cui si deve effettuare il cambio di posizione e la posizione che deve assumere il paziente.
- Se necessario, somministrare un analgesico prima di cambiare la posizione del paziente.
- Se necessario, chiedere la presenza di più di un operatore.

Tecnica

1. Prima di effettuare la procedura, presentarsi e verificare l'identità del paziente secondo il protocollo della struttura. Spiegare al paziente che cosa si sta facendo, perché e come può collaborare.
2. Provvedere alla riservatezza del paziente.
3. Lavarsi le mani e osservare le procedure per il controllo delle infezioni.

Posizionare un paziente nella posizione di Fowler

1. Posizionare il paziente.
   - Far flettere leggermente le ginocchia al paziente prima di sollevare la testa del letto. Assicurarsi che le anche del paziente siano posizionate sul punto in cui il letto si piega quando la testa del letto viene alzata.
   - alzare la testa del letto a 45°.

2. Provvedere a posizionare i supporti per allineare adeguatamente il paziente.
   - Mettere un piccolo cuscino o rotolo sotto la regione lombare della schiena nello spazio della curvatura lombare.
   - Mettere un piccolo cuscino sotto la testa del paziente.
   - Mettere uno o due cuscini sotto le gambe dalle ginocchia alle caviglie. Accertarsi che non sia esercitata alcuna pressione sullo spazio popliteo e che le ginocchia si possano flettere. Mantenere le ginocchia leggermente flesse evita anche che il paziente scivoli verso i piedi del letto.
   - Mettere un rotolo lateralmente a ogni femore (opzionale).
   - Posizionare dei cuscini per sostenere entrambe le braccia e le mani se il paziente ha una limitazione funzionale. Sistemare i cuscini in modo da dare appoggio solo agli avambracci e alle mani, fino ai gomiti. In questo modo, i cuscini sostengono le spalle.

Posizionare un paziente nella posizione distesa dorsale

1. Assistere il paziente ad assumere la posizione supina.
2. Provvedere ai supporti per allineare il paziente in modo adeguato.
   - Mettere un cuscino di grandezza appropriata sotto la testa del paziente, come richiesto.
   - Mettere un cuscino sotto le gambe dalle ginocchia alle caviglie.
   - Mettere un rotolo per il trocantere contro i femori lateralmente (opzionale).
   - Mettere un asciugamano arrotolato o un piccolo cuscino sotto la curvatura lombare se c'è uno spazio tra l'area lombare e il letto.
   - Sollevare con dei cuscini gli avambracci e le mani (non la parte superiore delle braccia) se il paziente è in stato di incoscienza o ha una paralisi agli arti superiori.
   - Usare un rotolo da polso o un'asticella da flessione per le dita se il paziente ha o potrebbe avere una potenziale deformità del polso o delle dita (Fig. 5.8).

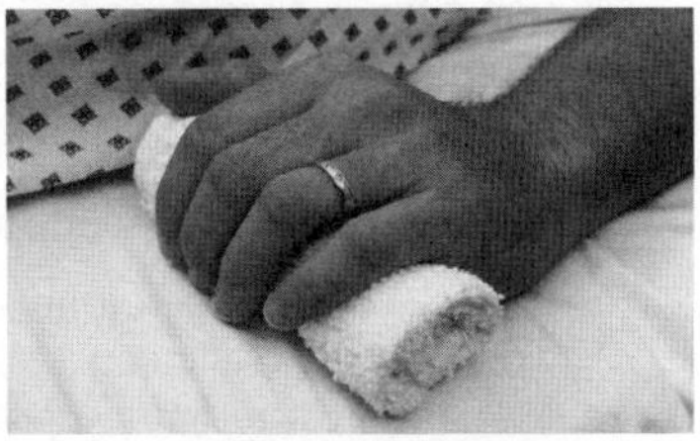

Figura 5.8 *Il rotolo per la mano può essere costituito da un piccolo asciugamano arrotolato e piegato. È usato per mantenere una posizione funzionale del polso e delle dita e prevenire le contratture.*

Posizionare un paziente nella posizione prona

1. Assistere il paziente ad assumere la posizione prona.
2. Provvedere a utilizzare le apparecchiature di supporto per allineare il paziente in modo adeguato.
   - Girare la testa del paziente da un lato e togliere completamente il cuscino per favorire il drenaggio dalla bocca o mettere un piccolo cuscino sotto la testa per allineare la testa con il tronco. Evitare di mettere il cuscino sotto le spalle.
   - Mettere un piccolo cuscino o un rotolo sotto l'addome nello spazio tra il diaframma (o le mammelle nella donna) e le creste iliache.
   - Mettere un cuscino sotto le gambe dalle ginocchia alle caviglie. In alternativa, posizionare il paziente a letto con i piedi stesi in una posizione anatomica normale sul bordo inferiore del materasso.

Posizionare un paziente nella posizione laterale

1. Assistere il paziente ad assumere la posizione laterale.
2. Provvedere a utilizzare le apparecchiature di supporto per allineare il paziente in modo adeguato.
   - Mettere un cuscino sotto la testa del paziente perché la testa e il collo siano allineati con il tronco.
   - Far flettere al paziente la spalla inferiore e mettere in posizione il corpo per non farla rimanere sotto di esso. Ruotarla in posizione comoda.

- Mettere un cuscino sotto il braccio superiore. Se il paziente ha difficoltà respiratorie, aumentare la flessione della spalla e posizionare il braccio superiore davanti al torace.
- Mettere due o più cuscini sotto la coscia e la parte alta della gamba in modo che l'arto sia in una posizione parallela alla superficie del letto.
- Assicurarsi che le due spalle siano allineate sullo stesso piano, così come le due anche. Se non lo sono, spingere una spalla o un'anca indietro o in avanti finché le quattro articolazioni non siano allineate sullo stesso piano.
- Mettere un asciugamano arrotolato sotto l'incavo naturale della vita (opzionale). Avere cura di riempire ogni spazio della curvatura della vita.
- Mettere un cuscino arrotolato accanto al dorso del paziente per stabilizzarne la posizione (opzionale). Questo cuscino non è di solito necessario se le anche e le ginocchia sono adeguatamente flesse.

Posizionare un paziente nella posizione di Sims

1. Girare il paziente come per la posizione prona.
2. Provvedere a utilizzare i supporti adeguati per allineare il paziente in modo corretto.
   - Mettere un piccolo cuscino sotto la testa del paziente in modo che sia facilitato il drenaggio della bocca.
   - Mettere l'avambraccio davanti al corpo del paziente in una posizione confortevole che non alteri la circolazione.
   - Posizionare la spalla superiore in modo che sia abdotta dal corpo e che spalla e gomito siano flessi. Mettere un cuscino nello spazio tra torace, addome, braccio superiore e letto.
   - Mettere un cuscino nello spazio tra addome, pelvi, parte alta della coscia e letto.
   - Assicurarsi che le due spalle siano allineate sullo stesso piano, così come le due anche. Se non lo sono, spingere una spalla o un'anca indietro o in avanti finché le quattro articolazioni non siano allineate sullo stesso piano.
   - Mettere un sistema di supporto (per esempio, un sacchetto di sabbia o un asciugamano arrotolato) contro il piede inferiore.

Documentare accuratamente sulla cartella assistenziale del paziente tutti i cambiamenti di posizione, registrando:

- Orario, cambi di posizione e mobilizzazione in base a quanto previsto dai protocolli della struttura.
- Numero di operatori richiesti per girare e posizionare il paziente.
- Precauzioni di sicurezza e uso di eventuali pre-medicazioni.
- Modalità con cui il paziente è capace di contribuire al posizionamento.
- Ogni segno di contratture e aree di pressione.
- Ogni difficoltà che il paziente incontra nella respirazione (posizioni di Fowler, prona o di Sims).
- Uso di sistemi di supporto/assistenza e di eventuali richieste specifiche.

Dopo la procedura

- Controllare l'integrità della cute nelle aree sottoposte a pressione nella posizione precedente. Confrontare i dati attuali con quelli precedenti, se disponibili effettuare una valutazione delle nuove o pregresse aree di escoriazione cutanea e documentarle.
- Controllare il corretto allineamento del corpo dopo il cambio di posizione. Effettuare un controllo visivo e chiedere al paziente il grado di comodità.
- Valutare che tutte le precauzioni di sicurezza richieste siano a posto (per esempio, sponde o sbarre).
- Riferire all'infermiere ogni alterazione significativa.

Procedura 5.2 Mobilizzare un paziente a letto

Accertamento

Valutare:
- La capacità fisica del paziente di contribuire al movimento (per esempio, forza muscolare, presenza di paralisi).
- La capacità del paziente di comprendere le istruzioni.
- Il grado di benessere o malessere del paziente nell'effettuare un movimento. In caso di dolore riferire all'infermiere al fine di valutare misure per alleviare il dolore prima di effettuare il movimento.
- Il peso del paziente.
- La presenza di ipotensione ortostatica (caduta della pressione sanguigna dipendente dalla posizione). Questo è particolarmente importante quando il paziente si alza.
- La disponibilità di attrezzature e altri operatori per l'assistenza.

Pianificazione assistenziale

- Utilizzare le giuste attrezzature di assistenza e farsi aiutare da altri operatori, quando necessario. Accertarsi che il paziente comprenda le istruzioni e procurarsi un interprete, se necessario. Determinare il numero di operatori e il tipo di attrezzatura necessari per effettuare in modo sicuro il cambiamento di posizione in modo da prevenire lesioni allo staff e al paziente.

La mobilizzazione è attribuita all'OSS o ai familiari del paziente, sulla base delle loro conoscenze e abilità e del grado di complessità assistenziale. L'OSS dovrebbe accertarsi della disponibilità delle attrezzature e degli operatori necessari per ridurre il rischio di lesioni al personale sanitario. È necessario che vengano riferiti all'infermiere tutti i cambiamenti dello stato di salute del paziente che richiedono una nuova valutazione.

Materiale occorrente

- Sistemi di assistenza, come un trapezio, un'amaca di stoffa, un asse di scivolamento o un trasportatore e una sbarra di trasferimento o di scivolamento

Interventi assistenziali

Preparazione
- Determinare i sistemi di assistenza necessari.
- Determinare eventuali ostacoli ai movimenti, come un supporto per fleboclisi o un'ingessatura a una gamba.
- Stabilire l'eventuale necessità di aiuto da parte di altro personale di assistenza.

Tecnica
1. Prima di effettuare la procedura, presentarsi e verificare l'identità del paziente secondo il protocollo della struttura. Spiegare al paziente che cosa si sta facendo, perché e come può collaborare.
2. Provvedere alla riservatezza del paziente.
3. Lavarsi le mani e osservare le procedure per il controllo delle infezioni, Indossare i guanti monouso.
4. Sistemare il letto e posizionare il paziente correttamente.

- Sistemare la testa del letto in una posizione piana o la più bassa che il paziente possa tollerare.
- Alzare il letto all'altezza del proprio centro di gravità.
- Bloccare le ruote del letto e alzare la sponda del lato opposto.
- Togliere tutti i cuscini e metterne uno sulla testa del letto.

5. Richiedere l'aiuto del paziente per ridurre il carico di lavoro.
   - Chiedere al paziente di flettere le anche e le ginocchia e posizionare i piedi in modo che possano essere usati per spingere.
   - Chiedere al paziente di:
     a. Afferrare la testa del letto con entrambe le mani e tirare durante il movimento.
     Oppure:
     b. Alzare la parte superiore del corpo sui gomiti e spingere con le mani e gli avambracci durante il movimento.
     Oppure:
     c. Afferrare il trapezio con ambedue le mani, sollevarsi e spingere durante il movimento.
6. Posizionarsi adeguatamente e spostare il paziente.
   - Fronteggiare la direzione del movimento e assumere una posizione a gambe larghe, con un piede dove si sposta il peso del corpo e l'altro più indietro. Inclinare il tronco in avanti sulle cosce. Flettere le cosce, le ginocchia e le anche.
   - Mettere il braccio prossimale sotto le cosce del paziente (Fig. 5.9). Spingere in basso sul materasso con il braccio distale.
   - Contrarre i muscoli glutei, addominali, delle gambe e delle braccia e dondolare dalla gamba posteriore a quella anteriore, e viceversa. Quindi spostare il peso sulla gamba anteriore mentre il paziente spinge con i calcagni e tira con le braccia, in modo da muovere il paziente verso la testa del letto.

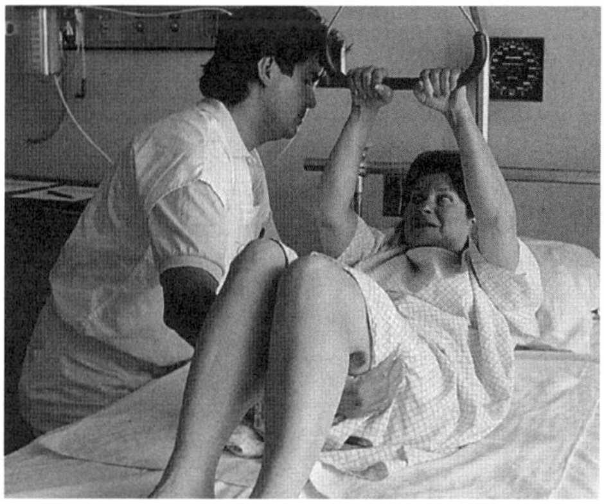

Figura 5.9 *Spostare un paziente verso la testa del letto.*

7. Assicurare il comfort del paziente.
   - Alzare la testa del letto e provvedere a mettere gli appropriati sistemi di supporto per la nuova posizione del paziente.
8. Garantire la sicurezza del paziente (letto basso) e fornire il campanello di chiamata. Se prescritte posizionare le sponde laterali.
9. Rimuovere i guanti e procedere al lavaggio delle mani.

Variazione: paziente con forza limitata agli arti superiori

- Aiutare il paziente a flettere le cosce e le ginocchia come nel precedente punto 5. Mettere le braccia del paziente incrociate sul torace. Chiedere al paziente di piegare il collo durante il movimento e alzare la testa dalla superficie del letto.

Procedura 5.3 Mobilizzare il paziente nel letto nella posizione laterale o prona

Accertamento

Determinare:

- I dispositivi di assistenza che saranno necessari.
- Gli ostacoli per i movimenti, quali un accesso EV o un pesante gesso a una gamba.
- L'assistenza richiesta da parte di altri operatori sanitari.

Interventi assistenziali

1. Prima di effettuare la procedura, presentarsi e verificare l'identità del paziente secondo il protocollo della struttura. Spiegare al paziente che cosa si sta facendo, perché e come può collaborare.
2. Provvedere alla riservatezza del paziente.
3. Lavarsi le mani e osservare le procedure per il controllo delle infezioni, indossare i guanti monouso.
4. Posizionare se stessi e il paziente in modo appropriato prima di eseguire il movimento.
   - Spostare il paziente vicino al lato del letto opposto a quello in cui sarà rivolto una volta girato. Usare una traversa al di sotto del tronco e delle cosce del paziente per tirarlo verso il lato del letto. Arrotolare la traversa il più possibile vicino al corpo del paziente e spingerlo verso il lato del letto. Sistemare la testa del paziente e riposizionare le gambe in modo adeguato.
   - Posizionarsi in piedi accanto al letto dal lato dove giace il paziente e fargli incrociare le braccia sul torace. Abdurre la spalla del paziente più lontana dal lato del corpo e ruotare esternamente la spalla (Fig. 5.10A).
   - Incrociare anca e piede prossimali del paziente con quelli distali.
   - Alzare la sponda del letto vicino al paziente prima di andare dall'altro lato.
   - Mettersi dall'altro lato del letto, all'altezza della vita del paziente, il più possibile vicino al letto.
   - Inclinare il tronco in avanti sulle cosce e flettere cosce, ginocchia e caviglie. Posizionarsi a gambe larghe con un piede in avanti e il peso su questo piede.

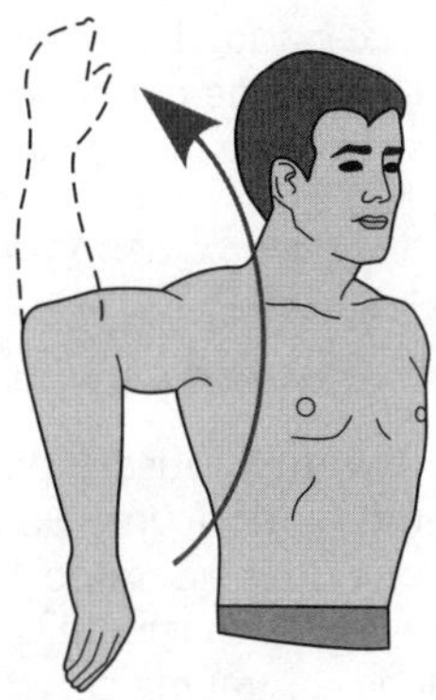

Figura 5.10A *La rotazione esterna della spalla previene lo schiacciamento del braccio sotto il corpo del paziente quando questi viene girato.*

5. Tirare o far rotolare il paziente verso di sé nella posizione laterale.
   - Mettere una mano sotto l'anca distale del paziente e l'altra sotto la spalla distale (Fig. 5.10B).
   - Contrarre i muscoli glutei, addominali, delle cosce e delle braccia; tirare all'indietro, spostando il peso dal piede anteriore a quello posteriore, e ruotare il paziente sul fianco di fronte a sé.
   - Posizionare il paziente sul fianco, con le braccia e le gambe posizionate e supportate in modo adeguato (Fig. 5.10C).

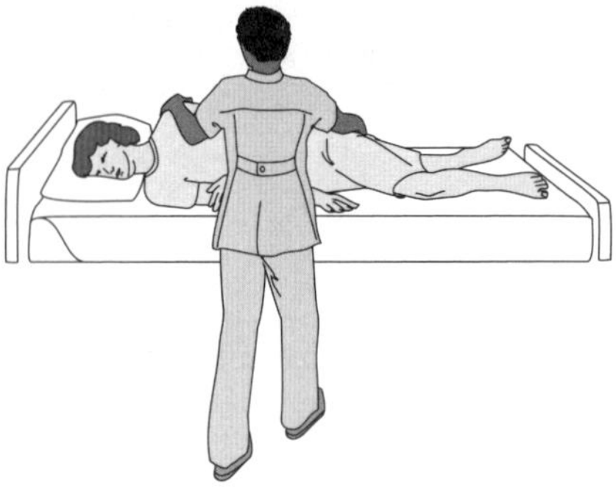

Figura 5.10B *Spostare un paziente in posizione laterale.*

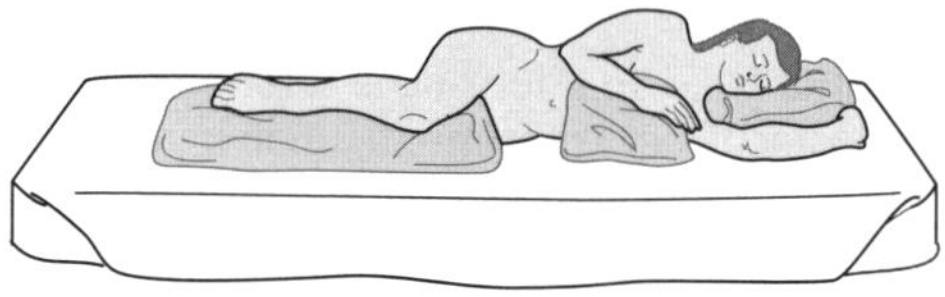

Figura 5.10C *Posizione laterale mantenuta con il sostegno dei cuscini.*

Variazione: girare il paziente nella posizione prona

Per girare un paziente nella posizione prona, seguire le precedenti istruzioni, con le seguenti eccezioni:

- Invece di abdurre il braccio distale, mettere il braccio lungo il corpo del paziente.
- Ruotare il paziente completamente. Non tirare mai il paziente nel letto finché è in posizione prona.

6. Documentare sulla cartella assistenziale del paziente tutte le informazioni utili. Annotare:
   - Ora, cambio della posizione e tipi di posizioni.
   - Gli eventuali segni di pressione e le zone in cui sono presenti.
   - L'uso di supporti.
   - La capacità del paziente di muoversi.
   - La reazione del paziente ai movimenti e ai posizionamenti (per esempio, ansia, disagio, sensazione di vertigine).

Procedura 5.4 Mobilizzare il paziente nel letto mantenendo la posizione allineata (rotolamento)

Il **rotolamento** è usato per girare un paziente il cui corpo deve sempre mantenere l'allineamento diritto (come un tronco), ad esempio un paziente con danno spinale. Particolare attenzione deve essere posta per prevenire dei traumi accessori. Questa tecnica richiede due operatori o, se il paziente è particolarmente alto e/o grosso, anche tre operatori. Per pazienti che hanno un trauma cervicale, un operatore deve mantenere la testa e il collo del paziente allineati.

Accertamento

Determinare:

- I dispositivi di assistenza che saranno necessari.
- Gli ostacoli per i movimenti, quali un accesso EV o un pesante gesso a una gamba.
- L'assistenza richiesta da parte di altri operatori sanitari.

Interventi assistenziali

1. Prima di effettuare la procedura, presentarsi e verificare l'identità del paziente secondo il protocollo della struttura. Spiegare al paziente che cosa si sta facendo, perché e come può collaborare.

2. Provvedere alla riservatezza del paziente.
3. Lavarsi le mani e osservare le procedure per il controllo delle infezioni, indossare i guanti monouso.
4. Posizionarsi accuratamente prima del movimento.
   - Mettersi tutti dallo stesso lato del letto e assumere una posizione che aumenti l'equilibrio con i due piedi allargati.
   - Mettere le braccia del paziente sul torace.
   - Inclinare il tronco e flettere cosce, ginocchia e caviglie.
   - Mettere le mani sotto il paziente, a seconda della stazza del paziente.
   - Contrarre i muscoli glutei, addominali, delle cosce e delle braccia.
5. Tirare il paziente verso l'esterno del letto.
   - Un operatore dice "uno, due, tre, via" e al via tutti gli operatori, contemporaneamente, tirano il paziente verso l'esterno del letto spostando il loro peso sul piede posteriore.
   - Alzare la sponda di questo lato del letto.
6. Portarsi dall'altra parte del letto e preparare dei sistemi di supporto per il paziente quando sarà girato.
   - Mettere un cuscino dove sarà appoggiata la testa del paziente dopo la rotazione.
   - Mettere uno o due cuscini tra le gambe del paziente per supportare la gamba superiore quando il paziente sarà girato.
7. Girare e posizionare il paziente in maniera corretta.
   - Tutti gli operatori flettono le cosce, le ginocchia e le caviglie e assumono una posizione che aumenta l'equilibrio con i piedi allargati.
   - Tutti gli operatori si sporgono sopra il paziente e mettono le mani come mostrato in Fig. 5.11A.
   - Un operatore dice "uno, due, tre, via" e quindi, contemporaneamente, tutti gli operatori ruotano il paziente nella posizione laterale.
   - Sostenere la testa, il dorso, le gambe e le braccia del paziente con dei cuscini.
   - Alzare la sponda del letto e mettere il campanello di chiamata vicino al paziente.

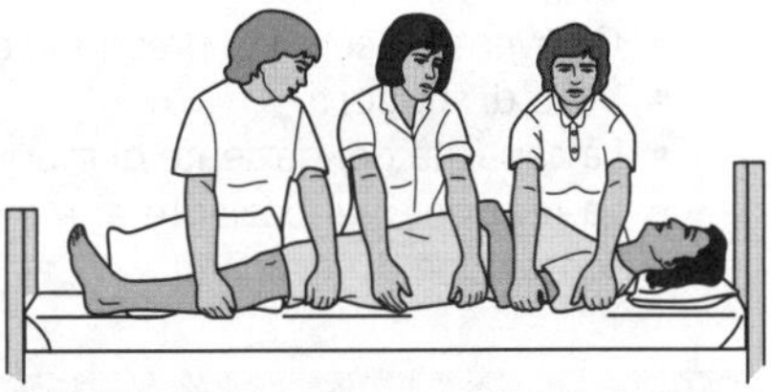

Figura 5.11A *La corretta posizione delle mani per girare un paziente il cui corpo deve rimanere allineato.*

Variazione: usare una traversa di rotazione o un trasportatore

- Usare una traversa di rotazione per facilitare la rotazione di un paziente che deve mantenere una posizione allineata. Per prima cosa, posizionarsi con un altro operatore dallo stesso lato del letto e, mantenendo una posizione a piedi larghi, afferrare la metà della traversa arrotolata o piegata e, al segnale, tirare il paziente vicino alla sponda del letto (Fig. 5.11B).
- Prima di girare il paziente, mettere dei cuscini di supporto per la testa e le gambe, come descritto nel punto 6. Questo aiuta a mantenere l'allineamento del paziente quando viene girato. Quindi, spostarsi dall'altra parte del letto (quella più lontana dal paziente) e assumere una posizione stabile. Sporgendosi sopra il paziente, afferrare gli angoli più lontani della traversa e ruotare il paziente (Fig. 5.11C). Il secondo operatore (quello dietro al paziente) aiuta a girarlo e posiziona i cuscini di supporto per assicurare un buon allineamento nella posizione laterale.

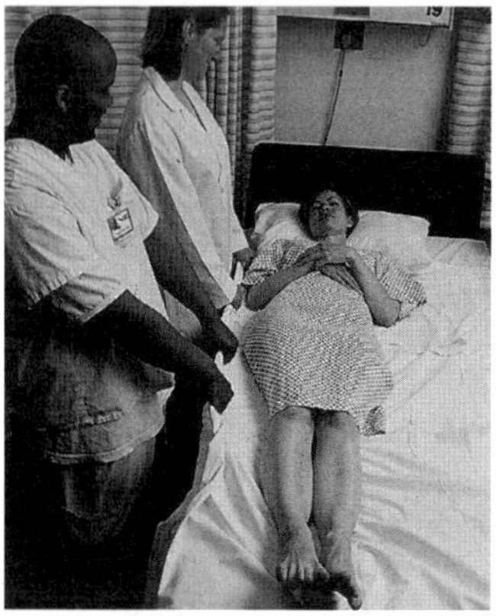

Figura 5.11B *L'operatore tira la traversa con sopra il paziente verso il lato del letto.*

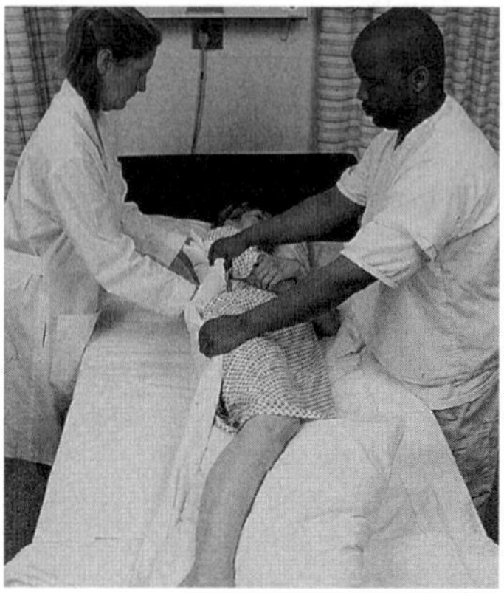

Figura 5.11C *L'operatore a destra tira il bordo opposto della traversa per far rotolare il paziente verso di sé. L'operatore sulla sinistra rimane dietro il paziente e lo assiste durante la rotazione.*

8. Documentare sulla cartella assistenziale del paziente tutte le informazioni utili. Annotare:
   - Ora, cambio di posizione e tipi di posizioni.
   - Gli eventuali segni di pressione e le zone in cui sono presenti.
   - L'uso di supporti.
   - La capacità del paziente di muoversi.
   - La reazione del paziente ai movimenti e ai posizionamenti (per esempio, ansia, disagio, sensazione di vertigine).

Procedura 5.5 Assistere il paziente a sedersi sul bordo del letto

Il paziente assume una posizione seduta sul bordo del letto per raggiungere l'equilibrio neurovascolare prima di alzarsi per camminare, spostarsi su una sedia o una sedia a rotelle, mangiare o compiere altre attività.

Accertamento

Determinare:
- I dispositivi di assistenza che saranno necessari.
- Gli ostacoli per i movimenti, quali un accesso EV o un pesante gesso a una gamba.
- L'assistenza richiesta da parte di altri operatori sanitari.

Interventi assistenziali

1. Prima di effettuare la procedura, presentarsi e verificare l'identità del paziente secondo il protocollo della struttura. Spiegare al paziente che cosa si sta facendo, perché e come può collaborare.
2. Provvedere alla riservatezza del paziente.
3. Lavarsi le mani e osservare le procedure per il controllo delle infezioni, indossare i guanti monouso.
4. Posizionarsi accuratamente prima del movimento.
   - Bloccare le ruote del letto. Mettere il letto nella posizione più bassa, in modo che il paziente abbia i piedi appoggiati sul pavimento.
   - Assistere il paziente ad assumere una posizione laterale.

- Alzare la testa del letto lentamente nella posizione più alta.
- Mettere i piedi e le gambe del paziente sul bordo del letto.
- Posizionarsi accanto alle cosce del paziente e di fronte all'angolo più lontano ai piedi del letto (l'angolo nel quale si svolge il movimento). Assumere una posizione stabile, spostando in avanti il piede più vicino al paziente. Inclinare il tronco in avanti sulle cosce e flettere cosce, ginocchia e caviglie (Fig. 5.12A).

5. Spostare il paziente nella posizione seduta.
   - Mettere un braccio intorno alle spalle del paziente e l'altro al di sotto di ambedue le cosce in prossimità delle ginocchia.
   - Contrarre i muscoli glutei, delle cosce e dell'addome.
   - Alzare leggermente le cosce del paziente.
   - Ruotare sulla punta dei piedi nella direzione desiderata di fronte ai piedi del letto mentre si tirano i piedi e le gambe del paziente fuori dal letto (Fig. 5.12B).
   - Sostenere il paziente finché non sia ben bilanciato e in posizione confortevole.
   - Valutare i parametri vitali (per esempio, polso, respirazione e pressione arteriosa), così come richiesto dallo stato di salute del paziente.

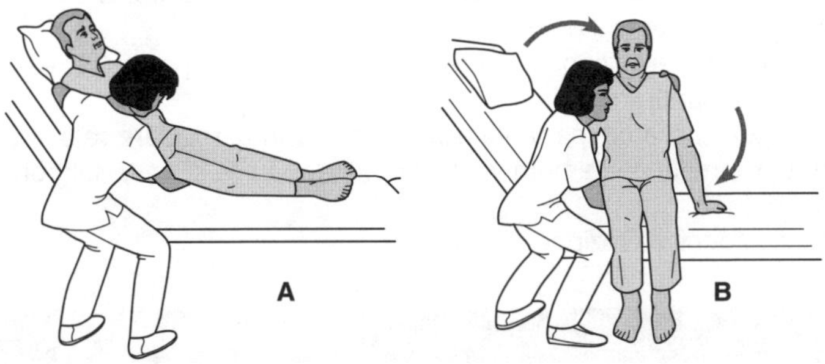

Figura 5.12 *Aiutare un paziente a sedersi sul bordo del letto.*

Variazione: insegnare al paziente a sedersi autonomamente sul bordo del letto

Un paziente che è stato recentemente sottoposto a un intervento di chirurgia addominale o che abbia troppo dolore addominale e/o poca forza per sedersi sul letto, necessita di assumere una posizione con i piedi "ciondoloni" senza assistenza. Insegnare al paziente a:

- Rotolare sul bordo e alzare la gamba superiore su quella inferiore.
- Afferrare il bordo del materasso con il braccio inferiore e spingere il pugno della mano superiore sul materasso (Fig. 5.13).
- Spingere con le braccia mentre le caviglie e le gambe scivolano fuori del materasso.
- Mantenere la posizione seduta spingendo entrambi i pugni sul materasso accanto e ai lati dei glutei.

6. Documentare sulla cartella assistenziale del paziente tutte le informazioni utili. Annotare:
   - Ora, cambio di posizione e tipi di posizioni.
   - Gli eventuali segni di pressione e le zone in cui sono presenti.
   - L'uso di supporti.
   - La capacità del paziente di muoversi.
   - La reazione del paziente ai movimenti e ai posizionamenti (per esempio, ansia, disagio, sensazione di vertigine).

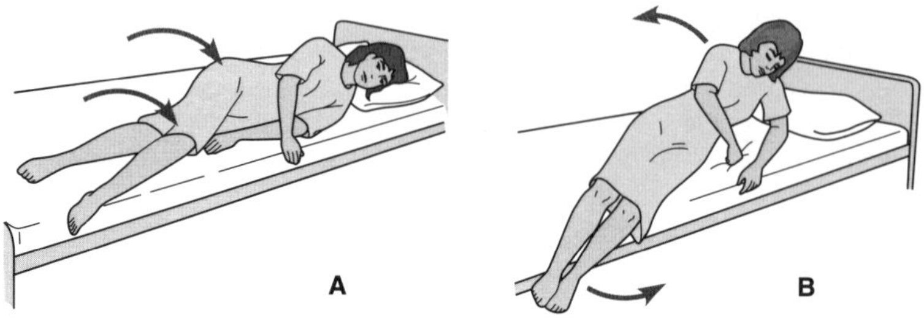

Figura 5.13 *Il paziente si muove in posizione seduta autonomamente.*

Dopo la procedura

- Controllare l'integrità della cute e delle zone sottoposte a pressione nella precedente posizione. Confrontare i dati attuali con quelli precedenti, se disponibili. Effettuare una valutazione preventiva sulle nuove aree di escoriazione della cute.
- Verificare il corretto allineamento del corpo dopo il cambio di posizione. Fare un controllo visivo e chiedere al paziente il grado di comodità.
- Valutare che tutte le precauzioni di sicurezza richieste siano a posto (per esempio, sponde o campanello di chiamata).
- Determinare la tolleranza del paziente alla posizione, in particolare se è la prima volta (per esempio, misurazione dei parametri vitali prima e dopo che si siede sul bordo del letto con le gambe ciondoloni).
- Riferire al medico ogni alterazione significativa.

Procedura 5.6 Trasferire il paziente dal letto alla sedia

Accertamento

Valutare:

- La stazza e il peso del paziente.
- La capacità di seguire le istruzioni.
- La tolleranza all'attività.
- La forza muscolare.
- La mobilità delle articolazioni.
- La presenza di paralisi.
- Il livello di comfort.
- La presenza di ipotensione ortostatica.
- La tecnica più conosciuta dal paziente.
- Lo spazio in cui deve avvenire il trasferimento (il bagno, ad esempio, è di solito stretto).
- Il numero di assistenti (uno o due) necessari per il trasferimento in sicurezza.
- L'abilità e la forza dell'operatore.

Pianificazione assistenziale

Il trasferimento del paziente può essere attribuito all'OSS o ai familiari che abbiano dimostrato una tecnica di trasferimento sicura. L'OSS deve valutare le capacità del paziente e deve fornire informazioni specifiche laddove è necessaria una rivalutazione del paziente.

Materiale occorrente

- Vestaglia o abbigliamento appropriato
- Pantofole o scarpe con suole antiscivolo
- Cintura di trasferimento
- Sedia, sedia comoda, sedia a rotelle o barella, a seconda delle necessità del paziente
- Asse di scivolamento

Interventi assistenziali

Preparazione

- Pianificare cosa fare e come farlo.
- Preparare il materiale occorrente prima di iniziare la procedura (per esempio, cintura di trasferimento, sedia a rotelle) e controllare che tutto funzioni correttamente.
- Rimuovere gli ostacoli presenti nell'area, in modo che i pazienti non inciampino, e assicurarsi che non vi siano liquidi sul pavimento sui quali i pazienti potrebbero scivolare.

Tecnica

1. Prima di effettuare la procedura, presentarsi e verificare l'identità del paziente secondo il protocollo della struttura. Durante il trasferimento, spiegare punto per punto al paziente cosa dovrebbe fare, ad esempio "porti avanti il piede destro".
2. Provvedere alla riservatezza del paziente.
3. Lavarsi le mani e osservare le procedure per il controllo delle infezioni, indossare i guanti monouso.
4. Posizionare il materiale occorrente in modo adeguato.
   - Mettere il letto nella posizione più bassa, in modo che il paziente abbia i piedi appoggiati sul pavimento. Bloccare le ruote del letto.
   - Mettere la sedia a rotelle parallela al letto e più vicino possibile. Mettere la sedia a rotelle dal lato del letto più comodo per il movimento del paziente. Bloccare le ruote della sedia a rotelle e alzare i poggiapiedi.
5. Preparare il paziente.
   - Aiutare il paziente ad assumere una posizione seduta sul bordo del letto.
   - Controllare la pressione del paziente prima di muoverlo dal letto (ipotensione ortostatica).
   - Aiutare il paziente a indossare una vestaglia e delle calzature antiscivolo.
   - Applicare la cintura di trasferimento intorno alla vita del paziente. Assicurarsi che essa sia chiusa adeguatamente.
6. Dare istruzioni chiare al paziente. Chiedere al paziente di:
   - Alzarsi e sedersi sul bordo del letto.
   - Scivolare in avanti lentamente sulle cosce.
   - Mettere il piede della gamba più stabile sotto il bordo del letto e spingere l'altro in avanti.
   - Appoggiare le mani sulla superficie del letto in modo da spingere mentre si alza. Il paziente non deve aggrapparsi al collo dell'operatore per sorreggersi.
7. Posizionarsi correttamente.
   - Rimanendo direttamente di fronte al paziente, inclinare il tronco in avanti sulle cosce. Flettere cosce, ginocchia e caviglie. Assumere una posizione stabile ponendo un piede in avanti e l'altro indietro. Mettere i piedi in modo speculare rispetto a quelli del paziente, se possibile.
   - Circondare la vita del paziente con le braccia e afferrare la cintura di trasferimento sulla schiena del paziente con i pollici rivolti verso il basso.
   - Contrarre i muscoli glutei, addominali, delle gambe e delle braccia.

8. Assistere il paziente in piedi e mentre si muove verso la sedia a rotelle.
   - Contando fino a tre, chiedere al paziente di spingere con il piede posteriore, oscillare con quello anteriore, estendere le articolazioni degli arti inferiori. L'operatore deve spingere o tirare con le mani mentre spinge con il piede anteriore e oscilla con quello posteriore estendendo le articolazioni degli arti inferiori e tirando il paziente nella posizione in piedi (direttamente verso il centro di gravità dell'operatore).
   - Sostenere il paziente nella posizione in piedi per qualche momento.
   - Ruotare insieme o fare alcuni passi verso la sedia a rotelle.
9. Aiutare il paziente a sedersi.
   - Chiedere al paziente di:
     a. Appoggiarsi alla sedia a rotelle e mettere le gambe contro il sedile.
     b. Mettere il piede della gamba più stabile dietro l'altro.
     c. Mettere l'altro piede in avanti.
     d. Mettere ambedue le mani sui braccioli della sedia a rotelle.
   - Posizionarsi davanti al paziente. Mettere un piede avanti e uno indietro.
   - Serrare la presa sulla cintura di trasferimento e contrarre i muscoli glutei, addominali, delle gambe e delle braccia.
   - Contare fino a tre: il paziente deve spostare il peso del corpo verso il basso oscillando sul piede posteriore e flettendo le articolazioni delle braccia e delle gambe e sedersi al centro del sedile della sedia a rotelle.
10. Garantire la sicurezza al paziente.
   - Chiedere al paziente di spingersi indietro sul sedile della sedia a rotelle.
   - Abbassare i poggiapiedi e appoggiarvi i piedi del paziente.
   - Allacciare la cintura di sicurezza, se necessario.

Variazione: angolazione della sedia a rotelle

Mettere la sedia a rotelle a un angolo di 45° rispetto al letto per i pazienti che hanno difficoltà a camminare.

Variazione: trasferimento senza cintura

- Mettere le mani ai lati del torace del paziente (non sotto le ascelle) durante il trasferimento per coloro che necessitano di un'assistenza minima (Fig. 5.14). Per i pazienti che necessitano di maggiore assistenza, afferrarli sotto le ascelle ponendo le mani sulle scapole durante il trasferimento. Per i pazienti che hanno paralisi o paresi agli arti superiori, non mettere le mani sotto le ascelle.
- Seguire le fasi descritte in precedenza.

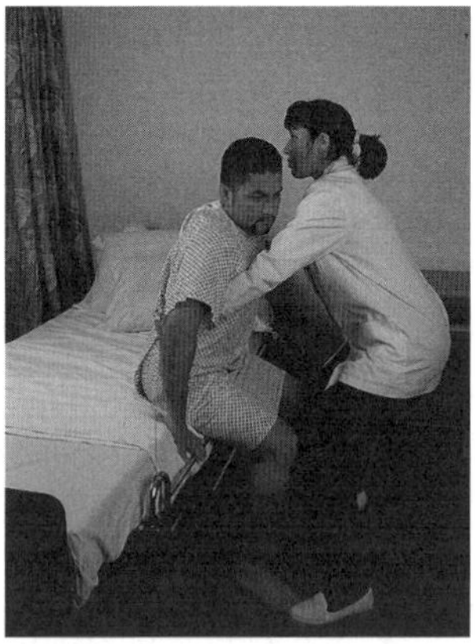

Figura 5.14 *Trasferimento senza l'uso di una cintura.*

Variazione: trasferimento con la cintura e con due operatori

- Se il paziente è in grado di stare in piedi, posizionarsi ai due lati guardando nella stessa direzione del paziente. Flettere cosce, ginocchia e caviglie. Afferrare la cintura del paziente con la mano più vicina e con l'altra sostenerne il gomito.
- Coordinare gli sforzi, girare simultaneamente; operatori e paziente devono muoversi insieme verso la sedia a rotelle. Invertire la procedura per far sedere il paziente sulla sedia a rotelle.

Variazione: trasferimento di un paziente con un trauma a un arto inferiore

Quando il paziente ha subito un trauma a un arto inferiore, i movimenti sono di solito eseguiti sull'arto sano. Ad esempio, se il paziente ha subito un trauma alla gamba destra ed è seduto sul bordo del letto, per trasferirlo su una sedia a rotelle, bisogna posizionarla sul lato sinistro del paziente.

Variazione: usare un asse di scivolamento

- Per un paziente che non può stare in piedi, usare un asse di scivolamento per aiutarlo a muoversi in modo autonomo (Fig. 5.15).

11. Documentare sulla cartella clinico-infermieristica del paziente le informazioni utili. Annotare:

- La capacità del paziente di sopportare il proprio peso e ruotare.
- Il numero di persone necessarie per eseguire il trasferimento e le misure/precauzioni di sicurezza utilizzate.
- Il tempo di posizionamento sulla sedia a rotelle.
- La reazione del paziente al trasferimento e al posizionamento sulla sedia o sulla sedia a rotelle.

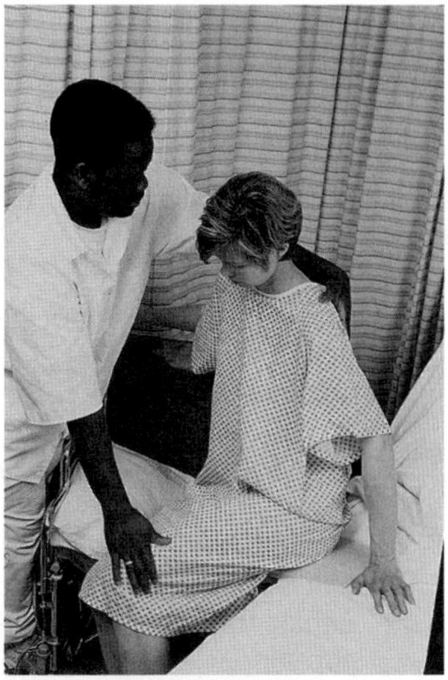

Figura 5.15 *Utilizzo di un asse di scivolamento.*

Dopo la procedura

- Controllare l'integrità cutanea nelle aree di compressione relative alla posizione precedente. Condurre una valutazione comparativa delle aree cutanee danneggiate precedenti e/o nuove.
- Controllare che vi sia un corretto allineamento dopo il cambiamento di posizione. Effettuare un controllo visivo e fare delle domande al paziente per valutare il comfort.
- Controllare che tutte le precauzioni di sicurezza necessarie (per esempio, blocco delle ruote) siano state attivate.
- Determinare la tolleranza del paziente all'attività (per esempio, parametri vitali prima e dopo il trasferimento, in particolare se è la prima volta che il paziente viene trasferito).
- Riferire all'infermiere i dati significativi.

Procedura 5.7 Trasferire il paziente dal letto alla barella

Accertamento

Valutare:

- La stazza e il peso del paziente.
- La capacità di seguire le istruzioni.
- La tolleranza all'attività.
- Il livello di comfort.
- Lo spazio in cui deve avvenire il trasferimento.
- Il numero di assistenti (uno o due) necessari per il trasferimento in sicurezza.
- L'abilità e la forza dell'operatore.

Pianificazione assistenziale

Il trasferimento del paziente può essere attribuito all'OSS o ai familiari che abbiano dimostrato una tecnica di trasferimento sicura. È necessario considerare il numero di operatori richiesto e i dispositivi di assistenza necessari nonché tutte quelle informazioni rilevanti per la pianificazione dell'assistenza.

Materiale occorrente

Barella

Interventi assistenziali

Preparazione

L'operatore deve assicurarsi della presenza del materiale e del personale necessario alla procedura.

Tecnica

1. Prima di effettuare la procedura, presentarsi e verificare l'identità del paziente secondo il protocollo della struttura. Spiegare al paziente che cosa si sta facendo, perché e come può collaborare. Spiegare la procedura del trasferimento al personale coinvolto e specificare chi deve dare le direttive.
2. Provvedere alla riservatezza del paziente.
3. Lavare le mani e osservare le procedure per il controllo delle infezioni, indossare i guanti monouso.
4. Sistemare il letto del paziente in preparazione del trasferimento.
   - Abbassare la testiera del letto finché non sia in piano o al livello più basso che il paziente può sopportare.
   - Alzare il letto fino a che sia appena più alto della barella.
   - Assicurarsi che le ruote del letto siano bloccate.
   - Tirare la traversa fuori dai lati del letto.
5. Spostare il paziente sul bordo del letto e posizionare la barella.
   - Arrotolare la traversa più vicino possibile al fianco del paziente.
   - Tirare il paziente sul bordo del letto e coprirlo con un lenzuolo per garantirne la riservatezza.
   - Mettere la barella parallelamente al letto, vicino al paziente, e bloccarne le ruote.
   - Riempire lo spazio esistente tra il letto e la barella con teli da bagno (opzionale).
6. Trasferire il paziente in modo sicuro sulla barella.
   - Contemporaneamente agli altri membri dello staff, premere il proprio corpo contro la barella.
   - Arrotolare la traversa di trazione vicino al paziente.
   - Flettere le cosce e tirare il paziente sulla traversa di trazione contemporaneamente agli altri membri dello staff direttamente sulla barella.
   - Chiedere al paziente di flettere il collo e incrociare le braccia sul torace durante il movimento.
7. Assicurare il benessere e la sicurezza del paziente.
   - Sistemare il paziente in modo confortevole, bloccare le ruote e allontanare la barella dal letto.
   - Alzare immediatamente le sponde della barella e/o stringere le cinghie di sicurezza sul paziente.

Variazione: usare una tavola di trasferimento

La tavola di trasferimento è una tavola laccata o liscia in polietilene di 45-55 cm di larghezza per 182 cm di lunghezza e maniglie lungo i bordi. Sono disponibili, all'occorrenza, anche materassini di trasferimento. È indispensabile la presenza di un numero sufficiente di persone che assistano il trasferimento per evitare lesioni agli operatori e al paziente. Girare il paziente nella posizione laterale dalla parte dell'operatore, posizionare l'asse vicino alla schiena del paziente e ruotare il paziente sulla tavola. Spingere il paziente e la tavola dal letto alla barella. Le cinture di sicurezza possono essere fissate sul petto, sull'addome e sulle gambe del paziente.

8. Documentare sulla cartella assistenziale del paziente tutte le informazioni utili:
   - Il tipo di materiale usato.
   - Il numero di persone che si è reso necessario per il trasferimento e le misure/precauzioni di sicurezza utilizzate.
   - I motivi che hanno reso necessario il trasferimento da un'ubicazione a un'altra.

Dopo la procedura

- Valutare le capacità del paziente di sostenere il proprio peso e di eseguire movimenti e il grado di controllo esercitato durante i trasferimenti precedenti.
- Riferire all'infermiere ogni alterazione significativa.
- Annotare e documentare l'uso delle misure di sicurezza adottate dal personale di supporto durante i trasferimenti.

Procedura 5.8 Usare un sollevatore idraulico

Accertamento

Determinare:

- La capacità del paziente di capire le istruzioni.
- Il grado di inabilità fisica.
- Il peso del paziente (assicurarsi che il sollevatore possa spostare il paziente con sicurezza).
- La frequenza del polso.

Pianificazione assistenziale

L'uso del sollevatore idraulico può essere attribuito all'OSS e ai familiari del paziente, sulla base delle loro conoscenze e abilità e del grado di complessità assistenziale.

Materiale occorrente

Sollevatore idraulico (come un sollevatore Hoyer o un sollevatore agganciato al soffitto), con tutti gli accessori necessari.

Interventi assistenziali

Preparazione

Verificare che sia disponibile il sollevatore e portarlo nella stanza del paziente. Organizzare l'assistenza agli altri pazienti prima di iniziare la procedura.

Tecnica

1. Prima di effettuare la procedura, presentarsi e verificare l'identità del paziente secondo il protocollo della struttura. Spiegare al paziente che cosa si sta facendo, perché e come può collaborare. Mostrargli il sollevatore.
2. Provvedere alla riservatezza del paziente.
3. Lavarsi le mani e osservare le procedure per il controllo delle infezioni, indossare i guanti monouso.

4. Preparare il materiale necessario.
   - Bloccare le ruote del letto del paziente e adattare l'altezza del letto.
   - Alzare la sponda sul lato opposto del letto e abbassare quella del lato vicino all'operatore.
   - Posizionare il sollevatore vicino al paziente.
   - Mettere la sedia sulla quale si deve sedere il paziente accanto al letto. Garantire lo spazio adeguato ai movimenti del sollevatore.
   - Bloccare le ruote se si usa una sedia a rotelle.
5. Posizionare il paziente sull'amaca.
   - Far rotolare il paziente lontano da sé.
   - Mettere il sedile di tela o l'amaca sotto il paziente con la parte larga sotto le cosce fino alle ginocchia e l'orlo superiore più stretto sotto le spalle.
   - Alzare la sponda del letto dal proprio lato e spostarsi dal lato opposto. Abbassare quindi la sponda di questo lato.
   - Far rotolare il paziente dal lato opposto e sistemare l'amaca intorno al paziente.
   - Far rotolare il paziente in posizione supina al centro dell'amaca.
6. Attaccare l'amaca alla sbarra girevole.
   - Far girare il sollevatore in posizione, con le barre di appoggio sotto il letto sul lato dove è posizionata la sedia. Adattare la base nella posizione più larga per assicurarne la stabilità. Bloccare le ruote del sollevatore.
   - Abbassare la sponda del letto.
   - Muovere le braccia del sollevatore direttamente sul paziente e abbassare la sbarra orizzontale rilasciando la valvola idraulica. Chiudere la valvola.
   - Attaccare le cinghie di trazione o gli anelli alle corrispondenti aperture dell'amaca o del sedile di tela. Controllare che i ganci siano sistemati correttamente e che le cinghie o le catene siano di uguale lunghezza. Tenere il gancio lontano dal paziente.
7. Alzare gradualmente il paziente.
   - Alzare la testa del letto e mettere il paziente in posizione seduta.
   - Chiedere al paziente di togliersi gli occhiali (se ne fa uso) e conservarli in un luogo sicuro.
   - Operatore 1: Chiudere la valvola di pressione e gradualmente pompare sulla maniglia del martinetto finché il paziente non si sia alzato dalla superficie del letto.
   - Operatore 2: Assumere una posizione stabile e guidare il paziente con le mani mentre viene sollevato.
   - Controllare la posizione dell'amaca prima di muovere il paziente fuori dal letto.
8. Spostare il paziente sulla sedia.
   - Operatore 1: Con la valvola di sicurezza chiusa, far scorrere il sollevatore fino a quando il paziente non sia sulla sedia. Usare un comando sterzante per manovrare il sollevatore.
   - Operatore 2: Guidare il movimento con le mani fino a quando il paziente non sia sulla sedia.
9. Abbassare il paziente sulla sedia.
   - Operatore 1: Aprire la valvola di pressione molto gradualmente.
   - Operatore 2: Guidare il paziente sulla sedia.
10. Assicurare il benessere e la sicurezza del paziente.
    - Rimuovere i ganci dal sedile di tela. Lasciare il sedile in posizione.
    - Allineare il paziente adeguatamente in posizione seduta e rimettergli gli occhiali, se necessario.
    - Applicare una cintura di sicurezza, se necessario.
    - Mettere il campanello di chiamata vicino al paziente.
11. Documentare sulla cartella assistenziale il tipo di materiale usato, il numero di assistenti necessari, le precauzioni di sicurezza prese e le reazioni fisiche e psicologiche del paziente alla procedura.

Dopo la procedura

- Controllare se sono richieste particolari precauzioni di sicurezza per i pazienti durante e dopo il trasferimento.
- Controllare l'allineamento del corpo del paziente nella posizione seduta.
- Controllare i parametri vitali, in particolare la frequenza del polso e la pressione arteriosa, per valutare la reazione al trasferimento.
- Confrontare i parametri vitali del paziente dopo l'uso del sollevatore idraulico con quelli precedenti.
- Riferire all'infermiere ogni alterazione significativa.

Procedura 5.9 Assistere il paziente nella deambulazione

Accertamento

Valutare:

- La durata del periodo di allettamento.
- I parametri vitali di base.
- Quali articolazioni sono necessarie per deambulare (per esempio, anche, ginocchia, caviglie).
- La forza muscolare degli arti inferiori. I pazienti allettati dovrebbero effettuare esercizi di routine per il muscolo quadricipite femorale allo scopo di preservarne il tono e prepararsi alla deambulazione.
- I mezzi richiesti per deambulare (per esempio, bastone, deambulatore, stampelle).
- La capacità di orientamento.
- Il livello di comfort.

Pianificazione assistenziale

Attuare misure per alleviare il dolore in modo tale che gli effetti siano in atto quando si inizia la procedura.

Il grado di assistenza necessario alla deambulazione dipende dalle condizioni del paziente, ad esempio dall'età, dallo stato di salute, dalla lunghezza del periodo di inattività e dalla reattività emotiva. È altresì importante conoscere le esperienze precedenti del paziente sul bisogno di deambulazione, gli sforzi effettuati per rispondere al bisogno e i risultati attesi e ottenuti. Progettare con il paziente la lunghezza della passeggiata sulla base delle disposizioni dell'infermiere. Abbreviare la passeggiata in base alla tolleranza alla fatica della persona.

La deambulazione dei pazienti può essere attribuita all'OSS valutando le abilità del paziente. Tutti gli eventi insoliti che si verificano nell'assistere il paziente a deambulare devono essere colti dall'OSS e riferiti con pertinenza all'infermiere.

Materiale occorrente

- Cintura di trasferimento, che il paziente sia stabile o meno.
- Sedia a rotelle a seguito del paziente o sedie lungo il percorso, nel caso il paziente abbia bisogno di riposarsi.

Interventi assistenziali

Preparazione

Assicurarsi che altri operatori siano a disposizione se si ha bisogno di assistenza. Pianificare il percorso di deambulazione che presenta i rischi minori.

Tecnica

1. Prima di effettuare la procedura, presentarsi e verificare l'identità del paziente secondo il protocollo della struttura. Spiegare al paziente che cosa si sta facendo, perché e come può collaborare. Illustrare come i risultati saranno usati nella pianificazione di ulteriori cure o trattamenti. Mostrare come questa attività sia correlata con il piano complessivo delle cure.
2. Lavarsi le mani e osservare le procedure per il controllo delle infezioni.
3. Assicurarsi che il paziente sia adeguatamente vestito per camminare e che abbia scarpe o pantofole con suola antiscivolo.
4. Preparare il paziente a camminare.
   - Applicare delle calze elastiche (antitrombo), se prescritte.
   - Far stare il paziente seduto nel letto per almeno un minuto prima di fargli portare le gambe fuori dal letto.
   - Aiutare il paziente a sedersi sul bordo del letto e farlo stare con le gambe penzoloni per almeno un minuto.
   - Valutare con attenzione la presenza di sintomi di ipotensione ortostatica (vertigini, tachicardia) prima di allontanare il paziente dal letto.
   - Assistere il paziente in piedi accanto al letto per almeno un minuto e finché non si senta sicuro.
   - Fare attenzione a eventuali deflussori EV, cateteri o sacche di drenaggio. Tenere le sacche di drenaggio urinario al di sotto del livello della vescica del paziente.
5. Garantire la sicurezza del paziente mentre lo si assiste nella deambulazione.
   - Incoraggiare il paziente a camminare indipendentemente dal fatto che ne sia capace, ma rimanere accanto al lato debole del paziente nel caso sia necessaria assistenza.
   - Usare una cintura per camminare per incrementare la sicurezza. Assicurarsi che la cintura sia chiusa comodamente alla vita e afferrarla con sicurezza. Impugnare la cintura sulla schiena del paziente e camminare dietro e leggermente al lato (Fig. 5.16).
   - Se il paziente si alza per la prima volta dopo un intervento chirurgico, un trauma o un lungo periodo di immobilità oppure se il paziente è debole o instabile, è consigliabile avere vicino un operatore con una sedia a rotelle da usare in caso di urgenza.
   - Se il paziente è limitatamente deperito o instabile, camminare accanto al lato debole e incrociare il proprio avambraccio con l'avambraccio prossimale del paziente. Incoraggiarlo a premere il proprio avambraccio sulla propria vita o sulla propria anca per ottenere la stabilità desiderata. Inoltre, sarebbe opportuno che il paziente indossasse una cintura per camminare.
   - Se il paziente è molto debole e instabile, posizionare il braccio intorno alla vita e con l'altro braccio sostenere il gomito prossimale del paziente. Camminare sul lato più forte del paziente. Di nuovo, il paziente deve indossasse una cintura per camminare, in modo da poterla afferrare rapidamente e prevenire una caduta, in caso di necessità. Incoraggiare il paziente ad assumere il più possibile una normale posizione eretta e stabile.
6. Proteggere il paziente che sta per cadere mentre cammina.
   - Se il paziente inizia ad accusare sintomi di ipotensione ortostatica o grande debolezza, aiutarlo rapidamente a sedersi su una sedia a rotelle o su un'altra sedia e indurlo ad appoggiare la testa sulle ginocchia.
   - Rimanere con il paziente.
   - Quando il senso di debolezza passa, assistere il paziente a ritornare a letto.

- Se la sedia non è vicina, assistere il paziente a sdraiarsi orizzontalmente sul pavimento prima che possa sopraggiungere uno svenimento (Fig. 5.17).
  a. Assumere una posizione stabile con un piede davanti all'altro.
  b. Sostenere il paziente dal lato della schiena finché il corpo sopporta il peso.
  c. Far scivolare il paziente lungo le proprie gambe e poggiarlo gentilmente sul pavimento, facendo attenzione che la testa non urti nessun oggetto.

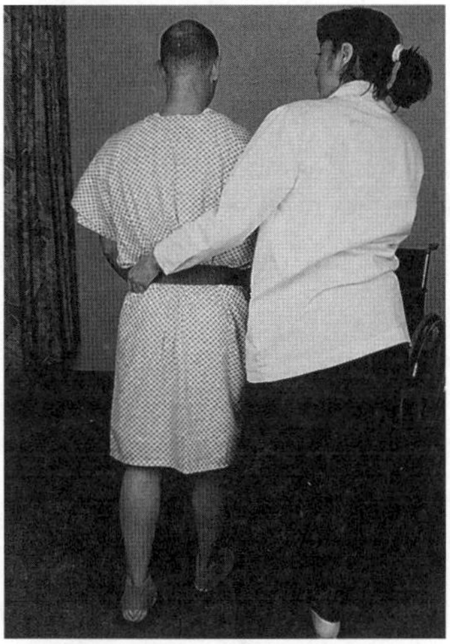

Figura 5.16 *Uso di una cintura per camminare per sostenere il paziente.*

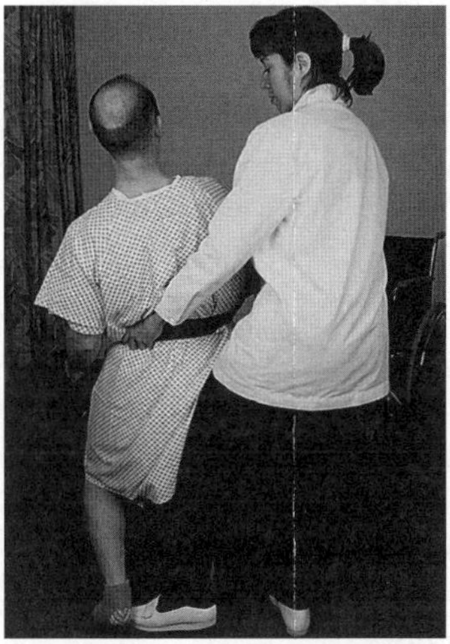

Figura 5.17 *Adagiare un paziente che sviene sul pavimento.*

Variazione: due operatori

- Dopo che il paziente si è alzato, assumere la posizione con un operatore per ogni lato. Afferrare la parte superiore del braccio del paziente con la mano prossimale e la parte inferiore del braccio o la mano del paziente con l'altra mano.
- Posizionare una cintura per camminare intorno alla vita del paziente. Ogni operatore, quindi, afferra la maniglia con la mano prossimale e la parte inferiore del braccio del paziente con l'altra mano.
- Camminare all'unisono con il paziente, facendo piccoli passi, uguali, per ampiezza e velocità, a quelli del paziente.
- Se il paziente inizia a cadere e non riesce a riprendere forza o equilibrio, far scivolare le mani sotto le ascelle, afferrare le mani del paziente e abbassarlo delicatamente sul pavimento o su una sedia vicina.

7. Documentare sulla cartella assistenziale distanza e durata della deambulazione del paziente, usando schede o fogli supplementari o scrivendo note aggiuntive, se necessario. Includere la descrizione del portamento del paziente durante la marcia, la tolleranza allo sforzo (per esempio, frequenza del polso, colorito del viso, alterazioni della respirazione, sensazioni di vertigini o fatica), il grado di supporto richiesto, la frequenza respiratoria e la pressione arteriosa dopo la deambulazione e confrontarli con i dati precedenti.

Dopo la procedura

- Stabilire un programma per la deambulazione basandosi sulle abilità attese o normali per il paziente.
- Riferire all'infermiere ogni alterazione significativa.

Procedura 5.10 Assistere il paziente nell'uso del bastone

Accertamento

Raccogliere informazioni su: forza fisica degli arti inferiori, braccia e mani; capacità di sostenere il peso del corpo; capacità di mantenere l'equilibrio in una posizione eretta su una o entrambe le gambe; capacità di tenere il corpo eretto.

Pianificazione assistenziale

Determinare quale tipo di apparecchiatura di assistenza alla deambulazione sia più adatto al paziente. Il medico, l'infermiere, il fisioterapista possono fornire queste informazioni.

L'OSS può assistere il paziente a deambulare con queste apparecchiature dopo che questi ha dimostrato di avere acquisito un adeguato grado di abilità.

Materiale occorrente

Bastone con le punte di gomma della giusta misura.

Interventi assistenziali

Preparazione

Assicurarsi che il percorso sia privo di ostacoli e pericoli.

Tecnica

1. Prima di effettuare la procedura, presentarsi e verificare l'identità del paziente secondo il protocollo della struttura. Spiegare al paziente che cosa si sta facendo, perché e come può collaborare. Illustrare come l'attività sarà usata nella pianificazione di ulteriori cure o trattamenti.
2. Lavarsi le mani e osservare le procedure per il controllo delle infezioni.
3. Accertarsi che il paziente abbia un abbigliamento adeguato per la deambulazione.
4. Preparare il paziente per la deambulazione.
   - Chiedere al paziente di impugnare il bastone dalla parte sana del corpo.
   - Posizionare la punta di un bastone standard (o la punta più vicina degli altri bastoni) a circa 15 cm di lato e davanti al piede sano, in modo che il gomito sia leggermente flesso.
5. Quando è richiesto il massimo supporto, insegnare al paziente a:
   - Spostare il bastone in avanti di circa 30 cm o a una distanza confortevole, in modo che il peso del corpo sia sostenuto da entrambe le gambe.
   - Muovere la gamba debole in avanti mentre il peso è sostenuto dal bastone e dalla gamba forte.
   - Muovere successivamente la gamba più forte in avanti vicino al bastone e alla gamba debole mentre il peso del corpo è sostenuto dal bastone e dalla gamba debole (Fig. 5.18A).
   - Ripetere i tre punti precedenti.
6. Quando il paziente diventa più forte e richiede meno supporto, insegnare al paziente a seguire le seguenti procedure:
   - Muovere il bastone e la gamba debole nello stesso tempo mentre il peso del corpo è sostenuto dalla gamba più forte (Fig. 5.18B).
   - Muovere la gamba sana in avanti mentre il peso è sostenuto dal bastone e dalla gamba malata.

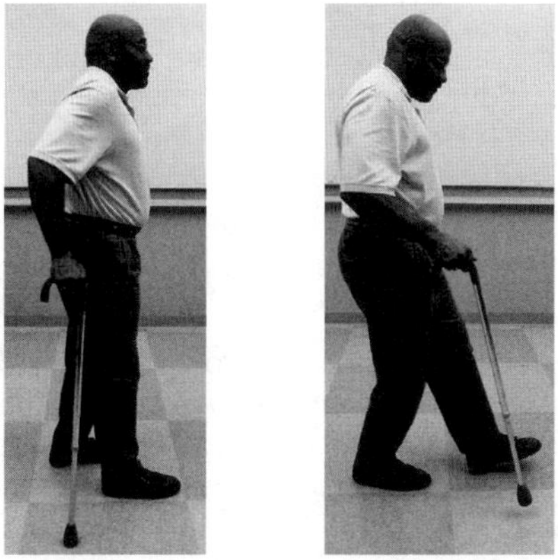

Figura 5.18 A. *Uso del bastone quando è richiesto il massimo supporto.* B. *Uso del bastone quando è richiesto un supporto medio.*

Procedura 5.11 Assistere il paziente nell'uso delle stampelle

Interventi assistenziali

Preparazione

Assicurarsi che le stampelle siano della giusta lunghezza.

Tecnica

1. Aiutare il paziente ad assumere una posizione a tripode (a triangolo), la posizione di base con le stampelle prima della deambulazione.
   - Chiedere al paziente di stare in piedi e mettere la punta delle stampelle a circa 15 cm davanti e lateralmente ai piedi.
   - Fare attenzione che i piedi siano separati. Una persona alta richiede una base di appoggio più ampia di una persona bassa.
   - Assicurarsi che la postura sia eretta, le ginocchia estese, la schiena dritta e la testa alta. Non ci devono essere curvature delle spalle e il peso non deve poggiare sulle ascelle. I gomiti devono essere sufficientemente estesi per mantenere il peso sulle mani.
   - Stare vicino al paziente dal lato malato.
   - Se il paziente è instabile, mettere una cintura da deambulazione intorno alla sua vita e afferrarla dall'alto e non dal basso.
2. Insegnare al paziente l'andatura più appropriata da utilizzare con le stampelle.

Andatura a quattro punti alternati

È la più elementare e sicura andatura, che fornisce almeno tre punti di supporto in ogni momento, ma che richiede coordinazione. Può essere usata quando si cammina tra la folla, perché non richiede molto spazio. Per usare questa andatura, il paziente deve essere capace di sostenere abbastanza peso su entrambe le gambe (Fig. 5.19), dal basso verso l'alto. Chiedere al paziente di:

- Muovere la stampella destra in avanti a una distanza accettabile (per esempio, da 10 a 15 cm).
- Muovere il piede sinistro in avanti, preferibilmente fino al livello della stampella.
- Muovere la stampella sinistra in avanti.
- Muovere il piede destro in avanti.

Andatura a tre punti

Per usare questa andatura, la persona deve essere capace di supportare l'intero peso del corpo sulla gamba sana. Le due stampelle e la gamba sana sopportano il peso alternativamente (Fig. 5.20), dal basso verso l'alto.

Chiedere al paziente di:

- Muovere ambedue le stampelle e la gamba malata in avanti.
- Muovere la gamba sana in avanti.

Andatura a due punti alternati

Questa andatura è più veloce di quella a quattro punti. Richiede più equilibrio, perché solo due punti supportano il corpo in ogni momento; è anche richiesta una capacità di sopportare parzialmente il peso del corpo su ogni piede. In questa andatura il movimento delle braccia con le stampelle è simile a quello delle braccia durante la normale camminata (Fig. 5.21), dal basso verso l'alto.

Chiedere al paziente di:

- Muovere la stampella sinistra e il piede destro insieme in avanti.
- Muovere la stampella destra e il piede sinistro insieme in avanti.

Andatura oscillante (fino alle stampelle)

Il paziente con paralisi delle gambe e delle anche usa un'andatura oscillante. L'uso prolungato di questa andatura determina un'atrofia della muscolatura non utilizzata. L'andatura oscillante è la più facile tra le andature possibili.

Chiedere al paziente di:

- Muovere ambedue le stampelle insieme in avanti.
- Alzare il peso con le braccia e oscillare fino al livello delle stampelle.

Andatura oscillante (oltre le stampelle)

Questa andatura richiede considerevoli abilità, forza e coordinazione del paziente.

Chiedere al paziente di:

- Muovere ambedue le stampelle insieme in avanti.
- Sopportare il peso del corpo sulle braccia e oscillare in avanti oltre le stampelle.

3. Insegnare al paziente a sedersi e ad alzarsi dalla sedia.

Sedersi sulla sedia

- Assicurarsi che la sedia abbia i braccioli e sia appoggiata a una parete.
- Insegnare al paziente a:
  a. Stare in piedi con la parte posteriore della gamba sana al centro della sedia.
  b. Trasferire le stampelle sulla mano del lato malato tenendole per l'impugnatura e quindi afferrare il bracciolo della sedia con la mano del lato sano.
  c. Inclinarsi in avanti, flettere le ginocchia e le anche e sedersi sulla sedia.

Alzarsi dalla sedia

- Insegnare al paziente a:
  a. Spostarsi sul bordo della sedia e mettere la gamba sana leggermente sotto o al livello del bordo della sedia.
  b. Afferrare le impugnature delle stampelle dal lato malato e afferrare il bracciolo della sedia con la mano del lato sano.
  c. Spingere sulle stampelle e sul bracciolo alzando il corpo dalla sedia.
  d. Assumere una posizione a tripode prima di muoversi.

4. Insegnare al paziente come salire e scendere le scale.

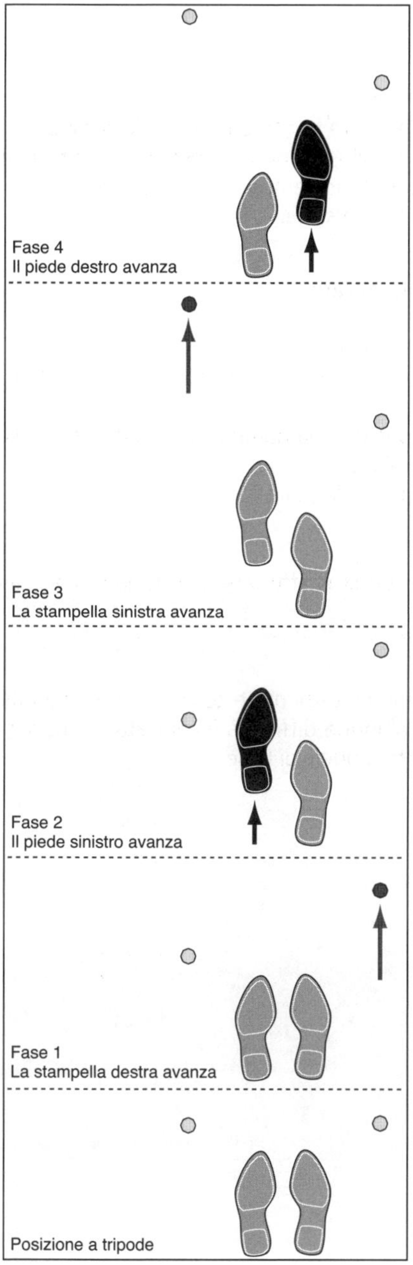

Figura 5.19 *Andatura con le stampelle a quattro punti alternati.*

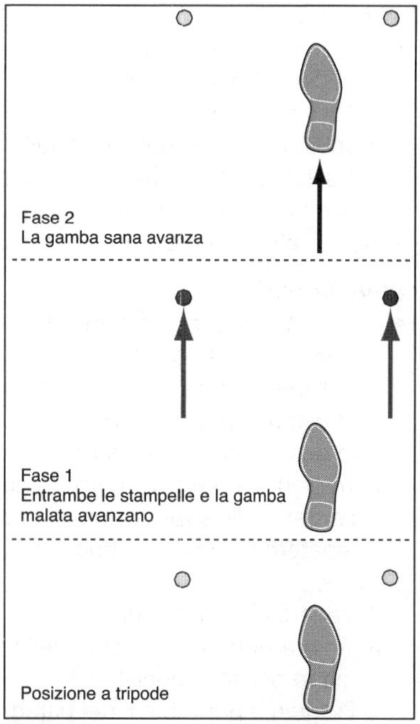

Figura 5.20 *Andatura con le stampelle a tre punti.*

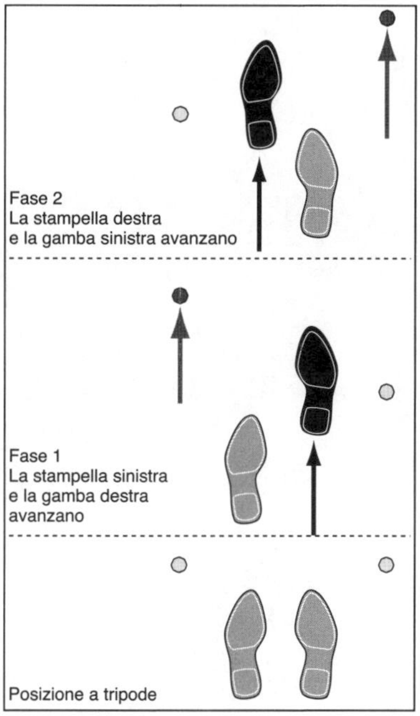

Figura 5.21 *Andatura con le stampelle a due punti alternati.*

Salire le scale

- Stare vicino al paziente dal lato malato.
- Chiedere al paziente di:
  a. Assumere una posizione a tripode all'inizio delle scale.
  b. Spostare il peso del corpo sulle stampelle e muovere la gamba sana sullo scalino.
  c. Trasferire il peso del corpo sulla gamba sana e sullo scalino e muovere le stampelle e la gamba malata sullo scalino. Le stampelle supportano sempre la gamba malata.
- Ripetere i punti b e c fino a raggiungere la cima delle scale.

Scendere le scale

- Stare uno scalino al di sotto del paziente dal lato malato.
- Chiedere al paziente di:
  a. Assumere una posizione a tripode in cima alla scala.
  b. Spostare il peso del corpo sulla gamba sana e muovere le stampelle e la gamba malata in basso sullo scalino successivo.
  c. Trasferire il peso del corpo sulle stampelle e spostare la gamba sana su questo scalino. Le stampelle supportano sempre la gamba malata.
  d. Ripetere i punti b e c fino a raggiungere la base della scala.

Oppure:

- Chiedere al paziente di:
  a. Tenere entrambe le stampelle sulla mano esterna e afferrare il corrimano con l'altra mano per sorreggersi.
  b. Eseguire i punti b e c del paragrafo precedente.

5. Rinforzare gli insegnamenti del paziente.
6. Documentare sulla cartella assistenziale i progressi del paziente e scrivere note aggiuntive, se necessario. Indicare la distanza percorsa e qualunque difficoltà incontrata dal paziente, compresi i cambiamenti dei parametri vitali rispetto a quelli di base.

Capitolo 6
L'assistenza nella prevenzione del rischio di caduta

6.1 Azioni per la prevenzione del rischio di cadute[1]

6.1.1 Identificazione dei fattori di rischio

La prima azione necessaria per la prevenzione delle cadute consiste nell'identificare i possibili fattori di rischio, in relazione alle caratteristiche del paziente ed a quelle dell'ambiente e della struttura che lo ospita, in termini di sicurezza, di organizzazione e di adeguatezza del processo assistenziale.

In tal senso, i fattori responsabili delle cadute possono essere suddivisi in:

- **fattori intrinseci**, relativi alle condizioni di salute del paziente, che comprendono sia i dati anagrafici che la patologia motivo del ricovero, le comorbilità e le terapie farmacologiche;
- **fattori estrinseci**, relativi agli aspetti organizzativi della struttura di degenza, alle caratteristiche ambientali ed ergonomiche della struttura e dei presidi sanitari impiegati.

A. Fattori dipendenti dalle condizioni di salute del paziente
Tra i principali fattori di rischio riferibili alle condizioni generali del paziente possono essere identificati:

- l'età > *65* anni;
- l'anamnesi positiva per precedenti cadute;
- l'incontinenza;
- il deterioramento dello stato mentale;
- il deterioramento delle funzioni neuromuscolari;
- la riduzione del visus;
- le deformazioni o patologie del piede (es. alluce valgo, dita a martello, ipercheratosi cutanee);
- la paura di cadere;
- assunzione di farmaci che influenzano particolarmente lo stato di vigilanza, l'equilibrio, la pressione arteriosa;

B. Fattori ambientali, ergonomici ed organizzativo - assistenziali
Considerata la ricorrenza della dinamica e dei luoghi in cui avviene la maggior parte delle cadute (in camera nel salire e nello scendere dal letto, nel percorso dalla camera al

---

[1] Tratto dalla raccomandazione del Ministero della salute n. 13, novembre 2011.

bagno ed in bagno, mentre si effettua l'igiene personale), i principali fattori di rischio in questo ambito sono i seguenti:

- dimensionamento inadeguato delle stanze di degenza e dei bagni;
- pavimenti e scale scivolosi a causa del consumo e/o dell'assenza di soluzioni antiscivolo percorsi "ad ostacoli" per raggiungere il bagno;
- illuminazione carente in alcune aree;
- letti o barelle non regolabili in altezza;
- bagni senza supporti per sollevarsi dal WC o per fare la doccia.

6.1.2 Adozione e implementazione di modalità di valutazione (del rischio caduta del paziente)

Una valutazione clinica ed assistenziale globale è premessa fondamentale per cure di qualità.

Una osservazione accurata del paziente è particolarmente significativa per le persone anziane e fragili.

La valutazione del rischio di caduta del paziente, si esegue con l'adozione di strumenti di valutazione, secondo le Linee guida e le caratteristiche più significative dei test specifici sono: semplice esecuzione, breve durata, ripetibilità per consentire il follow up.

La valutazione del rischio di caduta dei pazienti deve essere effettuata, in modo tempestivo e puntuale, in ognuna delle seguenti condizioni:

- all'ammissione del paziente, particolarmente se anziano (età pari o maggiore di 65 anni);
- a seguito di alterazioni significative dello stato di salute durante la degenza (es. disorientamento con difficoltà di deambulazione, modifiche della marcia per patologie neurologiche);
- a seguito di episodio di caduta;
- ad intervalli di tempo regolari nei ricoveri prolungati, in ogni tipo di struttura di ricovero;
- prima del trasferimento ad altra unità operativa o struttura e prima della dimissione, se necessario, per facilitare la continuità assistenziale a domicilio;
- ogni qualvolta si proceda a variazione di terapia comprendente farmaci che possono porre il paziente a maggiore rischio di caduta.

6.1.3 Interventi multifattoriali di prevenzione delle cadute

- **Strategie ambientali:**
  - i pavimenti non debbono essere umidi, scivolosi e/o sconnessi;
  - i corridoi devono essere di adeguata larghezza, debbono essere dotati di corrimano e non ingombrati da arredi potenzialmente causa di inciampo o scivolamento;
  - le dimensioni dei bagni devono consentire il passaggio delle carrozzine e gli spostamenti del paziente;
  - l'altezza del letto e della barella deve essere regolata in modo che il paziente possa poggiare facilmente i piedi sul pavimento; eventuali spondine debbono essere rimuovibili;

- **il campanello o il pulsante di chiamata** deve essere reso facilmente accessibile al paziente, dal letto o dalla sedia/poltrona e nel bagno, ogni qualvolta l'operatore si allontani da lui;
- **l'illuminazione** degli ambienti, in particolare quella notturna vicino al letto e al bagno, deve essere idonea e gli interruttori visibili al buio;
- **gli ausili per la deambulazione** devono essere adeguati e sottoposti a corretta manutenzione (es. carrozzine con braccioli e poggiapiedi estraibili o reclinabili/ripiegabili, buona manovrabilità, ruote con freni agevolmente comandati, larghezza ed altezza da terra dello schienale adeguati).

- **Mobilizzazione e deambulazione:**
  - un buon livello di attività fisica costituisce il principale **fattore di protezione,** migliorando, in particolare, la capacità di equilibrio e di coordinamento dei movimenti. Poiché lo scarso esercizio fisico espone a maggior rischio di caduta, i pazienti debbono essere stimolati ad utilizzare al meglio le proprie abilità e potenzialità residue, aiutandoli a superare la paura di cadere. Qualora ne abbiano, anche attraverso interventi educativi e favorendo il più possibile la loro autonomia in collaborazione con personale esperto (es. fisioterapisti, terapisti occupazionali);
  - il bisogno assistenziale di mobilizzazione e deambulazione richiede un'attenzione particolare da parte del personale sanitario, ai fini della prevenzione della caduta del paziente.
- **Gestione della eliminazione urinaria e fecale:**
  - poiché l'incontinenza e la conseguente urgenza comportamentale possono rappresentare elementi di pericolo di caduta per i pazienti, si ritiene necessario applicare tutte le migliori evidenze scientifiche disponibili nell'ambito dell'assistenza infermieristica ottimizzando la realtà strutturale disponibile.

6.1.4 Formazione

La formazione del personale è strategica sia per quanto concerne la prevenzione delle cadute e le azioni da intraprendere dopo la caduta.

È importante che i programmi di formazione di base e continua del personale sanitario comprendano contenuti aggiornati volti a:

- sviluppare la consapevolezza rispetto ai fattori di rischio e alle strategie di prevenzione delle cadute, anche attraverso il coinvolgimento del paziente e dei familiari;
- migliorare il livello di competenza nella gestione delle cadute.

6.2 Valutare le condizioni di sicurezza

Per **ambiente sicuro** si intende un luogo in cui le persone possono muoversi senza traumi e in sicurezza.

La tabella 6.1 esplicita le aree in cui gli operatori sociosanitari devono garantire la sicurezza.

Tabella 6.1 Valutazione della sicurezza
Valutare il paziente (sia nelle strutture sanitarie sia in quelle domestiche) al momento dell'accettazione, determinando: • il livello di consapevolezza o di coscienza e, in particolare, l'orientamento nel tempo e nello spazio, la capacità di concentrazione e di giudizio, la capacità di assimilare più informazioni nello stesso momento, la capacità di percepire in modo corretto la realtà e di reagire alle percezioni. Considerare che la capacità di giudizio e la funzionalità motoria dei pazienti possono essere alterate da farmaci come narcotici, tranquillanti, ipnotici e sedativi; • le condizioni cardiache e la presenza di pressione sanguigna bassa e ipotensione posturale; • lo stile di vita, come comportamenti rischiosi e relativo uso di sostanze; • i fattori ambientali, quali illuminazione, tipo di pavimentazione, oggetti liberi, vicinanza degli effetti personali, sicurezza/stabilità/adeguatezza della sedia a rotelle o degli ausili per la deambulazione; • l'uso di sistemi di sicurezza, quali ringhiere e accessori da bagno, come corrimano, sgabelli e fasce antiscivolo; • le alterazioni sensoriali, come la diminuzione della vista, dell'udito, dell'odorato, della percezione tattile e del gusto; • la condizione motoria: osservare, in particolare, gli individui che hanno debolezza muscolare, diminuzione dell'equilibrio e/o del coordinamento o paralisi; quelli indeboliti da malattie o da interventi chirurgici; quelli che utilizzano ausili per camminare, quali bastoni e deambulatori. Valutare la sicurezza delle calzature (ad esempio, aderenza, altezza dei tacchi, potenziale scivolosità delle suole); • la condizione emotiva, che può alterare la capacità di percepire i pericoli ambientali. Soggetti che sono particolarmente ansiosi, arrabbiati, doloranti, depressi o insonni possono avere una riduzione delle percezioni e possono pensare o reagire agli stimoli ambientali più lentamente; • la capacità di comunicare: i soggetti con una scarsa capacità di ricevere e dare informazioni (quali i pazienti afasici) e quelli con barriere linguistiche possono non essere capaci di leggere i segnali di sicurezza, come "pavimento bagnato" o "guasto"; • precedenti incidenti, frequenza o predisposizione agli incidenti; • la conoscenza delle misure di sicurezza, dell'uso di materiali potenzialmente pericolosi e delle precauzioni da prendere per prevenire traumi (ad esempio, norme di sicurezza per gli incendi, per l'acqua, per l'ossigeno, protezione dalle radiazioni, prevenzione degli incidenti).

Le tecniche illustrate nel presente capitolo sono focalizzate sulle misure che permettono di **ridurre il rischio di traumi** durante gli spostamenti del paziente dal letto e dalla sedia; sono incluse le misure precauzionali da prendere prima e durante le **convulsioni**, in cui il paziente non può controllare i movimenti e rischia di subire traumi.

In ogni momento devono essere garantiti la privacy e il benessere del paziente.

Molti ammalati hanno reazioni emotive anche violente quando si parla di cadute, contenzione e convulsioni. Imbarazzo, paura e ridotto senso di autonomia e controllo possono compromettere il potenziale di guarigione.

6.3 Come prevenire le cadute

Le cadute sono comuni tra gli anziani, i malati o i traumatizzati. Rappresentano una delle **cause primarie di ricovero** e, negli anziani, la **causa principale di lesioni**. Il rischio, in questi soggetti, può essere stimato eseguendo una valutazione standard al momento del ricovero e ogniqualvolta sia necessario.

Nella tabella 6.2 sono descritte le linee guida operative per la prevenzione delle cadute negli ambienti di cura.

Tabella 6.2 Linee guida operative per la prevenzione delle cadute nelle strutture ospedaliere
• Nella fase dell'accettazione, far orientare il paziente negli ambienti circostanti e spiegargli il sistema di chiamata • Valutare la capacità del paziente di camminare e muoversi. Fornire l'aiuto e l'assistenza necessari alla deambulazione • Tenere sotto controllo i pazienti a rischio di cadute, specialmente di notte • Incoraggiare il paziente a usare il campanello di chiamata per richiedere assistenza • Assicurarsi che il campanello sia facilmente raggiungibile • Sistemare i comodini e i tavoli da letto vicino al paziente, in modo che non debba sporgersi rischiando una perdita di equilibrio • Disporre sempre i letti nella posizione più bassa e con le ruote bloccate quando non si stanno praticando le cure al paziente, in modo che egli possa salire e scendere dal letto agevolmente • Incoraggiare il paziente a usare i corrimano montati nei bagni e lungo i corridoi • Utilizzare le sedie da bagno nei pazienti a rischio • Incoraggiare il paziente a indossare scarpe antiscivolo • Tenere gli ambienti ordinati; in particolare, allontanare i fili della luce e i mobili dai percorsi • Eseguire interventi personalizzati (ad esempio, utilizzare allarmi sensibili alla posizione del paziente piuttosto che le sponde laterali per i pazienti in stato confusionale)

Negli anziani le cause più ricorrenti di cadute sono *i problemi di natura osteo-articolare*, lo *scarso equilibrio*, la *perdita di flessibilità*. Molti episodi sono associati all'uso frequente della toilette e all'urgenza minzionale.

6.4 La prevenzione durante le convulsioni

Le **convulsioni**, ovvero l'insorgenza improvvisa di scariche elettriche eccessive in una o più aree dell'encefalo, possono essere causate da **condizioni mediche temporanee o permanenti**, come reazioni a farmaci, epilessia o febbre alta. Tuttavia, circa il 50% delle convulsioni non ha una causa nota.

Le convulsioni vengono classificate in due categorie:

- **parziali** (dette anche **focali**), che consistono in scariche elettriche derivanti da una sola area dell'encefalo;
- **generalizzate**, che colpiscono invece tutto l'encefalo.

Ciascuna di queste categorie comprende diversi tipi di convulsioni, a seconda delle caratteristiche dell'attività convulsiva (ad esempio, perdita di coscienza o nessuna alterazione della coscienza).

Il **rischio di traumi** sussiste nel caso di convulsioni che coinvolgano l'intero corpo, come nell'ipotesi del *grand mal* (convulsioni tonico-cloniche), o di convulsioni che comportino una perdita di coscienza.

Le **misure precauzionali** applicate servono per proteggere il paziente dalle lesioni che potrebbero essere causate dall'episodio convulsivo.

Capitolo 7
L'assistenza nel trattamento delle ferite

7.1 L'apparato tegumentario e la sua funzione

L'apparato tegumentario – costituito dalla **cute** e dagli **annessi cutanei** – ha come funzione principale quella di rivestire l'organismo, di proteggerlo dai traumi e dagli agenti patogeni e di evitare un'eccessiva perdita di acqua.

Secondo un antico detto, la salute della cute rispecchia la salute del corpo: molte malattie sistemiche, in effetti, hanno manifestazioni cutanee. Lo stress psicologico, per esempio, può condizionare lo stato della cute, mentre i rush cutanei possono essere complicanza di terapie farmacologiche.

L'apparato tegumentario, essendo il più esteso ed esposto dell'organismo, è vulnerabile alle lesioni e soggetto a diverse malattie. Se dunque l'aspetto esteriore della cute è importante per il benessere psichico, la sua integrità lo è per il benessere fisico.

La cute è in rapporto di continuità con le mucose che – negli apparati respiratorio, digerente e urogenitale – si trovano a livello dei punti di contatto con l'esterno e, come annessi della cute, anche le unghie e i capelli hanno funzioni protettive.

Se il ruolo protettivo è fondamentale, la cute svolge anche altre funzioni che sono essenziali per l'organismo umano: essa, infatti, è molto importante per la regolazione della temperatura corporea, per la funzione sensoriale, per il mantenimento dell'equilibrio idrico ed elettrolitico, per la produzione di vitamina D e per l'escrezione di alcune sostanze di scarto prodotte dal corpo. La conoscenza delle funzioni della cute e delle mucose contigue permette all'operatore sanitario di pianificare e attuare un appropriato piano di assistenza. Se l'integrità della cute e delle mucose costituisce la prima linea di difesa contro gli agenti dannosi, mantenerle in salute è una delle più importanti funzioni assistenziali.

7.1.1 La cute

La cute è il rivestimento esterno del corpo umano ed è costituita da due strati: l'*epidermide* e il *derma*.

L'**epidermide** costituisce lo strato più superficiale ed è formata da un *epitelio pluristratificato*, le cui cellule sono dette **cheratinociti**: lo strato più profondo, detto *strato basale*, è costituito da cellule relativamente poco differenziate, in attiva proliferazione, appoggiate su di una sottile membrana basale.

Lo strato più superficiale, detto *strato corneo*, è formato da cellule morte, progressivamente rimpiazzate da cellule degli strati più profondi. Ciò si verifica perché, in seguito alla moltiplicazione, le cellule dello strato basale si staccano dalla membrana basale e vengono sospinte verso l'esterno.

Man mano che passano da uno strato all'altro, le cellule subiscono un processo di differenziamento, appiattendosi e sintetizzando grandi quantità di una proteina chiamata **cheratina**, dotata di notevole resistenza meccanica, flessibilità e scarsa solubilità in acqua. Tra le cellule dello strato basale sono inserite particolari cellule, i **melanociti**, che producono ed iniettano nei cheratinociti un pigmento scuro, la **melanina**, responsabile della colorazione della pelle. La melanina svolge un'importantissima funzione nell'assorbire le radiazioni ultraviolette che altrimenti danneggerebbero le cellule degli strati profondi dell'epidermide.

Il **derma**, posto al di sotto dell'epidermide, è composto da tessuto connettivo fibroso e denso, la cui matrice è costituita soprattutto da fibre di collagene e da fibre elastiche, che conferiscono resistenza e flessibilità alla cute. Il derma contiene **vasi sanguigni**, che portano nutrimento alla pelle, e numerose **terminazioni nervose**, che costituiscono i recettori sensoriali per il *tatto*, il *dolore* e la *temperatura*.

Nel derma sono inseriti anche alcuni annessi cutanei: le *ghiandole sudoripare* e i *follicoli piliferi*.

Al di sotto del derma è posto il **tessuto sottocutaneo**, formato da tessuto connettivo lasso e tessuto adiposo. Quest'ultimo, oltre a servire da deposito di grassi di riserva, svolge anche un importante ruolo di isolante nei confronti delle variazioni della temperatura esterna.

7.1.2 Gli annessi cutanei

Gli annessi cutanei sono strutture differenziate derivate dall'epidermide. Sono rappresentati dalle *unghie*, dalle *ghiandole sudoripare*, dai *capelli* e dai *peli* con i rispettivi *follicoli piliferi*, nei quali sboccano le *ghiandole sebacee*. Degli annessi cutanei fanno parte anche le *ghiandole mammarie*, deputate nella donna alla produzione del latte.

Le **ghiandole sudoripare** svolgono un ruolo importante nella regolazione della temperatura corporea. Le **ghiandole sebacee**, i cui dotti escretori sboccano nei follicoli piliferi, secernono una complessa miscela di grassi e di cere, chiamata *sebo*, che previene la disidratazione e la screpolatura della pelle.

I **peli** e i **capelli** hanno struttura simile: presentano una parte che sporge fuori della cute detta *fusto*, e una parte situata nello spessore della cute (*radice*), inserita in un'invaginazione dell'epidermide che si estende nel derma, detta **follicolo pilifero**. La parte più profonda, rigonfiata, della radice è detta **bulbo pilifero**.

Il pelo è formato in massima parte da cellule morte, ripiene di cheratina, e contenenti numerosi granuli di melanina, provenienti dai melanociti del follicolo. La diversa quantità di granuli presenti è alla base del diverso colore dei capelli. Tra le cellule sono presenti spazi contenenti aria; con l'avanzare dell'età, questi spazi aumentano, mentre diminuisce il numero dei granuli di melanina: ciò è alla base dell'*incanutimento* (comparsa di capelli prima grigi e poi bianchi).

Alla base di ciascun follicolo pilifero è inserito un sottile fascio di cellule muscolari lisce, che costituiscono il *muscolo erettore del pelo*. Questi muscoli sono innervati dal sistema nervoso autonomo e la loro contrazione svolge un importante ruolo nella termoregolazione.

Le **unghie** sono lamine cornee che si sono differenziate dallo strato corneo dell'epidermide. Sono composte dalle seguenti parti:

- *lamina* o *placca ungueale*, che costituisce il corpo dell'unghia e che con la sua faccia profonda aderisce alla cute sottostante;
- *radice*, nascosta da un sottile ripiegamento cutaneo;
- *matrice ungueale*, che è la piccola porzione di epidermide posta all'inizio della radice, deputata alla continua formazione del materiale corneo dell'unghia.

7.2 Le ferite e la loro classificazione

Una ferita è una soluzione di continuo di uno o più tessuti del corpo, viene definita in base alla modalità con cui si determina e ai tempi di guarigione.

Le ferite si suddividono in:

- **ferite abrase o abrasioni**: interessano lo strato superficiale della cute e sono causate da sfregamento della stessa;
- **ferite lacero-contuse** interessano sia lo strato superficiale che la parte sottostante della cute e sono causate da lacerazione della cute a seguito di una contusione;
- **ferite da punta**: possono interessare solo la superficie cutanea o penetrare in profondità causando danni alle strutture nervose, muscolari e tendinee, ai vasi sanguigni, alle strutture viscerali. Sono causate da oggetti appuntiti;
- **ferite da taglio**: possono interessare solo la superficie cutanea o penetrare in profondità causando danni alle strutture nervose, muscolari e tendinee, ai vasi sanguigni, alle strutture viscerali. Sono causate da oggetti taglienti;
- **ferite da punta e taglio**: sono ferite che causano danni e lesioni agli organi vitali;
- **ferite da arma da fuoco**: possono causare ferite superficiali (da striscio) o essere penetranti e in grado di causare gravi lesioni agli organi vitali.

Se la ferita è poco profonda e interessa la sola **epidermide**, le cellule epiteliali dello strato basale ai margini della ferita vengono stimolate a moltiplicarsi e colmano la soluzione di continuità del rivestimento epiteliale.

Se la lesione interessa anche il **derma** e il **tessuto sottocutaneo**, vengono inevitabilmente rotti dei vasi sanguigni con conseguente perdita di sangue (emorragia), che coagula nella ferita. Il coagulo di fibrina, che intrappola piastrine e cellule del sangue, insieme al liquido interstiziale che fuoriesce e si secca, forma una crosta, che copre e protegge i tessuti sottostanti.

La liberazione di diverse sostanze a livello della ferita richiama i fibroblasti, che iniziano a formare fibre collagene e tendono ad unire i margini della ferita. Più questi sono vicini, più rapida è la guarigione: si tratta del motivo per cui lesioni cutanee molto aperte devono essere suturate. Al di sotto della crosta, nuovi vasi sanguigni penetrano nell'area della lesione, mentre granulociti e macrofagi provvedono a rimuovere cellule morte e detriti. Quando il processo di ricostruzione del tessuto connettivo si è completato, la proliferazione delle **cellule epiteliali**, che dai margini della ferita si espandono verso il suo centro, porta al distacco della crosta (*escara*). Se la ferita è estesa, il tessuto connettivo neoformato può rimanere visibile sotto forma di **cicatrice**.

Le ferite possono essere classificate a seconda della loro causa, del grado di pulizia o degli strati tissutali interessati. I sistemi di classificazione aiutano il personale infermieristico a pianificare il trattamento della ferita. I seguenti sistemi sono quelli comunemente usati.

7.2.1 Causa della ferita

Principali tipologie di ferite acute e croniche

Le **lesioni da Pressione** sono aree di danno tessutale della cute e/o dei tessuti sottostanti causate principalmente da pressione, stiramento o frizione. Questo tipo di danno (definito anche ulcera da pressione, piaga, ulcera o lesione da decubito), benché largamente prevenibile, costituisce un fenomeno importante nei reparti di ricovero ospedaliero e sul territorio, sia per il numero di pazienti coinvolti, sia per i tempi e le risorse necessarie per il trattamento del problema.

Se nei pazienti ospedalizzati le lesioni da pressione si sviluppano con una prevalenza che va dal 18% al 29% (A.I.S.Le.C. 2010), nella popolazione assistita a domicilio difficilmente si reperiscono studi di grandi proporzioni e ben condotti.

Il trattamento ottimale delle lesioni da pressione si sviluppa principalmente in 3 aree:

1. rimozione della causa (pressione) attraverso il riposizionamento del paziente e l'utilizzo di superfici/ausili antidecubito;
2. trattamento topico attraverso la medicazione della lesione;
3. trattamento delle comorbilità che possono interferire con il normale processo di guarigione quali ad esempio malnutrizione, infezione ecc.

Le **lesioni vascolari** degli arti inferiori vengono definite come quelle ferite cutanee ad eziologia vascolare venosa, arteriosa e/o mista, che si localizzano al di sotto del ginocchio fino al piede e che si manifestano con durata uguale o superiore alle otto/dieci settimane. Le ulcere croniche alle gambe rappresentano una patologia molto frequente nel mondo occidentale, che colpisce principalmente gli anziani, determinando, di conseguenza, un alto costo sociale.

I dati di prevalenza delle lesioni vascolari si collocano in un range che va da 1,8 a 3,05 per mille, con una prevalenza crescente all'aumentare dell'età. Nei paesi occidentali è stato calcolato che il 10 per mille della popolazione adulta è stata affetta almeno una volta nella sua vita da un'ulcera agli arti inferiori"[1].

Il trattamento ottimale delle lesioni vascolari venose è rappresentato in prima istanza dal bendaggio elastocompressivo associato ad un approccio ottimale al trattamento topico della ferita.

Le **lesioni da piede diabetico** si instaurano quando la neuropatia diabetica o l'arteriopatia degli arti inferiori compromettono la funzione o la struttura del piede. I due quadri, definiti anche come piede neuropatico o piede ischemico, sono profondamente diversi tra loro: tuttavia nella gran parte dei soggetti, soprattutto di età avanzata, coesistono entrambe dando luogo al cosiddetto piede neuroischemico.

Un grave rischio di complicazione di un piede diabetico, in presenza di un'ulcera aperta, è la probabile insorgenza di infezione; questa infatti costituisce spesso la vera causa che ne determina l'amputazione. Le previsioni dell'Organizzazione Mondiale della Sanità hanno stimato che il numero di diabetici nel 2025 sarà di oltre 300 milioni

---

[1] Margolis DJ, Bilker W, Santanna J, Baumgarten M. Venous Leg ulcer incidence and prevalence in the elderly. I Am Acad Dermatol. 2002 Mar; 46(3):381-6.

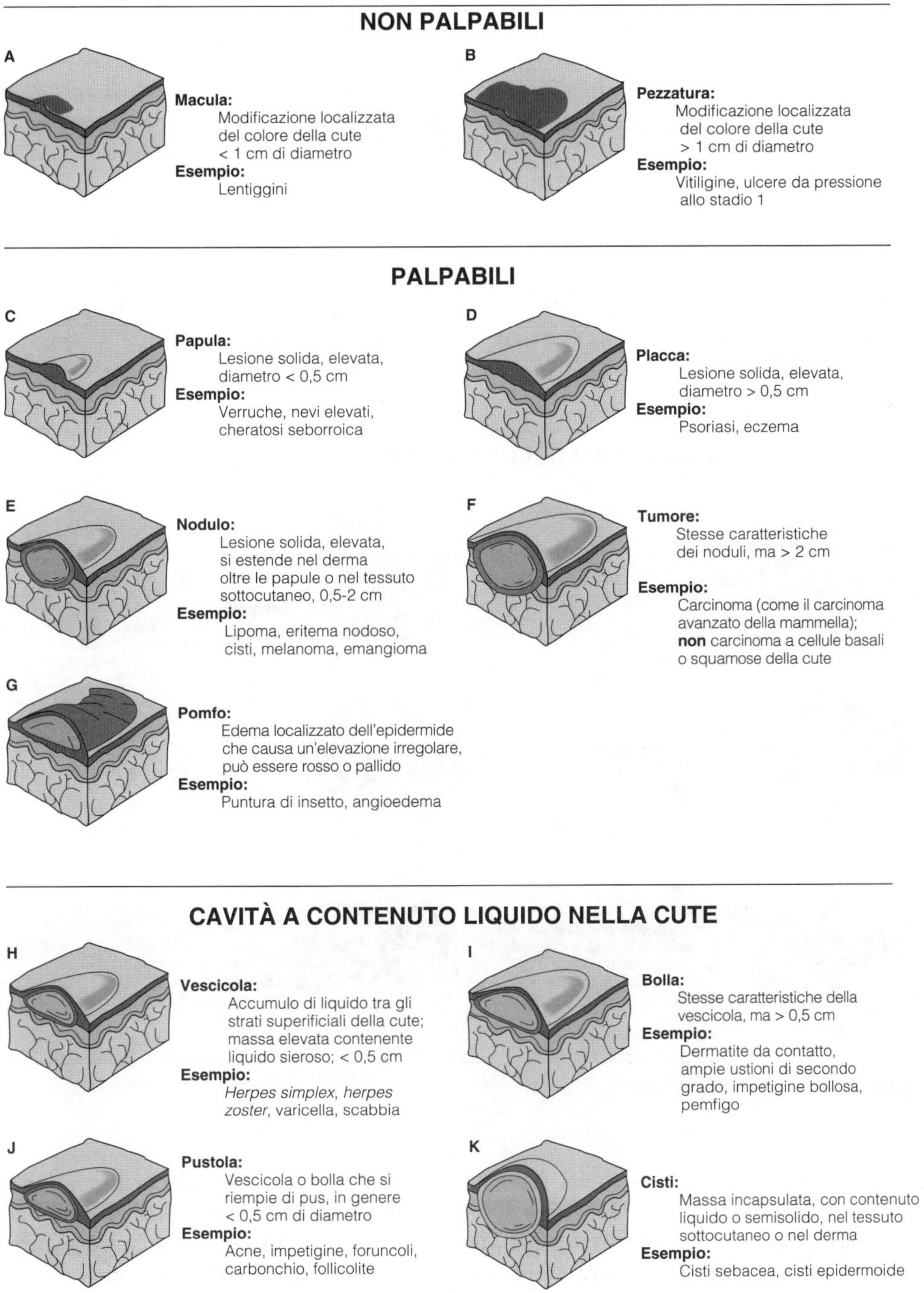

Figura 7.1 *Lesioni primarie della cute.*

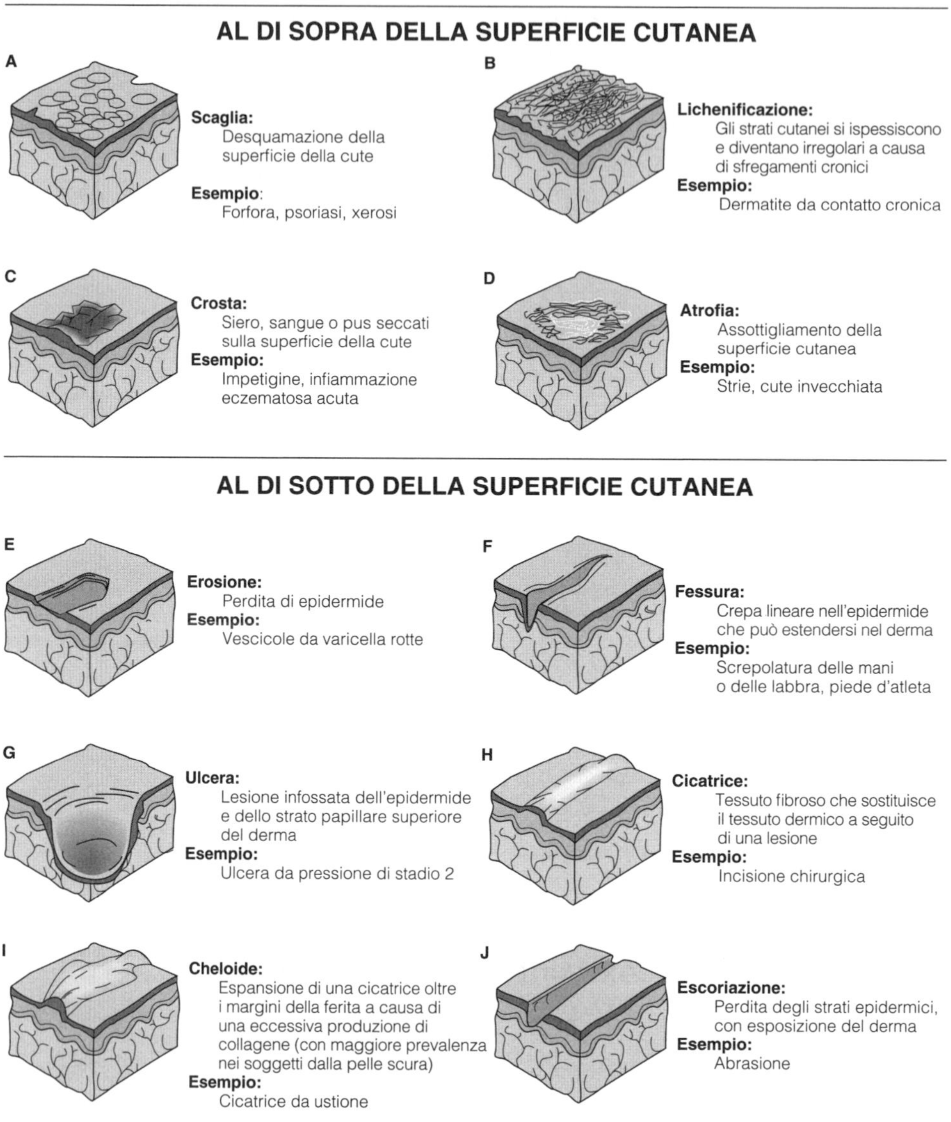

Figura 7.2 *Lesioni secondarie della cute.*

rispetto ai 120 milioni calcolati nel 1996, da ciò si può facilmente intuire la dimensione assunta da questo problema. Le stime di questa patologia riportano infatti che circa il 15% dei diabetici andrà incontro nella vita a un'ulcera del piede che richiederà cure mediche. Oltre all'impatto rilevante in termini di frequenza, si sottolinea che l'ulcera del piede nei diabetici è gravata da un alto rischio di amputazione maggiore, ossia effettuata sopra la caviglia; pur rappresentando la popolazione diabetica all'incirca il 3% della popolazione generale, più del 50% di tutte le amputazioni maggiori riguardano proprio i diabetici.

Il trattamento ottimale delle lesioni da piede diabetico si esplica attraverso:

- la cura locale della lesione mediante medicazione;
- il trattamento di eventuali infezioni;
- lo scarico della lesione ulcerativa (cioè evitare che questa sia gravata dal peso del corpo durante la deambulazione);
- l'eventuale rivascolarizzazione.

La **ferita chirurgica** è una soluzione di continuità dei tessuti prodotta da un agente meccanico. Nella pratica clinica è possibile incorrere in 2 principali tipologie di ferite chirurgiche:

- ferite che guariscono per prima intenzione in cui i lembi sono stati accostati tramite l'applicazione di una sutura. Riparano rapidamente sviluppando generalmente una cicatrice lineare spesso poco visibile;
- ferite che guariscono per seconda intenzione in cui i lembi non sono accostati spesso a causa di una infezione. La guarigione è lenta e la cicatrice che si forma può assumere dimensioni variabili.

La deiscenza della ferita chirurgica indica una complicanza post-operatoria rappresentata dalla riapertura spontanea di una ferita precedentemente suturata. Può essere parziale e quindi interessare uno o più punti di sutura o completa. Una forma molto grave, è quella che riguarda le ferite laparotomiche, nella quale l'apertura completa di tutti gli strati della parete comporta la fuoruscita dei visceri mobili all'esterno della cavità addominale o eviscerazione.

Il trattamento ottimale delle ferite chirurgiche si esplica attraverso una corretta preparazione della cute e del paziente all'intervento e alla cura locale della ferita attraverso la medicazione.

La riparazione tessutale

La guarigione delle ferite rappresenta la capacità dell'organismo di riparare un tessuto leso: quando un tessuto riceve un insulto che ne lede l'integrità, se il paziente non è affetto da una patologia ingravescente e se viene rimosso l'agente che ha causato la lesione/ferita, l'istinto dei tessuti e dell'organismo è comunque quello di evolvere verso il processo riparativo. Questo si può verificare attraverso due meccanismi: o per rigenerazione quando i tessuti danneggiati vengono rimpiazzati con cellule dello stesso tipo oppure per sostituzione dei tessuti danneggiati con tessuto connettivo (fibrosi).

Le ferite possono andare incontro a guarigione con tre modalità differenti:

- **per prima intenzione:** è il caso per esempio delle ferite da taglio rappresentate tipicamente dalle ferite chirurgiche lineari, a margini netti, non complicate da ematomi, necrosi o infezioni. Questo tipo di guarigione é favorito dall'accostamento e sutura dei lembi cutanei. Lo spazio interposto tra i margini della ferita viene così ridotto e può essere occupato più rapidamente dal tessuto cicatriziale.
- **per seconda intenzione** come nel caso delle ferite: da ustioni,
  - con grosse perdite di sostanza come nelle cavità ascessuali residue, con ampie exeresi chirurgiche,
  - lacero-contuse a margini irregolari, frastagliati con presenza di aree necrotiche, di ecchimosi o di grossi ematomi,
  - inquinate o infette.

Sono situazioni caratterizzate dalla difficoltà di accostare i margini e/o dalla presenza di infezioni potenziali (tessuti mortificati o necrotici) o già in atto (cavità ascessuali residue) che ne impediscono la chiusura. In questi casi il tessuto di granulazione necessario alla guarigione comincerà a formarsi sul fondo della ferita procedendo progressivamente verso l'alto fino a raggiungere la superficie. Rispetto alla guarigione per prima intenzione, la guarigione per seconda intenzione è un processo lungo e fastidioso ma più sicuro; è spesso responsabile di inestetismi anche gravi.

- **per terza intenzione:** accade non di rado che alcune ferite chirurgiche suturate normalmente possano andare incontro ad una infezione nell'immediato decorso post-operatorio. Il trattamento consiste nella riapertura della ferita che viene detersa, liberata dai residui organici e dalle aree necrotiche e regolata nei margini. Nei casi più favorevoli si può procedere ad una nuova sutura immediata dei lembi. Il tipo di guarigione che seguirà è detto per terza intenzione. Nei casi ritenuti più a rischio, invece, la ferita verrà lasciata aperta in modo da permettere una guarigione per seconda intenzione.

Guarigione delle lesioni[2] (fasi)

La risposta di guarigione delle ferite può essere suddivisa in fasi distinte che tuttavia si sovrappongono fra loro.

- **Emostasi:** protegge il corpo da un'eccessiva perdita di sangue e da un'aumentata esposizione alla contaminazione batterica. Si contraddistingue per:
  - Vasocostrizione (controlla la perdita di sangue).
  - Vasodilatazione e aumentata permeabilità capillare per leucociti e piastrine. Formazione del coagulo.

In questa fase la perdita di sostanza viene sostituita da un coagulo ematico costituito da una rete di fibrina nella quale sono contenuti globuli rossi, globuli bianchi, piastrine ed altri componenti del sangue.

- **Infiammazione:** prepara il letto della lesione per la guarigione mediante il meccanismo fisiologico dell'autolisi. È caratterizzata dalla disintegrazione o liquefazione dei tessuti o cellule per azione dei leucociti e degli enzimi. In questa fase compaiono macrofagi e cellule mononucleate dotate di capacità fagocitica e quindi attive nel "ripulire" la ferita/lesione dalla fibrina e dai residui cellulari e dai detriti eventualmente depositati.

- **Proliferazione:** riempimento e chiusura del letto della ferita. È caratterizzata da:
  - Neoangiogenesi che consiste nella creazione di una rete di capillari e arteriole.
  - Granulazione che consiste nella produzione di tessuto connettivo.

Contrazione dei margini della lesione che si tendono l'uno verso l'altro (per diminuire le dimensioni della lesione stessa).

Dopo le prime 24-48 ore compare un tessuto detto di granulazione costituito da alcuni elementi cellulari, i fibroblasti che originatisi dal connettivo penetrano nella ferita lungo i filamenti che costituiscono la rete di fibrina, sostituendoli con fibre dotate

---

[2] Royal College of Nursing and National Institute for Health and Clinical Excellence. The management of pressure ulcers in primary and secondary care: A Clinical Practice Guideline. www.rcn.org.uk/ Final Version June 2005.

di elevata capacità contrattile, le miofibrille. Contemporaneamente sui margini della lesione inizia la produzione di abbozzi vascolari e successivamente linfatici che si allungano progressivamente verso il centro fino ad incontrare gli abbozzi provenienti dal lato opposto. Avvenuta l'anastomosi dei monconi, si avvia un processo di canalizzazione per cui i cordoni cellulari diventano vasi e formano una nuova rete vascolare. I fibroblasti hanno inoltre la capacità di secernere l'acido ialuronico, componente attivo nella formazione delle fibre di collagene e del processo di guarigione. In questa fase la ferita appare tumefatta e arrossata per la ricchezza di tessuto vascolare neoformato.

- **Riepitelizzazione:** consiste nella copertura della lesione di neo-epitelio e nella chiusura della lesione stessa. Col passare del tempo diminuisce il numero e l'attività dei fibroblasti, i capillari sanguigni si riducono e contemporaneamente aumentano le fibre collagene. Avviene così la trasformazione del tessuto di granulazione in tessuto cicatriziale le cui caratteristiche sono la scarsa elasticità, la irrorazione ed innervazione ridotta, la modesta epitelizzazione, l'assenza di annessi cutanei. L'epitelio prolifera per scorrimento dai bordi fino a ricoprire la superficie della lesione.

- **Rimodellamento:** maturazione della ferita. Questo processo porta alla formazione di una cicatrice solida in circa due settimane. In questo arco di tempo essa si contrae progressivamente per l'azione delle miofibrille. Successivamente intervengono ulteriori trasformazioni che la porteranno, nel giro di alcuni mesi, ad appiattirsi e a modificare il suo colore assumendo l'aspetto definitivo: la resistenza alla trazione del tessuto cicatriziale ripristina, fino ad un massimo dell'80% nelle persone più giovani, la resistenza originaria; comunque la resistenza tissutale alla trazione è inferiore rispetto a quella dei tessuti non lesionati.

Fattori che influenzano la guarigione

Numerosi fattori sistemici e locali influenzano la guarigione delle ferite:

- stato nutrizionale (per es. la carenza di vitamina C che notoriamente riduce la sintesi di collagene);
- la presenza di dismetabolismi (per es. il diabete mellito che è noto provocare un ritardo nella guarigione);
- deficit circolatori dovuti ad aterosclerosi o stasi venosa;
- disendocrinie (per es. gli ormoni glucocorticoidi hanno un ben documentato effetto inibitorio sull'infiammazione e sulla sintesi del collagene).

Il sito della lesione è anche un importante fattore influenzante la guarigione: ferite in aree riccamente vascolarizzate tendono a guarire più rapidamente di quelle in aree poco vascolarizzate. La presenza di eventuali corpi estranei di norma impediscono una normale guarigione, ma la singola più importante causa di ritardo è sicuramente l'infezione della ferita.

Ostacoli alla riparazione tessutale

Fattori generali e sistemici

Sono direttamente mediati dallo stato di salute generale in cui si trova il paziente. Si manifestano in modo molto diverso anche in relazione all'eziologia e alle modalità di insorgenza della ferita. Alcuni "fattori" sono la causa stessa che provoca l'instaurarsi della lesione:

- Età del paziente (i disturbi di guarigione possono essere una conseguenza della multi morbilità dovuta all'età, stato immunitario debole, aumento delle patologie croniche, degenerative ed invalidanti, ecc.).
- Stato nutrizionale (sia in eccesso sia in difetto). o Stato immunitario.
- Malattie di base: soprattutto diabete, malattie vascolari, malattie immunologiche, collagenopatie, insufficienza ventricolare sinistra, insufficienza respiratoria ecc.
- Complicanze post-operatorie: trombosi, tromboembolie ecc.
- Conseguenze da traumi acuti/shock (anche in seguito ad interventi con circolazione extracorporea).
- Farmaci (peres. corticosteroidi).
- Situazione psico-sociale del paziente.

Fattori locali

I fattori locali che possono influenzare e rallentare la riparazione tessutale sono:

- Macerazione della cute perilesionale dovuta a eccesso di fuoriuscita di fluidi della lesione o da incontinenza del paziente.
- Traumi ricorrenti (soprattutto se la ferita si trova in una posizione soggetta a sfregamenti o a traumatismi).
- Presenza di tessuto necrotico. Insufficiente apporto ematico.
- Pressione sulla ferita.
- Infezione locale.

7.2.2 Stato di pulizia della ferita

Questo sistema classifica le ferite secondo il loro grado di contaminazione batterica e dei rischi di infezione, distinguendo fra:

- **ferite pulite**: sono ferite intenzionali che si verificano in condizioni in cui non c'è infiammazione e in cui gli apparati respiratorio, orofaringeo, gastrointestinale e urogenitale non sono stati penetrati;
- **ferite contaminate pulite**: sono ferite intenzionali causate dalla penetrazione nei tratti respiratorio, digerente, urogenitale e orofaringeo in condizioni controllate;
- **ferite contaminate**: sono aperte, traumatiche o intenzionali, con condizioni di asepsi non rispettate, fuoriuscita di materiale dall'apparato gastrointestinale o incisioni nei tratti urinario o biliare infetti. Queste ferite presentano uno stato infiammatorio acuto non purulento;
- **ferite sporche e infette**: sono ferite traumatiche con presenza di tessuto necrotico o materiale estraneo o ferite intenzionali generate in situazioni in cui è presente una secrezione purulenta.

7.2.3 Profondità della ferita

Il terzo sistema di classificazione è basato sulla profondità della ferita, tenendo conto degli strati cutanei interessati. Si distinguono:

- **ferite superficiali**: interessano l'epidermide, che comprende i quattro strati più esterni della cute;
- **ferite a spessore parziale**: interessano l'epidermide e parte del derma, che è lo strato sottostante l'epidermide;
- **ferite a pieno spessore**: interessano l'intera epidermide e il derma, ma possono riguardare anche strutture più profonde, come la fascia, il muscolo e l'osso.

7.3 Ustioni

Le lesioni causate dal calore prendono il nome di **ustioni**. L'effetto delle ustioni, le possibilità e i meccanismi di riparazione differiscono secondo la loro estensione e profondità.

Le ustioni più superficiali, che danneggiano la sola epidermide, sono dette **ustioni di primo grado** (Fig. 7.3A). Sono caratterizzate da bruciore e arrossamento della cute, eventualmente seguiti da distacco degli strati epidermici più superficiali. La proliferazione delle cellule dello strato basale porta rapidamente al completo ripristino dell'epidermide.

Quando il danno interessa, oltre all'epidermide, anche parte del derma, si parla di **ustioni di secondo grado** (Fig. 7.3B). Il liquido che fuoriesce dai capillari del derma, danneggiati dal calore, si accumula al di sotto dell'epidermide morta dando origine a vesciche. La guarigione di queste ustioni coinvolge, oltre al tessuto connettivo del derma, anche le cellule epiteliali degli annessi cutanei (follicoli piliferi, ghiandole sudoripare e sebacee), situate nelle parti profonde del derma: queste cellule epiteliali, moltiplicandosi, raggiungono la superficie del derma e si espandono, formando nuovo tessuto epiteliale.

Le ustioni che danneggiano l'epidermide, il derma e gli annessi cutanei sono dette **ustioni di terzo grado** (Fig. 7.3C). Nei casi più gravi si parla addirittura di **ustioni di quarto grado** (Fig. 7.3D). La parte lesa assume un colore che può andare dal rosso scuro al nero o al bianco. In questi casi la guarigione può avvenire solo per migrazione di cellule dalla periferia della lesione e richiede un intervento medico per la rimozione dei tessuti necrotizzati e, se l'area colpita è molto estesa, l'eventuale copertura con lembi di pelle prelevati da regioni sane (autoinnesti) o ottenuti attraverso coltura *in vitro* di frammenti di cute.

L'area ustionata deve essere protetta non solo perché è facile preda di processi infettivi, ma perché rappresenta anche una zona attraverso cui avviene un'intensa evaporazione di liquidi, per cui l'organismo tende a disidratarsi.

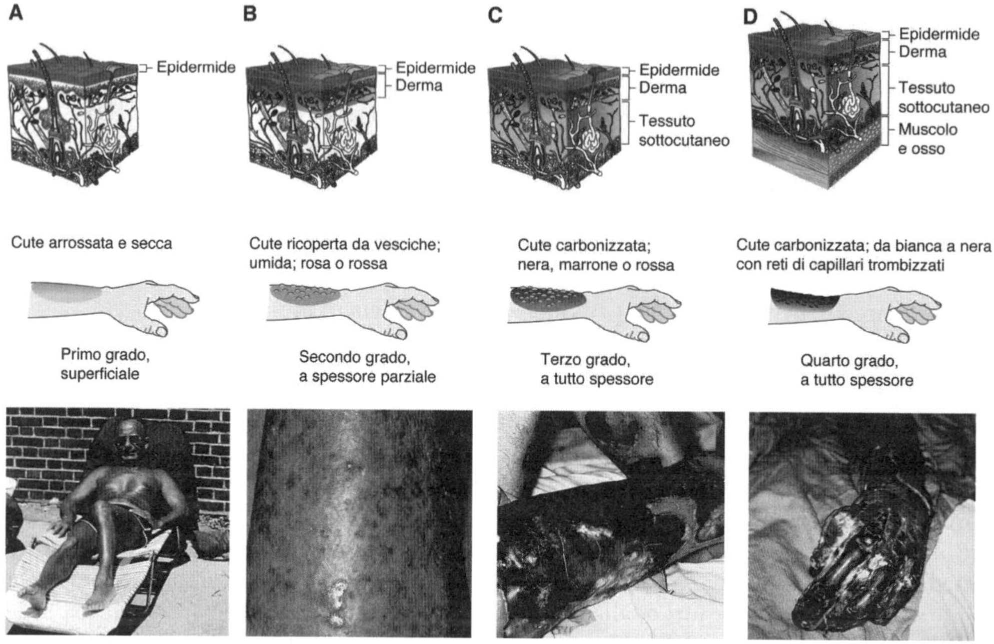

Figura 7.3 *Strati della cute coinvolti nelle lesioni da ustione.* **A.** *Ustione di primo grado.* **B.** *Ustione di secondo grado.* **C.** *Ustione di terzo grado.* **D.** *Ustione di quarto grado. (Foto per gentile concessione della Phoenix Society of Burn Survivors, Inc.)*

7.4 Ulcere da pressione

Conosciute anche come **piaghe** o **ulcere da decubito**, sono aree localizzate di tessuto necrotico che tendono a svilupparsi quando un tessuto molle è compresso tra una prominenza ossea e una superficie esterna (ad esempio, un materasso o una sedia) per un periodo prolungato. Sono causate da **ischemia**, diminuzione locale e temporanea dell'apporto di sangue, e insorgono comunemente in aree sottoposte a notevole pressione da parte del peso corporeo su prominenze ossee.

Se la pressione continua per più di due ore, si verifica **necrosi** (morte del tessuto) nell'area interessata. Le **prominenze ossee** come l'occipite, il padiglione auricolare, il sacro, le tuberosità ischiatiche, l'area del trocantere dell'anca, caviglie e talloni sono le zone dove si sviluppano più facilmente ulcere da pressione.

SUGGERIMENTI PROFESSIONALI

Fattori di rischio per le ulcere da decubito

È possibile prevenire le ulcere da decubito se si identificano i soggetti a rischio e se si riducono o eliminano i fattori di rischio. Fattori intrinseci ed estrinseci possono condizionare le reazioni dei tessuti: quelli **intrinseci** comprendono alterazioni della mobilità, incontinenza, malnutrizione e alterazioni dello stato di coscienza; quelli **estrinseci** comprendono pressione, lacerazioni, frizioni e umidità. Tutte le condizioni che determinano diminuzione della perfusione tissutale, quali edema, anemia o aterosclerosi, possono aumentare il rischio di ulcera. Altri fattori sono malattia mentale, ridotta sensibilità e modificazioni causate dall'invecchiamento.

Si devono valutare i fattori di rischio dei pazienti al momento del ricovero e almeno ogni 48 ore, giornalmente nei reparti di lungodegenza e ad ogni visita infermieristica per i soggetti seguiti ambulatorialmente.

Altre forze attive insieme alla pressione contribuiscono alla formazione di ulcere. La **lacerazione** è la forza esercitata contro la cute da un movimento o un riposizionamento. La cute e il tessuto sottocutaneo tendono ad aderire alla superficie del letto, mentre i restanti tessuti fermi, come quelli sottostanti, si allontanano e scivolano in direzione del movimento. Quest'azione provoca allungamento e lacerazione dei vasi sanguigni, con conseguente diminuzione del flusso e successiva necrosi.

La **frizione** è la forza generata da due superfici mobili che si muovono l'una contro l'altra. Quando il paziente si muove o viene sollevato nel letto, lo sfregamento della cute sul lenzuolo provoca una frizione, che causa la rimozione dello strato più superficiale della cute, predisponendo quella zona di tessuto a una possibile rottura.

La riduzione del flusso ematico causa **sbiancamento** (colorito bianco) della cute quando vi è applicata pressione. Quando si interrompe la pressione, la cute riassume un colorito più roseo a causa della vasodilatazione (**iperemia reattiva**), fenomeno di normale compenso organico in risposta all'assenza di flusso ematico. Se l'area bianca o il rossore scompaiono entro un'ora, non ci sono lesioni dei tessuti; se invece il rossore persiste e non si verifica schiarimento, vi sono dei danni al tessuto.

Le ulcere da pressione sono divise e classificate per stadi a seconda del grado di danneggiamento del tessuto (Fig. 7.4). Il *National Pressure Ulcer Advisory Panel* (NPUAP, 2008) raccomanda la seguente stadiazione:

- **sospetta lesione tissutale profonda**: cute intatta con colorito alterato, marrone o porpora, causato da lacerazione o pressione, con conseguente danno dei tessuti molli sottostanti;
- **stadio I**: eritema senza sbiancamento su cute intatta, rappresenta la lesione precursore dell'ulcera cutanea. In caso di cute scura può non essere rilevabile sbiancamento. In genere si osserva una modificazione del colorito dei tessuti circostanti;

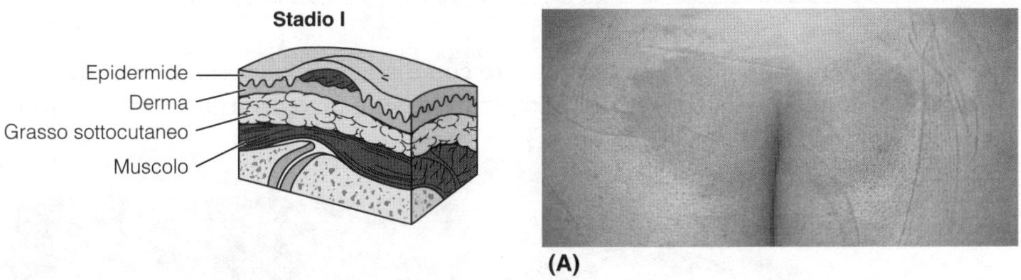

Figura 7.4 *I quattro stadi delle ulcere da pressione.* **A.** *Stadio I: eritema che non scolorisce che segnala una potenziale ulcerazione*

- **stadio II**: perdita di cute a spessore parziale che coinvolge epidermide, derma o entrambi. L'ulcera è superficiale e si presenta clinicamente come un'abrasione, una vescicola o un cratere poco profondo;

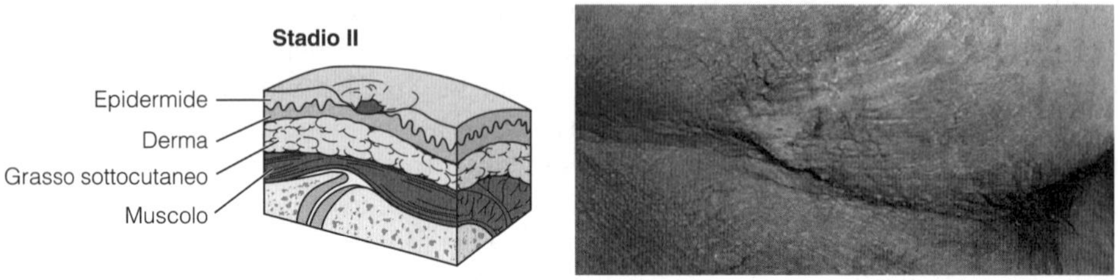

(B)

Figura 7.4 *I quattro stadi delle ulcere da pressione.* **B.** *Stadio II: perdita cutanea a spessore parziale (abrasione, vescica o cratere superficiale) che interessa l'epidermide e talvolta il derma.*

- **stadio III**: perdita di cute a pieno spessore che causa lesione o necrosi del tessuto sottocutaneo che si può estendere fino alla fascia sottostante, ma non la supera. L'ulcera si presenta clinicamente come un cratere profondo con o senza cute circostante tunnellizzata o sottominata;

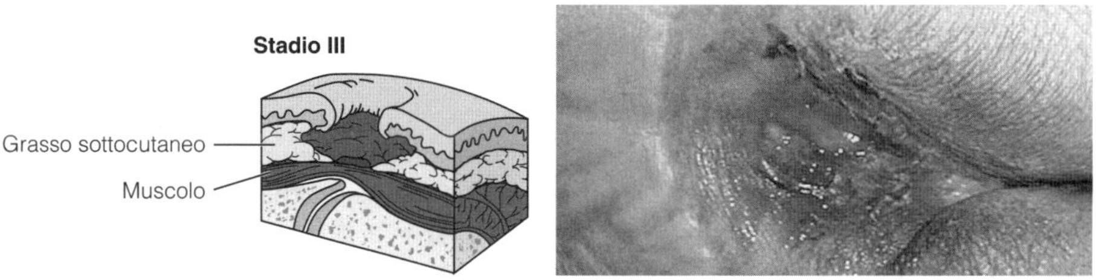

(C)

Figura 7.4 *I quattro stadi delle ulcere da pressione.* **C.** *Stadio III: perdita cutanea a pieno spessore che coinvolge il danneggiamento o la necrosi del tessuto sottocutaneo, che potrebbe estendere fino alla fascia sottostante, ma senza attraversarla.*

- **stadio IV**: perdita di cute a pieno spessore con distruzione estesa, necrosi dei tessuti o danni dei muscoli, dell'osso e delle strutture di supporto. Margini sottominati possono associarsi alle ulcere di stadio IV;

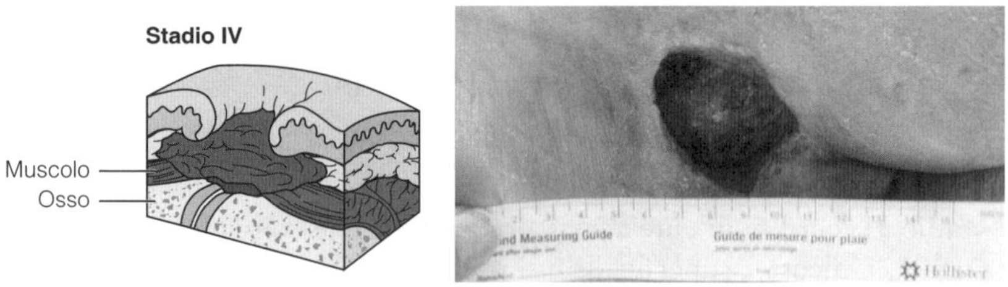

(D)

Figura 7.4 *I quattro stadi delle ulcere da pressione.* **D.** *Stadio IV: perdita cutanea a pieno spessore con necrosi tissutale o danni a muscolo, osso o strutture di sostegno, come un tendine o una capsula articolare. Possono essere presenti anche perdita del derma e tratti sinusoidali.*

- **lesione non stadiabile**: perdita di tessuto a tutto spessore con una crosta (giallastra, grigia o bruna) o un'escara (nera o marroncina) che ricopre la base del letto della ferita. Questo tipo di ulcera non è stadiabile sino all'eliminazione della crosta e/o dell'escara.

Le linee guida operative per il trattamento delle ulcere da pressione sono descritte nella tabella 7.1.

Tabella 7.1 Linee guida operative per il trattamento delle ulcere da pressione
• **Ridurre al minimo la pressione diretta sull'ulcera**. Riposizionare il paziente almeno ogni due ore. Stilare un programma e registrare i cambi di posizione sulla cartella clinico-infermieristica del paziente. Fornire presidi per minimizzare o tenere sospese le aree di pressione
• **Detergere l'ulcera da pressione ogni volta che si sostituisce la medicazione**. La modalità di detersione dipende dallo stadio dell'ulcera, dai prodotti disponibili e dal protocollo della struttura
• **Detergere e medicare l'ulcera utilizzando l'asepsi chirurgica**. Non usare mai alcool o perossido di idrogeno, in quanto sono citotossici. Se l'ulcera da pressione è infetta, raccogliere un campione di drenaggio per la coltura e l'antibiogramma
• **Insegnare al paziente come muoversi**, anche se solo di poco, per alleviare la pressione
• **Far eseguire al paziente esercizi** che favoriscono la **gamma dei movimenti** (GDM) e la mobilizzazione dal letto appena le sue condizioni glielo permettono

7.5 Le medicazioni

7.5.1 Sostituzione delle medicazioni

Come guida per la scelta e la sostituzione delle medicazioni, l'operatore sanitario può utilizzare il **codice cromatico RGN** per le ferite. Il metodo si basa sul colore delle ferite aperte – rosso, giallo o nero (RGN) – piuttosto che sulla profondità o sulle dimensioni. In base a questo schema, gli obiettivi della cura consistono nel proteggere (coprire) le ferite rosse, detergere quelle gialle e liberare dai detriti quelle nere.

Le **ferite rosse** si trovano di solito nella fase di rigenerazione avanzata della riparazione tissutale (fase di sviluppo del tessuto di granulazione).

Si protegge una ferita rossa:

- detergendola delicatamente (con l'uso di un detergente per ferite non citotossico applicato senza esercitare pressione);
- proteggendo la cute circostante la ferita con una pellicola priva di alcool;
- riempiendo lo spazio morto con idrogel o alginato;
- coprendo la ferita con una medicazione appropriata, come una pellicola trasparente, una medicazione idrocolloidale o una medicazione acrilica assorbente trasparente;
- sostituendo la medicazione il meno frequentemente possibile.

Le **ferite gialle** sono caratterizzate principalmente da una *crosta liquida o semiliquida* che è spesso accompagnata da drenaggio purulento o da infezione precedente.

L'operatore deterge la ferita per *rimuovere il tessuto necrotico*. Le metodiche utilizzate possono includere l'applicazione di medicazioni imbevute di soluzione fisiologica umido su umido, l'irrigazione della ferita, l'utilizzo di medicazioni di materiale assorbente (per esempio, impregnate di idrogel o alginato) e la consultazione del medico sulla necessità di un antimicrobico per uso topico per minimizzare la crescita batterica.

La rimozione del tessuto necrotico da una **ferita nera** va effettuata prima che la ferita guarisca. La rimozione può essere eseguita: *chirurgicamente*, utilizzando il bisturi o le forbici per separare e rimuovere il tessuto necrotico (l'operazione deve essere eseguita da un medico o da un infermiere specializzato); *meccanicamente*, con lo sfregamento o le medicazioni umido su umido; *chimicamente*, utilizzando agenti che contengono l'enzima collagenasi, come un preparato di papaina-urea, i più raccomandati per questa procedura. Nella *rimozione autolitica*, infine, medicazioni contenenti umidificatori delle ferite, come quelle idrocolloidali e quelle acriliche assorbenti trasparenti, intrappolano il drenaggio della ferita contro l'escara e gli enzimi corporei presenti nel drenaggio demoliscono il tessuto necrotico.

Quando l'escara viene rimossa, la ferita viene trattata come gialla anziché rossa: se è presente più di un colore, l'operatore sanitario tratta prima il colore associato alla condizione più grave, cioè nell'ordine nero, giallo, rosso.

Pur essendo un'operazione semplice, la detersione delle ferite può essere molto stressante per il paziente. Alcune ferite sono estremamente estese, con drenaggio abbondante e odore molto sgradevole.

La tabella 7.2 propone le linee guida operative per compiere quest'operazione.

SUGGERIMENTI PROFESSIONALI

Materiali per medicazioni

Per coprire le ferite sono comunemente impiegate le **garze**, con o senza imbottiture assorbenti. La **garza tipo Telfa** è un tipo speciale di garza: è dotata di una superficie lucida non aderente che viene applicata sulla ferita. Le secrezioni superano questa superficie e si raccolgono sul materiale assorbente dalla parte opposta oppure vengono catturate tra le due superfici lucide. Dal momento che la medicazione non aderisce, non si provocano traumi alla ferita quando la medicazione viene rimossa.

Le **garze con vaselina** rappresentano un altro tipo di medicazione non aderente e sono impregnate di vaselina in gel. Vengono posizionate sulla ferita e solitamente coperte con garze 10 × 10 cm. Quando è necessaria la **rimozione dei detriti** da una ferita (per eliminazione di tessuto infetto e necrotico) non devono essere impiegate medicazioni non aderenti.

Le medicazioni composte da garze più spesse, dette anche **medicazioni composite**, **tamponi chirurgici** o **tamponi addominali**, possono essere utilizzate per coprire le garze semplici. Non solo mantengono le altre garze in posizione, ma assorbono e raccolgono le secrezioni in eccesso. I tamponi chirurgici sono più assorbenti dal lato che viene posizionato sulla ferita; la parte meno assorbente ma più protettiva viene posizionata verso l'esterno per proteggere la ferita dalla contaminazione esterna. Il lato esterno è di solito indicato con una striscia blu.

Tabella 7.2 Linee guida operative per la detersione delle ferite
Seguire le precauzioni standard per la protezione personale. Indossare guanti, camice, occhiali protettivi e mascherina, se indicato
Usare soluzioni come la soluzione fisiologica (cloruro di sodio allo 0,9%), i detergenti per ferite per pulire o irrigare una ferita o la soluzione di Ringer lattato. Se vengono impiegate soluzioni antimicrobiche, assicurarsi che siano ben diluite
Il riscaldamento con microonde non è consigliato. Quando possibile, riscaldare la soluzione utilizzata alla temperatura corporea prima dell'uso
Se è contaminata grossolanamente da materiale esterno, batteri, croste o tessuto necrotico, detergere la ferita a ogni cambio di medicazione
Evitare di pulire ripetutamente una ferita pulita, con poco essudato e con un tessuto di granulazione sano
Usare garze quadrate. Evitare di utilizzare tamponi di cotone e altri prodotti che possono lasciare delle fibre sulla superficie della ferita
Detergere le ferite superficiali non infette irrigandole con soluzione fisiologica. Evitare di asciugare la ferita dopo la pulizia
Mantenere le spugne per la detersione con pinze sterili o con una mano che indossa un guanto sterile
Detergere dalla ferita verso l'esterno per evitare di trasferire organismi dalla cute circostante all'interno della ferita. Non detergere la ferita se appare pulita

SUGGERIMENTI PROFESSIONALI

Medicazioni trasparenti e idrocolloidali

Le medicazioni con membrane semipermeabili trasparenti, dette **medicazioni trasparenti** o **pellicole trasparenti**, aiutano a trattenere l'umidità della ferita e permettono ai gas (ossigeno e anidride carbonica) di passare da e verso la ferita. Sono occlusive, per cui consentono al paziente di lavarsi senza rimuovere o cambiare la medicazione e i microrganismi sono mantenuti all'esterno. Un vantaggio delle medicazioni trasparenti risiede nel fatto che non aderiscono alla superficie delle ferite.

La **medicazione di idrocolloide** (una sostanza che forma un gel se immersa in acqua) è impiegata frequentemente nel trattamento delle ulcere da stasi e da pressione.

La medicazione idrocolloidale:

- è occlusiva e consente al paziente di lavarsi senza rimuovere o sostituire la medicazione e rappresenta una barriera contro i microrganismi esterni;
- non aderisce alla superficie della ferita;
- può rimanere in sede fino a una settimana e si modella facilmente per essere adattata alla ferita e alla zona del corpo interessata;
- non consente un'agevole valutazione della ferita dall'esterno, in quanto opaca.

Se nella ferita sono presenti microrganismi, questo tipo di medicazione può facilitarne la crescita, perciò non viene impiegata in caso di ferite infette.

7.6 Come trattare una ferita

La sola applicazione di una medicazione a volte non è sufficiente a garantire la guarigione della lesione: metodi innovativi per favorirne la guarigione includono l'uso terapeutico della stimolazione elettrica per le ferite croniche.

Se la ferita non riesce a guarire a causa di un'infezione o della presenza di detriti, può essere necessario effettuare una pulizia più aggressiva della stessa, eseguendo un'irrigazione o un impacco e utilizzando prodotti specifici.

7.6.1 Irrigare una ferita

L'irrigazione rappresenta il lavaggio con getto di liquido di una zona corporea. L'irrigazione di una ferita prevede l'utilizzo di una **procedura sterile** con una *soluzione asettica* o con *soluzione fisiologica*.

Un altro metodo di irrigazione consiste nell'immergere la parte del corpo interessata in **acqua calda circolante**, per esempio in una vasca da bagno con idromassaggio.

Se l'area affetta è localizzata nella regione perineale, anziché immergere tutto il corpo, si può immergere soltanto quest'area in pochi centimetri di acqua. Tali irrigazioni possono essere indicate per i pazienti con emorroidi o scissure anali, per quelli che hanno subìto un intervento chirurgico rettale, dopo il parto o in presenza di molte altre condizioni perineali che comportano dolore, prurito o ferite.

7.6.2 Impacchi

In una ferita, allo scopo di facilitare la formazione del tessuto di granulazione, possono essere introdotti vari materiali per **rimuovere il materiale necrotico** e determinare una guarigione per seconda intenzione. Si possono usare garze 10×10 cm a filo continuo senza imbottitura, garze medicate o garze strette per impacchi.

È stato dimostrato che le ferite guariscono più velocemente con le medicazioni avanzate; gli infermieri devono acquisire abilità con l'uso dei presidi per medicazioni avanzate. La scelta dei presidi per le medicazioni deve essere fatta tenendo conto del tempo, del costo del materiale, del comfort del paziente e del tipo di ferita.

7.6.3 Applicare l'aspirazione negativa

Terapia a pressione topica negativa (t.n.p.)

La TNP impiegata per la cura delle ferite consiste in un'applicazione controllata di una pressione negativa sul letto della ferita che si realizza utilizzando una medicazione che occlude ermeticamente la ferita collegata ad una pompa a vuoto la V.A.C. (Vacuum Assisted Closure).

La pressione erogata sul sito della ferita è di solito di -125 mmHg, cioè circa dieci volte più bassa della pressione usata per un normale drenaggio toracico posizionato dopo un intervento chirurgico polmonare.

L'applicazione di pressione negativa, esercitata mediante la V.A.C. Therapy, induce risposte fisiche e biologiche.

Queste risposte sono conosciute come *macrodeformazione* e *microdeformazioni:*

A. Macrodeformazione è lo stiramento visibile che avviene quando la pressione negativa contrae la schiuma determinando:

- avvicinamento dei lembi della ferita;
- riduzione del volume della ferita;
- riduzione dell'edema.
- efficace controllo dell'essudato;
- rimozione del materiale infetto o di origine infiammatoria, fra cui i radicali liberi, i quali ostacolano la guarigione della ferita.

B. Microdeformazione si realizza attraverso la diffusione della pressione sulla superficie della ferita, ciò crea aree di tensione o stretching sulla superficie cellulare. La letteratura sull'argomento indica che le cellule rispondono alla tensione rilasciando speciali recettori in superficie e attivando circuiti genetici all'interno della cellula, che favoriscono le attività di guarigione.

Fra questi:

- aumento dell'attività metabolica;
- stimolazione della migrazione dei fibroblasti;
- aumento della proliferazione cellulare e produzione di matrice extracellulare.

La riduzione dell'edema e di conseguenza lo stimolo della perfusione nel sito della ferita forniscono l'apporto necessario di sangue, elementi nutritivi, ossigeno, e dei fattori di crescita necessari alla guarigione. Tutto ciò porta alla formazione di tessuto di granulazione nel letto della ferita e alla produzione di un tessuto dalla superficie irregolare che caratterizza le ferite trattate con la V.A.C. Therapy. Con il susseguirsi dei cambi di medicazione, il tessuto di granulazione colma rapidamente la perdita di sostanza a partire dal fondo della ferita, preparandola per la chiusura definitiva.

Il sistema si compone di:

- una medicazione in schiuma di poliuretano nera idrofobica a pori aperti, che viene introdotta nella ferita. Si può usare alternativamente una medicazione idrofila in schiuma di alcool polivinilico, con pori più fitti e più piccoli (la scelta del tipo di schiuma dipende dalle caratteristiche della ferita e dagli obiettivi del trattamento);
- una pellicola adesiva semiocclusiva e trasparente, da applicare sopra alla medicazione in schiuma e fissare sulla cute sana intorno ai margini della ferita. Ciò evita il contatto con l'aria e permette di creare un vuoto parziale all'interno della schiuma;
- un pad (disco adesivo) fissato ad un tubo di drenaggio, che viene collocato sopra un piccolo foro praticato nella pellicola. L'estremità del tubo di drenaggio è collegata ad un dispositivo di aspirazione;
- un contenitore che riceve dal tubo di drenaggio l'essudato (transitante attraverso la schiuma), aspirato tramite pressione negativa;
- un'unità terapeutica alimentata elettricamente, che crea pressione negativa grazie al trasferimento continuo di molecole gassose dall'ingresso all'uscita del dispositivo stesso con una valvola rotante;
- un microprocessore che elabora i segnali provenienti dai componenti del sistema e innesca un allarme nel caso in cui i livelli di pressione erogata venissero alterati, se c'è una perdita d'aria ecc.

Per ottenere reali benefici dalla terapia VAC è indicato un trattamento della durata di due quattro settimane come dimostrato dalla letteratura. È evidente che ciò è strettamente correlato ad una corretta gestione della ferita che prevede, ad esempio l'eliminazione costante di tessuto devitalizzato, lo scarico della lesione, il controllo colturale, il trattamento di eventuali infezioni la cui presenza può rallentare l'efficacia del trattamento VAC. Per questo motivo la terapia VAC non dovrebbe superare la durata media delle tre settimane se non è evidente un risultato clinico.

Indicazioni:

- ferite croniche, acute, traumatiche, subacute e deiscenti;
- ustioni a spessore parziale;
- ulcere (diabetiche, da pressione ecc.);
- sottoposti a lembi e innesti.

Controindicazioni:

- tessuto necrotico/escara se non effettuato lo sbrigliamento del tessuto necrotico secco;
- applicazione diretta delle medicazioni VAC su strutture vitali esposte (es tendini, legamenti, vasi sanguigni, siti anastomotici, organi e/o nervi);
- osteomielite non trattata;
- fistole non enteriche o inesplorate;
- ferite di natura maligna;
- sensibilità all'argento (solo per VAC Granufoam Silver).

Precauzioni in pazienti che presentano:

- emorragie;
- ridotta emostasi della lesione;
- terapie anticoagulanti in atto.

La TNP va interrotta quando:

- non è evidente un risultato clinico dopo tre settimane di trattamento;
- compare dolore, intolleranza, effetti collaterali riferibili alla terapia.

7.7 Bende e fasciatura

La **benda** è una striscia di stoffa utilizzata per avvolgere una parte del corpo. Sono disponibili bende di diverse larghezze: le più comuni variano da 1,5 a 7,5 cm e di solito vengono fornite in rotoli per facilitarne l'applicazione sulla parte del corpo interessata.

Per i bendaggi vengono impiegati molti tipi di materiali: quello più frequentemente utilizzato è la **garza**, leggera e porosa e facilmente adattabile al corpo. La garza è frequentemente impiegata per stabilizzare le medicazioni sulle ferite e per eseguire i bendaggi delle dita delle mani e dei piedi. Supporta la medicazione e allo stesso tempo permette la traspirazione; inoltre, può essere imbevuta di vaselina in gel o di altre sostanze (farmacologiche e non) che devono essere applicate sulla ferita. Si utilizzano anche diversi tipi di **bende elastiche**, per esempio per dare un supporto e migliorare la circolazione venosa nelle gambe.

SUGGERIMENTI PROFESSIONALI

Tipi di fasciatura

La **fasciatura triangolare del braccio** (fasciatura a fionda) è solitamente applicata come un triangolo interno per supportare il braccio, il gomito e l'avambraccio del paziente o per prevenire o ridurre il gonfiore della mano.

La **fasciatura a T** (singola o doppia T) è impiegata per trattenere tamponi, le medicazioni o gli impacchi nella zona perianale. Le fasciature a T singola sono impiegate di solito per le donne e quella a doppia T per gli uomini, allo scopo di prevenire la pressione sul pene. La fasciatura a doppia T garantisce inoltre un maggior supporto per le grandi medicazioni sia negli uomini che nelle donne.

La **fasciatura dritta addominale** è utilizzata per dare supporto all'addome. Questa fasciatura è costituita da una porzione di materiale rettangolare abbastanza lunga per circondare più volte l'addome del paziente. Può essere composta da qualsiasi tipo di materiale (ad esempio, un asciugamano).

L'applicazione delle bende implica uno o più dei cinque tipi di **rotazione di base dei bendaggi**: circolare, spirale, spirale inverso, ricorrente e a forma di otto.

I *giri circolari* vengono usati per ancorare le bende e per la parte finale del bendaggio; solitamente non vengono applicati direttamente su una ferita, per evitare il disagio che potrebbe causare la benda stessa.

I *giri a spirale* sono impiegati per avvolgere le parti del corpo che sono piuttosto uniformi come circonferenza (ad esempio, la parte superiore del braccio o della gamba).

I giri a *spirale inversa* sono invece impiegati per bendare le parti cilindriche del corpo non uniformi come circonferenza (ad esempio, avambraccio o parte inferiore della gamba).

I *giri ricorrenti* sono impiegati per coprire le parti distali del corpo (ad esempio, la punta del dito, il cranio o il moncone di un'amputazione).

I *giri a forma di otto* sono impiegati per bendare il gomito, l'anca o il ginocchio, in quanto dopo l'applicazione ne permettono un leggero movimento.

La **fasciatura** per bendaggio è disegnata per una parte specifica del corpo; per esempio, una fasciatura triangolare (fasciatura a fionda) per il braccio.

Le fasciature sono utilizzate per supportare aree piuttosto ampie del corpo, come l'*addome* o il *torace*. Sono costituite per la maggior parte da mussola (tessuto semplice di cotone), flanella o materiale sintetico che può essere elasticizzato o meno. Alcune fasciature addominali sono costituite da un materiale elasticizzato a rete che si adatta al corpo e lascia traspirare la zona interessata.

7.8 Le attività dell'OSS

Per le conoscenze e le abilità richieste e per l'uso di una tecnica asettica, l'OSS collabora con l'infermiere nei cambi di medicazione e nella valutazione dello stato della cute. L'OSS può rilevare molti dati durante l'assistenza giornaliera prestata al paziente, collaborando nell'interpretazione dei risultati ottenuti e nella determinazione delle risposte assistenziali più idonee insieme all'équipe assistenziale.

L'operatore sociosantario può applicare medicazioni asciutte su ferite pulite e croniche. Il personale sociosanitario deve osservare una ferita esposta o una medicazione durante la normale assistenza giornaliera e annotando e comunicando qualsiasi variazione rilevata.

Procedura 7.1 Sostituire una medicazione asciutta

Accertamento

Esso è effettuato dall'infermiere che valuterà la documentazione clinica del paziente per avere informazioni riguardanti le cause che l'hanno determinata, da quanto tempo è presente, i trattamenti precedentemente eseguiti e la risposta del paziente.
Inoltre, l'infermiere valuterà eventuali allergie ad agenti detergenti per ferite, medicazioni o cerotti, la presenza di dolore, eventuale terapia antalgica da somministrare prima della medicazione.
Valutati questi aspetti l'infermiere potrà attribuire all'OSS e far "*effettuare piccole medicazioni o cambio delle stesse*", così come previsto dall'Allegato B del profilo professionale dell'OSS della Conferenza Stato Regioni Seduta del 22 febbraio 2001.
L'OSS sarà in grado di rilevare i parametri vitali e riferire all'infermiere eventuali alterazioni.

Pianificazione assistenziale

Il cambio delle medicazioni deve essere eseguito in ambienti puliti (sale medicazioni) e in orari programmati.

Materiale occorrente

- Guanti monouso
- Guanti sterili
- Garze 10 × 10 cm
- Cerotto ipoallergenico, lacci o fascia
- Telo da bagno (se necessario)
- Sacchetto impermeabile
- Mascherina (opzionale)
- Acetone o altra soluzione (se necessaria per togliere le medicazioni adesive)
- Pacco per medicazione sterile; se non è disponibile, preparare il seguente materiale sterile:
  - Telino
  - Garze quadrate
  - Contenitore per la soluzione detergente

  - Soluzione antimicrobica
  - Pinze anatomiche
- Materiale aggiuntivo, se è necessario per eseguire una medicazione particolare (per esempio, garze extra per medicazione e unguenti o polveri, se prescritti)

Interventi assistenziali

Preparazione

- Richiedere la collaborazione di altri operatori per sostituire la medicazione a un paziente agitato o in stato confusionale.
- Fare un risvolto sul bordo della busta impermeabile per i rifiuti e lasciarla a portata di mano per eliminare facilmente la medicazione sporca. Essa può essere fissata alla biancheria del letto o al comodino.

Tecnica

1. Prima di effettuare la procedura, presentarsi e verificare l'identità del paziente secondo il protocollo della struttura. Spiegare al paziente che cosa si sta facendo, perché e come può collaborare. Illustrare come i risultati saranno usati nella pianificazione futura delle cure o delle terapie.
2. Provvedere alla riservatezza del paziente. Fargli assumere una posizione comoda che consenta la massima visibilità della ferita. Scoprire solamente la zona necessaria, utilizzando un telo per coprire il paziente.
3. Lavarsi le mani e osservare le procedure per il controllo delle infezioni.
4. Indossare una mascherina, se indicato.
5. Rimuovere la medicazione esterna.
   - Rimuovere le fasciature, se presenti, e metterle da parte. Togliere i cerotti, se presenti.
   - Indossare i guanti monouso.
   - Rimuovere il cerotto tenendo la cute tesa verso il basso e tirandolo delicatamente, ma fermamente, verso la ferita.
   - Se necessario, usare un solvente per togliere il cerotto.
   - Sollevare la medicazione in modo che la parte sottostante si trovi lontana dal viso del paziente.
6. Gettare la medicazione sporca.
   - Mettere la medicazione sporca nel sacchetto impermeabile senza toccare la parte esterna del sacchetto.
   - Togliere i guanti, eliminarli nel sacchetto impermeabile e lavarsi le mani.
7. Rimuovere la medicazione interna.
   - Aprire il pacco della medicazione sterile utilizzando la tecnica asettica.
   - Posizionare la traversa sterile di fianco alla ferita o sul tavolo accanto al letto per creare un campo sterile. Aprire i singoli materiali sterili e porli sul campo. Indossare i guanti sterili (opzionale).
   - Rimuovere la medicazione interna con le pinze anatomiche o i guanti sterili.
   - Verificare la localizzazione, il tipo (colore, consistenza) e l'odore del materiale drenato dalla ferita, il numero delle garze saturate e/o il diametro delle secrezioni raccolte sulla medicazione.
   - Gettare le medicazioni sporche nel sacchetto. Per evitare di contaminare la punta delle pinze anatomiche con il sacchetto, tenere la medicazione 10-15 cm al di sopra dello stesso e lasciarla cadere.
   - Gettare le pinze anatomiche o metterle al di fuori del campo sterile dopo aver tolto la medicazione. Togliere e gettare i guanti, se indossati. Lavarsi le mani.
8. Verificare le condizioni generali della ferita e prenderne le misure.

9. Detergere la ferita, se indicato.
   - Usare pinze anatomiche sterili, guanti monouso e tamponi inumiditi per detergere la ferita.
   - Tenere la punta delle pinze anatomiche sempre più in basso dell'impugnatura.
   - Detergere con dei movimenti dall'alto verso il basso, iniziando dal centro e continuando verso l'esterno (Fig. 7.5).

   oppure
   - Detergere verso l'esterno della ferita.
   - Usare un tampone diverso per ogni passaggio ed eliminarlo dopo l'uso.
   - Ripetere il processo di pulizia fino alla rimozione completa del materiale di secrezione.
   - Togliere e gettare i guanti. Lavarsi le mani.
10. Applicare le medicazioni sterili.
    - Applicare le medicazioni sterili sopra la ferita una alla volta utilizzando le pinze anatomiche o i guanti sterili. Iniziare dal centro della ferita e procedere verso l'esterno. Il tampone chirurgico superficiale può essere messo con le mani, toccando solo la parte esterna, che normalmente è contrassegnata con delle righe blu centrali.
    - Togliere e gettare i guanti. Lavarsi le mani.
11. Fissare la medicazione con del cerotto o con una fasciatura.
    - Posizionare il cerotto per evitare che la medicazione si ripieghi, scoprendo la ferita. Posizionare delle strisce di cerotto ai bordi e al centro della medicazione.
    - Assicurarsi che il cerotto sia lungo e largo abbastanza da aderire bene alla cute, ma non troppo da allentarsi durante il movimento.
    - Posizionare il cerotto nella direzione opposta ai movimenti del corpo; per esempio, attraverso un'articolazione corporea e non nel verso della lunghezza.
    - Le strisce di Montgomery (nastri di fissazione) sono di solito impiegate per le medicazioni delle ferite che necessitano di cambi frequenti (Fig. 7.6).
12. Documentare tutte le informazioni utili sulla cartella clinico-infermieristica. Registrare nella documentazione clinica del paziente e sul piano assistenziale tutte le verifiche infermieristiche effettuate e la risposta del paziente usando moduli o schede e scrivendo delle note integrative, se necessario. In molte strutture si utilizza per questa procedura un modulo specifico.

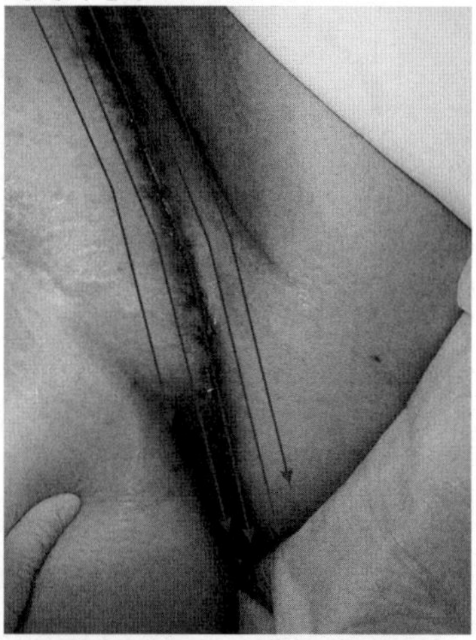

Figura 7.5 *Detersione di una ferita dall'alto verso il basso.*

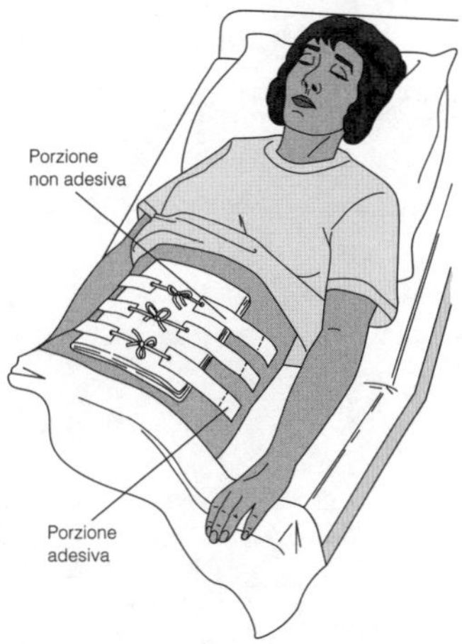

Figura 7.6 *Strisce di Montgomery, o nastri di fissazione, sono utilizzate per fissare medicazioni di grandi dimensioni che richiedono frequenti sostituzioni.*

Dopo la procedura

- Condurre le appropriate verifiche basandosi sulle osservazioni attuali e/o sulle deviazioni dalla norma. Confrontare i dati attuali con quelli precedenti, se disponibili.
- Riferire al medico ogni deviazione significativa rispetto alla norma.

Capitolo 8
L'assistenza ortopedica

8.1 I traumi muscolo-scheletrici

Quando si parla di **assistenza ortopedica** si fa riferimento ai pazienti che abbiano subìto lesioni muscolo-scheletriche. Si possono utilizzare varie tecniche per immobilizzare e sostenere le parti del sistema muscolo-scheletrico, in modo da consentirne la guarigione e favorirne il corretto allineamento.

Di seguito descriveremo i principali traumi muscolo-scheletrici, esaminando, quindi, pazienti con apparecchio gessato, in trazione o portatori di ortesi.

8.1.1 Stiramenti, distorsioni e lussazioni

Lo stiramento è una lesione muscolare o tendinea e viene classificata in base alla quantità di fibre coinvolte nel danno:

- 1° la lesione è minima. Il paziente accusa dolore nella zona colpita durante la contrazione muscolare. Il riposo, che può protrarsi anche per una settimana, in genere conduce alla guarigione senza ulteriori terapie aggiuntive.
- 2° la lesione è più estesa. Il paziente accusa dolore elevato che può causare ematoma nei giorni successivi all'evento traumatico. È importante eseguire approfondimenti diagnostici per valutare l'entità del danno muscolare. Il riposo sarà prolungato per garantire un recupero funzionale.
- 3° in questo caso la lesione è estesa a tutte le fibre muscolari che determina forte dolore, ematoma e deficit funzionale. È necessario eseguire approfondimenti diagnostici e seguire l'iter di trattamenti specifici per evitare danni maggiori.

Se la lesione interessa i legamenti che circondano un'articolazione si parla di **distorsione**: questa è causata da un'improvvisa torsione o caduta. Tra i sintomi vi sono dolore, edema, perdita di mobilità ed ecchimosi. Una radiografia mostrerà un edema del tessuto molle, ma non evidenzierà una lesione dell'osso o dell'articolazione.

I trattamenti da somministrare immediatamente al paziente sono: riposo, ghiaccio, compressione e valutazione. È consigliabile applicare il ghiaccio sulla zona lesionata quando il paziente riposa. La parte può essere immobilizzata con un bendaggio elastico compressore o con una fasciatura.

La **lussazione**, infine, si verifica quando le superfici articolari delle articolazioni non sono più in contatto tra loro: le ossa sono letteralmente *fuori articolazione*. L'osso fuori posto potrebbe ostacolare le scorte di sangue, danneggiare i nervi, lacerare i legamenti o rompere le giunture muscolari.

Le **lussazioni traumatiche** sono considerate emergenze. Le **lussazioni congenite** sono presenti alla nascita, mentre le **lussazioni spontanee o patologiche** sono causate da malattie articolari.

I sintomi della lussazione includono: dolore articolare localizzato, deformità e tumefazione articolare. La diagnosi è basata sui sintomi, sugli esami fisici e sulle radiografie. Le radiografie rivelano sia una completa che una parziale separazione delle superfici articolari.

8.1.2 Le fratture

La frattura è la **rottura della continuità di un osso**. Essa si verifica quando le forze esterne al corpo sono maggiori della forza dell'osso e ne provocano la rottura. Solitamente le fratture coinvolgono i tessuti molli (edema e sanguinamento), i nervi e i tendini.

La maggior parte delle fratture è causata da incidenti: quando ciò accade si parla di **fratture traumatiche**, che possono essere il risultato di una forza diretta, una *rotazione* o una *torsione*, o di violente contrazioni di muscoli altamente sviluppati. Altre fratture possono essere causate da malattie che indeboliscono le ossa: in questo caso, si parla di **frattura patologica o spontanea**.

Le fratture in relazione all'evento traumatico si suddividono in:

- **frattura composta**. L'osso non subisce uno spostamento e pertanto conserva la posizione anatomica
- **frattura scomposta**. L'osso subisce uno spostamento e non conserva la posizione anatomica
- **frattura trasversa**. La rottura avviene perpendicolarmente
- **frattura obliqua**. La rottura avviene in maniera obliqua
- **frattura spiroide**. La rottura assume una forma a spirale intorno all'osso tipica di un trauma in torsione dell'osso
- **da compressione**. Tipica delle fratture dei corpi vertebrali
- **da trazione o da strappo**. Provocate dalla trazione esercitata da un legamento o da un tendine sul punto di inserzione dello scheletro
- **comminuta**. È la conseguenza della rottura dell'osso in tanti frammenti
- **ingranata**. Conseguenza dell'incastro che si ha tra due frammenti ossei
- **a legno verde**. Si tratta di una rottura incompleta, tipica dei bambini, così chiamata perché ricorda il ramoscello verde quando si tenta di spezzarlo. Le ossa in seguito ad un trauma possono piegarsi e fratturarsi solo parzialmente.

Le persone considerate ad alto rischio di fratture sono quelle che presentano una predisposizione della condizione dell'osso, come ad esempio metastasi o tumori delle ossa, osteoporosi, scarsa coordinazione, diminuzione della vista, brevi episodi di vertigini o debolezza generale.

L'osso fratturato può andare incontro ad un processo di riparazione, che avviene in diverse tappe. Al momento della frattura, i vasi sanguigni dell'osso e del periostio si rompono e si verifica un'emorragia, seguita dalla formazione di un coagulo e di un ematoma, accompagnato da infiammazione e tumefazione. Nel giro di pochi giorni, l'ematoma viene invaso sia da vasi sanguigni di nuova formazione, sia da osteoblasti che formano nuovo tessuto osseo spugnoso nelle vicinanze dei vasi, sia da fibroblasti che formano tessuto fibrocartilagineo nelle zone da essi più lontane, sia da granulociti che rimuovono il coagulo e frammenti cellulari, sia da osteoclasti che riassorbono eventuali frammenti ossei.

Lo spazio vuoto creato dalla frattura viene riempito in un tempo più o meno lungo da tessuto fibrocartilagineo, con formazione di un **callo cartilagineo**. Successivamente, questo callo, attraverso un processo di ossificazione encondrale, viene sostituito da tessuto osseo, con formazione di un **callo osseo**. Inizialmente la quantità di tessuto osseo prodotta è superiore al necessario, ma i processi di rimaneggiamento riportano ad un risultato finale che è un osso molto simile a quello originario.

La riparazione della frattura è tanto più rapida quanto più le estremità dell'osso fratturato rimangono vicine: la **riduzione delle fratture**, cioè gli interventi che mirano a riavvicinare i monconi ossei, unitamente all'uso di ingessature o di chiodi o piastre metalliche, ha quindi la funzione di accelerare la guarigione, oltre che di mantenere allineate le parti fratturate.

La diagnosi è clinica. Il medico eseguita l'anamnesi indagherà sull'accaduto, e completerà l'esame obiettivo corredato della diagnostica per immagini:

- **Radiografie (Rx):** consentono di individuare la sede e il tipo di frattura;
- **Tomografia computerizzata (TC)**: è in grado di approfondire e migliorare le immagini. Si esegue in caso di dubbi o per approfondire il quesito diagnostico qualora l'Rx non fosse chiaro;
- **Risonanza magnetica (RM)**: anche tale esame si esegue per approfondire il quesito quando si ha necessità di valutare immagini più chiare.

8.1.3 Terapia medica e chirurgica

La riparazione di una frattura senza intervento chirurgico è chiamata *riduzione chiusa*. La manipolazione esterna, utilizzata per correggere la posizione dell'osso, richiede tre manovre: trazione e controtrazione, angolazione e rotazione. Dopo la riduzione, si controlla con una radiografia l'allineamento della frattura. La parte viene poi immobilizzata con un'**ingessatura** (*vedi* par. 8.2), un **bendaggio** o una **trazione** (*vedi* par. 8.3).

La **riduzione aperta** è un intervento che consente al chirurgo di ridurre (riparare) la frattura sotto visione diretta. Quando viene effettuato un intervento di **riduzione aperta/fissazione interna** (ORIF), si utilizzano presidi ortopedici per mantenere la riduzione: tra i presidi usati vi sono perni, viti, chiodi, fili metallici e stecche.

I presidi utilizzati per la fissazione interna possono essere inseriti attraverso frammenti di ossa o fissati sulla parete delle ossa.

8.2 L'ingessatura

Il gesso viene generalmente applicato per immobilizzare una parte del corpo in modo da permetterne la guarigione evitando ulteriori traumi. Il grado di immobilizzazione della persona varia a seconda del gesso. Alcune persone sono costrette a letto per settimane o mesi, mentre altre possono svolgere la maggior parte delle loro attività giornaliere con un minimo disagio.

Le ingessature possono essere fatte con bendaggi di gesso o di materiale sintetico come la fibra di vetro. Esistono diversi tipi di ingessatura:

- l'**ingessatura brachiometacarpale** (Fig. 8.1A), che si estende dall'ascella alle dita della mano e blocca la flessione del gomito. Questo tipo di ingessatura immobilizza il polso, il radio, l'ulna e l'omero;
- l'**ingessatura antibrachiometacarpale** (Fig. 8.1B), che si estende da sotto il gomito alle dita, immobilizzando il polso, il radio e l'ulna;
- l'**ingessatura toracobrachiale** (Fig. 8.1C), che si estende intorno al torace all'intero braccio e fino alle dita. Il braccio è di solito abdotto per immobilizzare le ossa della spalla (la clavicola);
- l'**ingessatura femoropodalica** (Fig. 8.1D), che si estende da sopra il ginocchio alle dita del piede;
- l'**ingessatura a gambaletto** (Fig. 8.1E), che inizia appena sotto il ginocchio e si estende fino alle dita del piede;

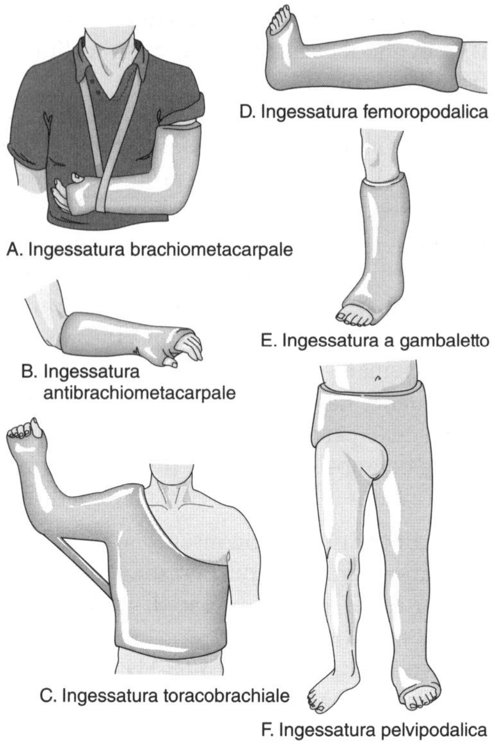

Figura 8.1 *Tipi di ingessature:* **A.** *brachiometacarpale (a braccio pendente);* **B.** *antibrachiometacarpale;* **C.** *toracobrachiale;* **D.** *femoropodalica;* **E.** *a gambaletto;* **F.** *pelvipodalica.*

- l'**ingessatura pelvipodalica** (Fig. 8.1F), che inizia all'altezza della vita e oltre. Si estende lungo la gamba, immobilizza le articolazioni dell'anca e il femore, e può anche coprire tutta o parte dell'altra gamba. Un bendaggio singolo copre una sola gamba; un bendaggio doppio dell'anca copre entrambe le gambe fino alle dita dei piedi;
- l'**ingessatura a corsetto**, che si estende dall'ascella e circonda l'intero tronco. Viene spesso utilizzata per immobilizzare la colonna vertebrale.

Il **busto** è usato per immobilizzare la colonna vertebrale dopo una fusione spinale chirurgica, a seguito di lesioni della spina dorsale o di disturbi degenerativi.

Dopo l'applicazione del gesso e dopo la sua completa asciugatura, il medico potrebbe praticare un taglio su di esso che permetta di monitorare una parte del corpo o di alleviare la pressione: la procedura è conosciuta come **fenestrazione**. Il gesso può essere anche tagliato a metà (bivalvazione) per ridurre la pressione.

Al momento della rimozione del gesso, il paziente può avvertire dolori e disagi causati dalla costrizione dell'articolazione e dai muscoli immobilizzati. È importante, dunque, ridurre al minimo il disagio sollevando l'articolazione e mantenendo la parte nella stessa posizione in cui era nel gesso.

La cute sarà fredda e pallida con chiazze ed edemi; sulla sua superficie si potrà riscontrare un essudato giallo, composto in parte da cellule cutanee morte e in parte da secrezioni oleose, che non va sfregato né rimosso.

CONSIDERAZIONI RELATIVE ALL'ETÀ

Cura del gesso

Bambini

Insegnare ai genitori come evitare che i bambini introducano all'interno del gesso piccoli oggetti. I genitori devono **assicurarsi che la parte superiore del gesso venga coperta durante i pasti** per evitare la caduta del cibo all'interno del gesso. Se si conficca qualcosa all'interno dell'ingessatura, possono derivarne gravi infezioni e danni tissutali.

Se possibile, **consentire al bambino di scegliere il colore del gesso sintetico**. Indossare un'ingessatura può determinare problemi di immagine corporea e di autostima. Gli insegnamenti relativi alla cura dell'ingessatura, all'adattamento delle attività quotidiane alla nuova situazione, alla deambulazione efficace e alle aspettative al momento della rimozione del gesso aiutano il bambino ad affrontare in modo positivo la situazione.

Quando si utilizza la **sega per effettuare il taglio a finestra o bivalve o per rimuovere il gesso**, tranquillizzare il bambino, spiegargli che cosa si sta facendo e che la sega non provoca dolore. Consentire al bambino, se lo chiede, di conservare i frammenti del suo gesso dopo averlo rimosso, se lo desidera e se i frammenti non servono.

Anziani

Gli anziani immobilizzati con apparecchi gessati hanno un alto rischio di **abrasioni cutanee** e **ulcere da pressione**.

I **tempi di guarigione delle ferite** possono essere più lunghi negli anziani che nei bambini.

Gli anziani possono avere maggiori difficoltà nel sostenere il maggior peso su una parte del corpo e nel compensare lo squilibrio causato dal gesso.

Pianificare l'uso di **stampelle o altri presidi** per consentire la mobilità in sicurezza.

8.2.1 Assistenza ai pazienti con ingessatura

L'assistenza ai pazienti portatori di apparecchio gessato è essenziale e prevede continui accertamenti e interventi atti a **prevenire danni da compressione** a vasi sanguigni, nervi e cute, a mantenere l'**integrità dell'ingessatura** e a **prevenire problemi associati all'immobilità**. Tra l'ingessatura e la cute del paziente dovrebbe essere lasciato uno spazio pari allo spessore di un dito.

È necessario **mantenere il gesso asciutto**, poiché, essendo poroso, tende ad assorbire acqua e/o urina. Le ingessature divenute morbide e umide perdono la loro funzione; fare la doccia e/o il bagno al paziente è controindicato. Le ingessature che si sporcano di feci sviluppano un odore forte e persistente.

L'**eliminazione** rappresenta un problema importante per le persone con un'ingessatura femoropodalica, a corsetto e a gambaletto. Per tenere un'ingessatura pulita è necessario lavarla con un panno umido. La tecnica migliore è prevenire la comparsa di sporcizia e macchie, soprattutto di alimenti, urina e feci.

I **gessi sintetici** possono essere facilmente puliti e, con il consenso del medico, possono essere immersi in acqua se sono state applicate un'imbottitura e una maglia elastica in polipropilene. In generale, comunque, è preferibile che le ingessature siano mantenute asciutte.

8.3 La trazione

Il principio della trazione è quello di avere due forze che tirano in direzioni opposte. La trazione è composta da pesi e contrappesi. La forza della controtrazione può essere fornita dal peso del corpo del paziente o da un altro peso, come per esempio alzando i piedi del letto. La trazione può essere utilizzata per ridurre una **frattura**, per immobilizzare un arto, per correggere o prevenire una **deformità** o per diminuire gli **spasmi muscolari**.

La trazione può essere scheletrica o cutanea. La **trazione scheletrica** richiede l'inserimento chirurgico di perni (Steinmann) o di fili metallici (Kirschner) nelle ossa. Essa è utilizzata più frequentemente per le fratture di femore, tibia e colonna cervicale.

La **trazione cutanea** è un metodo non chirurgico volto a fornire il sostegno necessario per periodi brevi, come per esempio la trazione di Buck. Tra i materiali utilizzati vi sono nastri, fasce, cinture pelviche, capestri cervicali e scarponi per gli arti inferiori. Alla trazione cutanea si ricorre di frequente per immobilizzare temporaneamente una parte o per stabilizzare una frattura. Nastri e bendaggi devono essere posizionati non stretti, per prevenire una qualsiasi pressione.

La figura 8.2 mostra i tipi di trazione più comuni.

Gli OSS che assistono un paziente in trazione devono conoscere le indicazioni, le modalità di funzionamento e le complicazioni associate alla trazione. È inoltre importante conoscere l'estensione della lesione, così come le posizioni e i movimenti permessi.

SUGGERIMENTI PROFESSIONALI

Dispositivi per la trazione

Per la trazione cutanea o scheletrica è necessario il seguente materiale:

- **impalcatura aerea**: è attaccata al letto e fornisce i sistemi di ancoraggio dell'apparato di trazione. Ciascun sistema ha almeno due sbarre verticali (una a ogni lato del letto) e una orizzontale posta in alto sul letto;
- **trapezio**: vene comunemente aggiunto all'impalcatura aerea. Se il suo utilizzo non è controindicato, offre al paziente una possibilità di appiglio che facilita la mobilità e una certa indipendenza;
- **materasso rigido**: per mantenere l'allineamento e l'efficienza della trazione è necessario avere un materasso rigido. Alcuni letti vengono prodotti direttamente con reti rigide. Se questo tipo di materasso non è disponibile, può essere utilizzata una tavola per rendere rigido il letto;
- **corde**, **pulegge**, **pesi** e **moschettoni**.

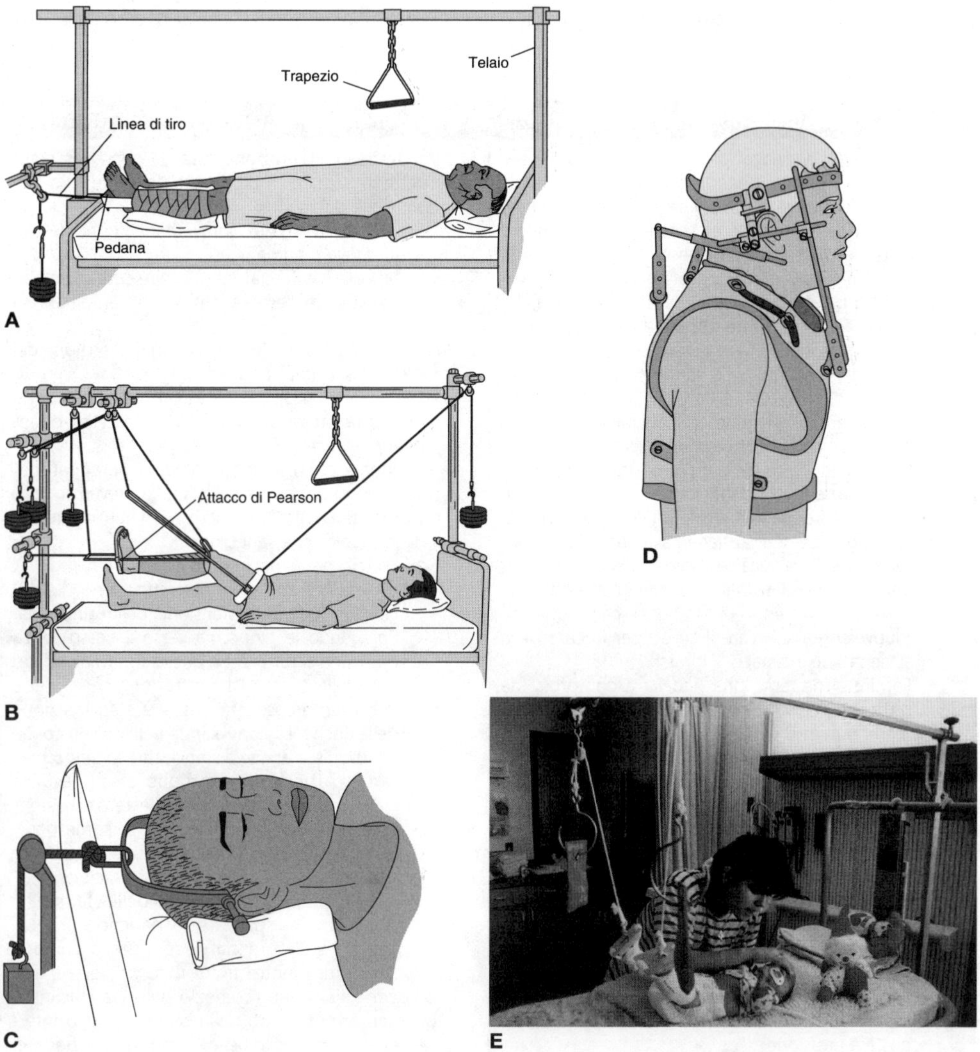

Figura 8.2 **A.** *L'estensione di Buck di un arto per la trazione cutanea immobilizza una frattura d'anca. Potrebbe essere necessario sollevare i piedi del letto per evitare che il paziente scivoli verso il basso. Lo stivaletto in gommapiuma non può essere usato con un sistema di compressione del polpaccio per prevenire problemi vascolari. Se l'apparecchiatura viene usata con la trazione di Buck, devono essere utilizzati dei nastri adesivi di trazione.* **B.** *La ferula di Thomas con attacco di Pearson per frattura del femore per la sospensione bilanciata della trazione scheletrica.* **C.** *La pinza cranica di Gardner-Wells per la trazione scheletrica immobilizza le fratture delle vertebre cervicali e toraciche superiori.* **D.** *L'alotrazione (fissazione esterna) presenta una fascia metallica circolare fissata con dei chiodi che penetrano nel cranio per circa 1 cm. Gli elementi dell'apparecchio sono collegati da barre metalliche. Il vantaggio dell'alotrazione rispetto alle altre forme di trazione è che il paziente può sedersi e camminare, riducendo così le complicanze da immobilizzazione prolungata. Mantenere una chiave di tipo e dimensione appropriati sempre vicino al paziente in caso di emergenza.* **E.** *Trazione di Bryant. Assicurarsi che il sacro sia alzato sufficientemente per permettere all'infermiere di far scivolare la mano tra i glutei del bambino e il letto.*

La tabella 8.1 propone le linee guida operative per assistere il paziente in trazione cutanea.

Tabella 8.1 Linee guida operative per l'assistenza al paziente in trazione cutanea

1. Determinare: presenza di contusioni e abrasioni nell'area di applicazione della trazione; eventuale anamnesi di problemi circolatori e allergie cutanee; stato mentale ed emotivo e capacità di comprendere le limitazioni alle attività fisiche
2. Annotare il tipo di trazione e ispezionare regolarmente l'apparato di trazione, ovvero ogni volta che ci si trova accanto al letto oppure a intervalli di tempo prestabiliti, ad esempio ogni 2 ore
3. Mantenere il paziente nella corretta posizione di trazione
   - Mantenere il paziente in posizione supina, a meno che non vi siano ordini diversi
   - Mantenere l'allineamento corporeo quando si gira il paziente. In alcuni casi, il paziente può girarsi in posizione laterale se un cuscino posto tra le sue gambe ne mantiene l'allineamento corporeo. Consultare la cartella clinica del paziente per informazioni relative ai movimenti consentiti
   - Fornire al paziente un trapezio per aiutarsi a muoversi e a sollevare il corpo per la cura della schiena se è incapace di girarsi
   - Fornire al paziente una padella a pantofola (da frattura), se richiesto, per minimizzare i movimenti durante l'eliminazione
4. Valutare lo stato neurovascolare dell'arto interessato
   - Condurre una valutazione neurovascolare 30 minuti dopo la riapplicazione della fasciatura, quindi ogni 2 ore per le prime 24 ore. Se lo stato del paziente è "normale", effettuare la valutazione ogni 4 ore durante la trazione. Se lo stato del paziente non è normale, effettuare la valutazione ogni ora
5. Fornire al paziente dispositivi e misure di protezione della cute
   - Porre dei copritalloni o della pelle di pecora sotto i talloni, l'osso sacro, le spalle e altre aree sottoposte a pressione
   - Sostituire o pulire il vello di pecora almeno ogni settimana
   - Massaggiare la cute con un tampone alcolico o una lozione ogni 4 ore o, se compaiono rossore e segni di pressione, ogni 2 ore
   - Assicurarsi che la barra spaziatrice sia abbastanza larga da evitare che il nastro di trazione sfreghi sulle prominenze ossee del paziente
6. Rimuovere solo la trazione cutanea non adesiva intermittente secondo il protocollo della struttura o la prescrizione del medico
   - Per rimuovere una trazione cutanea non adesiva
     a. Rimuovere prima i pesi
     b. Srotolare la fasciatura e fornire cure cutanee
     c. Riavvolgere l'arto e riattaccare lentamente i pesi
7. Insegnare al paziente le modalità di prevenzione dei problemi associati all'immobilità
   - Insegnare al paziente gli esercizi di respirazione profonda e tosse per la prevenzione della polmonite ipostatica
   - Insegnare al paziente gli esercizi appropriati per lo sviluppo del tono muscolare, la prevenzione di contratture e atrofia muscolari e il miglioramento della circolazione sanguigna:
     a. Esercizi per il movimento
     b. Gli esercizi isometrici per rafforzare i quadricipiti includono l'estensione delle ginocchia. Spingendo le ginocchia verso il basso senza muoverle si rafforzano anche i muscoli posteriori della coscia. La contrazione dei glutei e dell'interno coscia favorisce la stabilizzazione delle anche. La contrazione dell'interno coscia contribuisce anche a stabilizzare le ginocchia
     c. La circolazione negli arti può essere favorita incoraggiando il paziente a flettere ed estendere i piedi e a eseguire esercizi isometrici
     d. Se indicato, è possibile insegnare al paziente esercizi specifici per rafforzare bicipiti e tricipiti in preparazione all'uso delle stampelle. Ad esempio, sollevare le natiche dal letto spingendo le braccia verso il basso sviluppa i tricipiti, mentre tirare il corpo verso l'alto con l'aiuto di un trapezio sviluppa i bicipiti
8. Documentare i risultati nella cartella clinico-infermieristica del paziente usando moduli o schede e, se necessario, scrivere delle note integrative
9. Eseguire un'adeguata valutazione basandosi sui dati che deviano da quelli previsti o normali per il paziente. Il paziente dovrebbe essere in grado di effettuare gli esercizi GDM con tutte le articolazioni corporee sane e di muovere tutte le dita dell'arto affetto, avere normali sensibilità, colorito e temperatura cutanei in tutte le dita dell'arto affetto e non presentare segni di pressione (pallore, rossore, aumento di calore o dolenzia) sulle aree di pressione. Confrontare i dati ottenuti con quelli precedenti, se disponibili. Riferire al medico ogni alterazione significativa rispetto alla norma

8.4 Le ortesi

Le ortesi sono apparecchi ortotici che forniscono sostegno muscolo-scheletrico, equilibrio, trazione e comodità. I supporti per le arcate plantari disponibili in commercio e i prodotti di prescrizione quali le ortesi modellate per caviglia e piede e i tutori spinali sono esempi di apparecchi di questo tipo (Fig. 8.3).

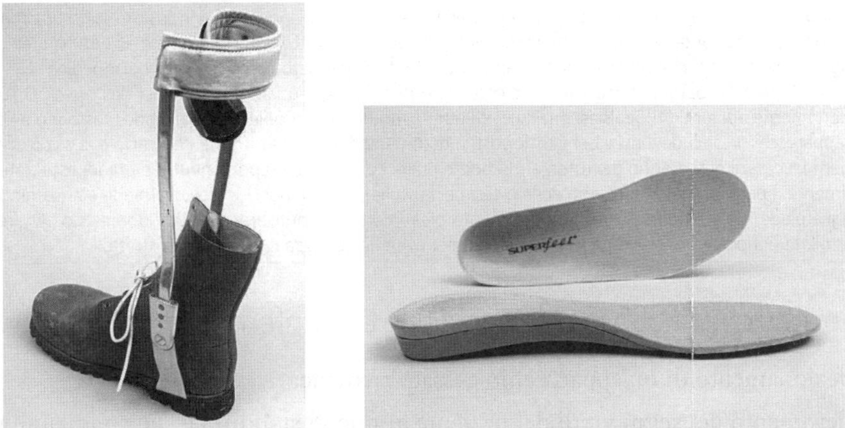

Figura 8.3 *Esempi di ortesi:* **A.** *Un apparecchio ortotico per caviglia-piede che arriva sotto il ginocchio, ma sostiene la caviglia;* **B.** *Un apparecchio ortotico plantare che si inserisce in una scarpa per correggere l'allineamento.*

Le **ortesi spinali** hanno la forma di bretelle e sono usate per opporre resistenza alla progressione di curvature scoliotiche o cifotiche nonché come protezione in seguito a traumi e fratture.

Le **ortesi per gli arti inferiori** sono utilizzate per la gestione delle contratture e per sostenere la deambulazione nei pazienti con deficit neuromotori (per esempio, con paralisi cerebrale), per sostenere le articolazioni dell'anca, del ginocchio e della caviglia e per alleviare il dolore (per esempio, con i plantari).

Le **ortesi plantari** aiutano a correggere pronazione e supinazione sbilanciate. Questo, a sua volta, contribuisce a controllare la stabilizzazione e la meccanica di tutto il corpo.

Le ortesi sono utilizzate anche per sostenere e aumentare il comfort nei pazienti con tendinite e degenerazione cronica da uso eccessivo di gomito, polso, mano e dita.

Le responsabilità degli operatori, nei riguardi dei pazienti con apparecchi ortotici, è principalmente di tipo educativo ed è focalizzata su applicazione e manutenzione dell'apparecchio, durata/intervalli in cui viene indossato, comfort, cura e monitoraggio della cute e assistenza relativa a qualunque altra istruzione fornita dal produttore e/o dal medico.

La maggior parte delle ortesi può essere lavata con acqua calda e sapone neutro e asciugata all'aria. Gli apparecchi dovrebbero essere tenuti lontano da forti fonti di calore (per esempio, luce del sole prolungata, termosifoni) e non dovrebbero essere esposti a sostanze chimiche quali candeggina o acetone.

Accertarsi che il paziente abbia compreso le istruzioni è essenziale per un uso corretto ed efficace degli apparecchi ortotici. La tabella 8.2 riassume le istruzioni da fornire al paziente e ai suoi familiari.

Tabella 8.2 Istruzioni da impartire ai portatori di ortesi

- Le ortesi devono essere perfettamente aderenti. Sono essenziali la cura e il monitoraggio della cute. Eventuali aree arrossate o aperte devono essere coperte con una sottile fasciatura sterile e controllate ogni 2-3 ore. Se il processo di guarigione è lento (più di 3 giorni), vanno consultati il medico e l'ortopedico. Le aree aperte potrebbero richiedere del tempo e l'esposizione all'aria per la guarigione completa
- Richiedere il controllo dal medico e dell'ortopedico in presenza di bruciore
- È controindicata l'applicazione di lozioni alla cute sottostante le ortesi (a meno che la pelle non sia molto secca), perché la cute così ammorbidita potrebbe risultare più suscettibile alle lesioni
- Quando si usano ortesi che sostengono l'area toracolombosacrale, bisognerebbe indossare sotto una maglietta di cotone. È importante assicurarsi che la maglietta sia pulita, asciutta e priva di grinze. Eventuali aree dolenti e rugose o segni rossi che non svaniscono entro 20 minuti dovrebbero essere riferiti all'ortopedico
- Se il paziente è un bambino, via via che cresce sono necessari adeguamenti periodici dell'ortesi. Ortesi non perfettamente aderenti (in qualsiasi paziente) determinano ulteriori problemi di equilibrio, sostegno e comfort
- Gli apparecchi ortotici devono essere sottoposti a manutenzione per garantirne l'efficacia e la sicurezza per il paziente. Le parti di sostegno dei tutori andrebbero pulite con acqua e sapone neutro e quindi asciugate accuratamente. I perni articolari (presenti nelle ortesi per caviglia-piede, ginocchio-caviglia-piede e anca-ginocchio-caviglia-piede) dovrebbero essere periodicamente oleati con un lubrificante per uso domestico. Andrebbero controllate periodicamente anche le viti articolari per avere la certezza che siano ben strette

8.5 Le attività dell'OSS in collaborazione con l'infermiere

Il confezionamento di un apparecchio gessato richiede:

- il rilevamento dei segni vitali del paziente al fine di stabilire le sue condizioni prima e dopo l'applicazione del gesso;
- l'esame di tutte le estremità per verificare la presenza di edemi, di polso periferico, di dolore e segni di lesioni;
- la valutazione di eventuali patologie nascoste che possano causare una cattiva guarigione o creare ulteriori rischi di insorgenza di complicanze da ingessatura (per esempio, diabete, disordini immunologici, stato mentale confuso o malattie vascolari periferiche).

L'effettuazione di queste attività costituisce responsabilità infermieristica e l'OSS collabora nel garantire un efficace processo assistenziale. L'OSS, inoltre, supporta l'infermiere nelle attività previste per il posizionamento e l'osservazione della trazione.

Infine, l'OSS garantisce le **cure igieniche dei pazienti con ingessature stabili o in trazione.**

8.6 Procedure attribuibili all'OSS

Procedura 8.1 Assistenza al paziente portatore di apparecchio gessato

Accertamento

- Considerare l'esame obiettivo assistenziale generale e locale del paziente.

Pianificazione assistenziale

La cura del paziente con ingessatura stabile può essere attribuita ai suoi familiari o gestita dall'OSS. Le condizioni locali del gesso possono essere valutate durante le cure giornaliere del paziente così come il controllo di eventuali complicanze. Qualsiasi anomalia rilevata dall'operatore sociosanitario deve essere comunicata tempestivamente all'infermiere.

Materiale occorrente

Organizzare tutti i materiali tra quelli seguenti che servono per l'assistenza completa al paziente:

- Cuscini per sostenere le aree ingessate
- Guanti monouso
- Panno umido
- Tampone
- Cerotto o strisce adesive impermeabili
- Traversa o asciugamani
- Padella a pantofola (da frattura)
- Copertura di plastica
- Acqua e sapone
- Asciugacapelli portatile
- Olio minerale, di oliva o per bambini

Interventi assistenziali

Preparazione

Prima di effettuare la procedura, presentarsi e verificare l'identità del paziente secondo il protocollo della struttura. Spiegare al paziente che cosa si sta facendo, perché e come può collaborare. Discutere di come i risultati saranno usati nella pianificazione futura delle cure o delle terapie.

Tecnica

1. Provvedere alla riservatezza del paziente.
2. Lavarsi le mani e osservare le procedure per il controllo delle infezioni.
3. Valutare gli eventuali problemi del paziente.
   - Indossare i guanti monouso.
   - Riferire all'infermiere eventuali condizioni dolorose e/o qualsiasi cambiamento manifestato dal paziente, in base a quanto previsto dai protocolli della struttura.
   - Ispezionare la cute sotto e vicino ai bordi del gesso quando viene effettuato il controllo neurovascolare e/o ogni volta che il paziente viene girato.
   - Controllare quotidianamente il gesso per valutare la presenza di cattivi odori.
4. Applicare le misure necessarie per prevenire l'irritazione della cute ai bordi del gesso.
   - Togliere i residui di gesso attaccati alla pelle con un panno umido e toccare i bordi del gesso per verificare la presenza di contorni ruvidi o aree che possano determinare abrasioni alla cute del paziente.
   - Quando il gesso si è asciugato, coprire tutti i bordi ruvidi e proteggere le zone del gesso che possono venire a contatto con l'urina mediante piccole strisce di nastro impermeabile, come di seguito indicato (Fig. 8.4):
     a. Tagliare diverse strisce di nastro adesivo larghe 2,5 cm e lunghe da 5 a 7,5 cm. Piegare tutti gli angoli di ogni striscia.
     b. Inserire una parte di ogni striscia più internamente possibile al gesso portando l'altra estremità fuori e sopra il bordo.
     c. Premere forte le strisce contro il gesso.
     d. Sovrapporre leggermente le altre strisce.

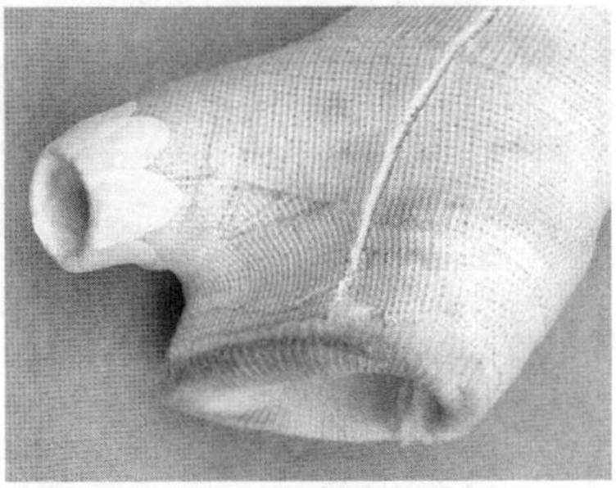

Figura 8.4 *Un gesso con nastro impermeabile.*

5. Provvedere alla cura della cute di tutte le aree suscettibili alla compressione.

- Esaminare tutte le aree esposte alla pressione e all'abrasione epidermica almeno ogni 4 ore. Per pazienti con cute sensibile o con potenziali problemi dermatologici, provvedere all'assistenza ogni 2 ore durante il giorno e ogni 3 ore durante la notte.
  a. Raggiungere e massaggiare quanto più possibile l'area sotto il gesso lungo i bordi.
  b. Curare la cute su tutte le prominenze ossee non interessate dall'ingessatura (per esempio, osso sacro, calcagni, caviglie, polsi, gomiti e piedi).

6. Mantenere il gesso pulito e asciutto.

Gesso di Paris

- Posizionare una traversa o un asciugamano sopra il gesso per evitare che si bagni. Se il gesso si dovesse bagnare, lasciarlo asciugare all'aria aperta.
- Usare una padella a pantofola per le persone con un'ingessatura femoropodalica o pelvipodalica.
- Prima di applicare una padella, proteggere con del materiale plastificato o impermeabile il bordo superiore dell'ingessatura femoropodalica e la zona perineale. Per proteggere la zona perineale, una parte del materiale plastico deve terminare a imbuto nella padella.
- Rimuovere il materiale al termine dell'eliminazione.
- Nelle persone con ingessatura femoropodalica, tenere il gesso supportato da cuscini mentre il paziente è sulla padella.
- Per pazienti con ingessatura pelvipodalica, sostenere entrambi gli arti e la schiena su dei cuscini in modo che rimangano alla stessa altezza del bacino.
- Quando si rimuove la padella, tenerla saldamente nel momento in cui il paziente si gira o alza il bacino.
- Quando si rimuove la padella, lavare e asciugare attentamente la zona perineale.

Gesso sintetico

- Lavare l'area sporca con acqua calda e sapone neutro.
- Sciacquare abbondantemente.
- Asciugare accuratamente per evitare la macerazione e l'ulcerazione della pelle sotto il gesso.
- Asciugare accuratamente il gesso, l'imbottitura e la maglia elastica se il gesso viene immerso nell'acqua. Tamponare prima l'eccesso d'acqua con un asciugamano, poi utilizzare un asciugamano sulla modalità freddo o caldo direzionando il flusso d'aria con un movimento oscillante sulla parte esterna del gesso per circa 1 ora o finché il paziente non prova più la sensazione di freddo umido, come quella prodotta da un costume da bagno bagnato.

7. Girare e far assumere al paziente il corretto decubito per evitare il formarsi di aree di pressione.
   - Posizionare i cuscini in modo che:
     a. Le parti del corpo premano contro il gesso il meno possibile.
     b. Alluci, calcagni, gomiti e altro siano protetti dalla pressione effettuata dalla superficie del letto.
     c. Venga mantenuto l'allineamento del corpo.
   - Pianificare e potenziare l'uso di una scheda per annotare tutte le variazioni di posizione del paziente inserendo tutti i decubiti possibili. In genere, i pazienti possono essere posizionati sul fianco, proni e supini, salvo diverse indicazioni chirurgiche o controindicazioni derivanti da altri fattori esterni. Sistemare un trapezio in sospensione per facilitare la mobilità del paziente.
   - Variare il decubito dei pazienti con grandi ingessature o di quelli non autonomi almeno ogni 4 ore. Se la persona è a rischio di escoriazioni cutanee, girarla ogni 1-3 ore a seconda delle necessità.
   - Quando si gira un paziente con un'ingessatura femoropodalica sul lato opposto al gesso, posizionargli un cuscino tra le gambe per supportare l'ingessatura.

- È necessaria la collaborazione di almeno tre operatori per mobilizzare un paziente con un'ingessatura pelvipodalica ancora umida. Quando questa è asciutta, solitamente il paziente riesce a girarsi con l'aiuto di un solo operatore. Per posizionare il paziente in decubito supino o prono, effettuare la seguente procedura:
  a. Rimuovere i cuscini di supporto solo quando un altro operatore può tenere il gesso.
  b. Spostare il paziente su un lato del letto.
  c. Chiedere al paziente di posizionare le braccia sopra la testa o lungo i fianchi.
  d. Far posizionare due operatori dalla parte opposta del letto mentre uno rimane per garantire la sicurezza del paziente.
  e. Posizionare i cuscini che serviranno per sostenere il gesso quando si gira il paziente.
  f. Far girare il paziente verso gli altri due operatori e sopra i cuscini.
  g. Sistemare i cuscini in modo adeguato per garantire supporto e comodità al paziente e per evitare zone di pressione della cute.

8. Incoraggiare i movimenti e gli esercizi isometrici.
   - Salvo controindicazioni, incoraggiare gli esercizi per tutte le articolazioni degli arti non ingessati e per quelle prossimali e distali all'ingessatura. Se gli esercizi attivi sono controindicati, eseguire gli esercizi attivi assistiti o gli esercizi passivi, a seconda delle abilità e capacità di movimento e dell'autonomia del paziente.
   - Incoraggiare il paziente a muovere il più possibile le dita dell'arto ingessato.
   - Insegnare al paziente gli esercizi isometrici per gli arti ingessati.
     a. Insegnare gli esercizi isometrici sull'arto sano prima che il paziente li esegua sull'arto malato.
     b. Far palpare i muscoli al paziente mentre effettua l'esercizio.
9. Insegnare al paziente come provvedere alla propria cura, comodità e sicurezza.
   - Insegnare alle persone costrette a letto con grandi ingessature come muoversi in modo sicuro con l'ausilio di un trapezio, delle sbarre del letto o di altri supporti.
   - Istruire i pazienti con ingessatura alle gambe sul modo corretto di camminare con le stampelle.
   - Istruire le persone con ingessatura alle braccia su come applicare i bendaggi a fionda.
   - Insegnare ai pazienti come attenuare il prurito sotto l'ingessatura in maniera sicura, scoraggiando l'uso di oggetti lunghi e appuntiti.
   - Quando la guarigione è completa e il gesso viene rimosso, la cute sottostante solitamente appare macerata, pallida, squamosa e incrostata, in quanto si sono accumulati strati di pelle morta. La crescita dei peli potrebbe essere aumentata, mentre i muscoli sono di solito atrofizzati. Istruire il paziente a rimuovere gradualmente e delicatamente tali strati. Le alterazioni cutanee, l'asimmetria muscolare e l'aumentata crescita dei peli si risolvono dopo circa due settimane di attività regolare.
     a. Applicare un olio (es.: minerale, di oliva o per bambini).
     b. Bagnare la pelle con acqua calda e asciugarla.
     c. Avvertire il paziente di non strofinare l'area con troppo vigore.
     d. Ripetere i punti a e b per diversi giorni.
10. Togliere e gettare i guanti e i materiali sporchi secondo il protocollo della struttura. Lavarsi le mani.
11. Documentare i dati rilevati nella cartella assistenziale del paziente usando moduli o schede e, se necessario, scrivere delle note integrative. Registrare ogni verifica effettuata.

Dopo la procedura

- Eseguire un'adeguata valutazione basandosi sui dati che deviano da quelli previsti o normali per il paziente. Confrontare i dati ottenuti con quelli precedenti, se disponibili.
- Riferire all'infermiere ogni alterazione significativa rispetto alla norma.

Capitolo 9
La rilevazione dei parametri vitali

9.1 I parametri vitali

I parametri vitali sono:

- la temperatura corporea (TC)
- la frequenza cardiaca (FC)
- la frequenza respiratoria (FR)
- la pressione arteriosa (PA)
- il dolore (tale parametro vitale verrà trattato nel capitolo 12, parte quarta)

In alcune circostanze, soprattutto in caso di paziente critico, viene rilevata la percentuale di Saturazione dell'Ossigeno presente nel sangue a livello periferico (SpO_2); in caso di paziente affetto da Diabete viene rilevata la glicemia capillare (Hgt o comunemente chiamato Dtx).

I parametri vitali unitamente all'osservazione del paziente costituiscono indicatori indispensabili dello stato di salute. Essi possono variare in base a diversi fattori, quali per esempio l'età, il sesso, l'esercizio fisico, i farmaci, il dolore, la disidratazione.

La misurazione dei parametri vitali non è una procedura di routine e va integrata con altri parametri utili come lo stato nutrizionale, lo stile di vita e il fumo. Qualora i dati risultassero non conformi ai range della norma, sarebbe utile rilevarli da altro sito e riferire all'infermiere le eventuali anomalie riscontrate. Nelle strutture sanitarie è utile rilevare tutti parametri almeno una volta al giorno o ogni qualvolta si renda necessario e in base alle condizioni generali del paziente. Il medico potrebbe richiedere un monitoraggio continuo dopo aver considerato le condizioni cliniche del paziente.

Durante la rilevazione dei parametri vitali bisogna tener presente di considerare sempre la persona a livello globale. L'operatore socio sanitario durante la rilevazione dei parametri vitali non dovrebbe fornire indicazioni riguardo eventuali anomalie riscontrate, al fine di evitare stati di agitazione del paziente; in questi casi deve darne tempestiva comunicazione all'infermiere che prenderà in esame il caso e adotterà le opportune valutazioni.

9.2 La temperatura corporea

La temperatura corporea rappresenta l'equilibrio tra il calore prodotto e il calore perso dal corpo; si distingue una temperatura interna da una temperatura cutanea o esterna.

La **temperatura interna** è la temperatura dei tessuti profondi del corpo (ad esempio, cavità addominale). La normale temperatura corporea interna non è un punto esatto su una scala di temperature, ma un insieme di temperature. Quando si misura la temperatura orale o buccale, la temperatura corporea media di un adulto è compresa tra 36,7 °C (98 F) e 37 °C (98,6 °F) (Fig. 9.1).

La **temperatura cutanea** o esterna (o superficiale) rappresenta la temperatura della cute, del tessuto sottocutaneo e del tessuto adiposo. La temperatura cutanea aumenta e diminui-sce in risposta alle variazioni ambientali.

La rilevazione può essere:

- **Esterna** (5-7 min): viene rilevata tra due pliche cutanee
- **Interna** (3-5 min): il termometro viene posto in una cavità naturale (a contatto con le mucose) la temperatura interna è superiore di 0,5°C rispetto a quella esterna.

Tabella 9.1 Tipologie di febbre

Durante lo stato febbrile la temperatura può subire delle variazioni nell'arco della giornata o dei giorni. Queste variazioni determinano un andamento tipico della curva termica.
I principali tipi di febbre sono:

- **Febbre continua**: le variazioni **giornaliere** della temperatura sono inferiori ad un grado centigrado,senza mai raggiungere i valori normali.
- **Febbre remittente**: le variazioni **giornaliere** della temperatura sono superiori ad un grado centigrado, senza mai raggiungere i valori normali.
- **Febbre intermittente**: le variazioni **giornaliere** delle temperatura corporea sono molto marcate e rapide, con momenti di defervescenza, seguiti da accessi febbrili.
- **Febbre ondulante**: è caratterizzata da **periodi febbrili alternati** a periodi di defervescenza. La febbre aumenta e scende gradualmente.
- **Febbre ricorrente**: è caratterizzata da **periodi di febbre alta**, alternati a brevi periodi di apiressia con innalzamento e defervescenza rapidi.

Gli OSS devono saper riconoscere le normali variazioni di temperatura e capire il significato di quelle patologiche. Normalmente, la temperatura di una persona può variare dalla mattina presto al tardo pomeriggio di più di 1,0 °C (1,8 °F) e aumentare temporaneamente in conseguenza di esercizio fisico e stress.

Negli anziani la temperatura è di solito più bassa di quella degli adulti di mezza età. Uno studio ha mostrato che le temperature comuni a mezzogiorno nei soggetti anziani sono di circa 36,5 °C (97,7 °F) quando misurate con un termometro orale elettronico.

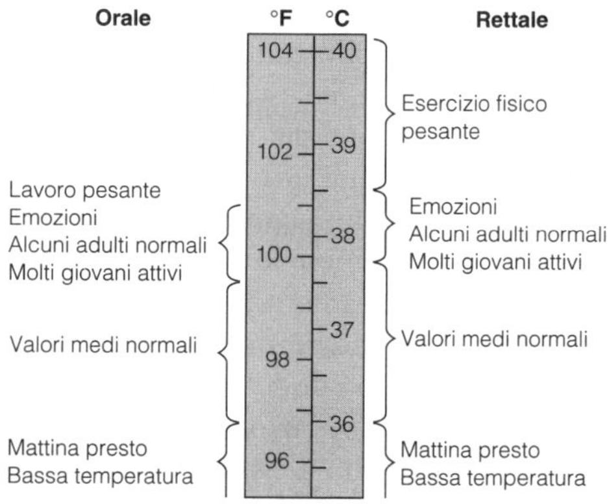

Figura 9.1 *Medie stimate della temperatura corporea nelle persone adulte.*

Esistono due alterazioni principali della temperatura corporea: la piressia e l'ipotermia.

La **piressia** è detta anche *ipertermia* o, più comunemente, *febbre*. Una febbre molto alta (ad esempio, di 41 °C , ossia 105,8 °F) è chiamata **iperpiressia**. Lo stato di un paziente con febbre è detto "febbrile".

L'**ipotermia**, invece, è una condizione nella quale la temperatura corporea interna scende al di sotto dei limiti normali. La morte, di solito, avviene quando la temperatura scende al di sotto di 34 °C (93,2 °F). Con un'ipotermia severa è probabile che si manifestino sonnolenza e/o coma, che deprimono il meccanismo di controllo della temperatura e impediscono l'insorgenza dei brividi.

I segni clinici della piressia e dell'ipotermia sono evidenziati nella tabella 9.2.

Tabella 9.2 Piressia e ipotermia - Manifestazioni cliniche
Piressia • Aumento della frequenza cardiaca (tachicardia) • Aumento della frequenza e della profondità del respiro • Brividi • Cute pallida e fredda (durante la fase di insorgenza) • Sensazione di freddo (durante la fase di insorgenza) • Comparsa di "pelle d'oca" (durante la fase di insorgenza) • Occhi vitrei • Vampate, cute calda • Sudorazione
Ipotermia • Brividi severi (inizialmente) • Sensazione di freddo e gelo • Cute pallida, fredda e cerulea • Ipotensione • Diminuzione della diuresi • Mancanza di coordinazione muscolare • Disorientamento • Sonnolenza che evolve verso il coma

9.2.1 La rilevazione della temperatura corporea

Le sedi più comuni di rilevazione della temperatura corporea sono la bocca, il retto, l'ascella, la membrana timpanica e l'arteria temporale e tutte presentano vantaggi e svantaggi di misurazione (Tab. 9.3). In circostanze normali, la temperatura andrebbe misurata sempre nello stesso sito, il più adatto al paziente nelle sue specifiche condizioni.

Tabella 9.3 Vantaggi e svantaggi dei diversi siti per la misurazione della temperatura corporea

Sito	Vantaggi	Svantaggi
Orale	Accessibile e conveniente	I termometri possono rompersi se addentati Misurazione non accurata se il paziente ha appena ingerito cibo o bevande calde o fredde o ha fumato Potrebbe danneggiare la bocca in seguito a chirurgia orale
Rettale	Misurazione attendibile	Non conveniente e più fastidioso per il paziente; difficoltoso nel caso di pazienti che non possono girarsi su un fianco Potrebbe danneggiare il retto in seguito a chirurgia rettale La presenza di feci potrebbe interferire con il posizionamento del termometro. Se le feci sono soffici, il termometro potrebbe essere inserito al loro interno piuttosto che contro la parete del retto
Ascellare	Sicuro e non invasivo	Il termometro deve essere lasciato in sede a lungo per ottenere una misura accurata
Membrana timpanica	Facilmente accessibile; misurazione della temperatura interna; molto rapido	Può essere fastidioso e comporta il rischio di danneggiamento della membrana se la sonda viene inserita troppo in profondità Misurazioni ripetute possono mostrare variabilità. Le misurazioni a destra e a sinistra possono essere differenti La presenza di cerume può alterare la lettura
Arteria temporale	Sicuro e non invasivo; molto rapido	Richiede l'uso di un dispositivo elettronico che potrebbe essere costoso o non disponibile; necessita di variazioni nella tecnica se il paziente ha la fronte sudata

La temperatura corporea, dunque, può essere rilevata per **via orale** o **buccale**. Se un paziente ha mangiato o bevuto qualcosa di freddo o caldo o se ha fumato, l'OSS dovrebbe attendere 30 minuti prima di rilevare la temperatura per via orale per assicurarsi che la temperatura della bocca non sia alterata da quella del cibo, delle bevande o del fumo caldo.

Sono considerati molto accurati i risultati della rilevazione della temperatura per **via rettale**. La misurazione della temperatura rettale è controindicata nei pazienti sottoposti a chirurgia rettale, che presentano diarrea o malattie del retto, sono immunosoppressi, hanno un disturbo di coagulazione o emorroidi consistenti.

Spesso, il sito preferito per la misurazione della temperatura nei neonati è l'**ascella**, in quanto accessibile e sicuro. Tuttavia, alcuni studi indicano che il metodo ascellare è meno accurato rispetto all'uso di altri siti nella valutazione di uno stato febbrile (El Radhi e Patel, 2006). Gli operatori devono consultare il protocollo della struttura sanitaria quando rilevano la temperatura di neonati e bambini. Il metodo ascellare è consigliato per quei pazienti in cui esistano delle controindicazioni alla rilevazione della temperatura corporea in altri siti. La **membrana timpanica**, o il tessuto circostante al canale uditivo, è un sito utilizzato frequentemente per la rilevazione della temperatura corporea interna.

La temperatura può anche essere misurata sulla fronte con l'uso di un termometro chimico, o termometro da **arteria temporale**. Le misurazioni della temperatura a livello della fronte sono utili principalmente nei neonati e nei bambini in cui non siano necessarie modalità di misurazione più invasive.

CONSIDERAZIONI RELATIVE ALL'ETÀ

Temperatura corporea nei neonati

Nei neonati **la temperatura è estremamente labile**, per cui essi devono essere tenuti al caldo e all'asciutto per prevenire l'ipotermia.
Quando si usa il **sito ascellare**, può essere necessario tenere il braccio del neonato aderente al torace per mantenere il termometro in sede. La misurazione della temperatura per via ascellare può essere meno attendibile rispetto alle altre vie (El Radhi e Patel, 2006).
La **via timpanica** è rapida e sicura: è opportuno mettere il neonato in posizione supina e immobilizzargli la testa; successivamente, occorre tirare il padiglione auricolare posteriormente e leggermente in basso. Si ricordi che il padiglione auricolare va tirato verso l'alto nei bambini al di sopra dei 3 anni di età e negli adulti e verso il basso nei bambini al di sotto dei 3 anni di età. Si deve evitare la via timpanica in un neonato con **infezioni acute** dell'orecchio o **tubi di drenaggio** nella membrana timpanica.
Quando si utilizza un **termometro da arteria temporale**, è necessario solo appoggiarlo alla fronte o dietro l'orecchio.
La **via rettale** per la misurazione della temperatura nei neonati è la meno adatta, anche se nella pratica quotidiana è ancora quella più utilizzata.

Temperatura corporea nei bambini

I siti timpanico, dell'arteria temporale e ascellare sono i preferiti.
Per la **via timpanica**, mettere il bambino sul grembo di un adulto con la testa dolcemente appoggiata al torace. Tirare il padiglione auricolare indietro e leggermente verso l'alto in bambini di età superiore a 3 anni.
Evitare la via timpanica nei bambini con infezioni acute dell'orecchio o tubi di drenaggio nella membrana timpanica.
La **via orale** può essere usata per bambini con oltre 3 anni di età, ma sono raccomandati termometri elettronici infrangibili.
Per rilevare la **temperatura rettale**, mettere il bambino prono sul grembo di un adulto o in posizione laterale con le ginocchia flesse. Inserire il termometro per circa 1 cm nel retto.

Temperatura corporea negli anziani

La temperatura degli anziani **tende ad essere più bassa** di quella degli adulti di mezza età.
La temperatura degli anziani è notevolmente influenzata dai **cambiamenti di temperatura interni e ambientali**. I loro meccanismi di controllo della termoregolazione non sono efficienti come quelli dei giovani, per cui c'è un più alto rischio sia di **ipotermia** che di **ipertermia**.
Gli anziani possono avere un accumulo significativo di *cerume* nell'orecchio, che interferisce con la lettura del **termometro timpanico**.
Gli anziani hanno più probabilità di avere le *emorroidi*. È necessario ispezionare l'ano prima di prendere la **temperatura rettale**.
La temperatura di una persona anziana potrebbe non essere un'indicazione valida della gravità di una patologia. Potrebbe esserci una *polmonite* o un'*infezione delle vie urinarie* accompagnata solo da un lieve aumento di temperatura. Potrebbero manifestarsi altri sintomi, quali *confusione* e *agitazione*, che vanno monitorati per determinare se alla base vi sia un processo patologico in corso.

9.3 La frequenza cardiaca

La frequenza cardiaca, indica il ritmo e la forza del battito cardiaco rilevabile in zone centrali o periferiche. La F.C., comunemente chiamata **polso**, è l'espressione di un'onda sanguigna, sfigmica, creata dalla contrazione del ventricolo sinistro del cuore. Generalmente l'onda sfigmica rappresenta il volume di eiezione espulso ad ogni contrazione cardiaca ed è funzione della capacità di adattamento o *compliance* delle arterie, cioè della loro capacità di contrarsi e rilasciarsi (*distensibilità*).

La frequenza cardiaca si esprime in **battiti al minuto** (BPM). In una persona sana, il polso riflette il **battito cardiaco**: la frequenza del polso è la stessa della frequenza delle contrazioni ventricolari del cuore. In alcuni tipi di malattie cardiovascolari, il battito cardiaco e la frequenza del polso possono essere diversi. Per esempio, il cuore di un paziente può produrre onde di contrazione molto piccole e deboli che sono non rilevabili in un polso periferico. In questi casi l'operatore socio-sanitario dovrebbe informare l'infermiere il quale valuterà il paziente.

Si definisce **periferico** un polso situato alla periferia del corpo, per esempio sul piede, sulla mano o sul collo. Il polso **apicale**, invece, è un polso centrale localizzato in corrispondenza dell'apice del cuore.

I fattori che modificano la frequenza del polso sono:

- l'**età**: con l'avanzare dell'età, la F.C. gradatamente diminuisce. Per le specifiche variazioni nella frequenza cardiaca dalla nascita all'età adulta si veda la tabella 9.4;

Tabella 9.4 Variazioni nel polso e nel respiro in rapporto all'età

Età	Valori medi del polso (e intervalli)	Valori medi del respiro (e intervalli)
Neonati	130 (80–180)	35 (30–80)
1 anno	120 (80–140)	30 (20–40)
5-8 anni	100 (75–120)	20 (15–25)
10 anni	70 (50–90)	19 (15–25)
Adolescenti	75 (50–90)	18 (15–20)
Adulti	80 (60–100)	16 (12–20)
Anziani	70 (60–100)	16 (15–20)

- il **genere sessuale**: dopo la pubertà, nei maschi la frequenza è leggermente più bassa di quella delle femmine;
- l'**esercizio fisico**: la frequenza del polso normalmente aumenta con l'esercizio fisico, anche se la frequenza del polso a riposo e durante l'esercizio fisico, negli atleti, può essere inferiore alla media delle altre persone per la maggiore dimensione, contrattilità ed efficienza del loro cuore;
- la **febbre**: la frequenza del polso aumenta in risposta all'aumento della pressione arteriosa dovuta ad un'importante vasodilatazione periferica (associata ad un aumento della temperatura corporea) o a causa di un aumentato metabolismo;
- l'assunzione di **farmaci**: alcuni medicinali abbassano la frequenza del polso, altri la aumentano. Per esempio, i cardiotonici (tra cui i preparati a base di digitale) possono ridurre la frequenza cardiaca, mentre l'epinefrina può incrementarla;
- l'**ipovolemia/**la **disidratazione**: la perdita di liquidi dal sistema vascolare determina un aumento della frequenza;
- lo **stress**: in risposta allo stress, la stimolazione del sistema nervoso simpatico incrementa l'attività cardiaca nel suo complesso. Lo stress aumenta la frequenza e la forza del battito cardiaco; la paura e l'ansia, così come la percezione di un forte dolore, stimolano il sistema nervoso simpatico;
- la **posizione**: quando una persona è seduta o in piedi, il sangue si raccoglie nei vasi del sistema venoso, provocando un calo transitorio del ritorno venoso al cuore. Si determina, quindi, un abbassamento della pressione sanguigna e un aumento della frequenza cardiaca.

9.3.1 La rilevazione del polso

Il polso può essere rilevato in nove siti diversi (Fig. 9.2):

- **temporale**: è il polso rilevato sull'*arteria temporale*, localizzata tra l'occhio e l'attaccatura dei capelli, appena al di sopra dell'osso zigomatico (osso della guancia);
- **carotideo**: è il polso rilevato sull'*arteria carotide*, che è localizzata sul collo a lato della laringe, tra la trachea e il muscolo sternocleidomastoideo;
- **apicale**: è il polso rilevato a livello dell'*apice cardiaco* nel quarto o quinto spazio intercostale, sull'area emiclaveare sinistra (a metà strada tra lo sterno e il lato del torace);

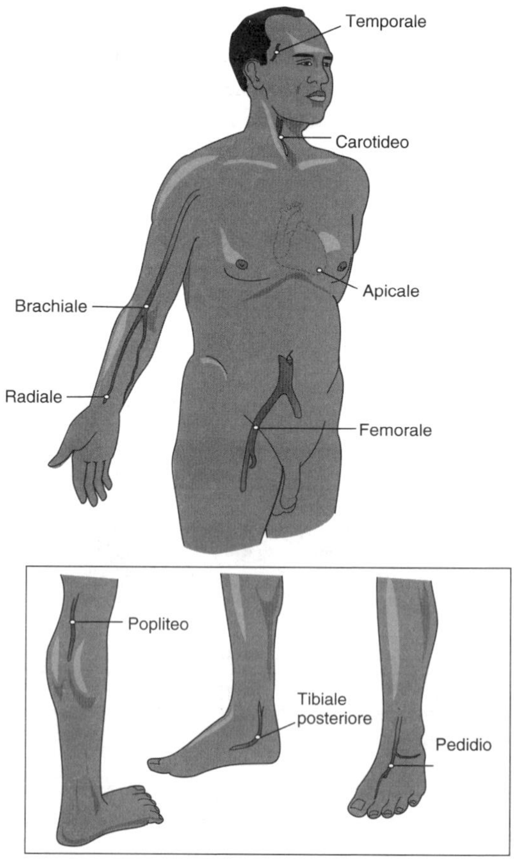

Figura 9.2 *I nove siti per la rilevazione del polso.*

- **brachiale**: è il polso rilevato sull'*arteria brachiale*, localizzata sul lato interno della piega del gomito, tra i muscoli bicipite e tricipite;
- **radiale**: è il polso rilevato sull'*arteria radiale*, lungo il radio, nel lato interno del polso in prossimità del pollice (lato flessore);
- **femorale**: è il polso rilevato sull'*arteria femorale*, localizzata in corrispondenza dell'inguine nel triangolo femorale, limitata nei due lati sottostanti dai muscoli e nel lato superiore dall'inguine;
- **popliteo**: è il polso rilevato nella *fossa poplitea*, dietro al ginocchio, lungo il lato esterno del tendine mediale;
- **tibiale posteriore**: è il polso rilevato sull'*arteria posta dietro il malleolo mediale*, l'osso interno della caviglia, nel solco tra il malleolo e il tendine di Achille;
- **pedidio**: è il polso rilevato sull'*arteria dorsale del piede*, localizzata lungo la parte superiore del piede (dorso), lateralmente al tendine estensore dell'alluce. Quest'arteria può essere palpata sul dorso del piede in una linea immaginaria dalla metà della caviglia allo spazio tra l'alluce e il secondo dito del piede.

Alcune indicazioni sul corretto utilizzo dei siti di rilevazione del polso sono fornite nella tabella 9.5.

Tabella 9.5 Indicazioni per usare i siti specifici per la rilevazione del polso

Sito	Motivi per l'uso
Radiale	Facilmente accessibile
Temporale	Usato quando il polso radiale non è accessibile
Carotideo	Usato in caso di arresto cardiaco/shock negli adulti
	Usato per determinare la circolazione cerebrale
Apicale	Usato di routine per neonati e bambini fino a 3 anni di età
	Usato per evidenziare discrepanze con il polso radiale
	Usato nel corso di alcune terapie
Brachiale	Usato per misurare la pressione sanguigna
	Usato durante l'arresto cardiaco nei neonati
Femorale	Usato in caso di arresto cardiaco/shock
	Usato per evidenziare la circolazione nelle gambe
Popliteo	Usato per evidenziare la circolazione nella parte bassa delle gambe
Tibiale	Usato per evidenziare la circolazione nel piede
Pedidio	Usato per evidenziare la circolazione nel piede

La rilevazione del **polso apicale** e del **polso apicale-radiale**, non viene attribuita all'OSS che, invece, si occupa della rilevazione del **polso periferico radiale o brachiale**, previa valutazione delle abilità e del grado di complessità assistenziale.

9.4 La frequenza respiratoria

Per **respirazione o respiro** s'intende l'atto respiratorio comprendente l'**inspirazione** (ingresso di aria nei polmoni) e l'**espirazione** (passaggio di aria dai polmoni all'esterno). È possibile apprezzare l'atto respiratorio osservando il ritmico sollevarsi e abbassarsi del torace della persona: questi 2 movimenti toracici corrispondono a un atto respiratorio. La respirazione comporta l'assunzione di ossigeno e l'eliminazione di anidride carbonica. Si parla di: **inalazione** e **inspirazione** per indicare l'ingresso dell'aria nei polmoni; **esalazione** ed **espirazione** per descrivere l'uscita dell'aria dai polmoni verso l'atmosfera; **ventilazione** per descrivere il movimento dell'aria in entrata e in uscita dai polmoni. I respiri possono essere molto rapidi e profondi (**iperventilazione**) o poco profondi (**ipoventilazione**).

La rilevazione del respiro si esegue con l'osservazione visiva. L'operatore sanitario deve osservare due tipi di respirazione:

- la **respirazione costale (toracica)**, esaminando i movimenti del torace diretti verso l'alto e l'esterno;
- la **respirazione diaframmatica (addominale)**, esaminando il movimento dell'addome che è spinto verso il basso dalla contrazione del diaframma.

I fattori che modificano la respirazione sono:

- l'**età**: con l'avanzare dell'età, la frequenza respiratoria diminuisce gradualmente;
- l'**esercizio fisico**: la frequenza e la profondità del respiro aumentano con l'esercizio fisico;
- la **febbre**: la frequenza respiratoria aumenta con l'aumentare della temperatura;
- i **farmaci**: i narcotici o altri farmaci depressivi del sistema nervoso centrale spesso riducono la frequenza respiratoria;
- **stress**: gli stati d'ansia e il dolore possono far aumentare la frequenza e la profondità del respiro, anche se in alcuni casi il dolore può rendere il respiro meno profondo.

CONSIDERAZIONI RELATIVE ALL'ETÀ

Respiro nei neonati

- Il neonato che piange ha **frequenza e ritmo respiratori alterati** e deve essere calmato prima di rilevarne i valori.
- I neonati utilizzano il **diaframma per inspirare ed espirare**. Se necessario, mettere la mano dolcemente sull'addome del neonato per sentire il rapido gonfiarsi e sgonfiarsi durante la respirazione.
- I neonati respirano, per la maggior parte, esclusivamente con il naso, per cui un'ostruzione nasale può metterne a rischio la vita.
- Alcuni neonati mostrano un **respiro periodico**, in cui ci sono alcuni secondi di pausa tra un atto respiratorio e il successivo. Tale condizione può essere normale, ma i genitori dovrebbero stare attenti a notare pause prolungate o frequenti (apnee), nel qual caso è necessario un controllo medico.
- Rispetto agli adulti, **i neonati hanno un numero minore di alveoli e vie aeree di minore diametro**. Di conseguenza, la frequenza respiratoria e lo sforzo s'incrementano in caso di infezioni respiratorie.

Respiro nei bambini

- I bambini hanno un **respiro diaframmatico**, pertanto è necessario osservare il gonfiarsi e lo sgonfiarsi dell'addome. Se necessario, mettere la mano dolcemente sull'addome del bambino per sentire il rapido gonfiarsi e sgonfiarsi durante la respirazione.

- Effettuare la **conta degli atti respiratori** prima di altre procedure fastidiose, in modo da evitare che la frequenza respiratoria sia elevata artificialmente a causa del disagio.

Respiro negli anziani

- Chiedere al paziente di rimanere tranquillo o contare gli atti respiratori dopo aver rilevato la frequenza del polso.
- Gli anziani sono soggetti a **cambiamenti anatomici e fisiologici** che riducono l'efficienza dell'apparato respiratorio. Qualsiasi variazione nella frequenza o nel tipo di respiro dovrebbe essere riferita immediatamente.

9.4.1 La misurazione della frequenza respiratoria

È necessario conoscere la frequenza, la profondità, il ritmo e le caratteristiche del respiro. La frequenza respiratoria è misurata in *atti respiratori per minuto*. Un adulto sano normalmente effettua da 12 a 20 atti respiratori al minuto.

La **profondità del respiro** può essere rilevata osservando il movimento del torace, mentre il respiro può essere descritto come normale, profondo o superficiale.

Il **respiro profondo** è quello in cui un grande volume di aria è inspirato ed espirato, riempiendo la maggior parte dei polmoni.

Il **respiro superficiale** coinvolge nello scambio gassoso una piccola quantità di aria, con l'uso di una quantità minima di tessuto polmonare. Durante un normale ciclo di inspirazione ed espirazione, un individuo adulto inspira circa 500 ml di aria.

Il **ritmo del respiro** si riferisce alla regolarità degli atti inspiratori ed espiratori che di norma sono intervallati uniformemente. Il ritmo respiratorio può essere descritto come regolare o irregolare; quello di un bambino può essere meno regolare di quello di un adulto.

Le caratteristiche qualitative del respiro si riferiscono ad aspetti diversi dalla normale respirazione senza sforzo. La respirazione normale è silenziosa, ma alcuni suoni anormali, come l'ansimare, sono riconoscibili all'orecchio dell'operatore. Molti suoni sono dovuti alla presenza di liquido nei polmoni e sono udibili più chiaramente con un fonendoscopio. La terminologia usata per descrivere la respirazione è evidenziata nella tabella 9.6.

Tabella 9.6 Alterazioni di caratteristiche e suoni del respiro	
Caratteristiche del respiro	**Suoni del respiro**
Frequenza • Tachipnea – atti respiratori veloci e superficiali • Bradipnea – respirazione anormalmente lenta • Apnea – cessazione della respirazione **Volume** • Iperventilazione – iperespansione dei polmoni caratterizzata da atti respiratori rapidi e profondi • Ipoventilazione – ipoespansione dei polmoni caratterizzata da atti respiratori superficiali **Ritmo** • Respiro di Cheyne-Stokes – caratterizzato da un ciclo nel quale la respirazione aumenta gradualmente di frequenza e profondità per poi ridursi, con periodi di apnea temporanea **Agevole o faticoso** • Dispnea – respiro difficoltoso, affannoso, penoso; l'individuo riferisce sensazione di bisogno d'aria, appare ansioso ed angosciato • Ortopnea – capacità di respirare solamente in posizione seduta diritta o in piedi	**Udibili senza amplificazione** • Stridore – rumore acuto e stridulo prodotto durante l'inspirazione in caso di ostruzione faringea • Stertore – respiro rumoroso, solitamente dovuto ad una parziale ostruzione delle vie aeree superiori • Sibilo – fischio musicale ad alta tonalità caratteristico delle patologie ostruttive dei bronchi e dei bronchioli, prodotto dal passaggio dell'aria attraverso una via aerea ristretta o parzialmente ostruita • Suono bolloso – rumore di gorgoglio, udibile quando l'aria passa attraverso delle secrezioni umide presenti nel tratto respiratorio **Movimenti del torace** • Retrazione intercostale – infossamento tra le costole • Retrazione sottosternale – infossamento sotto lo sterno • Retrazione soprasternale – infossamento sopra le clavicole **Secrezione e tosse** • Emottisi – presenza di sangue nell'espettorato • Tosse produttiva – tosse accompagnata da espettorazione di secrezioni

9.5 La pressione sanguigna e i fattori che la influenzano

La pressione arteriosa è la pressione esercitata dal sangue contro le pareti dei vasi arteriosi. Il sangue si muove in forma di onde, pertanto si possono misurare due tipi di pressione sanguigna: la pressione **sistolica**, conseguente alla contrazione ventricolare (la pressione massima dell'onda sanguigna) e la pressione **diastolica**, osservata quando i ventricoli sono in condizione di riposo (la pressione minima dell'onda sanguigna).

La pressione diastolica è la pressione più bassa, sempre presente nelle arterie. La differenza tra le pressioni sistolica e diastolica è detta **pressione differenziale o pulsatoria**.

Si parla di **ipertensione** quando la pressione sanguigna è superiore ad un certo intervallo; quando è inferiore, si parla di **ipotensione** (Tab. 9.7).

Tabella 9.7 Classificazione relativa alla pressione arteriosa

Categoria	Pressione sistolica (mmHg)		Pressione diastolica (mmHg)
Ottimale	<120	e	<80
Normale	120-129	e/o	80-84
Normale-alta	130-139	e/o	85-89
Ipertensione di 1°	140-159	e/o	90-99
Ipertensione di 2°	160-179	e/o	100-109
Ipertensione di 3°	=180	e/o	=110
Ipertensione sistolica isolata	=140	e	<90

Fonte: *Linee guida 2013 ESH/ESC per la diagnosi ed il trattamento dell'ipertensione arteriosa*

I fattori che influenzano la pressione sanguigna sono:

- l'**età**: le pressioni sistolica e diastolica aumentano gradualmente con l'età fino alla maturità. Negli anziani, le arterie sono più rigide e meno elastiche alla pressione del sangue: ciò determina un aumento della pressione sistolica. Siccome la parete arteriosa è meno elastica e non si contrae rapidamente con il diminuire della pressione, anche la pressione diastolica è più alta;
- il **genere sessuale**: le donne hanno di solito valori di pressione sanguigna inferiori a quelli degli uomini a parità di età, molto probabilmente a causa delle variazioni ormonali. Dopo la menopausa, la pressione sanguigna tende ad aumentare;
- l'**esercizio fisico**: l'attività fisica aumenta la pressione sanguigna. Per una corretta misurazione della pressione sanguigna a riposo, dopo l'esercizio fisico è necessario attendere da 20 a 30 minuti;
- i **farmaci**: molti medicinali possono innalzare o abbassare la pressione sanguigna;
- lo **stress**: la stimolazione del sistema nervoso simpatico aumenta la gittata cardiaca e la vasocostrizione delle arteriole, innalzando la pressione sanguigna. Per lo stesso principio, il dolore può determinare vasodilatazione e abbassare la pressione sanguigna;
- l'**obesità**: sia nel bambino che nell'adulto predispone all'ipertensione;
- le **condizioni cliniche come il diabete**: sia il diabete di tipo 1 sia quello di tipo 2 possono causare patologie arteriose e ipertensione;
- le **variazioni circadiane**: la pressione sanguigna è di solito bassa al mattino presto, quando il metabolismo è basso, e aumenta durante il giorno, con picchi massimi nel pomeriggio inoltrato e la sera;
- la **febbre/**il **caldo/**il **freddo**: a causa delle variazioni del metabolismo, la *febbre* può innalzare la pressione sanguigna; anche il *caldo* può causare vasodilatazione, con conseguente diminuzione della pressione sanguigna. Il *freddo*, invece, causa vasocostrizione, con conseguente aumento della pressione sanguigna.

9.5.1 La rilevazione della pressione sanguigna

La pressione sanguigna si rileva di solito sul braccio del paziente utilizzando l'arteria brachiale e un fonendoscopio standard.

La rilevazione della pressione sanguigna sulla coscia, utilizzando l'arteria poplitea, è indicata quando:

- la pressione non può essere misurata in nessuna delle due braccia (ad esempio, a causa di ustioni o altri traumi);
- serve confrontare i valori rilevati in una coscia e in quella controlaterale.

La pressione sanguigna **non deve essere misurata**:

- sull'arto in cui il paziente presenta patologie (anche a carico della spalla, dell'anca, del ginocchio o della caviglia);
- sull'arto ingessato o bendato;
- sul lato in cui il paziente ha subìto l'asportazione chirurgica delle mammelle o dei linfonodi ascellari (o inguinali), per esempio a causa di un cancro;
- nel corso di un'infusione endovenosa o una trasfusione di sangue;
- sull'arto in cui è presente una fistola arterovenosa (ad esempio, per la dialisi renale).

La misurazione può essere eseguita in modo diretto o indiretto. La **misurazione diretta** (monitoraggio invasivo) prevede l'introduzione di un catetere nell'arteria brachiale, radiale o femorale. La pressione arteriosa appare su un monitor sotto forma di onde. Se il posizionamento del catetere è corretto, la lettura della pressione è estremamente accurata. I metodi indiretti non invasivi sono due: il metodo *auscultatorio* e quello *palpatorio*. Il **metodo auscultatorio** è comunemente impiegato in ospedale, in clinica e a domicilio; una pressione esterna è applicata su un'arteria superficiale e l'operatore sanitario legge i valori sullo **sfigmomanometro** (apparecchio per la misurazione della pressione sanguigna costituito da una cuffia e uno strumento di misura), mentre ascolta attraverso un fonendoscopio le cinque fasi dei **suoni di Korotkoff** (Fig. 9.3 e Tab. 9.8).

Tabella 9.8 Classificazione relativa alla pressione sanguigna

Suoni di Korotkoff
• Fase 1: Il livello di pressione a cui si ascoltano i primi deboli suoni picchiettanti o battenti, che gradualmente diventano più intensi. Per accertarsi che non si tratti di rumori esterni, l'infermiere dovrebbe intercettare almeno due suoni picchiettanti consecutivi. Il primo suono del genere che si sente durante lo sgonfiamento della cuffia corrisponde alla pressione sistolica • Fase 2: Il periodo durante lo sgonfiamento in cui i suoni sono smorzati, sibilanti o fruscianti • Fase 3: Il periodo durante il quale il sangue fluisce liberamente attraverso un'arteria sempre più pervia e i suoni diventano più incisivi e intensi e riassumono un carattere battente, ma più leggero che nella fase 1 • Fase 4: Il momento in cui i suoni diventano smorzati e assumono un carattere lieve e soffiante • Fase 5: Il livello di pressione a cui si sente l'ultimo suono, che è seguito da un periodo di silenzio. La pressione alla quale si sente l'ultimo suono corrisponde alla pressione diastolica nell'adulto*
* Nelle strutture in cui la quarta fase è considerata corrispondente alla pressione diastolica sono raccomandate tre misure (pressione sistolica, pressione diastolica e fase 5), che potrebbero essere definite pressione sistolica, prima pressione diastolica e seconda pressione diastolica. La lettura della fase 5 (seconda pressione diastolica) può essere zero, il che significa che i suoni smorzati si sentono anche quando non c'è pressione dell'aria nella cuffia. Talvolta i suoni smorzati non si sentono affatto, nel qual caso si inserisce una barra nel punto in cui andrebbe normalmente registrata la lettura (per esempio, /-/110).

La pressione sistolica corrisponde alla comparsa del primo battito (**fase 1** di Korotkoff), che deve essere chiaro e udito per almeno 2 volte. Successivamente i toni aumentano di intensità, anche se nelle **fasi 2 e 3** di Korotkoff si verificano modificazioni non udibili. La pressione diastolica viene misurata in corrispondenza della **fase 4 o 5** di Korotkoff. La fase 4 corrisponde alla riduzione dei toni: si passa a toni di qualità più dolce, tipo soffio; la fase 5 corrisponde al punto in cui il battito scompare e rappresenta il valore della pressione diastolica nell'adulto.

Nei bambini, la fase 4 di Korotkoff rappresenta la misura più accurata della pressione diastolica.

Il **metodo palpatorio** è talvolta utilizzato quando i suoni di Korotkoff non sono percepibili e non è disponibile l'apparecchio elettronico per amplificarli. L'infermiere o l'operatore socio sanitario rileva le pulsazioni dell'arteria mentre la pressione nella cuffia diminuisce. La **pressione sistolica** è leggibile sullo sfigmomanometro quando si sente la prima pulsazione. Una vibrazione come una singola

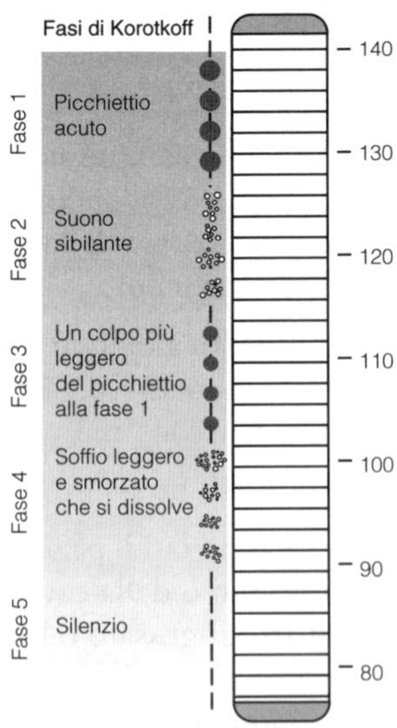

Figura 9.3 *I suoni di Korotkoff possono essere differenziati in cinque fasi. Nell'illustrazione la pressione sanguigna è 138/90 o 138/102/90.*

frustata, percepita in aggiunta alle singole pulsazioni, identifica il punto nel quale la pressione nella cuffia è prossima alla **pressione diastolica**. La vibrazione non è più percepibile quando la pressione della cuffia scende al di sotto della pressione diastolica.

L'infermiere stima la pressione sanguigna con il metodo palpatorio, prima dell'auscultazione, per evitare di incappare nel **gap auscultatorio.**

Il gap auscultatorio consiste (principalmente nei soggetti ipertesi) nella scomparsa temporanea dei suoni normalmente udibili sull'arteria brachiale quando la pressione della cuffia è elevata. I suoni ricompaiono poi a livelli pressori più bassi. La scomparsa dei suoni si verifica nell'ultima parte della fase 1 e può coprire un intervallo di 40 mmHg.

CONSIDERAZIONI RELATIVE ALL'ETÀ

Pressione sanguigna nei neonati

- Usare il **fonendoscopio pediatrico** con diaframma piccolo.
- Il bordo inferiore della cuffia della pressione sanguigna può essere più vicino allo spazio antecubitale di un neonato.
- Usare il **metodo palpatorio** se l'auscultazione con il fonendoscopio o con il Doppler risulta inefficace.
- La pressione nel braccio e quella nella coscia sono equivalenti nei bambini con meno di 1 anno di età.
- La **pressione sistolica** di un neonato è compresa tra 50 e 80 mmHg, la **pressione diastolica** tra 25 e 55 mmHg.
- Un metodo rapido per la determinazione della pressione sistolica normale di un bambino consiste nell'applicazione della seguente formula: pressione sistolica normale = 80 + (2 × età del bambino in anni).

Pressione sanguigna nei bambini

- La pressione sanguigna dovrebbe essere misurata a **tutti i bambini al di sopra dei 3 anni di età** e a **tutti quelli al di sotto dei 3 anni in determinate condizioni cliniche** (ad esempio, cardiopatie congenite, malformazioni renali, assunzione di farmaci che alterano la pressione sanguigna).
- Spiegare tutte le fasi della procedura e quello che il bambino sentirà.
- Usare la **tecnica palpatoria** per bambini con meno di 3 anni. Usare una **camera** la cui larghezza della cuffia sia il 40% e la lunghezza compresa tra l'80% e il 100% della circonferenza del braccio.
- Rilevare la pressione sanguigna prima di effettuare altre procedure dolorose, per evitare valori alterati della pressione.
- La **pressione diastolica** del bambino è considerata l'inizio della fase 4, dove i suoni cominciano ad essere attutiti.
- La pressione della **coscia** è circa 10 mmHg superiore a quella del **braccio**.

Pressione sanguigna negli anziani

- La cute può essere molto fragile. Non aumentare la pressione nella cuffia più del necessario.
- Valutare se il paziente è in terapia con **farmaci antipertensivi** e, in questo caso, l'ora di assunzione dell'ultima dose.
- I farmaci che causano vasodilatazione (antipertensivi), associati alla perdita di efficienza dei barocettori correlata all'invecchiamento, aumentano il rischio che le persone anziane abbiano un'**ipotensione ortostatica** (abbassamento significativo della pressione sanguigna quando si passa dalla posizione supina a quella seduta o eretta). Il fenomeno può essere rilevato mediante la misurazione della pressione sanguigna mentre il paziente è supino, seduto e in piedi.
- Misurare la pressione sanguigna con il **metodo palpatorio**, mettendo il braccio in posizione rilassata se il paziente ha contratture allo stesso. Nel caso non fosse possibile, rilevare la pressione sanguigna sulla coscia.

9.6 La saturazione di ossigeno

Un **ossimetro da polso** è un'apparecchiatura non invasiva che stima la **saturazione di ossigeno** del sangue arterioso di un paziente (SaO_2) per mezzo di un sensore applicato su un dito della mano o del piede (Fig. 9.4), sul naso, sul lobo dell'orecchio, sulla fronte (o intorno alla mano o al piede di un neonato). Dal momento che il sensore stima tale valore in maniera indiretta a livello di un sito periferico, l'ossimetro mostra le misure come SpO_2.

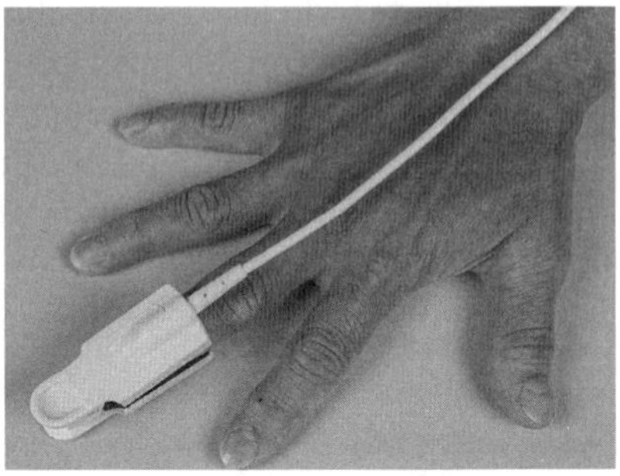

Figura 9.4 *Sensore di un ossimetro da dito (per l'adulto).*

L'ossimetro da polso può evidenziare precocemente un'**ipossiemia** prima che se ne presentino i segni e i sintomi clinici, come la cianosi periferica.

Il *sensore* di un ossimetro da polso è composto da due parti: a) due diodi che emettono luce (LED), uno luce rossa e l'altro luce infrarossa, e la trasmettono attraverso le unghie, il tessuto, il sangue venoso e il sangue arterioso; b) un fotorilevatore posto direttamente di fronte ai LED (ad esempio, dall'altro lato del dito della mano, del dito del piede o del naso).

Il fotorilevatore misura la quantità di luce rossa ed infrarossa assorbita dall'emoglobina ossigenata e deossigenata del sangue arterioso e la riporta come SpO_2. I valori normali di SpO_2 variano da 92 al 100%. Al di sotto dei valori del 90% il paziente deve essere trattato con l'Ossigeno terapia. L'OSS che rileva la SpO_2, trovandosi di fronte ad una situazione di anormalità dovrà informare l'infermiere che, valutato il paziente e sentito il medico, applicherà l'O_2.

I fattori che influiscono sulla lettura della saturazione di ossigeno sono:

- l'**emoglobina**: se questa è completamente satura di ossigeno, la SpO_2 appare normale anche se il livello di emoglobina totale è basso. Così, il paziente può essere severamente anemico ed avere una quantità di ossigeno inadeguata ad approvvigionare i tessuti, ma l'ossimetro da polso riporta un valore normale;
- la **circolazione**: l'ossimetro non esegue una rilevazione accurata se l'area al di sotto del sensore ha una circolazione alterata;
- l'**attività**: i tremolii o i movimenti eccessivi del sito di applicazione del sensore possono alterare l'accuratezza delle rilevazioni;
- l'**avvelenamento da monossido di carbonio**: gli ossimetri da polso non sono capaci di discriminare tra l'emoglobina satura di monossido di carbonio e quella satura di ossigeno (in questo caso sono necessarie altre misurazioni dell'ossigenazione);
- **cute fredda**: l'ossimetro non è in grado di rilevare una corretta saturazione in caso di estremità fredde. Pertanto è opportuno accertarsi e scaldare le zone di rilevazione del sito affinché i dati non risultino sfalsati e inesatti. Il pericolo, soprattutto nei pazienti affetti da BPCO, è quello di rilevare una saturazione al di sotto dei valori normali e di erogare grosse quantità di O_2 con il rischio di iperventilazione. Tale condizione conduce il paziente verso una sedazione respiratoria che può arrivare fino al coma.

9.7 Procedure attribuibili all'OSS

Sono attribuibili all'OSS, previa valutazione del livello delle conoscenze, delle abilità e della complessità assistenziale, le seguenti procedure:

- la rilevazione della *temperatura corporea*;
- la rilevazione del *polso periferico radiale o brachiale*;
- la rilevazione della *frequenza respiratoria*;
- la rilevazione della *pressione sanguigna*;
- la rilevazione della *saturazione di ossigeno*.

L'interpretazione dei risultati ottenuti e la determinazione delle risposte assistenziali più idonee competono al medico e/o all'infermiere in tutti i casi.

Procedura 9.1 Rilevare la temperatura corporea

Accertamento

1. Determinare il metodo più adatto per misurare la temperatura corporea in base all'età del paziente.
2. In base alle condizioni complessive del paziente, la misurazione della temperatura può essere considerata parte integrante di un esame di routine o dell'accertamento della malattia in atto.
   - Se si sospetta febbre o ipotermia, la misurazione della temperatura corporea deve essere eseguita con particolare attenzione.
   - Se si sospetta febbre o ipotermia, è importante conoscere il risultato della precedente rilevazione della temperatura corporea per poter valutare il risultato appena ottenuto.

Pianificazione assistenziale

La misurazione di routine della temperatura del paziente può essere gestita dall'OSS o dai suoi familiari, previa valutazione delle loro conoscenze e abilità e della complessità assistenziale.

Materiale occorrente

- Termometro
- Fodero o copertura per termometro
- Mascherina in caso di rischio infettivo
- Guanti monouso
- Salvietta, per la misurazione della temperatura ascellare
- Garze/fazzoletti

Interventi

Preparazione

Controllare che tutto il materiale funzioni in modo corretto.

Tecnica

1. Prima di effettuare la procedura, presentarsi e verificare l'identità del paziente secondo il protocollo della struttura. Spiegare al paziente che cosa si sta facendo, perché e come può collaborare. Spiegare come i risultati saranno usati nella pianificazione di ulteriori cure o trattamenti.
2. Provvedere alla riservatezza del paziente.
3. Lavarsi le mani ed osservare le procedure per il controllo delle infezioni. Indossare i guanti e la mascherina in caso di rischio infettivo.
4. Mettere il paziente nella posizione adatta.

5. Posizionare il termometro.
6. Aspettare il tempo necessario. I termometri elettronici e timpanici indicano che la lettura è finita con una spia luminosa o un suono. Leggere le istruzioni sulla confezione per il tempo necessario alla lettura dei termometri chimici o a nastro.

Avvertenza

Accertarsi di aver registrato la temperatura indicata dal termometro elettronico prima di sostituire la sonda. In molti modelli, sostituendo la sonda, si cancella la temperatura dallo schermo.

7. Rimuovere il termometro, leggere la temperatura.
8. Registrarla nella documentazione relativa ai parametri vitali. Se la temperatura è troppo alta, troppo bassa o incoerente con le condizioni generali del paziente, ripetere la procedura, misurandola nuovamente con un altro termometro.
9. Riordinare il materiale secondo il protocollo aziendale.

Dopo la procedura

- Confrontare i risultati ottenuti con i dati di base, l'intervallo fisiologico relativo all'età del paziente e i precedenti valori della temperatura del paziente. Condurre questa valutazione tenendo in considerazione l'ora del giorno e ogni altro fattore che abbia influenza, nonché gli altri parametri vitali.
- Seguire accuratamente l'evoluzione di un processo assistenziale rapportandosi all'infermiere se la temperatura è al di fuori di uno specifico intervallo. Questa valutazione include l'insegnare al paziente come abbassare la temperatura corporea elevata attraverso l'aumento dell'assunzione di liquidi, la respirazione profonda, l'applicazione di garze fresche o la sostituzione delle coperte, se troppo pesanti. Gli interventi in caso di ipotermia prevedono l'assunzione di liquidi caldi e l'utilizzo di coperte calde o elettriche.

Procedura 9.2 Rilevare il polso periferico

Accertamento

1. Il polso periferico può essere valutato come un indicatore sia della funzione cardiaca sia dell'integrità vascolare. Come indicatori della funzionalità cardiaca, i polsi periferici sono usati per:
   - Ottenere dei dati basali per una successiva valutazione.
   - Capire quando la frequenza del polso ha valori normali.
   - Determinare quando il ritmo del polso è regolare.
   - Monitorare e valutare le variazioni dello stato di salute del paziente.
   - Monitorare i pazienti a rischio di alterazioni del polso, ad esempio pazienti con turbe cardiache e quelli con **aritmie** (ritmi cardiaci irregolari), emorragie, dolore acuto, infusione di grandi volumi di liquidi, febbre.

   Come indicatori di integrità vascolare, i polsi periferici sono usati per:
   - Determinare se la forza del polso è normale.
   - Verificare l'uguaglianza di polsi periferici corrispondenti sui due lati del corpo.
   - Determinare l'adeguatezza del flusso di sangue in una zona particolare del corpo.
2. Per fornire dei dati completi sullo stato di salute dell'apparato cardiovascolare del paziente, determinare ulteriori segni clinici di alterazioni cardiovascolari, ad esempio dispnea (respirazione difficoltosa), fatica, pallore, cianosi (colorazione bluastra della cute e delle membrane mucose), palpitazioni, sincope (svenimento), alterazioni della perfusione periferica dei tessuti evidenziate da pallore e bassa temperatura cutanea.

Pianificazione assistenziale

La rilevazione del polso radiale o brachiale del paziente può essere attribuita all'OSS o ai suoi familiari, previa valutazione delle loro conoscenze e abilità e in relazione al grado di complessità assistenziale. L'interpretazione dei risultati ottenuti e la determinazione delle risposte assistenziali più idonee sono di competenza medica e/o infermieristica.

Materiale occorrente

Orologio con la lancetta dei secondi o cronometro

Interventi

Preparazione
Controllare il funzionamento dell'orologio.

Tecnica

1. Prima di effettuare la procedura, presentarsi e verificare l'identità del paziente secondo il protocollo della struttura. Spiegare al paziente che cosa si sta facendo, perché e come può collaborare. Illustrare come i risultati saranno usati nella pianificazione di ulteriori cure o trattamenti.
2. Provvedere alla riservatezza del paziente.
3. Lavarsi le mani ed osservare le procedure per il controllo delle infezioni.
4. Selezionare il sito del polso. Normalmente si rilevano i polsi radiali; fanno eccezione i casi in cui questi non possano essere scoperti o sia necessario il controllo della circolazione in un'altra parte del corpo.
5. Far assumere al paziente una posizione comoda di riposo. Quando si palpano i polsi radiali, con il palmo della mano posto inferiormente, il braccio del paziente deve poter rimanere lungo il corpo o l'avambraccio deve formare un angolo di 90° rispetto al torace. Per un paziente che può stare seduto, l'avambraccio deve rimanere poggiato sulla coscia, con il palmo della mano posto inferiormente o verso l'interno.
6. Palpare e contare i battiti del polso. Mettere la punta di due o tre dita leggermente e ad angolo retto sul punto di rilevazione del polso (Fig. 9.5).
   - Contare per 15 secondi e moltiplicare per 4. Registrare il polso come battiti per minuto nel foglio della grafica. Se si sta rilevando il polso di un paziente per la prima volta, per ottenere i dati basali o se il polso è irregolare, è necessario contare le pulsazioni per un intero minuto. Un polso irregolare richiede anche la rilevazione del polso apicale.

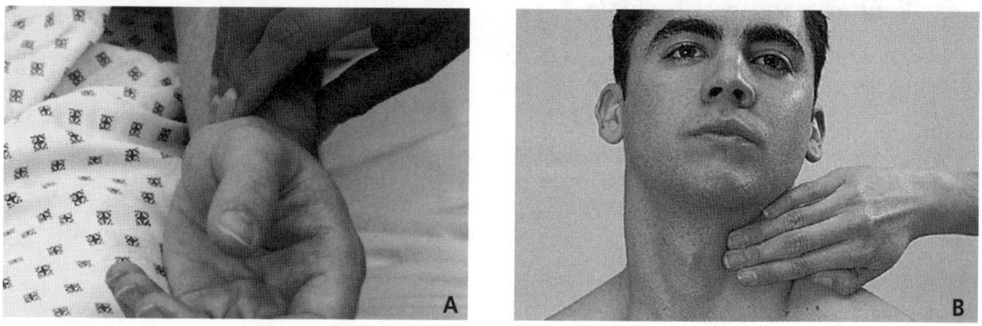

Figura 9.5 *Rilevazione del polso.* **A.** *Radiale,* **B.** *Carotideo.*

7. Stimare il ritmo ed il volume del polso.
   - Rilevare il ritmo del polso facendo attenzione al tipo di intervallo tra i battiti. Un polso normale ha periodi di tempo uguali tra i battiti. Se si tratta di una valutazione iniziale, rilevare il polso durante un intero minuto.
   - Stimare il volume del polso. Un polso normale si deve poter sentire con una pressione moderata e la pressione deve essere uguale ad ogni battito. Il polso è pieno quando ha un volume forte; è debole quando è esile e ridotto. Registrare il ritmo ed il volume nel foglio della grafica.
8. Documentare la frequenza, il ritmo e il volume del polso e le variazioni della frequenza cardiaca rispetto ai valori iniziali, colore e/o temperatura anormale della cute.

Dopo la procedura

- Confrontare la frequenza del polso del paziente con i dati basali o con i valori medi normali per la sua età.
- Correlare la frequenza e la forza del polso con gli altri parametri vitali e con le condizioni generali di salute.

Procedura 9.3 Rilevare la frequenza respiratoria

Accertamento

1. La valutazione della frequenza, del ritmo e delle caratteristiche del respiro è usata per:
   - Acquisire i dati iniziali con i quali comparare le misurazioni future.
   - Monitorare gli atti respiratori e le caratteristiche del respiro e identificare eventuali variazioni.
   - Controllare i pazienti a rischio di alterazioni respiratorie (per esempio, con febbre, dolore, ansia acuta, malattia polmonare cronica ostruttiva, infezioni respiratorie, edema polmonare o embolie, traumi o compressioni del torace, traumi cerebrali, ecc.).
2. Controllare e riferire all'infermiere eventuali alterazioni sullo stato generale di salute polmonare del paziente, esaminando il colore della pelle e delle mucose (per esempio, cianosi o pallore), le posizioni assunte per respirare (per esempio, posizione ortopnoica), i segni di anossia cerebrale (per esempio, irritabilità, insonnia, sonnolenza o perdita di coscienza), i movimenti del torace (per esempio, retrazioni tra le costole, sopra o sotto lo sterno), la resistenza all'attività fisica, il dolore toracico, la dispnea e l'assunzione di farmaci che alterano la frequenza respiratoria.

Pianificazione assistenziale

La rilevazione della frequenza respiratoria del paziente può essere eseguita dall'OSS, previa valutazione delle conoscenze e abilità e del grado di complessità assistenziale.

Materiale occorrente

Orologio con la lancetta dei secondi o cronometro

Interventi

Preparazione

Per una valutazione di routine della respirazione, esaminare la scheda delle attività del paziente e scegliere il momento più appropriato per rilevare la frequenza respiratoria. Dopo l'attività fisica, il paziente ha bisogno di riposare per alcuni minuti per consentire alla frequenza respiratoria accelerata di ritornare normale.

Tecnica

1. Prima di effettuare la procedura, presentarsi e verificare l'identità del paziente secondo il protocollo della struttura. Spiegare al paziente che cosa si sta facendo, perché e come può collaborare. Spiegare come i risultati saranno usati nella pianificazione di ulteriori cure o trattamenti.
2. Lavarsi le mani ed osservare le procedure per il controllo delle infezioni.
3. Provvedere alla riservatezza del paziente.
4. Osservare o palpare il torace e misurare la frequenza respiratoria.
   - Il paziente può volontariamente alterare le caratteristiche del respiro quando è consapevole che si sta rilevando la frequenza respiratoria. Questo può essere evitato mettendo una mano contro il torace del paziente per sentire i movimenti del torace con il respiro o mettendo il braccio del paziente sul torace per osservare i movimenti del torace mentre apparentemente si rileva il polso radiale.
   - Contare gli atti respiratori per 30 secondi se la respirazione è regolare. Contare gli atti respiratori per 60 secondi se è irregolare. Un atto respiratorio corrisponde a un'inspirazione e un'espirazione.
5. Osservare la profondità, il ritmo e le caratteristiche dell'atto respiratorio.
   - Osservare la profondità del respiro guardando il movimento del torace.
   - Osservare se il ritmo del respiro è regolare o irregolare.
   - Osservare le caratteristiche del respiro, il suono che produce e lo sforzo che richiede.
6. Documentare la frequenza, la profondità, il ritmo e le caratteristiche degli atti respiratori nel foglio della grafica del paziente.

Dopo la procedura

- Correlare la frequenza respiratoria con gli altri parametri vitali, in particolare con la frequenza del polso; correlare il ritmo e la profondità del respiro con i dati della linea di base e con lo stato di salute generale.
- Riferire all'infermiere ogni alterazione significativa della frequenza respiratoria e ogni variazione del respiro rispetto alle valutazioni precedenti. In particolare: ritmo respiratorio irregolare, profondità respiratoria inadeguata, caratteristiche anormali della respirazione, come ortopnea, asma, stridio o gorgoglio e dispnea riferita dal paziente.
- Condurre un appropriato controllo delle variazioni respiratorie, posizionare il paziente in modo da favorire la respirazione, richiedendo la collaborazione di altri membri dell'équipe sanitaria.

Procedura 9.4 Rilevare la pressione sanguigna

Accertamento

1. Le misurazioni dei valori della pressione sanguigna sono usate per:
   - Acquisire i dati iniziali con i quali comparare le misurazioni future.
   - Determinare lo stato emodinamico del paziente (per esempio, la gittata cardiaca e la resistenza dei vasi sanguigni).
   - Identificare e monitorare le variazioni nella pressione sanguigna dovute a patologie presenti e/o passate.

2. Alcune cuffie per la misurazione della pressione sanguigna contengono lattice. Verificare se il paziente è allergico al lattice e, in tal caso, utilizzare una cuffia priva di lattice.

Pianificazione assistenziale

La misurazione della pressione sanguigna del paziente può essere attribuita all'OSS o ai suoi familiari, previa valutazione delle loro conoscenze e abilità e del grado di complessità assistenziale. L'interpretazione dei risultati ottenuti e la determinazione delle risposte assistenziali più idonee sono di competenza medico-infermieristica.

Materiale occorrente

- Fonendoscopio
- Cuffia dello sfigmomanometro

  La cuffia per la pressione sanguigna consiste di una borsa di gomma che può essere gonfiata con l'aria, chiamata "camera" (Fig. 9.6). Essa è ricoperta da stoffa ed ha due tubi attaccati. Un tubo è connesso ad un bulbo di gomma che gonfia la camera: una piccola valvola posta a lato di questo bulbo cattura e rilascia l'aria nella camera. L'altro tubo è attaccato ad uno sfigmomanometro.

  Le cuffie per la pressione sanguigna sono di varie taglie (per neonati, per bambini, per adulti di stazza piccola, per adulti, per adulti di stazza grande, da coscia), in quanto la camera deve avere ampiezza e lunghezza giuste per il braccio del paziente. L'ampiezza deve essere almeno il 40% della circonferenza o il 20% più lunga del diametro dell'arto su cui viene usata la camera. Per determinare la giusta dimensione della camera, dovrebbe essere sempre utilizzata la circonferenza del braccio e non l'età del paziente. Stendere la cuffia in lunghezza al centro della parte superiore del braccio, tenendo il lato più esterno del bordo della camera sul lato del braccio. Con l'altra mano, avvolgere la cuffia secondo la larghezza intorno al braccio e assicurarsi che l'ampiezza corrisponda al 40% della circonferenza del braccio.

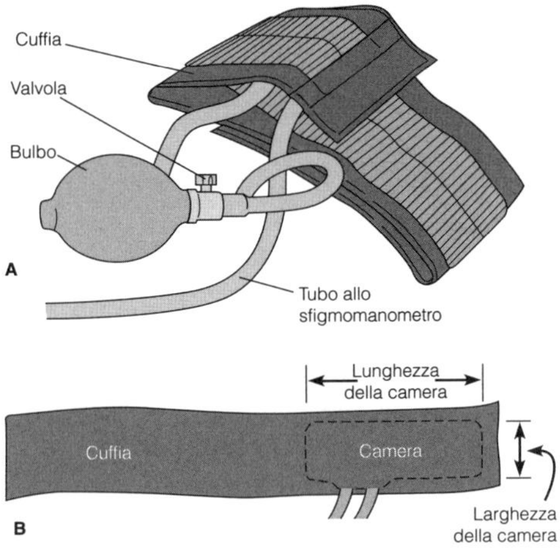

Figura 9.6 A. *Cuffia e bulbo per la misurazione della pressione sanguigna.* **B.** *Camera all'interno della cuffia.*

  La lunghezza della camera determina anche l'accuratezza della misurazione. La camera deve essere sufficientemente lunga da coprire come minimo i due terzi della sua circonferenza.

  Le cuffie per la misurazione della pressione sanguigna sono costituite da materiale non estensibile, per cui esercitano una pressione uniforme intorno all'arto. La maggior parte delle cuffie è mantenuta in sede mediante uncini, fermagli o Velcro. Altre hanno una fascia di rivestimento che è lunga abbastanza da avvolgere l'arto diverse volte; le cuffie di questo tipo si chiudono infilando l'estremità della fascia in una delle pieghe.
- Sfigmomanometro: indica la pressione dell'aria all'interno della camera. Lo sfigmomanometro aneroide è un quadrante calibrato con un ago che indica le calibrature.

  Il tempo necessario per eseguire la manovra di pompaggio per gonfiare la cuffia per la misurazione della pressione sanguigna può essere utilizzato dall'operatore per osservare il paziente nella sua globalità e per raccogliere tutti gli eventuali segni e sintomi correlabili con i parametri vitali.

- Alcune strutture sanitarie usano lo sfigmomanometro digitale (elettronico), che non richiede l'ascolto attraverso il fonendoscopio dei suoni della pressione sistolica e diastolica del paziente. I dispositivi elettronici per la rilevazione della pressione sanguigna devono essere calibrati periodicamente per controllarne il corretto funzionamento. Tutte le strutture sanitarie dovrebbero avere in dotazione un dispositivo manuale di riserva per la rilevazione della pressione sanguigna.

Interventi assistenziali

Preparazione

1. Controllare che tutto il materiale funzioni in modo corretto. Controllare la presenza di crepe nella tubatura dello sfigmomanometro.
2. Accertarsi che il paziente non abbia fumato o ingerito caffeina nei 30 minuti precedenti la misurazione.

Tecnica

1. Prima di effettuare la procedura, presentarsi e verificare l'identità del paziente secondo il protocollo della struttura. Spiegare al paziente che cosa si sta facendo, perché e come può collaborare. Illustrare come i risultati saranno usati nella pianificazione di ulteriori cure o trattamenti.
2. Provvedere alla riservatezza del paziente.
3. Lavarsi le mani ed osservare le procedure per il controllo delle infezioni.
4. Posizionare il paziente in modo appropriato.
   - Il paziente adulto deve stare seduto, se le sue condizioni lo consentono e se non ci sono diverse indicazioni. Entrambi i piedi devono essere poggiati completamente sul pavimento.
   - Il gomito deve essere leggermente flesso, con il palmo della mano in alto e l'avambraccio mantenuto a livello del cuore. Misurazioni effettuate in altre posizioni devono essere evidenziate. I valori della pressione sanguigna sono normalmente simili se rilevati in posizione seduta, in piedi o sdraiata, ma in alcune persone possono variare in modo significativo.
   - Scoprire l'arto superiore.
5. Avvolgere intorno al braccio la cuffia sgonfia uniformemente. Localizzare l'arteria brachiale. Applicare il centro della camera direttamente sull'arteria.
   - Nel paziente adulto, mettere il bordo inferiore della cuffia approssimativamente 2,5 cm sopra lo spazio antecubitale.
6. Eseguire una determinazione palpatoria preliminare della pressione sistolica se è la prima volta che si rilevano i valori della pressione sanguigna al paziente.
   - Palpare l'arteria brachiale o radiale con la punta di un dito.
   - Chiudere la valvola nel bulbo.
   - Gonfiare la cuffia fino a non sentire più il polso brachiale o radiale. A questa pressione, il sangue non può defluire attraverso l'arteria. Rilevare la pressione nello sfigmomanometro quando il polso non si sente più.
   - Rilasciare completamente la pressione nella cuffia ed aspettare da 1 a 2 minuti prima di fare le misurazioni successive.
7. Posizionare il fonendoscopio in modo adeguato.
   - Pulire gli auricolari con un fazzoletto antisettico.
   - Inserire gli auricolari del fonendoscopio nelle proprie orecchie in direzione dei canali uditivi o leggermente in avanti.
   - Assicurarsi che il fonendoscopio penda liberamente dalle orecchie al diaframma.
   - Mettere sul polso brachiale il lato a campana dell'amplificatore del fonendoscopio per migliorare l'auscultazione.

- Posizionare il fonendoscopio direttamente sulla pelle e non sugli abiti che ricoprono la zona.
- Tenere il diaframma tra il pollice e l'indice.

8. Auscultare la pressione sanguigna del paziente.
   - Gonfiare la cuffia dello sfigmomanometro fino a 30 mmHg al di sopra del punto in cui il polso brachiale scompare.
   - Rilasciare la valvola della cuffia lentamente affinché la pressione diminuisca di 2-3 mmHg al secondo.
   - Leggere i valori sullo sfigmomanometro nelle fasi di Korotkoff 1, 4 e 5 mentre diminuisce la pressione.
   - Sgonfiare la cuffia rapidamente e completamente.
   - Attendere da 1 a 2 minuti prima di fare successive misurazioni.
   - Ripetere la procedura per confermare l'accuratezza della misurazione – specialmente se questa presenta valori molto diversi dai parametri fisiologici o di base del paziente. Se tra le due misurazioni sussiste uno scarto superiore a 5 mmHg, si possono effettuare misurazioni aggiuntive e fare la media dei risultati (Pickering et al., 2005).
9. Ripetere la procedura sull'altro braccio se si sta misurando per la prima volta la pressione al paziente. Non si dovrebbe rilevare una differenza superiore a 10 mmHg tra le due braccia. Il braccio che presenta la pressione più alta deve essere usato per le misurazioni successive.

Variazione: misurare la pressione sanguigna con il metodo palpatorio

Se non è possibile usare il fonendoscopio per ottenere la pressione sanguigna o se non si riescono a sentire i suoni di Korotkoff, palpare il polso radiale o brachiale mentre si riduce la pressione della cuffia. La lettura del manometro nel punto in cui il polso ricompare rappresenta una stima della pressione sistolica.

Variazione: misurare la pressione sanguigna a livello della coscia

- Aiutare il paziente ad assumere una posizione prona. Se il paziente non la può assumere, misurare la pressione sanguigna mentre il paziente è in posizione supina con il ginocchio leggermente flesso. La flessione del ginocchio facilita il posizionamento del fonendoscopio nello spazio popliteo.
- Esporre la coscia facendo attenzione a non scoprire eccessivamente il paziente.
- Localizzare l'arteria poplitea.
- Avvolgere la cuffia uniformemente a circa metà coscia posizionando la camera di compressione sulla parte posteriore della coscia con il bordo inferiore sopra il ginocchio.
- Eseguire preliminarmente una valutazione palpatoria della pressione sistolica palpando l'arteria poplitea se si tratta del primo esame del paziente.
- La pressione sistolica nell'arteria poplitea degli adulti, di solito, ha un valore di 20-30 mmHg più elevato rispetto a quella dell'arteria brachiale, mentre la pressione diastolica è di solito la stessa.

Variazione: usare un'apparecchiatura elettronica per la misurazione indiretta della pressione sanguigna

- Applicare la cuffia della pressione sanguigna sull'arto secondo le istruzioni fornite dal produttore.
- Accendere l'interruttore dell'apparecchio.
- Programmare l'apparecchio per definire l'intervallo di tempo desiderato tra una misurazione e l'altra della pressione sanguigna.
- Trascrivere i valori digitali ottenuti quando l'apparecchiatura ha terminato la misurazione della pressione sanguigna.
- Le cuffie per la misurazione della pressione sanguigna elettroniche/ automatiche possono essere lasciate in sede per molte ore. Togliere la cuffia e controllare le condizioni della pelle periodicamente.

10. Rimuovere la cuffia dal braccio del paziente.
11. Pulire la cuffia con il disinfettante in uso. Molte strutture utilizzano cuffie per la misurazione della pressione monouso, che vengono adoperate nel periodo di ricovero di un paziente e poi gettate.
12. Riportare correttamente i dati ottenuti secondo le modalità previste dalla struttura. Registrare i valori delle due pressioni sul foglio di grafica: ad esempio "130/80", dove il valore "130" rappresenta la pressione sistolica (fase 1), mentre il valore "80" rappresenta la pressione diastolica (fase 5). Registrare i valori delle tre pressioni sul foglio di grafica: ad esempio "130/90/0", dove il valore "130" rappresenta la pressione sistolica, il valore "90" corrisponde alla pressione dei primi rumori diastolici (fase 4) e i suoni sono udibili anche dopo aver completamente sgonfiato la cuffia (Pickering et al., 2005). Usare le abbreviazioni BD e GD per il braccio destro e la gamba destra e BS e GS per il braccio sinistro e la gamba sinistra. Registrare l'eventuale differenza di più di 10 mmHg tra le due braccia o le due gambe.

Dopo la procedura

- Riferire all'infermiere ogni alterazione significativa della pressione sanguigna del paziente. In particolare, riferire questi dati:
  - Pressione sanguigna sistolica di un adulto maggiore di 140 mmHg.
  - Pressione sanguigna diastolica di un adulto maggiore di 90 mmHg.
  - Pressione sanguigna sistolica di un adulto inferiore a 100 mmHg.

Procedura 9.5 Rilevare la saturazione di ossigeno

Accertamento

1. Determinare la zona migliore per applicare il sensore di un ossimetro da polso valutando l'età del paziente e le sue condizioni fisiche. A meno di controindicazioni, per gli adulti di solito si sceglie il dito anulare della mano non dominante.
2. Valutare i parametri vitali, il colorito della cute e delle unghie e la perfusione dei tessuti alle estremità.
3. Valutare le condizioni generali del paziente, i fattori di rischio ed il livello di emoglobina per prevenire una ipossiemia (es.: malattie respiratorie o cardiache).
4. Valutare eventuali allergie all'adesivo del sensore.

Pianificazione assistenziale

Molte strutture sanitarie hanno ossimetri da polso pronti all'uso insieme ai dispositivi per la rilevazione di altri parametri vitali (o addirittura come parte integrante del dispositivo per la misurazione della pressione sanguigna elettronico).

L'applicazione del sensore e la rilevazione dei valori di SpO_2 possono essere attribuiti all'OSS, previa valutazione delle loro conoscenze e abilità, oltre al grado di complessità assistenziale. L'interpretazione dei risultati ottenuti e la determinazione delle risposte assistenziali più idonee sono di competenza medico-infermieristica.

Materiale occorrente

- Acetone o solvente per unghie
- Fazzoletti medicati
- Lenzuolo o asciugamano

- Ossimetro da polso
  Gli ossimetri da polso sono disponibili con vari tipi di sensori. L'*unità ossimetro* consiste di un collegamento a spina per il cavo del sensore, un modulo che indica (a) la misurazione di saturazione di ossigeno (espressa in percentuale) e (b) la frequenza del polso. Sono anche disponibili unità senza fili (Fig. 9.7). Un sistema di preselezione di allarme segnala le misurazioni di SpO_2 alte o basse e aumenti o diminuzioni della frequenza cardiaca. I livelli alti o bassi della SpO_2 negli adulti sono generalmente preselezionati, rispettivamente, al 100% e all'85%. Negli adulti i valori di frequenza cardiaca sono di solito preselezionati a 140 e 50 battiti per minuto. Questi livelli di allarme possono, comunque, essere cambiati seguendo le indicazioni del produttore.

Figura 9.7 *Sensore di un ossimetro da dito (senza fili).*

Interventi

Preparazione

Controllare che l'ossimetro funzioni in modo corretto.

Tecnica

1. Prima di effettuare la procedura, presentarsi e verificare l'identità del paziente secondo il protocollo della struttura. Spiegare al paziente che cosa si sta facendo, perché e come può collaborare. Illustrare come i risultati saranno usati nella pianificazione di ulteriori cure o trattamenti.
2. Lavarsi le mani ed osservare le procedure per il controllo delle infezioni.
3. Provvedere alla riservatezza del paziente.
4. Scegliere un sensore adatto al peso e alla stazza del paziente e per la localizzazione desiderata. Dato che i limiti di peso dei sensori si sovrappongono, un sensore pediatrico può essere usato per un adulto di stazza piccola.
   - Se il paziente è allergico all'adesivo, usare una clip o un sensore senza adesivo. Se si usa un arto, valutare il polso prossimale ed il ricambio capillare nei punti più vicini al sito di rilevazione.
   - Se il paziente ha una bassa perfusione tissutale dovuta a malattia vascolare periferica o a terapia con farmaci vasocostrittori, usare un sensore nasale o un sensore di riflettanza sulla fronte. Evitare di utilizzare gli arti inferiori quando la circolazione è compromessa e gli arti sono usati per terapie infusionali o per altre misurazioni invasive.
5. Preparare il sito di misurazione.
   - Pulire il sito con un fazzoletto bagnato con disinfettante alcolico prima di applicare il sensore.
   - Rimuovere lo smalto per le unghie.
6. Applicare il sensore e connetterlo all'ossimetro da polso.
   - Accertarsi che il LED e il fotorilevatore siano accuratamente allineati (per esempio, l'uno di fronte all'altro sul dito della mano, sul dito del piede, sul naso o sul lobo dell'orecchio). Molti sensori hanno segnali per facilitare l'allineamento corretto del LED e del fotorilevatore.
   - Attaccare il cavo del sensore alla spina di collegamento nell'ossimetro. Accendere la macchina secondo le indicazioni del produttore. Un collegamento corretto sarà confermato da un segnale acustico (bip) che indica ogni pulsazione arteriosa. Alcune apparecchiature hanno una manopola che può girare in senso orario per aumentare il volume ed antiorario per diminuirlo.

- Assicurarsi che la luce o l'onda sullo schermo dell'ossimetro fluttui ad ogni pulsazione.

7. Selezionare ed accendere l'allarme nel caso si stia usando un monitoraggio continuo.
   - Controllare i valori alti e bassi preselezionati dell'allarme per la saturazione di ossigeno e la frequenza cardiaca. Cambiare i limiti di allarme seguendo le indicazioni del produttore. Assicurarsi che l'audio e gli allarmi visivi siano accesi prima di allontanarsi dal paziente. Ascoltare almeno un tono e leggere il numero che lampeggia sullo schermo dello strumento.
8. Garantire la sicurezza del paziente.
   - Ispezionare e/o sollevare o cambiare l'ubicazione del sensore adesivo situato sul dito del piede o della mano ogni 4 ore e, in caso di sensore elastico, ogni 2 ore.
   - Ispezionare il sito di applicazione del sensore per valutare l'irritazione dovuta agli adesivi.
9. Assicurarsi della corretta misurazione.
   - Minimizzare i valori artefatti da movimento usando un sensore adesivo o immobilizzando il sito di misurazione del paziente.
   - Coprire, se indicato, il sensore con un lenzuolo o un asciugamano per diminuire la luminosità dovuta a fonti esterne (per esempio, luce del sole, lampade scialitiche o lampade ad ultravioletti nei nidi).
   - Confrontare periodicamente la frequenza del polso indicata dall'ossimetro con il polso radiale.
10. Trascrivere i valori della saturazione di ossigeno nel foglio di grafica del paziente agli intervalli di tempo indicati.

Dopo la procedura

- Correlare il valore della saturazione di ossigeno attuale con quello precedente, con gli altri parametri vitali, con i dati della linea di base e con lo stato di salute generale del paziente.
- Condurre un appropriato controllo, informando l'infermiere in caso di alterazioni significative dei valori, regolare l'ossigenoterapia e provvedere alle misure per favorire la respirazione.

Capitolo 10
Brevi cenni di farmacologia

La farmacologia è quella branca della medicina che studia il meccanismo di funzionamento di un farmaco e la risposta dell'organismo durante e dopo l'assunzione del medicinale. Essa valuta i rischi/benefici apportati confrontando gli effetti positivi, che apportano beneficio, con quelli negativi, che producono tossicità all'organismo.

10.1 Come nasce il farmaco

Affinché un farmaco possa essere messo in commercio deve attraversare una serie di fasi obbligatorie ed essere sottoposto ad un ampio percorso di studi.

In genere è l'industria farmaceutica che decide di produrre il medicinale, ad affrontare le ricerche e gli studi sulle proprietà farmacologiche, sui rischi e i benefici prodotti dal nuovo farmaco.

Le fasi di studio durano circa dieci anni e prevedono la sperimentazione pre-clinica con gli studi in "vitro" su organismi cellulari e gli studi in "vivo" condotti sugli animali; la sperimentazione clinica, con gli studi di fase 1, fase 2 e fase 3, eseguita sull'uomo.[1] Gli studi condotti permettono di individuare il dosaggio del farmaco in cui i benefici prodotti sono maggiori dei rischi.

10.2 Farmacocinetica e farmacodinamica

La **farmacocinetica** studia i meccanismi di funzionamento di un farmaco e viene individuata con l'acronimo ADME (Assorbimento Distribuzione Metabolismo Escrezione).

Nella fase di **assorbimento** si valuta il modo in cui il farmaco entra all'interno dell'organismo (per via orale, per via endovenosa, ecc.), nella **distribuzione** il modo in cui viene trasportato nell'organismo, nel **metabolismo** il modo in cui viene scomposto e utilizzato, infine, nell'**escrezione** si valutano la via e la modalità di eliminazione.

La **farmacodinamica** studia gli effetti prodotti dal farmaco sull'organismo. Il farmaco, infatti, può agire modificando le condizioni createsi all'interno dell'organismo o interagendo con esso.

Tali studi determinano oltre che il rapporto rischi/benefici anche la sicurezza e la tollerabilità del farmaco.

---

1 http://www.agenziafarmaco.gov.it/content/come-nasce-un-farmaco

10.3 Il farmaco o medicinale

Il termine **"farmaco"** deriva dal greco "*pharmakon*" che significa rimedio, veleno.

L'AIFA, l'Agenzia Italiana del Farmaco, fornisce la definizione di farmaco o medicinale come "*una sostanza o un'associazione di sostanze impiegata per curare o prevenire le malattie*".

Il farmaco può essere di origine naturale o sintetica ed è in grado di produrre degli effetti sugli organismi viventi.

Esso è composto dal **principio attivo,** una sostanza da cui dipende l'azione attiva e curativa. Esso in genere interagisce con l'organismo a livello molecolare e causa una modificazione della funzione fisiologica.

Gli **eccipienti,** invece, sono sostanze inattive che hanno la funzione di proteggere il principio attivo per evitare danneggiamenti, di consentire la preparazione delle varie forme farmaceutiche, di rendere gradevole il sapore dei medicinali.

Ogni farmaco viene classificato in base ad un sistema ATC (Anatomical Therapeutic Chemical) individuato dal Nordic Council on Medicine di Uppsala in Svezia, raccomandato dall'OMS e attualmente utilizzato anche nel nostro Paese.

Tale sistema di classificazione permette di individuare un farmaco attraverso una sequenza alfa-numerica in cui i principi attivi sono suddivisi in 14 gruppi **A**natomici principali contrassegnati con alcune lettere dell'alfabeto, due sottogruppi **T**erapeutici (Terapeutico principale e farmacologico) e due ulteriori sottogruppi **C**himici. Tale sistema trova la sua utilità per identificare i farmaci e suddividerli in "classi".

I farmaci inoltre possono essere ulteriormente suddivisi in:

- **farmaci da banco (OTC)**: sono farmaci che non prevedono l'obbligo di prescrizione medica per essere acquistati.
- **Farmaci equivalenti**: medicinali per cui è scaduto il brevetto.
- **Preparazioni galeniche**: farmaci preparati dal farmacista dietro prescrizione medica.

10.4 Forma farmaceutica

Le forme che può assumere un farmaco sono molteplici. Tra le più comuni vanno ricordate:

- **compresse**: sono costituite da polvere compressa che assume la forma di piccoli dischi. Possono essere rivestite, masticabili, effervescenti, orosolubili, a rilascio modificato, gastroresistenti.
- **Capsule**: costituite da polvere o sostanza gelatinosa situata all'interno di un involucro rigido o gelatinoso. Vanno assunte intere per far sì che il principio attivo giunga direttamente alla sede dove deve avvenire il rilascio.
- **Polveri**: alcuni farmaci costituiti in polvere vengono resi attivi quando miscelati ad una soluzione. Esempio tipico è quello degli antibiotici che vengono preparati in due contenitori separati: uno per la polvere e uno per il solvente.
- **Granulati**: sono aggregati di polveri che assumono una forma granulosa.
- **Sciroppi**: hanno una forma liquida con componenti di zuccheri.
- **Elisir**: hanno una forma liquida con una componente alcolica.
- **Sospensioni**: si presentano in polveri alle quali deve essere aggiunta l'acqua.

- **Emulsioni**: si presentano liquide alle quali va aggiunta l'acqua.
- **Creme**: di consistenza molle, utilizzate come medicamenti della cute.
- **Unguenti**: sono simili alle creme, con aggiunta di sostanze grasse.
- **Cerotti**: sono adesivi e il medicamento, contenuto in esso, viene rilasciato gradualmente.
- **Nebulizzanti**: sono allo stato liquido e vengono inseriti in particolari apparecchi "aerosol" per poter essere nebulizzati.
- **Iniettabili**: soluzioni che vengono disciolte in acqua per preparazione iniettabile per poter essere poi somministrate.
- **Endovenose**: soluzioni acquose e sterili isotoniche.
- **Colliri/pomate oftalmiche**: acquose/unguenti grassi utilizzati per apportare beneficio e per la cura degli occhi.
- **Supposte**: preparazioni solide di consistenza gelatinosa con forma a cono o a torpèdo da applicare per via rettale.
- **Ovuli**: applicazioni per via vaginale.

10.5 Le vie di somministrazione

Le vie di somministrazione del farmaco dipendono dalla forma farmaceutica. Esse si suddividono in:

- via enterale
  - orale
  - sub-linguale
  - rettale
- parenterale
  - endovenosa
  - sottocutanea
  - intramuscolare
- inalatoria
  - polmonare
  - nasale
- percutanea
  - transdermica
- topica
  - membrane
  - mucose

Somministrazione di farmaci per via enterale

La via orale è quella più comunemente usata per la somministrazione dei farmaci in quanto ha una maggiore compliance da parte del paziente, è economica e sicura. Tale via ha anche alcuni svantaggi, ad esempio gli effetti collaterali come nausea e vomito a causa di irritazioni gastriche; non può essere usata in pazienti poco collaboranti o con difficoltà di deglutizione e i farmaci somministrati per questa via hanno un lento assorbimento.
La via rettale è da preferire quando il paziente presenta nausea o vomito, difficoltà di deglutizione o è poco collaborante; gli svantaggi in tale via trovano risposta nello stato di riempimento dell'ampolla rettale.

Somministrazione di farmaci per via parenterale

Il farmaco viene introdotto direttamente nel circolo ematico tramite infusione per **via endovenosa**: **è adatta** nel caso in cui si debba somministrare il farmaco in condizioni di urgenza/emergenza, nel ripristino e bilancio di liquidi ed elettroliti, per fornire nutrienti, eseguire trasfusioni di sangue o emoderivati. Gli svantaggi si possono ricondurre a infezioni del tratto di inserzione del catetere venoso, incompatibilità di farmaci, allergie. La somministrazione per via parenterale comprende anche l'iniezione intramuscolare o sottocutanea: essa prevede un più veloce e maggiore assorbimento rispetto alla via enterale, e gli inconvenienti possono essere ricondotti al dolore nel punto di iniezione, ascesso, iniezione accidentale verso i nervi, errore di somministrazione con diluizione di farmaci e dosaggio errato, errore del punto di iniezione.

Somministrazione di farmaci per via inalatoria

Attraverso tale via vengono somministrati farmaci anestetici, ossigeno e aerosol. Il vantaggio è dato dalla non invasività mentre lo svantaggio è quello di possibili effetti sistemici.

Somministrazione di farmaci per via percutanea

Il farmaco viene rilasciato nel derma attraverso il posizionamento di un cerotto contenente un certo quantitativo di farmaco applicato sulla cute. Esso ha una buona compliance da parte del paziente, gli svantaggi si riconducono a possibili allergie, limitato numero di farmaci somministrabili attraverso questa via, lunga durata di somministrazione.

Somministrazione di farmaci per via topica

Tale via permette la somministrazione di creme, unguenti, lozioni, colliri, dando il vantaggio di concentrare il farmaco direttamente sul tessuto che lo richiede. Anche in questo caso gli svantaggi possono essere quelli di effetti sistemici.

10.6 Reazioni avverse, effetti collaterali, effetti indesiderati

La funzione principale del farmaco è quello di produrre l'effetto terapeutico. Tutti gli altri effetti che esso produce sono definiti **effetti indesiderati o effetti collaterali**, cioè effetti non intenzionali, non nocivi che insorgono dopo l'assunzione del farmaco alle dosi normalmente impiegate e prescritte. Alcuni effetti indesiderati prodotti dai farmaci sono: la sonnolenza, la nausea, e sono indicati nel foglietto illustrativo.

La **reazione avversa** avviene quando si producono effetti spiacevoli e potenzialmente dannosi, non intenzionali, conseguenti all'assunzione del farmaco alle dosi normalmente impiegate e prescritte. La reazione avversa può essere prevista e riportata nel foglietto illustrativo, ma può anche essere inattesa e non conosciuta. In caso di reazione avversa al farmaco è bene sempre effettuare una segnalazione al servizio di farmacovigilanza, al fine di:

- conoscere le possibili reazioni avverse ai farmaci
- divulgare le informazioni
- migliorare la pratica terapeutica
- fornire sicurezza ed avere un rapporto rischio/beneficio favorevole alla popolazione

Una possibile reazione avversa al farmaco è l'allergia: una risposta dell'organismo che si manifesta con reazioni cutanee e/o respiratorie che talvolta possono essere gravi e/o fatali.

La somministrazione del farmaco è una procedura di responsabilità infermieristica e pertanto non delegabile alle figure di supporto. L'OSS può collaborare con l'infermiere per garantire la corretta assunzione del farmaco.

Procedura 10.1 Collaborazione dell'OSS con l'infermiere per Assicurare una corretta assunzione di Ossigenoterapia

Accertamento

L'infermiere determina la compliance del paziente e rileva la presenza o assenza di problemi respiratori attraverso la raccolta dati iniziale (ponendo le domande direttamente al paziente e osservando la respirazione. In caso di paziente non collaborante o con difficile risposta anamnestica si rivolge ai familiari); per la valutazione l'infermiere esegue l'esame obiettivo e verifica gli atti respiratori, presenza o assenza di patologie respiratorie (BPCO, asma, ecc.) presenza o assenza di dispnea, tipo di respiro, colorito cutaneo, eventuale cianosi periferica, presenza di tosse, dolore, stili di vita del paziente (fumatore, obesità, lavoro), affaticamento del paziente, prescrizione della terapia.

L'OSS può collaborare con l'infermiere nel rilevare i dati avvalendosi di strumentazione idonea (saturimetro).

Pianificazione assistenziale

L'OSS assicura che la camera di degenza sia dotata di tutto il materiale necessario alla somministrazione di ossigeno.
L'infermiere deve accertarsi che il medico prescriva la quantità di ossigeno da somministrare al paziente e il tipo di presidio che deve essere utilizzato (maschera Venturi, maschera reservoir, occhialini, maschera semplice, NIV). L'infermiere imposta il flusso di ossigeno e il presidio, l'OSS può collaborare affinché il paziente assuma correttamente il farmaco.

Materiale occorrente

- Presa per l'ossigeno
- Flussometro e contenitore gorgogliatore
- Acqua distillata sterile
- Maschera od occhialini
- Saturimetro
- Orologio da polso

Interventi

Tecnica

Infermiere/OSS

1. Prima di effettuare la procedura, presentarsi e verificare l'identità del paziente secondo il protocollo della struttura. Spiegare al paziente cosa si sta facendo, perché e come può collaborare.
2. Provvedere alla riservatezza del paziente.
3. Lavarsi le mani e indossare i guanti monouso.
   - Garantire sempre il controllo delle infezioni.
4. Far assumere al paziente una posizione comoda

- le posizioni consigliate sono la posizione di Fowler, semifowler, seduta;
- permette una maggiore espansione polmonare, migliorando la respirazione.

5. Rilevare la SpO_2 e la frequenza respiratoria
   - assicura la reale necessità del paziente di ricevere l'ossigeno.
6. Collegare il flussometro alla presa a muro dell'ossigeno.
7. Riempire il contenitore con acqua distillata sterile, non superando il quantitativo massimo.
8. Collegare il contenitore con il flussometro
   - consente di umidificare le vie aeree ed evitare secchezza alle mucose.

Infermiere

9. Verifica la prescrizione medica, posiziona il presidio per erogare l'ossigeno e imposta il flusso di erogazione, appone la propria firma nel foglio unico di terapia.

Infermiere/OSS

10. Assicurarsi che il paziente mantenga correttamente il presidio.
11. Rimuovere i guanti e procedere al lavaggio delle mani.

Infermiere

12. Registra sul diario e documenta la procedura.

Dopo la procedura

- Il paziente ha un miglioramento dell'ossigenazione dei tessuti e della respirazione.

Procedura 10.2 Collaborazione dell'OSS con l'infermiere per Assicurare una corretta assunzione di farmaci per Aerosol

Accertamento

L'infermiere determina la compliance del paziente e verifica la prescrizione medica.
L'OSS può collaborare con l'infermiere nella preparazione del materiale e nel far assumere correttamente il farmaco al paziente.

Pianificazione assistenziale

L'OSS assicura che la camera di degenza sia dotata di tutto il materiale necessario alla somministrazione di aerosol terapia.
L'infermiere verificata la terapia prescritta dal medico, prepara i farmaci da somministrare tramite aerosol.
L'OSS può collaborare affinché il paziente assuma correttamente il farmaco.

Materiale occorrente

- Presa per l'ossigeno con flussometro (usato in ambito ospedaliero)
- Presa ad aria compressa con flussometro (usato in ambito ospedaliero)
- Acqua distillata sterile
- Maschera monouso (o personalizzata) per aerosol
- Apparecchio nebulizzatore ad ultrasuoni o ad aria compressa (usato prevalentemente al domicilio)

Interventi

Tecnica

Infermiere/OSS

1. Prima di effettuare la procedura, presentarsi e verificare l'identità del paziente secondo il protocollo della struttura. Spiegare al paziente cosa si sta facendo, perché e come può collaborare.
2. Provvedere alla riservatezza del paziente.
3. Lavarsi le mani e indossare i guanti monouso.
   - Garantire sempre il controllo delle infezioni.

OSS

4. Preparazione del materiale.
   - Collegare il flussometro alla presa dell'ossigeno o dell'aria compressa a muro, con gorgogliatore e mascherina aerosol, secondo quanto indicato dall'infermiere (in ambito ospedaliero).
   - Preparare l'apparecchio ad aria compressa o ultrasuoni, secondo quanto indicato dall'infermiere, con mascherina aerosol idonea (di solito al domicilio).
   - Il tipo di apparecchio dipende dal farmaco che viene utilizzato. Alcuni apparecchi ad ultrasuoni non sono in grado di nebulizzare farmaci oleosi.
   - Unire il flussometro e il contenitore dell'acqua e attaccarlo alla presa dell'ossigeno o dell'aria compressa, secondo quanto indicato dall'infermiere.
5. Far assumere al paziente una posizione comoda
   - le posizioni consigliate sono la posizione di Fowler, semifowler, seduta;
   - permette una maggiore espansione polmonare, migliorando la respirazione

Infermiere

6. Prepara i farmaci da nebulizzare, secondo prescrizione medica, all'interno dell'ampolla della maschera per aerosol, assicurandosi che il paziente non abbia allergie, già segnalate, al tipo di farmaco prescritto.

Infermiere/OSS

7. Collegare il tubicino della maschera aerosol al gorgogliatore del flussometro dell'ossigeno o al flussometro ad aria compressa (ambito ospedaliero) o all'apparecchio aerosol (domicilio).
8. Assicurarsi che il paziente abbia le narici libere o invitarlo a soffiarsi il naso.
9. Far indossare la mascherina al paziente o aiutarlo ad indossarla, mantenendola in posizione eretta per evitare che il farmaco fuoriesca dall'ampolla.
10. Impostare il flussometro ad alti flussi per permettere una eccellente nebulizzazione del farmaco e assicurarsi che dalla mascherina fuoriesca il farmaco sotto forma di nebulizzazione.
11. Consigliare al paziente di inspirare con la bocca ed espirare con il naso.
    - Consente una più ampia penetrazione del farmaco garantendo più efficacia.
12. Terminata l'erogazione (in assenza del fumo nebulizzato) rimuovere la maschera e spegnere l'apparecchio.
13. Aiutare il paziente a pulire il cavo orale e asciugare il viso.
    - La presenza del farmaco nel cavo orale potrebbe causare micosi.
14. Aiutare il paziente ad assumere una posizione comoda.

OSS

15. Rimuovere l'apparecchio, pulire e riordinare il materiale. Se il kit è monouso gettarlo nei rifiuti idonei; se invece è personalizzato può essere utilizzato fino al termine della terapia pre-

scritta, in tal caso al termine di ogni erogazione deve essere lavato e disinfettato o sterilizzato (solo se indicato dalla casa produttrice).
- In caso di pazienti ad alto rischio è bene utilizzare kit monouso e sostituirli ogni 24/48 ore.
- Terminato il ciclo di terapia deve essere sterilizzato (solo se indicato dalla casa produttrice) o eliminato nei rifiuti idonei.

Infermiere /OSS
16. Rimuovere i guanti e lavare le mani.

Infermiere:
17. Siglare la terapia somministrata nel foglio unico di terapia.

Dopo la procedura

Il paziente riferisce beneficio.

Procedura 10.3 Collaborazione dell'OSS con l'infermiere nella Tracheoaspirazione

Accertamento

L'infermiere determina la compliance del paziente e accerta la reale necessità di eseguire la procedura e la attua nel caso in cui il paziente non sia in grado di rimuovere in autonomia secrezioni, materiale ematico, vomito, corpi estranei dalle vie aeree che possano essere tali da compromettere la funzionalità respiratoria. Tale procedura può essere attuata anche in caso di emergenza o di urgenza.
L'OSS può collaborare con l'infermiere nella preparazione del materiale e nella rilevazione costante dei parametri vitali.

Pianificazione assistenziale

L'OSS assicura e prepara la camera di degenza della dotazione di tutto il materiale necessario alla procedura di tracheoaspirazione.
L'infermiere, verificata la reale necessità, esegue la procedura.

Materiale occorrente

- Aspiratore portatile o centralizzato
- Sonda di aspirazione di calibro idoneo
- Soluzione fisiologica per lavaggio della sonda e circuito di aspirazione
- Telino monouso
- Guanti monouso
- Saturimetro

Interventi

Tecnica

Infermiere/OSS

1. Prima di effettuare la procedura, presentarsi e verificare l'identità del paziente secondo il protocollo della struttura. Spiegare al paziente cosa si sta facendo, perché e come può collaborare.
2. Provvedere alla riservatezza del paziente.
3. Lavarsi le mani e indossare i guanti monouso.
   - Garantire sempre il controllo delle infezioni.

L'infermiere esegue tutte le manovre di aspirazione.

L'Oss collabora con l'infermiere per:

- garantire la privacy del paziente
- far assumere una posizione corretta al paziente
- assicurare tutto il materiale a disposizione
- rilevare il colorito cutaneo (cianosi periferica), i Pv (Fc, SpO_2) secondo quando indicato e richiesto dall'infermiere
- riordinare il materiale utilizzato.

Infermiere

- Documenta nel diario infermieristico la procedura eseguita.

Dopo la procedura

- Il paziente riferisce beneficio.

Capitolo 11
L'assistenza perioperatoria

11.1 Concetti introduttivi

La chirurgia è quel ramo della medicina che affronta la terapia di **traumi**, **malattie** o **deformità** attraverso metodi operativi invasivi. L'intervento, anche quando è pianificato in anticipo, produce reazioni psicologiche (ansia, paura) e fisiologiche (neuroendocrine) da stress. Nessun paziente risponde alla stessa maniera di un altro: persino il medesimo paziente può reagire diversamente a situazioni chirurgiche differenti o allo stesso intervento chirurgico eseguito in un momento successivo. Ciò vale anche per gli interventi minori, cioè a basso rischio per la vita: ansia e paura sono sempre presenti.

Nel processo chirurgico – o perioperatorio – si distinguono un **periodo preoperatorio** (prima dell'intervento), un **periodo intraoperatorio** (durante l'intervento) e un **periodo postoperatorio** (dopo l'intervento), ciascuno dei quali richiede un vasto complesso di conoscenze infermieristiche specifiche. L'assistenza infermieristica ha lo scopo di fornire il massimo livello di professionalità nel trattamento del paziente prima, durante e dopo l'intervento. Le prestazioni devono essere modulate al fine di assecondare sia le necessità psicosociali del paziente sia quelle fisiche emergenti.

Il paziente, dal canto suo, affronta l'intervento rapportandolo alle proprie convinzioni: egli ripone nell'atto chirurgico le sue personali aspettative, specialmente per quanto riguarda il recupero postoperatorio.

Gli **operatori sociosanitari** sono chiamati a ricoprire un ruolo attivo nell'intero processo perioperatorio per assicurare qualità e continuità nell'assistenza al paziente. L'OSS collabora attivamente alla procedura operatoria, curando la pulizia della sala operatoria e assicurando l'asepsi chirurgica.

Il benessere psicologico del paziente chirurgico può avere notevole influenza sul recupero postoperatorio. Il paziente è a rischio di sviluppare stati d'ansia, in rapporto all'intervento e al suo esito, che possono minare la sua capacità di collaborare al piano terapeutico propostogli. Fornendogli aiuto e informazioni, si può efficacemente limitare l'aumento parossistico dello stress. I timori più comuni riguardo ad un intervento chirurgico sono la paura dell'ignoto e la paura di sentire dolore e disagio.

SUGGERIMENTI PROFESSIONALI

Domande per l'accertamento dello stato di benessere psichico e socioculturale

- Per quale motivo si sottopone a questo intervento chirurgico?
- Quando è cominciato il problema?
- Quali crede siano le cause di questo problema?
- Le ha causato problemi nei rapporti interpersonali?
- Questo problema le ha impedito di lavorare?
- È capace di badare a se stesso?
- Sta provando disagio o dolore?
- Quali sono le sue aspettative riguardo a questo intervento?
- Ci sono aspetti poco chiari in merito all'intervento?
- Ha delle preoccupazioni?
- C'è qualcuno disponibile ad assisterla quando tornerà a casa?

11.2 Preparazione di un paziente ad un intervento chirurgico

Nel periodo preoperatorio l'obiettivo è quello di assicurare che il paziente sia psicologicamente e fisicamente preparato all'intervento chirurgico. La pianificazione deve coinvolgere il paziente, i *caregiver* e gli operatori di supporto.

Gli interventi di pianificazione e di istruzione dell'assistenza preoperatoria di solito sono effettuati in regime ambulatoriale o di day hospital.

La valutazione preoperatoria comprende la raccolta e il riesame dei dati fisici, psicologici e sociali del paziente per determinarne i bisogni reali e potenziali durante le tre fasi perioperatorie. L'operatore sanitario raccoglie i dati prima dell'intervento chirurgico intervistando il paziente.

La tabella 11.1 riassume le informazioni preoperatorie essenziali che dovrebbero essere raccolte durante l'anamnesi infermieristica e medica.

Tabella 11.1 Informazioni preoperatorie da includere nella valutazione del paziente

Condizioni di salute attuali	Le informazioni essenziali comprendono le condizioni di salute generali e l'eventuale presenza di malattie croniche, come il diabete o l'asma, che potrebbero influenzare la risposta del paziente all'intervento chirurgico o all'anestesia Annotare eventuali limitazioni fisiche che potrebbero influire sulla mobilità del paziente o sulla sua capacità di comunicare dopo l'intervento, così come eventuali protesi, apparecchi acustici o lenti a contatto
Allergie	Presenza di eventuali allergie a farmaci, ad alimenti, a cerotti, lattice, saponi o agenti antisettici. Alcune allergie alimentari potrebbero indicare una potenziale reazione a farmaci o sostanze chimiche utilizzate durante l'intervento o le procedure diagnostiche
Farmaci	Elencare tutti i farmaci attualmente assunti. Potrebbe essere vitale mantenere un certo livello ematico di alcuni farmaci (ad esempio anticonvulsivi) durante tutto l'intervento chirurgico; altri, come anticoagulanti o aspirina, aumentano i rischi associati all'intervento e all'anestesia e devono essere interrotti diversi giorni prima dell'intervento È importante includere nell'elenco eventuali rimedi erboristici assunti attualmente dal paziente
Interventi chirurgici precedenti	Esperienze chirurgiche precedenti potrebbero influenzare le risposte fisiche e psicologiche del paziente all'intervento o potrebbero rivelare risposte inattese all'anestesia
Stato mentale	Lo stato mentale del paziente e la sua capacità di comprendere e rispondere appropriatamente possono influenzare l'intera esperienza chirurgica Annotare eventuali inabilità di sviluppo, malattie mentali, anamnesi di demenza o eccessiva ansia associata alla procedura
Comprensione della procedura chirurgica e dell'anestesia	Il paziente deve mostrare una buona comprensione della procedura programmata e di quello che deve aspettarsi durante e dopo l'intervento, come anche dei risultati attesi
Fumo	I fumatori potrebbero avere più difficoltà a eliminare le secrezioni respiratorie dopo l'intervento, con un aumento del rischio di complicazioni postoperatorie quali polmonite, atelettasia e guarigione ritardata delle ferite
Alcool e altre sostanze psicoattive	Il consumo di sostanze che hanno effetti su sistema nervoso centrale, fegato o altri sistemi corporei può influenzare la risposta del paziente all'anestesia e all'intervento nonché il recupero postoperatorio

(*segue*)

Tabella 11.1 Informazioni preoperatorie da includere nella valutazione del paziente

Combattività	I pazienti con una sana considerazione di sé che in passato hanno attuato con successo i giusti meccanismi di combattività sono più capaci di far fronte ai fattori di stress associati all'intervento
Risorse sociali	Determinare la disponibilità dei *caregiver*, così come la rete di supporto sociale del paziente Tali risorse sono importanti per la ripresa del paziente, particolarmente se si opera in regime di day hospital o di ricovero breve
Considerazioni culturali e spirituali	La cultura e la spiritualità influenzano la risposta del paziente all'intervento; il rispetto delle credenze e delle pratiche culturali e spirituali può ridurre l'ansia preoperatoria e favorire la ripresa del paziente

11.2.1 L'educazione preoperatoria

Il paziente che deve essere sottoposto a intervento chirurgico può non conoscere esattamente tutto ciò che riguarda le procedure preoperatorie, i protocolli e le aspettative postoperatorie.

I potenziali effetti benefici degli insegnamenti preoperatori includono riduzione dell'ansia, recupero più rapido, minor incidenza di complicanze e minor durata dell'ospedalizzazione. La riduzione dell'ansia ha come effetto secondario una minor richiesta di farmaci per il dolore da parte del paziente.

L'insegnamento deve prevedere:

- questionari e discussioni in merito alle procedure chirurgiche;
- verifica della piena comprensione, da parte del paziente, degli scopi dell'intervento;
- accertamento di un'eventuale necessità o volontà del paziente di ricevere maggiori informazioni;
- informazioni fornite nella maniera più idonea.

Gli incontri diretti con il paziente sono il metodo di approccio più immediato, ma conviene sempre provare a coinvolgere la famiglia o il *caregiver*. Il livello di apprendimento migliora se si utilizzano più sistemi di insegnamento piuttosto che uno solo. All'uopo sono di grande utilità sussidi come filmati, schede, visite agli ambienti ospedalieri, modelli anatomici, fotografie e materiali audiovisivi. Le informazioni devono essere semplici e fornite utilizzando termini comprensibili; in forma scritta sono particolarmente preziose, potendo essere utilizzate anche in momenti successivi.

I pazienti spesso sono interessati a qualsiasi tipo di informazione che possa loro descrivere in anticipo quali saranno le esperienze sensoriali (visive, uditive, olfattive, tattili, termiche) e psicologiche alle quali andranno incontro, per esempio il senso di rilassamento causato dalla premedicazione anestesiologica, il rumore degli strumenti o dei macchinari all'interno della sala operatoria, la pressione esercitata dal manicotto per la misurazione della pressione arteriosa, il senso di calore o di freddo dovuto alle soluzioni antisettiche per la cute, la luminosità della sala operatoria. Episodi o aneddoti riguardanti situazioni realmente accadute o inventate, in merito a esperienze sensoriali, aiutano il paziente a rendersi conto di ciò che gli potrebbe accadere.

L'insegnamento preoperatorio dovrebbe iniziare il più presto possibile, non appena è stato fissato l'intervento. Sono utili anche le informazioni fornite telefonicamente o tramite lettera durante il periodo che precede l'operazione. In prossimità dell'intervento può essere fornito un breve riepilogo con informazioni aggiuntive, in relazione alle necessità del paziente che deve sempre avere l'opportunità di formulare domande.

Le informazioni devono essere sempre graduate in base al livello culturale e allo stato d'ansia. Un livello di ansia lieve o moderato fa crescere il grado di attenzione di un soggetto e lo stimola ad apprendere. I pazienti *lievemente ansiosi* devono avere informazioni il più possibile complete. I pazienti *mediamente ansiosi* devono ricevere minori informazioni, ma maggiore attenzione verso le specifiche argomentazioni. Ai pazienti *molto ansiosi* è preferibile fornire solo informazioni di base, ma al tempo stesso stimolandoli al dialogo. I pazienti *in stato di panico*, infine, sono incapaci di apprendere: è preferibile non fornire loro alcuna informazione, dandone avviso all'infermiere.

11.2.2 Il consenso preoperatorio

Prima di qualsiasi procedura chirurgica, deve essere richiesto il **consenso informato** al paziente o al suo tutore. Il consenso informato prevede che il paziente sia stato informato e coinvolto nelle decisioni riguardanti la sua salute.

L'informazione deve riguardare:

- la natura e il motivo dell'intervento chirurgico;
- tutte le opzioni disponibili e i rischi associati a ognuna di esse;
- i rischi della procedura chirurgica e i suoi potenziali esiti;
- il nome e la qualifica del chirurgo che effettuerà la procedura;
- il diritto di negare il consenso o di revocarlo in seguito.

Il chirurgo documenta la conversazione sul consenso informato con il paziente (o il suo tutore) nelle annotazioni preoperatorie. Il **modulo per il consenso** è fornito dalla struttura sanitaria: esso è importante perché tutela il paziente da procedure scorrette (o indesiderate) e il chirurgo e la struttura sanitaria da cause legali per procedure effettuate nei confronti di un paziente non informato. Il modulo del consenso informato viene inserito nella cartella clinica del paziente.

Sebbene la responsabilità legale di ottenere il consenso informato del paziente sia del chirurgo, un infermiere è di solito presente al colloquio come testimone della firma del modulo da parte del paziente.

Il consenso informato può essere richiesto solo se il paziente è in grado di comprendere le informazioni, ovvero quando parla la stessa lingua in cui gli vengono fornite le informazioni ed è cosciente, in grado di intendere e di volere, e non sedato.

Stati ansiosi o depressivi

I motivi delle ansie o degli stati depressivi possono essere vari: mancata accettazione della propria immagine corporea, repentini cambiamenti nelle abitudini di vita, problemi economici correlati alla malattia o la consapevolezza che questa comporti una prognosi sfavorevole.

Molti pazienti necessitano di una preparazione all'intervento anche di tipo psicologico, così come di grande aiuto può essere, nel dialogo con il paziente, mostrarsi disponibili a recepire i suoi dubbi, a fornirgli le spiegazioni richieste, rassicurandolo che verrà supportato nella miglior maniera possibile.

All'approssimarsi della dimissione bisogna assicurarsi che il paziente conosca perfettamente tutto quello che lo aspetta o che dovrà fare durante la convalescenza in ambito domiciliare. Per regola si dovrebbe avviare questo processo informativo fin dall'inizio del ricovero, in modo da ottenere un più pronto recupero postoperatorio, una minore incidenza di complicanze e un grado più soddisfacente di autonomia da parte del malato.

Il consenso informato non può essere firmato da un minorenne, ma da un legale rappresentante. Tuttavia il paziente deve essere informato dal medico, in relazione alle proprie capacità di apprendere l'informazione.

11.2.3 La preparazione fisica

Si deve prestare la massima attenzione nell'identificazione del paziente, sia chiamandolo sia leggendone il nome sulla targhetta, verificando inoltre il tipo di intervento. La procedura viene completata con la conferma da parte del paziente, l'approvazione del chirurgo e l'acquisizione del modulo di consenso informato debitamente firmato.

Un'attenzione particolare deve essere prestata nell'individuare tra destra e sinistra la parte da operare. Una volta identificata, la parte va accuratamente detersa con sapone antisettico (ad esempio, il povidone iodato) per ridurre il numero di microrganismi sulla cute. Di norma non va eseguita la rasatura: se, tuttavia, è necessario "rasare", si provvede in sala operatoria subito prima dell'intervento chirurgico.

In **chirurgia addominale**, **perianale o pelvica**, per ridurre il numero di batteri nel tratto gastrointestinale, viene generalmente prescritto un clistere. I clisteri aiutano a prevenire la contaminazione della zona peritoneale da parte del contenuto fecale che può fuoriuscire durante l'intervento. La diminuzione del volume del colon, conseguente alla perdita di massa fecale, può aiutare a prevenire danni e a migliorare la visibilità del campo operatorio. I clisteri sono effettuati abitualmente la sera prima dell'intervento. Se il clistere deve essere eseguito a casa, bisogna fornire al paziente istruzioni dettagliate. Molti tipi di intervento richiedono una preparazione speciale. Il protocollo specifico per ogni tipo di intervento deve essere disponibile presso il servizio infermieristico o fornito dal medico.

È opportuno verificare i **parametri vitali** del paziente, come la pressione arteriosa, la temperatura corporea, la frequenza cardiaca e respiratoria. Modifiche dei parametri vitali possono essere normali come risultato dell'ansia; tuttavia, se esistono differenze importanti rispetto ai parametri di base, occorre informare il chirurgo.

Il paziente deve essere aiutato a indossare il camice operatorio, una cuffia e, se prescritto, le calze elastiche per la prevenzione delle embolie, facendo attenzione a utilizzare la misura corretta.

Il regolamento ospedaliero di solito richiede la rimozione di tutti i gioielli, pearcing inclusi. Anche le forcine per capelli, eventuali parrucche e protesi devono essere tolte. L'operatore sanitario risponde della registrazione e della conservazione degli oggetti personali rimossi. Se il regolamento lo richiede, va rimosso lo smalto per le unghie (almeno su un dito e se di colore scuro), in modo che si possa rilevare la saturazione di ossigeno tramite il pulsossimetro. Anche il trucco va tolto, in modo che il colorito della cute possa essere controllato.

Bisogna verificare che il paziente sia a digiuno per il periodo di tempo prescritto dal chirurgo. Il **digiuno preoperatorio** riduce la probabilità di aspirazione. Se l'intervento viene effettuato nel pomeriggio, il paziente può assumere modiche quantità di liquidi (acqua, tè) a colazione, se prescritto dal chirurgo. È necessario istruire attentamente il paziente, in quanto l'intervento può dover essere rinviato se egli mangia o beve.

Devono essere rimosse le **protesi dentali mobili** per prevenirne la perdita, il danneggiamento o la possibile dislocazione, con conseguente pericolo di ostruzione delle vie aeree durante l'intervento.

È necessario assicurarsi, inoltre, che il paziente abbia la **vescica vuota** prima di andare in sala operatoria.

Si deve individuare qualsiasi **deficit sensoriale** del paziente e comunicare questa informazione agli altri membri dell'équipe. Gli occhiali e le lenti a contatto, così come gli apparecchi acustici, vengono solitamente rimossi per prevenirne la perdita o il danneggiamento; tuttavia, se il regolamento lo permette, è preferibile lasciarli indosso al paziente in modo che egli possa vedere e sentire meglio fino all'intervento chirurgico, ma l'infermiere responsabile dovrà comunicare la presenza di questi ausili ai membri dell'équipe chirurgica.

Quando l'équipe chirurgica è pronta il paziente viene trasportato sulla barella, con i piedi in avanti e le sponde alzate, per garantirne la sicurezza e diminuire la possibilità di vertigini e nausea.

Le informazioni raccolte durante la preparazione preoperatoria vengono documentate nella cartella, di solito mediante un'apposita **scheda preoperatoria**, da compilare prima che il paziente lasci l'unità di degenza o al momento dell'accettazione nell'ambulatorio di chirurgia.

11.3 La prevenzione delle infezioni (asepsi)

Prevenire le infezioni è responsabilità dell'intera équipe chirurgica. L'ambiente circostante il paziente sottoposto a intervento presenta contaminazione batterica da parte di germi sia patogeni (che generano malattie) sia non patogeni. Nel momento in cui l'integrità della cute, che costituisce la prima barriera contro le infezioni, viene interrotta, come accade durante un intervento chirurgico, cresce il rischio di invasione batterica. I germi presenti nella polvere o nelle secrezioni nasali o tracheali vengono facilmente trasportati dall'aria.

L'**asepsi** è per definizione l'assenza di microrganismi patogeni. Le tecniche di asepsi sono un insieme di protocolli utilizzati per il controllo e/o la prevenzione del trasferimento di germi patogeni dalla fonte interna (*contaminazione endogena*) o esterna al paziente (*contaminazione esogena*). Servono a mantenere l'integrità del campo sterile, per esempio, il lavaggio delle mani e delle braccia dei membri dell'équipe, che indossano guanti e camici sterili, i telini sterili utilizzati per delimitare il campo, la sterilizzazione di tutti i materiali presenti nel campo sterile. Devono essere eseguite con rigore – e ciò comporta una verifica e un controllo continuo di se stessi e degli altri operatori – e si applicano anche ad altre manovre infermieristiche, come per esempio il cambio delle medicazioni, l'inserimento di un catetere Foley o la preparazione per un parto. La loro attuazione richiede lo sviluppo della **coscienza della sterilità**, un individuale senso di onestà e d'integrità morale che consiste nell'adesione ai principi dell'asepsi.

Allo scopo di prevenire le infezioni, la sala operatoria deve essere controllata dal punto di vista ambientale. Appartengono a questo tipo di controllo le misure restrittive nei confronti del personale e l'isolamento nei confronti delle altre aree della struttura sanitaria. Come supporto al controllo ambientale vengono in aiuto il sistema di condizionamento e filtraggio dell'aria e la pressione positiva che è presente in sala. Le aree pulite e quelle contaminate devono essere tenute separate anche all'interno di uno stesso ambiente. Il materiale e lo strumentario necessari per ciascun paziente fanno parte della dotazione di una sala operatoria e non devono essere spostati in altre aree.

Siccome la cute non può essere sterilizzata, i membri dell'équipe che operano nel campo sterile indossano guanti come barriera tra la zona sterile e la cute. Ciò nondimeno, un passaggio di microrganismi nel campo sterile è sempre possibile a causa di rotture accidentali o lesioni dei guanti; quindi gli operatori devono prendere tutte le precauzioni possibili per abbassare il livello di microrganismi presenti su mani e braccia.

11.4 L'assistenza postoperatoria

Il periodo postoperatorio inizia al termine dell'intervento chirurgico e continua non solo fino alla dimissione dall'ospedale o dalla struttura di ricovero, ma fino a che non terminano tutte le cure direttamente correlate all'intervento.

Dopo l'uscita dalla sala operatoria il paziente è trasferito nella sala di risveglio; in particolare ciò avviene sempre per i pazienti sottoposti ad **anestesia generale**, **spinale** o **regionale**. Occasionalmente sono trasferiti in sala di risveglio anche i pazienti sottoposti ad **anestesia locale**, che non hanno ricevuto alcun tipo di anestesia o che sono stati solo sedati; essi vengono trattenuti in questa sala limitatamente al tempo necessario a controllare che le loro condizioni generali siano stabili.

La sala di risveglio è generalmente vicina alla sala operatoria; si tratta di una stanza ampia con una serie di postazioni distribuite lungo il perimetro. Ogni postazione è fornita di un sistema di distribuzione dell'ossigeno, di aspirazione e di vari altri strumenti per il monitoraggio dei parametri cardiaci e respiratori, nonché dell'apparecchiatura per misurare la pressione arteriosa.

Il malato deve essere dotato di un **pulsossimetro**; inoltre deve essere eseguita un'auscultazione toracica. Il colorito e lo stato della cute devono essere esaminati nell'ambito della valutazione respiratoria. Sulle labbra va ricercata la presenza di pallore periorale. La presenza di cianosi periferica può indicare piuttosto uno stato di ipotermia anziché un'insufficienza respiratoria. Per questo, anche in accordo con il noto protocollo siglato ABC (*Airways*, *Breathing*, *Circulation*), la funzione respiratoria viene valutata per prima.

La **ventilazione polmonare** e gli **scambi gassosi** possono risultare deficitari in molti pazienti a causa di alterazioni della coscienza o residui di curarizzazione: il russare, gli stridori, i movimenti incongrui della parete toracica, le retrazioni sternali e il rilievo di cianosi o di apnee sono tutti sintomi d'insufficienza respiratoria, di certo la complicanza più pericolosa, in quanto dalla comparsa fino allo scompenso e al conseguente decesso possono trascorrere solo pochi minuti se non ci si rende conto degli eventi e non si corre subito ai ripari.

In presenza di alcuni dei suddetti sintomi, bisogna mettere in conto la possibilità che si verifichi un arresto respiratorio ed essere preparati in tal caso a eseguire le manovre di rianimazione cardiorespiratoria.

SUGGERIMENTI PROFESSIONALI

Assistenza postoperatoria

Al momento dell'ingresso in sala di risveglio l'anestesista mette al corrente verbalmente il personale infermieristico e di supporto riguardo alle procedure chirurgiche e anestesiologiche eseguite. Vanno rilevati e registrati i seguenti dati relativi all'immediato postoperatorio:

- Orario d'arrivo in sala di risveglio
- Pervietà e stato di sicurezza delle vie aeree
- Parametri respiratori
- Presenza o meno di dispositivi artificiali a localizzazione:
  - orale
  - rinofaringea
  - endotracheale
- Misurazione della saturazione d'ossigeno
- Bisogno di ossigeno supplementare:
  - via di somministrazione
  - flusso da somministrare
- Valutazione dei rumori respiratori
- Colorito della cute, del letto ungueale e delle labbra
- Presenza di disturbi del ritmo cardiaco
- Registrazione di altri parametri vitali:
  - pressione arteriosa, polso
- Caratteristiche della cute (umida o secca, calda o fredda) e registrazione della temperatura corporea
- Punteggio di Aldrete iniziale
- Caratteristiche delle infusioni endovenose:
  - tipo di soluzione in corso
  - quantità rimanente nella bottiglia o nella sacca
  - velocità di infusione
  - corretto posizionamento dell'ago o di altro dispositivo di infusione
- Medicazioni:
  - quantità e qualità del materiale che ne fuoriesce
- Drenaggi:
  - integrità e funzionamento
  - connessione al sistema di drenaggio e/o aspirazione
  - quantità e qualità del materiale che fuoriesce dai drenaggi
- Livello di coscienza
- Livello di attività motoria
- Altri accorgimenti inerenti alla procedura chirurgica
- Dolore

Vanno collegati tutti i **sistemi di drenaggio** ai rispettivi tubi e il loro esito quantitativo viene registrato in cartella, come da richiesta del medico. Inoltre, deve essere monitorato il flusso urinario, in modo da segnalare al chirurgo un'eventuale contrazione della diuresi (< 50 ml/ora o valori altrimenti indicati).

Dal momento che il paziente è stato ricoverato in sala di risveglio, si devono controllare le consegne impartite dal chirurgo e dall'anestesista e dare inizio alle terapie prescritte.

La **cartella infermieristica** è dotata di una sezione speciale per il decorso in sala di risveglio e ogni avvenimento anomalo o degno di segnalazione deve essere scrupolosamente registrato. Se, per esempio, i parametri vitali risultano nella norma, è sufficiente rilevarli ogni 15 minuti, ma se sono instabili, si impone una verifica ogni 5 minuti o più spesso, fino a che non si normalizzano. Ovviamente, se i parametri vitali tendono all'instabilità per lungo tempo, bisogna avvisare il chirurgo e l'anestesista.

Un controllo della ferita chirurgica va eseguito ogni 30 minuti, ma se un iniziale sanguinamento non accenna a bloccarsi va avvisato il chirurgo. Questi controlli scadenzati dovranno essere eseguiti fino alla dimissione dalla sala.

11.4.1 L'assistenza nel periodo postoperatorio avanzato

Prima dell'arrivo del paziente nel reparto, bisogna già aver preparato l'ambiente: la biancheria deve essere stata cambiata, le lenzuola devono essere ripiegate ai piedi del letto e la stanza pulita e ordinata. Se occorrono speciali apparecchiature, come da indicazione dell'infermiere della sala di risveglio, devono essere predisposte. Devono essere inoltre disponibili una bacinella e dei teli per l'eventuale vomito.

Il paziente che arriva in reparto va assistito durante tutte le fasi di trasferimento a letto. L'assistenza comprende, in generale, i seguenti elementi:

- registrazione dell'ora di arrivo;
- trasferimento dalla barella al letto, sistemando il letto nella posizione più bassa, bloccato, con le sponde laterali alzate e posizionando il paziente in modo confortevole o comunque secondo prescrizione;
- registrazione dei parametri vitali, sorveglianza delle vie aeree e dei rumori respiratori;
- valutazione del colorito della cute, del letto ungueale e delle labbra;
- valutazione dell'aspetto della cute (umida o secca, fredda o calda);
- valutazione e sorveglianza dello stato di coscienza;
- valutazione e sorveglianza dell'attività motoria;
- sorveglianza dei drenaggi, verificandone l'integrità e il funzionamento, la connessione al sistema di drenaggio e/o aspirazione e controllando la quantità e la qualità del materiale che fuoriesce;
- controllo della diuresi;
- gestione del dolore;
- confronto dell'accertamento attuale con quello della sala di risveglio;
- posizionamento del campanello di chiamata a portata di mano del paziente.

Un breve accertamento, che include la rilevazione dei parametri vitali, deve essere eseguito ogni 15 minuti per almeno un'ora; ogni 30 minuti per le successive due; ogni ora per le seguenti quattro, o diversamente secondo prescrizione medica. Durante questa fase è possibile che si verifichino complicanze legate all'anestesia, mentre con il passare delle ore può comparire qualche complicanza inerente all'intervento; il personale infermieristico è responsabile della loro prevenzione e controllo.

11.5 Le attività dell'OSS

L'OSS collabora nell'educazione preoperatoria.

L'OSS collabora all'insegnamento degli esercizi di respirazione che permettono al paziente di espellere le secrezioni e prevenire le infezioni polmonari. Collabora inoltre all'insegnamento dei movimenti e della deambulazione postoperatoria, alla **preparazione fisica** e al **trasporto del paziente al reparto operatorio** e alla **preparazione della stanza per il periodo postoperatorio**.

Capitolo 12
L'assistenza nella gestione del dolore

12.1 Il dolore

Il dolore è uno dei meccanismi di difesa che l'organismo utilizza per indicare la presenza di un problema. Si tratta, com'è noto, di una sensazione estremamente sgradevole, che non può essere condivisa con altre persone perché difficile da comunicare e che nessun medico o infermiere, nemmeno il più capace ed esperto, può sentire o vedere. La prima definizione ufficiale di dolore risale al 1986 quando la IASP (Internatiol Association for the Study of Pain) definì il dolore come: "*Una sgradevole esperienza sensoriale ed emotiva associata a danno tissutale, in atto o potenziale, o comunque descritta come tale, in termini di danno*". Nessuno sperimenta il dolore allo stesso modo di un altro. Il dolore è sempre una esperienza soggettiva. Le differenze nella percezione individuale e nella reazione al dolore, non contando le numerose cause da cui il dolore può scaturire, possono condizionare tutte le attività e cambiare la vita di una persona.

Il paziente che riferisce dolore lo descrive individuando le seguenti caratteristiche: la localizzazione, l'intensità, la qualità, la durata, la modalità d'insorgenza. La rilevazione del dolore, non essendo un parametro quantificabile e osservabile con apparecchiature strumentali, è di difficile interpretazione. Le caratteristiche sopra elencate possono variare da paziente a paziente, in quanto il dolore viene percepito diversamente negli individui.

Quando il dolore è persistente il paziente può manifestare ansia, paura, depressione; terapie farmacologiche mirate o metodi di rilassamento muscolare come per esempio le tecniche di respirazione, possono modificare le caratteristiche del dolore e alleviare la sofferenza.

Il **15 marzo 2010** il Parlamento italiano ha approvato la **legge n. 38**, dal titolo "Disposizioni per garantire l'accesso alle cure palliative e alla terapia del dolore", pubblicata nella Gazzetta Ufficiale n. 65 del 19 marzo 2010. Tale legge garantisce al malato un'adeguata assistenza al fine di diminuire il dolore e la sofferenza attraverso cure adeguate, umanizzazione e personalizzazione dell'assistenza.

Tale legge inoltre rende obbligatorio la rilevazione del dolore, divenendo così il 5° parametro vitale. La registrazione e la rilevazione deve essere fatta da tutti gli operatori i quali hanno l'obbligo di riportare le caratteristiche, l'evoluzione nel corso del ricovero, lo strumento utilizzato per la valutazione, le tecniche antalgiche, i farmaci utilizzati con il dosaggio e il risultato ottenuto.

Si può descrivere il dolore sotto diversi aspetti. Si parla di **dolore acuto**. Dolore di forte intensità e durata limitata, che ha generalmente un rapporto causale e temporale con il danno tissutale. Il **dolore cronico**, invece, è di solito prolungato, ricorrente o persistente per sei mesi o più e interferisce con la vita di relazione. La condizione patologica che provoca il dolore è nota ma non aggredibile. La sua persistenza provoca depressione e ansia.

Sotto il profilo eziologico si distingue il dolore fisiologico da quello neuropatico.

Il **dolore fisiologico** si presenta quando un sistema nervoso integro e perfettamente funzionante invia segnali di danni tissutali, richiedendo attenzione e cure appropriate. Per esempio, il dolore percepito come conseguenza di un taglio o di una frattura ossea fa sì che il soggetto eviti ulteriori danni fino a quando non è completamente guarito. Con la guarigione scompare anche il dolore; si tratta, dunque, di un dolore transitorio. Ciò nondimeno esistono forme persistenti di dolore fisiologico. Per esempio, un soggetto che ha perso la cartilagine protettiva a livello di qualche articolazione sente dolore ogni volta che sollecita quelle articolazioni, perché l'attrito tra le ossa danneggia i tessuti.

Il dolore fisiologico comprende due sottocategorie:

- il **dolore somatico**, che ha origine nella cute, nei muscoli, nelle ossa o nei tessuti connettivi (comuni esempi sono la sensazione penetrante di un taglio da carta o il dolore associato alla slogatura di una caviglia);
- il **dolore viscerale**, che deriva dall'attivazione di recettori presenti negli organi e/o nei visceri cavi. Si tratta di un dolore scarsamente localizzato che può presentarsi in forma di crampi, pulsazioni, pressione o sofferenza; spesso è associato a sensazioni di malessere (ad esempio, sudorazione, nausea o vomito), come i dolori del parto, dell'*angina pectoris* o dell'intestino irritabile.

Il **dolore neuropatico** si presenta nei soggetti che hanno nervi danneggiati o malfunzionanti. I nervi possono essere alterati a causa di malattie (ad esempio, nevralgia post-erpetica, neuropatia periferica diabetica), lesioni (ad esempio, dolore dell'arto fantasma, dolore associato a lesioni del midollo spinale) o ragioni non determinate (Williams, 2006).

SUGGERIMENTI PROFESSIONALI

Concetti di base associati al dolore

Vi sono alcuni concetti che gli operatori sanitari dovrebbero conoscere per meglio comprendere e trattare il dolore.

- **Dolore acuto**: dolore che è direttamente correlato a una lesione tissutale e si risolve quando il tessuto si rimargina.
- **Dolore oncologico**: dolore associato alla malattia, al trattamento o a qualche altro fattore negli individui affetti da neoplasie.
- **Dolore cronico**: dolore che persiste oltre i tempi ragionevoli di guarigione ed è associato a disturbi cronici o disfunzioni nervose.
- **Dolore non trattabile**: stato doloroso (generalmente severo) per il quale non esiste una cura dopo che la valutazione medica è stata effettuata e i trattamenti sono stati somministrati. Lo scopo del trattamento passa dalla cura alla riduzione del dolore, al potenziamento della funzionalità e al miglioramento della qualità di vita.
- **Dolore neuropatico**: dolore che è correlato a tessuto nervoso danneggiato o malfunzionante nel sistema nervoso centrale e/o periferico.
- **Dolore nocicettivo**: dolore che è direttamente correlato al danno tissutale. Può essere somatico (ad esempio: danno cutaneo, muscolare, osseo) o viscerale (ad esempio, danni agli organi).
- **Soglia del dolore**: la minima quantità di stimoli che è necessaria perché una persona percepisca una sensazione come dolore.
- **Tolleranza al dolore**: il massimo dolore che un individuo è disposto o è capace di sopportare prima di intraprendere azioni di tipo evasivo. Gli stati seguenti indicano una funzionalità nervosa anomala; la causa associata deve essere identificata e trattata il prima possibile, ossia prima che si verifichi un danno irreversibile.

- **Allodinia**: sensazione dolorosa derivante da uno stimolo che normalmente non produce dolore (ad esempio, tocco lieve).
- **Disestesia**: sensazione anormale spiacevole che può essere spontanea o evocata.
- **Iperalgesia**: sensazione dolorosa più accentuata in risposta ad uno stimolo normalmente doloroso.
- **Sensibilizzazione**: aumentata sensibilità di un recettore dopo l'attivazione ripetuta da parte di stimoli nocivi.
- **Carica**: progressivo aumento dell'eccitabilità e della sensibilità dei neuroni del midollo spinale, che determina un dolore più intenso e persistente.

Sono sottocategorie del dolore neuropatico:

- il **dolore neuropatico periferico**, che deriva da un danno e/o una sensibilizzazione di nervi periferici (ad esempio, dolore fantasma, nevralgia post-erpetica, sindrome del tunnel carpale);
- il **dolore neuropatico centrale**, che deriva dal malfunzionamento dei nervi nel sistema nervoso centrale (SNC) (ad esempio, dolore associato a lesioni del midollo spinale, dolore della sclerosi multipla);
- il **dolore sostenuto dal simpatico**, che si presenta occasionalmente quando connessioni anomale tra fibre dolorifiche e sistema nervoso simpatico perpetuano problemi relativi sia al dolore che a funzioni controllate dal simpatico (ad esempio, edema, regolazione della temperatura e del flusso sanguigno).

Il dolore neuropatico è tendenzialmente difficile da trattare, è tipicamente cronico e viene descritto come bruciore, "scosse elettriche" e/o formicolio, dolore sordo e continuo. Possono presentarsi anche episodi di dolore pungente, in forma di fitte lancinanti. Comuni sindromi dolorose sono brevemente descritte nella tabella 12.1.

Tabella 12.1 Le sindromi dolorose più comuni

Nevralgia post-erpetica	Un caso di *herpes zoster* (fuoco di Sant'Antonio) tipicamente si presenta a distanza di decenni da un'infezione primaria (varicella), durante un periodo di stress o di compromissione della funzione immunitaria. Dopo la scomparsa della dolorosa eruzione vescicolare unilaterale, un dolore bruciante o simile a scosse elettriche può persistere nell'area per mesi o anni. L'età avanzata è un fattore di rischio per la nervralgia post-erpetica persistente
Dolore fantasma	Sensazioni fantasma, ovvero la percezione della presenza di una parte del corpo che non c'è più, si verificano nella maggior parte delle persone che hanno subito amputazioni. Per molti, tale sensazione è dolorosa e può insorgere spontaneamente o essere evocata (ad esempio, da una protesi non perfettamente aderente) Quando l'amputazione riguarda un arto, si parla di *dolore dell'arto fantasma*. A seguito di interventi chirurgici al seno si parla di *dolore post-mastectomia*. Se l'arto era dolorante o storpio prima dell'amputazione, in genere la sensazione che si avverte dopo l'amputazione è la stessa (a meno che il fastidio non sia completamente eliminato prima dell'amputazione)
Nevralgia del trigemino	Si tratta di un dolore intenso simile a quello causato dalle pugnalate, distribuito da uno o più rami del nervo trigemino (quinto nervo cranico) e di solito avvertito su parte della faccia e della testa. È così intenso che determina spasmi dei muscoli facciali
Cefalea	Si stima che il 40% della popolazione mondiale soffra almeno una volta all'anno di una grave cefalea inabilitante. Tale condizione dolorosa comune può essere causata da problemi intracranici o extracranici e da condizioni serie o benigne. Per stabilire un piano di prevenzione o di trattamento della cefalea, è indispensabile valutare qualità, localizzazione, insorgenza, durata e frequenza del dolore, nonché tutti i segni e i sintomi che precedono la cefalea

Lombalgia	Circa l'80% delle persone è colpito da lombalgia almeno una volta nella vita. Il disturbo colpisce ugualmente uomini e donne e causa oltre 100 milioni di giornate di lavoro perse ogni anno. Sebbene il 50% delle persone colpite da lombalgia si ristabilisca quasi completamente nell'arco di 2 settimane, l'altro 50% sviluppa mal di schiena ricorrente e/o cronico, che nel 5% dei casi diventa grave, persistente e debilitante
Fibromialgia	Molte persone soffrono di una condizione nota come *fibromialgia*, un disturbo cronico caratterizzato da dolore muscolo-scheletrico diffuso, affaticamento e numerosi punti dolenti L'espressione "punti dolenti" fa riferimento alla sensibilità che si presenta in aree precise e localizzate, in particolare a livello di collo, colonna vertebrale, spalle e anche I soggetti colpiti da questa sindrome possono soffrire di disturbi del sonno, indolenzimento mattutino, sindrome dell'intestino irritabile e ansia

12.2 La gestione del dolore

La gestione del dolore può essere influenzata da equivoci ed errori; alcuni di questi, come i problemi di conoscenza, riguardano il personale assistenziale e/o il paziente. Gli ammalati rispondono alle esperienze dolorose basandosi sulla loro cultura, sulle esperienze personali, sul significato che il dolore ha per loro. Per molte persone, il dolore è atteso e accettato come un normale aspetto della malattia.

I pazienti e le famiglie possono non avere conoscenza degli effetti negativi del dolore e possono disporre di informazioni sbagliate sull'uso degli **analgesici**. I pazienti potrebbero non riferire il dolore perché si aspettano che non si possa fare nulla o pensano che non sia abbastanza grave o ancora temono di distrarre o dare fastidio all'operatore sanitario.

Un'ulteriore difficoltà a gestire efficacemente il dolore deriva dal timore di sviluppare dipendenza, specialmente quando è prescritto l'uso di **oppioidi** a lungo termine. Questa preoccupazione investe spesso sia il personale sanitario sia i pazienti, perciò è importante che tutti i soggetti conoscano la differenza tra dipendenza psicologica, dipendenza fisica e assuefazione (Tab. 12.2).

Tabella 12.2 Dipendenza e assuefazione

L'*American Academy of Pain Medicine*, l'*American Pain Society* e l'*American Society of Addiction Medicine* riconoscono le seguenti definizioni e ne raccomandano l'uso.

Dipendenza psicologica	È una malattia neurobiologica cronica primaria con fattori genetici, psicosociali e ambientali che ne influenzano lo sviluppo e le manifestazioni. È caratterizzata da comportamenti che includono uno o più dei seguenti: scarso controllo sull'uso di droghe, uso compulsivo, bramosia e uso continuativo nonostante i rischi
Dipendenza fisica	È uno stato di adattamento che si manifesta attraverso la sindrome da astinenza specifica per una classe di farmaci, che può essere causata da cessazione improvvisa, drastica riduzione delle dosi, riduzione dei livelli ematici del farmaco e/o somministrazione di un antagonista
Assuefazione	È uno stato di adattamento in cui l'esposizione ad un farmaco induce cambiamenti che determinano una riduzione di uno o più effetti del farmaco nel tempo

La **pseudodipendenza** è una condizione che deriva dal trattamento non adeguato del dolore. Il paziente può rivolgere tutta la sua attenzione all'ottenimento dei farmaci, guardare di continuo l'orologio ed essere sempre alla ricerca di farmaci.

Nel tentativo di avere sollievo dal dolore, il paziente può tenere e persino utilizzare illecitamente i farmaci. Anche le differenze culturali possono diventare una barriera: nel fornire assistenza culturalmente competente ai pazienti con dolore, bisogna applicare tutte le considerazioni del caso. Se necessario, per abbattere le barriere linguistiche bisogna avvalersi di un interprete; inoltre, bisogna rispettare lo spazio sociale e intimo e mettere il paziente a proprio agio con un operatore del suo stesso sesso.

Il significato dell'esperienza dolorosa, l'accettazione e la preferenza per determinati approcci alla gestione del dolore devono essere analizzati insieme al paziente. L'approccio migliore consiste nel porre domande, senza mai fare assunzioni. Esiste una grande variabilità all'interno dei gruppi culturali ed è sempre meglio chiarire, quando possibile, quali siano le esigenze del singolo paziente.

Un'**identificazione** accurata è essenziale per la gestione efficace del dolore. Dato che il dolore è soggettivo e provato da ogni individuo in modo diverso, l'operatore sanitario deve valutare tutti i fattori riguardanti l'esperienza dolorosa: fisiologici, psicologici, comportamentali, emozionali, spirituali e socio-culturali. Inoltre, quando possibile, deve sempre essere incluso ciò che riferisce il paziente (Pasero e McCaffery, 2005).

L'impegno e la frequenza dell'accertamento del dolore differiscono in base alla situazione e alla normativa della struttura. In pazienti che hanno un dolore acuto o severo, l'operatore sanitario può focalizzarsi solo su localizzazione, qualità, gravità e intervento precoce. Pazienti con dolore meno severo o cronico possono di solito fornire una descrizione più particolareggiata della sensazione provata.

SUGGERIMENTI PROFESSIONALI

Riconoscere e accettare il dolore del paziente

Secondo gli standard etico-professionali, gli operatori sanitari hanno il dovere di considerare il dolore come uno dei parametri vitali e tenerlo costantemente sotto controllo. Dubitare del disagio riferito dal paziente può compromettere irrimediabilmente il rapporto di fiducia che è alla base della relazione terapeutica.

Sono quattro i modi di comunicare questa fiducia:

1. Riconoscere la possibilità del dolore: "Molte persone nelle sue condizioni hanno dolore alla gamba. Lei ha qualche fastidio alla gamba? Cosa sente? Quanto ne è turbato?".
2. Ascoltare attentamente ciò che il paziente riferisce relativamente al suo dolore, ribadendo la propria comprensione del disagio riportato. L'aggiunta di un'affermazione empatica, come "Mi spiace che stia soffrendo, deve essere molto fastidioso. Voglio aiutarla a sentirsi meglio", fa in modo che il paziente sappia che credete che il suo dolore è reale e che intendete aiutarlo.
3. Comunicare la necessità di chiedere informazioni sul dolore perché, nonostante alcune similarità, l'esperienza di ciascuno è unica, ad esempio: "Molte persone nelle sue condizioni riferiscono dei disagi. Lei avverte dolore o qualche altro fastidio?".
4. Soddisfare prontamente le esigenze del paziente: non è coscienzioso credere a ciò che questi riferisce e poi non fare niente. Dopo aver stabilito che il paziente prova dolore, discutere le opzioni e i piani di azione per procurargli sollievo.

La frequenza della valutazione dipende dalle misure di controllo e dalle circostanze cliniche. Per esempio, nello stadio postoperatorio iniziale, il dolore è valutato ogni 15 minuti e successivamente ogni 2-4 ore, che sono gli intervalli di tempo tra una valutazione dei parametri vitali e la successiva.

Le principali componenti di una corretta valutazione sono un'**anamnesi** ottenuta da informazioni fornite dal paziente e l'osservazione diretta delle **risposte comportamentali e fisiologiche** del paziente.

12.2.1 Anamnesi del dolore

Nel raccogliere l'anamnesi, il personale sanitario deve fornire ai pazienti l'opportunità di esprimere con parole proprie la percezione che hanno del dolore per capire quale significato attribuiscono ad esso e come lo affrontano. Va tenuto presente che l'esperienza del dolore è unica e personale e che il paziente ne è l'interprete migliore.

L'anamnesi deve essere dedicata allo specifico paziente: così, per esempio, le domande poste alla vittima di un incidente stradale differiscono da quelle poste a chi soffre di dolore cronico. Per un paziente con dolore acuto severo, la valutazione iniziale può consistere in poche domande prima dell'intervento. Al contrario, per un paziente con dolore cronico, c'è l'esigenza di mettere a fuoco i meccanismi di difesa, l'efficacia della gestione corrente del dolore e i modi in cui esso ha alterato il modo di vivere.

I dati di una corretta anamnesi del dolore includono la localizzazione dello stesso, l'intensità, la qualità, le caratteristiche, i fattori aggravanti e non, i sintomi associati, l'effetto sulle attività del vivere quotidiano, le strategie di difesa e le risposte affettive ed emotive.

Misurazione dell'intensità del dolore

- La **valutazione** dell'esperienza soggettiva di dolore riguarda l'analisi integrata dei fattori fisici, psicologici e sociali che la influenzano: in genere viene attuata da un'équipe multidisciplinare, con l'ausilio di specifici strumenti di indagine quali l'esame obiettivo, gli accertamenti diagnostici, il colloquio clinico con il paziente e i familiari, la somministrazione di apposite scale e questionari e l'osservazione del comportamento da dolore.
- La **misurazione** del dolore, invece, fa riferimento all'applicazione di uno strumento metrico per la quantificazione di un determinato parametro: nel dolore il parametro più frequentemente considerato è l'intensità.

Per il sollievo dal dolore è fondamentale misurare l'intensità del dolore attraverso la somministrazione delle **Pain Intensity Scales (Scale dell'Intensità del Dolore).**

La scala di valutazione dell'intensità del dolore è lo strumento più frequentemente usato per valutare sia la severità del dolore sia l'effetto delle modalità di trattamento.

Le scale visuoanalogiche, le scale numeriche e le scale verbali sono frequentemente usate nella valutazione del dolore e del suo sollievo.

- **Scale intensità:**
  - Scale numeriche (NRS)
  - Scale verbali (VRS)
  - Scale analogiche visive (VAS)

NRS: numeric rating scale

Scala numerica con tre diverse possibilità di scelta:
da 0 a 5 - da 0 a 10 - da 0 a 100

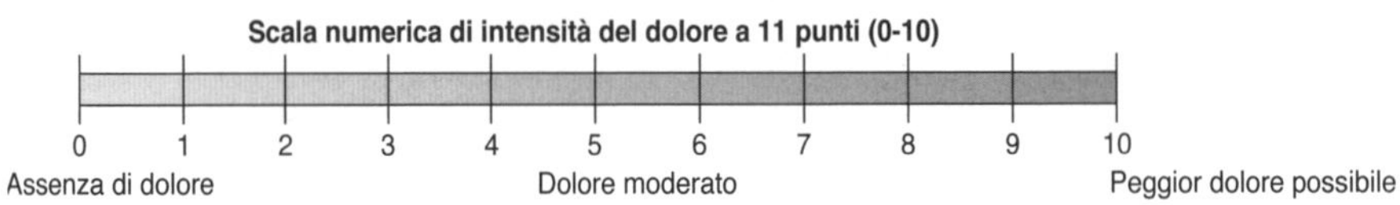

- **Vantaggi**
  - Strumento chiaro e semplice per il paziente
  - Solo il 2% ha difficoltà a compilarla
  - Ha un significato comune anche in culture diverse
- **Svantaggi**
- Difficoltà nel dover tradurre la complessità dolorosa in un numero o cifra; rischio di semplificazione o banalizzazione.

VRS: verbal rating scale

Utilizza un numero variabile di **aggettivi** che descrivono l'intensità del dolore; può essere collegata ad una **scala numerica**

La migliore, e più utilizzata è la scala a 6 livelli:

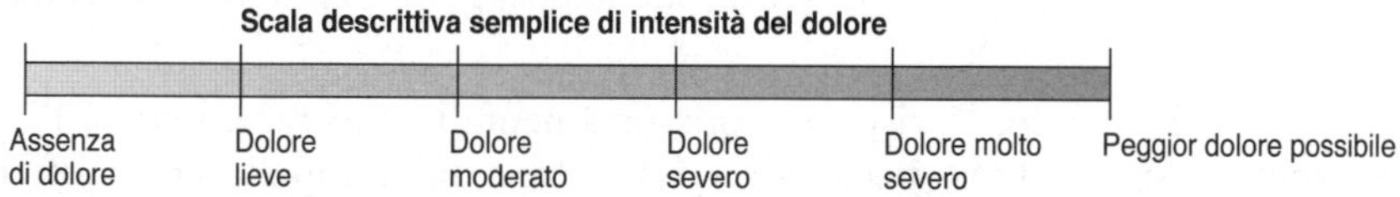

VAS: scale analogiche visive

Le scale analogiche sono composte da disegni di faccine, con diverse espressioni:

- da sorridente (che significa nessun dolore) fino a pianto disperato (che significa il peggior dolore possibile).

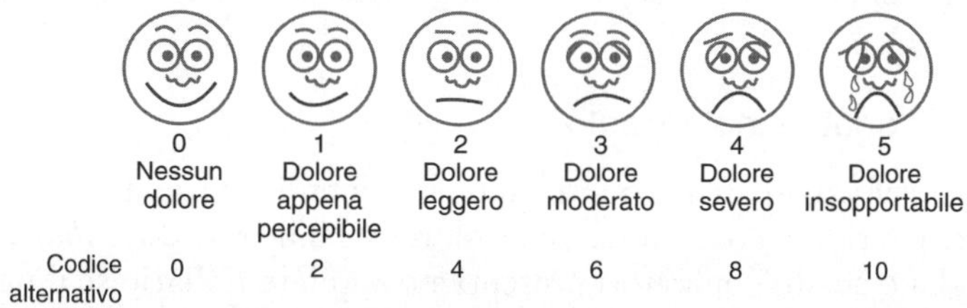

È un sistema di valutazione che viene utilizzato nei **bambini** o nelle persone che hanno **difficoltà espressive.**

Il bambino o la persona, deve indicare quale espressione facciale, in quel momento, rappresenta meglio la sua sensazione dolorosa.

12.2.2 Le risposte comportamentali e fisiologiche al dolore

Esiste un'ampia variabilità nelle risposte non verbali al dolore. Per i pazienti molto piccoli, afasici, confusi o disorientati, le **espressioni non verbali** possono essere i soli mezzi per comunicare. L'espressione facciale è spesso la prima evidenza del dolore e può essere anche la sola. Denti stretti, occhi serrati con forza, occhi sbarrati, morsi al labbro inferiore e altre espressioni facciali possono essere indicativi di dolore. Vocalizzazioni quali lamenti e gemiti o urla e pianti sono talora associate al dolore.

Anche l'**immobilizzazione** del corpo o di una parte di esso può indicare dolore. Il paziente con *dolore toracico* spesso poggia il braccio sinistro sul petto. Una persona con *dolore addominale* può assumere la posizione di massimo sollievo, spesso con le ginocchia e il bacino flessi, e muoversi in modo altalenante.

Altri indicatori del dolore possono essere:

- i **movimenti corporei senza scopo**, come agitarsi e rigirarsi nel letto o agitare le braccia;
- i **movimenti involontari**, come la retrazione riflessa da un ago inserito nella pelle: un adulto può essere capace di controllare questo riflesso, mentre un bambino può esserne incapace o non volerlo;
- i **cambiamenti comportamentali**, quali confusione e insonnia, che sono indicatori di dolore nei soggetti anziani sia cognitivamente integri che cognitivamente alterati. Le persone anziane con dolore cronico possono diventare ostili o aggressive;
- **i movimenti corporei ritmici o di sfregamento.** Un adulto o un bambino può assumere una posizione fetale e dondolare avanti e indietro quando ha dolore addominale. Durante il travaglio, una donna può massaggiarsi l'addome ritmicamente con le mani.

Se il dolore è cronico, le risposte comportamentali sono rare, perché l'individuo sviluppa meccanismi di difesa personali in relazione a dolore, malessere o sofferenza.

Le **risposte fisiologiche** variano con l'origine e la durata del dolore. Il sistema nervoso simpatico è subito stimolato nel momento di insorgenza del dolore acuto. Ciò determina un aumento della pressione sanguigna, della frequenza cardiaca, della frequenza respiratoria, pallore, diaforesi e dilatazione delle pupille. In seguito, il sistema nervoso simpatico si adatta, rendendo le risposte fisiologiche meno evidenti o assenti. Pertanto, le risposte fisiologiche (quali pulsazioni, pressione sanguigna, ecc.) sono indicatori non precisi della presenza, assenza o gravità del dolore e non dovrebbero essere usate.

12.2.3 Il diario quotidiano del dolore

Se il dolore è cronico, un diario quotidiano può aiutare il paziente a identificare i fattori che aumentano o riducono la sensazione dolorosa. Nelle *cure domiciliari*, si può insegnare alla famiglia o ad altri operatori presenti a compilare il diario se il paziente non è in grado di farlo da solo. La compilazione del diario dovrebbe avvenire tre volte al giorno, sempre agli stessi orari, per rilevare la variabilità nel corso della giornata e di giorno in giorno.

Le annotazioni possono comprendere:

- orario d'inizio del dolore;
- attività o situazione;
- caratteristiche fisiche (qualità) e livello di intensità del dolore;
- emozioni provate e livello di intensità;
- uso di analgesici o altre misure assistenziali.

I dati registrati possono fornire una base per sviluppare o cambiare il piano di cura. Perché questo strumento sia efficace, è importante che l'infermiere spieghi al paziente e ai suoi familiari il valore e l'uso del diario nel realizzare un efficace controllo del dolore. Bisogna analizzare il diario a ogni visita, facendo domande, condividendo osservazioni e dando suggerimenti. È essenziale determinare la capacità del paziente di utilizzare correttamente il diario.

Procedura 12.1 Applicazione impacco freddo

Accertamento

Seguire l'indicazione fornita dall'infermiere per l'applicazione di impacchi freddi.

Pianificazione assistenziale

- Preparare il materiale.
- Identificare il paziente.

Materiale occorrente

- Ghiaccio sintetico monouso.
- Guanti monouso.

Interventi assistenziali

Preparazione

- Presentarsi e verificare l'identità del paziente secondo il protocollo della struttura. Spiegare al paziente cosa si sta facendo e come può collaborare. Preparare il materiale (sacchetti monouso di ghiaccio sintetico).

Tecnica

1. Provvedere alla riservatezza del paziente.
2. Lavarsi le mani e osservare le procedure per il controllo delle infezioni.
3. Indossare i guanti monouso.
4. Aiutare il paziente a trovare una posizione confortevole e fornire il campanello di chiamata.
5. Prendere il sacchetto monouso e premere nella parte centrale dello stesso per attivare il refrigerante.
6. Scuotere leggermente il sacchetto e applicare direttamente sulla zona interessata.
7. Chiedere al paziente, se collaborante, di mantenere in sede il sacchetto.
8. Rimuovere il sacchetto al termine dell'azione e gettarlo nell'apposito sacco dei rifiuti.
9. Rimuovere i guanti e gettarli nell'apposito sacco dei rifiuti.
10. Procedere al lavaggio delle mani.

Capitolo 13
L'assistenza alla persona morente

13.1 La definizione clinica di morte

Il segno clinico tradizionalmente utilizzato per riconoscere la morte è la cessazione di polso, respiro e pressione sanguigna, detta anche **morte cardiopolmonare**. Tuttavia, con l'avvento dei mezzi artificiali per il mantenimento della respirazione e della circolazione sanguigna, l'identificazione della morte è diventata più difficile.

Nel 1968, la *World Medical Assembly* ha adottato le seguenti linee guida come segni identificativi della morte per i medici:

- assenza totale di risposte agli stimoli esterni;
- assenza di movimenti muscolari, in particolare quelli respiratori;
- assenza di riflessi;
- encefalogramma (onde encefaliche) piatto.

La morte coincide con la cessazione irreversibile della funzione cardio-respiratoria o con la cessazione irreversibile di tutte le funzioni encefaliche (comprese quelle del tronco encefalico). Nei pazienti tenuti artificialmente in vita, l'assenza di onde encefaliche per un certo numero di ore costituisce un'indicazione di morte. Solo allora un medico può dichiarare la morte e solo dopo tale dichiarazione è possibile arrestare i sistemi di supporto vitale.

Ulteriore definizione è quella di **morte cerebrale**, che si verifica quando la corteccia cerebrale smette irreversibilmente di funzionare. In questo caso, si parla di una "*sindrome clinica caratterizzata dalla perdita permanente delle funzioni del cervello e del tronco encefalico, che si manifesta con assenza di responsività agli stimoli esterni, assenza di riflessi cefalici e apnea. Un elettroencefalogramma isoelettrico per almeno 30 minuti in assenza di ipotermia e di avvelenamento da deprimenti del sistema nervoso centrale supporta la diagnosi*" (Dizionario medico di Stedman, 2005).

I sostenitori di tale definizione identificano l'individuo con la corteccia cerebrale, in cui risiede la capacità di pensiero, azioni volontarie e movimento.

Diverso dalla morte clinica è lo **stato vegetativo persistente (SVP)**, nel quale il soggetto ha perso le funzioni cognitive e la coscienza, ma possiede ancora le funzioni respiratoria e circolatoria. I pazienti in stato vegetativo persistente possono mostrare una varietà di movimenti facciali, oculari e degli arti, ma non interagiscono in maniera intenzionale con l'ambiente.

L'assistenza al paziente morente è una delle responsabilità più complesse e difficili. Gli operatori sociosanitari sono spesso presenti in tutto il periodo di agonia e al momento del decesso. Il loro compito, in questo frangente, è fornire o facilitare l'assistenza fisica, emotiva e spirituale ai pazienti e ai loro familiari. La conoscenza del bagaglio religioso e culturale del paziente aiuta a fornire un'assistenza personalizzata.

SUGGERIMENTI PROFESSIONALI

Manifestazioni cliniche: morte clinica imminente

Perdita del tono muscolare
- Rilassamento dei muscoli facciali (ad esempio, la mandibola potrebbe cedere)
- Difficoltà a parlare
- Difficoltà a deglutire e perdita graduale del riflesso del vomito
- Ridotta attività del tratto gastrointestinale, con conseguenti nausea, accumulo di flato, distensione addominale e ritenzione fecale, specialmente se si stanno somministrando narcotici o tranquillanti
- Possibile incontinenza urinaria e rettale dovuta a un ridotto controllo degli sfinteri
- Ridotti movimenti corporei

Rallentamento della circolazione
- Ridotta sensibilità
- Chiazzatura e cianosi degli arti
- Cute fredda, prima a livello dei piedi e poi a livello di mani, orecchie e naso (il paziente, tuttavia, potrebbe avere caldo se ha la febbre)
- Polso più lento e più debole
- Ridotta pressione sanguigna

Variazioni del respiro
- Respiri rapidi, superficiali, irregolari o anormalmente lenti
- Respirazione rumorosa, definita rantolo della morte, dovuta all'accumulo di muco nella faringe
- Respirazione attraverso la bocca, mucose orali secche

Alterazione sensoriale
- Offuscamento della vista
- Alterazione dei sensi del gusto e dell'olfatto
- Appena prima di morire possono esservi vari livelli di coscienza: alcuni pazienti sono vigili, mentre altri sono sonnolenti, in stato stuporoso o comatosi. Si ritiene che l'udito sia l'ultimo senso a essere perso

13.2 Aiutare i pazienti a morire con dignità

Gli operatori sociosanitari devono garantire che il paziente sia trattato con rispetto. I pazienti terminali spesso hanno la sensazione di aver perso il controllo della propria vita; permettere loro di morire con dignità significa preservarne l'umanità. Proponendo all'ammalato e ai suoi cari le alternative disponibili, l'operatore sanitario può recuperarne e supportarne il senso di controllo.

Alcune scelte che possono essere operate dai pazienti riguardano il luogo in cui curarsi (ad esempio, ospedale, casa o ricovero per anziani), gli orari degli appuntamenti con i medici e il personale infermieristico, la programmazione delle attività, l'uso di risorse sanitarie e gli orari di visita per parenti e amici.

È possibile che l'ammalato voglia gestire gli eventi che precedono la morte. L'operatore può aiutarlo a determinare le priorità fisiche, psicologiche e sociali. Le persone in fin di vita spesso si sforzano di dare un senso al fatto di continuare a vivere nonostante la sofferenza. È importante sostenerne le volontà e le speranze.

Sebbene sia naturale che le persone non si sentano a proprio agio a parlare della morte, possono essere effettuati dei passaggi per rendere tale discussione più semplice e serena.

Alcune strategie sono le seguenti:

- identificare le proprie sensazioni personali riguardo alla morte e come esse potrebbero influenzare le interazioni con i pazienti;

- riconoscere le proprie paure personali riguardo alla morte e discuterne con un amico o un collega;
- concentrarsi sulle esigenze del paziente. Le paure e le credenze del paziente e dei suoi familiari potrebbero essere diverse dalle proprie. Evitare di imporre le proprie paure e credenze personali al paziente o ai suoi familiari;
- parlare con il paziente o con i suoi familiari del modo in cui il paziente normalmente affronta lo stress. I pazienti metteranno in atto le loro solite strategie per affrontare la morte imminente (ad esempio, se solitamente sono silenziosi e riflessivi, diventeranno ancora più silenziosi e introversi quando si troveranno ad affrontare la malattia terminale);
- cercare di capire che cosa il paziente sa della malattia e della prognosi. Usare un linguaggio comprensibile, evitando il gergo medico;
- rispondere in modo onesto e diretto alle domande del paziente relative alla morte, mediando tra le aspettative realistiche e il bisogno di nutrire speranze;
- stabilire una comunicazione che mostri preoccupazione e impegno nei confronti del paziente.

SUGGERIMENTI PROFESSIONALI

Diritti della persona morente

Il paziente terminale ha diritto a:

- essere trattato con dignità fino alla morte;
- conservare un sentimento di speranza, per quanto variabile possa esserne l'oggetto;
- esprimere i suoi sentimenti e le sue emozioni in merito all'avvicinarsi della morte;
- partecipare alle decisioni che riguardano la sua assistenza;
- aspettarsi attenzione medica e infermieristica continuativa, anche quando gli obiettivi curativi devono essere sostituiti da quelli di comfort;
- non morire da solo;
- non sentire dolore;
- ricevere risposte oneste alle sue domande;
- non essere ingannato;
- ricevere aiuto dai/per i suoi familiari nell'accettare la morte;
- morire serenamente e con dignità;
- conservare la sua individualità e non essere giudicato per le decisioni che potrebbero essere in contrasto con le convinzioni di altre persone;
- essere assistito da persone amorevoli, sensibili e competenti, capaci di comprendere le sue esigenze e di trarre gratificazione dall'aiutarlo ad affrontare la morte.

Si elencano, di seguito, alcune strategie comunicative con cui far comprendere al paziente che si è disponibili ad affrontare il tema della morte:

- descrivere ciò che si osserva (ad esempio, "Sembra triste, le va di parlare di ciò che le sta accadendo?");
- esternare la propria preoccupazione (ad esempio, "Vorrei sapere meglio ciò che sente e come potrei aiutarla");
- riconoscere la lotta del paziente (ad esempio, "Deve essere difficile sentirsi così male. Mi piacerebbe aiutarla a sentirsi meglio");
- provvedere a un contatto amorevole. Tenere la mano del paziente o fargli un massaggio confortante può incoraggiarlo a esternare i propri sentimenti.

13.3 Il supporto agli operatori sanitari

Anche gli addetti ai lavori reagiscono emotivamente alla morte, pertanto erogare assistenza dopo la morte può diventare stressante, per via delle ripetute interazioni con i pazienti terminali e i loro familiari. Lavorare nei reparti di oncologia, terapia intensiva, pronto soccorso – o altre aree in cui la morte del paziente è un evento frequente – è solitamente una scelta ben precisa. Ciò nondimeno la morte di un paziente è vissuta dagli operatori sanitari quasi sempre come un fallimento.

Proprio come vengono previsti sistemi di sostegno per i familiari dei pazienti che vivono il lutto, così devono essere previsti sistemi di sostegno per gli operatori sanitari che vivono un'esperienza analoga, soprattutto quando è ripetuta e frequente.

Per questo motivo vengono organizzati dei gruppi di sostegno per gli operatori in cui tutti i membri dell'équipe assistenziale discutono del loro vissuto.

13.4 La donazione degli organi dopo la morte

Talvolta, gli organi di un soggetto dichiarato morto vengono donati per la **ricerca** o il **trapianto**. È di estrema importanza, perciò, che la possibilità di donazione sia determinata prima possibile nel caso in cui il paziente soddisfi i requisiti per la donazione.

In molti Paesi, se non è disponibile un documento di donazione valido indicante che il soggetto ha espresso la volontà di donare alcuni o la totalità dei suoi organi, gli operatori sanitari devono discutere con i familiari, i quali possono accettare o rifiutare la donazione in relazione alla loro conoscenza del punto di vista del donatore.

Gli aspetti legali della donazione variano in base alla normativa vigente nei diversi Paesi.

L'assistenza *post mortem* è erogata secondo le procedure previste dalla struttura sanitaria. Poiché la cura della salma potrebbe essere influenzata da dettami religiosi, l'operatore sanitario dovrebbe informarsi sul credo religioso del paziente e rispettarlo.

Dopo la morte del paziente, i suoi familiari dovrebbero essere incoraggiati a vedere il corpo, in quanto è stato dimostrato che questo aiuta ad affrontare il lutto (Rich, 2005).

SUGGERIMENTI PROFESSIONALI

La donazione di organi in Italia

In Italia la donazione di organi è regolamentata dalla legge n. 91 del 1999, che sancisce agli artt. 4 e 5 il principio del silenzio assenso, con l'invio a tutti i cittadini di un tesserino per la manifestazione di volontà in merito alla donazione. Secondo questo principio, ai fini dell'espianto di organi basterebbe che il soggetto non abbia espresso in vita una volontà contraria (in virtù del silenzio assenso l'iscrizione ad un'associazione di donatori costituisce una prova della volontà di donare gli organi).
Questa disciplina, tuttavia, non è mai stata attuata, non essendo stata ancora costituita un'anagrafe informatizzata dei cittadini assistiti dal Servizio Sanitario Nazionale che permetta la notifica di un modulo per la dichiarazione di volontà.
Pertanto, la manifestazione della volontà di donare è regolata dal principio del consenso o del dissenso esplicito (art. 23 della legge n. 91/1999). A tutti i cittadini maggiorenni è offerta la possibilità di dichiarare la propria volontà (consenso o diniego) in materia di donazione di organi e tessuti dopo la morte, attraverso le seguenti modalità:

- la registrazione della propria volontà presso l'ASL di riferimento o il medico di famiglia, riempiendo un apposito modulo. Queste dichiarazioni sono registrate direttamente nel **Sistema Informativo dei Trapianti** (SIT), il database del Centro Nazionale Trapianti, che è consultabile dai medici del coordinamento in modo sicuro 24 ore su 24;
- la compilazione del cd. **tesserino blu** del Ministero della Salute o del tesserino di una delle **associazioni di settore**;
- qualunque dichiarazione scritta che contenga nome, cognome, data di nascita, dichiarazione di volontà (positiva o negativa), data e firma, da conservare tra i documenti personali;
- l'atto olografo dell'**Associazione Italiana Donatori di Organi** (AIDO).

Nel caso di potenziale donatore, i medici rianimatori verificano se questo ha con sé un documento attestante la propria dichiarazione di volontà o se quest'ultima risulta registrata nel SIT.
In mancanza di un'esplicita dichiarazione espressa in vita, i familiari possono presentare opposizione scritta al prelievo durante il periodo di accertamento di morte. L'opposizione non è consentita se dai documenti personali di cui sopra o dalle dichiarazioni depositate presso le ASL di appartenenza, risulta che il soggetto abbia espresso volontà favorevole al prelievo di organi e tessuti.
Il prelievo non ha luogo se viene presentata una dichiarazione del potenziale donatore, contraria alla donazione, successiva alla precedente dichiarazione favorevole.

13.5 Le attività dell'OSS

L'OSS applica le misure e le strategie necessarie per **rispondere ai bisogni fisiologici del paziente**. L'OSS deve rilevare se il paziente mostra segni di stress inattesi o segni e sintomi non previsti e non controllati. L'OSS collabora nell'**assistenza *post mortem*.**

13.6 Procedure attribuibili all'OSS

Procedura 13.1 Rispondere ai bisogni del paziente terminale

Accertamento

- L'assistenza e il supporto al paziente terminale comprendono un'accurata valutazione dei segni fisiologici della morte imminente. Oltre ai segni correlati alla specifica malattia del paziente, alcuni altri segni fisici sono indicativi della morte imminente. I quattro cambiamenti più caratteristici sono perdita del tono muscolare, rallentamento della circolazione, variazioni del respiro e alterazione sensoriale.
- All'approcciarsi della morte, l'operatore aiuta i familiari e le altre persone care a prepararsi. L'operatore sanitario deve sapere cosa i familiari si aspettano che accada quando il paziente muore, in modo da poter fornire loro informazioni accurate. Quando i familiari sanno cosa li aspetta, possono essere più capaci di sostenere la persona in fin di vita e le altre persone che vivranno il lutto. Inoltre, essi possono essere in grado di prendere decisioni relative agli eventi correlati alla morte, come scegliere se vogliono vedere o meno il corpo dopo il decesso.

Pianificazione assistenziale

Gli obiettivi principali per i pazienti terminali sono: (a) la preservazione del comfort fisiologico e psicologico: (b) la realizzazione di una morte serena, che prevede il mantenimento dell'autocontrollo e l'accettazione del declino delle condizioni di salute. Quando si pianifica l'assistenza a questi pazienti, la Carta dei Diritti del Morente (Riquadro 34-2) può essere un'utile guida.

Le misure di conforto e il supporto per l'assistenza ai pazienti terminali possono essere affidati all'operatore sociosanitario. L'OSS deve rilevare se il paziente mostra segni di stress inattesi o segni e sintomi non previsti e non controllati.

Materiale occorrente

Il materiale occorrente dipende dalle specifiche misure di conforto che devono essere attuate. Potrebbero servire oggetti quali farmaci, biancheria per il letto e dispositivi per l'igiene.

Interventi

Preparazione

Le esigenze fisiologiche delle persone in fase terminale sono correlate a un rallentamento dei processi corporei e a squilibri omeostatici. Gli interventi da realizzare includono: l'attuazione di misure per l'igiene personale, il controllo del dolore, la riduzione delle difficoltà respiratorie, l'assistenza a movimento, nutrizione, idratazione ed eliminazione, nonché l'attuazione di misure correlate ai cambiamenti sensoriali.

Tecnica

1. Presentarsi e verificare l'identità del paziente secondo il protocollo della struttura. Spiegare al paziente che cosa si sta per fare, perché e come può collaborare. Illustrare come i risultati saranno usati nella pianificazione futura delle cure o delle terapie.
2. Provvedere alla riservatezza del paziente sulla base degli interventi specifici.
3. Lavarsi le mani e osservare le procedure per il controllo delle infezioni.
4. Fare il bagno e provvedere all'igiene del paziente.
   - Fare frequentemente il bagno al paziente e cambiare spesso la biancheria del letto se il paziente è diaforetico, incontinente o necessita del controllo degli odori.
   - Provvedere alle cure orali, se necessario, per la bocca secca.
   - Applicare creme e lozioni umidificanti per la pelle secca e preparazioni cutanee impermeabili per i pazienti incontinenti.
   - Detergere le aree cutanee intorno alle ferite o quelle in cui si accumula il drenaggio delle ferite.
5. Fornire supporto respiratorio.
   - I pazienti che hanno difficoltà a liberare le vie aeree devono assumere la posizione di Fowler, se coscienti, e la posizione laterale, se incoscienti.
   - Per i pazienti che hanno necessità di aria (bisogno di respirare), è opportuno aprire le finestre oppure utilizzare un ventaglio per far circolare l'aria. In un episodio acuto potrebbe essere indicata la morfina.
6. Assistere il paziente nei movimenti.
   - Aiutare il paziente a scendere periodicamente dal letto, se ne è capace.
   - Far cambiare regolarmente posizione al paziente.
   - Supportare la posizione del paziente con cuscini, rotoli di coperte o asciugamani, in base alle necessità.
   - Sollevare le gambe del paziente quando si mette a sedere.
   - Attuare un programma di prevenzione delle ulcere da pressione e utilizzare superfici che alleviano la pressione, a seconda delle indicazioni.
7. Provvedere alla nutrizione e all'idratazione.
   - Fornire piccole quantità di una bevanda analcolica per stimolare l'appetito.
   - Incoraggiare il consumo dei cibi preferiti, se indicato.
   - Sostenere i familiari del paziente, che potrebbero essere molto preoccupati per il fatto che il loro caro non sta mangiando né bevendo e che il fallimento dei tentativi di nutrirlo corrisponda ad arrendersi.
8. Assistere il paziente nell'eliminazione.
   - In caso di costipazione, fornire fibre alimentari in base alla tolleranza, ammorbidenti delle feci o lassativi, a seconda delle necessità.
   - Effettuare una meticolosa cura della cute in risposta all'incontinenza urinaria o intestinale.
   - Posizionare la padella, l'orinale o la sedia comoda a portata di mano, così come il campanello di chiamata per richiedere assistenza nell'uso di tali dispositivi.

- Posizionare traverse assorbenti sotto i pazienti incontinenti; cambiare la biancheria del letto tutte le volte che è necessario.
- Tenere la stanza pulita e in ordine.

9. Essere consapevoli delle variazioni sensoriali.
   - Chiedere al paziente se preferisce una stanza illuminata o buia. Posizionare il paziente in modo che possa guardare la televisione, i suoi oggetti preferiti o le sue foto oppure una finestra, se lo desidera.
   - L'udito non è alterato; parlare con chiarezza, ma non urlare. Se il paziente lo desidera, fargli ascoltare la musica.
   - La sensibilità tattile è ridotta, ma il paziente avverte la pressione del contatto.
   - Fornire al paziente camice, abiti e biancheria del letto secondo le sue preferenze.
   - Favorire l'interazione del paziente con gli altri, se lo desidera. Questo potrebbe richiedere flessibilità nelle norme della struttura per quanto riguarda gli orari di visita o la presenza di animali.
10. I familiari dovrebbero essere incoraggiati a partecipare all'assistenza fisica del paziente terminale per quanto vogliono e ne sono in grado. L'operatore può suggerire loro di assisterlo nel fargli il bagno, di parlargli o leggere per lui e di tenergli le mani, ma non deve avere aspettative specifiche riguardo alla loro partecipazione. I familiari che non si sentono in grado di assistere o di stare con il paziente terminale richiedono anch'essi sostegno da parte degli operatori e degli altri membri della famiglia. Si dovrebbe mostrare loro la sala di attesa nel caso vogliano restare nella struttura.
11. Documentare tutti gli aspetti dell'assistenza al paziente, in particolare l'efficacia delle attività di gestione dei sintomi.

Dopo la procedura

Può risultare difficile valutare accuratamente l'efficacia dell'assistenza al paziente nelle ultime fasi di vita. Utilizzare scale di punteggio per la gestione dei sintomi ogni volta che è possibile tracciare le variazioni. Tenere il medico costantemente informato sulle condizioni del paziente.

Procedura 13.2 L'assistenza *post mortem*

Accertamento

Se la morte è attesa, la cessazione della respirazione e del battito cardiaco generalmente segnala l'inizio della fase di assistenza *post mortem.* In caso di morte improvvisa, il medico determinerà quando devono essere interrotti i tentativi di rianimazione.

Pianificazione assistenziale

Prima di dare inizio all'assistenza *post mortem*, determinare se persistono eventuali circostanze specifiche che influenzeranno l'assistenza. Attendere l'intervento del **medico**. In questo caso, è necessario lasciare in posizione alcune medicazioni o tubi di drenaggio.

Materiale occorrente

- Sudario o altra biancheria utilizzata nella struttura sanitaria per avvolgere la salma
- Spugne e asciugamani
- Traverse assorbenti
- Guanti monouso
- Pigiama del paziente (se i familiari vogliono vedere il corpo)

- Sacchetti per gli effetti personali e documento per registrare il trasferimento degli effetti personali e degli oggetti di valore

Interventi

Preparazione

- Determinare se è richiesta più di una persona per erogare l'assistenza *post mortem* in quanto bisogna girare il corpo. Nel caso di operatori sanitari che erogano l'assistenza *post mortem* per la prima volta, è fortemente consigliato che almeno due operatori collaborino a tale scopo.
- L'assistenza *post mortem* può richiedere molto tempo. Fare in modo che qualcuno provveda agli altri pazienti durante questo tempo.

Tecnica

1. Osservare le appropriate procedure per il controllo delle infezioni. Indossare i guanti monouso.
2. Poiché i familiari del defunto spesso vogliono vedere la salma immediatamente dopo il decesso e poiché è importante che il defunto abbia un aspetto naturale e confortevole, gli operatori devono posizionare il corpo, inserire la dentiera in bocca e chiudere gli occhi e la bocca prima che si verifichi il *rigor mortis*.
   - Normalmente il corpo viene messo in posizione supina, con le braccia ai lati, i palmi delle mani rivolti verso il basso o incrociati sull'addome.
   - In seguito alla cessazione della circolazione, i globuli rossi si degradano, rilasciando l'emoglobina, che scolorisce i tessuti circostanti. Tale scolorimento, detto *livor mortis*, compare nelle aree più basse o dipendenti del corpo. Un cuscino viene posto sotto la testa e le spalle per evitare che il sangue scolorisca il viso.
   - Le palpebre vengono chiuse e mantenute in posizione per qualche secondo, in modo che rimangano chiuse.
   - La dentiera viene solitamente inserita per contribuire a conferire al viso un aspetto naturale, dopodiché viene chiusa la bocca.

   Se la salma sarà vista dai familiari subito dopo:
   - Far indossare al paziente un pigiama pulito e spazzolargli e pettinargli i capelli.
   - Aggiustare la biancheria superiore del letto in modo da coprire il corpo fino alle spalle.
   - Fornire ai familiari fazzoletti, luci soffuse e sedie.
3. Rendere l'ambiente il più pulito e piacevole possibile e fare in modo che la salma appaia naturale e confortevole. Tutto il materiale, la biancheria del letto sporca e gli strumenti devono essere rimossi dal letto.
4. Le aree del corpo sporche vengono lavate; tuttavia, non è necessario un bagno completo, in quanto la salma sarà lavata dall'operatore mortuario, una persona specializzata nella cura dei defunti.
5. Delle traverse assorbenti vengono posizionate sotto le natiche per assorbire eventuali feci e urine rilasciate a causa del rilassamento degli sfinteri.
6. Rimuovere tutti i gioielli, eccetto la fede nuziale in alcuni casi, che viene fissata al dito.
7. Il braccialetto identificativo del defunto viene lasciato sul polso. Dopo che i familiari hanno visto la salma, vengono applicati altri elementi identificativi.
8. Avvolgere la salma in un sudario, un grande pezzo di materiale plastico o di cotone utilizzato per racchiudere un corpo dopo il decesso. Applicare un'etichetta di identificazione sulla parte esterna del sudario.
   - Togliere e gettare i guanti. Lavarsi le mani.

9. Portare la salma all'obitorio se non si è predisposto il suo ritiro dalla stanza da parte di un operatore mortuario.
10. Documentare l'assistenza *post mortem* sui moduli predisposti a tale scopo. Indicare quali oggetti sono stati rimossi dal corpo, se la salma è stata vista dai familiari e se il corpo è stato portato all'obitorio o prelevato dalla stanza.

Dopo la procedura

Condurre tutti i controlli necessari correlati alla gestione degli effetti personali del paziente.

Capitolo 14
L'assistenza agli anziani

14.1 Cenni introduttivi

La **geriatria**, termine generale usato da tutte le discipline sanitarie e dai servizi sociali, è lo studio degli effetti prodotti sull'organismo umano dal **processo di invecchiamento** e dalle **patologie** ad esso correlate. L'invecchiamento (senescenza) è un fenomeno complesso presente in tutte le fasi della vita umana, che comincia con la nascita e continua per tutto l'arco della vita fino alla morte.

La definizione di *anziano* è molto soggettiva: storicamente essa identifica le persone oltre i 65 anni di età.

Tuttavia, tra i geriatri esiste un aperto dibattito sull'opportunità di mantenere questa definizione basata sull'età.

Il metodo di usare i 65 anni come linea di demarcazione per le prestazioni sociali è iniziato nel 1880, quando **Otto von Bismarck** selezionò a caso quest'età come età pensionabile in Germania. È bene notare che non esisteva un fondamento clinico utile a stabilire una netta demarcazione tra giovani e anziani. Dalla fine degli anni Sessanta, l'aspettativa di vita media più lunga (84 anni per entrambi i sessi, 82,4 anni per gli uomini e 85,3 anni per le donne), associata al declino nel numero medio di figli per nucleo familiare, ha modificato la composizione demografica dei Paesi occidentali. Da allora è stata avvertita, sempre più, la necessità di sostenere e rinforzare l'autosufficienza tra gli anziani e di valorizzare e utilizzare le loro esperienze di vita nell'ambito della carriera, della famiglia e della comunità, bandendo ogni sorta di stereotipizzazione.

Sotto quest'aspetto è opportuno che i professionisti del settore medico-sanitario si liberino del pregiudizio di fondo, assolutamente fuori luogo, per il quale l'anziano va assistito come se fosse un bambino in un corpo da vecchio: quest'approccio, umiliante per l'anziano, lo priva dell'autostima e della dignità. Al contrario, gli anziani vanno visti come un gruppo eterogeneo. Essi meritano rispetto, perché, con i loro ricordi ed esempi di vita, possono insegnare molto ai giovani.

L'invecchiamento è un processo universale, progressivo e irreversibile e in ultimo conduce alla morte. Ciò nondimeno, esso costituisce un processo soggettivo e indipendente dall'età anagrafica. Il modo in cui l'individuo invecchia è influenzato dalla genetica, dagli stili di vita, dalla disponibilità e dalla qualità dei servizi medico-sanitari, dagli approcci culturali e dalla condizione socio-economica. Imparare dai pazienti e dalle loro famiglie, aiutare i pazienti a migliorare la qualità di vita fanno dell'assistenza agli anziani un'esperienza piena di gratificazioni e di soddisfazione.

L'invecchiamento è accompagnato da cambiamenti fisiologici, anche se esiste una variabilità considerevole nel momento d'insorgenza, nella frequenza e nel grado di questi cambiamenti. Per rendere l'assistenza efficace, gli operatori sanitari che lavorano in ambito geriatrico devono conoscere i processi normali e le patologie comuni associate all'invecchiamento.

La tabella 14.1 riassume i principali **filoni teorici** relativi al processo di invecchiamento.

Tabella 14.1 Teorie dell'invecchiamento

Teorie biologiche	
Titolo	**Idee principali**
Teoria della mutazione somatica	Le radiazioni o l'errata codificazione degli enzimi causano cambiamenti nel DNA. I cambiamenti connessi con l'invecchiamento sono il risultato di una diminuzione di funzione e di efficienza di cellule e organi
Teoria dell'invecchiamento programmato	La durata della vita è programmata all'interno delle cellule. Questo orologio genetico determina la velocità con cui la persona invecchia e infine muore
Teoria del collagene o dei legami crociati	Il collagene è l'elemento principale del tessuto connettivo e inoltre si trova nella cute, nelle ossa, nei muscoli, nei polmoni e nel cuore. Le reazioni chimiche fra il collagene e le molecole di collegamento causano la perdita di flessibilità, con conseguente riduzione della mobilità funzionale
Teoria dell'immunità	Il timo si rimpicciolisce con l'età. La capacità di produrre il differenziamento delle cellule T diminuisce. Ciò altera le funzioni immunologiche, con aumenti dell'incidenza delle infezioni, dei tumori e dei disordini autoimmuni
Teoria dello stress	Lo stress durante il corso della vita causa cambiamenti strutturali e chimici nell'organismo. Questi cambiamenti, alla fine, provocano danni irreversibili ai tessuti
Teorie psicosociali	
Titolo	**Idee principali**
Teoria dell'attività	Ruoli e responsabilità cambiano durante il corso della vita. La soddisfazione nella vita dipende dal mantenere una partecipazione costante, sviluppando nuovi interessi, hobby, ruoli e rapporti
Teoria del disimpegno	C'è una diminuzione delle interazioni fra la persona anziana e gli altri nel sistema sociale. Il disimpegno è inevitabile, reciproco e accettabile sia per l'individuo sia per la società
Teoria della continuità	I metodi impiegati con successo durante la vita per adeguarsi e adattarsi agli eventi vengono ripetuti. I tratti caratteristici, le abitudini, i valori, le associazioni e gli obiettivi rimangono stabili durante il corso della vita, indipendentemente dai vari cambiamenti

14.2 Modificazioni fisiologiche legate all'invecchiamento

Benché il processo d'invecchiamento comporti molti cambiamenti fisiologici, bisogna ricordare che invecchiamento e malattia non sono sinonimi. Mentre i cambiamenti fisiologici dell'invecchiamento descritti successivamente sono normali per la maggioranza delle persone, i disturbi medici non sono da considerarsi normali.

Modificazioni dell'apparato respiratorio

- I muscoli respiratori diventano meno flessibili, determinando una diminuzione della capacità vitale polmonare.
- La riduzione della capacità funzionale provoca dispnea da sforzo; le attività abituali non hanno effetto sul respiro.
- Si riduce l'efficacia del meccanismo della tosse, aumentando il rischio d'infezione polmonare.

- Gli alveoli si ispessiscono e diminuiscono in numero e dimensione, determinando scambi di gas meno efficaci e, nelle persone con malattie polmonari croniche, l'intensificazione del deficit respiratorio.
- Modificazioni della struttura scheletrica, come ad esempio nella cifosi (osservabile nei pazienti con osteoporosi spesso come una curva asimmetrica convessa della colonna), possono ridurre l'espansione diaframmatica. La cifosi nei pazienti anziani può richiedere l'assunzione di piccoli pasti frequenti per mantenere un bilancio nutritivo adeguato e il funzionamento respiratorio, per la riduzione dello spazio adeguato per l'espansione e la retrazione del diaframma. Questa condizione pone anche rischi all'integrità cutanea, in quanto le sporgenze ossee posteriori del paziente possono premere contro gli schienali delle sedie.

Disturbi respiratori comuni correlati all'invecchiamento

- Infezioni del tratto respiratorio (ITR)
- Broncopneumopatia cronica ostruttiva (BPCO)
- Tubercolosi polmonare (TBC)

SUGGERIMENTI PROFESSIONALI

TBC negli anziani

Gli anziani possono essere vulnerabili alla TBC per:

- Un riflesso della tosse inefficace che compromette la capacità di liberare le vie aeree.
- Un sistema immunitario alterato e una ridotta risposta agli antigeni estrinseci. Gli anziani non sono solo a rischio maggiore di contrarre nuove infezioni, ma i pazienti anziani che hanno contratto la TBC in passato e sono rimasti in una condizione di remissione possono presentare una riesacerbazione. Il rischio di riesacerbazione aumenta nei casi in cui l'infezione iniziale era remota e guarita (incapsulata), con perdita di memoria delle cellule T del sistema immunitario.

Nei luoghi di cura per pazienti anziani e pazienti immunocompromessi è necessario valutare le condizioni rispetto alle affezioni tubercolari sia dei pazienti che degli impiegati.

Modificazioni dell'apparato cardiovascolare

- La gittata cardiaca e i tempi di recupero si deteriorano. Il cuore necessita di un tempo maggiore per tornare a una frequenza normale dopo un aumento di frequenza in risposta all'attività.
- La frequenza cardiaca diminuisce.
- La perfusione dei tessuti decresce. L'encefalo e le arterie coronarie continuano a ricevere un volume ematico maggiore rispetto agli altri organi.
- L'elasticità arteriosa decresce, provocando un aumento delle resistenze periferiche e, di conseguenza, un aumento della pressione sistolica e un lieve aumento della pressione diastolica.
- Le vene si dilatano e i vasi superficiali diventano più evidenti.

Malattie cardiovascolari comuni riferibili all'invecchiamento

- Malattia vascolare periferica (PVD)
- Ipertensione
- Insufficienza cardiaca congestizia cronica

Modificazioni dell'apparato digerente

- Lo smalto dentale si assottiglia.
- Aumenta l'incidenza di malattia parodontale.
- Si riducono di numero le papille gustative e diminuisce la produzione di saliva.
- Si riduce l'efficacia del riflesso faringeo, con un rischio maggiore di soffocamento.
- Rallenta la peristalsi esofagea e diminuisce il funzionamento dello sfintere esofageo, provocando una ritardata entrata di cibo nello stomaco e aumentando il rischio di aspirazione nelle vie aeree.
- Si può formare un'ernia iatale.
- Lo svuotamento gastrico è rallentato. Il cibo rimane nello stomaco più a lungo, riducendo la capienza gastrica.
- Diminuiscono la peristalsi e la sensibilità nervosa dell'intestino crasso, contribuendo alla stipsi.
- L'incidenza di diverticolosi aumenta con l'età.
- La dimensione del fegato si riduce dopo i 70 anni di età.
- Diminuiscono i livelli degli enzimi epatici, rallentando il metabolismo e il processo di detossificazione.
- Si riduce l'efficienza di svuotamento della cistifellea, dando luogo alla bile addensata, all'aumento del contenuto di colesterolo e all'aumento dell'incidenza di calcolosi.

Disturbi gastrointestinali comuni riferiti agli anziani

- Malnutrizione
- Stipsi
- Disidratazione
- Disturbi dentali

Modificazioni dell'apparato urinario

- La capacità vescicale diminuisce, portando a un aumento della frequenza urinaria, inclusa la nicturia.
- La funzione renale aumenta quando il paziente anziano si sdraia, qualche volta causando il bisogno di urinare appena messo a letto.
- I muscoli della vescica e del perineo si indeboliscono e ne deriva l'incapacità di svuotare completamente la vescica, predisponendo il paziente anziano alla cistite.
- L'incidenza dell'incontinenza da sforzo aumenta nelle donne anziane.
- La prostata può aumentare di volume nei maschi anziani, causando aumento del numero delle minzioni o incontinenza.

Disturbi urinari comuni correlati all'età

- Incontinenza
- Infezioni del tratto urinario (ITU).

Tabella 14.2 Tecniche di gestione vescicale

Programma	Descrizione
Esercizi di Kegel	Usati per l'incontinenza da sforzo nelle persone cognitivamente vigili. Gli esercizi rafforzano la muscolatura del pavimento pelvico.
Minzione programmata	Il paziente ha un programma fisso di eliminazione, generalmente ogni due ore. La tecnica può essere usata per facilitare la liberazione e lo svuotamento della vescica.
Esercitazione abitudinaria	Il paziente viene invitato a urinare secondo uno schema abituale individuale. Sono necessari alcuni giorni per valutare lo schema.
Rieducazione vescicale	Ristabilisce un modello normale di svuotamento e continenza. Richiede accurati accertamenti prima di stabilire un programma con progressive diminuzioni o allungamenti degli intervalli di eliminazione. Il paziente deve essere cognitivamente vigile.
Minzione su richiesta	Al paziente viene chiesto di urinare a intervalli regolari e vengono forniti rinforzi sociali positivi quando si manifestano comportamenti di eliminazione.

Modificazioni del sistema nervoso

- I neuroni nell'encefalo diminuiscono di numero, con una conseguente riduzione della produzione di neurotrasmettitori e, quindi, una riduzione della trasmissione sinaptica.
- Il flusso ematico e il consumo d'ossigeno cerebrali diminuiscono.
- Le funzioni motorie e sensitive che richiedono velocità, coordinazione, equilibrio e movimenti fini avvengono più lentamente.
- La memoria a breve termine può, in qualche modo, diminuire, senza molti cambiamenti nella memoria a lungo termine.
- Si presentano disturbi del sonno a causa di periodi di veglia più frequenti e più lunghi.
- Diminuiscono i riflessi tendinei profondi, anche se i riflessi delle ginocchia rimangono abbastanza intatti.

SUGGERIMENTI PROFESSIONALI

Salute mentale nell'anziano

I disturbi dell'umore, compresi la depressione, il disordine bipolare, i disturbi d'ansia, la psicosi a comparsa ritardata, i disturbi del sonno, l'abuso di sostanze, la schizofrenia (cronica e a comparsa ritardata) e altre malattie psichiatriche, certamente si manifestano fra i pazienti anziani e spesso non sono riconosciuti o trattati efficacemente.

L'accertamento appropriato, il trattamento e la gestione clinica di questi pazienti richiedono équipe interdisciplinari efficienti, composte almeno da uno psichiatra geriatrico, un neurologo, un esperto clinico infermieristico con specializzazione in geriatria e salute mentale, un assistente sociale, un farmacista clinico, altri membri multidisciplinari dell'équipe (gli infermieri coinvolti nell'assistenza diretta, gli altri operatori e il terapista occupazionale), la famiglia e, per quanto possibile, il paziente.

Una delle diagnosi più comuni fra gli anziani nelle case di cura per lungodegenti è la demenza, in particolare una forma di demenza denominata **malattia di Alzheimer**. La **demenza** è una patologia organica dell'encefalo caratterizzata da un progressivo deterioramento della funzione intellettiva. Le manifestazioni cliniche connesse con la demenza non sono mai considerate modificazioni normali dell'invecchiamento.

Per gli operatori sanitari è importante valutare la durata della confusione o dei cambiamenti cognitivi del paziente dall'esordio. Generalmente, per demenza si intende il declino che ha una comparsa lenta da oltre 6 mesi, mentre il **delirio** (o confusione acuta) descrive i cambiamenti cognitivi che compaiono in meno di 6 mesi. La **confusione acuta** può avvenire indipendentemente o come peggioramento di un disturbo correlato alla demenza. La confusione acuta può essere conseguenza di molti stress, come le infezioni, gli effetti collaterali dei farmaci, le interazioni farmacologiche, gli squilibri metabolici, la disidratazione o i traumi da cadute (es. l'ematoma subdurale).

L'eliminazione della causa può spesso far regredire la confusione acuta in un periodo relativamente breve a un livello funzionale antecedente, purché non vi sia stato ulteriore danno patologico encefalico.

Modificazioni del sensorio

Vista

- Con l'invecchiamento, il cristallino diventa meno flessibile e meno capace di aumentare la curvatura per mettere a fuoco oggetti vicini, causando la presbiopia (disturbo nel vedere oggetti da vicino) e diminuendo l'accomodamento. Il cristallino si ingiallisce, causando una percezione dei colori distorta, con il verde e il blu che appaiono più spenti e i colori caldi, come il rosso e l'arancione, che diventano più distinti. Aumenta anche l'incidenza delle cataratte.
- L'accomodamento della pupilla diminuisce, con ridotto adattamento ai cambiamenti di luce e fotofobia. Per esempio, corridoi pavimentati con mattonelle lucenti possono apparire come colline e valli nei pazienti anziani, specialmente quelli con deficit visivi; questo può aumentare l'ansia e l'insicurezza.
- L'umor vitreo cambia di consistenza, provocando una vista offuscata. Modificazioni della camera anteriore possono provocare un aumento della pressione dell'umor acqueo, portando al glaucoma.
- Le ghiandole lacrimali secernono meno liquidi, causando secchezza e prurito. L'entropion o l'ectropion (l'eversione delle palpebre verso l'interno o verso l'esterno) può talvolta capitare nei pazienti anziani. Queste condizioni non solo hanno effetti sulla vista, ma possono anche aumentare il rischio di infezione per secchezza e per motilità palpebrale inefficace. In queste condizioni può essere necessario ottenere una prescrizione per lacrime artificiali (lacrilube) e trattamenti con collirio per la secchezza o l'infezione.
- Si può sviluppare l'arcus senilus, un anello grigio sfumato in giallo attorno alla cornea che non disturba il campo visivo.

Udito

- Con l'invecchiamento il padiglione auricolare diventa meno flessibile, le cellule capellute dell'orecchio interno si induriscono e si atrofizzano e aumenta la produzione di cerume.
- Il numero di neuroni nella coclea diminuisce e si riduce l'apporto ematico, portando a una degenerazione della coclea e degli ossicini.
- La presbiacusia, il danno all'udito negli anziani, è accompagnata spesso da una perdita della capacità di discriminare i toni. I toni ad alta frequenza sono i primi a essere

persi; quindi, mantenere la voce bassa e calma e ridurre tutti i rumori di fondo può migliorare la comprensione dei messaggi.

Modificazioni del sistema endocrino

- Ci sono alterazioni sia nei recettori che nella produzione di ormoni.
- La secrezione di insulina dalle cellule beta del pancreas rallenta, causando un aumento ematico di glucidi.
- Le modificazioni della tiroide possono abbassare il metabolismo basale.

Il **disturbo endocrino più comune** dell'invecchiamento è il diabete mellito di tipo 2.

Modificazioni dell'apparato riproduttivo

Femminile

Il processo di invecchiamento comporta le seguenti modificazioni dell'apparato riproduttivo:

- La produzione di estrogeni diminuisce con l'inizio della menopausa.
- Le ovaie, l'utero e la cervice si riducono di dimensione.
- La vagina si accorcia, si restringe e diventa meno elastica e il rivestimento vaginale si assottiglia. Diminuiscono le secrezioni e l'ambiente diventa più alcalino, con conseguente aumento dell'incidenza di vaginite atrofica. Questi cambiamenti possono provocare disagio durante il coito, fastidio che spesso può essere attenuato con l'uso di un lubrificante a base acquosa. Come regola valida per tutte le età, con nuovi compagni raccomandare rapporti sessuali protetti (sesso sicuro) con l'uso di profilattici.
- La muscolatura di sostegno degli organi riproduttivi si indebolisce e aumenta il rischio di prolasso uterino.
- Il tessuto del seno diminuisce e l'erezione del capezzolo diminuisce durante il rapporto sessuale.
- La libido e l'esigenza di intimità e di compagnia rimangono invariate nelle donne anziane.

Disturbi comuni del sistema riproduttivo femminile correlati all'invecchiamento

- Cancro del seno (il cui rischio aumenta con l'età)
- Modelli alterati di sessualità correlati a cambiamenti fisiologici, farmaci, modifiche dell'immagine corporea o cambiamenti psicosociali, come la perdita di una persona cara o il trasferimento in un ambiente che fornisce un qualche livello di assistenza (es. casa-famiglia, residenza sanitaria assistenziale o casa di cura)

Maschile

Il processo di invecchiamento comporta le seguenti modificazioni dell'apparato riproduttivo:

- La produzione di testosterone diminuisce, con conseguente diminuzione del volume dei testicoli.
- Il numero di spermatozoi e la viscosità del liquido seminale diminuiscono.

- Anche se il tempo per ottenere un'erezione aumenta, l'uomo anziano spesso trova che lui e la compagna possono avere amplessi prolungati (controllo maggiore) prima dell'eiaculazione. Come regola valida per tutte le età, con nuove compagne raccomandare rapporti sessuali protetti (sesso sicuro) con l'uso di profilattici.
- La ghiandola prostatica può ingrandirsi.
- Può esserci impotenza. Farmaci e altri interventi medici hanno avuto successo nel curare l'impotenza negli uomini anziani. Un'attenta e completa valutazione del medico curante e dell'urologo possono offrire al paziente alternative disponibili compatibili con le condizioni generali di salute e l'attuale regime terapeutico. La libido e l'esigenza di intimità e di compagnia rimangono invariate negli uomini anziani.

Disturbi comuni dell'apparato riproduttivo maschile correlati all'invecchiamento

- Modelli alterati di sessualità correlati a cambiamenti fisiologici, farmaci, modifiche dell'immagine corporea o cambiamenti psicosociali, come la perdita di una persona cara o il trasferimento in un ambiente che fornisce un qualche livello di assistenza (es. casa-famiglia, residenza sanitaria assistenziale o casa di cura)
- Ipertrofia prostatica benigna

Modificazioni dell'apparato tegumentario

- Diminuzione del tessuto sottocutaneo e delle fibre elastiche, che causa assottigliamento della cute e perdita di elasticità.
- Diminuzione della capacità dei melanociti di produrre una pigmentazione uniforme, che risulta in iperpigmentazione di alcune parti, specialmente delle mani e dei polsi.
- Diminuiscono in grandezza, numero e funzioni le ghiandole esocrine, apocrine e sebacee, causando diminuzione delle secrezioni e dell'idratazione e, conseguentemente, prurito.
- Diminuisce la regolazione della temperatura corporea a causa di una diminuzione della traspirazione e spesso anche della circolazione.
- Si riduce il flusso ematico capillare, con ridotta capacità di cicatrizzazione delle ferite.
- Si riduce il flusso ematico, specialmente nelle estremità inferiori.
- La fragilità vascolare causa la porpora senile.
- Diminuisce la sensibilità cutanea alle variazioni termiche e pressorie.
- Si riduce la produzione di melanina, causando capelli grigi o bianchi.
- Capelli e peli pubici e ascellari si assottigliano e le donne presentano un incremento dei peli su labbro superiore e mento.
- Le unghie crescono lentamente, sono più fragili e si formano rialzi longitudinali.

Disturbi comuni dell'apparato tegumentario correlati all'invecchiamento

- Ulcere da decubito (alterazione dell'integrità cutanea)
- *Herpes zoster* (fuoco di S. Antonio)
- Cancro della cute (incluso in quanto il rischio di cancro della cute aumenta con l'avanzare dell'età)

Tabella 14.3 Protocollo per i pazienti a rischio di ulcere da decubito

Obiettivo	Interventi
Alleviare la pressione	• Stabilire un programma di posizionamento. • Posizionare materassi antidecubito sul letto e cuscini sulla sedia. • Insegnare al paziente gli esercizi con la sedia a rotelle. • Far stare in piedi e/o spostare frequentemente il paziente con la sedia a rotelle. • Usare la sedia a rotelle soltanto per il trasporto. • Concedere al paziente di sedersi su padella, comoda o tazza da bagno soltanto per brevi periodi. • Controllare le zone di pressione sotto i gessi, i corpetti, le stecche, le imbracature, le protesi.
Alleviare frizione e sfregamento	• Usare lenzuola antiattrito per il posizionamento nel letto e sulla sedia. • Mantenere la testata del letto a meno di 30 gradi, purché non controindicato. • Usare dispositivi di sostegno per evitare lo scivolamento sulle sedie. • Usare tecniche appropriate di trasferimento. • Non usare talco o polvere aspersoria sulla cute. • Posizionare un archetto nel letto.
Prevenire umidità e macerazione	• Implementare una routine evacuativa o programmata di riabilitazione vescicale. • Usare assorbenti o pannolini per l'incontinenza. • Controllare frequentemente la presenza di fenomeni di incontinenza. Se necessario, lavare e risciacquare accuratamente. Applicare una barriera per l'umidità. • Evitare l'uso di protezioni di plastica o gomma.
Evitare spasticità e contratture	• Evitare movimenti rapidi e approssimativi. • Effettuare almeno 2 volte al giorno esercizi di mobilizzazione articolare. • Valutare i modelli di sinergismo quando si riposiziona il paziente. • Somministrare i farmaci antispastici orali, se prescritti.
Preservare idratazione e stato nutrizionale	• Valutare lo stato nutrizionale. • Studiare le cause di anoressia. • Correggere i deficit nutrizionali di fondo. • Consigliare l'assunzione di liquidi aggiuntivi, se non controindicato. • Fornire integratori ad alto contenuto proteico, se necessario. • Controllare il peso settimanalmente.
Continuare con le abituali cure dei tegumenti. Effettuare controlli della condizione cutanea a ogni cambio di posizione.	

14.3 Invecchiamento e prevenzione

Come accade in tutte le fasce di età, anche gli anziani possono imparare uno stile di vita che migliori i loro anni rimanenti.

L'essere ben curati fa crescere il livello di autostima: presidi e tecniche di adattamento sono disponibili per coloro che hanno bisogno di assistenza. Soprattutto è opportuno che gli anziani siano informati sulle modalità di prevenzione di determinate malattie e di riduzione dei rischi. È importante perciò informarli dei segni e dei sintomi che richiedono una valutazione medica.

L'educazione all'autocura e la partecipazione ai test di screening sono momenti importanti per il mantenimento della salute. Agli uomini sono consigliati ogni uno-due anni un **esame della prostata** e il **dosaggio dell'antigene prostatico specifico** (PSA), che possono rilevare il cancro alla prostata nelle fasi iniziali. Per le donne, la **mammografia** annuale può essere rimandata dal medico in base ai fattori di rischio della paziente. I **Pap test**, se negativi (normali) per cinque anni consecutivi, possono essere ripetuti con minor frequenza. Gli uomini e le donne di età superiore ai 50 anni dovrebbero sottoporsi annualmente a un **esame delle feci** per la ricerca del sangue occulto. Può essere suggerita una **colonscopia** per controllare l'insorgenza di cancro del colon.

Gli individui che sono stati esposti a **prodotti chimici ambientali**, **tabacco** o **abuso prolungato di alcool** spesso subiscono conseguenze gravi di salute in età avanzata. Gli individui di tutte le età possono trarre beneficio da stili di vita sani e da interventi di prevenzione, come la vaccinazione annuale contro l'influenza e quella contro la polmonite ogni sei anni, la valutazione rispetto alla tubercolosi (TBC), l'adeguata assunzione di cibo sicuro e acqua potabile.

In molti casi, quando si raggiungono i 65-70 anni, il paziente è già in cura per una condizione morbosa cronica che richiede l'assunzione continua di farmaci (ad esempio, ipertensione, malattie cardiache, diabete, allergie, disturbi gastrointestinali). Gli effetti collaterali di un farmaco sono spesso trattati con la prescrizione di un altro farmaco. Se il paziente si rivolge a medici diversi, questi possono prescrivere ulteriori farmaci per affrontare lo stesso o altri problemi di salute (**polifarmacoterapia**, in altre parole l'assunzione di numerosi farmaci da prescrizione e da banco per lo stesso o per diversi processi patologici).

Tra le sfide maggiori che gli anziani sono spesso chiamati ad affrontare vi è la riduzione dei **tempi di degenza** e del **tempo delle visite mediche ambulatoriali**. Spesso c'è poco tempo per accertarsi che il paziente abbia compreso in quali punti effettuare i controlli periodici e per educarlo sul regime terapeutico, in riferimento sia alle modalità di assunzione sia alle possibili interazioni con altre prescrizioni o con farmaci da banco che il paziente già assume. In molte situazioni assistenziali, sono il medico curante, gli infermieri, i farmacisti e gli operatori sociosanitari ad assistere i pazienti e le loro famiglie nel sorvegliare il regime terapeutico e gli altri bisogni relativi alla salute.

Come tutti gli individui, gli anziani hanno esigenze psicosociali e cognitive di apprendimento: molti di loro si tengono impegnati, svolgono attività di volontariato, praticano sport o si dedicano a hobby interessanti e stimolanti. Simili attività sono sempre da incoraggiare, in forma individuale o di gruppo, perché l'esercizio mentale, la pratica sportiva e qualsiasi altra forma di partecipazione emozionale concorrono al benessere generale dell'anziano, facendolo sentire "utile" e "produttivo".

Gli anziani hanno in genere sofferto per molte perdite nel corso della loro vita: alcune sono lievi e richiedono soltanto un adattamento minore, altre possono essere più significative. I cambiamenti fisiologici o i processi patologici possono provocare deficit visivi, cognitivi, di comunicazione, di mobilità e altre disabilità ancora. Se queste sono "invalidanti", in certa misura, l'individuo perde la propria indipendenza e ha bisogno di un certo grado di adattamento. Senza contare, poi, che le perdite possono essere sequenziali per il paziente anziano, perché una contribuisce a evidenziarne un'altra.

I professionisti sociosanitari dovrebbero ricordarsi che le persone che hanno vissuto a lungo sono superstiti e riescono ad adattarsi meglio ai cambiamenti della vita se possono utilizzare i loro attuali punti di forza. Sono spesso molto più forti, più ingegnosi e intraprendenti di quanto solitamente non si creda.

In fase di pianificazione dell'assistenza, allo scopo di aiutare il paziente anziano a trovare nuovi modi di adattarsi e mantenere un'indipendenza ottimale, bisogna identificare i suoi punti di forza e usarli.

SUGGERIMENTI PROFESSIONALI

Identificare i punti di forza degli anziani come parte dell'accertamento

L'accertamento dovrebbe includere l'identificazione dei punti di forza così come dei problemi. I punti di forza sono utilizzati per realizzare o mantenere una funzione fisica, mentale ed emozionale ottimale. Tutti i seguenti possono essere considerati punti di forza:

- Salute cognitiva
- Libertà da deficit o danni e adattamento conseguito con successo
- Storia di stili di vita sani riguardo a dieta, sonno, gestione dello stress, esercizio e assenza di abuso di sostanze
- Capacità funzionale sufficiente nell'effettuare le ADL
- Libertà da disagio fisico e dolore invalidante
- Ambiente di vita fisicamente sicuro
- Sensazione di sicurezza nell'ambiente attuale
- Conoscenza realistica circa le proprie possibilità
- Modelli di comportamento efficaci a evitare situazioni pericolose e rischi inutili
- Aderenza ai regimi di cura
- Capacità di controllo del proprio ambiente
- Sistema di sostegno integro
- Rapporti soddisfacenti con gli altri
- Occasioni per esprimere la propria sessualità
- Possibilità di accedere al trasporto
- Mobilità funzionale sufficiente
- Adattamento adeguato ai cambiamenti di vita e alle crisi
- Storia di modificazione dei ruoli come richiesto dalle fasi della vita e sostituzione soddisfacente con nuovi ruoli
- Modello di lutto funzionale per le perdite subite
- Partecipazione a gruppi religiosi, di comunità, hobby
- Appartenenza a famiglie i cui membri si rispettano e sono disposti a dare e ricevere aiuto se necessario
- Capacità di risoluzione dei problemi
- Volontà di raccogliere informazioni per migliorare le situazioni
- Comprovata iniziativa e sicurezza di sé nelle proprie abilità e nel giudicare
- Partecipazione all'autocura con presa di decisioni e accettazione delle corrispondenti responsabilità
- Sistema ben definito di valori
- Accettazione di quello che non può essere modificato
- Buon uso delle abilità assertive
- Convinzioni spirituali forti e capacità di trovare rassicurazione e forza nelle pratiche spirituali e religiose
- Apprezzamento entusiastico per l'invecchiamento, con dimostrazione di saper cogliere gli aspetti positivi dell'adattamento rispetto a quelli negativi
- Partecipazione a reminiscenze sane; prova di pochi rimpianti del passato
- Apprezzamento lieto per la natura, l'arte, la musica, gli hobby e le attività
- Senso dell'umorismo ben sviluppato

14.4 L'assistenza nelle attività di vita quotidiana (ADL)

Le **attività assistenziali di base** includono la mobilizzazione, l'igiene, la cura dell'aspetto, il vestirsi, il mangiare e i bisogni fisiologici di eliminazione.

Mobilità. Sono disponibili presidi assistenziali per aiutare i pazienti anziani a mantenere la mobilità e l'autosufficienza.

I corrimano possono diminuire i rischi di cadute durante la deambulazione; sono inoltre utili nelle vasche da bagno e, quando usati insieme a un rialzo di plastica, possono aiutare gli anziani a sedersi e alzarsi dalla toilette in modo sicuro.

Bagno. La **secchezza cutanea** aumenta con l'avanzare dell'età, pertanto per gli anziani è preferibile fare il bagno o la doccia solo due o tre volte alla settimana e lavarsi con spugnature nei periodi intercorrenti. Per il bagno si dovrebbe usare un sapone delicato, utilizzandolo con parsimonia, e poi applicare una lozione idratante.

L'individuo e ogni singolo fornitore di assistenza devono essere istruiti a ispezionare la cute durante il bagno, segnalando l'eventuale presenza di lesioni di continuo, noduli e cambiamenti dei nei.

Con l'età diminuiscono le secrezioni sebacee del **cuoio capelluto** e i **capelli** possono diventare in tal modo secchi. Di solito, lavare i capelli una o due volte a settimana è sufficiente per la maggior parte degli anziani e una pettinatura semplificata può essere utile per chi è affetto da limitazione articolare delle braccia. L'uso di shampoo delicato e balsamo può migliorare, inoltre, la struttura dei capelli.

Igiene. Le unghie possono divenire più fragili con l'invecchiamento: mantenerle pulite e corte aiuta a prevenire lesioni accidentali o graffi alla cute.

È frequente, negli anziani, che la circolazione sia deficitaria, per cui particolare attenzione deve essere rivolta alla cura dei piedi e degli arti inferiori. Le **unghie dei piedi**, in particolare, diventano frequentemente spesse e più resistenti con l'invecchiamento: prima di tagliarle può essere utile ammorbidirle con un pediluvio. Se il paziente ha problemi di circolazione o di integrità della cute o è affetto da diabete si dovrebbe consultare il podologo. Durante il bagno occorre controllare i piedi del paziente, segnalando l'eventuale presenza di dolore, infiammazione, lesioni cutanee, modifiche del colorito quali rossore, pallore o cianosi (aspetto bluastro o purpureo per difetti di circolazione), temperatura cutanea (caldo o freddo), screpolature tra le dita, calli e duroni.

Il bisogno di un'**igiene orale** adeguata non diminuisce con l'età. Spazzolatura e controlli dentali inadeguati possono portare a gengiviti (sanguinamento ed edemi gengivali) che, se mal curate o non curate, rischiano di progredire in malattia periodontale, che può distruggere il tessuto connettivo, l'osso alveolare e i legamenti periodontali. Perciò è buona norma controllare che le persone assistite osservino una corretta igiene orale.

I pazienti portatori di **dentiera** devono spazzolare regolarmente dentiera e gengive usando uno spazzolino soffice e un dentifricio delicato. Si deve controllare, peraltro, il corretto adattamento della dentiera all'arcata dentaria.

Cura dell'aspetto. Curare l'aspetto del paziente è importante per promuoverne l'autostima e la fiducia. I pazienti maschi si sentiranno molto meglio con un **viso pulito e ben rasato**; per prevenire infezioni è opportuno che un rasoio (elettrico o a lame) sia usato da una sola persona e che su di esso ne sia indicato il nome.

Le donne possono richiedere la cura della peluria facciale, dal momento che i livelli di estrogeni si riducono dopo la menopausa. È frequente, nelle donne anziane, la comparsa di peluria sul mento o sopra il labbro superiore e viceversa, nelle donne come negli uomini, la diminuzione di peluria sulle gambe, sotto le ascelle e intorno ai genitali.

Curare l'aspetto significa anche scegliere **capi di abbigliamento e gioielli**. I pazienti che presentano limitazioni articolari, paralisi o una limitata resistenza agli sforzi per problemi di salute possono avere difficoltà a vestirsi. Strumenti come cinture elastiche, chiusure di velcro, attrezzi con cui sostenersi o afferrare gli abiti possono essere di grande aiuto.

Alimentazione ed eliminazione. Molti anziani sono in grado di alimentarsi da soli, altri no: sulla capacità di alimentarsi possono influire alterazioni neurologiche e muscolo-scheletriche. La **disfagia**, o difficoltà a deglutire, può portare i pazienti anziani a un alto rischio di soffocamento e la diminuzione del senso del gusto può influire sulla voglia di mangiare.

Con il passare del tempo cambiano anche le **abitudini di eliminazione**. Disordini dell'intestino possono essere prevenuti nel paziente che invecchia nei seguenti modi:

- assicurando un apporto adeguato di fibre (cereali, frutta fresca);
- assicurando un apporto adeguato di liquidi (almeno 1.500 ml/die);
- praticando quotidianamente attività fisica;
- sviluppando abitudini di defecazione regolari.

Per i **pazienti ospedalizzati o in lungodegenza** è utile:

- mantenere abitudini efficaci antecedenti, come ad esempio assumere liquidi caldi appena alzati;
- assistere il paziente alla toilette circa 30 minuti dopo che ha mangiato, sfruttando il riflesso gastro-colico.

È estremamente importante che chi assiste gli anziani ne controlli l'intestino; periodi prolungati di **costipazione** (superiori a due-tre giorni) dovrebbero allertare il personale d'assistenza sulla necessità di interventi per minimizzare la possibilità che si verifichi occlusione intestinale, evenienza che può divenire mortale se non trattata. Ausili evacuativi come lassativi, lubrificanti, ammorbidenti fecali hanno tutti effetti collaterali e andrebbero evitati, se possibile. In prima istanza dovrebbero essere avviate modifiche al regime dietetico o un programma di esercizi.

> **SUGGERIMENTI PROFESSIONALI**
>
> **Anziani e nutrizione**
>
> I cambiamenti fisiologici, psicologici, sociali ed economici legati all'invecchiamento possono compromettere lo stato nutrizionale.
>
> Gli anziani devono seguire una **dieta bilanciata**, spesso riducendo l'assunzione di zuccheri, caffeina e sodio. Non esistono linee guida dietetiche universalmente accettate e specifiche per chi abbia raggiunto la terza età. Un dietologo può determinare l'introito di cibo necessario per ogni individuo, tenendo in considerazione l'altezza, il peso ideale, il livello di attività e il processo patologico.
>
> Gli anziani di entrambi i sessi necessitano da 1.000 a 1.500 mg di calcio al giorno; le integrazioni di calcio dovrebbero contenere anche la **vitamina D** per assicurare un adeguato **metabolismo corporeo**.
>
> La necessità di integrazioni dipende dalle condizioni nutrizionali del paziente e dalla capacità di seguire una dieta adeguata. Una corretta assunzione di **proteine** è importante per mantenere sia l'integrità cutanea sia la densità ossea; i carboidrati, invece, vanno assunti con moderazione perché sono metabolizzati in zuccheri semplici.
>
> Infine, una componente essenziale per un'adeguata assunzione di cibo è rappresentata dai momenti di socializzazione, aspetto che va adeguatamente considerato in qualsiasi intervento di assistenza alimentare.

Come risultato dei cambiamenti fisici legati all'invecchiamento, negli anziani di entrambi i sessi può manifestarsi un **aumento della frequenza urinaria**. È comune nei soggetti anziani un'autolimitazione nell'introduzione di liquidi per paura dell'incontinenza: si tratta di un'abitudine insalubre che dovrebbe essere scoraggiata. Bisogna, piuttosto, valutare i casi di **incontinenza** per determinarne la causa e il tipo, quindi gli interventi e le cure che possono essere implementati.

14.5 Un modello istituzionalizzato di assistenza

Le classi di età più anziane stanno aumentando a ritmo più elevato della crescita della popolazione anziana in generale. Secondo stime ISTAT, nel 2021 gli ultrasessantacinquenni italiani saranno 13.209.000 (+32%) e gli ultraottantenni 4.090.000 (+78%). Ciò significa che gli ultraottantenni stanno aumentando percentualmente più degli ultrasessantacinquenni.

Una risposta istituzionale è la **Residenza Sanitaria Assistenziale** (RSA), che sostituisce le precedenti soluzioni residenziali per la cura di anziani in condizioni di non autosufficienza. Non esaurisce, invece, la possibilità di soluzioni diversificate o innovative per altre tipologie di bisogno residenziale degli anziani.

In Italia spetta alle Regioni disciplinare, nell'ambito delle loro competenze, ai sensi del decreto legislativo n. 502/1992 (art. 3, comma 5), le modalità di attuazione e definizione delle RSA; queste, infatti, si inseriscono nella complessa rete di servizi sociosanitari già previsti da leggi e regolamenti nazionali e regionali.

In questo contesto di rete, la RSA è il fulcro residenziale extraospedaliero dell'assistenza alla persona non autosufficiente. Essa si rivolge ad anziani non autosufficienti e ad altri soggetti (non autosufficienti) non assistibili a domicilio, offrendo un livello medio di assistenza sanitaria (medica, infermieristica e riabilitativa) integrato da un alto livello di assistenza tutelare e alberghiera.

L'unità di base è il modulo o nucleo, composto da 20-25 posti per gli anziani non autosufficienti e 10-15 posti (secondo la gravità dei pazienti) per disabili fisici, psichici e sensoriali, utilizzando in maniera flessibile gli stessi spazi edilizi.

Le RSA vanno preferibilmente localizzate, soprattutto quelle di nuova costruzione, in zone già urbanizzate, integrate con il preesistente contesto o ben collegate mediante mezzi pubblici a centri urbani, al fine di evitare qualsiasi forma di isolamento, difficoltà di incontro con le famiglie e l'allontanamento dall'ambito sociale di appartenenza.

Strumento di lavoro dell'équipe multidisciplinare che opera in RSA è il **piano di assistenza individualizzato** (PAI). Ciascun operatore ha la sua area di competenza ove, attraverso una valutazione multidimensionale, si procede all'individuazione degli obiettivi e delle strategie per intervenire sulla persona.

Con i PAI si passa da un'organizzazione che affida agli operatori la semplice esecuzione di mansioni a una in cui tutti coloro che operano all'interno dell'organizzazione vengono responsabilizzati in vista di determinati obiettivi. Sotto il profilo operativo viene creata una documentazione in cui ogni professionista impegnato nell'assistenza può registrare azioni, interventi, risultati, nuovi obiettivi, sempre in un'ottica multidisciplinare.

14.6 L'assistenza al paziente affetto da diabete

Il diabete è una malattia conosciuta fin dai tempi più remoti. Vengono, infatti, trovati dei manoscritti risalenti al 1500 a.c. in cui si parla di sintomi tipici di tale patologia. Tuttavia il termine diabete si pensa venga coniato da un medico, Areteo di Cappadocia, intorno al 150 d.c., il quale definisce la malattia come "terribile". Egli descrisse la persona affetta da diabete come sofferente e angosciata, a causa della continua e incessante necessità di bere acqua, sete irrefrenabile chiaro sintomo della malattia, accompagnata da un'inarrestabile bisogno di urinare. Il malato aveva vita breve in quanto non esisteva all'epoca una terapia adeguata.

Il diabete è una malattia che si manifesta quando nel sangue vi è un aumento di glucosio causato da un deficit di insulina, ormone prodotto dal pancreas in grado di controllare i livelli di glicemia.

Non è una malattia contagiosa né ereditaria. Tuttavia vi può essere una predisposizione familiare, aumentando così la possibilità di sviluppare la malattia in quei soggetti che hanno familiari di primo grado diabetici.

Il diabete si suddivide in:

- diabete di tipo 1
- diabete di tipo 2
- diabete gestazionale
- diabete monogenico
- diabete secondario da patologia

Il diabete di tipo 1 e di tipo 2 sono i due tipi di diabete che si manifestano con più frequenza.

Il diabete di tipo 1 è definito anche diabete insulino-dipendente o diabete giovanile; compare, infatti, soprattutto in persone giovani, bambini, adolescenti. Esso è di origine autoimmune e si verifica una distruzione delle cellule del pancreas deputate alla produzione di insulina.

Il diabete di tipo 2 è anche definito diabete senile e si sviluppa soprattutto nelle persone adulte, sopra i 40 anni di età. Tuttavia, recenti studi hanno verificato che l'età di insorgenza si sta notevolmente abbassando in quanto strettamente legato agli stili di vita. Le origini della malattia sono dovute ad un deficit di produzione di insulina. In questo caso, le cellule producono una quantità di insulina tale da non soddisfare le necessità dell'organismo.
La principale causa dell'insorgenza del diabete di tipo 2 sembra sia dovuta ad un eccesso del peso corporeo, il quale determina insulino-resistenza.

Il diabete gestazionale si manifesta durante la gravidanza e scompare dopo il parto. Le donne nel quale si è manifestato tale tipo di diabete sono definite a rischio di rimanifestare la patologia nelle gravidanze successive e di sviluppare il diabete di tipo 2.

Il diabete monogenico deriva da un difetto genetico, è un diabete ereditario in quanto si è manifestato in generazioni precedenti ed è in grado di favorire alterazioni della glicemia (iperglicemia).

Il diabete secondario da patologia si può sviluppare in persone affette da malattie croniche come pancreatiti, cirrosi epatiche, insufficienza renale. Tale forma di diabete potrebbe manifestarsi anche in persone che sono in cura con terapie cortisoniche.

La diagnosi di diabete viene fatta dal medico in base a specifici esami: l'emoglobina glicata, glicemia nel sangue, test da carico di glucosio, presenza di glucosio nelle urine (glicosuria).

- **L'emoglobina glicata** è una proteina che si crea dal legame dell'emoglobina con il glucosio presente nel sangue ad alte concentrazioni. Tale proteina non è in grado di eseguire le funzioni dell'emoglobina, pertanto l'ossigeno non arriva efficacemente nei diversi organi e tessuti dell'organismo. L'esame dell'emoglobina glicata ci permette di capire e stabilire la quantità di glucosio presente nel sangue nei 2/3 mesi precedenti l'esame.
- **La glicemia** è la concentrazione di glucosio nel sangue. Il glucosio è presente sotto forma di zuccheri negli alimenti ed è uno dei nutrienti essenziali per la vita cellulare. Il nostro organismo è in grado di regolare i livelli di glicemia grazie a specifici ormoni. Il principale ormone con funzione ipoglicemizzante è l'**insulina** ed è prodotto dal pancreas. La glicemia può essere determinata attraverso un esame definito anche di **autocontrollo**, in quanto eseguibile in piena autonomia dal paziente. È un esame fondamentale per la gestione corretta del diabete e di facile esecuzione. I valori di riferimento della glicemia vengono espressi in mg/dl (milligrammi per decilitri) o Mmol/L (millimoli per litro). È utile a tal fine conoscere alcuni valori di riferimento che indicano normalità o indice o sospetto di diabete.
- **Il test da carico di glucosio** permette di eseguire diagnosi di diabete attraverso un prelievo ematico eseguito a distanza di 2 ore dalla somministrazione di 75 g di glucosio liquido.

Tabella 14.4 Valori di riferimento della glicemia

	In qualsiasi momento della giornata	Glicemia a digiuno	Dopo 120 minuti dal pasto o da test da carico di glucosio
Ipoglicemia	< 60 mg/dl		
Normale		60-99 mg/dl (3.3-5.5 mmol/L)	< 140 mg/dl (< 7.8 mmol/L)
Diabete	≥ 200 mg/dl (≥ 11.1 mmol/L)	≥ 126 mg/dl (≥ 7.0 mmol/L)	≥ 200 mg/dl (≥ 11.1 mmol/L)

- **La glicosuria** determina la presenza di glucosio nelle urine. In condizioni di normalità, il glucosio non è presente se non in misura ridotta. Il rene, infatti, ha la funzione di depurare il sangue e in condizioni di normalità trattiene il glucosio in quanto elemento fondamentale per la sopravvivenza cellulare. Quando il glucosio supera la cosiddetta "soglia renale" il rene elimina gli eccessi attraverso le urine.

La sintomatologia più comune nel paziente affetto da diabete di tipo 1 è data da **polidipsia (aumento della sensazione di sete) e poliuria (abbondanti minzioni). Il paziente riferisce anche stanchezza e perdita di peso.**
Nel diabete di tipo 2 la diagnosi viene fatta generalmente in occasione di altri accertamenti ed esami di laboratorio che includono anche i valori di glicemia.

I fattori di rischio nel diabete di tipo 1 sono legati prevalentemente alla familiarità mentre quelli di tipo 2 sono dovuti principalmente agli stili di vita scorretti (fumo, obesità, assenza di attività fisica, cattiva alimentazione). Inoltre l'ipertensione, la familiarità e l'età aumentano le probabilità di insorgenza della malattia.

Le complicanze **acute** nel paziente con scompenso glicemico sono l'ipoglicemia e la chetoacidosi. La prima è determinata da un notevole abbassamento dei valori di glicemia. La chetoacidosi, invece, si manifesta quando i valori di glicemia si innalzano abbondantemente (iperglicemia) con il conseguente aumento di corpi chetonici nel sangue e disidratazione.
Tutte e due queste condizioni devono essere immediatamente trattate in regime ospedaliero per evitare situazioni che potrebbero evolvere in esiti fatali in determinati casi.

Le complicanze **croniche** si manifestano nei pazienti che hanno trascurato la malattia, e causano danni a diversi organi. Tra le più comuni ricordiamo le retinopatie (danni alla retina), nefropatia (danni renali), neuropatia (danni ai nervi), vasculopatia e cardiopatia (danni alle arterie e al cuore). La prevenzione e i controlli riducono notevolmente le complicanze croniche garantendo al paziente una migliore qualità della vita. Tuttavia, considerato che il diabete di tipo 2 viene diagnosticato in genere in maniera tardiva, tali patologie possono essersi già manifestate. Il paziente affetto da diabete sia di tipo 1 che di tipo 2 deve essere sottoposto ad esami diagnostici e di controllo per rallentare o arrestare la gravità della malattia.

Il **piede diabetico**. Il paziente affetto da diabete è più soggetto a manifestare lesioni a danno degli arti inferiori e in particolare ai piedi. Questa patologia, conosciuta come piede diabetico, si manifesta a causa delle complicanze alle arterie e ai nervi, causando ulcere severe e infezioni cutanee. Tali lesioni possono essere talvolta così complicate da richiedere l'amputazione della parte interessata. Considerato che il diabete causa neuropatia, il paziente affetto da diabete potrebbe non manifestare dolore al piede malato e recarsi a visita di controllo in maniera tardiva.
Per questo motivo è opportuno istruire paziente, familiari, caregiver ad avere particolare riguardo e attenzione nella cura e igiene del piede.
È necessario, pertanto, non trascurare lesioni apparentemente prive di significato, controllare ed eseguire l'igiene del piede ogni giorno anche negli spazi interdigitali e delle unghie, evitare di curarsi in autonomia calli o duroni che potrebbero insorgere, ma piuttosto recarsi dagli specialisti (podologo). È opportuno evitare di tagliare le unghie, bensì limarle, non usare acqua molto calda per eseguire l'igiene, usare scarpe comode e morbide.

Come si cura il diabete. La base principale della cura del diabete è fornita dall'educazione alimentare, dall'attività fisica e dalla terapia farmacologica. Riveste un ruolo di fondamentale importanza l'educazione terapeutica nella quale è presente una relazione finalizzata ad istruire (medico/infermiere) ed apprendere (paziente/familiare) la malattia e la sua gestione.

I principali farmaci utilizzati sono conosciuti come ipoglicemizzanti orali e insulina.
È utile nell'educazione terapeutica istruire il paziente ad eseguire l'autocontrollo per il monitoraggio quotidiano della glicemia.

In caso di ipoglicemia il paziente può percepire sintomi come sudorazione, fame intensa, tachicardia, confusione mentale, visione offuscata, in casi gravi e se non si interviene immediatamente può portare a perdita di coscienza.

Se il paziente è cosciente somministrare nell'immediato zuccheri semplici (caramella, zolletta di zucchero, marmellata) dopo circa 15/20 minuti far assumere carboidrati, ricontrollando la glicemia e verificandone gli effetti dell'assunzione.
Se il paziente è in stato di incoscienza è necessario allertare il 118 in quanto si tratta di una condizione di emergenza sanitaria.

Come si determina la glicemia capillare. Per eseguire tale esame esistono in commercio strumenti utili e di facile uso chiamati glucometri. Tali apparecchi hanno in dotazione delle strisce reattive nella quale viene depositata una goccia di sangue prelevata attraverso una puntura eseguita nel polpastrello delle dita con un pungidito. Sul display del dispositivo apparirà il valore di glicemia dopo aver atteso qualche secondo.
Questi dispositivi per poter essere utilizzati correttamente devono essere calibrati e utilizzati con strisce reattive idonee e specifiche.
Attualmente esistono degli apparecchi che non prevedono l'uso del pungidito e del prelievo di sangue, ma essendo ancora in studio non verranno trattati in questo capitolo.

Procedura 14.1 Rilevare la glicemia capillare

Accertamento

Verificare lo stato e le condizioni di salute del paziente

Pianificazione assistenziale

La rilevazione della glicemia capillare può essere eseguita al domicilio dai familiari o dal paziente in base al grado di complessità assistenziale e le conoscenze acquisite.
In ambito ospedaliero si fa riferimento ai protocolli in uso in ogni Unità Operativa.

Materiale occorrente

- Guanti monouso
- Glucometro
- Strisce reattive
- Garza pulita
- Pungidito
- Contenitore rigido per taglienti

Interventi assistenziali

Preparazione

1. Controllare che l'apparecchio sia funzionante e ben calibrato con le strisce reattive in uso.
2. Controllare che le strisce reattive non siano scadute.
3. Spiegare al paziente la procedura e che potrà avvertire fastidio a livello dei polpastrelli.
4. Far eseguire il lavaggio delle mani al paziente assicurandosi che non vi siano residui di cibo che possano far alterare i valori.

Tecnica

1. Identificare il paziente.
2. Provvedere alla riservatezza del paziente.
3. Lavarsi le mani e osservare le procedure per il controllo delle infezioni.
4. Indossare i guanti monouso.
5. Inserire una striscia reattiva nell'apparecchio e verificarne l'accensione
   - alcuni apparecchi si accendono automaticamente all'inserimento della striscia reattiva, altri devono invece essere accesi prima. Verificare sempre il corretto uso dell'apparecchio con le indicazioni che vengono fornite dal produttore.
6. Controllare i polpastrelli e pungere lateralmente evitando zone che siano già state punte in precedenza
   - la puntura laterale favorisce un migliore reflusso di sangue e minore dolore riferito e percepito dal paziente
   - la puntura frontale del polpastrello è più dolorosa in quanto ricco di terminazioni nervose
   - fare una leggera pressione sul polpastrello in quanto permette di stabilire la profondità dell'inserimento dell'ago del pungidito diminuendone la percezione del dolore.
7. Smaltire il pungidito nell'apposito contenitore per taglienti.
8. Far refluire una goccia di sangue, pulire il polpastrello e far refluire una seconda goccia di sangue
   - permette di avere un valore di glicemia accurato.
9. Depositare la goccia di sangue sulla striscia reattiva
   - generalmente è sufficiente avvicinare la striscia reattiva alla goccia di sangue in quanto viene assorbita automaticamente.
10. Tamponare il polpastrello con una garza asciutta e pulita
    - favorisce l'arresto del sanguinamento.
11. Attendere qualche secondo e leggere i valori di glicemia dal display del glucometro
    - fare riferimento alle indicazioni fornite dal produttore dell'apparecchio.
12. Eliminare la striscia reattiva nell'apposito contenitore dei rifiuti speciali
13. Rimuovere i guanti e lavare le mani.
14. Riferire all'infermiere i valori rilevati
    - permette di poter intervenire immediatamente in caso di necessità e urgenza.
15. Registrare il dato nell'apposita scheda parametri
    - permette di mantenere sotto controllo le variazioni dei valori di glicemia e poter intervenire farmacologicamente in caso di alterazioni importanti.

Capitolo 15
L'assistenza alla persona con disturbi mentali

15.1 I concetti di salute e malattia mentale

Quando si parla di **salute mentale**, si fa riferimento a quella condizione di normalità caratterizzata da benessere e/o equilibrio di tipo affettivo, emotivo, neurobiologico, del tono dell'umore, cognitivo e comportamentale. Una persona è considerata sana di mente quando ha coscienza e percezione di sé, soddisfa autonomamente le proprie necessità di base, si assume la responsabilità del proprio comportamento, integra i propri pensieri, le proprie azioni e i propri sentimenti, riesce a risolvere efficacemente i conflitti, a mantenere le relazioni, a comunicare direttamente con le altre persone.

Il benessere mentale, quindi, è quella condizione in cui si trova chiunque abbia un buon livello di soddisfazione dei propri bisogni essenziali e una soddisfacente qualità di vita, per cui accetti il proprio stato individuale e sociale e sia animato da sufficiente curiosità e spirito di iniziativa.

Competenze caratteristiche della condizione di salute mentale sono:

- capacità di stabilire relazioni soddisfacenti e mature con gli altri;
- capacità di partecipare costruttivamente ai mutamenti dell'ambiente;
- capacità di sviluppare la propria personalità, mettendo a frutto le proprie pulsioni istintuali nelle relazioni sociali;
- saper risolvere i propri conflitti in modo equilibrato;
- capacità di adattarsi alle condizioni esterne e ai conflitti interiori;
- avere una buona immagine di sé;
- consapevolezza delle proprie emozioni e dei propri affetti.

All'opposto, la persona potenzialmente esposta al rischio di sviluppare una **malattia mentale** è quella che non riesce ad avere una chiara percezione di sé, che ha una percezione distorta o che, ancora, è incapace di adattarsi all'ambiente e mantenere rapporti personali e professionali soddisfacenti. Questi individui vivono una condizione di frustrazione, tristezza, tensione, aggressività e, più in generale, di profonda sofferenza e insoddisfazione, che si ricollegano a difficoltà di varia natura (negli affetti, nel lavoro, nelle amicizie, ecc.).

Si passa dal disagio al disturbo quando alla sofferenza prolungata o intensa si accompagnano alterazioni mentali o comportamentali. L'*American Psychiatric Association* definisce il **disturbo mentale** come un comportamento, una sindrome o un pattern psicologico clinicamente significativo che si osserva in un individuo e che si associa ad un disagio (ad esempio, una risposta negativa a stimoli che vengono percepiti come minacciosi) o ad una disabilità attuale (ad esempio, alterazioni di una o più funzioni importanti) o ad un rischio significativamente aumentato di sofferenza, morte, dolore, disabilità o importante perdita della libertà personale.

I malati mentali sono provvisti di una normale intelligenza e, nella maggior parte dei casi, non sviluppano alcun sintomo se non verso l'adolescenza e la prima età adulta. Non bisogna dimenticare che la persona mentalmente disturbata conserva sempre una propria dimensione umana. Si comprende perciò quanto sia decisivo, sul piano della prevenzione, il ruolo svolto dalle **famiglie** e quanto sia importante, sotto l'aspetto terapeutico, il ruolo dello **psichiatra**, come specialista più frequentemente coinvolto nel processo di diagnosi e cura. Anche gli **OSS** che assistono i pazienti con malattie mentali possono apportare elementi e fornire suggerimenti per le diagnosi, ma le loro funzioni principali sono educazionali e assistenziali, per quanto di loro competenza.

Il personale sanitario, ciascuno per le proprie competenze, è responsabile di fornire informazioni ai pazienti, preparare ed educare i loro familiari.

Il personale sanitario ha spesso contatto e rapporti con i familiari del paziente pertanto è fondamentale che comprenda che cosa significa lavorare con questo tipo di pazienti e si sentano a proprio agio nel farlo, non solo nei reparti di psichiatria, ma in qualsiasi circostanza.

SUGGERIMENTI PROFESSIONALI

Sintomi, cause e fattori di rischio della malattia mentale

I **sintomi** più comuni includono:

- tristezza;
- pensieri confusi o ridotta capacità di concentrazione;
- paure eccessive o preoccupazioni;
- cambiamenti di umore estremi, con importanti fasi di alti e bassi;
- ritiro sociale;
- stanchezza significativa;
- distacco dalla realtà (deliri), paranoia o allucinazioni;
- incapacità di far fronte ai problemi quotidiani o allo stress;
- sensazione estrema di colpa;
- abuso di alcool o sostanze stupefacenti;
- importanti cambiamenti delle abitudini alimentari;
- desiderio sessuale compulsivo;
- eccessiva rabbia, ostilità o violenza;
- pensieri autolesivi;
- disturbi fisici, come dolori addominali, mal di schiena o mal di testa.

Le malattie mentali sono causate da una varietà di **fattori genetici e ambientali**:

- *tratti genetici*: una predisposizione a certe malattie mentali, come il disturbo bipolare, può essere ereditaria. Anche la chimica del cervello può avere un ruolo nello sviluppo delle malattie mentali;
- *esposizioni ambientali prima della nascita*: l'esposizione a virus, tossine, alcool o droghe, mentre il feto è nel grembo materno, può essere a volte associata allo sviluppo di malattie mentali;
- *esperienze di vita negative*: determinate situazioni nella vita possono svolgere un certo ruolo nello scatenare la malattia mentale (ad esempio: un'educazione che infonde scarsa autostima, una storia di abusi, ecc.).

Alcuni fattori possono aumentare il **rischio di sviluppare malattie mentali**.
Tra essi sono inclusi:

- avere un genitore o un fratello affetto da un disturbo mentale;
- avere una madre che è stata esposta a virus, tossine, farmaci o alcool durante la gravidanza;
- sperimentare situazioni di vita stressanti, come per esempio difficoltà finanziarie, un divorzio o il decesso di una persona cara;
- avere una malattia cronica;
- aver riportato danni cerebrali a causa di una grave lesione traumatica del cervello;
- aver vissuto esperienze traumatiche, come l'aver subito aggressioni o aver combattuto in guerra;

- fare uso di droghe o alcool;
- essere stati trascurati da bambini;
- avere pochi amici o pochi rapporti sani.

Si calcola che circa un adulto su quattro soffre di disturbi mentali.

15.1.1 Prevenzione, cura e riabilitazione

Secondo l'Organizzazione Mondiale della Sanità, nel mondo quasi mezzo milione di persone soffrono di disturbi mentali, neurologici o del comportamento, e la gran parte di questi disturbi non sono né diagnosticati né trattati. Secondo altre stime, le persone in condizioni di disagio mentale sarebbero addirittura 900 milioni, circa il 13% della popolazione mondiale.

Si comprende, perciò, quanta importanza abbia la **prevenzione**. Sotto questo aspetto, le azioni dirette a prevenire possono essere classificate in base a tre livelli[1]:

- **attività di prevenzione primaria**, con interventi di natura sanitaria, sociale, economica ed educativa diretti a impedire eventi potenzialmente nocivi per la salute;
- **attività di prevenzione secondaria**, con interventi di diagnosi precoce, assistenza e cura, non necessariamente attuati all'interno di contesti clinici in senso stretto;
- **attività di prevenzione terziaria**, con interventi riabilitativi di natura sociale, economica e di reinserimento lavorativo diretti a impedire l'aggravamento e/o la riproposizione di eventi nocivi in un soggetto che è stato precedentemente sottoposto a interventi terapeutici ed educativi.

Come effettuare un'adeguata prevenzione? Allo stato attuale delle conoscenze, i fattori che prevengono l'insorgenza della malattia mentale sono:

- allattare al seno;
- ricevere cure materne adeguate;
- poter contare sulla figura paterna;
- seguire una dieta corretta;
- praticare regolare attività fisica;
- vivere, per quanto possibile, a contatto con la natura;
- astenersi dal consumo di alcool o farne un consumo moderato;
- avere una vita sociale soddisfacente;
- tenere la mente regolarmente impegnata.

L'eliminazione dei fattori che si presume possano provocare o favorire l'insorgenza dei disturbi psichici è compito della prevenzione primaria. Sotto questo aspetto, "prevenire" significa modificare i fattori che determinano o facilitano la comparsa del disturbo, mentre al campo della prevenzione secondaria appartiene la formulazione di una diagnosi precoce, attraverso l'identificazione di sintomi iniziali, resa possibile sempre più dall'affinamento dei procedimenti diagnostici.

Innegabile, in questo stadio, è il ruolo del medico di base, "*chiamato direttamente in causa attraverso la sua provata capacità di sceverare l'organico dal funzionale, la lamen-*

[1] Cittadinanza Onlus, *Salute mentale e prevenzione*, www.cittadinanza.org.

tazione ipocondriaca dalla vera sofferenza somatica, il cattivo umore dall'incipiente stato depressivo"[2].

Va abbandonato il preconcetto che la malattia mentale sia inguaribile. La persona che soffre di disturbi psichici può riuscire, se adeguatamente assistita e trattata, a riconquistare un posto nella vita di relazione e a riappropriarsi delle normali capacità di adattamento e di interazione con gli altri. Ed ecco allora che la prevenzione terziaria interviene nel ridurre le "conseguenze" del disturbo, le recidive e la cronicizzazione.

La **riabilitazione psichiatrica**, complementare alla cura, trova il suo fondamento in un modello concettuale nel quale l'approccio riabilitativo si focalizza necessariamente sulle conseguenze della malattia piuttosto che sulla malattia di per sé. Se la cura tenta di eliminare i disturbi del comportamento, la riabilitazione tenta di ristabilire i processi psichici e le capacità socio-relazionali. Entrambe richiedono tempi lunghi e necessitano di strutture in cui il malato impari a relazionarsi con gli altri, ad aver cura di sé, a organizzare le proprie attività. È fondamentale, in questo ambito, il ruolo del **tecnico della riabilitazione** "psichiatrica" (TeRP) nel creare progetti riabilitativi individualizzati. Gli interventi sono attuati dai servizi e dai presidi territoriali extra-ospedalieri; in tal modo i pazienti continuano a godere dei propri diritti civili e della propria autodeterminazione.

15.2 I servizi erogati

In Italia, la pietra miliare della legislazione sulla salute mentale è la legge n. 180 del 1978 (**legge Basaglia**), celebre per avere imposto la chiusura dei manicomi e per aver regolamentato il trattamento sanitario obbligatorio istituendo i servizi pubblici di igiene mentale.

I principi fondamentali contenuti in questa legge possono essere così riassunti:

- il fine dell'intervento pubblico non è più il controllo sociale dei malati di mente, ma la promozione della salute e la prevenzione dei disturbi mentali;
- l'asse portante degli interventi e delle istituzioni assistenziali non è più rappresentato dal ricovero ospedaliero ma dai servizi territoriali;
- le reti familiari e sociali dei pazienti sono attivamente coinvolte nella programmazione dei progetti terapeutici e di risocializzazione.

Dopo l'avvento della legge Basaglia, poi recepita nella legge n. 833 del 1978 agli artt. 33-35 sul Servizio Sanitario Nazionale, l'azione mirata alla tutela della salute mentale ha radicalmente mutato la propria prospettiva, abbandonando la tradizionale logica manicomiale, basata sulla segregazione del paziente psichiatrico, e accogliendo l'innovativa logica della psichiatria sociale, del supporto territoriale e della psicoterapia diffusa al livello dei pubblici servizi.

Attualmente i servizi di salute mentale, in accordo con la normativa vigente, sono strutturati nelle seguenti tipologie, coordinate all'interno di un modello dipartimentale:

- i **Centri di Salute Mentale**, che effettuano a livello di base le attività di accoglienza, valutazione e diagnosi psichiatrica in un contesto di cura ambulatoriale e garantiscono, in casi di necessità, interventi urgenti domiciliari o in altri luoghi di vita. Nell'ambito dell'attività di valutazione i Centri di Salute Mentale effettuano l'attività

[2] Frighi L., *Igiene mentale e prevenzione in psichiatria*, 2005 © su Web.

di consulenza strutturata per i pazienti inviati dai Medici di Medicina Generale e, inoltre, sono in grado di assicurare progetti curativi e riabilitativi capaci di rispondere ai bisogni della persona malata senza escluderla dal proprio ambiente;
- i **Servizi Psichiatrici di Diagnosi e Cura** (SPDC), per l'accoglienza ospedaliera diurna o notturna, che consentono una breve accoglienza della persona in stato di sofferenza acuta;
- **alloggi** e **case di tipo familiare**, rivolti a pazienti che non hanno un supporto familiare, diversamente caratterizzati da protezione, in base ai differenti bisogni;
- i **centri diurni** e **day hospital**, per attività riabilitative in regime semiresidenziale;
- le **Residenze Sanitarie Assistenziali**, che accolgono pazienti affetti da elevata disabilità psicofisica, provenienti da pregresse esperienze manicomiali, ma che necessitano di un'accoglienza idonea a favorire, per quanto possibile, il percorso di riabilitazione e il reinserimento sociale;
- i **reparti ospedalieri psichiatrici**, per l'accoglienza, di breve durata, al malato in fase acuta che necessita di cure specialistiche e alta protezione.

La struttura maggiormente deputata a rispondere ai bisogni emergenti e a realizzare gli obiettivi terapeutici è il Centro di Salute Mentale, che non è solo la sede organizzativa dell'équipe multidisciplinare, ma rappresenta anche la sede di coordinamento degli interventi di prevenzione, cura, riabilitazione e reinserimento sociale nel territorio di competenza.

Presso ogni Azienda Sanitaria Locale è presente un **Dipartimento di Salute Mentale**, con personale sanitario misto (medici, psicologi, assistenti sociali, educatori, infermieri, terapisti occupazionali, operatori sociosanitari), pronto a fornire risposte diversificate.

Accanto ai servizi forniti dalle istituzioni operano anche numerose cooperative, associazioni e gruppi di volontariato, che garantiscono un legame con il territorio e con i cittadini oppure rappresentano le istanze degli utenti e delle loro famiglie.

15.3 Gli interventi socio-assistenziali e sanitari

La tutela della salute mentale richiede l'attivazione di una rete complessa di attività e di interventi. Le azioni assistenziali, modellate su tipologie differenti di prestazioni sanitarie a rilievo socio-assistenziale, possono essere di prevenzione, cura e riabilitazione.

La realizzazione di un sistema integrato di interventi curativi necessita di una chiara definizione delle competenze sanitarie e socio-assistenziali e di modalità di lavoro in équipe fondate sull'individuazione delle professionalità necessarie, delle responsabilità e delle modalità operative di intervento.

SUGGERIMENTI PROFESSIONALI

I principali strumenti terapeutici

La **psicoterapia** costituisce la più valida alternativa al trattamento farmacologico (con il quale, generalmente, si integra), mentre ha perduto terreno la **psicoanalisi**, in auge fino agli anni Settanta.
In casi selezionati o limitati vengono proposte **terapie fisiche**, più o meno invasive – come *fototerapia, elettroshock* o *terapia elettroconvulsivante* o *stimolazione magnetica (tms)* – oppure **terapie di tipo ludico o creativo**, quali *musicoterapia, ippoterapia, pet therapy, drama therapy*.
Sono state completamente abbandonate pratiche psicochirurgiche come la *lobotomia prefrontale completa*, i cui effetti collaterali non erano prevedibili.

A livello locale il coordinamento delle attività dei **Dipartimenti di Salute Mentale** con le attività dei **servizi socio-assistenziali** è disciplinato da convenzioni che individuano i servizi e le prestazioni sanitarie e di rilievo socio-assistenziale da erogare, regolamentando i rapporti tra le diverse figure professionali.

Ai Dipartimenti di Salute Mentale competono gli interventi ordinati alla cura, riabilitazione e reinserimento sociale dei soggetti affetti da patologia psichiatrica. Gli interventi si articolano in ambulatoriali, domiciliari, semiresidenziali, residenziali e ospedalieri.

Ai servizi socio-assistenziali, di regola, competono l'organizzazione dei servizi residenziali socio-assistenziali (comunità-alloggio) destinati a persone che, pur in presenza di una sintomatologia psichiatrica, posseggano un sufficiente grado di autonomia personale e sociale. All'interno di queste strutture è garantita adeguata assistenza medico-psico-sociale variabile a seconda dei singoli progetti riabilitativi e organizzata con modalità analoghe a quella dell'assistenza domiciliare.

Gli operatori dei servizi socio-assistenziali elaborano, di intesa con gli operatori del Dipartimento di Salute Mentale, progetti a carattere preventivo, destinati a soddisfare esigenze di natura abitativa, socio-relazionale, lavorativa e di reintegrazione sociale dei pazienti. I programmi terapeutici e riabilitativi che prevedono l'utilizzo di sostegni economici sono a carico del Fondo Sanitario Regionale.

15.4 Il trattamento sanitario obbligatorio (TSO)

Quando si parla di trattamento sanitario obbligatorio si fa riferimento a procedure sanitarie regolamentate da leggi specifiche e applicabili – in caso di motivata necessità e urgenza clinica – a soggetti che sono affetti da **patologie psichiatriche o infettive non altrimenti gestibili** e rifiutano di sottoporsi a terapia.

In Italia la normativa in materia di trattamento sanitario obbligatorio e volontario trae ispirazione e ha le sue fondamenta nell'art. 32, comma 2 della Costituzione che stabilisce che: "nessuno può essere obbligato a un determinato trattamento sanitario se non per disposizione di legge". Eventuali trattamenti obbligatori, pertanto, possono essere disposti dall'autorità sanitaria solo sulla base di una legge che li preveda.

La pregressa normativa e, segnatamente, la legge n. 36 del 1904 prevedeva il **ricovero coatto**, al quale era lecito ri-

SUGGERIMENTI PROFESSIONALI

TSO: campo di applicazione e norme di garanzia

I trattamenti sanitari obbligatori previsti per legge sono relativi a:

- malattia mentale;
- malattie veneree in fase contagiosa;
- isolamento per malattie infettive;
- vaccinazioni obbligatorie (antipoliomielite, antidifterite, antitetano, antitifo-paratifo, antitubercolosi, antiepatite B);
- malattie veneree in fase contagiosa;
- accertamenti sanitari obbligatori per gli imputati di delitto sessuale.

Disposizioni comuni a qualsiasi trattamento sanitario obbligatorio riguardano:

- l'effettiva necessità, imposta da esigenze di tutela della salute della collettività o dell'incolumità dell'interessato;
- l'obbligo di rispettare la dignità e la libera scelta del paziente relativamente al medico e al luogo di cura;
- il ricorso alla degenza ospedaliera soltanto nei casi in cui non sia possibile il trattamento nelle strutture territoriali;
- la ricerca, per quanto possibile, del consenso e della partecipazione del paziente;
- la possibilità per il paziente, e per chiunque altro abbia interesse, di impugnare il provvedimento con il quale è stato disposto o prolungato il trattamento sanitario obbligatorio.

correre, per provvedimento dell'autorità sanitaria, là dove sussistesse il requisito della "*pericolosità per sé e per gli altri e/o pubblico scandalo*"; nella normativa del '78, invece, si passa dal concetto di difesa sociale a quello di protezione individuale, in cui il trattamento sanitario obbligatorio è finalizzato prioritariamente alla tutela della salute e dell'incolumità dell'infermo e, soltanto di riflesso, alle esigenze di tutela della salute e della sicurezza della collettività.

Nel caso di malattia mentale, il TSO richiede che sussistano contemporaneamente le seguenti condizioni:

- il paziente manifesta alterazioni psichiche (come deliri, allucinazioni, intenzioni suicide), per le quali si renda necessario e urgente un intervento terapeutico;
- il paziente rifiuta l'intervento;
- non è possibile prendere adeguate misure extraospedaliere.

Il TSO può essere richiesto anche in tutti gli ambiti emergenziali in cui non sia possibile richiedere il consenso al paziente e non sia possibile contattare eventuali familiari.

Il ricovero è disposto dal *Sindaco*, su richiesta di due medici, il secondo dei quali deve essere un medico specialista di struttura pubblica. Il provvedimento deve essere convalidato dal *giudice tutelare* della circoscrizione comunale. Il ricovero può essere disposto per un limitato periodo di tempo (di regola sette giorni, eventualmente rinnovabili). *Chiunque* abbia interesse, compreso l'infermo, può fare istanza di modifica o revoca, su cui decide il tribunale territorialmente competente.

Il TSO può essere espletato sia presso una struttura ospedaliera in senso stretto sia presso altra idonea sede terapeutica.

Capitolo 16
Le emergenze

16.1 Il concetto di emergenza

Una **emergenza** può essere definita come una situazione di elevata instabilità clinica che richiede un intervento immediato e tempestivo per evitare una disabilità permanente o, nei casi gravi, un decesso. La cultura dell'**emergenza** si è sviluppata rapidamente negli anni in risposta ai cambiamenti ambientali e alle aspettative della società. Molti dei progressi dell'assistenza nel settore dell'emergenza sanitaria possono essere attribuiti alle forze armate, alla protezione civile e al sistema 112. L'esperienza militare ha portato allo sviluppo e alla realizzazione di metodi per trattare contemporaneamente molti pazienti.

L'assistenza rivolta al paziente critico in situazione di emergenza si occupa di soccorrere quelle persone che presentano alta instabilità vitale e che, quindi, necessitano di interventi immediati e competenti. Il professionista sanitario dell'emergenza deve esser capace di effettuare rapidamente l'accertamento e la raccolta dei dati e delle informazioni più importanti sul paziente, individuare immediatamente le priorità e realizzare i relativi interventi. Questo ruolo richiede grande responsabilità. Le conoscenze cliniche, la comunicazione, l'educazione del paziente e le abilità empatiche sono essenziali per erogare prestazioni efficaci durante le emergenze.

Una **maxi-emergenza** è una situazione o un evento maggiore rispetto a un'emergenza, che minaccia la salute di una popolazione in modo imprevisto, grave e improvviso. Si può trattare di eventi naturali, come terremoti, grandi incendi, alluvioni, uragani o tornado, oppure di eventi provocati dall'uomo, quali guerre, terrorismo o contaminazione diffusa dell'ambiente (Gebbie & Qureshi, 2002).

Allo scopo di essere preparati ad affrontare le emergenze, ma soprattutto le maxi-emergenze, è necessario identificare chi deve sapere come fare cosa. A questo fine, Gebbie e Qureshi (2002) hanno declinato le seguenti competenze fondamentali dell'infermiere, sviluppate alla stessa stregua delle competenze di base per gli operatori sanitari pubblici:

- *descrivere* il ruolo dell'istituzione (per esempio, ospedale, casa di cura) nel rispondere alle varie emergenze che potrebbero verificarsi;
- *descrivere* la catena di comando nelle risposte di emergenza;
- *identificare* e individuare i piani di risposta all'emergenza elaborati dall'istituzione;
- *descrivere* le funzioni o i ruoli di risposta all'emergenza e dimostrarli eseguendo esercitazioni con regolarità;
- *conoscere* il corretto uso dell'attrezzatura (inclusi i dispositivi di protezione individuale) e le abilità necessarie nelle risposte alle emergenze, svolgendo regolari esercitazioni;
- *conoscere* il corretto funzionamento di tutto l'equipaggiamento utilizzato per le comunicazioni in emergenza;

- *individuare* i ruoli comunicativi nelle risposte all'emergenza nell'ambito della propria istituzione nei confronti dei mezzi di stampa, con il pubblico e nei contatti con il personale;
- *identificare* i limiti delle proprie conoscenze, abilità e autorità e identificare le risorse chiave del sistema a cui poter inoltrare le questioni che superano queste limitazioni;
- *applicare* abilità di *problem solving* creativo e pensiero critico nell'ambito del proprio ruolo e valutare l'efficacia delle azioni intraprese;
- *riconoscere* le deviazioni dalla norma che possono identificare un'emergenza e descrivere le azioni appropriate;
- *partecipare* a iniziative di formazione continua per mantenere aggiornata la conoscenza nelle aree attinenti all'emergenza;
- *partecipare* alla valutazione di ogni esercitazione o risposta e identificare i cambiamenti necessari da apportare al piano.

16.2 Gli approcci assistenziali in emergenza

Esistono tre approcci assistenziali generali in emergenza: il triage ospedaliero, il triage nelle maxi-emergenze e il servizio di emergenza sanitaria territoriale (118). Per assistere un paziente in emergenza, per prima cosa deve essere determinata la gravità della condizione.

16.2.1 Triage ospedaliero

Ogni ospedale con un pronto soccorso possiede un sistema di **triage** attivo 24 ore su 24. Il triage riguarda la classificazione dei pazienti per determinare le priorità assistenziali e il corretto percorso. Anche se i pazienti e le rispettive famiglie hanno una loro personale percezione dell'emergenza, è responsabilità dell'infermiere di triage lo smistamento e l'assegnazione della precedenza ai pazienti in arrivo al pronto soccorso.

Il metodo più semplice per selezionare i pazienti consiste nell'utilizzare i principi del BLS, secondo le linee guida dell'*American Heart Association*: *Airway* (**vie respiratorie pervie**), *Breathing* (**respirazione**) e *Circulation* (**circolazione**) (sequenza ABC) (*American Heart Association* e SIMEUP consigliano di modificare la sequenza del BLS da ABC a CAB). Utilizzando questo metodo, i pazienti con problemi alle vie respiratorie saranno immediatamente valutati e avranno priorità assistenziale. Nel corso della valutazione ABC, qualora una delle funzioni fosse assente, occorrerà avviare la **manovra di Heimlich** per la disostruzione delle vie aeree oppure la **rianimazione cardiopolmonare** (RCP).

SUGGERIMENTI PROFESSIONALI

Le regole d'oro dell'assistenza in emergenza:

1. Verificare le condizioni di sicurezza sulla scena dell'incidente.
2. Allontanare il paziente da potenziali pericoli.
3. Allertare il sistema del soccorso sanitario.
4. Garantire la pervietà delle vie aeree e stabilizzare respirazione e circolazione.
5. Gestire lo shock.
6. Intervenire sulle lesioni agli occhi.
7. Trattare le lesioni cutanee.

In tutti gli ospedali è istituito un sistema di triage per garantire un accesso veloce ai pazienti che necessitano di cure prioritarie. Anche se l'espressione Dipartimento di Emergenza (DEA) implica la cura delle emergenze, il paziente che si rivolge a questa struttura non sempre presenta necessità di cura immediate. In Italia, il sistema di classificazione di triage più utilizzato e riconosciuto ufficialmente dal Servizio Sanitario Nazionale è quello dell'assegnazione del **codice colore in pronto soccorso** (Tab. 16.1).

Tabella 16.1 Categorie di triage		
Codice triage/ priorità	**Bisogni del paziente**	**Esempi**
Rosso	È il caso più grave: il paziente è in pericolo di vita e alla valutazione ABC le funzioni sono assenti o compromesse. Necessario intervento immediato per evitare il decesso del paziente	Arresto cardiaco, arresto respiratorio, perdita di coscienza post-trauma, politrauma
Giallo	Sono necessarie cure entro breve tempo. Il paziente è in potenziale pericolo di vita. Alla valutazione ABC le funzioni sono presenti ma instabili e ci sono anche ulteriori gravi e potenziali problemi	Sospetto infarto del miocardio, fratture esposte, estese ferite lacero-contuse con sanguinamento arterioso
Verde	Gli interventi necessari possono avvenire entro un'ora. Il paziente necessita di prestazione che può essere differibile. Nonostante il problema serio e acuto, il paziente non è in immediato pericolo di vita. Indispensabile rivalutazione ogni 30 minuti	Fratture composte, coliche addominali, vomito e diarrea persistenti, febbre oltre i 38 °C, epistassi, contusioni, slogature e fratture minori e traumi toraco-addominali non gravi
Bianco	Le cure possono essere rimandate. Si tratta di problemi presenti già da tempo per i quali il paziente può essere indirizzato presso altra struttura. Si parla di "non urgenza"	Ferite superficiali, febbricola, dolori articolari post-traumatici o non traumatici presenti da tempo, tonsilliti o faringiti presenti da giorni, otalgie e odontalgie

> **CONTROLLO DELLE INFEZIONI**
>
> **Rianimazione bocca a bocca**
>
> Quando presta le cure a qualsiasi paziente, l'infermiere deve porre attenzione a utilizzare le precauzioni standard. In situazioni di emergenza si dovrebbe evitare di attuare la respirazione bocca a bocca e andrebbe utilizzato il pallone di Ambu con maschera facciale, più efficace sia per insufflare aria sia per proteggere gli operatori e il paziente da possibili infezioni.

I pazienti con **codice rosso** necessitano di cure immediate a sostegno delle funzioni vitali. Esempi di tali situazioni sono arresto cardiorespiratorio e corpo estraneo penetrante nell'occhio. I pazienti con **codice giallo** sono in potenziale pericolo di vita e necessitano di cure rapide (entro 5-10 minuti). Esempi di queste situazioni sono distress respiratorio in assenza di alterazione dei parametri vitali, dolore toracico con sospetto infarto del miocardio insorto da poco, importante dolore addominale spontaneo, fratture esposte di arti, estese ferite lacero-contuse con sanguinamento arterioso in atto e traumi toracici o addominali determinati da dinamica complessa. Il **codice verde** viene assegnato ai pazienti per i quali la prestazione può essere differibile (circa 1 ora). Le funzioni vitali sono stabili. Il paziente non è in pericolo di vita immediato e in questi casi si rende indispensabile una rivalutazione almeno ogni 30 minuti. Esempi di queste situazioni sono traumatismi di uno o più arti in assenza di ferite estese e sanguinanti, traumi toracici o addominali senza dispnea, sudorazione o dolore, febbre alta, vomito e diarrea persistenti, epistassi, corpi estranei corneali non penetranti, vertigini senza segni neurologici. Infine, al **codice bianco** appartengono tutti quei pazienti che presentano situazioni presenti già da qualche tempo e per le quali possono essere indirizzati verso strutture alternative sul territorio, quali un ambulatorio, il proprio medico curante o uno specialista. Si parla di "non urgenza" e il tempo stimato di attesa può essere anche di diverse ore. Esempi di queste situazioni sono ferite superficiali, febbricola, dolori articolari post-traumatici o non traumatici presenti da tempo, tonsilliti o faringiti presenti da giorni, otalgie e odontalgie.

Nelle Regioni italiane, dal 2019, il triage è stato ridefinito, in relazione alle nuove codifiche di priorità e ai tempi di attesa, e si sta progressivamente sostituendo alla codifica codice colore precedentemente descritta. La Conferenza permanente per i rapporti tra lo Stato, le Regioni e le Province autonome di Trento e Bolzano ha approvato l'1 agosto 2019 le "Linee di indirizzo nazionali sul Triage ospedaliero".

Nelle Linee guida di triage è prevista l'assegnazione del codice di priorità come esito di una decisione infermieristica basata sugli elementi rilevati nelle fasi di valutazione, al fine di definire la priorità di accesso alle cure da attribuire al paziente. Gli elementi valutati sono i seguenti:

- le condizioni cliniche;
- il rischio evolutivo;
- la disponibilità di risorse.

Il sistema di codifica prevede 5 codici numerici di priorità (da 1, che risulta il più grave, a 5, il meno grave). Le Regioni possono associare al codice numerico anche il codice colore. Il tempo massimo di attesa varia dall'accesso immediato per l'emergenza, fino all'accesso entro 240 minuti per le non urgenze (Tab. 16.2).

Tabella 16.2 Triage: nuova codifica di priorità e tempo massimo di attesa*

Codice numero	Codice colore	Denominazione	Definizione	Tempo massimo di attesa per l'accesso alla rete di trattamento
1	Rosso	Emergenza	Interruzione o compromissione di una o più funzioni vitali	Accesso immediato
2	Arancione	Urgenza	Rischio di compromissione delle funzioni vitali, condizione con rischio evolutivo o dolore severo	Accesso entro 15 minuti
3	Azzurro	Urgenza differibile	Condizione stabile senza rischio evolutivo con sofferenza e ricaduta sullo stato generale che solitamente richiede prestazioni complesse	Accesso entro 60 minuti
4	Verde	Urgenza minore	Condizione stabile senza rischio evolutivo che solitamente richiede prestazioni diagnostico-terapeutiche semplici monospecialistiche	Accesso entro 120 minuti
5	Bianco	Non urgenza	Problema non urgente o di minima rilevanza clinica	Accesso entro 240 minuti

* https://www.salute.gov.it/imgs/C_17_pubblicazioni_3145_allegato.pdf.

I principi del primo soccorso sviluppati per la medicina delle emergenze rappresentano parte integrante del processo di triage e includono quelle che solitamente vengono definite regole d'oro dell'assistenza in emergenza. La prima di queste regole sensibilizza gli operatori sulla verifica delle **condizioni di sicurezza ambientale** per la propria incolumità. Vale a dire che va reso sicuro lo scenario prima di tentare qualsiasi intervento. La regola successiva è quella di allontanare la vittima da **situazioni di potenziale pericolo**.

Una volta stabilita la sicurezza del luogo e della vittima, si attiva la catena del soccorso, allertando il **sistema di emergenza sanitaria territoriale**, e si passa alla valutazione dell'ABC. In caso di stabilizzazione, il paziente va valutato per l'eventuale presenza di shock. Alla fine dovranno essere valutate anche eventuali lesioni oculari e tegumentarie.

16.2.2 Triage nelle maxi-emergenze

Il triage nelle maxi-emergenze rappresenta un diverso tipo di approccio alle emergenze. Tale approccio viene utilizzato in caso di disastro, sia per eventi naturali che per eventi provocati dall'uomo, ad esempio un grave incidente ferroviario, un uragano, un tornado o atti terroristici. Dato il numero potenzialmente elevato di vittime, sono attivati sistemi diversi rispetto alla "semplice" emergenza.

Molte comunità hanno organizzazioni, enti e istituzioni che si occupano delle maxi-emergenze (in Italia, per esempio, la Protezione Civile). Le istituzioni comprendono le **strutture ospedaliere**, il **servizio di emergenza sanitaria territoriale** (118) e tutti i soggetti coinvolti nell'allertamento per pericoli imminenti o in corso di natura non prettamente sanitaria (vigili del fuoco, forze armate e pubblica sicurezza).

16.3 Lo shock

Lo shock è quella condizione in cui sono presenti gravi disturbi sia emodinamici che metabolici, caratterizzati da un'inadeguata perfusione tissutale (ovvero dall'incapacità dell'organismo di far fronte alle necessità tissutali di ossigeno) (Tab. 16.3). Esso può essere conseguenza di traumi, lesioni o altro. La diagnosi e l'immediato trattamento sono fondamentali per la sopravvivenza del paziente. Esistono quattro tipi principali di shock: ipovolemico, cardiogeno, distributivo e ostruttivo (Chavez & Brower, 2002).

Lo **shock ipovolemico** è generalmente facile da riconoscere: deriva da una considerevole perdita di volume di liquidi attraverso vomito, disidratazione, diarrea o perdita ematica. I sanguinamenti possono essere esterni (visibili) oppure interni (non facilmente rilevabili), come per esempio quelli conseguenti a ulcera gastrica.

Lo **shock cardiogeno** può essere causato da diverse patologie che alterano la capacità contrattile del muscolo cardiaco. La più comune di queste è l'infarto miocardico acuto (IMA). L'insufficienza cardiaca grave e alcune aritmie possono anch'esse causare lo shock cardiogeno.

Tabella 16.3 Tipi di shock

Tipo	Cause	Segni e sintomi	Interventi
Ipovolemico	Emorragia* e/o ustioni	Aumento della frequenza cardiaca, ipotensione, cute fredda e umida, estremo senso di sete, oliguria	Somministrare liquidi
Cardiogeno	Infarto del miocardio*	Aumento della frequenza cardiaca, ipotensione, sudorazione algida, dolore toracico	Iniziare la terapia medica per l'infarto del miocardio, somministrare liquidi e analgesici. Considerare la possibilità di un bypass coronarico d'urgenza
Settico	Infezione sistemica	Cute calda, secca ed eritematosa, febbre elevata, ipotensione, aumento della frequenza cardiaca	Localizzare la fonte dell'infezione. Trattamento antibiotico ad ampio spettro. Somministrare liquidi
Anafilattico	Farmaci*, morsi o punture di insetti, alimenti	Edema della glottide, dispnea ingravescente, ipotensione, aumento della frequenza cardiaca	Gestire l'ABC. Somministrare adrenalina, cortisonici e broncodilatatori
Neurogeno	Lesioni spinali, traumi cefalici	Riduzione della frequenza cardiaca, ipotensione	Somministrare liquidi e farmaci per aumentare pressione arteriosa e frequenza cardiaca
Ostruttivo	Stenosi arteriosa, embolia polmonare, ipertensione polmonare, tamponamento cardiaco	Aumento della frequenza cardiaca, dispnea	Trattare la causa scatenante

*Causa più frequente.

Esistono, inoltre, tre tipi di shock distributivo: *settico*, *anafilattico* e *neurogeno*. In tutti questi casi lo shock è causato da vasodilatazione e da una distribuzione anomala dei liquidi all'interno del sistema circolatorio.

Lo **shock settico** è normalmente causato dalla diffusione sistemica di un'infezione. Alcuni microrganismi responsabili di reazioni gravi hanno come effetto finale un collasso del sistema circolatorio. La sindrome dello *shock tossico*, uno shock da microrganismi Gram-negativi, e lo *shock urogeno* sono due tipi di shock settico.

Lo **shock anafilattico** è la reazione allergica a una tossina a cui il paziente è stato esposto oppure a farmaci o sostanze alimentari che innescano un'iperproduzione di anticorpi di tipo IgE e il conseguente fenomeno di degranulazione mastocitaria, con liberazione di sostanze vasoattive responsabili dei segni e dei sintomi; pertanto, le cause di reazione anafilattica includono le punture di insetti e l'assunzione di alcuni farmaci a cui il paziente è allergico.

Lo **shock neurogeno** è la reazione dell'organismo a forti dolori o traumi del midollo spinale. Come le altre forme di shock, provoca un inadeguato trasporto di ossigeno e di altre sostanze essenziali per i tessuti.

Lo **shock ostruttivo** è il risultato di un'insufficienza di pompa indiretta che comporta una riduzione della funzione cardiaca e una riduzione della circolazione sanguigna. Tra le condizioni che determinano lo shock ostruttivo sono incluse l'embolia polmonare, l'ipertensione polmonare, la stenosi arteriosa e il tamponamento cardiaco.

In tutti i tipi di shock il ridotto flusso ematico determina la comparsa di segni e sintomi. Non è presente, solitamente, alcuna evidenza clinica dello shock nella *fase precoce*. Ci può essere nel paziente aumento della frequenza cardiaca, irrequietezza, senso di morte imminente. Nella *fase compensatoria* aumentano la frequenza respiratoria e cardiaca, i polsi possono essere flebili, diminuisce la diuresi, la cute è fredda, umida, chiazzata e pallida; le pupille si dilatano, i suoni addominali diminuiscono ed è presente iperglicemia. Gli interventi in questa fase hanno come obiettivo la riduzione della possibilità di complicanze. Se lo shock avanza a una *fase di progressione*, le condizioni del paziente peggiorano progressivamente. Il paziente potrebbe avere una grave **tachicardia**, la **pressione arteriosa** scende al di sotto di 80 mmHg, i **polsi periferici** scompaiono, si sviluppano acidosi metabolica ed edema periferico, sono udibili rantoli e sibili polmonari e il paziente potrebbe avere difficoltà a rispondere agli stimoli. Nella fase refrattaria ha luogo lo sviluppo di necrosi cellulare con danni tissutali correlati a un'inadeguata ossigenazione. Il paziente non risponde ai trattamenti. Si manifesta un'insufficienza multi-organo che generalmente porta al decesso.

16.4 Le emergenze cardiopolmonari

Le emergenze cardiopolmonari pongono il paziente in situazione di rischio imminente di vita. Possono derivare da traumi o da malattie: situazioni capaci di innescare simili emergenze sono l'annegamento, l'ostruzione delle vie respiratorie da parte di un corpo estraneo, i traumi toracici e il dolore toracico.

Episodi di quasi-annegamento avvengono più frequentemente in estate. Molti pazienti possono presentare lesioni associate all'annegamento, quali traumi cranici o midollari (Tab. 16.4).

Tabella 16.4 Quasi-annegamento in acqua dolce o in acqua salata

Tipo	Sintomi	Fisiopatologia	Segni
Acqua dolce	Astenia, ansia, dispnea, paura	L'acqua nei polmoni causa modifiche del surfattante. Tali modifiche, a loro volta, provocano il collasso alveolare	Ipossia, alveoli collassati
Acqua salata	Astenia, ansia, dispnea, paura, rantoli, ronchi	L'acqua salata ipertonica attrae liquidi negli alveoli	Ipossia, edema polmonare

L'**ostruzione delle vie aeree** da parte di un corpo estraneo si verifica più frequentemente nel bronco di destra, essendo questo di diametro maggiore. La causa più comune è il rovesciamento della lingua nei pazienti incoscienti; altre cause sono rappresentate da elementi esterni, quali bocconi troppo grossi, caramelle, pezzi di carne e monete (specialmente nei bambini e negli anziani).

Un trauma penetrante o contundente del torace può causare lesioni multiple. I **traumi penetranti** sono lesioni che attraversano la parete toracica, come per esempio le ferite da arma da fuoco o da lama di coltello. I **traumi contundenti** sono più probabilmente causati da cadute o da urti violenti contro un oggetto contundente, come ad esempio il volante di un'auto. Le lesioni associate a pneumotorace includono tamponamento cardiaco, fratture costali, fratture dello sterno e lembo costale mobile.

Uno dei sintomi che più frequentemente induce i pazienti a rivolgersi al pronto soccorso è il **dolore toracico.** I pazienti con dolore toracico devono essere valutati attentamente in un pronto soccorso. Il dolore può avere cause diverse e in genere determina grande apprensione nel paziente finché non se ne accerta la causa, escludendo un possibile infarto del miocardio.

16.5 Le emergenze neurologiche e neurochirurgiche

I **traumi cranici** sono la più comune causa di emergenza neurologica e, in particolare, di una lesione del midollo spinale. In genere i traumi cranici sono conseguenza di incidenti automobilistici e possono variare da contusioni minori fino a lesioni di maggiore gravità.

Rientrano nel campo delle emergenze neurologiche anche gli **accidenti cerebrovascolari**, che possono verificarsi in diverse aree dell'encefalo quando queste vanno incontro a ipossia. Questi eventi possono essere determinati da formazione di coaguli (**ictus ischemico**) oppure da sanguinamento (**ictus emorragico**). I sintomi variano da un lieve stato confusionale, con leggera deviazione dell'angolo della rima buccale, al totale stato di incoscienza. È estremamente importante stabilire, se possibile, l'esatto momento d'insorgenza, così da poter instaurare un trattamento tempestivo ed efficace. Gli accidenti cerebrovascolari richiedono la stessa attenzione iniziale che si presta all'infarto del miocardio.

Un altro evento che causa frequentemente alterazione dello stato di coscienza è l'abbassamento improvviso del livello di glucosio nel sangue (**ipoglicemia**). In questo caso il paziente può apparire inizialmente ansioso e aggressivo, ma immediatamente dopo letargico e comatoso. Un ripristino tempestivo dei livelli adeguati di glucosio e la somministrazione di ossigeno sono pilastri fondamentali per proteggere l'encefalo da ulteriori insulti. Altre emergenze cliniche che determinano alterazioni dello stato di coscienza sono l'avvelenamento da monossido di carbonio, l'overdose da droghe, gravi infezioni sistemiche e squilibri idro-elettrolitici.

16.6 Le emergenze addominali

I pazienti che si presentano in pronto soccorso lamentando dolore addominale devono essere valutati con molta attenzione. Il dolore può essere causato da **condizioni infiammatorie** (gastroenteriti), **emorragiche** oppure **meccaniche** (occlusione intestinale).

Ci sono poi i **traumi addominali**, causati da ferite contundenti o penetranti. È importante stabilire il meccanismo della lesione, in quanto alcune cause, come gli incidenti automobilistici, determinano traumi multipli. I **traumi contundenti** spesso causano lesioni a organi interni quali fegato e milza. Le **ferite penetranti**, invece, come quelle da arma da fuoco, possono interessare qualsiasi organo interno. L'emorragia è una possibile complicanza di entrambi i tipi di trauma.

16.7 Le emergenze genitourinarie

A questo tipo di emergenze appartiene lo **stupro**. Il termine, più che indicare una situazione clinica vera e propria, indica una violenza perseguibile dalla legge. Lo stupro viene definito come "*penetrazione sessuale di natura costrittiva, forzata e minacciosa di una* *persona non consenziente*". Il concetto si riferisce anche a persone che si trovano nella condizione di non poter acconsentire in quanto affette da disturbi mentali, sotto effetto di droghe, alcool o perché intossicate. *Aggressione sessuale presunta* è l'espressione maggiormente utilizzata per le vittime di violenza sessuale. Date le diverse implicazioni legali e considerato che una violenza sessuale non origina nelle vittime solo segni e sintomi fisici, ma anche importanti conseguenze psicologiche, devono essere offerte sempre e comunque assistenza, cure adeguate e ascolto attento. La maggior parte degli ospedali dovrebbe possedere servizi e professionisti dedicati a questo tipo di emergenze. In particolare, sarebbe auspicabile la presenza di infermieri, medici, psicologi, legali e altri operatori con esperienza e familiarità rispetto all'assistenza globale nei confronti di pazienti vittime di abusi sessuali.

SUGGERIMENTI PROFESSIONALI

Catena della custodia

Deve essere posta attenzione nel maneggiare abbigliamento ed effetti personali di una vittima di stupro, dato che questi oggetti potrebbero essere importanti in vista di un procedimento penale. Allo scopo di evitare future denunce legali, è imperativo mantenere una stretta **catena della custodia** delle prove raccolte. La catena della custodia rappresenta la documentazione del trasferimento di prove da una persona all'altra in modo sicuro. Ciò significa, in termini pratici, che nel seguire il protocollo della gestione degli stupri chiunque maneggi abbigliamento, effetti personali o esami del paziente debba firmare un documento utilizzato dalla struttura che indichi la ricezione, la custodia e la consegna degli oggetti e dei documenti in questione. Meno nominativi vi sono nella catena, tanto più sicura sarà l'integrità delle prove.

Altro tipo di emergenza genitourinaria sono i **traumi a carico delle zone inguinali e della zona perineale**, in seguito a cadute che interessano queste regioni. È il caso di chi cade su di una barra metallica, su di una recinzione, su un oggetto dove si trova a cavalcioni, e di chi subisce traumi sportivi. In tutte queste situazioni risultano obbligatori accertamento immediato e inizio delle cure e del trattamento. Le lesioni che conseguono a traumi di questo genere possono presentarsi singolarmente o associate in qualità di traumi multipli che interessano anche strutture vicine, come il **bacino** e la **pelvi**.

16.8 Le emergenze oculistiche

La maggioranza dei traumi oculistici assume la connotazione di una situazione di urgenza o emergenza. Ad esempio, corpi estranei possono provocare improvvisi danni alla vista e richiedono, pertanto, attenzione immediata.

I pazienti che presentano **oggetti conficcati negli occhi** devono essere attentamente valutati da un oftalmologo o oculista in pronto soccorso. Qualsiasi sia l'oggetto, questo potrebbe provocare l'enucleazione del bulbo oculare o addirittura, nei casi più gravi, l'estrazione forzata dall'orbita. Simili traumi richiedono naturalmente immediato trattamento, il quale può essere chirurgico (per distacco di retina) e nei casi più gravi prevedere la collaborazione anche di altri specialisti.

16.9 Le emergenze muscolo-scheletriche

Le emergenze muscolo-scheletriche possono andare dal semplice strappo muscolare fino al trauma maggiore. Uno **strappo muscolare** è una lesione del muscolo da contrazione violenta. Una **distorsione** rappresenta invece una torsione dell'articolazione, con eventuale e parziale rottura dei legamenti, che può causare danno ai tessuti circostanti. Le distorsioni possono interessare spesso polsi e caviglie. Una **lussazione** è uno spostamento delle superfici articolari l'una rispetto all'altra: le più comuni lussazioni riguardano le dita delle mani e dei piedi, ma anche clavicola e scapola. Una **frattura** è una soluzione di continuo dell'osso. In caso di frattura delle ossa lunghe, l'attenzione deve essere rivolta anche alle funzioni generali (sistema cardiopolmonare), poiché dal sito della frattura possono partire emboli di grasso e possono verificarsi gravi problemi respiratori qualora questi dovessero ostruire il sistema vascolare polmonare (embolia polmonare).

16.10 Le emergenze dei tessuti molli

Abrasioni, lacerazioni, ustioni, contusioni, punture e morsi (di diversa provenienza umana o animale) sono classificati come lesioni dei tessuti molli. Nonostante molte di queste situazioni non richiedano cure di emergenza, alcune invece sono potenzialmente pericolose se non addirittura mortali. Il paziente, solitamente, cercherà assistenza per ricevere rassicurazioni circa il potenziale pericolo.

Le lesioni cutanee richiedono un pronto intervento a seconda della loro profondità, estensione e perdita di sostanza. Innanzitutto, le ferite devono essere pulite e devono essere rimossi i tessuti devitalizzati. Considerato che le infezioni sono una complicanza frequente, è consigliabile iniziare subito il trattamento profilattico. Qualora la lacerazione fosse estremamente ampia, potrebbe essere necessaria una sutura. I morsi di origine animale in linea di massima non vanno suturati, per evitare il rischio di infezione. Le **ustioni** possono essere trattate inizialmente in pronto soccorso e, se non sono particolarmente gravi, seguite e trattate successivamente a domicilio. L'applicazione di acqua fredda può ridurre il dolore nelle ustioni non gravi. La **rimozione di tessuto devitalizzato** deve essere eseguita con attenzione, utilizzando un getto di acqua fresca corrente e successivamente soluzioni antisettiche. Poiché le ustioni sono piuttosto dolorose, la rimozione della cute e dei tessuti devitalizzati dovrà essere effettuata solo dopo somministrazione di antidolorifici.

Le ustioni maggiori potrebbero richiedere interventi di rianimazione per un interessamento delle funzioni vitali e un immediato trasporto in un **Centro Ustioni**.

I **morsi di serpente** non sempre determinano sindrome da avvelenamento. Un laccio emostatico posto a monte del morso può aiutare a controllare la diffusione in circolo del veleno. La maggioranza dei morsi interessa piedi e caviglie, rendendo così facile il posizionamento del laccio emostatico. Nel gestire queste situazioni occorre assicurare sempre l'ABC e, una volta identificato il serpen-

SUGGERIMENTI PROFESSIONALI

Morsi di animali

Tutte le strutture ospedaliere cui si rivolgono i pazienti vittime di morsi di animali sono tenute a rispettare le procedure e le regole stabilite dalla medicina veterinaria riguardanti la sicurezza delle persone e la custodia degli animali.

Morsi di serpenti

Nel caso di morso di serpente è essenziale rilevare i segni dei denti e la distanza tra loro. In questo modo si contribuisce a determinare le dimensioni del serpente e quindi l'entità dell'avvelenamento, in quanto serpenti piccoli e giovani non hanno ancora imparato a controllare la quantità di veleno rilasciato.

te, occorre iniziare la somministrazione dell'antidoto specifico, come da protocollo del **Centro Antiveleni**.

16.11 Gli avvelenamenti e le overdose

Gli avvelenamenti e l'overdose possono essere accidentali o intenzionali. Il veleno può essere definito come qualsiasi sostanza in grado di determinare danni all'organismo e può essere insapore, incolore e inodore. Ci sono diversi tipi di avvelenamento e di overdose. Gli avvelenamenti da ingestione sono quelli più comuni. È sempre importante, a prescindere dal tipo di avvelenamento, ottenere informazioni chiare circa le modalità con cui tali situazioni si verificano: inalazione, ingestione, iniezioni, via locale. L'esposizione a una sostanza tossica o velenosa non è sempre facile da diagnosticare e una precisa identificazione della sostanza responsabile è l'aspetto fondamentale per il trattamento più efficace e sicuro. I **Centri Antiveleni** sul territorio rappresentano sempre e comunque la principale fonte di informazioni sugli antidoti eventualmente da utilizzare. Inoltre, il paziente deve poter essere valutato per ogni altro problema correlato, quali ad esempio cadute, traumi, ferite, ecc.

SUGGERIMENTI PROFESSIONALI

Raccolta dell'anamnesi di un paziente in overdose volontaria

L'operatore sanitario deve chiedere ai familiari di abbandonare la stanza di degenza durante la raccolta dei dati anamnestici, di modo che il paziente possa sentirsi a suo agio nel rispondere alle domande. Infatti, una prima difficoltà potrebbe essere la riluttanza a rilevare la sostanza assunta. Occorre chiedere al paziente o ai familiari di poter prendere visione delle confezioni dei farmaci assunti, qualora ancora disponibili. Potrebbe essere necessario visionare la prescrizione per calcolare la quantità di farmaco ancora contenuto nella confezione in caso di terapia regolare e, qualora ci fosse un ammanco notevole, si deve quindi sospettare un'overdose volontaria. Deve essere registrata qualsiasi ammissione spontanea riguardo l'assunzione di farmaci o droghe.

16.12 Le emergenze ambientali/termiche

Esposizioni a caldo o freddo estremi possono essere potenzialmente letali. L'**ipotermia** può verificarsi sia a seguito di un'esposizione a temperature molto basse sia per una prolungata immersione in acque fredde. La frequenza cardiaca e il metabolismo in generale diminuiscono e a questo può seguire un arresto cardiaco. Il **congelamento** rappresenta un altro potenziale pericolo che segue l'esposizione al freddo (Tab. 16.5). Le zone più colpite da congelamento sono le dita delle mani e dei piedi, le orecchie e il naso. Inizialmente il congelamento causa pallore e torpore alle zone esposte. Se questa esposizione continua, il congelamento progredisce con formazione di bolle e perdita della sensibilità. Il paziente potrebbe perdere il controllo della regione interessata. Riscaldare i pazienti critici in emergenza diventa l'intervento fondamentale da attuare in pronto soccorso.

Tabella 16.5 Gradi di congelamento

Grado	Sintomi	Interventi
Lieve	La cute è fredda, pallida. Il paziente avverte sensazioni di intorpidimento, parestesie, formicolio e sensazione pungente	Usare coperte e panni caldi per riscaldare
Moderato	Colpisce i tessuti più profondi. La cute appare cerea ed edematosa. Vi è prurito e sensazione urente e dolorosa	Usare guanti, coperte e panni caldi per riscaldare la cute del paziente. Verificare la presenza di lesioni più profonde
Grave	Formazione di bolle, danni ai tessuti molli. La cute appare esangue e dura al tatto. Il paziente non possiede capacità di movimento della parte congelata e non percepisce più dolore	Instaurare il riscaldamento di emergenza in pronto soccorso, usando bagni di acqua calda a temperatura di circa 40-42 °C. Valutare attentamente l'aumento dell'edema

Anche il **calore estremo** può causare gravi e potenziali problemi, particolarmente nei pazienti molto anziani o nei neonati e nei bambini. A mano a mano che la temperatura aumenta, la capacità del corpo di raffreddarsi diminuisce. La tabella 16.6 mette a confronto le lesioni da calore.

Tabella 16.6 Confronto tra lesioni termiche da calore

Tipo	Sintomi	Interventi
Crampi da calore	Crampi muscolari a livello di braccia, gambe e addome	Trasferire il paziente in una zona fresca e possibilmente ombreggiata; somministrare lentamente abbondanti quantità di acqua; rivalutare costantemente
Colpo di calore di lieve/media intensità	Sudorazione, cute pallida, umida e fredda. Debolezza e vertigini; crampi muscolari diffusi, nausea, brividi. Tachipnea, confusione	Trasferire il paziente in una zona fresca e possibilmente ombreggiata; slacciare/rimuovere gli indumenti stretti; versare acqua fresca sul paziente; posizionare vicino un ventilatore; incoraggiare il paziente a bere acqua lentamente; sollevare le gambe; rivalutare costantemente
Colpo di calore grave	Cute arrossata, calda e secca; assenza di sudorazione; confusione e disorientamento	Ridurre la temperatura corporea rimuovendo abiti e versando sul corpo acqua fredda; reperire due accessi venosi di grosso calibro; effettuare il monitoraggio ECG; usare un ventilatore per raffreddare il paziente; sollevare le gambe; valutare tutti i parametri vitali, in particolare la temperatura rettale; controllare i segni neurologici (confusione, aggressività e disorientamento); rivalutare costantemente la temperatura

16.13 I politraumi

Il paziente politraumatizzato è una persona che ha subìto lesioni correlate all'azione violenta, diretta e simultanea di agenti esterni su diversi apparati, sistemi e regioni del corpo. Queste situazioni provocano danni in cavità e organi interni sia per azione diretta sia a causa dello shock e delle sue conseguenze. I danni e le conseguenze sono tali da mettere a rischio la sopravvivenza e giustificano gli interventi di emergenza.

In simili casi è bene rimuovere tutti i vestiti e **visualizzare perdite ematiche evidenti**. È necessario **fermare le emorragie esterne** comprimendo le ferite. La gestione immediata dell'ABC è imperativa e nel politraumatizzato è contemporanea all'immobilizzazione del rachide. Si raccomanda d'incannulare almeno due accessi venosi di ampio calibro. Una volta giunti in ambiente ospedaliero, è opportuno eseguire **esami**

di laboratorio su campioni ematici e urinari, **esami radiologici** e somministrare **siero antitetanico**.

In ambiente extra-ospedaliero occorre, invece, effettuare l'immobilizzazione del paziente, avviare le manovre del **supporto vitale di base** (BLS) e contemporaneamente allertare il Centro Traumatologico o comunque la struttura sanitaria di destinazione. In seguito, è necessario reperire **accessi venosi**, visualizzare **ferite e perdite di sangue**, comprimere in caso di abbondanti emorragie esterne e garantire la **ventilazione di emergenza**.

In ambiente ospedaliero, la gestione infermieristica consiste nell'acquisizione iniziale delle informazioni sul paziente e sul primo trattamento, nella valutazione del **livello di coscienza**, nel monitoraggio dei **parametri vitali** e dello **stato neurologico** e, infine, nel garantire la ventilazione del paziente. È fondamentale collaborare nell'effettuazione delle analisi di laboratorio su sangue e urine e nell'esecuzione di esami radiologici. Occorre, poi, allertare, al fine di predisporre, la sala operatoria per eventuali interventi chirurgici o l'Unità di Terapia Intensiva per la degenza.

Parte Quinta

Elementi di Anatomia e Fisiologia umana

SOMMARIO

Capitolo 1
Apparato locomotore

1.1 Principali apparati e rispettive funzioni

Negli organismi pluricellulari, cellule di vari tessuti sono organizzate a formare strutture, dette **organi**, deputate a svolgere determinate funzioni. Diversi organi, d'altra parte, concorrono, portando ciascuno il proprio contributo, allo svolgimento delle funzioni fondamentali alla sopravvivenza dell'organismo: l'insieme degli organi che cooperano allo svolgimento di una di tali funzioni costituisce un **apparato** (o **sistema**). I principali apparati dell'organismo animale, ed in particolare dei mammiferi, sono:

- apparato locomotore
- apparato tegumentario
- apparato digerente
- apparato respiratorio
- apparato circolatorio
- apparato urogenitale
- apparato nervoso
- apparato endocrino
- apparato immunitario

A questi vanno aggiunti gli *organi di senso*, che hanno la funzione di raccogliere informazioni sull'ambiente esterno trasmettendole al sistema nervoso.

Analizziamo di seguito gli apparati dell'organismo umano di diretto interesse per l'operatore sanitario ai fini della conoscenza delle parti anatomiche di base dell'uomo.

1.2 Le funzioni dell'apparato locomotore e suoi sotto-apparati

L'insieme degli organi che costituiscono l'**apparato locomotore** svolge funzioni di sostegno dell'organismo, di protezione di alcuni organi e di produzione e amplificazione del movimento dell'intero organismo e/o delle sue parti. L'apparato scheletrico, inoltre, funge da riserva di ioni minerali. Nell'insieme dell'apparato locomotore si distinguono tre sotto-apparati:

- l'apparato scheletrico
- l'apparato articolare
- l'apparato muscolare

1.2.1 Apparato scheletrico

L'**apparato scheletrico** dei Vertebrati è costituito dalle **ossa**, organi rigidi e resistenti, formati da tessuto osseo e da alcune cartilagini, più flessibili ed elastiche, costituite da tessuto cartilagineo. L'apparato scheletrico ha funzioni di sostegno, di protezione (es. il cranio accoglie e protegge l'encefalo) e di trasmissione delle forze generate dall'apparato muscolare. Lo scheletro dei Vertebrati è situato all'interno dell'organismo (è un *endoscheletro*) ed è ricoperto da altri organi e tessuti che costituiscono le cosiddette **parti molli**.

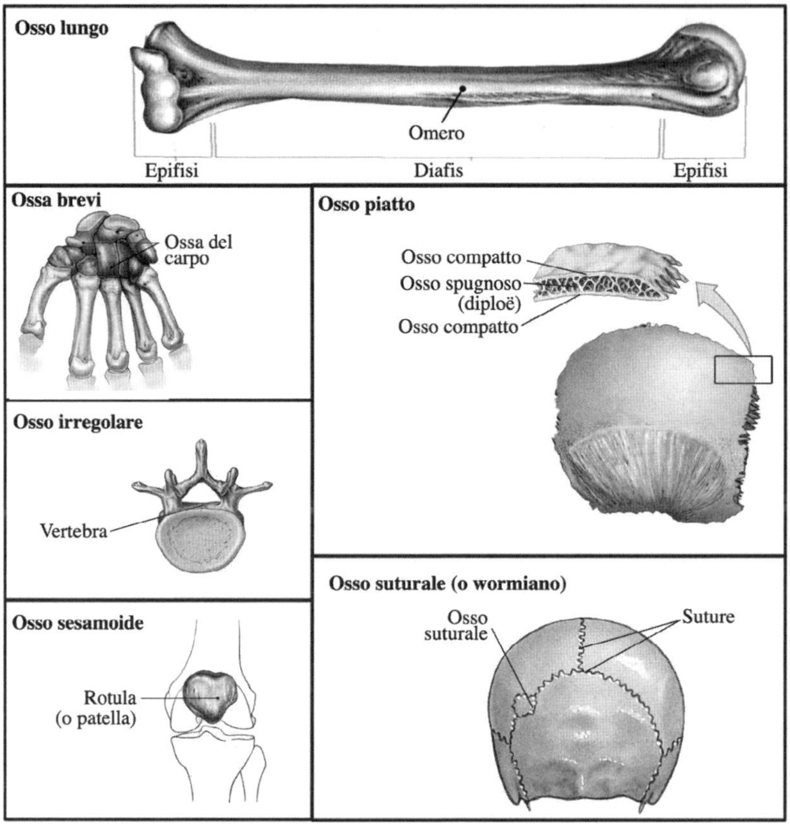

Figura 1.1 *Tipi di osso.*

Lo scheletro dell'uomo adulto è costituito da circa 206 ossa (alle quali si aggiungono, nell'adulto, 32 denti)[1], che differiscono tra di loro per forma e dimensioni.

In base alla forma, si distinguono (Fig. 1.1):

- **ossa lunghe**, di forma allungata, costituite da una parte centrale, grosso modo cilindrica, detta **diafisi** (percorsa da una cavità, il *canale midollare*, nella quale è contenuto il midollo osseo), e da due estremità rigonfie, dette **epifisi** (formate da tessuto osseo spugnoso rivestito da una lamina di tessuto osseo compatto), coinvolte nell'articolazione con altre ossa; sono esempi di ossa lunghe quelle del braccio (omero) e dell'avambraccio (radio e ulna);
- **ossa brevi** o **ossa corte,** in cui le tre dimensioni si equivalgono, formate da tessuto osseo spugnoso rivestito da una lamina di tessuto osseo compatto; ne sono esempi le ossa che costituiscono il carpo, nel polso;

[1] In realtà esistono alcune variazioni da individuo ad individuo: sia le ossa suturali sia le ossa sesamoidi (ad eccezione della rotula) possono essere assenti o presenti in numero variabile.

- **ossa piatte**, a forma di piastra, costituite da due lamine di tessuto osseo compatto che racchiudono un sottile strato di tessuto osseo spugnoso; ne sono esempi le ossa della scatola cranica;
- **ossa irregolari**, di forma complessa; ne sono esempi le vertebre;
- **ossa sesamoidi**, di forma approssimativamente discoidale, situate nei tendini; ne è un esempio la rotula (o patella) del ginocchio;
- **ossa suturali** o **ossa wormiane**, piccole ossa sovrannumerarie che possono trovarsi in corrispondenza delle articolazioni che connettono le ossa del cranio (chiamate *suture*).

Sia nel canale midollare delle ossa lunghe, sia nelle cavità midollari dell'osso spugnoso è presente un tessuto connettivo, chiamato genericamente **midollo osseo**: essendo ricco di vasi sanguigni appare di colore rosso. Esso è l'organo deputato alla produzione delle cellule del sangue (emopoiesi). Con l'invecchiamento, una parte del midollo rosso viene sostituito da tessuto adiposo, di colore giallastro (da cui il nome di midollo giallo).

Nello scheletro dei Vertebrati si distinguono due parti (Fig. 1.2):

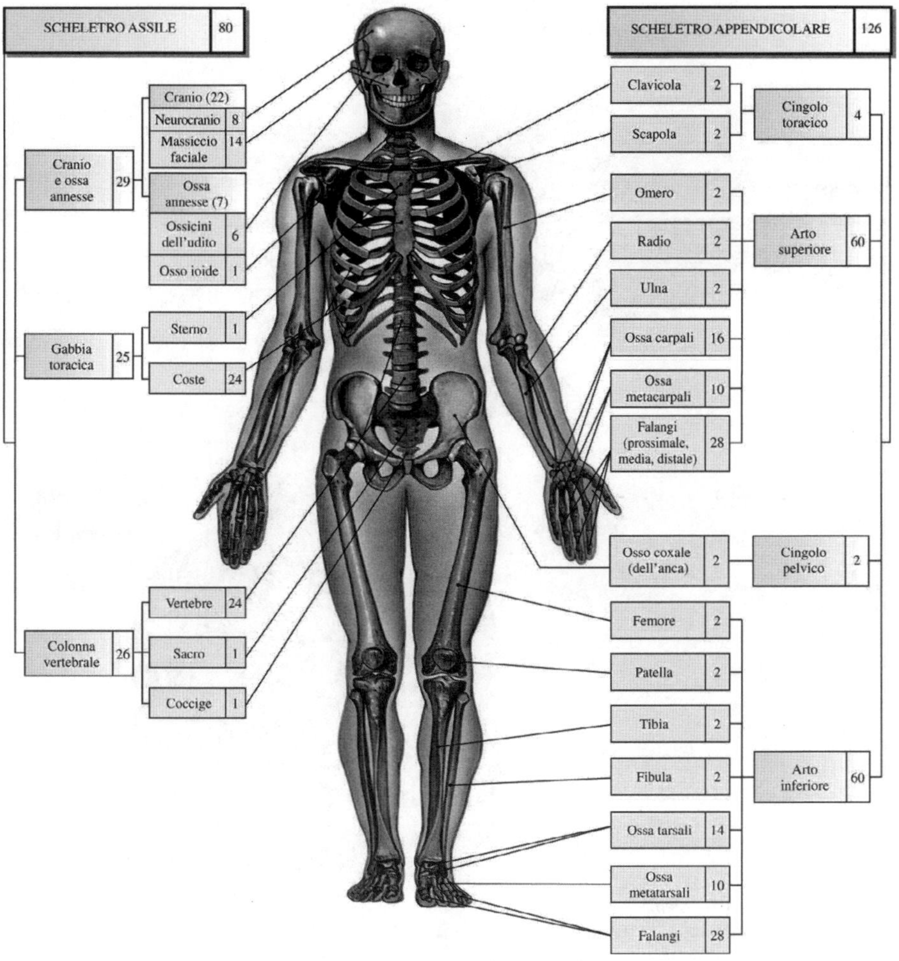

Figura 1.2 *Apparato scheletrico umano visto frontalmente. Le cifre nelle caselle di fianco ai nomi indicano quante ossa di ciascun tipo sono presenti nello scheletro.*

- lo **scheletro assile**, posto lungo l'asse centrale del corpo e costituito dal cranio, dalla mandibola, dalla colonna vertebrale, dall'osso ioide, dalle costole e dallo sterno;
- lo **scheletro appendicolare**, comprendente le ossa degli arti (braccia, mani, gambe, piedi) e le ossa che costituiscono i due *cinti* o *cingoli* che uniscono gli arti allo scheletro assile: *cinto pettorale* o *toracico*, per gli arti superiori, e *cinto pelvico*, per gli arti inferiori.

Scheletro assile

Il **cranio** è la struttura ossea della testa ed è costituito da 8 ossa craniche (*osso frontale*, *occipitale*, due *parietali*, due *temporali*, *sfenoide*, *etmoide* (Fig. 1.3), unite fra di loro da articolazioni fisse, dette *suture*) che delimitano una cavità (*teca cranica*) nella quale è contenuto l'encefalo e da 14 ossa che costituiscono la porzione facciale del cranio (tra queste ricordiamo le due *ossa mascellari*, che formano la volta del palato ed il pavimento e parte delle pareti delle cavità nasali, le due *ossa nasali*, che completano le pareti laterali delle cavità nasali, la *mandibola*, che costituisce l'unico osso mobile del cranio e delimita la parte inferiore della bocca). Dello scheletro del cranio fanno parte anche le tre

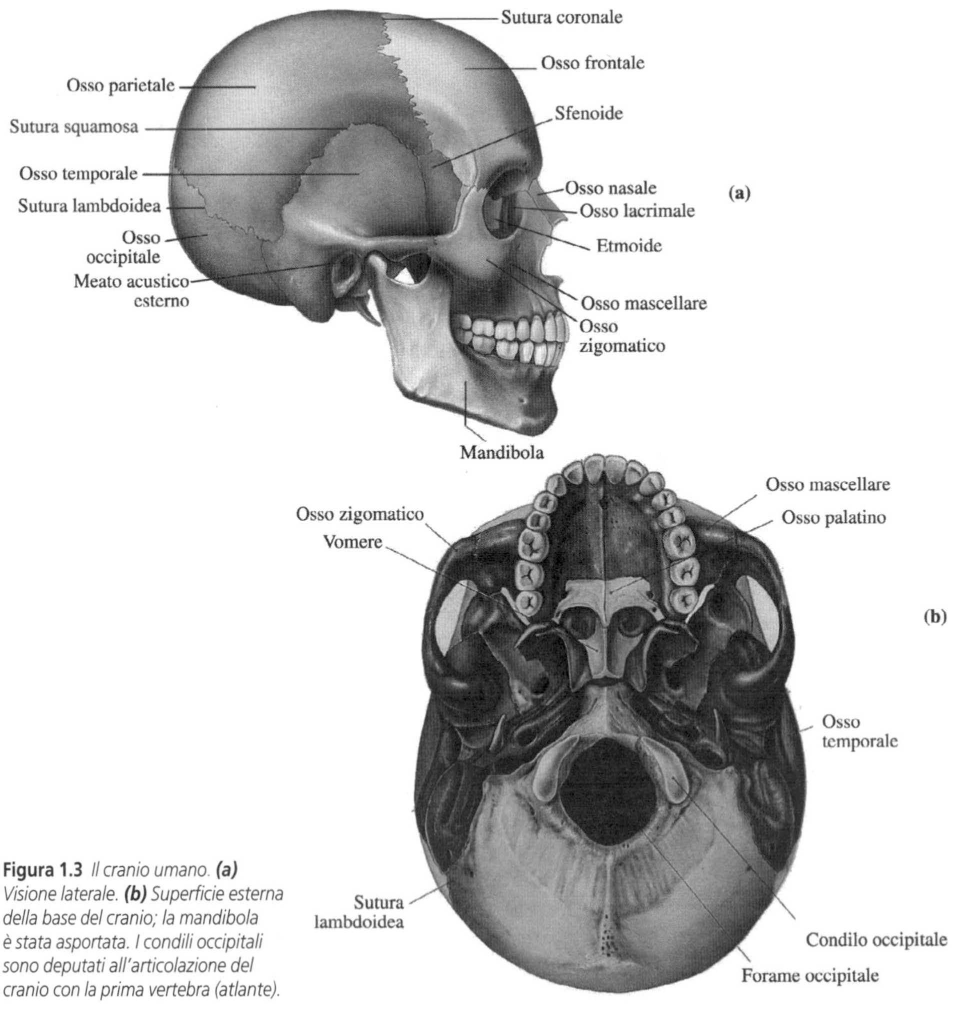

Figura 1.3 *Il cranio umano.* ***(a)*** *Visione laterale.* ***(b)*** *Superficie esterna della base del cranio; la mandibola è stata asportata. I condili occipitali sono deputati all'articolazione del cranio con la prima vertebra (atlante).*

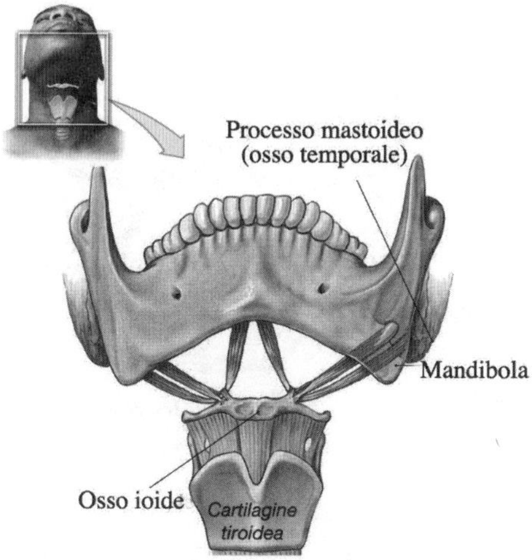

Figura 1.4 *La posizione dell'osso ioide tra la mandibola e la cartilagine tiroidea (il "pomo d'Adamo").*

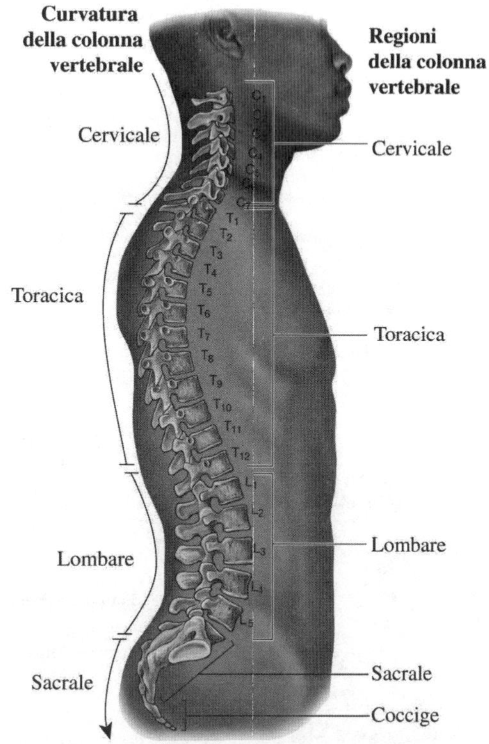

Figura 1.5 *La colonna vertebrale. Vista laterale. La regione cervicale comprende 7 vertebre; la toracica, 12; la lombare, 5; la regione sacrale è costituita dall'osso sacro, derivato dalla fusione di 5 vertebre; la coccigea, dal coccige, derivato dalla fusione di 4. Sono evidenti la curvatura cervicale (a livello del collo, convessa anteriormente), la curvatura toracica (a livello della regione toracica, convessa posteriormente), la curvatura lombare (a livello della zona lombare, convessa anteriormente) e la curvatura pelvica o sacrale (a livello dell'osso sacro e del coccige, convessa posteriormente).*

coppie di ossicini uditivi, situati nella cassa del timpano, cavità posta nell'osso temporale.

Nello spessore di alcune delle ossa del cranio (frontale, mascellari, etmoide, sfenoide) sono presenti cavità, chiamate *seni* (seni frontali, seni mascellari, ecc.), rivestite da una mucosa e comunicanti con le vie respiratorie[2].

L'**osso ioide** è relativamente sottile, a forma di semicerchio aperto posteriormente, posto nel collo subito sotto la mandibola. Non si articola con alcun altro osso, in quanto è mantenuto in posizione da muscoli, e serve a tenere aperta la laringe (Fig. 1.4).

La **colonna vertebrale** forma l'asse verticale dello scheletro ed è costituita, nell'adulto, da 24 vertebre e da due ossa derivate dalla fusione di vertebre che nel neonato sono indipendenti: l'*osso sacro* ed il *coccige* (Fig. 1.5). Sebbene nelle diverse regioni della colonna le **vertebre** abbiano caratteristiche specifiche, si può individuare una struttura base comune (Fig. 1.6). Esse presentano un *corpo*, posto anteriormente, di forma cilindrica; ai lati del corpo si staccano due steli, detti *peduncoli*, rivolti posteriormente, che si continuano con due *lamine* che si fondono posteriormente formando il cosiddetto *processo spinoso* (la successione dei processi spinosi è visibile lungo la linea mediana della schiena). Peduncoli e lamine delimitano un arco osseo che, insieme alla parte posteriore del corpo, forma il *foro* (o *forame*) *vertebrale*, attraversato dal midollo spinale. Nel punto di saldatura tra i peduncoli e le lamine sporgono obliquamente all'indietro due

[2] I processi infiammatori che colpiscono queste cavità sono indicati con il nome di *sinusiti*.

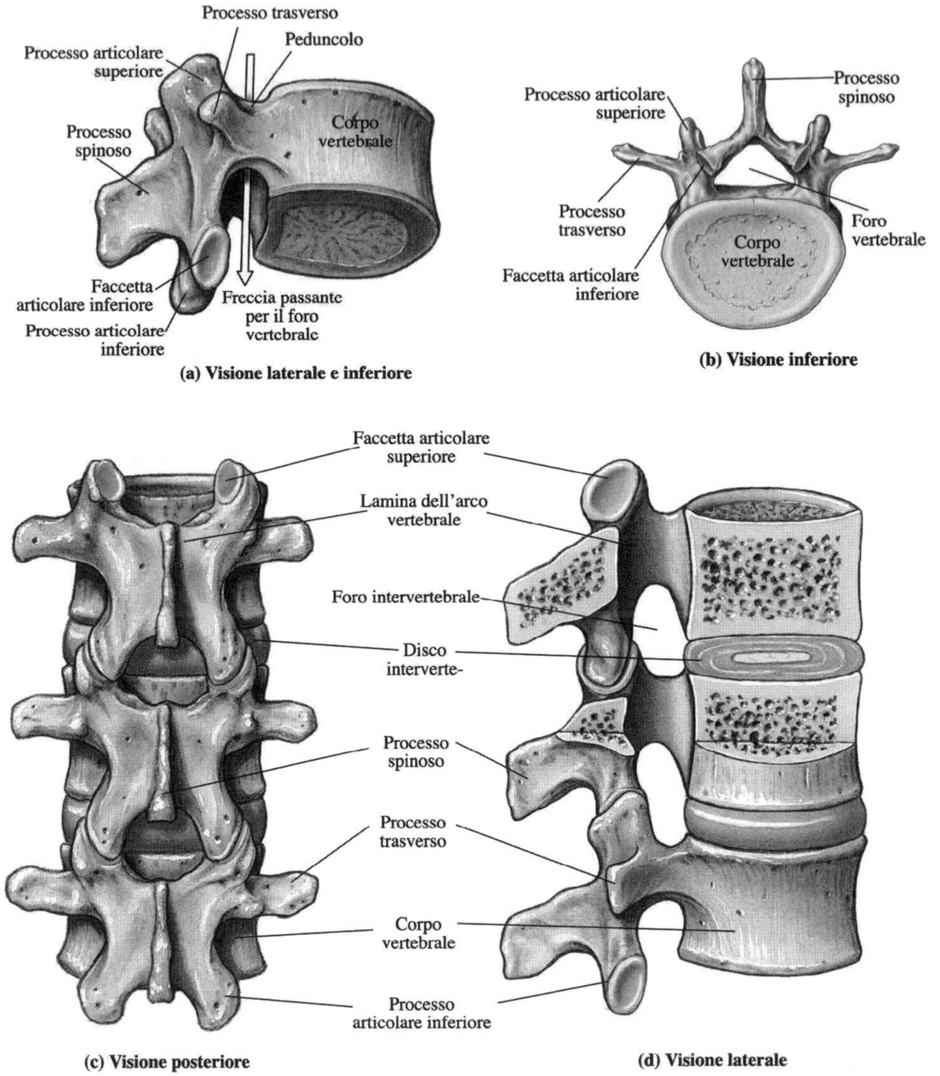

Figura 1.6 *Vertebre. (a) Vertebra vista lateralmente dal basso: attraverso il forame vertebrale passa il midollo spinale. (b) La stessa vertebra vista dal basso. (c) Tre vertebre adiacenti articolate fra di loro e separate dai dischi intervertebrali, viste posteriormente. (d) Le stesse tre vertebre viste lateralmente, la prima e parte della seconda sono state sezionate verticalmente. Attraverso i fori intervertebrali escono le radici dei nervi spinali*

processi trasversi (*apofisi vertebrali*) a livello dei quali, nelle vertebre toraciche, si articolano le coste. Da ciascun arco vertebrale, inoltre, sporgono verticalmente verso l'alto e verso il basso i *processi articolari*, attraverso i quali le vertebre si articolano fra di loro. Nella colonna vertebrale, i corpi delle vertebre sono sovrapposti gli uni agli altri con l'interposizione di **dischi intervertebrali**, formati da tessuto connettivo. I corpi delle vertebre adiacenti sono tenuti in posizione da legamenti molto resistenti, che racchiudono anche il disco intervertebrale[3]. I dischi intervertebrali attenuano e ammortizzano gli urti prodotti da movimenti come la deambulazione, il salto, ecc., che potrebbero danneggiare i corpi vertebrali o causare eccessive vibrazioni per l'encefalo. A questo risultato contribuiscono anche le curvature antero-posteriori presentate dalla colonna vertebrale (Fig. 1.5), che accentuandosi o riducendosi, contribuiscono ad ammortizzare i colpi[4]. L'articolazione tra le vertebre, pur essendo limitata, è sufficiente a consentire alla colonna vertebrale movimenti di flessione, estensione, flessione laterale e torsione. Tra i peduncoli di due vertebre adiacenti si vengono a formare dei fori (*forami intervertebrali*), attraverso i quali fuoriescono i nervi spinali.

Le prime due vertebre cervicali presentano una struttura notevolmente diversa rispetto alle altre. La prima, chiamata **atlante**, si articola direttamente con l'osso occipitale del cranio e presenta sulla sua superficie superiore, ai lati del forame vertebrale, due infossature in cui si adattano due proiezioni del cranio, dette *condili occipitali*: questa articolazione permette i movimenti in su e giù del cranio. La seconda vertebra, chiamata **epistrofeo**, presenta sulla parte superiore del corpo, una sporgenza cilindrica (*dente dell'epistrofeo*) che va ad inserirsi all'interno del forame vertebrale dell'atlante e che funge da perno per le rotazioni laterali della testa.

Nei mammiferi, la **cassa toracica** o **gabbia toracica** è un "cesto" osseo formato dalle vertebre toraciche, da 12 paia di costole (maschi e femmine hanno un ugual numero di costole) e dallo sterno. Essa accoglie i polmoni, i bronchi, parte dell'esofago, il timo, il cuore, la porzione iniziale dell'aorta e la parte terminale delle vene cave. Le **costole** (o **coste**) sono ossa appiattite, nastriformi ed arcuate. Ciascuna costa si articola, posteriormente, con una singola vertebra toracica. Anteriormente, le costole (tranne le ultime due) si continuano con una cartilagine, detta *cartilagine costale*. Le prime 7 paia di costole si articolano, con le loro cartilagini, direttamente con lo sterno; le cartilagini delle 3 successive non si uniscono allo sterno, ma alla cartilagine della costola immediatamente soprastante; le ultime due paia di coste non sono unite allo sterno e sono dette *coste fluttuanti*.

Lo **sterno** è un osso appiattito, allungato, di forma vagamente rettangolare la cui estremità inferiore presenta un prolungamento appuntito. Occupa la porzione mediana della parete anteriore della gabbia toracica. In corrispondenza degli angoli superiori si articola con le clavicole (che fanno parte del cinto pettorale), mentre sui due lati lunghi si articola con le cartilagini delle prime 7 paia di coste.

Scheletro appendicolare

Il **cinto pettorale** o **cinto scapolare** o **cinto toracico** connette gli arti superiori con lo scheletro assile, sostiene le braccia e funge da punto di attacco per diversi muscoli che muovono le braccia. È costituito da due coppie di ossa: le clavicole e le scapole. Le **clavicole** sono due ossa a forma di S molto allungata, situate anteriormente alla base

---

[3] In particolari condizioni può succedere che il disco intervertebrale venga in parte spinto al di fuori dei legamenti: si verifica la cosiddetta **ernia del disco**. Se l'estrusione avviene posteriormente, verso il canale vertebrale, può verificarsi una compressione del midollo spinale o delle radici dei nervi spinali.

[4] Una eccessiva curvatura in avanti della regione toracica della colonna vertebrale viene indicata con il termine di cifosi (nel linguaggio comune, "gobba"). Normalmente, a riposo, la colonna vertebrale non presenta curvature laterali. Quando compaiono curvature laterali (ad esempio in seguito a diversa lunghezza delle gambe, oppure per errori di postura), si parla di *scoliosi*.

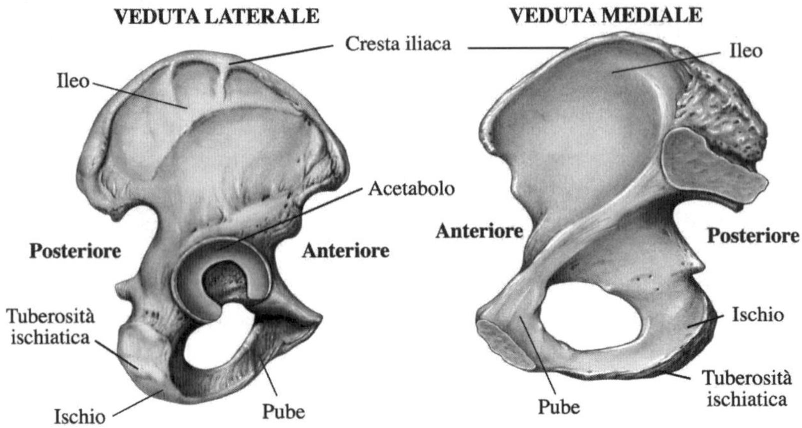

Figura 1.7 *Veduta laterale e mediale dell'osso dell'anca. Sono evidenziati i limiti delle tre ossa (ileo, ischio e pube) dalla cui fusione deriva l'osso dell'adulto. Tutte e tre le ossa concorrono a costituire la cavità dell'acetabolo, nella quale si articola la testa del femore.*

del collo e disposte orizzontalmente dallo sterno alle spalle. Centralmente si articolano con lo sterno, lateralmente con le scapole. Le **scapole** sono due ossa piatte, di forma triangolare, poste ai due lati della parte superiore del dorso. Si articolano con l'osso che forma lo scheletro del braccio, l'omero, e con la clavicola.

Il **cinto pelvico** o **cingolo pelvico** è costituito dalle due ossa delle anche, che si articolano anteriormente tra di loro (attraverso una articolazione semifissa, detta *sinfisi pubica*) e posteriormente con l'osso sacro. L'osso sacro, il coccige e le due ossa delle anche formano la **pelvi** o **bacino**, che sostiene il tronco ed è connessa con gli arti inferiori. Essa contiene gli organi pelvici (parte dell'intestino, vescica urinaria, utero, ecc.) e la sua parte inferiore, nella donna, viene percorsa dal feto durante il parto. Le ossa dell'anca derivano dalla fusione di tre ossa, che nel neonato sono indipendenti: l'*ileo*, l'*ischio* ed il *pube* (Fig. 1.7). L'ileo è quello di maggiori dimensioni e forma la parte superiore ed esterna del bacino. Il suo margine superiore, arcuato, costituisce la cosiddetta **cresta iliaca**. Posteriormente si articola con l'osso sacro. L'ischio ha forma di L, con l'angolo rivolto indietro e in basso: questo angolo forma la *tuberosità ischiatica*, che regge il peso del corpo in posizione seduta. Il pube è posto anteriormente e presenta un braccio grosso modo orizzontale che si unisce all'ileo ed un braccio rivolto in basso e all'indietro che si unisce all'ischio. Sulla superficie esterna del bacino, le tre ossa concorrono a formare una depressione di forma quasi emisferica, chiamata *acetabolo*, entro la quale si articola la testa del femore, il primo osso della gamba.

Ciascuno degli arti dell'uomo e dei Primati è costituito da una trentina di ossa e termina con cinque dita (l'estremità degli arti di altri vertebrati può presentare quattro dita, come nel maiale, tre, come nel rinoceronte, due, come nel cammello, o uno, come nel cavallo).

Le ossa dell'**arto superiore** (formato dal braccio, dall'avambraccio, dal polso, dal palmo della mano e dalle dita) sono: l'*omero* (braccio), il *radio* e l'*ulna* (avambraccio), le ossa del *carpo* (polso), le ossa del *metacarpo* (palmo della mano) e le *falangi* delle dita. Esse supportano l'arto, offrono il punto d'attacco per diversi muscoli e fungono da leve per i movimenti dell'arto stesso. Una caratteristica di grandissima importanza che differenzia la mano dell'uomo e delle grandi scimmie (e il piede delle grandi scimmie) dalle estremità di tutti gli altri Primati è il **pollice opponibile,** capace cioè di mettersi in contatto con tutte le altre dita. Ciò consente alla mano di circondare rapidamente, impugnare e manipolare gli oggetti con estrema facilità.

Le ossa dell'**arto inferiore** (formato dalla coscia, dalla gamba, dalla caviglia, dall'arcata plantare o pianta del piede e dalle dita del piede) sono: il *femore* (coscia), la *tibia* e il *perone* (gamba), le ossa del *tarso* (caviglia), le ossa del *metatarso* (pianta del piede) e le *falangi* delle dita dei piedi.

Fratture e loro riparazione

La rottura di un osso viene denominata **frattura** e può essere determinata sia da traumi (*frattura traumatica*), sia da particolari condizioni patologiche (*frattura patologica*), sia avvenire spontaneamente (*frattura spontanea*).

L'osso fratturato è in grado di andare incontro ad un processo di riparazione, che avviene in diverse tappe (Fig. 1.8). Al momento della frattura, i vasi sanguigni dell'osso e del periostio si rompono e si verifica una emorragia, seguita dalla formazione di un coagulo e di un ematoma, accompagnato da infiammazione e tumefazione. Nel giro di pochi giorni, l'ematoma viene invaso sia da vasi sanguigni di nuova formazione, sia da osteoblasti, che formano nuovo tessuto osseo spugnoso nelle vicinanze dei vasi, sia da fibroblasti che formano tessuto fibrocartilagineo nelle zone da essi più lontane, sia da granulociti che rimuovono il coagulo e frammenti cellulari, sia da osteoclasti che riassorbono eventuali frammenti ossei. Lo spazio vuoto creato dalla frattura viene riempito in un tempo più o meno lungo da tessuto fibrocartilagineo, con formazione di un **callo cartilagineo**. Successivamente, questo callo, attraverso un processo di ossificazione encondrale, viene sostituito da tessuto osseo, con formazione di un **callo**

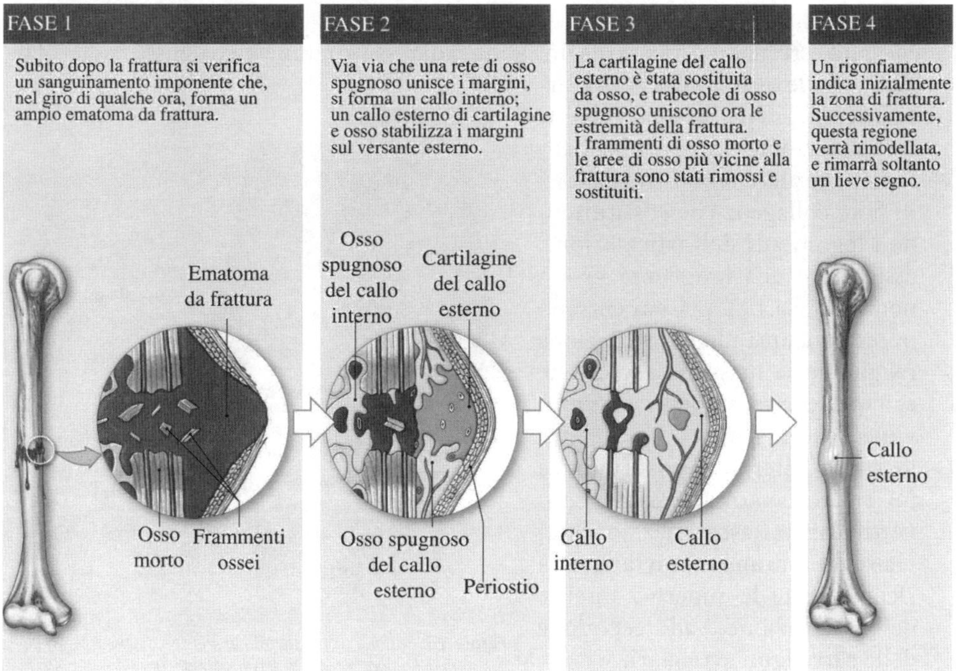

Figura 1.8 *Principali tappe della riparazione fisiologica di una frattura.*

osseo. Inizialmente la quantità di tessuto osseo prodotta è superiore al necessario, ma i processi di rimaneggiamento riportano ad un risultato finale che è un osso molto simile a quello originario. La riparazione della frattura è tanto più rapida quanto più le estremità dell'osso fratturato rimangono vicine: la *riduzione delle fratture*, cioè gli interventi che mirano a riavvicinare i monconi ossei, unitamente all'uso di ingessature o di chiodi o piastre metalliche, ha quindi la funzione di accelerare la guarigione, oltre che di mantenere allineate le parti fratturate.

1.2.2 Apparato articolare

L'**apparato articolare** comprende le **articolazioni**, cioè le strutture anatomiche attraverso cui le ossa sono connesse fra di loro e che ne condizionano i movimenti.

Tipi di articolazioni

In base al tipo di tessuto che unisce le ossa che le formano, le articolazioni possono essere classificate in:

- **articolazioni fibrose**: le ossa sono a stretto contatto e unite saldamente da tessuto connettivo fibroso (ne sono esempi le *suture* tra le ossa del cranio o le suture che uniscono le radici dei denti alle pareti degli alveoli);
- **articolazioni cartilaginee**: tra le ossa è interposto tessuto fibrocartilagineo (ne sono esempi la sinfisi pubica e le articolazioni tra i corpi delle vertebre che presentano l'interposizione dei dischi intervertebrali);
- **articolazioni sinoviali**: rappresentano il grosso delle articolazioni e hanno una struttura piuttosto complessa (Fig. 1.9). Le estremità articolari delle ossa coinvolte sono rivestite da un sottile strato di cartilagine ialina, chiamato *cartilagine articolare*. In corrispondenza dell'articolazione, le ossa sono collegate da una *capsula articolare*, formata da due strati:
  - lo strato esterno è costituito da una lamina di tessuto connettivo denso, fissata al periostio delle ossa sopra e sotto l'articolazione, in modo da avvolgerla completamente; in punti particolari, la capsula è rinforzata da fasci di fibre collagene che costituiscono i **legamenti** dell'articolazione: essi hanno una lunghezza fissa e non sono elastici, per cui entrano in tensione quando l'articolazione raggiunge la massima escursione e, a quel punto, impediscono movimenti eccessivi;
  - lo strato interno è costituito da un rivestimento di tessuto connettivo lasso, vascolarizzato, chiamato **membrana sinoviale**; essa ricopre tutte le superfici interne dell'articolazione, ad eccezione delle cartilagini articolari.

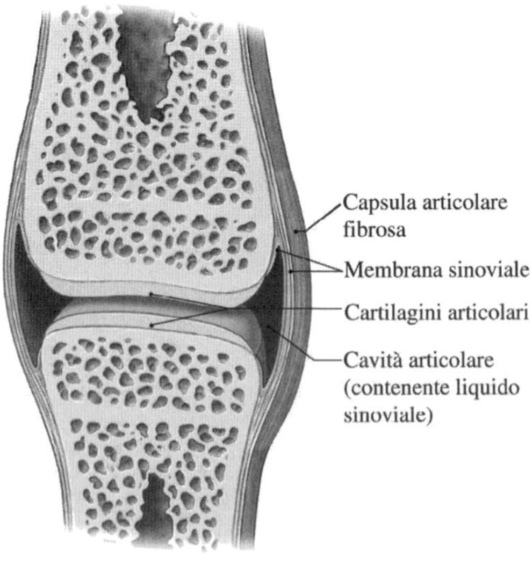

Figura 1.9 *Sezione schematizzata di una articolazione sinoviale. La quantità di liquido sinoviale è accentuata nel disegno: di solito esso rappresenta un velo che ricopre le superfici articolari.*

Si viene così a delimitare una cavità chiusa denominata *cavità sinoviale*, entro la quale la membrana sinoviale secerne un liquido vischioso (per la presenza di mucopolisaccaridi), detto **liquido sinoviale**, con funzioni di lubrificazione e di nutrizione delle cartilagini articolari.

In alcune articolazioni (es. ginocchio) sono presenti degli anelli fibrocartilaginei, chiamati *menischi*, che si interpongono tra le superfici articolari e fungono da cuscinetti proteggendo le superfici articolari.

In base all'ampiezza dei movimenti consentiti, le articolazioni si suddividono in:

- **sinartrosi**: articolazioni non mobili (ne sono esempi le suture delle ossa craniche e le articolazioni dei denti con gli alveoli dentali);
- **anfiartrosi**: articolazioni parzialmente mobili (ne sono esempi le articolazioni tra le vertebre e la sinfisi pubica);
- **diartrosi**: articolazioni totalmente mobili (ne sono esempi le articolazioni sinoviali, quali quelle dell'omero con la scapola, quella del ginocchio, quelle tra le falangi delle dita, ecc.).

Principali tipi di movimento

La presenza delle articolazioni consente alle varie parti dell'organismo di muoversi le une rispetto alle altre, dando luogo a diversi tipi di movimenti. I principali sono (Fig. 1.10):

- **flessione**: movimento che riduce l'angolo formato tra due segmenti ossei;
- **estensione:** movimento che fa aumentare l'angolo formato da due segmenti ossei;
- **iperestensione**: movimento che accentua fortemente l'estensione, per cui l'angolo formato dai due segmenti ossei supera l'angolo piatto (180°);
- **abduzione**: allontanamento di una parte del corpo dalla linea mediana;
- **adduzione**: avvicinamento di una parte del corpo alla linea mediana;
- **rotazione:** movimento di una parte del corpo attorno al proprio asse;
- **circonduzione**: movimento di una parte del corpo in modo che la sua estremità segua un percorso circolare;
- **supinazione**: movimento con cui si volge il palmo della mano all'insù
- **pronazione**: movimento con cui si volge il palmo della mano verso il basso

1.2.3 Apparato muscolare

L'insieme dei muscoli scheletrici, formati da tessuto muscolare striato, responsabili del mantenimento della postura e dell'esecuzione dei movimenti volontari, nonché di numerose reazioni riflesse, costituisce l'**apparato muscolare**.

Struttura e funzioni dei muscoli scheletrici

Un **muscolo scheletrico** è un organo costituito da diversi tipi di tessuto: muscolare striato, diversi tipi di connettivo, vasi sanguigni e terminazioni nervose. Alla sua formazione possono concorrere migliaia di fibrocellule muscolari, ciascuna avvolta da un sottile strato di tessuto connettivo (*endomisio*); diverse fibrocellule sono organizzate in fasci, anch'essi avvolti da connettivo (*perimisio*); molti fasci concorrono alla formazione del muscolo. Ciascun muscolo è separato dai muscoli adiacenti e mantenuto in posizione da uno strato di tessuto connettivo fibroso chiamato *fascia*. La fascia, il perimisio e

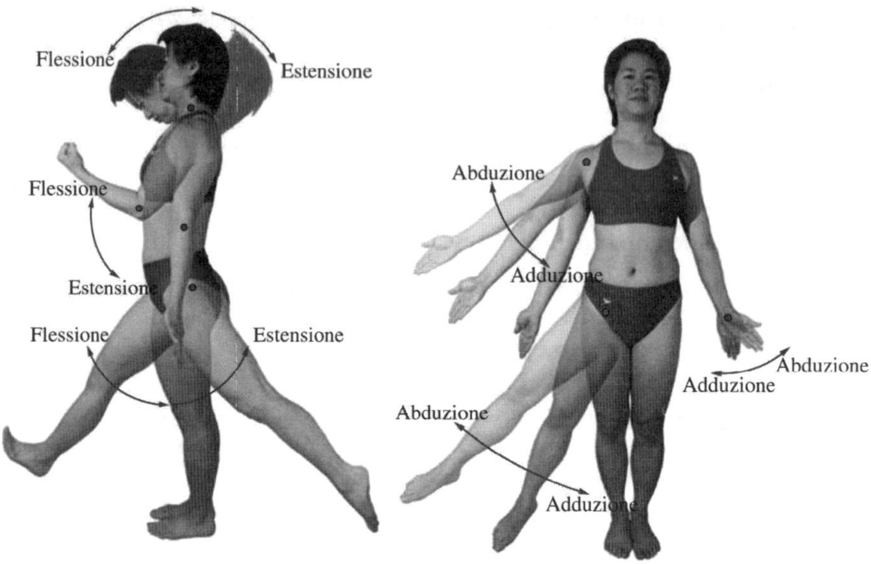

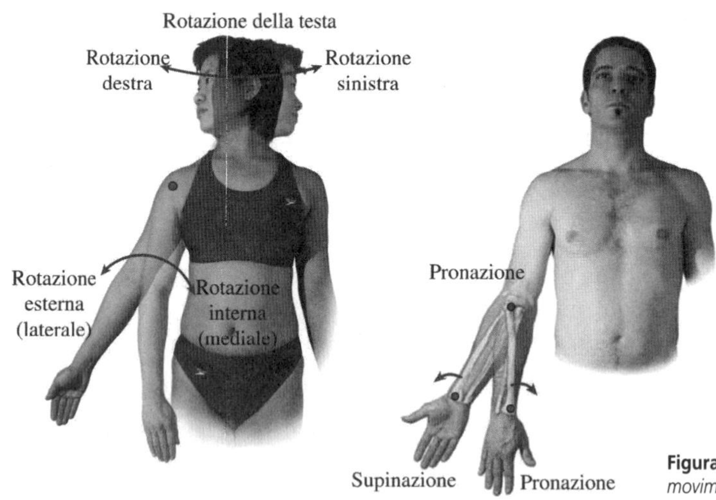

Figura 1.10 *I principali tipi di movimento.*

l'endomisio possono prolungarsi oltre l'estremità delle fibrocellule, formando un cordone, chiamato **tendine**. Le fibre collagene del tendine si intrecciano e si continuano con quelle del periostio delle ossa o del connettivo delle strutture sulle quali il muscolo è inserito. In altri casi, il connettivo che riveste i muscoli si continua in larghe lamine fibrose, dette **aponevrosi** o **aponeurosi**, che si connettono al rivestimento di muscoli adiacenti, collegando così due o più muscoli tra di loro.

Di solito, un'estremità di un muscolo scheletrico è legata ad una struttura relativamente fissa (di norma un osso) e l'altra estremità, dopo che il muscolo o il suo tendine hanno scavalcato un'articolazione, si inserisce su di una struttura mobile. L'estremità fissa è detta *origine del muscolo*, mentre quella mobile è detta *inserzione*. Quando il muscolo si contrae, l'inserzione viene tirata verso l'origine. Alcuni muscoli possono avere più di un'origine o più di un'inserzione (possono cioè presentare biforcazioni). Ad esempio il muscolo bicipite del braccio possiede due capi, cioè due origini (legate a punti diversi della scapola) ed una inserzione (sul radio). Alcuni muscoli hanno una forma ad anello (non hanno quindi né un'origine, né un'inserzione): essi sono posti in corrispondenza di orifizi dell'organismo (es.: bocca, ano, pupilla, ecc.) e la loro contrazione o il loro rilassamento fanno variare l'apertura dell'orifizio. Essi prendono il nome di **sfinteri**.

Di solito i muscoli scheletrici non si contraggono isolatamente, bensì a gruppi. Ad esempio il movimento di staccare il braccio dal fianco e di sollevarlo orizzontalmente (abduzione, vedi sopra) è il risultato principalmente della contrazione del muscolo deltoide, che per tale motivo, in questo caso, funge da *motore primario* o **muscolo agonista**. Mentre esso si contrae, però, si contraggono anche i muscoli vicini, che con la loro contrazione mantengono in posizione la spalla, rendendo più preciso e potente l'effetto del muscolo agonista. I muscoli che si contraggono collaborando con il motore primario sono detti **muscoli sinergisti**.

D'altra parte, *i muscoli possono solo tirare, non possono spingere*. Così, il muscolo agonista della flessione dell'avambraccio sul braccio è il bicipite del braccio; l'estensione dell'avambraccio (cioè il movimento inverso della flessione) è causata dal tricipite del braccio: questi due muscoli agiscono in *modo antagonistico* l'uno rispetto all'altro. Il muscolo che, contraendosi, produce un movimento opposto a quello provocato da un agonista è detto **muscolo antagonista**. Se entrambi i muscoli si contraggono simultaneamente, la parte interessata rimane immobile. La gradualità e la precisione dei movimenti dipendono quindi dalla capacità dell'antagonista (o degli antagonisti) di rilasciarsi man mano che l'agonista si contrae. Queste complesse interazioni sono rigorosamente controllate dal sistema nervoso centrale.

I principali muscoli superficiali del corpo umano sono illustrati nelle Figure 1.11 e 1.12.

Un gruppo particolare di muscoli è rappresentato dai **muscoli mimici** o **muscoli facciali**. Essi sono localizzati sotto la cute del volto e del cuoio capelluto e sono responsabili della mimica facciale. Molti di essi collegano le ossa del cranio con il tessuto connettivo sottocutaneo di zone precise della cute.

Fonti di energia per la contrazione muscolare

La contrazione dei muscoli è dovuta allo slittamento dei filamenti di actina sui filamenti di miosina per la trazione esercitata dalle teste della miosina quando si "agganciano" all'actina. L'energia per questa trazione viene fornita alla miosina dall'idrolisi dell'ATP, che porta alla formazione di ADP e fosfato inorganico. La quantità di ATP presente all'interno delle fibrocellule muscolari è limitata e consente la contrazione per pochissimi secondi. Poiché le membrane cellulari sono impermeabili all'ATP e ai composti ad esso equivalenti, l'ATP deve in ogni caso essere *rigenerato all'interno della cellula muscolare*.

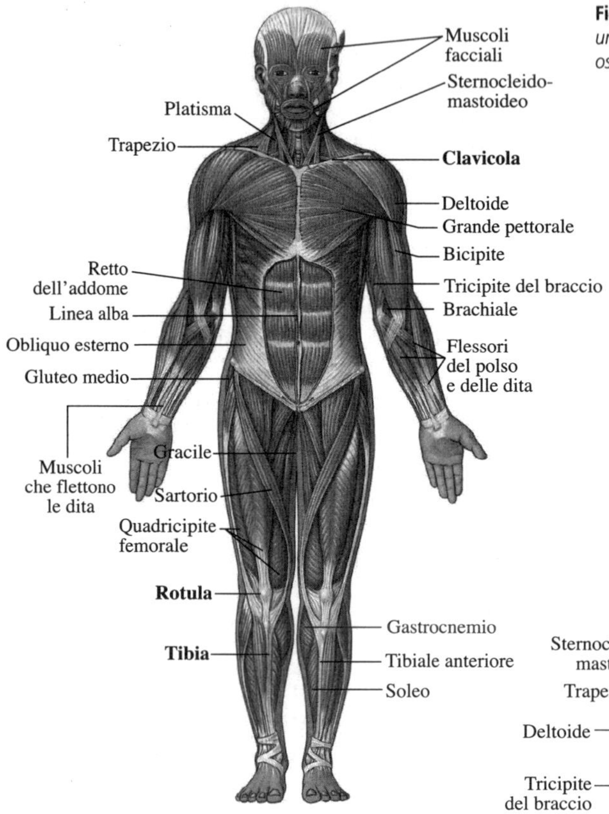

Figura 1.11 *Muscoli superficiali del corpo umano. Vista anteriore. In neretto, i nomi delle ossa.*

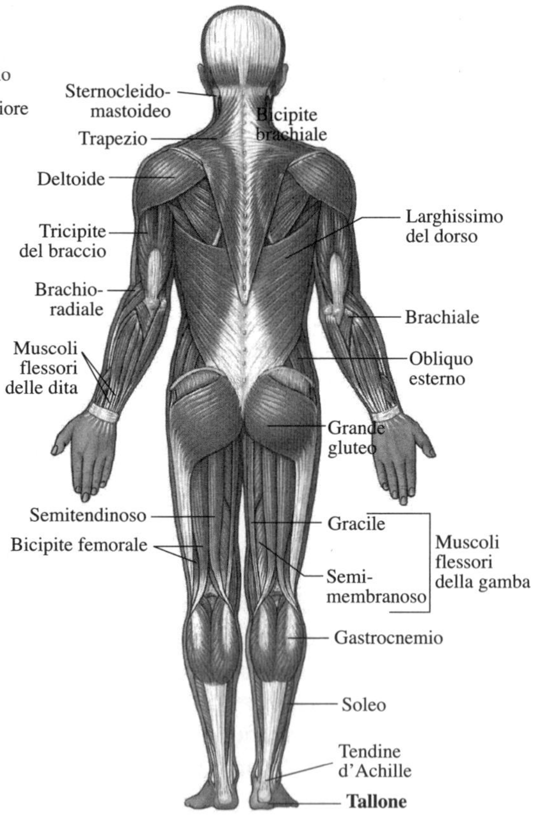

Figura 1.12 *Muscoli superficiali del corpo umano. Vista posteriore. In neretto i nomi delle ossa.*

I meccanismi attraverso cui l'ATP viene rigenerato nelle fibrocellule sono sostanzialmente tre:

1. la formazione di ATP a partire da ADP e fosfocreatina;
2. la formazione di ATP utilizzando l'energia derivata dalla parziale demolizione del glucosio in assenza di ossigeno (*glicolisi*);
3. la formazione di ATP utilizzando l'energia derivata dal trasferimento degli elettroni da diversi composti ossidati fino all'ossigeno (*respirazione cellulare* e *fosforilazione ossidativa*, processi che avvengono nei mitocondri).

Poiché anche la quantità di fosfocreatina presente nel muscolo è limitata, il primo meccanismo è in grado di sostenere una intensa contrazione solo per poche decine di secondi. D'altra parte, la parziale demolizione del glucosio in assenza di ossigeno (glicolisi) è un processo in grado di estrarre solo una piccola parte dell'energia contenuta nelle molecole del glucosio: occorrono quindi grandi quantità di glucosio per ottenere una sufficiente quantità di ATP. La produzione di ATP attraverso questo processo è tuttavia molto rapida: il glucosio utilizzato è anzitutto quello presente all'interno delle fibrocellule all'inizio della contrazione, immagazzinato sotto forma di *glicogeno* (polisaccaride formato da unità di glucosio). Esso viene esaurito nel giro di pochi minuti di contrazione. La glicolisi è quindi utilizzata per quegli esercizi muscolari che richiedono molta potenza, ma tempi molto brevi. La glicolisi dà come prodotto finale acido lattico, che si accumula nelle fibrocellule e passa nel sangue, che lo trasporta al fegato. Qui l'acido lattico viene ritrasformato in glucosio utilizzando l'energia derivata dall'ATP, che nelle cellule del fegato viene prodotto attraverso la respirazione cellulare e la fosforilazione ossidativa, quindi con consumo di ossigeno. Per questo motivo, si suol dire che il muscolo, ottenendo energia attraverso la glicolisi in assenza di ossigeno, e quindi producendo acido lattico, contrae un **debito di ossigeno** che l'organismo paga attraverso il fegato.

La produzione di ATP attraverso la respirazione cellulare e la fosforilazione ossidativa è un processo molto efficiente, in grado di produrre molte molecole di ATP dalla completa ossidazione di relativamente poche molecole di composti ossidati; tuttavia è un processo lento: essa può protrarsi per tempi molto lunghi (finché il sangue apporta al muscolo che si contrae una sufficiente quantità di ossigeno e di composti da ossidare), ma non è in grado sostenere contrazioni molto intense.

I muscoli sottoposti a uno sforzo intenso per un periodo prolungato vanno incontro ad *affaticamento*. La **fatica muscolare** consiste in una diminuzione o addirittura nella perdita della capacità di contrarsi: la causa più frequente ne è l'accumulo di acido lattico all'interno delle fibrocellule.

Poiché la produzione di ATP dalla fosfocreatina e attraverso la glicolisi sono processi che avvengono in assenza di ossigeno, essi permettono la contrazione muscolare in condizioni di *anaerobiosi*; la respirazione cellulare richiede invece condizioni di *aerobiosi*. Il muscolo dipende dal sistema circolatorio per l'apporto di ossigeno; tuttavia, soprattutto i muscoli che, per la loro funzione, devono contrarsi a lungo, sia pure con relativamente bassa intensità, posseggono al proprio interno una proteina, la **mioglobina**, capace di legare reversibilmente l'ossigeno. Il suo colore rosso contribuisce al colore di molti muscoli. Questa proteina ha per l'ossigeno un'affinità maggiore rispetto all'emoglobina. Nel muscolo a riposo, la mioglobina lega a sé l'ossigeno liberato dall'emoglobina, formando così un deposito di ossigeno all'interno delle fibrocellule. Quando la contrazione fa diminuire la concentrazione dell'ATP all'interno della fibrocellula, si attiva la respirazione che consuma ossigeno e ne fa diminuire la pressione parziale all'interno delle cellule. In queste condizioni la mioglobina libera l'ossigeno che diventa disponibile per la respirazione.

Le caratteristiche delle fibrocellule e il loro corredo enzimatico variano a seconda della funzione del muscolo: i muscoli che devono sostenere contrazioni prolungate, anche se non particolarmente intense, come i muscoli che mantengono la postura (es. muscoli lunghi del dorso), utilizzano come fonte di energia la respirazione e le loro fibrocellule sono ricche di mioglobina e di mitocondri, hanno un diametro relativamente piccolo in modo da ridurre lo spazio percorso dalle molecole dei substrati da ossidare e possiedono una rete di capillari sanguigni molto fitta. Questi muscoli appiano intensamente colorati di rosso per la presenza di mioglobina, mitocondri ed emoglobina. La loro velocità di contrazione è piuttosto bassa, per cui si parla di *fibre rosse* o di *fibre a contrazione lenta*. Invece i muscoli, la cui funzione richiede contrazioni rapide e intense, sono formati da fibrocellule ricche di glicogeno e di enzimi della glicolisi, povere di mioglobina e di mitocondri, di diametro piuttosto grosso e relativamente poco vascolarizzate. Esse sono dette *fibre bianche* o *fibre a contrazione veloce* (ne sono un esempio i muscoli pettorali dei polli). Molti muscoli umani contengono entrambi i tipi di fibre, sia pure con prevalenza dell'uno o dell'altro tipo.

La muscolatura scheletrica è molto sensibile all'esercizio fisico e all'inattività. I muscoli sottoposti ad intensa attività tendono ad aumentare di volume per aumento del numero di filamenti di actina e miosina presenti nelle fibrocellule (e non per aumento del numero di fibrocellule): si verifica cioè una *ipertrofia* del muscolo, accompagnata anche dall'aumento dei capillari sanguigni che irrorano il muscolo. Il tipo di allenamento, inoltre, modifica il tipo di enzimi presenti all'interno delle fibrocellule, il numero di mitocondri e le caratteristiche della loro contrazione.

Se l'attività fisica viene sospesa, la rete capillare e le dimensioni delle fibrocellule diminuiscono, con conseguente *atrofia* del muscolo. È quanto si verifica ad esempio nei casi di prolungata immobilizzazione degli arti (es. ingessature). Fenomeni analoghi, ma più intensi, si verificano nei casi in cui le fibre nervose motrici che giungono al muscolo vengano interrotte.

Capitolo 2
Apparato tegumentario

2.1 Apparato tegumentario

L'**apparato tegumentario** ha come funzione principale quella di rivestire l'organismo, di proteggerlo dai traumi e dall'invasione di agenti patogeni e di evitare una eccessiva perdita di acqua. Esso svolge inoltre un importante ruolo nella regolazione della temperatura corporea.

L'apparato tegumentario è costituito dalla *cute* e dagli *annessi cutanei*.

2.2 Cute

La **cute** è il rivestimento esterno del corpo umano ed è costituita da due strati: l'*epidermide* e il *derma* (Fig. 2.1).

L'**epidermide** costituisce lo strato più superficiale della cute ed è rappresentata da un *epitelio pluristratificato*, le cui cellule sono dette **cheratinociti**: lo strato più profondo, *strato basale*, è costituito da cellule relativamente poco differenziate, in attiva proliferazione, appoggiate su di una sottile membrana basale. Lo strato più superficiale, *strato corneo*, è costituito da cellule morte, che vanno incontro ad una continua desquamazione e che vengono man mano sostituite da cellule degli strati più profondi. Ciò si verifica

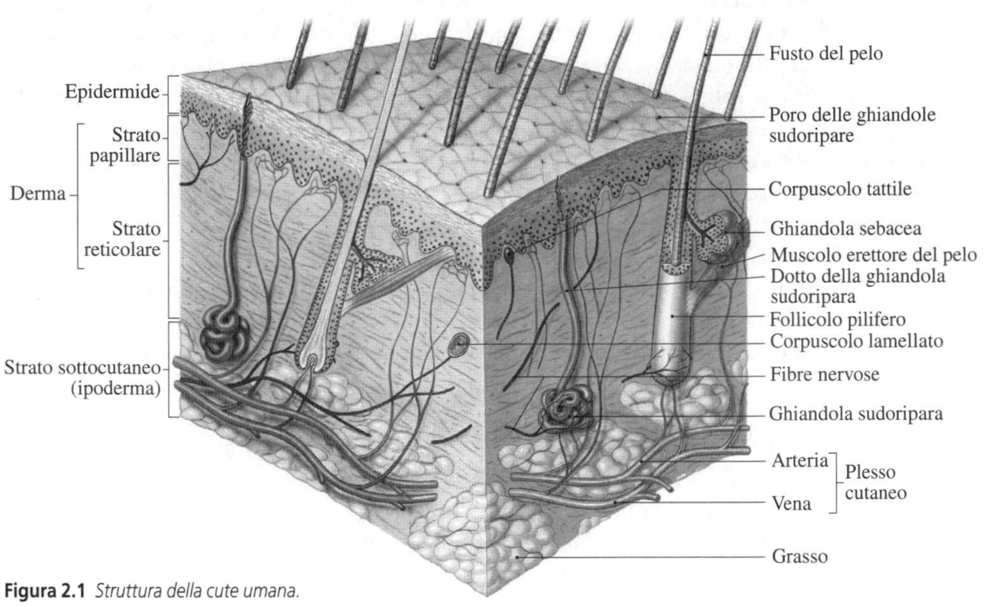

Figura 2.1 *Struttura della cute umana.*

perché, in seguito alla moltiplicazione, le cellule dello strato basale si staccano dalla membrana basale e vengono sospinte verso l'esterno. Man mano che passano da uno strato all'altro, le cellule vanno dapprima incontro ad un processo di differenziamento, appiattendosi e sintetizzando grandi quantità di una particolare proteina, la **cheratina**, dotata contemporaneamente di notevole resistenza meccanica, di notevole flessibilità e di scarsissima solubilità in acqua. La cheratina si accumula all'interno delle cellule, occupandole completamente, per cui esse vanno incontro a morte, dando origine allo strato corneo.

Tra le cellule dello strato basale sono inserite particolari cellule, i **melanociti**, che producono ed iniettano nei cheratinociti un pigmento scuro, la **melanina**, responsabile della colorazione della pelle. La melanina svolge un'importantissima funzione nell'assorbire le radiazioni ultraviolette che altrimenti danneggerebbero le cellule degli strati profondi dell'epidermide.

Il **derma**, posto al di sotto dell'epidermide, è composto da tessuto connettivo fibroso, denso, la cui matrice è costituita soprattutto da fibre di collagene e da fibre elastiche, che conferiscono resistenza e flessibilità alla cute. Il derma contiene vasi sanguigni, che portano nutrimento alla pelle, e numerose terminazioni nervose che rappresentano i *recettori* sensoriali per il *tatto*, il *dolore* e la *temperatura*. Nel derma sono inseriti anche alcuni annessi cutanei: le ghiandole sudoripare e i follicoli piliferi.

Al di sotto del derma è posto il **tessuto sottocutaneo**, formato da tessuto connettivo lasso e da tessuto adiposo. Quest'ultimo, oltre a servire da deposito di grassi di riserva, svolge anche un importante ruolo di isolante nei confronti delle variazioni della temperatura esterna.

2.3 Annessi cutanei

Gli **annessi cutanei** sono strutture differenziate derivate dall'epidermide. Nell'uomo essi sono rappresentati dalle *unghie*, dalle *ghiandole sudoripare*, dai *capelli* e dai *peli* con i rispettivi *follicoli piliferi* nei quali sboccano le *ghiandole sebacee*. Degli annessi cutanei fanno parte anche le *ghiandole mammarie*, deputate, nella donna, alla produzione del latte. Negli animali, oltre ai precedenti, vanno annoverati tra gli annessi cutanei le corna, gli zoccoli, le squame, che rivestono alcuni mammiferi e alcuni rettili.

Le **ghiandole sudoripare** svolgono un ruolo importante nella regolazione della temperatura corporea. Le **ghiandole sebacee**, i cui dotti escretori sboccano nei follicoli piliferi, secernono una complessa miscela di grassi e di cere, chiamata *sebo*, che previene la disidratazione e la screpolatura della pelle.

I **peli** e i **capelli** hanno struttura simile (Fig. 2.1): presentano una parte che sporge fuori della cute detta *fusto*, e un parte situata nello spessore della cute (*radice*), inserita in una invaginazione dell'epidermide che si estende nel derma, detta *follicolo pilifero*. La parte più profonda, rigonfiata, della radice è detta *bulbo pilifero*. Il pelo è formato in massima parte da cellule morte, ripiene di cheratina, e contenenti numerosi granuli di melanina, provenienti dai melanociti del follicolo. La diversa quantità di granuli presenti è alla base del diverso colore dei capelli. Tra le cellule sono presenti spazi contenenti aria; con l'aumentare dell'età, questi spazi aumentano, mentre diminuisce il numero dei granuli di melanina: ciò è alla base dell'*incanutimento* (comparsa di capelli prima grigi e poi bianchi). Alla base di ciascun follicolo pilifero, è inserito un sottile fascio di cellule muscolari lisce, che costituiscono il *muscolo erettore del pelo*. Questi muscoli sono innervati dal sistema nervoso autonomo e la loro contrazione svolge un importante ruolo nella termoregolazione[1].

Le **unghie** sono lamine cornee che si sono differenziate dallo strato corneo dell'epidermide. In esse si distinguono varie parti:

- la *lamina* o *placca ungueale*, che costituisce il corpo dell'unghia e che con la sua faccia profonda aderisce alla cute sottostante;
- la *radice*, nascosta da un sottile ripiegamento cutaneo;
- la *matrice ungueale*, che è la piccola porzione di epidermide posta all'inizio della radice, deputata alla continua formazione del materiale corneo dell'unghia.

2.4 Ferite ed ustioni

Le lesioni traumatiche che causano l'interruzione della continuità del rivestimento della cute prendono il nome di **ferite**. Se non intervengono processi infettivi, causati da germi patogeni entrati nei tessuti danneggiati attraverso la soluzione di continuità della cute, le ferite si *rimarginano* spontaneamente. Il processo è diverso a seconda dell'entità della lesione.

Se la ferita è poco profonda e interessa la sola epidermide, le cellule epiteliali dello strato basale ai margini della ferita vengono stimolate a moltiplicarsi e colmano la soluzione di continuità del rivestimento epiteliale.

Se la lesione interessa anche il derma e il tessuto sottocutaneo, vengono inevitabilmente rotti dei vasi sanguigni con una conseguente perdita di sangue (emorragia), che coagula nella ferita. Il coagulo di fibrina, che intrappola piastrine e cellule del sangue, insieme al liquido interstiziale che fuoriesce e si secca, forma una crosta, che copre e protegge i tessuti sottostanti. La liberazione di diverse sostanze a livello della ferita richiama fibroblasti, che iniziano a formare fibre collagene e tendono ad unire i margini della ferita. Quanto più questi sono vicini, tanto più rapida è la guarigione: è questo il motivo per cui lesioni cutanee molto aperte devono essere suturate. Al di sotto della crosta, nuovi vasi sanguigni penetrano nell'area della lesione, mentre granulociti e macrofagi provvedono a rimuovere cellule morte e detriti. Quando il processo di ricostruzione del tessuto connettivo si è completato, la proliferazione delle cellule epiteliali che, dai margini della ferita, si espandono verso il suo centro, porta al distacco della crosta (*escara*). Se la ferita è estesa, il tessuto connettivo neoformato può rimanere visibile sotto forma di **cicatrice**.

Le lesioni causate dal calore prendono il nome di **ustioni**. L'effetto delle ustioni, le possibilità ed i meccanismi di riparazione sono diversi a seconda della loro estensione e della loro profondità.

Le ustioni più superficiali, che danneggiano la sola epidermide, sono dette **ustioni di primo grado**. Sono caratterizzate da bruciore e arrossamento della cute, eventualmente seguiti da distacco degli strati epidermici più superficiali. La proliferazione delle cellule dello strato basale porta rapidamente al completo ripristino dell'epidermide.

---

[1] Quando si ha freddo, compare la "pelle d'oca", dovuta appunto alla contrazione dei muscoli erettori dei peli. La contrazione genera calore e controbilancia la perdita di calore attraverso la pelle.

Quando il danno interessa, oltre all'epidermide, anche parte del derma, si parla di **ustioni di secondo grado**. Il liquido che fuoriesce dai capillari del derma, danneggiati dal calore, si accumula al di sotto dell'epidermide morta dando origine a vesciche. La guarigione di queste ustioni coinvolge, oltre al tessuto connettivo del derma, nel quale i fibroblasti, migrando dalle regioni vicine, ricostituiscono la sostanza fondamentale, anche le cellule epiteliali degli annessi cutanei (follicoli piliferi, ghiandole sudoripare e sebacee), situate nelle parti profonde del derma: queste cellule epiteliali, moltiplicandosi, raggiungono la superficie del derma e si espandono su di essa, formandovi nuovo tessuto epiteliale.

Le ustioni che danneggiano l'epidermide, il derma e gli annessi cutanei sono dette **ustioni di terzo grado**. La parte lesa assume un colore che può andare dal rosso scuro al nero o al bianco. In questi casi la guarigione può avvenire solo per migrazione di cellule dalla periferia della lesione e richiede un intervento medico per la rimozione dei tessuti necrotizzati e, se, come spesso succede, l'area colpita è molto estesa, l'eventuale copertura con lembi di pelle prelevati da regioni sane (autoinnesti) o ottenuti attraverso coltura *in vitro* di frammenti di cute. L'area ustionata deve essere protetta non solo perché è facile preda di processi infettivi, ma perché rappresenta anche una zona attraverso cui avviene una intensa evaporazione di liquidi, per cui l'organismo tende a disidratarsi.

Capitolo 3
Apparato digerente

3.1 Nutrizione umana

L'apparato digerente è deputato alla digestione e all'assorbimento degli alimenti.

Per crescere e moltiplicarsi, ma anche solo per mantenersi, l'organismo umano, come tutti gli esseri viventi, ha bisogno di materia e di energia: materia per costruire i composti che costituiscono le sue cellule, energia sia per effettuare queste sintesi, sia per compiere gli altri tipi di lavoro che i diversi organi e tessuti sono chiamati a svolgere. L'uomo è un **organismo eterotrofo**: non è infatti capace di trasformare composti inorganici in composti organici, ma deve prelevare dall'ambiente composti organici già sintetizzati da altri organismi, da cui trarre il materiale per sintetizzare i propri componenti. L'uomo è anche un **organismo chemiotrofo**: i composti organici prelevati dall'ambiente costituiscono infatti anche la fonte di energia per i suoi fabbisogni. All'organismo sono necessari anche composti inorganici (acqua e sali): questi vengono prelevati come tali dall'ambiente e direttamente utilizzati. I composti organici ed inorganici prelevati dall'ambiente sono gli **alimenti** di cui l'organismo si nutre e che, nel loro insieme, costituiscono la **dieta**.

Per essere utilizzata, la miscela di composti diversi variamente strutturati (organici: carboidrati, lipidi, proteine, acidi nucleici, ed inorganici), che costituisce la dieta, deve anzitutto essere sminuzzata ed omogeneizzata meccanicamente. D'altra parte essa è costituita in larghissima parte da molecole complesse, spesso di grossissime dimensioni. Per divenire utilizzabili dall'organismo queste devono venir scisse (idrolizzate) nei composti più semplici che le costituiscono: i carboidrati (oligo e polisaccaridi) in monosaccaridi, i lipidi in acidi grassi e glicerolo, le proteine in amminoacidi, ecc. Solo questi composti relativamente semplici possono essere assorbiti e distribuiti a tutto l'organismo. Il processo di sminuzzamento e di idrolisi degli alimenti costituisce la **digestione**; i prodotti della digestione vanno incontro all'**assorbimento**.

L'uomo è un **organismo onnivoro**, in quanto può nutrirsi di alimenti sia di origine vegetale, sia di origine animale. Tuttavia la dieta deve non solo consentire di introdurre e di assorbire una quantità di alimenti sufficiente a sopperire ai bisogni di materia e di energia dell'organismo, ma anche avere una composizione qualitativa tale da rifornirlo di tutti quei composti che esso non è in grado di produrre a partire da altri composti organici, ma che sono necessari al suo funzionamento e alla sua crescita.

Attraverso la complessa rete di reazioni chimiche che costituiscono il **metabolismo**, monosaccaridi, acidi grassi, glicerolo, amminoacidi derivati dalla digestione di oligo e polisaccaridi, di lipidi e di proteine, una volta assorbiti sono in parte ossidati dalle cellule producendo anidride carbonica e acqua e liberando energia che viene immagazzinata sotto forma di **adenosintrifosfato** o **ATP**, e utilizzata poi per compiere i vari tipi di lavoro. D'altra parte, gli enzimi che fanno parte del patrimonio dell'organismo umano fanno sì che i monosaccaridi introdotti con la dieta possano anche essere utilizzati per sintetizzare gli oligo ed i polisaccaridi tipici dell'organismo, gli acidi grassi possano essere utilizzati per sintetizzare i lipidi propri dell'organismo e gli amminoacidi per sintetizzare le proteine specifiche dell'organismo. Infine, i monosaccaridi possono essere trasformati in lipidi o dar origine ad alcuni amminoacidi; gli acidi grassi possono essere utilizzati per sintetizzare alcuni composti di grande importanza (colesterolo, ormoni sessuali, ecc.), ma non per formare carboidrati; alcuni amminoacidi possono essere trasformati in monosaccaridi, altri in acidi grassi. Queste possibilità di interconversione consentono una certa elasticità nella composizione qualitativa della dieta, ma con dei forti limiti. Anzitutto, l'organismo umano non è in grado di produrre una quantità sufficiente di gruppi amminici per produrre tutti gli amminoacidi di cui ha bisogno per sintetizzare le proprie proteine, per cui non può tollerare a lungo una dieta completamente priva di proteine. Inoltre, se è vero che le interconversioni cui si è sopra accennato consentono all'uomo di sintetizzare gli scheletri carboniosi di gran parte dei composti organici di cui ha bisogno, è tuttavia vero che esso non è in grado di sintetizzare alcuni composti essenziali per il funzionamento dell'organismo. Tra questi composti che l'organismo non è in grado di produrre[1] vi sono alcuni amminoacidi (**amminoacidi essenziali** o **amminoacidi indispensabili**), alcuni acidi grassi insaturi (**acidi grassi essenziali** o **acidi grassi indispensabili**) e le **vitamine** (gruppo eterogeneo di composti necessari in quantità relativamente piccole, perché la loro funzione è quella di essere trasformati in coenzimi[2]): tutti questi composti devono necessariamente essere introdotti come tali con la dieta.

La quantità di alimenti necessaria all'organismo umano varia con l'età e soprattutto con l'entità del lavoro fisico svolto. Essa è sostanzialmente determinata dalla quantità di energia di cui l'organismo ha bisogno: fino a non molto tempo fa questa quantità veniva misurata in **kilocalorie** (kcal), oggi viene misurata in **kilojoule** (kJ). La quantità di energia di una dieta corrisponde alla quantità di energia che i componenti della dieta libererebbero se fossero completamente ossidati a CO_2 ed acqua. Il fabbisogno calorico di un uomo adulto che compie un moderato lavoro fisico si aggira tra 10.500 e 12.500 kJ al giorno (2500-3000 kcal). Indipendentemente dalla composizione della dieta, i composti introdotti in eccesso rispetto al fabbisogno energetico e alle necessità di biosintesi dell'organismo vengono di solito trasformati in grassi.

Una dieta equilibrata, però, come già sopra accennato, non si limita a fornire all'organismo una quantità sufficiente di energia: deve anche fornire una quantità sufficiente di proteine (in quanto fonte di gruppi amminici in generale e di amminoacidi indispensabili), di acidi grassi indispensabili, di vitamine e di sali inorganici. Non tutti gli alimenti sono ugualmente ricchi dei diversi tipi di sostanze di cui l'organismo ha bisogno: le carni sono ricche soprattutto in proteine, la cui composizione in amminoacidi corrisponde al fabbisogno dell'organismo umano, mentre parte delle proteine di origine vegetale ha una composizione alquanto diversa; i grassi animali hanno un basso contenuto in acidi grassi insaturi e soprattutto di acidi grassi indispensabili; i vegetali

[1] Questa impossibilità è dovuta al fatto che il genoma umano non contiene l'informazione necessaria per produrre gli enzimi capaci di catalizzare le reazioni che portano alla sintesi di questi composti.

[2] I coenzimi sono composti necessari al funzionamento degli enzimi e svolgono perciò una funzione catalitica: essi vengono riutilizzati un grandissimo numero di volte per catalizzare una data reazione e quindi la loro quantità nell'organismo può essere relativamente piccola.

e la frutta sono ricchi di vitamine, di sali inorganici e di cellulosa (che non viene digerita, perché l'apparato digerente dell'organismo umano non produce enzimi capaci di idrolizzarla, ma che costituisce le "fibre" che facilitano i movimenti peristaltici dell'intestino: vedi sotto).

3.2 Struttura e funzionamento dell'apparato digerente

L'apparato digerente comprende un lungo condotto, il **tubo digerente,** ed alcune ghiandole (**ghiandole salivari, fegato**, **pancreas**), i cui secreti si riversano nel tubo digerente contribuendo alla digestione degli alimenti.

Il tubo digerente (Fig. 3.1) inizia con la bocca, prosegue con la faringe, l'esofago, lo stomaco, l'intestino tenue (suddiviso in duodeno, digiuno e ileo), l'intestino crasso (che comprende cieco, colon, sigma e retto) e sbocca all'esterno con l'orificio anale (o ano).

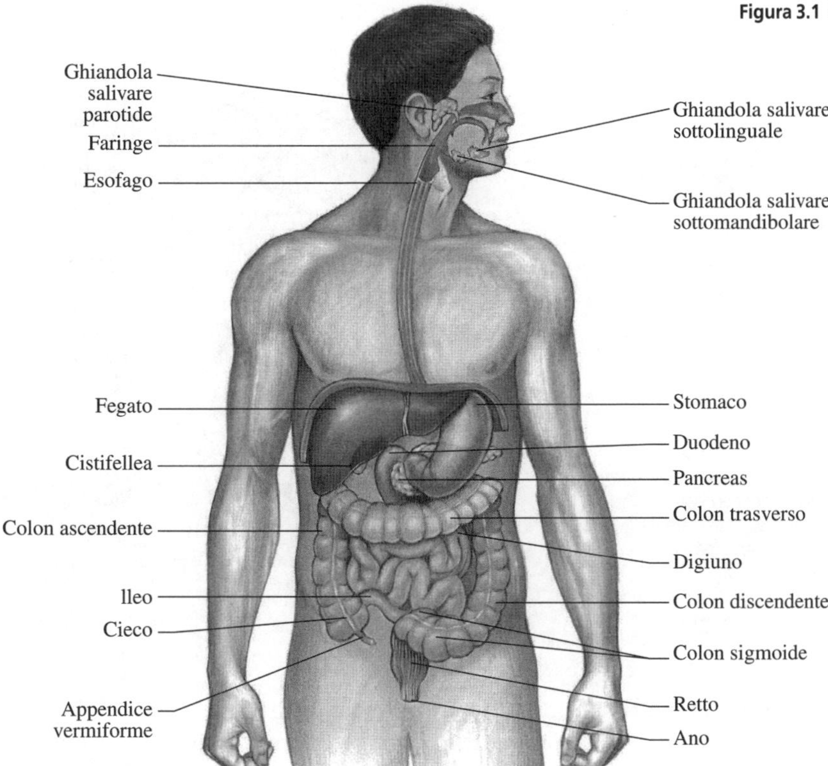

Figura 3.1 *Il tubo digerente.*

3.2.1 Bocca e denti

La bocca (o **cavità orale**) è delimitata superiormente dal **palato** (il cui scheletro è formato dalle ossa mascellari e dall'osso palatino, Fig. 1.3b), sul bordo del quale è inserita l'**arcata dentaria superiore**, costituita, nell'adulto, da 16 **denti**; lateralmente dalle guance, e inferiormente dalla **mandibola** (nella quale è inserita l'**arcata dentaria infe-**

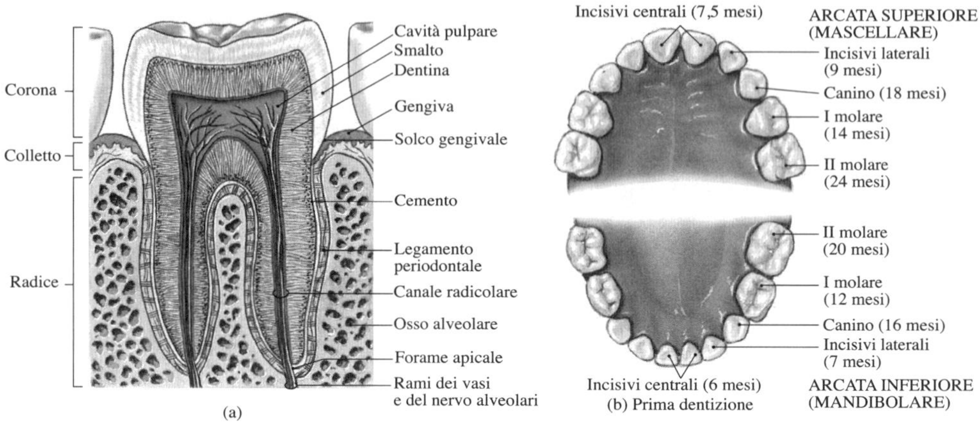

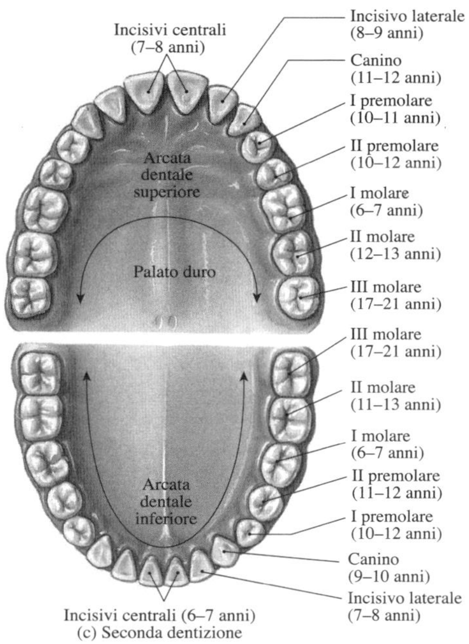

Figura 3.2 *La dentatura.* ***(a)*** *Struttura di un dente.* ***(b)*** *Dentatura decidua: le età indicate tra parentesi indicano il momento di crescita del dente.* ***(c)*** *Dentatura permanente: le età tra parentesi indicano il momento in cui il dente permanente sostituisce il corrispondente deciduo o in cui il dente permanente compare (nei casi in cui il corrispondente dente deciduo non esiste).*

riore, anch'essa costituita, nell'adulto, da 16 denti) e dalla **lingua**. La bocca è rivestita da un epitelio (**mucosa orale**), che, soprattutto in corrispondenza della lingua, contiene particolari terminazioni nervose, le **papille gustative**, che percepiscono i sapori dei cibi. Attorno a ciascun dente, la mucosa orale forma le **gengive**.

I **denti** sono gli organi più mineralizzati dell'organismo umano. Ciascun dente è inserito in una cavità dell'osso mascellare o della mandibola detta **alveolo dentale.** In ciascun dente si distinguono tre parti (Fig. 3.2a):

- la **corona** (la parte visibile del dente) che ha forma diversa a seconda del tipo di dente (appiattita ed affilata negli incisivi; appuntita nei canini; allargata con diverse cuspidi nei premolari e nei molari);

- il **colletto**, che forma la transizione tra corona e radice, attorno al quale la mucosa orale forma le **gengive**;
- una o più **radici**, che si inseriscono nell'alveolo e sono ancorate alle sue pareti da legamenti di tessuto connettivo.

I denti sono formati da **dentina** (o **avorio**), particolare tipo di tessuto osseo. Nella corona, la dentina è rivestita da uno strato di **smalto**, particolare tessuto epiteliale molto resistente e mineralizzato, mentre a livello del colletto e delle radici è rivestita da un altro tipo di tessuto osseo, detto **cemento**. Nella dentina è presente una piccola cavità (*cavità pulpale*), che contiene la **polpa** del dente, tessuto connettivo ricco di vasi sanguigni e di terminazioni nervose, e che si continua in un canalicolo che percorre ciascuna delle radici (*canale radicale*). Il canalicolo sbocca nell'alveolo con un piccolo foro, attraverso il quale penetrano nel dente i vasi sanguigni e i nervi.

Alla nascita, la bocca è priva di denti; la **dentizione** inizia (cioè i denti iniziano a spuntare) attorno al 6°-8° mese di vita e porta alla comparsa dei 20 **denti decidui** (**denti da latte**). Questi sono gradualmente sostituiti, a partire dal 6°-7° anno, dai 32 **denti permanenti** (Fig. 3.2b e c).

Nella cavità orale riversano il loro secreto (la **saliva**) le ghiandole salivari (parotidi[3], sottolinguali e sottomandibolari). La produzione di saliva è continua, ma aumenta grandemente in seguito a stimoli nervosi, generati dal contatto dei cibi con la mucosa della bocca o da immagini, odori, suoni legati all'ingestione del cibo[4]. Nella bocca, gli alimenti che costituiscono il boccone vengono triturati meccanicamente dai denti attraverso la **masticazione** e amalgamati con la saliva grazie ai movimenti della lingua. La triturazione non comporta reazioni chimiche, ma facilita i successivi processi digestivi. La saliva, oltre a contribuire a fluidificare il boccone e a svolgere una funzione lubrificante, contiene anche un primo enzima digestivo, la **ptialina** (o **amilasi salivare**) che inizia ad idrolizzare l'amido (polisaccaride), con formazione del disaccaride maltosio[5].

Terminata la masticazione, il boccone, trasformato in **bolo** alimentare, viene spinto dall'azione combinata dei muscoli della lingua e del pavimento della bocca (**deglutizione**) nella **faringe**. Questa cavità, posta dietro alla bocca, è comune sia al tubo digerente, sia alle vie respiratorie. Da essa hanno inizio la laringe (vie respiratorie), posta anteriormente nel collo, e l'esofago (tubo digerente), posto dietro alla laringe. Il complesso movimento della lingua e dei muscoli del pavimento della bocca, che costituisce la deglutizione, porta alla temporanea chiusura di una valvola (chiamata **epiglottide**) situata

---

[3] Le ghiandole parotidi sono situate dietro l'angolo della mandibola. Una loro infiammazione (**parotite**), causata da un'infezione da parte del virus della parotite, causa la malattia nota come "orecchioni", in quanto si accompagna a gonfiore in vicinanza dell'orecchio.

[4] In questo caso, il meccanismo dell'iperproduzione si basa su un **riflesso condizionato**, meccanismo per cui, in seguito a ripetute esperienze in cui un certo stimolo (immagine, suono, o altro) è seguito dall'ingestione di cibo che determina un aumento della salivazione, diventano sufficienti l'immagine o il suono per stimolare la salivazione.

[5] Va osservato che il tempo a disposizione della ptialina per svolgere la sua funzione è il breve tempo durante il quale il boccone rimane nella bocca. Quando il bolo raggiunge lo stomaco e viene a contatto con il succo gastrico, fortemente acido, l'azione della ptialina rallenta notevolmente. La digestione dell'amido e degli altri polisaccaridi riprenderà a pieno ritmo nell'intestino tenue ad opera degli enzimi ivi presenti.

all'inizio della laringe. In tal modo viene impedito che il bolo proveniente dalla bocca si infili nelle vie respiratorie, anziché nell'esofago[6].

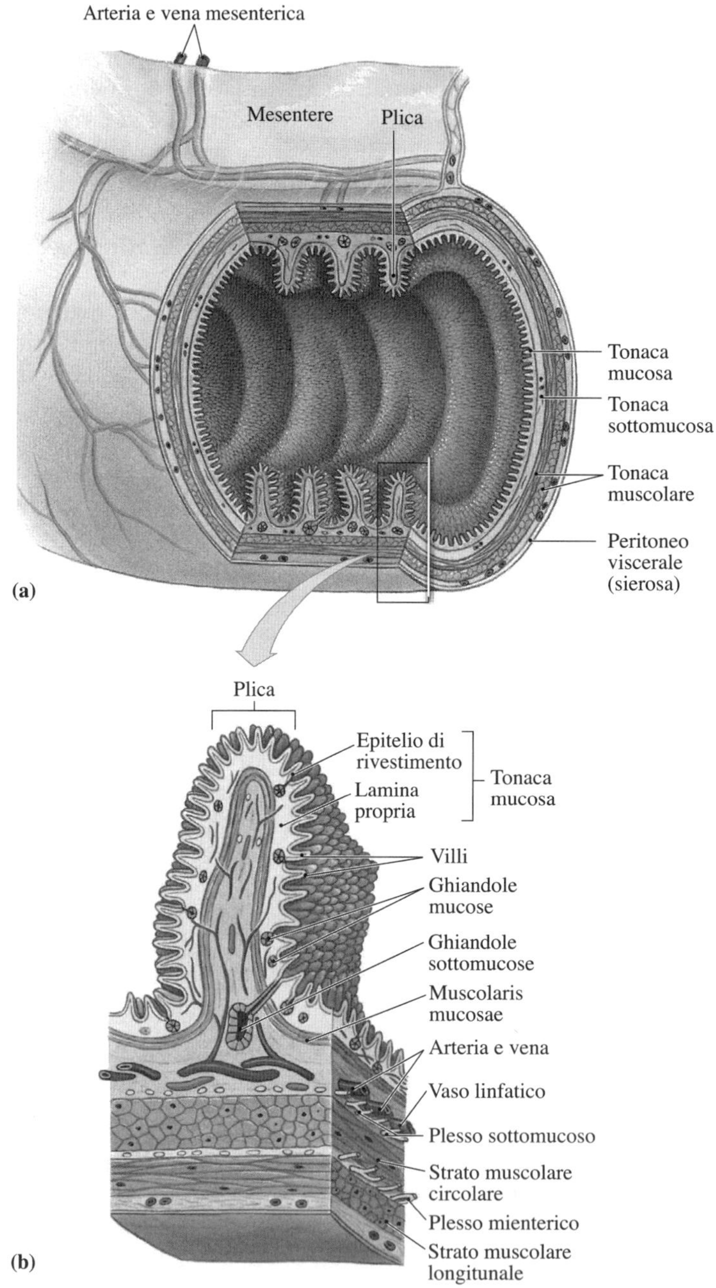

Figura 3.3 *Struttura della parete intestinale.* ***(a)*** *Sezione che ne evidenzia i diversi strati.* ***(b)*** *Ingrandimento di una plica della mucosa in cui appaiono con maggior chiarezza i villi (per un ulteriore ingrandimento, vedi Fig. 3.5).*

6 Quando occasionalmente questo succede, si dice che il cibo "va di traverso". Il contatto del cibo con l'epitelio che riveste la laringe (mucosa laringea) stimola la tosse.

3.2.2 Struttura generale del tubo digerente

A partire dall'esofago, il tubo digerente, sia pure con variazioni nei diversi tratti, presenta una struttura di base comune (Fig. 3.3):

- il lume è rivestito da un tessuto epiteliale ricco di ghiandole, la **mucosa** (o **tonaca mucosa**), che in alcuni tratti (stomaco, intestino) è molto ripiegata (formando pliche e, nell'intestino, villi intestinali), cosicché la superficie secernente e/o assorbente risulta enormemente aumentata;
- all'esterno della mucosa si trova la **sottomucosa**, tessuto connettivo ricco di vasi sanguigni, di vasi linfatici e di nervi;
- attorno alla sottomucosa si trova la **tonaca muscolare**, costituita da due strati di muscolatura liscia: quello più interno formato da fibre ad andamento circolare, quello più esterno da fibre disposte nel senso della lunghezza. L'azione combinata di questi due tipi di fibre dà origine a due tipi di movimenti, entrambi importanti per il processo della digestione:

1) **movimenti peristaltici** (o **peristalsi**): complessa serie di movimenti in cui la muscolatura circolare di un piccolo tratto del tubo digerente si contrae, restringendone il lume, mentre quella della zona immediatamente a valle si rilascia, permettendone la dilatazione da parte del contenuto intestinale "spremuto" dalla zona contratta; contemporaneamente la muscolatura longitudinale si contrae, determinando un "accorciamento" del tratto interessato e determinando così l'avanzamento del contenuto intestinale; l'insieme delle onde di contrazione e di rilassamento si sposta e si sussegue lungo il tubo digerente dalla bocca verso l'ano, assicurando così la progressione del cibo;
2) **movimenti di segmentazione**, che consistono nell'alternarsi di contrazioni e di rilassamenti della muscolatura circolare che determinano un rimescolamento del contenuto del tubo digerente;
   - all'esterno della tonaca muscolare, con l'interposizione di un sottile strato di connettivo lasso, si trova la **tonaca sierosa**, costituita dal *peritoneo.*

3.2.3 Il peritoneo e gli organi della cavità addominale

Il **peritoneo** è la sierosa che riveste sia la cavità addominale (*peritoneo parietale*), sia buona parte della superficie degli organi in essa contenuti. Alcuni organi, come il pancreas, i reni ed i grandi vasi sanguigni (aorta, vena cava inferiore) aderiscono alla parete posteriore della cavità addominale, altri, come il retto, la vescica e l'utero (nella donna) sono situati sul fondo della cavità: questi organi sono ricoperti rispettivamente sul davanti e al di sopra dal peritoneo parietale. Altri, come lo stomaco, l'intestino tenute, il colon traverso, il sigma si trovano invece all'interno della cavità addominale. Il peritoneo parietale si distacca dalla parete superiore o posteriore formando una piega che raggiunge questi organi, li avvolge e "ritorna indietro" su se stesso riportandosi al punto di partenza. Tali organi risultano quindi "appesi" alla parete della cavità addominale attraverso queste estroflessioni del peritoneo, che prendono il nome di **mesi** (*mesentere* nel caso dell'intestino tenue; *mesocolon* nel caso del colon, Fig. 3.4) e sono quindi dotati di una notevole mobilità. Tra i due foglietti peritoneali che formano i mesi corrono i vasi sanguigni, i vasi linfatici ed i nervi destinati o provenienti da questi organi.

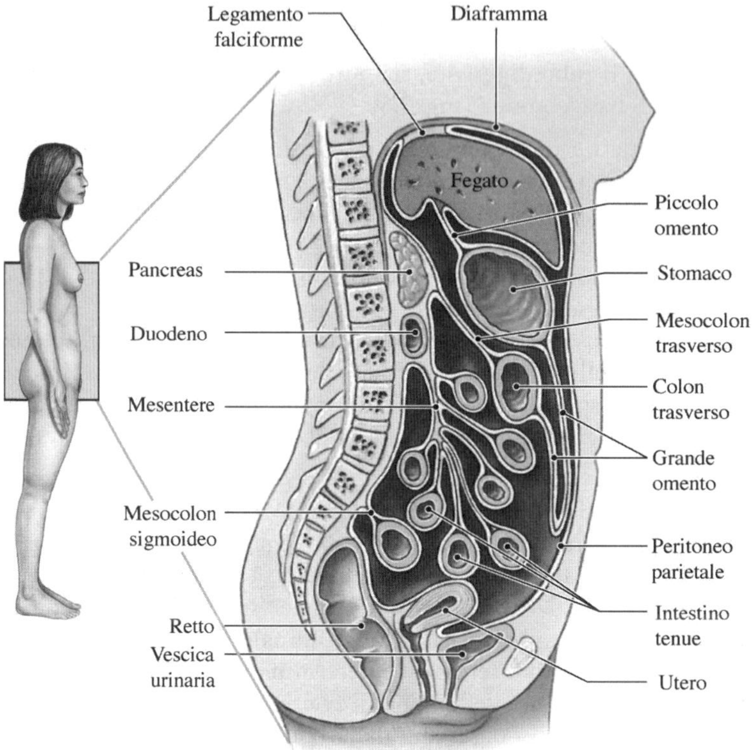

Figura 3.4 *Sezione sagittale che illustra il comportamento del peritoneo rispetto agli organi della cavità addominale (che sono sezionati trasversalmente). Gli spazi tra le pareti dell'addome e gli organi addominali e tra gli organi fra di loro sono accentuati per evidenziare l'andamento del peritoneo: in realtà sono molto più piccoli. La grossa ansa di peritoneo tra lo stomaco e il colon trasverso prende il nome di grande omento e forma una specie di "grembiale" dietro alla parete anteriore dell'addome.*

La superficie del peritoneo secerne un liquido (liquido peritoneale) che, in condizioni normali, è presente in piccolissima quantità, per cui la cavità racchiusa dal peritoneo (**cavità peritoneale**) può essere considerata una cavità virtuale, occupata da un velo di liquido[7].

3.2.4 Esofago

L'**esofago** percorre la cavità toracica in corrispondenza del **mediastino**, dietro alla trachea, e attraversa il muscolo diaframma (che separa la cavità toracica da quella addominale) in corrispondenza di un foro, detto **iato**[8]. Immediatamente sotto il diaframma

[7] L'infiammazione del peritoneo viene detta **peritonite** e può essere causata da processi infettivi originati dal tubo digerente (ad es. dall'appendice). Tali infezioni sono molto pericolose, perché il processo infettivo, attraverso la cavità peritoneale, può rapidamente estendersi a gran parte degli organi addominali. In altre condizioni, può verificarsi un'eccessiva produzione di liquido da parte del peritoneo, liquido che non riesce ad essere riassorbito con sufficiente rapidità per cui si accumula distendendo la cavità addominale. Questa situazione patologica è indicata con il nome di **ascite**.

[8] In alcuni casi, in seguito all'allargamento del foro, una porzione della parte superiore dello stomaco o dell'intestino crasso può penetrare nella cavità toracica: si verifica così un'**ernia iatale**, che può causare fastidiosi disturbi.

l'esofago sbocca nello stomaco: l'entrata è controllata da un muscolo circolare (sfintere), denominato **cardias**, che normalmente impedisce il reflusso del contenuto dello stomaco verso l'esofago. Il bolo alimentare procede lungo l'esofago soprattutto grazie ai movimenti peristaltici di quest'ultimo, per cui è in grado di raggiungere lo stomaco anche se l'individuo è sdraiato o addirittura a testa in giù.

3.2.5 Stomaco

Lo **stomaco** è una zona dilatata del tubo digerente, grossolanamente a forma di fagiolo, lunga 25-30 cm, situata subito sotto il diaframma. In esso sbocca l'esofago e da esso parte il duodeno (prima porzione dell'intestino tenue). Sia l'ingresso che l'uscita dello stomaco sono controllati da due muscoli circolari (sfinteri): il **cardias** posto allo sbocco dell'esofago e il **piloro** all'inizio dell'intestino tenue. La mucosa dello stomaco (**mucosa gastrica**), ripiegata in creste che si distendono man mano che lo stomaco si riempie di cibo, presenta numerosissime ghiandole formate da tre tipi di cellule:

1. *cellule principali*, che secernono enzimi digestivi, il più importante dei quali è la **pepsina**, che catalizza l'idrolisi delle proteine, dando origine a frammenti (peptidi) di minori dimensioni; la pepsina è secreta sotto forma di precursore inattivo, il **pepsinogeno**, che viene trasformato nell'enzima attivo (attivato) nel lume gastrico ad opera dell'acido cloridrico;
2. *cellule parietali*, che secernono **acido cloridrico** ed una particolare sostanza, il **fattore intrinseco**, necessario per l'assorbimento della vitamina B_{12};[9]
3. *cellule G*, che sono in realtà ghiandole endocrine che, sotto lo stimolo dei peptidi formatisi per azione della pepsina, secernono l'ormone **gastrina**, che stimola la secrezione e la motilità dello stomaco stesso e dell'intestino.

Nel loro insieme i secreti delle ghiandole dello stomaco formano il **succo gastrico**, fortemente acido (pH circa 1). Nella mucosa gastrica sono disposte tra le ghiandole *cellule mucose*, che producono un muco che forma un velo sulle cellule, proteggendole dall'azione dell'acido e della pepsina. Piccole quantità di succo gastrico sono prodotte continuamente, ma stimoli nervosi provenienti dal sistema parasimpatico (nervo vago) e ormonali (produzione dell'ormone **gastrina**) fanno grandemente aumentare la secrezione al momento dei pasti. Man mano che i boli alimentari vengono sospinti nello stomaco, la sua parete si distende e, grazie ai movimenti della parete, il cibo viene mescolato con il succo gastrico, dando origine ad una miscela semiliquida, chiamata **chimo**. Nello stomaco inizia la digestione delle proteine grazie alla forte acidità e all'azione della pepsina. La durata della permanenza del chimo nello stomaco dipende dalla sua composizione: un chimo liquido, o ricco in proteine o in carboidrati rimane nello stomaco per un tempo relativamente più breve di un chimo ricco in lipidi. In media la permanenza si aggira sulle 3 ore. A livello dello stomaco si verifica un limitato assorbimento di alimenti, soprattutto di acqua, di alcuni sali, di alcool e di alcuni farmaci. Con il riempirsi dello stomaco, il contenuto viene sospinto dai movimenti peristaltici verso il piloro, che comincia a rilassarsi e a lasciar passare piccoli quantitativi di chimo verso la prima parte dell'intestino tenue (duodeno). La motilità dello stomaco è sotto il

---

[9] La carenza di fattore intrinseco causa il mancato assorbimento della vitamina, generando quindi una avitaminosi. Poiché la vitamina B_{12} è necessaria per la sintesi del gruppo eme dell'emoglobina, contenuta nei globuli rossi, l'avitaminosi determina una particolare forma di anemia (**anemia perniciosa**).

controllo sia del sistema nervoso simpatico (che la rallenta), sia del sistema parasimpatico (che la stimola). Un eccessivo riempimento del duodeno genera stimoli nervosi che, attraverso un arco riflesso, rallentano la contrazione (peristalsi) dello stomaco. Il piloro, normalmente, impedisce il reflusso del contenuto del duodeno verso lo stomaco.

Una alterazione della normale progressione degli alimenti è rappresentata dal **vomito**: la stimolazione o l'irritazione di alcune zone del tubo digerente (faringe, stomaco, intestino) o anche impulsi del sistema nervoso centrale generati da immagini, odori, sapori, emozioni o infine l'azione di alcuni farmaci (**farmaci emetici**) o di alcune tossine presenti negli alimenti possono stimolare il centro nervoso del vomito, situato nel midollo allungato, dal quale partono stimoli che generano una complessa risposta motoria che porta allo svuotamento incoercibile dello stomaco attraverso l'esofago, la faringe e la cavità orale.

3.2.6 Intestino tenue

L'intestino tenue, lungo 2,5-3 metri, è la principale sede della digestione e dell'assorbimento di tutti i principali nutrienti. Comprende tre porzioni: il duodeno, il digiuno e l'ileo, che sbocca nel colon.

Il **duodeno** rappresenta la prima porzione dell'**intestino tenue**. In esso sboccano il condotto (chiamato **coledoco**), che convoglia la bile, prodotta dal fegato e immagazzinata nella **cistifellea**, e il **dotto pancreatico**, che riversa nel lume intestinale il prodotto di secrezione del pancreas, il succo pancreatico.

La **bile** è un liquido che non contiene enzimi digestivi, ma porta nel duodeno i **sali biliari** (derivati dal colesterolo) che svolgono un ruolo di grandissima importanza nella digestione dei grassi, perché sono **sostanze tensioattive**, che, interagendo con le goccioline di grasso presenti nel chimo e grazie ai movimenti della parete intestinale che ne rimescolano il contenuto, le emulsionano, riducendole a micelle di piccolissime dimensioni: aumenta così enormemente la superficie dell'interfaccia tra i grassi e la soluzione acquosa costituita dai succhi digestivi, nella quale sono presenti gli enzimi (**lipasi**) che idrolizzano i lipidi.

La bile è prodotta dal fegato in modo continuativo e, nell'intervallo tra i pasti, viene immagazzinata in una vescichetta posta al di sotto del fegato, la **cistifellea**, che la concentra.

Il **succo pancreatico**, prodotto dalla porzione esocrina del **pancreas**, contiene vari enzimi digestivi, ciascuno dei quali agisce su uno specifico gruppo di composti. I principali enzimi pancreatici sono:

- la **tripsina** e la **chimotripsina** (secrete come precursori inattivi, tripsinogeno e chimotripsinogeno; attivati nel lume intestinale), che digeriscono le proteine dando origine a piccoli peptidi e ad amminoacidi liberi;
- la **lipasi pancreatica,** che degrada i grassi neutri, liberando acidi grassi e monogliceridi (monoacilgliceroli);
- l'**amilasi pancreatica**, che idrolizza i polisaccaridi ad eccezione della cellulosa, formando disaccaridi;
- la **ribonucleasi**, che degrada l'acido ribonucleico (RNA);
- la **desossiribonucleasi**, che degrada l'acido desossiribonucleico.

La mucosa del duodeno produce numerosi enzimi che idrolizzano peptidi, oligo- e disaccaridi, presenti nel chimo: essi, in cooperazione con gli enzimi del succo pancreatico e con il contributo dei sali biliari per quanto riguarda l'emulsificazione dei grassi, completano la digestione delle diverse classi di composti presenti nel cibo.

I succhi digestivi presenti nel duodeno contengono basi (bicarbonati) che neutralizzano l'acidità del succo gastrico in modo da consentire l'attività degli enzimi digestivi pancreatici ed enterici (Tabella 3.1). Lungo tutto l'intestino, cellule specializzate della mucosa producono muco, che ha la duplice funzione di proteggere le cellule dall'azione degli enzimi digestivi e fungere da lubrificante per lo scorrimento del chimo.

Cellule della mucosa del duodeno e del digiuno hanno anche una funzione endocrina, in quanto secernono ormoni (che nel loro insieme costituiscono il cosiddetto *enterogastrone*) che regolano la funzionalità dell'apparato digerente: *colecistochinina*, che inibisce l'attività dello stomaco, stimola quella del pancreas, la produzione di bile da parte del fegato e la contrazione della cistifellea; *secretina*, che potenzia le azioni della colecistochinina; *peptide insulinotropo glucosio-dipendente*, che inibisce l'attività gastrica e stimola la secrezione di insulina da parte del pancreas.

Tabella 3.1 Riassunto dei processi digestivi

CLASSE DI ALIMENTI	Porzione del tubo digerente	Origine degli enzimi	Tipo di reazione digestiva
Carboidrati	Bocca	Ghiandole salivari	Amido $\xrightarrow{\text{ptialina}}$ Maltosio + Polisaccaridi di minori dimensioni
	Stomaco		L'azione della ptialina diminuisce fortemente a causa dell'acidità del succo gastrico
	Intestino tenue	Pancreas ed intestino	Amido e glicogeno non digeriti $\xrightarrow{\text{amilasi pancreatica}}$ Maltosio + Polisaccaridi di minori dimensioni Maltosio $\xrightarrow{\text{maltasi}}$ Glucosio + Glucosio Saccarosio $\xrightarrow{\text{saccarasi}}$ Glucosio + Fruttosio Lattosio $\xrightarrow{\text{lattasi}}$ Glucosio + Galattosio
Proteine	Bocca		Nessun processo digestivo
	Stomaco	Ghiandole gastriche	Proteine $\xrightarrow{\text{pepsina}}$ Polipeptidi di piccole dimensioni
	Intestino tenue	Pancreas	Polipeptidi $\xrightarrow{\text{tripsina e chimotripsina}}$ Tripeptidi + Dipeptidi + Amminoacidi liberi Polipeptidi $\xrightarrow{\text{carbossipeptidasi}}$ Peptidi + Amminoacidi liberi
		Intestino tenue	Peptidi, Dipeptidi $\xrightarrow{\text{peptidasi, dipeptidasi}}$ Amminoacidi liberi
Lipidi	Bocca		Nessun processo digestivo
	Stomaco		Nessun processo digestivo
	Intestino tenue	Fegato	Gocce di grassi $\xrightarrow{\text{sali biliari, movimenti peristaltici}}$ grassi emulsionati (micelle)
		Pancreas	Triacilglicerolі $\xrightarrow{\text{lipasi pancreatica}}$ Monoacilglicerolі + Acidi grassi

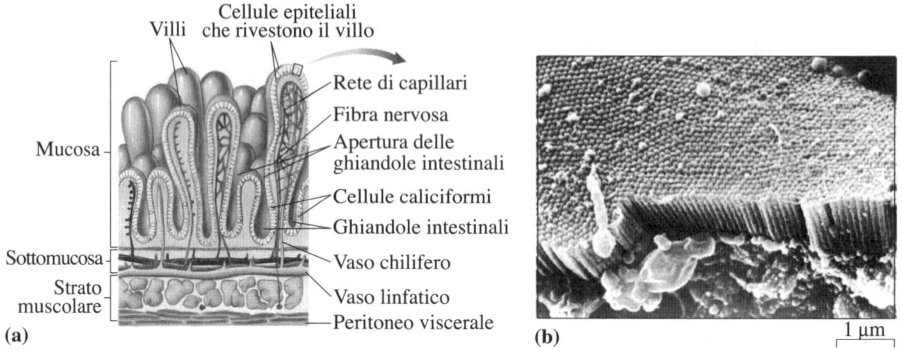

Figura 3.5 *Villi intestinali e microvilli. (a) Schema del ripiegamento della mucosa intestinale a formare le ghiandole intestinali ed i villi intestinali. (b) Microfotografia al microscopio elettronico a scansione dei microvilli alla superficie delle cellule della mucosa intestinale.*

La mucosa che riveste l'intestino tenue è ripiegata in un grandissimo numero (milioni) di proiezioni, simili a minuscole dita, dette **villi intestinali**: la loro presenza aumenta enormemente la superficie a disposizione per l'assorbimento intestinale. Questa superficie è ulteriormente aumentata grazie al fatto che la membrana cellulare delle cellule dei villi, nella sua parte che si affaccia nel lume intestinale, presenta diverse centinaia di ripiegamenti (circa 600 per cellula), chiamati **microvilli**, che formano il cosiddetto **orletto a spazzola** di queste cellule (Fig. 3.5). Ciascun villo contiene una rete di capillari ed un vaso linfatico, chiamato **vaso chilifero.**

Questa enorme superficie permette che, a livello del **digiuno** e dell'**ileo**, abbia luogo l'assorbimento dei monosaccaridi, degli amminoacidi, degli acidi grassi e dei monoacilgliceroli derivati dalla digestione enzimatica di polisaccaridi, proteine e lipidi della dieta: a seconda dei composti, i meccanismi coinvolti sono diffusione semplice, diffusione facilitata oppure trasporto attivo. Zuccheri ed amminoacidi, che sono solubili in acqua, passano nel sangue dei capillari e, attraverso la *vena porta*, sono trasportati al fegato, che costituisce la prima tappa della loro utilizzazione da parte dell'organismo. Gli acidi grassi ed i monoacilgliceroli (insieme al colesterolo e alle vitamine liposolubili) nel lume intestinale sono presenti quasi esclusivamente sotto forma di micelle in combinazione con i sali biliari. I pochissimi acidi grassi e monoacilgliceroli liberi entrano nelle cellule dei villi per diffusione semplice e vengono rimpiazzati da altri che si staccano dalle micelle: in tal modo, pian piano, tutti gli acidi grassi ed i monoacilgliceroli vengono assorbiti. All'interno delle cellule della mucosa intestinale dagli acidi grassi e dai monoacilgliceroli vengono risintetizzati i trigliceridi. Questi, insieme a colesterolo e a fosfolipidi, formano piccolissime goccioline che vengono rivestite da proteine dando luogo a particolari lipoproteine, chiamate **chilomicroni** (Fig. 3.6). I chilomicroni passano nei capillari linfatici: dopo un pasto, la linfa che defluisce dall'intestino appare torbida, lattiginosa, per la presenza appunto dei chilomicroni. I linfatici provenienti dall'intestino confluiscono tra di loro e raggiungono un grosso vaso linfatico chiamato **dotto toracico,** che sbocca nella vena succlavia: la linfa proveniente dall'intestino viene così immessa nel sangue e distribuita a tutti i tessuti.

Non tutte le sostanze presenti negli alimenti vengono digerite dagli enzimi digestivi. In particolare la cellulosa dei vegetali non viene digerita perché l'intestino umano non produce alcun enzima in grado di idrolizzare i legami che uniscono fra di loro le unità di glucosio

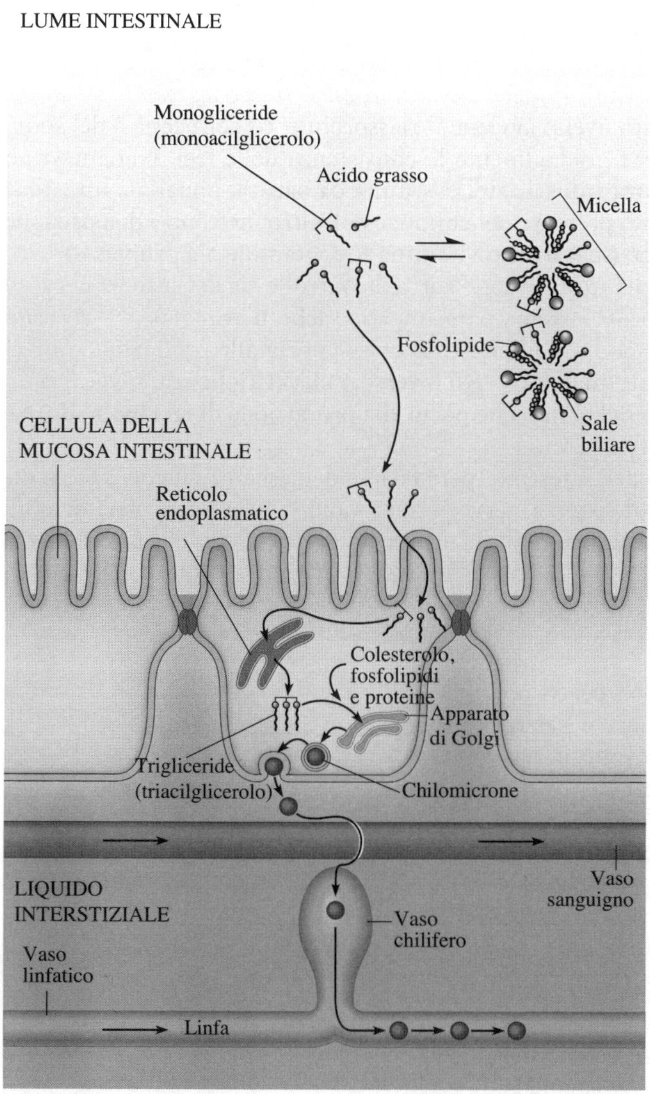

Figura 3.6 *Assorbimento dei lipidi.*

che la costituiscono. Tuttavia questi residui indigeriti svolgono una importante funzione, perché danno consistenza al contenuto intestinale e stimolano la motilità dell'intestino.

3.2.7 Intestino crasso

Il materiale indigerito passa dall'ultima porzione dell'intestino tenue (ileo) all'**intestino crasso** (così chiamato perché presenta un diametro maggiore rispetto all'intestino tenue) attraversando la *valvola ileo-ciecale*. L'inserzione dell'ileo nel crasso avviene "ad angolo retto", a circa 7 cm dalla sua estremità, per cui si viene a creare un sacco a fondo cieco, che costituisce appunto il **cieco**. Dal fondo del cieco si diparte un sottile prolungamento, l'**appendice**, la cui parete è ricca di noduli linfatici. La sua infiammazione è responsabile dell'**appendicite**, che, se non viene tempestivamente curata, può facilmente dar origine ad una peritonite.

I movimenti peristaltici dell'intestino crasso fanno gradualmente avanzare il contenuto attraverso il **colon** (distinto in *colon ascendente*, *colon trasverso*, *colon discendente*, *sigma* o *colon sigmoide*). A questo livello avviene il riassorbimento dell'acqua e del sodio presenti nel chimo, che assume gradualmente la consistenza delle feci. Nell'intestino crasso è presente una ricca **flora intestinale,** costituita da batteri, i quali da un lato si nutrono del materiale indigerito presente nel chimo, e dall'altro mettono a disposizione dell'organismo alcune vitamine (soprattutto vitamina K e vitamine del gruppo B)[10].

I movimenti peristaltici dell'intestino sono sotto il controllo sia del sistema nervoso simpatico (che li rallenta), sia del sistema parasimpatico (che li stimola). Un transito eccessivamente veloce del chimo lungo l'intestino crasso porta alla produzione di feci liquide e a defecazioni frequenti (**diarrea**)[11]. All'inverso, nella **stitichezza**, si verifica un transito particolarmente lento del chimo che porta alla produzione di feci molto dure e secche, con defecazioni poco frequenti.

Al controllo della motilità dell'intestino (peristalsi) e della secrezione dei succhi digestivi contribuiscono, oltre al sistema nervoso autonomo, anche particolari ormoni (gastrina, secretina, colecistochinina, peptide inibitorio gastrico, ecc.) secreti dalle diverse parti del tubo digerente.

3.2.8 Fegato

Il **fegato** è la più grossa ghiandola del corpo umano; è situato nella parte alta e destra della cavità addominale subito sotto il diaframma. È diviso in lobi (Fig. 3.7).

Esso svolge un ruolo fondamentale nell'intero funzionamento dell'organismo umano e non semplicemente nel processo digestivo. Le sue funzioni possono essere così schematizzate:

- produce la bile, che interviene, come sopra accennato, nella digestione dei grassi; la bile prodotta dalle cellule del fegato (epatociti) viene convogliata nella *cistifellea*, che la concentra e la immette nel duodeno, attraverso il condotto chiamato *coledoco*, quando nel duodeno inizia ad arrivare il chimo[12];

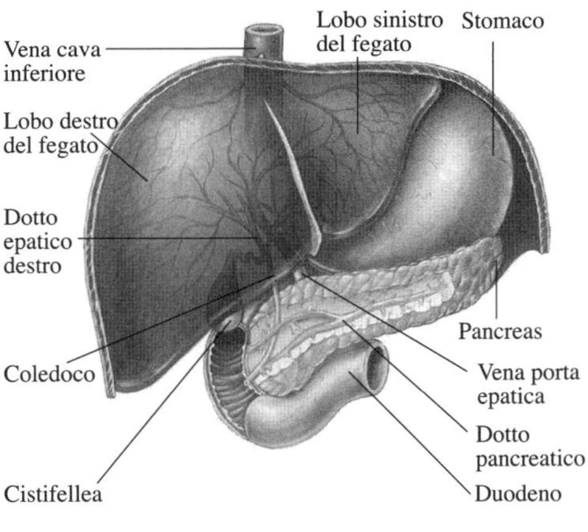

Figura 3.7 *La posizione del fegato rispetto al diaframma, allo stomaco, al duodeno ed al pancreas.*

[10] L'uso prolungato di antibiotici, che distruggono la flora intestinale, priva l'organismo dell'apporto delle vitamine da questa prodotte. Per tale motivo la somministrazione di antibiotici viene spesso accompagnata da quella di vitamine.

[11] Una diarrea prolungata porta alla disidratazione dell'organismo e alla perdita di sali: questa condizione è particolarmente pericolosa nei bambini.

[12] Può accadere che alcuni componenti della bile precipitino, solidificandosi e dando luogo a piccoli "sassi", i calcoli biliari. Se uno di questi si incunea nel coledoco, può causarne l'ostruzione,

- elimina i prodotti di demolizione del gruppo eme dell'emoglobina (pigmenti biliari), riversandoli nella bile: essi sono responsabili del colore bruno delle feci;
- interviene nel controllo del livello del glucosio nel sangue, rimuovendolo quando è in eccesso (immagazzinandolo al proprio interno sotto forma di glicogeno) e liberandolo quando il livello ematico scende;
- interviene nel metabolismo dei lipidi, producendo le lipoproteine presenti nel sangue;
- interviene nel metabolismo degli amminoacidi, trasformando gli amminoacidi in eccesso provenienti dalla digestione delle proteine in carboidrati ed in acidi grassi e trasformando i gruppi amminici in eccesso in urea, che, immessa nel sangue, viene trasportata ai reni che la eliminano con le urine;
- sintetizza molte delle proteine del sangue, tra cui l'albumina ed i fattori della coagulazione del sangue (protrombina, fibrinogeno, ecc.);
- svolge funzioni di ghiandola endocrina producendo, sotto lo stimolo dell'ormone della crescita prodotto dall'ipofisi, diverse sostanze dotate di attività ormonale, indicate con il termine di **somatomedine**;
- immagazzina il ferro e diverse vitamine;
- interviene nei processi di detossificazione dell'alcool e di molti medicamenti e veleni penetrati nell'organismo.

Tabella 3.2 Riassunto delle principali funzioni dei componenti dell'apparato digerente nel processo digestivo

Organo	Funzioni
Bocca	Sminuzzamento meccanico del cibo; rimescolamento con la saliva; inizio dell'idrolisi dei polisaccaridi ad opera della ptialina
Ghiandole salivari	Secrezione della saliva
Faringe	Conduzione del bolo all'esofago
Esofago	Conduzione del bolo allo stomaco
Stomaco	Rimescolamento del bolo; secrezione di acido cloridrico, pepsinogeno e fattore intrinseco; idrolisi delle proteine ad opera della pepsina; trasformazione del bolo in chimo; secrezione di gastrina
Intestino tenue	Idrolisi di tutte le classi di composti presenti negli alimenti; assorbimento di monosaccaridi, amminoacidi, lipidi, acqua, ioni, vitamine; secrezione dell'enterogastrone
Pancreas	Secrezione del succo pancreatico
Fegato	Produzione della bile; metabolismo dei composti assorbiti dall'intestino
Cistifellea	Immagazzinamento della bile
Colon (intestino crasso)	Assorbimento di acqua e ioni; trasformazione del chimo in feci; immagazzinamento delle feci
Retto	Immagazzinamento delle feci prima dell'espulsione
Ano	Controllo della defecazione

per cui la bile non raggiunge più l'intestino. Essa viene riassorbita nel sangue ed i pigmenti biliari, distribuiti a tutti i tessuti, ne causano una colorazione giallastra, nota come **ittero** (o più precisamente, ittero da ostruzione.

Capitolo 4
Apparato respiratorio

4.1 Funzioni dell'apparato respiratorio

L'**apparato respiratorio** svolge la funzione di assicurare gli scambi di gas tra l'organismo e l'ambiente esterno. Questi scambi riguardano essenzialmente l'ossigeno (O_2) e l'anidride carbonica (CO_2) ed avvengono a livello dei polmoni. L'apparato respiratorio, in sinergia con l'apparato circolatorio, assicura che ogni cellula venga rifornita di ossigeno e che l'anidride carbonica venga eliminata dall'organismo.

Negli organismi monocellulari e nei piccoli organismi acquatici lo **scambio di gas** avviene per semplice diffusione tra l'ambiente e le cellule, ma quando lo spessore dell'organismo supera il millimetro, per assicurare scambi efficienti sono necessarie strutture specializzate (associate ad un sistema circolatorio che distribuisca i gas a tutte le cellule); l'acqua o l'aria che riforniscono di ossigeno le cellule devono inoltre essere continuamente rinnovate per evitare l'impoverimento di ossigeno e l'accumulo di anidride carbonica. Inoltre, le superfici in corrispondenza delle quali avvengono gli scambi gassosi devono essere mantenute umide, perché i gas diffondono dalla soluzione che bagna la superficie delle cellule attraverso le membrane cellulari. Questo problema non si pone negli animali acquatici, ma negli animali terrestri esistono diversi meccanismi che assicurano il mantenimento dell'umidità delle superfici (produzione di muco, presenza di particolari sostanze, ecc.). Negli animali primitivi di piccole dimensioni (ad esempio i lombrichi), gli scambi gassosi avvengono attraverso l'*intera superficie corporea*; negli insetti l'aria è portata all'interno dell'organismo attraverso un reticolo di *tubi tracheali* che presenta numerose aperture sulla superficie corporea. Negli animali acquatici sono presenti *branchie*, sottili strutture che si estendono dalla superficie corporea e sono sostenute dall'acqua che fluisce attraverso di esse, ma che all'aria collassano; nei vertebrati terrestri, invece, sono presenti *polmoni*, organi interni in comunicazione con l'esterno attraverso condotti che costituiscono le *vie aeree*.

Nell'uomo, dell'apparato respiratorio fanno parte anche organi che gli consentono di emettere suoni, articolati in parole. Questi organi, nel loro insieme, costituiscono l'**apparato di fonazione**.

4.2 Struttura e funzionamento dell'apparato respiratorio

L'apparato respiratorio comprende le vie respiratorie e i polmoni (Fig. 4.1). Le **vie respiratorie** sono un insieme di condotti che convogliano l'aria dall'esterno ai polmoni. Esse comprendono: le cavità nasali, la bocca, la faringe, la laringe, la trachea e i bronchi. Le **cavità nasali** sono due, sono separate da un setto osteo-cartilagineo, detto **setto nasale**, e si aprono all'esterno attraverso due aperture, le **narici**. La bocca e la faringe sono cavità comuni sia all'apparato respiratorio, sia all'apparato digerente. La **faringe**,

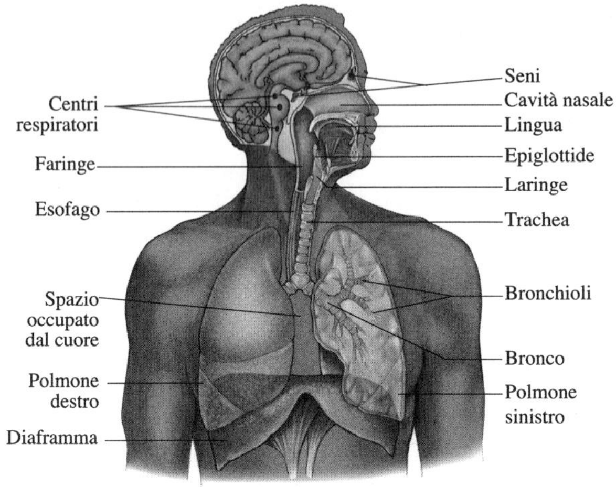

Figura 4.1 *L'apparato respiratorio dell'uomo.*

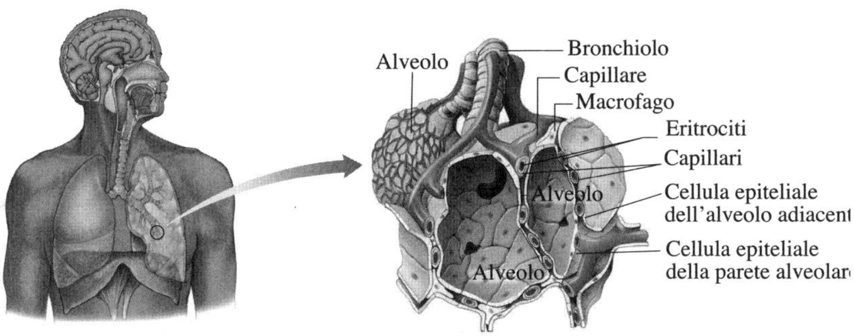

Figura 4.2 *Struttura degli alveoli polmonari.*

situata dietro al naso ed alla bocca, mette in comunicazione il naso e la bocca tra di loro e con la laringe e con l'esofago. La **laringe** è situata nel collo davanti all'esofago ed è mantenuta beante dalla cartilagine tiroidea (che forma il cosiddetto "pomo d'Adamo") e dall'osso ioide. L'accesso alla laringe può essere chiuso da una valvola cartilaginea situata dietro la lingua, l'**epiglottide**, che si chiude al passaggio degli alimenti dalla bocca all'esofago, impedendo che essi penetrino nella laringe. La laringe contiene le **corde vocali**, che, muovendosi e tendendosi, vibrano al passaggio dell'aria e svolgono un ruolo fondamentale nella fonazione.

La laringe si continua nella **trachea**, "tubo" formato da una successione di anelli di cartilagine rivestiti all'interno da un epitelio ciliato nel quale sono presenti cellule secernenti muco. La trachea percorre la parte inferiore del collo davanti all'esofago ed entra nella cavità toracica, dove si biforca dando origine ai **bronchi** (destro e sinistro). Questi penetrano nei polmoni e vanno incontro a successive diramazioni formando condotti di diametro sempre più piccolo (**bronchioli**), che costruiscono l'**albero bronchiale**. Ciascun bronchiolo, infine, sbocca in una piccolissima vescicola, chiamata **alveolo polmonare** (Fig. 4.2). Ciascun alveolo è rivestito da un epitelio piatto molto sottile che è a diretto contatto con una fitta rete di capillari sanguigni (capillari polmonari) nei quali scorre il sangue venoso proveniente dai tessuti, impoverito di ossigeno e ricco in anidride carbonica: è a livello degli alveoli che avviene la **diffusione** dell'ossigeno dall'aria presente nella cavità dell'alveolo verso il sangue dei capillari e dell'anidride carbonica dal sangue verso l'aria dell'alveolo, secondo il gradiente di pressione parziale dei due gas. Arrivato nel sangue, l'ossigeno si scioglie nel plasma e di qui diffonde nei **globuli rossi**, dove si lega all'**emoglobina** (l'emoglobina, combinata con l'ossigeno prende il nome di **ossiemoglobina**). Il sangue, arricchitosi di ossigeno e liberatosi di anidride carbonica, diventa sangue arterioso.

I polmoni sono formati da circa 300 milioni di alveoli, che assicurano una superficie di scambio dei gas di circa 70 m^2. A livello degli alveoli avviene anche l'eliminazione di alcune sostanze volatili eventualmente presenti nel sangue; ad esempio, una parte dell'alcool etilico introdotto con gli alimenti è eliminato attraverso questa via: la quantità di alcool che passa nell'alveolo è proporzionale alla sua concentrazione nel plasma. Ciò è alla base del funzionamento dell'**etilometro** utilizzato dalle forze dell'ordine per valutare l'eventuale stato di ubriachezza di un automobilista[1].

I due **polmoni** (destro e sinistro) sono situati all'interno della *cassa toracica* o *gabbia toracica* e sono separati da una zona centrale, disposta verticalmente, chiamata **mediastino**, nella quale si trovano la trachea e l'inizio dei bronchi, il timo, il cuore e i grossi vasi sanguigni che al cuore arrivano o dal cuore partono ed è percorsa dall'esofago. Ciascun polmone ha una forma grossolanamente conica e presenta un **apice polmonare** (che si trova al di sotto della clavicola) e una **base polmonare**, che appoggia sul diaframma (muscolo che separa la cavità toracica dalla cavità addominale), ed è diviso in lobi (**lobi polmonari**), che corrispondono alle grosse ramificazioni dell'albero bronchiale. A ciascun polmone arrivano, oltre al bronco corrispondente, anche vasi sanguigni provenienti dal ventricolo destro del cuore, le **arterie polmonari**[2]. Le arterie polmonari, correndo lungo i bronchi, si ramificano diminuendo man mano di diametro, fino a dar origine ai capillari che circondano gli alveoli. Da questi capillari hanno origine venule che, confluendo in vasi di dimensioni crescenti, formano le **vene polmonari** che sboccano nell'atrio sinistro del cuore. La porzione di ciascun polmone nella quale entrano i bronchi, le vene e le arterie polmonari prende il nome di **ilo polmonare**.

Ciascun polmone, così come la parete interna della cavità toracica, è ricoperto da un sottile rivestimento epiteliale, **la pleura.** Tra la pleura parietale (che riveste la parete della cavità toracica) e quella che riveste il polmone esiste una "cavità virtuale" (**cavità pleurica**), nel senso che le due superfici sono separate da un sottilissimo strato di liquido lubrificante (il **liquido pleurico**)[3]. Poiché la gabbia toracica è rigida mentre il

---

[1] Altri esempi di sostanze volatili in parte eliminate attraverso i polmoni sono l'acetone (prodotto in casi di alterazioni del metabolismo dei carboidrati e dei grassi) e l'*ammoniaca* (prodotta in casi di eccessiva demolizione di amminoacidi o di insufficiente capacità del fegato di trasformarla in urea).

[2] Questi vasi sanguigni, come tutti quelli che partono dal cuore e si dirigono verso i tessuti, sono delle arterie. Tuttavia in questo caso contengono sangue che è arrivato al cuore provenendo dai tessuti ed è sangue venoso: paradossalmente, quindi, abbiamo qui arterie che contengono sangue venoso. Analogamente le vene polmonari che provengono dal polmone e vanno al cuore, pur essendo vene, contengono sangue arterioso, ricco di ossigeno.

[3] Nei processi infiammatori che colpiscono la pleura (**pleuriti**) la quantità di liquido pleurico può aumentare anche considerevolmente, dando luogo ad un **versamento pleurico**.

polmone è elastico e tende a retrarsi, all'interno della cavità pleurica esiste una pressione negativa che fa sì che, quando la gabbia toracica, in seguito alla contrazione dei muscoli respiratori, si espande nell'inspirazione, il polmone, sotto la pressione atmosferica, sia costretto a dilatarsi. Se, come può accadere in seguito ad una ferita, penetra aria nella cavità pleurica e quindi la pressione negativa scompare, il polmone si collassa e non è più in grado di funzionare: si è verificato un **pneumotorace**[4].

Lo scambio tra l'aria contenuta negli alveoli e quella dell'ambiente esterno avviene grazie al fenomeno della **ventilazione polmonare** (quello che, nel linguaggio comune, viene chiamato impropriamente "respirazione"): essa consiste nell'alternarsi di contrazioni del diaframma e dei muscoli della gabbia toracica (muscoli intercostali) che determinano un'espansione della cavità toracica (Fig. 4.3) che, a sua volta, attraverso il meccanismo cui si è accennato sopra, porta alla dilatazione dei polmoni, facendo quindi penetrare aria dell'esterno (**inspirazione**), e nel rilassamento di questi muscoli e nella contrazione di altri che causano la diminuzione del volume della cavità toracica, permettendo al polmone di retrarsi espellendo aria attraverso le vie respiratorie (**espirazione**). Durante il passaggio nelle vie aeree superiori (naso/bocca, faringe, laringe, trachea) l'aria inspirata viene filtrata, riscaldata e umidificata; l'aria espirata, calda e satura di vapor acqueo, quando la temperatura ambiente è bassa, raffreddandosi porta alla condensazione del vapor d'acqua, sotto forma di "nuvoletta". La dilatazione degli alveoli polmonari (e quindi l'efficienza degli scambi gassosi) è facilitata dal fatto che la tensione superficiale del velo di liquido che riveste la superficie degli alveoli (e quindi la resistenza alla dilatazione dell'alveolo) è diminuita dal cosiddetto **surfattante polmonare**, miscela di fosfolipidi tensioattivi prodotti dalle cellule che rivestono gli alveoli.

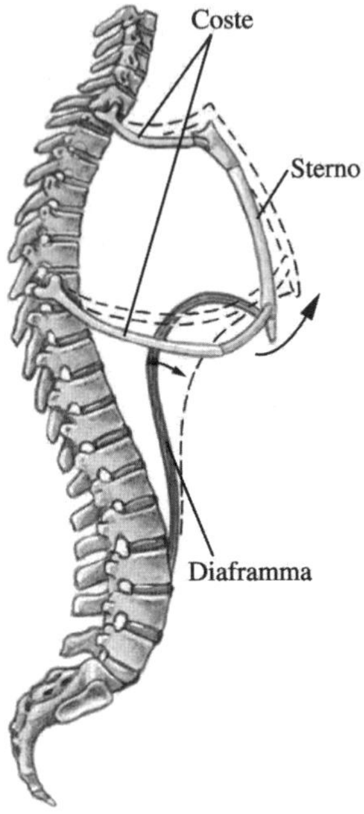

Figura 4.3 *Movimenti della cassa toracica e del diaframma durante gli atti respiratori. A disegno pieno sono indicate le posizioni alla massima espirazione; con le linee tratteggiate sono indicate le posizioni alla massima inspirazione. Le frecce indicano la direzione dei movimenti durante l'inspirazione.*

La frequenza e la profondità degli atti respiratori sono sotto il controllo del sistema nervoso, che agisce in parte in modo autonomo e in parte sotto il controllo della volontà. Nel sistema nervoso centrale esistono **centri respiratori**, situati nel midollo allungato, ai quali arrivano "segnali" captati da particolari recettori (**chemocettori,** situati nell'arco aortico, nella carotide e nel midollo allungato) che "misurano" la concentrazione dell'ossigeno, dell'anidride carbonica e il pH nel sangue inviando stimoli nervosi ai centri respiratori quando si verificano variazioni di questi parametri. In caso di diminuzione del pH o della pressione dell'O_2 o di aumento di quella della CO_2, dai

[4] Il pneumotorace, realizzato in condizioni strettamente controllate, è stato ampiamente utilizzato a scopo terapeutico per la cura della tubercolosi.

centri respiratori partono impulsi nervosi che vanno ai muscoli respiratori facendo aumentare la frequenza degli atti respiratori. L'arresto degli atti respiratori prende il nome di **apnea** e può essere mantenuto volontariamente al massimo per qualche minuto.

Esistono alcuni tipi di atti respiratori "atipici". La **tosse**, ad esempio, consiste in una inspirazione, seguita da una espirazione forzata iniziata a glottide chiusa: essa porta ad un violento movimento verso l'esterno dell'aria presente nelle vie aeree, che facilita l'espulsione di corpi estranei o di catarro. Anche la tosse è sotto controllo nervoso: lo stimolo nasce dall'epitelio che riveste le vie aeree e funziona come un riflesso, spesso difficilmente controllabile in modo volontario, che porta al colpo di tosse. Lo **sbadiglio**, d'altra parte, è una profonda inspirazione che si verifica per stimoli che hanno origine nel sistema nervoso centrale (ad es.: bisogno di sonno).

Capitolo 5
Apparato circolatorio

5.1 Funzioni dell'apparato circolatorio

Tutte le cellule degli organismi pluricellulari sono immerse in un liquido, detto **liquido interstiziale**, dal quale prelevano le sostanze nutritizie, nel quale riversano le sostanze di scarto e dal quale ricevono stimoli e/o segnali, sotto forma di particolari composti chimici prodotti da altre cellule (ormoni, fattori di crescita, citochine), che regolano il loro funzionamento. Negli organismi costituiti da poche cellule, i processi di diffusione da soli sono in grado di assicurare l'apporto di nutrienti e l'eliminazione dei prodotti di scarto nei confronti dell'ambiente esterno. Negli organismi più complessi il compito di rifornire il liquido interstiziale di nutrienti provenienti dall'esterno, di rimuovere i prodotti di scarto, contribuendo ad assicurare la costanza della composizione del liquido interstiziale stesso (**omeostasi**), e di distribuire i composti chimici che rappresentano i segnali di funzionamento delle cellule, è svolto dal **sistema circolatorio** o **apparato circolatorio**.

Nel corso dell'evoluzione questo apparato ha acquistato una complessità crescente: partendo dai *sistemi circolatori aperti* degli Artropodi e di molti Molluschi, in cui non esiste separazione tra liquido interstiziale e liquido circolante, ma un unico liquido (*emolinfa*) che entra nel sistema circolatorio attraverso piccole aperture del cuore (costituito nelle forme più primitive da un'unica camera o da un semplice vaso contrattile) e fuoriesce alle estremità dei vasi, si è passati, a partire da Anellidi, Cefalopodi ed Echinodermi, a *sistemi circolatori chiusi*. In alcune delle forme più primitive di tali sistemi manca un vero e proprio cuore, ma sono i movimenti stessi dell'animale o la presenza di vasi contrattili ad assicurare la circolazione del liquido in cui è direttamente disciolta la proteina deputata al trasporto dell'ossigeno. A partire dai Vertebrati il sistema circolatorio presenta sempre un cuore. Nei Pesci, esiste un unico sistema di vasi; negli Anfibi compare un *doppio circuito* (circolazione polmonare e circolazione sistemica), nel quale però non esiste una netta separazione tra sangue venoso e sangue ossigenato, in quanto il cuore presenta due atrii e un ventricolo; nei Rettili comincia a comparire un setto che divide parzialmente in due il ventricolo, ma è solo nei coccodrilli (un tipo di rettile), negli Uccelli e nei Mammiferi che il cuore presenta due atrii e due ventricoli, assicurando così la netta separazione tra sangue arterioso e sangue venoso (*circolazione doppia e completa*), per cui il sangue passa due volte dal cuore facendo il giro completo del corpo: ciò consente una elevata efficienza nel trasporto di ossigeno e nutrienti ai tessuti e permette a questi organismi di mantenere un elevato ritmo metabolico e una temperatura corporea superiore a quella dell'ambiente.

Nell'organismo umano, le principali funzioni del sistema circolatorio sono:

- trasportare l'ossigeno dai polmoni a tutti i tessuti;
- trasportare sostanze nutritizie dall'apparato digerente a tutte le cellule e ai tessuti di deposito;

- trasportare i prodotti di rifiuto dai tessuti agli organi deputati alla loro escrezione (reni e, in misura minore, polmoni e intestino);
- trasportare gli ormoni dalle ghiandole endocrine a tutti i tessuti;
- contribuire al mantenimento dell'equilibrio idrico dei tessuti;
- contribuire al mantenimento della costanza del pH del liquido interstiziale;
- contribuire a distribuire il calore prodotto dal metabolismo in tutto l'organismo, e quindi al mantenimento della costanza della temperatura corporea;
- contribuire alla difesa dell'organismo dall'azione di microrganismi patogeni.

Schematicamente, l'apparato circolatorio comprende:

- il *sangue*, che è un tessuto connettivo liquido, composto da cellule (globuli rossi, bianchi) o frammenti di cellule (piastrine) e da una parte liquida, il plasma;
- un sistema di *vasi sanguigni* (arterie, vene e capillari) attraverso i quali scorre il sangue sotto la spinta del cuore;
- un organo deputato al pompaggio del sangue, il *cuore*.

5.2 Struttura dell'apparato circolatorio

5.2.1 Sangue

Il sangue (Fig. 5.1) è l'unico tessuto liquido dell'organismo: in un individuo di 70 kg, il suo volume è di circa 5,6 L (l'8% del peso corporeo); esso è un tessuto connettivo, per il 55% circa costituito da una sostanza fondamentale liquida, detta **plasma**, e per il 45% dalla cosiddetta **parte corpuscolata**, formata dalle cellule del sangue e dalle piastrine, che si trovano in sospensione nel plasma.

Il sangue svolge molteplici funzioni:

- trasporta l'ossigeno dai polmoni a tutte le cellule dell'organismo;
- rimuove i rifiuti del metabolismo cellulare dai tessuti e li trasporta agli organi deputati alla loro escrezione;
- trasporta sostanze nutritizie dall'intestino e dagli organi di deposito a tutte le cellule dell'organismo;
- distribuisce a tutte le cellule gli ormoni prodotti dalle ghiandole endocrine;
- interviene nel mantenimento dell'equilibrio idrico dell'organismo;
- interviene nei meccanismi che mantengono costante il pH dell'organismo;
- contribuisce alla distribuzione del calore prodotto dal metabolismo cellulare all'interno dell'organismo, intervenendo perciò nei meccanismi di termoregolazione;
- contribuisce ai meccanismi di difesa dai microrganismi ed in generale ai processi immunitari.

Plasma. Il plasma è una soluzione acquosa estremamente complessa, la cui composizione può variare, a seconda delle condizioni dell'organismo, entro limiti molto ristretti, perché numerosi meccanismi (*meccanismi omeostatici*) intervengono costantemente a correggerne le variazioni. Il plasma, attraverso la parete dei capillari sanguigni, scambia costantemente acqua e soluti con il liquido interstiziale.

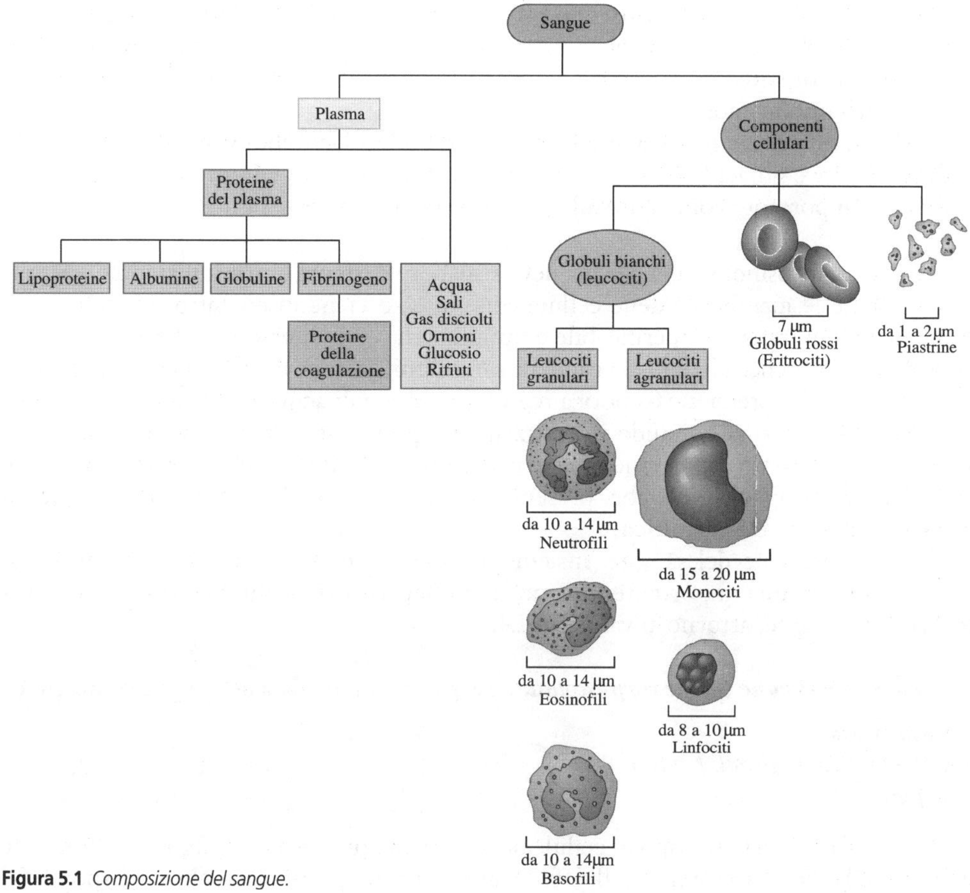

Figura 5.1 *Composizione del sangue.*

Nel plasma sono sciolti numerosi sali sotto forma di ioni (sodio, potassio, calcio, magnesio, cloruro, bicarbonato, fosfato, ecc.), piccoli composti organici (glucosio, amminoacidi, urea, ecc.) e proteine.

Ciascuna delle numerosissime proteine plasmatiche svolge una o più specifiche funzioni; tuttavia, esse vengono di solito classificate, in base al modo con cui si separano quando si effettua una elettroforesi del plasma, in:

- *fibrinogeno*, che, insieme ad altre proteine prodotte dal fegato ed immesse nel sangue (*fattori della coagulazione*), è coinvolto nei meccanismi di coagulazione del sangue; quello che rimane del plasma dopo che si è verificata la coagulazione viene chiamato **siero** (esso è, sostanzialmente, il plasma privato del fibrinogeno);
- *alfa-globuline*, che comprendono diversi ormoni di natura proteica, proteine deputate al trasporto di ormoni che altrimenti sarebbero insolubili nel sangue (perché insolubili in acqua), lipoproteine ad alta densità (HDL) che trasportano i grassi ed il colesterolo tra i vari tessuti, ecc.;
- *beta-globuline*, tra le quali sono presenti altre lipoproteine deputate al trasporto di grassi e di colesterolo, proteine che trasportano vitamine liposolubili e quindi insolubili in acqua, proteine che trasportano ioni poco solubili in acqua, ecc.;

- *gamma-globuline*, che costituiscono gli anticorpi, proteine prodotte dalle cellule del sistema immunitario e capaci di riconoscere con grandissima specificità sostanze estranee all'organismo, di legarle e di renderle aggredibili dalle cellule deputate alla difesa dell'organismo;
- *albumina*, proteina a relativamente basso peso molecolare, che svolge il duplice ruolo di trasportare gli acidi grassi liberi mobilizzati dal tessuto adiposo (vedi sopra) e di dare un importante contributo alla pressione osmotica del sangue.

La pressione osmotica del plasma deve rimanere costante entro limiti molto ristretti, sia perché le membrane delle cellule con cui esso viene in contatto si comportano come una membrana semipermeabile e quindi attraverso di esse si svolgono fenomeni di osmosi, sia perché, a livello dei capillari sanguigni, l'azione combinata della pressione idrostatica e della pressione osmotica regola gli scambi di acqua e di soluti a basso peso molecolare tra plasma e liquido interstiziale. La pressione osmotica del plasma corrisponde a quella di una soluzione di cloruro di sodio allo 0,85%, che, per tale motivo, è detta **soluzione fisiologica**, che, presentando la stessa pressione osmotica del liquido intracellulare, è detta **isotonica**.

Tutte le proteine del sangue, insieme all'emoglobina contenuta nei globuli rossi, svolgono inoltre una importante funzione tampone, contribuendo a mantenere costante il pH del sangue, attorno al valore di 7,4.

Cellule del sangue (parte corpuscolata). La parte corpuscolata del sangue comprende:
- i *globuli rossi*
- i diversi tipi di *globuli bianchi*
- le *piastrine*

Le quantità di ciascun tipo di cellula normalmente presenti nel sangue sono indicate nella Tabella 5.1. Ciascun tipo cellulare ha una struttura particolare, che corrisponde ad una specifica funzione; inoltre il tempo che ciascun tipo cellulare trascorre nel sangue è diverso da caso a caso. Globuli rossi e piastrine rimangono nel sangue dal momento in cui vi vengono immessi fino a quando vengono distrutti; gli altri tipi cellulari possono passare dal sangue a uno o più tessuti a seconda delle necessità funzionali.

Tabella 5.1 Quantità dei diversi tipi cellulari nel sangue

Tipo di cellula	Quantità	
	Maschi	Femmine
Eritrociti	4,5-6,3 milioni/mm^3	4,2-5,4 milioni/mm^3
Leucociti	4000-10000/mm^3	
Piastrine	150000-400000/mm^3	

Globuli rossi. I globuli rossi, o **eritrociti,** o **emazie**, sono strutture altamente specializzate per il trasporto dell'ossigeno e, in misura minore, dell'anidride carbonica. Nei Mammiferi (e quindi anche nell'uomo) essi sono privi di nucleo (non sono quindi in grado né di moltiplicarsi, né di svolgere una attiva sintesi proteica: il nucleo viene distrutto nelle fasi finali del differenziamento di queste cellule), mentre in tutti gli altri Vertebrati (es. uccelli, rettili, ecc.) sono dotati di nucleo.

Gli eritrociti dei Mammiferi hanno forma di un disco biconcavo del diametro di 6-8 μm, con uno spessore di circa 2,5 μm alla periferia e di 0,9 μm al centro della depressione. La forma biconcava permette di aumentare la superficie a parità di volume e quindi favorisce gli scambi gassosi con l'ambiente circostante, che sono al centro della funzione degli eritrociti. Complessivamente, i globuli rossi di un uomo adulto offrono una superficie di circa 500 m^2. I globuli rossi possono essere considerati dei microscopici "sacchetti" contenenti una soluzione concentrata di **emoglobina**, proteina capace di legare in modo reversibile l'ossigeno, combinandosi con esso a livello dei polmoni e liberandolo a livello dei tessuti. La capacità dell'emoglobina di legare l'ossigeno è dovuta ad un particolare composto chimico contenente ferro, il gruppo **eme**, che si trova legato alla proteina.

Il fatto che l'emoglobina sia contenuta all'interno dei globuli rossi, anziché sciolta direttamente nel plasma (come avviene ad esempio in alcuni animali primitivi), permette che il metabolismo dei globuli rossi crei e mantenga le condizioni che preservano l'emoglobina dall'ossidazione da parte dell'ossigeno che viene trasportato, impedendo così la rapida degradazione della proteina stessa.

Sulla superficie esterna dei globuli rossi sono esposti particolari oligosaccaridi, di cui sono stati individuati vari tipi. In base al tipo di oligosaccaride presente sulla superficie dei loro globuli rossi, i diversi individui vengono classificati come appartenenti a diversi **gruppi sanguigni** (AB0, MN, ecc.).

I globuli rossi sono dotati di una notevole plasticità, per cui possono facilmente deformarsi quando, per esempio, giungono in un capillare il cui diametro è inferiore al loro.

La vita media dei globuli rossi nel sangue è di circa 120 giorni: ogni giorno vengono sostituiti in media da 200 a 250 miliardi di eritrociti. Gli eritrociti "invecchiati" vengono fagocitati dai macrofagi soprattutto della milza e del fegato. All'interno di queste cellule, il gruppo eme viene separato dalla proteina (globina) e parzialmente demolito, dando origine ad un gruppo di composti colorati, detti **pigmenti biliari**, che vengono escreti con la bile[1].

I nuovi globuli rossi vengono continuamente prodotti in seguito alla proliferazione e al differenziamento di cellule progenitrici (**cellule staminali eritropoietiche**), contenute nel midollo osseo delle vertebre, delle costole, dello sterno, delle creste iliache, delle ossa della teca cranica, delle ossa lunghe. Nel corso del differenziamento, all'interno delle cellule destinate a diventare eritrociti (chiamate *eritroblasti*) vengono sintetizzate grandi quantità di emoglobina e contemporaneamente vengono distrutti sia il nucleo, sia i mitocondri e gli altri organelli cellulari. Poco prima che il differenziamento sia pienamente completato, i globuli rossi immaturi, chiamati *reticolociti*, lasciano il midollo osseo e vengono immessi nel circolo sanguigno, dove rappresentano l'1% circa dei

[1] In diverse condizioni patologiche, può verificarsi una intensa demolizione di globuli rossi, che porta come conseguenza un'eccessiva produzione di pigmenti biliari. Se questi non riescono ad essere eliminati attraverso la bile con sufficiente rapidità, si accumulano nel sangue e nei tessuti, conferendo loro una colorazione giallastra, nota come **ittero** (o itterizia). L'ittero può anche verificarsi in seguito all'ostruzione dei canalicoli che portano la bile all'intestino.

globuli rossi. La produzione di eritrociti è stimolata da un ormone, l'**eritropoietina**, immessa nel sangue dai reni quando l'apporto di ossigeno è insufficiente[2].

Una situazione patologica caratterizzata da una diminuzione della quantità di emoglobina e di globuli rossi nel sangue è detta **anemia**. Essa può essere determinata da svariate cause:

- perdita di sangue per emorragie interne o esterne;
- diminuzione della produzione di emoglobina e di globuli rossi per carenza di ferro o di vitamine necessarie per la sintesi del gruppo eme (vitamina B_{12}, acido folico);
- aumentata velocità di distruzione dei globuli rossi (anemie emolitiche), spesso dovute a mutazioni che colpiscono i geni che codificano l'emoglobina (come ad esempio nell'*anemia falciforme*[3], o uno degli enzimi necessari al metabolismo dei globuli rossi (come ad esempio nel *favismo*).

Globuli bianchi. I globuli bianchi o **leucociti** del sangue circolante comprendono diversi tipi di cellule, ciascuno dei quali svolge un diverso ruolo nell'economia dell'organismo. La distribuzione percentuale di ciascun tipo cellulare osservata nel sangue periferico costituisce la cosiddetta **formula leucocitaria** (Tabella 5.2).

Tabella 5.2 Formula leucocitaria normale

Tipo di globulo bianco	% del totale
Granulociti neutrofili	50-70%
Granulociti eosinofili	1-4%
Granulociti basofili	fino a 1%
Linfociti	20-40%
Monociti	2-8%

I **granulociti** sono cellule dotate di nucleo, capaci di movimenti ameboidi. Contengono nel loro citoplasma granulazioni che vengono distinte in base al tipo di sostanza colorante con cui vengono evidenziate nei preparati per l'osservazione microscopica: coloranti neutri nel caso dei granulociti neutrofili, eosina (colorante acido) nel caso dei granulociti eosinofili, coloranti basici nel caso dei granulociti basofili.

La principale funzione dei granulociti *neutrofili* è la *fagocitosi* di corpi estranei e soprattutto di batteri, che vengono inglobati e distrutti dagli enzimi contenuti nei loro lisosomi. Essi vengono attratti verso i batteri da fenomeni di *chemiotassi*. Grazie ai loro movimenti ameboidi, essi possono uscire dai capillari sanguigni insinuandosi tra le cellule che ne costituiscono la parete (fenomeno indicato con il nome di *diapedesi*) e raggiungere tutti i tessuti.

---

[2] Il gene per l'eritropoietina umana è stato clonato e la proteina ricombinante può essere prodotta in grandi quantità in modo relativamente facile. Essa è una delle sostanze più comunemente utilizzate nel *doping* degli atleti, soprattutto di quelli impegnati in prestazioni prolungate (es. ciclisti). In seguito alla sua azione, aumenta la produzione di globuli rossi e quindi la quantità di ossigeno che può essere trasportato ai tessuti

[3] In questo caso, la mutazione causa la sostituzione di un amminoacido nella molecola dell'emoglobina, per cui questa, quando non è combinata con l'ossigeno (quando cioè si trova sotto forma di desossiemoglobina), tende a precipitare, formando degli aggregati che fanno assumere ai globuli rossi una forma a falce. Ciò, oltre a far diminuire la plasticità dei globuli rossi, ostacolando così la circolazione a livello dei capillari, causa un precoce "invecchiamento" delle emazie, che vengono distrutte più rapidamente del normale e non riescono ad essere sostituite con altrettanta velocità.

Il **pus** (materiale giallastro che si accumula nei tessuti infetti) è essenzialmente costituito da granulociti morti. In media, i granulociti neutrofili trascorrono 10-12 ore nel torrente circolatorio e sopravvivono al massimo 3-4 giorni nei tessuti.

I granulociti *eosinofili* hanno come principale funzione quella della distruzione dei complessi antigene-anticorpo e intervengono nelle *reazioni allergiche*.

I granulociti *basofili* intervengono nelle reazioni immunologiche mediate dalle immunoglobuline di classe IgE. Le loro granulazioni contengono *istamina*, sostanza che causa vasodilatazione e viene rilasciata nelle reazioni allergiche, ed *eparina*, sostanza ad azione anticoagulante.

Tra i globuli bianchi, i **monociti** sono quelli di dimensioni maggiori (diametro 20 mm); sono capaci di movimenti ameboidi e di svolgere una attiva fagocitosi; si trovano sia nel sangue circolante, dove permangono per circa 24 ore, sia nei tessuti, dove si trasformano in macrofagi (vedi sopra), le "cellule spazzino" dell'organismo.

I **linfociti** sono cellule relativamente piccole (diametro 8-10 mm), nelle quali il nucleo occupa gran parte del volume cellulare. Essi si trovano sia nel sangue circolante, sia negli organi linfoidi (timo, linfonodi, milza, tonsille, ecc.). Intervengono nei meccanismi di risposta immunitaria. In base al tipo di molecole esposte alla loro superficie ed alla funzione svolta, si distinguono due tipi di linfociti: (1) linfociti B, deputati alla produzione di anticorpi (immunoglobuline); (2) linfociti T, coinvolti nei meccanismi di risposta immunitaria cellulo-mediata.

Le **piastrine** sono frammenti di citoplasma, privi di nucleo, di forma grosso modo discoidale e del diametro di 1-3 mm, che si riscontrano solo nel sangue dei Mammiferi (nel resto dei Vertebrati si osservano invece vere e proprie cellule dotate di nucleo, dette *trombociti*, che svolgono la stessa funzione). Le piastrine derivano dalla frammentazione del citoplasma di grosse cellule polinucleate presenti nel midollo osseo, dette *megacariociti*. Sopravvivono nel sangue per circa 9 giorni e vengono distrutte per fagocitosi dai macrofagi della milza, del fegato, del midollo osseo e dei polmoni. Esse svolgono un ruolo di grandissima importanza nella coagulazione del sangue.

Le cellule del sangue hanno vita breve: vengono continuamente distrutte e sostituite con nuove cellule. Il processo attraverso cui esse si formano è detto **emopoiesi**. Esso si svolge in organi diversi nel periodo embrionale, nel periodo fetale e nell'adulto. L'emopoiesi inizia nella seconda settimana dalla fecondazione al di fuori dell'embrione, nella parete del sacco vitellino e si estende successivamente al mesenchima del corpo dell'embrione, dando origine agli *eritrociti primitivi*. A partire dalla fine del secondo mese di vita intrauterina, l'emopoiesi avviene nel fegato. Intorno al quinto mese l'emopoiesi epatica inizia a diminuire per cessare completamente attorno alla prima settimana di vita neonatale. A partire dal quinto mese di vita intrauterina, d'altra parte, inizia l'emopoiesi a livello del **midollo osseo**, che permane per il resto della vita (*emopoiesi definitiva*). Durante la vita embrionale e fetale, cellule progenitrici (***cellule staminali***[4] *emopoietiche*) migrano negli *organi linfoidi* primari (rappresentati soprattutto dal **timo**, dal quale avranno origine i linfociti T). I globuli rossi prodotti durante la vita embrionale e fetale contengono un

[4] Le cellule staminali sono cellule indifferenziate capaci di moltiplicarsi e di differenziarsi, dando origine a tipi di cellule diversi.

tipo di emoglobina diverso da quella dell'adulto (rispettivamente *emoglobina embrionale* ed *emoglobina fetale*), caratterizzate da una affinità per l'ossigeno maggiore di quella dell'adulto. Ciò è reso necessario dal fatto che il rifornimento di ossigeno per il feto avviene a livello della placenta, dove l'ossigeno deve passare dall'emoglobina materna (emoglobina dell'adulto) a quella dei globuli rossi del feto, che, in un certo senso, glielo "strappano" grazie alla maggior affinità per l'ossigeno dell'emoglobina in essi contenuta[5].

Nel midollo osseo dell'adulto sono presenti cellule a diversi stadi di maturazione, che daranno origine sia ai globuli rossi, sia ai granulociti, sia alle piastrine, indicate nel loro insieme con il termine di *elementi mieloidi.*

Le cellule che danno origine ai linfociti e i linfociti stessi costituiscono gli *elementi linfoidi.*

La proliferazione e il differenziamento sia degli elementi mieloidi che di quelli linfoidi sono rigorosamente controllati. Quando, per motivi diversi, alcuni di questi meccanismi di controllo vengono a mancare, si verifica una proliferazione incontrollata di elementi mieloidi o linfoidi, che dà origine ad una **leucemia** (*leucemia mieloide* o *leucemia linfoide*, a seconda dei casi).

5.2.2 Vasi sanguigni

Il sistema circolatorio comprende tre principali tipi di vasi sanguigni: le *arterie*, i *capillari* e le *vene.*

Le **arterie** sono l'insieme di vasi che, partendo dal cuore, portano il sangue ai diversi tessuti. La loro parete è costituita da tre strati: quello più interno (*tonaca intima*) è costituito da un epitelio, detto *endotelio*, quello intermedio, formato da cellule muscolari lisce, è detto *tonaca media* e quello esterno, costituito da tessuto connettivo ricco di fibre elastiche, è detto *tonaca esterna.* Dal ventricolo sinistro del cuore parte l'**aorta**, che, attraverso le sue ramificazioni, porta il sangue a tutti i tessuti (vedi Tabella 5.3 e Fig. 5.2); dal ventricolo destro origina l'**arteria polmonare** (o **cono arterioso**, che si ramifica subito nelle arterie polmonari destre e sinistre). Il sangue può scorrere solo dai ventricoli verso le arterie per la presenza di valvole dette **valvole semilunari** (per la forma dei loro lembi): tra ventricolo sinistro e aorta si trova la *valvola aortica*; tra ventricolo destro e arteria polmonare, la *valvola polmonare.* Man mano che si allontanano dal cuore, le arterie si ramificano diminuendo di diametro e, quando penetrano in un organo, le sottili ramificazioni prendono il nome di **arteriole.**

[5] Al momento della nascita, questa necessità viene a mancare: i globuli rossi contenenti emoglobina fetale vengono rapidamente distrutti e sostituiti da emazie contenenti emoglobina dell'adulto. La rapida distruzione dei globuli rossi fetali causa la formazione di una grossa quantità di pigmenti biliari, che non riescono ad essere smaltiti con altrettanta velocità. Di qui deriva la comparsa di un ittero poche ore dopo la nascita, detto *ittero neonatale* o *ittero fisiologico del neonato.*

Tabella 5.3 Le principali diramazioni dell'aorta e le loro destinazioni

Porzione dell'aorta	Arterie derivate	Organo irrorato
ascendente	arterie coronarie (destra e sinistra)	cuore
arco aortico	arteria anonima (o tronco brachio-cefalico) si divide in: arteria succlavia destra arteria carotide destra arteria carotide sinistra arteria succlavia sinistra	 spalla e braccio destri collo e testa collo e testa spalla e braccio sinistri
discendente toracica	arterie intercostali arterie bronchiali arterie esofagee	parete del torace bronchi esofago
discendente addominale	arteria diaframmatica arterie lombari arteria o tronco celiaco arterie mesenteriche arterie renali (destra e sinistra) arterie spermatiche interne (destra e sinistra) arterie iliache comuni (destra e sinistra)	diaframma pareti dell'addome stomaco, fegato, pancreas, duodeno, milza intestino tenue, parte dell'intestino crasso reni testicoli, ovaia pelvi, arti inferiori

La muscolatura liscia della parete delle arteriole può contrarsi, diminuendone così il diametro (**vasocostrizione**), o rilassarsi, aumentando così il loro diametro (**vasodilatazione**). Questi processi sono sotto il controllo del sistema nervoso autonomo e di diversi ormoni e contribuiscono alla regolazione sia della pressione arteriosa, sia della quantità di sangue che attraversa un dato organo o tessuto, adattandola alle esigenze metaboliche dell'organo o del tessuto stesso.

I **capillari** sono sottilissimi condotti, la cui parete è costituita da un solo strato di cellule endoteliali; hanno origine dalla ramificazione delle arteriole e formano una estesissima rete, che tocca praticamente tutte le cellule dell'organismo. Gli scambi di materiale tra sangue e tessuto interstiziale avvengono in corrispondenza dei capillari.

Le **vene** sono i vasi sanguigni che derivano dalla confluenza dei capillari; all'interno di ciascun organo esse confluiscono in vasi di diametro sempre maggiore. La loro parete presenta una tonaca intima formata da endotelio, una tonaca media che, rispetto alle arterie, presenta una minor componente muscolare, ed una tonaca esterna povera di fibre elastiche. La maggior parte delle vene di diametro superiore ai 2 millimetri, che trasportano sangue contro la forza di gravità (tipicamente le vene delle gambe o delle braccia), presentano al loro interno delle valvole a forma di semiluna o "a nido di rondine" (Fig. 5.3), rivolte verso l'alto in modo da impedire il reflusso del sangue verso il basso[6] e, in cooperazione con l'azione di "spremitura" svolta dai muscoli volontari circostanti quando si contraggono, favoriscono il ritorno del sangue al cuore. In generale, le vene, man mano che confluiscono fra di loro, seguono in senso inverso il percorso

---

[6] In seguito al mancato funzionamento di queste valvole, il sangue esercita una pressione eccessiva sulla parete delle vene, che, essendo dotata di una scarsa muscolatura e di poche fibre elastiche, si dilata, dando origine alle cosiddette **vene varicose** o **varici**.

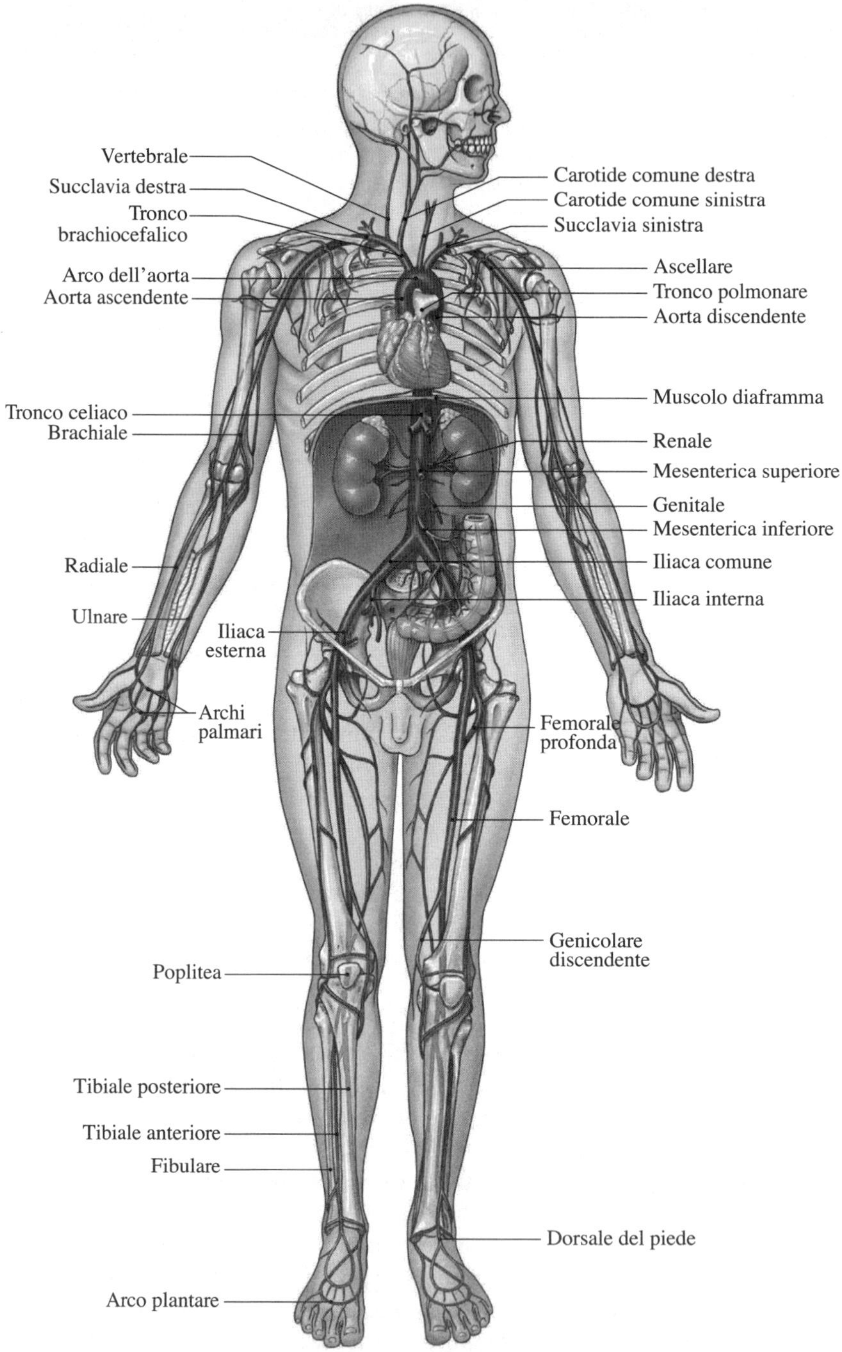

Figura 5.2 *L'albero arterioso della circolazione sistemica. Non sono rappresentate le arterie coronariche (che partono dall'aorta ascendente ed irrorano il cuore), e le diramazioni dell'aorta toracica (intercostali, bronchiali ed esofagee).*

delle arterie e prendono lo stesso nome (con eccezioni: ad es. le vene che raccolgono buona parte del sangue dal capo e corrono nel collo sono le *vene giugulari*).

Le vene che originano dai polmoni sono dette *vene polmonari* e sboccano nell'atrio sinistro del cuore; quelle che derivano da tutti gli altri organi confluiscono in due grandi vene: la *vena cava superiore* (che raccoglie il sangue proveniente dalla testa e dagli arti superiori) e la *vena cava inferiore* (che raccoglie il sangue proveniente dall'addome e dagli arti inferiori), che sboccano nell'atrio destro del cuore.

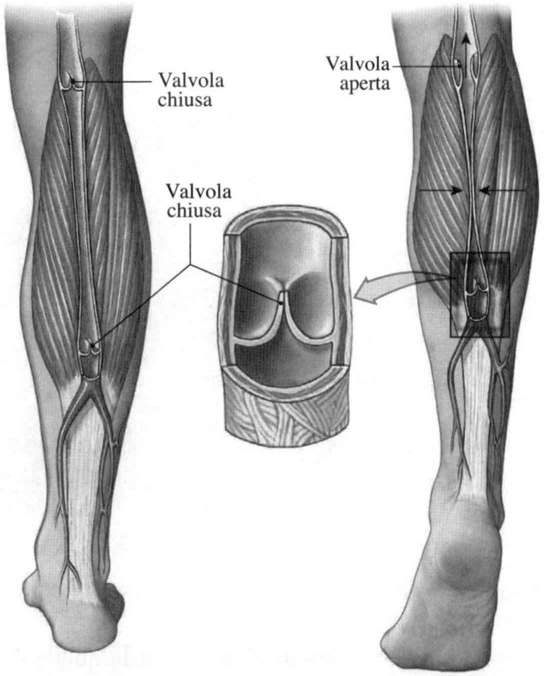

Figura 5.3 *Funzionamento delle valvole a nido di rondine nelle vene. Esse non solo impediscono il reflusso del sangue causato dalla forza di gravità, ma, in cooperazione con la contrazione dei muscoli volontari adiacenti, concorrono a facilitare il ritorno del sangue al cuore.*

5.2.3 Cuore

Il **cuore** è un organo muscolare, poco più grosso di un pugno, cavo, posto nella cavità toracica, subito dietro lo sterno. È avvolto da una membrana di tessuto connettivo, detta **pericardio**; la faccia esterna del cuore e quella interna del pericardio sono rivestite da un sottile foglietto di endotelio, che delimita una sottilissima cavità, detta *cavità pericardica*, nella quale è contenuto un liquido che riduce al minimo l'attrito connesso alle contrazioni del cuore. La parete delle cavità cardiache è costituita da un particolare tipo di tessuto muscolare striato, il **miocardio**. All'interno, il miocardio è rivestito da un tessuto epiteliale, l'**endocardio**, che si continua con l'endotelio di rivestimento del lume dei vasi sanguigni. Il cuore comprende quattro cavità (Fig. 5.4): le due superiori sono dette, rispettivamente, **atrio destro** e **atrio sinistro** e sono separate da una sottile parete, detta **setto interatriale**[7], le due inferiori sono il **ventricolo destro** e il **ventricolo sinistro**, separati dal **setto interventricolare**. L'atrio destro è in comunicazione con il ventricolo destro attraverso una valvola (formata da tessuto connettivo), chiamata **valvola tricuspide**, perché costituita da tre lembi, che consente il passaggio del sangue dall'atrio al ventricolo, ma non in senso inverso. L'atrio sinistro comunica con il ventricolo sinistro attraverso la **valvola bicuspide** o valvola mitrale (perché for-

[7] Durante la vita fetale, quando i polmoni non sono funzionanti (perché la loro funzione è svolta dalla placenta), il setto interatriale presenta un foro, detto *forame ovale* che mette in comunicazione i due atri: in questo modo, il sangue proveniente dai tessuti passa dall'atrio destro a quello sinistro e di qui ritorna ai tessuti, senza passare dai polmoni. Questo foro si occlude al momento della nascita. Se, in seguito ad una malformazione cardiaca, questo non succede, si crea una grave situazione che richiede un intervento chirurgico.

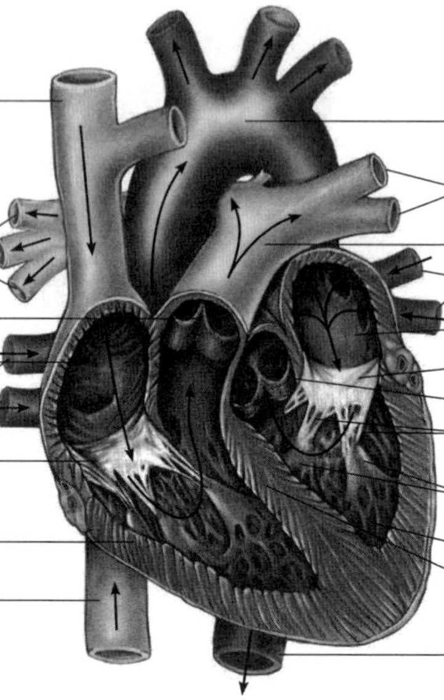

Figura 5.4 *Sezione trasversale del cuore umano. Le frecce indicano la direzione del flusso del sangue.*

mata da due lembi la cui forma ricorda quella della mitra, il copricapo dei vescovi)[8]. I lembi di queste due valvole sono trattenuti da sottili filamenti di tessuto connettivo, detti *corde tendinee* che vanno ad inserirsi nel miocardio dei ventricoli.

5.2.4 Circolazione

Il sistema circolatorio risulta costituito da un doppio circuito di vasi sanguigni:

- la *circolazione polmonare* (o *piccolo circolo*), che porta il sangue dal ventricolo destro del cuore ai polmoni e da questi all'atrio sinistro;
- la *circolazione sistemica* (o *grande circolo*), che porta il sangue dal ventricolo sinistro del cuore ai tessuti e da questi all'atrio destro.

Il sangue che ritorna dai tessuti, impoverito di ossigeno e ricco di anidride carbonica, entra nell'atrio destro del cuore, di qui (attraverso la valvola tricuspide) passa nel ventricolo destro, che si dilata (**diastole**); al momento della contrazione dei ventricoli (**sistole**), la pressione generata fa chiudere la valvola tricuspide ed aprire la valvola polmonare, per cui il sangue passa nell'arteria polmonare[9]. Attraverso le sue ramifi-

[8] In seguito a malformazioni congenite o a processi patologici verificatisi dopo la nascita (ad esempio febbre reumatica, endocarditi), si possono verificare alterazioni nel funzionamento delle valvole cardiache, che hanno come conseguenze alterazioni nella circolazione del sangue. Un restringimento di una delle valvole è detto stenosi della valvola (ad esempio stenosi mitralica), altre alterazioni comportano invece una incompleta chiusura della valvola, che viene chiamata *insufficienza* della valvola (ad esempio insufficienza aortica): durante il funzionamento del cuore, in questo caso si verifica un reflusso del sangue. Queste alterazioni delle valvole possono essere corrette chirurgicamente, spesso con il trapianto di valvole artificiali.

[9] Va rilevato che questa è l'unica arteria dell'organismo nella quale scorre sangue povero di ossigeno (sangue venoso).

cazioni raggiunge la rete capillare che avvolge gli alveoli polmonari, a livello dei quali avvengono gli scambi gassosi: l'anidride carbonica diffonde verso il lume degli alveoli, mentre l'ossigeno diffonde verso i capillari e, penetrando nei globuli rossi, si lega all'emoglobina. Il sangue, carico di ossigeno (*sangue arterioso*), ritorna al cuore attraverso le vene polmonari, che sboccano nell'atrio sinistro. Di qui, il sangue (attraverso la valvola mitrale) passa al ventricolo sinistro, che si dilata (*diastole*); al momento della contrazione (*sistole*) del ventricolo, la pressione generata fa chiudere la valvola bicuspide ed aprire la valvola aortica. Attraverso le diverse arterie che nascono dall'aorta, il sangue raggiunge le reti capillari dei vari organi, dove l'ossigeno diffonde nel liquido interstiziale e di qui alle cellule, mentre l'anidride carbonica, prodotta dalle ossidazioni cellulari, diffonde dal liquido interstiziale al sangue, che si trasforma in *sangue venoso*. Attraverso le vene il sangue ritorna all'atrio destro (Fig. 5.5). Il sangue quindi passa due volte attraverso il cuore per fare il giro completo del corpo.

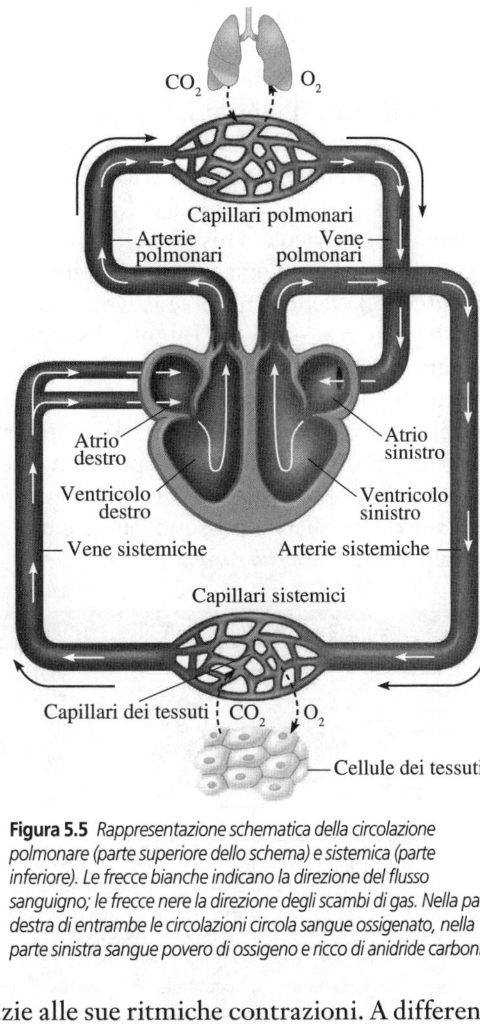

Figura 5.5 *Rappresentazione schematica della circolazione polmonare (parte superiore dello schema) e sistemica (parte inferiore). Le frecce bianche indicano la direzione del flusso sanguigno; le frecce nere la direzione degli scambi di gas. Nella parte destra di entrambe le circolazioni circola sangue ossigenato, nella parte sinistra sangue povero di ossigeno e ricco di anidride carbonica.*

5.3 Funzionamento del cuore

Il cuore sospinge il sangue lungo i vasi grazie alle sue ritmiche contrazioni. A differenza degli altri muscoli, *il muscolo cardiaco genera al proprio interno lo stimolo alla contrazione*. Questo stimolo ha origine in corrispondenza di una piccola massa di tessuto muscolare specializzato, posta nella parete dell'atrio destro, chiamata *nodo senoatriale*, che funge da *pacemaker*, generando un potenziale d'azione. Di qui, attraverso un insieme di fibrocellule specializzate, che, nel loro insieme costituiscono il *sistema di conduzione*, il potenziale d'azione si diffonde da un lato alla parete degli atri, causandone la contrazione (**sistole**), e dall'altro raggiunge il *nodo atrioventricolare* (tra atrio e ventricolo destro), dove la diffusione del potenziale d'azione viene leggermente ritardata, in modo da permettere agli atri di completare la loro contrazione prima che inizi quella dei ventricoli. Dal nodo atrioventricolare il potenziale d'azione diffonde lungo un fascio di fibre muscolari specializzate, che costituiscono il *fascio atrioventricolare* o *fascio di His*, che, ramificandosi, raggiunge entrambi i ventricoli, causandone la contrazione (sistole). Il numero di pulsazioni cardiache al minuto è detto **frequenza cardiaca** ed è di circa 70.

Il ciclo cardiaco inizia con la sistole atriale: entrambi gli atri, ripieni di sangue, contraendosi simultaneamente, spingono il sangue attraverso le valvole atrio-ventricolari (tricuspide e mitrale) aperte, riempiendo ulteriormente i ventricoli. Le valvole semilunari (all'ingresso delle arterie polmonare e aortica) sono chiuse. Inizia quindi la sistole ventricolare: l'aumento della pressione all'interno dei ventricoli causa la chiusura delle valvole tricuspide e mitrale, producendo il *primo suono* (o *tono*) *cardiaco*. Quando la pressione all'interno del ventricolo supera quella del sangue nelle arterie, le valvole semilunari si aprono, il sangue del ventricolo destro viene spinto nell'arteria polmonare e quello del ventricolo sinistro nell'aorta. Cessata la sistole, i ventricoli iniziano a rilassarsi (inizia la diastole): la pressione al loro interno inizia a calare e, quando scende al di sotto di quella delle arterie, le valvole semilunari si chiudono di scatto, causando il *secondo suono* (o *tono*) *cardiaco*. Intanto il sangue ha cominciato a fluire dalle vene negli atri rilassati, che si riempiono. Quando la pressione nei ventricoli che si rilassano scende al di sotto di quella degli atri, le valvole tricuspide e mitrale si aprono ed il sangue comincia fluire nei ventricoli (Tabella 5.4). I rumori generati dalla chiusura delle valvole cardiache (il "tum-tum" del cuore) possono essere ascoltati con un **fonendoscopio** o uno **stetoscopio** oppure registrati in un *fonocardiogramma*. Alterazioni nel funzionamento delle valvole cardiache possono causare una alterazione nei suoni cardiaci, ad esempio la comparsa di un *soffio cardiaco*.

Tabella 5.4 Sintesi degli eventi durante il ciclo cardiaco

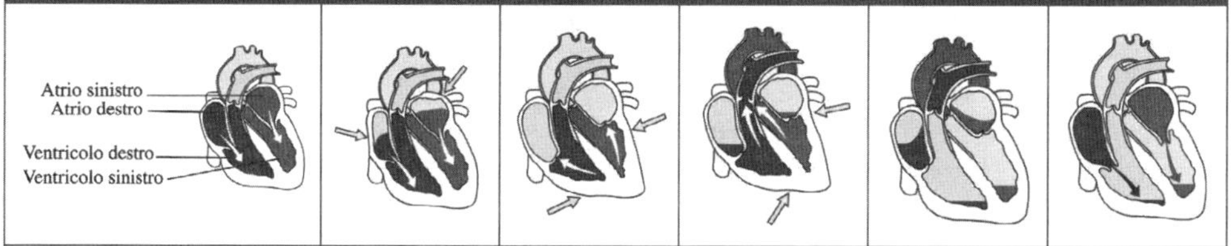

	Fine della diastole	Sistole atriale	Inizio della sistole ventricolare[a]	Sistole ventricolare[b]	Inizio della diastole	Diastole
Atrii	pieni	svuotamento	vuoti	inizio riempimento	riempimento	riempimento
Valvole atrio-ventricolari	aperte	aperte	chiusura	chiuse	apertura	aperte
Ventricoli	pieni	ulteriore riempimento	pieni	svuotamento	inizio riempimento	riempimento
Valvole polmon. e aortica	chiuse	chiuse	apertura	aperte	chiusura	chiuse
Toni cardiaci	—	—	I tono	—	II tono	—

a In questa fase, la contrazione del miocardio causa un aumento della pressione intraventricolare, ma non ancora una variazione di volume. Si parla perciò di contrazione isovolumetrica.
b Lo svuotamento del ventricolo viene anche indicato come eiezione ventricolare.

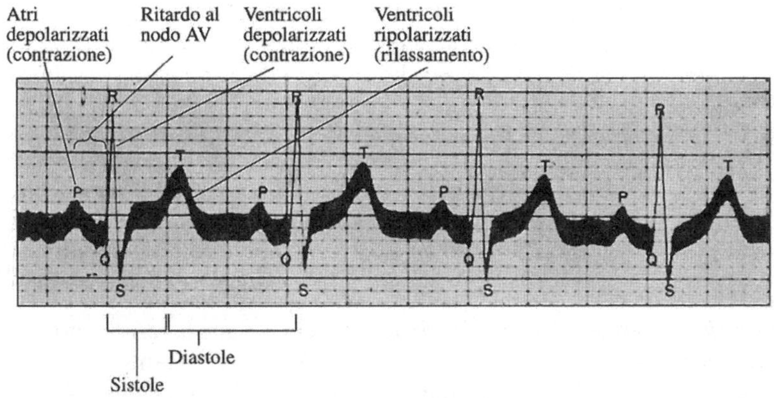

Figura 5.6 *Tracciato di un elettrocardiogramma normale. L'onda P corrisponde alla contrazione degli atri; il complesso QRS alla contrazione dei ventricoli e l'onda T al rilassamento dei ventricoli (AV = atrioventricolare).*

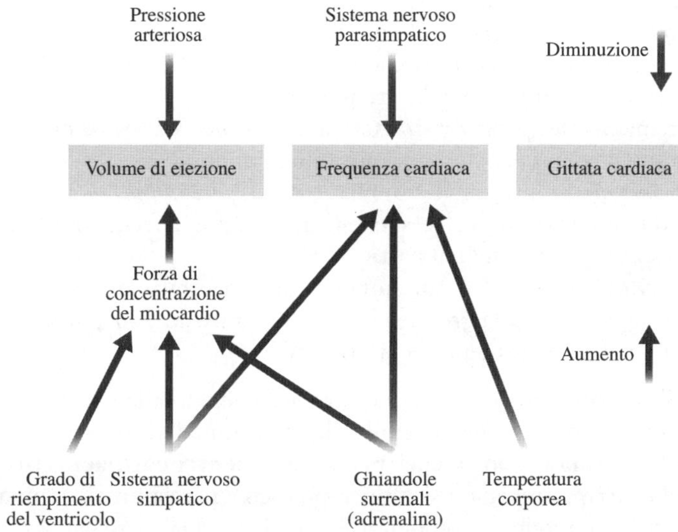

Figura 5.7 *I principali fattori che controllano la gittata cardiaca.*

I fenomeni elettrici (potenziali d'azione) che generano la contrazione della muscolatura cardiaca possono essere rilevati da elettrodi opportunamente disposti sulla parete del torace ed essere registrati con uno strumento chiamato *elettrocardiografo*. Il tracciato ottenuto è detto **elettrocardiogramma** (in sigla *ECG;* Fig. 5.6).

La quantità sangue pompata durante una singola sistole è chiamata *volume di eiezione* e corrisponde a circa 70 millilitri. Per **gittata cardiaca** si intende il volume di sangue pompato dal ventricolo sinistro in un minuto: in un adulto a riposo essa è di circa 5 litri al minuto. Può essere calcolata moltiplicando il volume di eiezione per la frequenza cardiaca.

La gittata cardiaca può variare considerevolmente a seconda delle esigenze dell'organismo e può raggiungere i 20-30 L al minuto per effetto di variazioni del volume di eiezione, della frequenza cardiaca o di entrambi (Fig. 5.7).

Il volume di eiezione dipende essenzialmente da due fattori:

a) la *forza di contrazione* del ventricolo, a sua volta influenzata:
   - dal sistema *nervoso simpatico*, che, agendo direttamente sulle fibrocellule del muscolo cardiaco, la fa aumentare;
   - dall'*adrenalina* (ormone secreto dalle ghiandole surrenali in condizioni di stress) che la fa aumentare;
   - dal *grado di riempimento del ventricolo* all'inizio della sistole: all'aumentare del riempimento (quindi della distensione delle fibrocellule del miocardio), aumenta la forza di contrazione; il grado di riempimento dipende dall'entità del ritorno venoso al cuore e dalla forza di contrazione dell'atrio.

b) La *pressione arteriosa all'inizio della sistole*, che rappresenta la resistenza contro cui deve agire il cuore: quanto essa è maggiore, tanto minore è il volume di sangue che il cuore riesce a spingere nell'aorta e quindi tanto minore è il volume di eiezione.

Sebbene lo stimolo alla contrazione abbia origine nel cuore stesso, la frequenza con cui questi stimoli insorgono, cioè *frequenza cardiaca*, è sotto il controllo di diversi fattori:

a) *fattori nervosi*, rappresentati da:
   - sistema *nervoso simpatico*, le cui terminazioni, a livello del nodo senoatriale (dove lo stimolo alla contrazione ha origine) liberano *noradrenalina*[10], determinando un aumento della frequenza;
   - sistema *nervoso parasimpatico* (attraverso il *nervo vago*, le cui terminazioni liberano *acetilcolina*), che causa un rallentamento;

b) *fattori ormonali*, rappresentati soprattutto dall'*adrenalina*, secreta dalle ghiandole surrenali in condizioni di stress, che fa aumentare la frequenza (quando prendiamo uno spavento, ci "viene il batticuore");

c) la *temperatura corporea*, un cui aumento fa aumentare la frequenza cardiaca (ad esempio, nella febbre la frequenza può superare le 100 pulsazioni al minuto), mentre un suo abbassamento la fa diminuire.

Il controllo nervoso della contrazione cardiaca è legato alla presenza, nelle pareti di alcuni vasi sanguigni, di recettori sensibili alle variazioni della pressione sanguigna (**barocettori**): la loro stimolazione viene trasmessa ai **centri cardiaci**, situati nel midollo allungato. Tali centri, attraverso i sistemi simpatico e parasimpatico, mandano impulsi al nodo senoatriale, in modo da compensare le variazioni rilevate dai barocettori. Come appare da quanto detto sopra, i due sistemi agiscono in direzioni opposte e quando uno viene stimolato, l'altro viene inibito, per cui i due effetti si rinforzano reciprocamente.

5.4 Pressione sanguigna e suo controllo

La **pressione sanguigna** è la forza esercitata dal sangue contro le pareti dei vasi sanguigni. Essa è controllata da due fattori principali:

- il *flusso* sanguigno,
- le *resistenze* che esso incontra.

---

[10] I neurotrasmettitori, come l'acetilcolina e la noradrenalina, agiscono sulle cellule bersaglio che possiedono i corrispondenti recettori. Nel caso della noradrenalina i recettori cardiaci appartengono al gruppi dei *recettori beta-adrenergici*. Questi recettori sono il bersaglio dei *farmaci beta-bloccanti*, che impediscono l'effetto della noradrenalina e quindi l'aumento della gittata cardiaca. Essi sono utilizzati nella terapia dell'ipertensione.

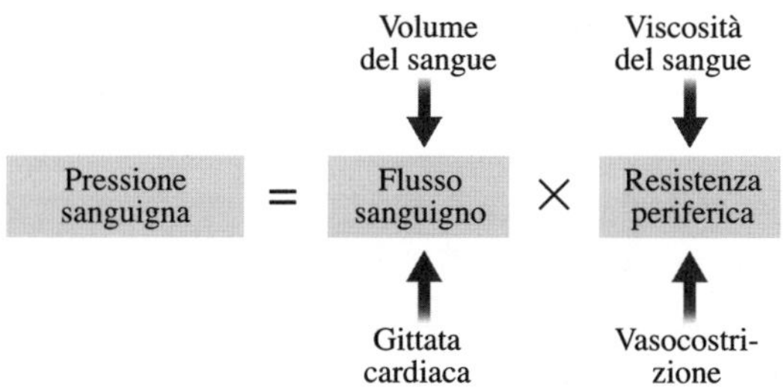

Figura 5.8 *Fattori che influenzano la pressione sanguigna.*

Il flusso, sua volta, dipende dal volume del sangue circolante e dalla gittata cardiaca; le resistenze sono legate alla viscosità del sangue e alla vasocostrizione (Fig. 5.8).

Aumenti della gittata cardiaca aumentano il flusso e quindi la pressione; diminuzioni della gittata ne causano invece una diminuzione. *I fattori che fanno variare la gittata cardiaca fanno quindi variare anche la pressione sanguigna.* Variazioni del volume del sangue circolante fanno variare la pressione sanguigna: una sua riduzione, ad esempio in seguito ad una emorragia, determina una diminuzione della pressione; un aumento del volume, dovuto ad esempio a ritenzione idrica, comporta un aumento della pressione.

In condizioni normali, la viscosità del sangue rimane sostanzialmente costante, mentre l'attrito tra il sangue e le pareti vasali può variare notevolmente in relazione al diametro dei vasi stessi, soprattutto in corrispondenza delle arteriole: una variazione relativamente piccola nel loro diametro può determinare un grosso effetto sulla pressione sanguigna.

Infine, una diminuzione della temperatura corporea causa vasocostrizione (e quindi aumento della pressione che contrasta l'abbassamento legato alla diminuzione della gittata cardiaca), mentre un aumento della temperatura causa vasodilatazione e quindi abbassamento della pressione, contrastando l'aumento di frequenza cardiaca.

La pressione sanguigna ha valori diversi nelle diverse parti del sistema circolatorio. Nelle arterie (**pressione arteriosa**) essa aumenta durante la sistole e diminuisce durante la diastole. Viene normalmente misurata a livello del braccio con un apparecchio chiamato **sfigmomanometro** ed oscilla tra i 120 millimetri di mercurio (mm Hg) della *pressione sistolica* ed i 70 mm Hg della *pressione diastolica*. Le arterie, quando ricevono il sangue (che non può tornare indietro a causa della chiusura delle valvole semilunari), si dilatano e, grazie all'elasticità delle loro pareti, lo spingono in avanti ritornando al loro diametro iniziale (questo può essere chiaramente percepito ad esempio a livello del polso premendo leggermente con i polpastrelli l'arteria radiale contro il radio). La pressione sanguigna è maggiore nelle grandi arterie e diminuisce man mano che ci si allontana dal cuore e si raggiungono le arteriole e i capillari (Fig. 5.9).

Il maggior calo di pressione si osserva a livello delle arteriole e dei capillari dove l'area del letto vascolare e le resistenze sono massime. Nelle vene la pressione è molto bassa e non presenta variazioni in relazione alle pulsazioni cardiache. La progressione del sangue nelle vene è favorita dai movimenti muscolari (Fig. 5.3).

La pressione sanguigna è regolata a livello nervoso e ormonale. Quando si verifica una variazione nella pressione, ad esempio in seguito a cambiamenti nella posizione del corpo (come il passaggio dalla posizione sdraiata a quella eretta), vengono stimolati i *barocettori* situati nella parete di alcune arterie, i quali inviano segnali ai *centri cardiaci* e ai *centri vasomotori* del midollo allungato. Se la pressione diminuisce, questi centri, tramite

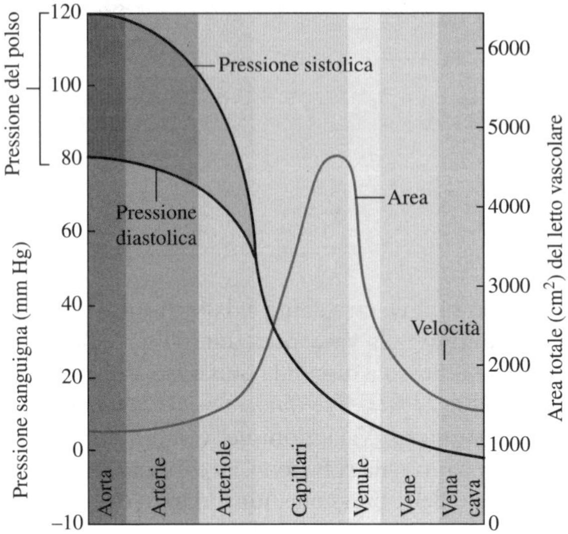

Figura 5.9 *Andamento della pressione del sangue nei diversi tipi di vasi sanguigni.*

i nervi del sistema simpatico, causano una vasocostrizione (facendo quindi aumentare le resistenze al flusso sanguigno), un aumento della frequenza cardiaca e della forza di contrazione del cuore, che, nel loro insieme, portano ad un aumento della pressione. Se la pressione aumenta, i barocettori inviano segnali al centro cardiaco del midollo allungato che, attraverso il sistema parasimpatico (nervo vago), fa diminuire la frequenza delle contrazioni cardiache, mentre gli stessi stimoli fanno sì che i centri vasomotori inibiscano l'attività del sistema simpatico, che non stimola più la muscolatura della parete delle arteriole, con conseguente vasodilatazione (causando quindi diminuzione delle resistenza al flusso sanguigno): l'insieme di questi fenomeni porta ad una diminuzione della pressione.

La regolazione ormonale della pressione ha origine a livello renale: un abbassamento della pressione nelle arterie renali stimola i reni a secernere un enzima, la **renina,** che attiva la via della renina-angiotensina-aldosterone, la quale porta da un lato a vasocostrizione (con aumento delle resistenze al flusso sanguigno) e dall'altro a ritenzione idrica (con aumento del volume circolante del sangue). In condizioni di stress, d'altra parte, la secrezione di *adrenalina* da parte delle ghiandole surrenali porta a vasocostrizione e ad aumento della forza della contrazione cardiaca.

5.5 Scambi di acqua e sostanze attraverso la parete dei capillari

A livello dei capillari avvengono gli scambi di sostanze tra il plasma e il liquido interstiziale e viene regolata la quantità di acqua contenuta nei tessuti. Possono attraversare la parete dei capillari solo sostanze a basso peso molecolare, quali i gas (ossigeno, anidride carbonica), ioni, glucosio, amminoacidi ed altri composti organici relativamente piccoli, i quali si spostano per *diffusione*, seguendo quindi i propri *gradienti di concentrazione*. Non attraversano la parete dei capillari le proteine, che quindi restano nel compartimento in cui si trovano (o nel sangue o nel liquido interstiziale).

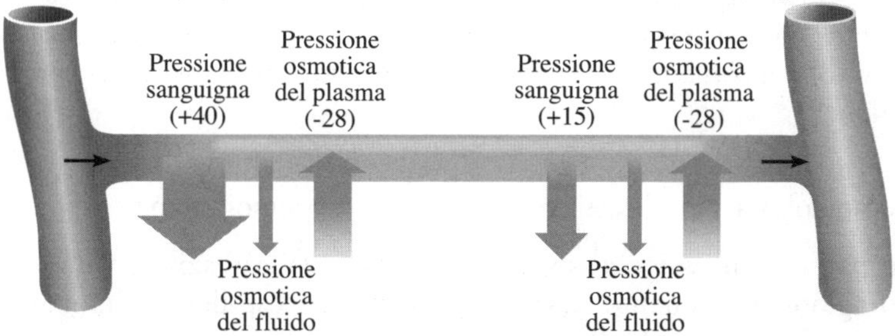

Figura 5.10 *Movimenti dell'acqua tra plasma e liquido interstiziale a livello dei capillari. I valori numerici delle pressioni sono arbitrari e sono espressi in millimetri di mercurio.*

Il passaggio di acqua attraverso la parete dei capillari dipende da due fattori:
1) la pressione sanguigna (*pressione idrostatica*)
2) la differenza in *pressione osmotica* tra plasma e liquido interstiziale.

La pressione idrostatica è alta all'estremità arteriosa del capillare e decresce man mano che ci si sposta verso l'estremità venosa (Fig. 5.9) ed è superiore a quella del liquido interstiziale (Fig. 5.10). La pressione osmotica del plasma è maggiore di quella del liquido interstiziale (perché nel plasma la concentrazione delle proteine è superiore a quella del liquido interstiziale), per cui l'acqua tende a venir richiamata verso il plasma. All'estremità arteriosa del capillare l'acqua, sotto la spinta della pressione idrostatica, esce dal capillare; all'estremità venosa prevale invece la pressione osmotica, per cui l'acqua viene richiamata verso l'interno del capillare. L'eccesso di acqua fuoriuscita dal capillare dà origine alla linfa, che viene drenata dal sistema linfatico.

Alterazioni nei fattori che condizionano il passaggio dell'acqua attraverso la parete dei capillari possono portare alla diminuzione del liquido interstiziale (*disidratazione*) oppure al suo aumento (*edema*).

5.6 Trasporto dell'ossigeno e dell'anidride carbonica

L'ossigeno, O_2, è una molecola apolare, pochissimo solubile in acqua. La quantità che può sciogliersi nel plasma è assolutamente insufficiente rispetto al fabbisogno delle cellule che costituiscono i tessuti. Gli animali posseggono particolari proteine (i cosiddetti **pigmenti respiratori**) capaci di legarsi reversibilmente all'ossigeno, combinandosi con esso a livello dei polmoni o delle branchie e liberandolo a livello dei tessuti. I principali pigmenti respiratori nell'uomo sono l'*emoglobina* e la *mioglobina*. Entrambe contengono lo stesso raggruppamento chimico, il gruppo **eme,** al centro del quale è presente uno ione ferro, responsabile del legame con l'ossigeno e della colorazione rossa posseduta da queste proteine. L'emoglobina è contenuta nei globuli rossi e svolge la funzione di trasporto dell'ossigeno, mentre la mioglobina si trova nelle cellule muscolari e funge da deposito dell'ossigeno all'interno delle cellule. La molecola dell'**emoglobina** è formata da quattro catene polipeptidiche, ciascuna delle quali è combinata con un gruppo eme e può quindi legare quattro molecole di ossigeno. La molecola della **mioglobina** è formata da una singola catena polipeptidica combinata con un gruppo eme: può quindi legare una sola molecola di ossigeno. L'emoglobina non combinata con l'ossigeno è detta *desossiemoglobina* (spesso indicata con la sigla Hb; essa si presenta di colore rosso-bluastro); l'emoglobina combinata con l'ossigeno è detta *ossiemoglobina* (HbO_2; essa si presenta di colore rosso vivo). La combinazione reversibile dell'emoglobina con l'ossigeno è rappresentata dall'equazione:

$$\underset{\text{desossiemoglobina}}{Hb} \quad + \quad \underset{\text{ossigeno}}{O_2} \quad \rightleftarrows \quad \underset{\text{ossiemoglobina}}{HbO_2}$$

Una alta pressione parziale di ossigeno sposta l'equilibrio della reazione verso la formazione dell'ossiemoglobina: è quanto avviene a livello dei capillari polmonari, dove l'emoglobina si carica di ossigeno. Se la pressione parziale dell'ossigeno si abbassa, come avviene a livello dei capillari dei tessuti, l'equilibrio si sposta verso sinistra, con liberazione di ossigeno. La tendenza dell'emoglobina a combinarsi con l'ossigeno è influenzata anche dalla concentrazione degli ioni H^+ (cioè dal pH): un abbassamento del pH (aumento della concentrazione degli H^+) fa diminuire l'affinità dell'emoglobina per l'ossigeno, per cui, a parità di pressione parziale di ossigeno, l'emoglobina cede più ossigeno. Questo è quanto avviene nei tessuti, dove l'elevata concentrazione di anidride carbonica, che, reagendo con l'acqua, forma acido carbonico, determina un abbassamento del pH. L'inverso avviene nei polmoni, dove, in seguito all'allontanamento dell'anidride carbonica, attraverso la ventilazione polmonare, il pH risale, facendo così aumentare l'affinità dell'emoglobina per l'ossigeno.

Con esperimenti in cui una stessa quantità di emoglobina è esposta a diverse pressioni parziali di ossigeno e si misura la percentuale di ossiemoglobina presente, è possibile costruire un grafico che descrive il processo di associazione/dissociazione tra emoglobina ed ossigeno. Questo grafico è detto *curva di dissociazione dell'emoglobina* o *curva di saturazione dell'emoglobina* (Fig. 5.11).

Il confronto tra le curve di dissociazione di pigmenti respiratori diversi permette di prevedere la direzione del passaggio dell'ossigeno dall'uno all'altro: a parità di pressione parziale di ossigeno, l'ossigeno tenderà a legarsi a quel pigmento che, a quella pressione parziale, presenta la maggiore affinità per l'ossigeno (la cui curva di dissociazione si trova più spostata verso sinistra e in alto: Fig. 5.12).

Il gruppo eme dell'emoglobina è in grado di legare, oltre all'ossigeno, anche altri composti, addirittura con una affinità maggiore rispetto all'ossigeno. Tali composti sono:

- il *monossido di carbonio* (CO, che si forma in seguito ad incompleta combustione di composti del carbonio: *non va confuso con l'anidride carbonica!*): la *carbossiemoglobina* che si forma in seguito alla combinazione con il monossido di carbonio non è più in grado di legare ossigeno e si dissocia con estrema lentezza. Nell'avvelenamento da monossido di carbonio i tessuti non vengono più riforniti di ossigeno.
- il *cianuro* (CN^-): anche in questo caso lo ione cianuro si lega al posto dell'ossigeno e non si dissocia, per cui il trasporto dell'ossigeno ai tessuti è reso impossibile.

Il *trasporto dell'anidride carbonica* dai tessuti ai polmoni avviene con tre meccanismi diversi:

- il 7-10% è disciolto nel plasma;
- il 20% circa entra nei globuli rossi e si lega all'emoglobina in un punto della molecola diverso da quello dell'ossigeno;
- il resto (circa il 70%) è trasportato sotto forma di *ione bicarbonato*.

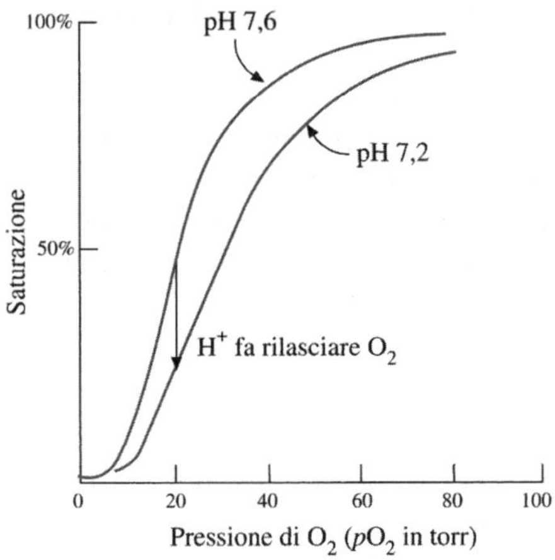

Figura 5.11 *Curve di dissociazione dell'emoglobina misurate a due pH differenti. L'abbassamento del pH fa diminuire l'affinità dell'emoglobina per l'ossigeno (la curva si sposta a destra): a parità di pressione parziale (es. 20 torr), a pH acido l'emoglobina lega meno ossigeno (quindi l'ossiemoglobina ne libera di più).*

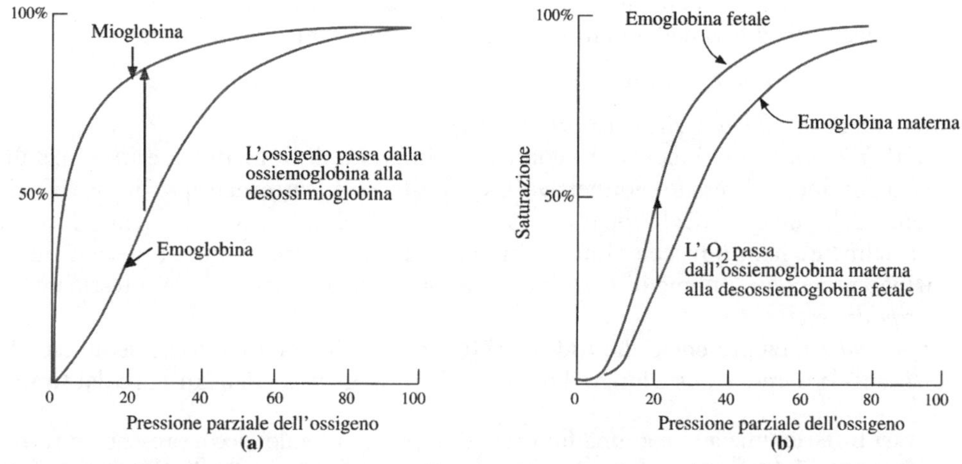

Figura 5.12 *Confronto fra diversi pigmenti respiratori. (a) Curve di dissociazione della mioglobina e dell'emoglobina: a basse pressioni parziali di O_2, la mioglobina ha una maggior affinità per l'ossigeno, quindi questo passa dall'ossiemoglobina del sangue alla desossimioglobina dei tessuti. (b) Curve di dissociazione dell'emoglobina fetale e dell'emoglobina materna: l'emoglobina fetale ha una maggior affinità per l'ossigeno, quindi, a livello della placenta, l'ossigeno passa dall'ossiemoglobina materna alla desossiemoglobina fetale.*

La formazione del bicarbonato avviene soprattutto nei globuli rossi, dove è presente un enzima (*anidrasi carbonica*) che catalizza la reazione:

$$\underset{\text{Anidride carbonica}}{CO_2} + H_2O \rightleftarrows \underset{\text{Acido carbonico}}{H_2CO_3}$$

L'acido carbonico così formato si dissocia spontaneamente in uno ione bicarbonato e un idrogenione:

$$\underset{\text{Acido carbonico}}{H_2CO_3} \rightleftarrows \underset{\text{Ione bicarbonato}}{HCO_3^-} + H^+$$

Gli ioni bicarbonato diffondono quindi fuori dai globuli rossi nel plasma, mentre nei globuli penetrano ioni cloruro (Cl^-) per compensare le cariche elettriche. Nei tessuti, dove la pressione parziale dell'anidride carbonica prodotta dalle cellule è elevata, questa serie di reazioni avviene verso destra: si verifica quindi una *acidificazione* del plasma, in buona parte tamponata dai diversi sistemi tampone in esso presenti; a livello dei polmoni, dove la pressione parziale dell'anidride carbonica è bassa, le due reazioni sopra indicate avvengono verso sinistra e la concentrazione degli idrogenioni nel plasma diminuisce (il pH aumenta).

5.7 Sistema linfatico

Oltre al sistema circolatorio sanguigno, i mammiferi posseggono un sistema circolatorio accessorio, il **sistema linfatico**. Esso svolge tre funzioni:
1) raccoglie il fluido interstiziale in eccesso e lo convoglia al sangue;
2) trasporta i prodotti della digestione dei lipidi dall'intestino al sangue;
3) partecipa alla difesa dell'organismo attraverso i meccanismi immunitari.

Il sistema linfatico è costituito da:

- una rete di *vasi linfatici* che trasportano la *linfa*;
- *noduli linfatici*, formati da tessuto connettivo infarcito di linfociti, inseriti, senza un netto confine, nel tessuto connettivo lasso posto al di sotto dell'epitelio di rivestimento delle mucose degli apparati respiratorio, digerente, urinario e riproduttivo; normalmente hanno piccole dimensioni (circa 1 mm); i grossi noduli presenti nella faringe prendono il nome di *tonsille* e di *adenoidi*, quelli nella mucosa intestinale, di *placche di Peyer*;
- *organi linfoidi*, rappresentati dai **linfonodi** (masserelle di tessuto linfoide delimitate da una capsula fibrosa e poste lungo il percorso dei vasi linfatici), dalla **milza** e dal **timo**.

I **vasi linfatici** iniziano con una fitta rete di capillari a fondo cieco, presenti in tutti i tessuti, che confluiscono in vasi di calibro sempre maggiore che a loro volta danno origine a due dotti: il *dotto linfatico destro*, che raccoglie la linfa proveniente dal quarto superiore destro del corpo, ed il *dotto toracico*, che raccoglie la linfa proveniente dal resto dell'organismo. La struttura dei vasi linfatici è simile a quella delle vene (con valvole a nido di rondine).

I capillari linfatici raccolgono il liquido interstiziale dai vari tessuti (Fig. 5.13). La loro parete consente il passaggio non solo dell'acqua e delle molecole anche di grosse dimensioni, come le proteine, ma anche di particelle come i virus ed i batteri eventualmente penetrati nei tessuti. Il liquido così raccolto prende il nome di **linfa**. Lungo il percorso dei vasi linfatici sono interposti i *linfonodi*, che svolgono una funzione di filtraggio della linfa, trattenendo i corpuscoli di grosse dimensioni, compresi virus e batteri, contro i quali vengono attivati i meccanismi di difesa immunitaria dell'organismo[11].

[11] Da diversi tipi di tumori possono staccarsi cellule tumorali che penetrano nella linfa e vengono trasportate fino al primo linfonodo, dal quale vengono trattenute. Esse si moltiplicano al suo interno, dando luogo ad un nuovo tumore, che costituisce una *metastasi* del primo. Da qui possono di nuovo staccarsi cellule che riprendono la via linfatica, raggiungendo un secondo linfonodo, dove si forma una nuova metastasi, e così via. È questo il motivo per cui, nella terapia chirurgica

In corrispondenza della faringe sono presenti delle masserelle di tessuto linfatico, le *tonsille* (al confine tra palato e faringe) e le *adenoidi* (nella parete superoposteriore della faringe), con la funzione di proteggere l'apparato respiratorio dalle infezioni causate da batteri penetrati attraverso la bocca o il naso[12].

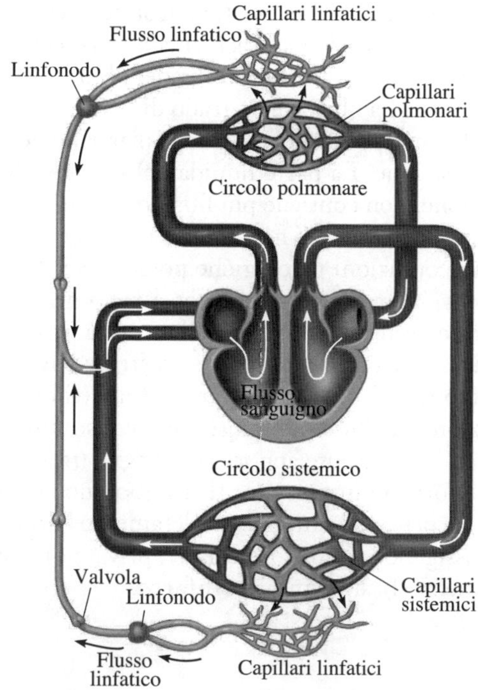

Figura 5.13 *Rappresentazione schematica della formazione e del percorso della linfa.*

Coagulazione del sangue

L'organismo possiede complessi ed efficienti meccanismi che tendono a bloccare o a ridurre la fuoriuscita di sangue in caso di lesioni alla parete di un vaso sanguigno (**emorragia**). Il processo che consente l'arresto di un'emorragia prende il nome di **emostasi**.

> Da non confondere emostasi (= arresto di un'emorragia) con omeostasi (= mantenimento della costanza dell'ambiente interno dell'organismo)!

L'emostasi comprende diverse fasi, che si succedono rapidamente. Anzitutto, appena un vaso sanguigno (arteria o vena) viene leso, la sua parete si contrae, riducendo il lume vasale e quindi il flusso sanguigno. D'altra parte, le piastrine (che fanno parte della frazione corpuscolata del sangue) aderiscono alle fibre di collagene lasciate scoperte dalla rottura dell'endotelio del vaso e liberano sostanze che attraggono altre piastrine, le quali si aggregano fra loro, formando un "tappo" che occlude la lesione (*coagulo temporaneo*[13]). Contemporaneamente ha inizio una cascata di reazioni chimiche che portano alla formazione del *coagulo permanente*. Questa serie di reazioni prende il nome di **coagulazione del sangue**. Essa coinvolge numerose proteine (in gran parte prodotte dal fegato), chiamate **fattori della coagulazione**. Nella maggior parte dei casi, essi sono enzimi presenti nel plasma in forma inattiva e vengono attivati "a cascata" in seguito alla lesione della parete vasale: la lesione attiva un primo enzima che catalizza la trasformazione di un secondo fattore nella sua forma attiva, la quale attiva un terzo fattore e così via, finché un particolare

dei tumori, nella gran parte dei casi non basta rimuovere il tumore primitivo, ma occorre anche asportare i linfonodi ai quali giunge la linfa drenata dal tumore.

[12] In questa loro funzione di difesa, le tonsille possono divenire l'oggetto di processi infettivi, le **tonsilliti**. Queste infezioni possono ripetersi con notevole frequenza o divenire croniche, richiedendo talora la rimozione chirurgica delle tonsille stesse.

[13] Alcuni farmaci (ad esempio l'aspirina a basse dosi) svolgono un'azione antiaggregante nei confronti delle piastrine e possono quindi causare emorragie. Questa loro proprietà è tuttavia sfruttata in medicina nella terapia di tutte quelle condizioni in cui si verifica una tendenza alla formazione di coaguli all'interno dei vasi (*trombosi*).

fattore, la *protrombina* (la cui sintesi nel fegato richiede la vitamina K)[14], in presenza di ioni calcio[15], viene trasformata in *trombina*. La trombina, a sua volta, è un enzima che trasforma un'altra proteina del plasma, il *fibrinogeno* (anch'esso prodotto dal fegato), in *fibrina*. La fibrina è in grado di polimerizzare formando rapidamente una rete **(trombo)** che intrappola globuli rossi e piastrine, formando un **coagulo** che arresta la fuoriuscita di sangue. La parte liquida del sangue, che rimane dopo che si è verificata la coagulazione, non contiene più fibrinogeno e prende il nome di **siero**.

In condizioni normali il sangue non coagula all'interno dei vasi sanguigni. Tuttavia in condizioni patologiche possono verificarsi lesioni della parete vasale (ad esempio *lesioni aterosclerotiche*, che consistono nella formazione di depositi di lipidi e soprattutto di colesterolo a livello della tonaca intima delle arterie) in corrispondenza delle quali inizia l'aggregazione delle piastrine e la formazione di un trombo. Il fenomeno è detto **trombosi**. Il trombo porta ad una riduzione del lume vasale e quindi ad una diminuzione del flusso di sangue attraverso di esso. Se il vaso colpito è una arteria, ne risulta un insufficiente apporto di sangue (*ischemia*) e quindi di ossigeno (*ipossia*) e di nutrienti all'organo interessato. Il trombo può anche portare alla completa occlusione dell'arteria, privando quindi completamente l'organo interessato del rifornimento di sangue e di ossigeno (*anossia*). Le cellule, private di ossigeno e di nutrienti, vanno incontro a morte (necrosi): si verifica un **infarto**.

---

14 La carenza di questa vitamina o la presenza di sostanze dotate di attività antivitaminica è causa di emorragie anche gravi, dovute all'insufficiente produzione di protrombina (e di altri fattori della coagulazione). Molti veleni per topi, ad esempio, contengono composti ad azione antivitaminica K.

15 Quando si raccolgono campioni di sangue per eseguire analisi chimico-cliniche, nella provetta vengono posti composti capaci di sottrarre (chelare) gli ioni calcio, impedendo così l'attivazione della protrombina e quindi la coagulazione del campione.

Capitolo 6
Apparato uro-genitale

6.1 Apparato urinario

L'apparato urinario e l'apparato genitale, maschile e femminile, sono normalmente accomunati in un unico apparato, l'apparato uro-genitale, perché hanno una comune derivazione embrionale e, anche nell'adulto, presentano alcune parti in comune.
L'apparato urinario svolge due funzioni fondamentali per il funzionamento dell'organismo umano:

- provvede all'escrezione della maggior parte dei prodotti di scarto derivati dal metabolismo delle cellule, in particolare dei rifiuti azotati;
- interviene nel mantenimento dell'equilibrio idrico-salino dell'organismo.

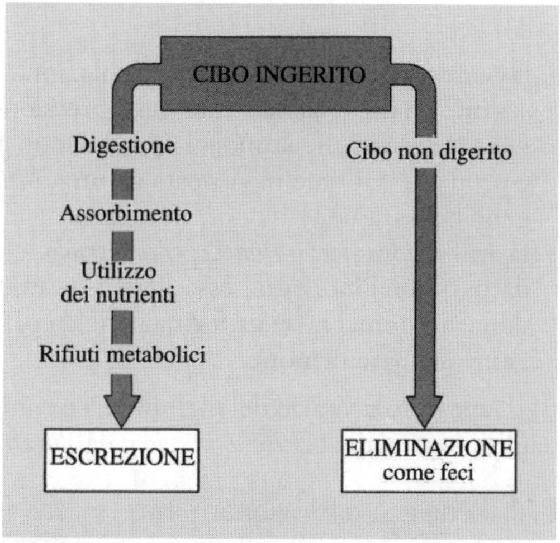

• **Figura 6.1** *Differenza tra escrezione ed eliminazione.*

Non bisogna confondere "escrezione" ed "eliminazione": l'escrezione è il processo attraverso il quale i rifiuti del metabolismo cellulare sono allontanati dall'organismo; l'eliminazione è la semplice espulsione della parte di cibo non digerita e non assorbita dall'organismo (Fig. 6.1). Il rene provvede, attraverso l'urina, all'escrezione di molti composti; l'intestino elimina con le feci le parti di cibo non digerito. Con le feci (e quindi attraverso l'intestino) avviene solo l'escrezione dei prodotti di demolizione del gruppo eme dell'emoglobina derivata dalla distruzione dei globuli rossi. Questi prodotti di demolizione sono i pigmenti biliari, immessi dal fegato nella bile e con questa riversati nell'intestino. Parte di questi pigmenti viene escreta anche con le urine.

Non bisogna confondere "escrezione" e "secrezione". Escrezione è l'allontanamento dall'organismo dei rifiuti del metabolismo; la secrezione, tipica delle ghiandole, è l'emissione all'esterno della cellula di sostanze che devono svolgere la loro funzione fisiologica al di fuori delle cellule stesse (ed eventualmente anche al di fuori dell'organismo).

Il rene svolge anche funzioni di ghiandola endocrina, in quanto produce diversi ormoni:

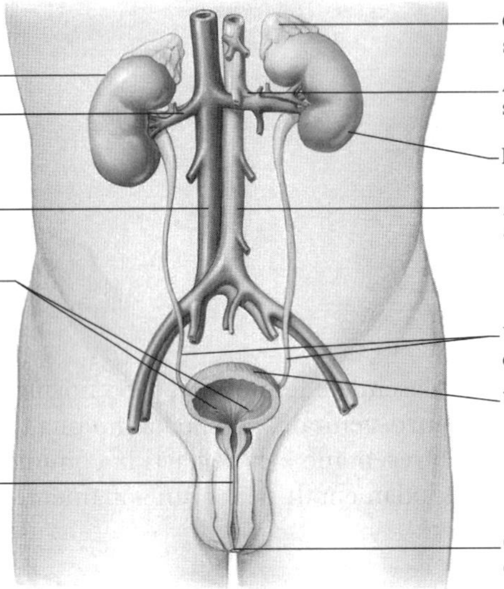

Figura 6.2 *L'apparato urinario umano maschile. I reni producono l'urina che viene convogliata dagli ureteri alla vescica, dove viene temporaneamente accumulata. Attraverso l'uretra l'urina viene espulsa all'esterno del corpo.*

- la *renina*, che interviene nella regolazione della pressione sanguigna ed è prodotta in seguito ad un abbassamento della pressione nell'arteria renale;
- l'*eritropoietina*, che stimola la produzione di globuli rossi da parte del midollo osseo; è prodotta dal rene in risposta ad un abbassamento della pressione parziale dell'ossigeno nel sangue;
- la *1,25-diidrossivitamina* D_3 o *calcitriolo*, ormone che stimola l'assorbimento di calcio da parte dell'intestino; essa deriva da un precursore formatosi nel fegato, a partire dalla vitamina D; la sua formazione da parte del rene avviene in seguito alla stimolazione del paratormone.

L'apparato urinario dei mammiferi è composto dai *reni* e dalle *vie urinarie*, costituite dagli *ureteri*, dalla *vescica urinaria* e dall'*uretra* (Fig. 6.2).

6.1.1 Rene e suo funzionamento

I due **reni** (destro e sinistro) sono localizzati nella parte posteriore della cavità addominale, sotto il diaframma e dietro al peritoneo. Sono circondati da tessuto adiposo, che contribuisce a mantenerli in posizione. Hanno forma di fagiolo di colore rosso scuro. Al centro della parte concava si trova l'*ilo*, attraverso cui i vasi sanguigni penetrano nel rene. Ciascun rene è rivestito da una capsula di tessuto connettivo (*capsula renale*); al di sotto di questa, la parte più esterna costituisce la *corteccia renale*, quella più interna la *medulla* (o midollare). La medulla presenta da 8 a 10 strutture coniche, dette *piramidi renali*, la cui punta è detta *papilla renale* e presenta diverse piccole aperture, che rappresentano lo sbocco dei *dotti* (o *tubuli*) *collettori*. Le papille risultano incluse in una camera a forma di imbuto, la *pelvi renale*, che, restringendosi, dà origine all'uretere (Fig. 6.3). Ciascun rene è costituito da più di un milione di unità funzionali chiamate *nefroni* (al singolare: **nefrone**), costituiti:

- da un microscopico gomitolo di capillari, il *glomerulo renale*;
- dalla *capsula di Bowman*;
- dal *tubulo renale*.

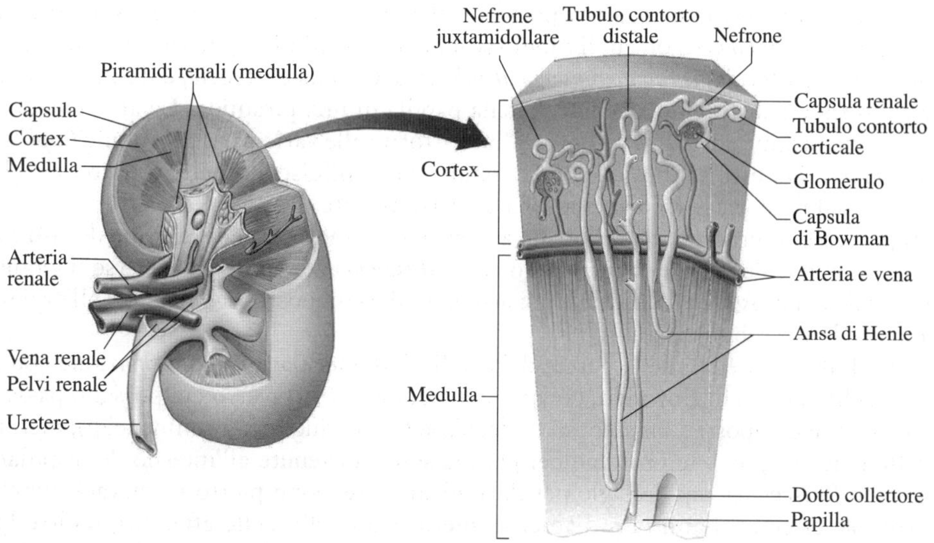

Figura 6.3 *Struttura del rene.* ***(a)*** *Rene sezionato in modo da evidenziare la disposizione delle piramidi renali e della pelvi renale.* ***(b)*** *Sezione schematica molto ingrandita, che evidenzia l'andamento dei tubuli renali rispetto alla corteccia ed alla medulla del rene.*

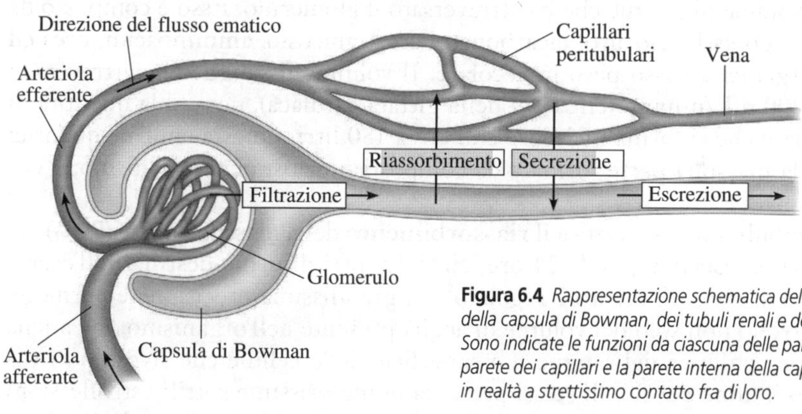

Figura 6.4 *Rappresentazione schematica del glomerulo renale, della capsula di Bowman, dei tubuli renali e dei capillari peritubulari. Sono indicate le funzioni da ciascuna delle parti del nefrone. La parete dei capillari e la parete interna della capsula di Bowman sono in realtà a strettissimo contatto fra di loro.*

I capillari sanguigni che costituiscono il **glomerulo renale** derivano da una diramazione dell'arteria renale, l'*arteriola afferente*. I capillari del glomerulo confluiscono fra di loro dando di nuovo origine ad una arteriola: l'*arteriola efferente* (Fig. 6.4).

A differenza di quanto avviene negli altri tessuti, dove i capillari confluendo fra di loro danno origine a vene, nel rene i capillari del glomerulo danno origine ad una arteriola. Questa, come indicato sotto, darà origine ai capillari peritubulari, che confluendo, daranno origine a vene.

Il glomerulo è avvolto da una struttura a doppia parete introflessa, la *capsula di Bowman*, dalla quale ha origine un tubulo, il **tubulo renale**. I glomeruli sono per la massima parte situati nella corteccia renale. Nel tubulo renale si distinguono, a partire dalla capsula di Bowman, quattro porzioni: il *tubulo contorto prossimale*, situato nella corteccia, l'*ansa di Henle*, con cui il tubulo scende nella medulla e poi, ripiegandosi ad U, ritorna nella corteccia, il *tubulo contorto distale*, situato nella corteccia, e il *dotto collettore* che ridiscende nella medulla e sbocca nella papilla di una piramide. Le arteriole efferenti danno origine ad una fitta rete capillare attorno alle varie parti del tubulo (*capillari peritubulari*). Da essi hanno origine le venule che confluiscono nella vena renale che fuoriesce dal rene per gettarsi nella vena cava ascendente.

Il processo di produzione dell'urina a partire dal sangue prende il nome di **diuresi**. Esso comprende due fasi: la *filtrazione* (o *ultrafiltrazione*) del sangue attraverso il glomerulo renale e il *riassorbimento selettivo* di acqua, ioni e composti organici utili all'organismo a livello dei tubuli renali.

Le cellule endoteliali della parete dei capillari glomerulari, in combinazione con le cellule della capsula di Bowman, creano una membrana attraverso cui possono passare acqua, ioni, e composti a basso peso molecolare (urea, glucosio, amminoacidi), mentre le cellule del sangue e le proteine del plasma sono trattenute all'interno dei capillari. Il sangue fluisce nei capillari glomerulari ad una pressione piuttosto elevata, perché le arteriole efferenti hanno un diametro inferiore a quello delle afferenti; inoltre l'estensione dei capillari genera una superficie di filtrazione molto ampia: il sangue viene quindi filtrato attraversando il glomerulo. Il liquido che passa dal plasma alla capsula di Bowman è chiamato **filtrato glomerulare** (o **ultrafiltrato glomerulare**) e rappresenta oltre il 10% del volume di sangue che ha attraversato il glomerulo. Esso è composto da acqua, ioni (sodio, potassio, cloruro, bicarbonato, ecc.), glucosio, amminoacidi, urea ed altri composti organici a basso peso molecolare. Il volume di sangue che attraversa i reni è di circa 1200 mL/minuto (circa 1/4 della gittata cardiaca), per cui la quantità di filtrato glomerulare che si forma in 24 ore è di circa 180 litri. Questa enorme quantità di filtrato è per la massima parte formata da composti preziosi per l'organismo, a cominciare dall'acqua.

A livello dei tubuli renali si verifica il **riassorbimento** della massima parte (99%) del filtrato glomerulare, lasciando, nelle 24 ore, circa 1,5 litri di urina destinati all'escrezione. Il processo di riassorbimento è regolato con grandissima precisione e permette un accurato controllo non solo del volume di acqua presente nell'organismo, ma anche della composizione chimica del sangue. La superficie delle cellule che rivestono i tubuli rivolta verso il lume dei tubuli stessi presenta numerosissime sottili estroflessioni (*microvilli*) che, nel loro insieme, costituiscono l'*orletto a spazzola* di queste cellule ed aumentano enormemente la superficie disponibile per il riassorbimento. Il riassorbimento trasferisce nel liquido interstiziale l'acqua ed i composti riassorbiti, che di qui passano poi nei capillari peritubulari, rientrando così nel sangue. Circa il 65% del volume del filtrato viene riassorbito durante il passaggio lungo il tubulo contorto prossimale: in questo modo l'ultrafiltrato si concentra; a livello del tubulo contorto prossimale vengono anche completamente riassorbiti il glucosio e gli amminoacidi, mentre il riassorbimento degli ioni avviene solo parzialmente. In alcuni casi, il riassorbimento avviene per trasporto attivo (quindi con consumo di energia da parte delle cellule), in altri casi avviene per semplice diffusione. *I composti completamente riassorbiti non appaiono nelle urine*. Tuttavia, se la concentrazione nel sangue di un composto filtrato dal glomerulo e riassorbito dal tubulo è particolarmente alta, i tubuli potrebbero non fare in tempo a riassorbirlo tutto: esso allora comparirebbe nelle urine. Ad esempio, in caso di *diabete mellito* non controllato, l'elevata concentrazione del glucosio nel sangue (*iperglicemia*)

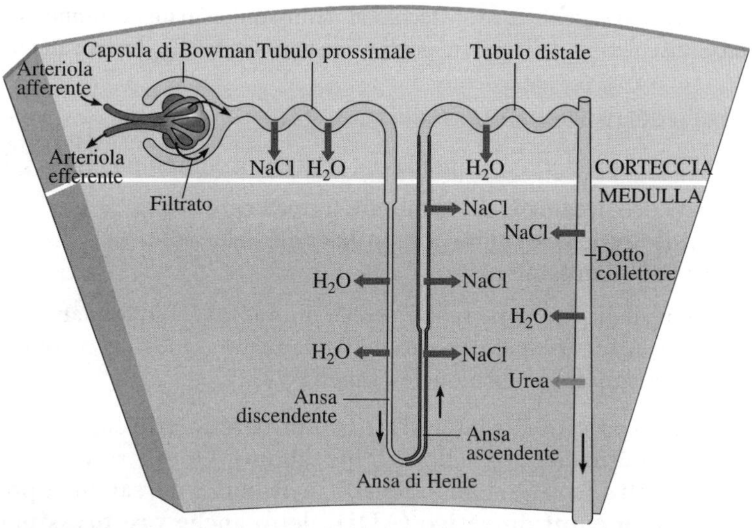

Figura 6.5 *Rappresentazione schematica dei movimenti dell'acqua e degli ioni attraverso la parete del tubulo renale. La parete del braccio discendente dell'ansa di Henle è permeabile all'acqua, che esce nel liquido interstiziale: l'ultrafiltrato si concentra. La parete del braccio ascendente dell'ansa (indicata con una linea spessa) è relativamente impermeabile all'acqua, mentre il sodio (con gli ioni cloruro che lo seguono) esce per diffusione nella parte inferiore e viene trasportato attivamente verso il liquido interstiziale nella parte superiore. La concentrazione del sale nel liquido interstiziale della medulla diviene così molto elevata, per cui una grossa quantità di acqua viene richiamata nel liquido interstiziale per osmosi dal braccio discendente e dal dotto collettore.*

fa sì che venga superata la capacità di riassorbimento dei tubuli ed il glucosio compare nelle urine (*glicosuria*)[1].

La Figura 6.5 illustra schematicamente i movimenti dell'acqua e degli ioni al passaggio dell'ultrafiltrato attraverso il tubulo renale. Alla fine del processo di riassorbimento, l'urina risulta circa quattro volte più concentrata rispetto al sangue.

Il tubulo renale non si limita ad effettuare il riassorbimento dell'ultrafiltrato: esso provvede anche alla secrezione di alcuni composti verso l'ultrafiltrato, soprattutto a livello del tubulo contorto distale. Il fenomeno di secrezione interessa alcuni composti organici, come la creatinina e alcuni antibiotici (penicillina), e alcuni ioni, in particolare gli ioni potassio e gli idrogenioni, questi ultimi eliminati sotto forma di acido carbonico (che si dissocia in un idrogenione e uno ione bicarbonato).

L'urina normale risulta composta per il 96% da acqua, per il 2,5% da rifiuti azotati (urea), per l'1,5% da sali e da tracce di composti organici (ad esempio pigmenti biliari, responsabili del colore paglierino delle urine normali).

In condizioni patologiche, può accadere che alcuni composti presenti nell'urina (ad esempio sali dell'acido urico o dell'acido ossalico, alcuni amminoacidi) precipitino nella pelvi renale, dando origine a "sassolini", chiamati **calcoli renali**. Se questi si incuneano

[1] La presenza di elevate concentrazioni di glucosio nell'urina ne fa aumentare la pressione osmotica, per cui a livello dei tubuli renali si verifica un minor riassorbimento di acqua: la quantità di urina prodotta aumenta quindi anche notevolmente (il fenomeno è detto *poliùria*). La perdita di acqua che ne consegue causa la stimolazione del centro della sete situato nel sistema nervoso centrale a livello dell'ipotalamo, per cui i pazienti con diabete scompensato hanno una sete insaziabile e bevono molto (il fenomeno è detto *polidipsìa*).

negli ureteri, possono costituire un ostacolo al deflusso dell'urina, causando dolorose contrazioni della muscolatura della parete degli ureteri, indicate con il nome di **coliche renali**.

6.1.2 Controllo del funzionamento del rene

La quantità di urina prodotta e quindi la sua concentrazione sono regolate in funzione:

- della necessità dell'organismo di eliminare o trattenere acqua
- del mantenimento della corretta composizione in elettroliti (in particolare sodio e potassio) dei liquidi organici.

La regolazione della funzione renale svolge quindi un ruolo fondamentale nel mantenimento dell'**equilibrio idrico-salino** dell'organismo. Questi controlli si realizzano attraverso meccanismi di tipo ormonale (Tabella 6.1).

1. Un primo meccanismo è legato all'attività di particolari recettori situati nel sistema nervoso centrale, a livello dell'**ipotalamo**. Questi recettori sono cellule nervose sensibili alle variazioni di pressione osmotica del sangue e producono un ormone, l'**ormone antidiuretico** (**ADH**, detto anche **vasopressina**), che viene trasportato dalle fibre nervose al lobo posteriore dell'ipofisi. Quando l'organismo si disidrata, aumenta la concentrazione di sali nel sangue e quindi aumenta la pressione osmotica. I recettori stimolati fanno liberare a livello del lobo posteriore dell'ipofisi l'ormone antidiuretico che entra nel sangue. L'ormone agisce sui dotti collettori, che attraversano la medulla del rene, rendendoli più permeabili all'acqua. Poiché il liquido interstiziale della medulla presenta una elevata concentrazione salina (è fortemente ipertonico), una maggior quantità di acqua viene riassorbita a livello dei dotti collettori, la quantità di acqua eliminata con l'urina diminuisce e la concentrazione dell'urina aumenta. Quando al contrario si beve una grossa quantità di acqua, il sangue si diluisce e diminuisce la sua pressione osmotica. I recettori dell'ipotalamo vengono stimolati molto meno e a livello del lobo posteriore dell'ipofisi viene liberata una minor quantità di ormone antidiuretico. La permeabilità dei dotti collettori all'acqua diminuisce, per cui essa viene trattenuta all'interno dei dotti, l'urina viene prodotta in maggior quantità e risulta più diluita. Questo meccanismo di regolazione fa sì che in tutte le condizioni che causano ingenti perdite di acqua da parte dell'organismo (ad esempio forte sudorazione, diarrea prolungata) o insufficiente apporto di acqua vengano prodotte urine in piccola quantità e molto concentrate[2].
2. Un secondo meccanismo è legato invece alla presenza, in corrispondenza del punto in cui l'arteriola afferente entra nel glomerulo renale e l'arteriola efferente ne esce, di un gruppo di cellule che costituiscono l'**apparato juxtaglomerulare**. Quando la pressione sanguigna diminuisce (a causa di una diminuzione del volume del sangue e del fluido interstiziale), queste cellule secernono **renina**, enzima che attiva la *via*

---

[2] In seguito ad un malfunzionamento dell'ipofisi, può verificarsi una insufficiente produzione di ormone antidiuretico, oppure alterazioni renali possono causare insensibilità all'ormone. In questi casi il riassorbimento di acqua a livello dei dotti collettori risulta insufficiente e vengono prodotte grosse quantità di urina molto diluita. Questa condizione patologica viene chiamata **diabete insipido**, perché ha in comune con il diabete mellito la produzione di grosse quantità di urina (*poliùria*), ma se ne differenzia per l'assenza del glucosio.

Tabella 6.1 Meccanismi di controllo ormonale della funzione del rene

Ormone	Fonte	Bersaglio	Effetto	Fattori che stimolano il rilascio
Ormone antidiuretico (o vasopressina)	Prodotto nell'ipotalamo e rilasciato dal lobo posteriore dell'ipofisi	Dotti collettori	Aumenta la permeabilità dei dotti collettori all'acqua, che viene riassorbita in maggior quantità, con conseguente diminuzione della quantità d'acqua eliminata con le urine	Insufficiente apporto di acqua, con conseguente aumento della pressione osmotica del sangue: ciò attiva i recettori ipotalamici che stimolano il lobo posteriore dell'ipofisi
Aldosterone	Corteccia delle ghiandole surrenali	Tubuli contorti distali e dotti collettori	Aumenta il riassorbimento di sodio e, secondariamente, di acqua Aumenta l'eliminazione del potassio	Angiotensina II (prodotta in risposta ad una diminuzione della pressione sanguigna)
Angiotensina II	Derivata dalla angiotensina I, a sua volta derivata dallo angiotensinogeno	Vasi sanguigni Ghiandole surrenali Tubuli contorti prossimali	Causa vasocostrizione, con conseguente innalzamento della pressione sanguigna Stimola la secrezione di aldosterone Stimola il riassorbimento di sodio	La diminuzione della pressione sanguigna causa nel rene la secrezione di renina; questa catalizza la trasformazione dell'angiotensinogeno in angiotensina I, che viene convertita in angiotensina II dall'angiotensin converting enzyme (ACE)
Peptide natriuretico atriale	Atri del cuore	Arteriole afferenti Apparato iuxtaglomerulare Dotti collettori Ghiandole surrenali	Fa dilatare le arteriole afferenti Inibisce la secrezione di renina Inibisce il riassorbimento del sodio da parte dei dotti collettori Inibisce la secrezione di aldosterone	Dilatazione degli atri causata da un incremento del volume del sangue

renina-angiotensina-aldosterone. La renina agisce infatti su di una proteina del plasma (l'*angiotensinogeno*), trasformandola in *angiotensina I*. Un secondo enzima, presente nel plasma (l'*angiotensin converting enzyme*, ACE[3]), trasforma l'angiotensina I in *angiotensina II*, ormone che ha diversi effetti:

- stimola la produzione di *aldosterone* da parte delle ghiandole surrenali,
- fa innalzare la pressione del sangue in quanto causa vasocostrizione,
- stimola il riassorbimento di sodio da parte dei tubuli contorti prossimali (causando di conseguenza riassorbimento di acqua).

[3] Nella terapia di alcune forme di ipertensione, vengono usati dei farmaci che inibiscono questo enzima (ACE-inibitori). Venendo a mancare la formazione di angiotensina II, ne vengono a mancare gli effetti, tra cui quello dell'innalzamento della pressione del sangue.

L'**aldosterone**, prodotto dalle ghiandole surrenali, stimola i tubuli contorti distali e i dotti collettori ad aumentare il riassorbimento di sodio e ad aumentare l'eliminazione di ioni ptassio. Il sodio è lo ione più abbondante nei liquidi extracellulari (rappresenta più del 90% degli ioni positivi) e quindi è il principale responsabile della loro pressione osmotica: se la sua quantità aumenta, attraverso i meccanismi osmotici fa aumentare il volume dei liquidi extracellulari.

3. Infine un altro ormone, il **peptide natriuretico atriale**, prodotto dalle cellule muscolari degli atri del cuore e immesso in circolo in seguito alla dilatazione degli atri dovuta all'aumento della pressione sanguigna, agisce a diversi livelli:
   - fa dilatare le arteriole afferenti dei glomeruli, causando un aumento della velocità di filtrazione glomerulare,
   - inibisce il riassorbimento degli ioni sodio da parte dei dotti collettori, aumentando così l'escrezione di sodio e di conseguenza la quantità di acqua eliminata,
   - inibisce la secrezione di aldosterone da parte delle ghiandole surrenali, causando così, anche in modo indiretto, un aumento dell'escrezione del sodio e quindi della quantità di acqua eliminata,
   - inibisce la secrezione della renina da parte dell'apparato iuxtaglomerulare.

Il sistema renina-angiotensina-aldosterone e il peptide natriuretico atriale agiscono quindi in modo antagonistico nel regolare l'equilibrio idrico, l'equilibrio salino e la pressione del sangue.

6.1.3 Vie urinarie

Le pelvi renali, restringendosi ad imbuto, danno origine agli **ureteri**, due condotti che, scendendo verso il basso ai lati della colonna vertebrale, sboccano nella *vescica*, nella quale l'urina si accumula. La **vescica** è un organo cavo, rivestita all'interno da un epitelio (la *mucosa vescicale*) e dotata di una parete di tessuto muscolare. Da essa ha origine un singolo condotto, l'**uretra**, che, attraversando il pavimento della cavità pelvica, sbocca all'esterno. L'uretra della donna sbocca in corrispondenza della vulva, tra le piccole labbra; quella dell'uomo percorre il pene; nell'uretra maschile sboccano i dotti eiaculatori che vi immettono lo sperma al momento dell'eiaculazione.

6.2 Apparato genitale

Come molti altri esseri viventi, sia animali, sia vegetali, l'uomo si riproduce sessualmente, attraverso cellule specializzate per questa funzione, dette **gameti**. L'unione di un gamete di origine paterna (*spermatozoo*) e di uno di origine materna (*cellula uovo* o *ovulo*) produce uno *zigote* e costituisce la **fecondazione**. Nella specie umana si verifica una *fecondazione interna*, per cui il maschio immette gli spermatozoi direttamente all'interno delle vie genitali della femmina, che forniscono l'ambiente adatto ai movimenti degli spermatozoi fino all'incontro con l'ovulo. Come in tutti i mammiferi, lo sviluppo dell'embrione avviene all'interno dell'organismo femminile, in un organo deputato a questa funzione, l'*utero*.

Gli organi deputati alla produzione dei gameti (detti **gonadi**), allo svolgimento della fecondazione e allo sviluppo dell'embrione e del feto costituiscono l'**apparato genitale**, maschile e femminile. Sebbene presentino una origine embrionale comune, gli apparati genitali del maschio e della femmina adulti si presentano diversi.

6.2.1 Apparato genitale maschile

L'apparato genitale maschile comprende (Fig. 6.6):

- le gonadi maschili (*testicoli*), contenute nello *scroto* (sacca avvolta da tessuto cutaneo sospesa nella regione inguinale), che producono i gameti maschili (spermatozoi) e svolgono la funzione di ghiandole endocrine;
- le *vie spermatiche* (l'insieme dei tubuli che convogliano i gameti prodotti dai testicoli all'uretra e di qui all'esterno);
- alcune ghiandole (la più importante delle quali è la *prostata*), i cui secreti, unendosi agli spermatozoi, danno origine allo *sperma* (o *seme*, o *liquido seminale*);
- il *pene*, organo erettile che consente di deporre lo sperma all'interno delle vie genitali femminili.

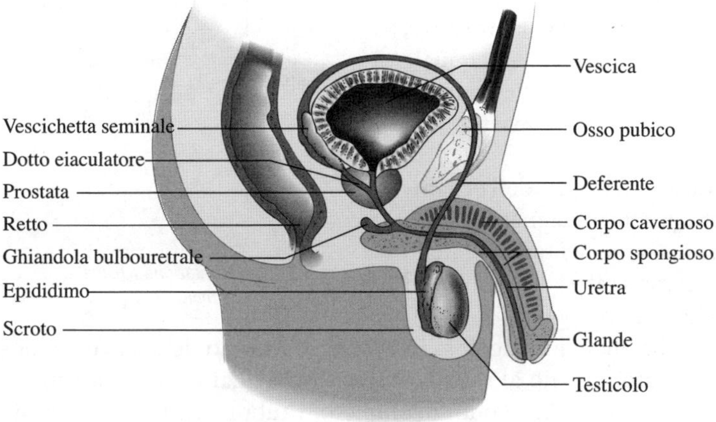

Figura 6.6 *L'apparato genitale maschile.*

6.2.2 Testicolo e spermatogenesi

Le gonadi maschili, chiamate **testicoli**, sono due organi a forma di fagiolo situati nello scroto, rivestiti da una guaina di tessuto connettivo, e contenenti una complessa rete di tubuli, chiamati *tubuli seminiferi*, all'interno dei quali hanno origine i gameti maschili, detti spermatozoi, attraverso il processo della **spermatogenesi**. Negli spazi tra i tubuli sono situati dei gruppi di cellule dette **cellule interstiziali** o **cellule di Leydig**, responsabili della sintesi e della secrezione del *testosterone*. A differenza di altri animali, nell'uomo adulto la spermatogenesi è un processo continuo, che produce ogni giorno milioni di spermatozoi. La parete dei tubuli seminiferi è costituita da uno strato esterno di cellule muscolari lisce e uno strato interno di cellule epiteliali, chiamate **cellule del Sertoli**. Tra le cellule del Sertoli sono presenti cellule diploidi indifferenziate, gli *spermatogoni*, che, nell'adulto, sono in attiva proliferazione. Continuamente, un certo numero di spermatogoni aumenta di volume, trasformandosi in *spermatociti primari* (o *spermatociti di I ordine*), che iniziano il processo della meiosi. Ciascuno spermatocita di I ordine, in seguito alla prima divisione meiotica, dà origine a due *spermatociti secondari* (o *spermatociti di secondo ordine*), aploidi. Ciascuno di essi, andando incontro alla seconda divisione meiotica, forma due *spermatidi*, aploidi. Attraverso una serie di modificazioni morfologiche, nelle quali intervengono le *cellule di Sertoli*, gli spermatidi si trasformano in spermatozoi maturi. Da ogni spermatogonio, quindi, hanno origine quattro spermatozoi. Gli spermatozoi maturi si vengono a trovare nel lume dei tubuli, ripieno di un fluido nutritizio, secreto dalle cellule del Sertoli. Le contrazioni peristaltiche delle cellule muscolari lisce della parete dei tubuli contribuiscono a spingere gli spermatozoi verso l'epididimo (vedi sotto).

Gli **spermatozoi** maturi presentano una struttura caratteristica (Fig. 6.7), nella quale si distinguono una *testa*, che contiene il nucleo, in cui il DNA è fortemente condensato; il nucleo è incappucciato da un sacchetto, contenente numerosi enzimi idrolitici, l'*acrosoma* (che al momento della fecondazione svolge un importante ruolo nella penetrazione dello spermatozoo nell'uovo); la testa si prolunga in un *segmento intermedio* o *collo*, nel quale sono contenuti numerosi mitocondri; ad esso fa seguito un lungo *flagello* (o *coda*), che consente allo spermatozoo di muoversi.

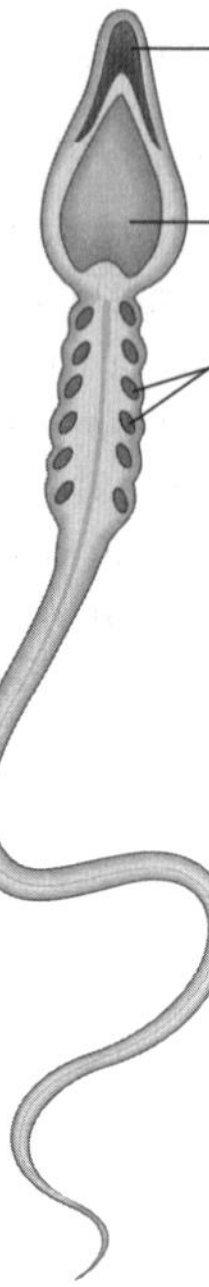

Figura 6.7 *Rappresentazione schematica della struttura di uno spermatozoo.*

La normale temperatura interna dell'organismo è troppo elevata per consentire la maturazione degli spermatozoi: la disposizione dei testicoli nello scroto consente un loro relativo raffreddamento e il normale svolgimento della spermatogenesi.

Durante lo sviluppo embrionale i testicoli si formano all'interno della cavità addominale e scendono nello scroto attorno al settimo mese di gravidanza. Nei casi in cui questa discesa non avviene o avviene in modo incompleto, i tubuli seminiferi possono degenerare, causando *sterilità*. In questi casi, per prevenire questo inconveniente, è necessario intervenire chirurgicamente o con terapie ormonali.

Vie spermatiche

Gli spermatozoi lasciano i tubuli seminiferi attraverso una serie di piccoli condotti che confluiscono in un dotto notevolmente convoluto, esterno al testicolo, chiamato *epididimo*, dove essi completano la loro maturazione e vengono immagazzinati. Al momento dell'eiaculazione, gli spermatozoi lasciano gli epididimi e percorrono due tubuli, i *dotti spermatici* o *vasi deferenti*, che, dallo scroto, risalgono nella cavità pelvica, aggirano la vescica e si continuano con i *dotti eiaculatori*. Questi attraversano la prostata e sboccano nell'*uretra*. L'uretra quindi, nell'uomo, può portare all'esterno alternativamente urina o sperma. Questa serie di condotti costituisce, nel suo insieme, le *vie spermatiche*.

Lo **sperma** o **seme** o **liquido seminale** è il liquido che viene emesso al momento dell'eiaculazione: contiene circa 60 milioni di spermatozoi per mL. Alla sua formazione contribuiscono i prodotti di secrezione immessi nelle vie spermatiche da alcune ghiandole: le *vescichette seminali*, il cui secreto, ricco di fruttosio e di prostaglandine, fornisce agli spermatozoi il "combustibile" per i loro movimenti nelle vie genitali femminili, la *prostata*, situata al di sotto della vescica, il cui secreto, alcalino, contribuisce a neutralizzare l'acidità dell'ambiente vaginale e ad accentuare la mobilità degli spermatozoi, le *ghiandole bulbouretrali*, il cui secreto mucoso ha funzioni lubrificanti.

Il **pene** è l'organo erettile che consente la deposizione degli spermatozoi all'interno delle vie genitali femminili. Esso termina con una parte espansa, detta *glande*. La porzione di epidermide che si ripiega a coprire il glande prende il nome di *prepuzio*; questo eccesso di epidermide può essere rimosso per ragioni igieniche o religiose attraverso un intervento chirurgico detto *circoncisione*.

Il pene è costituito da strutture formate da un particolare tipo di tessuto vascolare, il *tessuto erettile*: i *corpi cavernosi* e il *corpo spongioso* (che avvolge l'uretra nella sua porzione che percorre il pene). Il sangue giunge al tessuto erettile attraverso arterie, le cui pareti, a riposo, sono contratte, e defluisce attraverso vene. Al momento dell'eccitazione sessuale, i neuroni del sistema nervoso autonomo secernono *ossido d'azoto*, che causa il rilassamento della muscolatura delle pareti delle arterie, per cui la quantità di sangue che entra nel tessuto erettile aumenta grandemente. La portata delle vene, d'altra parte, non solo non varia, ma a causa del turgore del tessuto erettile causato dall'accumulo di sangue che le comprime, diminuisce, rendendo più difficile il deflusso del sangue. L'accumulo di sangue sotto pressione causa un aumento del volume del pene e la sua erezione.

Regolazione ormonale dell'attività riproduttiva maschile

Lo sviluppo e l'attività degli organi sessuali maschili sono sotto il controllo di diversi ormoni (Tabella 6.2). All'inizio della pubertà, attorno ai 10 anni, l'ipotalamo del maschio inizia a produrre un ormone, il *fattore di rilascio delle gonadotropine* (*GnRH*, *gonadotropin releasing hormone*); esso stimola il lobo anteriore dell'ipofisi a produrre e a rilasciare gli *ormoni gonadotropi* (o *gonadotropine*), rappresentati dall'**ormone follicolo-stimolante** (*FSH*, *follicle stimulating hormone*) e dall'**ormone luteinizzante** (*LH*, *luteinizing hormone*).

Questi due ormoni sono prodotti dall'ipofisi sia nel maschio, sia nella femmina, entrambi agiscono sugli organi dell'apparato genitale, ma hanno effetti diversi nei due sessi. I loro nomi riflettono l'effetto di questi ormoni nella donna.

Tabella 6.2 Controllo ormonale dell'attività riproduttiva maschile

Ghiandola endocrina	Ormone	Principali organi bersaglio	Principali effetti
Ipotalamo	Fattore di rilascio delle gonadotropine	Lobo anteriore dell'ipofisi	Stimola la secrezione di ormone follicolo-stimolante (FSH) e di ormone luteinizzante (LH)
Lobo anteriore dell'ipofisi	Ormone follicolo-stimolante (FSH) Ormone luteinizzante (LH)	Testicoli (cellule di Sertoli) Testicoli (cellule interstiziali)	Stimola lo sviluppo dei tubuli seminiferi e la spermatogenesi Stimola la secrezione di testosterone
Testicoli (cellule interstiziali)	Testosterone	Numerosi	Prima della nascita: stimola lo sviluppo degli organi sessuali e la discesa dei testicoli nello scroto; Alla pubertà: è responsabile della rapida crescita; stimola la comparsa dei caratteri sessuali secondari Nell'adulto: stimola la spermatogenesi, mantiene i caratteri sessuali secondari
Testicoli (cellule di Sertoli)	Inibina	Lobo anteriore dell'ipofisi	Inibisce la secrezione di ormone follicolo-stimolante

L'ormone follicolo-stimolante da un lato stimola lo sviluppo dei tubuli seminiferi e dall'altro agisce sulle cellule di Sertoli stimolandole a secernere la *proteina legante gli androgeni* (*ABP*, *androgen binding protein*, importante perché concentra gli ormoni androgeni a livello dei tubuli seminiferi) e diverse altre molecole segnale, necessarie per la spermatogenesi. Le funzioni delle cellule del Sertoli sono sintetizzate nella Tabella 6.3.

L'ormone luteinizzante stimola invece le **cellule interstiziali** o **cellule di Leydig**, a produrre l'ormone steroideo **testosterone**, che è il principale **ormone sessuale maschile** o **ormone androgeno**[4]. Il testosterone è necessario affinché si svolga la spermatogenesi e determina un ampio ventaglio di effetti indicati nella Tabella 6.2, tra cui la comparsa dei caratteri sessuali secondari.

Tabella 6.3 Caratteristiche funzionali delle cellule del Sertoli
• Sono stimolate dall'ormone follicolo-stimolante (FSH)
• Secernono il liquido che riempie il lume dei tubuli seminiferi, che assicura lo sviluppo e il trasporto degli spermatozoi
• Forniscono il nutrimento per lo sviluppo degli spermatozoi
• Secernono fattori che stimolano la spermatogenesi
• Secernono la proteina legante gli androgeni nel lume dei tubuli seminiferi
• Secernono inibina

La produzione degli ormoni sessuali è controllata attraverso meccanismi di *feedback negativo*:

- elevati livelli di testosterone agiscono:
  - sull'ipotalamo, facendo diminuire la secrezione di fattore di rilascio delle gonadotropine e ciò, a sua volta, determina una riduzione della produzione di gonadotropine da parte dell'ipofisi,
  - sull'ipofisi bloccando l'effetto del fattore di rilascio sulla sintesi e riducendo la secrezione di ormone luteinizzante: le cellule interstiziali del testicolo sono quindi meno stimolate e la produzione di testosterone diminuisce;
- elevati livelli di ormone follicolo-stimolante stimolano le cellule di Sertoli a produrre un ormone, la *inibina*, che, agendo sull'ipofisi, rallenta la sintesi dell'ormone follicolo-stimolante stesso.

6.2.3 Apparato genitale femminile

L'apparato genitale femminile comprende (Fig. 6.8):

- le *gonadi femminili*, dette *ovaie* (o *ovaia*), poste nella cavità pelvica, che producono i gameti femminili (cellule uovo) e svolgono la funzione di ghiandole endocrine;
- le *tube uterine* (o *ovidotti*), canali che conducono all'utero;
- l'*utero*, organo muscolare cavo, all'interno del quale avviene la crescita dell'embrione e del feto in caso di fecondazione;
- la *vagina*, che mette in comunicazione l'utero con l'esterno, che accoglie il pene al momento dell'atto sessuale ed è percorsa dal feto al momento del parto;

---

[4] Il testicolo non è il solo organo in grado di produrre testosterone. Sia nel maschio che nella femmina, questo composto, sia pure in piccole quantità, è prodotto anche dalle ghiandole surrenali.

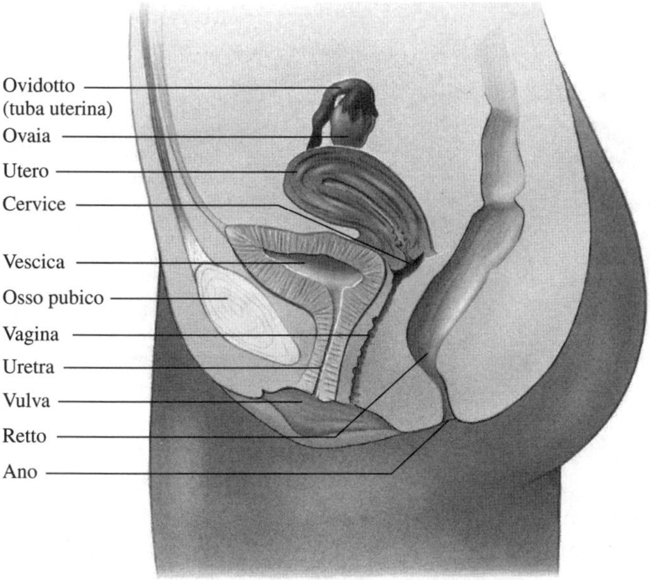

Figura 6.8 *Apparato genitale femminile.*

- la *vulva*, formata dalle *grandi* e dalle *piccole labbra*, che rappresentano gli *organi genitali esterni femminili*.

Ovaia e ciclo ovarico

Le **ovaia** (gonadi femminili) sono due organi della forma e delle dimensioni di una mandorla, situati ai lati della cavità pelvica e rivestiti dal peritoneo. Esse sono costituite da tessuto connettivo nel quale sono immerse cellule uovo e cellule deputate alla protezione e al nutrimento delle cellule uovo stesse. Il processo di maturazione delle cellule uovo prende il nome di **oogenesi** (o **ovogenesi**). A differenza della spermatogenesi, che una volta iniziata, prosegue ininterrotta, l'ovogenesi avviene in modo discontinuo. Inoltre le sue tappe sono regolate da una complessa rete di controlli ormonali, coordinati dagli ormoni prodotti dall'ipotalamo, che determina variazioni cicliche nei livelli dei diversi ormoni sessuali femminili.

Nelle ovaia di un embrione di sesso femminile sono presenti cellule germinali, chiamate *oogoni* (o *ovogoni*), dotate un corredo cromosomico diploide: esse si moltiplicano per mitosi solo durante i primi mesi della vita fetale. Nella donna, come in tutti i mammiferi e negli uccelli, l'ovogenesi inizia prima della nascita e comporta l'arresto della moltiplicazione degli ovogoni, la crescita delle loro dimensioni e la loro trasformazione in *ovociti di I ordine* (o *ovociti primari*), dotati di un corredo cromosomico diploide. In una donna, quindi, il numero di ovociti, al momento della nascita, risulta già definito. Gli ovociti si trovano circondati da un guscio di cellule strettamente accostate le une alle altre, le *cellule follicolari*. Gli ovociti primari, circondati dalle cellule follicolari, costituiscono un *follicolo primario*. Prima della nascita, gli ovociti primari entrano nella profase della prima divisione meiotica, bloccandosi allo stadio di diplotene. Essi rimangono in questa condizione fino a quando, con l'inizio della pubertà, l'ovogenesi a carico di alcuni di essi riprende.

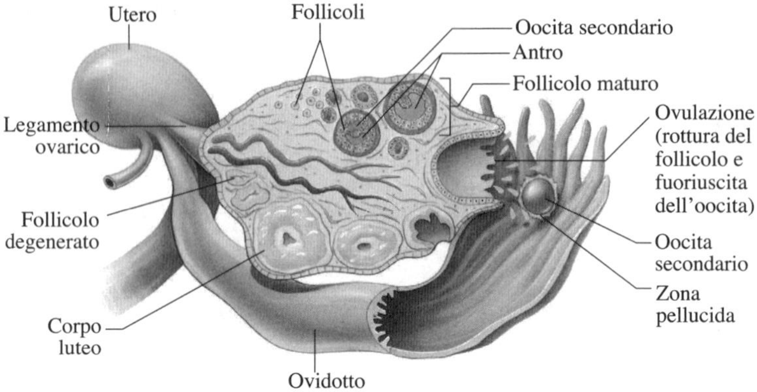

Figura 6.9 *Rappresentazione schematica del ciclo ovarico. La figura è arbitraria, perché i diversi stadi di sviluppo del follicolo e del corpo luteo non sono presenti contemporaneamente nell'ovaio.*

Con l'inizio della pubertà (attorno ai 12-15 anni) e fino all'instaurarsi della *menopausa* (o *climaterio*, tra i 40 ed i 50 anni), si svolge ciclicamente una serie di eventi della durata di 28 giorni circa, caratterizzati:

- da un lato dal completamento dell'ovogenesi a carico di un ovocito, il cui follicolo va incontro ad un processo di *maturazione* e che culmina con la liberazione di una cellula uovo da parte dell'ovaio (*ovulazione*)[5];
- dall'altro da una serie di modificazioni a carico dell'utero che si prepara ad accogliere lo zigote in caso di fecondazione e che lo riporta allo stato iniziale qualora la fecondazione non avvenga.

I fenomeni a carico dell'ovaio costituiscono il cosiddetto *ciclo ovarico*, quelli a carico dell'utero, il *ciclo uterino* o *ciclo mestruale*. Il ciclo ovarico è il sotto controllo ormonale dell'ipofisi (a sua volta regolata dall'ipotalamo) e controlla il ciclo uterino attraverso la propria attività endocrina.

Lo stimolo all'inizio del ciclo ovarico ha origine dall'ipotalamo: durante i primi cinque giorni del ciclo, esso produce il *fattore di rilascio delle gonadotropine* (GnRH *gonadotropin releasing factor*, lo stesso già incontrato nel caso del controllo della funzione sessuale nel maschio), che, agendo sull'ipofisi, la stimola a secernere l'**ormone follicolo-stimolante** (**FSH**, *follicle stimulating hormone*) e l'**ormone luteinizzante** (**LH**, *luteinizing hormone*) (Tabella 6.4 e Fig. 6.11). L'FSH stimola alcuni follicoli primari ad iniziare la maturazione (Fig. 6.9): le cellule follicolari cominciano a moltiplicarsi formando più strati attorno all'ovocita e a produrre **estrogeni**, in particolare **estradiolo**, ormoni

[5] Nella specie umana talora possono giungere a maturazione due o più follicoli ovarici. Le due cellule uovo possono venir fecondate da due spermatozoi, formando due zigoti, che danno origine a due gemelli. Questi gemelli, derivati dalla simultanea fecondazione di due o più cellule uovo sono detti **gemelli dizigotici** (perché derivati da due zigoti), o **gemelli falsi**, o **gemelli fraterni**. I gemelli possono però derivare anche da un fenomeno diverso, cioè dalla divisione in due o più parti di un singolo embrione, derivato da una singola cellula uovo fecondata da uno spermatozoo, ai primissimi stadi di sviluppo. Questi gemelli sono detti **gemelli monozigotici** (perché derivati da un unico zigote), o **gemelli veri**, o **gemelli identici** (perché dotati di un patrimonio genetico identico), o **gemelli monocoriali** (perché hanno in comune gli stessi annessi embrionali).

sessuali femminili. La moltiplicazione delle cellule follicolari dà origine alla cosiddetta *granulosa*, mentre le cellule del tessuto connettivo circostante si differenziano formando uno strato di *cellule della teca*. Lo strato di cellule follicolari più vicino all'ovocita prende il nome di *corona radiata*. Dopo la prima settimana, normalmente un solo follicolo continua il proprio sviluppo e le cellule della sua granulosa divengono sensibili anche all'ormone luteinizzante. L'aumento degli estrogeni nel sangue agisce sull'ipofisi con un meccanismo di *feed-back* negativo, inibendo la secrezione di FSH e di LH; le cellule della granulosa, inoltre, secernono l'ormone *inibina*, che inibisce la secrezione di FSH. Nello spessore della granulosa inizia a formarsi una piccola cavità ripiena di liquido (*liquor folliculi*), prodotto dalle cellule follicolari e ricco di ormoni sessuali femminili. L'ovocita risulta separato dalle cellule della corona radiata da una membrana formata da glicoproteine, chiamata *zona pellucida* nei mammiferi e *membrana vitellina* in tutti gli altri animali. Ovocita e corona radiata sporgono all'interno della cavità del follicolo formando il cosiddetto *cumulo ooforo*. A questo stadio il follicolo viene chiamato *follicolo di Graaf*.

Tabella 6.4 Controllo ormonale dell'attività riproduttiva femminile

Ghiandola endocrina	Ormone	Principali organi bersaglio	Principali effetti
Ipotalamo	Fattore di rilascio delle gonadotropine	Lobo anteriore dell'ipofisi	Stimola la secrezione di ormone follicolo-stimolante (FSH) e di ormone luteinizzante (LH)
Lobo anteriore dell'ipofisi	Ormone follicolo-stimolante (FSH)	Ovaio	Stimola lo sviluppo dei follicoli e la produzione di estrogeni
	Ormone luteinizzante (LH)	Ovaio	Stimola l'ovulazione, la formazione del corpo luteo e la produzione di progesterone
	Prolattina	Mammella	Stimola la produzione di latte (dopo che la mammella è stata preparata da estrogeni e progesterone)
Lobo posteriore dell'ipofisi	Ossitocina	Utero	Stimola la contrazione del miometrio e la produzione di prostaglandine
		Mammella	Stimola la progressione del latte nei dotti galattofori
Ovaio (cellule della granulosa del follicolo e corpo luteo)	Estrogeni (estradiolo)	Numerosi	Alla pubertà: stimolano la crescita degli organi sessuali e lo sviluppo dei caratteri sessuali secondari (sviluppo del seno, ampliamento della regione pelvica, distribuzione del tessuto adiposo) Nell'adulto: stimolano la proliferazione dell'endometrio in preparazione alla gravidanza; rendono più fluido il muco cervicale
Ovaio (corpo luteo)	Progesterone	Utero	Stimola l'endometrio alla secrezione in preparazione alla gravidanza
Ovaio (cellule della granulosa e corpo luteo)	Inibina	Lobo anteriore dell'ipofisi	Inibisce la secrezione di ormone follicolo-stimolante

In seguito all'attività endocrina del follicolo, il livello degli estrogeni nel sangue aumenta rapidamente e raggiunge un massimo poco prima dell'ovulazione. L'alto livello di questi ormoni stimola la produzione di LH da parte dell'ipofisi: questo ormone, a sua volta, stimola la maturazione finale del follicolo e l'ovulazione. Appena prima dell'ovulazione, l'ovocito di I ordine completa la prima divisione meiotica (iniziata durante la vita fetale, prima della nascita), dando origine a due cellule aploidi. Ma, a differenza di quanto avviene nella spermatogenesi, le due cellule prodotte in questo caso sono di dimensioni diverse: una, che conserva praticamente tutto il citoplasma dell'ovocito di I ordine, è l'*ovocito di II ordine*, l'altra, con pochissimo citoplasma, è il *I globulo polare*, che eventualmente si divide in due piccolissime cellule aploidi (*globuli polari*), destinate a degenerare. L'ovocito di II ordine inizia la seconda divisione meiotica e si arresta alla metafase di questa divisione.

Man mano che si sviluppa, il follicolo aumenta di dimensioni e preme sulla parete dell'ovaio, che, al momento dell'ovulazione, sotto lo stimolo dell'ormone luteinizzante prodotto dall'ipofisi, si rompe, permettendo la fuoriuscita della cellula uovo (sotto forma di ovocito di II ordine, arrestato in metafase), circondato dalla zona pellucida (che protegge la cellula uovo dalla fecondazione da parte di spermatozoi di specie diversa) e dalle cellule della corona radiata. Esso è immesso nella cavità peritoneale, ma è raccolto dall'ovidotto, nel quale, eventualmente, avviene la fecondazione. Se ciò accade, l'ovocito di II ordine (fecondato) completa la seconda divisione meiotica dando nuovamente origine ad una cellula di piccolissime dimensioni – il *II globulo polare*, aploide e destinato a degenerare – e allo *zigote*. Se invece la fecondazione non avviene, l'ovocito di II ordine degenera, senza completare la meiosi.

In sintesi, quindi, l'ovogenesi inizia durante la vita fetale, si arresta prima della nascita, riprende a partire dalla pubertà e produce, per ogni ovocito primario, una singola cellula in grado di essere fecondata. Sotto questo aspetto, quindi, l'ovogenesi differisce dalla spermatogenesi, nella quale invece da ogni spermatogonio hanno origine quattro spermatozoi, tutti in grado di fecondare una cellula uovo.

Subito dopo l'ovulazione, l'LH stimola la trasformazione in *corpo luteo* della parte del follicolo rimasta nell'ovaio. Il corpo luteo è una ghiandola endocrina temporanea che produce ormoni sessuali femminili, soprattutto **progesterone** e in misura minore estrogeni. Gli alti livelli ematici di estrogeni e di progesterone, legati all'attività endocrina del corpo luteo, inibiscono a livello dell'ipotalamo la produzione di fattore di rilascio delle gonadotropine e a livello dell'ipofisi la secrezione delle gonadotropine (FSH e LH) stesse. L'abbassamento dei livelli di queste ultime rende impossibile l'inizio della maturazione di nuovi follicoli. Dopo circa otto giorni dall'ovulazione, se non è intervenuta la fecondazione (accompagnata dalle modificazioni ormonali legate all'attività endocrina dell'embrione), l'abbassamento dell'LH induce l'inizio della degenerazione del corpo luteo, che si trasforma nel cosiddetto *corpus albicans* e che cessa completamente la produzione di ormoni dopo 14 giorni dall'ovulazione.

Nel ciclo ovarico quindi si distinguono due fasi:

- la prima, detta *fase preovulatoria* o *fase follicolare*, caratterizzata dall'attività endocrina del follicolo: ha la durata di 14 giorni circa;
- la seconda, detta *fase postovulatoria* o *fase luteinica*, caratterizzata dall'attività endocrina del corpo luteo: ha la durata di 14 giorni.

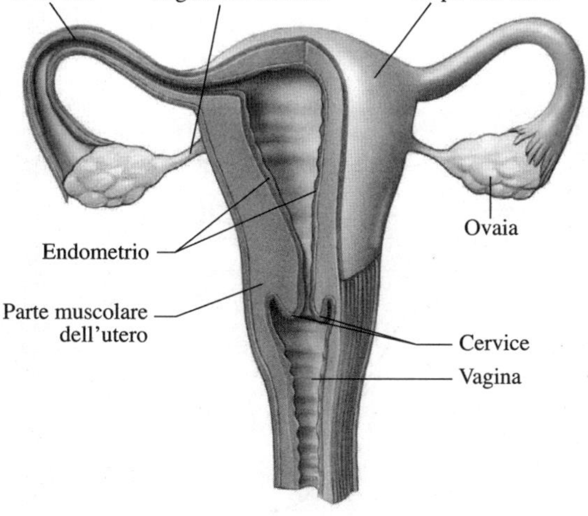

Figura 6.10 *Visione frontale dell'apparato riproduttivo femminile. Parte delle pareti dell'utero e di una delle tube è stata rimossa per evidenziarne la struttura interna.*

Ovidotti

Gli **ovidotti**, o **tube uterine**, o **tube di Falloppio**, sono due condotti a forma di imbuto molto allungato che si aprono con una estremità sfrangiata nella cavità peritoneale in corrispondenza delle ovaia e sboccano agli angoli superiori dell'utero (Fig. 6.10). L'epitelio che ne riveste il lume è dotato di ciglia, i cui movimenti favoriscono la migrazione dell'ovocito verso la cavità uterina. La fecondazione avviene all'interno dell'ovidotto[6].

Utero e ciclo mestruale

L'utero è un organo muscolare cavo, grossolanamente a forma di pera, delle dimensioni di un pugno, situato nella parte centrale della cavità pelvica e rivestito dal peritoneo su buona parte della sua superficie esterna. Esso possiede una spessa parete muscolare liscia, detta **miometrio**. La cavità uterina, di forma grosso modo triangolare, è rivestita da un epitelio ricco di ghiandole, detto **endometrio**. La porzione inferiore dell'utero, più stretta, costituisce il *collo dell'utero* (o *cervice*): esso sporge leggermente nella vagina ed è percorso da un condotto che mette in comunicazione la cavità uterina con la vagina. Questo condotto è normalmente chiuso da un tappo di muco.

L'utero va incontro a notevoli modificazioni sia in relazione al ciclo ovarico, sia in caso di gravidanza. L'ovaio, grazie alle funzioni endocrine del follicolo e del corpo luteo (a loro volta regolate dall'ipotalamo attraverso l'ipofisi), regola il **ciclo mestruale**, che consiste in una serie di eventi con una cadenza media di 28 giorni, che preparano l'apparato riproduttivo ed in particolare l'utero ad una eventuale gravidanza. Nella donna, i cicli mestruali si susseguono dalla pubertà fino alla menopausa, interrompendosi in caso di gravidanza. Le prime due settimane del ciclo mestruale (Fig. 6.11) corrispondono alla *fase preovulatoria* del ciclo ovarico e costituiscono la *fase follicolare* del ciclo mestruale.

---

6 Può accadere che processi infettivi o infiammatori causino la chiusura delle tube, rendendo impossibile la fecondazione e causando quindi *sterilità*. In altri casi, la parziale otturazione delle tube o alterazioni nella loro motilità possono impedire che l'ovocito, pur venendo fecondato e dando origine ad un embrione, riesca a raggiungere l'utero. Si verifica allora una *gravidanza extrauterina* o *gravidanza tubarica*, che mette in pericolo la vita della donna se non si interviene tempestivamente con un intervento chirurgico.

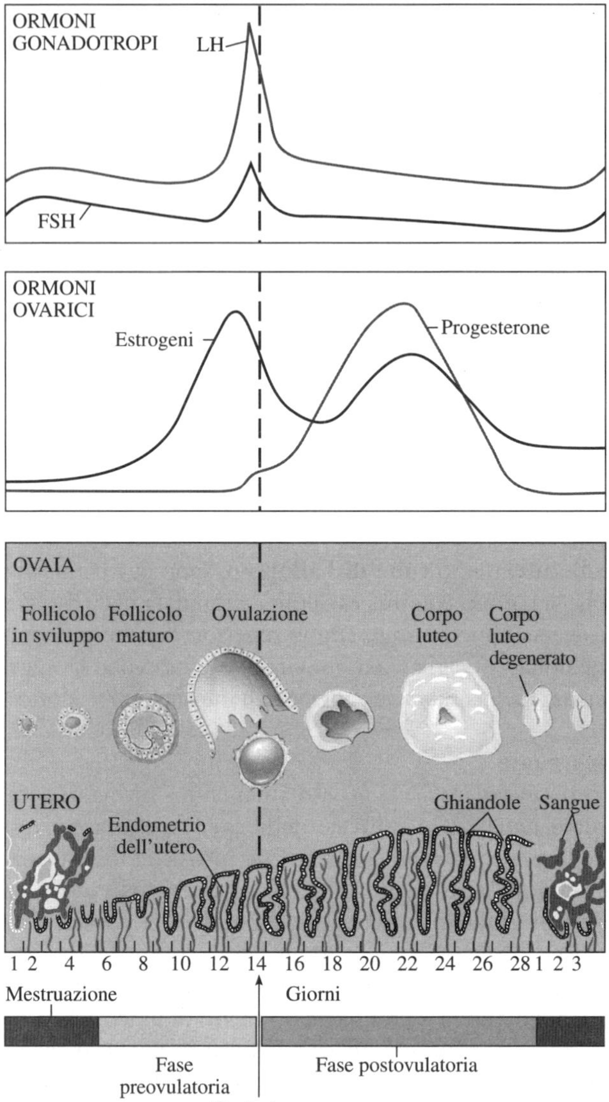

Figura 6.11 *Variazioni ormonali, ciclo ovarico e ciclo uterino.*

Si considera come primo giorno del ciclo quello in cui iniziano le **mestruazioni**, cioè l'espulsione, attraverso la vagina, di sangue e di tessuto endometriale. L'ovulazione avviene circa al quattordicesimo giorno del ciclo; ad essa fa seguito, nelle due settimane successive, la *fase postovulatoria* (o *fase luteinica*).

Durante la fase preovulatoria, sotto l'effetto degli estrogeni, le cellule dell'endometrio proliferano, per cui la mucosa aumenta di spessore, le ghiandole dell'endometrio si approfondiscono e si sviluppano nuove arteriole che riforniscono di sangue l'endometrio: l'insieme di questi processi prende il nome di *fase proliferativa* del ciclo. Contemporaneamente, a livello del collo dell'utero viene prodotto un muco più fluido e alcalino.

Subito dopo l'ovulazione, per effetto combinato degli estrogeni e del progesterone, l'endometrio raggiunge il massimo spessore e le sue ghiandole secernono un fluido ricco di sostanze nutritizie (*fase secretiva* del ciclo): è pronto ad accogliere l'uovo fecondato. Se la fecondazione non avviene, il calo dei livelli di estrogeni e di progesterone (legato al declino dell'attività endocrina del corpo luteo) finisce col causare l'occlusione delle arteriole dell'endometrio: ciò priva di rifornimento di ossigeno le cellule e causa lo sfaldamento dell'endometrio stesso, dando origine alle mestruazioni.

Fecondazione e inizio della gravidanza

La cellula uovo, dopo l'ovulazione, rimane fecondabile per circa 24 ore. Gli spermatozoi, d'altra parte, subito dopo l'eiaculazione, non sono in grado di fecondare la cellula uovo: essi devono soggiornare per alcune ore all'interno delle vie genitali femminili, periodo durante il quale si verifica il fenomeno della *capacitazione*. Gli spermatozoi risalgono le vie genitali femminili e raggiungono il terzo superiore delle tube, dove di solito avviene la **fecondazione**, cioè la fusione tra la cellula uovo e uno spermatozoo. Molti spermatozoi circondano la cellula uovo, ma uno solo, andando incontro alla *reazione acrosomiale*, che, grazie agli enzimi idrolitici dell'acrosoma, gli consente di perforare la membrana pellucida, penetra nella cellula uovo. In realtà ciò che penetra nell'uovo è la testa dello spermatozoo (contenente il nucleo), mentre il flagello ed il colletto rimangono all'esterno e degenerano. La penetrazione dello spermatozoo scatena, nella membrana della cellula uovo, la cosiddetta *reazione corticale*, che impedisce la penetrazione di altri spermatozoi, stimola la cellula uovo a completare la meiosi e ad espellere il secondo globulo polare. A questo punto i due nuclei (quello della cellula uovo, ora chiamato *pronucleo femminile*, e quello dello spermatozoo, ora chiamato *pronucleo maschile*, entrambi aploidi) sono pronti a fondersi, ricostituendo così il corredo cromosomico diploide tipico della specie. La cellula uovo fecondata prende ora il nome di **zigote** (Fig. 6.12).

Lo zigote inizia lo sviluppo dividendosi ripetutamente e formando due, quattro, otto, sedici cellule (dette *blastomeri*), e così via. Il processo è detto *segmentazione*. La successione delle divisioni cellulari è molto rapida, per cui le cellule non si accrescono dopo

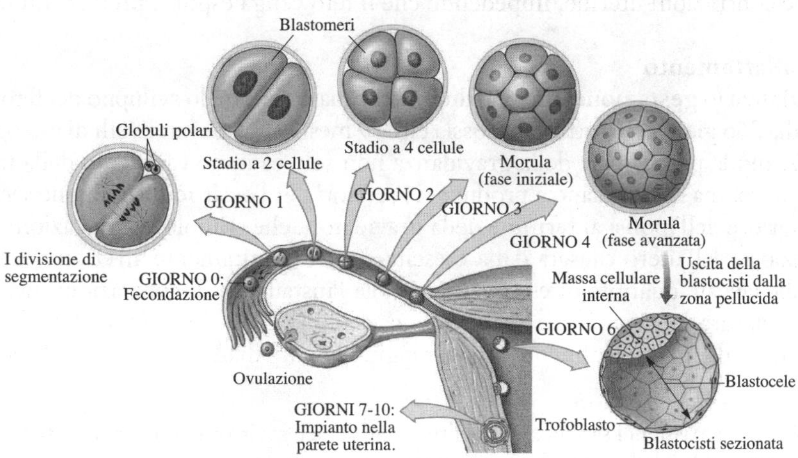

Figura 6.12 *Fecondazione, inizio dello sviluppo dell'embrione, migrazione nell'utero e annidamento nella mucosa uterina. La figura è arbitraria, perché le varie fasi rappresentate si verificano in momenti successivi.*

ogni divisione e di conseguenza il rapporto citoplasma/nucleo diminuisce (aumenta il numero delle cellule, ma il volume dell'embrione rimane sostanzialmente costante). Dopo quattro o cinque cicli di divisione, l'embrione assume l'aspetto di una piccola mora, ed è appunto detto *morula*. L'embrione impiega alcuni giorni a percorrere la tuba e penetra nell'utero quando ha raggiunto lo stadio di morula. Esso rimane ancora due o tre giorni fluttuante nella cavità uterina: in questo periodo al suo interno comincia a crearsi una cavità ripiena di liquido nella quale sporge una piccola massa di cellule che prende il nome di *nodo embrionale*, mentre la parete della vescicola prende il nome di *trofoblasto*. A questo stadio l'embrione è detto **blastocisti** (Fig. 6.12).

Grazie a particolari enzimi prodotti dalle cellule del trofoblasto, che digeriscono le cellule della mucosa uterina, la blastocisti si annida nella mucosa; le cellule del tessuto connettivo dell'utero, reagiscono formando attorno all'embrione una capsula, detta *decidua*. L'annidamento si verifica circa una settimana dopo la fecondazione (Fig. 6.13).

Durante l'annidamento, il trofoblasto si trasforma in **corion**, dal quale si sviluppano delle estroflessioni, dette **villi coriali**. Il corion, oltre a permettere all'embrione di prelevare materiale nutritizio dall'utero, è anche una ghiandola endocrina, che secerne un ormone, la *gonadotropina corionica* (*human chorionic gonadotropin*, HCG)[7], che si sostituisce all'ormone luteinizzante (non più prodotto dall'ipofisi materna in questa fase del ciclo mestruale) nel mantenere attivo il corpo luteo, che quindi non va incontro a degenerazione, ma continua a produrre progesterone ed estrogeni, necessari per la prosecuzione della gravidanza. Gli elevati livelli di questi ormoni, inoltre, inibendo l'attività dell'ipofisi, impediscono, durante tutta la gravidanza, che inizi la maturazione di nuovi follicoli e che si svolgano i normali cicli mestruali.

Il corion, nella zona discoidale rivolta verso la parete uterina, dà origine alla parte embrionale della **placenta**, mentre dalla decidua se ne sviluppa la parte materna. La placenta è l'organo deputato agli scambi tra la madre e il feto e svolge anche una funzione endocrina: quando infatti, dopo circa tre mesi, il corpo luteo degenera, la sua funzione viene assunta dalla placenta. Gli estrogeni stimolano lo sviluppo del miometrio, le cui contrazioni saranno necessarie per l'espulsione del feto al momento del parto; il progesterone inibisce le contrazioni uterine, impedendo che il feto venga espulso prematuramente.

Parto e allattamento

La **gravidanza** (o **gestazione**) umana, durante la quale avviene lo sviluppo del feto, richiede in media 266 giorni (38 settimane, ossia circa 9 mesi)[8]. Gli elevati livelli di estrogeni che caratterizzano la parte finale della gravidanza non solo causano l'aumento della muscolatura dell'utero, ma la stimolano a produrre i recettori per l'**ossitocina**, ormone secreto dal lobo posteriore dell'ipofisi al termine della gravidanza, che stimola le contrazioni uterine. La dilatazione dell'utero causata dalla crescita del feto, unitamente all'effetto dell'ossitocina e delle elevate quantità di estrogeni, stimola l'instaurarsi di contrazioni involontarie della muscolatura uterina che, inizialmente, causano la dilatazione del collo dell'utero, la cui apertura si dilata gradualmente, fino a raggiungere un diametro di circa 10 centimetri.

---

[7] Questo ormone passa nel sangue, viene filtrato dal rene e si ritrova nelle urine. I **test di gravidanza** si basano sulla rilevazione di questo ormone nelle urine.

[8] Non sempre è possibile stabilire con certezza il momento della fecondazione. Per questo motivo si usa calcolare la durata della gravidanza a partire dalla data dell'ultima mestruazione: in questo caso il termine della gravidanza viene atteso dopo 280 giorni (40 settimane).

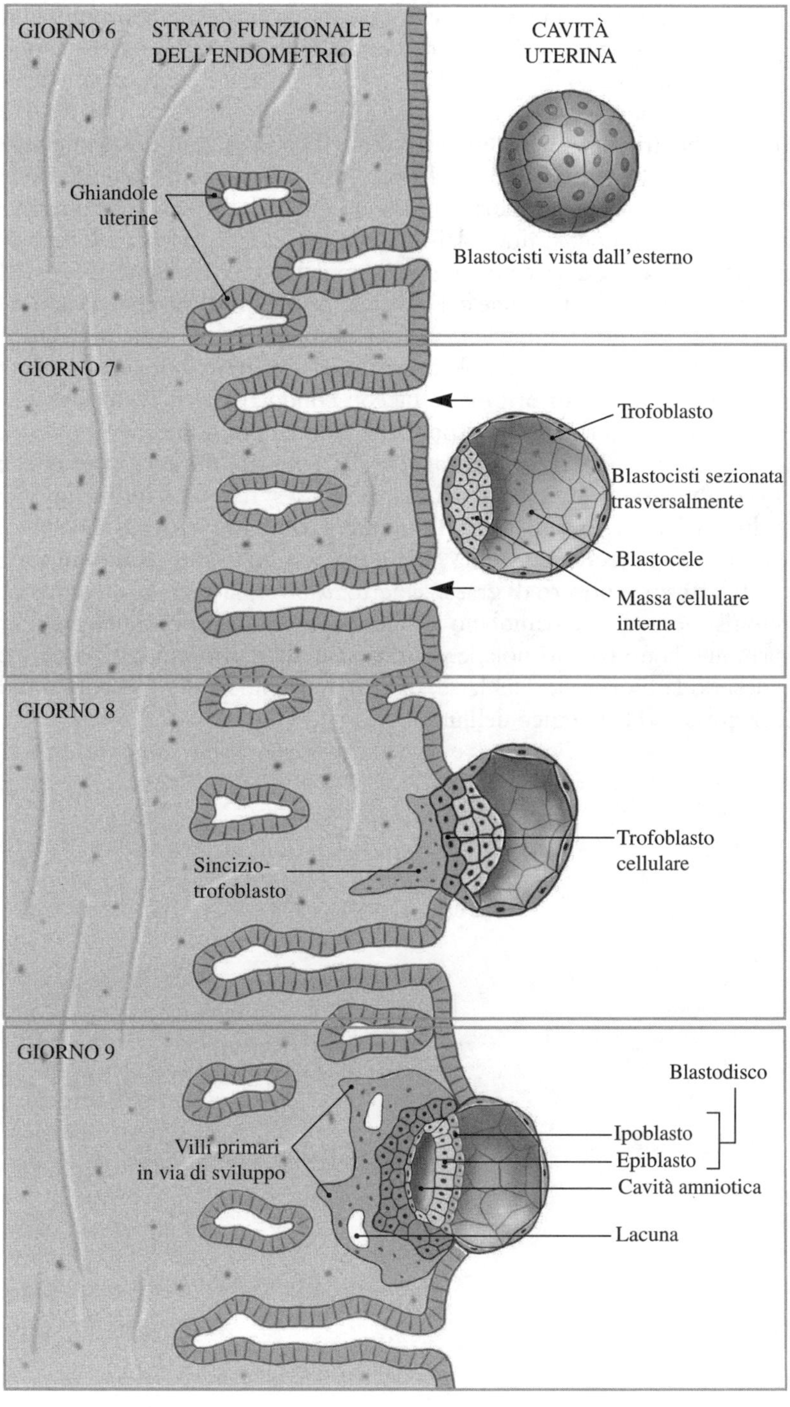

Figura 6.13 *L'annidamento della blastocisti e l'inizio della formazione della cavità amniotica.*

A questo stadio, l'amnios si rompe e si verifica la fuoriuscita del liquido amniotico ("rottura delle acque"). Le contrazioni dell'utero diventano man mano più intense e più frequenti e spingono il feto attraverso il collo dell'utero e la vagina. Le contrazioni volontarie della parete addominale concorrono in questa fase all'espulsione del feto. Questo è ancora collegato alla placenta (rimasta nell'utero) attraverso il cordone ombelicale. Quando la maggior parte del sangue fetale è defluita dalla placenta, il cordone ombelicale viene reciso (il moncone del cordone in pochi giorni si dissecca e la cicatrice che ne rimane costituisce l'ombelico). Nel giro di pochi minuti dalla nascita del feto, la placenta e le membrane fetali vengono espulse, insieme al rivestimento interno dell'utero. La contrazione della muscolatura uterina, che segue l'espulsione del feto, comprime i vasi che rifornivano di sangue la placenta e la mucosa uterina, impedendo che si verifichino emorragie irrefrenabili.

Le **mammelle** sono due ghiandole costituite da 15-20 lobi, formati da "grappoli" di cellule ghiandolari, dai quali originano piccoli condotti (*dotti galattofori*), che confluiscono e sboccano all'esterno in corrispondenza di una porzione rilevata, il *capezzolo*. Le ghiandole mammarie iniziano a svilupparsi alla pubertà; durante la gravidanza, sotto lo stimolo combinato di estrogeni e progesterone, si sviluppano ulteriormente, aumentando di dimensioni. Dopo il parto, l'ormone **prolattina**, secreto dal lobo anteriore dell'ipofisi, stimola la secrezione della ghiandola mammaria. Il secreto iniziale, ricco di proteine e di lattosio, e povero di grassi, è detto *colostro*. La suzione da parte del neonato genera impulsi nervosi che stimolano la liberazione di **ossitocina** da parte dell'ipofisi. Questo ormone da un lato stimola la contrazione delle fibre muscolari dei dotti galattofori favorendo la fuoriuscita del latte, dall'altro, agendo sulla muscolatura dell'utero, favorisce il ripristino fisiologico dell'utero stesso.

Capitolo 7
Il sistema nervoso

7.1 Struttura e funzionamento del sistema nervoso

In tutti gli animali (ad eccezione delle spugne), la capacità di ricevere ed elaborare stimoli sia interni all'organismo, sia esterni ad esso, e di generare risposte mirate alla sopravvivenza dell'organismo, dipende da una rete di cellule specializzate (i neuroni) capaci di trasmettere segnali elettrici, che costituisce il **sistema nervoso**. Nel corso dell'evoluzione, la complessità di questi sistemi è andata gradualmente aumentando per il sommarsi di diversi fenomeni:

- aumento del *numero* dei neuroni;
- raggruppamento dei neuroni a formare dapprima *gangli* e successivamente il *cervello* e dei loro assoni a formare *nervi*;
- *specializzazione della funzione* di singoli neuroni (ad esempio differenziazione tra neuroni sensitivi e neuroni motori) o gruppi di neuroni;
- aumento del numero di *neuroni associativi*, cioè di neuroni che collegano fra loro neuroni specializzati, integrandone le funzioni;
- formazione della testa (*cefalizzazione*), cioè concentrazione degli organi di senso (olfatto, vista) nella porzione anteriore del corpo, in vicinanza dei raggruppamenti di neuroni che costituiscono i gangli o l'encefalo.

Mentre negli animali meno evoluti il sistema nervoso si presenta disperso con gangli posti in punti diversi dell'organismo, nei vertebrati compare una netta distinzione tra sistema nervoso centrale (encefalo e midollo spinale) e sistema nervoso periferico. Con il procedere dell'evoluzione, la complessità dell'encefalo è andata aumentando e i rapporti tra le dimensioni delle sue parti sono andate modificandosi: nei pesci e negli anfibi la porzione preponderante dell'encefalo è il mesencefalo (che riceve ed integra le informazioni sensoriali, generando le risposte motorie) collegato ai bulbi olfattivi e ai lobi ottici, mentre il talamo è il centro di smistamento dei segnali motori e sensoriali (con l'eccezione di quelli olfattivi). In questi organismi, la principale componente del telencefalo è rappresentata dai bulbi olfattivi e la principale funzione del cervello è l'elaborazione delle informazioni olfattive.

Nei rettili, uccelli e mammiferi, nell'ipotalamo compare il centro responsabile della regolazione della temperatura corporea. Col procedere dell'evoluzione, si ha un graduale aumento delle dimensioni del telencefalo (cervello) e in alcuni rettili e in tutti i mammiferi compare un tipo di corteccia cerebrale (il *neopallio*), con funzioni associative, di integrazione di funzioni sensoriali e motorie e responsabile di funzioni cognitive come l'apprendimento. Con l'aumentare della complessità delle funzioni, la superficie della corteccia cerebrale aumenta, ripiegandosi in circonvoluzioni, raggiungendo il suo massimo sviluppo nel cervello umano.

Nel sistema nervoso dei vertebrati si distinguono due componenti:

1) **sistema nervoso centrale**, che comprende l'*encefalo* e il *midollo spinale*, con funzioni di controllo centrale, di integrazione ed elaborazione delle informazioni in arrivo e di generazione delle risposte appropriate;
2) **sistema nervoso periferico**, costituito dai recettori sensoriali, dalle fibre nervose che portano le informazioni dalla periferia al sistema nervoso centrale (**fibre afferenti**) e da quelle che portano gli stimoli dal sistema nervoso centrale agli organi effettori (**fibre efferenti**), da gruppi di cellule nervose (**gangli**) che inviano o ricevono stimoli dal sistema nervoso centrale.

Dal punto di vista funzionale, nel sistema nervoso si distinguono due sottosistemi, relativamente indipendenti l'uno dall'altro:

- il **sistema nervoso somatico**, che determina risposte controllate dalla volontà,
- il **sistema nervoso autonomo**, i cui recettori valutano costantemente le caratteristiche dell'ambiente interno dell'organismo e le segnalano ai centri del sistema nervoso centrale, dal quale partono stimoli per gli organi effettori che intervengono annullando gli effetti dei diversi fattori che tenderebbero a modificarlo: in tal modo esso contribuisce al mantenimento dell'**omeostasi**.

È opportuno tornare a rileggere i capoversi iniziali di questo paragrafo dopo aver studiato l'intero paragrafo sul sistema nervoso e quello sulla sua organogenesi.

7.2 Sistema nervoso centrale

L'encefalo e il midollo spinale sono formati da tessuti soffici e molto fragili, accolti e protetti in cavità ossee (la teca cranica nel caso dell'encefalo e il canale vertebrale nel caso del midollo spinale) e avvolti da tre strati di tessuto connettivo, chiamati **meningi**, che, procedendo dall'esterno verso l'interno, sono:

- la *dura madre*, lamina connettivale molto resistente, nella quale, nel cranio, sono contenuti grossi seni venosi che raccolgono il sangue venoso che refluisce dal cervello;
- l'*aracnoide*;
- la *pia madre*, vascolarizzata e situata a ridosso del tessuto cerebrale e del midollo spinale.

Tra l'aracnoide e la pia madre è compreso uno spazio, detto *spazio subaracnoideo*, riempito dal **liquido cefalorachidiano** (o **fluido cerebrospinale**) che occupa anche le cavità interne dell'encefalo (*ventricoli cerebrali*) ed il sottile canale che percorre il midollo spinale. Il liquido cefalorachidiano svolge funzioni sia di protezione meccanica, sia di mediazione dello scambio di nutrienti e di prodotti di scarto tra il sangue e l'encefalo.

L'endotelio dei capillari sanguigni che irrorano il sistema nervoso centrale si presenta particolarmente impermeabile a molti soluti presenti nel plasma, perché tra le cellule endoteliali che li rivestono sono presenti numerose *giunzioni occludenti*; inoltre, i capillari sono circondati dalle terminazioni di cellule della glia (*astrociti*). Questa struttura rappresenta un ostacolo agli scambi di molecole tra sangue e tessuto nervoso, che viene indicato con il nome di **barriera emato-encefalica**: salvo che per poche piccole molecole (acqua, ossigeno, anidride carbonica, alcuni farmaci liposolubili), che possono liberamente attraversare la parete dei capillari, il passaggio di molecole tra il sangue e il tessuto nervoso può avvenire solo per azione di meccanismi di trasporto specifici presenti nella membrana delle cellule endoteliali, oppure non si verifica affatto[1].

Sia l'encefalo che il midollo spinale, dal punto di vista macroscopico, si presentano costituiti da due tipi di sostanza:

1. **sostanza grigia**, prevalentemente formata dai corpi cellulari e dai dendriti dei neuroni,
2. **sostanza bianca**, costituita da fasci di fibre nervose mielinizzate.

7.2.1 Midollo spinale

Il midollo spinale è una struttura sottile e allungata che inizia alla base dell'encefalo, percorre la massima parte del canale midollare della colonna vertebrale e termina in corrispondenza della seconda vertebra lombare. In corrispondenza dello spazio fra ogni coppia di vertebre, dal midollo fuoriescono le radici delle 31 coppie di nervi spinali. Per ogni coppia di nervi, si osserva una coppia di radici anteriori (o ventrali) e una coppia di radici posteriori (o dorsali). In sezione trasversale (Fig. 7.1), il midollo si presenta di forma grossolanamente circolare, con due profonde incisioni disposte in senso antero-posteriore ed un sottile canale centrale. Il canale centrale è circondato da una zona di sostanza grigia a forma di H: le gambe anteriori e quelle posteriori dell'H sono indicate rispettivamente come *corna anteriori* e *corna posteriori*.

La sostanza bianca che circonda la H è formata da assoni mielinizzati raccolti in fasci detti *tratti* o *vie* ascendenti (che portano segnali dal midollo verso l'encefalo) e discendenti (che portano segnali dall'encefalo verso il midollo).

I neuroni presenti nel midollo spinale rappresentano una tappa intermedia fondamentale:

- sia nella trasmissione di segnali dalla periferia all'encefalo;
- sia nella trasmissione di impulsi dall'encefalo agli organi effettori;
- sia nella generazione di attività nervose che si svolgono indipendentemente dall'attività dell'encefalo (*riflessi spinali*).

Ad esempio, nelle corna anteriori si trovano i corpi dei neuroni motori, i cui assoni, entrando a costituire i vari nervi spinali, raggiungono i muscoli volontari (regolandone la contrazione): questi neuroni ricevono impulsi sia dalle zone motrici della corteccia cerebrale (attraverso le vie discendenti che percorrono il midollo), sia da neuroni posti nelle corna posteriori (neuroni associativi), che, a loro volta, ricevono segnali dai neuroni sensoriali (posti nei gangli spinali), i quali, per altro, inviano i loro segnali anche all'encefalo.

È questa situazione che fa sì che il midollo spinale non abbia solo funzioni di tappa intermedia nella trasmissione degli impulsi da e per il cervello, ma che sia anche sede di molte *attività riflesse*. Un **riflesso** è una *risposta motoria* piuttosto *costante nella sua esecuzione* (e quindi *prevedibile*) e *automatica* (in quanto non richiede un pensiero cosciente e non può essere volontariamente soppressa) che viene *prodotta in seguito ad un semplice stimolo sensoriale*. Un esempio di riflesso particolarmente semplice è il *riflesso di ritrazio-*

[1] La presenza della barriera emato-encefalica rende impossibile il passaggio entro il sistema nervoso di molti farmaci (ad esempio molti antibiotici), neurotrasmettitori, ecc., che, per tale motivo, non possono essere utilizzati nella terapia delle patologie neurologiche.

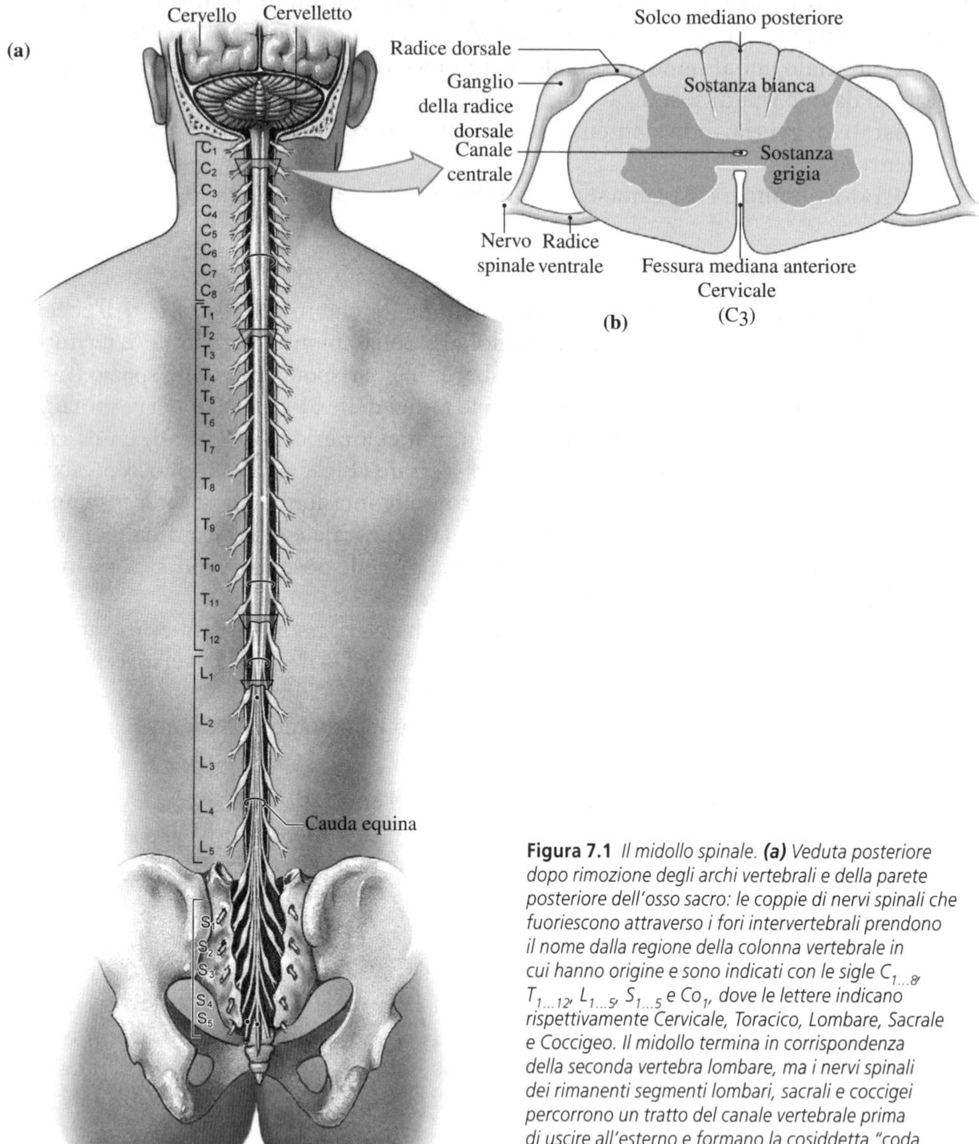

Figura 7.1 *Il midollo spinale.* ***(a)*** *Veduta posteriore dopo rimozione degli archi vertebrali e della parete posteriore dell'osso sacro: le coppie di nervi spinali che fuoriescono attraverso i fori intervertebrali prendono il nome dalla regione della colonna vertebrale in cui hanno origine e sono indicati con le sigle* $C_{1...8}$, $T_{1...12}$, $L_{1...5}$, $S_{1...5}$ *e* Co_1, *dove le lettere indicano rispettivamente Cervicale, Toracico, Lombare, Sacrale e Coccigeo. Il midollo termina in corrispondenza della seconda vertebra lombare, ma i nervi spinali dei rimanenti segmenti lombari, sacrali e coccigei percorrono un tratto del canale vertebrale prima di uscire all'esterno e formano la cosiddetta "coda equina".* ***(b)*** *Sezione trasversale del midollo a livello della terza vertebra cervicale.*

ne, la cui realizzazione richiede l'intervento di soli tre neuroni. Quando con la mano si tocca una superficie che scotta, prima ancora che ce ne rendiamo conto coscientemente, la mano si ritrae. In questo brevissimo intervallo di tempo, i recettori del dolore situati nella pelle hanno inviato un segnale al midollo spinale tramite il loro neurone sensoriale situato in un ganglio spinale. Nel midollo il segnale è trasferito dal neurone sensoriale ad un neurone intermedio (*neurone associativo*) e da questo a un motoneurone, che fa partire uno stimolo per i muscoli che fanno ritrarre la mano (Fig. 7.2).

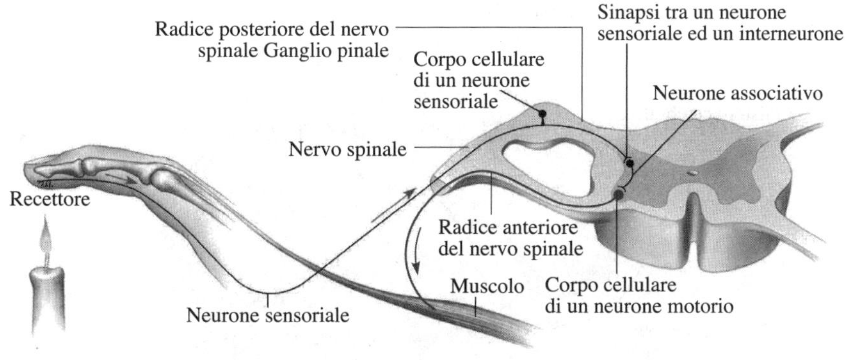

Figura 7.2 *Il riflesso di ritrazione. Le frecce indicano la direzione in cui si muovono gli impulsi nervosi.*

L'informazione sensoriale non è solo trasmessa al neurone associativo, ma, attraverso altri neuroni i cui assoni formano le vie ascendenti, viene inviata anche alle zone del cervello deputate all'elaborazione cosciente delle sensazioni dolorifiche.

7.2.2 Encefalo

L'**encefalo** è l'insieme delle parti del sistema nervoso centrale contenute nella cavità cranica. Può essere suddiviso in sei parti (Fig. 7.3):

1) *cervello*, costituito dai due *emisferi cerebrali*, destro e sinistro (esso forma il *telencefalo*);
2) *diencefalo* (che comprende l'*epitalamo*, i *talami*, destro e sinistro, e l'*ipotalamo*);
3) il *mesencefalo*;
4) il *ponte*;
5) il *cervelletto* (ponte e cervelletto formano il *metencefalo*);
6) il *bulbo* o *midollo allungato* (che forma il *mielencefalo*).

Mesencefalo, ponte e bulbo formano il cosiddetto *tronco encefalico* (o *cerebrale*).

All'interno dell'encefalo si trovano alcune cavità, i *ventricoli encefalici* (o *cerebrali*), derivati dalla cavità del tubo neurale da cui il sistema nervoso ha origine; essi sono rivestiti da uno strato di *cellule ependimali* e ripieni di *liquido cefalorachidiano* (vedi sopra).

Il **cervello**, porzione preminente dell'encefalo umano, ha grossolanamente la forma di una mezza sfera; una profonda fessura longitudinale lo divide in due **emisferi**, che poggiano sul diencefalo e sul tronco cerebrale. La superficie esterna dei due emisferi è costituita da uno strato di sostanza grigia (la **corteccia cerebrale**) e forma una serie di *circonvoluzioni* (che aumentano considerevolmente la superficie disponibile), separate da *solchi* (poco depressi) o da *scissure* (più profonde), che suddividono ciascun emisfero in **lobi**, che prendono il nome dall'osso cranico con cui sono a contatto (Fig. 7.4a). Al di sotto del solco laterale (che separa il lobo frontale dal temporale) si trova un ulteriore lobo, indicato col nome di *insula*.

Al di sotto della corteccia cerebrale si trova la sostanza bianca, formata da fibre nervose mielinizzate:

- alcune di esse connettono tra loro neuroni dello stesso emisfero (*fibre associative*);

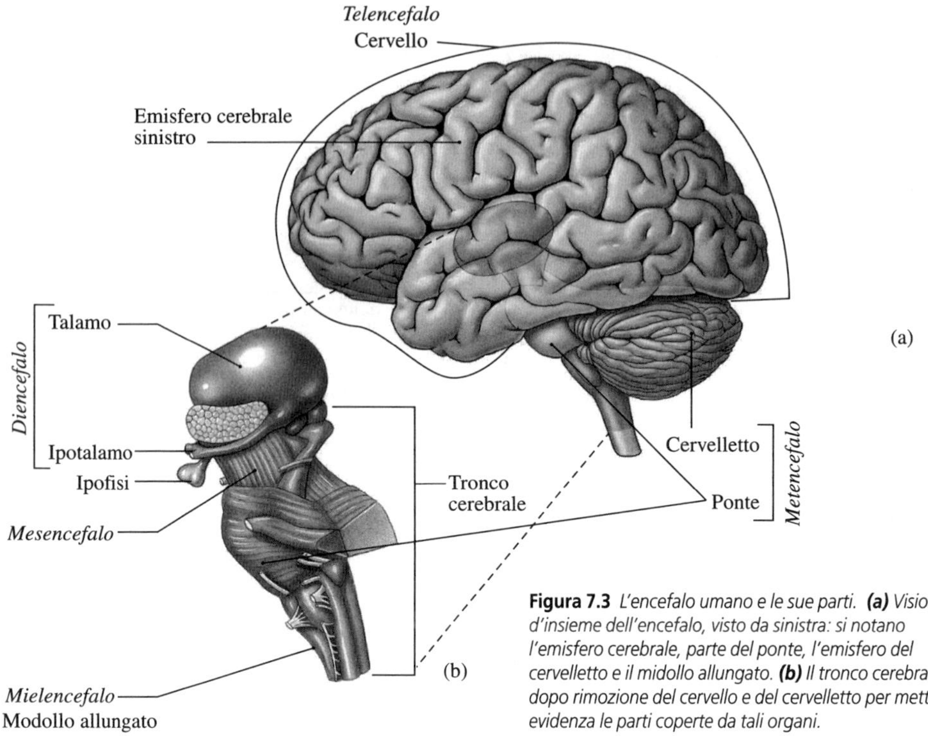

Figura 7.3 *L'encefalo umano e le sue parti.* ***(a)*** *Visione d'insieme dell'encefalo, visto da sinistra: si notano l'emisfero cerebrale, parte del ponte, l'emisfero del cervelletto e il midollo allungato.* ***(b)*** *Il tronco cerebrale dopo rimozione del cervello e del cervelletto per mettere in evidenza le parti coperte da tali organi.*

- altre connettono neuroni dei due emisferi e attraversano quindi la linea mediana (*fibre commessurali*): gran parte di esse forma un grosso fascio appiattito che prende il nome di *corpo calloso* (Fig. 7.4b);
- *fibre di proiezione*, che portano alla corteccia stimoli originati nelle strutture inferiori del sistema nervoso o che trasmettono impulsi dai neuroni della corteccia ai centri inferiori; la maggior parte di queste, nel percorso lungo il sistema nervoso centrale, incrocia la linea mediana, per cui la parte destra del cervello scambia impulsi con la parte sinistra del corpo, e viceversa.

All'interno della sostanza bianca del cervello, infine, si trovano dei gruppi di neuroni (sostanza grigia) che costituiscono i **nuclei cerebrali** (o **nuclei basali**, o **gangli della base**), i principali dei quali sono il nucleo caudato (che termina con l'amigdala), l'ippocampo, il putamen, il globo pallido.

La maggior parte del cervello è coinvolta nell'elaborazione di informazioni sensitive e motorie, sia a livello cosciente che inconscio: quelle somatiche giungendo al cervello diventano coscienti, mentre i neuroni cerebrali controllano in modo diretto (volontario) o indiretto (involontario) i neuroni motori somatici. Infine, gran parte del controllo viscerale autonomo avviene in centri cerebrali, di solito al di fuori della coscienza.

La corteccia cerebrale assolve alle funzioni nervose più complesse: in ogni lobo sono state identificate una o più regioni funzionali specifiche, i cui confini sono alquanto sfumati. La Fig. 7.5 ne rappresenta le principali con le relative funzioni.

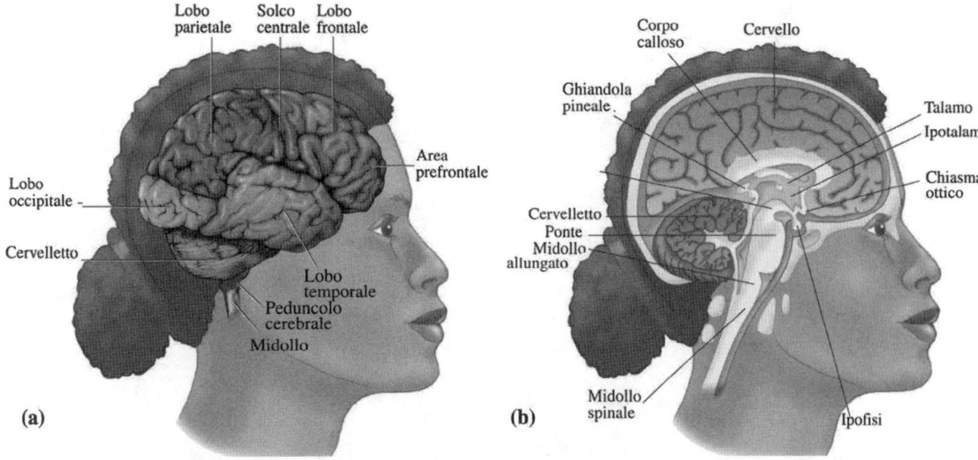

Figura 7.4 *L'encefalo umano.* ***(a)*** *La superficie esterna dell'encefalo vista da destra: sono indicati i lobi della corteccia cerebrale.* ***(b)*** *L'encefalo in sezione sagittale: sono visibili la faccia interna dell'emisfero sinistro, il corpo calloso sezionato trasversalmente e le strutture del tronco encefalico sezionato.*

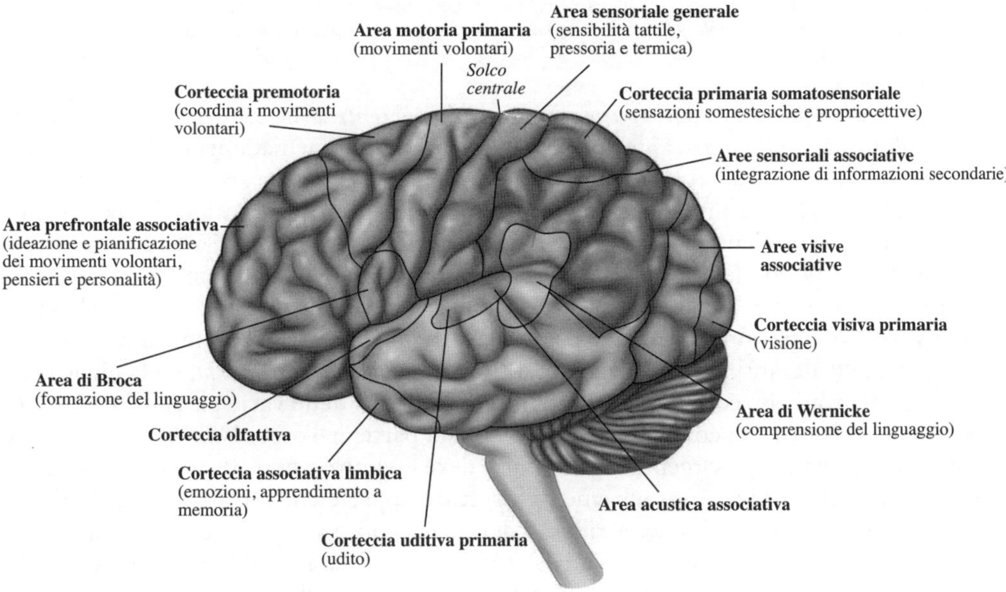

Figura 7.5 *Le principali aree funzionali della corteccia cerebrale.*

Queste aree funzionali sono distinte in:

1) **aree sensoriali,** che ricevono segnali provenienti dagli organi di senso;
2) **aree motorie**, che controllano i movimenti volontari;
3) **aree associative**, che mettono in connessione aree sensoriali e motorie e che sono responsabili delle attività cognitive superiori (pensiero, apprendimento, linguaggio, memoria, giudizio, personalità).

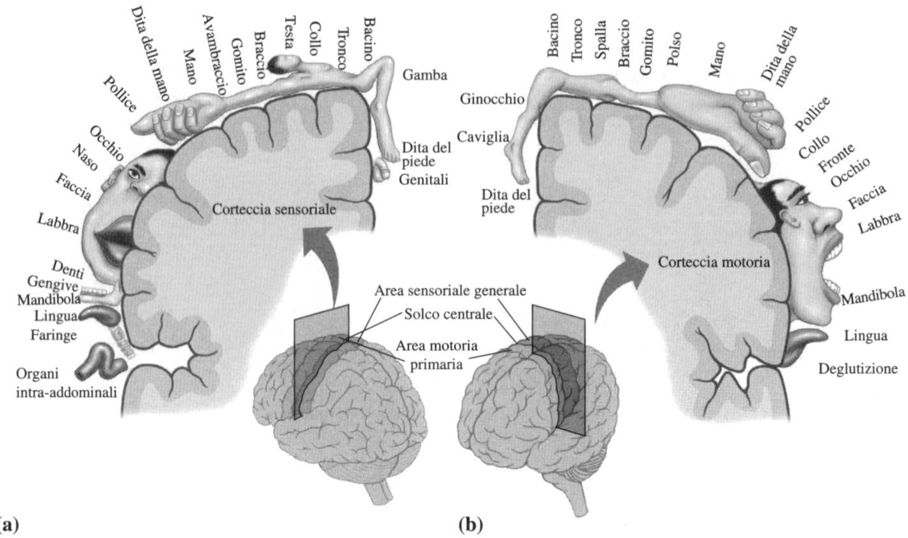

Figura 7.6 *Proiezioni sulla corteccia cerebrale delle parti del corpo umano.* ***(a)*** *"Omunculus motorio": sezione trasversale dell'emisfero sinistro in corrispondenza dell'area motoria primaria: le immagini delle parti del corpo sono proporzionali all'area della superficie occupata dai corrispondenti neuroni motori.* ***(b)*** *"Omunculus sensoriale": sezione trasversale dell'emisfero sinistro in corrispondenza dell'area sensoriale generale: le immagini del corpo sono proporzionali all'area di corteccia che riceve stimoli sensoriali dai corrispondenti distretti.*

Tra le aree sensoriali, i *lobi occipitali* sono sede dei *centri della vista*; i *lobi temporali*, dei *centri dell'udito*; nella parte anteriore dei lobi parietali, immediatamente dietro al solco centrale (che li separa dai lobi frontali), è situata l'*area sensoriale generale*, in corrispondenza della quale arrivano, spazialmente ordinate, le sensazioni di caldo/freddo, tattili e di pressione provenienti dalle varie parti del corpo (Fig. 7.6). Ad ogni area corporea corrisponde una porzione di corteccia la cui area è proporzionale al numero dei recettori sensoriali presenti nelle varie parti: ad esempio, l'area sulla quale si proiettano la bocca o le mani è molto più ampia di quella del torace. Analogamente, nella parte posteriore del lobo frontale, davanti al solco centrale, si trova l'*area motoria primaria*, nella quale sono situati i neuroni che controllano i movimenti volontari delle varie parti del corpo: l'estensione dell'area che controlla una determinata parte dell'organismo è proporzionale alla complessità dei movimenti che tale parte deve eseguire e non alla massa muscolare.[2]

Il **sistema limbico** è un insieme di strutture appartenenti in parte al cervello (le circonvoluzioni più profonde, a ridosso del diencefalo, i bulbi olfattivi, alcuni nuclei basali, tra cui l'ippocampo e l'amigdala) e in parte al talamo e all'ipotalamo, correlate tra loro funzionalmente. Esso è una delle zone del cervello più "antiche" dal punto di vista evolutivo ed è coinvolto in funzioni che regolano le emozioni (collera, paura, dolore, comportamenti sessuali, piacere), l'apprendimento e la memoria. Soprattutto

2 Traumi, emorragie o occlusioni delle arterie cerebrali possono danneggiare parti della corteccia cerebrale. Gli effetti di queste lesioni sono diversi a seconda della sede della lesione: ad esempio una lesione dell'area motoria primaria può portare alla paralisi della metà controlaterale del corpo (in questo caso, rimangono attivi i riflessi spinali, che si svolgono indipendentemente dalla corteccia cerebrale).

nei mammiferi meno evoluti, al sistema limbico vengono forniti importanti segnali dal sistema olfattivo.

Il continuo funzionamento dei neuroni del sistema nervoso centrale dà luogo ad una intensa attività elettrica, che può essere registrata mediante elettrodi posti all'esterno del cranio, dando luogo ad un **elettroencefalogramma** (EEG).

Il **diencefalo** è posto tra gli emisferi cerebrali e il tronco cerebrale. È formato dall'*epitalamo*, dai due *talami* (destro e sinistro) e dall'*ipotalamo*, che delimitano una cavità ripiena di liquido cefalorachidiano indicata con il nome di terzo ventricolo (i primi due ventricoli si trovano all'interno degli emisferi cerebrali).

L'epitalamo è una membrana che porta il *plesso corioideo*, struttura deputata alla produzione del liquido cefalorachidiano. All'epitalamo è inoltre collegata la ghiandola endocrina *epifisi* o *ghiandola pineale*.

I due **talami** sono strutture ovoidali poste alla base del cervello e formate da diversi nuclei di sostanza grigia intercalati a fasci di fibre nervose mielinizzate. Costituiscono una tappa importantissima nella trasmissione degli impulsi sensoriali dal midollo spinale e dai nervi cranici (con l'eccezione degli stimoli olfattivi) al cervello (Fig. 7.7). Nel talamo gli stimoli vengono filtrati e modificati prima di essere trasmessi alla corteccia sensoriale generale (Fig. 7.7). Alcuni nuclei del talamo fanno parte del sistema limbico, coinvolto nell'elaborazione delle emozioni (vedi sopra), mentre altri sono coinvolti nella pianificazione e nella messa a punto dei movimenti, attraverso collegamenti con il cervelletto e con la corteccia premotoria (Fig. 7.5).

L'**ipotalamo**, posto al di sotto del talamo, è anch'esso formato da diversi nuclei di sostanza grigia circondati da sostanza bianca e svolge un ruolo centrale nella regolazione dell'omeostasi in quanto rappresenta il collegamento tra i due sistemi di comunicazione intercellulare del corpo umano: il nervoso e l'endocrino. I neuroni di diversi nuclei dell'ipotalamo sono dotati di attività endocrina: gli ormoni da essi prodotti sono trasportati attraverso i loro assoni fino all'*ipofisi*, dove vengono rilasciati per essere immessi direttamente in circolo (ormone antidiuretico e ossitocina) o per regolare il rilascio di ormoni ipofisari. Nuclei dell'ipotalamo controllano anche il funzionamento del sistema nervoso autonomo inviando segnali nervosi ai nuclei del tronco encefalico preposti alla regolazione delle funzioni cardiovascolari, respiratorie e digestive.

Il **mesencefalo** contiene nuclei di neuroni che elaborano informazioni visive e uditive e generano riflessi connessi a questo tipo di stimoli (riflesso pupillare, di ammiccamento, riflessi di aggiustamento dell'udito all'intensità dei suoni), mentre altri cooperano con il cervelletto nel mantenimento del tono muscolare e della postura; è inoltre percorso da fasci di fibre ascendenti dirette ai nuclei del talamo e di fibre discendenti che portano impulsi volontari dalla corteccia motoria primaria al midollo.

Il **metencefalo** comprende il *ponte* e il *cervelletto*. Il **ponte** forma una sporgenza sulla superficie anteriore del tronco encefalico ed è collegato posteriormente con gli emisferi del cervelletto. Contiene i nuclei motori e sensoriali di quattro nervi cranici (quinto, sesto, settimo e ottavo, vedi sotto), nuclei coinvolti nel controllo della respirazione e nuclei che elaborano e trasmettono impulsi motori. È attraversato da fasci ascendenti (dal midollo verso l'encefalo), discendenti (dall'encefalo verso il midollo) e trasversi, che collegano fra loro gli emisferi del cervelletto.

Il **cervelletto**, posto dietro e sotto il cervello, è formato da due *emisferi*, separati da una sottile striscia di corteccia, detta *verme*. La loro superficie è formata da sostanza grigia finemente circonvoluta. Il cervelletto è un centro di elaborazione automatica di due funzioni:

- *controllo dei muscoli posturali del corpo* attraverso rapide ed automatiche correzioni del loro tono per il mantenimento dell'equilibrio, sulla base di informazioni propriocettive che gli arrivano dal midollo e di informazioni propriocettive, tattili, statiche ed uditive ricevute dall'encefalo;
- *programmazione e fine regolazione dei movimenti volontari e involontari*, attraverso la modulazione dell'attività della corteccia cerebrale, dei nuclei cerebrali e dei centri motori del tronco cerebrale.

Il **mielencefalo** o **midollo allungato** o **bulbo** connette il midollo spinale (di cui ricorda la forma esterna) con l'encefalo ed è percorso da fibre ascendenti (dal midollo all'encefalo) e discendenti (dall'encefalo al midollo), la massima parte delle quali, a questo livello, passa dal lato destro al lato sinistro e viceversa, per cui gli stimoli provenienti dalla parte destra del corpo vengono trasmessi alla parte sinistra dell'encefalo e la parte sinistra dell'encefalo manda stimoli alla parte destra dell'organismo e viceversa. I fasci di fibre discendenti posti nella parte anteriore del bulbo formano due rilievi indicati con il nome di *piramidi* (fasci piramidali). Nel midollo allungato sono presenti nuclei di sostanza grigia con importantissime funzioni:

- *stazioni intermedie* nella trasmissione e nell'elaborazione di stimoli sensoriali e motori;
- *nuclei motori e sensoriali dei nervi cranici* (dall'ottavo al dodicesimo, vedi sotto), che, nel loro insieme, controllano i muscoli del collo, della faringe, del dorso e dei visceri toracici e addominali;
- *centri cardiaci*, che controllano la frequenza cardiaca e la forza delle contrazioni cardiache;
- *centri vasomotori*, che controllano il grado di vasocostrizione a livello delle arteriole;
- *centri respiratori*, che controllano la frequenza dei movimenti respiratori.

7.3 Sistema nervoso periferico

Il **sistema nervoso periferico** comprende i recettori sensoriali, i nervi che li collegano al sistema nervoso centrale e i nervi che collegano il sistema nervoso centrale agli organi effettori (muscoli e ghiandole).

Le fibre nervose, che collegano i recettori ai rispettivi neuroni (*assoni afferenti*) e i neuroni motori agli organi effettori (*assoni efferenti*), sono raggruppate in fasci che formano i **nervi**, nei quali si trovano quasi sempre sia assoni afferenti sia assoni efferenti. Molto spesso, i nervi seguono i vasi sanguigni nel loro percorso da e verso le varie parti dell'organismo.

A seconda della loro origine, i nervi sono distinti in due gruppi:

1) **nervi cranici**: originano in coppie (destro e sinistro) direttamente dal tronco encefalico (12 paia) (Tabella 7.1) e fuoriescono dal cranio attraverso fori nelle varie ossa che lo compongono; le fibre che costituiscono alcuni di questi nervi non vanno incontro all'incrocio tra parte destra e parte sinistra, per cui, a differenza dei nervi spinali, le zone da essi innervate sono controllate dalla parte omolaterale dell'encefalo;

Tabella 7.1 I nervi cranici

Numeri	Nome	Tipo di impulsi trasmessi	Origine degli assoni sensoriali	Effettori innervati dagli assoni efferenti
I	Olfattivo	Sensoriali	Epitelio olfattivo del naso	Nessuno
II	Ottico	Sensoriali	Retina	Nessuno
III	Oculomotore	Sensoriali e motori	Propriocettori* dei muscoli dei bulbi oculari	– muscoli che muovono i bulbi oculari – muscoli che modificano la forma del cristallino – muscoli che restringono la pupilla
IV	Trocleare	Sensoriali e motori	Propriocettori dei muscoli dei bulbi oculari	Alcuni muscoli che muovono i bulbi oculari
V	Trigemino	Sensoriali e motori	Denti, pelle della faccia	Alcuni muscoli che intervengono nella masticazione
VI	Abducente	Sensoriali e motori	Propriocettori dei muscoli dei bulbi oculari	Altri muscoli che muovono i bulbi oculari
VII	Facciale	Sensoriali e motori	Papille gustative della parte anteriore della lingua	– muscoli che generano le espressioni facciali – ghiandole salivari sottomascellari e sottolinguali
VIII	Acustico (vestibolo-cocleare)	Sensoriali	Coclea (udito) e canali semicircolari dell'orecchio interno (senso dell'equilibrio, del movimento e della rotazione)	Nessuno
IX	Glossofaringeo	Sensoriali e motori	Papille gustative del terzo posteriore della lingua e mucosa della faringe	– ghiandole salivari parotidi – muscoli faringe coinvolti nella deglutizione
X	Vago	Sensoriali e motori	Terminazioni nervose in molti organi interni (polmoni, stomaco, aorta, laringe)	Fibre parasimpatiche a cuore, stomaco, esofago, laringe, polmoni, aorta
XI	Accessorio spinale	Sensoriali e motori	Propriocettori dei muscoli della spalla	Muscoli del collo e della spalla
XII	Ipoglosso	Sensoriali e motori	Propriocettori dei muscoli della lingua	Muscoli della lingua

* Sono recettori situati nei muscoli, nei tendini e nelle articolazioni che forniscono informazioni sulla posizione di parti del corpo e dei loro movimenti.

2) **nervi spinali**: originano in coppie dal midollo spinale (31 paia) e sono distinti, in base alla regione della colonna vertebrale da cui hanno origine, in (Fig. 7.1):
- nervi spinali cervicali (8 paia)
- nervi spinali toracici (12 paia)
- nervi spinali lombari (5 paia)
- nervi spinali sacrali (5 paia)
- nervi spinali coccigei (1 paio)

Ogni nervo spinale presenta due radici: una dorsale e una ventrale (Fig. 7.1). La radice dorsale è formata da fibre sensoriali (afferenti) che portano stimoli provenienti dai diversi recettori periferici. Prima di penetrare nel midollo, ciascuna radice dorsale presenta un rigonfiamento, formato da materia grigia, chiamato **ganglio spinale**; esso è costituito dai corpi cellulari dei neuroni sensoriali, i cui assoni formano la radice dorsale corrispondente e i cui prolungamenti portano i segnali dalla periferia: questi neuroni, quindi, ricevono segnali dalla periferia e li inviano al midollo.

Le radici anteriori sono invece formate da assoni efferenti i cui corpi cellulari si trovano nelle corna anteriori della materia grigia del midollo. Tali fibre raggiungono i muscoli o i gangli del sistema nervoso autonomo.

Subito dopo la sua formazione (generata dalla fusione di una radice anteriore e di una posteriore), ciascun nervo spinale si divide in tre rami:

- un *ramo dorsale*, contenente prevalentemente fibre del sistema somatico provenienti dall'epidermide e dai muscoli della schiena o destinate ad essi;
- un *ramo ventrale*, contenente prevalentemente fibre del sistema somatico provenienti dall'epidermide e dai muscoli delle parti laterali e ventrali dell'organismo o destinate ad essi;
- un *ramo autonomo*, contenente fibre appartenenti al sistema nervoso autonomo.

Lungo il suo percorso, ciascuno di questi rami si suddivide in rami sempre più sottili. In particolari zone, le ramificazioni dei rami ventrali formano complesse reti, chiamate **plessi** (es. plesso brachiale, alla radice del braccio), nelle quali assoni provenienti da diversi nervi spinali si intrecciano dando origine a nuovi nervi che, quando emergono dal plesso, sono formati da fibre originate a livelli diversi (seppure relativamente vicini) del midollo spinale.

I rami autonomi, nei quali decorrono fibre provenienti da neuroni del sistema nervoso centrale, terminano in una coppia di catene di gangli poste sul davanti e di lato alla colonna vertebrale (*catena gangliare paravertebrale simpatica*). In questi gangli sono presenti i neuroni che ricevono impulsi dal sistema nervoso centrale e li trasmettono, tramite i propri assoni, agli organi effettori.

7.4 Sistema nervoso somatico o volontario

Il **sistema nervoso somatico** o **volontario** comprende:

- i *recettori*, che generano segnali sullo stato dell'ambiente esterno e su quello delle varie parti dell'organismo, e le *fibre nervose* (che formano i nervi) dei neuroni sensoriali, lungo le quali gli impulsi viaggiano dalla periferia verso il centro;
- i *neuroni sensoriali* che trasmettono al sistema nervoso centrale questi segnali;
- le *vie ascendenti* che, percorrendo il midollo spinale, portano gli impulsi all'encefalo;
- le *aree cerebrali* che elaborano queste informazioni e le *vie discendenti* del midollo spinale che le trasmettono ai neuroni motori;
- i *neuroni motori* che, con i loro impulsi trasmessi dai nervi del sistema nervoso periferico, modificano la postura dei muscoli scheletrici.

Le vie afferenti, che portano gli stimoli rilevati dai diversi recettori sensoriali alla corteccia cerebrale (gli stimoli provenienti dagli organi di senso hanno vie proprie, attraverso i nervi cranici, Tabella 7.1), avvengono "a tappe" e di solito includono tre

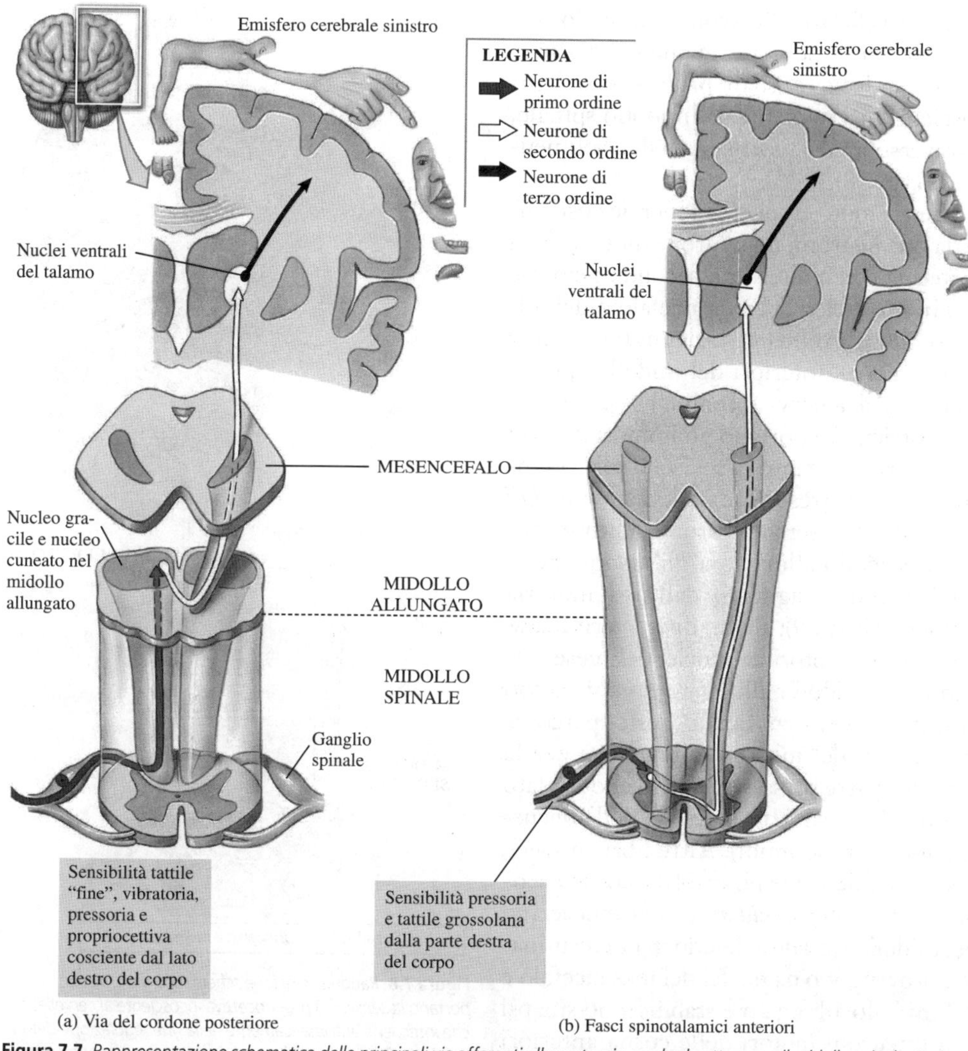

Figura 7.7 *Rappresentazione schematica delle principali vie afferenti alla corteccia cerebrale attraverso il midollo spinale. Per maggior chiarezza, è indicato solo il percorso degli impulsi provenienti dalla parte destra del corpo.Le fibre nervose costituiscono la sostanza bianca del midollo, del midollo allungato e del cervello e sono raggruppate in fasci, che occupano posizioni precise in seno alla sostanza bianca. A seconda della via, la decussazione (passaggio dalla parte destra alla sinistra e viceversa) avviene nel midollo spinale o nel midollo allungato.*

neuroni: il neurone sensitivo dei gangli spinali (neurone di primo ordine), un secondo neurone situato o nelle corna posteriori del midollo spinale o in un nucleo del midollo allungato (neurone di secondo ordine) e un terzo neurone situato nel talamo (neurone di terzo ordine) (Fig. 7.7).

Le sensazioni generate dalla parte destra del corpo, ad eccezione di quelle raccolte dai nervi cranici (tranne il nervo ottico) vengono trasmesse all'emisfero sinistro del cervello, quelle raccolte nella parte sinistra, all'emisfero destro, perché le vie afferenti in punti diversi del loro percorso a seconda della via considerata si "incrociano" (si verifica una *decussazione* delle vie: Fig. 7.7).

Il cervelletto, che svolge un ruolo importante nel fine coordinamento dei movimenti, riceve segnali propriocettivi incoscienti direttamente dal midollo spinale, attraverso una via formata da due soli neuroni (Fig. 7.8).

Le vie motrici sono in generale costituite da due neuroni: un neurone motore della corteccia cerebrale ed un secondo neurone sito in un nucleo del mesencefalo o del midollo allungato (nel caso dei nervi cranici) o nelle corna anteriori del midollo spinale (nel caso dei nervi spinali). Le principali vie motrici, che portano gli impulsi nervosi dalla corteccia cerebrale ai muscoli volontari, sono rappresentate dalle *vie piramidali* (così chiamate perché corrono nelle piramidi del midollo allungato): gli assoni che le costituiscono originano dall'area motoria primaria (Fig. 7.9); alcuni di essi terminano sui neuroni motori dei nuclei del mesencefalo e del midollo allungato da cui hanno origine i nervi cranici; il resto percorre le piramidi del midollo allungato e per la maggior parte passa a questo livello dal lato destro al lato sinistro (a livello della decussazione delle piramidi). Altre fibre motrici, al di fuori delle vie piramidali, costituiscono le *vie extrapiramidali*, che si incrociano nel midollo spinale al livello in cui terminano; provengono da nuclei del mesencefalo e del midollo allungato e stabiliscono sinapsi con i neuroni motori delle corna anteriori del midollo spinale.

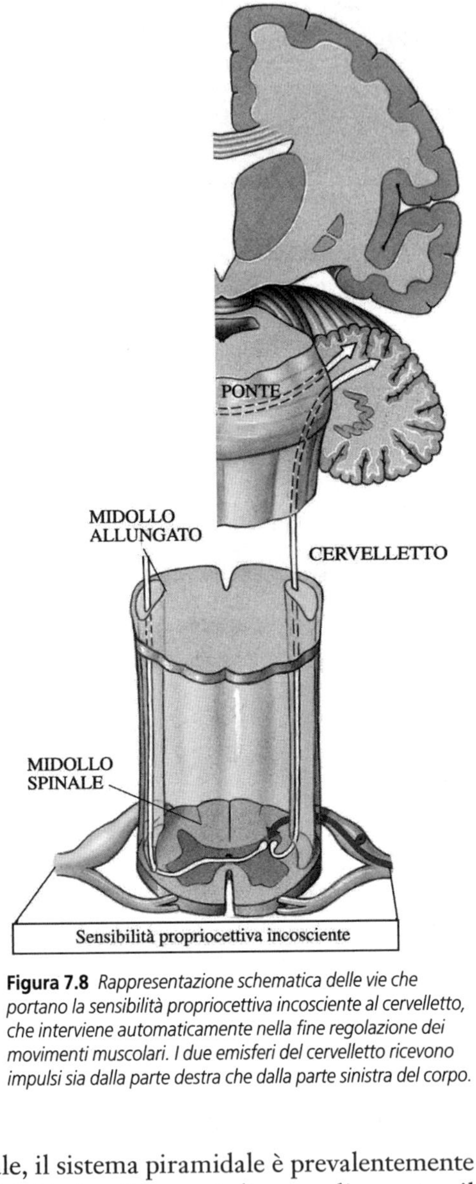

Figura 7.8 *Rappresentazione schematica delle vie che portano la sensibilità propriocettiva incosciente al cervelletto, che interviene automaticamente nella fine regolazione dei movimenti muscolari. I due emisferi del cervelletto ricevono impulsi sia dalla parte destra che dalla parte sinistra del corpo.*

Anche nel caso delle vie efferenti, quindi, la parte destra dell'encefalo controlla la parte sinistra del corpo e viceversa. In generale, il sistema piramidale è prevalentemente coinvolto nel controllo dei movimenti precisi di piccoli gruppi di muscoli, mentre il sistema extrapiramidale controlla molti gruppi muscolari implicati nel mantenimento dell'equilibrio e della postura.

7.5 Funzioni integrate del sistema nervoso

7.5.1 Il controllo dei movimenti volontari

La corretta esecuzione dei movimenti volontari comporta diverse fasi e richiede l'intervento di diverse parti del sistema nervoso, le cui funzioni si integrano a vicenda:

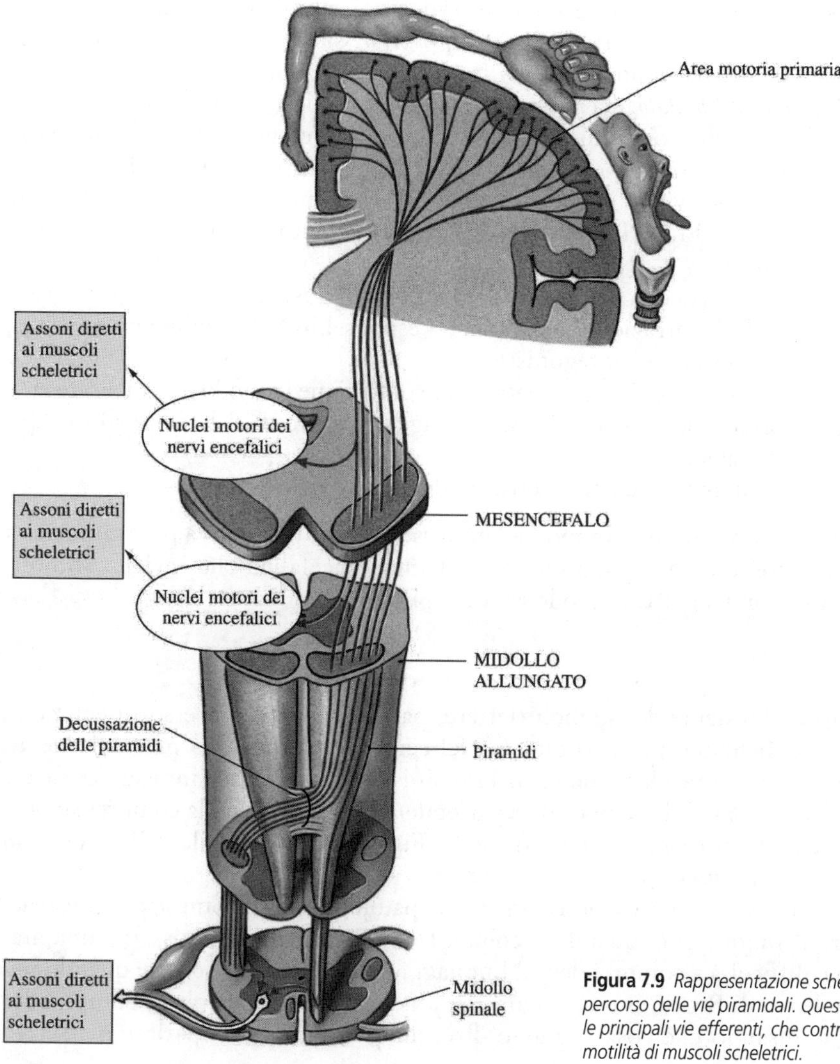

Figura 7.9 *Rappresentazione schematica del percorso delle vie piramidali. Queste costituiscono le principali vie efferenti, che controllano la motilità di muscoli scheletrici.*

- anzitutto deve essere formulata l'intenzione di compiere un movimento (ad esempio quello di cucire con un ago): questa tappa coinvolge in particolare l'*area prefrontale associativa* del lobo frontale e il *sistema limbico*;
- deve poi essere sviluppato un programma di comandi motori da inviare ai muscoli direttamente coinvolti nel movimento: questa fase richiede l'intervento dell'*area premotoria* del lobo frontale, delle *aree somatosensoriali* e dell'*area motoria primaria*;
- gli impulsi devono essere inviati ai muscoli affinché avvenga la contrazione nella misura programmata: essi partono dai neuroni motori dell'*area motoria primaria*, viaggiano lungo le *vie discendenti piramidali* e raggiungono i *neuroni motori* del *midollo allungato* o del *midollo spinale* (a seconda dei muscoli coinvolti): da questi partono gli impulsi che lungo i *nervi* cranici o spinali raggiungono i muscoli;

- devono essere continuamente raccolte informazioni sul modo con cui il movimento viene eseguito: ciò avviene attraverso i *proprocettori* situati nei muscoli e nelle articolazioni che le trasmettono ai *neuroni sensitivi* dei *gangli spinali*, i quali le inviano a *nuclei* del *tronco dell'encefalo*, del *talamo* e al *cervelletto*. Quest'ultimo confronta i movimenti reali con quelli programmati e manda automaticamente stimoli che modulano la stimolazione dei neuroni motori in modo da assicurare la precisione del movimento; il cervelletto interviene anche nel processo di memorizzazione del movimento eseguito, permettendo la ripetizione ed il miglioramento del movimento stesso in caso di ripetizione;
- d'altra parte la corretta esecuzione di un movimento presuppone:
  - che accanto alla contrazione dei muscoli responsabili del movimento avvenga il rilassamento dei muscoli antagonisti;
  - che diversi altri muscoli sinergisti entrino in contrazione in modo da assicurare la stabilità delle origini dei muscoli che si contraggano (nel caso del cucire ad esempio i muscoli della spalla);
  - che venga mantenuta la corretta postura del tronco e della testa.

Questi processi avvengono in modo automatico (senza preventiva programmazione a livello cosciente) e coinvolgono nuclei del tronco encefalico che inviano stimoli ai neuroni motori coinvolti attraverso le vie extrapiramidali.

7.5.2 Il linguaggio

Il **linguaggio** è l'insieme dei simboli (lettere, parole, suoni) attraverso i quali codifichiamo e comunichiamo pensieri e idee. Nel cervello umano sono presenti due aree associative (di solito prevalenti nell'emisfero sinistro) deputate al linguaggio: l'*area di Wernicke* (a cavallo tra i lobi temporale e parietale), responsabile della comprensione del linguaggio, e l'*area di Broca* (nel lobo frontale, Fig. 7.5), responsabile della produzione del linguaggio (capacità di parlare e di scrivere).

Lesioni di queste aree causano la situazione patologica nota come *afasìa* (incapacità di utilizzare il linguaggio): quando è colpita l'area di Wernicke si osserva una afasia *ricettiva*, con difficoltà a comprendere il linguaggio sia parlato che scritto; quando invece è colpita l'area di Broca, si osserva afasia *espressiva*: le persone colpite comprendono il linguaggio e sanno che cosa vogliono dire, ma non riescono a parlare e a scrivere correttamente.

7.5.3 Il ciclo sonno-veglia

Il **sonno** è un fenomeno, caratteristico dei mammiferi, che consiste in una o più fasi di diminuita attività motoria e percettiva che si verificano periodicamente nelle 24 ore. Esso si accompagna a modificazioni nell'attività elettrica del cervello rilevabili attraverso l'elettroencefalogramma. Da questo punto di vista si distinguono due tipi di sonno: il *sonno a onde lente*, più profondo, e il *sonno REM* (acronimo di *Rapid Eye Movement*, in quanto sono presenti rapidi movimenti degli occhi) durante il quale è più frequente il risveglio spontaneo. Durante il sonno notturno i due tipi di sonno si alternano, ma, col passare delle ore, le fasi di sonno a onde lente divengono più brevi e meno profonde. Sebbene i meccanismi che inducono il sonno o mantengono lo stato di veglia non siano completamente noti, sono state identificate zone dell'encefalo coinvolte in questi processi: il mantenimento dello stato di veglia richiede l'intervento di *nuclei del tronco encefalico* i cui impulsi, facendo tappa nel *talamo* e nell'*ipotalamo*, raggiungono la *corteccia*, mentre l'induzione del sonno a onde lente coinvolge il *telencefalo* e quella del sonno REM ha origine nell'attività del *ponte*.

7.5.4 Le emozioni

Le *emozioni* e gli impulsi che guidano le nostre azioni (*motivazioni*) sono di solito attivati da ricordi o da impulsi sensoriali (che utilizzano quindi le varie vie afferenti che dagli organi di senso portano all'encefalo) giungendo alle diverse *aree sensoriali* della corteccia e da queste alle *aree sensoriali associative*.
Di qui gli stimoli sono trasmessi al *sistema limbico* e all'*ipotalamo* dove sono elaborati e dai quali partono gli stimoli che da un lato ritornano alle aree associative generando le *percezioni* emotive e dall'altro, raggiungendo i vari centri dell'ipotalamo e del tronco encefalico, causano *risposte vegetative*, cambiamenti ormonali e risposte motorie.

7.6 Sistema autonomo o vegetativo

Il **sistema nervoso autonomo** o **sistema nervoso vegetativo** o **sistema neurovegetativo** ha la funzione di contribuire ad assicurare la costanza dell'ambiente interno dell'organismo (**omeostasi**), attraverso meccanismi indipendenti dalla volontà, in quanto funziona attraverso meccanismi riflessi: i recettori situati nei visceri trasmettono segnali al sistema nervoso centrale attraverso fibre afferenti che percorrono, a seconda dei casi, sia nervi cranici che nervi spinali; nel sistema nervoso centrale i segnali vengono integrati a vari livelli e le risposte elaborate sono trasmesse agli organi effettori. Questi sono rappresentati dalle fibre muscolari lisce dei diversi organi (vasi sanguigni, intestino, bronchi, cute, ecc.), dal muscolo cardiaco e dalle diverse ghiandole (sia esocrine che endocrine).

La porzione efferente del sistema nervoso autonomo presenta una organizzazione diversa rispetto al sistema somatico (Fig. 7.10): gli assoni dei neuroni situati nel tronco encefalico o nel midollo spinale che controllano la funzionalità dei visceri (*neuroni pregangliari*) fuoriescono dal sistema nervoso centrale attraverso i nervi cranici o i nervi spinali e raggiungono le strutture nervose periferiche, chiamate **gangli** del sistema nervoso autonomo, nelle quali stabiliscono sinapsi con i neuroni ivi presenti (*neuroni gangliari*). Da questi neuroni partono *assoni post-gangliari* che raggiungono gli organi effettori (effettori viscerali), dove esercitano una azione attivatrice o inibitoria a seconda dei casi.

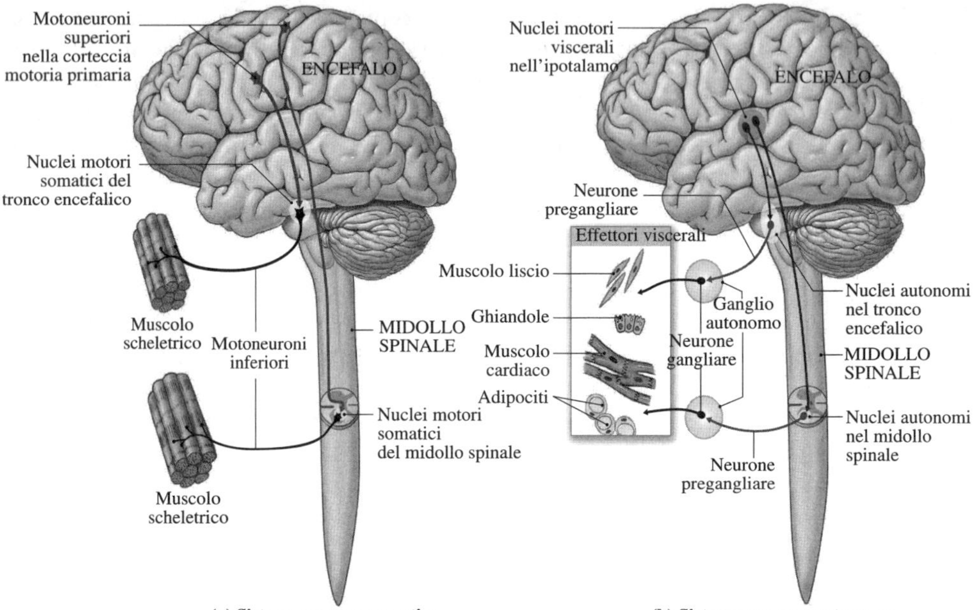

Figura 7.10 *Confronto tra l'organizzazione delle vie efferenti del sistema nervoso somatico e del sistema nervoso autonomo.* ***(a)*** *Nel sistema nervoso somatico i neuroni che innervano gli organi effettori sono situati entro il sistema nervoso centrale;* ***(b)*** *nel sistema nervoso autonomo i neuroni che innervano gli organi effettori sono situati nei gangli, al di fuori del sistema nervoso centrale.*

La porzione *efferente* del sistema neurovegetativo viene suddivisa in due sistemi: **sistema simpatico** e **sistema parasimpatico**, che, in generale, hanno effetti *opposti* (Tabelle 7.2 e 7.3); vari organi sono innervati da entrambi i sistemi.

I neuroni pre-gangliari del *sistema simpatico* sono situati nei segmenti toracici e nei primi due o tre segmenti lombari del midollo spinale. Le loro fibre pregangliari escono attraverso le radici anteriori dei corrispondenti nervi spinali e danno origine ai rami autonomi di tali nervi.

Tabella 7.2 Confronto tra il sistema simpatico e il sistema parasimpatico

	Sistema simpatico	Sistema parasimpatico
Effetto generale	Prepara l'organismo ad affrontare situazioni di stress	– Ripristina nell'organismo le condizioni preesistenti allo stress – Mantiene attivamente una situazione di normalità nelle funzioni dell'organismo
Parte del corpo interessata	Diffuso in tutto l'organismo	Localizzato
Neurotrasmettitore liberato alla sinapsi con l'effettore	Di solito noradrenalina	Acetilcolina
Durata dell'effetto	Duraturo	Breve
Zona di uscita dal sistema nervoso centrale	Zona toracica e lombare del midollo spinale	Encefalo (alcuni nervi cranici) e midollo spinale

Tabella 7.3 Effetto del sistema simpatico e parasimpatico su alcuni organi effettori		
Organo effettore	Sistema simpatico	Sistema parasimpatico
Cuore	Aumenta la frequenza e la forza di contrazione	Diminuisce la frequenza, non agisce direttamente sulla forza di contrazione
Bronchi	Dilata	Restringe
Iride	Dilata la pupilla	Restringe la pupilla
Organi sessuali maschili	– Causa vasocostrizione – Causa l'eiaculazione	– Causa vasodilatazione – Causa erezione
Vasi sanguigni	In genere causa vasocostrizione	Molti vasi sanguigni non sono innervati dal sistema parasimpatico
Ghiandole sudoripare	Stimola	Non sono innervate dal sistema parasimpatico
Intestino	Inibisce la motilità	Stimola motilità e secrezione
Fegato	Stimola la demolizione del glicogeno con formazione di glucosio che viene immesso nel sangue	Nessun effetto
Tessuto adiposo	Stimola la demolizione dei trigliceridi immagazzinati nel tessuto e l'immissione di acidi grassi nel sangue	Nessun effetto
Midollare delle ghiandole surrenali	Stimola la secrezione di adrenalina e di noradrenalina	Nessun effetto
Ghiandole salivari	Riduce la secrezione salivare (densa e viscosa)	Aumenta la secrezione salivare (acquosa e abbondante)
Cute	Vasocostrizione, erezione dei peli	Nessun effetto

Questi rami sboccano in due strutture poste ai lati della colonna vertebrale, i cosiddetti **tronchi simpatici** o **catene gangliari simpatiche**, formate da *gangli paravertebrali* collegati da fibre nervose parallele alla colonna vertebrale (Fig. 7.11). I tronchi simpatici si estendono sia sopra che sotto la regione da cui hanno origine le fibre pregangliari. Dai gangli paravertebrali partono le fibre postgangliari, che, attraverso i nervi simpatici, raggiungono gli organi bersaglio. Un certo numero di fibre pregangliari non si arresta nei gangli paravertebrali, ma prosegue raggiungendo altri gangli simpatici, posti in prossimità dei visceri innervati.

I neuroni pre-gangliari del *sistema parasimpatico* sono localizzati nel mesencefalo, nel ponte, nel midollo allungato e nella regione sacrale del midollo spinale (Fig. 7.11). I loro assoni emergono dal sistema nervoso centrale con i nervi cranici e con i nervi spinali sacrali. A differenza della maggior parte dei gangli simpatici, i gangli parasimpatici sono situati in prossimità degli organi innervati.

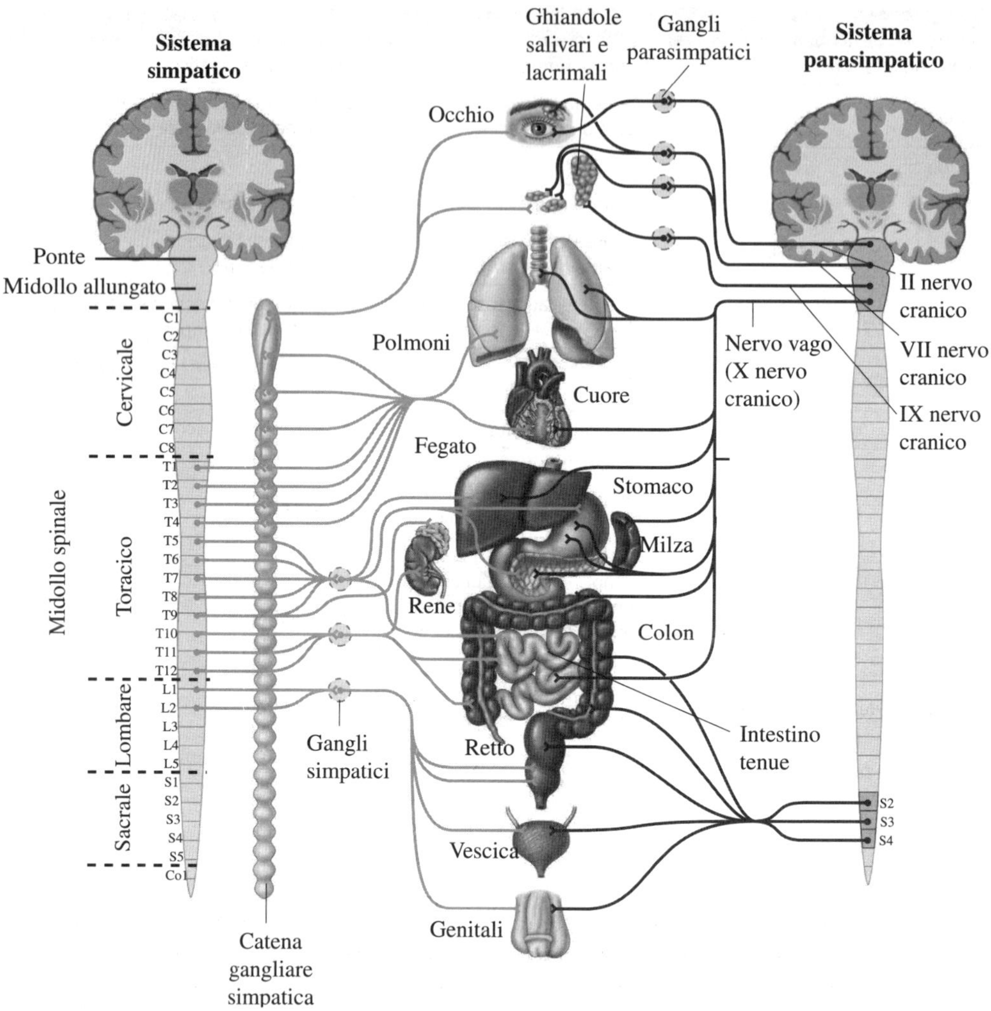

Figura 7.11 *Rappresentazione schematica dell'innervazione simpatica e parasimpatica dei visceri. Il sistema nervoso è illustrato in sezione trasversale: a sinistra è rappresentato il sistema simpatico, a destra il parasimpatico. Di ciascun sistema è rappresentato un solo lato; in realtà le strutture di entrambi sono presenti in tutti e due i lati dell'organismo. Le sigle $T_{1...12}$, L_1, L_2, $S_{2...4}$ indicano le radici dei nervi spinali dalle quali originano fibre pregangliari dei due sistemi.*

Capitolo 8
Organi di senso

8.1 Struttura e funzionamento dei recettori sensoriali

I **recettori sensoriali** sono costituiti da terminazioni nervose o da cellule specializzate in stretta connessione con cellule nervose che captano segnali provenienti dall'ambiente interno o da quello esterno all'organismo e li trasformano in impulsi nervosi, che, percorrendo le *vie nervose sensitive*, giungono al sistema nervoso centrale, che li elabora e li interpreta, generando, se del caso, risposte automatiche. Vengono indicati come **esterocettori** i recettori che rispondono a stimoli provenienti dall'esterno dell'organismo (luce, suoni, sostanze chimiche, ecc.) e come **enterocettori** quelli che rispondono a variazioni dell'ambiente interno all'organismo (variazioni del pH e della pressione osmotica del sangue, della tensione muscolare, ecc.). Recettori sensoriali possono essere dispersi in varie parti dell'organismo oppure essere organizzati in strutture complesse deputate alla recezione di specifici stimoli, dette **organi di senso**.

In base alla natura degli stimoli cui sono sensibili, i recettori sono suddivisi in varie categorie:

- **chemocettori**, stimolati da variazioni della concentrazione di sostanze chimiche: ne sono esempi i recettori associati al senso dell'olfatto e del gusto, quelli posti in diversi organi interni e capaci di identificare variazioni del pH, della pressione parziale dell'ossigeno, ecc.;
- **termocettori**, stimolati da variazioni della temperatura: ne sono esempi i recettori del caldo e del freddo situati nella pelle e nelle mucose;
- **meccanocettori**, sensibili a forze meccaniche, come variazioni di pressione o spostamenti di liquidi: ne sono esempi i **propiocettori** sensibili alle variazioni di tensione dei muscoli e dei tendini, i **barocettori** (o **pressocettori**) di alcuni vasi sanguigni, stimolati da variazioni della pressione arteriosa, le cellule sensoriali dell'orecchio interno, sensibili a onde di pressione (suoni) o all'accelerazione prodotta dal movimento;
- **fotorecettori**, sensibili alle radiazioni luminose: ne sono esempi i coni ed i bastoncelli della retina;
- **nocicettori** o **recettori dolorifici**, stimolati da lesioni di un tessuto, sono sensibili a lievi stress termici, meccanici, elettrici, chimici, ecc.;
- **elettrocettori**, stimolati da differenze di potenziale elettrico: ne sono esempi i recettori della pelle di alcuni pesci.

Se un recettore viene stimolato con sufficiente intensità, esso, direttamente o indirettamente, genera un *potenziale d'azione* in un neurone e questo impulso elettrico raggiunge il sistema nervoso centrale. È importante sottolineare che, qualunque sia la natura dello stimolo che attiva un recettore sensoriale, l'impulso trasmesso al sistema nervoso centrale è sempre costituito da un potenziale d'azione: gli impulsi sono quindi simili tra di loro. I diversi tipi di sensazione dipendono dal modo con cui il sistema nervoso interpreta gli impulsi ricevuti e non dal tipo di stimolo che li ha generati, o, meglio, *dipendono dalla regione della corteccia cerebrale che riceve l'impulso* (ad esempio, gli impulsi che raggiungono una data regione sono sempre interpretati come sensazioni tattili, quelli che raggiungono un'altra come sensazioni acustiche, ecc.). Contemporaneamente, la corteccia cerebrale funziona in modo che la sensazione venga riferita ai recettori stimolati (processo di **proiezione**), permettendoci così di riconoscere con precisione la regione stimolata. Questo fatto, però, non è sempre vero.

Molti recettori sensoriali vanno incontro al fenomeno dell'**adattamento sensoriale**: quando sono soggetti a una stimolazione continua e di intensità costante, generano impulsi con frequenza sempre minore, finché l'invio di segnali al sistema nervoso centrale cessa del tutto. In queste condizioni, nuovi impulsi possono essere evocati solo da variazioni nell'intensità dello stimolo. Questo fenomeno è particolarmente evidente, ad esempio, nell'olfatto: entrando in un locale impregnato da un odore intenso, inizialmente esso viene percepito con intensità, ma nel giro di pochi minuti finisce col non essere più percepito.

8.2 Sensibilità tattile e pressoria

La percezione del **tatto** e di stimoli pressori è legata alla presenza nella cute di recettori sensibili a stimoli derivati da forze meccaniche che deformano o spostano i tessuti. Tali recettori sono rappresentati da:

- *terminazioni nervose libere*, sensibili al tocco e alla pressione;
- *corpuscoli di Meissner*, di forma ovale, particolarmente abbondanti nelle zone della cute prive di peli (labbra, polpastrelli, palmo della mano e pianta dei piedi, capezzoli, organi genitali esterni) e sensibili al movimento di oggetti che sfiorano la superficie della pelle;
- *corpuscoli di Pacini*, costituiti da una terminazione nervosa circondata da strati concentrici di tessuto connettivo, sensibili a variazioni di pressione, in particolare alle vibrazioni.

8.3 Sensibilità termica

I **termocettori**, localizzati soprattutto nella cute, sono rappresentati da terminazioni nervose libere di due tipi:

- *recettori del caldo*, sensibili a temperature superiori a 25° C, cessano di rispondere al di sopra dei 45° C (man mano che ci si avvicina a questa temperatura, vengono attivati anche i recettori dolorifici[1] che producono una sensazione di bruciore);
- *recettori del freddo*, particolarmente sensibili a temperature comprese tra 10 e 20° C (se la temperatura scende sotto i 10° C, vengono attivati nocicettori che producono una sensazione di gelo).

[1] Le vie nervose sensitive che dal midollo spinale salgono verso l'encefalo attraversano la linea mediana, per cui gli stimoli originati nella metà sinistra dell'organismo sono trasmessi alla metà destra dell'encefalo e quelli originati nella metà destra sono trasmessi alla metà sinistra.

8.4 Sensibilità dolorifica

I recettori che vengono stimolati da un danno ai tessuti (azioni meccaniche, forti escursioni termiche, variazione della concentrazione di sostanze, come idrogenioni o ioni potassio, carenza di ossigeno, presenza di particolari peptidi, ecc.) sono detti **nocicettori**. Sono ampiamente distribuiti sia nella cute, sia negli organi interni, ad eccezione del tessuto nervoso, che ne è privo. La loro stimolazione viene percepita come dolorosa e rappresenta un importante meccanismo di difesa dell'organismo, in quanto il carattere spiacevole della sensazione spinge a reagire allontanando o rimuovendo la fonte dello stimolo.

I nocicettori sono gli unici recettori sensoriali presenti nei visceri. La percezione della loro stimolazione presenta spesso una caratteristica importante: il dolore non viene attribuito all'organo o alla struttura dove ha effettivamente avuto origine, bensì a una regione diversa. Ad esempio, un dolore originato dal miocardio viene percepito come localizzato alla spalla sinistra e/o alla faccia interna del braccio sinistro. Questo fenomeno viene indicato con il nome di **dolore riferito**.

Gli stimoli dolorifici vengono trasmessi al sistema nervoso centrale da due tipi di fibre:

1) fibre mieliniche, ad alta velocità di conduzione, i cui impulsi sono associati ad una sensazione di dolore acuto e localizzato, che cessa rapidamente al cessare dello stimolo;
2) fibre amieliniche, a conduzione lenta, i cui impulsi sono associati ad una sensazione di dolore sordo, profondo, di difficile localizzazione, che può persistere per un certo tempo dopo la rimozione dello stimolo.

Gli stimoli originati dalla testa raggiungono l'encefalo attraverso i nervi cranici, quelli originati dal resto dell'organismo raggiungono le corna posteriori della sostanza grigia del midollo spinale attraverso le radici posteriori dei nervi spinali. Questi stimoli iniziano ad essere elaborati a livello della sostanza grigia del midollo e vengono trasmessi all'encefalo, con tappe all'ipotalamo, al talamo e alla corteccia. È soprattutto a livello della corteccia che avviene la valutazione dell'intensità, la localizzazione del punto di origine e la generazione di eventuali risposte motorie ed emotive al dolore.

Diverse porzioni dell'encefalo sono coinvolte nella regolazione della conduzione degli impulsi dolorifici provenienti dal midollo spinale. In particolare, diversi neuroni, attraverso i loro assoni che raggiungono il midollo, liberano, a livello delle sinapsi, sostanze (neuropeptidi chiamati *encefaline*) che contrastano i segnali dolorosi, alleviando quindi le sensazioni dolorose. La morfina ed altri oppiacei usati come analgesici si legano ai recettori deputati al legame con queste sostanze. Un altro gruppo di neuropeptidi ad azione antidolorifica sono le *endorfine*, presenti in diverse parti del sistema nervoso.

8.5 Sensibilità propriocettiva

La **sensibilità propriocettiva** è quella che ci consente di percepire la posizione spaziale degli arti, della testa, delle altre parti dell'organismo e l'orientamento del corpo nel suo complesso, anche senza l'aiuto di altri organi di senso (es. al buio). I **propriocettori** sono i recettori che rispondono allo stiramento e alla tensione dei muscoli e delle articolazioni. I vertebrati hanno tre principali tipi di propriocettori:

- i *fusi neuromuscolari*, localizzati nei muscoli scheletrici, sono costituiti da fibrocellule, avvolte da una guaina connettivale, attorno alle quali si avvolge la terminazione di una fibra nervosa sensitiva (Fig. 8.1). Quando il muscolo viene stirato (allungato), i fusi generano impulsi che raggiungono il midollo spinale e che vengono trasmessi ai neuroni motori del midollo stesso, i quali stimolano la contrazione del muscolo. Il fenomeno è detto *riflesso di stiramento*: esso si oppone al rilasciamento del muscolo e permette di mantenere le posizioni volute nonostante la forza di gravità o altre forze che tenderebbero a modificarle[2];

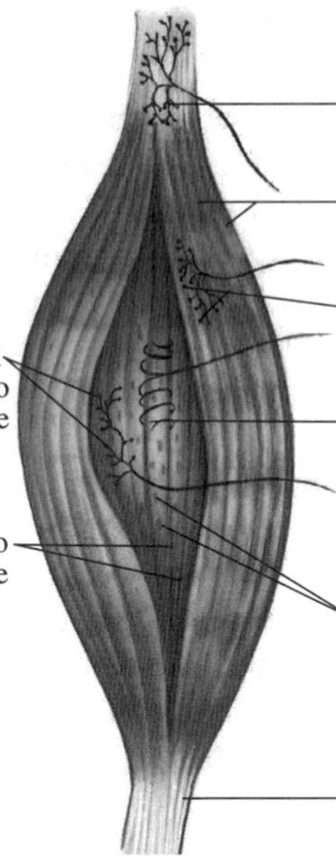

Figura 8.1 *Fuso neuromuscolare e organo tendineo di Golgi.*

- gli *organi tendinei di Golgi*, situati nei tendini, sono stimolati da un forte stiramento dei tendini; gli impulsi da essi generati inducono un riflesso che inibisce la contrazione del muscolo, impedendo così che il tendine o la sua inserzione sull'osso vengano strappati;
- i *recettori articolari*, posti nelle articolazioni, identificano i movimenti dei legamenti.

8.6 Olfatto

Il senso dell'**olfatto**, cioè la capacità di percepire gli odori, è dovuto a recettori situati nell'epitelio che riveste la parte superiore delle cavità nasali (epitelio olfattivo) (Fig. 8.2). Questi recettori, chiamati *cellule olfattive*, sono cellule nervose intercalate tra cellule epiteliali di sostegno. I dendriti di questi neuroni presentano delle ciglia (non mobili) che si spingono nello strato di muco semifluido che riveste la mucosa delle cavità nasali: queste ciglia rappresentano la porzione sensibile dei recettori. Gli assoni che hanno origine dalle cellule olfattive costituiscono le fibre dei nervi olfattivi (primo paio di nervi cranici), attraversano l'osso sfenoide e penetrano nei *bulbi olfattivi* (estensioni della corteccia cerebrale poste al di sotto dei lobi frontali) dove stabiliscono sinapsi con i neuroni ivi presenti. Nell'epitelio olfattivo sono presenti circa 100 milioni di cellule olfattive.

Le sostanze chimiche che stimolano le cellule olfattive penetrano nelle fosse nasali in forma gassosa o di vapore, ma, per poter essere percepite, devono disciogliersi, almeno in parte, nei liquidi che circondano le ciglia dei recettori. Affinché un compo-

2 Il riflesso rotuleo, che viene evocato percuotendo con un martelletto il tendine del quadricipite femorale sotto alla rotula, con la gamba flessa a 90° e libera di muoversi, è un riflesso che origina dai fusi neuromuscolari del muscolo quadricipite femorale, stirato dalla percussione del tendine.

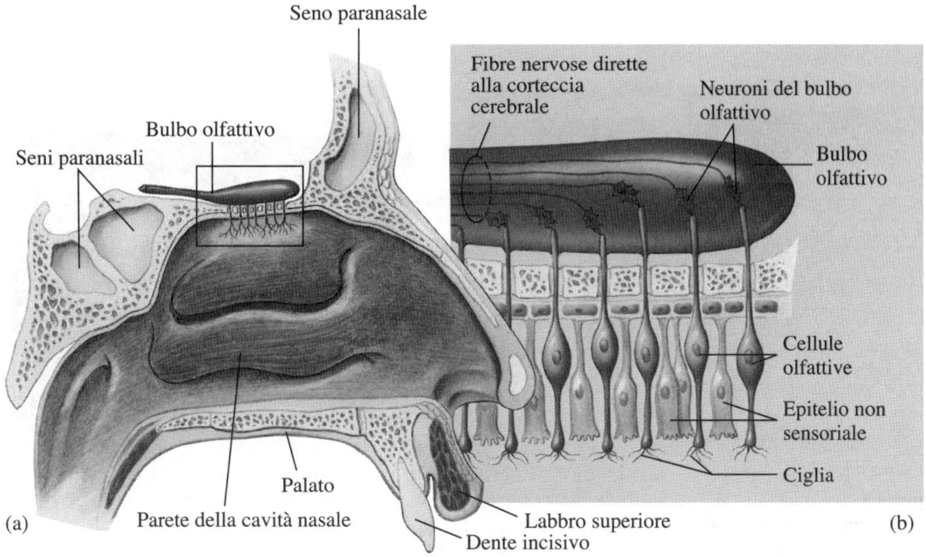

Figura 8.2 *L'organo dell'olfatto. (a) Sezione del naso che mette in evidenza la posizione dell'epitelio olfattivo e del bulbo olfattivo rispetto alle cavità nasali. (b) Struttura dell'epitelio olfattivo.*

sto chimico possa essere percepito come odore, è necessario che siano presenti cellule olfattive che posseggono proteine (recettori) capaci di legarlo e di andare incontro a modificazioni che, in ultima analisi, portano alla generazione di un potenziale d'azione: si valuta che nel genoma umano esistano almeno 1000 geni che codificano altrettante proteine recettoriali diverse. Ogni odore consiste di diversi componenti, ciascuno dei quali interagisce con un proprio recettore: la combinazione di recettori di volta in volta attivati determina quale odore noi rileviamo.

Nell'uomo, il senso dell'olfatto e quello del gusto agiscono in stretta collaborazione, in quanto sapore e odore vengono percepiti simultaneamente e spesso è difficile stabilire quale sia il contributo di ciascuno dei due sensi alla percezione del sapore di un alimento.

8.7 Gusto

La capacità di distinguere i sapori costituisce il senso del **gusto**. I recettori del gusto nei mammiferi sono i **calici gustativi**, situati soprattutto sulla superficie della lingua (dove sono associati a particolari strutture, dette **papille gustative**), del palato e, in misura minore, della faringe. Ciascun calice gustativo è costituito da circa 100 cellule epiteliali specializzate, chiamate **cellule gustative**, con il ruolo di recettori, e da cellule epiteliali di sostegno, organizzate in modo da formare una struttura di forma grosso modo sferica che, nella parte esposta all'esterno, presenta un orificio, detto *poro gustativo* (Fig. 8.3). Attraverso di esso sporgono delle minuscole estroflessioni delle cellule gustative, dette *ciglia gustative*, che costituiscono la parte sensibile dei recettori. Le cellule gustative sono a stretto contatto con terminazioni nervose, che vengono eccitate quando le cellule gustative sono stimolate.

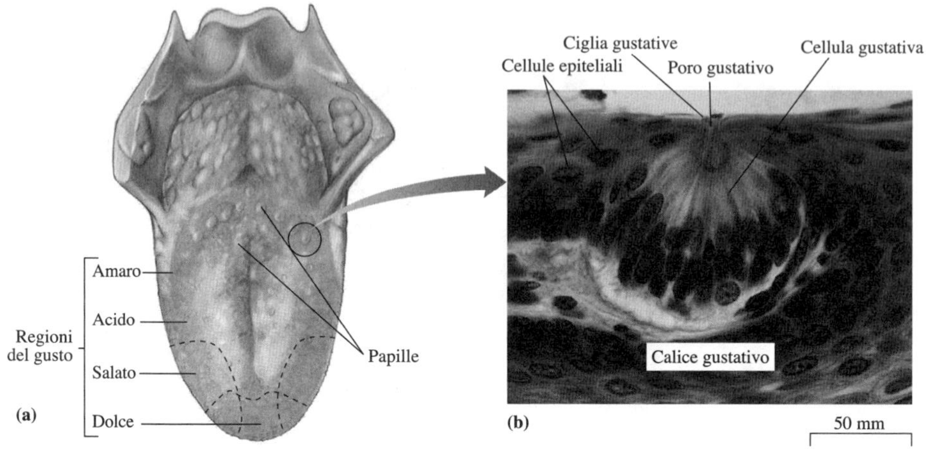

Figura 8.3 *Calici gustativi.* ***(a)*** *Superficie della lingua che mostra la distribuzione delle papille e dei calici sensibili ai diversi gusti.* ***(b)*** *Immagine al microscopio ottico di un calice gustativo.*

Affinché il sapore di una sostanza possa essere percepito, occorre che la sostanza sia sciolta nella saliva che circonda i calici gustativi. L'interazione della sostanza con specifiche proteine delle ciglia gustative genera una depolarizzazione della membrana di queste cellule in proporzione alla concentrazione della sostanza. La depolarizzazione può poi essere trasmessa alle terminazioni nervose, generando un potenziale d'azione che viene trasmesso all'encefalo attraverso diversi nervi cranici (facciale, glossofaringeo e vago).

Si distinguono cinque tipi fondamentali di gusto, di solito riconosciuti da calici gustativi diversi:

- dolce;
- amaro;
- salato;
- acido;
- glutammato (quest'ultimo è stato riconosciuto solo nel 2000, sebbene la sua presenza fosse stata proposta fin dal 1908).

I recettori per i diversi tipi di sapori non sono distribuiti uniformemente sulla superficie della lingua (Fig. 8.3). Il sapore di ciascun alimento risulta dalla combinazione delle diverse risposte dei vari tipi di recettori alle componenti dell'alimento, con il contributo di ulteriori stimoli come l'odore, la temperatura, ecc.

8.8 Udito

La capacità di percepire i suoni costituisce l'**udito**. L'organo deputato alla recezione delle onde sonore è l'**orecchio**, nel quale si distinguono tre parti:

- orecchio esterno;
- orecchio medio;
- orecchio interno.

Una parte dell'orecchio interno è deputata al senso dell'equilibrio (vedi in seguito).

8.8.1 Orecchio esterno

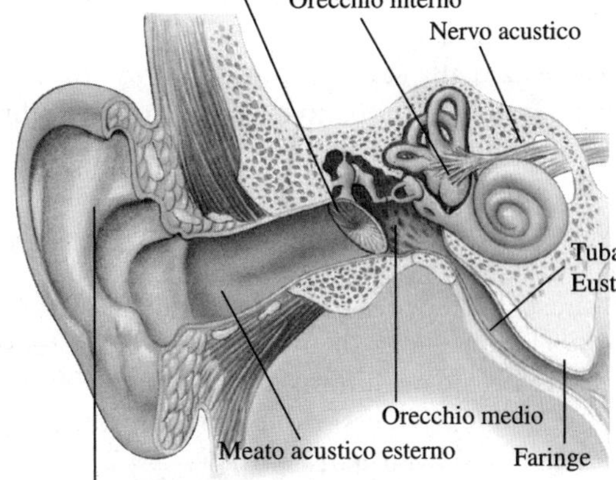

Figura 8.4 *Sezione che mostra le diverse parti dell'orecchio.*

L'**orecchio esterno** comprende il **padiglione auricolare**, struttura di forma irregolare, imbutiforme, costituita da uno scheletro di cartilagine elastica rivestito dalla cute. Esso presenta un foro che costituisce l'ingresso del **meato acustico esterno,** canale che si spinge entro il cranio per circa 2,5 cm, attraversando parte dell'osso temporale, e sbocca nell'orecchio medio. Esso è chiuso sul fondo dalla membrana del timpano (Fig. 8.4). La cute che riveste il meato acustico esterno contiene particolari ghiandole, che secernono una sostanza cerosa, il *cerume*[3].

Le onde sonore, convogliate dal padiglione auricolare nel meato acustico, raggiungono la membrana del timpano, sulla quale causano variazioni di pressione, facendola vibrare.

8.8.2 Orecchio medio

L'**orecchio medio**, situato nello spessore dell'osso temporale, comprende:

- la *cavità timpanica* (o *cassa del timpano*);
- la membrana del *timpano*;
- tre minuscole ossa, chiamate *ossicini uditivi* (martello, incudine e staffa).

La **cassa del timpano** è una cavità ripiena di aria e rivestita da una mucosa, posta nell'osso temporale. Presenta:

- esternamente l'apertura che la mette in comunicazione con il meato acustico esterno: questa apertura è chiusa dalla membrana del timpano;
- sul lato interno due aperture che la mettono in comunicazione con il vestibolo dell'orecchio interno: nella prima (detta *finestra ovale*) si inserisce la staffa, la seconda corrisponde all'estremità della chiocciola dell'orecchio interno ed è chiusa da una membrana;
- anteriormente e in basso un'apertura nella quale sbocca la tuba di Eustachio.

La membrana del **timpano** separa l'orecchio esterno dall'orecchio medio: ha forma conica con la punta rivolta verso la cavità timpanica, perché uno degli ossicini (il martello) si fissa ad essa e la mantiene in tensione.

---

3 Un'eccessiva produzione di cerume, se non viene rimossa, può produrre un tappo di cerume, che, ostacolando il passaggio delle onde sonore, causa una diminuzione dell'udito. Il tappo di cerume può essere rimosso con una semplice manovra, che deve però essere eseguita da personale esperto in modo da evitare lesioni alla membrana del timpano.

I tre **ossicini uditivi** sono articolati fra di loro e formano una catena che non solo trasmette le vibrazioni dalla membrana del timpano all'orecchio interno, ma ne amplifica la forza. Essi sono mantenuti in posizione da legamenti e da due muscoli (muscolo *stapedio*, legato alla staffa, e muscolo *tensore del timpano*, legato al martello). Il martello tiene in tensione il timpano e, quando questo vibra, trasmette le vibrazioni all'incudine, che, a sua volta, le trasmette alla staffa. Questa è inserita nella finestra ovale e fissata ai suoi margini da un legamento. La staffa, funzionando come un pistone, trasforma le vibrazioni del timpano in variazioni di pressione nel liquido contenuto nell'orecchio interno (*endolinfa*).

Il muscolo stapedio e il tensore del timpano sono gli effettori del cosiddetto *riflesso timpanico*: in presenza di un suono molto intenso, i segnali trasmessi all'encefalo generano una risposta automatica che fa contrarre questi muscoli: irrigidendo la catena degli ossicini uditivi, essi riducono la trasmissione delle vibrazioni all'orecchio interno, prevenendo così eventuali danni.

8.8.3 Tuba di Eustachio

La **tuba di Eustachio** o **tromba di Eustachio** è un sottile condotto che mette in comunicazione la cassa del timpano con la faringe, permettendo all'aria di penetrare all'interno della cassa del timpano in modo che le due facce della membrana del timpano siano sottoposte alla stessa pressione. L'apertura della tuba nella faringe è spesso chiusa da pieghe della mucosa: se in queste condizioni l'individuo passa da un ambiente dove è presente una certa pressione atmosferica ad un altro dove la pressione è diversa, l'aria non passa attraverso la tuba e la differenza di pressione tra le due facce del timpano viene percepita come un ottundimento dell'udito. Producendo volontariamente movimenti dei muscoli attorno alla faringe (deglutendo o sbadigliando), è possibile far aprire l'ingresso della tuba e permettere quindi il riequilibrio della pressione sulle due facce del timpano[4].

8.8.4 Orecchio interno

L'**orecchio interno** è costituito da:

- un sistema di camere e condotti intercomunicanti scavati nello spessore dell'osso temporale, che costituisce il cosiddetto *labirinto osseo*;
- un sistema di sacculi e condotti intercomunicanti situati all'interno del labirinto osseo e chiamato *labirinto membranoso*: esso è ripieno di un liquido chiamato *endolinfa*;
- un liquido che riempie lo spazio tra labirinto membranoso e labirinto osseo, chiamato *perilinfa*.

Nel labirinto osseo si distinguono tre parti (Fig. 8.5):

- la *chiocciola*, che contiene la parte del labirinto membranoso, deputata alla percezione acustica;
- tre *canali semicircolari*, perpendicolari fra di loro, che contengono la porzione del labirinto membranoso, sede del senso dell'equilibrio;

[4] È quanto fa normalmente chi pratica immersioni in apnea, quando "compensa" la pressione esercitata dall'acqua sul timpano facendo volontariamente aumentare la pressione all'interno della cassa del timpano.

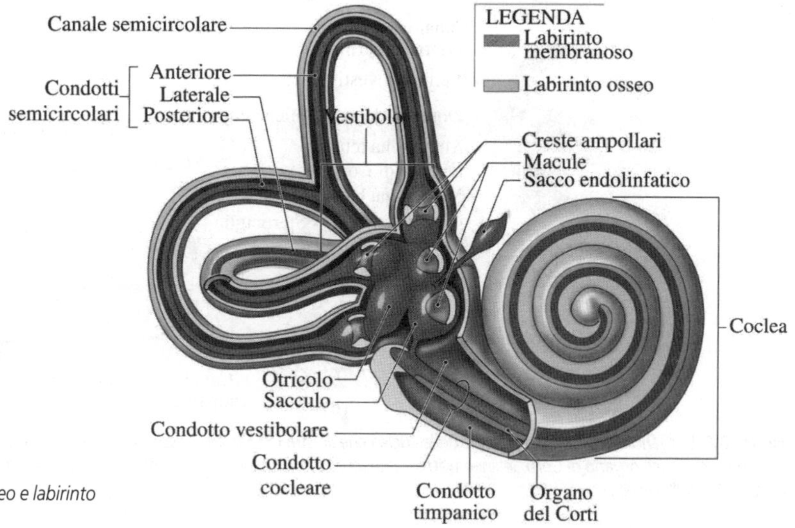

Figura 8.5 *Labirinto osseo e labirinto membranoso.*

- il *vestibolo*, camera che collega la chiocciola ed i canali semicircolari, che contiene due strutture membranose, il *sacculo* e l'*utricolo*, e che partecipa ad entrambe le funzioni.

La **chiocciola** o **coclea** ha la forma di un guscio di lumaca, avvolto a spirale. La porzione membranosa risulta costituita da tre canali sovrapposti, separati da sottili membrane (Fig. 8.6):

1) quello superiore è il *canale vestibolare* o *scala vestibolare*, è in connessione con la finestra ovale della cassa del timpano (alla quale è connessa la staffa) ed ha come pavimento la *membrana vestibolare*;
2) quello inferiore è il *canale timpanico* o *scala timpanica*, è in connessione con la finestra rotonda della cassa del timpano ed ha come tetto la *membrana basilare*; questi due canali sono in comunicazione fra di loro all'estremità della chiocciola e sono ripieni di perilinfa;
3) quello centrale è il *dotto cocleare* o *scala media*, ha come pavimento la membrana basilare e come tetto la membrana vestibolare, è ripieno di endolinfa e contiene l'organo uditivo vero e proprio, chiamato *organo di Corti*.

Le vibrazioni del timpano sono trasformate dalla catena di ossicini uditivi in movimenti a stantuffo della staffa nella finestra ovale, che è a contatto con la perilinfa. Questa viene quindi spinta avanti e indietro lungo il canale vestibolare fino all'estremità della chiocciola e di qui il movimento passa al canale timpanico, scaricandosi in parte a livello della finestra rotonda, la cui membrana si rigonfia elasticamente. Le variazioni di pressione della perilinfa così generate deformano la membrana basale e la membrana vestibolare (Fig. 8.6): questi movimenti si ripercuotono sull'organo di Corti. Ciascuna porzione della membrana basale è messa in movimento da una particolare frequenza di vibrazione e trasmette il movimento alla porzione dell'organo di Corti che poggia su di essa.

L'**organo di Corti** contiene circa 18000 cellule acustiche (cellule epiteliali specializzate, appoggia sulla membrana basale e si estende per tutta la lunghezza della chioccio-

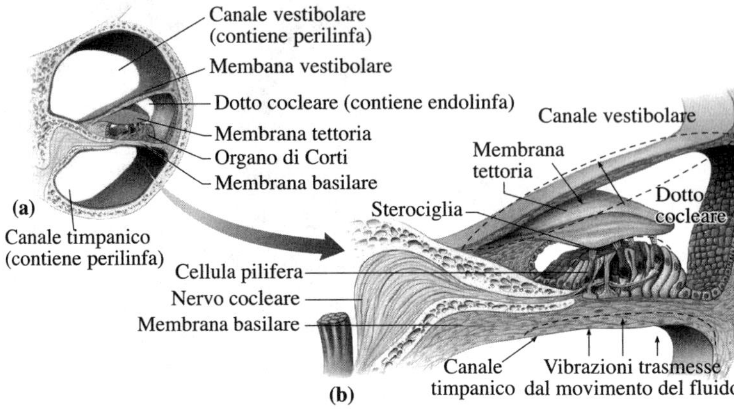

Figura 8.6 *L'organo dell'udito.* ***(a)*** *Sezione della coclea che illustra la reciproca disposizione dei tre canali che la costituiscono.* ***(b)*** *Ingrandimento dell'organo di Corti: le linee tratteggiate indicano i movimenti delle membrane sotto la spinta della perilinfa mossa dalla staffa dell'orecchio medio.*

la. Le cellule acustiche (dette *cellule capellute*), disposte in quattro file parallele, presentano alla loro estremità superiore numerosi sottili prolungamenti (*stereociglia*) immersi nell'endolinfa ed in contatto con una membrana mobile, la *membrana tettoria*. Quando la membrana basilare entra in vibrazione, le stereociglia, sfregando contro la membrana tettoria, vengono deformate. Ciò causa una depolarizzazione della membrana che, a sua volta, determina la liberazione di un neurotrasmettitore (il glutammato), che stimola le terminazioni nervose che formano sinapsi con ciascuna cellula acustica. Le corrispondenti fibre nervose convergono a formare il nervo cocleare, che è una diramazione del nervo acustico (VIII nervo cranico), e trasportano gli impulsi al talamo, che li ritrasmette alle aree acustiche della corteccia cerebrale, situate nel lobo temporale del cervello, dove vengono interpretate ed elaborate. Un individuo con acuità uditiva normale è in grado di percepire suoni con frequenze comprese tra 20 e 20000 vibrazioni al secondo (Hertz), con la massima sensibilità tra 2000 e 3000 Hertz. La perdita dell'acuità uditiva è detta **sordità.** Essa può essere causata sia da fattori che interferiscono con la trasmissione delle onde sonore all'orecchio interno (es. nell'otosclerosi, che impedisce i movimenti della staffa), sia da lesioni a carico della chiocciola o del nervo acustico (es. causate da suoni eccessivamente forti).

8.9 Equilibrio

I **canali semicircolari**, l'**utricolo** e il **sacculo** sono gli organi deputati al senso dell'**equilibrio.** Il mantenimento dell'equilibrio presuppone due distinti meccanismi, mediati da parti diverse dell'orecchio interno:

- gli organi deputati all'*equilibrio statico* ed alla *percezione delle accelerazioni lineari* percepiscono la posizione della testa e del corpo in condizioni di immobilità o registrano bruschi movimenti lineari del capo e sono rappresentati dall'utricolo e dal sacculo;
- gli organi deputati all'*equilibrio dinamico* percepiscono i movimenti lineari o le rotazioni del capo e sono rappresentati dai canali semicircolari.

8.9.1 Equilibrio statico

L'utricolo e il sacculo sono due dilatazioni del labirinto membranoso contenute nel vestibolo del labirinto osseo. La loro parete presenta una zona (detta *macula*) nella quale sono presenti cellule capellute, le cui stereociglia sono immerse in una membrana gelatinosa (*membrana otolitica*) alla quale aderiscono minuscoli cristalli di carbonato di calcio (*otoliti*), che, appesantendola, fungono da indicatori gravitazionali (Fig. 8.7). I movimenti della testa (in avanti, indietro o lateralmente), così come delle brusche accelerazioni rettilinee, determinano uno spostamento della membrana otolitica, che a sua volta fa flettere le stereociglia delle cellule sensoriali. A seconda della direzione del movimento, ciò può causare una depolarizzazione della membrana delle cellule sensoriali o una sua iperpolarizzazione. Nel primo caso si verifica, a livello delle sinapsi che le terminazioni nervose della macula formano con le cellule, la liberazione di un neurotrasmettitore che può scatenare un potenziale d'azione; nel secondo caso la liberazione del neurotrasmettitore diviene più difficile ed i potenziali d'azione sono meno frequenti. Le fibre nervose che originano dalla macula formano il ramo vestibolare del nervo acustico e trasmettono i segnali al cervello, che li elabora ed invia impulsi ai muscoli scheletrici, che, contraendosi o rilasciandosi, mantengono l'equilibrio.

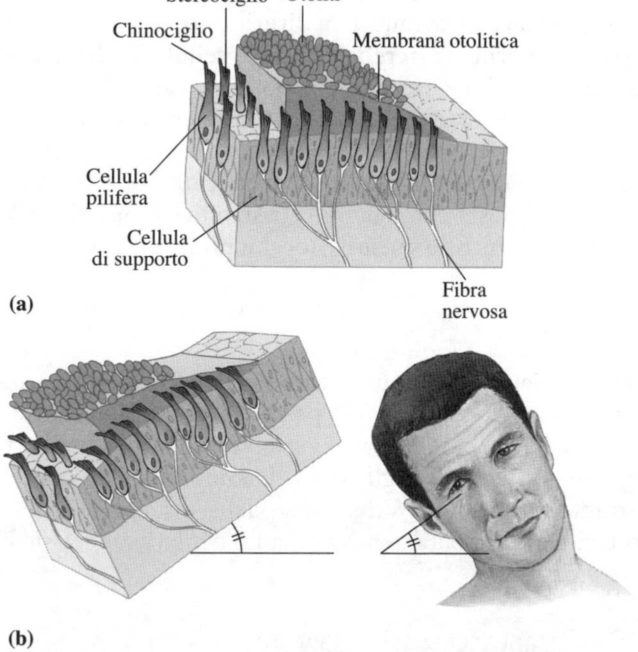

Figura 8.7 *Funzione del sacculo e dell'utricolo nel mantenimento dell'equilibrio.* ***(a)*** *Posizione di riposo.* ***(b)*** *L'inclinazione della testa di un certo angolo causa uno spostamento della membrana otolitica, che determina una deformazione delle stereociglia delle cellule capellute.*

8.9.2 Equilibrio dinamico

L'organo deputato alla percezione dei **movimenti rotatori** fornendo all'encefalo le informazioni necessarie al mantenimento dell'**equilibrio dinamico** è costituito dai tre *canali semicircolari*, che seguono un percorso circolare di circa 6 mm di diametro e sono tra loro perpendicolari. All'interno di ciascuno dei canali è presente un condotto che termina con un rigonfiamento, detto *ampolla*; con le loro estremità sono in comunicazione con il sacculo e con l'utricolo e sono ripieni di endolinfa. Ciascuna delle ampolle presenta un setto costituito da un gruppo di cellule capellute chiamato *cresta ampolla-*

re, le cui stereociglia sono immerse in una massa gelatinosa chiamata *cupola ampollare*. Inoltre, ciascuna delle cellule capellute è in contatto con terminazioni nervose del ramo vestibolare del nervo acustico. Quando la testa viene ruotata, l'endolinfa contenuta nei canali, per inerzia, si muove in direzione opposta al movimento e così facendo sposta la cupola e deforma le stereociglia delle cellule di almeno una delle tre creste ampollari. Tale deformazione causa una depolarizzazione della membrana delle cellule capellute e la liberazione di un neurotrasmettitore che può generare un potenziale d'azione nelle terminazioni nervose. Questi impulsi, trasmessi al cervelletto ed al cervello ed ivi elaborati, producono non solo la sensazione di rotazione, ma anche una serie di movimenti riflessi di risposta che tendono a ristabilire l'equilibrio. A questo risultato concorrono anche altre strutture sensitive (occhi, propriocettori).

8.10 Vista

L'organo deputato alla percezione delle radiazioni luminose, e quindi sede del senso della **vista**, è l'**occhio,** o, più precisamente, il bulbo oculare. La posizione degli occhi nella testa dell'uomo e di altri vertebrati superiori permette di mettere a fuoco lo stesso oggetto con entrambi gli occhi. L'uomo possiede cioè una **visione binoculare**, importante fattore nella valutazione della distanza e della profondità degli oggetti. La protezione e l'orientamento dei bulbi oculari sono assicurati da diversi *organi accessori della vista.*

8.10.1 Organi accessori della vista

Gli **organi accessori della vista** comprendono:

- le orbite;
- le palpebre;
- la congiuntiva;
- l'apparato lacrimale;
- i muscoli oculari estrinseci.

Il bulbo oculare e vari organi accessori della vista sono situati all'interno delle **orbite**, cavità formate dal concorso di diverse ossa craniche e contenenti inoltre tessuto adiposo, vasi sanguigni, nervi.

Le **palpebre** (superiore e inferiore) sono due pieghe carnose che ricoprono il bulbo oculare. Sono costituite da quattro strati che, procedendo dall'esterno verso il bulbo oculare, sono:

- la cute, che, in corrispondenza del bordo libero (sul quale sono disposte le **ciglia**) si continua con la congiuntiva;
- uno strato di sottili muscoli che permettono l'apertura e la chiusura delle palpebre;
- uno strato di tessuto connettivo;
- una mucosa, chiamata *congiuntiva.*

La **congiuntiva** riveste la faccia interna delle palpebre e si ripiega a ricoprire la parte anteriore del bulbo oculare.

L'**apparato lacrimale** produce le lacrime, che hanno la funzione di mantenere umide e lubrificate la superficie esterna del bulbo oculare e la faccia interna delle palpebre; è costituito dalle ghiandole lacrimali (situate nell'angolo superiore e laterale dell'orbita) e dai dotti lacrimali (posti nell'angolo interno delle palpebre) che raccolgono il liquido lacrimale e lo convogliano nella cavità nasale. Quando si piange o quando la congiuntiva è irritata, le ghiandole producono lacrime in eccesso, che traboccano dalle palpebre.

I **muscoli oculari estrinseci** sono sei coppie di muscoli (uno per ciascun occhio) che originano dalle ossa dell'orbita e si inseriscono sul bulbo oculare. I loro movimenti sono regolati con estrema precisione dal sistema nervoso, in modo da adattare l'orientamento degli occhi alle esigenze della visione binoculare[5].

8.10.2 Struttura del bulbo oculare

Il **bulbo oculare** è una struttura cava sferica (Fig. 8.8), del diametro di circa 2,5 cm, la cui parete è costituita da tre strati:

1) *tonaca esterna*, che comprende due parti:
   - per un'estensione pari a circa 1/6 della superficie sporge anteriormente costituendo la *cornea*, struttura trasparente che rappresenta l'apertura dell'occhio sul mondo esterno;

Figura 8.8 *Struttura dell'occhio umano.*

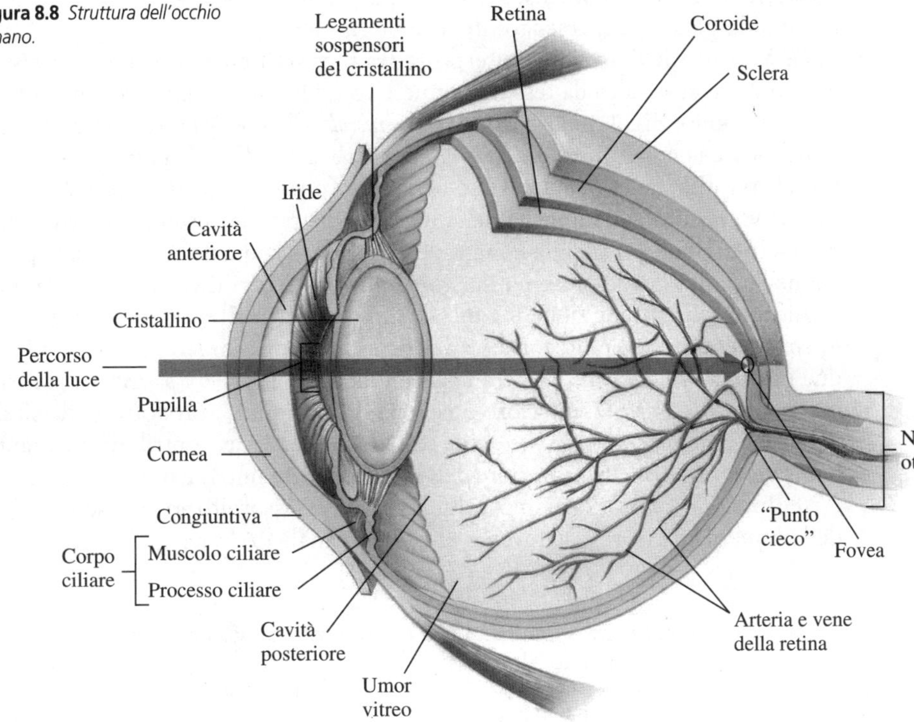

5 Quando uno dei due occhi devia dall'asse visivo, si verifica la condizione chiamata **strabismo**, che, inizialmente, comporta uno sdoppiamento delle immagini percepite (diplopia). Se il disturbo non viene tempestivamente corretto, a lungo andare si verificano modificazioni a livello encefalico che sopprimono l'immagine trasmessa dall'occhio deviato, con conseguente cecità dell'occhio strabico.

- per la rimanente parte costituisce la *sclera*, che è la parte bianca dell'occhio, è opaca e offre l'attacco dei muscoli estrinseci dell'occhio; nella sua parte posteriore, in corrispondenza dell'uscita del nervo ottico dal bulbo oculare, si continua con la dura madre che riveste il nervo;

2) *tonaca media* (o *tonaca vascolare* o *uvea*); comprende tre porzioni:
   - la *coroide*, che occupa i 5/6 posteriori del bulbo, è in contatto con la sclera ed è ricca di vasi sanguigni; nella coroide sono presenti abbondanti *melanociti*, cellule che producono *melanina*, sostanza di colore bruno scuro, che assorbe la luce che attraversa la sclera ed assicura un ambiente scuro all'interno dell'occhio;
   - il *corpo ciliare* è la continuazione della coroide e forma un anello dal quale partono sottili fibre che tengono in posizione il cristallino e sul quale si inseriscono le fibre del muscolo ciliare, responsabile del processo di accomodazione del cristallino, che permette la messa a fuoco delle immagini. Il **cristallino** è una lente biconvessa, trasparente, elastica, formata da cellule epiteliali specializzate rivestite da una capsula trasparente[6]. A causa della pressione interna, il cristallino tende spontaneamente ad assumere una forma sferica, ma la curvatura della lente può essere modificata (*accomodazione*) per azione del muscolo ciliare, con conseguente modificazione del fuoco della lente. Lo spazio situato dietro il cristallino costituisce la *cavità posteriore* dell'occhio: essa è ripiena di un liquido gelatinoso, trasparente, l'*umor vitreo*[7];
   - l'*iride* è un sottile diaframma interposto tra il cristallino e la cornea; è rivestito da epitelio e costituito da tessuto connettivo e fibre muscolari lisce disposte in parte in modo circolare (a costituire il *muscolo sfintere della pupilla*) e in parte radialmente (a costituire il *muscolo dilatatore della pupilla*); al centro presenta un foro, la **pupilla**, il cui diametro può variare in funzione dei *riflessi pupillari*, evocati da variazioni dell'intensità della luce e assicurati dal sistema nervoso autonomo: in tal modo la pupilla è in grado di regolare la quantità di luce che penetra nell'occhio; l'iride presenta nei vari individui colori diversi a seconda della quantità e della disposizione dei melanociti presenti nell'epitelio. L'iride divide lo spazio compreso tra la cornea e il cristallino (*cavità anteriore* dell'occhio) in due parti: la *camera anteriore*, tra cornea e iride, e la *camera posteriore*, tra iride e cristallino. La cavità anteriore è ripiena di un liquido, prodotto dall'epitelio dell'iride, chiamato *umor acqueo*, che, con la sua pressione, contribuisce a mantenere la forma della parte anteriore dell'occhio e porta nutrimento alla cornea e al cristallino. Esso è prodotto in continuità e viene riassorbito attraverso i capillari della camera anteriore e attraverso un sottile canale di drenaggio[8];

---

[6] Una patologia piuttosto frequente, soprattutto nell'età avanzata, o causata da agenti traumatici, è la perdita di trasparenza del cristallino, chiamata **cataratta**. Essa viene trattata con la rimozione chirurgica del cristallino e con la sua sostituzione con una lente artificiale.

[7] Talora, soprattutto con il passare dell'età, nell'umor vitreo si possono formare piccoli aggregati di gel addensato, che possono proiettare ombre sulla retina, percepite come piccole macchie fluttuanti nel campo visivo ("mosche volanti").

[8] Se si verifica una eccessiva produzione di umor acqueo o un insufficiente drenaggio, l'umor acqueo si accumula e provoca un aumento della pressione all'interno dell'occhio. Questa situazione patologica è detta **glaucoma**. Se non si interviene tempestivamente con una opportuna terapia, la compressione dei vasi sanguigni che portano il nutrimento alla retina causa la morte delle cellule visive e la cecità.

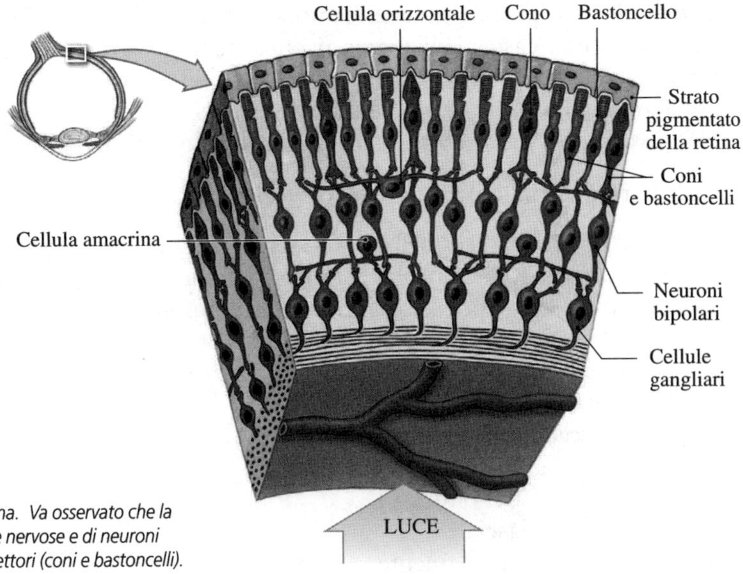

Figura 8.9 *Struttura della retina. Va osservato che la luce attraversa lo strato di fibre nervose e di neuroni prima di raggiungere i fotorecettori (coni e bastoncelli).*

3) *tonaca interna*, o *tonaca nervosa* o **retina**, è la sede dei recettori visivi. Essa ricopre gran parte della parete del bulbo e si arresta al margine del corpo ciliare. Nella regione centrale della retina si osserva una zona di colore giallastro, di circa 1 mm^2, chiamata **macula lutea**, al centro della quale si trova una piccola depressione, detta **fovea centrale**, nella quale è presente la massima concentrazione di cellule recettoriali. A fianco della fovea è situata una zona, detta *papilla ottica*, nella quale convergono le fibre nervose della retina per formare il nervo ottico, che esce dal bulbo. Questa zona è priva di recettori ed è definita **punto cieco**. La struttura della retina è piuttosto complessa: essa comprende un epitelio pigmentato, posto all'esterno, sul quale poggiano due tipi di fotorecettori, i coni e i bastoncelli, sopra i quali si trovano diversi tipi di neuroni, alcuni dei quali danno origine a fibre nervose destinate all'encefalo (formando il nervo ottico), mentre altri stabiliscono connessioni all'interno della retina stessa (Fig. 8.9).

I fotorecettori sono cellule specializzate, che, per la loro forma, vengono distinte in **coni** e **bastoncelli**. In entrambi i tipi di cellule, la membrana cellulare forma invaginazioni che danno origine ad una serie di dischi impilati contenenti le sostanze colorate (in particolare la *rodopsina*) che, interagendo con la luce, danno inizio ai fenomeni che culminano con la produzione di un impulso nervoso da parte dei neuroni della retina. L'occhio umano possiede circa 125 milioni di bastoncelli, che funzionano con luce debole (notturna), permettendo di riconoscere forme e movimento, ma non i colori, e circa 6,5 milioni di coni, responsabili della visione con luce intensa e della visione dei colori. Esistono infatti tre tipi diversi di coni, che contengono rodopsine leggermente diverse, sensibili rispettivamente alle radiazioni blu, alle verdi e alle rosse. I diversi tipi di rodopsina presenti nei vari fotorecettori sono costituiti da una proteina, legata ad un derivato della vitamina A, il *retinale*, che, quando è colpito dalla luce, cambia di conformazione[9]. Ciò scatena all'interno della cellula una cascata di reazioni che, facendo variare la quantità di neurotrasmettitori liberati a livello delle sinapsi tra le cellule nervose della retina, genera un potenziale d'azione che percorre il nervo ottico. I bastoncelli sono più numerosi alla periferia della retina, mentre i coni sono concentrati nella fovea.

8.10.3 Percorso della luce nell'occhio

Per raggiungere i fotorecettori, la luce attraversa la cornea, l'umor acqueo, la pupilla (il cui diametro, variando, controlla la quantità di luce che entra nell'occhio), il cristallino (che, agendo da lente, fa convergere i raggi luminosi sulla retina), l'umor vitreo e lo spessore della retina. Come in una macchina fotografica, sulla retina si crea un'immagine capovolta e rimpicciolita degli oggetti che cade in corrispondenza della fovea. Per mettere a fuoco gli oggetti vicini (cioè per farne cadere l'immagine virtuale sulla fovea), il cristallino aumenta la propria curvatura (il muscolo ciliare si rilascia e il cristallino tende spontaneamente ad assumere una forma più vicina alla sfera); per mettere a fuoco gli oggetti lontani, il cristallino deve diminuire la propria curvatura (il muscolo ciliare si contrae ed esercita una trazione sui margini del cristallino, che si appiattisce).

I più comuni difetti della vista sono (Fig. 8.10):

- la **miopia**: l'individuo miope non riesce a mettere a fuoco gli oggetti distanti; è di solito dovuta al fatto che il bulbo oculare è allungato, per cui l'immagine virtuale si forma al davanti della retina; viene corretta per mezzo di lenti concave;
- la **ipermetropia** (o **presbiopia**): l'individuo ipermetrope non riesce a mettere a fuoco gli oggetti vicini; le cause più frequenti sono due:

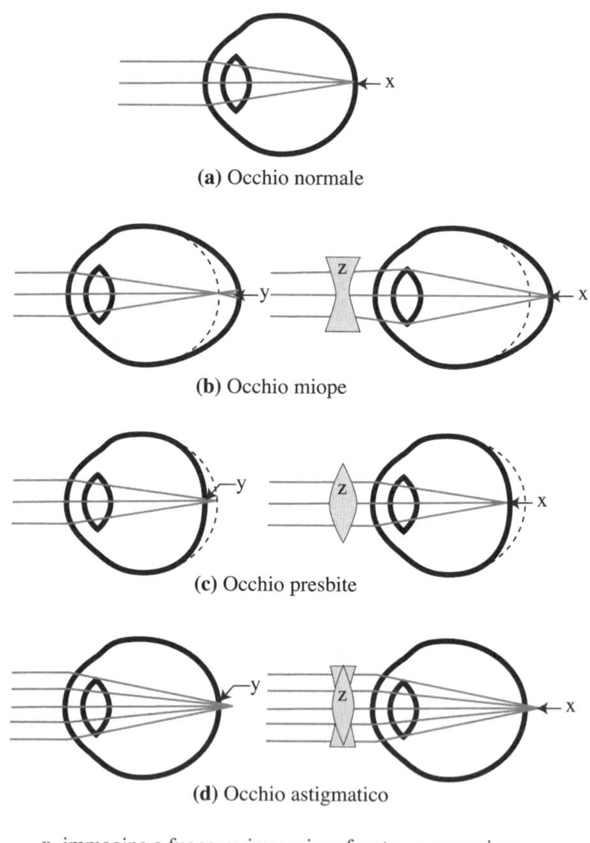

Figura 8.10 *Principali difetti della vista e loro correzione. In (b) e (c) la linea tratteggiata indica la posizione della retina nell'occhio normale.*

[9] Le mutazioni che colpiscono i geni per la rodopsina, localizzati sul cromosoma X, sono responsabili della cecità per i colori, chiamata **daltonismo**.

- il bulbo oculare è accorciato e l'immagine a fuoco si formerebbe dietro la retina,
- con l'avanzare dell'età il cristallino perde di elasticità e non riesce a modificare sufficientemente la propria curvatura in modo da portare sulla retina l'immagine (che si forma dietro di essa); in entrambi i casi, il difetto si corregge con lenti convesse;

• l'**astigmatismo**: è dovuto ad irregolarità nella curvatura della cornea o del cristallino, per cui solo una parte dell'immagine viene messa a fuoco sulla retina, mentre un'altra no; il difetto viene corretto con lenti cilindriche.

8.10.4 Vie nervose ottiche

Gli assoni dei neuroni della retina di ciascun occhio convergono a formare il **nervo ottico** (Fig. 8.11). I nervi ottici penetrano nella cavità cranica e qui formano una struttura ad X, chiamata *chiasma ottico*, in cui parte delle fibre si incrociano, per cui parte dei segnali provenienti dall'occhio destro sono trasmessi alla parte sinistra dell'encefalo e parte di quelli provenienti dall'occhio sinistro alla parte destra. Le fibre nervose terminano nei nuclei del talamo, dove formano sinapsi con i neuroni ivi presenti, che a loro volta sono collegati alla *corteccia visiva primaria*, nel lobo occipitale.

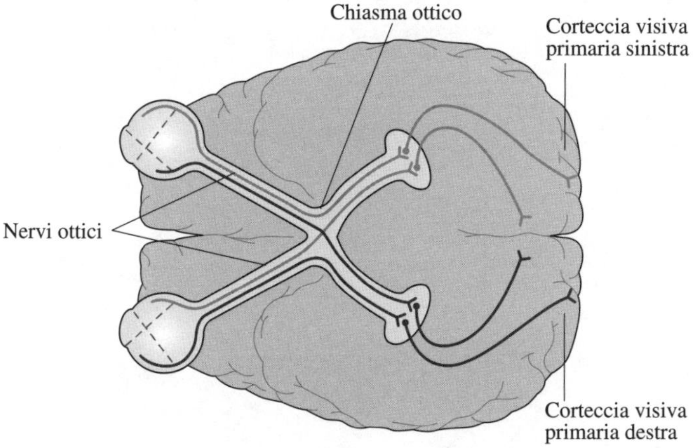

Figura 8.11 *Vie nervose ottiche. L'encefalo, schematizzato, è visto da sotto.*

Autori

Dott.ssa **Luigia Carboni**, Direttore UOC Infermieristica/Ostetrica ASL Roma 5, Responsabile UOC Formazione Universitaria Area delle Professioni Sanitarie ASL Roma 5.

Dott.ssa Antonella Locci, Infermiera presso l'ASST Ovest Milanese del Presidio Ospedaliero di Magenta. Ha lavorato presso una Residenza Sanitaria Assistenziale della Provincia di Pavia, è stata docente nei corsi di Formazione Professionale accreditati con Regione Lombardia per Operatore Socio Sanitario (OSS) e Ausiliario Socio Assistenziale (ASA).
È autrice dei seguenti contributi: (§3.4) Igiene ambientale, (§3.6) I rifiuti sanitari e ospedalieri, (§3.12) L'infezione da COVID-19, nella Parte Terza; (§3.11) Le alterazioni dell'eliminazione, (§14.6) L'assistenza al paziente affetto da diabete, nella Parte Quarta. Ha altresì collaborato alla revisione e all'aggiornamento della Parte Terza e Quarta, dei test di verifica e delle procedure assistenziali.

Dott.ssa Anna Malatesta, Infermiere Coordinatore UDI (Unità di degenza a gestione infermieristica) "Casa della Salute" Palombara Sabina ASL ROMA 5. Professore a contratto Infermieristica Clinica Università Tor Vergata - Tivoli.

Dott. Simone Piga, Assistente sociale libero professionista con esperienze lavorative presso Comuni, ASL e Piani di Zona della Lombardia.
Dal 2007 ad oggi è Formatore e Docente presso varie scuole di Formazione Professionale accreditate con la Regione Lombardia nei corsi per operatori socio-sanitari (OSS); ausiliari socio-assistenziali (ASA); di riqualifica da ASA in OSS; assistenti familiari; animatori sociali, nelle seguenti materie: Legislazione sociale e sanitaria (nazionale e regionale); Elementi di assistenza sociale; Metodologia del lavoro sociale e sanitario; Il profilo dell'ASA/OSS/Assistente familiare; Organizzazione e rete dei servizi sociali, sanitari e socio-sanitari; Elementi di etica e deontologia professionale.
Per diversi anni è stato componente, in qualità di Presidente, nelle commissioni d'esame designate dalla Regione Lombardia per il conseguimento dell'attestato di Operatore Socio-Sanitario.
È autore dell'Introduzione e della Parte Prima del volume, eccetto i capitoli 1 e 11 della Sezione Prima e i paragrafi da 10.1 a 10.18 della Sezione Seconda capitolo 10.